Inmitten der Zeit

Beiträge zur europäischen Gegenwartsphilosophie

Festschrift für Manfred Riedel

herausgegeben von
Thomas Grethlein und Heinrich Leitner

Königshausen & Neumann

Die Deutsche Bibliothek — CIP-Einheitsaufnahme

Inmitten der Zeit : Beiträge zur europäischen
Gegenwartsphilosophie ; Festschrift für Manfred Riedel / hrsg.
v. Thomas Grethlein und Heinrich Leitner. – Würzburg :
Königshausen und Neumann, 1996
ISBN 3-8260-1175-9
NE: Grethlein, Thomas, Riedel, Manfred: Festschrift

Gedruckt auf säurefreiem, alterungsbeständigem Papier
Bindung: Rimparer Industriebuchbinderei GmbH

Printed in Germany
ISBN 3-8260-1175-9

Inmitten der Zeit

Für großzügige Spenden möchten wir uns vielmals herzlich bedanken bei:

OHMEDA GmbH (Erlangen)

Prof. Dr. Hans-Georg Gadamer (Heidelberg)

Bruno Schnell (Herausgeber der *Nürnberger Nachrichten*)

Stadt- und Kreissparkasse Erlangen

Ohne die oben genannten Spender, doch auch ohne die zahlreichen Subskribenten hätte das Buch nicht erscheinen können:

Alexander Aichele (Erlangen), Bernd Amos (Erlangen), Georg Batz (Nürnberg), Ursula Bauer (Nürnberg), Dr. Jörg Bausenwein (Nürnberg), Ingolf Becker (MDR - Leipzig), Cornelia Bergmann (Nürnberg), Ulrich Boehm (WDR - Köln), Dr. Wilma Bogner (Nürnberg), Alexander Brungs (Nürnberg), Dr. Kerstin Decker (Berlin), Andrea Drebinger (Nürnberg), Kurt Eck (Erlangen), Prof. Dr. Rainer Enskat (Halle), Johann Jakob Feinhals (Köln), Ilse Fiebiger (Uttenreuth), Helmut Fink (Erlangen), Hedwig Füllgräbe-Höfer (Köln), Dr. Hans-Helmuth Gander (Freiburg), Dr. Dieter Graupner (Berlin), Stefan Greßmann (Fürth), Thomas Greßmann (Nürnberg), Claus Handrick (Erlangen), Prof. Dr. Manfred Hanisch (Kiel), Dr. Otto Hass (Nürnberg), Dr. Henning Hintze (Nürnberg), Herbert Hoffmann (Nürnberg), Kurt Kammholz (Erlangen), Prof. Dr. Matthias Kaufmann (Halle), Dr. Bettina Knauer (Erlangen), Dr. Siegfried König (Nürnberg), Friederike Körner-Klier (Nürnberg), Dr. Ludwig Kröner (Nürnberg), Lieselotte Krysmanski (Uttenreuth), Kiki Kuhrke (Erlangen), Martin Langanke (Erlangen), Prof. Dr. Christoph Lau (Erlangen-Nürnberg), Dr. Konrad Liessmann (Wien), Sibila Madzalik de Moraes (Lissabon), Michael Mück-Weymann (Erlangen), Eva Mümmler (Neumarkt), Prof. Dr. Peter Horst Neumann (Erlangen-Nürnberg), Meike Nittel (Erlangen), Prof. Dr. Erhard Olbrich (Erlangen-Nürnberg), Dr. Badi Panahi (Nürnberg), Dr. Volker Peckhaus (Erlangen-Nürnberg), Rudolf Popp (Nürnberg), Dr. Ulrike Popp-Baier (Erlangen), Hermann Rosenkranz (Erlangen), Dionysios Sargentis (Erlangen), Ekkehart Schaffer (Halle), Petra Schinowski (Nürnberg), Christa Schneider (Erlangen), Artur Schubert (Nürnberg), Werner Schweikert (Windsbach), Dr. Brigitte Seebacher-Brandt (Unkel), Harald Seubert (Nürnberg), Dr. Christine Spahn (Nürnberg), Ulla Stemmermann (Erlangen), Sebastian Stiller (Röttenbach), Joachim Tittlbach (Nürnberg), Prof. Dr. Theodor Verweyen (Erlangen-Nürnberg), Andreas Vilter (Nürnberg), Günter Volkert (Röthenbach a.d. Pegnitz), Michaela Weiß (Nürnberg), Christiane Wienecke-Mahrt (Nürnberg), Dr. Mirko Wischke (Halle), Christa Wolf (Berlin), Ronald Zehmeister (Bürglein), UniBuch Dausien (Halle), Forschungsschwerpunkt Literaturwissenschaft der Fördergesellschaft Wissenschaftliche Neuvorhaben mbH (Berlin), Philosophisches Seminar der Universität Münster, UB Erlangen-Nürnberg TB 4: Philosophie, Pädagogik, Psychologie, UB Erlangen-Nürnberg TB 6: Mittlere und Neuere Geschichte, UB Dortmund, OHMEDA GmbH (Erlangen)

Vorwort

Philosophie hat nach einem vielbeachteten Wort Hegels die Aufgabe, ihre Zeit in Gedanken zu fassen. Stellt sich das Philosophieren dieser Herausforderung, so geschieht es in einem ausgezeichneten Sinne »inmitten der Zeit«. Dem hat Manfred Riedel immer entsprochen. Sein eigener Denkweg zeigt demgemäß Stationen, welche wesentliche Kristallisationspunkte der Gegenwartsphilosophie charakterisieren. Wir haben sie mit unserer Gliederung zu markieren versucht und Weggefährten als Beiträger gewinnen können, die zu den namhaftesten Vertretern des Faches zählen. Allen hier versammelten Autoren sei auch von unserer Seite herzlich für Ihre Bereitschaft gedankt, Herrn Riedel in Form einer Festschrift zum 60. Geburtstag zu gratulieren.

Die Herausgeber selbst konnten – erst als Schüler und später als Erlanger Assistenten – ein Stück seines Weges unmittelbar miterleben. Wir haben dadurch eine Vielzahl von Anregungen erhalten. Dafür wollen wir mit dieser Festschrift Dank sagen. Vor allem aber hat er uns als philosophischer Lehrer stets dazu ermuntert, eigene Wege zu gehen. Nicht nur deshalb haben sich in vielem die Wege inzwischen getrennt. Wir sind allerdings gewiß, daß wir auch in Zukunft dem ehemaligen Lehrer verbunden bleiben können und in ihm einen wohlwollenden Gesprächspartner und Förderer haben werden.

Mit einem Beitrag wird Herrn Riedel eine besondere Ehre erwiesen: Herr Herrmann Heidegger hat uns dankenswerterweise eine kleine handschriftliche Notiz seines Vaters überlassen, die unser Generalthema aufs beste präludiert und die hier erstmalig (als Faksimile und in Transkription) veröffentlicht wird.

Ausdrücklich erwähnt sei an dieser Stelle auch die Großzügigkeit von Hans-Georg Gadamer. Er war zunächst sofort bereit, einen Beitrag zu dieser Festschrift beizusteuern, sah sich aber schließlich aus gesundheitlichen Gründen hierzu dann leider doch nicht in der Lage. Da er seiner bleibenden Verbundenheit zu seinem Schüler gleichwohl Ausdruck verleihen wollte, hat er mit einer großzügigen Spende zum Erscheinen dieses Bandes nicht unwesentlich beigetragen.

Zu danken ist ferner Frau Ingrid Hülß, der langjährigen Erlanger Sekräterin Herrn Riedels, die manche Schreibarbeit für diesen Band übernommmen hat. Sie war uns damit eine große Hilfe und hat so ihrem ehemaligen Chef in mittelbarer Weise noch einmal ihre Tatkraft zur Verfügung gestellt.

Schließlich danken wir den Verlegern für die Aufnahme der Festschrift in ihr Verlagsprogramm.

Die Herausgeber

Inhalt

Ein Blatt Martin Heideggers

I
Rehabilitierung der praktischen Philosophie

II
Hören auf die Sprache

III
Bewegung und Aufenthalt

IV
Tradition und Utopie

Anhang

Die Fragen nach der Zeit.

// Welche Folgen hat das Vorständnis von Sein als Anwesenheit für das Bedenken des Eigentümlichen der Zeit?

// Wie muss das Fragen nach der Zeit angelegt werden?

// Läßt sich die Besinnung auf das Vorgehen im Fragen vollziehen ohne den schon waltenden Einblick in das Eigene der Zeit?

// Wie gelangen wir zu diesem Einblick?

// Woran soll entschieden werden, ob er das sachgemäße ist oder nicht?

// Welches sind die entscheidenden Möglichkeiten eines Verstehens der Zeit?

// Welche Bedeutung hat die Tatsache, daß wir in einer Überlieferung der Zeitauffassung uns aufhalten?

// Was bringt allein schon die geschichtlich entfaltete Zeitauffassung an vielfältigen Vorstellungen von der Zeit mit sich?

// Ergibt sich aus dem am „Jetzt" orientierten „noch nicht (Jetzt)" und „nicht mehr (Jetzt)", daß auch Zukunft und Gewesenheit nicht sind, daß es sie nicht gibt, demzufolge sie nur den Schein eines Seins vortäuschen?

// Muss vielleicht nicht gemäß der Weise, wie es Gewesenheit und Zukunft gibt, auch das „Sein" der Gegenwart anders – d.h. nicht vom vorhandenen Jetzt her bestimmt werden?

// Inwiefern sind zu unterscheiden: der zeitliche Verlauf von Vergangenem – Künftigem und die erreichende Zeit?

Die Frage nach der Zeit.

Welche Folgen hat das Verständnis von Sein als Anwesenheit für das Bedenken des Eigentümlichen der Zeit?

Wie muß das Fragen nach der Zeit angelegt werden?

Läßt sich die Besinnnung auf das Vorgehen im Fragen vollziehen ohne den schon waltenden Einblick in das Eigene der Zeit?

Wie gelangen wir zu diesem Einblick?

Wonach soll entschieden werden, ob er der sachgerechte ist oder nicht?

Welches sind die verschiedenen Möglichkeiten eines Vernehmens der Zeit?

Welche Bedeutung hat die Tatsache, daß wir in einer Überlieferung der Zeitauffassung uns aufhalten?

Was bringt allein schon die gewohnte u. technisch entfaltete Zeitrechnung an verfestigten Vorstellungen von der Zeit mit sich?

Ergibt sich aus dem am „Jetzt“ orientierten „noch nicht (Jetzt)“ und „nicht mehr (Jetzt)“, daß auch Zukunft und Gewesenheit nicht sind, daß es sie nicht gibt, demzufolge sie nur den Schein eines Seins vortäuschen?

Muß vielmehr nicht gemäß der Weise, wie es Gewesenheit und Zukunft gibt, auch das „Sein“ der Gegenwart anders – d.h. nicht vom vorhandenen Jetzt her bestimmt werden?

Inwiefern sind zu unterscheiden: der zeitliche Verlauf von Bewegtem u. Ruhendem

und die verlaufende Zeit?

I

Rehabilitierung der praktischen Philosophie

Spinozas Rehabilitierung des antiken Weisen

von Theodor Ebert (Erlangen-Nürnberg)

Die Philosophie Baruch Spinozas speist sich aus vielen Quellen. Unter den Neueren nimmt bekanntlich neben Descartes insbesondere Hobbes eine prominente Stellung ein. Ein Einfluß aus der Antike, der in Spinozas Werk deutlich zutage tritt, ist der Einfluß der Stoa, genauer: der stoischen Ethik. Man kann geradezu sagen, daß wir bei Spinoza eine Rehabilitierung der praktischen Philosophie der Stoiker finden.[1]

Die Philosophie der Stoa war im geistigen Umfeld Spinozas in der Tat eine der wirkungsmächtigsten Strömungen, die aus der Antike in die humanistisch geprägte Welt der Intellektuellen der Renaissance und des Reformationszeitalters hineinwirkte. Schließlich war die stoische Philosophie durch die römische Stoa, insbesondere durch die Vermittlung Ciceros und Senecas, im ganzen Mittelalter lebendig geblieben. Auch unter den Reformatoren hat sie ihre Anhänger: So schreibt Calvin einen Kommentar zu Senecas *De Clementia*. In den Niederlanden wird die Philosophie der Stoiker neu belebt durch den großen flämischen Humanisten Justus Lipsius (1547-1606), der auch eine Seneca-Ausgabe veranstaltet und für den Seneca der Philosoph schlechthin ist. In Spinozas Bibliothek befand sich eine Ausgabe sowohl von Seneca wie von Epiktet.[2]

Dennoch übernimmt Spinoza nicht einfach stoische Lehren, sondern macht gelegentlich seine Abweichung von stoischen Auffassungen explizit deutlich: So heißt es etwa in der *Praefatio* zum fünften Teil der *Ethik*:

---

1 Ich übernehme mit dieser Wendung den Titel der von Manfred Riedel herausgegebenen Aufsatzsammlung: *Rehabilitierung der praktischen Philosophie*, 2 Bde.; 1. Band: *Geschichte, Probleme, Aufgaben*. Freiburg 1972; 2. Band: *Rezeption, Argumentation, Diskussion*. Freiburg 1974. Allerdings steht in dieser Sammlung, soweit die Antike berücksichtigt wird, die Ethik des Aristoteles im Mittelpunkt des Interesses, nicht die der Stoa.

2 Siehe A. J. Servaas van Rooijen, *Inventaire des Livres formant la Bibliotheque de Benedict Spinoza*, Den Haag 1889, S. 188 und S. 174f.

> Ich will also hier bloß von der Macht des Geistes oder der Vernunft handeln und vor allem zeigen, von welcher Größe und Art die Herrschaft ist, die sie über die Affekte hat, um sie einzuschränken und zu mäßigen (*ad eos coercendum, et moderandum*). Denn daß wir keine unbedingte Herrschaft über sie besitzen, haben wir schon oben bewiesen. Die Stoiker haben freilich geglaubt, daß sie unbedingt von unserem Willen abhängen und wir unumschränkt über sie gebieten können; sie wurden indes durch den Widerspruch der Erfahrung, aber nicht von ihren Prinzipien zu dem Eingeständnis gezwungen, daß zu deren Einschränkung und Beherrschung nicht geringe Übung und Anstrengung erfordert werde.[1]

Spinoza weicht hier also in einem zentralen Punkt von der stoischen Philosophie ab; er bestreitet die stoische Lehre von der vollständigen Beherrschbarkeit der Affekte (*pathe*). Damit muß er auch das Ideal der *apatheia* aufgeben, der Freiheit von Affekten, die den stoischen Weisen charakterisiert. Affekte können gemäßigt und in Schach gehalten, sie können aber nicht einfach zum Verschwinden gebracht werden. Hier, so scheint es, steht Spinoza eher auf der Seite der Epikureer.[2]

Obwohl sich Spinoza also gerade in seiner eigenen Theorie der Affekte, der immerhin ein ganzer Teil, der vierte nämlich, seiner *Ethik* gilt, von den Stoikern distanziert, hat er doch wie kein anderer unter den klassischen Philosophen der Neuzeit die Philosophie der Stoa in seine eigene Philosophie integriert, und hier ist es gerade die Figur des stoischen Weisen, die seine besondere Aufmerksamkeit gefunden hat. Aber um das Spezifische dieser Leistung Spinozas zu sehen, ist es zunächst notwendig, sich die Rolle des Weisen in der Philosophie der griechisch-römischen Stoa und dann ihre Rezeption im christlich geprägten Neustoizismus der Reformationszeit zu vergegenwärtigen.[3]

I

Die Stoiker der Antike lassen ihre moralphilosophischen Forderungen in der Gestalt des stoischen „Weisen", des *Sophos*, wie in einem Brennspiegel zusammenfließen. Mit der Darstellung des Weisen schließt nicht zufällig sowohl das Referat der

---

1 Ich benutze im folgenden die Übersetzung von Berthold Auerbach, weiche aber dort von dessen Übersetzung ab, wo sie mir dem Sinn der Worte Spinozas nicht gerecht zu werden scheint.

2 Vgl. Diogenes Laertius (=DL) 10.117.

3 Daß das „Bild des Weisen [...] von Spinoza durchaus mit stoischen Zügen gezeichnet" wird, hat Wilhelm Dilthey (*Die Autonomie des Denkens, der konstruktive Rationalismus und der pantheistische Monismus nach ihrem Zusammenhang im 17. Jahrhundert*, in: ders., *Gesammelte Schriften*, Bd. 2, Stuttgart [8]1969, S. 246-296; loc.cit. S. 288) richtig festgestellt. Aber Dilthey begnügt sich mit einer Aufzählung von Einzelzügen und sieht deshalb auch zuwenig den Unterschied Spinozas von dem ihm voraufgehenden christlich gefärbten Neustoizismus.

stoischen Ethik bei Diogenes Laertius Buch 7 wie das bei Cicero in *De Fin.* 3. Uns müssen die Attribute dieses Weisen zunächst als eine ungemeine Übersteigerung dessen vorkommen, was Menschen moralisch möglich ist.

In *De Fin.* 3.75f. läßt Cicero Catos Darstellung der stoischen Philosophie mit einer geradezu hymnischen Lobpreisung des stoischen Weisen enden:

> Wie ehrwürdig, wie erhaben, wie stimmig ist der Charakter des Weisen von ihnen dargestellt! Da die Vernunft (*ratio*) bewiesen hat, daß das Moralisch-Schöne (*honestum*) das einzige Gut ist, so folgt, daß er immer glücklich sein muß und daß ihm all jene Titel zukommen, über die die Unwissenden (*imperiti*) sich lustig machen. Mit größerem Recht nämlich heißt er König als Tarquinius, der weder sich noch seine Untertanen zu regieren wußte, mit größerem Recht heißt er »Lehrmeister des Volkes«, (denn das ist ein Diktator) als Sulla, der nur ein Lehrmeister (*magister*) dreier pesthafter Laster, Ausschweifung, Habgier und Grausamkeit, war, mit größerem Recht heißt er reich als Crassus, der, wenn es ihm an nichts gemangelt hätte, den Euphrat ohne irgendeinen Kriegsgrund nicht hätte überschreiten müssen. Mit Recht wird alles sein eigen genannt, weil er allein alles zu nutzen weiß. Mit Recht wird er schön genannt, denn die Züge der Seele sind schöner als die des Leibes. Mit Recht wird er allein ein freier Mann genannt, weil er niemandes Herrschaft noch eigener Begehrlichkeit unterworfen ist. Mit Recht heißt er unbezwingbar, denn mag man auch seinen Leib in Banden schlagen, so bleibt doch sein Geist von allen Fesseln frei. [...] Wenn es also wahr ist, daß nur die Edlen und alle Edlen glücklich sind, worum sollten wir uns mehr bekümmern als um die Philosophie, was ist göttlicher als die Tugend?[1]

Kein Zweifel, das kommt uns einigermaßen weltfremd und übertrieben vor, ja paradox: Daß der Weise immer glücklich ist, daß er reich und König ist, ja, daß nur er ein freier Mann sein soll. Zunächst hat diese Beschreibung des stoischen Weisen natürlich schlicht den Sinn, einen Standard der Lebensführung aufzustellen; ein Idealbild, nach dem man sich richten kann, das aber vielleicht nicht erreicht wird. Das wiederum hat damit zu tun, daß die antiken Ethiken den Begriff des moralischen Gesetzes, des Sittengesetzes nicht kennen: Das ist erst eine Vorstellung, die sich aus der Gesetzes- und Gebotsmoral der jüdisch-christlichen Tradition heraus gebildet hat. Weil man die Standards des sittlichen Verhaltens nicht in allgemeinen Gesetzen ausdrücken will, werden sie an Vorbildern festgemacht: Der Weise löst hier nur andere, an personengebundenen Bildern (wenn man so reden will) orientierte Vorstellungen ab: Die des *kalokagathos*, des „Schön-und-Guten", der ein Ideal der Standesethik darstellte.

Aber die Tatsache, daß die Griechen ihre ethischen Standards nicht in Gesetzesformeln ausdrückten, sondern in Beschreibungen idealisierter Personen, erklärt

---

[1] *De Fin.* 3.75-76.

noch nicht die uns so paradox erscheinenden Behauptungen über Königtum, Reichtum und Freiheit des Weisen. Wie kommen die Stoiker zu diesen Behauptungen und wie lassen sie sich, was ja bei Cicero behauptet wird, aus der Aussage ableiten, daß das Moralisch-Schöne (*kalon*) das einzige Gut(e) ist?

Der Schlüssel zur Beantwortung dieser Frage liegt in der Rolle, die in der sokratischen und aller folgenden griechischen Ethik dem Wissen zukommt. Für die griechische Ethik seit Platon/Sokrates gehört zum Begriff des Guten ein Wissen darum, wie es zu gebrauchen ist. Der platonische *Charmides* ist das früheste Zeugnis für diese Diskussion: Gut ist etwas nur dann, wenn ich es zu nutzen weiß. Denn nur das Wissen um den Gebrauch des Guten garantiert mir, daß es mir nur nutzen, nicht schaden kann. In der vorstoischen griechischen Ethik wird der Begriff »gut« zwar noch auf Gegenstände angewandt, die für die Stoiker in die Klasse der *indifferentia* fallen. Aber der Unterschied ist in dieser Hinsicht nur ein terminologischer: Auch die Stoiker machen die *sapientia*, die *sophia*, die Weisheit, zur Fähigkeit, richtigen Gebrauch von den *indifferentia* zu machen.

Weil das moralische Ideal der stoischen Philosophie ein Mensch ist, der in eminentem Sinn ein praktisches Wissen besitzt, darum kann dem Weisen alles nur zum Nutzen gereichen. Und weil aller Besitz nur den Sinn hat, mir den Nutzen zu sichern, den die jeweils besessenen Dinge bringen können, darum ist jemand, der auch ohne diese Voraussetzung aus allen Dingen durch richtigen Gebrauch nur Nutzen ziehen kann, so gut dran wie ein Besitzer: Darum besitzt der Weise alles, wie es bei Cicero heißt. Weil nur dieses praktische Wissen der Weisheit den richtigen Gebrauch politischer Macht garantiert, darum ist der Weise mit größerem Recht ein König als Tarquinius, dem dieses Wissen abging. Diese Antwort wird nun durch die ausführlichere Darstellung bei DL bestätigt. Auch hier wird der Weise auf Grund seines Wissens als der zu allen möglichen Tätigkeiten und Ämtern eigentlich Fähige beschrieben, ein Beispiel:

> Auch seien die Weisen allein Priester, denn sie hätten sich Klarheit verschafft über Opfer, Tempelgründungen, Sühnungen und was sonst zum Gottesdienst gehöre.[1]

Sie haben sich Klarheit verschafft, d.h. sie haben ein Wissen darüber! Oder:

> Doch nicht nur frei seien die Weisen, sondern auch Könige, denn das Königtum sei eine Herrschaft, die niemandem Rechenschaft schuldig sei, und das könne allein bei den Weisen Bestand haben, wie Chrysipp sagt [...]. Denn der Herrscher müsse sich ein sicheres Urteil gebildet haben über das Gute und Schlechte, kein schlechter Mensch aber wisse darüber Bescheid. Sie allein seien befähigt für die

1 DL 7.119.

> Tätigkeit als Staatsbeamte, als Richter und als Redner, von den schlechten Menschen dagegen keiner. Ferner seien sie auch unfehlbar, denn sie seien nicht in der Lage, einen Fehler zu begehen. Auch seien sie unschädlich, denn sie schadeten weder sich noch anderen.[1]

Auch hier also finden sich in den Begründungen für diese übermenschlichen Eigenschaften des Weisen immer Hinweise auf ein W i s s e n des Weisen: „der Herrscher müsse sich ein sicheres Urteil gebildet haben". Auch der Titel des Weisen, des *sophos*, selbst verweist ja auf ausgezeichnetes Wissen.

Natürlich wissen auch die Stoiker, daß kein Mensch sein Leben so vollständig in der Hand hat, daß er auch die äußeren Umstände seines Daseins immer in seinem Sinne gestalten kann. Uns können unheilbare Krankheiten, der Tod naher Freunde und Verwandter, uns kann ein Schicksalsschlag oder ein Krieg treffen. Aber in solchen Situationen hat der Weise, wenn er keinen anderen Ausweg sieht, das Recht, den Freitod zu wählen:

> Wenn er gute Gründe hat, so wird der Weise, wie sie behaupten, sich auch selbst das Leben nehmen zur Rettung des Vaterlandes oder der Freunde und wenn er von gar zu hartem Leid heimgesucht wird, sei es von Verstümmelung oder von unheilbarer Krankheit.[2]

Mit dem Bilde des Weisen haben uns die Stoiker das Bild eines aus e i g e n e r K r a f t m o r a l i s c h v o l l k o m m e n e n Menschen aufgestellt, eines Menschen, der seine moralische Vollkommenheit einem W i s s e n verdankt. Er ist das Urbild der m o r a l i s c h e n A u t o n o m i e , die das tut, was sie als moralisch richtig eingesehen hat: Der stoische Weise, das ist in erster Linie die Verkörperung der Forderung, daß auch auf dem Gebiet der moralischen Standards die letzte Instanz nur unsere eigene Erkenntnis- und Einsichtsfähigkeit sein kann.

Man muß diesen Weisen nur für einen Augenblick mit dem späteren Tugendideal des christlichen H e i l i g e n vergleichen, um zu sehen, welchen Wandel hier in wenigen Jahrhunderten eine Offenbarungsreligion bewirkt hat: Anders als für den Weisen ist für den Heiligen die Unterordnung seines Wollens und Erkennens unter die Gebote eines Gottes, auch wenn diese für ihn nicht einsehbar sind, durchaus denkbar. Das heißt nicht, daß die Motive des Heiligen nicht sittlich achtenswert sein müßten, sondern nur, daß sie nicht mehr die e i g e n e Einsicht und das e i g e n e Wissen zur Voraussetzung haben. Eine der Wurzeln des christlichen Heiligen bleibt eben doch jener Abraham des Alten Testamentes, der auf das Wort Gottes hin bereit ist, seinen eigenen Sohn umzubringen, und den von dieser Tat nicht seine Er-

[1] DL 7.122-123.
[2] DL 7.130.

kenntnis, sondern nur die Stimme dessen, der ihm diesen Befehl gegeben hat, abzubringen vermag.[1]

II

Von daher ist es nicht verwunderlich, daß die christlichen Neustoiker, allen voran Justus Lipsius, große Mühe hatten, die Forderungen der theonomen christlichen Moral mit ihrer Bewunderung für die stoische Ethik und den stoischen Weisen zu vereinbaren. Lipsius hat sich in zwei Schriften sehr ausführlich mit diesem Teil der stoischen Ethik beschäftigt: in der sehr verbreiteten Schrift *De Constantia* von 1584 und in seiner *Manuductio ad Stoicam Philosophiam* von 1604.[2] Die erste Schrift läßt schon durch ihren Titel ihre Nähe zu Seneca erkennen, dessen Dialog *De Constantia Sapientis* nachweisen will, daß, wie es im Titel heißt, der stoische Weise weder Unrecht (*iniuria*) noch Beleidigung (*contumelia*) erleide. Lipsius' Schrift ist, wie ihr römisches Vorbild, als Dialog geschrieben, in dem Lipsius, der sich auf einer Reise nach Wien befindet, von dem Humanisten Charles de Langhe (Langius), einem Kanoniker an der Kathedrale von Lüttich, dazu ermahnt wird, den Wirren des niederländischen Bürgerkrieges nicht auszuweichen, sondern ihnen standzuhalten. Das dramatische Datum des Gesprächs ist der Sommer des Jahres 1571. Zur Zeit der Abfassung dieses Werkes ist Lipsius als Professor an der (calvinistisch orientierten) Universität Leiden tätig; sein Freund Langius ist zu diesem Zeitpunkt bereits gestorben.[3]

In den zwei Büchern dieser Schrift versucht Lipsius eine Verteidigung der stoischen Lehre, die aber dort zurückgewiesen oder umgedeutet wird, wo sie dem christlichen Dogma widerstreitet, etwa in der stoischen Lehre vom Fatum, die ausführlich (Buch I, cap. 17-22, fast ein Drittel des ersten Buches) behandelt wird: Hier will Lipsius das „wahre" Fatum auf die göttliche Vorsehung zurückführen, ein Unternehmen, das nur mit einiger Spitzfindigkeit zu bewerkstelligen ist. Die stoische Unterordnung Gottes unter das Fatum wird aber ausdrücklich verworfen. Es ent-

---

1 Dieses bloß auf den Gehorsam gegenüber einem göttlichen Befehlsgeber gegründete Verhalten Abrahams wird etwa von Augustinus ausdrücklich als vorbildlich hingestellt: Vgl. *De Civ. Dei* I 21.

2 Leider sind die Schriften von Justus Lipsius seit den Ausgaben des 16. und 17. Jahrhunderts nicht mehr nachgedruckt worden; lediglich von der deutschen Übersetzung von *De Constantia* durch Andreas Viritius (*Iusti Lipsii Von der Bestendigkeit*, Danzig 1599, Leipzig ²1601) ist in der Sammlung Metzler ein Reprint erschienen (Stuttgart 1965). Von den beiden postum erschienenen Ausgaben der *Opera Omnia* (Antwerpen 1637, Wesel 1675, jeweils vier Bände) ist die Antwerpener Ausgabe die zuverlässigere.

3 Vgl. dazu die ausgezeichnete Untersuchung von M. P. O. Morford, *Stoics and Neostoics*, Princeton 1991, insbes. S. 64ff.

spricht auch wohl eher christlicher als stoischer Lehre, daß „die Geduld und die Ergebenheit“ (*patientia et demissio animi*) die „wahre Mutter der Beständigkeit“ sei.

Die *Manuductio*, die Lipsius zwanzig Jahre später und zwei Jahre vor seinem Tode veröffentlicht hat, enthält eine ausführliche Darstellung der stoischen Ethik. War in der früheren Schrift eher eine Eigenschaft des stoischen Weisen als dieser selbst Gegenstand der Untersuchung, so ist der stoische Weise (*sapiens*) in der späteren Schrift auch ganz explizit Thema. Er wird im dritten und letzten Buch behandelt, und zwar in einer Diskussion stoischer Paradoxa, die in Anlehnung an Ciceros *Paradoxa Stoicorum* ab dem 3. Kapitel (*Dissertatio*) dieses Buches jeweils eine (oder mehrere) paradoxe These(n) der stoischen Moralphilosophie thematisiert. Diese Schrift hat Lipsius verfaßt, als er wieder in Löwen lehrt und, nach seinem in Leiden erfolgten Übertritt zum Calvinismus, wieder zum katholischen Bekenntnis zurückgekehrt ist. Das mag die auffallend häufige Berufung auf Autoritäten erklären, die in den Augen der gegenreformatorischen katholischen Kirche Garanten der Rechtgläubigkeit sind. So stößt man in fast jedem Kapitel neben den ausführlich benutzten Autoren der griechischen und vor allem römischen Antike, insbesondere Seneca, Epiktet und Cicero, auf Kirchenväter wie Ambrosius, Augustinus, Laktanz, Clemens von Alexandrien. Einmal wird auch das Alte Testament bemüht: Bei der Verteidigung des dritten Paradoxons:[1] *Sapiens semper in gaudio esse* wird Jesaia cap. 57 v. 21 zitiert: *non est gaudere impiis.*

Unter diesen Thesen der stoischen Moralphilosophie gibt es nun einige, bei denen Lipsius sich von der Stoa distanzieren muß: so bei der Behandlung des 12. Paradoxons: *Sapientem Deo parem esse.*[2] Gegen diese *vaniloquentia Stoicorum* werden andere Schriftsteller der heidnischen Antike angeführt. Ebenso muß Lipsius gegen die These Protest einlegen: *Peccata aequalia esse.*[3] Schließlich wird damit die Unterscheidung der christlichen Moraltheologie zwischen läßlichen Sünden und Todsünden geleugnet.

Aber den schärfsten Widerspruch findet die These der Stoiker, daß der Freitod, die *mors voluntaria*, unter bestimmten Umständen erlaubt sei: *Sapientem sumere aliquando mortem posse.*[4] Das ist nun eine These, die in einer ganz konkreten moralischen Frage der christlichen Moral diametral entgegengesetzt ist,[5] die andererseits

1 III. *diss.* 5.
2 III *diss.* 14.
3 III *diss.* 21.
4 III *diss.* 22-23.
5 Die christliche Verurteilung der Selbsttötung hat bei Augustinus ihren für die nachfolgende christliche Moraltheologie verbindlichen Ausdruck gefunden, vgl. *De Civ. Dei* I 17, 20, 22-24. Augustinus verwirft ausdrücklich den von den stoischen Autoren häufig erwähnten Freitod des Cato Uticensis: *De Civ. Dei* I 23f.

nicht nur für das Idealbild des stoischen Weisen, sondern für jeden Anhänger der stoischen Moralphilosophie von Bedeutung war: Schließlich war auch Seneca, der in den Augen des Justus Lipsius bedeutendste Philosoph, durch Selbsttötung aus dem Leben geschieden. Peter Paul Rubens, der dem Kreis um Justus Lipsius angehörte, hat diesen Freitod des Seneca in einem berühmten, heute den Bayerischen Staatsgemäldesammlungen in München gehörenden Bild dargestellt.

Wie schon bei der Zurückweisung der These, daß der Weise gottgleich sei, argumentiert Lipsius auch gegen diese These der Stoa mit Gründen, die er aus Autoren der heidnischen Antike, aus Platon und Apuleius, zieht. Er schließt seine Verurteilung dieser stoischen Auffassung am Ende von III *diss.* 23 mit den Worten:

> Der Tod fällt nicht in unsere Entscheidungsfreiheit; in dieser Frage kann ich den Stoikern meine Zustimmung nicht geben. (*Mortem arbitrii nostri non esse: nec Stoicis me, hac parte, suffragium dare.*)

Damit hat er der christlichen Verurteilung der Selbsttötung vorbehaltlos zugestimmt. Eine Distanzierung von den Stoikern, die, so wird man vielleicht vermuten dürfen, dem Verehrer des Seneca nicht leicht gefallen sein wird.

Gleichwohl besteht der eigentliche Unterschied in der Behandlung des stoischen Weisen bei Lipsius einerseits und seinen antiken Quellen andererseits, wie mir scheint, nicht einmal in erster Linie in der Ablehnung bestimmter einzelner Lehren der Stoa, wie ich sie eben angeführt habe. Der tieferliegende Unterschied scheint mir darin zu liegen, daß jener Gedanke eines vollkommenen praktischen Wissens, der die Grundlage der stoischen Auffassung des Weisen bildet, hier so gut wie verschwunden ist. Indem der stoische *sapiens* gewissermaßen in einzelne Aspekte zerlegt wird, von denen die einen als mit dem christlichen Dogma übereinstimmend befunden, andere dagegen als damit nicht verträglich abgelehnt werden, geht gerade jener Gesichtspunkt verloren, der die Einheit dieser Aspekte begründet hatte: die Begründung des moralischen Verhaltens durch ein Wissen dessen, was das Gute ist. Die *disiecta membra sapientis*, wie sie sich uns in Lipsius' *Manuductio* darstellen, lassen den Grund dieser Konzeption des stoischen Weisen nicht mehr erkennen.

III

In der *Ethik* Spinozas ist vom Weisen explizit nur selten die Rede, wenn ich nichts übersehen habe, lediglich an zwei Stellen. Aber der Kontext dieser Stellen zeigt, daß entgegen dem Augenschein die Figur des Weisen eine zentrale Stellung in der Philosophie Spinozas einnimmt. Die aufschlußreichste Stelle ist ohne Zweifel die Anmerkung Spinozas zum Lehrsatz 42 des fünften Teils, jene Anmerkung, mit der er den letzten Teil seiner *Ethik* beschließt. Ich setze sie zunächst in Übersetzung hierher:

> Hiermit habe ich Alles erledigt, was ich von der Macht des Geistes über die Affekte und von der Freiheit des Geistes hatte zeigen wollen, woraus erhellt, wieviel der Weise (*sapiens*) vermag und dem Unwissenden (*ignarus*) überlegen ist, der bloß von den Lüsten getrieben wird. Denn der Unwissende, abgesehen davon, daß er von äußeren Ursachen auf vielfache Weise beunruhigt wird und nie im Besitz der wahren Seelenruhe (*acquiescentia*) ist, lebt überdies gleichsam ohne Bewußtsein seiner selbst, Gottes und der Dinge, und sobald er zu leiden aufhört, hört er zugleich auch auf zu sein; der Weise hingegen, sofern er als solcher betrachtet wird, wird kaum in der Seele bewegt, sondern seiner selbst, Gottes und der Dinge mit einer gewissen ewigen Notwendigkeit sich bewußt, hört er nie auf zu sein, sondern ist immer im Besitze der wahren Seelenruhe. Wenn nun auch der Weg, den ich als dahin führend gezeigt habe, sehr schwierig zu sein scheint, so läßt er sich doch finden, und allerdings muß etwas schwierig sein, was so selten angetroffen wird. Denn wie wäre es möglich, wenn das Heil so leicht zur Hand wäre und ohne große Anstrengung gefunden werden könnte, daß es fast von allen vernachlässigt würde? Aber alles Hohe ist eben so schwer als selten.

Mit diesem Scholium stellt Spinoza also klar, daß sich als Ergebnis der Darlegungen des fünften Teils seiner *Ethik* die Überlegenheit des Weisen über den Unwissenden ergibt. Das aber heißt nichts anderes, als daß auch schon vorher der Weise und sein Widerpart, der Unwissende, immer Gegenstand der Untersuchung waren. Zwar hat Spinoza in diesem Teil der *Ethik* diesen Titel vorher nicht benutzt, aber das hat seinen Grund darin, daß er hier in einer philosophischen Anthropologie Geist (*mens*) und Körper einander opponiert; von einer Person als Träger der Eigenschaften des Geistes ist daher hier nicht die Rede.

Das ist jedoch anders im vorhergehenden vierten Teil, der über die menschliche Knechtschaft und die Macht der Affekte handelt. Hier erhält auch die Person, die gewissermaßen der Zielpunkt der Bemühungen Spinozas ist, einen eigenen Titel, nämlich den des „Menschen, der nach der Leitung der Vernunft lebt" (*homo qui ex ductu rationis vivit* P. IV, Prop. 35, Coroll.).[1] Dieser Ausdruck tritt zunächst nur in einem Folgesatz zu einem Lehrsatz auf, wird aber später auch Gegenstand von Lehr-

[1] Dilthey scheint diese Redeweise allerdings mißzuverstehen, wenn er bei Spinoza den *homo qui ex ductu rationis vivit* vom Weisen unterschieden sehen will: „Auch dazwischen den ignarus und den sapiens als Zwischenstufe das Leben nach der ratio gestellt ist, ist in Übereinstimmung mit der bekannten stoischen Lehre von den *prokoptontes.*" (*Die Autonomie des Denkens*, a.a.O., S. 289) Der Begriff der *prokoptontes* tritt in der stoischen Ethik gerade in einem Zusammenhang auf, in dem betont wird, daß diejenigen, die auf dem Weg zur Tugend seien (d.h. die *prokoptontes*), eher auf die Seite der Schlechten gehören, so wie es für einen Ertrinkenden keinen Unterschied mache, ob er eine Elle oder fünfhundert Klafter unter der Wasseroberfläche ist (vgl. SVF III 539 = Plutarch, *De Comm. Not.* 1063a). Für eine solche Zwischenstellung findet sich bei Spinoza kein Beleg.

sätzen[1] und Beweisen von Lehrsätzen.[2] Eine nähere Untersuchung der Verwendung dieses Gedankens zeigt nun in der Tat, daß Spinoza hier an stoischen Vorstellungen und insbesondere an der Vorstellung eines sich aufgrund seines Wissens selber bestimmenden Menschen orientiert ist.

Die erste Formulierung, in der Spinoza von der Leitung der Vernunft (*ductus rationis*) redet, findet sich in IV Prop. 24:

> Durchaus tugendhaft handeln ist nichts Anderes in uns, als nach der Leitung der Vernunft handeln, leben, sein Sein erhalten (diese drei bedeuten dasselbe) aus dem Grunde, daß man seinen eigenen Nutzen sucht.[3]

Die Aufnahme der Selbsterhaltung (*suum esse conservare*) in diese Trias knüpft an die bekannte Lehre der Stoa an, daß die Selbsterhaltung das primäre Ziel des Strebens jedes Lebewesens ist.[4] Aber entscheidender noch ist hier der Gedanke des E r k e n n e n s . Denn wie der Beweis zu diesem Lehrsatz sofort feststellt, ist die Erkenntnis eine notwendige Bedingung des Handelns („Wir handeln aber nur insofern, als wir erkennen.") Das Erkennen ist aber zugleich, wie dann der übernächste Lehrsatz feststellt, das Ziel alles vernunftgemäßen Strebens:

> Dasjenige, wonach wir der Vernunft gemäß streben, ist nichts Anderes, als das Erkennen, und der Geist erachtet, sofern er die Vernunft anwendet, nur das für sich als nützlich, was zum Erkennen führt.[5]

Dieser Gedanke eines Wissens wird an späterer Stelle noch in anderer, sehr charakteristischer Weise akzentuiert: Im Beweis zum Lehrsatz 56 heißt es, unter Bezugnahme auf den oben zitierten Lehrsatz 24:

> Ferner ist tugendhaft handeln nichts Anderes, als nach der Leitung der Vernunft handeln (nach L. 24 d. Th.), und wer nach der Leitung der Vernunft handelt, muß notwendig wissen, daß er nach der Leitung der Vernunft handelt (*qui ex ductu rationis agit, scire necessario debet se ex ductu rationis agere*).[6]

Es gibt also kein Handeln nach der Leitung der Vernunft, das dem Handelnden nur etwa von einem außen stehenden Beobachter zugeschrieben würde. Von einem solchen Handeln kann nur dort geredet werden, wo der so Handelnde auch weiß, daß er nach der Leitung der Vernunft handelt. Wenn wir diese Bestimmung auf den Weisen zurückbeziehen, den Spinoza hier darstellen will, so heißt das, daß dieser

---

[1] Vgl. IV, 46, 50 und 73.
[2] Vgl. die Beweise zu IV, Prop. 37, 51 und 56.
[3] Für die stoische Herkunft dieser Identifizierung von Tugend und vernunftgemäßem Leben vgl. etwa Cicero, *Tusc.* IV, 15, 34.
[4] Vgl. DL 7.85.
[5] IV 26.
[6] IV 56 Beweis.

stets ein reflexives Bewußtsein davon hat, daß er nach der Leitung der Vernunft lebt und handelt.

Im Kontext dieser Feststellungen treffen wir nun auch auf die zweite explizite Erwähnung des Weisen, des *Vir sapiens*, in der *Ethik*, und zwar im zweiten Scholium zum Lehrsatz IV 45 („Der Haß kann nie gut sein.") In einem Corollarium zu diesem Lehrsatz hatte Spinoza u.a. die Verhöhnung (*irrisio*) als einen zum Haß gehörenden Affekt bezeichnet; in dem zweiten Scholium trifft er nun eine Feststellung über den Unterschied von *irrisio* und *risus* (Lachen). Letzteres ist, wenn es nicht übermäßig ist, als reine Freude (*mera laetitia*) an sich gut. Dann fährt er fort:

> Wahrlich nur ein düsterer und trübseliger Aberglaube (*superstitio*) verbietet, sich zu freuen. Denn wie soll es passender sein, Hunger und Durst zu stillen, als die Traurigkeit (*melancholia*) zu vertreiben? Meine Ansicht dazu ist folgende und danach handle ich (*Mea haec est ratio, et sic animum induxi meum*): Kein göttliches Wesen und nur ein Neidischer freut sich über mein Unvermögen und meinen Schaden, oder rechnet uns Tränen, Schluchzen, Furcht und anderes der Art, was Zeichen eines schwachen Geistes sind, als Tugend an; sondern umgekehrt, mit je größerem Vergnügen wir affiziert werden, zu desto größerer Vollkommenheit gehen wir über, d.h. um so mehr nehmen wir dadurch notwendig teil an der göttlichen Natur. Daher genießt der Weise (*vir sapiens*) die Dinge und vergnügt sich an ihnen soviel als möglich (nicht zwar bis zum Ekel, denn das heißt nicht sich vergnügen). Der Weise, sage ich, erquickt und erholt sich bei mäßiger und wohlschmeckender Speise und Trank, ebenso an Duft und Schönheit grünender Pflanzen, an Kleiderschmuck, an Musik, an Wettkämpfen, an Theateraufführungen und anderem dergleichem, die ein jeder ohne Schaden für einen anderen genießen kann.

Dieser Text ist zwar nicht durch seine Stellung im Gedankengang der *Ethik* hervorgehoben wie die oben behandelte Erwähnung des *Sapiens*, die den fünften und letzten Teil der *Ethik* abschließt; aber er erhält dadurch ein besonderes Gewicht, daß Spinoza hier einmal in der ersten Person Singular redet, daß er hier sozusagen eine persönliche Erklärung abgibt.

Man muß nicht weit suchen, um Vertreter jenes von Spinoza kritisierten Aberglaubens zu finden, der den Menschen die Freude verbieten will und dem Spinoza hier den Weisen gegenüberstellt: Die christliche Erbauungsliteratur seiner Zeit bietet hinreichend Beispiele für eine Verächtlichmachung und Verdammung sog. weltlicher Freuden.

Mit dieser Charakterisierung des Weisen scheint Spinoza im übrigen den Epikureern näher zu stehen als der Stoa.[1] Aber sein Weiser, sein Mensch, der nach der Leitung der Vernunft handelt, weist darüber hinaus genügend Züge auf, die ihn in

[1] Vgl. etwa DL 10.130f.

eine unmittelbare Übereinstimmung mit den Stoikern bringen.[1] Daß Spinoza auch hier gerade jene Züge betont, die dem christlichen Dogma widersprechen, wird nicht verwundern: So wenn er etwa die Demut (*humilitas*) und die Reue (*poenitentia*) aus dem Tugendkatalog streicht[2] oder wenn er umgekehrt für den Ruhm (*gloria*) die Möglichkeit offen läßt, aus der Vernunft entsprungen zu sein.[3]

Die philosophisch eindrucksvollsten Bemerkungen Spinozas über den Weisen als den Menschen, der von der Vernunft geleitet wird, finden sich aber in den abschließenden Lehrsätzen 67 bis 73 des Teils IV der *Ethik*. Sie werden eingeleitet durch das Scholium zum Lehrsatz 66. Dieses Scholium fordert den Leser zunächst auf, sich klarzumachen,

> welch ein Unterschied zwischen dem Menschen, der bloß vom Affekt oder von der Meinung, und dem Menschen besteht, der von der Vernunft geleitet wird. Denn jener tut, ob er will oder nicht, das, worüber er sich in der größten Unwissenheit befindet (*quae maxime ignorat*); dieser aber folgt in allem nur sich selbst und tut nur das, was er als das Höchste im Leben kennt, und was er deshalb am meisten begehrt; und darum nenne ich jenen einen Knecht, diesen aber einen Freien, über dessen Gesinnung und Lebensweise ich noch Einiges bemerken will.

Hier finden wir nun ausdrücklich die Charakterisierung des von der Vernunft geleiteten Menschen als s e l b s t b e s t i m m t: Er folgt in allem nur sich selbst. Das ist begründet in seiner Kenntnis des Höchsten im Leben, in einem Wissen also, während der affektgeleitete Mensch durch seine Unwissenheit, seine *ignorantia* bestimmt ist. Weil der nur vom eigenen Wissen geleitete Mensch in höchstem Maße selbstbestimmt handeln kann, darum kann Spinoza ihn als den wahrhaft freien Menschen darstellen. Daß der freie Mensch nur ein anderer Name für den Menschen ist, der von der Vernunft geleitet wird, das wird von Spinoza im folgenden mehrmals ausdrücklich hervorgehoben.[4]

An die zitierte Bemerkung des Scholiums unmittelbar anschließend gibt Spinoza nun die erste Charakterisierung des freien Menschen:

> Der freie Mensch denkt an nichts weniger als an den Tod, und seine Weisheit ist nicht eine Betrachtung des Todes, sondern des Lebens (*ejus sapientia non mortis, sed vitae meditatio est*).[5]

[1] Man vgl. die Parallelen, die Dilthey (*Die Autonomie des Denkens*, a.a.O., S. 288f.) dazu zusammengetragen hat.
[2] IV 53 und 54 resp.
[3] IV 58.
[4] Vgl. jeweils den Beginn der Beweise zu Lehrsatz 67 und 68.
[5] IV 67.

Diese Verbannung der *meditatio mortis* aus der *sapientia* hat eine deutlich polemische Pointe. Und man muß nicht weit suchen, um den hier gemeinten Gegner zu finden: In der *Imitatio Christi* des Thomas von Kempen (ca. 1380-1471) trägt das Kapitel 23 des ersten Buches die Überschrift *De meditatione mortis.* Thomas von Kempen verbrachte sein Leben zum größten Teil in den Niederlanden: Er studierte in Deventer und lebte dann bis zu seinem Tod in einem Kloster in der Nähe des nordholländischen Zwolle. Die *Imitatio Christi* war das Hauptbuch einer spätmittelalterlichen Frömmigkeitsbewegung, der *devotio moderna*; dieses Andachtsbuch fand auch in den Volkssprachen weite Verbreitung und sein Einfluß scheint auch in den reformierten Niederlanden noch beträchtlich gewesen zu sein. Im Jahre 1607 werden in Antwerpen von einem Jesuiten die *Opera Omnia* des Thomas von Kempen herausgegeben.

Im Kapitel I 23 der *Imitatio Christi* wird das Denken an den bevorstehenden eigenen Tod als Weg zur Glückseligkeit gepriesen:

> Glückselig (*beatus*), wer die Stunde seines Todes stets vor Augen hat und sich täglich zum Sterben bereit hält.

In dieser Forderung der *meditatio mortis* des Thomas von Kempen findet eine lange Tradition der christlichen Moraltheologie ihren prägnanten Ausdruck.[1] Gegen diese Forderung richtet sich die Kritik Spinozas, der damit den Weisen, den freien Menschen, in eine deutliche Opposition zu christlichen Vorstellungen bringt, damit aber auch den antiken Weisen von den Überkrustungen des christlichen Dogmas löst.

Der anschließende Lehrsatz 68 hat nicht eigentlich den freien Menschen zum Thema, sondern die Verbindung des Begriffs der Freiheit zu den Begriffen von gut und schlecht:

> Wenn die Menschen frei geboren würden, dann würden sie sich, solange sie frei wären, keinen Begriff von gut und schlecht (*bonum et malum*) bilden.

Die Begründung dieser erstaunlichen These läuft über den Gedanken, daß die Vorstellung des Schlechten eine inadäquate Vorstellung ist (was im Corollarium zu Lehrsatz 64 festgestellt worden war), daß aber der freie, d.h. der allein von der Vernunft geleitete Mensch, wenn er als solcher geboren wird und frei bleibt, ausschließlich adäquate Vorstellungen hat. Also, so Spinoza, kann er keine Vorstellung des

---

1 Sie beginnt mit den Paulusbriefen (vgl. etwa *Koloss.* 3,2f.; *Römer* 8,10) und wird vor allem durch Augustinus (vgl. etwa seine Charakterisierung des menschlichen Lebens als *cursus ad mortem* in *De Civ. Dei* XIII, 10) und die augustinische Tradition verstärkt, in die auch Thomas von Kempen gehört. Der Gedanke der *meditatio mortis* ist aber älter als das paulinische Christentum: Er hat bereits in dem „Sich-Einüben auf den Tod“ (*melete thanatou*, *Phaed.* 80e-81a, vgl. 61e, 64a ff.) des platonischen Sokrates seinen philosophischen Ausdruck gefunden.

Schlechten haben, und, da gut und schlecht Korrelatbegriffe sind, auch nicht von gut.

Das anschließende Scholium stellt fest, daß dieser Lehrsatz eine kontrafaktische Annahme macht, denn der Mensch ist nicht frei geboren, da er als Teil der Natur (wie in IV 3, worauf Spinoza zurückverweist, dargelegt wurde) nicht ausschließlich Veränderungen erleiden kann, „welche aus seiner Natur allein verstanden werden können und deren adäquate Ursache er ist".[1] An diese Ausführungen knüpft Spinoza in diesem Scholium nun eine Interpretation des Sündenfalls aus 1. Mos. 2-3, eine Interpretation, von der es einleitend heißt:

> Dieses und anderes, was wir bereits bewiesen haben, scheint von Moses in jener Geschichte des ersten Menschen bedeutet worden zu sein.

Die Art dieser referierenden Erzählung ist aber nicht nur mit vielen Abweichungen von der Darstellung im Pentateuch versehen, sondern enthält auch Dinge, die auf dem Hintergrund der Darlegungen Spinozas widersprüchlich sind, so daß sie mir eher als eine versteckte Bibelkritik erscheint: So heißt es, daß

> erzählt wird, daß Gott dem freien Menschen verboten habe, vom Baume der Erkenntnis des Guten und Bösen zu essen ...

Was ist das für ein freier Mensch, dem Gott etwas verbietet? Der Verlust dieser Freiheit des ersten Menschen wird dann folgendermaßen erklärt:

> Nachdem er aber zu dem Glauben gekommen war, daß die Tiere (*bruta*) ihm ähnlich seien, fing er sogleich an, die Triebe derselben nachzuahmen und seine Freiheit zu verlieren.

Auch dieses Verhalten paßt nicht gut zur Freiheit des freien Menschen, als der Adam hier vorgestellt wird. So handelt nicht jemand, „der von der Vernunft geleitet ist", wie es die Definition des freien Menschen will. In Wahrheit scheint dieser erste Mensch eher ein *ignarus*, ein Unwissender, zu sein.

Auch daß Moses hier als Erzähler vorgestellt wird (*a Mose significari in illa primi hominis historia*), stimmt nicht mit dem überein, was Spinoza an anderer Stelle über den Verfasser des Pentateuch sagt; im *Tractatus Theologico-Politicus*, cap. 8, wird dargelegt, daß Moses nicht der Verfasser des Pentateuch gewesen sein kann.

Daß wir hier eher eine Kritik an der biblischen Erzählung zu sehen haben, wird aber auch durch den Kontext nahegelegt. Denn die biblische Erzählung wird hier herangezogen, um zu illustrieren, daß der Vordersatz der Konditionalaussage, die in diesem Lehrsatz steht, falsch ist, der Satz also, daß die Menschen frei geboren wer-

---

[1] IV 3.

den. Adam, so scheint Spinoza uns andeuten zu wollen, war keineswegs ein freier Mensch.

Die folgenden Lehrsätze 69 bis 72 entsprechen Vorstellungen der stoischen Philosophie: Daß die Tugend des freien Menschen ebenso groß im Vermeiden wie im Überwinden der Gefahren erscheint,[1] das entspricht dem, was Seneca[2] zum Thema der Tapferkeit, der *fortitudo* sagt: Auch Seneca fordert, daß der Tapfere Gefahren meidet, nicht sucht, daß er aber, wenn anders er seine Freiheit bewahren will, den Dingen nicht weicht, die (fälschlich) als Übel angesehen werden. Daß der freie Mensch, der unter Unwissenden (*ignari*) lebt, soviel wie möglich ihre Wohltaten abzulehnen sucht,[3] um nicht in unnötige Abhängigkeit von ihnen zu kommen, daß er aber diese Regel unter den Gesichtspunkten der Schicklichkeit und Nützlichkeit anwendet, auch das ist ein Ratschlag Senecas.[4]

Daß die freien Menschen allein gegeneinander höchst dankbar sind,[5] weil nur sie durch das Band der Freundschaft verknüpft sind, auch das entspricht stoischer Lehre.[6] Daß schließlich der freie Mensch nie mit böser List handelt, sondern stets aufrichtig ist,[7] auch das ist eine Forderung, die sich etwa bei Cicero[8] findet.

Der letzte Lehrsatz dieses Teils,[9] der von dem Menschen, der von der Vernunft geleitet wird, feststellt, daß er im Staate, wo er nach gemeinsamem Beschluß lebt, freier ist als in der Einsamkeit, wo er sich allein gehorcht, findet ebenfalls einen Vorläufer in der Philosophie der Stoa:

> Auch wird der Weise nicht in der Einsamkeit leben; denn er ist von Natur aus für das gemeinschaftliche Leben und Handeln gemacht.[10]

Aber mit der Betonung dieses Zuges kritisiert Spinoza indirekt das christliche Ideal des mönchischen Lebens der Zurückgezogenheit von der Welt. Auch hier, bei seiner letzten Charakterisierung des Weisen, zeigt dieser sich als das Gegenbild eines christlichen Ideals.

Prüfen wir die Kritik an Vorstellungen der christlichen Religion, die sich aus diesen Thesen Spinozas herauslesen läßt, noch einmal an dem, was sich bei ihm zur

---

1 IV 69.
2 *Ep. mor.* 85, 24-28.
3 IV 70.
4 *De beneficiis* II, 18, 5-7.
5 IV 71.
6 Vgl. DL 7.124: Freundschaft gibt es nur zwischen den Besten; Seneca, *Ep. mor.* 109.
7 IV 72.
8 Vgl. *De Amicitia* xviii, 65.
9 IV 73.
10 DL 7.123.

Frage der Selbsttötung findet. Er kommt in der *Ethik* an zwei Stellen darauf zu sprechen: IV 18, Schol. und IV 20, Schol. An der ersten Stelle sagt Spinoza,

> daß die, die sich selbst töten, ihres Geistes nicht mächtig sind (*animo esse impotentes*) und völlig von äußeren, ihrer Natur widerstrebenden Ursachen überwunden werden.[1]

Darin liegt zumindest keine moralische Verdammung der *mors voluntaria*, etwa im Sinne der christlichen Moraltheologie. Wer seines Geistes nicht mächtig ist und von äußeren Ursachen überwunden wird, den trifft jedenfalls kein Vorwurf. Wird mit dieser Charakterisierung doch gerade die Möglichkeit einer freien Entscheidung geleugnet.

Sehr viel ausführlicher und differenzierter äußert sich Spinoza dann nur wenig später an der zweiten Stelle, die sich fast wie ein Kommentar zur ersten liest. Hier ist das gesamte Scholium des Lehrsatzes 20 der Frage der Selbsttötung gewidmet:

> Niemand unterläßt es also, wenn er nicht von äußeren und seiner Natur entgegengesetzten Ursachen überwunden wird, nach dem für ihn Nützlichen zu streben oder sein Sein zu erhalten. Niemand, sage ich, verweigert die Nahrung oder bringt sich um aufgrund der Notwendigkeit seiner Natur, sondern von äußeren Ursachen gezwungen; dazu kann es auf vielerlei Art und Weise kommen. Der eine tötet sich selbst, weil ihn jemand dazu zwingt, der ihm die rechte Hand, in der er zufällig ein Schwert hält, umdreht und ihn zwingt, dessen Spitze gegen sein eigenes Herz zu richten. Oder jemand wird, wie Seneca, aufgrund des Befehls eines Tyrannen gezwungen, sich die Adern zu öffnen, d. h. er sucht ein größeres Übel durch ein kleineres zu vermeiden. Oder jemand tut es schließlich aufgrund der Tatsache, daß unbekannte äußere Ursachen seine Phantasie so beeinflussen, und seinen Körper so affizieren, daß dieser eine andere Natur annimmt, die seiner früheren entgegengesetzt ist und von der es im Geiste keine Vorstellung geben kann (nach Lehrsatz 10 Teil 3). Aber daß der Mensch aufgrund der Notwendigkeit seiner Natur streben sollte, nicht zu existieren, oder in eine andere Gestalt verwandelt zu werden, das ist so unmöglich wie die Entstehung von etwas aus nichts, wie jedermann mit mäßigem Nachdenken erkennen kann.[2]

Dieser Text argumentiert nicht für eine moralische Verwerflichkeit der Selbsttötung, sondern will zeigen, daß Menschen nicht aufgrund der Notwendigkeit ihrer Natur zum Mittel der Selbsttötung greifen, sondern nur, weil sie von äußeren Ursachen dazu gezwungen werden. Anders als im Text des Scholiums zu IV 18 fehlt aber hier eine Behauptung des Inhalts, daß jeder, der sich selbst tötet, seines Geistes nicht mächtig (*animo impotens*) ist. Vielmehr macht die ausdrückliche Erwähnung und die Deutung von Senecas Freitod deutlich, daß das offenbar keine allgemeine Bestim-

---

1 IV 18, Schol.
2 IV 20 Schol.

mung von Personen ist, die freiwillig aus dem Leben scheiden. Denn jemand, der ein größeres Übel durch ein kleineres zu vermeiden sucht, der wäre wohl nur dann seines Geistes nicht mächtig, wenn es sich bei dem Vorziehen des Todes durch eigene Hand gegenüber einem möglicherweise qualvollen Sterben um eine Fehlkalkulation handeln würde. Aber davon steht bei Spinoza nichts.

Das alles ist zwar gewiß kein ausdrückliches Plädoyer für die Erlaubtheit der Selbsttötung im Sinne der Stoiker, aber es ist doch eine Behandlung dieses Themas, die von der Verdammung der Selbsttötung als Selbstmord zumindest gleich weit entfernt ist. Und es scheint fraglich, ob es einem Schriftsteller zur Zeit Spinozas möglich gewesen wäre, sich in deutlicheren Worten von der christlichen Verdammung des Freitodes zu distanzieren, ohne sein eigenes Leben aufs Spiel zu setzen. Schließlich hatte die spanische Inquisition schon 1659, zu einem Zeitpunkt, an dem Spinoza übrigens noch gar nichts veröffentlicht hatte, seine Auslieferung und die seines Freundes Juan de Prado verlangt, da beide das Mosaische Gesetz und die Unsterblichkeit der Seele geleugnet hätten. Auch wenn dieser Versuch der Inquisition erfolglos blieb, die Stellung Spinozas als ein aus der Amsterdamer Synagoge ausgeschlossener Jude blieb auch so prekär genug und mußte Anlaß zur Vorsicht sein. Wer aber unter den ersten Lesern Spinozas Ohren hatte zu hören, dem konnte eigentlich nicht verborgen bleiben, daß bei Spinoza die Selbsttötung nicht als moralisch verwerflich behandelt wird; und er konnte daraus seine Schlüsse ziehen.

IV

Erst wenn man die Behandlung des Weisen bei Spinoza mit der bei seinen neustoischen Vorgängern vergleicht, wird deutlich, worin die Leistung Spinozas tatsächlich besteht. Er hat als erster der neuzeitlichen Philosophen den antiken Weisen wirklich von den entstellenden Überwucherungen des christlichen Dogmas befreit, wozu seine humanistischen Vorgänger nicht willens oder nicht in der Lage waren. Er hat damit den antiken Weisen rehabilitiert, und dies, indem er der Gestalt des Weisen in seiner Philosophie wieder den Grund ihrer Einheit in einem Wissen zurückgegeben hat, das auch ihr antikes Vorbild auszeichnet. Auch wenn der Weise, der von der Vernunft geleitete Mensch, bei Spinoza nicht ausschließlich stoische Züge aufweist, sondern auch Einflüsse der epikureischen Philosophie zeigt, so bleibt doch das gemeinsame Fundament in den antiken Vorstellungen des Weisen diese Begründung auf ein Wissen. Erst diese Begründung sittlichen Verhaltens auf ein Wissen, das sich seiner selbst bewußt ist,[1] führt aber zu jener selbstbestimmten Moralität, der Spinoza in seiner Darstellung des freien Menschen ein Denkmal gesetzt hat, das man ohne Übertreibung klassisch nennen kann.

[1] Vgl. IV 56 Beweis.

Κοινὸς νόμος – lex naturalis

Stoisches und christliches Naturgesetz

von Maximilian Forschner (Erlangen-Nürnberg)

I

„Die Begriffe haben [...] ebenso wie die Individuen ihre Geschichte und vermögen ebenso wenig wie diese, der Gewalt der Zeit zu widerstehen; aber bei alledem behalten sie gleichwohl eine Art Heimweh nach ihrer Geburtsstätte."[1]

Mit diesen poetischen Worten rechtfertigt Sören Kierkegaard den historischen Blick auf die Genese philosophischer Begriffe.

Die meisten von uns sind heute weniger romantisch gestimmt als der unglückliche dänische Theologe und nur geneigt, dem Ursprung eines Begriffs nachzugehen, wenn seine aktuelle Verwendung noch an seine Herkunft erinnert, wenn sein Gebrauch mehrdeutig ist und wenn der Rückblick auf seine Geschichte eine Klärung seiner Bedeutungselemente verspricht. Dies trifft nun auf jeden Fall für unseren Begriff des (praktischen) Naturgesetzes zu. Und manche werden gewiß auch von einer Art Heimweh gedrängt, sich mit seiner Geschichte zu befassen, wenn sie bemerken, welch prekärem Nomadendasein sie durch moderne Begründungsversuche in ethischen Dingen ausgeliefert sind.

Wenn heute im praktischen Sinn von Naturgesetz die Rede ist, dann beziehen wir uns – dies versteht sich nach wie vor gleichsam von selbst – auf den Menschen als *animal rationale et sociale*, d.h. auf die moralischen Möglichkeiten und rechtlichen Ansprüche des Menschen als Menschen, nicht auf den Menschen als Glied einer bestimmten politisch organisierten Gesellschaft.

Weitgehende Einigkeit herrscht auch darüber, daß mit den Ausdrücken »Naturgesetz« bzw. »Naturrecht« nicht eigentlich ein Corpus von Rechtsgesetzen angesprochen war und wird, sondern Grundsätze der Moralität und Prinzipien des Rechts, die

---

[1] S. Kierkegaard, *Über den Begriff der Ironie mit beständiger Rücksicht auf Sokrates*, übers. v. E. Hirsch, Frankfurt/M. 1976, S. 13.

nach dem M o d e l l eines Rechtssystems, genauer: der Präambeln eines Rechtssystems verstanden werden; nach dem Modell von Prämissen eines Systems staatlicher Gesetze freilich, die keinen rechtsstiftenden menschlichen Gesetzgeber haben, die der Kontingenz menschlicher Institute entrückt sind, denen vielmehr alle von Menschen geschaffenen Gesetzessysteme und sittlichen Konventionen für immer unterworfen sein sollen.

Und wer heute Recht und Moral im letzten nicht auf Macht, Interessen und faktischen Konsens gegründet erachtet, scheint nach wie vor auf so etwas wie den Gedanken eines praktischen Naturgesetzes verpflichtet zu sein.

Gleichwohl besteht Uneinigkeit, ja Unverständnis auch unter Gebildeten darüber, welchen Sinn es machen soll, N a t u r als Quelle eines derart verstandenen Gesetzes anzusehen.

Das heute verbreitete Unverständnis läßt sich in drei dem Anschein nach kaum befriedigend beantwortbare Fragen bündeln:

Wie kann Natur als Inbegriff und gleichförmiger Zusammenhang dessen, was ohne menschliches Zutun ist und geschieht, Grund eines praktischen Gesetzes sein?

An welche Natur ist im Begriff der *lex naturalis* zu denken: an die Natur des Menschen, an die Natur der Gesellschaft, an die Natur des Universums?

Welchen logischen Status hat hier *natura*: handelt es sich um einen deskriptiven oder normativen Begriff oder um einen aus begriffslogisch anrüchigen Akten erwachsenen Bastard?

Diese Aporien, die sich vermeintlich oder tatsächlich mit dem Begriff der Natur in unserem Zusammenhang verbinden, legen die Frage nahe, ob es nicht besser wäre, mit Teilen der europäischen Aufklärung den Begriff eines (praktischen) Naturgesetzes zu verabschieden und nur noch von Vernunftgesetz bzw. praktischer Vernunft zu sprechen. Aus dieser Aufklärungsperspektive gesehen scheint es ja kein Zufall zu sein, daß die Wendung *νόμος της φύσεως* erstmals (als Paradoxon) in einer schillernden Rede des Platonischen Kallikles[1] auftaucht, um selbst von dieser Figur sofort wieder fallengelassen zu werden.

Es wäre sicher vermessen, im Rahmen eines kurzen Aufsatzes hinreichend klären zu wollen, was denn uns Heutigen natürlich sein soll am natürlichen Gesetz.

Das Dickicht berechtigter Fragen und aus vorurteilsgedüngter Unbildung erwachsener Mißverständnisse, das gegenwärtig für viele den Begriff einer *lex naturalis* umgibt und systematisch unbrauchbar macht, kann ich hier nur umgehen.

---

1 *Gorgias* 483 e 6.

Ich unterstelle, daß es noch grundsätzlich möglich ist, sich der Theorie, die den Begriff bis in die deutsche Schulphilosophie des 18. Jahrhunderts hinein trägt, relativ vorurteilsfrei von ihren historischen Ursprüngen und wesentlichen Traditionsströmen her zu nähern; und ich unterstelle, daß es für unsere Selbstverständigung auch noch Sinn macht, dies zu tun. Ich zweifle allerdings, ob es noch möglich ist, über die Anstrengung prägnanter Erinnerungsarbeit der Theorie wieder volle Überzeugungskraft zu verleihen. Denn sie ruht (unter anderem) ganz wesentlich auf einem durch die philosophisch-theologische Praxis der *Theoria* bzw. der *contemplatio mundi* vermittelten Naturverständnis und Naturverhältnis, das die Neuzeit und Moderne weitgehend hinter sich gelassen hat. Ich zweifle allerdings auch, ob es möglich ist, in einem philosophisch hinreichend geklärten Selbstverständnis ganz ohne sie auszukommen.

II

Die historische Naturrechtsforschung nähert sich allmählich der einhelligen Überzeugung, daß sich wesentliche Elemente einer Naturgesetz-Theorie bereits in der vorstoischen griechischen Philosophie finden, daß die Theorie selbst indessen durch die Stoa ihre Prägung erhielt.[1] Denn erst die Stoa formulierte mit Konsequenz die entscheidenden Prämissen aus, die die Theorie tragen: Die Welt weist eine rationale Ordnung auf, ist ein teleologisch vollkommen durchstrukturiertes Gefüge, das sich menschlicher Vernunft als Manifestation bzw. Entfaltung göttlicher Vernunft erschließt.[2]

Was uneingeschränkt und vollendet gut genannt werden kann, ist genau diese alles umfassende und lenkende göttliche Ordnung. Das Gute für den Menschen besteht darin, diese Ordnung und seine Stellung in ihr zu erkennen und zu betrachten und sich ihr fühlend, strebend und handelnd einzufügen. Darin und nur darin findet er bzw. sein Geist als dem vollendeten Ganzen gleichförmig gewordenes Teil seine Erfüllung. Für den Zusammenhang dieser Prämissen mit dem Begriff des Naturgesetzes bietet Diogenes Laertius einen klassischen doxographischen Beleg, der jedem Hellenismusforscher wohl vertraut ist:

> „Dasselbe ist das »leben gemäß der Tugend« wie das »leben gemäß der Erfahrung der Dinge, wie sie sich von Natur ereignen«, wie Chrysipp im ersten Buch seiner

---

[1] Vgl. G. Striker, *Origins of the Concept of Natural Law*, in: Proceedings of the Boston Area Colloquium in Ancient Philosophy, vol. 2 (1987), S. 79-101; K.-H. Ilting, *Naturrecht und Sittlichkeit*, Stuttgart 1983, S. 47ff.

[2] Die christlich-schöpfungstheologische Parallele hierzu bietet dann Thomas von Aquin. Vgl. v. a. *Summa contra Gentiles*, Liber II, caput 46. Seine Argumente gehen aus von einer *consummata universi perfectio*.

Schrift *Über Ziele* sagt. Denn unsere Naturen sind Teile der Natur des Ganzen. Deshalb wird das »der Natur folgend leben« (*τὸ ἀκολούθως τῇ φύσει ζῆν*) zum Ziel; was besagt, gemäß der eigenen Natur und der des Ganzen leben, und nichts tun, was das gemeinsame Gesetz für gewöhnlich verbietet (*οὐδὲν ἐνεργοῦντας, ὧν ἀπαγορεύειν εἴωθεν ὁ νόμος ὁ κοινός*), das Gesetz, das die rechte Vernunft ist, die alles durchdringt (*ὅσπερ ἐστὶν ὀρθὸς λόγος διὰ πάντων ἐρχόμενος*), das identisch ist mit Zeus, dem Leiter der Verwaltung der wirklichen Dinge (*ὁ αὐτὸς ὢν τῷ Διί, καθηγεμόνι τούτῳ τῆς τῶν ὄντων διοικήσεως ὄντι*). Eben dieses sei die exzellente Verfassung (*ἀρετή*) des Glücklichen und Wohlfluß des Lebens (*εὔροια βίου*): wenn alles getan wird gemäß dem Zusammenklang des eigenen, den einzelnen leitenden Geistes mit dem Willen dessen, der das Ganze verwaltet (*ὅταν πάντα πράττηται κατὰ τὴν συμφωνίαν τοῦ παρ' ἑκάστῳ δαίμονος πρὸς τὴν τοῦ ὅλου διοικητοῦ βούλησιν*)"[1].

Zwei Gedanken sind es, die einem philosophisch interessierten Leser dieses Textes prima facie auffällig und bedenkenswert erscheinen mögen. Einmal der, daß hier Tugend, Gesetzesgehorsam und Lebensglück in einem engen, unverbrüchlichen Zusammenhang stehen. Die heute gängige und in ihrem Klärungswert wohl auch zweifelhafte Unterscheidung zwischen deontologischer und teleologischer Ethik greift nicht. Die Maßstäbe und Orientierungspunkte der Sittlichkeit und des gelungenen Lebens sind noch nicht auseinandergetreten.

Und zum zweiten überrascht der Gedanke, daß hier Natur und Vernunft in gewisser Weise ineins gesetzt, daß das bestehende Ordnungsgefüge der seienden Dinge mit der rechten Vernunft, mit dem Willen des Zeus identifiziert werden. Sein und Sollen, was der Fall ist und was gut ist, sind für die Stoa entsprechend ihrer ontologischen und ethischen Grundbegrifflichkeit offensichtlich nicht durch einen logisch unüberbrückbaren Hiatus getrennt. Die Natur des Ganzen wird als Ausdruck eines göttlichen, objektiv vernünftigen Geistes erfahren; die Harmonie des Zusammenhangs und die Regularität der Teile des Kosmos läßt sich in stoischen Augen als Manifestation göttlicher Weisheit verstehen.[2] In dem, was in der Natur menschlicher Überlegung und Entscheidung vorgängig am Werk ist, bekundet sich ein erfolgreicher göttlicher Ordnungswille, dem der Mensch zu seinem Glück sich einfügen kann und muß.

Ein dritter Gedanke, der für die Theorie des Naturgesetzes gleichfalls konstitutiv ist, findet in unserem Text nur indirekten Ausdruck. Der Mensch versteht sich als Teil eines Ganzen, das von einem gemeinsamen Gesetz strukturiert, geleitet, verwaltet wird. Wenn in der griechischen Antike von Gesetz (*νόμος*) die Rede ist, ist (spätestens vom Ende des 6. Jahrhundert an) der Kontext der Polis präsent. Die Vorstel-

---

1 Diogenes Laertius (=DL) VII,87 = Hans von Arnim, *Stoicorum veterum fragmenta*, Nachdr. Stuttgart 1964, (=SVF) III, 4.

2 Vgl. Cicero, *De fin.* III, 21; Seneca, *Ep.* 124, 14.

lung von einem gemeinsamen Gesetz ist demnach verknüpft mit der Vorstellung vom Kosmos als einer einzigen großen Stadt: das Universum eine Megalopolis.

Nun widerspricht diesem Gedanken der Augenschein, der sich handfester Empirie bietet: Die Städte und Völker sind durch ihre je verschiedenen Gesetze und Sitten getrennt, kein gemeinsames Gesetz verbindet sie. Wenn in unserem Text von *ἐμπειρία τῶν φύσει συμβαινόντων* die Rede ist, dann kann damit nicht solche vordergründige Erfahrung gemeint sein. Die Stoa hat offensichtlich zwischen so etwas wie einer Oberflächen- und Tiefenerfahrung und entsprechend zwischen der Welt, wie sie sich einem weisen Blick und der Welt, wie sie sich einem unweisen Blick darstellt, unterschieden. Tatsächlich findet sich bei Klemens von Alexandrien ein Beleg, der den Kern dieser Unterscheidung für unseren Zusammenhang eindeutig namhaft macht:

> „Denn es sagen die Stoiker, daß der Himmel im eigentlichen Sinn Polis ist, während jene hier auf der Erde es keineswegs sind; man nennt sie zwar so, aber sie sind es nicht. Denn eine Stadt oder ein Volk ist etwas sittlich Gutes, etwas Edles, das als Verbindung oder Menge von Menschen vom Gesetz geleitet wird“[1].

Der Gedanke der Megalopolis, die Vorstellung vom e i n e n gemeinsamen Gesetz sprengt die Vorstellungskraft und Lebensweise der Vielen, widerspricht dem, was sie alltäglich erfahren, sagen und tun. Er schließt den Gedanken der Relativierung und Depotenzierung des Anspruchs heimischer Gesetze und regionaler Sitten zugunsten eines sittlichen Universums ein. Und umgekehrt verleiht er dem von allen erfahrenen heimischen Nomos nur insofern Legitimität, als dieser sich am Gesetz jener Polis orientiert, die im wahren und leitenden Sinne Polis ist.

Das Klemenszitat weist eine stark platonische Färbung auf; aber die stoische Lehre von der Weltstadt speist sich offensichtlich mehr aus zwei anderen Traditionen, der heraklitischen und der kynischen. Da diese im neuzeitlichen Naturrechtsbewußtsein kaum noch präsent sind, will ich ganz kurz auf sie eingehen.

Heraklit scheint der erste vorsokratische Philosoph gewesen zu sein, der Naturphilosophie und Philosophie des Politischen bewußt in Beziehung setzte. Bei ihm findet sich im Begriff einer universalen Vernunftstruktur allen Geschehens, des *Logos*, den der Weise begreift und dem die Vielen verständnislos gegenüberstehen[2], eindeutig jene Verschränkung deskriptiver Erklärung und normativer Interpretation von Natur, die dann für die Theorie des Naturgesetzes charakteristisch wird. Heraklits *Logos* ist eben sowohl Gesetz im Sinne des Naturgesetzes, das einen invarianten Zu-

---

1 *λέγουσι γὰρ καὶ οἱ Στωικοὶ τὸν μὲν οὐρανὸν κυρίως πόλιν, τὰ δὲ ἐπὶ γῆς ἐνταῦθα οὐκέτι πόλεις. λέγεσθαι μὲν γάρ, οὐκ εἶναι δέ. σπουδαῖον γὰρ ἡ πόλις καὶ ὁ δῆμος ἀστεῖόν τι σύστημα καὶ πλῆθος ἀνθρώπων ὑπὸ νόμου διοικούμενον.* Clemens, *Strom.* IV, 26 = SVF, III, 327.

2 Vgl. *Die Fragmente der Vorsokratiker* (= VS), Griechisch und deutsch von H. Diels, hrsg. von W. Kranz [6]1951, die Fragmente B 1, 2, 5, 13, 15, 17, 19, 34, 37, 56, 68, 121, 125a, VS Bd. I.

sammenhang der Dinge und Ereignisse ausdrückt,[1] als auch Gesetz im normativen Sinn, dem als dem Gemeinsamen zu folgen geboten sei.[2] Dabei wird einerseits das Gesetz der politisch-gesellschaftlichen Ordnung als Derivat des einen kosmischen Gesetzes metaphysisch gedeutet[3] (die menschlichen Gesetze nähren sich von dem einen göttlichen Gesetz, B 114), zum anderen die Naturgesetzlichkeit nach dem Modell einer Rechtsordnung interpretiert (die Sonne wird ihre Maße nicht überschreiten, andernfalls werden sie die Erinyen, die Schergen der Dike, ausfindig machen[4]).

Heraklits *Logos* ist überpositives, göttliches Rechtsgesetz (*εἷς θεῖος νόμος*, B 114), ungeschaffene, alles verbindende Weltordnung (*κόσμον τόνδε, τὸν αὐτὸν ἁπάντων, οὔτε τις θεῶν οὔτε ἀνθρώπων ἐποίησεν*, B 30), als ewig lebendes Feuer (*πῦρ ἀείζωον*) kosmogonisches Gestaltungsprinzip (ebd.), als das eine Weise (*ἓν τὸ σοφόν*) die Vernunft göttlicher Weltverwaltung.[5]

Ob diese enge Verbindung von Naturphilosophie und Philosophie des Politischen bei Heraklit der Stoa von Anfang an als Vorbild diente oder ob erst Kleanthes Zenons Philosophie über den Anschluß an Heraklit interpretierte und weiterentwickelte, sei dahingestellt.[6] Für Kleanthes jedenfalls sind vier Kommentarbücher zu Heraklit bezeugt.[7] Sein Zeushymnus[8] weist engste begriffliche und gedankliche Beziehungen zu ihm auf. Sphairos vom Borysthenes, ein Schüler von Zenon und Kleanthes, soll 5 Diatriben über Heraklit geschrieben haben.[9] Die explizite und intensive Bezugnahme der frühen Stoa auf Heraklit ist also gesichert.

„Vernünftig denken ist die größte Tugend, und Weisheit ist es, Wahres zu sagen und zu tun, der Natur gemäß, auf sie hinhörend".[10] Diese Heraklitische Sentenz, von Stobaeus überliefert, könnte auch von einem Stoiker stammen. Gleichwohl weist Heraklits Philosophie in ihrem Kern einen Zug auf, der sich nur schwer in eine praxisbezogene Theorie des praktischen Naturgesetzes übersetzen ließ: Die naturphilosophische Lehre vom *πόλεμος* als Vater und König von allem[11] scheint ihr ethisches Pendent gehabt zu haben: „Für Gott ist alles schön und gut und ge-

---

1 Vgl. VS I, S. 152f. frgm. B 10; I, S. 157f. frgm. B 30, 31.
2 Vgl. VS I, S. 151 frgm. B 2; v.a. frgm. B 112; B 176.
3 Vgl. VS I, S. 176 frgm. B 114: *τρέφονται γὰρ πάντες οἱ ἀνθρώπειοι νόμοι ὑπὸ ἑνὸς τοῦ θείου.*
4 VS I, 172 frgm. B 94.
5 B 41; B 72.
6 Vgl. dazu und zum Folgenden A. A. Long, *Heraclitus and Stoicism*, in: Φιλοσοφία 5-6 (1975-6), S. 133-153.
7 DL VII, 174 – SVF I, 481.
8 SVF I, 537.
9 Vgl. SVF I, 620.
10 VS I, 176, frgm. B 112: *σωφρονεῖν ἀρετὴ μεγίστη, καὶ σοφίη ἀληθέα λέγειν κατὰ φύσιν ἐπαΐοντας.*
11 VS I, 162 frgm. B 53.

recht; die Menschen aber haben das eine als ungerecht, das andere als gerecht angenommen".[1] Heraklits Logos verbindet nach dieser Gnome, w e n n s i e d e n n a u t h e n t i s c h i s t, moralische Gegensätze auf eine Weise, die seine Orientierungsfunktion für menschliche Praxis fraglich erscheinen läßt. Er stuft moralische Gegensätze zu Resultaten menschlicher Oberflächenperspektivik herab bzw. erhebt sie zu konstitutiven Momenten einer hintergründigen kosmischen Harmonie. Und diese Harmonie soll stärker sein als alle sichtbare.[2]

Heraklits Philosophie hätte in ihrer Tendenz m e t a p h y s i s c h e n Verstehens der hintergründigen Vernunftstruktur der Welt einen amoralischen Zug, dem die Stoa nicht zu folgen gewillt sein kann. Zwar integriert auch sie die Koexistenz moralischer Gegensätze in ihr Konzept kosmischer Ordnung, ja sie hing offensichtlich auch dem Gedanken an, daß aus der Perspektive des kosmischen Logos die Existenz des Schlechten als notwendig für die Ökonomie des Ganzen zu betrachten sei.[3] Aber sie besteht auf dem objektiven Status des Schlechten in der Welt, das für sich genommen dem *ὀρθὸς λόγος* widerspricht, das es zu fliehen gilt, das den Schlechten unglücklich macht und das durch die Unvernunft der Menschen ins Spiel des Ganzen kommt.[4] Sie sucht deshalb, zu Zwecken praktischer Orientierung, eine von menschlicher Unvernunft unberührte und unpervertierte, die reine Natur, die dem in kulturellen Verblendungszusammenhängen lebenden Menschen einen Anhalt für vernünftige Wahl und Entscheidung bieten soll. Und sie findet sie mit dem Kynismus in der natürlichen Ausstattung, in den natürlichen Neigungen des Menschen.

Ihre Theorie der Oikeiosis hatte die systematische Funktion, natürliches, vormoralisches Verhalten mit vernünftigem Handeln zu vermitteln. Mit dem Kynismus teilte sie die Überzeugung, daß die spontanen Triebe und Verhaltensimpulse, die mit der Natur des Menschen gegeben und der Tätigkeit einer rational überlegenden und verantwortlich entscheidenden Vernunft vorgängig am Werk sind, sittliche Relevanz beanspruchen können, ja müssen. Denn, so ihr pantheistisch-teleologisches Argument, „der Gott selbst hat mich so gemacht, daß ich diese Dinge wähle".[5]

Über die Testimonien zu Zenons Bildungsgang und seiner Schrift *Politeia* wissen wir noch von einer zweiten für unseren Kontext bedeutsamen gedanklichen Beziehung der frühen Stoa zum Kynismus. Diogenes von Sinope soll auf die Frage, wo-

---

1 VS I, 173 frgm. B 102: *τῶι μὲν θεῶι καλὰ πάντα καὶ ἀγαθὰ καὶ δίκαια, ἄνθρωποι δὲ ἃ μὲν ἄδικα ὑπειλήφασιν ἃ δὲ δίκαια.*

2 VS I, 162 frgm. B. 54: *ἁρμονίη ἀφανὴς φανερῆς κρείττων.*

3 Vgl. Plutarch, *Stoic. rep.* 1050 E - 1051 D; *Comm. not.* 1065 B - 1066 D; Epiktet, *Diss. I*, 12-16; SVF II, 1168-1186.

4 Vgl. SVF I, 537 Zeushymnus, v.a. Zeilen 18-21.

5 SVF III, 191 = Epiktet, *Diss.* II, 6, 9: αὑτὸς γάρ μ'ὁ θεὸς τοιούτων ἐκλεκτικὸν ἐποίησεν.

her er komme, geantwortet haben, er sei *κοσμοπολίτης*, ein Bürger des Kosmos.[1] Malcolm Schofield hat neuerdings behauptet, die stoische Lehre von der kosmischen *Polis* sei entwickelt worden als Explikation dieses Diktums.[2] Tatsächlich bekundet die Überlieferung als Auffassung des Diogenes, daß die wahre politische Verfassung nur die im *Kosmos* bestehende sei (*μόνην τε ὀρθὴν πολιτείαν εἶναι τὴν ἐν κόσμῳ*), daß bürgerliches Leben des gemeinsamen Gesetzes bedarf (*περί τε τοῦ νόμου ὅτι χωρὶς αὐτοῦ οὐχ οἷόν τε πολιτεύεσθαι*) und schließlich, daß den Göttern alles gehöre, die Götter Freunde der Weisen seien, Freunden alles gemeinsam sei, mithin den Weisen alles gehöre,[3] wie eben in einer *Polis* das Land, die Dinge und Lebewesen der Verfügungsgewalt der Menschen und ihrer Rechtsordnung unterworfen sind. Die Parallelen dieser Gedanken in der stoischen Theorie des Naturgesetzes sind offenkundig.

Kehren wir zurück zu unserem Ausgangszitat bei Diogenes Laertios. Chrysipp identifiziert darin das gemeinsame Gesetz (*ὁ νόμος ὁ κοινός*) mit der rechten Vernunft (*ὁ ὀρθὸς λόγος*; DL VII, 87f.). Vernunft ist für ihn kein Begriff nur formaler Fähigkeiten und Normen, und Vernunft wird nicht nur verstanden als Eigenschaft menschlicher Handlungen und Produkte. Vernunft, so wird uns gesagt, durchdringt alles und verwaltet die Wirklichkeit; sie manifestiert sich also in natürlichen Kräften, Tendenzen, Gesetzen und Ordnungsstrukturen; die, aus menschlicher Perspektive gesehen, nichtsprachliche Wirklichkeit ist ihrerseits ein Sinngebilde. Vernunft ist zum zweiten eine Fähigkeit des Menschen, die sich auf dieses Sinngebilde verstehend und interpretierend bezieht, die sich in Urteilen und Urteilszusammenhängen, in einem sprachlichen Bild von dem, wie die Welt im ganzen ist und im einzelnen sein sollte, ausdrückt.

Vernunft in beiderlei Gestalt nun stiftet eine Gemeinschaft von Vernunftwesen, die sich in ihrem Denken, Empfinden und Verhalten, ihrer ursprünglichen Neigung entsprechend, an einem einheitlichen, verbindenden und verbindlichen Maßstab für wahr und falsch, gut und schlecht, schön und häßlich orientieren, am *ὀρθὸς λόγος*. In stoischer Sprache gesagt: Vernunft konstituiert über naturale Neigungen und über wahre Urteile einzelner Subjekte eine „einzige Gemeinschaft von Göttern und Menschen". Sie artikuliert sich im sich entwickelnden Menschen präskriptiv, d.h. als uneingelöster Anspruch auf eine politische Daseinsform, in der das Leben und Erleben des Lebens des Einzelnen von der Einsicht in die Ordnung des Ganzen, von Verständigung mit anderen und dem Bewußtsein des

1 DL VII, 63.
2 M. Schofield, *The Stoic idea of the city*, Cambridge 1991, S. 64.
3 DL VI, 72.

Verbunden- und Einigseins mit anderen geprägt sind. Das gemeinsame Gesetz der Vernunft begründet so gesehen soziale Normen, reguliert soziales Verhalten, gibt einen Kanon für recht und unrecht und zielt auf die Wohlfahrt des Ganzen.

Auf diesen Zusammenhang von gemeinsamem Gesetz und politisch-moralisch Rechtem macht ein von Aelius Marcianus (römischer Jurist, 3. Jahrhundert n. Chr.) tradiertes Chrysipp-Zitat aus dessen Schrift *Περί νόμου* in definitionsartigen Wendungen aufmerksam:

> „Das Gesetz ist König aller göttlichen und menschlichen Angelegenheiten; es muß Patron sein der sittlich guten und schlechten Dinge und Gründer und Leiter, und demgemäß einen Maßstab bieten für Gerechtes und Ungerechtes, und den von Natur auf politische Gemeinschaft ausgerichteten Lebewesen gebieten, was sie zu tun, und verbieten, was sie zu unterlassen haben."[1]

Wenn ich recht sehe, und die hier vorgestellten Zitate belegen es, dann wurde die Theorie des einen praktischen Naturgesetzes in ihrer Struktur und in all ihren wesentlichen Elementen von Chrysipp geprägt. Während Zenons *Politeia*, dies scheint mir Schofields jüngste Arbeit über die stoische Idee der Stadt zu erweisen, noch polisorientiert war und eine (begrenzte) moralische Lebensgemeinschaft nach Art einer idealisierten spartanischen Republik im Auge hatte, verfolgt Chrysipp konsequent den universalistischen Gedanken einer *Kosmopolis* aller Vernunftwesen, und leitet aus ihm, ohne irgendwelche Präokkupation mit einem bestimmten *Polis*- oder Staatsmodell, die Prinzipien der rechtlich-moralischen Möglichkeiten des Menschen als Menschen ab.

Nach verbreiteter, und neuerdings auch wieder von Marcia L. Colish vertretener Ansicht ist Cicero es gewesen, der die stoische Idee vom natürlichen Gesetz als einem kosmischen und ethischen Prinzip in ein Rechtsprinzip übersetzt hat, das als Norm für die Legitimität des staatlichen Gesetzes historischer politisch verfaßter Gesellschaften fungiert.[2]

Nun sahen wir soeben, was Chrysipp vom *κοινὸς νόμος* gedacht hat: daß er Maßstab sei für Gerechtes und Ungerechtes, und den von Natur auf politische Gemeinschaft ausgerichteten Lebewesen gebietet, was sie zu tun und verbietet, was sie zu unterlassen haben. Klarer und eindeutiger läßt sich, denke ich, die normative Funktion und kanonische Geltung des Naturgesetzes für das faktische politische Gesetz und seine Festlegung des Rechten nicht ausdrücken.

---

1 *ὁ νόμος πάντων ἐστὶ βασιλεὺς θείων τε καὶ ἀνθρωπίνων πραγμάτων. δεῖ δὲ αὐτὸν προστάτην τε εἶναι τῶν καλῶν καὶ τῶν αἰσχρῶν καὶ ἀρχοντα καὶ ἡγεμόνα, καὶ κατὰ τοῦτο κανόνα τε εἶναι δικαίων καὶ ἀδίκων καὶ τῶν φύσει πολιτικῶν ζῴων προστακτικὸν μὲν ὧν ποιητέον, ἀπαγορευτικὸν δὲ ὧν οὐ ποιητέον.* SVF III, 314.

2 Marcia L. Colish, *The Stoic tradition from Antiquity to the Early Middle Ages. 1. Stoicism in Classical Latin Literature*, Leiden 1985, S. 95ff.

Der Ruf der großartigen Übersetzungs- und Vermittlungsleistung Ciceros sei mit dieser Feststellung keineswegs geschmälert. Durch ihn hat der stoische *κοινὸς νόμος* Eingang in die politische Theorie und Rechtsphilosophie des Abendlandes gefunden. Aber seine klassischen Bestimmungen der *lex vera* in *De republica*[1] und *De legibus*[2] enthalten keine Merkmale, die nicht bereits für Chrysipp nachweisbar wären. Und dasselbe gilt für die zentralen Punkte seiner erläuternden Begründung: Vernunft ist in der Gesamtnatur am Werk; sie kommt in Vernunftwesen zu sich selbst. Die Götter und Menschen haben die Vernunft gemein; diese ist, als *recta ratio,* bezogen auf die Vorschrift, was zu tun und zu lassen sei, gemeinsames Gesetz. Wir gehören so gesehen zur selben universalen Bürgerschaft (*civitas*)[3]. Die Welt ist die gemeinsame Heimstatt von Göttern und Menschen, von den Göttern geleitet, und alles in ihr, was ihrer Natur gemäß von Menschen gebraucht und verbraucht wird, ist um der Menschen willen geschaffen.[4]

III

Eine neue Struktur erhält die stoische Theorie des Naturgesetzes erst durch seine Verbindung mit dem Christentum. Es sind im Kern drei Gesichtspunkte, aus denen sich die Abwandlungen der Theorie erklären lassen.

Nicht mehr eine pantheistisch verstandene Allnatur, sondern ein schöpferisch und heilsgeschichtlich handelnder personaler Gott und seine Vernunft sind nunmehr die Autoritätsquelle des Gesetzes.

Die göttliche Vernunft ist im Menschen und der ihm zugänglichen Schöpfung nicht mehr unmittelbar präsent: Gott und Geschaffenes bleiben zwar nach dem jüdisch-christlichen Schöpfungsmodell über die Ursache-Wirkungs-Relation aufeinander bezogen, aber sie sind doch auch durch einen ontologischen Hiatus voneinander getrennt.

Und schließlich versteht sich das Christentum als Offenbarungsreligion. Der verbindliche göttliche Wille bekundet sich demgemäß auf zweifache Weise: über die teleologisch verfaßte natürliche Ordnung des Geschaffenen und in den Weisungen

---

1 III. 22. 33: *Est quidem vera lex recta ratio naturae congruens, diffusa in omnes, constans, sempiterna, quae vocet ad officium iubendo, vetando a fraude deterreat... unusque erit communis quasi magister et imperator omnium deus, ille legis huius inventor, disceptator, lator; cui qui non parebit, ipse se fugiet ac naturam hominis aspernatus hoc ipso luet maximas poenas, etiamsi cetera supplicia, quae putantur, effugerit...* (überliefert von Lactantius, *Inst. Div.* VI, 8, 6-9).

2 I. 6. 18-19: *Lex est ratio summa insita in natura, quae iubet ea, quae facienda sunt, prohibetque contraria. Eademque ratio cum est in hominis mente confirmata et confecta, lex est...*

3 Vgl. *De legibus* I, 23.

4 Vgl. *De natura deorum* II, 154.

der besonderen geschichtlichen Offenbarung, die Gott den Menschen des Alten und Neuen Bundes im Rahmen der Heilsgeschichte und im Blick auf ein eschatologisches, übernatürliches Ziel erteilt hat.

Wenn nun trotz dieser neuen theoretischen Rahmenbedingungen Substanz und Funktion des stoischen Naturgesetzes im Christentum erhalten bleiben bzw. übernommen werden, so deshalb, weil die jüdisch-christliche Heilsbotschaft in ihrer Besonderheit an ihrem Ursprung keine Revision dessen enthält, was der Mensch als Mensch nach Vernunftgesichtspunkten in seinen moralischen Möglichkeiten und rechtlichen Ansprüchen i n d i e s e r W e l t ist und zu sein hat – pointiert gesagt, weil das sich formierende Christentum theologisch seinen jenseitigen Gott auch als Vernunftwesen versteht und inhaltlich f ü r d i e s e s L e b e n kein neues Recht und keine neue Moral verkündet, sondern »nur« eine heilsgeschichtliche, insbesondere eschatologische Perspektive eröffnet, mit einer Botschaft und einem Angebot, wie Gott dem (sündig gewordenen) Menschen auf seinem Weg zu ihm in seiner notwendigen, aber unzulänglichen Vernunftorientierung hilft und helfen möchte.

An zwei profilierten Beispielen möchte ich skizzenhaft dartun, wie das Christentum das stoische Naturgesetz in sein Moral- und Rechtsverständnis übersetzt, an Paulus von Tarsus und Thomas von Aquin; dabei mag Paulus für den »reinen« Ursprung und Thomas für den theoretischen Höhepunkt des theologischen Christentums stehen.

Nach Paulus[1] hat Gott seinen Willen nicht nur durch das Gesetz des Moses kundgetan; seinen wesentlichen Kern kennen die Heiden „von Natur". Denn wenn Heiden (*ἔθνη*), ohne das mosaische Gesetz (*τὸν νόμον*) zu kennen, von Natur (*φύσει*), d.h. aufgrund ihres Menschenwesens, dennoch tun, was das (mosaische) Gesetz gebietet, erweist es sich, daß diese Heiden sich selbst Gesetz sind (*ἑαυτοῖς εἰσιν νόμος*); d.h. daß das vom mosaischen Gesetz, dem klarsten Ausdruck des göttlichen Willens, geforderte Tun in dem ganzen, alles Wesentliche umfassenden Umfang ohne Buchstaben „in den Herzen" der Heiden „eingeschrieben" steht (*οἵτινες ἐνδείκνυνται τὸ ἔργον τοῦ νόμου γραπτὸν ἐν ταῖς καρδίαις αὐτῶν*).

Neben dem äußeren Faktum, daß auch Heiden die Werke des Gesetzes (*τὰ τοῦ νόμου*) tun, bezeugt diese Kenntnis des Gesetzes das bei allen vorhandene Gewissen in Form von Gedanken, die sich untereinander anklagen oder auch verteidigen

[1] Röm. 2, 12-16. Vgl. zum näheren Verständnis dieser Stelle: *Der Römerbrief.* Übersetzt und erklärt von Otto Kuss. 1. Lieferung Röm. 1, 1-6, 11. Regensburg ²1963, S. 67-82; sowie: Hans Hübner, *Das ganze und das eine Gesetz. Zum Problemkreis Paulus und die Stoa*, in: Kerygma und Dogma 21. Jg. (1975), S. 239-256.

(*συμμαρτυρούσης αὐτῶν τῆς συνειδήσεως καὶ μεταξὺ ἀλλήλων τῶν λογισμῶν κατηγορούντων ἢ καὶ ἀπολογουμένων*).

Der Jude, so Paulus, hat vor dem Heiden nichts voraus; wo den Juden der Text des mosaischen Gesetzes unterrichtet, tut es beim Heiden das Gesetz in seinem Herzen. (Und auch darin gleichen sich beide, daß nur allzu wenige allzu selten den Geist des Gesetzes erfüllen).

Die Terminologie dieses berühmten Passus aus dem Römerbrief läßt unzweifelhaft den Einfluß stoischer Popularphilosophie erkennen, dem man sich in einer hellenistisch geprägten Stadt wie Tarsus selbst als Mitglied einer Diaspora-Judengemeinde wohl auch kaum hätte gänzlich entziehen können. An mehreren Stellen des Briefes verwendet Paulus die Wendungen *παρὰ φύσιν* (1, 26), *κατὰ φύσιν* (11, 24) bzw. das Adjektiv *φυσικός* (1, 26f.), um ein Verhalten zu bezeichnen, das der Schöpfungsordnung entspricht oder widerspricht. Aber selbstverständlich ordnet Paulus die stoische Physis, deren göttliches Prinzip man wohl schwerlich als personalen Gott identifizieren kann, stillschweigend seinem alttestamentlichen Weltbild ein: „Gott ist der Schöpfer der Physis und also der Urheber der in ihr waltenden Ordnung, auch der mit ihr im Einklang stehenden sittlichen Ordnung".[1] Und selbstverständlich denkt der Jude Paulus bei der kanonischen Norm sittlicher Orientierung zunächst an das in der Hl. Schrift enthaltene mosaische Gesetz bzw. an seinen wesentlichen Kern, den Dekalog.

Aber Beachtung verdient, daß er den Horizont religiöser und sittlicher Selbstbeschränkung des Judentums in stoischer Begrifflichkeit durchbricht. Denn auch der Begriff der *συνείδησις*, der als Gewissen (*conscientia*) im mittelalterlichen Christentum dann eine erstaunliche Karriere machte[2], dürfte stoischen Ursprungs sein und seinen Ausgang von der Oikeiosislehre genommen haben.[3] Jedenfalls kennt das Alte Testament der vorhellenistischen Zeit den Begriff der *συνείδησις* nicht. In der Bedeutung „Gewissen" erscheint das Wort in der Septuaginta erstmals im biblischen Schrifttum *Weisheit* 17,10, und zwar in der Aussage, daß Schlechtigkeit durch das (böse) Gewissen in Bedrängnis gerät (*συνεχομένη τῇ συνειδήσει*).

Nun wird insbesondere bei Seneca[4] für uns eindrucksvoll greifbar, welch gewichtige Stellung der täglichen Gewissensprüfung in der spätstoischen *ars vivendi* zukommt. Paulus übernimmt die *συνείδησις* der stoischen Popularphilosophie und prägt ihr Verständnis in jüdisch-christlichem Sinne um. Als bloße Adaption mag er-

---

[1] O. Kuss, *Der Römerbrief*, a.a.O., S. 73.
[2] Vgl. dazu v.a. Thomas v.Aquin, *De veritate*, qu. XVI und XVII.
[3] Vgl. DL VII, 85.
[4] *De ira* 3, 36.

scheinen, wenn bei ihm das Gewissen im Kontext der Rede vom mosaischen und natürlichen Gesetz auftritt und mit der Metaphorik eines inneren Gerichtsverfahrens expliziert wird. Nach Röm. 2, 12-16 bringt sich im Gewissen die sittliche Urteilskraft der allgemeinen Menschennatur zur Geltung, spricht sich im Gewissen über die eigene Vernunft das göttliche Gesetz im Menschen aus. Doch ein näherer Vergleich von Seneca und Paulus macht auch den Unterschied deutlich: Während die Gewissensprüfung bei Seneca den Weg des Prokopton zu autarker Freiheit zeichnet, erweist sie sich bei Paulus letztlich als auf die absolute Autorität eines personalen heilsgeschichtlich gnadenhaft wirkenden Gottes zentriert.[1] Paulus wie Seneca beziehen sich auf das Bewußtsein eines göttlichen Gesetzes im Menschen. Aber das Subjekt, das um dieses Gesetz weiß und es auf sein Verhalten anwendet, steht bei beiden in einem anderen Verhältnis zu seiner göttlichen Quelle.

Für Seneca ist im Gewissen des Menschen das Göttliche als es selbst präsent; für ihn dokumentiert sich in der Gewissensprüfung und im Gewissensurteil ein Selbstverhältnis des Menschen, in dem dieser seinen Ist-Zustand in Beziehung setzt zu seinen göttlichen Möglichkeiten. *Non sunt ad caelum elevandae manus nec exorandus aedituus, ut nos ad aurem simulacri, quasi magis exaudiri possimus, admittat: prope est a te deus, tecum est, intus est. Ita dico, Lucili: sacer intra nos spiritus sedet, malorum bonorumque nostrorum observator et custos: hic prout a nobis tractatus est, ita nos ipse tractat.*[2] Für Seneca sind die Menschen ihrem Ursprung nach göttlichen Geistes, gleichsam als wären Funken von Sternen auf die Erde herabgesprungen.[3] Über das Gewissen versichert sich der Mensch seines göttlichen Ursprungs und läutert sich selbst zu einem Leben in göttlicher Freiheit empor.

Bei Paulus hingegen ist bei aller Nähe des Gottes zu seinem Geschöpf der ungeheuere Abstand des Menschen von Gott immer präsent. Und sein Vertrauen in die Kraft der natürlichen sittlichen Anlage des Menschen ist mehr als gebrochen. Er sieht die Menschen unheilsgeschichtlich allesamt zu Sklaven der Sünde geworden und der Gnade des souveränen göttlichen Heilswillens überantwortet. Das mosaische ebenso wie das natürliche Gesetz haben sich im ganzen als unwirksam erwiesen; das Vertrauen gilt nunmehr der göttlichen Gnade durch Christus. Das natürli-

---

1 Vgl. 2 Kor. 5, 2; 5, 11; 1 Kor. 9, 21.

2 Ep. 41, 1f.: „Man braucht nicht zum Himmel zu heben die Hände noch den Tempelwächter zu bitten, uns zum Ohr des Götterbildes vorzulassen, damit wir gleichsam besser erhört werden könnten: Nahe ist dir der Gott, er ist bei dir, ja in dir. Ich sage dir, Lucilius: Ein heiliger Geist wohnt in uns, ein aufmerksamer Wächter über unser Gutes und Schlechtes; so wie wir ihn behandelt haben, behandelt er uns". Vgl. Paulus 1 Kor. 3, 16f.: „Wißt ihr nicht, daß ihr Tempel Gottes seid und der Geist des Gottes in euch wohnt. Wenn jemand den Tempel des Gottes zerstört, dann wird diesen der Gott zerstören. Denn der Tempel des Gottes ist heilig; und so seid es ihr." Vgl. 2 Kor. 6, 16.

3 *De otio* 5, 5: *...homines divini esse spiritus, partem ac veluti scintillas quasdam astrorum in terram desiluisse...*

che sittliche Bewußtsein wird jetzt über die Mitteilung des Geistes Gottes in der Gemeinschaft mit dem leidenden und erhöhten Christus zu einem neuen Lebensgesetz transformiert, zum „Gesetz des Geistes des Lebens in Jesus dem Christus“.[1]

Die Ordnung der Natur, die Vernunft des Menschen, der autonome und stolze Aspekt des stoischen Gewissens treten gegenüber der Ordnung der Gnade, dem Heilswillen Gottes, der gläubigen Bestimmtheit des jüdisch-christlichen Herzens zurück, auch wenn das Gesetz des neuen Bundes dem Gläubigen inhaltlich nur wenig andere Weisungen für sein Leben in der Welt zu geben vermag als die stoische Vernunft. Diese Tendenz wird vor allem durch den späten Augustinus verstärkt.

IV

Das natürliche Gesetz kommt im christlich gewordenen Abendland erst wieder zu voller Geltung und Ansehen, als sich im Hohen Mittelalter die Religion der Welt öffnet, als sich die Theologie über ihr Verhältnis zur heidnischen Philosophie in systematischer Reflexion mit sich selbst verständigt und der rein natürlichen, d.h. rationalen Erkenntnis ein gewisses Eigenrecht neben und im Rahmen der *sacra doctrina* einräumt, paradigmatisch bei Thomas von Aquin.

Für Thomas ist »Gesetz« ein mehrdeutiger Ausdruck, dessen Bedeutungsvielfalt sich auf eine dominante und zentrale Bedeutung hinordnen läßt. Die begriffliche Leitfunktion übernimmt für ihn, der primär theologisch und rechtlich-politisch denkt, der Begriff des politischen Gesetzes, das der Vernunft des Herrschers entspringt und das Verhalten des Volkes auf das Gemeinwohl ausrichtet: *nihil est aliud lex quam quoddam dictamen practicae rationis in principe qui gubernat aliquam communitatem perfectam.*[2] Der Gefahr eines voluntaristischen Mißverständnisses, die mit der Leitvorstellung des politischen Gesetzes, überdies im Traditionskontext eines alttestamentlichen souveränen Gotteswillens, gegeben ist, setzt Thomas indessen von vornherein im Einverständnis mit der vorchristlichen Idee einer *lex naturae* die tragende Rolle praktischer Vernunft entgegen. Gesetze regulieren menschliches Verhalten auf ein Ziel bzw. auf Ziele hin. Gesetze haben sittlichen Gebotscharakter, können Verbindlichkeit für sich nur beanspruchen, sind Gesetze im eigentlichen Sinn allein, wenn Vernunft sie diktiert. Vernunft und nur Vernunft ist die legitimierende Autoritätsquelle eines Gesetzes.

---

[1] Röm. 8, 2: *ὁ γὰρ νόμος τοῦ πνεύματος τῆς ζωῆς ἐν Χριστῷ Ἰησοῦ ἠλευθέρωσέν σε ἀπὸ τοῦ νόμου τῆς ἁμαρτίας καὶ τοῦ θανάτου.* Vgl. Röm. 9, 1: *οὐ φεύδομαι, συμμαρτυρούσης τῆς συνειδήσεως μου ἐν πνεύματι ἁγίῳ.*

[2] *S. theol.* I-II, qu. 91, a. 1, resp.

> „Die Kraft zu bewegen hat die Vernunft vom Willen [...]: denn auf Grund dessen, daß jemand ein Ziel will, gebietet die Vernunft über das, was zum Ziel gehört bzw. führt. Doch damit ein Wille hinsichtlich dessen, was geboten wird, das Prädikat des Gesetzes besitzt, ist nötig, daß er von irgendeiner Vernunft geleitet ist. Und ersichtlich [nur] auf diese Weise hat der Wille eines Fürsten Gesetzeskraft: andernfalls wäre der Wille eines Fürsten eher Unrecht als Gesetz".[1]

Die Vielfalt des zu seiner Zeit herrschenden Sprachgebrauchs ordnet Thomas, seinen theologischen Vorgaben entsprechend, mit den Unterscheidungen von ewigem, natürlichem, menschlich positivem und göttlich positivem Gesetz.

In seiner Bestimmung der *lex aeterna* ist sowohl stoische als auch neuplatonisch-christliche Tradition am Werk: Die Welt im ganzen läßt sich verstehen nach dem Modell einer einzigen politischen Gemeinschaft, geleitet und verwaltet vom vernünftigen Herrschaftswillen göttlicher Vorsehung – dies das stoische Element. Die Struktur göttlicher Weltverwaltung als zeitloser unveränderlicher Plan im göttlichen Geist und nur sie erfüllt den Begriff eines ewigen Gesetzes: – dies das neuplatonisch-christliche Element: *Manifestum est autem, supposito quod mundus divina providentia regatur [...] quod tota communitas universi gubernatur ratione divina. Et quia divina ratio nihil concipit ex tempore, sed habet aeternum conceptum, [...] inde est quod huiusmodi legem oportet dicere aeternam.*[2]

Nach dem Vorgang von Boethius und Augustinus unterscheidet Thomas die überzeitliche Wirklichkeit Gottes von der zeitlichen Wirklichkeit seiner Schöpfung; *aeternitas* und *sempiternitas* treten auseinander. Gott und Welt sind, anders als im stoischen Weltbild, durch einen ontologischen Hiatus getrennt, und über die Relation der *participatio* aufeinander bezogen. Dabei meint *participatio* eine Kausalrelation zwischen Schaffendem und Bewirktem, über die die Schöpfung in einer bestimmten Ähnlichkeitsbeziehung zum Schöpfer steht, aber eben nicht Teil des Gottes ist.

Es sind denn auch nur schöpfungstheologische Gründe, die Thomas die *lex aeterna* von der *lex naturalis* begrifflich streng unterscheiden lassen. Das ewige Gesetz bleibt in Gott, das natürliche Gesetz ist ein anderes und ist doch kein anderes Gesetz als das ewige: es ist die Erscheinungsform des ewigen Gesetzes in der Zeit, die Präsenz und Wirksamkeit des ewigen Gesetzes im Geschaffenen.[3] Davon nun muß in zwei-

---

[1] *S. theol.* I-II, qu. 90, a. 1, ad 3: *Ad tertium dicendum quod ratio habet vim movendi a voluntate, ut supra dictum est: ex hoc enim quod aliquis vult finem, ratio imperat de his quae sunt ad finem. Sed voluntas de his quae imperantur, ad hoc quod legis rationem habeat, oportet quod sit aliqua ratione regulata. Et hoc modo intelligitur quod voluntas principis habet vigorem legis: alioquin voluntas principis magis esset iniquitas quam lex.*

[2] *S. theol.* I-II, qu. 91, a. 1, resp.

[3] Vgl. *S. theol.* I-II, qu. 91, a. 2, ad 1: *Ad primum ergo dicendum quod ratio illa procederet, si lex naturalis esset aliquid diversum a lege aeterna. Non autem est nisi quaedam participatio eius, ut dictum est.* Diese Erklärung ist insofern paradox, als mit *participatio* eine Ähnlichkeitsbeziehung von Verschiedenem angesprochen ist.

facher Weise die Rede sein, je nachdem, wie das ewige Gesetz im vernunftlosen und im vernunftbegabten Geschöpf sich ausprägt und zur Geltung kommt.

Thomas übernimmt aus der stoischen Oikeiosislehre den Gedanken, daß jedes Seiende mit einer naturhaften Hinneigung zu seinem Dasein in artgemäßer Vollkommenheit entsteht bzw. geboren wird. War es in der Stoa ein der Welt immanentes Vernunftprinzip, das alle Dinge nach immerwährender gesetzlicher Ordnung fachkundig hervorbringt, so ist es jetzt der göttliche Schöpfer, der zum Zweck der Verwirklichung seines ewigen Weltplans Dinge mit bestimmtem Wesen und bestimmten Funktionen ins Dasein ruft. Zu jeder bestimmten Wesensnatur (*natura determinata*) gehören bestimmte Typen von Tätigkeiten bzw. Funktionen (*operationes determinatae*), die dieser Natur zukommen.[1] Und mit der bestimmten Wesensnatur sind auf der Basis fundamentaler Selbstaffirmation dem Ding natürliche Neigungen (*inclinationes naturales*) zu den seinem Wesen gemäßen Tätigkeiten und Lagen gegeben. Natürliches Gesetz in einem weiten Sinn meint dann die in den konstanten Wesensformen der Dinge eingeschlossene Ausrichtung auf artspezifische Funktionen und Ziele (*operationes et fines*). Noch allgemeiner gesagt: Naturgesetz ist die Regel des Verhaltens einer Entität, die ihr von Gott bzw. der Natur vorgegeben und aufgeprägt wurde und die in ihr in Form einer naturalen Disposition und Tendenz des Verhaltens wirksam wird.[2]

Davon zu unterscheiden ist ein geschaffenes Vernunftwesen, das zwar wie alles Geschaffene auch mit natürlichen Neigungen ausgestattet ist, bei dem die natürlichen Neigungen indessen nicht als D e t e r m i n a n t e n seines Verhaltens wirksam sind, sondern das sich aufgrund seiner Sprachfähigkeit, ihrer Leistungen und Ziele, zu sich selbst und zur Welt in ein freies Verhältnis zu setzen vermögend, geneigt und überantwortet sieht.

Vor dem Hintergrund dieser Differenzierung wird Thomas' Rede vom Naturgesetz im engeren Sinn verständlich: „Unter allen Geschöpfen", so heißt es,[3] „unterliegt die *creatura rationalis* auf eine vorzüglichere Weise der *divina providentia*, insofern sie nämlich selbst Teilhaber wird an dieser Providenz, indem sie für sich selbst und für andere (sc. gedanklich bewußte) Vorsorge trifft; so nimmt sie an der ewigen Vernunft selbst teil, durch die sie eine natürliche Neigung zum erforderlichen Akt und Ziel hat. Und eine derartige Teilnahme am ewigen Gesetz im rationalen Geschöpf wird *lex naturalis* genannt."

---

[1] Vgl. *S. c. G.* III, 129.

[2] *...manifestum est quod omnia participant aliqualiter legem aeternam; inquantum scilicet ex impressione eius habent inclinationes in proprios actus, et fines. S. theol.* I-II, qu. 91, a. 2, resp.

[3] *S. theol.* I-II. qu. 91, a. 2, resp.

Als Vernunftwesen ist der Mensch Gott auf eine ganz andere, auf eine vorzüglichere Weise ähnlich als alles übrige Geschaffene. Er ist, Thomas verbindet hier alttestamentliche mit stoischer Redeweise, *imago dei*, Bild Gottes in dem Sinne, als seine freie, vernunftbestimmte Sorge um das eigene Leben und das Leben anderer strukturell der göttlichen Providenz selbst gleicht.

Und in seiner Vernunftfähigkeit liegt auch die naturale Bestimmung der Regelung seines Verhaltens beschlossen. „Das Gesetz des Menschen, das aus göttlicher Anordnung gemäß seiner besonderen Verfassung entspringt, besteht darin, nach der Vernunft zu handeln".[1]

Thomas betont an herausragender Stelle das Moment der Freiheit und Selbstmächtigkeit, das er mit dem Begriff des *providere* und des *imago-dei*-Seins verbindet. Der Prologus zur Prima Secundae der Summa Theologiae lautet: „Weil, wie Damascenus sagt, vom Menschen gesagt wird, er sei nach dem Bilde Gottes geschaffen, wobei mit Bild bezeichnet wird das *intellectuale, et arbitrio liberum, et per se potestativum,* und nachdem bislang vom Urbild, nämlich von Gott die Rede war und von dem, was aus der göttlichen Macht nach seinem Willen hervorgegangen ist, bleibt, daß wir uns mit seinem Bild befassen, d.h. den Menschen: und zwar in der Hinsicht, daß er auch selbst seiner Werke Ursprung ist, und, im Besitz eines freien Willens, Herr über sein Tun".

Die unmittelbar folgenden Quaestionen, die vom Endziel des Menschen handeln, machen deutlich, daß mit *imago-dei*-sein nicht nur gemeint ist, daß der Mensch Gottes Providenz im Handeln imitiert, sondern daß er auch und vor allem im Erkennen die göttliche Wirklichkeit erfaßt und spiegelt. Thomas bezieht sich im Prolog auf den Schöpfungsbericht, aber er zitiert Johannes von Damaskus, dessen *Πηγὴ γνώσεως* über Nemesius' Schrift *Περὶ φύσεως ἀνθρώπου* mit den hellenistischen Quellen verbunden ist.

Das stoische Äquivalent der biblischen *imago-dei*-Lehre liegt auf der Hand. Bei Cicero, *De natura deorum* II, 37 heißt es, mit explizitem Verweis auf Chrysipp: *ipse autem homo ortus est ad mundum contemplandum et imitandum, nullo modo perfectus, sed est quaedam particula perfecti.* Und bei Epiktet lesen wir:[2] Gott hat den Menschen in die Welt gebracht, um ein Betrachter seiner und seiner Werke zu sein, und nicht nur ein Betrachter, sondern auch ein Interpret[3].

---

1 *Est ergo hominis lex, quam sortitur ex ordinatione divina secundum propriam conditionem, ut secundum rationem operetur. S. theol.* I-II, qu. 91, a. 6, resp. Vgl. dazu DL VII, 86:... *τούτοις* (sc. die Tiere) *μὲν τὸ κατὰ φύσιν τῷ κατὰ τὴν ὁρμὴν διοικεῖσθαι. τοῦ δὲ λόγου τοῖς λογικοῖς κατὰ τελειοτέραν προστασίαν δεδομένου, τὸ κατὰ λόγον ζῆν ὀρθῶς γίνεσθαι τούτοις κατὰ φύσιν.*

2 *Diss.* I, 6, 19-20.

3 *τὸν δ' ἄνθρωπον θεατὴν εἰσήγαγεν αὐτοῦ τε καὶ τῶν ἔργων τῶν αὐτοῦ, καὶ οὐ μόνον θεατὴν, ἀλλὰ καὶ ἐξηγητὴν αὐτῶν.*

Der Mensch *in hac vita* als selbständiger theoretischer und praktischer Interpret der göttlichen Schöpfungsordnung, dies macht denn auch den Kern von Thomas' Konzept der *lex naturalis* aus.

Auch der Mensch entsteht wie jedes Naturding mit einer naturhaften Hinneigung zu seinem artspezifischen Ziel und den diesem Ziel angemessenen Funktionen und Tätigkeiten. Nur ist beim Menschen entscheidend, daß er neben seinen animalischen Tendenzen auch eine natürliche Neigung mitbringt, vernünftig zu sein, d.h. die Welt zu erkennen und nach gedanklicher Ziel- und Regelvorstellung sowie nach eigener Überlegung und Entscheidung seine Lebensvollzüge auszurichten[1].

Und es gehört zum Wesen der Vernunft, alles ordnen zu wollen, was den Menschen betrifft, zum Menschsein gehört und der Ordnungsleistung der Vernunft offensteht.[2]

Wie für die Stoa dokumentiert sich auch für Thomas in den *inclinationes naturales* die vernünftige Ordnung der Natur. Ganz im Sinn der Stoa sieht Thomas zunächst die *inclinationes naturales* auf der Ebene der Sinnlichkeit dominieren, ehe die natürliche Tendenz zum rationalen Erkennen und zur Freiheit, d.h. zum Ordnen des Strebens und Verhaltens durch vernünftige Erkenntnis zum Tragen kommt. Und wie die Stoa glaubt auch Thomas an einen natürlichen Erfolg dieser natürlichen Tendenz zur Erkenntnis in Gestalt von *communes conceptiones* (*κοιναὶ ἔννοιαι*),[3] die bei allen normalsinnigen erwachsenen Menschen vorhanden sind, Evidenzcharakter besitzen,[4] die Grundprinzipien des Erkennens und Handelns ausmachen und nur in der Spezifikation bzw. in der Anwendung zu Fehlurteilen führen können.

Die Ziele der natürlichen Neigungen geben den Rahmen für den Inhalt der *lex naturalis* vor; denn Vernunft erfaßt sie ganz natürlich und spontan als etwas Gutes, das es handelnd zu verfolgen und zu sichern gilt[5].

Auch darin geht Thomas mit der Stoa einig. In dem Gedanken, daß wertvoll ist, was naturwüchsig erstrebt wird, hat die Stoa eine der Grundlagen gesehen, ohne deren Anerkennung keine Verständigung in sittlichen Fragen möglich ist. Wer

---

1 *unde cum anima rationalis sit propria forma hominis, naturalis inclinatio inest cuilibet homini ad hoc, quod agat secundum rationem. S. theol.* I-II, qu. 94, a. 3, resp.

2 *dicendum quod ratio etsi in se una sit, tamen est ordinativa omnium, quae ad homines spectant: et secundum hoc sub lege rationis continentur omnia ea, quae ratione regulari possunt. S. theol.* I-II, qu. 94, a. 2 ad, 3.

3 Vgl. *S. theol.* I-II, qu. 94, a. 4, resp.

4 Vgl. *S. theol.* I-II, qu. 94, a. 2, resp.

5 *omnia illa ad quae homo habet naturalem inclinationem, ratio naturaliter apprehendit ut bona et per consequens ut opere prosequenda et contraria eorum ut mala et vitanda. Secundum igitur ordinem inclinationum naturalium, est ordo praeceptorum legis naturae. S. theol.* I-II, qu. 94, a. 2, resp.

ernsthaft der Meinung ist – so ihr berühmtes ἐκλογή-Argument[1] – es sei grundsätzlich vielleicht besser nicht zu leben als zu leben, oder es sei, ceteris paribus, gleichgültig, ob er als Mensch oder als ein Tier einer anderen Species lebt, der teilt nicht den gemeinsamen Rahmen, innerhalb dessen über Fragen menschlicher Lebensführung sinnvoll diskutiert werden kann. Ich meine, in dieser über ein Gedankenexperiment erzielten Einsicht bezüglich natürlicher Güter des menschlichen Lebens liegt der nach wie vor aktuelle und hochplausible Kern der Naturgesetz-Lehre beschlossen.

Die elementarste Neigung teilt der Mensch mit allen nicht-lebendigen und lebendigen Dingen: Selbsterhaltung, d.h. die *inclinatio* zur Erhaltung des der eigenen Natur gemäßen Daseins. Entsprechend dieser Tendenz gehört zur *lex naturalis* alles, was das Leben des Menschen erhält und das Lebensabträgliche verhindert: die Sorge um die eigene Erhaltung, die jedem auferlegt ist und jedem zusteht.[2]

Die zweite *inclinatio naturalis* teilt der Mensch mit allen Sinnenwesen: die Verbindung des Männlichen mit dem Weiblichen zur Zeugung und Aufzucht von Nachkommenschaft und gegenseitiger Unterstützung in der Beschaffung und Sicherung des Lebensnotwendigen. Auf diese Ziele bezieht sich eine zweite Gruppe naturgesetzlicher *praecepta*.[3]

Eine dritte (und gewichtigste) *inclinatio naturalis* und dementsprechend eine dritte Gruppe naturgesetzlicher Vorschriften fließt aus der Vernunftnatur des Menschen; diese betrifft sowohl sein naturales Streben nach Wissen als auch sein natürliches Streben nach einem vernünftigen Zusammenleben. Der Erkenntnistrieb umfaßt das Wissen von alltäglich Wichtigem ebenso wie die Erkenntnis Gottes und der Prinzipien der Weltordnung; der Sozialtrieb erstreckt sich auf die wesentlichen Bestimmungen einer sprachlich vermittelten Sozialität. So besteht etwa nach Thomas ein naturgesetzlicher Verbotsgrundsatz, sich in Unwissenheit zu halten oder andere zu belügen oder zu beleidigen, da man als Mensch unter Menschen auf Gedankenaustausch und Verständigung angewiesen ist.[4]

---

[1] Die wichtigsten Stellen zu diesem Argument: SVF III, 124 u. 125; 126 u. 127; Cicero, *De finibus* III, 17; Seneca, *Ep.* 92, 11-12. Zur Diskussion dieses Arguments vgl. Verf., *Μόνον τὸ καλὸν ἀγαθόν. Über die Gleichgültigkeit des Wertvollen in der stoischen Ethik*, in: Philosophische Perspektiven 1995/6, im Druck.

[2] *S. theol.* I-II, qu. 94, a. 2, resp.: *Inest enim primo inclinatio homini ad bonum secundum naturam, in qua communicat cum omnibus substantiis; prout scilicet quaelibet substantia appetit conservationem sui esse secundum suam naturam: et secundum hanc inclinationem pertinent ad legem naturalem ea, per quae vita hominis conservatur, et contrarium impeditur.*

[3] Vgl. *S. c. G.* l. III c. 122ff.; *S. theol.* II-II, qu. 154, a. 8; *S. theol.* I-II, qu. 94, a. 2, resp.

[4] *Tertio modo inest homini inclinatio ad bonum secundum naturam rationis, quae est sibi propria: sicut homo habet naturalem inclinationem ad hoc quod veritatem cognoscat de deo, et ad hoc quod in societate*

Die vernünftige Interpretation der *inclinationes naturales* liefert dem Menschen den Inhalt dessen, was ihm zu tun natürlicherweise zukommt. Natur als das menschlicher Freiheit Vorausliegende und sie Fundierende orientiert die inhaltlichen Zielsetzungen der Vernunft.

Diesem Gedanken begegnet häufig der Vorwurf des Naturalismus. Daneben glaubt die Kritik, eine vorschnelle und unzulässige Berufung auf Apriorität und Evidenz ausmachen zu können. Nun ist der Naturalismusvorwurf insofern abwegig, als in dieser Theorietradition immer göttliche Vernunft, sei es die der Natur, sei es die des Schöpfers, als letzte Autoritätsquelle und menschliche Vernunft als letzte Erkenntnis- und Interpretationsinstanz des Naturgesetzes fungierte: *dicendum quod lex quaedam regula est et mensura actuum ... Regula autem et mensura actuum est ratio, quae est primum principium actuum humanorum.* So schreibt Thomas in aller wünschenswerten Klarheit bereits am Eingang seines Lex-Traktats.[1]

Was die Theorietradition des Naturgesetzes indessen stets betonte, ist dies, daß menschliche Vernunft bei all ihrer selbständigen Interpretationsleistung sich in einem ihr vorgängig erschlossenen Horizont von Selbstverständlichem bewegt, der sämtliche ihrer als vernünftig zu bezeichnenden theoretischen und praktischen Einsichten ermöglicht und trägt. Mit *lex naturalis* ist zunächst nichts anderes als die Struktur dieses konstitutiven Horizonts von Selbstverständlichem angesprochen, den wir in der Ausrichtung und Regulierung unseres Verhaltens als nicht weiter begründbar und begründungsbedürftig voraussetzen, wenn wir darin den Anspruch von Vernunft erheben und erfüllen.

„Jede Tätigkeit der Vernunft und des Willens", so schreibt Thomas,[2] „leitet sich in uns von dem her, was der Natur entspricht [...]: denn alles schlußfolgernde Denken leitet sich von natürlicherweise bekannten Prinzipien her, und alles Streben nach dem, was zum Ziel führt bzw. gehört, leitet sich her von einem natürlichen Verlangen nach dem äußersten Ziel. Und so ist es denn auch in Ordnung, wenn die grundlegende Ausrichtung unserer Handlungen auf das Ziel durch das natürliche Gesetz erfolgt."[3]

---

vivat: et secundum hoc ad legem naturalem pertinent ea, quae ad huiusmodi inclinationem spectant: utpote quod homo ignorantiam vitet; quod alios non offendat, cum quibus debet conversari; et caetera huiusmodi... S. theol. I-II, qu. 94, a. 2, resp.

1 *S. theol.* I-II, qu. 90, a. 1, resp.

2 *S. theol.* I-II, qu. 91, a. 2, ad 2.

3 *Ad secundum dicendum quod omnis operatio rationis et voluntatis derivatur in nobis ab eo quod est secundum naturam ...: nam omnis ratiocinatio derivatur a principiis naturaliter notis, et omnis appetitus eorum quae sunt ad finem, derivatur a naturali appetitu ultimi finis. Et sic etiam oportet quod prima directio actuum nostrorum ad finem fiat per legem naturalem.*

Der Horizont praktischer Vernunft wird formal eröffnet durch die wertende Unterscheidung von gut und schlecht und den praktischen Grundsatz, daß das Gute zu tun und zu verfolgen und das Schlechte zu meiden ist.[1]

Das Gute, so Thomas weiter, hat Zielcharakter, ist das, wonach ein Seiendes strebt und worin es seine Erfüllung findet. Daher kommt es, daß die Vernunft des Menschen alles, wozu der Mensch aufgrund seiner Natur eine natürliche Neigung besitzt, natürlicherweise als etwas Gutes erfaßt und infolgedessen als etwas, was es tätig zu verfolgen und zu bewahren gilt. Die Ordnung der Verfügungen des Naturgesetzes folgt demnach inhaltlich der Ordnung der natürlichen Neigungen.[2]

Thomas schließt sich hier guter stoischer Lehre an. Seine Rede von *praecepta legis naturae* klingt allerdings etwas mißverständlich. Gedacht ist nicht an bestimmte selbstevidente Handlungsregeln, sondern an allgemeine Grundsätze (*principia communia et indemonstrabilia*), die sich auf die elementaren Güterbereiche des menschlichen Lebens beziehen. Es ist Sache der Erfindungsgabe (*inventio*) und des Kunstfleißes (*industria*) menschlicher Vernunft, mit diesen Grundsätzen im Blick auf die gesellschaftlich-geschichtliche Lage eines Volkes bestimmte politische Gesetze zu bilden, die als besondere Rechtsregeln spezifische Situationstypen mit Handlungstypen verbinden. Diese machen den großen Bereich der *menschlichen* Gesetze aus.[3] In ihrer Bildung und Anwendung vermag praktische menschliche Vernunft keine letzte Gewißheit und Unfehlbarkeit zu erreichen, angesichts der Kontingenz und Vieldeutigkeit der Dinge in der Sphäre des Handelns.[4] Der Mensch hat – damit setzt sich Thomas vom stoischen Konzept des Weisen ab – mit seiner praktischen Vernunft am ewigen Gesetz zwar hinsichtlich gewisser allgemeiner Prinzipien auf natürliche Weise teil, aber nicht hinsichtlich der bestimmten Ausrichtung von Einzelnem, die gleichwohl im ewigen Gesetz beschlossen ist.[5] Von einem Apriorismus und Evidentialismus kann bei Thomas im Blick auf menschliche Gesetze und ihre Anwendung mit Recht nicht die Rede sein.

---

1 *S. theol.* I-II, qu. 94, a.2, resp.: *Hoc est ergo primum praeceptum legis, quod bonum est faciendum et prosequendum, et malum vitandum.*

2 *Quia vero bonum habet rationem finis... inde est quod omnia illa ad quae homo habet naturalem inclinationem, ratio naturaliter apprehendit ut bona, et per consequens ut opere prosequenda... Secundum igitur ordinem inclinationum naturalium, est ordo praeceptorum legis naturae.* Ebd.

3 *...ita etiam ex praeceptis legis naturalis, quasi ex quibusdam principiis communibus et indemonstrabilibus, necesse est quod ratio humana procedat ad aliqua magis particulariter disponenda. Et istae particulares dispositiones adinventae secundum rationem humanam, dicuntur leges humanae.* S. theol. I-II, qu. 91, a.3, resp.

4 Vgl. *S. theol.* I-II, qu. 91, a. 3, ad 3.

5 *...ita etiam ex parte rationis practicae naturaliter homo participat legem aeternam secundum quaedam communia principia, non autem secundum particulares directiones singulorum, quae tamen in aeterna lege continentur.* Ebd. ad 1.

Davon könnte man allenfalls sprechen im Blick auf den Gedanken, daß die Anwendung formaler *principia communia* auf die *allgemeine* menschliche Natur elementare sittliche Handlungsarten evidentermaßen als in sich gut und in sich schlecht erscheinen läßt. Es ist dieser Gedanke, den Thomas (im Sinne unmittelbarer *conclusiones*) mit Nachdruck vertritt[1], der uns auch heute noch von unantastbaren Rechten und unkündbaren Pflichten des Menschen als Menschen und Person sprechen läßt und der es etwa kategorisch verbietet, eine unschuldige Person absichtlich zu töten, oder einen Menschen zu foltern, zu vergewaltigen etc. Er scheint mir verteidigbar und verteidigenswert im Blick auf das strikt generelle Verbot von Handlungsweisen (nur) der genannten Art, die ersichtlich mit der Würde der menschlichen Natur unvereinbar sind. Er scheint mir auch verteidigbar im Blick auf elementare Tugendhandlungen (etwa der Sorge um Unmündige, der Solidarität oder der Selbstkultivierung), ohne daß sich diese freilich in die Form ausnahmsloser Gebote zu bestimmtem Tun kleiden ließen.

Die Gegenposition wäre ein „radikaler sittlicher Handlungsnominalismus"[2], der die sittliche Qualität einer Handlung völlig von den Umständen sowie den Motiven und letzten Absichten des Handelnden abhängen läßt. So weit ist wohl auch die Stoa mit ihrer Lehre von den *καθήκοντα περιστατικά* nicht gegangen; der Gedanke blieb modernen radikal konsequentialistischen Ethiken und politischen Utopien vorbehalten (und hat zu Verbrechen gegen die Menschlichkeit geführt).

Secundum ordinem inclinationum naturalium, est ordo praeceptorum legis naturae.

Sittlichkeit ist nicht vom Prinzip einer leeren (metaphysikfreien) Vernunftautonomie her zu denken, sondern als das »Naturgemäße« zu verstehen, das in der teleologisch verfaßten Natur des Menschen seinen Ursprung und sein Ziel findet. Der Mensch ist ein *animal rationale et sociale.* Als solchem gehören ihm natürliche, ursprüngliche, unpervertierte Neigungen zu. Sie geben einen objektiven Ordnungsrahmen menschlicher Ziele und ein Orientierungsmaß des Handelns vor, auf die wir als freie, geschichtlich handelnde und die jeweilige Situation interpretierende Wesen für gelingende menschliche Praxis verwiesen sind. Dies ist die grundlegende Einsicht, die Thomas mit der Stoa teilt, und die wir, wie ich fürchte, auf Dauer nicht ungestraft ignorieren können.

---

1 Zur Lehre von den *actus intrinsice boni, mali et indifferentes* vgl. S. theol. I-II, qu. 18; 19; 92 a.2.

2 Diese prägnante Formulierung stammt von R. Spaemann, Thomas v. Aquin, *Über die Sittlichkeit der Handlung. Sum. Theol. I-II q. 18-21*, Weinheim 1990, Einleitung S. XII.

Freiheit als Vermögen der Kausalität und als Weise, bei sich selbst zu sein

von Hans Friedrich Fulda (Heidelberg)

I
Zum Ausdruck »frei«

„Freiheit? Ein schönes Wort, wer's recht verstände!" Damit leitet Herzog Alba in Goethes *Egmont*[1] die dramatische Wendung ein, die er seinem Dialog mit Egmont zu geben gedenkt. Wenn man seinen Ausruf – mit der nötigen, dem Philosophen vielleicht erlaubten, politischen Naivität – als Aufforderung nimmt, sich um's rechte Verständnis dieses „schönen" Worts zu bemühen, und wenn man sich dabei nicht unbedacht für den »Silberklang« einnehmen läßt, den das Wort auch in unseren Ohren noch hat, ebensowenig aber sich ideologiescheu gegen ihn taub stellen will, so orientiert man die Bemühung um ein solches Verständnis zunächst wohl tunlichst am Eigenschaftswort »frei« und an seinen außerphilosophischen, nichttheoretischen Verwendungen.

Über das hohe Alter und den „groszen zusammenhang", den »frei« im Deutschen hat, mag das Wörterbuch informieren;[2] ebenso über die Mannigfaltigkeit und Verschiedenartigkeit der umgangssprachlichen Bedeutungen dieses Worts. Wichtig ist im Kontext meines Themas: Die Wortbedeutungen von »frei« gehen trotz ihrer Vielfalt nicht ins Uferlose. Sie sind in einem relativ engen Bereich dessen angesiedelt, was Menschen bedeutsam ist und was in solcher Bedeutsamkeit auch zusammengehört. Das entdeckt man bald, wenn man ein wenig auf den Erfahrungshintergrund reflektiert, in den die verschiedenen Verwendungen dieses Eigenschaftsworts verweisen.

---

1 Vierter Aufzug, 2. Szene.

2 Deutsches Wörterbuch von Jacob und Wilhelm Grimm. Vierten Bandes Erste Abtheilung, Erste Hälfte, Leipzig 1878. Artikel »frei«.

Wir leben in vielerlei Hinsichten gebunden; oftmals ohne uns dadurch eingeschränkt zu fühlen, allzu oft aber auch unter drückenden und als drückend erlebten Verhältnissen. Wir ersehnen - oder erlangen gar - die Beseitigung solcher Verhältnisse; und wir erleben dies als entscheidende Verbesserung, als Befreiung; wir deuten dementsprechend den Zustand, der dem Gebundensein entgegengesetzt ist, als freien; und wir neigen naheliegenderweise dazu, diesen Zustand zu beschreiben als einen, in dem uns (oder welchem Gegenstand der Rede auch immer) dies oder jenes offensteht; als einen Zustand, in dem man nicht gefangen ist, sondern in den Grenzen eigener Möglichkeiten unternehmen kann, was man will. Wir übertragen die Eigenschaft des Zustandes, frei zu sein, von uns (bzw. dem Betreffenden) aus auf vieles, das zu uns gehört, wie z.B. eine Miene, ein Blick, ein Wuchs oder eine Handlung; und ebenso auf vieles davon Verschiedene, das unter solchen Umständen offensteht, wie z.B. eine freie Aussicht, das freie Wort, freie Feld oder auch kurzerhand: das Freie. Wir versetzen uns in den Lebenshorizont anderer Lebewesen und sprechen ihnen einen ähnlichen - freien - Zustand zu, wie z.B. den »freilebenden Hühnern«; und wir gebrauchen den Ausdruck für solche Zustände nicht zuletzt auch von unserem Inneren oder dem Inneren anderer Lebewesen, also von dem, was durch unsere Ausdrücke fürs Psychische und Mentale bezeichnet wird, wie z.B. von Stimmungen, vom Gemüt, von gewissen Gefühlen und natürlich auch vom Willen.

Wenn wir, ausgehend von solchen semantischen Feststellungen, generalisieren wollen, um zu sagen, was es im allgemeinen heißt, frei zu sein, so werden wir denken: Etwas, das sich verändern und sich so oder so verhalten mag, heiße frei, wenn Bedingungen entfallen, die nicht zu seiner besten Verfassung gehören, denen es aber unterliegen kann und allzu oft auch unterliegt. Das Betreffende heißt frei, wenn es frei ist von solchen Bedingungen. Das ist natürlich im Hinblick auf ein rechtes Verständnis des schönen Wortes »Freiheit« noch ein sehr mageres Ergebnis; es gibt uns nur einen Minimalbegriff von Freiheit - wenn auch einen, der zugleich Begriff eines problematischen Maximums an Freiheit von etwas ist. Soll eine in Richtung auf dieses Maximum gehende Befreiung von Zwang nicht Loslösung vom „Leitfaden aller Regeln"[1] sein und die Suche nach solcher Befreiung nicht in die „F u r i e des Verschwindens"[2] bzw. Verschwinden-Machens ausarten, so bedarf dieser Begriff einer Ergänzung. Die Leere bloß negativ bestimmter Freiheit muß durch mindestens ein positives Merkmal ausgefüllt werden. Was frei von einschränkenden, es behindernden Bedingungen ist, muß statt durch diese Bedingungen durch anderes charakterisiert sein. Es muß, so befreit, auch frei zu etwas anderem sein, - zumindest wenn es

1 Kant, *Kritik der reinen Vernunft*, A 447. (Im folgenden abgekürzt: *KrV*).
2 Hegel, *Phänomenologie des Geistes*, A 539.

negativ frei ist im Sinne jenes Zustandes, auf den sich nach der skizzierten Analyse die Ausgangsbedeutung des Ausdrucks »frei« bezieht. Worin kann dies andere ganz im allgemeinen bestehen?

Das Modell zur Beantwortung der Frage liegt, wie mir scheint, nun schon vor Augen. Das Gesuchte muß in demjenigen Zustand bestehen, der den Freien im Gegensatz zum Unfreien positiv auszeichnet. Konkret gesprochen: darin, sein eigener Herr zu sein, über sich und andere selbst zu gebieten. Natürlich ist das zu speziell, als daß man die positive Bestimmung, die es abwirft, allem, das im negativen Sinne frei ist, als dessen Gegenstück zuordnen könnte. Man kann von ihm aus aber zu einem solchen allgemeinen Gegenstück gelangen, wenn man davon absieht, daß man es mit dem Zustand eines Menschen zu tun hat. Zu berücksichtigen ist nur noch, daß es um ein positives Merkmal geht, wodurch sich eines auszeichnet, das im negativen Sinne frei ist und sich verändern oder sich so und so verhalten kann, dabei aber auch sich zu sich und anderem verhält.

Diesen Weg der Abstraktion scheint die neuzeitliche Metaphysik, soweit sie den Freiheitsbegriff in die Kosmologie aufnahm, tatsächlich gegangen zu sein. Das Eigenartige ist, daß am Ende dieses Weges sich mindestens zwei Grundbestimmungen für alternative Ansätze zu einem allgemeinen positiven Begriff von Freiheit anbieten: Im positiven Sinne frei mag nämlich zum einen etwas sein, sofern es

- von selbst, spontan, (*sua sponte*), »frei« von sich ausgehend sich verändert oder sich zu sich und anderem verhält und dazu natürlich auch in der Lage ist. Freiheit so verstanden ist Spontaneität.

Frei im positiven Sinne mag zum andern aber auch etwas sein, sofern es

- sich unter keinem fremden, sondern seinem eigenen Gesetz befindet, verändert und verhält. Freiheit in diesem Sinn kann man kurzerhand Stehen unter »Eigengesetzlichkeit« nennen.

Beide Minimalbestimmungen eines allgemeinsten Begriffs von Freiheit im positiven Verstande müssen nicht miteinander kombiniert auftreten; es hängt vielmehr ab von einer näheren Bestimmung des Gesetzesbegriffs, der in die zweite Minimalbestimmung eingeht, ob sie überhaupt miteinander kombiniert werden können oder nicht.

So läßt sich – ausgehend von sehr einfachen semantischen Sachverhalten und naheliegenden Vermutungen zu ihrem Erfahrungshintergrund – nicht nur ein allgemeiner negativer Begriff von Freiheit gewinnen, sondern auch ein erstes Verständnis für das, was es, von irgendeinem Individuellen oder Generischen gesagt, im positiven Sinne heißen kann, von ihm auszusagen, es sei frei. Allerdings ist dieses Ergebnis vorerst mit einer Alternative belastet. Es scheint sich um zwei Grundbestimmungen zu handeln; und man sieht zunächst weder, ob eine von ihnen einen Vorrang vor der anderen verdient, noch, ob man die Alternative durch Kombination beider vermeidbar machen darf.

In der neuzeitlichen Philosophie, die zunächst nicht die Freiheit überhaupt, sondern die Freiheit vernünftiger Wesen - oder die Freiheit des einen oder anderen Zuges an ihnen, der sie auszeichnet, bzw. die Freiheit spezifischer Verhältnisse zwischen ihnen - zum Thema gemacht hat, wurden die beiden Grundbestimmungen - der Spontaneität und der Eigengesetzlichkeit - stets miteinander kombiniert. Selbst Descartes, der am entschiedensten dazu tendierte, die Freiheit des - menschlichen oder göttlichen - Willens bloß als Willkür zu verstehen, die ganz allein von sich aus entscheidet, so daß sich die erste Grundbestimmung gegenüber der zweiten zu verselbständigen tendiert, gab zu, daß das Bewußtsein solcher Willkür und daß deren Akte gegenüber den von Gesetzen bestimmten Inhalten einer möglichen Wahl nicht in jeder Hinsicht indifferent sind. Wenn man sich, wie ich es im folgenden tun werde, mit der Freiheit dessen beschäftigt, dem man auch V e r n u n f t zusprechen kann, scheint es demnach nicht anzugehen, daß man die eine der beiden Grundbestimmungen zum Vorteil der anderen ganz vernachlässigt; vielmehr gilt es wohl auszumachen, wie die Grundbestimmungen - oder wenigstens die essentials in ihnen, die durch weitere Analyse herauszupräparieren wären - miteinander zu kombinieren sind und ob man es bei einer bloßen Kombination beider belassen darf; ob man spezifische Deutungen zu ihnen hinzufügen bzw. mit der Analyse hinter die eine oder andere Grundbestimmung zurückgehen sollte.

Diese Fragen jedenfalls sind es, die mich im folgenden beschäftigen. Ich möchte sie exemplarisch an zwei Freiheitsbegriffen untersuchen, für deren Bedeutsamkeit Kant und Hegel die Gewährsleute sind: Ich meine Freiheit als Vermögen einer eigenartigen, jedenfalls spontanen Kausalität und Freiheit als ausgezeichnete Weise von etwas (aber was?), bei sich selbst zu sein. Auch diese Freiheitsbegriffe gehen aus Versuchen hervor, eine einseitige Option zugunsten der einen oder anderen der beiden Grundbestimmungen zu vermeiden, also in der einen oder anderen Weise beiden gerecht zu werden, - und zwar noch ehe der Freiheitsbegriff zu einer Bestimmung des Willens oder gar des willentlichen Handelns und sonstiger Willensobjektivationen konkretisiert wird. Ich sehe deshalb zunächst davon ab, daß Freiheit uns vorrangig im Kontext der praktischen Philosophie interessiert, und verharre in der dünnen Luft der bisherigen Abstraktionen - ungeachtet der unvermeidlichen Dunkelheit, die hier herrscht. Das Dunkel ist, wie mir scheint, Licht genug, um charakteristische Unterschiede zwischen den beiden, mich interessierenden Freiheitsbegriffen zu erkennen und mindestens einiges von dem auszumachen, was für bzw. gegen den einen und den anderen vorzubringen ist. Die entscheidende Frage wird sein, ob man es, was die beiden Grundbestimmungen betrifft, bei einer bloßen Kombination und Deutung belassen kann oder ob man in der Analyse hinter die eine oder andere von ihnen zurückgehen muß. Im Verhältnis dazu halte ich es für eine sekundäre Frage, ob man die praktische Freiheit generell als Kausalität bzw. Vermögen der Kausalität verstehen darf oder nicht. Ich will darauf nur am Ende noch kurz eingehen, um wenigstens an einem kleinen Punkt – stellvertretend für viele – zu zeigen, daß die Alternative der mich interessierenden beiden Freiheitsbegriffe nicht irrelevant ist für die praktische Philosophie.

II
Transzendentale Freiheit

Wenn man die Alternative der beiden positiven Minimalbegriffe durch Kombination ihrer Merkmale zu beseitigen versucht und dabei in den Bahnen der neuzeitlichen Metaphysik denkt, so gelangt man ziemlich schnell zum Kantischen Begriff transzendentaler Freiheit in der negativen sowie positiven Bedeutung. Man braucht dazu nur einerseits die Frage nach einem Unbedingten in jenem Naturganzen aufzuwerfen, in welchem etwas Bedingtes unter Gesetzen steht; und andererseits das Ergebnis der Kant'schen transzendentalen Analytik des erkennenden Verstandes wenigstens insoweit zu akzeptieren, daß man Naturgesetze bloß als Gesetze für Erscheinungen nimmt. Dann nämlich kann man nicht umhin, von allem, was da erscheint,[1] zu denken, die Naturgesetze, unter denen es steht, seien nicht par excellence seine eigenen; alles, was an ihm qua Erscheinendem geschieht, sei Wirkung einer Kausalität nach Gesetzen der Natur; es selbst hingegen – als Ding an sich – sei von diesen Gesetzen unabhängig. Eben dies aber, von Gesetzen der Natur unabhängig zu sein, macht den n e g a t i v e n Begriff seiner transzendentalen Freiheit aus.[2] Verschiedene Interessen, unter denen diejenigen der Vernunft an der Architektonik ihrer Begriffe nicht die geringsten sind, bringen uns ferner dazu, zumindest von einigem unter dem im negativen Sinn transzendental Freien zusätzlich zu denken (wenn auch nicht zu erkennen), daß ihm eine – sogar absolute – Spontaneität zukommt, eine ganze Reihe von Erscheinungen, die nach Naturgesetzen aufeinander folgen, von selbst anzufangen und darin auch nach einem eigenen – also von dem der Natur unterschiedenen – Gesetz[3] zu handeln; das heißt eine K a u s a l i t ä t zu haben, die das spontane Bewirken von Wirkungen ist, welche ihrerseits Erscheinungen sind; al-

1 *KrV*, B XXVII.
2 *KrV*, A 533.
3 *KrV*, A 539.

so eine Kausalität, die von a n d e r e r Art ist als diejenige nach Gesetzen der Natur und doch auch gesetzlich. Natürlich ist dem so Gedachten auch eine Disposition zu solchem Handeln zuzudenken. Der positive Begriff transzendentaler Freiheit ist der Begriff eines solchen Vermögens zu spontanem und doch gesetzlichem, ja eigengesetzlichem Handeln, dessen Wirkungen nach Gesetzen der Natur erscheinen.[1]

Soweit der eine der beiden mich interessierenden Freiheitsbegriffe in seinem abstraktesten Umriß: derjenige der Freiheit als eines – ausgezeichneten – Vermögens der Kausalität. Er ist der Begriff einer Freiheit, die das Vermögen einer eigengesetzlichen Kausalität »aus« Freiheit (im Sinne bloßer Spontaneität) ist. Sein Gegenstück ist der Begriff der Freiheit als einer Weise, bei sich zu sein. Lassen wir den vorerst dahingestellt und wenden wir uns zunächst den Fragen zu, zu denen der Begriff eines Vermögens der Kausalität aus Freiheit Anlaß gibt. Die Fragen betreffen sowohl die spezifische Deutung, die Kant der einen unserer beiden Grundbestimmungen – derjenigen der Spontaneität – gibt, als auch die Gründe ihrer Verbindung mit der anderen – derjenigen des Stehens unter Eigengesetzlichkeit.

Alles, was in der Reihe der Erscheinungen nach Naturgesetzen geschieht, hat seinen Grund, obwohl der vollständige Grund dafür in der Reihe der (nur hypothetische Notwendigkeit liefernden) Naturursachen nicht zu finden ist. Warum aber muß die Relation des vollständigen Grundes zu allem, was geschieht, diejenige einer Kausalität zu ihm sein, d.h. diejenige eines Bewirkens von erscheinenden Wirkungen und damit, weil eines, das an sich ist, bloß kontingenterweise so oder anders erscheint, jedenfalls diejenige einer lediglich ä u ß e r e n Verknüpfung eines Zustandes einer Ursache mit anderen Zuständen einer anderen Sache? Man braucht nur an die spinozistische Alternative zur Schöpfungstheologie zu denken, um zu sehen, daß hier verschwiegene Voraussetzungen im Spiel sind, welche die Kantische Begriffsbildung dirigiert haben: insbesondere die Voraussetzung, daß der Grund einer ganzen Reihe erscheinender Begebenheiten, die nach Naturgesetzen aufeinander folgen, sowie insbesondere der Grund aller solchen Reihen so modelliert wird, daß er sich zuletzt auch zum Muster eines Willkürvermögens und seiner Aktualisierung konkretisieren läßt; insbesondere aber zum Muster eines Willküraktes, der darin besteht, zuerst zwischen Möglichkeiten auszuwählen und dann die ausgewählten zu verwirklichen. Die Ursache, der ein auf dieses Modell zugeschnittenes Vermögen der Kausalität zuzuschreiben ist, soll mit solcher Kausalität eine ganze Reihe von Naturursachen in Existenz treten gelassen und dabei »von selbst« zu wirken angefangen haben – wie auch immer, sofern es sich um eine nach der Seite der Antezedenzien unendli-

---

1 *KrV*, A 533; vgl. A 554.

che Reihe handelt. – Warum aber könnte die Einheit des hier zu denkenden Grundes mit seiner Folge nicht mindestens ebensogut diejenige einer immanenten Notwendigkeit sein? Weniger einsichtig als diejenige, die man im Begriff einer spontanen Kausalität zu denken hat, wäre sie gewiß nicht. Denn zur Schwierigkeit, ein allein vom Grund und von ihm selbst ausgehendes, insofern spontanes Setzen einer Folge zu denken, tritt hier noch die zusätzliche Schwierigkeit, daß man dieses Setzen als eine Art Übertragung von etwas aus einem Zustand der Ursache in den Zustand einer anderen, letztlich durch die Übertragung allererst existent werdenden Sache zu denken hat – einer Sache, der durch die Übertragung nicht nur zuteil wird, von endlichem Wesen zu sein und zu existieren, sondern auch dies, aufzutreten in Reihen zeitlich geordneter Erscheinungen, die nach Naturgesetzen kausal verknüpft sind. Dieses Konzept hat vor dem Spinozismus in der Kosmologie gewiß nicht den Vorzug größerer Einfachheit und Durchsichtigkeit. Es hat nur den Vorzug, der Kantischen Einsicht in den nicht rein intelligiblen Charakter von Raum und Zeit Rechnung zu tragen. Aber ist es in dieser Hinsicht tatsächlich alternativelos?

Schwierigkeiten macht in ihm auch, daß der Grund, wenn er als Ursache und wenn sein Setzen von Folge als Kausalität gedacht wird, nicht mehr nur eine Tätigkeit sein kann, die – zeitlos – kontinuieren könnte; daß ihm vielmehr, wenn sein Setzen von Folge als Kausalität gedacht wird, die vereinzelte, aber mit begrifflichen Mitteln als vereinzelt zu denkende „Handlung"[1] eines Vermögens zugesprochen werden muß, dem auch andere Handlungen zu Gebote stehen. Der anthropomorphistische Charakter dieser Zuschreibung liegt auf der Hand. Er wird auch nicht dadurch erfolgreich bekämpft, daß gesagt wird – wie allerdings gesagt werden muß –, die Kausalität der Vernunft im intelligiblen Charakter entstehe nicht.[2] Vielmehr möchte man dann vergeblich wissen, was eine einzelne Handlung (im Unterschied zu einer kontinuierlichen Tätigkeit) sein soll, die nicht entsteht – und sei's auch in einem Medium zeitloser Aufeinanderfolge von Momenten einer Reihe.

Ebenso wie es Schwierigkeiten macht, den Begriff der Kausalität überzeugend auf dasjenige anzuwenden, was vorab den Begriff eines intelligiblen Grundes ganzer Reihen von Erscheinungen und sogar aller solcher Reihen erfüllt, verblüfft die Leichtigkeit, mit der Kant dem im Begriff eines solchen Grundes Gedachten den Charakter zuspricht, ein Gesetz zu sein sowohl für Erscheinungen als auch für dasjenige, was deren intelligiblen Grund ausmacht. Allerdings läßt sich dies in Kants Augen mit Leichtigkeit erst zusprechen, nachdem der intelligible Grund der Erscheinungen zuvor als Ursache und nachdem die Tätigkeitsweise der Ursache als Kausalität (aus

---

1 Z.B. *KrV*, A 533.
2 *KrV*, A 551.

Freiheit) bestimmt wurde. Eine jede wirkende Ursache müsse einen Charakter haben; das aber heiße hier: „ein Gesetz ihrer Kausalität, ohne welche sie gar nicht Ursache sein würde".[1] Doch selbst unter der hier gemachten Voraussetzung einer berechtigten Rede von Kausalität verblüfft diese Behauptung: Man denke an die durch Donald Davidson bewußtgemachten Schwierigkeiten der Annahme einer Gesetzlichkeit, unter deren Begriffen sich psychophysische Kausalität beschreiben läßt – also eine Kausalität, für die doch wahrlich eine ganze Menge spricht – jedenfalls mehr als für die Annahme der Kausalität einer absolut spontan wirkenden Ursache. Wenn man daran denkt, wird man sich auch sagen müssen: Wieviel mehr Schwierigkeiten macht die Behauptung, daß der von Kant angenommenen, sozusagen noophysischen Kausalität generell eine Gesetzlichkeit zuzuschreiben sei!

Im Grunde räumt Kant die hier bestehenden Schwierigkeiten selbst ein, wenn er am Ende seiner „Erläuterung der kosmologischen Idee einer Freiheit in Verbindung mit der allgemeinen Naturnotwendigkeit"[2] einerseits zugibt, man könne mit Sinn fragen, warum die Vernunft die Erscheinungen durch ihre Kausalität nicht anders bestimmt hat, aber andererseits alsbald erklärt, darauf sei keine Antwort möglich,[3] und dann einschärft, so zu fragen überschreite alle Befugnis der Vernunft.[4] Hatte Kant doch zuvor mit großem Pathos behauptet, „daß die Transzendentalphilosophie unter allem spekulativen Erkenntnis dieses Eigentümliche habe: daß gar keine Frage, welche einen der reinen Vernunft gegebenen Gegenstand betrifft, für eben dieselbe menschliche Vernunft unauflöslich sei"![5] Handelt es sich bei der reinen Vernunft selbst in ihrem Verhältnis zu Erscheinungen etwa nicht um „einen der reinen Vernunft gegebenen Gegenstand"? Ich denke doch, es sei denn, man gebe entweder nicht zu, daß sich die reine Vernunft auch in ihrem Verhältnis zu Erscheinungen auf irgendeine Weise gegeben ist, oder nicht zu, daß sie sich darin in weitestmöglichem Sinne Gegenstand ist. Doch selbst wenn man das eine oder andere oder beides nicht zugeben möchte: handelt es sich bei der Vernunft nicht um etwas, das für die Vernunft noch viel eher durchsichtig sein sollte als irgendein ihr gegebener Gegenstand? Wenn aber nun plötzlich nicht nur die Beantwortbarkeit einer diesen Gegenstand – oder Nichtgegenstand – betreffenden Frage, sondern sogar die Befugnis zu dieser Frage verneint wird, so muß in den angestellten Überlegungen irgend etwas schiefgegangen sein.

---

1 *KrV*, A 539.
2 *KrV*, A 542 ff.
3 *KrV*, A 556.
4 *KrV*, A 557.
5 *KrV*, A 477.

Noch aus einem anderen Grund ergibt sich, daß Kant in seiner kosmologischen Idee der Freiheit zu Unrecht – und zu vertrauensvoll an einer schulphilosophischen Tradition seiner Zeit festhaltend – die Tätigkeit dieser Freiheit als Kausalität und das Allgemeine an ihr im Verhältnis zu dem durch die Tätigkeit Verknüpften generell als Gesetz gedacht hat. Allerdings wird mit der Thematisierung des nun geltend zu machenden Bedenkens die Grenze zum Begriff praktischer Freiheit überschritten. Gerade aber die Behauptung Kants, die diese Grenze zu überschreiten nötigt, ist jetzt wichtig. Deshalb muß bereits hier davon die Rede sein. Kant meint in diesem Kontext – wie könnte es anders sein –, aus den Imperativen, „welche wir in allem Praktischen den ausübenden Kräften als Regeln aufgeben",[1] sei klar, daß die Vernunft Kausalität habe oder wenigstens wir uns dergleichen an ihr vorstellen. Was uns dazu berechtigt, dem intelligiblen Grund unter Naturgesetzen stehender Erscheinungen Kausalität zuzusprechen, gehört also gar nicht in den Kontext der Grundbegriffe einer metaphysischen Kosmologie, sondern in den der Philosophie des endlichen praktischen Geistes; es betrifft nicht den allgemeinsten Begriff von Freiheit, den wir im Kontext der Rede von gesetzlicher Notwendigkeit als den eines Gegenstücks zu dieser zu denken haben, um dieser Rede vollen Sinn zu geben. Kants Idee einer Freiheit in Verbindung mit der allgemeinen Naturnotwendigkeit ist vom Vorgriff auf eine Metaphysik der praktischen Vernunft endlicher Subjekte geleitet. Aber davon im Kontext der kosmologischen Idee geleitet zu sein, heißt irregeleitet sein. Ob die Idee einer Freiheit, die ein Vermögen spontaner Kausalität ist, wenigstens im Kontext der praktischen Vernunft endlicher Subjekte Überzeugungskraft hat oder nicht, wäre an anderer Stelle als in Auseinandersetzung mit der rationalen Kosmologie auszumachen.

III

Die Alternative: Freiheit als Bei-sich-selbst-Sein (im Anderen)

Ich habe mich bisher an Kants Ausführungen über Freiheit im Kontext der Diskussion und Auflösung jenes dritten Widerstreits der Antinomie orientiert, in welche die Vernunft beim kosmologischen Gebrauch ihrer Begriffe gerät;[2] und ich habe mich dabei möglichst genau an die Kantischen Formulierungen gehalten. Das könnte die Erwartung wecken, daß ich es nun mit dem entsprechenden Text Hegels ebenso halte: ich meine mit dem Übergang vom Abschnitt „Die Wirklichkeit" zur

1 *KrV*, A 547.
2 *KrV*, A 444 ff., 497 ff., 532 ff.

Lehre vom Begriff in der Hegelschen *Logik*. Dann müßte ich mich nun befassen mit der darin enthaltenen Ableitung des Begriffs dessen, was Hegel »Begriff« nennt, sowie mit der Ableitung des Begriffs der zu diesem spekulativen Begriff gehörigen Freiheit. Ich muß diese Erwartung enttäuschen. Beim Übergang von der Wirklichkeit zum Begriff, wie ihn die Hegelsche Logik auszuweisen versucht, sind aus gewichtigen Gründen mehr Begriffe im Spiel als derjenige der Notwendigkeit (nach Gesetzen der Natur) und der Freiheit. Der Nachweis, daß dieser Übergang für das spekulative Denken zwingend ist, verlangt daher auch viel komplexere Überlegungen, als in einer kurzen Abhandlung angestellt werden können.[1]

Glücklicherweise ist dieser Nachweis hier nicht unerläßlich. Man kann nämlich verhältnismäßig leicht sehen, worauf es nun ankommt, wenn man die Defekte an der Kantischen Erläuterung der kosmologischen Freiheitsidee beseitigen will: Alles, was zu dieser Idee gesagt wird, bleibt unbefriedigend, solange Freiheit (wovon gedacht auch immer) damit nur in einen relativen, unvollständigen Gegensatz zur Notwendigkeit gebracht ist. Das ist schon der Fall bei Spinoza, wenn – in Definition 7 des ersten Teils der Ethik – »frei« dasjenige genannt wird, was bloß vermöge der Notwendigkeit seiner eigenen Natur existiert und bloß durch sich selbst zum Handeln bestimmt wird. Es ist auch der Fall bei Kant, wenn »frei« eine Ursache heißt, sofern sie ein Vermögen ist, spontan nach jenem eigenen Gesetz zu handeln, das ihr intelligibler Charakter ist; denn das Verhältnis eines Gesetzes zu demjenigen, der oder das ihm unterworfen ist, ist Notwendigkeit. Auch hier also taucht der Begriff der Notwendigkeit im explicans des Begriffs der Freiheit auf, anstatt diesem Begriff bloß als sein Gegenbegriff gegenüberzustehen. Freiheit ist von diesem Gegenstück aus so zu denken, daß ihr Begriff nicht mit Mitteln eines kosmologischen Notwendigkeitsbegriffs expliziert werden muß, und daß er dennoch nicht auf den Begriff bloßer Spontaneität reduziert wird; und die Schwierigkeit, auf diesem Wege den Begriff der Notwendigkeit im explicans des Freiheitsbegriffs loszuwerden, macht den Übergang von der Notwendigkeit zur Freiheit zum „härtesten", wie Hegel einmal sagt.[2] Zwischen der vielköpfigen Scylla einer die Freiheit nicht wirklich entkommen lassenden Notwendigkeit und der alles verschlingenden Charybdis einer

---

[1] Man müßte in diesen Überlegungen mindestens eingehen auf die Spinozistische Lehre, daß es nur eine Substanz gibt, auf das »dualistische« Konzept des Verhältnisses zwischen einem intelligiblen Grund aller Wirklichkeit als einer aktiven Substanz und einer erscheinenden Substanz als einer passiven; auf die dabei fällig werdende Auseinandersetzung mit Begriffen, in denen das Kausalitätsverhältnis (von Ursache und Wirkung) überhaupt gedacht wird, und innerhalb dieser Auseinandersetzung insbesondere auf den Begriff der Notwendigkeit als den eigentlichen Gegenbegriff zu demjenigen der Freiheit. Eine Untersuchung, welche der Komplexität der Zusammenhänge gerecht wird, die Hegel in diesem Kontext berücksichtigen muß, steht leider aus.

[2] *Encyclopädie* ... 1827/30. § 159 A.

gesetzlosen, bloß spontanen Freiheit, die eigentlich nur eine besondere Zufälligkeit ist, scheint kein Durchkommen. »Durchzukommen« hieße am Ende natürlich, daß man auch die mit der Begriffsbildung verbundene Begründungsaufgabe bewältigt. So anspruchsvoll will ich hier nicht sein. Ich werde mich auf die leichtere Aufgabe beschränken zu sagen, welcher Veränderung an den Begriffen es nun bedarf und wie dementsprechend das Resultat der Veränderung aussehen muß.

Ausgenommen von der Veränderung muß jedenfalls etwas sein, was das gemeinsame begriffliche Minimum enthält, unter dem Freiheit und Notwendigkeit einen vollständigen Gegensatz bilden und zwar einen, welcher nicht derjenige von Notwendigkeit und Zufälligkeit ist. Worin aber könnte das Minimum bestehen, wenn nicht in einer Weise, in der sich je zwei Relate so zueinander verhalten, daß die Beschreibung der Verhältnisweise fürs eine Paar der Relate den Begriff der Notwendigkeit, nicht aber den der Freiheit, – fürs andere Paar hingegen den der Freiheit, nicht aber den der Notwendigkeit zuläßt, während die Negation der jeweiligen Beschreibung fürs eine Paar der Relate den Begriff der Zufälligkeit, fürs andere Paar hingegen den Begriff der Unfreiheit ergibt. Fragt sich nur, um welches Paar begrifflicher Relate es sich dabei jeweils handelt bzw. um welches Paar es sich bei der Freiheit handeln muß im Gegensatz zu demjenigen, mit dem man es im Fall der Notwendigkeit zu tun hat. Um diese Frage zu beantworten, sollte man hinsichtlich der Bedingungen, unter denen wir irgend etwas Realem Notwendigkeit zusprechen, deren Doppelheit beachten: In irgendeiner Hinsicht notwendig zu sein sprechen wir einerseits demjenigen zu, was unter ein Gesetz fällt, also einem einzelnen, und zwar im Verhältnis zum Gesetz; andererseits aber auch demjenigen, was an einem solchen einzelnen Wirkung ist, und zwar unter der Beschreibung dieser Wirkung im Verhältnis zu demjenigen, durch das sie bewirkt ist, d.h. der Wirkung im Verhältnis zu ihrer Ursache. Fällt unter sonst gleichen Bedingungen ein einzelnes hingegen nicht unter ein Gesetz oder ist unter sonst gleichen Bedingungen etwas nicht Wirkung einer Ursache, so nennen wir es – jeweils im Verhältnis hierzu – zufällig. Wenn nun Notwendigkeit zum begrifflichen Gegenstück dessen werden soll, was wir unter Freiheit zu verstehen haben, so muß aus dem Gedanken dieser sowohl der Begriff eines Gesetzes als auch derjenige der Kausalität erst einmal entfernt werden, während beide andererseits nicht ersatzlos entfallen dürfen, wenn wir nicht in Vereinseitigung der Freiheit auf bloße Spontaneität enden wollen, sondern vielmehr Platz für den Begriff des diametralen Gegensatzes behalten sollen, den die Freiheit in Unfreiheit hat. Im ganzen sind daher drei Bedingungen für den gesuchten Begriff zu respektieren: Es muß sich um einen Begriff handeln, in welchem

1. das Moment der Spontaneität erhalten, aber auch ergänzt ist;

2. Freiheit nicht als Vermögen einer Kausalität bestimmt ist – und sei's auch einer spontan handelnden Ursache –, wohl aber etwas an die Stelle beider tritt;
3. Freiheit nicht als Vermögen zu Tätigkeit oder Verhalten von etwas unter einem Gesetz bestimmt wird – und sei's auch dem eigenen –, wohl aber für die Tätigkeit oder das Verhalten etwas an die Stelle des Gesetzes tritt.

Im übrigen können wir uns zur Feststellung dessen, was an die Stelle von Kausalität und Ursache sowie Gesetz zu treten hat, zunächst durchaus an Bestimmungen orientieren, die im Begriff eines Gesetzes und einer Kausalität überhaupt schon enthalten sind – ganz wie im Fall der Feststellung des gemeinsamen begrifflichen Minimums, unter dem Notwendigkeit und Freiheit einen vollständigen Gegensatz bilden. Nur darf es für die Bestimmung der Relate der neuen, freien Verhältnisweise dabei nicht sein Bewenden haben.

Wenn wir diese Forderung im Hinblick auf die erste Bedingung berücksichtigen und das Moment der Spontaneität von vornherein ergänzen durch Bestimmungen, die aus der Analyse des Kausalitäts- und Gesetzesbegriffs genommen sind, so können wir sagen, Freiheit sei

1. eine s p o n t a n e Tätigkeit eines Tätigen oder ein spontanes Verhalten seiner, – aber so, daß diese Tätigkeit bzw. dies Verhalten (anstelle der möglichen Sprunghaftigkeit eines bloß Spontanen) k o n t i n u i e r l i c h ist.

Im Hinblick auf die zweite Bedingung, deren Minimum an positiver Bestimmung aus der Analyse der Kausalität zu gewinnen ist, läßt sich jedenfalls sagen, Freiheit sei

2. ein F o r t g e h e n jener spontanen Tätigkeit bzw. jenes Verhaltens – von einem sachlich Früheren zu einem sachlich Späteren, aber so, daß dabei n i c h t einfach der Z u f a l l waltet als Gegensatz zur Notwendigkeit, welche eine Wirkung im Verhältnis zur Ursache unter der Relation der Kausalität besitzt. Das ist das Minimum hinsichtlich der zweiten Bedingung.

Im Hinblick auf die dritte Bedingung schließlich und unter dem ihr entsprechenden Gesichtspunkt ist Freiheit dann jedenfalls

3. ein nicht bloß dem Zufall überlassenes Fortgehen jener spontanen Tätigkeit (bzw. des Verhaltens) eines e i n z e l n e n T ä t i g e n , das nicht einem Gesetz unterworfen ist, aber auch nicht einfach den Zufall walten läßt, sondern sich a n einem A l l g e m e i n e n im Verhältnis zum Tätigen als dem Einzelnen o r i e n t i e r t . Das ist das Minimum hinsichtlich der dritten Bedingung.

Wie aber kann man diese beiden Minima durch n e u e , p o s i t i v e B e s t i m m u n g s s t ü c k e ergänzen? Es liegt nahe, auch hier auf einen Gegensatz zu solchem auszugehen, das für den Fall der Notwendigkeit charakteristisch ist. Dann wird man im Hinblick auf die zweite Bedingung sagen, Freiheit sei zusätzlich zum Gesagten auch

2a. Ein Fortgehen, bei dem das in ihm Tätige sich *nicht* im Betätigten *verliert* wie die Ursache in der Wirkung bzw. im Bewirkten; sie sei *vielmehr* ein Fortgehen, in welchem das Tätige *bei sich ist* und selbst dann noch bei sich bleibt, wenn es sich *in* oder *an anderem* als ihm selbst betätigt. So kommt man zur Freiheit als einer Verhältnisweise, die den Charakter des Bei-sich-Seins und -Bleibens hat.

Im Hinblick auf die dritte Bedingung wird man zum Gedanken veranlaßt, über das schon Gesagte hinaus sei Freiheit auch dies, daß

3a. das *Allgemeine*, an dem sich das Einzelne orientiert, für es nicht (wie im Fall eines Gesetzes) schlicht den Charakter eines Vorgegebenen hat – und sei's auch eines von sich, dem Einzelnen, ihm selbst Vorgegebenen; nicht den Charakter eines bloß Vorausgesetzten, das ihm fordernd oder gar nötigend gegenübersteht und es unter sich subsumiert; sondern vielmehr den, daß es *sich* zum Einzelnen, welches das in ihm Tätige ist, *bestimmt*.

Was hingegen das *Einzelne* selbst betrifft, gehöre zu seiner Freiheit, daß es nicht nur bei sich bleibt in dem, worin es sich – am Allgemeinen orientiert – betätigt; sondern daß es ebenfalls bei sich bleibt im Allgemeinen, zu dem es *sich erhebt*, von dem seine (weitere) Tätigkeit ausgeht und in dessen Sich-Bestimmen es *sich selbst* bestimmt. Freiheit sei mithin auch *Selbstbestimmung* sowohl des Einzelnen als des Allgemeinen.

Das Allgemeine und das Einzelne haben hier m.a.W. die Struktur des Hegelschen, *spekulativen Begriffs*, während die Freiheit den Charakter hat, Verhältnis- und Tätigkeitsweise des Begriffs zu sein. Als Momente des hegelisch verstandenen, spekulativen Begriffs also sind das Allgemeine und das Einzelne die oben gesuchten Relate, die unterm Freiheitsbegriff an die Stelle jener Relate treten, in bezug auf welche die Notwendigkeit zuzusprechen ist. Unter je verschiedenen Gesichtspunkten sind sie beide sowohl Tätiges als auch Betätigtes, und von solchen Tätigen ist zu sagen, ihre ausgezeichnete Weise, bei sich selbst zu sein, sei Freiheit. *Unfreiheit* hingegen liegt vor, wenn unbeschadet der unter Nr. 1-3 genannten Minima die Beschreibung nicht zutrifft, die in Nr. 2a und 3a angegeben wurde. Von der Einheit des Allgemeinen und des Einzelnen in dieser Verhältnisweise des Begriffs ist übrigens leicht zu sehen, daß in ihren Gedanken eine rigorose Verallgemeinerung jenes Begriffs von Freiheit (als Tätigkeits- und Lebensweise eines Citoyen) eingeht, den Rousseau ins Spiel gebracht, aber auf den Bereich des politischen Lebens in Freiheit beschränkt hat.

Betrachten wir nun, inwiefern der Gegensatz von Freiheit und Notwendigkeit tatsächlich vollständig ist, wenn Freiheit als Verhältnis- und Tätigkeitsweise des (spekulativen) Begriffs verstanden wird, die den Charakter eines Bei-sich-selbst-Seins (und -Bleibens) im Sein bei Anderem hat: Beiden Begriffen – demjenigen der Notwendigkeit und demjenigen der Freiheit – ist gemeinsam, daß sie die Verhältnisweise von (begrifflich gefaßten) Relaten bestimmen, die in beiden Fällen (der Anwendbarkeit des Freiheits- wie des Notwendigkeitsbegriffs) unterschieden sind hinsichtlich zweier Relationen, nämlich derjenigen eines der Sache des zu Denkenden nach (d.h. nicht der Zeit nach!) Früheren und Späteren, sowie der »begrifflichen« Fundamentalrelation zwischen allgemeinem und einzelnem. Die »Sache«, hinsichtlich deren es ein Früheres und ein Späteres zu unterscheiden gilt, betrifft im einen Fall (der Verhältnisweise der Notwendigkeit) die Kausalität, und dementsprechend haben wir hier die Relate Ursache und Wirkung, in der sich die Ursache verliert; im anderen Fall betrifft sie die Tätigkeit (eines sowohl Einzelnen als auch Allgemeinen), und dementsprechend haben wir hier die Relate (sich-selbst-bestimmend) Tätiges und Betätigtes, in welchem das Tätige bei sich ist und bleibt. Man beachte aber, daß unter dem Begriff eines Betätigten Platz ist für alles, was zu Recht unter die Begriffe der Ursache und der Wirkung, sowie des Gesetzes und seines Falles gehört. Daß der Platz für diese Begriffe und das unter sie Fallende freigehalten ist, heißt jedoch gerade nicht, daß der Begriff der Notwendigkeit auf seiten des explicans für denjenigen der Freiheit auftaucht. Hinsichtlich der Begriffsrelation zwischen einzelnem und allgemeinem haben die Relate im einen Fall den »starren« Charakter, einander unverrückbar gegenüberzustehen – wie (allgemeines) Gesetz und (einzelner) Fall – und daher die Spontaneität niederzuhalten; im anderen Fall haben sie den Bewegungscharakter des spekulativen Begriffs, der als Bewegungsform dessen verstanden werden kann, was ursprüngliche Spontaneität besitzt und sich zu bzw. in dieser Form selbst bestimmt.

Man könnte die wichtigsten begrifflichen Zusammenhänge, die hier berücksichtigt wurden, relativ leicht anhand eines Schemas übersichtlich machen. An keiner Stelle dieses Schemas taucht auf seiten der Mittel, durch die der Begriff der Freiheit als Bei-sich-selbst-Sein zu explizieren ist, der Begriff der Notwendigkeit auf; und dennoch ist Freiheit hier nicht im geringsten bloße Spontaneität. Die aufgestellten Bedingungen sind also erfüllt.

Wenn man den Weg berücksichtigt, auf dem ich zu meinem Schema der Gegenüberstellung von Freiheit und Notwendigkeit gekommen bin, so zeigen sich zwei weitere Vorzüge, die zugunsten des Begriffs der Freiheit als Bei-sich-selbst-Sein sprechen: Es wird zum einen auch verständlich, warum Freiheit nun fundamental dem

Begriff (im spekulativen Sinn dieses Ausdrucks) zugeschrieben wird. Freiheit ist, genau genommen, die Weise, wie die spezifisch im spekulativen Begriff zu denkenden Verhältnisse beschaffen sind oder vielmehr sich verhalten und wie die Tätigkeit des Begriffs beschaffen ist oder vielmehr sich vollzieht; sie ist „die absolute Negativität des Begriffes als Identität mit sich".[1] Würde man der Spezifität dieser »freien« Weise des Verhältnisses sowohl von – in der Sache des Begriffs – Früherem und Späterem als auch von Allgemeinem und Einzelnem – im spekulativen Begriff – weiter nachgehen, so könnte man vielleicht auch zeigen, daß in dieser Verhältnis- und Tätigkeitsweise nur eine Identität zum Vorschein gebracht und aufgeschlossen ist, die zuinnerst in den Verhältnissen von Ursache und Wirkung, sowie von Substanz und Akzidenz enthalten, aber versteckt war. Damit kann ich mich jetzt nicht mehr abgeben. Wohl aber sollte ich noch auf einen anderen Vorzug meines Schemas verweisen:

Es wird auch wahrscheinlich, daß hier ein wirklich allgemeiner, in allen wahrhaft freien Verhältnissen erfüllter Begriff von Freiheit gewonnen ist. Zumindest kann man anhand dieses Schemas die Vermutung aufstellen, daß es so sei, wenn man sich noch einmal Kants und Spinozas erinnert: Spinoza hatte einen Freiheitsbegriff, der gleich am Anfang der Ethik definiert wird und der – so unbefriedigend er sein mag – sich einheitlich durch die ganze Philosophie Spinozas hindurchzieht – sowohl durch sie als eine Theorie Gottes als auch durch sie als eine Theorie des einzelnen Menschen und seines Glücks, als auch durch sie als eine Theorie freier menschlicher Sozialität. Ein freier Wille und die Freiheit des Willens allerdings finden sich unter all dem nicht. Für Kant ist der Begriff sittlicher Freiheit zwar der Schlußstein des ganzen Gewölbes philosophischer Systematik. Aber man sieht keine Möglichkeit, ihn innerhalb dieser Systematik auch an deren Anfang zu bringen und alle in ihr zu entwickelnden Freiheitsbegriffe als Spezifikationen seiner verständlich zu machen. Ich wüßte jedenfalls nicht, wie letzteres beispielsweise im Hinblick auf den Begriff der Freiheit gezeigt werden könnte, der im positiven Begriff der Willkür enthalten ist und das – für konkrete Fälle bestehende – Unvermögen bezeichnet, den Willen durch reine praktische Vernunft bestimmt sein zu lassen.[2] Bei Hegel hingegen ist durch den allumfassenden Begriff des spekulativen Begriffs die Allgemeinheit eines Freiheitsbegriffs für die ganze Philosophie wieder erreicht. Und indem der Freiheitsbegriff zu dem die ganze Philosophie organisierenden Begriff des spekulativen Begriffs gehört, wird er sogar mit-organisierend für dieses Ganze.

---

1 Vgl. *Encyclopädie* ... 1827/30. § 382.
2 Vgl. Kant, *Metaphysik der Sitten.* A 28.

IV

Hinweise zum Begriff praktischer Freiheit

Gibt es aber nicht trotz allem Gesagten einen guten Sinn, Freiheit des Willens auch als ein Vermögen der Kausalität zu verstehen? Eine Antwort auf diese Frage kann ich hier nur noch in drei Bemerkungen andeuten:

1. Im Begriff der Freiheit als eines Bei-sich-Seins ist – wie gesagt – an der Stelle des Betätigten Platz für alles, was zu Recht unter den Begriff einer Ursache und ihres Vermögens zum Bewirken von Wirkungen gehört. Wenn dieses Betätigte ich selbst qua Wille bin, ist darin also auch grundsätzlich die Möglichkeit eröffnet, Freiheit, die ich mir zuschreibe, sofern ich mir einen Willen zuschreibe, als Vermögen einer Kausalität zu verstehen, sowie auch als ein diese betreffendes Unvermögen. So verstanden aber, d.h. als so Betätigtes eines in mir frei Tätigen bin ich nur Wille unter einem vorgegebenen Gesetz, unter dessen Forderung ich stehe. Unter solcher Forderung zu stehen heißt für mich, daß ich in diesem Willen Widerstände überwinden muß gegen eine freie Zwecksetzung oder Verwirklichung derart gesetzter Zwecke und daß ich hinsichtlich dieser Widerstände in meinem Willen dann gerade nicht bei mir selbst bin. Soweit mein Wille unter diese Beschreibung fällt, ist seine Freiheit also nur mangelhaft verwirklicht. Werden aber die Widerstände überwunden, so kann ich nicht nur von ihrer Überwindung anhand eines Begriffs der Freiheit als Bei-sich-selbst-Sein sagen, ich sei darin frei; ich kann es auch in bezug auf die Resultate solcher Überwindung, während ich es in bezug darauf anhand eines Begriffs der Willensfreiheit als eines Vermögens der Kausalität nicht mehr könnte, obwohl doch gerade solches Frei-Sein im Resultat einer freien Willensverwirklichung dasjenige ist, was in allem Streben nach Freiheit positiv erstrebt wird. Der allgemeine Begriff der Freiheit als Weise eines sich bestimmenden Einzelnen, in seinem anderen bei sich selbst zu sein, läßt sich also auf die Phänomene der Willensverwirklichung hin sinnvoll spezifizieren; und er läßt auch zu, in diese Spezifikation als Beschreibung eines mangelhaften Phänomens der Willensverwirklichung den Begriff der Freiheit als Vermögen einer Kausalität zu zweckverwirklichenden Handlungen zu integrieren.

2. Einen triftigen Grund oder wenigstens zwingenden Anlaß dafür, sich in seiner Freiheit oder einem anderen in dessen Freiheit ein Vermögen intelligibler Kausalität zuzuschreiben (eine „Kausalität aus Freiheit"), geben jedoch nicht die Phänomene der Zuschreibung von Verantwortlichkeit bzw. von Schuld oder Verdienst, wie Kant es uns einmal suggeriert.[1] Das ergibt sich schon aus der Graduierung der Impu-

[1] *KrV*, A 551 ff.

tation, die wir auch nach Kant für mental Schwache oder für Fälle verminderter Zurechnungsfähigkeit vornehmen;[1] und die wir vornehmen, obwohl sich das Vermögen einer intelligiblen Kausalität nicht graduiert denken läßt. Es ergibt sich vor allem auch daraus, daß Verantwortlichkeit jeweils nur für eine einzelne Tat zugeschrieben wird, während die intelligible Kausalität stets als Bewirken einer ganzen Reihe von Erscheinungen eines endlichen Wesens verstanden werden muß – also als Bewirken aller Handlungen, die aus dem empirischen Charakter einer Person und ihren Umständen (nach Kantischer Auffassung) mit der hypothetischen Notwendigkeit des unter Naturgesetzen Stehenden folgen.

3. Die Annahme einer solchen Kausalität aus Freiheit und damit einer Freiheit, die ein Vermögen der Kausalität ist, gehört in einen spezifischen Kontext: denjenigen der Frage, ob ich den Bestimmungsgründen meines reinen Willens eine ausgezeichnete Kraft zur Bildung von Maximen, Setzung von Zwecken und Ausführung von Handlungen zusprechen kann: eine Kraft, die allen Antrieben meines sinnlich bedingten Willens unendlich überlegen ist. Für Kants „Grundlegung" einer Metaphysik der Sitten und ihre Übergänge von der „gemeinen sittlichen Vernunfterkenntnis zur philosophischen" sowie insbesondere von der „populären sittlichen Weltweisheit zur Metaphysik der Sitten" war das die Schlüsselfrage. Ich bin mir nicht sicher, ob diese Frage im Rahmen einer Metaphysik der Sitten, die eine Lehre von Rechten und Tugenden samt den mit ihnen verbundenen Pflichten ist, überhaupt noch auftauchen kann. Die gemeine sittliche Vernunfterkenntnis jedenfalls hat mit dieser Frage nur zu tun, wenn sie sich in die natürliche Dialektik mit populärer sittlicher Weltweisheit verstrickt und den Hang ausbildet, „wider die strengen Gesetze der Pflicht zu vernünfteln und ihre Gültigkeit, wenigstens ihre Reinigkeit und Strenge in Zweifel zu ziehen".[2] Man kann daher wohl verstehen und gutheißen, daß Hegel in seiner *Rechtsphilosophie* dieser Frage keine Aufmerksamkeit mehr widmet. Sie hätte für ihn in eine Phänomenologie der werdenden und sich verteidigenden Moralität gehört.

---

[1] P. Menzer (Hrsg.), *Eine Vorlesung Kants über Ethik*, Berlin 1924, S. 75 ff.; vgl. *Moralphilosophie Collins*, (AA XXVII, S. 291 ff.).

[2] Kant, *Grundlegung zur Metaphysik der Sitten*, A 23.

Die Rehabilitierung der Politik

Anmerkungen zu Hannah Arendt

von Jürgen Gebhardt (Erlangen-Nürnberg)

I.

Den Titel des von Manfred Riedel in den Jahren 1972 und 1974 herausgegebenen zweibändigen Sammelwerkes *Rehabilitierung der praktischen Philosophie* wollte der Herausgeber als „ein spezielles philosophisches Programm“ verstanden wissen, als Ausdruck einer „spezifische[n] wissenschafts- und gesellschaftsgeschichtliche[n] Situation“: „Es handelt sich um die Wiedererlangung einer Dimension des Fragens und Argumentierens, die bis zum Ende des 19. Jahrhunderts unter dem Leitbegriff der »praktischen Philosophie« einen festen Bestandteil des philosophischen Unterrichts bildet und zur Aufgabe hat, Geltung von Normen menschlichen Handelns [...] sowie das Abwägen und Wählen von Handlungszielen [...] zu begründen.“

Die Rehabilitierung der praktischen Philosophie zeigt sich nach Meinung des Herausgebers in der Tatsache, daß „diese Fragen – unter den erheblich veränderten Bedingungen der modernen industriellen Gesellschaft und der zu ihr gehörigen Bewußtseins- und Handlungsformen – inzwischen wieder aufgegriffen und philosophisch fruchtbar gemacht worden sind.“[1] Wenngleich diese Bände ausdrücklich Bezug nehmen auf die Wiederbelebung der aristotelischen praktischen Philosophie in den Arbeiten Joachim Ritters, so wollen sie doch keineswegs die Demonstration eines revitalisierten Aristotelismus in Deutschland sein. Im Gegenteil, Manfred Riedel, der hervorragende Kenner des Aristoteles, stellt ausdrücklich fest, daß „die Frage nach der Möglichkeit einer Erneuerung der praktischen Philosophie des Aristoteles nur negativ beantwortet werden kann.“[2] Die meisten Autoren folgen Riedel in

---

[1] M. Riedel, *Vorwort*, in: ders. (Hg.), *Die Rehabilitierung der Praktischen Philosophie I*, Freiburg 1972, S. 11.

[2] M. Riedel, *Über einige Aporien in der praktischen Philosophie des Aristoteles*, in: ders. (Hg:), *Die Rehabilitierung I*, S. 96.

dieser Annahme mit dem Ergebnis, daß die für den Begründungszusammenhang der alten praktischen Philosophie entscheidende Schlüsselkategorie des Politischen in den meisten Studien des Bandes als solche nicht thematisiert wird, soweit nicht ausdrücklich eine aristotelische Position eingenommen wird (H. Kuhn, G. Bien, W. Hennis, R. Spaemann). Allein Riedel nimmt die von ihm diagnostizierten Aporien des Aristotelismus zum Anlaß, unter dem Titel *Herrschaft und Gesellschaft* das „Legitimationsproblem des Politischen in der Philosophie" aufzuwerfen. Anknüpfend an seine umfangreichen begriffsgeschichtlichen Studien zur *societas civilis* bis hin zu Kant unterzieht er auch die „klassisch-liberale Legitimationstheorie" des Politischen einer Kritik, die ihn zu der Folgerung führt, daß „das Nachdenken über Recht, Staat und Gesellschaft wieder unter Gesichtspunkten und mit den methodischen Möglichkeiten der praktischen Philosophie zu betreiben" sei. Ein solches Nachdenken impliziere eine kritische Sichtung der „politisch-naturrechtlichen Tradition", die „auch solche Schemata wie das des Vertrages rehabilitieren und zur Grundlegung einer Philosophie der politischen Institutionen werden benutzen können".[1]

Wenn man von den Versuchen der Revitalisierung des Kontraktualismus im Anschluß an derartige Ansätze in den USA (Rawls) absieht, so haben die Bemühungen um eine Rehabilitierung der praktischen Philosophie weder in dieser noch in irgendeiner anderen Richtung ein diesem Unternehmen angemessenen Begriff des Politischen hervorgebracht. Manfred Riedels eigene Arbeiten bewegen sich auf eine „zweite Philosophie" hin, die weder in Hermeneutik noch in praktischer Philosophie aufgeht, sondern thematisch „dazwischen" liegt.[2] Was das Politische in diesem Zusammenhang angeht, so steht zu vermuten, daß es sich in einem ortlosen republikanischen Ideal auflöst, in einem visionären „Vaterland in der Zeit", wie es Riedel jüngst mit einem Blochzitat ausgedrückt hat.[3]

Die Rehabilitierung der praktischen Philosophie, neoaristotelisch oder nicht, blieb meines Erachtens gerade deswegen theoretisch folgenlos, weil sie nicht zu einer Rehabilitierung des ihr eigentümlichen Politikbegriffes gelangte. Das philosophische Denken blieb den spezifisch deutschen Formen der politischen Apperzeption, wie Ernst Vollrath es nennt, verhaftet. Er unterscheidet eine realpolitische Apperzeption einerseits und eine idealpolitische (oder metapolitische) Apperzeption andererseits: „In der realpolitischen Apperzeption wird der existierende Staat affirmativ akzep-

---

[1] M. Riedel, *Herrschaft und Gesellschaft. Zum Legitimationsproblem des Politischen in der Philosophie*, in: ders. (Hg.), *Rehabilitierung II*, Freiburg 1974, S. 257f.

[2] M. Riedel, *Für eine zweite Philosophie*, Frankfurt/M. 1988, S. 7f., 207.

[3] M. Riedel, *Kehre der Zeit als »Zeitkehre«. Zum »Vaterland in der Zeit«*, in: P. Braitling / W. Reese-Schäfer (Hg.), *Universalismus, Nationalismus und die neue Einheit der Deutschen*, Frankfurt/M. 1991, S. 99.

tiert, in der ideal- (oder meta-) politischen Apperzeption wird dem existierenden Staat das Bild einer Gemeinschaft entgegengesetzt, die seine Defizite – oder ihn als Defizit – zu überwinden bestimmt ist."[1] Beide Formen der politischen Wahrnehmung sind natürlich idealtypisch konzipiert. Sie sind auch keineswegs auf Deutschland beschränkt, aber sie prägten und prägen doch auf eigentümliche Weise die deutsche politische Kultur in vielfacher Hinsicht. Beide Apperzeptionsmodi gründen letzthin in einer herrschafts- und machtzentrierten Idee des Politischen, die sich im Begriff des Staates vollendet. In dieser Sicht des Politischen berühren sich die historisch bestimmten deutschen Modi politischer Apperzeption mit den in den internationalen, intellektuellen insbesondere sozialwissenschaftlichen Diskursen gängigen Konzeption des Politischen. Aber, und das wird selten bedacht, anders als in der von den Traditionen des 19. Jahrhunderts bestimmten deutschen politischen Kultur hat sich in den alten westlichen Verfassungsstaaten ein in den demokratischen Bürgerkulturen eingelassene bürgerschaftszentrierte Idee der Politik behauptet. Vollrath nennt sie die zivilpolitische Apperzeption des Politischen. Die Begrifflichkeit des hierin beschlossenen Ordnungsparadigmas verweist auf die antiken Ursprünge der praktischen Philosophie und deren Metamorphose in der christlich-humanistischen Ordnungskonzeption in ihrer Vielgestaltigkeit, die gleichsam Pate stand bei der Geburt des modernen Verfassungsstaates. Diese theoretisch mit der alteuropäischen Tradition der praktischen Philosophie verknüpfte, wenn auch keineswegs mit dieser identische und bis heute für die verfassungsstaatlichen politischen Kulturen konstitutive Idee einer bürgerschaftlichen Politik gilt es zu rehabilitieren. Denn erst ein solcher Politikbegriff liefert einer erneuerten praktischen Philosophie den handlungstheoretischen Bezugspunkt.

Eine solche Rehabilitierung des bürgerschaftlichen Politikbegriffs liegt dem theoretischen Werk Hannah Arendts zugrunde, dessen Relevanz in dieser Hinsicht im folgenden erläutert werden soll. Denn unter dem Gesichtspunkt der deutschen Politik der Gegenwart ist eine Rehabilitierung der praktischen Philosophie von eminent praktischer Bedeutung: Das deutsche philosophische Denken würde auf diese Weise auch die in den vergangenen fünfzig Jahren entfalteten zivilpolitischen Sinn- und Ordnungsgehalte der weitgehend verwestlichten deutschen Bürgerkultur theoretisch anerkennen und legitimieren. Eine solche intellektuelle Fundierung der deutschen Bürgerkultur ist unter den gegenwärtigen Umständen der wiedervereinigten Nation um so dringender geboten, als sich die überkommenen Weisen der deutschen politi-

[1] E. Vollrath, *Die Kultur des Politischen*, in: V. Gerhardt (Hg.), *Der Begriff der Politik*, Stuttgart 1990, S. 272.

schen Apperzeption in einer Art und Weise wieder zu Wort melden, die langfristig die Bürgerkultur zu unterminieren droht.

II.

Die Autoren der *Rehabilitierung der praktischen Philosophie* nahmen in keiner Weise Bezug auf Arendt. Das ist nicht verwunderlich, wurden doch ihre Arbeiten, mit Ausnahme ihrer Totalitarismusstudie, kaum und wenn, eher kritisch zur Kenntnis genommen. Sie wurde erst zögerlich und dann im Zuge der intellektuellen Neuorientierung nach dem Zusammenbruch des Sozialismus energisch von der europäischen Linken in Beschlag genommen – nur, diese Vereinnahmung geschah und geschieht um den Preis einer theoretischen Enteignung Arendts, die zentralen Intentionen einer Rehabilitierung des Politischen bleiben hierbei auf der Strecke.[1]

Der springende Punkt scheint mir zu sein, daß hier das Arendtsche Denken wiederum unter dem Blickwinkel der spezifisch deutschen ideal-politischen Apperzeption betrachtet wird. Einen Versuch der philosophischen Adaption des Arendtschen Denkens an eine staatszentrierte realpolitische Apperzeption hat in jüngerer Zeit Günter Figal vorgelegt.[2] Hier ist nicht beabsichtigt, die höchst komplizierte Geschichte der transatlantischen Arendt-Rezeption im einzelnen in ihren nationalkulturellen Varianten zu entfalten. In Deutschland jedenfalls wurde Arendts groß angelegter Versuch einer historisch-theoretischen Rehabilitierung einer bürgerschaftlichen Politik als solcher erst sehr spät und, wie gesagt, höchst unangemessen aufgenommen.

Worauf eine Rehabilitierung der bürgerschaftlichen Politik hinausläuft, sei vorweg durch einige Schlüsselsätze aus Arendts Studie *Macht und Gewalt* verdeutlicht. Sie argumentiert gegen den wissenschaftlich und umgangssprachlich üblichen synonymen Gebrauch der Worte Macht, Stärke, Kraft, Autorität und schließlich Gewalt im politischen Diskurs, der unterschiedslos „nur die Mittel" bezeichnet, „deren Menschen sich jeweils bedienen, um über andere zu herrschen: man kann sie synonym gebrauchen, weil sie alle die gleiche Funktion haben." „Erst wenn man diese verhängnisvolle Reduktion des Politischen (*public affairs*) auf den Herrschaftsbereich (*business of domination*) eliminiert, werden die ursprünglichen Gegebenheiten in dem Bereich

1 Vgl. E. Vollrath, *Hannah Arendt bei den Linken*, in: Neue Politische Literatur, 18. Jg. 1993, S. 361-372.

2 G. Figal, *Öffentliche Freiheit: Der Streit von Macht und Gewalt. Zum Begriff des Politischen bei Hannah Arendt*, in: Politisches Denken, Jahrbuch 1994, Stuttgart 1995, S. 123-136.

der menschlichen Angelegenheiten in der ihnen eigentümlichen Vielfalt wieder sichtbar werden."[1] Ähnlich heißt es in den posthum veröffentlichen Fragmenten *Was ist Politik?*: „Die Vorurteile, die in der heutigen Krise einem theoretischen Verständnis von dem, worum es in der Politik eigentlich geht, entgegenstehen, betreffen nahezu alle politischen Kategorien, in denen wir zu denken gewohnt sind, vor allem aber die Zweck-Mittel-Kategorie, die das Politische unter einem außerhalb seiner selbst liegenden Endzweck versteht, ferner die Vorstellung, daß der Inhalt des Politischen die Gewalt ist, und schließlich die Überzeugung, daß Herrschaft der zentrale Begriff der politischen Theorie sei." Arendts Wendung gegen den herrschaftsbezogenen Politikbegriff hebt ab auf eine nicht unproblematische Spezifizierung dessen, was die ureigene Bedeutung von Politik impliziert: „die Vorstellung, daß es Politik immer und überall gäbe, wo es Menschen gibt, ist selbst ein Vorurteil, und das sozialistische Ideal von einem staats-losen, und das heißt bei Marx politiklosen, Endzustand der Menschheit ist keineswegs utopisch, er ist nur grauenhaft."[2] Die herrschaftsbezogene Sicht der Macht, so erläutert sie in *Macht und Gewalt* weiterhin, im traditionellen Sinn hat durchaus viel für sich. Nicht nur sind solche Definitionen „die logische Folge des absoluten Machtbegriffs, der den Aufstieg des souveränen europäischen Nationalstaats begleitete [...], sie decken sich auch mit den Begriffen, die seit dem griechischen Altertum dazu dienten, Staatsformen (*forms of government*) als Herrschaftsformen von Menschen über Menschen (*rule of men over men*) voneinander zu unterscheiden".[3] Doch eine solche Herrschaftsbeziehung ermangele eines wesentlichen Momentes, nämlich des Politischen. Sie ist despotisch, nicht bürgerschaftlich ausgerichtet. Hier tut sich eine andere Tradition, ein anderes Vokabular in diesen Dingen auf, „die nicht weniger weit zurückreichen. Wenn die athenische Polis von ihrer Verfassung als Isonomie sprach, einer Organisation der Gleichen im Rahmen des Gesetzes, oder wenn die Römer ihre *res publica*, das öffentliche Ding, eine *civitas*, eine Bürgervereinigung nannten, dann schwebte ihnen ein anderer Macht- und Gesetzesbegriff vor, dessen Wesen nicht auf dem Verhältnis zwischen Befehlenden und Gehorchenden beruht und der Macht und Herrschaft oder Gesetz und Befehl nicht gleichsetzt." Unter dem Einfluß dieser bürgerschaftlichen Gemeinschaftsidee standen noch die Revolutionäre des 18. Jahrhunderts. Ihre Vision der Republik richtete sich auf die Gründung einer politischen Ordnung, „in der die Herrschaft des Geset-

1 H. Arendt, *Macht und Gewalt*, München 1970, S. 45; die in Klammern gesetzten Begriffe habe ich der englischsprachigen ursprünglichen Fassung des Textes *Reflections on Violence* (in: Journal of International Affairs, vol. XXIII, No. 1, 1969, S. 1-35) entnommen und zur Verdeutlichung des Gemeinten hinzugefügt.

2 H. Arendt, *Was ist Politik?*, München 1993, S. 79.

3 H. Arendt, *Macht und Gewalt*, a.a.O., S. 39.

zes an die Stelle, die auf der Macht des Volkes beruht, der Herrschaft des Menschen über den Menschen ein Ende bereiten sollte".

Wenn sie davon sprachen, daß man Gehorsam dem Gesetz und nicht den Menschen schulde, so meinten sie damit die aktive Unterstützung der Gesetze durch eine Bürgerschaft, auf deren Zustimmung die Gesetze gründeten. Was also den Institutionen und Gesetzen eines Landes „Macht verleiht, ist die Unterstützung des Volkes, die wiederum nur die Fortsetzung jenes ursprünglichen Konsenses ist, welcher Institutionen und Gesetze ins Leben gerufen hat". Macht in diesem Sinn ist der Ausdruck der menschlichen Fähigkeit, „sich mit anderen zusammenzuschließen und im Einvernehmen mit ihnen zu handeln" oder Machthaber zu ermächtigen, „in ihrem Namen zu handeln". So sind alle Institutionen Manifestationen und Materialisationen der „lebendigen Macht des Volkes", die ihre Legitimation aus dem ursprünglichen Konsens bezieht.[1]

Dieser hier einleitend knapp umrissene Begriff einer bürgerschaftlichen Politik entspringt keineswegs einem restaurativen Neoaristotelismus noch möchte er eine systematische praktische Philosophie begründen. Er wurzelt in einer erfahrungsgesättigten und praxisgeleiteten reflexiven Auseinandersetzung mit der modernen Welt, die Hannah Arendt jenseits aller intellektuellen und politischen Lager plaziert, sie unberührt von den intellektuellen Moden und dem jeweiligen Meinungsklima läßt.

Diese intellektuelle Unabhängigkeit im Denken und Handeln speist sich aus einer geistigen Existenz, deren Form Arendt einmal als *cultura animi* beschrieben hat. In ihr formt sich der wahre Humanist: „for the true humanist neither the verities of the scientist, nor the truth of the philosopher nor the beauty of the artist can be absolutes: the humanist, because he is not a specialist, exerts a faculty of judgement and taste which is beyond the coercion which each specialty imposes upon us. This Roman *humanitas* applied to men who were free in every respect, for whom the question of freedom, of not being coerced, was the decisive one [...]."[2]

III.

Arendts Denken ist eins mit ihrem eigenen tätigen Leben und sperrt sich gerade deswegen gegen jede einfache Positionsbestimmung. Es ist zudem widersprüchlich, unsystematisch, empiriegesättigt und durch und durch geprägt von existentiellem Ernst, es ist stets bezogen auf menschliche Existenz in Gesellschaft, damit p o l i -

1 H. Arendt, *Macht und Gewalt*, a.a.O., S. 41f.
2 H. Arendt, *Between Past and Future*, Cleveland 1963, S. 225.

tisch par excellence. Sie verwahrte sich immer dagegen, eine Philosophin genannt zu werden, doch politische Theoretikerin ließ sie gelten. Letzthin jedoch bestimmte auch ihr tätiges Leben die Theorie im Sinne der denkenden Tätigkeit als höchste Form der Praxis, wie Aristoteles sagte, wenngleich Hannah Arendt gerade einer solchen Festlegung sich stets verweigerte. Denn sie optierte gegen den Philosophen, gegen die Philosophie, gegen die Metaphysik für den Bürger, die Politik und die sichtbare Welt der Dinge und Menschen, welche uns im *common sense* gegeben ist: „Die Philosophie mag eine Vorstellung von der Erde überhaupt als der Heimat des Menschengeschlechts haben, für das in seiner Gesamtheit ein ewiges, überall gültiges, ungeschriebenes Gesetz existiert; die Politik hat mit Menschen im Plural und nicht mit einem Menschengeschlecht oder dem Menschen überhaupt zu tun, und diese Menschen sind Bürger vieler Nationen und Erben vieler Vergangenheiten. Sie leben innerhalb des positiven Rechts, und ihre Gesetze sind die festen Gehege, welche den Raum, in dem Freiheit kein Begriff und keine Vorstellung, sondern eine lebendige politische Realität ist, einschließen, ihn schützen und abgrenzen."[1] Arendts Existenzinterpretation steht in diesem Spannungsverhältnis, von hier aus gewinnt ihre historisch-politische Diagnose der modernen Welt ihre innere Konsistenz.

Wir begreifen den Zusammenhang am besten, wenn wir biographisch vorgehen und im Lichte der Arendtschen Existenzerfahrung ihre eigene Wende von der Philosophin zur Bürgerin betrachten. Die Heidegger-Schülerin ist durchaus dem Programm der Existenzerhellung des raumzeitlich zwischen Natalität und Mortalität eingespannten menschlichen Seins verpflichtet. Doch die Erfahrung der Jüdin Arendt in den ausgehenden 20er Jahren, lassen sie an den philosophischen Folgerungen, die ihr Mentor Karl Jaspers in seiner Zeitdiagnose *Die geistige Situation der Zeit* (1931) – der sie im Prinzip zustimmt – zieht, zweifeln: Jaspers proklamierte hier gegen die Mächte der Zeit den bewußten Kampf des Menschen, jedes einzelnen um sein eigentliches Wesen. Gegen den Massenmenschen, gegen die Massenordnung, gegen die Vereinsamung bedarf das Selbstsein, daß es sich dem anderen verbindet. Unsichtbare Wirklichkeit des Wesentlichen ist diese Zusammengehörigkeit der Selbstseienden. Da es kein objektives Kriterium des verläßlichen Selbstseins gebe, könnte dieses nicht direkt zu Machtgruppen gesammelt werden. Das Beste, was heute geschenkt werden kann, ist diese Nähe selbstseiender Menschen. Sie sind sich die Garantie, daß ein Sein ist. Aber: „Der Adel der selbstseienden Geister ist zerstreut [...]. Die Einheit dieser Zerstreutheit ist wie die unsichtbare Kirche eines *Corpus mysticum* in der anonymen Kette der Freunde, von der hier und dort ein Glied durch

---

1 H. Arendt, *K. Jaspers: Bürger der Welt*, in: H. Saner (Hg.), *Karl Jaspers in der Diskussion*, München 1973, S. 407.

Objektivität seines Tuns, anderem, vielleicht fernem Selbstsein sichtbar wird." Im inneren Handeln des philosophischen Lebens qua Kommunikation durch das Wort gewinnt der Mensch sein eigentliches Menschsein, seine Freiheit.[1]

In der Reaktion der Universitäten und der Intellektuellen, nicht zuletzt ihres Lehrers Heidegger, auf den Nationalsozialismus wurde deutlich, daß die Solidarität der Selbstseienden im philosophischen Tun trügerisch war. „Wo Menschen", sagte Jaspers, „wie Staub durcheinander gewirbelt werden, ist Wirklichkeit mit Gewißheit dort, wo Freunde echte Freunde sind in der faktischen Kommunikation und der Solidarität persönlicher Treue."[2] Hannah Arendt erlebt ihr Selbstsein nicht als Philosophin in Akademia, wo sich die Freunde als falsche erwiesen, sondern als Jüdin in der politischen Wirklichkeit der zionistischen Gemeinschaft im Kampf gegen den Nationalsozialismus. Wenn Jaspers sagte, daß Philosophieren das Denken ist, mit dem ich oder als das ich selbst tätig bin, wenn er den Sinn des Indieweltretens als den Gehalt der Philosophie bezeichnet, dann zeigte sich am tätigen Leben der politisch handelnden Zionistin der Widerspruch zwischen Philosophie und Politik: Indieweltreten und Selbsttätigkeit war nur politisch zu begreifen. Wenn weiterhin Jaspers in Max Weber das „deutsche Wesen" darstellt und dieses mit „Vernünftigkeit und Menschlichkeit aus dem Ursprung der Leidenschaft" identifiziert, dann zwingt das die Jüdin zur Suche nach anderen Ursprüngen von Vernünftigkeit, Menschlichkeit und Freiheit.[3] Die geschichtliche Besinnung auf den deutschen Geist und die durch ihn vermittelte Tradition des abendländischen Philosophierens führt den Menschen nicht mehr zum Ursprung seiner Existenz. Von der eigenen Erfahrung wird Arendt auf die politische Wirklichkeit des in Solidarität, d. h. in der sprachlichen Kommunikation mit anderen Menschen handelnden Menschen verwiesen. Der Ursprung des Menschseins, in dem wir unser Selbstsein erkennen, wurzelt in der politischen Welt. Es ist bezeichnend, daß Arendt gleichsam im Sinne einer historisch-politischen Existenzerhellung das Wesen der politischen Welt schlechthin in einer durchaus hermeneutisch angelegten theoretisch-historischen Besinnung auf den Ursprung des Politischen in der griechisch-römischen Antike formuliert. Es ist noch bezeichnender, daß dies im Zuge der politisch-geistigen Vorbereitung der Gründung eines neuen zionistischen Gemeinwesens geschieht. In der theoretischen Grundlegung einer „jüdischen Politik" entwickelt sie erstmals die erkenntnisleitenden Kategorien des Politischen und der Öffentlichkeit, in dem sich

1 K. Jaspers, *Die geistige Situation der Zeit*, Berlin 1931, S. 180, 195.
2 Ebd. S. 198.
3 K. Jaspers, *Max Weber*, Oldenburg 1932, S. 7; vgl. hierzu H. Arendt - K. Jaspers, 1.1.1933, in: *H. Arendt - K. Jaspers Briefwechsel 1926-1969*, hrsg. von L. Köhler / H. Saner, München 1985, S. 52.

Menschsein (das Selbstsein Jaspers) selbst offenbart. In diesem Text *Basic Theoretical Questions of Politics* warf sie 1942, so ihre Biographin Young-Bruehl, alle Fragen auf, welche später die Grundlage ihrer Werke formen sollten, Fragen, die sich nicht nur auf jüdische Politik, sondern auf „Politik überhaupt" bezogen.[1]

Der Rekurs auf die vorphilosophische Erfahrung der Polis vergegenwärtigt die Bedingungen des Menschseins, eine gemeinsame Welt des Miteinanderredens und -handelns, in der Welt der Personen, in der die gemeinschaftlichen Angelegenheiten ohne Zwang und Gewalt geregelt werden. In der Bestimmung des Erfahrungsraums der Polis als einem menschlichen Wirkungszusammenhang der Freiheit erscheinen Handeln und Sprechen in der Helle des durch Macht gestifteten Öffentlichen, Tat und Wort gehören zusammen wie ein Sichtbares und ein Schatten.[2] In der Entdekkung der Politik enthüllt sich die einzige Wirklichkeit menschlichen Selbstseins, in der wir uns seither und jetzt noch als Menschen in unserer Grundbefindlichkeit selbst verstehen und uns miteinander verständigen können. In der Besinnung auf Politik entschlüsseln wir die Grundvermögen des Menschen, die den Grundbedingtheiten menschlicher Existenz auf der Erde entsprechen, solange sich diese nicht so radikal ändern, daß vom Menschen und der Stellung des Menschen in der Welt nicht mehr in der uns bekannten menschlichen Sprache gesprochen wird. Im Sprechen und Handeln offenbaren sich die Modi des Menschseins selbst, hierin allein bestätigt sich die Wirklichkeit des Menschen. Denn „[m]enschlich und politisch gesprochen, sind Wirklichkeit und Erscheinung dasselbe, und ein Leben, das sich außerhalb des Raumes, in dem allein es in Erscheinung treten kann, vollzieht, ermangelt nicht des Lebensgefühls, wohl aber des Wirklichkeitsgefühls, das dem Menschen nur dort ersteht, wo die Wirklichkeit der Welt durch die Gegenwart einer Mitwelt garantiert ist, in der eine und dieselbe Welt in den verschiedenen Perspektiven erscheint. Denn nur „was allen als glaubwürdig und meinungswürdig erscheint", zitiert sie Aristoteles, „nennen wir Sein, [...] und was immer sein mag", fügt sie an, „ohne sich in solchem Erscheinen für alle zur Geltung zu bringen, kommt und geht wie ein Traum, bleibt realitätslos, wenn es uns auch inniger und ausschließlicher zu eigen sein mag als irgend ein öffentlich Sichtbares."[3] Allein diese Wirklichkeit einer das Individuum übersteigenden politischen Welt bewahrt dessen Worte, Taten und Werke, soweit ihnen Größe zukommt, in einer Ordnung auf, in der alles unvergänglich ist außer dem Sterblichen selbst. „Die Objektivität der Welt – ihr Objekt- und Ding-Charakter – und die menschliche Bedingtheit ergänzen einander und sind aufeinander einge-

[1] E. Young-Bruehl, *Hannah Arendt*, New Haven, 1982, S. 177.
[2] Vgl. H. Arendt, *Vita Acitva*, München 1960, S. 201.
[3] H. Arendt, *Vita Acitva*, a.a.O. , S. 192f.

spielt; weil menschliche Existenz bedingt ist, bedarf sie der Dinge, und die Dinge wären ein Haufen zusammenhangloser Gegenstände, eine Nicht-Welt, wenn nicht jedes Ding für sich und alle zusammen menschliche Existenz bedingen würden."[1] Die reflexive Aneignung der geschichtlichen Erfahrung von Politik in der Polis ist geboten, da die Menschen weder vorher noch nachher so hoch vom politischen Tätigsein dachten und diesem Bereich eine so hohe Dignität zumaßen.

Im Begriff des Politischen haben wir den Widerhall einer Gemeinschaftserfahrung, in welcher zuerst das Essentielle des Politischen entdeckt wurde. Arendts Auslegung der menschlichen Existenz im Begriff des Politischen vermittelt dem Selbstsein des Menschen jene konkrete Wirklichkeit und jenen festen Boden, welche die autonome philosophische Spekulation des weltlosen Ichs so handgreiflich verloren und es letzthin der Ideologie der Massengesellschaft ausgeliefert hatte. Daß diese Wendung durchaus im existenzphilosophischen Horizont Jaspers stattfand, läßt sich an dessen Aufsatz über Solon (1948) zeigen. Es ist, schrieb sie, das „erste rein Politische [...], das ich von Ihnen lese und mir wurde in der Übereinstimmung wieder so recht klar, wie gut vorbereitet ich durch Ihre Philosophie [...] für die Politik war."[2] Dort aber lesen wir: „Solon aber kann im Abendland als der Ahn gelten aller stilleren politischen Arbeit derer, die den tatsächlichen Zusammenhang im Miteinander bewirken, die den sittlichen Geist eines Ganzen erzeugen." Und: Solon wie die anderen frühgriechischen Weisen führen das auf die Polis bezogene tätige Leben. „Das Leben ist als solches politisch. In seinem Ethos der menschlichen Freiheit und Würde ist er der Staatsmann par excellence."[3] Eben dieses Wesen des Staatsmannes habe, so schreibt Arendt, ihr Heinrich Blücher nahegebracht. In Solon, darin stimmen die Interpretationen von Werner Jaeger, Eric Voegelin, Jean-Pierre Vernant und zuletzt Christian Meier überein, gewinnt die Entdeckung der Politik erstmals geschichtliche Wirklichkeit. Doch für Hannah Arendt ist die im Handeln sich vollziehende Selbstenthüllung der Identität der Person die Essenz menschlichen Selbstseins, welche sie erst die Bodenlosigkeit des Philosophierens erkennen läßt. Im Lichte des tätigen Lebens enthüllt sich die europäische philosophische Tradition gleichsam als Fundamentalkonflikt zwischen Polis und Antipolis. Ausgehend von Heideggers Platointerpretation akzeptiert sie dessen seinsgeschichtliche Deutung der abendländischen Metaphysik und liest sie gleichsam gegen den Heideggerschen Strich als eine Tradition der Abkehr von der Weltwirklichkeit des Menschseins. Unsere philosophische Tradition des politischen Den-

---

1 H. Arendt, *Vita Acitva*, a.a.O. , S. 16.
2 H. Arendt - K. Jaspers, 11.3.1949, in: Arendt - Jaspers, *Briefwechsel*, a.a.O., S. 169.
3 K. Jaspers, *Solon*, in: *Synopsis. Festgabe für Alfred Weber*, hrsg. von E. Salin, Heidelberg 1948, S. 177-190.

kens seit Parmenides und Plato ist „ausdrücklich gegründet auf der Opposition zur Polis und zum Bürgersein." „Sie begann, als Plato entdeckte, daß eine Abwendung von der gemeinsamen Welt menschlicher Angelegenheiten im Wesen der philosophischen Erfahrung zu liegen scheint."[1] Die philosophische Lebensform versteht sich im Gegensatz zur politischen Lebensform. Daraus folgte zweierlei: Einmal wurde die wirkliche Welt herabgesetzt zur unwirklichen Welt der Erscheinungen, während das wahre Menschsein in einem Denken, in der Kontemplation des Ewigen gesetzt wurde. Zum anderen wurden durch den Philosophen der Politik Maßstäbe aufgezwungen, welche ihren Ursprung im transpolitischen Erfahrungsraum hatten.

Wenn nun aber das philosophische Denken das Menschsein letzthin verfehlt, sich aus der politischen Welt des Miteinander lösen muß, dann drängt sich die Frage auf, welches geistige Vermögen das Organ sei, das dem Menschen die Gemeinsamkeit der Welt erschließt und ihn zum bürgerschaftlich tätigen Leben überhaupt erst befähigt. „Denken", so kommentiert Ernst Vollrath, „ist also erforderlich für unseren gelingenden Weltaufenthalt, aber welches Denken – da doch weder jedermann zugemutet werden kann, ein philosophisches Leben zu führen, noch die authentischste philosophische Lebensführung (eines Heidegger) davor bewahrt, die groteskesten politischen Irrtümer zu begehen."[2]

Diese Frage hat Arendt in immer neuen Ansätzen zu klären versucht und ihr großes Spätwerk *The Life of the Mind* sollte eine sie selbst überzeugende Antwort geben: Dieses menschliche Vermögen ist die Urteilskraft. Die Art und Weise, wie diese Antwort formuliert wird, ist allerdings nicht unproblematisch, ist sie doch in gewissem Sinn »philosophischer« Natur. In *Wahrheit und Politik* (1967) entwickelt Arendt, ausgehend von dem Konflikt zwischen Philosophie und Politik den Begriff des „politischen Denkens" als Gegenbegriff zum „philosophischen Denken". Die philosophischen „Formen des Denkens und der Mitteilung, die der Wahrheit gelten, werden im politischen Raum notwendigerweise herrschsüchtig; sie ziehen anderer Leute Meinung nicht in Betracht, und in allen Überlegungen das, was andere denken und meinen, mit zu berücksichtigen, ist das Zeichen des politischen Denkens". Es ist repräsentativ in dem Sinne, „daß das Denken anderer immer präsent" ist. In der Vergegenwärtigung der Pluralität der Standpunkte mit Hilfe der Einbildungskraft ohne die eigene Identität aufzugeben bildet sich die eigene Meinung. Je mehr Repräsentativität in die eigene Meinungsbildung eingeht, „desto besser ausgebildet ist dieses Vermögen

---

[1] H. Arendt, *Tradition und die Neuzeit,* in: *Zwischen Vergangenheit und Zukunft, Übungen im Politischen Denken I,* München 1994, S. 33.

[2] E. Vollrath, *Hannah Arendts »Kritik der politischen Urteilskraft«,* in: P. Kemper (Hg.), *Die Zukunft des Politischen,* Frankfurt 1993, S. 40.

der Einsicht – das die Griechen *phronesis*, die Lateiner *prudentia* und das Deutsch des 18. Jahrhunderts den *Gemeinsinn* nannten –, und desto qualifizierter wird schließlich das Ergebnis meiner Überlegungen [...] sein.“ Dies Vermögen einer »erweiterten Denkungsart« ist die Wurzel der Urteilskraft, von der Kant in seiner dritten Kritik handelt. Und Arendt merkt an: „merkwürdig bleibt, daß ihm die politische Bedeutung seiner Entdeckung nicht bewußt wurde.“ Der Herausarbeitung genau dieser politischen Bedeutung gilt später das Arendtsche Bemühen, das die reflektive Urteilskraft zum anthropologischen Dreh- und Angelpunkt ihres politischen Paradigmas machen wird. Von politischem Denken und Gemeinsinn kann aber nur unter der Bedingung die Rede sein, als ihm „jenes Desinteressement, das wir aus Kants »uninteressiertem Wohlgefallen« kennen, das heißt die Befreiung aus der Verstrickung in Privat- und Gruppeninteressen“ eignet. Erst dann ist das politische Denken „wahrhaft diskursiv“; es „durchläuft die Standorte, die in den mannigfaltigen Teilen der Welt gegeben sind, die Ansichten, die sich aus ihnen bieten und einander entgegensetzt sind, bis sie schließlich aus einer Fülle von solchen parteigebundenen Teilansichten eine relativ unparteiische Gesamtansicht herausdestilliert hat.“[1] Wenn später Kants Begriff der Urteilskraft – politisch gedeutet – bevorzugt wird, so kann dies doch nicht darüber hinwegtäuschen, daß der Begriff der Urteilskraft als ein für die bürgerschaftliche Lebensform konstitutives Organ des *sensus communis* griechischen, genauer gesagt aristotelischen, Ursprungs ist und nur die *phronesis* als Begriff das leisten kann, was Arendt vom politischen Denken erwartet. Dies wird auch deutlich, wenn man auf eine Vorlesung *Philosophy and Politics* (von 1954) zurückgreift. Hier bezieht Arendt sich auf die Erläuterung des Aristoteles, daß „a community is not made out of equals, but on the contrary of people who are different and unequal [...]“. „The community comes into being through equalizing“ in ökonomischer und politischer Hinsicht. „The political, non-economic equalization is friendship, *philia*.“ Diese Angleichung in der Freundschaft heißt, die Freunde werden „partners in a common world – that they together constitute community.“ Und dann kommt sie auf den springenden Punkt ihrer Analyse: „The political element in friendship is that in the truthful dialogue each of the friends can understand the truth inherent in the other's opinion. More than his friend as a person, one friend understands how and in what specific articulateness the common world appears to the other, who as a person is forever unequal or different.“ Dieses „understanding“ nennt Arendt hier „the political kind of insight par excellence“. Sie definiert diese Einsicht als „the one outstanding virtue of the statesman in that it consists in understanding the greatest possible

---

1 H. Arendt, *Wahrheit und Lüge in der Politik*, München 1972, S. 61-63.

number and variety of realities [...] as those realities open themselves up to the various opinions of citizens: If such an understanding and action inspired by it were to take place without the help of the statesman, then the prerequisite would be for each citizen to be articulate enough to show his opinion in its truthfulness and therefore to understand his fellow citizen".[1] „Understanding" in diesem Sinne zeichnet den *phronimos* (den Bürger, der habituell richtig spricht und handelt in privaten und öffentlichen Angelegenheiten) aus „whose insight into the world of human affairs qualify him for leadership though of course not to rule".[2] So treten der Philosoph und der *phronimos*, die Liebe zur Weisheit und die *phronesis* auseinander, bildete sich der für die westliche Zivilisationsgeschichte so folgenreiche Grundwiderspruch von Philosophie und Politik heraus. Ohne auf die Stichhaltigkeit dieser Interpretation näher einzugehen, sollte doch darauf hingewiesen werden, daß der für das Paradigma der bürgerschaftlichen Politik konstitutive Begriff einer gemeinvernünftigen Urteilskraft seine theoretische Stringenz der aristotelischen *philosophia peri anthropina* verdankt, auch wenn er mit Hilfe von Kant als ein reflexiver Begriff gefaßt wird.[3]

Im Entwurf einer nichtpolitischen Ordnung durch die Philosophen vollzog sich die theoretische und praktische Abschaffung der Politik überhaupt. Die Philosophen lösen gleichsam das Denken in Gestalt apolitischer Kontemplation aus der im politischen Menschsein gelegenen Existenzbefindlichkeit des tätigen Lebens heraus und ersetzen das politische Handeln durch das Herstellen unter dem Primat des Denkens. Der Philosoph entfernt sich somit von den für jeden Menschen gültigen Hierarchien der Tätigkeiten von Handeln, Herstellen und Arbeit.

Mit dem Schwinden der authentisch philosophischen Erfahrung blieb es bei dem leeren Gegensatz von Handeln und Denken, der das Denken seiner Realität und das Handeln seines Sinnes beraubt, also beide nichtig werden läßt. Das war die geistige Situation, wie sie Arendt um 1930 erlebt hatte. Damit ist für Arendt die geschichtliche Erscheinung der Philosophen erschöpft, der Endpunkt ist Marx mit seiner Idee der Verwirklichung der Philosophie.

Ich muß es bei diesen Bemerkungen belassen, obwohl gerade diese Position Arendts mir insgesamt nicht plausibel ist. Ihr Werk steht stets unter dem Schatten der kritischen Auseinandersetzung mit Platon, aber ist es Platon, den die Kritik trifft, ist es nicht vielmehr Heidegger, der Repräsentant einer weltentleerten philosophischen Spekulation mit totalitären Folgen? Der entscheidende Punkt ist, daß eine

1 H. Arendt, *Philosophy and Politics*, in: Social Research vol. 57, No. 1, Spring 1990, S. 71-103, S. 83f.

2 Ebd., S. 75f.

3 Vgl. hierzu R. Beiner, *Interpretative Essay*, in: H. Arendt, *Lectures on Kant's Philosophy*, ed. by R. Beiner, Chicago 1989, S. 131-144.

»philosophische« Bestimmung des Menschseins und dessen Krise ausgeschlossen wird. Denn die alten apolitischen, d. h. also gewaltsamen Elemente der politischen Theorie sind erst in der Neuzeit virulent geworden, als der Kern der philosophischen Erfahrung, Vernunft und Kontemplation, nicht mehr als die höchsten Fähigkeiten des Menschen angesehen wurden, und der Mensch sukzessive als Homo Faber und Animal Laborans sich des Politischen als M i t t e l zu bedienen begann. Andererseits ist der Zerfall der Tradition der Philosophie, das „dismantling of metaphysics and philosophy", vollendet, daher kann aus der Verarbeitung einer nunmehr fragmentierten Vergangenheit eine Selbstklärung erwachsen, welche Wesen und Möglichkeiten das Handelns, das sich in seiner Größe und Gefährlichkeit noch nie so offen und unverdeckt gezeigt hat, bedenkt.[1]

IV.

Wie aber muß dann die Krise der Moderne verstanden werden? Sie muß als politische Krise der modernen Welt begriffen werden. Das heißt am Begriff des politischen Selbst oder Menschseins allein können wir die Genese und Gehalte der Neuzeit und vielleicht der modernen Welt nicht mehr kritisch erhellen.

Gehen wir noch einmal zum Ausgangspunkt der Arendtschen Reflexion zurück. Es ist Jaspers Zeitdiagnose: Die geistige Situation unserer Zeit wird durch die Spannung zwischen technischer Massenordnung und menschlicher Daseinswelt bestimmt. Jaspers' Auffassung von der modernen Massengesellschaft erfährt bei Arendt eine politische Neuinterpretation in ihrer Darstellung des Totalitarismus „in terms of history": Totalitäre Herrschaft ist einzig und neuartig, keiner bisherigen politischen Herrschafts- und Ordnungsform vergleichbar, Totalitarismus ist Funktion, Produkt und Erzeuger der Massengesellschaft. Totalitäre Bewegungen sind überall da möglich, wo Massen existieren, die, aus gleich welchen Gründen, nach politischer Organisation verlangen. Massen haben kein gemeinsames Interesse, kein spezifisches Klassenbewußtsein, das sich bestimmte, begrenzte und erreichbare Ziele setzt. Masse bestimmt Arendt als Gruppen, die, weil zu zahlreich oder zu gleichgültig, für öffentliche Angelegenheiten sich in keiner Organisation strukturieren lassen, die auf gemeinsamen Interessen oder einer gemeinsam erfahrenen und verwalteten Welt beruht. Die totalitäre Bewegung ist die Gestalt, in der unter bestimmten historischen Bedingungen die Masse auf der politischen Bühne erschienen ist. Es sind die Organi-

---

[1] H. Arendt, *The Life of the Mind I*, London 1978, S. 212.

sationen atomisierter und isolierter Individuen. Im Wesen der totalitären Herrschaft objektiviert sich die allgegenwärtige Krise, in ihr wird eine Grunderfahrung menschlichen Zusammenseins politisch realisiert, die Erfahrung von Verlassenheit. Am Anfang steht die Isolierung vom öffentlich-politischen Seinsbereich, sie beraubt den Menschen der Gemeinsamkeit des Handelns, doch noch kann er als Homo Faber in einer gemeinsamen Dingwelt mit anderen leben. Erst wenn alle menschliche Aktivität in Arbeit transformiert wird, nach der Welt des Handelns auch die Welt der Dinge dem Menschen entgleitet, ist er als Animal Laborans aller Wirklichkeit entfremdet. Er ist einsam. Totalitäre Herrschaft basiert auf der Einsamkeit, auf der Erfahrung des überhaupt nicht mehr zur Welt Gehörens, eine der radikalsten und verzweifelten menschlichen Erfahrungen. Das Selbst und die Welt, die Fähigkeit zum Denken und zur Erfahrung sind verloren. Es bleibt jenseits von Erfahrung und Denken allein jene nicht mehr auf menschliche Gemeinsamkeit beruhende Schwundstufe des Denkens, das logische Deduzieren von selbstevidenten Prämissen, eben die Form der totalitären Ideologie. Totalitarismus zielt auf Transformation der menschlichen Natur (in seiner historisch-paradigmatischen Form des menschlichen Selbstseins). Bewiesen hat er nur die Zerstörbarkeit des menschlichen Wesens, indem an die Stelle der politischen Welt des Menschen die „apolitische Tierwelt" des Animal Laborans tritt. Arendts kritische Studie des Totalitarismus endet mit der Befürchtung, daß die organisierte Verlassenheit die uns bekannte Welt des Menschen, die überall an ein Ende gekommen zu sein scheint, zu verwüsten drohte, bevor wir die Zeit gehabt haben, aus diesem Ende einen neuen Anfang entstehen zu sehen.

In *Vita Activa* mißt sie in einem gewaltigen Zugriff das geschichtliche Feld der Erscheinungsweise des menschlichen Selbst aus, um in historischer Analyse die neuzeitliche Weltentfremdung in ihrem doppelten Aspekt: der Flucht von der Erde in das Universum und der Flucht aus der Welt in das Selbstbewußtsein, bis in ihre Ursprünge hinein zu verfolgen. Es ist eine historische Analyse der Neuzeit, die im 17. Jahrhundert begann und um die Jahrhundertwende endete. An ihrem Ende steht die Verwandlung der Gesellschaft im ganzen in eine Arbeitsgesellschaft. In ihr faßt sich der Mensch als Animal Laborans auf. Bestimmt man aber den Menschen als Animal Laborans, „so kann er in der Tat nichts wesentlich anderes sein als ein Tier, bestenfalls die höchste der Tiergattungen, die die Erde bevölkern."[1] Der neuzeitlichen Welt entspringt politisch die moderne Welt mit dem Eintritt ins Atomzeitalter. Ob und inwieweit wir diese Welt noch mit unseren geschichtlichen, das heißt humani-

---

1 H. Arendt, *Vita activa*, a.a.O., S. 79.

stischen Begriffen, gewonnen aus den Grundbedingtheiten der menschlichen Existenz auf der Erde, begreifen können, steht für Arendt dahin.

Die zentralen Argumente dieser historischen Analyse der Neuzeitwerdung können, stark verkürzt und unzulässig vereinfacht, in der folgenden Weise skizziert werden, ohne daß ich den Gedankenreichtum, die Komplexität der Gedankenführung, die Facettenfülle auch nur annähernd vorführen kann: Ich verwies darauf, daß Hannah Arendt die Krise der neuzeitlichen Welt nur als »politische« Krise fassen kann. Was heißt das aber?

1. Die Krise der Moderne ist politisch, und der sogenannte Untergang des Abendlandes besteht im wesentlichen im Niedergang der römischen Trinität von Religion, Tradition und Autorität. Hierdurch ist das spezifisch römische Fundament des Seinsbereichs Politik ins Wanken geraten. Hier müssen wir kurz innehalten. Denn diese historische Analyse der westlichen Krise berührt wieder auf eigentümliche Weise das Problem des politischen Menschseins. In der *Vita activa* spielte römische Politik - von Augustinus einmal abgesehen - keine geschichtliche Rolle. Im gleichzeitigen Aufsatz über Autorität[1] erhält die Politik jedoch ihre griechisch-römische Gestalt, wird das kritische Instrumentarium der Krisenanalyse theoretisch-geschichtlich verfeinert. Die Existenzanalyse des politischen Menschseins knüpfte bereits an das Phänomen der Natalität an, denn handeln im ursprünglichsten und allgemeinsten Sinne ist dasselbe wie etwas Neues anfangen. „Weil jeder Mensch aufgrund des Geborenseins ein *initium*, ein Anfang und Neuankömmling in der Welt ist, können Menschen Initiative ergreifen, Anfänger werden und Neues in Bewegung setzen". „Initium ergo ut esset, creatus est homo, ante quem nullus fuit" war seit der Dissertation durchgehend das Lieblingszitat Arendts aus der *Civitas Dei*. Der Mensch als politisch handelndes, miteinander sprechendes Wesen ist mit dem Neuanfang begabt. „Handeln als Neuanfangen entspricht der Geburt des Jemand, es realisiert in jedem Einzelnen die Tatsache des Geborenseins; Sprechen wiederum entspricht der in dieser Geburt vorgegebenen absoluten Verschiedenheit, es realisiert die spezifisch menschliche Pluralität, die darin besteht, daß Wesen von einzigartiger Verschiedenheit sich von Anfang bis Ende immer in einer Umgebung von ihresgleichen befinden."[2] Insofern bürgerschaftlich institutionalisierte Macht ihre Legitimität aus einem wie auch immer vorzustellenden Anfang kollektiven Handelns als dem Ursprung der Macht bezieht, muß dieser mit der Ordnungsstiftung zusammenfallen, ihr entspringt jene fraglos, das heißt nicht auf Gewalt oder Überredung angewiesene Auto-

[1] H. Arendt, *What is Authority?*, in: dies., *Between Past and Future*, S. 91-141. Da die englische mit der deutschen Fassung nicht übereinstimmt, muß diese zusätzlich herangezogen werden.

[2] H. Arendt, *Vita activa*, a.a.O., S. 166f.

rität der bürgerschaftlichen Ordnungslogik, welche die politischen Institutionen als legitim ausweist. Da Arendts strikt innerweltliche Deutung der Polis-Politik in Verbindung mit ihrer antiphilosophischen Position eine Bearbeitung des Legitimationsproblems nicht zuläßt, kann diese nur durch den Rekurs auf den römischen Begriff der *auctoritas* bearbeitet werden. Erst in der systematischen Verbindung des Griechischen mit dem Römischen kann das bürgerschaftliche Paradigma der Politik theoretisch entfaltet und als solches expliziert werden.

In der römischen Idee der Gründung findet Arendt den vorzüglichsten Ausdruck menschlicher Ordnungsstiftung, in der sich Anfang und Prinzip menschlichen Handelns treffen, also ein politischer Raum, d. h. politische Freiheit, bewußt geschaffen wird. Tätig sein in der Politik meinte zuerst und zumeist, die Gründung der römischen Stadt zu bewahren und zu mehren. Die Heiligkeit der Gründung drückt sich im Begriff der *religio*, der Bezug auf die Gründung im Begriff der *auctoritas* und die immerwährende Kontinuität im Begriff der *traditio* aus. Die Stärke dieser Trinität lag in der bindenden Kraft eines autoritativen Beginnens, an das die religiösen Bande die Menschen zurückbanden durch die Tradition. Hier wird deutlich, daß ein historisch u n d systematisch durchgearbeiteter Politikbegriff, soll er denn empirisch gehaltvoll sein, entgegen der eigentlichen Intention Arendts, eines religiösen Momentes nicht entraten kann. Entscheidend sind zwei Momente: Folgerichtig entsprangen die geistigen Gehalte dieser Tradition und die Maßstäbe der Autorität dem politischen Seinsbereich, politische und religiöse Tätigkeit fallen in eins. Weiterhin, der römische Geist absorbierte die griechische Politik, Poetik und Philosophie, sie wurden gleichsam dem politischen Gehalt der Gründung anverwandelt und im römischen Denken, Augustins im besonderen die der Philosophie inhärente apolitische Sprengkraft entschärft. So kann Arendt verstehen, warum die apolitische Wirkung der Philosophen erst mit deren Entlassung aus der Bindung an den römischen Geist in der Neuzeit geschichtsmächtig wurde. Diese römische Politik überlebte nämlich nicht nur die Umwandlung der römischen Republik in das römische Reich, sondern durchdrang die gesamte abendländische Zivilisation.

In der Romanisierung des Christentums erwies sich die außerordentliche Tragfähigkeit des Begriffs der Gründung für die Schaffung politischer Gemeinwesen. Die christliche Kirche als politische und geistige Erbin Roms „wurde so römisch, glich sich so sehr der zutiefst römischen Denkweise in Sachen Politik an, daß sie die Auferstehung Christi zu dem Eckstein einer neuen Gründung machte, auf deren wiederum heiligen Fundament sich eine neue menschliche Institution von ungeheurer

Dauerhaftigkeit gründete".[1] Erst die sukzessive Eliminierung dieser Trinität von Autorität, Tradition und Religion unterminierte dieses Fundament. Die Trennung von Kirche und Staat bedeutete nicht die eindeutige Säkularisierung des politischen Bereiches und dessen Wiederaufstieg zur Dignität der klassischen Antike, sondern implizierte, daß das Politische nun zum ersten Mal seit den Römern seine Autorität verloren hatte und damit jenes Element, welches zumindest in der westlichen Geschichte politische Strukturen mit Dauerhaftigkeit, Kontinuität und Permanenz ausgestattet hatte.

2. Dieser geschichtlichen Situation entspringt gleichsam die Dialektik des Aufstieges des apolitischen gesellschaftlichen Seinsbereichs und der großangelegten Versuche, der Wieder- und Neubegründung des politischen Körpers in der modernen Revolution. „Denn, wenn die Krise der Moderne und der berühmte Untergang des Abendlandes wesentlich darin bestehen, daß in der Neuzeit die römische Dreieinigkeit von Autorität – Tradition – Religion untergegangen ist, und dadurch das spezifisch römische Fundament der westlichen Politik ins Wanken geraten ist, dann könnten die Revolutionen der letzten Jahrhunderte wie ein gigantischer Versuch erscheinen, mit den Mitteln der Tradition selbst den gerissenen Faden der Tradition wieder neu zu knüpfen, durch das Legen neuer Grundlagen das zu wiederholen, was für so lange Jahrhunderte dem gesamten politischen Bereich sein eigentümliches Pathos und seine eigentümliche Größe gegeben hat." Doch es ist ungewiß, ob uns heute dieser Weg noch offen steht. Denn die Revolutionen unseres Jahrhunderts, wenn sie nicht direkt in die totalitäre Herrschaft führten, haben doch ausgesprochen tyrannische, d. h. apolitische Körper hervorgebracht. Mit Ausnahme der amerikanischen Revolution hat keine der neuzeitlichen Revolutionen eine neue Autorität geschaffen, „die als politische sich im öffentlichen Raume zu beweisen hätte und allgemein als gültig anerkannt hätte werden müssen."[2] „Authority as we once knew it, which grew out of the Roman experience of foundation and [...] was understood in the light of Greek political philosophy, has nowhere been reestablished, either through revolution or through the even best promising means of restoration [...]. For to live in a political realm with neither authority nor the concomitant awareness that the source of the authority transcends power and those who are in power, means to be confronted anew, without a religious trust in a sacred beginning and without the protection of traditional and therefore self-evident standards of behavior, by the elementary problems of human living-together." Die Neugründung oder Konstitution eines neuen politischen Körpers in den USA, dessen spezifische Modernität

1 H. Arendt, *Was ist Autorität?*, in: dies., *Zwischen Vergangenheit und Zukunft*, S. 192.
2 Ebd., S. 167.

in den nichtpolitischen Bereichen sich kaum sonst wo so radikal zeigt, verdankt deswegen auch ihre Widerstandskraft der Nähe der Gründer zum ursprünglichen Römischen Geist und - mehr noch - dem politischen Charakter der kolonialen Gemeinwesen, welche die Revolution trugen.[1] So sieht Arendt in der Revolution nicht den radikalen Bruch mit der Tradition, sondern ein Handeln, das aus der Tradition kommt, vielleicht das einzige Rettungsmittel, das die römisch-westliche Tradition für Krisenzeiten vorgesehen hat. Nicht die Revolution als Antwort auf die Massengesellschaft ist das Problem, sondern die Tatsache, daß die in der revolutionären Erfahrung, im revolutionären Geist aufscheinende politische Welt des Gemeinsinns nicht als öffentlicher Raum der Macht im Gegensatz zur Gewalt die Institutionen der Freiheit wirksam zu werden vermag. So daß nicht Gründung der politischen Freiheit, Constitutio libertatis, sondern Gewaltherrschaft, apolitische Herrschaft, die Folge ist. „Was sich in unserer Zeit durchzusetzen pflegt, ist nicht die Gründung, sondern die Gewalt."[2] Gewiß, das war nicht Arendts letztes Wort, doch sie sah als die vorherrschende geschichtliche Tendenz eine Gesellschaft von Menschen ohne gemeinsame Welt, ohne *Sensus Communis*: „wenn wir den Sinn verloren haben, durch den unsere fünf animalischen Sinne sich einer Menschenwelt fügen, die uns allen gemeinsam ist, so bleibt vom menschlichen Wesen in der Tat nicht mehr viel mehr übrig als die Zugehörigkeit zu einer Tiergattung, die sich von anderen Tiergattungen nur dadurch auszeichnet, daß sie es vermag, Schlußfolgerungen zu ziehen".[3]

V.

Hannah Arendt war überzeugt, daß die politische Krise der modernen Welt, das heißt jener Welt, die mit dem Ende der Neuzeit um die Jahrhundertwende sich herausgebildet hat, anhaltend prägt. Gewiß ist der Geist der bürgerschaftlichen Politik in den USA und anderen politischen Kulturen der westlichen Welt noch lebendiger als Arendt es vermutet hat, ist er zumindest als *idée directrice* im westlichen Konstitutionalismus wirksam. Und es ist offensichtlich, daß Hannah Arendt, wo immer sie als Bürgerin urteilend sich in die öffentlichen Angelegenheiten eingemischt hat, sie sich auf vorfindliche bürgerschaftliche Momente des Gemeinwesens beziehen konnte. Doch dies entwertet nicht Arendts Einsicht, daß die moderne Welt prinzipiell in einem entscheidenden Punkt den *sensus communis* verloren hat,

[1] Vgl. H. Arendt, *On Revolution*, New York 1963.
[2] H. Arendt, *Was ist Autorität?*, a.a.O., S. 200.
[3] H. Arendt, *Vita activa*, a.a.O., S. 276.

apolitisch im Sinn ihrer Analyse ist, und damit das im Politischen beschlossene Selbstsein des Menschen gefährdet ist. Eine Gefährdung, die im Totalitarismus manifest geworden war in der physischen Destruktion des Menschen.

Arendt reagiert auf die moderne Krisenlage auf verschiedene Weise, doch als ganzes betrachtet entfaltet dieses vielgestaltige Werk ein aus dem geistigen Reichtum der westlichen Zivilisationsgeschichte gewonnenes *Paradigma* einer der *conditio humana* angemessenen Lebensform, nämlich der politischen, in der Bürgersein und Humanität in eins fallen. Das Paradigma expliziert nicht gesellschaftliche Realzusammenhänge, es versteht sich nicht als politisches Programm, sondern formuliert eine Richtschnur, an der sich bürgerschaftliches Denken und Handeln messen läßt. Dieses Maß des Politischen entspringt letztlich dem historisch reflektierenden Urteil über unsere Vergangenheit: „If Judgement is our faculty for dealing with the past, the historian is the inquiring man who by relating it sits in judgement over it. If that is so, we may reclaim our human dignity, win it back, as it were, from the pseudo-divinity named History of the modern age, without denying history's importance but denying its right to being the ultimate judge."[1] Hier wächst dem Denken des Politischen durchaus wieder eine philosophische Dimension zu, und Hannah Arendt war sich dessen sehr wohl bewußt. In den Schlußbemerkungen von *Philosophy and Politics* weist sie darauf hin, daß „the breakdown of common sense in the present world signals that philosophy and politics, their old conflict notwithstanding, have suffered the same fate. And that means that the problem of philosophy and politics, or the necessity for a new political philosophy from which could come a new science of politics, is once more on the agenda [...]." Wenn die Philosophen ungeachtet ihrer Entfremdung von der menschlichen Alltagswelt „were ever to arrive at a true political philosophy they would have to make the plurality of man, out of which arises the whole realm of human affairs – in its grandeur and misery – the object of their thaumazein."[2]

---

1 H. Arendt, *Life of the Mind I*, a.a.O., S. 216.
2 H. Arendt, *Philosophy and Politics*, a.a.O., S. 103.

Politisches Handeln im geschichtlichen Zusammenhang
Bemerkungen im Anschluß an Heidegger

von Hans Ineichen (Erlangen-Nürnberg)

»Geschichte« und »politisches Handeln« sind zwei Begriffe, deren Inhalt und Zusammenhang wir im folgenden näher untersuchen möchten. Dabei verstehen wir unter »Geschichte« den Bestand der überlieferten Geschehnisse, die Menschen betreffen. Menschen nun sind jene Lebewesen, die sich nicht bloß wie Tiere so oder so verhalten, sondern handeln; Menschen aber handeln[1] dann, wenn sie s e l b s t tätig sind (oder etwas unterlassen), wenn sie bei vollem B e w u ß t s e i n sind, wenn sie f r e i w i l l i g, d.h. ohne äußeren oder inneren Zwang etwas tun, und wenn sie unter verschiedenen H a n d l u n g s m ö g l i c h k e i t e n wählen können. Menschliches Handeln setzt daher eine E n t s c h e i d u n g, so oder so zu handeln, voraus. Politisches Handeln nun ist eine besondere Art von menschlichem Handeln; es bezieht sich nicht bloß auf Mitmenschen, sondern auf Mitmenschen, sofern sie Mitglieder einer Gesellschaft sind. Dieses auf eine Gesellschaft bezogene Handeln ist nur dann politisch in unserem Sinne, wenn es durch eine Rechtsordnung in seinem Ablauf geregelt und begrenzt wird.

Sollen nun Entscheidungen und Handlungen nicht zufällig oder blind sein, so müssen sie sich auf Gründe stützen; weil Vernunft das Vermögen der Begründung ist (*logon didonai*), ist v e r n ü n f t i g e s, m e n s c h l i c h e s H a n d e l n, insbesondere politisches Handeln, begründetes, d.h. gerechtfertigtes Handeln. Damit läßt sich eine e r s t e T h e s e formulieren, welche den Zusammenhang zwischen politischem Handeln und Vernunft bestimmt:

1 Zur Herkunft dieser Bestimmungen vgl. die Ethiken von Aristoteles.

Politisches Handeln ist, wie menschliches Handeln nur dann vernünftig, wenn es durch Gründe gerechtfertigt ist, Gründe, die nicht nur subjektive Geltung haben.

Damit wollen wir eine zweite These verbinden:

Menschliche Vernunft ist immer auch geschichtliche, oder um einen Terminus von Dilthey zu gebrauchen, *historische Vernunft*.

Heidegger hat in unserem Jahrhundert wohl am radikalsten auf die Tatsache hingewiesen, daß der Mensch ein endliches Wesen ist, und damit seine Vernunft historische, auf die Zeitumstände bezogene und beschränkte Vernunft ist. Diese Einsicht in die Geschichtlichkeit der menschlichen Vernunft hat offenbar Folgen für die Rechtfertigung unserer Handlungen. Die Forderung nach ihrer Letztbegründung hat Grenzen; sie scheint in ihrer Radikalität nicht mehr einlösbar zu sein. Wir wollen zeigen, daß Heidegger mit der Einsicht in die Endlichkeit der Menschen nicht nur den Gedanken der Letztbegründung unserer Handlungen, sondern zugleich die Idee der Rechtfertigung selbst preisgegeben hat. Menschliches Handeln verliert die Beziehung auf Vernunft[1] und politisches Handeln bleibt ohne Rechtfertigung. Die Folgen dieser Position sind nur zu bekannt; Heideggers Verstrickungen[2] in den Nationalsozialismus sind der bestürzende Ausdruck davon und machen die Bedeutung dieses Mangels sichtbar.

Wir wollen im folgenden zeigen, daß Heidegger in der Daseinsanalyse wohl die Geschichtlichkeit des Menschen hervorgehoben, die Frage nach der Rechtfertigung von menschlichem und insbesondere politischem Handeln aber vernachlässigt hat; auf diese Weise wird unser Handeln irrational, weil eine zureichende Rechtfertigung fehlt.

Die Beschäftigung mit der Philosophie Heideggers im Zusammenhang mit den Begriffen »Geschichte« und »Politik« mag Befremden, im schlimmsten Falle sogar Ablehnung hervorrufen. Ein Grund dafür könnten die schon erwähnten Stellungnahmen zugunsten des Nationalsozialismus sein. Sie bleiben eine Tatsache, über die

---

1 Vgl. Ernst Tugendhat, *Der Wahrheitsbegriff bei Husserl und Heidegger*, Berlin 1967, ^{2}1970, ders., *Selbstbewußtsein und Selbstbestimmung*, Frankfurt/M. 1979. Unsere Überlegungen sind diesen beiden Werken verpflichtet. Unterschiede ergeben sich allerdings daraus, daß wir nicht auf den Begriff des guten Lebens zurückgehen.

2 Man vergleiche dazu G. Schneeberger, *Nachlese zu Heidegger, Dokumente zu seinem Leben und Denken*, Bern 1962, bes. S. 135f.:
„Täglich und stündlich festige sich die Treue des Gefolgschaftswillens. Unaufhörlich wachse Euch der Mut zum Opfer für die Rettung des Wesens und für die Erhöhung der innersten Kraft unseres Volkes in seinem Staat.
Nicht Lehrsätze und »Ideen« seien die Regeln Eures Seins. Der Führer selbst und allein ist die heutige und künftige deutsche Wirklichkeit und ihr Gesetz. Lernt immer tiefer zu wissen: »Von nun an erfordert jedwedes Ding Entscheidung und alles Tun Verantwortung.«“ Vgl. S. 148f.
Vgl. u.a. V. Farías, *Heidegger und der Nationalsozialismus*, Frankfurt/M. 1989.

wir nicht hinwegsehen können. Es scheint mir aber wichtig, die Gründe, die zu diesen Verstrickungen führten, im Werke Heideggers selbst aufzuzeigen, sind doch seine Schriften noch immer sehr einflußreich.

Ein anderer Grund mag in der Besonderheit der Heideggerschen Sprache liegen; Adorno hat sie nicht ohne Grund abschätzig als „Jargon der Eigentlichkeit"[1] bezeichnet und Günter Grass hat sie in den *Hundejahren*[2] zur Zielscheibe seines Spottes gemacht. Wenn man auch einem Philosophen vom Range Heideggers nicht das Recht absprechen kann, einen besonderen Sprachstil mit einer eigenwilligen Terminologie zu pflegen, so darf der Interpret nicht, wie es eine Generation von Heideggeradepten getan hat, Heidegger in seinem Jargon noch übertreffen wollen; vielmehr muß er versuchen, die für ihn wichtigen Thesen aus dem Werke von Heidegger in einer einfachen und nachvollziehbaren Sprache zu formulieren.

Ein weiterer Grund, welcher gegen unser Thema spricht, mag darin liegen, daß Heidegger selbst weder eine Ethik noch eine politische Philosophie verfaßt hat. Wir wollen diese Tatsache nicht bestreiten, aber sie besagt wenig gegen unsere Fragestellung, weil Heidegger selbst zum politischen Geschehen - im Zusammenhang mit der nationalsozialistischen Machtergreifung oder nach dem Kriege zur Technik und zu den Erscheinungen des Atomzeitalters - Stellung genommen hat. Die Art der Stellungnahme fordert unsere Fragestellung geradezu heraus; denn dem philosophischen Pathos seiner Stellungnahmen müssen Gedanken und Überlegungen zugrunde liegen, die wir näher untersuchen wollen.

Wir werden zunächst einige Thesen aus *Sein und Zeit* betrachten, die zeigen sollen, warum Heidegger die Frage nach der Rechtfertigung menschlichen Handelns nicht auf zureichende Weise stellt. Aus dieser Betrachtung ergeben sich einige Folgerungen dafür, wie menschliches Handeln gerechtfertigt werden sollte. Sie werden im zweiten Teil kurz skizziert.

I

Das zentrale Problem der Philosophie Heideggers ist die Frage nach dem *Sinn von Sein*, die sogenannte Seinsfrage.[3] Sie bildet nach seiner Ansicht die Grundfrage der Philosophie, die aber immer wieder neu gestellt werden muß. Was soll nun mit

---

1 Vgl. Th. W. Adorno, *Jargon der Eigentlichkeit. Zur deutschen Ideologie*, in: ders., *Ges. Schriften*, Bd. 6, Frankfurt/M. 1973.

2 Vgl. G. Grass, *Hundejahre*, Danziger Trilogie 3, Neuwied/Darmstadt 1974.

3 Vgl. M. Heidegger, *Sein und Zeit*, Tübingen 111967, §§ 1ff.

dieser Fragestellung gemeint sein? »Sein« ist ein nominalisiertes Verb. Als Verb selbst hat es verschiedene Verwendungsweisen, wie folgende Sätze zeigen:

(1) Dieser Baum ist eine Pflanze.

(2) Das ist derselbe Herr, den ich schon gestern gesucht habe.

(3) Das alte Rom ist nicht mehr.

Im ersten Satz wird das Wort »ist« im Sinne einer Element-Klassenbeziehung verwendet; Bäume gehören zur Klasse der Pflanzen. Ein ganz anderer Gebrauch liegt im zweiten Beispiel vor; »ist« wird im Sinne des Identitätsprädikates »ist dasselbe wie« gebraucht. Schließlich wird im dritten Beispiel »ist« im Sinne von »existieren« verwendet. Es ist allerdings umstritten, ob es sich dabei um einen Prädikatsausdruck handelt oder nicht vielmehr um einen Quantor.[1] Leider unterscheidet Heidegger in *Sein und Zeit* nicht zwischen diesen verschiedenen Gebrauchsweisen von »sein«; im Gegenteil, er sagt nicht einmal, ob er nach dem Sinn eines Verbums fragt, das auf verschiedene Weise gebraucht wird, oder ob er danach fragt, was mit diesem Verbum ausgedrückt oder bezeichnet wird. Diese Unterscheidung ist nicht so trivial wie sie erscheinen könnte; denn der nominalisierte Gebrauch des Verbums in den verschiedenen Redeweisen von »das Sein« wäre eine Verdinglichung eines Verbums, die zumal in einer Ontologie, auf ihre Berechtigung hin zu untersuchen wäre. Ein Vergleich kann den Sachverhalt verdeutlichen. Betrachten wir folgende Sätze:

(4) Peter fährt weg.

(5) Das Wegfahren von Peter ist bekannt.

(6) Es ist bekannt, daß Peter wegfährt.

Im ersten Satz wird berichtet, daß eine Person namens Peter, wegfährt. Im zweiten Satz wird nun nicht mehr direkt von Peter etwas ausgesagt, sondern von seinem Wegfahren, nämlich daß es bekannt sei. Der ganze Inhalt des ersten Satzes wird nominalisiert und vom nominalisierten Inhalt – wir nennen ihn Sachverhalt – wird, wie das letzte Beispiel zeigt, etwas ausgesagt, nämlich daß er bekannt sei. Der Inhalt des ersten Satzes (4) »Peter fährt weg« wird somit nominalisiert und zu einem durch das Nomen bezeichneten Gegenstand gemacht; es wird nicht mehr von Peter etwas prädiziert, sondern von einem Sachverhalt. Wir wollen nicht behaupten, die Sätze (5) und (6) seien nicht zulässig, ungrammatikalisch oder sinnlos. Denn sie sind weder ungrammatikalisch, noch sinnlos, sondern (4) bzw. (5) und (6) sind Aussagen über einen verschiedenen Gegenstand; einmal handelt es sich um Peter und einmal handelt es sich um den Sachverhalt, daß Peter wegfährt. Wenn wir Sätze nominalisieren, sprechen wir nicht über dasselbe wie im ursprünglichen nicht-nominalisierten Satz.

1 Vgl. P.F. Strawson (ed.), *Philosophical Logic*, Oxford 1973, S. 97ff.

Es entsteht insbesondere die ontologisch brisante Frage, ob es neben Peter, der wegfährt, tatsächlich noch einen zweiten Gegenstand gibt, nämlich die Wegfahrt von Peter, wovon Peter nur ein Teil ist.

Ein vergleichbares Beispiel, das sich näher an Heidegger anschließt, mag wie folgt lauten:

(7) Menschen sind geschichtliche Wesen.

(8) Das Geschichtliche-Wesen-Sein der Menschen ist aufregend.

(9) Die Geschichtlichkeit der Menschen ist aufregend.

Wird in (7) von Menschen etwas prädiziert, so im Satz (8) vom Sachverhalt selbst, der in (7) ausgedrückt wird; in (9) schließlich wird der nominalisierte Sachverhalt durch ein neues Wort »Geschichtlichkeit« angegeben. Es ist zulässig, Sachverhalte zu nominalisieren, solange beachtet wird, daß das Verständnis der nominalisierten Sätze das Verständnis der nicht-nominalisierten voraussetzt und nicht umgekehrt. Ob das Heidegger immer tut, ist fraglich. Zugleich aber ist diese Technik der Nominalisierungen eines der wichtigsten Merkmale der Heideggerschen Sprache und darf in seinen Konsequenzen im Rahmen einer Ontologie nicht vernachlässigt werden.

Heidegger geht nun davon aus, daß wir ein durchschnittliches und vages S e i n s v e r s t ä n d n i s haben; es handle sich dabei nicht um ein Verständnis, das aus den Wissenschaften stamme, sondern um alltägliches Wissen, das im kundigen Umgang mit Dingen besteht. Was nun Heidegger mit dem »alltäglichen Seinsverständnis« meint, kann wie folgt erklärt werden. Wir alle haben Kenntnisse der folgenden Art:

(10) Bäume wachsen und sterben ab.

Dieser Satz würde in der Heideggerschen Sprache wahrscheinlich etwa so lauten:

(11) Das Seiende von der Art eines Baumes hat die Seinsweise des Wachsens und Absterbens.

(12) Das Sein des Seienden »Baum« besteht im Wachsen und Absterben.

Wir haben bei der Umformulierung die Technik der Nominalisierung verwendet, nur daß sie in unserem Beispiel ebenso überflüssig wie harmlos ist. »Seiendes« ist ein Terminus für all das, was existiert; z.B. Tische, Stühle, Bäume, Menschen usw. Wachsen und Absterben sind besondere Arten des Existierens oder Lebens. Heidegger dagegen spricht von Seinsweisen. Er entwickelt die Fragestellung nach dem Sinn von Sein, indem er nach den Seinsweisen fragt, mit denen wir Menschen im alltäglichen Leben vertraut sind; er spricht nicht von Menschen sondern vom Dasein.

Zum Dasein gehört S e i n s v e r s t ä n d n i s : denn Menschen wissen, daß sie leben und sterben. Die Daseinsanalyse besteht deshalb in der Untersuchung dieses alltäglichen Seinsverständnisses als Vorbereitung für die Beantwortung der Frage nach dem Sein. Zum Dasein gehört nicht nur Seinsverständnis; Menschen wissen auch, daß sie ihre Lebensweise irgendwie selbst gestalten müssen, weil verschiedene Lebenswege offen stehen. Was sie auch tun mögen, in gewisser Weise verhalten sie sich immer zu sich selbst. Denn was sie tun oder lassen, ist eine Ausgestaltung und Festlegung dessen, was sie selbst in ihrem Charakter, in ihrer Besonderheit, als eigene Lebensgeschichte, darstellen. Heidegger hält diese Besonderheit des Daseins so fest:

„Diesem Seienden geht es in seinem Sein um dieses Sein selbst".[1]

Das Sein nun, zu dem das Dasein sich so oder so verhält, nennt er Existenz. Wenn wir statt »Dasein« den Gattungsbegriff »der Mensch« gebrauchen, können wir die Besonderheit des Heideggerschen Ansatzes auch so formulieren: Dem Menschen geht es in seinem Tun und Lassen, d.h. in seinem Leben,[2] um die Gestaltung seines Lebens; er muß es selbst vollziehen; er kann es so oder so gestalten, weil er sich vor bestimmte Möglichkeiten gestellt sieht. Der Mensch ist frei, sofern er aus gegebenen Möglichkeiten eine auswählen kann. Die Zahl und Art der Möglichkeiten aber ist durch die Umstände, die Situation vorgegeben. Er unterscheidet sich dadurch grundlegend von den Dingen, die als vorhandene oder zuhandene jeweils so oder so fest bestimmt sind. Sie haben nicht mehr die Möglichkeit, so oder anders zu sein, weil sie als Dinge bestimmt sind.

Heidegger faßt den wichtigsten Grundzug des Menschen als *In-der-Welt-Sein* auf. Der Mensch ist nicht etwa eine komplexe Substanz oder ein isoliertes Wesen, sondern er bewegt sich in einer ihm vertrauten Welt. Er setzt etwas durch, hat mit etwas zu tun, stellt etwas her. Heidegger nennt diese Verhaltensweisen zusammenfassend *Besorgen*. Die Dinge, um die es dabei geht, sind Zeug, das zu einem Zwecke dient. Heidegger spricht nicht von Zwecken, sondern vom »Um-zu«-Charakter. Der Begriff der Welt meint diesen ganzen Zusammenhang von Zwecken, oder wie Heidegger sagt, diesen »Um-zu«-Zusammenhang. Der letzte Zweck in diesem Zusammenhang ist der Mensch selbst.

Der Mensch, das Dasein, ist nicht nur In-der-Welt-sein, er verhält sich nicht nur zum Zeug, zum Zuhandenen oder Vorhandenen. Der Mensch ist *Mitmensch. Dasein* ist *Mitsein*, d.h. Mitdasein. Mit dem Begriff »Mitsein« haben wir die Ebene der Daseinsanalyse erreicht, auf welcher die Frage nach der Gesellschaft, nach dem Staat auftaucht. Wenn Fragen nach dem politischen Handeln aufgeworfen werden sollen, so muß man erwarten, daß sie im Zusammenhang mit dem Begriff des

1 Heidegger, *Sein und Zeit*, a.a.O., S.12.

2 Vgl. aber *Sein und Zeit*, a.a.O., S. 49f., Heidegger unterscheidet dort zwischen „Leben" und „Dasein".

»Mitseins« gestellt werden müssen. Diese Erwartung wird zunächst auch nicht enttäuscht; aber die Analyse des Mitseins fällt im wesentlichen negativ aus.

Das alltägliche Miteinandersein enthält – so Heidegger – verschiedene Modi: das Für-, Wider-, Ohne-einandersein, das Aneinandervorbeigehen, das Einander-nichts-angehen.[1] Heidegger nennt diese Seinsweisen Modi der *Fürsorge*. Unter den positiven erwähnt er zwei Grenzfälle, die *einspringend-beherrschende* und die *vorspringend-befreiende* Fürsorge.

Im ersten Falle trete ich an die Stelle des anderen und nehme ihm seine Verantwortung ab. Nur im zweiten Falle nehme ich sie ihm nicht ab, sondern weise ihn auf diese hin. Der negative Charakter der Analyse des Mitseins kommt am deutlichsten darin zum Ausdruck, wenn Heidegger schreibt:

> „Das Dasein steht als alltägliches Miteinandersein in der Botmäßigkeit der Anderen. Nicht es selbst ist, die Andern haben ihm das Sein abgenommen. Das Belieben der Andern verfügt über die alltäglichen Seinsmöglichkeiten des Daseins".[2]

Die Menschen bestimmen sich nicht selbst, vielmehr lassen sie sich bestimmen, in der Weise des »Man tut eben dies oder jenes!«. Heidegger schreibt deshalb:

> „Abständigkeit, Durchschnittlichkeit, Einebnung konstituieren als Seinsweisen des Man das, was wir als »die Öffentlichkeit« kennen. Sie regelt zunächst alle Welt - und Daseinsauslegung und behält in allem Recht".[3]

Das Zusammenleben – das Mitsein – kommt so nur in seinen negativen Aspekten zur Darstellung. Der Mensch handelt im Hinblick auf die Mitmenschen, nicht aber aus Selbstbestimmung; im Gegenteil, er ist an die andern – als Man – verfallen. Heidegger verzichtet auf eine angemessene Analyse des Zusammenlebens; denn neben den negativen Modi könnte man eine Reihe von positiven aufzählen, in denen ich weder den anderen verfalle, noch ihnen die Entscheidung abnehme. In diesem Zusammenhang wäre besonders auf die sozialen Rollen[4] hinzuweisen; wir leben jeweils als Vater oder Kind, als Arzt oder Patient, als Lehrer oder Schüler, als Staatsbürger, sei es als herrschender oder als beherrschter usw. In diesen Weisen, wie wir konkret mit andern zusammenleben, sind auch positive Aspekte der Selbstbestimmung und Selbstverwirklichung enthalten. Für Heidegger aber werden Selbstbestimmung und Selbstverwirklichung – d.h. Existenz im Modus der Eigentlichkeit – im Gegenzug gegen die Mitmenschen vollzogen; Selbstbestimmung und Selbstverantwortung sind Bestimmungen eines Einzelmenschen, oder noch deutlicher, eines vereinzelten Men-

---

1 Vgl. Heidegger, *Sein und Zeit*, a.a.O., § 25.
2 Heidegger, *Sein und Zeit*, a.a.O., S. 126.
3 Ebenda, S. 127.
4 Vgl. u.a. W. Maihöfer, *Vom Sinn menschlicher Ordnung*, Frankfurt/M. 1956, S. 41ff.

schen, der sein Leben im Hinblick auf den Tod zu leben hat. Auch wenn es berechtigt ist, zu behaupten, daß niemand mir meine Entscheidungen abnehmen kann, also daß ich in gewisser Weise unvertretbar bin, so vernachlässigt Heidegger doch den sozialen Charakter des Lebens.

Hier liegt der eine Grund, warum der Mensch nur als geschichtliches, nicht aber ebenso als soziales und politisches Wesen verstanden wird.

Wenn wir nun fragen, wie sich konkret die Kenntnis, die wir von unserem Leben haben, nachweisen läßt, so sind wir bei Heidegger auf die *Stimmung* und das *Verstehen* als zwei Weisen, wie das Dasein *erschlossen* ist, verwiesen. Mit dem Begriff der Stimmung bezieht sich Heidegger auf den Bereich der Affekte und Stimmungen[1] im eigentlichen Sinn. Zu den Affekten gehören Phänomene wie »zornig sein«, »Wut empfinden«, »jemanden hassen«, »etwas fürchten«. Die Affekte erschließen unser Leben in der Weise, daß wir das fürchten, was uns schadet; daß wir über das wütend sind, was schlecht für uns zu sein scheint. Stimmungen im engeren Sinne wie »fröhlich/bedrückt sein« zeigen mein Befinden an, das für die Weise, wie ich meine Umwelt sehe, entscheidend ist. Heidegger verlangt von der Stimmung aber weit mehr; sie erschließt die Tatsache, daß der Mensch i s t und z u s e i n h a t - seine *Geworfenheit* und *Faktizität*. Sie ist eine Bewußtseinsweise, die mir eine Sicht auf mein Leben gewährt. So vermag Angst etwa – meint Heidegger – den Menschen aus seiner Verfallenheit an Welt und Öffentlichkeit zurückzurufen.

Ist die Stimmung eine passive Erschlossenheitsweise, so das *Verstehen* eine aktive. »Verstehen« bedeutet »sich auf etwas verstehen«, »etwas können«. Im Verstehen werden die Handlungsmöglichkeiten sichtbar, die für den Menschen charakteristisch sind; sind sie es doch, welche zeigen, was ein Mensch jeweils ist. Der Mensch k a n n[2] so oder so leben, wenn er will; er muß wählen. Heidegger spricht deshalb von *Entwurf*.

Wir haben gesehen, daß der Mensch - das Dasein -, wenn es handelt, auf sich bezogen ist, und daß er zumeist nicht er selbst, sondern bloß uneigentlich, ein Man, ist. Der Mensch als In-der-Welt-Sein ist immer schon verfallen, d.h. er ist uneigentlich.[3] Wenn wir nun fragen, welche Handlungsmöglichkeiten ein Mensch ergreifen soll, so lautet die Antwort Heideggers: die geschichtlich vorgegebenen. Aber welche soll er daraus ergreifen? Er soll die eigentlichen Möglichkeiten ergreifen. Zur Bestim-

1 Vgl. dazu Tugendhat, *Selbstbewußtsein und Selbstbestimmung*, a.a.O., S. 204.

2 Es handelt sich um die prädikative Verwendung von »kann«, im Gegensatz zur propositionalen, z.B. »Es kann sein daß *p*«; vgl. dazu Tugendhat ebenda, S. 215. Ich kann etwas tun genau dann, wenn ich die Fähigkeit habe, *p* zu tun und wenn ich die Gelegenheit habe, *p* zu tun und wenn ich *p* tun will.

3 Heidegger, *Sein und Zeit*, § 39.

mung dieser Möglichkeiten bietet Heidegger zwei Gesichtspunkte an; einmal: der Hinblick auf den *Tod* enthülle dem Menschen seine Verlorenheit an ein Leben, das er nicht selbst bestimme. Und zweitens: durch den Ruf des *Gewissens* erlange das Dasein eine eigentliche *Erschlossenheit*: die *Entschlossenheit* d.h. „das verschwiegene, angstbereite Sichentwerfen auf das eigenste Schuldigsein".[1]

Der Ansatz beim Individuum, bei vereinzelten Menschen wird an dieser Stelle nochmals deutlich. Wichtiger aber ist in unserem Zusammenhang die Tatsache, daß die *Entschlossenheit* die ursprünglichste Wahrheit des Daseins genannt wird. Vor allem Tugendhat[2] hat auf die Problematik dieser Gleichsetzung von Wahrheit und Entschlossenheit, von Wahrheit und Erschlossenheit hingewiesen. Wir werden uns an seinen Überlegungen orientieren.

Zunächst verwirft Tugendhat die These, Wahrheit sei mit Erschlossenheit, Unverborgenheit gleichzusetzen. Nach dem herkömmlichen Verständnis sind es Sätze (bzw. das damit Gemeinte), die wahr oder falsch sind. Eine einfache Art, die Bedingungen anzugeben, unter denen ein Satz wahr ist, ist eine Theorie,[3] welche erlaubt, Sätze der folgenden Art herzuleiten:

Eine beliebige Aussage s ist genau dann wahr wenn p.

Also z.B.:

»Die Sonne scheint« ist genau dann wahr, wenn die Sonne scheint.

Derselbe Satz steht einmal zwischen und einmal ohne Anführungszeichen; die strikte Trennung von Sprachstufen erlaubt uns, die Übereinstimmungstheorie der Wahrheit auf einfache Art zu präzisieren.

Heidegger wählt im Anschluß an Husserl eine andere Formulierung:

Eine Aussage ist genau dann wahr, wenn sie das Seiende s o aufzeigt, entdeckt, „wie es an ihm selbst ist".[4]

Von dieser Formulierung geht Heidegger aber zu einer ganz anderen über:

»Eine Aussage ist wahr« bedeutet, sie entdeckt das Seiende.[5]

Damit entfällt der zentrale Gesichtspunkt der Aussagewahrheit, nämlich die Unterscheidung zwischen der Aussage, die besagt, a sei F und a selbst mit seinen Eigenschaften. Damit, und das ist der entscheidende Punkt, verschwindet auch die Möglichkeit der Kritik bzw. der Rechtfertigung, die zum Wahrheitsanspruch von Aussa-

1 Heidegger, *Sein und Zeit*, a.a.O., S. 296f.
2 Vgl. Anm. 1 S. 86.
3 Vgl. dazu die Arbeiten von Tarski. Vgl. H., Ineichen, *Einstellungssätze. Sprachanalytische Untersuchungen zur Erkenntnis, Wahrheit und Bedeutung*, München 1987.
4 Vgl. *Sein und Zeit*, a.a.O., S. 218.
5 Heidegger, *Sein und Zeit*, a.a.O.., S. 218: „W a h r s e i n (Wahrheit) der Aussage muß verstanden werden als e n t d e c k e n d - s e i n".

gen gehört. Denn sowohl die wahre wie die falsche Aussage zeigen überhaupt etwas auf und sind in diesem Sinne entdeckend. Z.B. zeigt der Satz:

Diese Rose ist gelb.

sowohl als wahre wie als falsche Aussage etwas auf und ist in diesem Sinne entdeckend. Daneben aber muß man einen engeren Sinn von »entdecken« unterscheiden, nach welchem nur die wahre Aussage etwas entdeckt. Heidegger aber tut dies nicht. Er unterscheidet nicht zwischen dem *apophainesthai* und dem *aletheuein*.

Heideggers Rede von »Wahrheit« als Unverborgenheit, Erschlossenheit und Entschlossenheit muß deshalb vage bleiben, weil das spezifische Phänomen der Aussagenwahrheit preisgegeben wird, und damit die Möglichkeit der Kritik und Rechtfertigung. Wenn Heidegger von Unverborgenheit als ursprünglicher Wahrheit spricht und die Aussagewahrheit als abkünftigen Wahrheitsbegriff bezeichnet, so müssen wir sogleich hinzufügen, daß dem ursprünglichen Wahrheitsbegriff eine Verschwommenheit anhaftet, die ihn wenig empfehlen kann.

Die Interpretation des Wahrheitsbegriffs hat direkte Folgen für die These von der Entschlossenheit als eigentliche Wahrheit. Wenn Entschlossenheit schon Wahrheit ist, so fehlt gerade die Möglichkeit zur Begründung, Rechtfertigung und Kritik. Das ist nun kein beliebiger, sondern ein fundamentaler Mangel. Denn Heidegger bestimmt den Menschen als ein Wesen, das zu leben hat und das sein Leben selbst gestalten muß. Die Möglichkeiten zur Selbstgestaltung sind die geschichtlich jeweils vorgegebenen. Welche Möglichkeiten ich ergreifen soll, bleibt aber ungeklärt. Heidegger sagt, wir sollten die eigentlichen ergreifen. Dieser Appell ist nicht nur unbestimmt, sondern es fehlt jeder kritische Maßstab. Es fehlt ein Maßstab und damit Rechtfertigungsgründe, die eine oder andere Möglichkeit zu wählen.

Wir haben damit den zweiten Grund freigelegt, warum die ethische, soziale und politische Verfaßtheit des Menschen in der Daseinsanalyse nicht genügend in den Blick kommt. Mit der neuen Interpretation des Wahrheitsbegriffes als Entschlossenheit entfällt die Möglichkeit der Kritik, welche Ethik und Politik gerade auszeichnen sollten. Der Mensch ist nach Heidegger einfach an irgendwelche historisch gegebenen Möglichkeiten, sein Leben zu gestalten, ausgeliefert. Daß er nur die Möglichkeiten ergreifen sollte, für die sich eine Rechtfertigung durch ethische Argumentationen finden läßt, bleibt unberücksichtigt. Die Konsequenzen dieses schwerwiegenden Mangels zeigen sich in seinen Stellungnahmen zur Politik. Sie zeigen nur zu deutlich, wie Heidegger selbst an historische Situationen ausgeliefert war.

Bevor wir uns dem Begriff der Geschichtlichkeit zuwenden, soll ein Blick auf die Werke nach *Sein und Zeit*[1] geworfen werden. Wir können uns sehr kurz fassen, weil wir glauben, daß mit dem neuen Verständnis von Wahrheit als Unverborgenheit die spätere Philosophie Heideggers demselben grundsätzlichen Einwand ausgeliefert ist, nämlich dem der Vagheit des neuen Wahrheitsbegriffes, die in der seltsamen Sprechweise und Terminologie ihre Entsprechung hat.

Heidegger versteht den Charakter des Staates vom Begriff des Werkes aus. Politik gilt ihm als Ins-Werk-Setzen der Wahrheit. Heidegger spricht im Zusammenhang seines Wahrheitsbegriffes vom Geschehen der Wahrheit als Entbergen und Verbergen. Werke nun, zumal Kunstwerke wie Skulpturen, sind sichtbare Gebilde. Sie machen etwas sichtbar, nämlich das Wesen der dargestellten Person oder Sache, so wie sie in Wirklichkeit ist. Sie legen etwas frei, entbergen etwas. Heidegger spricht nicht mehr von Stoff und Form eines Werkes, sondern von Erde und Welt. Das Staatswerk offenbart, zeigt die geschichtliche Beschaffenheit eines Volkes, einer Gesellschaft in ihren Möglichkeiten. Dabei werden gewisse Möglichkeiten ausgestaltet, andere aber übergangen. Genau wie jedes andere Werk steht das Staatswerk in einer Spannung von Entbergen und Verbergen von Möglichkeiten. Heidegger spricht deshalb vom Werk als Geschehen der Wahrheit. In der *Einführung in die Metaphysik* heißt es u.a.:

> „Die polis ist die Geschichtsstätte, das Da, in dem, aus dem und für das Geschichte geschieht. Zu dieser Geschichtsstätte gehören die Götter, die Tempel, die Priester, die Feste, die Spiele, die Dichter, die Denker, der Herrscher, der Rat der Alten, die Volksversammlung, die Streitmacht und die Schiffe [...] [D]as Genannte [ist; H.I.] politisch, d.h. an der Geschichts-stätte [...] indem die Herrscher nur, aber dann wirklich Herrscher sind. Sind, dies sagt jedoch: als Gewalt-tätige Gewalt brauchen und Hochragende werden im geschichtlichen Sein als Schaffende, als Täter. Hochragend in der Geschichtsstätte, [...] zugleich ohne Satzung und Grenze, ohne Bau und Fug, weil sie als Schaffende dies alles je erst gründen müssen".[2]

Träger des Staatswerkes ist das geschichtlich geeinte Volk,[3] welches das Staatswerk bewahren soll. Schwan faßt die Bestimmungen des Staatswerkes treffend zusammen:

> „Wir können sie [die Wesenszüge des Staatswerkes; H.I.] an dieser Stelle in den Hinweis auf seinen epochalen Charakter zusammenfassen. Das wahre Staats-Werk muß demzufolge durch die Jähe und Plötzlichkeit seines Ereignens, d.h. aber seiner Gründung, und durch die Schärfe und Kraft seines Gepräges ausgezeichnet sein [...]. Das schließt also ein, daß das echte Staats-Werk

1 Vgl. A. Schwan, *Politische Philosophie im Denken Heideggers*, *Ordo Politicus*, Bd. 2, Köln und Opladen 1965; vgl. O. Pöggeler, *Philosophie und Politik bei Heidegger*, Freiburg/München 1972.

2 M. Heidegger, *Einführung in die Metaphysik*, Tübingen 1953, S. 117.

3 Heidegger, *Sein und Zeit*, a.a.O., S. 284.

> in der Entschlossenheit geschaffen und bewahrt wird, die aus der Offenheit für das Geheimnis des seinsgeschichtlichen Geschicks die Entschiedenheit des Gehorsams gegenüber dem jeweiligen epochal-ansichhaltenden Geschick des Geheimnisses übernimmt und im Werk durchsetzt. Darum ist für Heidegger die entschlossene Staatsgründung, die die andrängenden geschichtlichen Kräfte eines Volkes in eine neue Gestalt, in eine entschiedene Verfaßtheit bannt und verwandelt, das eigentliche politische Tun".[1]

Aus dieser Analyse des Staatsbegriffs vom Werksbegriff her wird nur zu deutlich, warum Heidegger den Führerstaat bejahen konnte. Der neue Wahrheitsbegriff spielt dabei eine entscheidende Rolle.

Heideggers Überlegungen zur Technik und zum Atomzeitalter sind nach meiner Ansicht aus demselben Grunde unzulänglich. Ich möchte diese Behauptung hier nicht weiter begründen. Vielmehr will ich an dieser Stelle kurz auf den Begriff der Geschichtlichkeit eingehen.

Wir haben behauptet, daß Heidegger das Verständnis von Geschichte radikalisiert habe. Geschichte als die Gesamtheit der Geschehnisse, welche Menschen betreffen, wird von der Daseinsanalyse her verstanden. Ausgangspunkt für das Verständnis von Geschichtlichkeit, d.h. der Tatsache, daß der Mensch ein geschichtliches Wesen ist, bildet die Sorge. Sie wird unter dem Titel der Geworfenheit, des Entwurfs, des Verfallens an das Man und unter der Stimmung der Angst auseinandergelegt. In der Sorge ist eine dreifache Zeitrichtung angelegt: der Mensch erstreckt sich im Entwurf auf die Zukunft, das Verfallensein bezieht sich auf die Gegenwart und die Geworfenheit auf die Vergangenheit. So schreibt Heidegger:

> „Nur Seiendes, das wesenhaft in seinem Sein zukünftig ist, so daß es frei für seinen Tod an ihm zerschellend auf sein faktisches Da sich zurückwerfen lassen kann, das heißt nur Seiendes, das als zukünftiges gleichursprünglich gewesen ist, kann, sich selbst die ererbte Möglichkeit überliefernd, die eigene Geworfenheit übernehmen und augenblicklich sein für »seine Zeit«. Nur eigentliche Zeitlichkeit, die zugleich endlich ist, macht so etwas wie Schicksal, das heißt eigentliche Geschichtlichkeit möglich".[2]

Damit haben wir nach Heidegger die Grundstruktur des menschlichen Lebens erreicht. Der Mensch ist ein g e s c h i c h t l i c h e s W e s e n, d.h. ein endliches Wesen; er bezieht sich auf sein Leben, weil er es zu gestalten hat. Erst aus der Vorwegnahme des Todes ergibt sich die Möglichkeit zum eigentlichen Leben, und das heißt, der Aufnahme von vorgegebenen Möglichkeiten.

Am Begriff der Geschichtlichkeit wird nochmals deutlich, wie sich auf der Ebene der Daseinsanalyse die Frage nach dem, was wir tun sollen, auf eine eigentümlich

1 Schwan, *Politische Philosophie im Denken Heideggers*, Bd. 2, a.a.O., S. 94.
2 Heidegger, *Sein und Zeit*, a.a.O., S. 385 (ohne Hervorhebungen des Originals).

unzureichende Weise stellt. Sie stellt sich als Frage nach der eigentlichen Existenz, im Gegenzug gegen die Mitmenschen. Aber die Frage nach der rationalen Rechtfertigung unseres Handelns wird dabei übersprungen zugunsten des Appells, eigentlich zu sein. Und die Frage nach der Rechtfertigung des politischen Handelns wird durch die Rede vom epochalen Seinsgeschehen als Wahrheitsgeschehen verdeckt.

II

In den abschließenden Überlegungen wollen wir nun fragen, wie der Irrationalismus, d.h. der Mangel an Rechtfertigung unseres Handelns behoben werden könnte. Es sei nachdrücklich darauf hingewiesen, daß es sich in diesem Teil bloß um eine Skizze handelt und nicht um eine vollständige Theorie. Dabei soll nur ein Problem näher beleuchtet werden, nämlich wie menschliches und insbesondere politisches Handeln gerechtfertigt werden könnte. Diese Aufgabe ist ebenso schwierig wie bedeutsam, geht es doch letztlich um die Frage, ob menschliches Handeln dem Zufall überlassen werden soll, oder ob es so etwas wie Selbstbestimmung aus Vernunft, d.h. aus Gründen, die mehr sind als bloß meine subjektive Meinung, möglich ist. Wenn wir uns nicht selbst den Vorwürfen aussetzen wollen, die wir gegenüber Heidegger erhoben haben, so liegt der überzeugendste Ansatz bei der Analyse der Sprache, in welcher wir Urteile darüber fällen, was wir tun sollen. Auf diese Weise lassen sich auch die irreführenden Nominalisierungen der Heideggerschen Sprache vermeiden und gleichzeitig gewisse Einsichten Heideggers zur Geltung bringen.

So hat Heidegger meines Erachtens den Menschen richtig gesehen, wenn er ihn u.a. von seinen Handlungsmöglichkeiten her auffaßt. Wenn nun diese Handlungsmöglichkeiten nicht einfach blind ergriffen werden sollen, so muß es jeweils eine gerechtfertigte Antwort auf die Frage »Was soll ich tun?« geben. Nun enthalten insbesondere Imperative wie »Tue dies oder jenes!«, Verpflichtungsurteile wie »Du sollst dies tun«, »es ist geboten/verboten/erlaubt, dies zu tun« und Werturteile wie »Es ist besser, dies als jenes zu tun« mögliche Antworten auf die Frage »Was soll ich tun?«.

Deshalb besteht der erste Schritt der Rechtfertigung unseres Tuns durch Gründe aus einer Analyse der moralischen, d.h. der präskriptiven Sprache im Gegensatz zur deskriptiven. Weil präskriptive Sätze die Antwort auf die Frage enthalten, was wir tun sollen, so besteht die Lösung unserer Ausgangsfrage nach der Rechtfertigung unseres Handelns offenbar in der Rechtfertigung von präskriptiven Sätzen. Wir müssen zeigen, wie präskriptive Sätze selbst gerechtfertigt werden können. Ziel bleibt dabei, zu entscheiden, ob es richtig (oder nicht richtig ist), daß wir z.B. dies tun, oder daß es besser ist, dies oder jenes zu tun, oder daß es geboten/verboten ist, dies oder jenes zu tun. Die Rechtfertigung eines präskriptiven Satzes besteht im Nachweis seiner Richtigkeit. Im Vergleich dazu besteht die Begründung eines deskriptiven Satzes, d.h. eines Behauptungssatzes im Nachweis seiner Wahrheit.

Die Unterscheidung von präskriptiven und deskriptiven Sätzen ist von entscheidender Bedeutung; wird sie nämlich nicht beachtet, so werden normative Sätze, d.h. präskriptive Sätze auf nicht normative reduziert und damit eliminiert. Damit verschwindet aber auch die Ethik. Darüber hinaus entstehen normative Fehlschlüsse, wenn dieser Unterschied nicht beachtet wird. Betrachten wir deshalb zwei Beispiele eines normativen Schlusses mit zwei Prämissen:

Jeder Apfel, welcher bestimmte Eigenschaften hat, ist gut.
D i e s e r A p f e l hat diese Eigenschaften.
Also: Dieser Apfel ist gut.

Oder:

Jeder Apfel, welcher bestimmte Eigenschaften hat, soll verschenkt werden.
D i e s e r A p f e l hat diese Eigenschaften.
Also: Dieser Apfel soll verschenkt werden.

Der Schluß auf den Wertsatz »Dieser Apfel ist gut.« setzt zwei Prämissen voraus: eine Tatsachenbehauptung, nämlich, daß dieser Apfel bestimmte Eigenschaften hat; und den universellen normativen Wertsatz, daß jeder Apfel, der bestimmte Eigenschaften hat, gut ist. Entsprechende Angaben lassen sich für das zweite Beispiel machen.

Der Schluß ist genau dann gültig, wenn die Prämissen wahr bzw. richtig sind. Die beiden Prämissen bilden die Gründe, wodurch der Schlußsatz gerechtfertigt ist. Die Prämissen selbst sind aber noch nicht gerechtfertigt. Wir müssen weiterfragen, wie die Prämissen selbst begründet, bzw. gerechtfertigt werden können? Der Behauptungssatz muß als wahr ausgewiesen werden. Das eigentliche Problem bilden die universellen normativen Sätze. Ihre Rechtfertigung bildet die zweite Stufe der Rechtfertigung von normativen Sätzen überhaupt.

Hare, an dem wir uns orientiert haben,[1] gibt zwei Prinzipien: das Prinzip der U n i v e r s a l i s i e r b a r k e i t und das Prinzip der P r ä s k r i p t i v i t ä t. Das Prinzip der Universalisierbarkeit beruht darauf, daß, wenn man z.B. einen Gegenstand aufgrund von bestimmten Eigenschaften gut nennt, man jeden anderen Gegenstand von derselben Art, der dieselben Eigenschaften hat, auch gut nennen muß.

1 Vgl. R.M. Hare, *The Language of Morals*, London/Oxford/New York 1952; ders., *Freedom and Reason*, Oxford 1963.

Und ebenfalls, wenn wir entscheiden, daß eine Handlung getan werden sollte, so müßte dieselbe Handlung unter denselben Umständen jedesmal getan werden.

Wenn wir aber etwas »gut« nennen, oder wenn wir sagen »*A* sollte getan werden!«, so ist damit ein zweites Moment verbunden: das Moment der Empfehlung, des Befehls. Es handelt sich um das präskriptive Element des Satzes. Das Prinzip der Präskriptivität besagt nun, daß die Empfehlung oder der Befehl ein Sollen oder eine Empfehlung etc. ausdrückt, das sich nicht nur auf den Hörer, sondern auch auf den Sprecher erstreckt. Man kann sich in die Rolle der anderen versetzen, und so die Konsequenzen erproben, welche ein normativer Satz hat. Man hat nun zurecht darauf hingewiesen,[1] daß es nicht möglich ist, aufgrund der bloßen Kenntnis der Tatsachen, der Wünsche und Neigungen und der Vorstellung der Situation des andern zur Begründung von normativen Aussagen zu kommen; denn Hare muß entweder die Begründung auf die Wünsche und Vorstellungen des Urteilenden abstellen; diese sind aber bloß subjektiv; oder er muß auf einen Interessenausgleich zwischen den Beteiligten ausgehen, damit aber werden wieder Normen als Maßstäbe benötigt.

Wir können das Problem der Rechtfertigung unseres Handelns durch Gründe wie folgt zusammenfassen:

> Die Rechtfertigung unseres Handelns wird als Rechtfertigung von normativen Sätzen interpretiert.
>
> Zur Rechtfertigung von normativen Sätzen müssen wir allgemeinere normative Sätze zuhilfe nehmen: das Prinzip der Präskriptivität und der Universalisierbarkeit. Das Prinzip der Präskriptivität selbst aber setzt zu seiner Rechtfertigung normative Aussagen voraus.

Man kann nun an dieser Stelle auf die Grenze der analytischen Ethik hinweisen, nämlich darauf, daß der Analytiker keine inhaltlichen Normen zur Verfügung hat, die es erlauben, diesen Regreß abzubrechen. Er kann bloß zeigen, daß die Rechtfertigung von normativen Aussagen selbst auf normative Aussagen, nämlich auf Prinzipien, zurückführt. Allerdings besteht nach meiner Meinung für jede Ethik ein Problem darin, daß die Rechtfertigung von Normen, Normen voraussetzt, nämlich auf dem ganz schlichten Grunde, daß sonst die präskriptiven Sätze auf deskriptive reduziert würden. Zur Lösung kann man z.B. auf pragmatische Regeln der Rechtfertigungsargumentation ausweichen. Aber es scheint so zu sein, daß damit auch nicht „endgültige Gewißheit aller Ergebnisse garantiert“ werden kann, aber man kann die Ergebnisse „als im begrenzten Rahmen als begründet (auszeichnen)“.[2]

---

1 Vgl. dazu die Ausführungen von R. Alexy, *Theorie der juristischen Argumentation*, Frankfurt/M. 1983, S. 96ff.; unsere Ausführungen sind seiner Darstellung verpflichtet.

2 Alexy, *Theorie der juristischen Argumentation*, a.a.O., S. 224f.

Heideggers Einsicht in die Geschichtlichkeit des Menschen, der menschlichen Vernunft, die endliche Vernunft ist, hat uns vielleicht für die Annahme dieses Ergebnisses vorbereitet. Denn was wir gewonnen haben, ist immerhin eine Rechtfertigungsweise, die zwar nicht endgültig, sondern immer wieder neu zu vollziehen ist, wenn je gerechtfertigt gehandelt werden soll, und wenn wir unser Handeln nicht mehr einer blinden Wahl überlassen wollen.

Das gilt nun insbesondere auch für politisches Handeln. Politisches Handeln ist dann gerechtfertigt, wenn es durch Gesetze bestimmt wird. Die Rechtfertigung des politischen Handelns führt deshalb zur Rechtfertigung von Gesetzen, d.h. ihrer Legitimation. Wir greifen hier auf Unterscheidungen von Hart zurück.[1] Er betrachtet Gesetze als Regeln; Regeln existieren dann, wenn eine Gruppe von Leuten sich regelmäßig so und so verhält. Dabei ist das Bewußtsein vom Standard vorhanden und die Existenz von Sanktionen bei Regelverstoß vorgeschrieben. Hart betrachtet nun das Rechtssystem als eine Einheit von zwei Arten von Regeln;[2] die eine Art schreibt vor, daß bestimmte Handlungen geboten oder verboten sind. Die zweite Art von Regeln aber enthalten die Möglichkeit, durch bestimmte Handlungen neue Regeln des ersten Typs einzuführen, alte außer Kraft zu setzen, oder sie kontrollieren die Anwendung der Regeln des ersten Typs. Hart schreibt:

> „The union of primary and secondary rules is at the centre of a legal system."[3]

> „Die Vereinigung von primären und sekundären Regeln bildet den Kern eines Rechtssystems".

Als letztes Kriterium für die Rechtfertigung des Rechtssystems weist er auf „an accepted rule of recognition specifying the criteria of legal validity".[4]

> „Eine akzeptierte Bestimmungsregel, welche die Kriterien der Legalität festlegt".

Die Rechtfertigung politischen Handelns verweist, wenn wir Hart folgen, letztlich auf eine solche Regel, welche die Gültigkeit von Gesetzen festlegt.

Wenn nun politisches Handeln gerechtfertigt sein soll, so muß es durch diese Regel gerechtfertigt werden, d.h. aus dieser Regel herleitbar sein.[5]

Politisches Handeln bezieht seine Rechtfertigung aus der Legalität, d.h. seiner Konformität mit dem Gesetzessystem. Diese Rechtfertigung betrifft menschliches Handeln, sofern es p o l i t i s c h e s Handeln ist. Insofern politisches Handeln aber eine besondere Art von Handeln ist, so kann man erst dann von v e r n ü n f t i-

1 H.L.A. Hart, *The Concept of Law*, Oxford 1961.
2 Ebenda, S. 78f.
3 Ebenda, S. 96.
4 Ebenda, S. 145.
5 Daß der Folgerungsbegriff (der Herleitung) sehr schwach ist, weist vor allem Alexy nach.

gem politischem Handeln sprechen, wenn es auch als Handeln gerechtfertigt ist, d.h. wenn es auch auf die Begründung, oder genauer Rechtfertigung von normativen Aussagen überhaupt bezogen wird.

Wir trennen die Frage der Rechtfertigung von menschlichem Handeln von der Frage nach der Rechtfertigung von politischem Handeln. Weil aber in beiden Fällen Handeln gerechtfertigt werden muß, so bleibt die Rechtfertigung von politischem Handeln als Spezialfall doch auch auf die Rechtfertigung von Handeln überhaupt bezogen.

Nur begründetes, d.h. gerechtfertigtes Handeln, ist vernünftiges Handeln, auch und gerade dann, wenn menschliche Vernunft historische, d.h. endliche Vernunft ist. Unsere Überlegungen, insbesondere des letzten Teils, können nicht mehr als eine Skizze sein, aber sie zeigen einen Weg, wie die Heideggerschen Analysen zu einer Theorie des politischen Handelns ergänzt werden könnten; ein Weg zu gerechtfertigtem Handeln ist offen und politisches Handeln nicht mehr blind dem Schicksal ausgeliefert.

Wilhelm von Ockham und Thomas Hobbes: Varianten des politischen Individualismus

von Matthias Kaufmann (Halle a.d. Saale)

Einleitung

Es gibt seit längerem Hinweise auf eine systematische und vermutlich auch historische Verbindung zwischen Thomas Hobbes und dem englischen Minoriten Wilhelm von Ockham (1285-1247). Hans Blumenberg lokalisiert im Werk des Franziskaners einen entscheidenden Wendepunkt bei der Herausbildung der in der Selbstbehauptung zentrierten Legitimität der Neuzeit, welche sich geradezu paradigmatisch bei Thomas Hobbes auffinden läßt.[1] Michel Villey knüpft das Band zwischen beiden Autoren noch enger, wenn er fragt, was Hobbes denn anderes tue, als Ockhams Nominalismus ins Werk zu setzen.[2]

Andererseits ist diese Verbindung weit davon entfernt, allgemein akzeptiert und als für Hobbes besonders wichtig angesehen zu werden. In vielen neueren Darstellungen seiner Philosophie taucht der Name Ockhams gar nicht auf.[3] Ulrich Weiß mokiert sich gar über Michael Oakshotts Bemühungen, in seiner Einleitung zur *Leviathan*-Ausgabe von 1960 eine Verbindung zwischen Hobbes und der mittelalterlichen Tradition herzustellen.[4]

Mit pauschalen Vorwürfen, diese Nichtbeachtung Ockhams sei allein auf mangelnde Kenntnis zurückzuführen, sollte man allerdings vorsichtig sein. Nicht nur,

---

1 Hans Blumenberg, *Säkularisation und Selbstbehauptung*, Frankfurt/M. 1974, S. 173ff. und S. 259ff.

2 Michel Villey, *La formation de la pensée juridique moderne*, Paris 1968, 645. Ein Hinweis auf diese Verbindung findet sich auch bei Peter-Cornelius Mayer-Tasch, *Thomas Hobbes und das Widerstandsrecht*, Tübingen 1965, S. 11f.

3 Vgl. z.B. David Johnston, *The Rhetoric of Leviathan*, Princeton 1986, Tom Sorell, *Hobbes*, London & New York 1986, Richard Tuck, *Hobbes*, Oxford 1989, Hans-Dieter Metzger, *Hobbes und die Englische Revolution 1640-1660*, Stuttgart-Bad Cannstatt 1991, Wolfgang Kersting, *Thomas Hobbes. Zur Einführung*, Hamburg 1992, Herfried Münkler, *Thomas Hobbes*, Frankfurt/New York 1993.

4 Ulrich Weiß, *Das philosophische System von Thomas Hobbes*, Stuttgart-Bad Cannstatt 1980, S. 14.

weil sie z.T. offenkundig falsch sind,[1] sondern auch, weil die Verbindung zwischen beiden Autoren wohl nicht ganz ohne ideologische und polemische Absichten hergestellt wurde. Ließ sich doch anhand der tatsächlichen oder vermeintlichen Gemeinsamkeiten beider Autoren in den theoretischen Angelpunkten Nominalismus, Voluntarismus und Individualismus, welche man noch in die eine oder andere Wechselwirkung zueinander brachte, vortrefflich zeigen, daß dieses theoretische Dreigestirn, ja bereits eines seiner Elemente, in Irrationalismus, Verherrlichung der Willkür und den Verlust jeden echten Rechtsverständnisses führen muß.[2]

Möglicherweise ist es z.T. darauf zurückzuführen, daß man v.a. unter den Ockham-Interpreten Zweifel an einer systematischen Vernetzung der unterschiedlichen Theorieteile anmeldete[3] – allerdings ebensowenig ihre Unvereinbarkeit behauptete. Es ging vor allem um den spekulativen Charakter und den Status der Unbewiesenheit, welchen die lange Zeit üblichen Reflexionen über Verbindungen zwischen theoretischer und praktischer Philosophie innerhalb von Ockhams Werk, aber auch über seine vermutete Wirkungsgeschichte besaßen. Ferner nahm man den *Venerabilis Inceptor*, wie Ockham oft genannt wird, gegenüber dem Verdacht in Schutz, er verfechte den Irrationalismus und die Willkürherrschaft Gottes.[4]

---

1 Richard Tuck etwa befaßt sich in *Natural Rights Theories*, Cambridge 1979, erst etwas mit Ockham, später ausführlich mit Hobbes und verweist ausdrücklich darauf, daß die nach Ockham entstandenen Theorien natürlicher Rechte deutliche Ähnlichkeiten mit denen des siebzehnten Jahrhunderts aufweisen (a.a.O., S. 24), ohne eine mögliche Verbindung zwischen Ockham und Hobbes anzusprechen.

2 Symptomatisch die Bemerkung Villeys (*Le Droit de l'Individu chez Hobbes*, in: Schnur/Koselleck (Hg.), *Hobbes-Forschungen*, Berlin 1969, S. 173-179 und S. 197): „On ne rejoindra jamais le droit à partir du *nominalisme*.La philosophie qui est sortie de Guillaume d'Occam et de Galilée (c'est à dire, en gros la moderne) ne peut pas rendre compte du droit." (Hervorh. im Original). Wie im Zitat bereits angedeutet, läßt sich die Sammlung philosophischer Untugenden noch durch Mechanismus und Atomismus bzw. Epikureismus vervollständigen (Blumenberg *Säkularisation und Selbstbehauptung*, a.a.O., S. 173, 191, 212). Es soll hier wohlgemerkt weder eine historische, noch eine mögliche systematische Verbindung zwischen diesen Elementen geleugnet, sondern nur die Selbstverständlichkeit und Zwangsläufigkeit einer solchen Verknüpfung (die evtl. das Resultat gemeinsamer Antipathien bestimmter Philosophen ist) angezweifelt werden.

3 So Philotheus Boehner bereits im Jahre 1943 (*Ockham's Political Ideas*, abgedruckt in: ders., *Collected Articles on Ockham, St. Bonaventure*, N.Y. 1958, 442-468, 446); neuerlich wieder Marilyn McCord Adams (*Ockham's Individualisms*, in: Vossenkuhl/Schönberger (Hg.), *Die Gegenwart Ockhams*, Weinheim 1990, 3-24, 18) und, besonders akzentuiert, Jürgen Miethke: „Es ist nicht nur problematisch, von Ockhams »nominalistischer« politischer Theorie zu sprechen, es scheint geradezu als unsinnig, weil Ockham [...] nirgends die Verbindung seiner politischen Philosophie und seiner Theologie und Erkenntnislehre expliziert hat." (*Wilhelm von Ockham und die Institutionen des späten Mittelalters*, in: Göhler/Lenk/Münkler/Walther (Hg.), *Politische Institutionen im gesellschaftlichen Umbruch*, Opladen 1990, S. 89-112, loc.cit. S. 93).

4 Z.B. Jan P.Beckmann, *Allmacht, Freiheit und Vernunft. Zur Frage nach »rationalen Komponenten« im Denken des späten Mittelalters*, in: Beckmann/Honnefelder/Schrimpf/Wieland (Hg.), *Philosophie im Mittelalter, Entwicklungslinien und Paradigmen*, Hamburg 1987, 275-293; Wilhelm Vossenkuhl, *Vernünftige Kontingenz. Ockhams Verständnis der Schöpfung*, in: Vossenkuhl/Schönberger (Hg.), a.a.O., *Die Gegenwart Ockhams*, S. 77-93.

Bei Hobbes läßt sich zumindest das Verhältnis von theoretischer und praktischer Philosophie in seinem Werk u.a. anhand des Vorworts von *De cive* soweit klären, daß er nicht an eine unmittelbare Anwendung theoretischer – z.B. mathematischer oder physikalischer – Resultate auf die politische Philosophie dachte, wohl aber diese Wissenschaften metaphorisch mit den verschiedenen Meeren ein und desselben Ozeans verglich und offenbar ein gewisses Maß an methodischer Einheit der Wissenschaft annahm. Prinzipiell könnte es berechtigt sein, einen ähnlichen Zusammenhang bei Ockham zu vermuten. Obgleich es dafür keine eindeutigen Belege gibt, wird auch von Skeptikern zugestanden, daß Ockham bei der Verfertigung seiner sozialphilosophischen Schriften seine theoretischen Arbeiten wohl nicht vergessen habe.[1]

Eine umfassende Klärung des teilweise komplizierten Verhältnisses kann hier gar nicht erst versucht werden. Nur der terminologischen Klärung halber sei unter Nominalismus hier eine Auffassung verstanden, nach der es Universalien und abstrakte Gegenstände nur als Zeichen gibt,[2] unter Voluntarismus die Bindung von gut und böse, gerecht und ungerecht, gesetzmäßig und gesetzwidrig an den Willen einer höchsten Macht, sei es der höchsten Macht im Universum oder der höchsten Macht im Staate. Individualismus kann es auf unterschiedlichen Ebenen geben. Adams unterscheidet allein bei Ockham zwischen metaphysischem, erkenntnistheoretischem und moralisch-politischem Individualismus.[3] Der Kern liegt jeweils darin, daß man mehr oder minder konkreten Einzeldingen, nicht aber Universalien oder Abstrakta, einen fundierenden ontologischen, epistemologischen oder auch legitimatorischen Status zuerkennt.

Von unvermeidlichen Querverbindungen abgesehen, werde ich mich hier auf die Komponente des politischen Individualismus im Werk beider Autoren beziehen. Dabei werde ich zu zeigen versuchen, daß im Hinblick auf ein von beiden Philosophen gepflogenes funktionales Verständnis politischer Herrschaft die Gemeinsamkeiten trotz aller Unterschiede beachtlich sind (1.). Hinsichtlich der Möglichkeit des Individuums, zur Herrschaft und ihrer Ausübung kompetent Stellung zu nehmen und sich entsprechend zu verhalten, gibt es trotz mancher Parallelen hingegen unüberbrückbare Gegensätze (2.). In einer kurzen Schlußbetrachtung soll noch über die Konsequenzen reflektiert werden, die man aus diesem Vergleich für die Rolle des Individuums innerhalb einer politischen Theorie ziehen kann (3.).

---

1 Z.B. Miethke, *Wilhelm von Ockham und die Institutionen des späten Mittelalters*, a.a.O.

2 Über auffällige Parallelen zwischen Ockham und Hobbes auf diesem Gebiet vgl. Matthias Kaufmann, *Thomas Hobbes über Universalien und die Wahrheit von Sätzen*, in: Garzon Valdés/Zimmerling (Hg.), *Festschrift für Meinolf Wewel*, Freiburg/München 1995; über Ockhams Universalienlehre ders., *Begriffe, Sätze, Dinge*; Leiden 1994, Kap. 2.

3 Adams, *Ockham's Individualisms*, a.a.O.

1. Recht von Menschen für Menschen

a) Eine unübersehbare Gemeinsamkeit zwischen Ockham und Hobbes besteht darin, daß sie das objektive Recht insgesamt, so Hobbes, oder doch in wesentlichen Teilen – bis hin zum Herrschaftsanspruch des Kaisers, zur Organisationsform der Kirche oder der Eigentumsordnung bei Ockham – als Menschenwerk ansehen, welches für die Organisation menschlichen Zusammenlebens erforderlich ist.

Es wird hier vor allen Dingen auf das R e c h t als Menschenwerk rekurriert, weil es fraglich ist, ob Ockham in Kategorien moderner S t a a t l i c h k e i t denkt. Bei Thomas Hobbes findet man diese Kategorien sicherlich vor. Sie werden mitunter als sein spezifischer Beitrag zur Geistesgeschichte angesehen. Zwar sind bei Ockham sicherlich Anklänge staatlichen Denkens erkennbar. Er richtet sich eher am Reich der Römer aus als an germanischem Stammesrecht, führt etwa die Herrschaft des Kaisers auf den Willen des römischen Volkes zurück.[1] In diesem Punkt kann man durchaus sagen, daß weder bei Ockham[2] noch bei Hobbes die politische Organisation als von menschlicher Setzung unabhängige Wesenheit auftritt. Wo Bilder benutzt werden, die eine solche Verdinglichung oder gar Personifizierung der politischen Einheit nahelegen, das des sterblichen Gottes in Hobbes' *Leviathan* (Kap. 17) oder das Organismusmodell in Ockhams *Dialogus*,[3] wird auch ihr metaphorischer Charakter deutlich. Andererseits kommen bei Ockham auch die Besonderheiten des mittelalterlichen Feudalrechts zur Geltung. So ermahnt er die Krieger, nur dann mit ihrem niedriger gestellten Herrn gegen den Kaiser zu kämpfen, wenn der Krieg des niedrigeren ganz gewiß ein gerechter ist.[4] Wer so argumentiert, setzt offenbar kein staatliches Gewaltmonopol voraus, wie es von Hobbes konzipiert wurde.[5]

In der nach mathematisch-naturwissenschaftlichem Vorbild[6] entworfenen Konstruktion des Staates durch Hobbes unterwerfen sich die Menschen bedingungslos einem Souverän, um sich aus dem elenden Naturzustand des Krieges aller gegen alle – mit seiner steten Bedrohung durch gewaltsamen Tod – zu retten.[7] Durch diesen

---

[1] III D II i, 29, 30, Miethke 154ff., *901f.* Die Abkürzungen besagen, daß es sich um Passagen aus den Kapiteln 29 und 30 des ersten Buches des zweiten Traktats des dritten Teiles von Ockhams sozialphilosophischem Hauptwerk, dem *Dialogus* handelt, welche sich in der von Jürgen Miethke ausgewählten, übersetzten und mit einem Nachwort versehenen Sammlung von Textauszügen aus diesem Werk (Jürgen Miethke (Hg.), *Wilhelm von Ockham. Dialogus*, Darmstadt 1992) auf den Seiten 154ff., in der Ausgabe von Melchior Goldast (*Monarchia S. Romani Imperii*, Frankfurt 1614, Vol.II) auf S. 901f. befinden.

[2] Vgl. Adams, *Ockham's Individualisms*, a.a.O., S. 13f.

[3] V.a. III D II iii 4, 177f., *930.*

[4] III D II ii 20, 164, *919.*

[5] Z.B. *De cive* 6.5-8.

[6] *De cive*, Vorw.

[7] *De cive* 1.13., 1.15.; *Leviathan*, Kap. 17.

Unterwerfungsvertrag entsteht aus einer Ansammlung von Menschen allererst ein Volk, dessen gesamtes Recht mit den Befehlen des Souveräns und den von ihm erlassenen Gesetzen identisch ist. Was die Gesetze befehlen, ist Recht, was die verbieten, ist Unrecht.[1]

Die natürlichen Gesetze, die Regeln der rechten Vernunft für die möglichst lange Erhaltung des Lebens und der Glieder,[2] welche Hobbes ausführlich erläutert, gehen seiner Überzeugung nach in den positiven Gesetzen jedes faktisch existierenden Staates auf, insofern dieser bestimmt, wie sie zu verstehen sind.[3] Im Naturzustand binden sie nur in *foro interno*, nicht jedoch nach außen hin.[4] Umgekehrt kann auch der Staat nur Gehorsam, nicht jedoch den rechten Glauben erzwingen.[5] Durch diese Konstruktion bieten weder moralische noch religiöse Kriterien eine Möglichkeit, das vom Souverän erlassene Recht zu kritisieren, jeder Versuch dazu würde außerdem in nuce eine Bürgerkriegsdrohung darstellen.[6]

Durch die bedingungslose Unterwerfung besitzt der Souverän absolute Macht über alle,[7] ist Widerstand gegen ihn nicht gestattet, bis auf den, der zur Erhaltung des eigenen Lebens dient[8] und noch zu besprechen sein wird. Sieht man von der absolutistisch-monarchistischen Formatierung des Souveräns ab,[9] deren Vorzüge Hobbes, wie er zugesteht, nicht beweisen, sondern nur wahrscheinlich machen kann,[10] so ist dies die klassische Formulierung des staatlichen Anspruchs auf das Gewaltmonopol, wie er noch heute zum modernen Staat gehört.

Der für unseren Zusammenhang entscheidende Aspekt dieses wohlbekannten Konstruktes liegt in der Auffassung, daß der Staat mitsamt seinem Rechtssystem, mit der Verteilung von Eigentum und der Einführung sozialer Unterschiede,[11] von Menschen gemacht wurde und seine Berechtigung daher hat, daß er für das Überleben der einzelnen unentbehrlich ist.[12]

Bei Ockham findet sich kein derart *more geometrico* verfertigtes Bild politischer Herrschaft, doch sind einzelne seiner Elemente sehr wohl erkennbar. So rechtfertigt Ockham den Anspruch der römischen Kaiser auf die Weltherrschaft durch deren

1 *De cive* 6.9., 6.16., 12.1., *Leviathan*, Kap. 18, Kap. 26.
2 *De cive*, 2.1.
3 *De cive*, 6.16; *Leviathan*, Kap. 26.
4 *De cive*, 3.27.
5 *Leviathan*, Kap. 26.
6 *De cive*, 6.11.
7 *De cive*, 6.12., 6.13.
8 *De cive*, 2.18., 6.3.
9 Z.B. *De cive*, 7.
10 *De cive*, Vorw.
11 *De cive*, 3.13.
12 *Leviathan*, Kap. 17.

friedensstiftende Wirkung und gesteht durchaus zu, daß man diesen Anspruch gewaltsam gegen Widerstand durchsetzen muß. Diese gewaltsame Durchsetzung sei gerechtfertigt, weil die Mehrheit der Völker die segensreiche Wirkung der römischen Herrschaft einsehe.[1] Dieser Herrschaftsanspruch wird explizit auch unter der Voraussetzung als legitim anerkannt, daß es sich bei den römischen Kaisern um Heiden handelte, welche die Weltherrschaft ursprünglich aus bloßem Eigennutz eroberten.[2]

Doch nicht nur bei der weltlichen Herrschaft, selbst bei der Organisation der Heiligen Römischen Kirche nimmt Ockham an, daß ihre konkrete Institutionalisierungsform menschlichen Ursprungs ist, daher von den Gläubigen einer Art Verfassungsreform unterzogen werden kann, wenn sie dies für erforderlich halten.[3]

Der ursprüngliche Auslöser für Ockhams Beschäftigung mit Rechtsfragen war die im Rahmen des theoretischen Armutsstreits zwischen Kurie und Teilen des Franziskanerordens erörterte Frage, ob es natürliche Eigentumsrechte gebe.[4] Papst Johannes XXII. hatte ein solches Recht direkt von Adams ursprünglicher Herrschaft, seinem *dominium* über die Schöpfung abgeleitet und abgestritten, daß man überhaupt etwas besitzen könne, ohne ein *dominium* darüber auszuüben, welches für ihn gleich mit einem Eigentumsrecht anzusehen war. Dies sollte der Position der pauperistischen Franziskaner den Boden entziehen, die auf einer völligen Besitzlosigkeit Jesu und seiner Jünger insistierten und bei ihnen sowie bei denen, die ihre wahre Nachfolge antreten wollten, nur einen *simplex usus facti*, den Gebrauch des unmittelbar zum Leben Notwendigen, anzuerkennen bereit waren.

Ockham begegnet dieser Attacke des Papstes in seinem *Opus XC dierum* durch eine Differenzierung des Wortes *dominium*. Als *dominium* im Sinne von Eigentum läßt er nur das gelten, was vor einem irdischen Gericht als solches eingeklagt werden kann, macht Eigentum damit zu einer Sache menschlicher Konvention.[5] Tatsächlich besaßen die Ureltern im Paradies eine Art *dominium* über die Tiere und Pflanzen, doch konnten sie dieses ohne deren Widerstand, also ohne Zwang ausüben, ähnlich der Art, wie die Engel in manchen Fällen uns Menschen führen.[6] Diese Art von

1 III D II i 27, 151, 899. Interessant ist hier vielleicht, daß für Hobbes diejenigen, die dem Unterwerfungsvertrag nicht zustimmen, gegenüber dem Staat im Naturzustand verbleiben, also auch gewaltsam unterworfen werden dürfen (*De cive* 6.2.).

2 III D II i c. 27, 150ff.

3 III D I ii 20, 112f., *806*.

4 Die klarste und beste Darstellung dieser Vorgänge und Auseinandersetzungen findet sich nach wie vor bei Jürgen Miethke, *Ockhams Weg zur Sozialphilosophie*, Berlin/New York 1969, Kap.3.

5 Cap. 26, OP II 484. Wilhelm von Ockham, *Opus nonaginta dierum*, Capitulum 26, *Guillelmi de Ockham opera politica II* (ed. Bennett/Offler), Manchester 1963, S. 484.

6 Cap. 14, OP II 434.

dominium ist mit dem Rechtsinstitut des Eigentums nur durch eine Äquivokation verbunden, hat also nicht mehr als das Wort mit ihm gemeinsam.

Dies liegt primär daran, daß nach dem Sündenfall ein *dominium* ohne Zwang nicht mehr in derselben Weise möglich ist. Dem Menschen mit seiner *natura corrupta* bleibt nur ein schwacher Abglanz seiner ursprünglichen Herrschaft, eine *potestas appropriandi*,[1] die Fähigkeit, sich das zum Leben nötige anzueignen. Diese „bestimmt heute noch als vor aller rechtlichen Superstruktur liegend das Verhältnis des Menschen zu dem, was er zu seinem Leben nötig hat".[2] Soll daraus veritables Eigentum werden, so muß es erzwungen, d.h. vor einem menschlichen Gericht eingeklagt werden können. Ein Eigentumsrecht ist für Ockham, wie jedes subjektive Recht, eine *licita potestas*, eine erlaubte Macht.

Für Ockham ist die Verteilung des Eigentums ein Werk der Menschen,[3] welches angesichts deren Schwäche und Uneinsichtigkeit durchaus sehr sinnvoll ist. Angesichts der zentralen Rolle, die das Eigentumsrecht zumindest für die Rechtsphilosophie der Neuzeit spielt, zeigt sich hier eine signifikante, keineswegs selbstverständliche Parallele zwischen ihm und Hobbes; nahmen doch im siebzehnten Jahrhundert sowohl die Levellers[4] als auch – wenngleich auf dem Umweg über die investierte Arbeit – John Locke[5] so etwas wie ein unabhängig vom positiven Recht bestehendes subjektives Recht auf Eigentum an. Hobbes kommt hier der franziskanischen Position so nahe, daß er trotz der Bindung des Eigentums an das positive Recht ein unverzichtbares Recht des Individuums auf das Lebensnotwendige annimmt.[6]

b) Die anthropologische Prämisse, welche eben mitgenannt wurde, findet sich vielleicht nicht in dieser Deutlichkeit bei Ockham, wohl aber bei dessen Mitbruder und Lehrer Duns Scotus und sie widerspricht den Ausführungen Ockhams zumindest nicht, eher könnte man sagen, daß sie sich aus seinen Darlegungen über die Erforderlichkeit des Zwangs nach dem Sündenfall erschließen läßt.

Wie Duns Scotus betont, wäre es natürlich viel besser, wenn es keiner Eigentumsregelung bedürfte, infolge der Schwäche der Menschen, die sich nicht friedlich einigen können, ist sie jedoch erforderlich.[7] Ockham setzt diese Prämisse offenbar voraus. Dies zeigt sich beim natürlichen Gemeineigentum und der natürlichen Freiheit

---

1 Cap. 14, OP II 435ff.
2 Miethke, *Ockhams Weg zur Sozialphilosophie*, a.a.O., S. 477.
3 Cap. 14, OP II 439.
4 C.B.Macpherson, *Die politische Theorie des Besitzindividualismus*, Frankfurt/M. 1973, S. 158ff. und S. 172ff.
5 John Locke, *Second Treatise*, V.27ff.
6 *De cive*, 3.14.
7 Ord. IV d. 15 qu.2. Johannes Duns Scotus,*Ordinatio IV*, distinctio 15, quaestio 2, in: Alan B.Wolter (Hg.), *Duns Scotus on the Will and Morality*, Washington D.C. 1986, 310ff.

der Menschen, Naturrechtsregeln, die nur erforderlich sind, weil die Menschen nicht harmonisch miteinander umgehen, die daher auch dem Zustand der Schöpfung vor dem Sündenfall widersprechen, in welchem Zustand kein Rechtsanspruch erforderlich gewesen wäre, auch kein natürlicher Rechtsanspruch für juristische Ausnahmesituationen.[1] Zum anderen kennt Ockham drei Zustände in der Menschheitsentwicklung, neben der Zeit vor dem Sündenfall und dem jetzigen Zustand gibt es noch eine Zeit nach dem Sündenfall und vor der Verteilung des Eigentums, eine Art irdischen Naturzustand mit einem Gemeinschaftsbesitz an den Dingen,[2] wenn diese anachronistische Formulierung gestattet ist.

Hält man dem die Naturzustandslehre des Thomas Hobbes gegenüber, wo Menschen, die aufgrund ihrer Sprachfähigkeit und ihrer Leidenschaften gefährlicher sind als jedes Tier, einander fortdauernd mit dem gewaltsamen Tode bedrohen,[3] so liest sie sich, als habe jemand aus den eher sporadischen Äußerungen Ockhams eine kohärente Theorie gefiltert und durch schärfere Akzentuierungen plausibel zu machen versucht. Zwar gibt es keine direkten Verweise von Hobbes auf Ockham, aber erstens gab es zu Hobbes' Zeiten einige Werke des Franziskaners seit langem in gedruckter Form,[4] zweitens nahm Ockham auf verschiedene Weise Einfluß auf die rechtstheoretischen Diskussionen der Jahrhunderte, die zwischen beiden Autoren liegen,[5] so daß eine nicht nur systematische, sondern zumindest mittelbar historische Verbindung zwischen beiden Autoren nicht ganz unwahrscheinlich ist.

c) Dieser Eindruck könnte sich noch verstärken, wenn man die Auffassungen von den natürlichen subjektiven Rechten bei den beiden Philosophen vergleicht. Laut Ockham gibt es ein natürliches Gemeineigentum und eine natürliche Freiheit aller Menschen, die jedoch normalerweise hinter das positive Gesetz zurücktreten.[6] In be-

---

1 III D II iii 6, 178ff., *932f* . Anders als die wohl herrschende Meinung (Miethke, *Wilhelm von Ockham. Dialogus*, a.a.O., S. 179, H.S. Offler, *The Three Modes of Natural Law in Ockham. A Revision of the Text*, in: Franciscan Studies 37 (1977), S. 207-218, 212 und McGrade, *The Political Thought of William of Ockham*, Cambridge 1974, S. 179) denke ich daher nicht, daß der lateinische Text, wie er sich bei Trechsel (fol. 263ra) und bei Goldast (932) findet, korrigiert werden muß: Aliter ius naturale est, quod servandum est ab illis, qui sola aequitate naturali absque omni consuetudine vel constitutione humana utuntur, quod ideo est naturale, q u i a e s t c o n t r a s t a t u m n a t u r a e i n s t i t u t a e, et si omnes homines viverent secundum rationem naturalem et legem divinam, non esset faciendum nec servandum ... (Hervorh. der fragl. Passage M.K.). Der natürliche Rechtsanspruch auf Gemeineigentum, der im Notfall z.B. den Mundraub rechtfertigt, bräuchte nicht zu bestehen, wenn sich die Menschen gemäß der natürlichen Vernunft verhielten, ebensowenig im Zustand der eingerichteten Natur vor dem Sündenfall.

2 Opus XC dierum c.14, OP II 439.

3 *De cive*, 1.

4 Nämlich die *Opera plurima*, gedruckt von Jean Trechsel, Lyon 1494, und Melchior Goldasts *Monarchia Sancti Romani Imperii*, Frankfurt 1614, deren zweiter Band den Dialogus enthält.

5 Vgl. z.B. Tuck, *Natural Rights Theories*, a.a.O., S. 24ff.

6 III D II iii 6.

sonderen Ausnahmefällen, etwa bei drohendem Hungertod oder auch unter einem despotischen Regime, kann es vorkommen, daß das Individuum unter Rückgriff auf das übergeordnete natürliche Recht gegen die faktisch bestehende Rechtsordnung entsprechende subjektive Rechte anmeldet.[1]

Bei Hobbes existiert im Naturzustand bekanntlich ein natürliches Recht eines jeden auf alles, das in dieser erbarmungswürdigen Situation jedoch nichts nützt, da es durch keine mit Macht ausgestattete Instanz garantiert wird.[2] Auch im Staat, der bestimmt, was Recht und Unrecht ist, bleibt freilich das unverzichtbare Recht des Einzelnen auf Erhalt seines Lebens bestehen. Der Wunsch nach Erhalt des Lebens ist es schließlich, welcher das Individuum dazu bewegt, sich dem Souverän zu unterwerfen, entsprechend kann es diesen Wunsch nicht aufgeben. Selbst der zum Tode verurteilte Verbrecher behält diesen urwüchsigen Anspruch auf Selbstbehauptung.[3] Hobbes gesteht sogar dem wehrpflichtigen Soldaten ein Recht auf Feigheit zu, seine Flucht im Kampf ist schändlich, aber nicht verbrecherisch.[4]

Auch hier liefert Hobbes prima facie nur eine kürzere, konsequentere, sozusagen ockhamistischere Fassung derselben Position. Man hat – neben dem Umstand, daß politische Organisationen nicht als Dinge im Sinne von Substanzen akzeptiert werden, neben der funktionalen Legitimation politischer Herrschaft mit den Individuen als letztem Bezugspunkt – also noch einige wesentliche Gemeinsamkeiten zwischen beiden Autoren. Dazu gehört auch der Umstand, daß keiner von beiden vergißt, daß die Menschen nun einmal keineswegs singulär existieren, sondern vorwiegend in Gruppen zusammenleben. Hobbes bestreitet nur, daß sie dies ohne Zwang in friedlicher Weise tun.[5] Ockham schließt sich an dieser Stelle für die Zeit nach dem Sündenfall direkt an Aristoteles an.[6]

Dennoch wäre eine Interpretation, die in der Art Villeys annimmt, Hobbes realisiere Ockhams Theorie, wohl das Resultat einer selektiven Sicht der Ockhamschen Lehre. Der auf den ersten Blick unscheinbare Unterschied zwischen einem höheren Recht, auf welches sich das Individuum im Notfall berufen kann, und der logischen Unmöglichkeit eines Verzichts auf das Recht auf Lebenserhalt erweist sich nämlich als außerordentlich bedeutsam, wenn man Ockhams Lehre etwas umfassender betrachtet. Gewiß wurde auch gegenüber Hobbes geltend gemacht, ein einzelner mit einem derart unverzichtbaren Recht werde, wenn er vernünftig sei, doch wohl ge-

---

1 Opus IX dierum c.3, OP I 325.
2 *De cive*, 1.9.-1.15.
3 *De cive*, 2.18.
4 *Leviathan*, Kap. 21.
5 *De cive*, 1.2.
6 III D I ii 3-5, 98ff. *792f.*

genüber der staatlichen Ordnung gewisse Bedingungen stellen, die seine Sicherheit garantierten. Bei Ockham wird indessen eine solche Möglichkeit durch ein über aller staatlichen Ordnung stehendes Naturrecht gesichert, über dessen Anwendung im Einzelfall das Individuum entscheiden muß und *kann*. Dies führt bei der Einschätzung von Widerstandshandlungen gegen die Obrigkeit soweit, daß beide Philosophen zumindest in einigen Fällen exakt die entgegengesetzte Haltung einnehmen.

2. Die Entscheidungskompetenz der Individuen

a) Der fundamentale Widerspruch zwischen beiden Positionen besteht in der Frage, wie das naturrechtlich, moralisch und theologisch Richtige bestimmt werden kann, inwieweit man sich auf die Erkenntnisfähigkeit des Individuums in praktischen Dingen verlassen kann. Zunächst gibt es noch eine gewisse Übereinstimmung. Für beide ist klar, daß derartige Fragen durchaus der wissenschaftlichen Erkenntnis zugänglich sind. Hobbes will die politische Wissenschaft durch Zerlegen des Staates in seine Atome und neuerliches Zusammensetzen mit technischer Präzision betreiben.[1] Ockham hält derartige Streitfragen allemal für rational entscheidbar und verschweigt in seinem sozialphilosophischen Hauptwerk, dem *Dialogus*, welche der dargestellten Ansichten seine eigene ist, damit sich die Wahrheit allein durch die Kraft der besseren Argumente durchsetzen könne.[2] Auch wenn die Beweisverfahren, die man als zuverlässig erachtet, bei beiden Autoren beträchtlich differieren, bleibt doch an dieser Stelle eine unübersehbare Gemeinsamkeit.

Hobbes jedoch sieht keinen Weg, durch Argumentation definitiv herauszufinden, was im konkreten Fall gut oder schlecht, gerecht oder ungerecht zu nennen sei. Was immer das Objekt der Begierde oder des Verlangens eines Menschen ist, nennt dieser gut, was immer seinen Widerwillen und seine Abscheu erregt, nennt er schlecht.[3] Gegenüber diesen auf Zuneigung und Abneigung basierenden Werturteilen gibt es in der konkreten Auseinandersetzung kein zuverlässiges Verfahren rationaler Vermittlung, so daß allein die autoritative Festsetzung eine Chance bietet, den aus theologischen und moralischen Uneinigkeiten entspringenden Bürgerkrieg zu verhindern. Nicht die Wahrheit, sondern die Autorität bestimmt das Gesetz.[4] Ockham zufolge kann man jedoch gerade in Fragen der Theologie, aber auch solchen der verschiedenen Instanzen zustehenden Rechte und Kompetenzen sehr wohl durch ratio-

1 *De cive*, Vorw. Vgl. Sorell, *Hobbes*, S. 26ff.
2 I D Prol., 11, *398*.
3 *Leviathan*, Kap. 6.
4 *Leviathan*, Kap. 26.

nale Argumentation zu definitiven Resultaten gelangen. Deshalb muß etwa ein Verbreiter von Irrlehren auch erst dann als halsstarrig, *pertinax*, oder gar als häretisch eingestuft werden, wenn ihm sein Fehler zweifelsfrei und lückenlos dargelegt wird. Der Einzelne hat geradezu ein Recht darauf, durch Argumente von seinem Irrtum abgebracht zu werden, nicht durch Drohungen oder gar Folter, wie die zu Ockhams Zeit gebräuchlichen Inquisitionsregeln des Bernard Guy vorsehen.[1]

Zwar wendet sich auch Hobbes gegen die Folter,[2] hält es jedoch für selbstverständlich, daß man die Verbreitung gefährlicher Meinungen mit allen Mitteln unterbindet.[3] Die Vorstellungen Ockhams, die irrigen Meinungen müßten erst einmal Punkt für Punkt widerlegt werden, allenfalls dann könne man ihre Verbreitung verbieten, erschiene ihm gerade als Einladung zum Bürgerkrieg.[4]

b) Mehr noch gilt dies für Ockhams ausdrückliche Befürwortung eines Widerstandsrechtes, welches durchaus beinhaltet, daß unter Rückgriff auf das Naturrecht ein König oder ein Papst abgesetzt wird[5] und das etwa beim Kampf gegen einen häretischen Papst regelrecht zur Widerstandspflicht werden kann.[6] Ockham betont nachhaltig, daß es der und die einzelne ist, in deren/dessen Entscheidung es liegt, ob im konkreten Fall Widerstand zu leisten ist oder nicht. Falls nämlich die Kleriker beim Kampf gegen einen ketzerischen Papst versagen, so müssen die Laien eingreifen,[7] falls die politischen Obrigkeiten versagen, müssen die einfachen Leute eingreifen. Sogar ein *bubulcus catholicus*, ein katholischer Rinderknecht kann zum Widerstand gegen den Ketzerpapst verpflichtet sein.[8] Letztlich kann es einer alleine sein, der die Wahrheit gegen alle anderen bewahrt und dem Gott in seinem Kampf Hilfe zuteil werden läßt, da die Kirche nicht zugrunde gehen kann.[9]

Der möglichen Formen des Widerstands gibt es viele. Niemand möge sich darauf zurückziehen, daß er etwa als Mönch keine Gewalt anwenden dürfe. Schließlich kann man auch in dieser Lebenssituation die von den Tyrannen Verfolgten verstecken oder ähnliches tun. Ockham stellt auch klar, wann derartige Aktivitäten geradezu zur Pflicht werden, dann nämlich, wenn, vergleichbar der Situation, wo unterlassene Hilfeleistung strafbar wäre, sonst keine Hilfe einzutreffen scheint.[10]

---

1 I D IV 14; vlg. McGrade, *The Political Thought of William of Ockham*, a.a.O., S. 54.
2 *De cive*, 2.19.
3 *De cive*, 6.11.
4 *Leviathan*, Kap. 29.
5 *Octo quaestiones de potestate papae* II 8, OP I 83; I D VI 100, 51ff., 627ff.
6 I D Vi 38; 32, *538.*
7 I D VI 99, 36ff. *621f.*
8 Vgl. Miethke, *Wilhelm von Ockham. Dialogus*, S. 223.
9 I D VII 47, 70, *704.*
10 I D VI 39, 33f., *538f.*

Worin die Wahrheit in praktischen und theologischen Fragen besteht, dies ist der wissenschaftlichen Diskussion überlassen, wobei die Ansicht der Besten eines Faches am wichtigsten ist. Dies müssen jedoch nicht unbedingt die bestallten Professoren sein.[1] Allerdings scheint die letzte Entscheidung des Individuums darüber, was es als Wahrheit ansieht, offenbar diesem selbst überlassen, nicht eine Sache autoritativer Festsetzung durch eine höhere oder höchste Instanz zu sein.

Ockhams „Pathos der Freiheit"[2] steht hier im krassen Gegensatz zur Auffassung des Thomas Hobbes. Gleichgültig, ob man mit Carl Schmitt äußert, im Reich des Leviathan gebe es „weder Stand noch Widerstand",[3] oder mit Peter-Cornelius Mayer-Tasch dagegenhält, aus dem unverzichtbaren Recht auf Lebenserhaltung und die dazu erforderlichen Mittel folge, konsequent durchdacht, eine Fülle individueller und kollektiver Widerstandsrechte,[4] Hobbes hätte im politischen Bereich mit Sicherheit keine derartigen Freiheiten akzeptieren können. Den Einzelnen die Freiheit zu geben, über Fragen praktischer oder theologischer Wahrheit selbst zu entscheiden und sich im Extremfall gegen eine als häretisch eingestufte kirchliche wie weltliche Obrigkeit zur Wehr zu setzen, wäre so ziemlich das exakte Gegenteil dessen, was Hobbes für den Erhalt des Staates und die Vermeidung des Bürgerkrieges für erforderlich hielt.[5] An dieser Stelle wäre Hobbes klar auf Seiten der Gegner Ockhams gestanden. Allerdings nicht in päpstlicher Tradition, da eine außerstaatliche Instanz, die religiöse Fragen entscheidet, für ihn völlig unakzeptabel ist.[6] Eher befindet sich Hobbes hier in der Nachfolge des Marsilius von Padua, der den weltlichen Herrscher als *Defensor pacis* auch zum Herren der Kirche machte, welcher, allerdings auf dem Umweg der Einberufung eines Konzils, auch die Lehre mitbestimmt.[7] Auf der anderen Seite wird Marsilius mit gewissem Recht als Vorläufer der Volkssouveränität gehandelt, da er die Gesetzgebungskompetenz der Gesamtheit der Bürger zuspricht.[8] Vielleicht kann man hier – wenn man denn spekulieren möchte – bei Hobbes eine Synthese aus den absolutistischen Tendenzen im intellektuellen Umfeld Johannes XXII. mit der positivistischen, den weltlichen Herrscher an die Spitze von Staat *und* Kirche setzenden Theorie des Marsilius entdecken.

---

1 Vgl. dazu Miethke, *Ockhams Weg zur Sozialphilosophie*, a.a.O., S. 264ff. und 280ff.

2 Miethke, *Wilhelm von Ockham. Dialogus*, S. 224.

3 Carl Schmitt, *Der Leviathan in der Staatslehre des Thomas Hobbes*, Hamburg 1939, S. 71.

4 Mayer-Tasch, *Thomas Hobbes und das Widerstandsrecht*, a.a.O., S. 95ff., Kritisch zu Mayer-Tasch jetzt Bruno Dix, *Lebensgefährdung und Verpflichtung bei Hobbes*, Würzburg 1994, S. 120ff.

5 *De cive*, 6.11.; *Leviathan*, Kap. 29.

6 *Leviathan*, Kap. 18.

7 *Defensor Pacis* II, XX 1,2.

8 *Defensor Pacis* I. XII 5. Vgl. M.Kaufmann, *Wilhelm von Ockham und Marsilius von Padua. Papstkritiker am Hofe Ludwigs des Bayern*, in: S.Glaser/A.Kluxen (Hg.) *Musis et Litteris*, München 1993, S. 569-589.

Ein weiterer unüberwindlicher Gegensatz zu Ockham besteht darin, daß Hobbes letztlich keinen Unterschied macht zwischen dem Herrschaftsrecht, welches ein Herr über seine Sklaven und dem, was der Souverän über seine Untertanen hat.[1] Ockham sähe dies als Vorstoß gegen die „Würde des Menschengeschlechts" an.[2]

Allerdings muß man mit der schroffen Entgegensetzung von Ockham und Hobbes ebenso vorsichtig sein wie mit der voreiligen Identifizierung. In seinen späteren Schriften, etwa ab dem *Leviathan*, vertritt Hobbes nämlich eine kirchenpolitische Position, die den Auffassungen Ockhams wieder näher kommt. Im Kapitel 41 des theologischen Fragen gewidmeten dritten Teils des *Leviathan* plädiert er klar dafür, daß mit der Kirche die Gemeinschaft der Gläubigen gemeint sei, vor allem aber dafür, daß die kirchlichen Würdenträger von unten gewählt werden sollen.

3. Fazit

Es kommt offenbar für eine politische Theorie wesentlich darauf an, ob sie das Individuum oder eine abstrakte Entität wie das Volk, die Polis oder den Staat als letzten Bezugspunkt ihrer Argumentation wählt. Davon zeugen auch wieder die Diskussionen zwischen *communitarians* und *libertarians* in den achtziger Jahren.

Nicht zufällig hat man nun Ockham als liberalen Konstitutionalisten[3] und Hobbes als den theoretischen Begründer des modernen liberalen Staates[4] eingeordnet. Auch wenn man bei beiden keine unmittelbare Anwendung des theoretischen Werkes auf die praktische Philosophie feststellen kann, so ist doch eine Denkweise festzustellen, für die es schwierig wäre, eine abstrakte Entität wie einen Staat ohne fundierenden Rückgriff auf die darin lebenden einzelnen Menschen zur Grundlage ihrer Theorie zu wählen. Das eine Element des politischen Individualismus besteht somit darin, daß politische Institutionen mit Herrschaftsanspruch gegenüber den einzelnen Menschen als menschliche Schöpfung angesehen werden, deren Bestand gegenüber denjenigen, von denen Gehorsam erwartet wird, prinzipiell gerechtfertigt werden muß.

Andererseits ist es für den konkreten Umgang mit den Individuen im Staat nicht so entscheidend, wie ihr ontologisches Verhältnis zu dieser Körperschaft aussieht, sondern mehr noch, wie ernsthaft man ihnen ein kompetentes Urteil und die entspre-

[1] *De cive*, 8.5.

[2] III D II ii 20, 163, *918*.

[3] E.F.Jacob, zitiert nach McGrade, *The Political Thought of William of Ockham*, S. 1.

[4] U.a. Leo Strauss, *Anmerkungen zu Carl Schmitt, Der Begriff des Politischen* (1932, wiederabgedruckt in: Heinrich Meier, *Carl Schmitt, Leo Strauss und »Der Begriff des Politischen«*, Stuttgart 1988, S. 97-125, loc.cit. S. 125).

chende Handlungsbereitschaft in den öffentlichen Dingen zutraut und ihnen ein eigenes Urteil zugesteht. Dies ist der Punkt, an dem sich die beiden besprochenen Autoren fundamental unterscheiden, wobei man an Hobbes seine eigene Frage *Quis Judicabit?* richten kann. Wer soll entscheiden, wem die Urteilsfähigkeit zukommt? Die Schwierigkeiten bei der Beantwortung dieser Frage führten in der Entwicklung des modernen Staates dazu, daß man die Kompetenz zum Urteil in politischen Dingen jeder und jedem zutraut, bis zum Beweis des Gegenteils. Hobbes' Gegenentwurf, denjenigen, die nun einmal die Macht haben, auch die alleinige Entscheidungsbefugnis zu überantworten, erwies sich im Verlauf der Geschichte als für das Wohl des Staates wenig vorteilhaft.

Gibt es eine Verantwortlichkeit der Naturwissenschaftler gegenüber der Natur?

von Rudolf Kötter (Erlangen-Nürnberg)

Einleitung

Ein Blick auf unsere Kultur- und Sozialgeschichte lehrt uns, daß sich die grundlegenden Wertorientierungen der Menschen nur sehr langsam ändern; oft zögert sich ihre Verabschiedung über Generationen hinaus und selbst nach dem Verlust ihrer handlungsleitenden Funktion hält die Sprache die Erinnerung an die alten Werte in Bildern und Metaphern wach. Gemessen an dieser Erfahrung, verläuft der Wandel in der Einstellung zu Technik und Wissenschaft, den wir heute in den westlichen Industrieländern diagnostizieren können, mit erstaunlicher Geschwindigkeit, auch wenn dieser Vorgang, auf den Horizont subjektiven Erlebens projiziert, vielen Menschen nur schleppend voranzukommen scheint.

Im Grunde genommen wurde jedoch erst durch die Schrecken des zweiten Weltkriegs ein Reflexionsprozeß ausgelöst, in dessen Verlauf sich die Einsicht immer mehr verfestigte, daß der wissenschaftliche Fortschritt nicht mehr länger einen technischen Fortschritt induziert, den man unproblematisch als positiv bewerten könnte. Die früher als Triumphe menschlichen Erfindungsgeists und menschlicher Tatkraft gefeierten Eingriffe in die Natur werden immer häufiger auch als Zerstörung oder Beschädigung der Natur empfunden. Unter dem Eindruck der Vernichtung ganzer Lebensräume wächst die Sorge, daß wir uns selbst oder jedenfalls unsere nächsten Nachkommen existentiell gefährden könnten. Zumindest könnte der unbedachte Einsatz technischer Mittel die Menge unserer Handlungsalternativen in gravierender Weise schrumpfen lassen und damit entgegen den Absichten die Lebensqualität deutlich mindern.

In diesem Zusammenhang wird nicht nur Kritik an der Unfähigkeit und Gewissenlosigkeit von Politikern und Unternehmern laut, Naturwissenschaft und Technik geraten selbst auf die Anklagebank und werden beschuldigt, ihrer eigentlichen Verantwortung nicht gerecht zu werden, wobei sich dieser Vorwurf im wesentlichen in zwei, ihrer Stoßrichtung nach unterschiedliche Komponenten aufspalten läßt.

In seiner geläufigsten Form berührt er vornehmlich die Technik-Wissenschaften und reklamiert einen Verstoß gegen das Gebot technischer Rationalität, demzufolge die Lösung eines technischen Problems nicht nur hinsichtlich spezifisch technischer Standards, sondern auch hinsichtlich der Verwendungs- und Herstellungsbedingungen ein Optimum darstellen soll. Insbesondere hat jede technisch optimale Lösung auch optimal im Sinne einer auf weite Zeithorizonte hin ausgelegten gesamtwirtschaftlichen Effizienz zu sein. Wenn also in Diskussionen um anthropogene Klimaveränderungen, um genmanipulierte Nahrungsmittel oder um den Einsatz von Kernenergie moniert wird, daß durch bestimmte Techniken schädliche Nebenfolgen produziert würden, die langfristig die Nutzenbilanz ihres Einsatzes in den negativen Bereich brächten, dann wird damit auch eine Verantwortlichkeit angesprochen, die sich aus einem Ethos des Ingenieurs ergibt: Als eigentlicher Hüter technischer Vernunft darf er sich weder selbstverliebt nur noch seinen eigenen Produktentwicklungen hingeben, noch zum willfährigen Vollstrecker kurzfristiger und kurzsichtiger ökonomischer oder politischer Interessen machen.

Den Naturwissenschaftlern wird im Hinblick auf technische Entwicklungen und ihre Folgen zumindest eine mittelbare Verantwortung angetragen, da sie wesentlich zur theoretischen Fundierung der modernen Technik beigetragen haben. Ohne Naturwissenschaften gäbe es keine Ingenieurwissenschaften, so die gängige Argumentation, und damit müßten sich Naturwissenschaften auch die Folgen, die sich aus der Anwendung ihres Wissens ergäben, zurechnen lassen.[1] Aus der heute so engen Verschränkung von Naturwissenschaft und Technik entspringt nach verbreiteter Meinung für den Naturwissenschaftler die Pflicht, die Öffentlichkeit über die

---

[1] Natürlich sind die Beziehungen zwischen Naturwissenschaften und Technik nicht ganz so einfach. Zumindest drei Punkte sind zu bedenken. Zum einen ist den experimentellen Naturwissenschaften technische Rationalität inhärent, da die Reproduzierbarkeit von Experimenten für sie von fundamentaler methodologischer Bedeutung ist. Man kann also entgegen der landläufigen Ansicht von einem Primat der Technik vor den Experimentalwissenschaften sprechen, womit allerdings nicht gesagt ist, daß allein technische Verwendungszusammenhänge auch die Wahl von Forschungsstrategien bestimmen würden (vgl. R. Kötter, *Zum Verhältnis von technischer und naturwissenschaftlicher Rationalität*, Phil. Nat. 24 (1987), S. 216-234). Sodann wäre es ein Fehler, Naturwissenschaft mit Experimentalwissenschaft gleichzusetzen. Alle deskriptiven Naturwissenschaften (z.B. Geowissenschaften, Astronomie) kommen ohne Experiment aus, was auch kein methodologisches Defizit bedeutet. Und schließlich greifen nicht alle Ingenieurwissenschaften auf naturwissenschaftliche Ergebnisse zu ihrer theoretischen Stützung zurück (die Informatik z.B. hat mit Naturwissenschaften direkt überhaupt nichts zu tun).

für ihn absehbaren Folgen technischer Entwicklungen aufzuklären, um so einen verantwortungsvollen Einsatz von Technik zu ermöglichen. So weit zunächst zu einer Technik- und Wissenschaftskritik, die sich fest in den Bahnen der traditionellen Ethik und der Theorie technischer Rationalität bewegt.[1]

Daneben wird aber noch eine umfassendere Verantwortlichkeit angemahnt, die sich gar nicht mehr allein auf unsere Zwecke bezieht, sondern berücksichtigt, daß unser Handeln auch Auswirkungen auf nicht-menschliche Lebensgemeinschaften hat. Der entscheidende Gedanke ist dabei, daß uns die Welt heute weitgehend schutzlos ausgeliefert ist, daß es letztlich in unserer Macht steht, ob und in welcher Weise sich das Leben auf der Erde wird weiterentwickeln können. Aus diesem Vermögen entspringt, wie Hans Jonas meint,[2] die Verpflichtung, auf das Geschick des Lebens in allen seinen Erscheinungsformen zu achten. Selbst wenn wir wüßten, daß uns bestimmte technische Entwicklungen keinen Schaden bringen würden bzw. alle ihre für uns negativen Folgen technisch kompensiert werden könnten, die Fülle des Lebendigen, die die Erde im Verlauf ihrer Geschichte hervorgebracht hat, hätte „um ihrer selbst willen Anspruch auf unsere Hut".[3] Diese Ausdehnung des Verantwortungsbereiches wird unter das Motto gestellt: „Abwendung vom Anthropozentrismus und Hinwendung zum Physiozentrismus".[4]

Unter dem Postulat solch umfassender Verantwortung, die uns die Pflicht aufbürdet, Schaden nicht nur von uns, sondern von allen anderen Lebewesen, von der Natur insgesamt abzuwenden, wird den Naturwissenschaftlern vorgeworfen, sie hätten es versäumt, eine Vorstellung von der Natur zu entwickeln, die deren Zerstörung oder Plünderung verhindert oder erschwert hätte. Im naturwissenschaftlichen Verständnis geschieht ja alles, gleichgültig, ob durch den Menschen bewirkt oder nicht, nach den gleichen Naturgesetzen und so ist es im Rahmen der Naturwissenschaften gar nicht möglich, zwischen natürlichen und widernatürlichen Vorgängen zu unter-

---

1 Ganz auf dieser Argumentationslinie liegt etwa G. Picht, *Struktur und Verantwortung der Wissenschaft im 20. Jahrhundert*, (1966), in: ders., *Wahrheit , Vernunft, Verantwortung. Philosophische Studien*, Stuttgart: Klett 1969, S. 343-372.

2 H. Jonas, *Das Prinzip Verantwortung. Versuch einer Ethik für die technologische Zivilisation*, Frankfurt/M.: Insel 1979.

3 Ebd., S. 245.

4 Einer der bekanntesten Vertreter dieser Position, Klaus M. Meyer-Abich, führt dazu aus: „Das anthropozentrische Welt- und Menschenbild ist falsch. Denn wir Menschen sind nicht das Maß aller Dinge. Die Menschheit ist mit den Tieren und Pflanzen, mit Erde, Wasser, Luft und Feuer aus der Naturgeschichte hervorgegangen als eine unter Millionen Gattungen am Baum des Lebens insgesamt. Sie alle sind nicht nur *um* uns, sondern *mit* uns, nicht nur unsere Umwelt, sondern unsere *Mitwelt*" (K.M. Meyer-Abich, *Dreißig Thesen zur praktischen Naturphilosophie*, in: H. Lübbe/E. Ströker (Hrsg.), *Ökologische Probleme im kulturellen Wandel*, München/Paderborn: Fink/Schöningh 1986, S. 100f.) und einige Seiten weiter heißt es: „Die menschlichen Interessen sind gegen die der natürlichen Mitwelt abzuwägen. Dabei darf nicht einer der beiden Seiten grundsätzlich der Vorzug vor der anderen gegeben werden" (ebd., S. 104).

scheiden. Hieraus zieht Meyer-Abich pointiert den Schluß: „Zu wissen, was die Lebensgrundlagen zerstört, ist nicht wissenswert. Wissenswert ist ein Erhaltungswissen, kein Zerstörungswissen".[1] Bevor wir uns nun die Begründung für diese weitreichenden Forderungen kritisch ansehen, sollten wir aber zuerst versuchen, dem bislang in vagen belassenen Verantwortungsbegriff festere Konturen zu verleihen.[2]

Verantwortung

Der Verantwortungsbegriff hat zumindest im Deutschen eine doppelte Bedeutung und wird zum einen auf Handlungen, zum anderen auf Interessen bezogen. Im ersten Falle spricht man davon, daß jemand anderen gegenüber eine Handlung zu verantworten hat und meint damit, der Betreffende muß sich bestimmte Handlungsfolgen zurechnen und unter Umständen auch vorwerfen lassen. Der Begriff der Verantwortung fungiert hier gewissermaßen als das normative Gegenstück zum Begriff des Bewirkens und um ihn in diesem Sinne verwenden zu können, muß man unterstellen, daß der Verantwortungsträger Macht über sein Tun hatte, es also zumindest hätte unterlassen können und außerdem die relevanten Handlungsfolgen nicht nur von ihm kausal bewirkt, sondern auch für ihn vorhersehbar waren. Bloßes Verhalten und unvorhersehbare Widerfahrnisse hat man nicht zu verantworten.[3]

Spricht man dagegen davon, daß man jemanden gegenüber verantwortlich sei, seine Interessen oder die Interessen Dritter zu wahren, so verwendet man den Verantwortungsbegriff in seiner zweiten Bedeutungsvariante. Verantwortung in diesem Sinne bezieht sich auf ein Sorge- und Fürsorgeverhältnis, in dessen Rahmen nicht nur die Folgen von Handlungen, sondern auch von Unterlassungen thematisiert werden können und dies auch dann, wenn sie nicht dem Verantwortungsträger selbst sondern anderen Personen zuzurechnen sind, die ihm auf eine wohldefinierte Weise unterstellt oder beigeordnet sind.

In beiden Bedeutungen setzt die Rede von Verantwortung voraus, daß man sich auf ein Normensystem des Rechts oder der Moral beziehen kann, durch das Handlungsfolgen als relevant und Interessen als schutz- oder förderungswürdig ausgezeichnet werden. Ein derartiges Normensystem weist auch symmetrisch zur Ver-

1 K.M. Meyer-Abich, *Dreißig Thesen zur praktischen Naturphilosophie*, a.a.O., S. 105.

2 Vgl. H. Lenk, *Über Verantwortungsbegriffe und das Verantwortungsproblem in der Technik*, in: H. Lenk/G. Ropohl (Hrsg.), *Technik und Ethik*, Stuttgart: Reclam 1987, S. 112-148; ders., *Zwischen Wissenschaft und Ethik*, Frankfurt/M.: Suhrkamp 1992, insbes. Kap. 3.

3 In diesem Sinne verwendet z.B. M. Riedel den Verantwortungsbegriff, vgl. M. Riedel, *Freiheit und Verantwortung. Zwei Grundbegriffe der kommunikativen Ethik*, in: ders., *Für eine zweite Philosophie*, Frankfurt/M.: Suhrkamp 1988, S. 152-170, insbes. S. 166f.

antwortung Rechte zu, deren Verletzung den Verantwortungsträger zum Ersatz des Schadens oder zu besonderen Stellungnahmen (Entschuldigung, Distanzierung, Rücktritt) verpflichten. Wichtig ist dabei noch, daß nicht nur dort Verantwortlichkeit gegeben ist, wo Rechte und Interessen von ihren Trägern faktisch reklamiert bzw. artikuliert werden, im Gegenteil: Gerade gegenüber Personen, die nicht oder noch nicht in der Lage sind, eigene Interessen anzumelden oder Rechte einzufordern, ist Verantwortung besonders ernst zu nehmen. Dabei geht man allerdings davon aus, daß sich die Interessen der geschützten Personen in irgendeiner Weise antizipieren lassen und man anstelle von faktisch geäußerten sogenannte „wohlverstandene Interessen" setzen kann.

Im Lichte dieses kleinen Exkurses zum Verantwortungsbegriff wird nun das grundlegende Problem deutlich, das mit dem Postulat eines Eigenrechts der Natur auf Schutz und Schonung verbunden ist. Wer uns verantwortlich gegenüber der Natur machen will, muß nicht nur zeigen, daß wir Macht über die Natur haben, er muß auch die ethische Begründung für eine Einschränkung dieser Macht liefern; und dabei zeigt dann schon eine kurze Überlegung, daß die uns vertrauten Ethikentwürfe für die Bewältigung dieser Aufgabe nur bedingt geeignet sind.

Seit der Antike wird in ethischen Argumentationen die Fähigkeit des Menschen anerkannt, sich eigene Zwecke setzen und eigene Lebensvorstellungen bilden zu können. bei konsensethischen Konzeptionen wird die Sprach- und Planungsfähigkeit des Menschen unmittelbar in Anspruch genommen und bei den Ansätzen, in deren Rahmen dem einzelnen die Last der Antizipation fremden Bedürfens und Wollens auferlegt wird, müssen die anderen immer als der Lebensplanung fähig gedacht werden. Anerkennung wird dem vernünftigen Menschen gezollt, der kraft seiner Vernunft ebenfalls zur Anerkennung fähig ist. Derartige Anerkennungsleistungen können den nicht-menschlichen Lebewesen jedenfalls nicht unmittelbar entgegengebracht werden: Weder spricht die Natur mit uns, noch wissen wir aus anderer zuverlässiger Quelle etwas über ihre eigentliche Bestimmung.

Um hinsichtlich des Umgangs mit der Natur überhaupt an klassische ethische Traditionen anschließen zu können, muß man also akzeptierte Regeln aus dem Humanbereich im Wege der Analogie auf die Beziehung Mensch-Natur übertragen. Für eine solche analoge Normübertragung bieten sich insbesondere die Bereiche menschlicher Beziehungen an, die durch eine einseitige Aufteilung von Rechten und Pflichten charakterisiert werden können, also etwa die Beziehungen zwischen Eltern und Kind oder Arzt und Patient.

Wie schon gesagt haben wir hier prinzipiell keine Probleme, Verantwortung gegenüber Menschen zu akzeptieren, die nicht in der Lage sind, ihre Rechte und Belange geltend zu machen. Wir handeln dann unter Wahrung ihrer wohlverstandenen Interessen und diesen Umstand kann man zum Anlaß nehmen, per analogiam auch für die uns ausgelieferten Geschöpfe der Natur eine besondere Verantwortung zu postulieren. Hans Jonas ist diesen Weg gegangen und hat das Eltern-Kind-Verhältnis zum Muster dafür erhoben, wie wir uns der Natur gegenüber verhalten sollten.[1]

Die Tragweite solcher Analogiebetrachtungen ist allerdings recht beschränkt. Nicht nur, daß es an einem Analogon zu den wohlverstandenen Interessen fehlt, auch die Basis, auf der die Übertragung steht, ist recht schmal: Unsere Verwandtschaftsbeziehungen zu den nicht-menschlichen Lebensformen sind doch recht weitläufig und vor allem qualitativ von ganz anderer Art als die zwischen Eltern und Kindern. Denn schließlich ist die Elternschaft davon geprägt, aus zunächst hilflosen und allein nicht lebensfähigen Wesen allmählich selbständige Menschen zu machen, eine Aufgabe, für die es im Umgang mit der Natur kein Pendant gibt. Entsprechend schwach ist die verpflichtende Kraft der Analogie und man kann sich wohl auch weiterhin zu einer Verantwortung anderen Menschen gegenüber bekennen und gleichzeitig eine Verantwortung gegenüber anderen Lebewesen ablehnen, ohne sich in Widersprüche oder heillose praktische Inkonsequenzen zu verwickeln.

In der von der Antike heraufreichenden Tradition stellt sich die Ethik dar als Anleitung zum methodischen Argumentieren über moralische Fragen, welche letztlich im Kontext des menschlichen Strebens nach einem glücklichen, gelungenen Leben aufgeworfen werden. Mit „moralisch" wird dabei zum Ausdruck gebracht, daß „Glück" nicht gleichbedeutend ist mit effizienter Bedürfnisbefriedigung (und folglich Ethik sich auch nicht auf rationales Konfliktmanagement reduzieren läßt). Ein moralisches Problem ergibt sich vielmehr dann, wenn in den Horizont des eigenen Lebensvollzuges von Anfang an die Lebensentwürfe anderer einbezogen werden sollen. Diese Integrationsaufgabe hat ihre anthropologische Wurzel in einem Vermögen des Menschen, am Geschick anderer Anteil zu nehmen, mit ihnen Freude und Leid zu teilen, ohne daß mit dieser Zuneigung eine Begierde verbunden wäre.

Anthropologisch, d.h. zur Natur des Menschen gehörig, ist diese Haltung des interesselosen Wohlwollens insoweit, als man sie nicht erst im Anschluß an vernünftige Überlegungen einnimmt; sie begleitet vielmehr in selbstverständlicher Weise Denken und Handeln des Menschen. Nicht von der Natur diktiert sind allerdings die konkreten Ausprägungen dieser Haltung. Wir haben es hier nicht mit einem Instinkt zu tun, durch den in entsprechenden Situationen ein bestimmtes Verhalten ausgelöst wird, vielmehr handelt es sich um ein Vermögen, das sich im Rahmen

---

[1] H. Jonas, *Das Prinzip Verantwortung*, a.a.O., Abschn. III.

kulturspezifischer Traditionen zu Einstellungen und Handlungen verfestigt und dessen Kultivierung das Maß seiner Ausprägung bei den Individuen bestimmt.

Auf die Chancen und Grenzen, die der Ethik durch diese anthropologische Bestimmung gegeben sind, hat R. Spaemann eindringlich hingewiesen. Seine Position läßt sich vielleicht ganz knapp so zusammenfassen: Ethische Prinzipien sind nur insoweit als vernünftig begreifbar und damit verpflichtend, als sie sich mit einer natürlichen Sympathie des Menschen gegenüber anderen treffen.[1]

Die für unseren Zusammenhang entscheidende Pointe liegt nun darin, daß diese natürliche Sympathie nicht nur auf den Menschen fixiert ist, auch andere Lebewesen können uns zu Partnern werden, denen wir, unabhängig von ihrem Nutzen für uns, mit Wohlwollen und Mitleid begegnen. Aus der Reflexion auf diese Haltung wird die Frage nach den Grenzen eines instrumentellen, bloß zweckrationalen Umgangs mit dem Lebendigen geboren und wächst die Einsicht, daß ethische Argumentation zwar Vernunftfähigkeit voraussetzt, ihr Thema aber nicht auf die wechselseitige Anerkennung vernunftfähiger Wesen beschränkt bleiben muß. Konsequent formuliert Spaemann denn auch als sein Prinzip der praktischen Vernunft: „Handle so, daß du die Natur sowohl in deiner Person als auch in jedem anderen natürlichen Wesen niemals nur als Mittel, sondern immer zugleich auch als Zweck gebrauchst!“[2]

Wenn man diesen Gedanken etwas genauer nachgeht, wird man feststellen können, daß das interesselose Wohlwollen unterschiedliche Formen annimmt – je nachdem, welchem Geschöpf man sich zuwendet. So gilt unter Menschen eine wechselweise Anteilnahme am Geschick und an der Lebensführung anderer als durchaus normal, wobei der Kreis derer, die in dieses Interesse einbezogen sind, unterschiedlich weit gespannt sein kann. Wer diese Haltung überhaupt nicht kennt, gilt als asozial und die Erkenntnis, daß man sein eigenes Glück nicht in einer Welt finden kann, die beherrscht ist von Gewalt, Leid und Not, kann als Bedingung dafür gelten, daß eine Diskussion über ethische Prinzipien überhaupt in Gang kommen kann.

Eine solche Vorstellung von Glück im Kontext geplanter Lebensgestaltung können wir natürlich an die nicht-menschlichen Lebewesen nicht herantragen, hier bleibt unsere Anteilnahme zunächst auf ein Mitempfinden beschränkt. Solches Mitempfinden mit der Kreatur ist (fast) jedem Tierhalter geläufig und an der Figur des treuen Hirten wird seit alten Zeiten gezeigt, wie diese Haltung eine über rechtliche Bindungen hinausgreifende Verantwortung hervorruft. Auf dieser Basis wird uns

---

[1] R. Spaemann, *Das Natürliche und das Vernünftige*, in: O. Schwemmer (Hrsg.), *Über Natur. Philosophische Beiträge zum Naturverständnis*, Frankfurt/M.: Klostermann 1987, S. 149-164.

[2] Ebd., S. 163.

dann auch die Maxime „Quäle nie ein Tier zum Scherz, denn es fühlt wie du den Schmerz!" als vernünftig einleuchten.

Aber, um im Bild zu bleiben, was soll geschehen, wenn es ernst wird, wenn wir aus guten Gründen handeln und dabei unausweichlich in die Natur verändernd, verletzend oder zerstörend eingreifen müssen? Hier wird dann der unendlichen Vielfalt menschlicher Bedürfnisse und Interessen das unterstellte Interesse der Kreatur auf körperliche Unversehrtheit und qualfreies Leben gegenüberstehen. Und wenn auch die Ethik die dann fällige Güterabwägung nicht vorwegnehmen kann, nach den vorgetragenen Überlegungen ist klargestellt, daß auch nicht-menschliche Lebewesen in ihren Schutzbereich gehören und dies nicht nur im Hinblick auf ihre Nützlichkeit für den Menschen. Damit könnten aktuelle Diskussionen z.B. um gewerbliche Tierhaltung oder um Tierversuche eine neue Qualität erhalten, würde doch der Vorwurf irrationaler Gefühlsduselei gegenüber Tierschützern nicht mehr so einfach vorzubringen sein. Schließlich wird man die Naturwissenschaftler an den Stellen, an denen sie im Experiment mit Mensch und Tier umgehen, mit einer erhöhten Verantwortung belasten und fordern können, daß sie darauf achten, die Ausbildung in den jeweiligen Fächern nicht zu einer Schule der Verrohung verkommen zu lassen, nach deren Absolvierung der Wissenschaftler im Lebendigen nur noch das Material zur Forschung zu sehen vermag.

Die Besinnung auf die anthropologischen Fundamente ethischer Argumentation läßt aber auch ihre begrenzte Reichweite deutlich erkennen. Sympathie kann man immer nur dem lebendigen Geschöpf entgegenbringen, es ist die Entfaltung oder Unterdrückung seiner Lebendigkeit, die uns anrührt und so kann eine Ethik, die auf dieser Haltung aufbaut, auch nur die Betroffenheit des Lebens in seinen aktual existierenden Formen thematisieren. Das Problem liegt nun aber darin, daß wir durch Eingriffe, die zunächst die aktualen Bestände an Tieren und Pflanzen nur in zumutbarer Weise beeinträchtigen, langfristig ganze Lebensräume so verändern, daß sich diese Lebewesen nicht mehr in gewohnter Weise fortpflanzen können und sie abwandern oder gar aussterben. Diese schleichenden Prozesse, deren komplexe Kausalität sich so schwer aufklären läßt, sind es, die unsere tiefe Betroffenheit auslösen und letztlich mehr zu verlangen scheinen, als eine bloße Verantwortung gegenüber der Kreatur auf Entfaltung ihrer Existenz. Hier geht es um die Erhaltung der Vielfalt der Arten und um die Frage nach dem Träger eines derartigen Interesses. Dies scheint Hans Jonas ansprechen zu wollen, wenn er schreibt: „Nach dem Zeugnis des Lebens (das zu verleugnen wir, seine selbstsichtig gewordenen Sprößlinge, die letzten sein sollten) sagen wir also, daß Zweck überhaupt in der Natur beheimatet sei. Und noch mehr und etwas Inhaltliches können wir sagen: Daß mit der Hervorbringung des Lebens die Natur wenigstens *einen* bestimmten Zweck kundgibt, eben das Leben selbst".[1] Und diesen Zweck gilt es dann zu respektieren.

Aber diese Formulierung zeigt nur, daß wir uns die Mannigfaltigkeit der Lebensformen in der Natur unter einem Zweck denken können, daß wir also, wie Kant gesagt hat, die Einheitlichkeit der Natur durch eine regulative Idee herstellen können. Die einheitsstiftende Leistung solcher regulativer Ideen ist im Bereich unserer Erkenntnis von unschätzbarer Wichtigkeit, ich werde darauf zurückkommen, festzuhalten ist aber dennoch: Die Natur als Idee begegnet uns nicht wirklich, sie rührt uns nicht an und wir können uns nicht in ein natürliches Verhältnis zu ihr setzen. Die Natur, gedacht als eine moralische Instanz, welche sich zum Zweck gesetzt hat, sich in einem unaufhörlichen Schöpfungsprozeß zu verströmen, hat keine von unserem Denken unabhängige, sinnlich erfahrbare Existenz. Und wenn manche meinen, daß das lebendige Geschöpf immer als Ausdruck einer teleologisch verfaßten Natur zu erfassen sei, dann ernten sie im Grunde genommen nur die Ergebnisse einer vorgängigen gedanklichen Investition.

An dieser Stelle haben wir die Grenzen der ethischen Argumentation erreicht. Denn nur durch den Kraftakt einer metaphysischen Setzung können wir unsere Ideen, unsere geistigen Geschöpfe also, den lebendigen Geschöpfen, die uns umgeben, gleichstellen. Der Nachvollzug dieses Aktes kann dann zwar predigend eingefordert, aber nicht mehr argumentativ vermittelt werden. Dies bedeutet natürlich auch, daß sich eine Verantwortung vor der teleologisch verfaßten Natur nicht begründen läßt, weder im allgemeinen noch im besonderen für die Naturwissenschaftler.

Als Zwischenergebnis können wir also festhalten, daß eine unmittelbare Einbeziehung von nicht-menschlichen Lebewesen in den Argumentationsbereich der Ethik zwar möglich ist, allerdings nicht in dem umfassenden Maße, wie dies häufig erwartet wird. Gerechtfertigt kann zunächst nur eine „Moral der Leidminimierung", und auch diese schützt im wesentlichen nur höher entwickelte Tierarten. Fragen eines generellen Artenschutzes lassen sich dagegen im Rahmen der geläufigen Ethikansätze nicht thematisieren. Um hier dennoch zur Begründung einer umfassenderen Verantwortlichkeit zu gelangen, müssen wir einen neuen Anlauf nehmen und einen anderen Ausgangspunkt erwählen: Stand im ersten Teil die Reflexion auf die Bedeutung des Verantwortungsbegriffs im Mittelpunkt der Überlegungen, so wollen wir uns jetzt auf den Naturbegriff konzentrieren.

---

[1] H. Jonas, *Das Prinzip Verantwortung*, a.a.O., S. 142f.

Natur

Wenn wir den Naturvorstellungen nachspüren, die uns im alltäglichen Leben begleiten, so muß der Versuch, einen einheitlichen Naturbegriff rekonstruieren zu wollen, bald als hoffnungslos zum Scheitern verurteilt erscheinen. Zu unterschiedlich sind die Kontexte, in denen wir von „Natur" sprechen. Wir kennen die Natur um uns, in unserer Außenwelt also, in die wir eingreifen und die Bedingung unseres Lebens ist; wir kennen aber auch eine Natur in uns, die Welt unserer Bedürfnisse und Gefühle und schließlich kennen wir die Natur an uns, d.h. unsere physische Verfassung, durch die die Natur in uns mit unserer Außenwelt auf komplizierter Weise verknüpft ist.

Glücklicherweise brauchen wir für unsere Zwecke keinen scharfen Naturbegriff, der alle Verwendungsweisen abdecken würde. Es genügt, wenn wir uns über einige Intentionen verständigen, die hinter dem Gebrauch des Wortes „Natur" stehen. Diese Aufgabe läßt sich zunächst ganz gut über die Bildung begrifflicher Gegensatzpaare angehen. So können wir zunächst einmal feststellen, daß wir in unserer Außenwelt das als „Natur" ausgrenzen, was nicht von uns, so wie es ist, hergestellt worden ist. Das heißt wir setzen hier Technik und Natur gegenüber. Und in ähnlicher Weise setzen wir mit Blick auf unsere Innenwelt Natur und Verstand gegenüber: Die Natur in uns ist das, was sich nur unvollständig den Anstrengungen des Verstandes beugt, sich jedenfalls nicht instrumentalisieren läßt. In beiden Fällen wird Natur als Restkategorie verstanden, als das, was nicht-technisch bewirkt oder nicht durch den Verstand erzeugt ist.

Bleiben wir für einen Moment einmal bei der Natur unserer Außenwelt und versuchen wir, dieser Restkategorie etwas schärfere Konturen zu verleihen. Wir können dabei auf eine Formel zurückgreifen, die seit der Antike geläufig ist und etwa lautet: Natur ist das, was wir nicht hervorgebracht haben und was sich nach eigenen Gesetzen unabhängig von uns entwickelt. Hier wird neben der Abgrenzung von der Technik auf ein wesentliches Moment hingewiesen: Mit Natur verbindet sich bei uns immer auch die Vorstellung von zeitlicher Veränderung, wobei mit dem Wort „Entwicklung" schon eine besondere Form dieser Dynamik gemeint ist. In der Natur, so wie wir sie erfahren, werden nie irgendwelche Ausgangszustände durch eine Kette von Veränderungen identisch in sich zurückgeführt. Unsere Erfahrungswelt, die beherrscht ist von der Auseinandersetzung mit dem Lebendigen, vermittelt uns das Bild einer irreversibel fortschreitenden Natur; Lebensprozesse sind immer zeitlich gerichtet, sie kennen keine geschlossenen Zyklen und Schleifen. Wo könnte man dies deutlicher spüren als am Fortgang des eigenen Lebenslaufes? Denn man mag ja tun, was man will, die feierliche Begehung des eigenen Geburtstages wird nur dann „the same procedure as every year" sein, wenn man eben davon absieht, daß man wieder ein Jahr älter geworden ist.

Ebensowenig bringt der Ablauf der Jahreszeiten die Natur in je gleiche Zustände zurück. Die uns vertrauten Bilder von Blüte und Reife, Frucht und winterlicher Starre wiederholen sich zwar, sie zeigen sich aber nie am gleichen Gegenstand in gleicher Weise. Deshalb ist auch die Metapher vom „Kreislauf der Natur", die wir so gerne im Zusammenhang mit natürlichen Entwicklungen verwenden, nicht so ganz treffend. Denn Werden und Vergehen berühren sich nicht, und in der Dynamik der Natur erleben wir eigentlich nicht die Wiederkehr des Gleichen, sondern bestenfalls des Ähnlichen.

Wie schon gesagt, diese Entwicklungen verlaufen nun nicht als technische Prozesse unter der Kontrolle des Menschen. Wenn wir also aus der Mannigfaltigkeit unserer Außenwelt mit der Kraft unserer sprachlichen Unterscheidungen einzelne Entwicklungsabläufe herauslösen, so heißt dies nicht, daß wir sie auch in Anfang, Ablauf und Ende beherrschend festlegen würden. Wir können uns solchen Entwicklungen zunächst passiv stellen, sie also wahrnehmen und dann, je nachdem, was sie für uns bedeuten, suchen oder meiden. Dank unserer technischen Fähigkeiten können wir aber auch solche Entwicklungen unterbrechen oder beeinflussen. Dies heißt, daß wir zu den natürlichen Bedingungen, unter denen die Entwicklungen ablaufen, weitere, jetzt künstliche hinzufügen. Damit allein wird ein natürlicher Ablauf nicht durch einen technischen ersetzt, Natur findet weiterhin statt, allerdings auf eine durch den Menschen beeinflußte Weise.

Wir können also unterscheiden, ob natürliche Entwicklungen ablaufen unter Bedingungen, die wir Menschen gesetzt haben oder unter solchen, die allein die Naturgeschichte selbst vorgegeben hat. Im letzten Falle sprechen wir von der „unberührten" oder „ursprünglichen" Natur. Allein durch die Naturgeschichte der Erde bedingt sind heute Vorgänge, von denen wir nur gelegentlich durch mehr oder weniger furchtbare Katastrophen Kenntnis erhalten, nämlich die Bewegungen in der Erdkruste, Erdbeben, Vulkanausbrüche, die Verschiebung tektonischer Platten – dies sind Vorgänge, die vom Menschen in keiner Weise beeinflußt werden.

Ansonsten haben wir Schwierigkeiten, unberührte Natur auf unserem Planeten aufzuspüren, da die von uns eingesetzte Technik heute globale Wirkungen zeigt. So haben wir in relativ kurzer Zeit die Zusammensetzung unserer Atmosphäre so stark verändert, daß sich die Spuren unseres Handelns über die ganze Welt verbreitet haben und ein Wandel des Erdklimas als Folge unseres Handelns als wahrscheinlich anzunehmen ist. Unberührte Natur gibt es eigentlich heute auf der Erde nicht mehr, wir stoßen überall auf vom Menschen geformte oder überformte Natur und deshalb sind die Entwicklungen, die wir prima facie als natürlich ansprechen wollen, weil sie jedenfalls nicht technischer Art sind, bei näherem Hinsehen auch nur partiell natürlich, weil durch unser Handeln absichtlich oder unabsichtlich beeinflußt.[1]

Die zivilisierte oder kultivierte Natur ist natürlich kein Ergebnis jüngster Vergangenheit. Weite Teile der Erde sind seit urdenklichen Zeiten dem menschlichen Handeln ausgesetzt, etwa der Mittelmeerraum, Mitteleuropa oder Teile Asiens. Und läßt sich etwa für die Umgebung des Nord- oder Südpols noch relativ einfach der Zustand der Unberührtheit rekonstruieren, für die alten Kulturzonen ist dies äußerst schwierig, fast unmöglich. Mit dem Gedanken, daß wir in einer schon seit langer Zeit durch den Menschen geprägten Welt leben, können sich viele nur recht schwer vertraut mache, was zu praktischen Ungereimtheiten führen muß. Was meint man z.B. damit, daß man einen Bachlauf „renaturiert"? Soll er in den Zustand versetzt werden, den er besaß, bevor kleinbürgerliche Ordnungsvorstellungen ihren wasserwirtschaftlichen Ausdruck angenommen hatten? Oder soll er in einen Zustand zurückgebildet werden, der vermutlich gegeben war, bevor die Gegend, durch die er fließt, vom Menschen besiedelt worden ist?

Nehmen wir noch ein anderes Beispiel: Wenn heute durch landwirtschaftliche oder straßenbauliche Maßnahmen Standorte seltener Pflanzen gefährdet sind und sich Blumenfreunde daran machen, vom Untergang bedrohten Bestände auszugraben und zu verpflanzen, dann handeln sie sich nicht nur Schwierigkeiten mit Behörden ein, sondern auch mit manchen Botanikern und Naturschützern, die eher bereit sind, den Untergang einer Art zu beklagen als eine Verfälschung der Flora – und damit der „Natur" – hinzunehmen. Die Sache wird dann besonders pikant, wenn man – wie beispielsweise bei vielen heimischen Orchideenarten – darauf verweisen kann, daß es diese Pflanzen ohne die Schaffung geeigneter Biotope durch den Menschen (Magerrasen, Schafweiden, Weinberge) bei uns überhaupt nicht gegeben hätte, das heißt die Naturgeschichte hat ihr Vorkommen bei uns nicht vorgesehen.

Um also überhaupt Freiraum für Vorgänge zu schaffen, die als ursprünglich natürlich angesprochen werden können, wird gelegentlich Natur im Gegensatz zu planvollem Handeln schlechthin gesetzt: Natur ist dann alles, was sich gegen unseren Willen oder zumindest unabhängig von diesem Willen durchsetzt. Wenn also jemand in Verfolgung landwirtschaftlicher Zwecke ein Stück Boden so bearbeitet, daß vom Winde angewehte Samen aufgehen können, dann war nach dieser Auffas-

---

1 Daß im Zuge dieser Entwicklung die Unterscheidung Natur-Kultur (Technik) immer schwieriger wird, hat G. Böhme herausgearbeitet, vgl. G. Böhme, *Natürlich Natur. Über Natur im Zeitalter ihrer technischen Reproduzierbarkeit*, 2. Aufl., Frankfurt/M.: Suhrkamp 1992.

sung Natur am Werke. Hat jemand den Boden in gleicher Weise, aber mit der Absicht bearbeitet, bestimmten Wildpflanzen eine Möglichkeit zum Anwachsen zu geben und wartet er nicht ab, bis der Wind seine Arbeit getan hat, sondern bringt selbst den Samen aus, dann müssen die angewachsenen Pflanzen unter Umständen als Florenverfälschungen gewertet werden. Diese Beispiele machen wohl deutlich, in welch schwer auflösbare Aporien man sich verstrickt, wenn man nicht sieht oder nicht sehen möchte, daß unsere Welt durch und durch vom Menschen geprägt ist.

Auf der anderen Seite macht uns das Wissen um die menschliche Prägung unserer Umwelt nicht unempfindlich für Unterscheidungen. Wer einen Ausflug hinaus in die Natur machen möchte, der sucht sich normalerweise kein Maisfeld zum Ziele, obwohl ja auch hier natürliche Vorgänge ablaufen, denn schließlich wird der Mais nicht hochgezogen, sondern er wächst heran. Dies geschieht zwar unter Bedingungen, die der Mensch gesetzt hat, aber darin unterscheidet sich das Maisfeld nicht von einem reizvollen Mischwald. Daß wir letzterem als Ausflugsziel den Vorzug geben würden, liegt daran, daß wir mit Natur immer auch eine Vorstellung von reizvoller Vielfalt verbinden. Unter dieser Vorstellung werden dann Fichtenmonokulturen, Mais- oder Zuckerrübenfelder in Kontrast gesetzt zur Wacholderheide, zu Auenwäldern und Heckenlandschaften, zu Landschaftsformen also, die als artenreich und damit als natürlich oder naturnah gelten, obwohl sie genaugenommen für unsere geographischen und klimatischen Verhältnisse sicher nicht in jedem Fall natürlich im ursprünglichen Sinne sind. Denn die Landschaft unserer Umgebung war vor der intensiven Besiedlung vermutlich wesentlich eintöniger als wir das heute wahrhaben wollen und vielleicht würden uns die endlosen Buchenwälder früherer Zeiten so unnatürlich erscheinen, wie eine schlecht gepflegte Monokultur heutiger Tage.

Das bedeutet aber, daß für die Einschätzung unserer Umwelt als mehr oder weniger natürlich nicht nur die Frage entscheidend ist, wie stark Zustände unter dem Eingriff des Menschen verändert worden sind, sondern auch, welch vielfältiges Bild sich uns bietet. Und wenn man uns nach einem Paradigma für eine naturnahe Landschaft fragen würde, viele würden doch eher das Leinleiter- oder Püttlachtal in der Fränkischen Schweiz nennen als etwa die Wüste Kalahari oder die Arktis, obwohl die letzteren Gebiete sicher unberührter sind.[1] So ist also in unser alltägliches Naturverständnis auch eine normative Erwartung mit eingewoben. Wir erleben Natur

---

[1] Aber auch diese Landschaften bieten bei näherem und vor allem längerem Hinsehen und Hinhören eine Vielfalt von Eindrücken: Unterschiedlichste geometrische Formen im Spiel von Licht und Schatten; monochrome Flächen, die alle Abstufungen ihrer Grundfarbe aufweisen; Geräusche, die in einer Welt der vollkommenen Stille zum Erlebnis werden.

nicht nur passiv, sondern wir suchen in der Natur nach Reichtum und Vielfalt von Formen und Entwicklungen.

Diese Erwartungen haben nun ihren Ursprung offensichtlich in uns selbst. Und so wollen wir jetzt den Vorstellungen von der Natur unserer Innenwelt etwas näher nachgehen. Ich habe schon darauf hingewiesen, daß unsere innere Natur zunächst nur über eine Abgrenzung zu den Leistungen des Verstandes bestimmt wird. Wir können uns nicht durch einen wohlbegründeten Beschluß dazu bringen, Hunger oder Durst zu verspüren, Liebe oder Ehrfurcht zu empfinden. Bedürfnisse und Gefühle werden in uns ausgelöst, nicht willentlich hervorgerufen, bestenfalls kann uns der Verstand daran hindern, ein Verlangen unmittelbar oder in einer bestimmten Weise zu befriedigen bzw. einem Gefühl öffentlichen Ausdruck zu verleihen.

Durch unsere Bedürfnisse und Gefühle sind wir mit unserer Umwelt verbunden und sie bilden eine notwendige Bedingung für die Einbettung unserer Wahrnehmungen in eine Bedeutungsstruktur. In dem kleinen Aufsatz „Der Versuch als Vermittler von Objekt und Subjekt“ hat Goethe dies einmal kurz und treffend ausgedrückt: „Sobald der Mensch die Gegenstände um sich her gewahr wird, betrachtet er sie in bezug auf sich selbst, und mit Recht. Denn es hängt sein ganzes Schicksal davon ab, ob sie ihm gefallen oder mißfallen, ob sie ihn anziehen oder abstoßen, ob sie ihm nutzen oder schaden“.[1]

Allerdings darf man aus dem Umstand, daß Bedürfnisse und Gefühle sich von Natur aus einstellen, nicht darauf schließen, daß sie auch in hinreichender Weise eine bedürfnisbezogene und damit natürliche Gliederung der Welt induzieren würden. Denn die Formen, in denen wir Bedürfnisse befriedigen bzw. Gefühlen Ausdruck verleihen, sind von der Natur nur schwach vorgeprägt. Wir müssen nicht auf bestimmte reizvermittelte Zustände unserer Innenwelt genetisch fixiert reagieren, vielmehr sind Bedürfnisse hinsichtlich des Gegenstands des Begehrens reichlich unbestimmt, und wir lernen sie nur im Zusammenhang mit der ihnen zukommenden kulturellen Form ihrer Befriedigung kennen. Zu der Rede von den „natürlichen Bedürfnissen“ kommen wir überhaupt nur durch eine Abstraktion, in der unter bestimmten Aspekten die Invarianten kulturgeprägter Weisen der Bedürfnisbefriedigung festgehalten werden.

Weil die Natur keine klare Antwort auf die Frage liefert, wie wir denn unsere Bedürfnisse angemessen zu befriedigen haben, macht es Sinn, zwischen dem, was wir gerade begehren und dem, was wir bedürfen im Sinne von „zum Leben brauchen“ zu unterscheiden und diese Unterscheidung im Bereich der Ethik anzusiedeln. In

---

1 J.W.v. Goethe, *Werke* (Hamburger Ausgabe), 9. Aufl., Bd. XIII, München: Beck 1982, S. 10.

ihrem Kontext versucht man dann seit der Antike, Bedürfnisbefriedigung nicht auf das Ausleben spontan aufsteigender Regungen zu reduzieren, sondern ihr Maß zu bestimmen als Beitrag zu einem guten und erfüllten Leben.[1]

Die Gestaltung unseres Lebens zum guten Leben setzt eine umfassende Bildung unserer Anlagen und Fähigkeiten voraus, denn kultivierte Bedürfnisbefriedigung erfordert ein hohes Maß an Differenzierungsvermögen und so gilt es, nicht nur unseren Verstand zu schärfen, sondern insbesondere unsere Sinne und Emotionen sensibel und empfindsam zu machen. Jeder, der sich z.B. etwas mit Musik, mit bildender Kunst oder mit Naturbeobachtung beschäftigt hat, weiß, daß es ein langer und anstrengender Prozeß ist, Gehör, Sehkraft, Geruchs- und Tastsinn so zu entwickeln, daß man sich den von außen an uns herangetragenen Eindrücken in souveräner Weise stellen kann. Allein durch die Arbeit an unseren Sinnen können wir den Umfang der Menge von Alternativen erweitern, auf der wir unsere bedürfnisbezogenen Präferenzen bestimmen.

Ähnliches gilt für unsere Emotionen: Wer nicht Situationen ausgesetzt war, in denen seine Gefühle in unterschiedlicher Weise und Tiefe angesprochen wurden, und wer nicht bereit ist, sich immer wieder solchen Situationen auszusetzen, der wird nicht lernen können, Gefühle in Haltungen umzusetzen und ihnen einen verständlichen Ausdruck zu verleihen. Mehr noch, er wird auch nicht in der Lage sein, seinen Mitmenschen mit Aufmerksamkeit und Verständnis zu begegnen, denn wir können letztlich nur das verstehen, was wir selbst erfahren haben. In diesem Sinne setzt auch das interesselose Wohlwollen, von dem wir eingangs gesprochen haben, voraus, daß wir unsere eigene Natur durch die Arbeit an ihr kennengelernt haben.

In Überschätzung dessen, was der Verstand zu leisten vermag, wird häufig versucht, die Bildung unserer Sinnes- und Gefühlswelt sekundär, also durch Lektüre, Fernsehen und andere Medien zu erreichen. Man lernt auf diesem Weg aber nur, über Dinge geläufig zu reden, die man nicht wirklich kennt und die fremd bleiben. Wer Wolfram Siebecks gastrosophische Kolumnen aus dem *ZEIT*-Magazin auswendig gelernt hat, mag gesellschaftlichen Erfolg haben, er darf aber nicht hoffen, dadurch seine Zunge beeindruckt und ihr zu höherer Sensibilität verholfen zu haben. Erfahrungen lassen sich hinsichtlich ihrer sinnlichen Qualität nicht substituieren. Medien, soweit sie nur berichten, was andere erfahren haben, mögen bei der Schulung unserer Vorstellungskraft eine unterstützende Rolle spielen, sie können uns aber nicht die umfassende Herausforderung der Sinne vermitteln, die zu deren Bildung erforderlich ist.

---

[1] Vgl. hierzu W. Kamlah, *Philosophische Anthropologie. Sprachkritische Grundlegung und Ethik*, Mannheim: Bibliographisches Institut 1972, Teil I, § 6 „Begehren und Bedürfen“.

Damit sind wir wieder bei dem Interesse an Vielfalt angelangt. Denn unsere Sinne und Emotionen können sich nur in Auseinandersetzung mit einer Vielfalt von Eindrücken entwickeln, wodurch dann das, was in uns potentiell angelegt ist, zur Wirklichkeit wird. Diese Vielfalt der Eindrücke kann aber nicht technisch vermittelt werden, denn alles, was wir technisch erzeugen, ist in Funktion und Verwendung festgelegt und damit durchschaubar. Haben wir ein Artefakt als technisch erkannt, so besetzt es unser Verstand mit seinen Strukturen. Einmal betrachtet, liefert uns schon unser Wissen eine anschauliche Vorstellung von seinen Funktionszuständen. Damit wird die Anspannung zur Aufmerksamkeit erlahmen, denn was wir durchschaut haben, berührt uns letztlich nicht mehr. Wenn wir einen Wald nur als forstwirtschaftliche Einheit und einen Menschen nur als Rollenträger betrachten, fordern wir uns keine sinnliche oder emotionale Differenzierung mehr ab. Deshalb birgt eine fortschreitende Technisierung, durch die alle Lebewesen und Dinge nur noch auf Funktionen festgelegt werden, die Gefahr einer schleichenden Sinnentleerung des Lebens, wird es doch dann immer schwerer, den Reichtum der inneren Natur des Menschen zur Entfaltung zu bringen.

Allein in der Natur unserer Umwelt und in der Kunst treffen wir auf ein nichtzweckrationales Gegenüber, welches nicht nur unseren Verstand fordert. Das Unvorhersehbare, Überraschende, das mit der Vielfalt des Lebendigen verbunden ist, fordert auch die Natur im Menschen; und durch den irreversiblen Fortgang der äußeren Natur, durch den Zustände bestenfalls in ähnliche überführt werden, wird unsere Aufnahmefähigkeit erweitert und unsere Sensibilität geschärft. So wird die Entwicklung unserer inneren Natur auch durch den Wandel der uns umgebenden Natur geprägt und im Wechselspiel dieser Dynamik werden uns Landschaften, Menschen und andere Lebewesen in immer neuem Lichte erscheinen und zu immer neuen Metaphern werden, wohingegen technisches Gerät technisches Gerät bleibt.[1] Wenn wir uns also der Vielfalt der sinnlichen und emotionalen Reize berauben, dann verstoßen wir nicht gegen eine Auflage, die eine gedachte Natur uns aufgegeben hat, sondern wir verzichten darauf, unsere Anlagen und Fähigkeiten umfassend bilden zu wollen.

Wir haben gesehen, daß die Natur so, wie wir sie erfahren, durch den Menschen geprägt, absichtlich oder unabsichtlich sein Werk ist. Unter der Annahme eines Interesses an der umfassenden Bildung unserer inneren Natur als Bedingung für eine gelungene Lebensführung läßt sich im Rahmen traditioneller Ethikvorstellungen

---

[1] Die Spuren, die dieser hermeneutische Zugang zur Natur in der jüngeren Philosophie hinterlassen hat, wurden von M. Riedel in seinen Studien: *Ästhetik und Hermeneutik der Natur. Zur Stellung des Naturschönen bei Dilthey und dem jungen Lukács*; sowie: *Naturhermeneutik und Ethik im Denken Heideggers*, beides in: M. Riedel, *Hören auf die Sprache*, Frankfurt/M.: Suhrkamp 1990, S. 179-229 bzw. 230-258, herausgearbeitet.

deshalb eine wechselseitige Verantwortung der Menschen untereinander postulieren auf Bewahrung und Schaffung einer Umwelt, die so vielfältig und reich an Entwicklungen und Formen ist, wie wir es uns nur denken können.

Natürlich gibt es kein Argument, das irgend jemand zwingen könnte, sich selbst umfassend zu bilden. Andererseits kann aber auch niemand aus dem freiwilligen Verzicht auf die Entfaltung des in ihm liegenden Potentials Ansprüche auf einen besonderen Umgang mit der Natur erheben, so daß diese Position für unsere Fragestellung nicht unmittelbar relevant ist. Ein ethisch höchst relevantes Problem liegt jedoch dort vor, wo Menschen durch politische, ökonomische oder soziale Umstände gezwungen werden, sich mit ihrer animalischen Existenz zu begnügen. Sie aus ihrem Elend herauszuführen bedeutet nicht nur, sie in eine bessere Versorgungslage zu versetzen, sondern auch, ihnen Chancen zu geben, etwas aus ihrem Leben zu machen. Und bei der politischen Umsetzung dieses Gedankens muß man dann in dem oben skizzierten Umfang auf die Bedeutung der natürlichen Umwelt für diese Menschen zu sprechen kommen. Hier wird deutlich: Wer die Natur dann retten will, muß sich zunächst um die Menschen kümmern.

Wir sind also verantwortlich für das Geschick unserer Umwelt, aber wir sind es uns gegenüber, wenn man so will, unserer Natur gegenüber.[1] Die Sehnsucht nach einer reichen und gegliederten Welt wird letztlich nur in einem konsequenten Anthropozentrismus ihre Erfüllung finden können. Wer den Physiozentrismus fordert und bei Anthropozentrismus nur an ein habsüchtiges, egoistisches Individuum Hobbes'scher Prägung denken kann, der sieht, so meine ich, die Chancen der menschlichen Natur nicht mehr,[2] für ihn ist der Mensch verkümmert zu einem Zellverband, dessen natürliches Ende es durch gesunde Lebensweise lediglich hinauszuzögern gilt. Und er kann dieser trostlosen Perspektive nur dadurch etwas abgewinnen, indem er sie metaphysisch verbrämt und sich selbst zum Soldaten im Dienste der evolutionär-fortschreitenden Natur stilisiert.[3] Damit haben wir nun ein

---

1 Um es auf den Punkt zu bringen: Wenn wir ein Feuchtbiotop trockenlegen und damit die Lebenswelt des Laubfrosches zerstören, dann haben wir nicht zu fragen: was gewinnen wir, was verliert der Laubfrosch, sondern: Gewinnen wir noch etwas, wenn uns der Laubfrosch verloren geht.

2 Gegen die Gleichsetzung von Anthropozentrismus und Egoismus wendet sich auch L. Schäfer in seinem Aufsatz: *Selbstbestimmung und Naturverhältnis des Menschen*, in: O. Schwemmer (Hrsg.), *Über Natur*, a.a.O., S. 15-35, insbes. S. 25ff. Für einen anthropozentrischen Ansatz in der sog. „ökologischen Ethik" plädieren auch D. Birnbacher, *Sind wir für die Natur verantwortlich?* in: ders. (Hrsg.), *Ökologie und Ethik*, Stuttgart: Reclam 1980, S. 103-139 und H. Hastedt, *Zur Kritik der ökologischen Neuen Ethik und ihres Identitätsmodells von Aufklärung und Technik*, in: ders., *Aufklärung und Technik. Grundprobleme einer Ethik der Technik*, Frankfurt/M.: Suhrkamp 1991, S. 151-178.

3 Besonders alternative Biologen stellen sich gerne in den Dienst der Evolution, vgl. z.B. G. Altner, *Die große Kollision*, Graz: Styra 1987, insbes. S. 124.

sehr allgemeines Ergebnis erzielt, das nun abschließend mit Blick auf die Naturwissenschaften konkretisiert werden soll.

Wissenschaft

Die Vielfalt der Natur, von der so viel die Rede war, kann nicht allein dadurch gewahrt werden, daß wir bestimmte Handlungen unterlassen, etwa mit dem Verbrennen fossiler Brennstoffe und dem Abholzen der Regenwälder aufhören oder das Skifahren einstellen. Sicherlich könnte man durch ein Bündel derartiger Unterlassungen Inseln auf unserem Planeten schaffen, die sich unter unserem Einfluß langsamer ändern würden als andere Gebiete. Aber eine solche defensive Strategie kann im Rahmen des vorgestellten Konzepts nicht das eigentliche Ziel sein. Es gilt nicht nur lokale Reste vielfältiger Natur zu konservieren, sondern global ein hohes Maß an Vielfalt zu schaffen. Dazu müssen wir gestaltend in die Umwelt eingreifen. Wenn wir heute z.B. brachfallendes Ackerland sich selbst überlassen, dann dürfen wir nicht hoffen, daß die Natur von sich aus unser Interesse an Vielfalt befriedigen wird; es mag vielmehr sein, daß sich unter den heutigen Bedingungen ein Zustand einstellen wird, der genauso eintönig ist wie der jetzigen. Auf der anderen Seite wollen wir ja nicht die Welt in einen Landschaftsgarten umwandeln, der sich, wie jeder Garten, im Zustand eines labilen Gleichgewichts befindet und des ständigen Eingriffs des Menschen bedarf.

Wir benötigen deshalb ein Wissen, das uns aufklärt über die Bedingungen, unter denen sich eine lebendige Gemeinschaft, wie wir sie uns vorstellen, selbständig und stabil entwickeln kann. So könnte man dann die Schaffung und Unterhaltung dieser Bedingungen in ein praktisches Programm umsetzen. Dieses Wissen wäre kein bloßes Verfügungswissen, da es sich nicht zur Verwirklichung beliebiger technischer Zwecke einsetzen ließe. Wir wüßten vielmehr, was zu tun wäre, um Tiere und Pflanzen in unserer Umwelt zu halten und den Charakter von Landschaften zu bewahren und zwar unabhängig vom Verwertungsgesichtspunkt. Kenntnisse dieser Art würden es uns ermöglichen, eine neue Orientierung aufzubauen: Wir könnten die äußere Natur dann als so von uns geprägt begreifen, daß sie durch ihre Entwicklung wiederum in einem positiven Sinn auf unsere innere Natur prägend wirken kann.

Die Bemühung um ein derartiges Wissen kann man nun den Naturwissenschaften – und hier natürlich vor allem den Bio- und Geowissenschaften – in gerechtfertigter Weise abverlangen. Denn die Wissenschaften sind immer gesellschaftliche Veranstaltungen und sie benötigen für ihre Anerkennung einen gesellschaftlichen Konsens hinsichtlich ihrer Aufgabenstellung. Dieser Konsens wird sich nur herstellen lassen, wenn sie zu erkennen geben, daß sie zur Bewältigung von Verfügungs- und Orientierungsproblemen der Gesellschaft beizutragen bereit sind. So ergibt sich für die Naturwissenschaftler eine unmittelbare Verantwortlichkeit in zweierlei Hinsicht: zum einen gegenüber dem Lebendigen dort, wo sie mit ihm als Forschungsobjekt umgehen, zum anderen uns gegenüber für die Bereitstellung eines Wissens, durch das wir in die Lage versetzt werden, unserem Interesse an Vielfalt in der Natur Rechnung zu tragen.

Man kann eine derartige Verantwortlichkeit übrigens auch nicht mit Berufung auf die Freiheit der Wissenschaft ablehnen, denn dazu müßte man dieses Grundrecht erst in ein individuelles Recht auf Freistellung von moralischen Ansprüchen umdeuten. „Freiheit der Wissenschaften" bedeutet zunächst nur, daß in den Wissenschaften die Forschungsprogramme und Forschungsstrategien gesichert vor externen Eingriffen und Vorgaben selbst bestimmt werden können, wobei der Realisierung dieser Autonomie allerdings klare Grenzen gesetzt sind: Zum einen dürfen die in der Forschung eingesetzten Mittel nicht die moralisch gesicherten Positionen von Betroffenen verletzen, zum anderen müssen sich die Programme den disziplinstiftenden Fragestellungen fügen. Da nun für die Formulierung des grundlegenden Forschungsauftrags einer Wissenschaft (Forschungsdirektive[1]) selbst noch keine fachwissenschaftliche Kompetenz in Anspruch genommen werden kann,[2] wäre es dogmatisch, den Kreis der Diskursteilnehmer allein auf wissenschaftlich qualifizierte Personen beschränken zu wollen. Angenommen, die Naturwissenschaftler würden eine solche Verantwortung akzeptieren – was müßte sich dann im Wissenschaftsbetrieb ändern? Nun, sicherlich sind keine radikalen Umwälzungen erforderlich. Die

---

1 Forschungsdirektiven konkretisieren ein allgemeines Erkenntnisinteresse derart, daß dadurch Kriterien deutlich werden, nach denen sich Forschungsprogramme entwickeln lassen, welche festlegen, was als erklärungsbedürftig bzw. beschreibungswürdig gilt, vgl. R. Kötter, *Vereinheitlichung und Reduktion. Zum Erklärungsproblem der Physik*, in: P. Janich (Hrsg.), *Entwicklungen der methodischen Philosophie*, Frankfurt/M.: Suhrkamp 1992, S. 91-112. Als Beispiel für eine auch noch die Naturwissenschaften unserer Tage prägende Forschungsdirektive sei der Reduktionismus in Gestalt des naiven Physikalismus erwähnt: Durch die Forderung, jede naturwissenschaftliche Theorie müsse sich letztlich in physikalischer Sprache ausdrücken lassen, bekommt ein allgemeines Interesse an einer einheitlichen Weltsicht einen so scharfen Ausdruck, daß sich unter dieser Perspektive Forschungsprogramme in Chemie, Biologie (insbesondere Molekularbiologie) etc. entwerfen lassen. Wir werden hierauf zurückkommen.

2 So ist z.B. die Aufgabenstellung der Biologie kein Thema, das sich mit Methoden und Verfahren der Biologie erfolgreich angehen ließe; was andererseits nicht heißt, daß man dazu überhaupt kein materiales Wissen bräuchte. Z.B. sollte man unbedingt etwas über die Entwicklungsgeschichte herrschender Forschungsdirektiven und -programme wissen. Aber gerade auf diesem Gebiet sind Fachwissenschaftler in der Regel schlecht ausgebildet.

angesprochene Verantwortlichkeit impliziert keine Forderung nach einer ganz neuen, ganz anderen Wissenschaft, wohl aber nach einigen neuen Akzentsetzungen.

Ich habe ja schon angedeutet, daß die Geo- und Biowissenschaften Schwierigkeiten haben, einen Naturbegriff zu entwickeln, der die durchgängige Prägung unserer Welt durch den Menschen reflektieren würde. Während man z.B. in der Kulturgeographie „Natur" nur als Epiphänomen behandelt, bemüht man sich zwar in der physischen Geographie, zwischen kultur- und naturbedingten Erscheinungsformen auf der Erdoberfläche zu unterscheiden, jedoch werden diese Unterscheidungen meist ad hoc getroffen und lassen keinen systematischen Gedanken erkennen. Ähnlich scheinen mir die Dinge in der botanischen und zoologischen Feldforschung zu liegen. Die Naturwissenschaftler, soweit sie sich überhaupt mit der äußeren Natur beschäftigen, beschränken sich meist darauf, Veränderungen zu registrieren und sind bislang nur zögernd bereit, diese Veränderungen auch zu bewerten. Es wäre deshalb sicherlich wichtig, Indikatoren zu entwickeln, die das Interesse an einem vielfältigen Erscheinungsbild der Natur widerspiegeln würden. Ich denke, auch ohne weiter in Details zu gehen, zeichnet es sich ab, daß nach unseren Überlegungen gerade der Feldforschung erhöhte Bedeutung zukommt; entsprechend müßte die um sich greifende institutionelle Verdrängung der Feldforschung zugunsten der Laborforschung neu bewertet und eine diesen Prozeß fördernde Wissenschaftspolitik gründlich überdacht werden.

Wenn wir genauer auf den argumentativen Hintergrund sehen, vor dem sich der gerade angesprochene institutionelle Wandel in den Geo- und Biowissenschaften vollzieht, dann werden wir dort neben allerlei Nützlichkeitserwägungen die schon erwähnte reduktionistische Forschungsdirektive als den eigentlichen Motor der Entwicklung ausmachen können: Ins Wesen der Erscheinungen dringt man durch Aufklärung der sie tragenden chemisch-physikalischen Vorgänge – und dies läßt sich eben nur im Rahmen einer experimentell verfahrenden Laborforschung durchführen. Wie ich nun abschließend zeigen möchte, führt die ontologische Umdeutung dieser Forschungsdirektive zu einer Wissenschaftspraxis, welche tatsächlich ernste Verantwortungskonflikte erzeugt.

Schon die Physik als erste der modernen Naturwissenschaften ist wesentlich durch eine reduktionistische Forschungsdirektive geprägt worden, die sich bei Galilei, wenn auch an wenig prominenter Stelle,[1] findet: Jede Beschreibung sinnlich wahrnehmbarer Phänomene muß in eine äquivalente Beschreibung umgeformt werden, in der nur noch von Bewegungsabläufen die Rede ist – ein Gedanke, der

[1] G. Galilei, *The Assayer (Il Saggiatore)*, in: *The Controversy on the Comets of 1618* (ed. and transl. by St. Drake/C.D. O'Malley), Philadelphia: Univ. Penn. Press 1960, S. 308ff.

sich aufdrängte, weil man mechanische Bewegungsabläufe sowohl technisch beherrschen, als auch begrifflich erschöpfend darstellen konnte. Diese Direktive war fraglos in technischer und methodologischer Hinsicht sehr erfolgreich. Und der Erfolg verführte zu einer philosophischen Spekulation: Aus dem Umstand, daß sich prägnante Vorgänge in der Welt mit den Mitteln der Mechanik beschreiben lassen, schloß man, daß die Welt nichts anderes als ein Mechanismus sein könne. Das ist der Grundgedanke der mechanistischen Weltauffassung, welche das 18. und 19. Jahrhundert beherrscht hat.[1]

Die reduktionistische Forschungsdirektive der Biologie ist nun etwas komplizierter angelegt. Zu dem eigentlich reduktionistischen Erklärungsauftrag gesellt sich vorgängig noch eine heuristische Komponente: Zuerst müssen Lebensphänomene (Organismen, Organe, Zellen etc.) funktional im technischen Sinne gedeutet werden, also als Elemente in einem durch eine Zielfunktion und einschränkende Bedingungen definierten System;[2] im Anschluß daran können die zur Funktionserfüllung erforderlichen Prozesse in ihren Ablauf kausal erklärt werden (diese Aufgabe obliegt Physik und Chemie). In diesem Sinne wird z.B. das Geschehen in einer Zelle als Produktionsprozeß aufgefaßt, der durch ein Programm gesteuert wird, wobei die einzelnen Programmbefehle durch geeignete Informationsträger an die Produktionsstätten herangetragen und dort in Herstellungsanweisungen übersetzt werden müssen. Eine derartige Darstellung folgt einem funktionalen Erklärungsschema: Alles was in der Zelle geschieht, erhält seinen Sinn dadurch, daß die Zelle als kleine, vollautomatische chemische Fabrik gedeutet wird.

Diese Darstellung des Zellgeschehens in der Sprache der modernen Technik ist mehr als bloße Didaktik. Sie hat nicht die Aufgabe, komplizierte Vorgänge durch griffige Bilder an Laien zu vermitteln. Auch in den anspruchsvollsten Arbeiten für Molekularbiologie wird diese Sprache verwendet. Der Grund dafür liegt darin, daß sich nur an ein solches Verständnis eine reduktionistische Forschungdirektive anschließen läßt, welche konkret formuliert lautet: Suche zu den in der Sprache der Technik formulierten Leistungen lebender Systeme die materiellen Träger und beschreibe die Leistungen als durch diese Träger bewirkt.

---

[1] Vgl. zu Einzelheiten auch U. Hoyer, *Das Forschungsprogramm der klassischen Physik*, in: R. Inhetveen/R. Kötter (Hrsg.), *Forschung nach Programm?*, München: Fink 1994, S. 43-61.

[2] Dies entspricht dem kantischen Gedanken, daß man die lebendige Natur teleologisch deuten müsse. Um hier irreführende Konnotationen zu vermeiden, spreche ich anstelle von „Teleologie" von „Funktion": eine funktionale Erklärung gibt an, welche Aufgabe (Funktion) ein Apparat oder Organismus zu erfüllen hat, vgl. im übrigen R. Kötter, *Kausalität, Teleologie und Evolution: Methodologische Grundprobleme der modernen Biologie*, Philosophia Naturalis 21 (1984), S. 3-31; K. Kornwachs, *Naturverstehen und Systemverstehen*, in: G. Bien/Th. Gill/J. Wilke (Hrsg.), *„Natur" im Umbruch. Zur Diskussion des Naturbegriffs in Philosophie, Naturwissenschaft und Kunsttheorie*, Stuttgart: Fromann-Holzboog 1994, S. 63-78.

Im Geiste dieser Direktive ist die moderne Molekularbiologie vorgegangen und hat ihre Forschungsstrategien entwickelt: Wenn also z.B. das Programm zur Proteinsynthese in der DNS steckt und die Produktion in den Ribosomen stattfindet, dann muß es Verbindungen geben, die sich an die DNS angliedern, ihre chemische Struktur aufnehmen und an die Ribosomen weitergeben können. Aufgrund solcher Formulierungen lassen sich dann Hypothesen schmieden, wie diese Verbindung beschaffen sein könnte. So kann man Experimente planen und durchführen und schrittweise die Chemie der Zelle enträtseln.[1]

Wie weit trägt nun der reduktionistische Ansatz? Kann man davon sprechen, daß erst mit der Aufklärung der das Leben begleitenden physikalischen und chemischen Prozesse das Leben „erklärt“ sei? B.-O. Küppers z.B. behauptet: „Das reduktionistische Forschungsprogramm impliziert, daß jeder Lebenserscheinung ein (solcher) Bedingungskomplex zugrunde liegt und daß dieser für das Auftreten der betreffenden Lebenserscheinung notwendig und hinreichend ist“.[2] Danach wäre selbst die funktionale Orientierung in der Natur immer nur vorläufiger Art. Wir brauchen sie, bis die reduktionistische Direktive in die Tat umgesetzt worden ist, danach könnte man die Funktionalität vergessen, weil die dann gewonnenen Kausalerklärungen den funktionalen Erklärungen zumindest äquivalent sind.

Diese Auffassung ist jedoch nicht richtig, und zwar deshalb, weil die Physik (und ihr folgend die Chemie) keine Begrifflichkeit kennt, durch die sich einzelne physikalische Vorgänge über den theoretischen Rahmen hinaus, in dem sie beschrieben sind, zu neuen Entitäten zusammenfassen lassen. Ich kann mit physikalischen Theorien jeden Vorgang in einer Maschine beschreiben, ich kann allerdings aus diesen Beschreibungen nicht den Begriff der Maschine ableiten. Das heißt also, um von einer Maschine sprechen zu können, ist es notwendig, daß ihre Funktionsweisen physikalisch beschrieben werden können, diese Beschreibungen sind aber für eine Definition der Maschine gerade nicht hinreichend.[3]

---

[1] Zur Geschichte dieses Forschungsprogramms vgl. R. Hohlfeld, *Ein Abschluß des Forschungsprogramms der experimentellen Biologie: Bioengineering*, in: R. Inhetveen/R. Kötter (Hrsg.), *Forschung nach Programm?*, München: Fink 1994, S. 113-128.

[2] B.-O. Küppers, *Einleitung* zu: ders. (Hrsg.), *Leben = Physik + Chemie?*, München: Hanser 1987, S. 18.

[3] Das kann man sich an einem einfachen Beispiel klarmachen. Wenn eine Uhr nicht richtig geht, dann verletzt sie eine Gerätefunktionsnorm. Man kann aber nicht sagen, daß sie dadurch ein Naturgesetz nicht richtig erfüllt; die Physik allein kann nicht zwischen „guten“ und „schlechten“ Uhren diskriminieren, vgl. hierzu R. Kötter, *Zum Verhältnis von technischer und naturwissenschaftlicher Rationalität*, Philosophia Naturalis 24 (1987), S. 216-234; H. Penzlin, *Der Reduktionismus und das Lebensproblem*, in: W. Maier/Th. Zoglauer (Hrsg.), *Technomorphe Organismuskonzepte. Modellübertragungen zwischen Biologie und Technik*, Stuttgart: Fromann-Holzboog 1994, S. 47-66.

Ähnlich liegen die Dinge im Bereich des Lebendigen. Was „Leben" heißt, wird in einer Sprache festgelegt, die Begriffe enthält, welche auf Physik und Chemie nicht reduziert werden können. Erst die funktionale Erklärung von Lebensphänomenen ermöglicht es, sinnvolle Fragen an Physik und Chemie zu stellen und deren Auskünfte dann als Antworten zu verstehen.[1] Aus diesen Überlegungen folgt nicht, daß mit dem Leben eine besondere ontologische Komponente verbunden sei, daß also das Leben „in Wirklichkeit" mehr sei, als bloß Physik und Chemie, z.B. ein vernetztes System. Unbestreitbar kommt dem Zusammenspiel von funktionalen und kausalen Erklärungsschemata eine fundamentale Bedeutung für unser Leben und Überleben zu. Denn um in die Natur erfolgreich eingreifen zu können, muß man sie sich quasi als technisches System vorstellen, das in seiner Dynamik nach Kausalgesetzen organisiert ist. Problematisch wird dieses Verständnis nur dann, wenn sein heuristischer Anspruch in einen ontologischen umschlägt: Weil man mit dieser Vorstellung so erfolgreich arbeiten kann, schließt man darauf, daß die Natur auch nichts anderes sei als ein kausales, Gesetzen gehorchendes technisches System, und weil sie nur ein derartiges System ist, kann man letztlich auch nur technisch mit ihr umgehen.

Damit haben wir einen ganz empfindlichen Punkt erreicht. Durch diese Umdeutung heuristischer Forschungsdirektiven in ontologische Aussagen wird nämlich die Sphäre der Wissenschaft verlassen und die der praktischen Orientierungen betreten. Im Namen der Wissenschaft werden dabei Naturvorstellungen, die zu anderen als Verwertungsinteressen gehören, als oberflächlich, defizitär oder irrational denunziert. Durch die populäre Vermarktung des ontologischen Reduktionismus wächst unter dem Schutzmäntelchen der Wissenschaftlichkeit eine Ideologie heran, die es gerade Menschen, denen an einer vernünftigen Orientierung ihres Handelns liegt, schwer macht, sich einem Plädoyer für die Bewahrung und Schaffung einer vielfältigen Natur aufzuschließen.

Schluß

Abschließend bleibt nur, das Zwischenfazit zu bekräftigen: Es gibt keine Verantwortlichkeit gegenüber der Natur, wohl aber sind wir uns selbst gegenüber verantwortlich für einen sorgsamen Umgang mit der Natur. Für den Naturwissenschaftler konkretisiert sich diese allgemeine Verantwortlichkeit zum einen dadurch, daß er

[1] Dies scheint Küppers gelegentlich auch so zu sehen, vgl. *Einleitung*, a.a.O., S. 12f. Umso unverständlicher ist es, daß er dann doch wieder von notwendigen und hinreichenden chemisch-physikalischen Bedingungen des Lebens spricht, vgl. das Zitat zu Anm. 2 der vorhergehenden Seite.

im Rahmen seines Faches zur Klärung der Frage beiträgt, wie im einzelnen der sorgsame Umgang mit der Natur auszusehen hat, zum anderen indem er sorgsam darauf achtet, daß er die Grenzen des Aufklärungsauftrags der Wissenschaft nicht durch die Verkündung von Ideologien überschreitet.

Überlegungen zum Wesen des Handelns bei Hegel

von Francesca Menegoni (Padua)

1. Das Subjekt der Handlung

Im Denken Hegels kehren viele Wörter wieder, die den Bereich des Handelns und allgemeiner des Tätig-Seins betreffen.[1] Bei diesen Ausdrücken kann man eine grundlegende Unterscheidung erkennen, auch wenn man keine starken Schematisierungen in einen Stoff einführen will, der sich strengen Klassifizierungen entzieht. Es handelt sich nämlich um die Unterscheidung zwischen dem Begriff von »Tätigkeit«, im weiteren Sinn als Herbeiführung einer Wirkung, und dem Begriff vom »Handeln«, der spezifisch dem Menschen eigen ist.[2] Während alle Handlungen Äußerungen einer Tätigkeit sind, sind nicht alle Tätigkeiten Handlungen; wegen ihrer Eigenschaften grenzt die Handlung vielmehr den Menschen von allen anderen Wesen ab: deswegen definiert Hegel das Subjekt als „die Reihe seiner Handlungen".[3]

Die Bestimmung des Wesens der Handlung, als Ausdruck der Subjektivität begriffen, die den eigenen Willen zu verwirklichen versucht, kann nicht davon absehen, die Eigenschaften des handelnden Subjekts zu erfassen. Diese hängen zunächst mit seinen biologischen, physiologischen und emotionalen Merkmalen zusammen. Damit soll freilich nicht behauptet werden, daß die menschlich bezeichnete Handlung als eine notwendige Folge von der Definition dieser Merkmale abgeleitet werden kann,

---

1 Vorläufer und wichtiger Vertreter der Bestimmung des Begriffs der Handlung im Kontext des Hegelschen Denkens ist M. Riedel. Hier möchte ich insbesondere seinen Band *Theorie und Praxis im Denken Hegels. Interpretationen zu den Grundstellungen der neuzeitlichen Subjektivität*, Stuttgart 1965, Frankfurt/M., Berlin, Wien [2]1976, erwähnen, der eine anthropologisch-phänomenologische Grundlegung des Verhältnisses von Theorie und Praxis intendiert.

2 Diese Herbeiführung kann sowohl auf dem Niveau der bloßen Naturereignisse stattfinden, wenn es zum Beispiel ein physikalisches Ereignis oder eine chemische Reaktion zu erklären gilt, als auch die materiellen oder geistigen Erzeugnisse eines Handelnden betreffen. Zur Entwicklung dieser Themen sei es mir gestattet, auf mein Buch *Soggetto e struttura dell'agire in Hegel*, Trento 1993, zu verweisen, von dem ich in diesem Beitrag einige Ergebnisse zusammenfasse.

3 G. W. F. Hegel, *Grundlinien der Philosophie des Rechts oder Naturrecht und Staatswissenschaft im Grundrisse*, Auf der Grundlage der Werke von 1832-1845 neu edierte Ausgabe, Redaktion E. Moldenhauer u. K. M. Michel, Frankfurt/M. 1986 (im Folgenden als *Werke* zitiert), Bd. 7, § 124, S. 233.

d.h. jene Handlung, die nicht schon w a s der Mensch ist, expliziert, sondern w e r er, als handelndes Subjekt, ist.[1] Die Analyse der physischen und psychischen Merkmale des handelnden Subjekts bildet nur eine Vorbedingung, um zur Definition der ontologischen Struktur der Handlung zu gelangen, aber nicht die Grundlage dieser.

Ein bedeutender Beitrag zur Erkenntnis dieser Merkmale wird von der enzyklopädischen Thematisierung der Psychologie geliefert. Sie erkennt nämlich in der Intelligenz und im Willen die Bestandteile der menschlichen Kreativität, noch ehe diese sich mit wirklichen Bedürfnissen und objektiv festgesetzten Situationen auseinandersetzt. Was in dieser Darlegung im Hinblick auf eine Bestimmung der Eigenschaften des handelnden Subjekts wichtig ist, ist die von Hegel aufgestellte Komplementarität von Intelligenz und Willen. Intelligenz und Wille sind nämlich nicht als passiv, bzw. als aktiv voneinander zu unterscheiden,[2] denn die jeweiligen Wesenszüge können umgekehrt werden. Hat die Intelligenz mit einer Welt zu tun, die ihr gegeben ist und bezüglich derer sie anfänglich rezeptiv ist, so hat sie aber auch mit Bildern, Erinnerungen, Gedanken zu tun, die sie von sich selbst ableitet und erzeugt und die Ausdruck ihrer Spontaneität sind. Auch der Wille hat auf seine Weise mit einer Gegebenheit zu tun, weil er sich Ziele vornimmt, die als etwas für sich Seiendes gegenüber seinen inneren Bestimmungen existieren.[3] „Die Unterscheidung der I n t e l l i g e n z von dem W i l l e n", bemerkt Hegel, „hat oft den unrichtigen Sinn, daß beide als eine fixe, voneinander getrennte Existenz genommen werden, so daß das Wollen ohne Intelligenz oder die Tätigkeit der Intelligenz willenlos sein könne";[4] und in der ersten Ausgabe der *Enzyklopädie* fährt er auf folgende Weise fort: „So wird sich als die

---

1 Die Unterscheidung zwischen dem W e r (*quis*) des Menschen und dem W a s (*quid*) des vom Menschen andersartigen Wesens, die schon bei Riccardo di San Vittore (*Trin.*, 4, 6) vorhanden ist, kehrt bei M. Heidegger wieder (*Sein und Zeit*, § 9) und ist im Sommerkurs von 1927, *Die Grundprobleme der Phänomenologie* (hrsg. v. F.-W. von Herrmann, Frankfurt/M. 1975, S. 169), weitgehend entwickelt: „Sachheit, realitas oder quidditas, ist dasjenige, was auf die Frage antwortet: *quid* est res, w a s ist die Sache? Schon die rohe Betrachtung zeigt: Das Seiende, das wir selbst sind, das Dasein, kann als solches mit der Frage, w a s ist das?, überhaupt nicht b e f r a g t werden. Zu diesem Seienden gewinnen wir nur Zugang, wenn wir fragen: w e r ist es? Das Dasein ist nicht durch die Washeit, sondern – wenn wir den Ausdruck bilden dürfen – durch die W e r h e i t konstituiert. Die Antwort gibt nicht eine Sache, sondern ein Ich, Du, Wir." Die Unterscheidung wird dann von H.G. Gadamer wieder aufgenommen, der in *Wahrheit und Methode. Grundzüge einer philosophischen Hermeneutik*, Tübingen [3]1972, S. 296, schreibt: „Die menschliche Gesittung ist von der Natur dadurch wesentlich unterschieden, daß sich in ihr nicht einfach Fähigkeiten oder Kräfte auswirken, sondern daß der Mensch erst durch das, was er tut und wie er sich verhält, zu einem solchen wird, der so geworden, d. h. aber: so seiend sich in bestimmter Weise verhält."

2 Vgl. G. W. F. Hegel, *Enzyklopädie der philosophischen Wissenschaften im Grundrisse (1830)*, in: *Werke*, a.a.O., Bd. 10, § 444, S. 238.

3 Vgl. ebenda, § 443 Z., S. 237.

4 Ebenda, § 445 An., S. 241.

Wahrheit der Intelligenz der Willen oder vielmehr sie wird ihn selbst als ihre Wahrheit zeigen".[1]

Intelligenz und Wille sind also als sich gegenseitig bedingende Wahrheiten anzusehen, da beide Ausdruck des Selbstbestimmungsprinzips sind.[2] Die Spontaneität der Intelligenz zeigt sich in der Fähigkeit, von sich aus Bilder, Erinnerungen, Gedanken zu erzeugen, und vorher noch im Phänomen der Aufmerksamkeit. Obwohl sie in den theoretischen Bereich gehört, ist die Aufmerksamkeit auch ein praktisches Geschehen, die Folge eines Willensaktes und einer Entscheidung, welche die Konzentration der reflexiven Fähigkeiten auf ein bestimmtes Objekt gebieten, bei Ausschluß anderer Objekte oder Interessen. Einbildungskraft und Gedächtnis haben ihrerseits die Fähigkeit, willentlich auf einen physisch nicht anwesenden Inhalt aufmerksam zu machen oder willkürlich einer Vorstellung im symbolischen Prozeß und im Zeichenprozeß eine Bedeutung zuzuschreiben. Hinsichtlich der Beweggründe des Willens kann man schwerlich die Tatsache außer Acht lassen, daß diese es an und für sich nicht zulassen, das Verhalten des Menschen von jenem instinktiven der Tiere zu unterscheiden. Um sich nicht in bloßer Befriedigung, sondern in Taten und Handlungen zu verwirklichen, müssen sich die Beweggründe den Weisungen der Intelligenz unterwerfen, d. h. einer Rationalität, die in ihrer Immanenz im menschlichen Tun die zwei unterschiedlichen Modalitäten der instrumentellen Erwägung oder der von egoistischen und begrenzten Zwecken freien Rationalität annimmt.[3]

Die in der Psychologie durchgeführte Analyse von Intelligenz und Willen endet mit der Erkenntnis der Unfähigkeit beider, sich vollkommen zu realisieren, wenn sie nur voneinander getrennt berücksichtigt werden. An und für sich betrachtet endet die Intelligenz nämlich in der Erzeugung der Sprache, während der Wille nicht

---

[1] G. W. F. Hegel, *Enzyklopädie der philosophischen Wissenschaften im Grundrisse*, Heidelberg 1817, § 368 Anm.

[2] Auf diesen Aspekt hat A. Peperzak in *Selbsterkenntnis des Absoluten. Grundlinien der Hegelschen Philosophie des Geistes*, Stuttgart-Bad Cannstatt 1987, S. 45 ff., verwiesen.

[3] Diese Unterscheidung zwischen einer den Trieben dienlichen Vernünftigkeit, die sich in den Modalitäten der Verwendbarkeit, der Zweckdienlichkeit und der Manipulation äußert, und jener Intelligenz, die das Wesen jeder Sache respektvoll betrachtet, kann man schon in der Aristotelischen Definition (Aristoteles, *Eth. Nic.*, VI, 2, 1139 b 4-5) vom Fällen einer Entscheidung als „ein vom Streben gesteuerter Verstandesakt (*ὄρεξις διανοητική*) oder ein vom Denken gesteuertes Streben (*ὀρεκτικὸς νοῦς*)" ahnen. Im ersten Fall, der meiner Meinung nach dem Hegelschen Begriff vom „reflektierende[n] Wille[n]" entspricht (vgl. *Grundlinien der Philosophie des Rechts*, a. a. O., § 21 Anm., S. 72), der in sich den sinnlichen Moment des Strebens und des Triebes mit dem der Reflexion vereint, wird das überwiegende Element von den Begierden dargestellt, auf deren Befriedigung ein vom Streben gesteuerter Verstand zielt; im zweiten Fall hat dagegen eine Intelligenz den Vorrang, die man nicht auf eine zweckdienliche Berechnung beschränken kann, da sie – obwohl mit dem Streben zusammenhängend – im Stande ist, sich jenseits der Verfolgung egoistischer und willkürlicher Zwecke im verstandesmäßigen Erkennen und in der Achtung allgemeiner Werte zu erheben.

über die Willkür und das Streben nach jener Genußvollkommenheit hinausgeht, die in einem allerdings undefinierbaren Glück besteht. Aber Wort und Genuß sind noch nicht „Tat und Handlung".[1]

Trotzdem erweist sich diese Analyse als grundlegend für eine Definition des Wesens der Handlung, da sie ihre möglichen Elemente aufzeigt: einerseits die Öffnung der Intelligenz zur Welt durch die Phänomene der Empfindung, der Aufmerksamkeit, der Erinnerung, des bezeichnenden Gedächtnisses und des Urteils, andererseits die Übertragung der inneren Triebe, wie des Gefühls, der Leidenschaft und der Willkür, in die äußere Objektivität. Wir erfahren so, daß die Handlung ihre Grundlage im Gefühl des Angenehmen und des Unangenehmen hat und daß sie von einer Gesamtheit von Beweggründen (Triebe, Neigungen, Leidenschaften) bestimmt wird, in denen sich das Interesse des Subjekts für das, was zu tun ist, zeigt. Hier steht nicht der rechtliche oder moralische Wert der Handlung in Frage: Was von ihr angegeben wird, ist nur die Beschreibung ihrer abstrakt betrachteten Bestandteile im Hinblick auf das Begehren oder den Intellekt. Ihre Einheit, als Einheit des theoretischen und des praktischen Geistes, ist schon der freie Geist, d. h. freie Intelligenz und freier Wille, die sich in der Objektivität des rechtlichen, moralischen und politischen Handelns entfalten.

Die Betrachtung der Bestandteile, aus deren Einheit sich die Handlung ergibt, offenbart so die innere Komplexität, die sie kennzeichnet, und zwar nicht nur, weil jeder von ihnen, wenn er sich selbst überlassen ist, vor der Handlungsschwelle stehenbleibt, sondern auch und vor allem, weil jeder sich als schicksalhaft für den anderen erweist. Ein langer Weg führt die Intelligenz zum Wollen und den Willen dazu, seiner selbst bewußt zu werden: Intelligenz und Wille umfassen sich also gegenseitig, und zwar als jeweils eigenes immanentes Schicksal. Nur die Erkenntnis dieses Andersseins bildet die Voraussetzung dafür, daß jeder von ihnen sich seines Wesens und gleichzeitig seiner unaufhebbaren Einheit mit dem anderen bewußt wird. Einheit und Differenz kennzeichnen also von Anfang an die Synthese der Bestandteile, die das menschliche Handeln bestimmen. Andererseits ist jedoch diese Wechselwirkung und Einheit von Intelligenz und Willen weit davon entfernt, etwas Erwartetes zu sein; sie ist vielmehr das Ergebnis eines Vergleichs und oft einer Auseinandersetzung zwischen den beiden Bestandteilen. Die Wechselwirkung von Intelligenz und Willen darf folglich nicht im weiteren Sinn als einfache Komplementarität oder einfaches Zusammentreffen der einen mit dem anderen verstanden werden. Sie ist nämlich von Hegel im engeren Sinn als Unzertrennlichkeit vorgesehen, eine

1 *Enzyklopädie der philosophischen Wissenschaften*, a. a. O., § 444, S. 238.

Unzertrennlichkeit, die sich darin zeigt, daß eine die Wahrheit des anderen und umgekehrt ist. Im Licht dieses gegenseitigen Sichbewahrheitens sollte man all jene Ausdrücke lesen, die im Hegelschen Denken ein Überwiegen der Intelligenz gegenüber dem Willen, bzw. des Willens gegenüber der Intelligenz nahelegen.[1]

Wenn nämlich in der Wechselwirkung von Denken und Willen das Denken die Substanz des Willens bilden soll, und diese nur als denkende Intelligenz wirklich frei ist, erhält diese Behauptung ihre korrekte Interpretation nur insofern man folgendes berücksichtigt: Wenn Hegel an den eben angedeuteten Stellen allgemein von »Gedanke« spricht, will er sich sicher nicht auf die Äußerungen des subjektiven, formellen oder abstrakten, Denkens beziehen, sondern auf das konkrete und allgemeine, subjektive und objektive Denken, das in sich die Widersprüche zu verstehen und zu überwinden vermag, die mit jeder begrenzten und partiellen Perspektive zusammenhängen. Er definiert nämlich als „Tätigkeit des D e n k e n s"[2] den Prozeß der Erhebung zum Allgemeinen. Aber dieser Prozeß ist sowohl Denken als auch Wille, da er sich sowohl unter dem Gesichtspunkt der Selbstwahrnehmung des Bewußtseins als auch unter dem der Selbstverwirklichung des Willens erfüllt.

Der Wille verhält sich also nicht als reflektierender Wille, sondern als freie Intelligenz und denkendes Wollen nur dann, wenn er von der Gesamtheit der besonderen Interessen und Zwecke abstrahiert, und sich einen allgemeinen Inhalt gibt. Nach Hegel ist jener Wille frei, der nicht in etwas anderem als sich endet oder sich äußert, sondern sich selbst als Gegenstand hat und allgemein ist, da er sich über die Besonderheit der Willkür hinaus erhoben hat. Die Realisierung einer Praxis, die nicht bei besonderen Zwecken anhält, sondern allgemein und vollkommen ist, hat dieselbe Struktur wie die höchste Theorie, die als Gegenstand, Inhalt und Zweck sich selbst hat. Deswegen behauptet Hegel, daß die wahre Freiheit und die wahre Sittlichkeit darin bestehen, „daß der Wille nicht subjektive[n], d.i. eigensüchtige[n], sondern allgemeinen Inhalt zu seinen Zwecken hat"; und er kann folgerichtig hinzufügen, daß dieser Inhalt „nur im Denken und durchs Denken" ist und daß es absurd ist, „aus der Sittlichkeit, Religiosität, Rechtlichkeit usf. das Denken ausschließen zu wollen".[3]

---

1 Dies ist zum Beispiel im Zusatz des den theoretischen Geist abschließenden Paragraphs der Fall, in dem folgendes zu lesen ist: „In Wahrheit aber ist [...] d a s D e n k e n d a s s i c h s e l b s t z u m W i l l e n B e s t i m m e n d e und bleibt das erstere die Substanz des letzteren, so daß ohne Denken kein Wille sein kann und auch der ungebildetste Mensch nur insofern Wille ist, als er gedacht hat, das Tier dagegen, weil es nicht denkt, auch keinen Willen zu haben vermag" (*Enzyklopädie der philosophischen Wissenschaften*,a. a. O., § 468 Z., S. 288). In dieselbe Richtung geht die Anmerkung zum § 21 der *Grundlinien der Philosophie des Rechts*, in der Hegel schreibt, daß der Wille frei und wahrhaft und als solcher, nur als „d e n k e n d e Intelligenz", Grundlage des Rechts, der Moralität und der Sittlichkeit sei.

2 Ebenda.

3 *Enzyklopädie der philosophischen Wissenschaften*, a. a. O., § 469 Anm., S. 288-289.

Wahrhafte Intelligenz ist also nur die wollende, so wie freier Wille nur der denkende ist. Alle jenseits dieser Einheit bestehenden Äußerungen verdienen weder Intelligenz, noch Willen genannt zu werden. Nachdem Hegel das Ergebnis dieser Einheit in die Definition der Merkmale des freien Geistes aufgenommen hat, verzichtet er nie mehr darauf. Von diesem Zeitpunkt an ist das Denken denkendes Wollen und der Wille wollende Intelligenz, und es hat keinen Sinn, von einem Vorrang des einen oder des anderen zu sprechen. Denn jedesmal, wenn das Denken nicht auf so allesumfassende und totalisierende Weise, sondern nur nach seiner jeweils subjektiven, abstrakten, formellen oder negativen Seite begriffen wird, bildet es nicht die Grundlage des wirklichen Rechts, der wirklichen Moralität und Sittlichkeit, sondern die eines abstrakten Rechts, einer formellen Moralität und einer begrenzten Sittlichkeit.

Die besonderen Handlungen, die das tägliche Leben ausmachen, bestätigen jeweils, durch das Überwiegen entweder egoistischer oder allgemeiner Interessen, die Existenz eines Konfliktes zwischen den Elementen, die dem Handeln als solchem zugrundeliegen. Und dieser Konflikt kehrt in jeder Bestimmung des freien Willens wieder und erklärt, warum das Recht sich mit dem Problem der legalen oder illegalen Handlungen beschäftigen soll, die Moralität sowohl vom Guten als auch vom Bösen handelt und die Sittlichkeit diese rechtlichen und moralischen Probleme von der Ebene des Einzelnen und seiner eigenen Erlebnisse in die der Gemeinschaft und der Geschichte überträgt.

Nun gilt es festzustellen, wie sich die wollende Intelligenz und der denkende Wille konkret in der Sachlichkeit der rechtlichen, moralischen und verfassungspolitischen Handlungen bestimmen lassen und ob diese Handlungen auf eine gleiche Struktur zurückzuführen sind.

2. Die objektiven Bestimmungen der Handlung

Leitet man die Eigenschaften des handelnden Subjekts hauptsächlich von den Bestimmungen des subjektiven Geistes ab, so gehört die Beschreibung der Merkmale des ethischen und politischen, individuellen und allgemeinen Handelns zu dem objektiven Geist, d.h. in die Konkretheit der wirklichen Verhältnisse, die die Menschen im Laufe ihrer Entwicklung ins Leben rufen. Das Intelligenzvermögen des Menschen und seine Triebe und Neigungen erklären nämlich allein nicht, warum er bestimmte geistige Wirklichkeiten geschaffen hat, wie das Recht, das Werturteil über die einzelnen Handlungen, das Gestalten dauerhafter zwischenmenschlicher Beziehungen. Nur die objektive Unwiderruflichkeit der vollendeten Tat (sei sie ein Vertragsabschluß oder ein Diebstahl, das Umsetzen einer Absicht in Handlung, die institutionalisierte Verbindung zweier Personen in der Ehe, die Zeugung von Kindern, der Zusammenschluß verschiedener Subjekte zum Zweck der Verteidigung gemeinsamer Interessen und die Vertretung dieser Interessen auf der politischen Ebene) bestimmt die wesentliche Natur der Menschen, die in der Tat das s i n d wozu sie sich m a c h e n. Hier ist der spezifische Raum für das Erscheinen der menschlichen Tätigkeit in all ihren Abwandlungen zu suchen, als Ausführung einer Handlung und vollendete Tat, als Ausdenken eines Planes und dessen Durchführung, als Erzeugung von Gegenständen und Schaffung von Situationen; hier eröffnet sich vor allem der Raum für eine mögliche Beurteilung dieser Taten und Handlungen auf Grund ihrer Folgen sowohl hinsichtlich der Innerlichkeit des Subjekts, als auch hinsichtlich der Objektivität der sozialen und politischen Wirklichkeit vor dem Hintergrund der Menschheitsgeschichte.

Bedeutende Merkmale der Handlung treten schon innerhalb des abstrakten Rechts hervor, dort wo die rechtliche Handlung analysiert wird. Diese Art von Handlung läßt sogar einen Bestandteil jeder Handlung im allgemeinen hervortreten. Die Voraussetzung für das Zustandekommen einer rechtlichen *actio* ist nämlich, daß sich zwischen den Handelnden eine Situation der A n e r k e n n u n g ergibt. Im rechtlichen Bereich gibt es die Anerkennung positiv in der Legitimierung des Besitzes, in den Vertragsbeziehungen und in der Urteilssprechung der Zivil- und Strafgerichte. Negativ, als Fehlen von Anerkennung, dient dieses Element als Hintergrund für all jene »nichtigen« Handlungen wie das Unrecht, den Betrug, das Verbrechen oder die Rache, d.h. für Situationen, die auf die Negation des dem Recht zugrundeliegenden Prinzips selbst beruhen. Somit erweist sich die Handlung schon innerhalb des unmittelbarsten und formellen, objektiven Zusammenhanges, der vom abstrakten Recht gebildet wird, als ursprünglich z w e i f a c h an sich, da sie auf einer Anerkennung gründet, die sowohl vorhanden als auch nicht vorhanden sein kann.

Mit dem Übergang vom Bereich des Rechts zu dem der Moralität zeichnen sich die Elemente einer Handlungstheorie wesentlich deutlicher ab. In diesem Kontext wird nicht nur die Unterscheidung zwischen »Tat« und »Handlung« behandelt, sondern auch auf eine ganze Reihe von Modalitäten der Handlung hingewiesen, die vom Handeln aus Sachverstand oder mit guter Absicht bis zum höchst niederträchtigen Handeln reichen. Es wäre jedoch abwegig zu glauben, daß Hegel die Analyse der menschlichen Handlung und ihrer moralisch relevanten Merkmale auf dieses Niveau begrenze, das von einer sehr kritischen Haltung gegenüber jeder Perspektive gekennzeichnet ist, die die Grundlage des moralischen Wertes allein in der Innerlichkeit des Subjektes sieht.

Die Beschreibung der Handlung und ihre Beurteilung bilden ein Geflecht von Problemen, die man analytisch voneinander isolieren und untersuchen kann, die aber in der Tat eine Synthese darstellen. Dieses einheitliche Geflecht könnte man mit der Frage erfassen, die sich jeder beim Handeln in reflektierter oder unreflektierter Form stellt: *Hic et nunc quid a me faciendum?* Es enthält schon in seiner Formulierung alle Elemente, an denen sich eine Handlungstheorie mißt.[1] Das gesuchte *quid* schließt nämlich das Problem des Stoffes, des Gegenstands und des Zwecks der Handlung ein. Die Frage danach, w a s zu tun sei, bezieht auch das w i e der Handlung ein und umfaßt in der Tat die Analyse der Normen, die dieses Handeln lenken, seien sie nun technische Anleitungen oder ethische Prinzipien. Das *me* ist mit der Erwägung des handelnden Subjekts durch das Werturteil über die es zur Handlung bewegenden Absichten, über die dieses Handeln begrenzenden Einflüsse und die auf ihm lastende Verantwortung verbunden. Das *hic et nunc* entzieht die Handlung der Unbestimmtheit und versetzt sie in eine Zeit und einen Ort, die an andere Zeiten und andere Orte anknüpfen und die sie zur Existenz verhelfen. Das *facere* drückt schließlich eine ganze Reihe von Vorgängen aus, die sich jeweils als Taten oder Handlungen näher bestimmen.

Bezüglich all dieser Elemente beschäftigt sich die von Hegel in der M o r a l i t ä t durchgeführte Analyse hauptsächlich mit dem *me*, d.h. mit dem Problem des einzelnen Subjekts, das handeln soll, mit seinem Wissen und Wollen, mit der Pflicht, die sein Handeln leitet. Vorsatz, Absicht und Gewissen sind die Aspekte, die von dieser Analytik des subjektiven Willens, der sich in der Handlung äußert, hervorgehoben werden.[2] Damit sollte es aber klar sein, daß hier nicht die Bestimmung des Handelns in all seiner Komplexität thematisiert wird, sondern nur seine innerliche Seite. Wurzelt das Handeln, wie Hegel wiederholt betont, in der Trennung zwischen dem Inneren und dem Äußeren (zwischen dem, was der Handelnde sich als Zweck vornimmt, und der Tatsächlichkeit des verwirklichten Zwecks, zwischen einem vorgegebenen Stoff und der erzeugten Wirklichkeit, zwischen meinem Willen und dem Willen der anderen, zwischen meinem Wissen von der Handlung und meiner Überzeugung, daß sie gerecht sei, und der Anerkennung, die sie von den anderen erhält), so konzentriert sich die in der Moralität dargebotene Analyse der Handlung ganz auf den Gesichtspunkt der Subjektivität und der Innerlichkeit des handelnden Willens.

---

[1] Ich übernehme diese Formulierung von E. Riondato, *Ricerche di filosofia morale. II. Struttura logico-dialettica dell'esperienza morale*, Padova 1978, S. 106. Siehe aber auch die Frage, die Hegel in der *Phänomenologie des Geistes* als die dem handelnden Individuum eigene aufwirft: „ob und was hier zu tun ist" (*Werke*, Bd. 3, S. 297).

[2] Für eine genauere Analyse dieser Momente in der *Enzyklopädie* und in den *Grundlinien der Philosophie des Rechts* verweise ich auf mein Buch *Moralità e morale in Hegel*, Padova 1982.

Die Handlung zwingt das Subjekt aus der Privatheit seiner eigenen Innerlichkeit, wenn es die eigenen Zwecke in die Objektivität der daseienden Wirklichkeit umsetzen will. Da jedoch diese Objektivität die ganze Unabhängigkeit einer konkreten Situation auf ihrer Seite hat, die in einen eigenen Raum und in eine eigene Zeit gestellt und den Einflüssen einer Vielzahl von Variablen ausgesetzt ist, kann diese Objektivität selbst auch die Handlung des Subjekts „verkehren und anderes zum Vorschein bringen, als in dieser gelegen hat".[1]

Sobald die Handlung aus der Innerlichkeit des Vorhabens und der Absicht heraustritt und ihren Einzug in die Welt hält, kann sie verschiedene oder sogar entgegengesetzte Folgen haben im Vergleich zu denen, die das Subjekt erreichen wollte. Daß die Handlung, wie schon die klassische Ethik der Antike genau wußte, von der Kontingenz gekennzeichnet ist, und diese als ihr Gesetz das Umschlagen der Notwendigkeit in Zufälligkeit und umgekehrt beinhaltet, so bedeutet handeln „sich diesem Gesetze preisgeben".[2] Deswegen erkennt das handelnde Subjekt als eigene Handlung nur das an, „was in seinem Wissen und Willen lag",[3] im Sinne, daß er dafür die Verantwortung übernimmt.

Indem sie die Aristotelischen Angaben zur Freiwilligkeit der Handlung weiterentwickelt und sich auf die Auffassung der Intentionalität stützt, die in den Werken von Aristoteles jedoch nicht vorhanden ist, beansprucht die moderne moralische Reflexion für die Subjektivität das Recht, in der Tat als eigene Handlung nur das anzuerkennen, was in der Absicht des handelnden Subjekts enthalten ist. Handlung bezeichnet für Hegel lediglich jene Form von Tun, das das Subjekt gewußt und gewollt hat und für das es die Verantwortung übernimmt. Folglich läßt sich der Handelnde nur das zuschreiben, was in seinen Absichten und in seiner bewußten Entscheidung enthalten war. Tat bedeutet dagegen das Ergebnis eines beliebigen Tuns und bezieht sich auf die Gesamtheit der Bestimmungen, die an die von einem beliebigen Subjekt erzeugte Veränderung gebunden sind. „Obgleich alle Veränderung als solche, welche durch die Tätigkeit des Subjekts gesetzt wird, Tat desselben ist, so erkennt es dieselbe darum nicht als eine Handlung, sondern nur dasjenige Dasein in der Tat, was in seinem Wissen und Willen lag, was sein

1 *Enzyklopädie der philosophischen Wissenschaften*, a. a. O., § 504, S. 313.

2 *Grundlinien der Philosophie des Rechts*, a. a. O., § 118 An., S. 218.

3 *Enzyklopädie der philosophischen Wissenschaften*, a. a. O., § 504, S. 313. Die Beschränkung der Zurechnungsfähigkeit einer Handlung auf das, was im Wissen und Wollen des Handelnden Subjekts enthalten ist, wird mehrmals in den *Grundlinien* bekräftigt. Im § 117 wird zum Beispiel behauptet: „Das Recht des Willens aber ist, in seiner Tat nur dies als seine Handlung anzuerkennen und nur an dem schuld haben, was er von ihren Voraussetzungen in seinem Zwecke weiß, was davon in seinem Vorsatze lag. – Die Tat kann nur als Schuld des Willens zugerechnet werden; – das Recht des Wissens" (S. 217).

Vorsatz war, als das Seinige, – als seine Schuld, an".[1] Handlung ist für Hegel somit die Äußerung des „subjektiven oder moralischen" Willens, d.h. jene Handlung, die nicht in der objektiven Wirklichkeit ihre Grundlage hat, sondern in den Grundsätzen des subjektiven Willens; jene Handlung, die in ihrer äußerlichen Existenz als die Meinige gewußt ist, in Verbindung mit dem zu verwirklichenden Allgemeinen als Sollen in Zusammenhang gebracht und mit dem Willen anderer verglichen wird.[2]

Darin sieht Hegel die Vollendung einer radikalen Trennung zwischen der in den großen Tragödien der Antike vertretenen ethischen Auffassung und der der Moderne. Begrenzt die moderne moralische Auffassung die Verantwortung des handelnden Subjekts hinsichtlich der Folgen seiner Handlung auf das, was in der Innerlichkeit des Handelnden vorhanden ist, so machen die griechischen Tragiker den Menschen für die Tat in ihrem gesamten Ausmaß verantwortlich. In den *Grundlinien der Philosophie des Rechts* schreibt Hegel: „Das heroische Selbstbewußtsein (wie in den Tragödien der Alten, Ödipus usf.) ist aus seiner Gediegenheit noch nicht zur Reflexion des Unterschiedes von Tat und Handlung, der äußerlichen Begebenheit und dem Vorsatze und Wissen der Umstände, sowie zur Zersplitterung der Folgen fortgegangen, sondern übernimmt die Schuld im ganzen Umfange der Tat".[3]

Eben dieses Recht der Subjektivität bestimmt die besondere Beschaffenheit der Handlung im Bereich der Moralität und bewirkt zugleich ihren tragischen Ausgang. Wenn das einzelne Gewissen sich als allgemeines durchsetzt und somit als einziges Wertprinzip dasteht, so kann der von der individuellen Handlung verfolgte Zweck sowohl das Gute als auch das Böse sein. Wenn die Handlung, als vollendete Tat, nur auf die Grundlage der Absicht des handelnden Subjekts bewertet wird, besteht die

---

[1] *Enzyklopädie der philosophischen Wissenschaften*, a. a. O., § 504, S. 313. In dieser Hinsicht ist es interessant zu beobachten, wie Hegel nicht zufällig in der Behandlung des Begriffs des Handelns, in dem das aporetische Wesen der Kantischen Moral ans Licht kommt, bewußt eine terminologische Umkehrung durchführt, im Vergleich mit der Systematisierung, die Kant diesem Stoff verliehen hatte. In der *Kritik der Urteilskraft* (§ 43) unterscheidet Kant den Bereich des Tuns (*facere*), der der Kunst, d. h. jeder Form technischer oder künstlerischer, freigeschaffener Produktion eigen ist, von dem Bereich des Handelns oder Wirkens (*agere*), den er dagegen der Natur zuschreibt. Nach Kant verhält es sich also so, daß der Mensch »tut« und die Natur »handelt«. Und der Ausdruck »Handlung« bezeichnet jede beliebige Erscheinung von Kausalität, die sich auf die Einheit eines Trägers bezieht, der auch ein Naturelement sein kann. Von der Handlung, die von einem weiten Spektrum gekennzeichnet ist, unterscheidet sich also die »Tat«, welche nur diejenige Handlung ist, die einem Subjekt zugerechnet werden kann: »Tat« bezeichnet daher die moralisch gekennzeichnete und zurechnungsfähige Handlung. Dieser terminologischen Wahl zufolge, fragt Kant: „Was soll ich tun?". Ganz und gar absichtlich kehrt Hegel diese terminologische Anwendung um, wenn er die drei Kantischen Fragen erwähnt, und schreibt: „Nach was soll ich handeln?" (*Enzyklopädie der philosophischen Wissenschaften im Grundrisse*, a. a. O., § 3).

[2] Vgl. *Grundlinien der Philosophie des Rechts* , a. a. O., § 113. Dieser Aspekt wird von M. Quante in *Hegels Begriff der Handlung*, Stuttgart-Bad Cannstatt 1993, behandelt.

[3] *Grundlinien der Philosophie des Rechts* , a. a. O., § 118 Anm., S. 219.

wirkliche Gefahr, daß man letztendlich auch das schlimmste vom Subjekt in gutem Glauben begangene Verbrechen rechtfertigt. Die die Handlung bestimmende Absicht kann nämlich jeweils Gerechtigkeitswunsch oder Rachedurst, Suche nach dem eigenen Nutzen oder dem Wohl vieler sein. Gespalten zwischen dem Willen, das eigene Interesse zu verfolgen und dem Streben nach dem allgemeinen Wohl, erlebt das Subjekt der Moralität den „allseitige[n] Widerspruch", wonach „der allgemeine Wille, das Gute, Recht und Pflicht ebensowohl als auch nicht" sind.[1] Indem das moralische Subjekt alles auf die eigene individuelle Subjektivität konzentriert, macht es jeden allgemeinen Wert zum Schein: Also kann auch die niederträchtigste Handlung als Redlichkeit erscheinen.

Der moralische Gesichtspunkt enthält deswegen in seinem Inneren, als sein immanentes Schicksal, die Möglichkeit seines Umschlagens in seinen Gegensatz, in die Immoralität, so wie das Recht in sich die Möglichkeit seiner Negation im Verbrechen birgt. Es handelt sich um eine Negativität, die nicht von außen einwirkt, sondern die Perspektive der Moralität innewohnend ist; eine Negativität, der das handelnde Subjekt, das an sich weder völlig gut noch völlig böse ist, dauernd ausgesetzt ist, und die den negativen Ausgang der Moral der Absicht und des Vorsatzes und der Handlung, die diese Moral zum Ausdruck bringt, bewirkt. Die Negativität der formal moralischen Handlung, im Zusammenhang mit der Möglichkeit ihres katastrophalen Ausgangs und mit dem Erlebnis ihres Gegensatzes in ihrem Inneren, ist zweifelsohne der radikalste Ausdruck der unaufhebbaren Spaltung, die die Handlung überhaupt in ihrer inneren Struktur charakterisiert.[2]

Dieser allgemeine Rahmen erklärt das Fortbestehen von Elementen von Doppelheit und Spaltung auch für jene Handlungen, in denen sich die Sittlichkeit äußert. Offenbaren sich die Vernünftigkeit, die Allgemeinheit und die Freiheit der ethischen Substanz tatsächlich in einer Art selbstproduktiver Tätigkeit, die – ähnlich wie beim lebendigen Organismus – als ihren Zweck und ihr Produkt das eigene Selbstverständnis haben, so ist es auch wahr, daß diese Tätigkeit, in die geschichtliche Wirklichkeit gesetzt, die besonderen Willen wieder ans Licht bringt, die die Vernünftigkeit allein im Zaume zu halten weiß. So erklärt sich auch, warum die besonderen Geschichten der einzelnen Völker in die allgemeine Weltgeschichte einfließen, gegenüber der das einzelne Volk mit seiner Handlung als einzelnes und natürliches „nur eine Stufe auszufüllen und nur ein Geschäft der ganzen Tat zu voll-

1 *Enzyklopädie der philosophischen Wissenschaften*, a. a. O., § 511, S. 316.

2 Auf diesen Aspekt insistiert vor allem die *Phänomenologie des Geistes*, in der Hegel mit besonderem Nachdruck hervorhebt, daß das Handeln auf dem Element der Andersheit, der Differenz und der Spaltung beruhe.

bringen bestimmt" ist.[1] Im Vergleich zu dieser „ganzen Tat" werden die Aufgabe und das Werk der Einzelnen als »Handlung« und »Beschluß« definiert. Die sie charakterisierende Subjektivität erniedrigt sie zu »Werkzeugen« der Substanz und ihre Belohnung ist der Ruhm.[2] So verwirklicht sich die Einverleibung des individuellen Handelns in das Ganze der Weltgeschichte; mit dem Unterschied, daß die Subjekte dieses Handelns nicht mehr Individuen sind, sondern Völker und Staaten. Die Struktur, die die Integration ihrer einzelnen Handlungen und Entscheidungen in eine allgemeine Tat trägt, ist auf jeden Fall noch eine Struktur im Zeichen der partikularistischen Subjektivität.[3]

Ein Beweis dafür ist, daß die einzelnen Völker als Werkzeuge der Weltgeschichte betrachtet werden und daß ihre Teilnahme am Leben des Weltgeistes eine Belohnung zu erwarten hat.

Die Handlung als solche gehört immer nur zu Individuen, seien sie Menschen oder Götter, Einzelne oder Nationen: d. h. daß sie als Ausdruck der besonderen Subjektivität sich nur sehr selten auf die Ebene einer absoluten und unbedingten, nur als Selbstzweck dienenden Tätigkeit erheben kann. Denn würde man den Platz ausmachen wollen, den Hegel ihr zuschreibt, so müßte man sich dem ganzen als objektiven Geist bestimmten Bereich und dem, was die Voraussetzungen dazu bildet, zuwenden, d. h. dem Verwurzelt-Sein der Freiheit des Geistes in der Intelligenz und dem Willen des Menschen: Im Rahmen der intersubjektiven Beziehungen eröffnet sich nämlich der spezifische Raum für die bestimmten Handlungen und die vollendeten Taten.[4]

3. Der Konfliktcharakter der Handlung

Aus der bisherigen Darstellung sind nicht wenige Elemente hervorgegangen, welche von der inneren Komplexität der Handlung zeugen, die in all ihren vielfältigen

---

1 Ebenda, § 549, S. 347.

2 Vgl. ebenda, § 551, S. 353.

3 „An der Spitze aller Handlungen, somit auch der welthistorischen, stehen Individuen als die das Substantielle verwirklichenden Subjektivitäten" (*Grundlinien der Philosophie des Rechts* , a. a. O., § 348, S. 506).

4 Es ist folglich zu eng gesehen, wenn man den Sitz der Hegelschen Handlungstheorie einzig mit dem Bereich der Moralität identifiziert, obwohl gerade in diesem Kontext das konfliktträchtige Wesen der menschlichen Handlung in seiner ganzen Dramatik hervortritt. Unter denen, die diese Identifizierung machen, möchte ich I. Derbolay, *Hegels Theorie der Handlung*, in Hegel-Studien, 3, 1965, S. 209-223 (wiederveröffentlicht in M. Riedel (Hrsg.), *Materialien zu Hegels Rechtsphilosophie*, a. a. O., S. 201-216), erwähnen, der die Hegelsche Handlungstheorie mit dem Gesichtspunkt der Moralität identifiziert, indem er sie zwischen Recht (als *terminus a quo*) und Sittlichkeit (als *terminus ad quem*) ansiedelt.

Erscheinungen eine ursprüngliche Doppelheit aufzeigt. In den meisten Fällen ist diese Doppelheit dazu verurteilt, auf einen regelrechten Konflikt hinauszulaufen. Im Subjekt, das die Handlung ausführt, drückt sie nämlich die Vereinigung der Seite der Triebhaftigkeit mit der der Vernünftigkeit aus. Noch ehe sie Inneres und Äußeres vereinigt, wobei sie mit ihren Wirkungen in die Welt eindringt, ist die Handlung schon in sich selbst, in ihrem inneren Wesen, eine Synthese von unterschiedlichen Elementen, deren Verbindung notwendigerweise Kontrast und Opposition verursachen muß. Es handelt sich nämlich um einen Kontrast, der von den die Handlung als solche bildenden Bestandteilen selbst stammt, d.h. Intelligenz und Wille, die ineinander jeweils ihr Anderes finden. Damit es Handlung gibt, soll sich jedes Element mit dem anderen vereinen. Wenn sie sich nicht vor Untätigkeit verzehren will, soll die Intelligenz wollen; wenn der Wille sich nicht in den leeren Versuchen eines blinden Begehrens verirren will, soll er sich seiner selbst bewußt werden und zur Intelligenz werden. Nur auf der Grundlage dieser Einheit bestimmen sich die objektiven Handlungen; jene Handlungen, die die Hegelsche Darstellung in den wesentlichen Momenten des gesellschaftlichen Lebens analysiert, d. h. unter dem rechtlichen Gesichtspunkt, im inneren Gericht des individuellen Gewissens, in der Perspektive der politischen Institutionen und der Weltgeschichte.

Jede dieser Handlungen hat dieselbe innere Doppelheit an sich, die das handelnde Subjekt kennzeichnet. Vom rechtlichen Standpunkt aus gesehen, beruht die Handlung auf der Anerkennung der Rechtsperson. Diese Anerkennung kann jedoch radikal entstellt werden. Also zeigt sich auch die r e c h t l i c h e Handlung als ursprünglich zweifach, da sie auf einer Anerkennung beruht, die sowohl vorhanden als auch nicht vorhanden sein kann. In der Sichtweise der Moralität betrachtet, bringt die Handlung die Möglichkeit zutage, daß das, was als moralisch angesehen wird, sich in das Immoralische verwandle. Der moralische Gesichtspunkt enthält nämlich in seinem Inneren die Möglichkeit einer Umkehrung in seinen Gegensatz, in die Immoralität, ebenso wie das Recht im Verbrechen die Möglichkeit hat, sein eigenes Wesen verneint zu sehen. Auch die politisch-institutionelle Perspektive hebt das Bestehen dieser ursprünglichen Doppelheit und Gegensätzlichkeit in jedem ihrer formenden Momente und in den Handlungen hervor, in denen sich diese Momente ausdrükken. Dies gilt schon für die Familie, deren Grundlage vom Dualismus und vom Gegensatz zwischen dem männlichen und dem weiblichen Charakter gebildet wird, die jeweils von einer spezifischen Art zu sein und zu handeln gekennzeichnet sind. Der in der wesentlichen Einheit der Familie und in der Handlung ihrer Mitglieder innewohnende Unterschied wird zum Unterscheidungsmerkmal der bürgerlichen Gesellschaft, in der jene autonomen und potentiell auflösenden Neigungen zur Reife kommen, die schon die Familie in sich birgt. Sogar der Staat selbst, insofern er ein fertiges, in gewisse raum-zeitliche Koordinaten gesetztes Produkt ist, ist vom Unterschied und von der Negativität untergraben: „Wo aber Endlichkeit ist, da bricht auch der Gegensatz und Widerspruch stets wieder von neuem durch".[1] Die Handlungen der Staaten sind nicht anders als die der Individuen. Auch sie sind meistens vom Vorherrschen parteilicher Interessen diktiert, die, so wie sie die Einzelnen gegeneinander aufbringen, auch Konflikte und Kriege zwischen den Völkern verursachen. Denn die Staaten sind lediglich „besondere Willen",[2] von denen jeder das eigene besondere Wohl im Auge hat. Sogar die großen Gestalten der Geschichte, Werkzeuge von Veränderungen, die der Welt neue Epochen eröffneten, sind innerlich gespaltene und von einer grundlegenden tragischen Einschränkung charakterisierte Persönlichkeiten. In den meisten Fällen fehlt ihnen zwar nicht das Bewußtsein für den Augenblick, in dem sie handeln, aber für die Tatsache, daß sie nur Werkzeuge einer Vernunft sind, die sie nach Erfüllung ihrer Aufgabe zum Untergang verurteilt.

Diese Betrachtungen zum Wesen der Handlung werden von der Untersuchung ihres Kontextes bestätigt, eines Zusammenhangs, der, dort wo die inneren Bestimmungen und die Folgen der Handlung in rechtlicher, moralischer oder historisch-politischer Hinsicht analysiert werden, als vorgegeben gilt und im Rahmen der *Vorlesungen über die Ästhetik* ausführlich und eindrucksvoll behandelt wird. Hier wird deutlich, daß die Voraussetzung der Handlung durch das Entstehen einer konkreten Situation gegeben ist, deren innerer Konfliktcharakter eine Reaktion von Seiten des Subjekts auslöst. Dieser Konfliktcharakter und die daraus entstehende Reaktion sind die Bedingung, unter welcher die Handlung in die Welt eintreten und das Subjekt das eigene Sein ausdrücken kann.[3] Der Ernst der Handlung fordert also um zu entstehen etwas mehr als die einfache Bewegung oder die Prozeßhaftigkeit: er verlangt eine in ihrem Inneren vom Gegensatz charakterisierte Situation, von einem Gegensatz, der einen vorhergehenden ruhigen Zustand stört. Die Fähigkeit, diesen Gegensatz in allen Schattierungen darzustellen, gehört beispielhaft der dramatischen Kunst an: Einerseits beruht das Drama auf der Besonderheit der Handlung und andererseits ist die dramatische Darstellung diejenige, die am besten die strukturellen Merkmale der Handlung zu erkennen gibt.[4]

---

1 G. W. F. Hegel, *Vorlesungen über die Ästhetik*, in *Werke*, Bd. 13, S. 136.

2 *Grundlinien der Philosophie des Rechts* , a. a. O., § 336, S. 501.

3 Vgl. *Vorlesungen über die Ästhetik*, a. a. O., S. 263: „Denn der Ernst des Tuns und Handelns kommt überhaupt erst durch Gegensätze und Widersprüche hervor, die zur Aufhebung und Besiegung der einen oder andern Seite hindrängen."

4 Während alle anderen Künste die Möglichkeit haben, nur einen Moment in der Entwicklung einer Handlung zu fixieren, gehört die Fähigkeit, die Handlung „als einer in sich totalen Bewegung von Aktion, Reaktion und Lösung ihres Kampfs" darzustellen, „vorzüglich der Poesie an" (ebenda, S.

Die dramatische Kunst stellt in den Vordergrund, daß die Handlung „auf kollidierenden Umständen, Leidenschaften und Charakteren“[1] beruht und folglich auf keines dieser Elemente für sich genommen beschränkt werden kann. Weder die äußeren Umstände, die so konfliktträchtig sind, noch der Charakter, in dem sich die subjektive Individualität des Handelnden äußert, noch das den Beweggrund der einzelnen Handlung bildende *Pathos* sind für sich genommen hinreichende Elemente zur Erklärung der Handlung in ihrem Entstehen und in ihrer Entwicklung. Trotzdem zeigt die dramatische Darstellung mehr als jede andere Ausdrucksform das Wesen der Handlung, da sie jedes äußere Tun des Individuums auf die Innerlichkeit der ihn bewegenden Leidenschaften zurückführt, wobei sie die Zwecke und die Interessen eines Einzelnen denen anderer Individuen gegenüberstellt.

Dazu sei beiläufig bemerkt, daß die Hegelsche Beschreibung der dramatischen Handlung viele Berührungspunkte mit der Aristotelischen Auffassung der tragischen Handlung aufweist. Und dies bleibt nicht ohne Folgen für die Definition der Merkmale der menschlichen Handlung im allgemeinen: die eine ist nämlich das Spiegelbild der anderen, da beide auf einem ursprünglichen Konfliktcharakter beruhen. Es ist bekannt, daß Aristoteles in der *Poetik* die Tragödie als „Nachahmung einer guten und in sich geschlossenen Handlung“ (μίμησις πράξεως σπουδαίας καὶ τελείας) bezeichnet.[2] Die Tragödie ist also keine Nachahmung von Menschen, sondern von Handlung und Leben, weil in der Handlung allein sich die Eigenschaft von demjenigen, der handelt, offenbart. Als Lebensnachahmung erzählt die Tragödie keine wirklichen Geschehnisse, sondern Fakten, die geschehen können und sollen, und somit – indem sie deren innere Logik durchleuchtet – erfüllt sie eine wichtige Aufgabe von Rationalisierung des erlebten Lebens und der Handlungen, in denen es sich darstellt. Deswegen soll die Tragödie nicht die vielen Handlungen nachahmen, die der Handelnde ausführt, sondern eine „einzige, ganze und in sich geschlossene Handlung“ (μία καὶ ὅλη),[3] eine Handlung, die vom Beobachter als ein

---

285). So fordert das Publikum vom dramatischen Dichter, daß er „tragisch oder komisch die Realisation des an und für sich Vernünftigen und Wahren“ als vollbracht zeige, damit „er am tiefsten die Einsicht in das Wesen des menschlichen Handelns“ gewinnen kann (ebenda, Bd. 15, S. 502).

1 Ebenda, S. 475. Zum Ursprung der Handlung in der inneren Konfliktträchtigkeit der konkreten Situation vgl. R. Wiehl, *Über den Handlungsbegriff als Kategorie der Hegelschen Ästhetik*, in Hegel-Studien, 6, 1971, S. 135-170.

2 Aristoteles, *Poet.*, VI, 1449 b 24-25. Die tragische Eigenschaft der menschlichen Handlung, die anhand der Aristotelischen Poetik hervorgehoben wurde, ist von F. Chiereghin in *Possibilità e limiti dell'agire umano*, Marietti, Genova 1990 und in *Über den tragischen Charakter des Handelns bei Aristoteles und Hegel*, in P. J. M. van Tongeren et al. (Hrsg.), *Eros and Eris. Contributions to an Hermeneutical Phenomenology. Liber Amicorum for Adrian Peperzak*, Dordrecht, Boston, London 1992, S. 39-56, unterstrichen worden.

3 Vgl. ebenda, VIII, 1451 a 32.

Ganzes erfaßbar sein soll. Die tragische Handlung, als organische und konsequente, soll eine innere Einheit haben und, einem Lebewesen gleich, soll sie Prinzip ihrer eigenen Organisation und Differenzierung sein.[1]

Nach Aristoteles ist eine Handlung, die einzig, ganz, in sich geschlossen und folglich Nachahmungsobjekt von Seiten der Tragödie ist, diejenige, die eine radikale Veränderung innerhalb einer gegebenen Situation bewirkt. Die Elemente, die bei dieser μεταβολή mitwirken, sind περιπέτεια und ἀναγνώρισις. Die Peripetie ist das außerordentliche Ereignis, das ein plötzliches Umschlagen von dem, was geschieht, in sein Gegenteil verursacht;[2] die Wiedererkennung ist der Übergang von der Unkenntnis zur Kenntnis. Die Wiedererkennung stellt daher ein wesentliches Element in der Tragödie dar, die sich mittels der Protagonisten erfüllen kann, die entweder die Verhältnisse, in denen sich die Handlung abspielt, kennen und wissen, an wen oder was sie sich richtet (wie in Medeas Fall, die bewußt ihre eigene Kinder umbringt); oder vom Leid, das sie antun, nichts ahnen (dies ist Ödipus' Fall); oder die gerade im Begriff sind in Unkenntnis etwas Unwiderrufliches zu begehen und – dies erfahrend – sich dessen enthalten (Iphigenie).[3] Als letztes charakterisierendes Element jener Tragödie, die Nachahmung einer einzigen und ganzen Handlung ist, sei noch – außer dem Übergang von der Unkenntnis zur Kenntnis und dem Umschlagen von einer Situation in die entgegengesetzte – die Tatsache zu nennen, daß der tragische Held kein Individuum mit außerordentlichen Eigenschaften ist: also weder wer sich durch Tugend ausgezeichnet, noch wer sich durch Niedertracht ins Unglück gestürzt hat, sondern wer zwischen diesen zwei Extremen steht und deshalb den meisten von uns ähnlich ist.[4] Aus diesem Grund wecken seine Erlebnisse Angst und Mitleid in uns. Tragödie und Handlung hängen also bei Aristoteles eng zusammen. Was dann die Handlungen betrifft, die die Tragödie nachahmt und von denen das Schicksal der Menschen, ihr Glück oder Unglück abhängen, so sind diese von zwei Elementen bestimmt: Denken (διάνοια) und Charakter (ἦθος). Die erstere bezeichnet das Einsichtsvermögen, auf dem das Urteilen beruht; der letztere drückt dagegen die Eigenschaften des Handelnden aus, welche sich in den gewählten, bzw. abgelehnten Zwecken offenbaren.

---

1 Vgl. Aristoteles, *Poet.*, VII, 1450 b 25-32 und 1459 a 19-21. Den Charakter der Ganzheit erhält die Handlung daher, daß sie Anfang, Mitte und Ende hat: Anfang ist das, was mit Notwendigkeit nicht nach etwas anderem ist, nach welchem aber etwas anderes kommt; Ende ist das, was nach etwas anderem ist, aber nach welchem nichts anderes kommt; Mitte ist das, was nach anderem ist und etwas anderes nach sich hat.

2 Vgl. ebenda, XI, 1452 a 22-23.

3 Vgl. ebenda, XVI, 1453 b 27-36.

4 Vgl. ebenda, XIII, 1452 b 34-38; 1453 a 8-10.

Nun ist es erstaunlich, wie viele dieser Elemente, die Aristoteles zu bildenden Momenten der Struktur der tragischen Handlung erhebt, den Hegelschen Begriff der individuellen Handlung kennzeichnen. Am Ursprung der Handlung stehen nach beiden Autoren zwei Faktoren: Denken und Charakter bei Aristoteles, Intelligenz und Wille bei Hegel; für beide ist die Handlung also wesensmäßig und ursprünglich in sich gedoppelt. Sowohl in den Aristotelischen als auch in den Hegelschen Analysen ist die Verknüpfung der Fakten und die bestimmte Situation, von der die Handlung ausgeht, wesentlich. Die tragische Handlung entsteht dann nach Aristoteles aus dem plötzlichen Übergang von einer Situation in die entgegengesetzte und erfordert folglich einen Dualismus von Elementen. Diesen Dualismus[1] sieht Hegel sowohl im handelnden Subjekt selbst zwischen seinen Komponenten von Intelligenz und Begehren, als auch zwischen unterschiedlichen handelnden Subjekten, wie im Falle des Antagonismuses zwischen dem männlichen und dem weiblichen Charakter oder des Konflikts zwischen besonderen und allgemeinen Interessen. Eine starke Analogie gibt es außerdem zwischen der μεταβολή, die nach Aristoteles im Tragödienheld das Stürzen einer Situation in die entgegengesetzte verursacht, und jener Wertumkehrung, die sich als die eigentümlichste und daher tragischste Möglichkeit in der Hegelschen Sichtweise der Moralität ergeben hat.

Der Konfliktcharakter der Situation und des Handelnden, das Stürzen einer Situation in die entgegengesetzte, der Übergang vom Nicht-Wissen zum Bewußtwerden und zur Wiedererkennung: dies sind die strukturellen Elemente sowohl der in der Aristotelischen *Poetik* beschriebenen tragischen Handlung als auch der individuellen Handlungen, die von Hegel in der systematischen Darlegung seines Denkens aufgezeigt werden. Zu den diesen Handlungen gemeinsamen Konstanten gehört, daß die Handlung in einem eigenen Raum und einer eigenen Zeit verwurzelt ist; daß sie ein in seiner Gliederung und inneren Unterscheidung einheitliches und konsequentes Ganzes bildet; daß sie auf jener ursprünglichen Doppelheit an Bestandteilen beruht, in der die Geistigkeit des Menschen, d. h. sein Intelligent-Sein und sein Wille, entsteht; ferner daß sie eine radikale Veränderung in einer gegebenen Situation verursacht und schließlich daß das handelnde Subjekt sich der gewollten oder ungewollten Folgen bewußt wird, die die Situation hervorbringt.

Die Hegelsche Auffassung der Handlung ist also in ihrer tragenden Struktur eine Weiterentwicklung und Vertiefung von Elementen, die Aristoteles in seiner *Poetik* in ihrem Wesen und Kern durchleuchtet hat. Die Entwicklung verlangt jedoch von He-

---

[1] Die Rückführung der Handlungsstruktur auf eine Spannungseinheit entgegengesetzter Momente ist die These der Dissertation von W. Schneider, *Hegels Lehre vom Handeln. Ein Beitrag zur philosophischen Anthropologie*, Diss., Göttingen 1965.

gel eine ganz andere Gliederung der Problematik der Handlung, und zwar einer Problematik, die in einer Phänomenologie des Handelns wurzelt, die der Erfahrung eines Griechen unzulänglich war. Welche Richtung bei Hegel diese Erweiterung der von den Aristotelischen Analysen erschlossenen Perspektive nimmt, kann man den Überlegungen zur dramatischen Handlung entnehmen. In den *Vorlesungen über die Ästhetik* bezieht Hegel seine Beispiele nicht nur aus dem klassischen griechischen Theater, sondern auch aus der riesigen Materialmenge des modernen Theaters. Indem er die zwei Traditionen miteinander vergleicht, erkennt Hegel den wesentlichen, die zwei Welten trennenden Unterschied darin, daß die moderne Tragödie „in ihrem eigenen Gebiete das Prinzip der Subjektivität von Anfang an auf[nimmt]".[1] Die Hervorhebung des Wertes der individuellen Subjektivität ist also jenes Element, das Hegel erlaubt, die tragische Struktur des Handelns zu radikalisieren, so wie er sie rezipiert, indem er sie von der Aristotelischen Tradition übernimmt und sie in den spekulativen Kontext stellt, der aus den Reflexionen Kants, Fichtes und Schellings hervorgegangen ist.

So wird klar, daß auch jene Handlungen, die an der Absolutheit des Geistes teilnehmen (weil sie von einer – um sich eines Kantischen Ausdrucks zu bedienen – zweck- und interessenfreien Zielsetzung gekennzeichnet sind), einige Strukturmerkmale mit dem individuellen Handeln gemein haben. Wie jedes menschliche Handeln weist auch die künstlerische Schöpfung zum Beispiel einen ursprünglichen Dualismus auf, der meistens vom fortwährenden Konflikt zwischen Form und Bedeutung dargestellt wird. In ähnlicher Weise ist auch jenes religiöse Handeln, das »Kultus« genannt wird, vom inneren Kampf gekennzeichnet, den das glaubende Gewissen in dem Augenblick erlebt, in dem es zur Bekehrung bereit ist, d. h. zu einer radikalen Umkehrung seines eigenen Seins, die die Aufgabe der eigenen Besonderheit impliziert. Die verschiedenen Ausdrücke der Frömmigkeit bestätigen, daß die Wiederversöhnung des Endlichen mit dem Unendlichen im Gewissen der Gläubigen lediglich vom Erlebnis der tiefsten Spaltung und vom Verzicht des Menschen auf seine eigene individuelle Subjektivität ermöglicht wird. Dieses Opfer ist zugleich Anerkennung des Allgemeinen. Dies ist eine Anerkennung, die die Form einer nicht egoistischen Preisgabe, eines nutz- und zwecklosen Handelns annimmt. Man könnte dieses Handeln bildhaft sehr gut mit der Tat darstellen, in der der Inhalt eines Kelches Wein geopfert wird, den man auf den Boden ausschüttet. Immanente Doppelheit, Konfliktträchtigkeit, Umschlagen einer Art zu sein in eine andere, Negation der individuellen Besonderheit und Anerkennung eines allgemeinen und absoluten Wertes: dies

---

1 *Vorlesungen über die Ästhetik*, a. a. O., S. 555.

sind die Elemente, auf denen die Gesamtheit der den Kultus, sowie jede andere menschliche Handlung, konstituierenden Taten beruhen.

Dieses Element der Negation unterscheidet zusammen mit einer anderen Bewertung der individuellen Subjektivität die Hegelsche Auffassung der Praxis radikal von der Aristotelischen und bewirkt ihren inneren Konfliktcharakter und ihre unerschöpfliche Prozeßhaftigkeit. Diese Negation selbst bildet den reifsten Ausdruck der natürlichen Welt, d. h. des lebenden Organismus, dessen Schicksal der Tod ist, und von all den Äußerungen des geistigen Lebens, das seinen Höhepunkt im Gemeinschaftsleben, im künstlerischen und im religiösen Erlebnis hat. Sie stärkt schließlich auch die Erfahrung des Spekulativen, die für Hegel zwar die vollendetste Form der Tätigkeit darstellt, die den anderen Formen als Gipfel des Selbstbewußtseins überlegen ist, die aber diese Überlegenheit nur ausdrücken kann, weil sie in deren Negativität wurzelt und diese Negativität in sich selbst erlebt. Die selbstbewußte Vernunft kann keine andere Struktur als die des biologischen und des ethischen Lebens haben. Selbstdifferenzierung und innere Spaltung, Umkehrung einer Situation in die entgegengesetzte: dies sind die Merkmale, welche die einzige dem lebenden Organismus eigene πρᾶξις und die vielen πράξεως bestimmen, aus deren Geflecht das menschliche Leben besteht. Es handelt sich aber auch um die Merkmale, welche die Idee der Philosophie bestimmen, die – wie die anderen Tätigkeiten – auch von einer eigenen schöpferischen Kraft und von einer eigenen spezifischen Arbeit charakterisiert ist, im Sinne, daß sie das Bewußtsein ihrer selbst hervorbringt und im Hinblick auf dieses Bewußtsein handelt. Wenn sie eine höhere Form von πρᾶξις als die des lebenden Organismuses und des vielfältigen menschlichen Tuns ausdrückt, so dies aus dem einzigen Grund, daß sie diesen Moment des Bewußtseins an sich hat, der eigentlich das Bewußtsein der eigenen immanenten Negativität ist.

Eine absolute Tätigkeit ist nicht nur die eines Denkens, das sich selbst verwirklicht und erzeugt und in dieser Selbsterzeugung die Seligkeit erreicht,[1] sondern auch die eines Denkens, das ewig mit seinem Anderen in Beziehung ist, das in der Identität mit sich selbst die Differenz erlebt und in seiner Absolutheit Platz für all das machen muß, was zufällig, endlich, begrenzt, bedingt, determiniert ist. Um es mit Hegel zu sagen: es muß Platz für die Natur machen. Indem Hegel die Komplexität und Konkretheit der Wirklichkeit in all ihren Erscheinungen nicht weniger als Aristoteles beachtet, kann er nicht die Tatsache außer Acht lassen, daß die Idee der Philosophie sich in den philosophierenden Einzelnen verkörpert, und muß folglich

[1] Vgl. *Enzyklopädie der philosophischen Wissenschaften*, a. a. O., § 577, S. 394.

die grundlegende Grenze einer Vernunft hervorheben, die sich in ihrer Vollkommenheit in einem endlichen Wesen verwirklicht.

Dies zwingt dazu, die Bedeutung der Kulmination aller Formen des Handelns in der spekulativen Tätigkeit neu zu durchdenken und zwar in Termini, die weder banalisierend wirken, noch von im Laufe der Zeit verfestigten Interpretationen beeinflußt sein sollten. Es handelt sich weder um eine Flucht in die Innerlichkeit, noch um eine Behauptung des Vorrangs der Theorie gegenüber der Praxis und des kontemplativen Lebens gegenüber dem aktiven Leben, sondern vielmehr um den vielleicht seit Aristoteles radikalsten Versuch, das Phänomen der *vita activa* in seiner Grundlage und in seinen tragenden Strukturen zu verstehen. Das, was die Tätigkeit der νόησις νοήσεως hervorhebt und sie zu einem Muster für alle bestimmten Handlungen macht, ist das Bewußtsein der unaufhebbaren Andersheit, die sie in sich selbst umfaßt; es ist also das Wissen um die eigene ursprüngliche Negativität, eine Negativität, die – auf unterschiedlichen Bewußtseinsebenen – jede menschliche Handlung ausmacht.

(Übersetzung aus dem Italienischen von Anna Patrucco Becchi)

Freedom and Reason

von Stanley Rosen (Boston)

I

I begin with an informal statement of three different theses concerning the relation between freedom and reason. According to the first thesis, freedom is a consequence of the subordination of the intellect to independent formal structure. One finds a version of this thesis, for example, in Plato's *Sophist* at 253c 6ff., where dialectic, or the science of the combination and separation of forms, also referred to as division in accordance with kinds, is identified by the Eleatic Stranger and the young mathematician Theaetetus as the science that characterizes the free man.

In the *Symposium* and *Phaedrus*, Plato assigns to Socrates the primary role in the promulgation of quite a different doctrine, namely, that one rises to the intellectual apprehension of the Ideas or pure forms by various purifications of the love of the beautiful. It is important to note that the word »free« never occurs in the main accounts of erotic ascent, for the obvious reason that Eros is a form of compulsion.[1] In fact there is no fundamental difference on this point with the passage in the *Sophist*, where the compulsion of formal analysis replaces that of contemplation.

The second thesis is conveniently illustrated by Kant's association of freedom with spontaneity and autonomy. Reason is spontaneous rather than receptive; more precisely, *Verstand* produces concepts spontaneously whereas *Vernunft* produces the idea of a spontaneous, extra-worldly, or noumenal cause of a series of conditions within the spatiotemporal or phenomenal world. It thus supplies the Idea of free-

1 In the *Symposium*, *eleutheron* occurs at 181 e6 in the speech of Pausanias, who says that husbands of freeborn women constrain them in order to prevent their seduction. At 218 c2, Alcibiades says that he decided to „say freely (*eleutheros*) what I think“ to Socrates, namely, to offer him sex in exchange for assistance in becoming the best possible human being; Socrates restrains this freedom. In the *Phaedrus*, Socrates says at 243 c8 that those who have spent their lives with low-born sailors have never seen *eleutheron erota*, i.e. love of free or highborn persons. At 256b3, Socrates says that the triumph of philosophy and the better part of *dianoia* binds the evil part of the soul and frees (*eleutherosantes*) the virtuous part.

dom „as a capacity of absolute spontaneity."[1] Reason is spontaneous because it produces concepts and Ideas by its own activity and from itself alone, not from supernatural inspiration or by generalization upon sensuous impressions. It is autonomous because it acts or expresses itself as a law or rule; this is what distinguishes spontaneity from radical contingency or chaos.

We do not need to concern ourselves with the details of Kant's doctrine. Suffice it to add that the practical reason is free because it actualizes as a moral rule or law that supplies the unconditioned origin of a chain of conditions required by theoretical reason but unobtainable for it.[2] According to Kant, we know *a priori* that we are free because we know that we are bound by moral laws.[3] The moral law is the analogue in the domain of practical reason to the concept and the Idea in the domain of theoretical reason. The upshot of the second thesis, which we may refer to for convenience as Kantian, is that it modifies the Platonist thesis but does not reject it entirely. Freedom continues to be understood with respect to the apprehension by reason of necessary or binding forms; but by »forms« is now meant rules or laws rather than looks or (in an Aristotelian expression) essences.

I shall call the third thesis about the relation between freedom and reason »post-Kantian«. It arises as a historical consequence of the weakening and eventual dissolution of the Kantian connection between spontaneity and autonomy on the one hand and necessity on the other. In Kant, spontaneity actualizes as necessity, in the form of concepts, categories, rules, laws, and regulative Ideals. As the force of these spontaneous emissions weakens, whether because of advances in physics and mathematics or simply by virtue of the unrestrainable fecundity of the human imagination, the bond between necessity and possibility dissolves. In other words, history presents us with alternative concepts, Ideas, rules, and laws, each attempting to define necessity. Necessity accordingly loses its ontological status and becomes a matter of contingency or choice. The difference between necessity and possibility dissolves.

It is not necessary to follow here the various discussions in Kant of freedom, or the variations on these discussions introduced by Kant's immediate successors, of whom the most important is Fichte. The upshot of the decay of the Kantian into the post-Kantian thesis is as follows. The transcendental ego is replaced by the historical consciousness, whose structure of development is initially said to be absolute. Soon, however, the absolute is itself dissolved by temporality or historicality; freedom is

---

1 *Kritik der reinen Vernunft*, B 74-75 and B 93; B 430, B 561, B 573ff.

2 *Kritik der praktischen Vernunft*, (PhB Books, Felix Meiner Verlag) Hamburg 1952, p. 57.

3 Ibid., p. 4.

in effect the same as spontaneity, but spontaneity now means contingency or chance, and so can no longer be distinguished from chaos.

Interestingly enough, one finds in the 20th century the analogue to the 18th and 19th century development of transcendental or absolute historicity, and its devolution into temporality, in the evolving doctrines of Martin Heidegger, or as one could also put this, in the shift from Heidegger's doctrine of Being to the post-Heideggerian doctrines of difference. It is also present in the gradual emancipation of the imagination, together with the tendency to equate necessity with the logical principle of non-contradiction, while at the same time the creation of logical principles is attributed to the imagination.

In sum, the post-Kantian thesis regards itself, or is easily regarded as, the reversal or deconstruction of the Platonist thesis. Freedom now means freedom *from* reason, just as spontaneity means freedom from rules or laws. In the main part of my lecture, I want to prepare a different way of understanding the post-Kantian situation. I am going to provide evidence in support of the contention that post-Kantianism is in fact a deteriorated, decadent, or in a sense borrowed from Nietzsche, a reversed version of Platonism. I want to suggest that the Platonism of the late modern and contemporary anti-Platonists has been overlooked because of a failure to treat with equal attention the two elements of Platonism, namely, the doctrine of the Ideas and the account of Eros.

I am well aware that Eros is today a »hot topic«, especially among heterodox classicists. On this point, the situation is entirely different from what it was in 1968, when I published my study of Plato's *Symposium*. But the contemporary treatment of Eros seems to proceed independently of the so-called »technical« or ontological signification of the doctrine of Ideas. Conversely, those who take their bearings by ontology, or its Anglo-Saxon equivalent, conceptual analysis, tend more or less to ignore Eros and to identify Platonism with the doctrine of the Ideas.

The heart of the matter is to see that the several advertisements in the Platonic dialogues for a science of dialectic or diaeresis are never honored with actual examples, except for the patently ironical cases of the sophist and the statesman, neither of which, of course, is an Idea. Correlatively, the doctrine of Eros praises the ultimate stage of the contemplation of pure forms, but at the price of the disappearance of our historical or political selves. To whatever extent the notion of freedom makes sense in this constellation of doctrines, it is surely only as the subordination or moderation of desire to the order of intelligibility. In the extreme but accurate formulation, freedom means not merely freedom from contingency but from human existence altogether.

Stated with maximum simplicity, post-Kantianism is Platonism because its eventual repudiation of subjectivity, humanism, and anthropomorphism is a hyperbolical version of the disappearance of the personal soul in the culmination of erotic ascent. It is however a deteriorated or decadent Platonism because the Ideas are now dissolved into the passions of Eros. In the age of difference, Eros no longer has any limits. It is no longer possible to distinguish between ascent and descent. Heraclitus' assertion that the way up is the same as the way down, which is false for Platonism, is true for post-Kantianism. I have already noted that the post-Kantian defines freedom as freedom from reason. To this I may now add that post-Kantian freedom is indistinguishable from the chaos that Nietzsche tells us is at the heart of all things.

In somewhat broader terms, my suggestion is that modern philosophy can be understood as the process by which the Platonic Ideas are transformed into manifestations or productions of Eros, rather than preserved as external objects of erotic desire. The corollary to this transformation of the Ideas is the secularisation of Eros or its demotion from divine or daimonic status to its modern status as physiological passion. The Platonic distinction between the corporeal or pandemic and the psychic or heavenly Eros disappears. Interestingly enough, whereas reversed Platonism understood as the demotion of Eros leads to the suppression of the distinction between the human and the bestial, the philosophical disregard of Eros results in the suppression of the distinction between human beings and machines. The question whether machines can think would look quite different if one were to ask whether machines are erotic.

Although post-Kantianism is as it were reversed Platonism, it is a consequence of an internal dialectic in the Kantian thesis, by which expression, let me emphasize, I do not refer simply to Kant, but to a pervasive theme in modern philosophy that culminates in Kant. In the next section of my lecture, I am going to discuss Descartes' *The Passions of the Soul*, in accordance with my terminology a »Kantian« text, which will illustrate the beginning of the transformation of the Platonic doctrine of Eros into the common ancestor of the two predominant schools of post-Kantianism, one terminating in the celebration of difference, the other in neurophysiologically oriented approaches to the so-called »artificial intelligence«, the contemporary version of »man the machine«.

In section three I will turn to Hegel, whom we may fairly consider as the last stage of the modern expression of the Kantian thesis, but also as the preface to the emergence of post-Kantianism in its full bloom of 19th century positivism, historicism, and nihilism. I will then conclude with three summary remarks that may serve to introduce subsequent discussion.

II

By encouraging us to be as the masters and possessors of nature, Descartes initiates the process of overcoming the separation of the human from the divine, a process that culminates in Hegel. What Descartes means by mastery is of course quite different from what Hegel means when he tells us in his *Logic* that he has thought the eternal essence of God as it is, prior to the creation of the universe.[1] We are primarily concerned here with Descartes' doctrine of human nature, of which he says in *The Passions of the Soul* that he offers us a new analysis, one that begins with an explicit rejection of the analysis provided by the ancients.[2]

Descartes says that the investigation of human nature is not especially difficult, because each of us feels the passions within himself: „one has no need to borrow from elsewhere any observation in order to discover their nature."[3] Descartes takes for granted the regularity of human nature, as well as the direct accessibility of the soul or *ego cogitans* to itself. He does not explain why the ancients were prevented from the acquisition of this relatively easy science. We may infer from his own procedure that the obstacle lay in their distinction between the heavenly and the vulgar or pandemic Eros, or more prosaically, in their failure to replace poetry by neurophysiology.

The point is quite clear in what is for us the decisive case of Eros. In the *Symposium*, a dialogue to which Descartes explicitly refers,[4] Diotima says that Eros is an intermediary between mortal and immortal who practices the hermeneutic art of interpreting human needs and divine commands. Hermeneutics, as we may put it, thus binds the cosmos into a whole.[5] In contrast, Descartes secularizes Eros by designating love (*Amour*) as one of the six basic or physiological passions, which are all subordinated not to pure forms but to a derived passion of the soul, which Descartes calls *generosité* as well as *magnanimité* and *megalopsuchia*.[6]

At this stage in our analysis, it is essential to recall a crucial tenet of the Cartesian teaching, namely, the independence of the soul from the body. I note in passing that Descartes never actually explains how these two substances interact, despite his notorious claim that the locus of interaction is in the pineal gland. What counts for us is

1 *Wissenschaft der Logik* (Felix Meiner Verlag, Leipzig: 1951), Bd. I, p. 31.

2 *Les passions de l'âme*, Intr. and notes by G. Rodis-Lewis, Paris (J. Vrin) 1955, Title to Première Partie and Article I, p. 35. In citations from this text, Roman numerals refer to article numbers and Arabic numerals to page numbers.

3 Ibid., I, 65.

4 XC, 130.

5 202 d8-e7.

6 LXIX, 115; CXLV, 170; CLX, 180; CLXI, 184: *Generosité* is „la clef de toutes les autres vertus." The six primitive passions are admiration (of which *generosité* is a species), love, hate, desire, joy, and sadness (LXIX).

the fact that Descartes argues simultaneously for the mechanical nature of the body and the thesis that passions in the soul are caused by actions, i.e. motions, in the body, but also for the thesis that the actions of the soul are all volitions, and that these are free.[1]

He therefore argues simultaneously that knowledge of the motions of the body makes possible modification of the passions of the soul, and that the will is free, or is able to initiate thoughts in the soul and motions in the body. Depending upon which aspect of the Cartesian teaching we pursue, the result is mechanism on the one hand and Idealism on the other; this is the double historical heritage of Descartes.

There can be no doubt that in Descartes' own teaching, mechanism is subordinate to freedom of the will. Whereas love and hate are subordinated to *generosité*, a species of admiration or self-esteem,[2] *generosité* is itself produced by knowledge of the fact that nothing truly belongs to one, or is reason for praise or blame, except the free will. In the last analysis, freedom or the action of the soul controls mechanism or the passions of the soul. Let us now consider briefly Descartes' treatment of love, *generosité*, and the free will.

„Love is an emotion of the soul, caused by the movement of the spirits [Descartes refers here to the animal spirits that are conveyed by the circulation of the blood to the pineal gland], which incites the soul to join itself voluntarily to those objects which appear suitable [*convenable*] to it."[3] I note here a serious ambiguity in the Cartesian doctrine. The will is influenced by the emotion or passion of love on the one hand, and on the other, is hard to distinguish from thinking or judging, by which we determine that objects are suitable to us. We see in Descartes not simply the elevation of the will, but its mingling with the intellect; this is the preparation for German Idealism.

This to one side for the moment, Descartes goes on to consider a common distinction between two kinds of love. These are (1) benevolence, „which incites us to want [*vouloir*] something good for that which we love", and (2) concupiscence, „which makes us desire that which we love."[4] This distinction applies to the effects of love but not to its essence because benevolence follows immediately upon union with the object of desire. Conversely, we desire to possess whatever we regard as a good. Since desire is a passion, and because generous persons „are entirely masters of

---

1 II, 66; XVII, 79.
2 CXLIX-CLI and CLIII, 175-78.
3 LXXIX, 121.
4 LXXXI, 123.

their passions,"[1] it is again unclear whether the person marked by *generosité* is moved primarily by desire and hence by passion, or by the will.

There is also an ambiguity with respect to the distinction between benevolence and concupiscence. Love is defined for Descartes uniformly as a movement toward union with the suitable or useful. The erotic madness of Platonism is thus replaced by a mixture of psychic and corporeal motions that are regulated by self-interest or sober calculation. This calculation is again of two kinds: (1) with respect to the good and the bad, as represented by inner sense or reason, and (2) with respect to the beautiful and the ugly, as represented by our external senses.[2] The good is that which is *convenable*, i.e. suitable or useful to our nature. The beautiful is that of which we approve because it gives pleasure (*agréement*). Finally, Descartes distinguishes both these species of love from desire, „to which one often attributes the name of love."[3]

The Cartesian analysis of love thus turns out to be unclear and indistinct. In looking to the future, love seems to be the same as desire, which is itself both specific (=concupiscence) and generic. The generic term »desire« is defined by Descartes as „an agitation of the soul, caused by the spirits, which disposes it to will for the future those things that it represents to itself to be suitable" (*convenables*).[4]

We see again the ambiguous relation between desire and will. These are officially distinguished as follows. Desire is a passion that refers to the future. Will refers to the „consent with which one considers oneself at present as joined to that which one loves[...]".[5] This contradicts the previous passage, according to which the will is directed to the future. It is unclear whether desire engenders will or whether, as Descartes elsewhere contends, the will is entirely free, and thereby is enabled to control all other passions through the master-passion of *generosité*. As to the desire that modifies the will, or at the least influences it, this is presumably not one species of love in particular, but all or any of them. To the aforementioned mixture of will and intellect, we must add desire, an addition that is again crucial for all of subsequent philosophy. Descartes denies the tripartition of the soul as introduced by Socrates in the *Republic*.

---

[1] CLVI, 180.

[2] I cannot develop the point here, but there is another ambiguity, even a contradiction, in Descartes's treatment of love. In XC, 129 Descartes claims that „la jouissance de ce qui agrée" is „le plus grand de tous les biens qui apartienent à l'homme." But otherwise he says that *agréement* has to do with beauty; this joy could not be as great, or as great a good, as the intellectual joy to which there is no limit and which I will mention in the text of this lecture.

[3] LXXXV, 126-27.

[4] LXXXVI, 127.

[5] LXXX, 122.

We should also note that the good is for Descartes the suitable or the useful, whether in itself or with respect to its effects; love in general, and sexual love in particular, is thus subsumed under self-interest, which replaces Platonic madness; the corollary of self-interest is self-esteem. It therefore comes as no surprise when we learn that for Descartes, what depends upon us alone will provide „a complete satisfaction“ („*une entière satisfaction*“),[1] an expression that partly anticipates the Hegelian *Befriedigung*.

Descartes holds that no soul is too weak to acquire „an absolute power over the passions,“ and hence over the desires that move us to act, provided that our soul is well-guided.[2] This guidance comes from knowledge of good and evil as well as of the truth, which is then employed by the will to make correct resolutions.[3] Descartes speaks of the will as though it were a rational agent, but he also speaks of rationality or judgment as though it were an instrument of the will. One can try to excuse these ambiguities by noting that the *ego cogitans* is a simple substance, and so that it is not really possible to distinguish the various cognitive faculties. One might then say that the will is the expression of the last step in the process by which the *ego cogitans* acts on the basis of desire and judgment. But this merely reformulates the original ambiguity; it does not remove it. Genuine freedom depends upon the autonomy of the will; desire and judgment are indissolubly connected to the body and thus to the external world or to nature.

According to Descartes, the will is free and need never be restrained, whether by the passions or (except indirectly) by the motions of the body.[4] Descartes thus contends that we can act on the basis of complete independence, moved only by rational calculation of what is useful (good) on the one hand and pleasant (beautiful) on the other, that is, useful and pleasant for oneself. The recognition of this independence arouses in us the aforementioned master-passion of *generosité*, which prevents us from desiring passionately whatever does not depend solely upon ourselves. The sole legitimate cause of *generosité* or self-esteem is „the use of our free will, and the rule that we have over our volitions...this makes us in a certain way similar to God, by making us masters of ourselves.“[5]

Generosité or sober, dispassionate self-esteem caused by admiration for the freedom of the will to desire only that which is in its own power, thus replaces the Pla-

---

1 CXLVI, 172.
2 L, 105; CXLIV, 169.
3 XLVIII, 103; XLIX, 104.
4 XLI, 96.
5 CLII, 177.

tonic Eros for the Ideas that are entirely independent of and other than ourselves. For Plato, the Ideas regulate the soul, and freedom is the same as contemplation of the Ideas. For Descartes, the separate Platonic Ideas are replaced by the innate ideas of geometry and algebra, which in turn yield to the mastery of the will. Knowledge, and so reason, are instrumental to freedom.

We may briefly illustrate the difference between Plato and Descartes by comparing their discussions first of intellectual love and second of admiration or wonder. There is a Cartesian equivalent of the ecstatic Platonic love for the Ideas, namely, the joy of intellectual love, of which Descartes says there can never be too much (contrary to his advice concerning the joys of the body).[1] This love of knowledge, however, is not purely theoretical; it is connected with self-perfection, independence, and so with *generosité* by joining us to those goods that are useful because they increase our power.

As to admiration, Descartes calls it „a sudden surprise of the soul" arising from the consideration of „objects that seem to it to be rare and extraordinary."[2] Admiration is useful because it makes us „apprehend and remember things we previously ignored."[3] But often it happens that we admire too much, and so lapse into wonder (*Estonnement*), which deranges the reason. „It is good to be born with a certain inclination to this passion, because it disposes us to the acquisition of the sciences; but we ought always to try afterwards to get rid of it as soon as possible." The only way in which to do this is by acquiring knowledge of many things.[4]

We note a residue of Platonism in the previous set of passages; an inclination toward the derangement of reason, or in other words a trace of divine *mania*, is advantageous to the acquisition of knowledge. But there is, I believe, a difference with Platonism. In the *Theaetetus*,[5] Socrates says that wonder (*thauma*) is the origin of philosophy, a point also made by Aristotle in the *Metaphysics*.[6] According to Socrates, however, wisdom is inaccessible to human beings; philosophy is therefore continuously associated with ignorance, or the need to know, and so too with wonder. Dialectic is not the Cartesian *mathesis universalis*, nor even the Aristotelian *prote philosophia*, but what one might call a regulative Ideal.

Descartes' treatment of love, self-esteem or *generosité*, and freedom of the will culminates in his praise of mastery and independence. The only apparent exception to

---

1 XCI, 64f.
2 LXX, 116.
3 LXX, 119.
4 LXXVI, 120.
5 155 d1-5.
6 A, 982 b12.

this is his assertion that love of children and friends can lead us to sacrifice ourselves (he is silent about wives and husbands). We can therefore love others more than we love ourselves.[1] But Descartes also explains that love is caused by knowledge of the goods that we possess, which possessions perfect us.[2] Love of children and friends thus turns out at bottom to be self-love. Furthermore, „those in whom the will is by nature able most easily to master the passions and to arrest the accompanying movements of the body, are without doubt the strongest souls."[3] The person of extreme *generosité* or self-mastery and self-esteem is accordingly also free of the love of friends and children that may lead to self-sacrifice.

Descartes represents for us the initial stage of what I am calling the Kantian thesis concerning the relation between freedom and reason. Although the exact formulation of the relation between reason and the will is in my opinion never satisfactorily clarified by Descartes, it is obvious that he does not intend to equate the will with the imagination, and in particular not with the imagination in the late-modern and contemporary sense of the fantasy. Knowledge is the instrument of freedom, but freedom is defined by Descartes in terms of knowledge. This is a crucial element in Descartes' Platonist heritage. The Platonic Ideas are replaced by the forms of geometry, the ratios of algebra, and the rules of sound reasoning, at the basis of which is a quasi-Platonic intuition of pure form.

On the other hand, Descartes deviates from Platonism in his constructivism, which itself turns upon the imagination.[4] Number, figure, and so on, are not really distinct from body but only imagined to be so.[5] Or, as Descartes puts it in the *Regulae*, whereas the nature of geometrical forms is independent of our cognitive activities, we choose the problems that we wish to resolve, and so too the particular configuration of numbers and forms that are useful starting-points for those problems.[6] I discuss this point elsewhere,[7] and have no space to pursue the details in this lecture. Suffice it to say that Descartes fluctuates between direct apprehension of mathematical forms by the *lumen naturale* and their production by the combined activity of intuition and imagination. Finally, it should be noted that freedom is associated

1 LXXXII, LXXXIII, 124-26.
2 XCI, 131; CXXXIX, 164-65.
3 XLVIII, 105.
4 *Regulae*, 5, 7, 12.
5 *Regulae*, 14.
6 Crapulli edition, Rule One, p. 3, lines 2-11; Rule Six, p. 18, lines 3-25.
7 *A Central Ambiguity in Descartes*, in: *The Ancients and the Moderns* (Yale University Press) New Haven and London 1989.

for Descartes with formal intelligibility, not with morality. In Kant, the freedom of the will or practical reason is limited or expressed by the ought of the moral rule.[1]

III

We have seen that in the Cartesian teaching, reason, will, and passion are closely connected, if not quite identified, by the desire for freedom, understood as independence and mastery. This desire leads the soul to replace Platonic Ideas with abstract objects that are in part or altogether its own productions. The desire in question is motivated finally by self-interest rather than by erotic madness. There is no extinction of the historical or political person in Cartesian wisdom.

To this I add the following observation. Despite the internal structure of the *ego cogitans*, Descartes has no doctrine of negativity to correspond to the indeterminate striving of the Platonic Eros, which is an ancestor of Fichte's *Streben* and Hegel's negative activity, and which may be understood as the struggle of the parts of the soul, intellect, spiritedness, and desire, a struggle that receives its dialectical structure from the directedness toward the independent Ideas. From this standpoint, whereas Plato's *psuche* is a direct ancestor of the Hegelian *Geist*, the Cartesian *ego cogitans* is not. Cartesian mastery amounts to the regulation of all passions by *generosité*, or prudent self-esteem.

In addition to the absence in Descartes of a dialectic of the soul, the forms of mathematics, even if produced by the soul, are secure and definite; and so they provide the gateway to the mastery of nature. In other words, Descartes emphasizes the positive side of work or production, even within the transformation of the passions into the satisfaction afforded by recognition of one's independence. In the *Symposium*, Diotima refers to the indeterminateness of the erotic soul, which she calls a juggler, poisoner, and sophist that is neither immortal nor mortal but that waxes and wanes in the same day, just as all living things are continuously dying and being reborn.[2] Plato's account of the soul is thus much closer than Descartes' account to what Hegel calls „the peculiar restlessness and dispersion of our modern consciousness."[3] From this standpoint, one could call Plato a modern as could not be said of Aristotle.

This observation provides us with the decisive clue to the sense in which Hegel's attempted reconciliation of ancients and moderns within the circle of the Absolute

---

1 *Kritik der reinen Vernunft* B 576; *Kritik der praktischen Vernunft*, p. 65.
2 203 d 7f., 207d 6-e5.
3 *Wissenschaft der Logik*, Bd. I, p. 20.

is not only the last stage of the Kantian thesis, but the immediate preface to the post-Kantian thesis concerning the relation between freedom and reason. Stated with extreme concision, but not misleadingly, I think, we may describe the transition from Hegel to the post-Kantian thesis as a process of two steps. First: the conceptual structure of Hegel's circular Absolute is replaced by the historical contingency of Nietzsche's eternal return of the same. Second: the sameness of Nietzsche's eternal return is replaced by the difference of the post-Heideggerian Nietzscheans of contemporary Paris.

Looking now to the other end of history, we may also designate the evolution of Hegelianism as a very general process of two steps. First: Plato's Idea, which is independent of thought, is replaced by Aristotle's *eidos*, which actualizes in the activity of thinking. Second: the activity of thinking is transformed by the Christian doctrine of spirit, and in particular by the entrance of eternity into temporality. As is already visible in Descartes, and much more so in Kant, the identification of form as the principle of intelligibility, and so as the regulating principle or actual expression of freedom, is replaced by the formation process.

The negative activity of the Platonic psyche is thus transmitted to the forms themselves by a series of stages within the second step; these stages culminate in Hegelian dialectico-speculative logic. Platonic Eros, Aristotelian actualization, and Christian subjectivity: these are the crucial historical roots of Hegel's culminating exposition of the modern or Kantian thesis of the relation between freedom and reason. The crux of the matter is visible in Hegel's insistence upon the identity of the cognized form in itself (*an sich*) with the form as cognized within consciousness (*für uns*).[1] The intelligible world is a production of divine thought, but this thought can be »recollected« by the human intellect. In Aristotle's *Metaphysics*, we think the forms of beings by actualizing them in our thought, but we cannot think the divine intellect or *noesis tes noeseos*. In Hegel's system, there is no final separation between the divine intellect and the forms of the beings, nor between the sage's intellect and thought thinking itself.

It is easy to see that the Platonic Eros is present in the »pure simple negativity« of Hegelian substance understood as subject or life. What Diotima refers to in her ironical terminology as the magical and sophistical transformations of Eros, is expressed in Hegel's romantic idiom as „the seriousness, the pain, the patience and work of the negative" that arrives eventually at the fully developed totality of

1 *Phänomenologie des Geistes* (Felix Meiner Verlag) Hamburg 1988, pp. 63ff. Cf. *Logik*, Bd. I, p. 14 and p. 18 and for the unification of *an sich* and *für sich*, p. 42.

truth.[1] We note that Eros is associated in Plato with playfulness and pleasure, whereas in its sublated Hegelian rendition, it is associated with the seriousness and pain of labor. This is a crucial difference between the pagan and the Lutheran temperament. Hegelian satisfaction is not the same as Platonic blessedness, nor is the route the same to these two goals. As Hegel strikingly puts it, „death is the most frightening, and to hold fast to death is what requires the greatest force. The beautiful, which lacks force, hates the understanding, because the latter expects of it that of which it is not capable.“ And again, the life of the spirit „wins its truth only by finding itself within absolute disruption“ (*Zerrissenheit*).[2]

In my opinion, texts like these support the inference that what Hegel calls „the unhappy consciousness“ cannot be restricted to a single period of historical development. The attainment of freedom is a preservation as well as an overcoming of the disruption in the Absolute. With respect to the anticipation of post-Kantianism, I call your attention to the famous ending of *Thus Spoke Zarathustra*: „Do I think about *happiness*? I think about my *work*.“[3] The satisfaction of desire is for Hegel not simply painful but self-lacerating. The destruction that Zarathustra tells us must precede creation[4] applies to the worker himself. The union of subject and object in the satisfaction of desire „is in general *destructive*, as with respect to its content it is self-addictive.“[5] The restlessness of addiction, I suggest, does not cease with wisdom but is reproduced as the interior motion of the concept, by which one moment is continuously transformed into the others.

We saw previously that, according to Socrates, philosophy originates in wonder. In Descartes, the claim is preserved, but modified in such a way as to justify the inference that wonder must be mediated by desire for the suitable and the pleasant. In Hegel, desire is if anything even more important than in Descartes. I want to illustrate Hegel's understanding of the origin of philosophy by discussing a passage from the *Differenzschrift* of 1801. The remark that interests me is one in which Hegel anticipates the later notion of absolute disruption. In it, he speaks of the form of philosophy as produced by „the living originality of the spirit, which has shaped it through its own production and activity, the disrupted harmony [*die zerrissene Harmonie*].“ As a harmony, this disunion (*Entzweiung*) has itself a particular form,

1 *Phänomenologie*, p. 14f.
2 Ibid., p. 26.
3 *Also sprach Zarathustra* in *Kritische Studienausgabe*, ed. Colli and Montinari (Walter de Gruyter) Berlin/New York 1980, Bd. IV, S. 408.
4 Ibid., p. 75: „Immer vernichtet, wer ein Schöpfer sein muss.“
5 *Encyclopädie* (Felix Meiner Verlag) Hamburg 1969, p. 350, § 428.

namely, „the source of the need of philosophy, and as formation [*Bildung*] of the age, it is the unfree given side of the shape of philosophy.“[1]

The main point of this passage is that philosophy emerges from desire, which itself bears the structure of the separation of the subject and the object. This separation is located within the subject in two senses: as defined by desire and as overcome through conceptual satisfaction. This is why Hegel alludes to the disrupted harmony of the spirit. Each such disruption or disunion has a particular historical form that is expressed most fully in the dominant philosophy of the time. Thus the particular way in which each epoch conceives of the separation between the subject and the object, and so how it conceives of its primary task, both defines the age and restricts the spirit or constitutes the unfree dimension in the origination of philosophy. This dimension is the pursuit of freedom through the historically conditioned negative work of desire.

Once again we see the subterranean presence of Eros as the mediator (the hermeneut) between reason and freedom. I remind you of the general situation. Plato possesses the concept of negativity, but as applied to the soul only and not to the Ideas. Descartes takes the decisive step of replacing the independent Ideas with new objects of desire, which are prepared by abstraction with the assistance of the imagination and subordinated to the will. But he lacks the concept of negativity as overcoming, and so emphasizes self-independence as limitation (i.e. detachment from what is not within our control). In Hegelian language, Cartesian dualism shows that the truth of nature remains exterior to the subject. This is a dualism that Hegel continues to see in the Kantian distinction between the noumenal and the phenomenal. Hegel believes himself to have overcome Platonist dualism by investing with negativity the form of the desired object as well as of the desiring subject. Form is now a derivative of the formation-process.

One should nevertheless not overlook the interplay in our passage between form and disruption. To repeat: Hegel shares the traditional view that intelligibility depends upon order or structure, whether established by looks, rules, or processes. He employs three different words in our passage to express intelligibility: *Form*, *Gestalt*, and *Bildung*. The structure of the particular philosophical discourse of a given epoch is a result of the spiritual activity of »shaping« (*gestalten*) through negative work the type of cultivation (*Bildung*) that is peculiar to spirit in that epoch. But these senses of »form« are united by an underlying sense of formation: of activity that is primarily negative or transformational. I note that at the very end of the greater *Logic*, Hegel

[1] In *Jenaer kritische Schriften* (I) (Felix Meiner Verlag) Hamburg 1979, p. 10.

emphasizes that the culminating synthesis is *Bewegung* and *Tätigkeit*.[1] The disruption or disunion that characterizes the spirit at each historical epoch is negative or deconstructive. Although negation has a »positive« goal in the sense of completeness or of the overcoming of the separation between each determination and its opposite, completeness is nevertheless not static. It is not a Platonic heaven or harmony of eternal elements, each of which is forever itself and nothing else. The negative excitation of the subject is also to be found within the formal elements, and for two closely related reasons. First, the attempt to think each separate element as separate is impossible and demonstrates their interconnectedness in themselves. Second, as intelligible, the elements of intelligibility are already within thinking or subjectivity.

I come now to the conclusion of this brief inspection of Hegel's sublation of Eros. „The genuinely free will," says Hegel in the *Encyclopedia*, „is the unity of the theoretical and the practical spirit"; as such, it is both immediate individuality and the universal determination of freedom, which latter the will possesses as object and purpose „insofar as it thinks itself, knows this concept, is will as free intelligence."[2] Freedom is for Hegel in effect rationality; he thus refers to „the rational will" (*der vernünftige Wille*) which unfolds into actuality or objective spirit.[3] In non-technical language, freedom is the unification of the subject and the object in an existence that thinks, and thereby exemplifies in its existence, the truth. Not only is the true the whole, but freedom is as well.

It is obvious that in his account of freedom, Hegel intends to overcome the Kantian dualism of theoretical and practical reason. In order to accomplish this, Hegel must unify reason and the will, in a way that is closer to Descartes than to Kant. One could also say that the existential origin of will and reason is for Hegel desire, as is implicit in the famous struggle for recognition between individuals who are initially defined by that struggle as master and slave. Desire is the origin of history, and it is thanks to this origin that the negative excitation of Eros is transmitted to both subject and object, an excitation that underlies and is the engine that accomplishes the unification of the theoretical and practical spirit.

For my present purposes, the most important difference between the Platonic *psuche* and the Hegelian *Geist* lies in the aforementioned separation in Plato between the erotic soul and the Ideas. The soul, or Eros, has no intrinsic stability, no definite structure. (I note parenthetically that the tripartite structure of the soul in the *Republic* is in fact compromised by the presence of Eros in all three parts.) The soul is

---

1 *Logik*, II, p. 499.
2 p. 387, § 481.
3 p. 387, § 482.

not itself an Idea, except in the most general sense that we can discern its nature or power. Instead, this power is activated and directed by the Ideas. The Ideas give shape and a kind of fluid stability, paradoxical as that expression may seem, to the soul, which is defined as a soul of a certain type by the degree of erotic ascent of which it is capable. The object of love, in other words, determines a rank-ordering of souls or human lives; this would be impossible for Eros alone, since in itself it is polymorphous perverse or unsatisfiable. We are what we love, and the most capacious souls love everything.

As was already evident from the reference in the *Sophist* to dialectic as the science of free men, for Plato, only the philosopher, and perhaps not even the philosopher, is or can be free in the fully rational sense of the term. In keeping with the softer virtue of modernity, the situation is somewhat easier in Hegel; although only the wise man could be said to be genuinely free, there is also a secondary sense of freedom that is available through participation by obedience to rational laws in a rational state.[1] But what looks softer from one standpoint is harder from another. Freedom depends for its actualization, whether in the life of the wise man or in the quotidian existence of the citizen, upon the achievement of wisdom. The concept must actualize in world history as well as in the thought of Hegel and his disciples. There can be no as yet unrevealed categories or moments in the intelligible structure of the whole. And this is so regardless of what stance we take on the much-disputed question of the end of history.

In my opinion, the Hegelian teaching is doomed to deteriorate into post-Kantianism, the third of my three theses, regardless of whether or not wisdom is genuinely achieved. If it is not, or if Hegel's successors deny that it is, then the results must be something very much like what actually happened in the course of the 19th century: a disillusionment with speculative philosophy, a return, ostensibly to Kant, but in fact to positivism, or else a rapidly accelerating descent into the maelstrom of history. But suppose that Hegel was in fact wise, or universally believed to be so. The circularity of the concept, and so of the satisfaction of desire, guarantees perpetual boredom, as was well understood by Alexandre Kojève, who diagnosed the satisfaction of the sage as depending either upon love-making or the Japanese tea-ceremony, in other words, upon the mindlessness of bestiality in one case and of hyper-aestheticism in the other.

---

1 Cf. *Enzyklopädie*, p. 416, § 539: „In der Tat, ist jedes wahrhafte Gesetz eine Freiheit, denn es enthält eine Vernunftbestimmung des objektiven Geistes, einen Inhalt somit der Freiheit.“ *Grundlinien der Philosophie des Rechts* (Felix Meiner Verlag) Hamburg 1955, p. 67, § 57: the Idea of freedom is genuinely actual only as the state.

IV

It is now time to bring this lecture to a conclusion. I have suggested that there are three main theses in our philosophical tradition concerning the relation between freedom and reason. The Platonist thesis identifies freedom as the desire for, and knowledge of, the formal structure of intelligibility, which structure is independent of and so regulates both desire and cognition. I identify the second thesis as Kantian in order to give prominence to the crucial premiss of the modern epoch, namely, that the structure of intelligibility is conditioned, and hence in senses that vary from one philosopher to another, constituted or produced by one or both of the activities of desire and cognition.

On the Platonist thesis, it is difficult if not impossible to understand how freedom is rendered accessible by the reason to which it is attributed. On the Kantian thesis, freedom is inseparable from the implicit or explicit axiom that we know only what we make. As a corollary to this axiom, the Kantian thesis holds that freedom is the satisfaction of desire by reason. Reason accordingly tends to be understood primarily as practico-productive; as an aside, I note that this is the basis of the gradual emergence and rapid acceleration of the conceptions of theory-construction, interpretation, hermeneutics, and perspectivism.

On what I am calling the Kantian thesis, which I have illustrated by the historical examples of Descartes and Hegel, the two end-points of the modern epoch, there is a delicate balance between freedom understood as spontaneity and freedom in the sense of autonomy. The Platonic forms are gradually replaced by ratios (e.g. Cartesian equations), rules, or rule-guided formation processes; in general, one can say that freedom is law-abiding. But we ourselves must formulate these laws if we are truly free, and herein lies the problem. If autonomy is spontaneous, how can we certify the validity of the laws? It is easy enough to say that their validity lies in the principle of human freedom, but to say this is to place freedom both outside and above reason. This is in many ways an attractive claim, but it has the serious difficulty that it engenders the conception of reason as the decisive obstacle to freedom. The consequence of making freedom pre-rational, however, has been to make it irrational; the post-Kantian thesis thus emerges from the inner disintegration of the Kantian thesis.

I close with three brief observations that may serve as the basis for further discussion. First, the theses that I have discussed today are not intended to provide an exhaustive account of all doctrines of freedom. I have restricted myself to the two fundamental attempts to relate freedom to reason, and to the third that emerges from the enervation induced by their conceptual inadequacies. Second, as I consider the history of western philosophy, I become progressively more convinced that an excessive desire for freedom is self-vitiating. In the vocabulary of my lecture, Eros is incapable of defining itself by means of its internal resources alone. Otherwise put, those who produce their objects of love are suffering from the delusion induced by narcissism.

Third and finally, freedom cannot be identical to wisdom in the sense of the contemplation or discursive grasp of intelligible form. The reason why we desire freedom is not that it is rational but that it is desirable. Each of us, of course, can give reasons why we prefer freedom to bondage. But these reasons are not accounts of intelligible structure; they are justifications of desire, and their rationality depends upon the degree to which our desires are justified. In that sense, the connection between freedom and reason amounts, not to a philosophical system or to a post-philosophical deconstruction of systems, but to the attempt to philosophize, and so to live a philosophical life. I once referred to the space in which that life transpires as the absence of structure. I close with the supplementary remark that absence is always defined by presence.

Kant und Mill
über den Ursprung des obersten Prinzips der Moral

von Thomas M. Seebohm (Mainz)

Die Auseinandersetzung zwischen Utilitaristen und Kantianern hatte bereits zur Zeit Mills den Charakter polemischer Auseinandersetzungen, die mit der Hartnäkkigkeit von religiösen Dogmenstreitigkeiten geführt wurden. Die Dogmen um die es in diesem Streit geht, lassen sich mit den Mitteln der traditionellen Begriffslogik in Gegensätze bringen, die sogar den Charakter der ominösen »Widersprüche« dieser Logik haben.

Das Prinzip der Ethik ist ein Prinzip a priori der reinen Vernunft	Das Prinzip der Ethik wird durch Erfahrung gefunden
Es gibt eine Freiheit, deren Prinzip ein reines sich selbst Bestimmen ist	Eine solche Freiheit gibt es nicht, sondern nur die Freiheit von äußeren Zwang
Die Maxime, nach Glück zu streben, gehört nicht in das Prinzip der Moral	Diese Maxime wird vom Prinzip der Moral unmittelbar vorausgesetzt

Bei aller Differenz fällt eines auf. Beide Ethiken sind „Prinzipienethiken".[1] Beide versuchen auf verschiedene Weise zu begründen, daß es ein erstes sehr abstraktes Prinzip in der Ethik gibt, das prinzipiell zur philosophischen Begründung aber auch für die Kritik von ethischen Grundsätzen niederer Allgemeinheitsstufe gebraucht werden kann. Eine unmittelbare Anwendung des Prinzips ist aber vor allem auch möglich, wenn das Handeln in vordem unbekannten Kontexten moralisch beurteilt werden soll. Prinzipienethiken zeigen somit genau in den Situationen ihre Vorzüge, in

---

[1] *Utilitarianism*, Vol. X, S., 206. Mill wird zitiert nach: *Collectes Works of John Stuart Mill*, J. M. Robson, general editor, University of Toronto Press, Routledge and Kegan Paul, Toronto and Buffalo.

denen konkrete Wertethiken oft zur bloßen Rechtfertigung des Bestehenden verkümmern können.

Weiter ist festzuhalten, daß die beiden ersten »Gegensätze« zwar Auswirkungen auf das Verständnis des Prinzips haben werden, daß sie aber über die Anwendung in der Ethik hinaus allgemeine ontologische Voraussetzungen haben und nur von hier aus zu begründen sind. Wie das Problem der Willensfreiheit behandelt wird, hängt ab vom Verständnis der ontologischen Kategorie der Kausalität und des Gesetzes der Kausalität. Die Alternative, ob höchste Prinzipien einschließlich der Prinzipien der Ethik a priori sein müssen oder induktiv in der Erfahrung zu gewinnen sind, kann nicht abgetrennt von der allgemeinen Frage nach Prinzipien oder Grundsätzen der Erfahrung und der Wissenschaften aufgeworfen werden.

Das legt nahe, die ersten beiden Gegensätze zunächst einzuklammern. Erste Aufgabe wäre dann der Vergleich der Prinzipien selbst vor allem im Hinblick auf die wichtigsten, sich aus ihnen ergebenden mittleren Grundsätze, die einzelne konkrete Rechts- und Tugendpflichten betreffen. Die Einklammerung hat bei Mill keine unmittelbaren Konsequenzen auf die Anwendung des Prinzips. Er bemerkt an einer Stelle ausdrücklich, daß sich an den Konsequenzen, die aus dem obersten Prinzip der Ethik zu ziehen sind, nichts ändern wird, wenn man es vorzieht, dieses Prinzip aus einem transzendentalen Ursprung zu begründen. Der Glaube an eine solche »Abstammung« kann als eine innere Sanktion wirken, die dem ersten Prinzip der Moral ein besonderes Gewicht verschafft. Wird die Kantische „Achtung vor dem Gesetz“ für einen Menschen zum Habitus, dann wirkt sie in diesem Menschen als Triebfeder, die sie/ihn dazu veranlaßt, nach dem obersten Prinzip der Moral zu handeln. Dabei werden sich keine grundsätzlichen Differenzen in den aus dem Prinzip folgenden Handlungsanweisungen ergeben. Das Prinzip des Utilitarismus ebenso wie das des Transzendentalismus gebietet, für das Glück anderer zu sorgen und verbietet, sie zu schädigen. Für Mill hat der Transzendentalismus aber epistemisch gesehen nur den Status eines Glaubens. Auch der internalisierte Glaube an einen äußeren Sanktionen verhängenden Gott kann in ähnlicher Richtung wirken. Vom Utilitarismus aus gesehen sind verschiedene Arten des Glaubens nützlich, sofern die äußeren oder inneren Sanktionen, die aus den Glaubensinhalten folgen, der Verwirklichung des obersten Zieles des Prinzips des Utilitarismus dienen können. Je nach Glaubensinhalten kann das mehr oder weniger der Fall sein. Der »Glaube« Kants führt nur zu wenigen inhaltlichen Differenzen in der Formulierung des Prinzips und in den *axiomata media*, die zuerst aus ihm folgen. Der »Glaube« Kants betrifft den Ursprung a priori dieses Prinzips. Somit bleibt die einzige Frage, ob der Empirist in der Erfahrung (a) ein erstes Prinzip begründen kann und (b) die natürliche

Entstehung einer inneren Sanktion nachweisen kann. Wenn das möglich ist, dann wird die aus theoretischen Gründen inakzeptable Annahme einer Gründung des moralischen Prinzips a priori überflüssig.[1] Anzumerken ist, daß für Mill Kants Transzendentalismus eine Spielart der intuitionistischen Ethik ist, die das Apriori der ethischen Prinzipien auch auf andere Weise als Kant begründen kann.

Bei Kant führt die Ausklammerung der ersten beiden Gegensätze zur partiellen Ausklammerung einer Frage, die für ihn wichtig ist, die Frage nach der Moralität in Handlungen und Wahl von Maximen. Für diese Frage ist entscheidend, ob die Handlung nur von der Achtung vor dem Gesetz bestimmt wurde oder nicht. Eine konkrete, systematisch auf das oberste Prinzip zurückweisende Rechts- und Tugendlehre hat Kant erst spät publiziert. Sie hat natürlich eine subjektive Bedeutung auch für die Frage der Moralität. Sie hat aber auch objektive Bedeutung für die Beurteilung der Legalität von Handlungen, d.h. die Frage ob sie pflichtgemäß sind. Diese Frage kann ganz unabhängig von der ersten Frage betrachtet werden. In den früheren publizierten Schriften zur Ethik, die eigentlich nur das Problem einer Begründung eines höchsten Prinzips, das das Sittengesetz in einer Formel zum Ausdruck bringt, behandeln, werden Fragen der Anwendung des Prinzips auf konkretere ethische Grundsätze und Anweisungen für Handlungen nur am Rande in illustrierenden Beispielen erwähnt.

Kants Ausführungen zu einer konkreten Rechts- und Tugendlehre dagegen behandeln das Problem von Legalität und Moralität unter Gesichtspunkten, die sich, vorsichtig gesagt, in den früheren Schriften nicht gerade aufdrängen. Es zeigt sich nämlich, daß die im strengen Sinne der Moralität zuzuordnende Tugend eigentlich nur ein Fortschreiten sein kann, das immer von vorne zu beginnen hat. Pflicht heißt hier, sich einem Ideal beständig anzunähern. M.a.W. der moralische Wert der Handlung durch die sich ein Mensch in der Achtung vor dem Gesetz allein von einem Laster der Rohigkeit befreit, ist genauso groß, wie der moralische Wert der Handlung, in der sich ein Mensch über die Erfüllung seiner Rechtspflichten und über die Erfüllung der Pflichten gegenüber ihm unmittelbar begegnenden Anderen hinaus sich zur Wohltätigkeit gegenüber Fernstehenden entschließt. Grundsätzlich gilt also, daß der moralische Wert einer Handlung nichts mit der möglichen Bewertung von Lastern und Tugenden zu tun hat. Der rein moralische Begriff der Tugend ist leer. Er gebietet zwar, ständig unsere Neigungen durch das Sittengesetz zu überprüfen und entsprechend zu korrigieren, führt aber für sich genommen nicht auf ethische Grundsätze, die als *axiomata media* konkrete Vorschriften formulieren. Diese Leere ist auch be-

[1] *Utilitarianism*, X, S. 230.

dingt durch die Tatsache, daß in der Erfahrung schon bei eigenen Handlungen, ganz zu schweigen von denen anderer, niemals festgestellt werden kann, ob sie rein durch die Achtung vor dem Gesetz oder durch Beimischung von Neigungen, die sie bloß legal machen würden, motiviert wurden.[1] Die Kehrseite solcher Thesen ist nun, daß für die Entwicklung von ethischen Grundsätzen, die aus dem kategorischen Imperativ abzuleiten sind, ein solcher Tugendbegriff wenig hergibt. Die Frage nämlich, ob bestimmte Klassen von Handlungen oder bestimmte Maximen des Handelns dem obersten Prinzip des Sittengesetzes entsprechen oder nicht, setzt eine Beurteilung von Handlungen und Maximen voraus, die ganz davon absehen können, ob sie von einem Menschen bloß legal oder auch moralisch erfüllt werden. Es ist in solchen Urteilen nicht von individuellen Handlungen und individuellen Maximen die Rede, sondern z.B. von den Klassen von Handlungen, die bestimmte Rechtspflichten erfüllen oder ihnen entgegenstehen. Das Urteil einer konkreten Rechtslehre, das eine Rechtspflicht bestimmt, bestimmt ein Prädikat für Klassen möglicher Handlungen und erst unter der Voraussetzung, daß die je meine Handlung zu dieser Klasse gehört, macht die weitere Frage möglich, ob ich hier aus Achtung vor dem Gesetz allein oder bestimmt durch Neigungen gehandelt habe. Es kann also gesagt werden, daß die Frage nach dem System der Rechts- und Tugendpflichten, das aus dem höchsten Prinzip folgt, wenn es auf Anthropologie angewandt wird,[2] unabhängig von der Differenz von Legalität und Moralität ist und auch lediglich unter dem Aspekt der Beurteilung von Legalität behandelt werden kann. Unter diesem Gesichtspunkt wird ein Vergleich der höchsten Prinzipien der Ethik unter rein ethischen Gesichtspunkten und der sich aus ihnen ergebenden *axiomata media* bei Kant und Mill möglich. Ein solcher Vergleich wird im ersten Abschnitt versucht werden. Die Abschnitte II und III werden sich mit der zunächst eingeklammerten Frage nach der Freiheit und der Frage nach dem Apriori befassen. Die Thesen, die verteidigt werden sollen, werden in der Zusammenfassung am Schluß hervorgehoben.

Eine abschließende einleitende Bemerkung ist nötig. Der nur systematisch interessante Versuch, Kant in Mill und Mill in Kant nachzuweisen, um den Gegensatz von Mills Utilitarismus und Kants Transzendentalismus zu relativieren, wird im genannten, aber auch in weiteren Punkten Aspekte in Kant hervorheben müssen, die der »Standardinterpretation« der Kantischen Ethik nicht entsprechen. Sie wird genau auf die hier vernachlässigten Aspekte Wert legen und die anderen, auf die es hier ankommt, als allenfalls problematische Beigaben werten. Es kann aber darauf hinge-

---

[1] *Die Metaphysik der Sitten*, Bd. VI, S. 409, 447. Kant wird zitiert nach der Akademie Textausgabe (AA), de Gruyter, Berlin.

[2] *Die Metaphysik der Sitten*, AA VI, S. 217.

wiesen werden, daß genau die Standardinterpretation in den meisten Fällen die Grundlage einer Kritik des Kantischen Formalismus in der Ethik bildet, die behauptet, daß dieser Formalismus eigentlich nicht zu einer konkreten Ethik führen kann. Das ist der gemeinsame Tenor u.a. von Hegels, Schelers und Mills Kantkritik.[1] Es könnte also die hier in Ansatz gebrachte Lesart durchaus in der Lage sein, Kants Ethik auf eine sehr viel fruchtbarere Weise zu verstehen und sie gegen Einwürfe zu verteidigen. Diese Aufgabe kann im Rahmen der hier vorzunehmenden Untersuchung nicht erfüllt werden.

I. Vergleich der Prinzipien

Was bereits bei einer oberflächlichen Betrachtung auffallen muß, ist die weitgehende Übereinstimmung hinsichtlich der allgemeinsten mittleren Grundsätze. Für Kant wie für Mill hat das Recht des Individuums auf Freiheit und Selbstbestimmung einen hohen Stellenwert, der nur durch die Rücksicht auf ein gleiches Recht für andere Individuen eingeschränkt werden darf. Unter Freiheit darf hier natürlich nicht die transzendentale Freiheit Kants verstanden werden. Auch die Frage, ob die Freiheit qua freie Willkür des Menschen nach Kant letztlich nur mit Bezug auf die Alternative, aus Achtung vor dem Gesetz handeln zu können oder nicht, verstanden werden kann, muß eingeklammert werden. Was in Rede steht, ist die Freiheit, von der bei Kant im Prinzip des Rechtes die Rede ist. Diese Freiheit und ihre Grenze muß als Freiheit, die Willkür in eine bestimmte Sache zu legen, sich bestimmte Zwecke zu setzen, verstanden werden. Die Frage, ob eine solche Willkür nur durch Achtung vor dem Gesetz oder durch Neigungen bestimmt wird, spielt hier keine Rolle. Darauf wird im einzelnen zurückzukommen sein.[2] Mill unterscheidet in diesem Punkt von Kant nur die pragmatische Beurteilung dieses mittleren Prinzips. Beide betonen, daß sich dieses Prinzip nur in einer langen historischen Entwicklung gegen große Widerstände durchsetzen konnte. Mill fügt hinzu, daß es in seiner und wohl auch unserer Gegenwart weniger durch staatliche Eingriffe als durch den Druck der öffentlichen Meinung und ihrer Sanktionen gefährdet ist.

Ein weiterer grundsätzlicher Punkt der Gemeinsamkeit in den mittleren Prinzipien ist die Unterscheidung zwischen vollkommenen und unvollkommenen Pflichten. Rechtspflichten sind für beide vollkommene Pflichten.[3] Nur bei diesen Pflich-

---

1 *Utilitarianism*, X, S. 207.
2 *Die Metaphysik der Sitten*, AA VI, S. 230; *On Liberty*, Vol. XVIII, S. 276ff.
3 *Die Metaphysik der Sitten*, AA VI, S. 232, 240; *Utilitarianism*, X, S. 246ff.

ten sind bei Kant wie bei Mill äußere, Gewaltausübung fordernde Sanktionen seitens der staatlichen Gewalt möglich. Die unvollkommenen Spielräume der Freiheit des Individuums eröffnenden Pflichten sind die Tugendpflichten, bei denen neben inneren Sanktionen nur die moralische Sanktion der Beurteilung durch andere zulässig ist, der jedoch enge Grenzen vorgeschrieben sind. Im Bereich der unvollkommenen Pflichten, auch darin stimmen beide überein, haben Individuen nach Anlage und Neigung Freiheit der Wahl der Selbstgestaltung und Selbstverwirklichung. Wohlwollen gegenüber anderen und Wohltun sind ebenso bei beiden die leitenden Gesichtspunkte der unvollkommenen Pflichten gegenüber anderen. Auch in unvollkommenen Pflichten gegenüber sich selbst ist die Vervollkommnung der Menschheit im ganzen die leitende Maxime. Alle Begabungen sind für die Beförderung des eigenen Wohls und des Wohls anderer zu nutzen, wobei das Wohl anderer durchaus auch bei beiden Vorrang hat. Solche Gemeinsamkeiten lassen sich einerseits auf die Tradition der Ethik und Rechtslehre der Aufklärung zurückführen. Sie reichen aber auch tiefer. Mittlere Prinzipien wie u.a. das »schade keinem« lassen sich bereits bei Ulpian nachweisen, der von Kant auch erwähnt wird.[1]

Differenzen dürfen nicht unterschlagen werden. Mill verwirft die auch von Kant benutzte »geometrische« Methode der Staatsvertragstheorie. Für Mill gehören Rechts- und Staatslehre als Sozialwissenschaften zunächst zu den *moral sciences*, genauer zu den Sozialwissenschaften,[2] die untersuchen, was ist und somit Sachverhalte feststellen. Die ethische Frage nach dem Sollen beurteilt solche Sachverhalte. Das wird noch eingehender zu behandeln sein. Vorerst ist festzustellen, daß sich diese Differenz eindeutig aus grundlegenden ontologischen und epistemologischen Differenzen ergibt. Es handelt sich somit nicht um eine Differenz im Bereich der *axiomata media*.

Eine weitere, viel beachtete Differenz findet sich in der Straftheorie. Zufügung von Strafe ist nach Mill Zufügung von Leid und nach seinem Prinzip ist jede Zufügung von Leid verwerflich, wenn sie nicht nützlich ist, d.h. ein größeres Gut für die Gemeinschaft in der Zukunft bewirkt. Bestrafung von Verbrechern ist dementsprechend nur durch die abschreckende Wirkung der Strafe und die mögliche Rehabilitation des Täters durch die Strafe zu rechtfertigen.[3] Kant dagegen vertritt im Ansatz die Straftheorie des Retributionismus, der Strafe im Rahmen strikt ausgleichender Gerechtigkeit.[4] Es läßt sich jedoch fragen, ob ein rigoroser Retributionismus aus den

---

1 *Die Metaphysik der Sitten*, AA VI, S. 236f.
2 *A System of Logic. Ratiocinative and Inductive*, Vol. VII, VIII, S. 887.
3 *Utilitarianism*, X, S. 252ff.
4 *Die Metaphysik der Sitten*, AA VI, S. 331f.

Kantischen Voraussetzungen folgt. Dem kann hier nicht weiter nachgegangen werden.

Eine weitere Differenz, die nicht so sehr in dem, was das mittlere Prinzip gebietet, sondern in seiner Begründung zu suchen ist, ergibt sich bei dem Gebot, Tieren gegenüber jede vermeidbare Schmerzzufügung zu unterlassen. Für Mill sind nicht nur vernünftige Wesen Rechts- und Ethikgenossen. Sein Prinzip bezieht sich unmittelbar auf alle fühlenden Wesen, auch wenn sie unvernünftig sind. Damit folgt bei ihm dieses Gebot unmittelbar aus seinen ersten Prinzipien. Bei Kant sind Pflichten gegenüber Tieren nur indirekte Pflichten, die mit Hilfe anthropologisch empirischer Hilfsprämissen aus einer direkten Pflicht des Menschen gegen sich selbst abgeleitet werden.[1] Anzumerken wäre, daß Kant bei der Frage nach einer ethisch gerechtfertigten Behandlung von Menschen, die Verstand und Vernunft endgültig und vollständig durch Alter und Krankheit verloren haben, wohl nur eine analoge Begründungsstrategie hätte verwenden können. Weder er noch Mill gehen darauf ausführlich ein.

Die angeführten oberflächlichen Beobachtungen, die ohne Schwierigkeiten vermehrt werden könnten, zwingen eigentlich zu der wohl sehr selten gestellten Frage, wie es möglich sei, daß aus angeblich diametral entgegengesetzten Prinzipien so viele mittlere Prinzipien abgeleitet werden können. Das ist eine Beobachtung, die ein grundlegendes Problem der Ethik sein sollte. Man zieht es aber vor, das jeweils eigene Prinzip auf möglichst abstrakter Ebene zu verteidigen und andere Prinzipien auf eben dieser Ebene zu verwerfen. Die Frage, wie viele und welche mittleren Prinzipien, die ja zum größten Teil vorgegeben sind, aus diesem und jenem ersten Prinzip zu begründen sind und wie diese Begründung jeweils aussieht, wird oft vernachlässigt.

Betrachtet man die Prinzipien Mills und Kants zunächst für sich, dann fällt ihre Opposition ins Auge, aber auch, daß beide offenkundige Schwierigkeiten mit sich führen, auf die in der Literatur immer wieder verwiesen wird.

Kants kategorischer Imperativ (= KI) in seiner ersten Formulierung, die oftmals allein und isoliert für sich betrachtet wird, sagt:

> KI: Handle nur nach derjenigen Maxime, durch die Du zugleich wollen kannst, daß sie ein allgemeines Gesetz werde.[2]

Angemerkt sei, daß Mill KI in der wohl auf Carlyle zurückgehenden Formulierung zitiert: *So act, that the rule on which thou actest would admit of being adopted as a*

---

1 *Die Metaphysik der Sitten*, AA VI, S. 433.
2 *Grundlegung zur Metaphysik der Sitten*, AA IV, S. 421.

law by all rational beings.[1] An anderer Stelle heißt es abweichend: *So act that the rule of thy conduct might be ... .*[2]

Mill vermeidet einengende Formeln. Er spricht vom *greatest happiness principle* (= GHP). Die wichtige erste Ergänzung des GHP ist: *whether we are considering our own good or that of other people.*[3] Handlungen, die diesem Ziele dienen, sind nützlich und nützliche Handlungen in diesem Sinne sind moralisch gut. GHP gibt also das letzte Ziel für alle Handlungen an, die moralisch gut sind und bestimmt sie von dort aus als moralisch gut. GHP ist also eine Formel für das *summum bonum* nach Mill. Mill scheut sich, im Gegensatz zu Bentham, Formeln aufzustellen, die zu einem rein quantitativen und starren GHP führen könnten. Obwohl er an einer Stelle einen ergänzenden Teil von Benthams Formel übernimmt,[4] spricht er nirgendwo vom »größtmöglichen Glück der größtmöglichen Zahl«. Er hat zwar allgemeine mittlere Prinzipien, die Bentham vertritt, teils positiv, teils kritisch gewürdigt, Benthams Formulierungen des Prinzips des Utilitarismus jedoch schlicht für irrelevant erklärt.[5] Der wesentliche Unterschied ist wohl, daß Mill einen ganz anderen Erfahrungsbegriff hat als Bentham, der sich ganz der sensualistisch-empiristischen Tradition des 18. Jahrhunderts angeschlossen hatte. Darauf ist zurückzukommen. Entscheidend für Mill war in dieser und anderer Hinsicht die Begegnung mit Coleridge. Er würdigt ihn, kritisiert ihn aber auch oft und nennt ihn dabei oft in einem Zuge mit *the Germans.*[6] Diese Andeutung über den Hintergrund des Millschen Utilitarismus muß hier genügen. Aus dem Gesagten folgt, daß man den Millschen Utilitarismus nur bedingt mit moderneren Versionen des Utilitarismus, z.B. dem Konsequentionalismus, in Verbindung bringen kann, weil auch hier ganz verschiedene Begriffe von Erfahrung in Ansatz gebracht werden, die auch zu ganz anderen Begriffen von *moral sciences* führen. Das gilt mit Sicherheit, wenn der Wissenschaftsbegriff der analytischen Philosophie unterstellt wird.

Nach Mill läßt sich der vollständige Sinn von GHP keineswegs aus einer verbalen Analyse der Formel herausklauben. Ethik hat es mit Imperativen zu tun, die keineswegs auf Feststellungen über Fakten, auch nicht der Fakten von denen die *moral sciences* handeln, reduziert werden können. Sollen und Sein sind strikt zu unterscheiden. Eben deshalb besteht er auf dem Unterschied zwischen *moral sciences* und der *ethology*, der Wissenschaft von der Charakterbildung, die auf Fakten bezogene

1 *Utilitarianism*, X, S. 214.
2 *Utilitarianism*, X, S. 249.
3 *Utilitarianism*, X, S. 214.
4 *Utilitarianism*, X, S. 214, 257.
5 *Bentham*, Vol. X, S. 110ff.
6 *Coleridge*, Vol. X, S. 125.

Wissenschaften sind, einerseits und Untersuchungen zur Logik der Kunst und der Praxis andererseits. Untersuchungen zur ethischen Praxis und deren Prinzip gehören zur höchsten Disziplin der Logik der Kunst. Diese Feststellung sollte im Auge behalten werden, wenn die Frage erörtert wird, in welchem Sinne das höchste Prinzip der Moral durch Erfahrung zugänglich sein kann. Sätze der Kunst und der Ethik sind nicht indikativisch wie die Sätze der Wissenschaft, sondern Imperative. Entsprechend kann GHP auch als Imperativ formuliert werden, was für den Vergleich mit KI von Nutzen ist.[1]

> IGHP: Handle so, daß das Ziel deines Handelns stets dem in GHP angegebenen *summum bonum* entspricht.

Eine Handlung, die diesem Imperativ folgt, heißt nützlich und nützliche Handlungen in diesem Sinne haben moralischen Wert. GHP gibt also in IGHP ein allgemeines Prinzip der Beurteilung der Ziele von Handlungen an und aus dieser Beurteilung folgt, ob die Handlung moralisch positiv oder negativ oder als moralisch neutral zu bewerten ist. IGHP ist der Form nach für den, an den er sich richtet, kategorisch. Er gibt ein Sollen an. Dieses Sollen aber ergibt sich hinsichtlich des Ziels der Handlung.

Beide Formeln, so wie sie hier nackt für sich aufgestellt wurden, werfen Fragen auf, die Näherbestimmungen fordern. Die von anderen oft an die angegebene Formulierung des KI gestellte Frage wird auch von Mill gestellt. Mill stellt fest, daß sich Regeln, die einem möglichen Wunsche, daß sie von allen vernünftigen Wesen angenommen werden sollten, keineswegs verbal in direktem Widerspruch zu den Regeln der landläufigen Moral und ihrer mittleren Prinzipien stehen können.[2] Mit anderen Worten: KI in der angegebenen Formulierung reicht nicht, um den letzten Zweck, das höchste Gut für moralisches Handeln anzugeben. Allerdings räumt Mill ein, daß Kant mit seiner Formulierung doch ein wesentliches Element in der Bestimmung des letzten Zweckes getroffen hat, wenn man »allgemeines Gesetz« als das Gesetz versteht, das von allen vernünftigen Wesen akzeptiert werden könnte, und weiter ansetzt, daß nur ein Gesetz von allen vernünftigen Wesen anerkannt werden könnte, das kollektiven Interessen dient.[3] Diese Interpretation liegt weitgehend auf der Linie der sogenannten zweiten Formulierung des KI, die Mill offensichtlich unbekannt war, auf deren wesentlichen Punkt er aber hier bereits hinführt. Darauf ist zurückzukommen. Vorgreifend kann gesagt werden, daß auch diese Formulierung die erste Frage, die Mill stellte, nicht beantwortet. Die Frage stellt sich vielmehr in zugespitz-

---

1 *A System of Logic. Ratiocinative and Inductive*, a.a.O., S. 941ff., 951.
2 *Utilitarianism*, X, S. 207.
3 *Utilitarianism*, X, S. 249.

ter Form: Was liegt denn im kollektiven Interesse aller vernünftigen Wesen? Darauf gibt KI keine Antwort. GHP gibt eine Antwort.

Bei GHP wird man zwischen zwei Problemen unterscheiden müssen. Das erste betrifft die Begründung von GHP und dort die Frage, wie man denn vom bloßen Streben der einzelnen nach ihrem Glück, das überall feststellbar ist, zu einem Prinzip kommen kann, das in dieses Streben das Glück aller anderen einschließt. Da die epistemologische Frage nach der Begründung des Prinzips zunächst eingeklammert werden soll, ergibt sich damit noch keine Kritik an der Formel selbst. Das unmittelbare Problem der Formel selbst ist, auch wenn man den immer noch recht vagen Zusatz „Jeder für einen, keiner für mehr als einen" berücksichtigt, daß aus ihr die Respektierung des von Mill geforderten Selbstbestimmungsrechtes des Individuums, in dem, kantisch gesprochen, seine Würde liegt, nicht ohne weiteres ableitbar wird. Das größtmögliche Glück im Sinne von GHP könnte erreicht werden, so wird gesagt, wenn dieses Recht bei einigen eingeschränkt oder aufgehoben wird. Ein konkreter Punkt, an dem dieses Problem unabweisbar wird, ist die Frage, ob es erlaubt sei zur Verhütung von Übeln für die Gemeinschaft aller dieses Recht einzuschränken und demgemäß potentiellen Verbrechern ein Leid zufügt, d.h. sie im Sinne der utilitaristischen Straftheorie vorbeugend »bestraft«, indem man ihnen die Handlungsfreiheit nimmt. Allgemeiner ausgedrückt, IGHP scheint zuzulassen, daß das Streben nach individueller Befriedigung bei einigen Individuen zur Durchsetzung des größtmöglichen Glückes in der Gemeinschaft eingeschränkt oder ganz aufgehoben wird. Es wird in *On Liberty* klar, daß Mill diese Konsequenz ebenso wie verwandte andere Konsequenzen dieser Art verwirft. Die Frage ist aber, ob er das ohne die Unterschiebung weiterer Gesichtspunkte tun kann.

Der Gegensatz der beiden Prinzipien ergibt sich aus der gegensätzlich bewerteten Funktion des Strebens nach Glück. Die *Grundlegung* verwirft das Streben nach Glückseligkeit, die Imperative der Klugheit als mögliches Implikat des höchsten Prinzips der Sittlichkeit mit der Begründung, Glückseligkeit ist nur eine Idee der Einbildungskraft, deren Gehalt empirisch und damit nicht allgemein und notwendig ist.[1] Allerdings finden sich in späteren Werken komplexere und subtilere Betrachtungen zum Verhältnis von Tugend und Glückseligkeit. Ihre Voraussetzungen sind jedoch bereits in der *Grundlegung* angedeutet. Die zweite Formulierung des KI sagt:

> Handle so, daß du die Menschheit sowohl in deiner Person, als in der Person eines jeden anderen zugleich als Zweck und niemals bloß als Mittel gebrauchst.[2]

[1] *Grundlegung zur Metaphysik der Sitten*, AA IV, S. 415ff.
[2] *Grundlegung zur Metaphysik der Sitten*, AA IV, S. 429.

Als weiteres analytisches Implikat ergibt sich der Satz:

> (Handle so, daß du) die Idee des Willens jedes vernünftigen Wesens als eines allgemein gesetzgebenden Willens (anerkennst).[1]

Daraus ergibt sich die Idee eines Reiches der Zwecke.[2] Damit findet sich bei Kant in der *Grundlegung* die von Mill eingeforderte Konsequenz der Näherbestimmung des kollektiven Interesses. Es findet sich aber auch die in GHP problematische Forderung nach der Autonomie und damit der Würde jedes einzelnen, die durch kein empirisches kollektives Interesse der größten Zahl eingeschränkt werden darf.

Bereits in der *Grundlegung* ist nun vom Menschen als Naturwesen wenigstens in Klammern die Rede, wenn am Rande die Frage aufgeworfen wird, wie man von der *Grundlegung* „zur eigentlichen Moral(lehre)" kommen kann.[3] Von Glück und Glückseligkeit im Verhältnis zur Tugend wird jedoch erst in der *Kritik der praktischen Vernunft* in der Dialektik der praktischen Vernunft gesprochen. Worum es geht, ist die Idee des höchsten Gutes also des letzten Zweckes. Vorausgesetzt ist hier die Tatsache, daß wir s i n n l i c h e, e n d l i c h e, p r a k t i s c h e, vernünftige Wesen sind, die Neigungen haben, d.h. die von Lust- und Unlustgefühlen bestimmt werden. Leben ist für solche Wesen das Vermögen, seinen Vorstellungen gemäß zu handeln, und das schließt die Möglichkeit ein, begehrte Objekte zu verwirklichen und unlustbesetzte zu vermeiden. Nach diesen subjektiven Bedingungen des Lebens zu handeln und ihre Erfüllung anzustreben, ist eine Frage von Sein oder Nicht-Sein solcher endlicher vernünftiger Wesen.[4]

Kant unterscheidet[5] das höchste Gut als *supremum* und *origarium*, das unbedingt ist, und das höchste Gut als *consummatum* und *perfectissimum*. Letzteres ist das größte moralische Ganze, d.h. ein realisiertes Reich der Zwecke und somit der Gegenstand von KI. Soll es ein Reich der Zwecke geben, dann muß das vollkommene Wollen eines vernünftigen Wesens, das Allmacht hat und dessen Willen ohne durch Neigungen beeinflußt zu werden, KI folgt, postuliert werden. Die Frage ist nun, wie wird sich dieses Wesen endlichen Vernunftwesen gegenüber einstellen, die ihrer allgemeinen Natur nach, es muß sich dabei nicht um Menschen handeln, nicht nur von Neigungen beeinflußbar sind, sondern in ihrem Leben, d.h. ihrer Existenz von der Erfüllung von Neigungen und Bedürfnissen abhängig sind. Es würde dem Wollen eines solchen höchsten Wesens widersprechen, wenn es eine proportionale Zuord-

---

1 *Grundlegung zur Metaphysik der Sitten*, AA IV, S. 431.
2 *Grundlegung zur Metaphysik der Sitten*, AA IV, S. 438.
3 *Grundlegung zur Metaphysik der Sitten*, AA IV, S. 429.
4 *Kritik der praktischen Vernunft*, AA V, S. 9, *Die Metaphysik der Sitten*, AA VI, S. 211f.
5 *Kritik der praktischen Vernunft*, AA V, S. 110.

nung von Tugend und Glückseligkeit nicht wollen würde, denn Glückseligkeit ist die Erfüllung der Neigungen und der Triebe, damit aber der Lebensfähigkeit endlicher, sinnlicher Vernunftwesen und damit der Verwirklichung des KI als Forderung der praktischen Vernunft in einer Gemeinschaft solcher Wesen. Umgekehrte Proportionalität oder Absehen von jeder Proportionalität, so kann Kant ergänzend hinzugesetzt werden, bedeutet nämlich die Unmöglichkeit der Existenz des Lebens moralischer endlicher Wesen oder ein Desinteresse an der Verwirklichung des KI in diesem Bereich.

Man kommt also bei Kant zunächst auf der Ebene der spekulativen Dialektik der praktischen Vernunft doch zu einem GHP verwandten Prinzip, das von KI impliziert ist und zudem zu einer Berücksichtigung von Neigungen und Trieben endlicher Vernunftwesen. Erreicht wird das in einer Mills Erwägungen genau gegenläufigen Reflexion. Zudem ist eine gewisse Beschränkung festzustellen. Genaueres wird noch zu ermitteln sein. Die Voraussetzungen solcher Erwägungen einer spekulativen Dialektik der praktischen Vernunft und in der Postulatenlehre gehörigen Erwägungen sind nun durchaus auch Voraussetzungen der Morallehre, die in der *Metaphysik der Sitten* entwickelt wird. Sie sind es, weil die der »Psychologie« entlehnten Gesichtspunkte genau die sind, die nach der Einleitung grundlegend für eine Morallehre sind, ohne jetzt jedoch Bezug auf eine Postulatenlehre zu nehmen. Die Fürsorge für die eigene und fremde Glückseligkeit spielt hier für endliche Vernunftwesen durchaus eine Rolle in den Zwecksetzungen.

Zunächst gilt im Prinzip des Rechts:

> Eine jede Handlung ist recht, die oder nach deren Maxime die Freiheit der Willkür eines jeden mit jedermanns Freiheit nach einem allgemeinen Gesetze zusammen bestehen kann.[1]

Die Freiheit der Willkür, d.h. die Freiheit endlicher, sinnlicher, vernünftiger Wesen wird näher bestimmt im Postulat der praktischen Vernunft:

> Es ist möglich, einen jeden äußeren Gegenstand meiner Willkür als das Meine zu haben, das durch das Prinzip des Rechtes eingeschränkt ist.[2]

Es ist zu beachten, daß hier nicht von Freiheit schlechthin, sondern von Freiheit der Willkür die Rede ist, d.h. von einer Freiheit der Wahl, die durchaus von Bedürfnissen des Lebens, d.h. von Neigungen und Abneigungen bestimmt sein kann. Damit ist aber, vom rechtlichen Standpunkt aus gesehen, was Kant nicht zum Ausdruck bringt, nach seinen eigenen Definitionen von einem Recht des Strebens nach Glück die Rede, denn Glück liegt in der Erfüllung der Neigungen und Bedürfnisse.

---

1 *Die Metaphysik der Sitten*, AA VI, S. 230.
2 *Die Metaphysik der Sitten*, AA VI, S. 246.

Deutlicher wird die Rolle dieses Strebens bei den Tugendpflichten. Es ist nämlich ganz allgemein fremde Glückseligkeit ein Zweck, der zugleich Pflicht ist. Dabei ist zu vermerken, daß es sich hier um eine weite unvollkommene Pflicht handelt, die einen Spielraum läßt, also nur eine Maxime und nicht bestimmte Handlungen vorschreibt, deren nähere Bestimmung Fähigkeiten und Neigungen vorbehalten bleiben. Dabei ist implizit vorausgesetzt, daß das Streben der anderen nach Glück in den Grenzen des Prinzips des Rechts und des Prinzips der Tugendpflichten bleibt, gleich ob aus Achtung vor dem Gesetz oder nur legal dem Gesetz entsprechend. Was nun die eigene Person betrifft, gilt, daß es dem KI widersprechen würde, die eigene Glückseligkeit zum letzten Prinzip zu machen – *nota bene* das gilt auch für GHP. Es ist aber durchaus Pflicht, die eigene physische Glückseligkeit im Rahmen der Rechts- und Tugendpflichten zu befördern, weil Widerwärtigkeiten und Schmerz Versuchungen zur Übertretung der Pflicht sind. Es gilt aber auch, daß es Pflicht ist, die Vervollkommnung in der technisch-praktischen Kunst, natürlich eine weite Pflicht, anzustreben. Eine solche Vervollkommnung ist aber, wie vordeutend anzumerken ist, bei Mill durchaus mit dem Streben nach Glück einerlei. An höchster Stelle steht bei Kant das Streben nach moralischer Vollkommenheit, die uneingeschränkt Pflicht ist.[1] Bei der Betrachtung der abgeleiteten *axiomata media* wird auf diese Zusammenhänge zurückzukommen sein.

Bei Mill ist Nützlichkeit näher bestimmt als das der Glückseligkeit Dienliche. Moralisch ist eine in diesem Sinne nützliche Handlungsweise. Glückseligkeit ist näher bestimmt durch die Anwesenheit von Lust, *pleisure*, und die Abwesenheit von Schmerz, *pain*.[2] Eine nützliche Handlung dient der Vermehrung von Lust und der Verminderung von Schmerz. All dies bedarf der Näherbestimmung, um die von Mill im ersten Kapitel der Utilitarismusschrift erwähnten Mißverständnisse des Utilitarismus zurückzuweisen.

Beim Utilitarismus allgemein führt die Beurteilung der Frage nach dem größtmöglichen Glück und dem kleinstmöglichen Schmerz auf die Alternative, ob hier nur ein quantitativer Maximum/Minimum-Kalkül gefordert ist, oder nicht. Für Mill gilt, daß das nicht der Fall ist. Es gibt nach Mill nicht nur Differenzen der Quantität, sondern vornehmlich Differenzen der Qualität, die nur in einem Vorziehen und Nachsetzen gewichtet werden können, aber eben deshalb nicht einfach quantifizierbar sind.[3] Der Begriff des »Größt- oder Kleinstmöglichen« wird damit komplex.

1 *Grundlegung zur Metaphysik der Sitten*, AA IV, S. 386ff., 393
2 *Utilitarianism*, X, S. 210.
3 *Utilitarianism*, X, S. 211ff.

Ethiker des Glücks und des höchsten Gutes haben der Sache nach mit anderen Worten in diesem Punkte ähnlich geurteilt wie Mill. Dabei ist wichtig festzuhalten, daß nach Mill ein bloßer Epikuräismus kein Utilitarismus ist. Stoische und christliche Elemente müssen hinzutreten.[1] Wie das gedacht werden soll, ergibt sich mit der Antwort auf die These: Glück, gleich in welcher Form, kann nicht das höchste Ziel des vernünftigen Menschen sein. Tugend verlangt deshalb die Aufopferung eigener Interessen, eigenen Glückstrebens. Carlye, der Vertreter dieser Thesen war, wie festgestellt, auch der, der Mill Kenntnisse des Kantischen Standpunktes vermittelte. Es wird sich bei den Antworten also auch um indirekte Reaktionen auf den Kantischen Standpunkt handeln.[2]

Man kann das Streben nach positivem Glückserleben aufgeben, wenn vernünftige Einsicht in solches Streben darauf hinweist, daß unter gegebenen gesellschaftlichen Umständen ein solches Streben nicht erreichen kann, was es erreichen will, sondern eher das Gegenteil. Das Prinzip des Utilitarismus selbst aber verlangt unter solchen Umständen, daß man nach dem Ziele des Stoikers zu streben hat, der Seelenruhe in der Bedürfnislosigkeit, der *tranquility*. Ein solches Ziel kann aber unter wenigstens denkbaren anderen Umständen aufhören, moralisch vernünftig zu sein. Es kann auch gesagt werden: Die Konsequenzen der Stoa sind im Prinzip des Utilitarismus enthalten, weil die Stoa einen oft vorliegenden aber doch speziellen Bereich von Bedingungen der menschlichen Existenz bei ihrer *pleisure/pain*-Bilanzierung im Auge haben. Der Fehler der Stoiker ist, daß sie ihre Einschätzung der menschlichen Natur und ihrer Bedingungen als schlechthin unvergänglich und unveränderlich ansahen.

Das eigentliche *punctum saliens* ist erreicht mit der Gegenthese: Die moralische Pflicht verlangt es, das Glücksstreben als solches aufzugeben und im Konfliktfalle ganz zurückzustellen.[3] Grundsätzlich ist es nach Mill möglich, unglücklich zu leben und ein solches Leben ertragen zu lernen. Fast alle Menschen müssen in der Tat so leben. Weiter ist nicht in Frage zu stellen, daß der Held oder Märtyrer, der viel, ja sogar sein Leben aufopfert, moralisch vorbildlich sein kann. Unter dem Prinzip des Utilitarismus gilt das aber nur insofern, als diese Selbstaufgabe das Ziel hat, das Unglück anderer zu mindern und ihnen die Möglichkeit zu geben, möglichst frei ihr Glück zu suchen. Es gibt natürlich auch Menschen, die sich ohne dieses und somit ohne jedes Ziel selbst peinigen. Handlungen solcher Art lehren, was Menschen tun können, aber nicht, was sie tun sollten. Nach dem Prinzip des Utilitarismus ist jedes Opfer, das das Unglück anderer mindert und ihre Unabhängigkeit fördert, mora-

1 *Utilitarianism*, X, S. 211ff.
2 *Utilitarianism*, X, S. 214ff.
3 *Utilitarianism*, X, S. 217f.

lisch verdienstlich. Mill hat sich aber ausdrücklich gegen die Caralyescher Heldenverehrung ausgesprochen, die auch den als Helden verehrt, der seine Mitmenschen gegen ihren Willen zum Gehorsam zwingt, weil es ihrer Vervollkommnung dient. Nur der, der Freiheit den Weg ebnet, kann ein Held sein.[1]

Damit ist man bei der Frage nach Freiheit und dem Recht auf Selbstbestimmung angelangt, der eigentlich kritischen Frage für GHP. Es muß vorher festgehalten werden, daß grundsätzliche Differenzen von KI und GHP hinsichtlich der Rechtspflichten nicht festgestellt werden können. Das ist gleich näher zu betrachten. Es ist weiter nach beiden Prinzipien Tugendpflicht, und damit weder bei Kant noch bei Mill eine vollkommene Pflicht, das Wohlergehen anderer zu fördern, auch wenn das dem eigenen Wohlergehen abträglich sein sollte. Der Satz ergibt sich beim GHP aus dem größtmöglichen Glück, da das größtmögliche Glück nicht das eines Individuums ist, sondern alle anderen mit einbezieht. Das egoistische Streben nach Glück ist auch bei Mill nur eingeschränkt ein moralisches Streben. Bei Kant ergibt sich aus dem KI die Pflicht für das eigene Wohlergehen nach Kräften zu sorgen, aber unter der Einschränkung, dieses Streben überall dort aufzugeben, wo es mit dem kategorischen Imperativ in Konflikt gerät. Dabei ist zu berücksichtigen, daß das Streben nach Selbstvervollkommnung der eigenen Vermögen, die als Naturanlagen mitgegeben sind, Pflicht ist.[2] Mill fordert, daß sowohl das Streben nach kultureller Selbstvervollkommnung der eigenen Fähigkeiten wie auch das Streben nach moralischer Vervollkommnung ein sublimeres Streben nach Glück ist. Es setzt die Erfahrung qualitativ höheren Glückes, das dann anderen vorzuziehen ist, voraus.

Die grundlegende Differenz zwischen Kant und Mill im Begriff des Strebens nach moralischer Selbstvervollkommnung ist nicht zu überbrücken. Aber es ergibt sich kein strikter Gegensatz für das Streben nach kultureller Selbstvervollkommnung. Auszugehen ist davon, daß es sich für beide um eine unvollkommene Pflicht handelt, um eine Maxime, die zu eigentlichen Regeln für bestimmtes Handeln nur führt, wenn die besonderen Fähigkeiten und Neigungen der Individuen in Betracht gezogen werden. Für Mill ist die Erfüllung des Strebens nach Selbstvervollkommnung und die in ihr liegende Selbstbestimmung, Selbstverwirklichung, eine *conditio sine qua non* für ein Streben nach dem größtmöglichen Glück des Individuums. Rein formal betrachtet fordert aber GHP kategorisch, daß dabei das Glück aller mit in Betracht gezogen werden muß. Bei Kant nun gilt auch, daß zunächst einmal die Entwicklung der je eigenen Fähigkeiten und Naturanlagen in Rede steht. *MdS* sagt nicht, daß eine solche Selbstvervollkommnung gegen die Neigungen schlechthin gerichtet

---

1 *On Liberty*, Vol. XVIII, S. 269.
2 *Die Metaphysik der Sitten*, AA VI, S. 386f.

sein muß. Es gilt für Kants wie für Mills Anthropologie, daß die Erfüllung kulturell sublimerer Neigungen natürlich die Unterdrückung der niederen, der »Rohigkeit«, wie Kant sagt, voraussetzt. Aber es handelt sich nicht um Unterdrückung von Neigungen schlechthin. Die Differenz beider in diesem Punkte ergibt sich nur daraus, daß Kant einem Streben nach kultureller Selbstvervollkommnung Pflichtcharakter nur deshalb zukommen kann, weil der Mensch, um der Menschheit willen, die in ihm wohnt, nach kultureller Selbstvervollkommnung streben soll. Für Mill gilt: GHP gebietet die Berücksichtigung der Menschheit auch kategorisch. Das kategorische Gebot muß für ihn aber nicht letztlich durch einen apriorisch kategorischen Imperativ gegründet sein, sondern muß sich durch ein in der Erfahrung ausweisbares Ziel rechtfertigen lassen. Diese Differenz kann nicht geleugnet werden. Es wird aber schwerlich zu behaupten sein, daß aus den Regeln für die Wahl pflichtgemäß abgeleiteter Maximen für Tugendpflichten wesentliche Differenzen folgen können, die nicht auf unterschiedliche Beschreibungen der Situationen, für die die untergeordneten Regeln gelten sollen, zurückgeführt werden können.

Mill hat in seinen theoretischen Schriften Willensfreiheit, *freedom of the will*, verworfen.[1] Diese These kann nur richtig beurteilt werden, wenn man Mills Begriff von Kausalität mit in Betracht zieht. Im nächsten Abschnitt soll gezeigt werden, daß sich die radikale Opposition von Kant und Mill in der Frage der Willensfreiheit und einer transzendentalen Freiheit generell, die als äußerlich nicht bewirkte wirkende Ursache wirkt, sich im Grunde aus grundsätzlichen theoretischen Differenzen im Kausalitätsbegriff ableiten läßt. Man kann diese Frage zunächst einklammern und einen Vergleich des Begriffs von Freiheit, der in Kants Formulierung des Prinzips des Rechts und im rechtlichen Postulat der reinen Vernunft gebraucht wird und Mills Begriff von *liberty* voranstellen. Es liegt auf der Hand, daß GHP es ohne weiteres gestattet, das *neminem laede*, d.h. die Anerkennung des Rechts anderer, sich selbst Zwecke zu setzen, das *suum cuique tribue* und andere traditionell anerkannte *axiomata media* der philosophischen Rechtslehre zu begründen. Anders steht es um ein Recht auf *liberty*, im Französischen übersetzt mit »äußerer Freiheit«. Mill hat diesem Begriff eine eigene Schrift gewidmet, die weitreichende Konsequenzen hat, u.a. Konsequenzen für die Beurteilung der Rechtsstellung der Frau.[2] Was unter äußerer Freiheit zu verstehen ist, kann vorläufig so bestimmt werden: Ein einfacher Begriff von äußerer Freiheit wird auch von Hobbes anerkannt. Es ist die Freiheit, seinen Neigungen und Trieben folgend, ohne äußere Beschränkungen und Zwänge zu handeln. Bei Mill bedeutet äußere Freiheit mehr. Worauf es vornehmlich an-

---

1 *A System of Logic. Ratiocinative and Inductive*, a.a.O., S. 553-563, 836-543.
2 U.a. *On Liberty*, S. 221.

kommt, ist das Recht auf Gedanken- und Redefreiheit und vor allem das Recht auf Selbstbestimmung des Lebensplans, d.h. die Entwicklung von Rechts- und Tugendpflichten nicht entgegenstehenden persönlichen Neigungen, die nicht nur vor dem Staat, sondern vor allem auch vor der Tyrannei der öffentlichen Meinung zu schützen sind. Begründet wird dieses Recht auf äußere Freiheit durch GHP. Die Entwicklung neuer Ideen und Erfahrungen, die vordem nicht bekannt waren, und der Schutz von Meinungen und Formen der Lebensführung von Minderheiten und einzelnen sind im Sinne von GHP nützlich. Auf die alle hier möglichen Aspekte und Einwände behandelnden Ausführungen Mills kann aus Raumgründen nicht eingegangen werden. Verwiesen sei auf die Zusammenfassung.[1] In Kantischen Formeln ausgedrückt: der Schutz der äußeren Freiheit ist geboten, weil ihr Schutz der Selbstvervollkommnung, der Kultivierung der Menschheit dient. Hervorzuheben ist, daß Mill hier eine für die Menschheit nützliche Kreativität der Individuen annimmt, die nützlich in seinem Sinne sein kann, und die die Quelle aller Entwicklungen und Entdeckungen höherer Formen des Glücks ist.

Bei den ersten *axiomata media*, die betrachtet wurden, ergeben sich inhaltlich keine nennenswerten Unterschiede bei Mill und Kant. Entsprechend sind auch keine schwerwiegenden Differenzen in ihrer weiteren Anwendung zu erwarten, sofern, wie zu zeigen sein wird, diese Anwendung eine Anwendung auf die Erfahrung ist, die der Mensch mit sich selbst macht. Unterschiede ergeben sich nur bei der Ableitung dieser ersten *axiomata media* von den ersten Prinzipien. Bei Kant folgen die *axiomata media* vor allem unmittelbar aus der zweiten Formel des KI, nach der in Handlungen und deren Maxime der andere nicht nur als Mittel, sondern auch als ein Zweck in sich selbst, d.h. als sich selbst Zwecke setzende Instanz anzuerkennen ist. Diese Formel ist zunächst formal, weil sie auf den materialen Inhalt der Zwecke von Vernunftwesen allgemein nicht eingeht. Wenn diese Vorschrift aber auf endliche, sinnliche, praktische Vernunftwesen eingeschränkt wird, ergibt sich ein anderes Bild. Der Wille eines solchen Vernunftwesens kann sich nur auf sinnlich Gegebenes beziehen und ist demzufolge praktisch auf die Bindung an Neigungen und Triebe und ihre Beziehung zu Lust und Unlust und damit auf das Streben nach Glück angewiesen. Die Freiheit, von der hier die Rede sein kann, ist die äußere Freiheit, seinen Willen in solche Zwecke zu setzen. Die formale Pflicht, solche Zwecksetzungen zu respektieren, macht das Prinzip des Rechtes aus und bestimmt ebenso die Maximen der Tugendpflichten mit Rücksicht auf das Wohlergehen anderer und das eigene Wohlergehen. Die Rückbindung der äußeren Freiheit an KI ist aber besonderer Art.

[1] *On Liberty*, S. 258.

Die in der transzendentalen Freiheit des Willens gegründete Freiheit der Willkür besagt, daß die subjektiven Zwecksetzungen der Menschen vor der Alternative stehen, sich durch das Sittengesetz vorgeschriebene Schranken begrenzen zu lassen, oder ihren Neigungen zu folgen. Allein in dieser Alternative ist die freie Willkür des Menschen gegründet. Ohne sie gibt es nur tierische Willkür, ein *arbitrum brutum*, dessen »Freiheit« nur als Freiheit von äußerem Zwang verstanden werden kann und somit keine innere Freiheit, kein *arbitrium sensitivum*, ist.[1] Allein aus dieser Alternative ergibt sich die Frage nach der Differenz der Moralität und Legalität von Handlungen. Die Frage nach der möglichen Moralität von Handlungen anderer Personen ist jedoch sinnleer. Sie ist sinnleer, da das »Innere« des anderen nicht zugänglich ist. Selbst mein eigenes »Inneres«, das auch mir nur empirisch zugänglich ist und insofern als äußerlich kausal determiniert vorgestellt werden muß, kann mit der Pflicht, mich selbst zu erkennen, niemals eindeutig bestimmt werden. Die mögliche Moralität des Handelns bleibt eine Verpflichtung, die in einem noumenal gegründeten Postulat gegründet ist und mich mit Bezug auf mein gegenwärtiges und zukünftiges Handeln bindet. Sie gehört für Kant letztlich auch nicht zur *Metaphysik der Sitten*, sondern zur *Religion innerhalb der Grenzen der bloßen Vernunft*. Nur hier wird ausführlich auf die Bedingungen der Moralität eingegangen, d.h. im Rahmen der Religions- und nicht der Sittenlehre![2] Die *axiomata media* der Morallehre bei Kant haben so einen doppelten Aspekt. Nach einem Aspekt sind sie Vorschriften des Sollens für die Moralität. Ob dieses Sollen tatsächlich meine oder anderer Handlungen bestimmt, ist empirisch nicht feststellbar. Es ist aber dieser Aspekt, der die Glückswürdigkeit endlicher Vernunftwesen bestimmt. Sie sollen, gesehen von dem *summum bonum* als *perfectissimum*, das notwendig im KI für einen vollendeten Vernunftstandpunkt beschlossen ist, glücklich werden in dem Maße, in dem ihre Handlungen von Moralität bestimmt sind. Gerade aus diesem Grunde dürfen sie nicht vom Glücksstreben motiviert sein, sofern sie moralisch sind. Da aber alle diese Erwägungen auf Sachverhalte gehen, die auch nach Kant empirisch nicht greifbar sind, gilt für den Empiristen Mill hier epistemisch ein *vacat*. Festgestellt werden kann nur, daß ein solcher Glaube, wie ausgeführt, in der Befolgung von GHP »nützlich« sein kann.[3]

Nach dem anderen Aspekt aber müssen die *axiomata media* auch in der Lage sein, die bloße Legalität von Handlungen zu beurteilen. Hier ist der Boden, auf dem sich die Morallehren Kants und Mills begegnen können. Die obersten *axiomata media*, d.h. die Freiheit, so wie sie im Prinzip des Rechtes und im Postulat der praktischen

1 *Die Metaphysik der Sitten*, AA VI, S. 211-214.
2 *Die Religion innerhalb der Grenzen der bloßen Vernunft*, AA VI, 1. und 2. Hauptstück.
3 *Utilitarianism*, X, S. 230.

Vernunft für endliche Vernunftwesen angesetzt wird, läßt sich ebenso wie alles, was über die Pflicht, für das Wohlergehen anderer zu sorgen, die Pflicht für das eigene Wohlergehen zu sorgen und pflichtmäßigen Schranken für das Streben nach eigenem Wohlergehen bei Kant gesagt wird, können auch aus IGHP abgeleitet werden. KI selbst und die *axiomata media*, die die Pflichten in einer anzuwendenden Sittenlehre bestimmen, müssen in der Lage sein, die Legitimität menschlicher Handlungen, die in der Erfahrung vorkommen, zu beurteilen. Wäre das nicht der Fall, so wären sie leer. Nun sagt Kant mit allem Nachdruck, daß eine Sittenlehre nur entwikkelt werden kann, wenn KI auf empirisches Wissen vom Menschen, auf Anthropologie angewandt wird.[1] Darauf ist zurückzukommen. Das einmal eingeräumt, wird hier auch die empirische Tatsache zu berücksichtigen sein, daß das natürliche Ziel der Menschen ihr Wohlergehen ist. Man hat hier die Elemente, die für Mills GHP grundlegend sind: Erfahrung und das Streben nach Wohlergehen. Im Unterschied zu Mill sind diese Faktoren bei Kant nicht maßgeblich für die Begründung des obersten Prinzips, sondern sie sind Voraussetzungen, die in dem Felde liegen, auf das es anzuwenden ist. Da mit diesen Faktoren auch bei Kant zu rechnen ist und da GHP, wie gezeigt, die zweite Formel von KI impliziert, ist somit auch ein allgemeiner Rahmen vorgegeben, in dem von Fall zu Fall erklärt werden kann, warum sich bei den *axiomata media* bei beiden weitgehend parallele Strukturen ergeben. Es wird aber auch deutlich, daß eine weitere Verfolgung des Problems eindeutig in epistemische Fragen führt, die nicht mehr zur Sittenlehre im engeren Sinn gehören.

Mills Begründung des *liberty*-Prinzips führt auf eine komplementäre Schwierigkeit. Es liegt auf der Hand, daß das von außen ungehinderte Streben des Individuums nach dem Angenehmen und der Vermeidung des Unangenehmen selbst zur Erfüllung solchen Strebens gehört. Genüsse, zu denen man frei ungehindert Zugang hat, werden jederzeit einer Situation vorgezogen, in denen man sie nach dem Willen anderer zugeteilt bekommt. Die Frage, wie man von diesem bloß egoistischen Streben zum GHP kommt, ist eine Frage der Begründung des GHP, d.h. genauer die Frage, ob sich dieser Übergang empirisch legitimieren läßt. Wird GHP aber vorausgesetzt, dann ergibt sich die weitere Frage, wie denn nun äußere Freiheit, *liberty*, bei Mill begründet wird. Es wurde erwähnt, daß Mills Ableitung des Prinzips der äußeren Freiheit die Annahme einer kreativen Freiheit des Menschen implizierte. Eine solche Freiheit wird, nicht nur hinsichtlich der Moral, sondern in allen Gebieten, die zur Logik der Kunst gehören, als kreative Spontaneität des Menschen angenommen:

---

[1] *Die Metaphysik der Sitten*, AA VI, S. 217.

> Like the other acquired capacities referred to above the moral faculty, if not a part of our nature, is a natural out growth from it; capable like them in a certain small degree, of springing up sponataneously.[1]

Damit gerät man aber in eine Dimension, die den Voraussetzungen für Kants Erklärung der freien Willkür in einem Punkte entspricht, in einem anderen aber nicht. Sie entspricht ihr, sofern sie als Annahme einer freien, inneren Kausalität, die durch äußere Bedingungen nicht voll bedingt ist, verstanden wird. Sie entspricht ihr nicht, weil die Kantische freie Willkür keine freie Kreativität ist, sondern auf die vorgegebene Alternative, frei der Pflicht oder der Neigung zu folgen, eingeschränkt bleibt. Die Annahme einer kreativen Freiheit des Menschen geht weiter. Sie ist im Grunde bereits eine ontologische Annahme.

II. Kausalität und Freiheit

Der Grundsatz der Kausalität bei Kant ist nach der Ausgabe B:

> Alle Veränderungen geschehen nach dem Gesetze der Verknüpfung von Ursache und Wirkung.[2]

Die Formulierung der Ausgabe A ist hinzuzufügen. Sie hat den Vorzug, nicht zirkulär zu sein und gibt an, worauf es im Beweis des Grundsatzes auch in B ankommt:

> Grundsatz der Erzeugung: Alles was geschieht (anhebt zu sein), setzt etwas voraus, worauf es nach einer Regel folgt.[3]

Es wird einiges anzumerken sein. Vorab ist festzuhalten, daß der Kantische Kausalitätsbegriff vollständig erst mit dem Grundsatz der Wechselwirkung angegeben ist.

> Alle Substanzen, insofern sie als im Raume zugleich wahrgenommen werden können, sind in durchgängiger Wechselwirkung.[4]

Der Grundsatz der Gemeinschaft ist in A:

> Alle Substanzen, sofern sie zugleich sind, stehen in durchgängiger Gemeinschaft (d.i. Wechselwirkung untereinander).[5]

Diesem Begriff der durchgängigen, d.h. voll determinierenden äußeren Kausalität, unter dem alle Gegenstände der Erfahrung stehen, auch wenn die entsprechenden Gesetze der Kausalität nicht bekannt sind, steht ein Begriff der inneren Kausalität gegenüber, die, ohne selbst äußerlich verursacht zu sein, eine Reihe von Wirkungen ur-

---

1 *Utilitarianism*, X, S. 230.
2 *Kritik der reinen Vernunft*, Auggabe B, AA V, S. 232.
3 *Kritik der reinen Vernunft*, Auggabe A, AA IV, S. 189.
4 *Kritik der reinen Vernunft*, B 256.
5 *Kritik der reinen Vernunft*, A 211.

sprünglich erzeugen kann. Eine solche »transzendentale Freiheit der Ursache« kann nur im noumenalen Bereich als negative Möglichkeit angesetzt werden und das einzige Gesetz einer solchen Kausalität, das zugänglich ist, ist das Gesetz der praktischen Vernunft, das sich auf ein Sollen und nicht auf ein Sein bezieht. Seine Wirksamkeit kann als gesollt postuliert werden, ist aber empirisch niemals nachzuweisen. Die Annahme, daß irgendwo eine solche Wirksamkeit gefunden werden kann, widerspricht dem für alle Gegenstände der Erfahrung gültigen Prinzip äußerer Kausalität.[1]

Für Mill gilt zunächst, daß der Grundsatz der Uniformität der Natur nicht a priori gegeben ist. Er ergibt sich aus einer hochstufigen einfachen Induktion, die die Entdeckung von vielen Uniformitäten in der Wissenschaft voraussetzt. Ohne eine solche Basis in der Erfahrung ist es für den Menschen natürlich, anzunehmen, daß Ereignisse vom blinden Zufall oder irgendwelchen erratischen Faktoren beeinflußt oder hervorgebracht werden. Genau das ist das Weltbild des nicht durch wissenschaftliche Entwicklung durchgängig bestimmten Menschenverstandes.[2] Ist die Induktion aber einmal vollzogen, so wird dieses Prinzip in der Wissenschaft als Norm ihres induktiven Vorgehens anerkannt und benutzt. Auch die Geometrie beginnt nicht mit den Axiomen, sondern findet sie, nachdem viele andere speziellere Gesetze gefunden wurden, in diesen Gesetzen durch Induktion und verwendet sie dann als Prinzipien, Axiome, für ihre Deduktionen.[3]

Uniformitäten, Gesetzlichkeiten, finden sich in Phänomenen, sofern sie gleichzeitig auftreten, aber auch, sofern sie einander folgen. Die Gesetze des gleichzeitigen Auftretens können durch einfache unmittelbare Beobachtung festgestellt werden. Die Gesetze der Geometrie, der stets gleichbleibenden Form temporaler Sukzession und der Zahl gehören hierhin. Da die Induktion hier einfach ist und universal an allen Phänomenen vollzogen werden kann, haben solche Gesetze einen hohen Grad an „Sicherheit".[4] Es gibt unter den Gesetzen der Folge, die sich zudem nicht auf etwas, was gleichartig in den Phänomenen ist, beziehen, sondern Verschiedenartiges betrachten, nur ein Gesetz, das diesen Grad an Sicherheit in Anspruch nehmen könnte, das Gesetz der universalen Kausalität, *the law of universal causation*:

> (That) „every fact which has a beginning has a cause" is coextensive with human experience.[5]

Das bedeutet aber auch, daß dieses Gesetz Resultat einer auf Erfahrung beruhenden Induktion ist, die ihrerseits jedoch die induktive Entdeckung von vielen Kausal-

---

1 *Kritik der reinen Vernunft*, B 566-570.
2 *A System of Logic. Ratiocinative and Inductive*, a.a.O., S. 307.
3 *A System of Logic. Ratiocinative and Inductive*, a.a.O., S. 229ff.
4 *A System of Logic. Ratiocinative and Inductive*, a.a.O., S. 321ff.
5 *A System of Logic. Ratiocinative and Inductive*, a.a.O., S. 325.

gesetzen zur Voraussetzung hat. Soll dieses Gesetz keine bloß verbale Allgemeinheit haben, die soviel besagt wie *it is a law that there is a law for everything*,[1] so hängt das allein ab von einer weiteren Analyse des Kausalbegriffs.

Nach Mill ist die Explikation des Gesetzes der universalen Kausalität nur durch die Analyse der induktiven Methoden der Wissenschaft und ihrer Logik bestimmt. Daraus ergibt sich, daß die Frage, ob es metaphysisch hervorbringende Ursachen gibt, überhaupt nicht Gegenstand seiner Untersuchungen sein kann, und daß solche Ursachen in dem von ihm zu betrachtenden Bereich gar nicht vorkommen können. Hier bringt nämlich eine hervorbringende Ursache, die nicht von der Art des Hervorgebrachten ist, etwas hervor, das ein Bedingtes und nicht selbst ein Unbedingtes ist. Wovon in wissenschaftlicher Kausalität die Rede sein kann, sind lediglich physische Phänomene und für sie gilt, daß Ursache und Verursachtes immer Phänomene gleicher Art, ganz allgemein zunächst physische Phänomene sind.[2] Man wird nun die Frage, ob es sinnvoll ist, hervorbringende metaphysische Ursachen anzunehmen, und die weitere Frage, ob es sich beim menschlichen Willen um eine phänomenal zugänglich hervorbringende Ursache handelt, strikt auseinanderhalten müssen. Die von Mill kritisierten theologischen Protagonisten dieser Theorie haben behauptet, daß der Begriff der Kausalität allgemein auf eine intuitive Einsicht in die Kausalität des Willens zurückzuführen ist. Der Begriff der Naturkausalität setzt nach ihnen voraus, daß man das in dieser Kausalität liegende Moment auf den hervorbringenden Willen Gottes zurückführt, der eine hervorbringende Ursache ist.[3] Was Mill zurückweist, wenn er gegen die Willensfreiheit argumentiert, ist zunächst die These, daß im P h ä n o m e n des menschlichen Willens eine aus sich wirkende, notwendige Verknüpfung implizierend hervorbringende Ursache angetroffen werden kann. Es erübrigt sich, auf die daraus gezogenen Konklusionen von Theologen seiner Zeit, die eben erwähnt wurden, einzugehen.

Daß ein in diesem Sinne freier Wille des Menschen in einer intuitiven Selbsterfahrung des Menschen angetroffen werden kann, ist im Rahmen der Philosophie Kants auch eine absurde These. Ebenso absurd wäre in diesem Rahmen, den Begriff naturwissenschaftlicher Kausalität auf eine solche Intuition gründen zu wollen. Wie bereits angemerkt, würde Mill eine Theorie, die wie die Kantische transzendental einen freien Willen des Menschen postulieren würde, die im obersten Prinzip der Moral gründet, bedingt im Sinne des GHP als einen »nützlichen« Glauben akzeptieren. Glaube hat eine Funktion für den Menschen – ein Übergang von John Stuart Mill zu

---

1 *A System of Logic. Ratiocinative and Inductive*, a.a.O., S. 326.
2 *A System of Logic. Ratiocinative and Inductive*, a.a.O., S. 326.
3 *A System of Logic. Ratiocinative and Inductive*, a.a.O., S. 553-563.

William James hätte für den empiristischen Standpunkt nichts Anstößiges.[1] Aber Glaube hat keine Funktion in der Wissenschaft. Auch hier könnte man vom Kantischen Standpunkt bedingt aus zustimmen. Die Religion innerhalb der Grenzen der bloßen Vernunft gründet sich letztlich auf Postulate der praktischen Vernunft und diese folgen aus dem a priori gegebenen Prinzip des KI. Das ist der »Glaube«, dem die Kritik Platz zu schaffen hat. Diese besondere Vernunftreligion ist somit von anderen Formen des Glaubens unterschieden, weil sie in einem Prinzip a priori gegründet ist. Die Differenz zwischen Kant und Mill fällt also, von diesem Aspekt aus betrachtet, in die Differenz in der epistemischen Frage nach dem Apriori.

Das Problem der Philosophie Mills ist, wie er, bei Anerkennung des mit dem höchsten empirisch möglichen Gewißheitsgrad gegebenen Prinzip der Kausalität, auch so etwas wie eine »spontane Kreativität« menschlicher Individuen ansetzen kann. Nur unter dieser Annahme kann unter GHP ein universales Recht auf Selbstbestimmung, auf eine äußere Freiheit, die damit mehr ist als die unter GHP einzuschränkende »Freiheit«, seinen Neigungen und Trieben ohne äußeren Zwang folgen zu können, gerechtfertigt werden. Mit einer Antwort auf diese Frage ergeben sich unmittelbar auch Antworten auf weitere den Vergleich von Kant und Mill betreffende Fragen.

Der für die Wissenschaft maßgebliche Begriff der Kausalität versteht unter einer Ursache eines bestimmten Ereignisses den Inbegriff seiner bedingenden Faktoren, der Antezedentien, und unter der Wirkung den Inbegriff der durch sie bedingten Faktoren, der Konsequenzen. Der alltägliche für den wissenschaftlichen Kausalbegriff irrelevante Begriff der »Ursache« bezieht sich auf willkürlich ausgewählte einzelne Antezedentien. In manchen Fällen ist es die unmittelbar vorangehende Bedingung, in anderen das Fehlen einer Bedingung und oft sind es auch die ständigen Bedingungen, die im Inbegriff der Antezedentien sehr vieler oder aller Ereignisse angetroffen werden. Auf die wissenschaftstheoretisch erheblichen Konsequenzen, u.a. die Verwerfung der Unterscheidung von *agens* und *patiens* kann im vorliegenden Zusammenhang nicht eingegangen werden.[2]

Der philosophische Begriff der Kausalität versteht nach Mill unter einer Ursache den Inbegriff aller Antezedentien und unter der Wirkung den Inbegriff aller Konsequenzen eines Ereignisses. Er ist so konstruiert, daß er den Rahmen der logischen Struktur von Induktionen, die auf die Kausalgesetze der Wissenschaften führen, abgeben kann. Ein solcher Begriff von Kausalität schließt aus, daß Kausalität auf re-

---

[1] William James, *The Will to Belief and other Essays in popular Philosophy*, Cambridge, Harvard U.P. 1910.

[2] *A System of Logic. Ratiocinative and Inductive*, a.a.O., S. 329ff.

gelmäßige Folge reduziert oder durch sie begründet wird.[1] Der Satz: Wenn alle Bedingungen, Antezedentien, gegeben sind, dann sind auch alle bedingten Konsequenzen eines Ereignisses gegeben, hat den Charakter eines notwendigen Satzes. Das zeigt sich, wenn sein Bezug zu den induktiven Methoden erläutert wird.[2] Voraussetzung aller induktiven Methoden ist eine möglichst vollständige Analyse der Faktoren im Antezedens und der Konsequenz eines Ereignisses.

Faktoren sind in Sukzessionen kausal verbunden nur, wenn ein Faktor b auftritt, wenn ein Faktor a gegeben ist und immer fehlt, wenn auch Faktor a fehlt. Die kausale Verknüpfung ist nachgewiesen, wenn das in einem Falle induktiv methodisch nachgewiesen wurde. Korrekturen an solchen Ergebnissen betreffen immer Mängel in der Faktorenanalyse. Wiederholungen verstärken den Gewißheitsgrad eins solchen Kausalgesetzes nicht. Der Vorzug experimentaler vor bloß beobachtender Erfahrung liegt darin, daß man beim Experiment in der Lage ist, Faktoren zu manipulieren, hinzuzufügen und zu eliminieren. Bei der Beobachtung bleibt man auf die Faktorenkombinationen angewiesen, die die Erfahrung von Fall zu Fall anbietet.

Methodisch entdeckte Kausalgesetze sind keineswegs einfache konkretisierende Einsetzungen in das Kausalprinzip. Das Kausalprinzip spricht über alle Ereignisse als Einzelereignisse, über alles was geschieht. Die Kausalgesetze der Wissenschaft sprechen über kausale Verknüpfung von Faktoren, die in numerisch und partiell sogar inhaltlich verschiedenen Ereignissen vorkommen. Das Kausalprinzip und der ihm zugehörige philosophische Kausalitätsbegriff konnte nur in einer einfachen, man könnte hinzufügen, idealisierenden Induktion erschlossen werden, nachdem viele solcher wissenschaftlichen Kausalgesetze bekannt waren. Es handelt sich dabei nicht unmittelbar um eine Verallgemeinerung, die von vielen wissenschaftlichen Kausalgesetzen auf ein universales Kausalgesetz schließt. Die Induktion ergibt sich, weil bei experimentell herstellbaren einfach strukturierten Ereignissen eine vollständige Faktorenanalyse hergestellt werden kann und damit, durch Manipulation von Faktoren in Reihen von Experimenten alle das Ereignis dann notwendig bedingenden Faktoren festgestellt werden können. Die Induktion, die auf das Kausalprinzip führt ist eine *enumeratio simplex*, die ansetzt, daß bei allen Ereignissen eine vollständige Faktorenanalyse möglich ist und daß induktive Methoden immer anwendbar bleiben. Das Kausalprinzip ist demgemäß kein Naturgesetz, sondern ein empirisches Gesetz, das etwas über die Methode der Wissenschaft sagt. Es schreibt vor, daß man in den Wis-

---

1 *A System of Logic. Ratiocinative and Inductive*, a.a.O., S. 338ff.

2 Auf Mills Methoden kann hier nicht eingegangen werden. Eine praktikable Übersicht und Diskussion bietet Nicholas Rescher, *Introduction to Logic*, St. Martin's Press, New York 1964, Kap. VIII.

senschaften zunächst in dem Maße, in dem das möglich ist, präzise und vollständige Faktorenanalysen vorzulegen hat, um dann die Methoden der Induktion auf die Resultate der Analysen anzuwenden. Es sagt nichts über Gegenstände der Wissenschaft qua Gegenstände und schon gar nichts über Gegenstände einer möglichen Erfahrung. Historische Reflexion lehrt, daß z.B. die alten Griechen sehr gut ohne das Kausalprinzip auskamen und sogar wissenschaftliche Forschung betrieben. Modern gesprochen: die Lebenswelt hat Gegenstände, sie hat aber auch *fatum, hiatus* und *saltus*.[1] Die verschiedenen Begriffe von kausalen Gesetzen, verschiedene Arten der Kausalität, ergeben sich mit den unterschiedlichen Möglichkeiten, Faktorenanalyse und induktive Methoden in den verschiedenen Wissenschaften anzuwenden.

Der Begriff wissenschaftlicher Kausalität wird voll bestimmt nur durch die Methoden der Induktion. Nicht alle induktiven Methoden sind in allen Wissenschaften anwendbar. Eine Kausalerklärung ist eine Erklärung mit Hilfe verbundener, zusammen auftretender kausaler Verknüpfungen. Eine solche Verknüpfung kann additiv sein. Dann ist sie quantitativ mit Hilfe mathematischer Methoden beschreibbar. Ist das immer der Fall, dann sind Quantitäten berücksichtigende induktive Methoden ausnahmslos verwendbar. Ein solcher Bereich ist die Physik. Es ist der Bereich der mechanischen Kausalität. Es gibt aber auch eine Verbindung von Faktoren, die qualitativ verschieden sind und in ihrem gemeinsamen Auftreten etwas qualitativ Neues hervorbringen. Solche Phänomene kommen nach Mill bereits in der Chemie vor. Die Anwendung der Methode der quantitativen Variation ist bei Erforschung chemisch kausaler Verknüpfung oft nicht möglich).[2]

Bei Organismen hat die Eliminierung oder Modifikation eines Faktors im ganzen Einfluß auf viele andere Faktoren im Organismus. Experimente werden schwierig, da einzelne Faktoren für sich oft nicht eliminiert hinzugefügt oder modifiziert werden können, ohne andere Faktoren mit zu modifizieren. Kausalforschung ist mehr auf Beobachtung angewiesen, in der nur die Methode der Übereinstimmung und eingeschränkt die Methode der Differenz, angewendet werden können. Es kommt aber hier eine neue Methode in den Blick. Wenn es nicht mehr möglich ist, Voraussagen über einzelne Faktoren in einem Organismus oder höherstufig über Individuen einer Population zu machen, dann können statistische Kausalgesetze gefunden werden, die etwas über Häufigkeiten und Tendenzen voraussagen können.[3]

Es gibt eine universale Wechselwirkung zwischen physikalischen, chemischen und organischen Ursachen. Damit ergibt sich die Aufgabe, die Zusammensetzung von

---

1 *A System of Logic. Ratiocinative and Inductive*, a.a.O., S. 306ff., 323ff., 569ff.
2 *A System of Logic. Ratiocinative and Inductive*, a.a.O., S. 370ff.
3 *A System of Logic. Ratiocinative and Inductive*, a.a.O., S. 373.

Ursachen zu erforschen. Die Möglichkeit, höherstufige organische Kausalgesetze durch chemische und mechanische Kausalgesetze zu »interpretieren«, wird nicht ausgeschlossen. Das Programm des Reduktionismus wird aber verworfen. Es ist nicht möglich, organische Gesetze auf chemisch physiologische Gesetze und letztlich auf mechanische Gesetze zurückzuführen. Die Grundbegriffe, die in diesen Bereichen in der Faktorenanalyse benutzt werden, sind irreduzibel.[1]

Diese Gesichtspunkte gelten auch unter besonderen Bedingungen im Bereich der *human sciences*. Grundwissenschaft ist hier die *mental science* oder *science of the mind*, d.h. die Assoziationspsychologie. Die Phänomene der Psychologie sind primär in der Innenbeobachtung, aber auch in der Außenbeobachtung zugänglich. Die Faktoren, die analysiert werden, sind Vorstellungen. Die Kausalgesetze sind die Gesetze der Assoziation. Handelt es sich um einfache Vorstellungen und ihre Verknüpfung, so können alle Methoden der Induktion in experimentellen Untersuchungen angewendet werden. Die eigentlich interessanten Phänomene sind komplexe Verknüpfungen von Vorstellungen. Es muß versucht werden, Kausalgesetze für komplexere Phänomene durch Kombination einfacher Assoziationsgesetze zu gewinnen.[2] Eine Reduktion von Grundgesetzen der Psychologie auf chemisch-physiologische oder mechanische Kausalgesetze ist nicht möglich.[3]

Die zweite *science of the mind* ist die Ethologie, die Wissenschaft von der Bildung des Charakters. Aussagen über ihre Methoden bleiben Vermutungen, da diese Wissenschaft noch nicht existiert. Im Vorgriff kann gesagt werden: 1. induktive Methoden können nicht angewandt werden; 2. es handelt sich um eine deduktive Wissenschaft, die die Gesetze der Psychologie voraussetzt; 3. ihre Gesetze sind Gesetze über Tendenzen, d.h. sie determinieren das einzelne Individuum nicht; 4. sie sprechen deshalb auch nicht über Charakterbildung im ganzen, sondern über Teilaspekte der Charakterbildung.[4]

Das Problem von »Freiheit« und Kausalität ist nach einer Seite von der der Ethologie her zu betrachten. Die hier zu gewinnenden Gesichtspunkte sind aber nicht zureichend, weil eine mißverstandene Sozialwissenschaft behaupten kann, daß das Individuum vollständig von seiner sozialen Umwelt determiniert wird.[5] Mill verwirft für die Sozialwissenschaften die deduktiven Methoden der Staatsvertragstheorie aber auch die Interessentheorie Benthams.[6] Induktive experimentelle Methoden

---

1 *A System of Logic. Ratiocinative and Inductive*, a.a.O., S. 370ff.
2 *A System of Logic. Ratiocinative and Inductive*, a.a.O., S. 849ff.
3 *A System of Logic. Ratiocinative and Inductive*, a.a.O., S. 374f., 851.
4 *A System of Logic. Ratiocinative and Inductive*, a.a.O., S. 861ff.
5 *Utilitarianism*, X, S. 252.
6 *A System of Logic. Ratiocinative and Inductive*, a.a.O., S. 889.

sind auch nicht anwendbar, weil Faktoren nicht isoliert werden können. Was bleibt, sind 1. Beobachtung und statistische Kausalität. Allein die Nationalökonomie ist in diesem Sinne eine entwickelte Sozialwissenschaft.[1] Die Sozialwissenschaft verfügt 2. über die »historische« Methode. Es handelt sich dabei um die Anwendung historischer Beobachtungen, mit deren Hilfe gleichförmige Entwicklungstendenzen der Gesellschaft insgesamt, aber auch in einzelnen Aspekten gesellschaftlichen Lebens entdeckt werden können, z.B. das Dreistadiengesetz.[2] Da die beiden Methoden der Sozialwissenschaft nur Kausalgesetze über Häufigkeiten und Tendenzen ermitteln können, ist für sie das Verhalten von Individuen nicht als ein kausal voll determiniertes Verhalten gegeben.

Was gesagt wurde, genügt für einen für den vorliegenden Zweck zureichenden Vergleich des Millschen und des Kantischen Kausalitätsbegriffes. Mill hat das »Gesetz der Kausalität«, das Kausalprinzip, durch seinen philosophischen Begriff der äußeren Naturkausalität so konstruiert, daß verschiedene Typen von Kausalgesetzen in ihn einbeschrieben werden können. Der Begriff des kausalen Gesetzes gilt (1), daß solche Gesetze immer nur Faktoren, aber nicht konkretes Geschehen im ganzen betreffen. Er wird (2) näher bestimmt durch die induktiven Methoden und (3) ihre spezifischen Anwendungsmöglichkeiten in verschiedenen Bereichen der Wissenschaft. Der so entwickelte Begriff von kausalen Gesetzen erlaubt es, statistische Kausalitätsgesetze als legitime Kausalgesetze zuzulassen. Mills Analyse des Begriffes der Kausalität ist ebenso wie seine Analyse der induktiven Methoden umstritten. Anerkannt wird aber, daß er den entscheidenden Schritt in Richtung auf eine Wissenschaftstheorie, die den Begriff der Kausalität von den in der Wissenschaft *de facto* bislang anerkannten Methoden her bestimmt, vollzogen hat.

Der Kantische Begriff der Kausalität und sein Gesetz der Kausalität gilt für alle Gegenstände der Erfahrung, sofern sie Gegenstände der Erfahrung und insbesondere Gegenstände der Wissenschaft sind. Für den Bezug des Gesetzes der Kausalität zu den Kausalgesetzen der Wissenschaft gilt: 1. Kausalgesetze sind Einsetzungen in das Gesetz der Kausalität. Sie bestimmen es inhaltlich für spezielle Fälle. 2. Kausalgesetze der Wissenschaft sind insbesondere in ihrer Verbindung mit den Axiomen der Anschauung und den Antizipationen der Wahrnehmung additive Gesetze im Sinne Mills. Es handelt sich um die Millsche mechanische Kausalität. Eine besondere auf Qualitäten bezogene chemische Kausalität wird von Kant nicht hervorgehoben. Bei der Beurteilung organischer Wesen läßt Kant Endursachen zu. Bedingung ist, daß sie auch als Resultat einer Umkehrung verstanden werden können, in der sie als Wir-

[1] *A System of Logic. Ratiocinative and Inductive*, a.a.O., S. 907ff.
[2] *A System of Logic. Ratiocinative and Inductive*, a.a.O., S. 915ff.

kung verknüpfter Wirkursachen wissenschaftlich begriffen werden. Es handelt sich um eine Beurteilung durch die Vernunft, nicht um ein Urteil, dem objektive Realität zukommt.[1]

Das Gesetz der Kausalität ist ein Gesetz a priori, d.h. es bestimmt die Gegebenheit möglicher Gegenstände der Erfahrung überhaupt. Daraus folgt, daß alles Geschehen als kausal voll determiniert gedacht werden muß, sofern es Gegenstand der Erfahrung sein kann. Das gilt auch, wenn wir die hier herrschenden kausalen Gesetze nicht erkennen. Bereits von hier aus kann der Gegensatz zwischen Mills und Kants Begriff von Freiheit und *liberty* auf der ontologisch-epistemischen Ebene bestimmt werden. Für Mills Empirismus ist Kants apriorisches Kausalitätsgesetz eine Fiktion. Historische Reflexion lehrt, daß das Kausalprinzip, das die Wissenschaft seit dem 18. Jahrhundert bestimmt, vorher nicht bekannt war. Reflexionen auf den Begriff kausaler Gesetze in den Wissenschaften zeigen, daß dieser Begriff maßgeblich durch die Entwicklung der induktiven Methoden, die erfolgreiche Voraussagen möglich machen, bestimmt wird. Aus dem Ergebnis folgt, daß die These, alle möglichen Gegenstände der Wissenschaft müssen a priori als voll kausal bestimmt gedacht werden, keineswegs eine Bedingung der Möglichkeit von Wissenschaft ist. Die These gilt nur, wenn (a) die Reduzierbarkeit aller Kausalgesetze der verschiedenen Wissenschaften auf die Kausalgesetze der Physik behauptet wird und zusätzlich (b) angesetzt wird, daß physikalische Ereignisse voll und eindeutig für alle Einzelfälle determiniert sind. (a) wird von Mill verworfen. Daß (b) auch bezweifelt werden kann, wußte er nicht.

Legt man den Kantischen Kausalitätsbegriff zu Grunde, dann muß sich der Mensch, sofern er sich in der Erfahrung und der wissenschaftlichen Erfahrung gegeben ist, als voll kausal determiniert denken. Will er sich trotzdem eine freie Willkür zuschreiben, dann muß er in sich eine Dimension entdecken, die ihn über die Welt der Phänomene hinaus in den noumenalen Bereich erhebt. Das aber kann nach Kant nur »verifiziert« werden, wenn ein Prinzip nachgewiesen wird, das (a) a priori und (b) nicht über mögliche Gegenstände der Erfahrung, sondern über ein Sollen spricht.

Aus Mills Begriff von Kausalität und kausaler Gesetzlichkeit folgt, daß es Bereiche der Erfahrung gibt, in denen die Methoden nur zu Kausalgesetzen eines Typs führen, die nicht fordern, daß individuelles Geschehen an sich vollkausal determiniert ist. Diese These geht weiter als die Behauptung, daß wir nicht in der Lage sind, die notwendig vorauszusetzende vollständige kausale Determination individuellen Geschehens zu erkennen. Für die *human sciences* gilt die These ohne Einschränkung.

---

1 *Kritik der Urteilskraft*, S. 373, 397.

Liberty bedeutet bei Mill nicht nur die äußere Freiheit des Individuums, seinen Neigungen und Trieben ohne Einschränkung durch äußeren Zwang folgen zu können. *Liberty* verlangt auch, daß das Individuum von seiner »inneren Freiheit« Gebrauch machen kann. Der legitime Begriff innerer Freiheit meint die Möglichkeit, den eigenen Charakter, das System der Gewohnheiten und Neigungen, zu formen. Solche Formung setzt voraus, daß man übergeordnete Ziele hat, die letztlich Ziele eines Lebensplanes sind.[1] Man wird auch im Kantischen Kontext anerkennen müssen, daß eine solche Selbstbestimmung möglich ist. Die Möglichkeit, hypothetischen Imperativen und Imperativen der Klugheit folgen zu können, fordert sie. Da die hier vorgegebenen Ziele äußerlich vorgegeben sind, bleibt eine solche Selbstbestimmung heteronom. Sie ist nicht autonom, also nicht in seinem Sinne frei. Nach Mill nun kann das übergeordnete Ziel des Lebensplans durchaus ein abstraktes Prinzip sein. Für ihn ist es GHP, er erkennt aber auch an, daß der Glaube an den transzendentalen Ursprung des Sittengesetzes ein solches übergeordnetes Prinzip sein kann. Warum er GHP vorzieht, wurde erörtert. GHP ist ein durch Erfahrung gewonnenes Prinzip. Diesem Prinzip zu folgen, soll nach Kant Heteronomie sein. KI soll das nicht sein. Er kann das aber nur, wenn er nicht aus der Erfahrung stammt. Also muß KI apriorisch sein. Die ontologische Frage nach der Vereinbarkeit von Kausalität und Freiheit verweist damit an dieser Stelle auf die epistemische Frage nach Erfahrung und Apriori.

Nach GHP müssen Freiräume der Verwirklichungen eigener Neigungen und des eigenen Lebensplanes zugestanden werden, weil Einschränkung hier eine Zufügung von Leid bedeutet. Fraglich bleibt die Bestimmung der Schranken einer solchen äußeren Freiheit. Nach Mill ist die einzige Schranke das Recht aller Individuen auf einen solchen Raum äußerer Freiheit. Mill muß sich, seinem eigenen Ansatz folgend, mit einem Einwand auseinandersetzen, der sogar mit utilitaristischen Argumenten verteidigt werden kann, die seiner Meinung nach nicht haltbar sind. Die These ist, daß eine nur durch das Millsche Prinzip der Gerechtigkeit eingeschränkte äußere Freiheit Meinungen und Lebensformen zulassen muß, die so radikal von den anerkannten Sitten und Gebräuchen der Gesellschaft und den sie verbindenden, insbesondere religiösen Überzeugungen abweichen, daß sie mit Grund als Bedrohung für das gemeine Wohl und das wohl der Mehrheit der Bevölkerung angesehen werden müssen. Sanktionen der öffentlichen Meinung und sogar des Staates sind in solchen Fällen berechtigt. Nach Mill lehrt demgegenüber historische Erfahrung, daß zu ihrer Zeit abweichende Meinungen, Theorien und Ideale praktischer

[1] *A System of Logic. Ratiocinative and Inductive*, a.a.O., S. 836ff.

Lebensführung, die durch Individuen oder einen kleinen Kreis von Individuen entdeckt und entwickelt wurden, sich im Laufe der weiteren geschichtlichen Entwicklung als der Motor qualitativ und quantitativ höherer »Lebensqualität« der Gesellschaft im ganzen entwickeln können. Für den Einzelfall gilt das »können«. Insgesamt gesehen aber gilt, daß allein die durch Individuen kreativ hervorgebrachten Mutationen menschlicher Denk- und Verhaltensweisen Fortschritt im Sinne des GHP bewirken werden. Auf die Behandlung der Frauenfrage bei Mill und die Entwicklung der Suffragettenbewegung wäre hier als Beispiel zu verweisen.

Die bloße Möglichkeit einer von Individuen inaugurierten kreativen Entwicklung der Menschheit wird durch die logische Struktur der Kausalgesetze, die in den *moral sciences* angewendet werden können, nicht ausgeschlossen. Ontologisch oder wissenschaftstheoretisch begründet wurde ein solches Prinzip freier Kreativität bei Mill freilich nicht, wohl aber haben manche seiner Anhänger Versuche in dieser Richtung unternommen.[1] Mill selbst verweist auf die historische Erfahrung. Auf historische Erfahrung beruft er sich methodologisch in seiner Analyse der Methoden der Sozialwissenschaften. Historische Erfahrung spielt aber auch eine hervorragende Rolle in seinen Argumenten für die Priorität der Induktion gegenüber der Deduktion und die These, daß eine philosophische Grundlegung der Wissenschaften ein intuitives Wissen von allgemeinen und notwendigen Wahrheiten a priori annehmen muß.

III. Erfahrung und Apriori

Mill verwirft Erkenntnisse a priori aber auch apriorische Bedingungen der Möglichkeit der Erfahrung und der wissenschaftlichen Erfahrung. Das führt ihn aber nicht zu den skeptischen Konsequenzen Humes, die für Kant anzeigen, daß eine »empirische Deduktion« der Voraussetzungen von Mathematik und reiner Naturwissenschaft nicht möglich ist.[2] Selbst die Axiome der Mathematik und Geometrie ergeben sich für Mill durch Induktion. Die Induktion bezieht sich auf das, was in gegebenen Phänomenen zugleich gegeben ist.[3] Es handelt sich um Induktion, weil

---

1 Man hat Mills Theorie Agnostizismus vorgeworfen und auf den Evolutionismus als ein hinzutretendes Prinzip der Wissenschaft, das generell in der Lage ist, das Auftreten von Neuem in der Natur zu erklären, verwiesen: vgl. Charles Sanders Peirce, *Collected Papers*, ed. Hartshorne & Weiss, 5.12. Das bedeutet nicht, daß die Bedeutung statistischer Kausalgesetze philosophisch abgewertet wurde. Ihre Bedeutung nahm zu und sie fand schließlich sogar Verwendung in der Physik.

2 *Kritik der reinen Vernunft*, B 127f.

3 *A System of Logic. Ratiocinative and Inductive*, a.a.O., S. 608ff.

die Geschichte dieser Wissenschaften zeigt, daß man keineswegs mit der Entdeckung der obersten Axiome begann, sondern daß zuerst Gesetze niederer Allgemeinheit gefunden wurden. Diese wurden verglichen, um höhere *axiomata media* zu entdekken, von denen sie abgeleitet wurden. Erst am Ende stehen vollständig axiomatisierte deduktive Systeme, die von ersten Prinzipien ausgehen.[1] Weil sie sich aus einer einfachen Induktion ergeben, sind die Prinzipien der Mathematik, Geometrie, aber auch der Logik[2] keine ewigen Wahrheiten a priori, die durch eine besondere Intuition erfaßt werden. Anlaß für ihre Entdeckung sind Wahrheiten, die gleichzeitig gegebene Faktoren betreffen. Sofern sich nun zeigen läßt, daß die hier entdeckten Gesetze (a) in allen beliebig gewählten Phänomenen bislang anzutreffen waren und (b) die Gesetze selbst von höherstufig allgemeinen Gesetzen her, die durch Induktion gefunden werden, deduktiv ableitbar sind, gilt, daß die hier benutzte Induktion eine *enumeratio simplex* ist. Es liegt im Wesen dieser Induktion, daß sie auch dann, wenn sich bislang keine Ausnahme gezeigt hat, grundsätzlich fallibel bleibt. Man kann aber sagen, daß eine Wissenschaft, die bloß eine *enumeratio simplex* voraussetzt, in gewissem Sinne »sicherer« ist als eine, die sich in Beobachtung und Experiment all der komplexen induktiven Methoden bedient, durch die allein die Gesetze von aufeinanderfolgenden Phänomenen entdeckt werden können. Darauf wurde eingegangen. Zu erinnern ist daran, daß deduktive Methoden auch in diesen Wissenschaften möglich sind, wenn die Induktion in diesen Bereichen zu höchsten Prinzipien aufgestiegen ist.

Der Nachweis, daß die Grundlagen aller Wissenschaften nur in einem allmählichen Aufstieg durch Induktionen bekannt wurden, ergibt sich bei Mill letztlich durch den Rekurs auf die Geschichte der Wissenschaften. Eine Wissenschaft ist erst im letzten Stadium ihrer Entwicklung in der Lage, das System ihrer Gesetze deduktiv aus Prinzipien zu entwickeln. Es muß aber zusätzlich beachtet werden, daß auch die induktiven Methoden sich historisch entwickeln. Am Beginn steht die *enumeratio simplex*. Der nächste Schritt ergibt sich mit der Einsicht in die Bedeutung der Faktorenanalyse für Beobachtung und Experiment bei Francis Bacon. Die Methoden der Induktion aber, so wie Mill sie fortführt, werden vollständig erst im 18. und 19. Jahrhundert in den Wissenschaften entwickelt. Nur in dieser Entwicklung ergibt sich das richtige Verständnis des Prinzips der Kausalität.

Für die Logik der Kunst und der Ethik und die Frage nach ihren Prinzipien, die Mill in Anlehnung an die deutsche Tradition „Prinzipien der praktischen Vernunft"

---

1 *A System of Logic. Ratiocinative and Inductive*, a.a.O., S. 217f., 225ff.
2 *A System of Logic. Ratiocinative and Inductive*, a.a.O., S. 277-279.

nennt,[1] ist der unmittelbare Rekurs auf die »Erfahrung der Geschichte« eine wichtige Argumentationsbasis. Analog zur Logik der Wissenschaften gilt, daß erste Prinzipien nicht deduktiv bewiesen werden können und auch nicht als Prinzipien a priori vorausgesetzt werden müssen. GHP ergibt sich als oberstes Prinzip durch Verallgemeinerung aus den *axiomata media*, die als bekannt vorausgesetzt werden können. Was GHP letztlich heraushebt, ist das gemeinsame Prinzip vernünftigen, nach Vermehrung des Glücks und Verminderung von Schmerz strebenden menschlichen Handelns. GHP braucht deshalb in den meisten Fällen auf die Prüfung der Moralität konkreter Handlungen von einzelnen gar nicht angewandt zu werden. Die *axiomata media* genügen. GHP ist anzuwenden, wenn Situationen eintreten, die durch die *axiomata media* nicht abgedeckt werden.[2] Es kommt auch ins Spiel, wenn es sich um Prüfung von Verhaltensregeln der Tradition handelt, die Anlaß zur Kritik bieten und wenn gewisse *axiomata media* Anwürfen und Zweifeln ausgesetzt sind. Mills Diskussion des *liberty*-Prinzips ist eine solche Anwendung. Die Aufgabe, ein oberstes allgemeinstes Prinzip der praktischen Vernunft zu finden, ist somit, gerade weil es verallgemeinernd aus vorliegenden bewährten ethischen Regeln entwickelt wird, zunächst bloß von theoretischem Interesse. Praktisch im eigentlichen Sinne wird das Prinzip nur in strittigen Fragen.

Mills Ablehnung des Apriori als notwendiges Ingredienz der theoretischen und praktischen Erfahrung des Menschen stützt sich nicht auf die dogmatisch vorausgesetzte These, daß nichts im Intellekt sei, was nicht vorher durch die Sinne vermittelt wurde. Sie beruht somit nicht auf einer Physiologie der menschlichen Verstandeskräfte.[3] Das bedeutet nicht, daß Psychologie keine Rolle spielt. Auf Assoziationsgesetze wird in der Logik der Wissenschaft wiederholt verwiesen. Im Rahmen der Ethik und der Betrachtung von GHP spielen psychologische und ethologische Gesichtspunkte insbesondere bei der Frage nach den inneren Sanktionen des GHP eine Rolle. Entscheidend aber ist, daß diese beiden Wissenschaften bereits nach der Logik der *moral sciences* nicht leisten, was hier geleistet werden muß. Die Sozialwissenschaften müssen hinzutreten und mit ihnen der Rekurs auf Geschichte. Hier muß man aber eine *lacuna* bei Mill festhalten. Er behandelt die historischen »Tatsachen«, auf die er sich beruft wie Beobachtungen in der Gegenwart, die feststellen, daß die Katze auf der Matte liegt. Die Problematik der Methode der historischen Forschung, wie sie von Dilthey und Droysen zuerst entwickelt wurde, ist ihm unbekannt. Sie

1 *A System of Logic. Ratiocinative and Inductive*, a.a.O., S. 950.
2 *Utilitarianism*, X, S. 224f.
3 *Kritik der reinen Vernunft*, B 119.

ist natürlich auch Kant in seinen historisch-anthropologischen Betrachtungen, auf die gleich einzugehen sein wird, nicht aufgegangen.

Geschichtliche Erfahrung spielt nun auch in Kants theoretischer Philosophie eine gewisse Rolle. Im Vorwort[1] werden Beispiele aus der Wissenschaftsgeschichte benutzt, um zu zeigen, wie ein Gebiet des Wissens in den „sicheren Gang der Wissenschaft" gebracht werden konnte. Am Schluß der Kritik steht die Forderung nach einer zu schreibenden Geschichte der reinen Vernunft. Wie sie bei Kant ausgesehen hätte, läßt sich nicht sicher ausmachen. Die Versuche der deutschen Idealisten haben den Charakter von Vernunftspekulationen, die den Gang der Geschichte rekonstruieren. Auf die Probleme, die sich aus der Betrachtung der Wissenschaftsgeschichte, insbesondere der Geschichte der Wissenschaften nach Kant für sein System der Grundsätze a priori des reinen Verstandes ergeben, wurde in der Literatur, auch bei Neukantianern, verwiesen. Selbst wenn man unter diesen Umständen an anderen Aspekten der Kantischen Philosophie festhält, gilt, daß damit zumindest das Apriori der Grundsätze, d.h. die apriorische Grundlage der Naturwissenschaften und der Mathematik, kein ewiges oder angeborenes Apriori ist, das genau dem Begriff des Apriori entspricht, den Mill verwirft. Was über das Apriori gesagt wird, wird fallibel. Man muß dann wohl nach der Methode fragen, die es möglich macht, daß ein solcher Wandel ein zu rechtfertigender Wandel ist. Kant scheint das Problem nicht gesehen zu haben. Er bemerkt zwar beiläufig, daß kein weiterer Grund dafür angegeben werden kann, warum wir gerade diese Kategorien und Anschauungsformen haben,[2] und räumt damit die leere logische Möglichkeit ein, daß es endliche Verstandes- und Vernunftwesen gibt, die andere Kategorien und Anschauungsformen haben. Daß sich unser kategoriales System für uns ändern kann, ist ihm nicht in den Sinn gekommen. Er unterstellt es einfach. Darauf ist hier nicht weiter einzugehen. Festzuhalten ist nur, daß die Frage nach dem Verhältnis von geschichtlicher Erfahrung und Apriori sich auch im Gebiet der theoretischen Philosophie ergibt.

In wesentlichen Aspekten der konkreten Morallehre spielt nun auch bei Kant allgemeine Erfahrung und dann historische Erfahrung eine gewichtige Rolle. Die Frage nach der Entdeckung von KI als Formel, die der Beurteilung von Handlungen zugrunde zu legen ist, kann für diesen Aspekt zunächst einmal zurückgestellt werden. Voraussetzung der Entwicklung einer konkreten Morallehre ist nach Kant zunächst, daß KI auf Anthropologie angewandt wird. Eine Metaphysik der Sitten wird

> die besondere Natur des Menschen, die nur durch Erfahrung erkannt wird, zum Gegenstand nehmen müssen, um an ihr Folgerungen aus den allgemeinen mora-

[1] *Kritik der reinen Vernunft*, B XIff.
[2] *Kritik der reinen Vernunft*, B 145f.

> lischen Prinzipien zu zeigen, ohne daß jedoch dadurch der Reinigkeit der letzteren etwas benommen, noch ihr Ursprung a priori dadurch zweifelhaft gemacht wird.[1]

Anthropologie ist keine Wissenschaft im strengen Sinne, aber sie beruht auf Erfahrung. Man kann hier zwei Stufen unterscheiden. Auf der ersten Stufe wird der Mensch als Spezies der Gattung der sinnlichen, damit endlichen, verständigen und praktischen Vernunftwesen betrachtet. Praktisch zu sein, d.h. seinen Vorstellungen gemäß zu handeln, ist für Kant das, was Leben ausmacht. Seine Explikation führt unmittelbar zu den Begriffen des Begehrens und Verabscheuens und damit zu den Gefühlen von Lust und Unlust, aber auch zu habituellem Begehren, damit zu Neigung und beurteilter Neigung, d.h. Interesse.[2] Solche Begriffe sind der Psychologie entlehnt.[3] Sie hätten, nach dieser Seite hin betrachtet, empirischen Charakter. Aber sie sollen trotzdem transzendentale Bedeutung haben. Insbesondere die ersten *axiomata media* der konkreten Morallehre ergeben sich aus der Anwendung von KI auf dieses »transzendentalpsychologische« Begriffssystem. Die genaue Abgrenzung dieses allgemeinsten Bereiches der Anwendung von KI von den anthropologischen Bedingungen, die spezifisch auf den Menschen bezogene empirische anthropologische Einsichten benutzen, ist schwierig und wird von Kant nicht explizit bestimmt. Nimmt man an, daß der Begriff des endlichen praktischen Vernunftwesens a priori ist, dann läßt sich sehr schnell ableiten, daß solche Wesen, um zu leben, in irgendeiner Weise auf Glücksstreben angewiesen sind. Dieser Schluß legt sich nahe. Die Begriffe sollen ja auch, wie die Belege oben zeigen, zur Transzendentalphilosophie gehören und die Dialektik der praktischen Vernunft behandelt sie auch so, worauf im ersten Abschnitt verwiesen wurde. KI müßte also, sofern er überhaupt auf abstraktester Ebene angewandt wird, genau diesen Sachverhalt implizieren. Daß nun ein zweiter Bereich besteht, der Erfahrung voraussetzt, kann nicht geleugnet werden, wenn man sich die Kantische Darstellung der Rechts- und Tugendlehre im einzelnen ansieht. Bereits hier spielt auch historische Erfahrung, bezogen z.B. auf ursprüngliche Landnahme, eine entscheidende Rolle.[4] Insbesondere wäre da auf die Möglichkeit »casuistischer Fragen« bei den Tugendpflichten zu verweisen.[5] Ob Kant hier unterstellt, daß bei kasuistischen Fragen eine eindeutige Antwort durch KI vorausgesetzt werden muß, wie es Kantische »Rigoristen« fordern, bleibe dahingestellt. Der Text gibt m.E. keinen Hinweis darauf.

---

1 *Die Metaphysik der Sitten*, AA VI, S. 217.
2 *Die Metaphysik der Sitten*, AA VI, S. 211-213.
3 *Kritik der praktischen Vernunft*, AA V, S. 9, 25f.
4 *Die Metaphysik der Sitten*, AA VI, S. 261ff.
5 *Die Metaphysik der Sitten*, AA VI, S. 423.

Weiter geht die Aufgabe, die mit der pragmatischen oder moralischen Anthropologie vorgeschrieben ist.

> Das Gegenstück der Metaphysik der Sitten ... würde die moralische Anthropologie sein, welche, aber nur die subjektive, hindernde sowohl als begünstigende Bedingungen der Ausführung der Gesetze der ersteren in der menschlichen Natur ... enthalten würde, ...[1]

Diesem Bereich sind nun auch alle Betrachtungen Kants zur Geschichte der Menschheit zuzuordnen, die systematisch zur pragmatischen Anthropologie gehören.[2] Es muß hier genügen, auf Kants Feststellung hinzuweisen, daß selbst ein Volk von Teufeln, sofern sie nur Verstand haben,[3] d.h. ihre Interessen beurteilen und kalkulieren könnten, die Republik und damit die Idee des Rechts verwirklichen würden. Diese »Teufel« müssen keineswegs als teuflische Wesen verstanden werden, deren Prinzip es ist, immer genau das zu tun, was dem Sittengesetz widerspricht.[4] Es handelt sich um die vergleichsweise harmlosen Teufel Benthamscher Interessenkalkulation. Ihre Ziele können im Kantischen Sinne durchaus moralisch legal sein. Die Frage ist, ob nach anderen Schriften Kants zum selben Thema diese Teufel auch weiter kalkulieren könnten und erkennen, daß auch das Glück anderer Teufel in ihrem Interesse wäre. Wird dieser Schritt gemacht, dann ist für Teufel der Bereich rein egoistischen Glücksstrebens mit Sicherheit überschritten. Hier wäre nun zu sagen, daß auch nach Mill ein rein egoistisches Glücksstreben für die Entwicklung von GHP nicht zureichend ist. Das Bedürfnis nach Anerkennung durch andere für das Streben nach Glück oder zumindest eines lebenswerten Lebens gibt auch die Kantische Anthropologie zu. Sympathie und Freude am Glück anderer gehören nach Kant ebenso wie Neid, insbesondere gegenüber ferner stehenden Anderen, zum ganzen des Triebszusammenhanges einer Person. Eben deshalb will er sie nicht als ein dem KI zu Grunde zu legenden Glücksstreben einordnen.

Damit ist man bei der Frage nach dem Apriori von KI im praktischen Bereich angelangt. Kant hat behauptet, daß auch ohne Kenntnis der durch ihn entwickelten Formel einfache Menschen, die nicht durch metaphysische Sophistereien verblendet sind, sich in ihrer Beurteilung ethischer Fragen an das Sittengesetz halten.[5] Das setzt aber voraus, daß sie die *axiomata media*-Moral kennen, besagt aber nicht, daß sie sie auf das richtige erste Prinzip zurückführen. Es schließt aber ein, daß sie anerkennen, daß sittliche Handlungen aus Pflicht vollzogen werden. Wie ausgeführt, ist das Be-

---

[1] *Die Metaphysik der Sitten*, AA VI, S. 217.
[2] *Anthropologie in pragmatischer Hinsicht*, AA VII, S. 322.
[3] *Zum ewigen Frieden*, AA VIII, S. 366.
[4] *Die Religion innerhalb der Grenzen der bloßen Vernunft*, AA VI, S. 35.
[5] *Grundlegung zur Metaphysik der Sitten*, AA IV, S. 404f., 410, 454.

folgen von Grundsätzen der Moral ohne besondere Rücksicht auf das eigene Glücksstreben auch nach Mill möglich und zu fordern. Die Frage ist lediglich, ob das oberste Prinzip der Moral auf Glücksstreben unmittelbar Bezug nehmen muß oder nicht. Kant entscheidet sich hier für das Nein. In der Formel findet das seinen Niederschlag darin, daß sehr wohl der Anspruch Anderer als Zweck in sich selbst, d.h. auf die Autonomie eigener Zwecksetzungen anerkannt wird, aber nichts darüber gesagt wird, wie solche Zwecke bestimmt werden. Hier liegt, von der praktischen Philosophie her gesehen, die »Reinigkeit« und das »Apriori« von KI keineswegs darin, daß die Formeln von KI »angeboren« sind und intuitiv von allen erfaßt werden. Damit ist etwas gewonnen und etwas verloren. Gewonnen ist ein Transzendendenzbezug des Menschen, der ihn »zum Bürger zweier Welten« macht. Ausschlaggebend ist das Prinzip der Moralität im radikalen Sinn, das seine Bedeutung nicht so sehr in der konkreten Morallehre, sondern in einer Vernunftreligion hat. Eingehandelt hat man sich die Zweideutigkeiten bei der Frage der Anwendung von KI. Selbst bei unmittelbar aus KI folgenden abstraktesten Moral- und Rechtsprinzipien müssen über KI hinaus Annahmen über die Natur endlicher praktischer Vernunftwesen und deren Abhängigkeit von Neigungen und Interessen eingeführt werden. Fehlt diese Dimension, dann haben alle Kritiker, die auf die Inhaltsleere von KI verweisen, recht. Es ist sogar notwendig über die genannten allgemeinsten Annahmen hinaus auf Erfahrung zu verweisen. Dieser Verweis bezieht sich auch auf historische Erfahrung. Mills Morallehre führt nicht auf solche Zweideutigkeiten. Seine letztlich auf historischer Erfahrung beruhende »empirische Deduktion« von GHP impliziert die Dimension der Anwendung. Er hat als Positivist aber andererseits auch keine Möglichkeit, in einer Erweiterung der Ethik auf eine Transzendenz des Menschen Bezug zu nehmen. Glaubensinhalte können, soweit sie ethisch relevant sind, rational auf ihren Nutzen für die Verwirklichung von *GHP* hin befragt werden. Einen philosophisch legitimierten rationalen Glauben gibt es nicht.

Zusammenfassung im Rückblick

Klammert man, um den eingeschlagenen Weg rückblickend zu betrachten, zunächst einmal die Frage nach den inhaltlichen Differenzen von KI und GHP als rein ethische Prinzipien ebenso ein, wie die Frage nach dem »Wesen der menschlichen Freiheit«, so ergibt sich ein Hinweis darauf, in welcher Richtung die vorläufige Antwort auf die epistemische Frage nach dem Verhältnis von Apriori und Erfahrung zu suchen wäre. Auszugehen ist vom Begriff der »Anlage«. Nach Mill ist es durchaus möglich, die Moralität als Anlage in der menschlichen Natur zu verstehen, deren Entwicklung bis hin zum obersten Prinzip der Moral führen kann.[1] Bedroht wird diese Anlage stets durch zuwiderstehende gesellschaftlich bedingte äußere Sanktionen, die den Menschen weg von der Entwicklung moralischer Fähigkeiten führen. Auch Kant spricht nun von einer Anlage des Menschen zum Guten.[2] Wenn er sagt „Der der Anlage nach gute Baum ist es noch nicht der That nach",[3] scheint er Mill sehr nahe zu kommen. Sieht man von der Frage nach der Natur menschlicher Freiheit ab, die hier mit angesprochen ist, so gilt für die epistemische Differenz zunächst, daß Mills Beobachtung eine Beobachtung *ex post* auf der Grundlage historischer Erfahrung ist. Nur Erfahrung zeigt, was unter günstigen Umständen möglich wurde. Eingeschränkt gilt das auch für Kant in der pragmatischen Anthropologie. Wie weit Menschenteufel, die nur einer rationalen Kalkulation ihrer Interessen folgen, kommen können, ist eine empirische Frage. Aber der Mensch ist mehr. In der Frage nach der Moralität des Handelns verfügt er über eine Betrachtungsweise, die auf ein Apriori, das in den noumenalen Bereich verweist, Bezug nehmen kann. Folgt ihr der Mensch, so ergibt sich eine Revolution der Denkart, die zu einer allmählichen Reform der Sinnesart führt.[4] Die Möglichkeit einer solchen Umkehr ist »unergründlich«. Sie kann unter Raum- und Zeitbedingungen nur analogisch durch Sätze der Religion verständlich gemacht werden. Was sie verlangt, ist eine Entscheidung, die nur im noumenalen Bereich gegründet sein kann.

Das Problem von Apriori und Erfahrung betrifft *prima facie* die theoretische und praktische Philosophie in gleicher Weise. Feststellbar ist ein Apriori nur für einen gegenwärtig bestehenden Erkenntnisstand. Die Frage ist dann lediglich, ob dieser Erkenntnisstand die perfekte und von nun an unwandelbare Entfaltung einer Anlage ist, die als Anlage »eingeboren« ist, oder ob anzusetzen ist, daß das Apriori des gegenwärtigen Erkenntnisstandpunktes, genau wie in der Vergangenheit, auch in Zukunft Wandlungen, Modifikationen und Präzisierungen ausgesetzt bleibt. Was Anlage ist, kann dann nur in historischer Erfahrung *ex post* festgestellt werden. Kant hat sich hier für den ersten Teil der Alternative entschieden, Mill für den zweiten. Das Wort »Apriori«, für ihn ganz an den anderen Teil der Alternative gebunden, gebraucht er natürlich nicht.

Alle weiteren Differenzen betreffen nicht diese allgemeine Frage, sondern die letzten theoretischen und praktischen Prinzipien, gleich ob a priori oder induktiv be-

---

[1] *Utilitarianism*, X, S. 230.
[2] *Die Religion innerhalb der Grenzen der bloßen Vernunft*, AA VI, S. 44ff.
[3] *Die Religion innerhalb der Grenzen der bloßen Vernunft*, AA VI, S. 45 Anm.
[4] *Die Religion innerhalb der Grenzen der bloßen Vernunft*, AA VI, S. 47.

gründet. Da Kant theoretisch für Gegenstände der Erfahrung ein strikt alle Veränderungen determinierendes Kausalitätsprinzip ansetzt, muß er, um sinnvoll von Freiheit sprechen zu können, in KI ein besonderes, im noumenalen Bereich unmittelbar gründendes Apriori ansetzen. Daraus ergibt sich sein Begriff der Freiheit der menschlichen Willkür. Die Freiheit der Willkür ist letztlich die Freiheit, rein aus Achtung vor dem Gesetz aus Pflicht zu handeln, oder den Neigungen zu folgen. Sie kann nur im noumenalen Bereich gegründet sein. Wie die Religionsschrift ausführt, ist es die Freiheit, eine Umkehr der Denkart vorzunehmen, die allein die Voraussetzung für die Entwicklung der Anlage des Menschen zum Guten sein kann. Die bloße Möglichkeit dieser Freiheit ist unter Raum- und Zeitbedingungen nicht denkbar. Es kann nun gesagt werden, daß Mill, wenn er die These vertreten hätte, daß eine strikt determinierende Kausalität die einzige ist, die induktiv begründet werden kann, die Moral mit Hobbes und den *philosophical radicals* des frühen 19. Jahrhunderts in England nur durch einen rein quantitativen Interessenkalkül hätte begründen müssen. Kreative Spontaneität in der Entdeckung von qualitativ Neuem gäbe es nicht und *liberty* hätte er auf die äußere Freiheit, den Neigungen ungehindert folgen zu können, reduzieren müssen. Mills Begriff von wissenschaftlicher Kausalität setzt aber ein strikt determinierendes Kausalitätsprinzip nicht voraus. Generell und insbesondere im Bereich der *moral sciences* gilt, daß strikt determinierende Kausalgesetze für individuelles Verhalten nicht gefunden werden können. Damit kann er bei der Begründung des *liberty*-Prinzips »Freiheit« als kreative Spontaneität des Menschen ansetzen. Sie bezieht sich nicht nur auf die Entwicklung moralischer Fähigkeiten, sondern, dem systematischen Aufbau einer Logik der Kunst entsprechend, auf alle praktischen Fähigkeiten des Menschen. Positiv begründet wird diese Annahme durch Rekurs auf historische Erfahrung, auf die auch die *moral sciences* zurückgreifen müssen.

Die Differenz des obersten Prinzips der Ethik bei Kant und Mill hängt somit wesentlich ab von Differenzen auf ontologischer und epistemischer Ebene, die unabhängig von ethischen Fragen sind. Das gilt auch für die im Anschluß an Kant emphatisch vertretene These vom Primat des Praktischen. Es bleibt aber durchaus ein wesentlicher Aspekt dieser Differenz, daß man sie unabhängig von diesen Voraussetzungen als eine Differenz, die moral-praktische Bedeutung hat, betrachten kann. Kant abstrahiert bei der Entwicklung der Formel von KI ganz vom Streben nach der Erfüllung von Neigungen und Interessen und damit vom Streben nach Glück. Damit bleibt eine Formel zurück, die sich rein auf den verpflichtenden Charakter des obersten Prinzips konzentriert. Das Streben nach Erfüllung von Neigungen und Interessen hat bei Kant nur eine Funktion, wenn die Frage der Anwendung von KI aufgeworfen wird. Hier ist allerdings neben dem Bereich, der ganz empirisch bestimmt ist, auch ein Bereich zu finden, der in einem eigentümlichen Zwischenreich zwischen Apriori und Erfahrung anzusiedeln ist, nämlich die der »Psychologie entlehnten« transzendentalen Feststellungen über endliche praktische Verstandes- und Vernunftwesen. Das Streben nach Glück ist im Bereich, auf den sich Verpflichtung bezieht, ein quasi apriorisches Element. GHP kennt eine solche Abstraktion nicht. Das Streben nach Glück ist unmittelbar in der Formel für das höchste Prinzip enthalten. Die Schwierigkeit liegt hier darin, daß der Verpflichtungscharakter des Prinzips für sich, den Mill betont, aus der Formel des Prinzips nicht ablesbar ist. Das Problem der Anwendung verflüchtigt sich in der anderen Richtung. GHP ist lediglich eine Anweisung, dem Glücksstreben perfekte Effizienz zu verschaffen. Die auf KI führende Abstraktion kann aber durchaus in GHP selbst vollzogen werden, und sie wird dem Ansatz nach vollzogen, wenn Mill hervorhebt, daß KI das Verdienst hat, auf die besondere Bedeutung, die das Recht anderer auf eigene Zwecksetzungen hat, hinzuweisen. Nur wenn die Abstraktion vollzogen wird, kann der von Mill hervorgehobene Charakter des GHP als Verpflichtungsprinzip durch eine Analyse von GHP selbst einsichtig gemacht werden. So betrachtet zeigt sich, daß KI und GHP, sofern von Differenzen im ontologischen und epistemischen Hintergrund abstrahiert wird, sich nicht ausschließend entgegengesetzt sind, sondern komplementären Charakter haben, wenn es sich um Probleme der Entwicklung einer konkreten Morallehre handelt.

Der Imperativ des Egoismus

Zum Widerstreit des sozialphilosophischen mit dem willensmetaphysischen Begriff des Anderen in der Mitleidsethik Arthur Schopenhauers

von Mirko Wischke (Halle a.d. Saale)

Das konzeptionelle Selbstverständnis der Schopenhauerschen Ethik ist durch die Kantische Moralphilosophie geprägt, deren Mängel sie zu benennen und auszumerzen sich bemüht. Die Liste der gravierenden Mängel, die der Kantischen Moralphilosophie zugeschrieben werden, ist umfangreich. Zu ihr gehören: die mangelhafte Sensibilität für die Eigentümlichkeit moralischen Handelns, die strikte Ablehnung empirischer Formen von Moralität, das moralische Gehorsamgebot und die argumentative Blindheit gegenüber der Differenzialität von Moralprinzip und -fundament. Mit seinen Einwänden hat Schopenhauer eine Reihe von Autoren nachhaltig angeregt: Durkheim mit der Frage nach der Eigentümlichkeit moralischen Handelns,[1] sowie Simmel,[2] Nietzsche und Adorno mit der Kritik des moralischen Gehorsamgebots.[3] Selbst Dilthey verhehlt in seiner Kritik an Schopenhauers Mitleidstheorie nicht die anregende Wirkung, die dessen Interesse an der „Triebfeder" moralischen Handelns auf ihn ausgeübt hat.[4] Schopenhauer selbst mißt dem Einwand eine besondere Bedeutung zu, der auf die Eigentümlichkeit moralischen Handelns insistiert. Jede Moralphilosophie laufe appellativ leer, so argumentiert Schopenhauer, wenn es ihr nicht überzeugend gelänge, eine bestimmte Form von empirisch situierter Moralität aufzuzeigen, an der sie ihre Prinzipien in theoretisch anspruchs-

---

1 Vgl. H. Joas, *Die Kreativität des Handelns*, Frankfurt/M. 1992, S. 79ff. - H. Firsching, *Moral und Gesellschaft*, New York/ Frankfurt/M. 1994, S. 23ff.

2 Dazu: August Gallinger, *Simmel über die Möglichkeit einer allgemeingültigen sittlichen Norm*, in: Kant-Studien 6, 1901, S. 406ff.

3 Vgl.: M. Wischke, *Die Geburt der Ethik*, Berlin 1994, S. 49ff.

4 W. Dilthey, *System der Ethik*, in: ders., *Gesammelte Schriften*, Bd. X, Stuttgart 1981, S. 102f.

voller Weise anknüpfe. Denn über die Plausibilität einer jeden Moralphilosophie entscheide letztlich nicht ihre argumentative Triftigkeit, sondern der überzeugende Nachweis ihrer empirischen Plattform. Daß Kant dies nicht erkannt habe, sei einer der eklatantesten Mängel seiner Moralphilosophie.

Nicht den Fragen gilt mein Interesse, die Schopenhauers Kritik der Kantischen Moralphilosophie insgesamt aufwerfen. Mich interessiert das gegen Kant vorgebrachte Argument, daß für jede Moralphilosophie eine Form von lebensweltlich situierter Moralität unverzichtbar sei. Ich werde zwei Einwände explizieren: daß erstens die Kantische Moralphilosophie Schopenhauers Vorwurf nicht schutzlos ausgeliefert ist, ja daß es zweitens mit Kant gute Gründe gibt, die gegen Schopenhauers Vorschlag sprechen, die Evidenz einer jeden Moralphilosophie davon abhängig machen zu müssen, inwieweit sie es vermag, an eine empirische Moral anzuknüpfen. Des weiteren werde ich eruieren, ob es Schopenhauer gelingt, den gegen Kant vorgebrachten Vorwurf für seine Ethik zu entkräften, und zwar am Begriff des Anderen. Er wird von Schopenhauer in zwei Fassungen exponiert: einmal in einer sozialphilosophischen und zum anderen in einer metaphysischen. Beide Fassungen bilden eine eigentümliche Konstellation: die metaphysische leugnet die sozialphilosophische Definition des Anderen, die ihrerseits die metaphysische Definition widerruft.

I. Das Mißverständnis.

Schopenhauer bestreitet nicht den von Kant freigelegten internen Zusammenhang von Moral und Allgemeingültigkeit. Er bezweifelt jedoch, ob das, was wir Moral nennen, in diesem Zusammenhang erklärbar ist. Sein schwerwiegender Vorwurf gegen Kant lautet denn auch, dieser ignoriere den „Inhalt" der moralischen Handlung, er beziehe sich allein auf dessen „Form",[1] weil er die Allgemeinverbindlichkeit der Moral zu begründen suche, statt zunächst erst einmal plausibel zu erklären, was Moral denn sei (oder sein solle).[2] Schopenhauer unterbreitet dazu folgenden Vorschlag: „Die moralische Triebfeder muß [...] eine [...] reale sein: und da für den Menschen nur das Empirische, oder doch als möglicherweise empirisch vorhanden Vorausgesetzte, Realität hat; so muß die moralische Triebfeder in der Tat eine empirische sein."[3] Da

1 A. Schopenhauer, *Sämtliche Werke* (im folgenden: SW), Bd. 4, hrsg. v. Julius Frauenstädt, Leipzig 1923, S. 129.
2 A. Schopenhauer, SW, Bd. 4, S. 120.
3 A. Schopenhauer, SW, Bd. 4, S. 143.

die Kantische Moralphilosophie sich dieser Einsicht verschließe, ja sie für ihr Theorieprojekt rigoros ablehne,[1] hafte ihr unverkennbar ein appellativer Gestus an.[2]

Uneingestanden nimmt Schopenhauer mit diesem Vorwurf eine Inkonsistenz in Kauf. Der Rückgriff auf eine moralische Triebfeder kann nicht gleichgesetzt werden mit der Moral selbst. Diese Triebfeder ist ein diffuses Gefühl, das der Moral empirisch vorausgeht. Schopenhauer zieht diese Unterscheidung nicht. Vielmehr ist er überzeugt, mit seinem Hinweis auf eine empirische Moral ein gravierendes Defizit der transzendentalphilosophischen Ethik freizulegen – ohne zu bemerken, daß sein Einwand unschwer von jener Ausgangsüberlegung entkräftet werden kann, auf der Kant seinen moralphilosophischen Ansatz insgesamt argumentativ aufbaut.

Der moralphilosophische Ausgangspunkt von Kant ist bekanntlich der interne Zusammenhang zwischen Intersubjektivität und Handlungstheorie. Durch wechselseitige Explikation wird beides in einen Zusammenhang gestellt: von Intersubjektivität ist handlungstheoretisch nicht die Rede, wenn es gilt, bestimmte Weisen der Intersubjektivität gegen andere auszuzeichnen, sondern systematisch, um die Intersubjektivität selbst als das Grundlegende an der Moral auszuzeichnen. Für die intersubjektive Begründung der Moral muß daher die im lebensweltlichen Geschehen situierte Moralität theoretisch irrelevant sein. Charakteristisch für die lebensweltliche Moral ist nämlich die konfliktreiche Konkurrenz disparater Konzeptionen eines guten Lebens – Konzeptionen, die, würden sie als Theoriefundament der Kantischen Moralphilosophie genommen werden, eine intersubjektive Moralbegründung unmöglich werden lassen. Denn der Nachweis der Allgemeingültigkeit und Intersubjektivität der Moral, auf den Kants Bemühungen zielen, läßt sich nicht führen, wenn eine separate Konzeption des guten Lebens aus dem Konglomerat der empirischen Moral herausgefiltert und zur Grundlage eben dieses Nachweises genommen wird.

Wenn Schopenhauer gegen Kant einwendet, moraltheoretisch nicht an eine empirische Moralität anknüpfen zu können, dann prallen zwei Argumente aufeinander, deren Gleichwertigkeit vom systematischen Ansatz der Kantischen Moralphilosophie energisch bestritten werden kann. Weder hat die Frage nach der empirischen Geltung für Kant einen methodischen Vorrang, wie Schopenhauer mit seinem Vorwurf unterstellt, noch fällt sie in den Problembereich der Allgemeingültigkeit der Moral. Schopenhauer interessiert der Bereich der Moral, in dem das Individuum autonom seinen Lebensplan konzipiert und seine Vorstellung(en) von einem guten Leben definiert. Kant wiederum eruiert den Bereich, in dem eine Vermittlung zwischen verschiedenen Lebensplänen stattfinden kann, wodurch Konflikte einge-

---

1 A. Schopenhauer, SW, Bd. 6, S. 216.
2 A. Schopenhauer, SW, Bd. 4, S. 130.

dämmt werden können. In diesem Bereich wird moralisch beurteilt, wie das für den einzelnen Gute jeweils so definiert werden kann, daß es nicht die Belange der anderen dauerhaft mißachtet oder grob verletzt. Eingedämmt werden kann der Konflikt zwischen den Lebensplänen aber nur, wenn nicht einzelne Formen empirisch situierter Moralität gegenüber anderen ausgezeichnet werden. Es sei denn, der Nachweis der Allgemeingültigkeit sowie der Intersubjektivität der Moral ist hinfällig.

Daß Schopenhauer auf der Triftigkeit seiner Kritik beharrt, ohne diesen konzeptionellen Ansatz der kantischen Moralphilosophie zu berücksichtigen, gibt Anlaß zu der Vermutung, daß die Argumente, die er gegen die transzendentalphilosophische Moralbegründung in Anschlag bringt, einem Ansatz entspringen, der grundsätzlich zu unterscheiden ist von dem der Kantischen Moralphilosophie. Schopenhauers Einwände gegen Kant opponieren gegen Definitionen, deren Theoriefundament ein anderes als das ist, worauf Schopenhauer seine Argumente gestellt wissen will. Deutlich wird diese Differenz an zwei Problemen. Kant setzt die Fähigkeit der Individuen zum gemeinschaftlichen Zusammenleben auf geringem Konfliktniveau voraus, indem er dafür in der Moral ein internes Regulativ freilegt. Anders Schopenhauer: Weil er überzeugt ist, im Egoismus das wahre Strukturprinzip menschlichen Zusammenlebens gefunden zu haben, muß er eine solche Fähigkeit prinzipiell in Frage stellen. Schopenhauer interessiert die Moral unter dem Gesichtspunkt, ob in der Moral so etwas wie ein gemeinwohlorientiertes Zusammenleben der Menschen nachweisbar ist. Demgegenüber rekuriert Kant auf einen Begriff von Gemeinschaft, den er – im Gegensatz zu Schopenhauer – moralphilosophisch weder hinterfragt noch problematisiert. Wie Schopenhauers Kritik des moralischen Gehorsamgebots der Kantischen Moralphilosophie zeigt, hat er diese Abstinenz Kants, um eine Formulierung von Theodor Lessing aufzugreifen, gründlich mißverstanden.[1]

II. Das Gehorsamgebot und der Imperativ des Egoismus.

Die verschiedenen Formulierungen des kategorischen Imperativs interpretiert Schopenhauer im Sinne eines moralischen Gehorsamgebots.[2] Kants Vorschlag, die Verbindlichkeit der Moral durch eben jene Handlungen zu begründen, die sich unbeirrbar an einem unverrückbaren Gesetz orientieren, insistiert energisch darauf,

---

[1] Th. Lessing spricht von einem der „interessantesten und merkwürdigsten Mißverständnisse wohl der ganzen Philosophiegeschichte", in: ders., *Schopenhauer gegen Kant*, in: Schopenhauer-Jahrbuch, 12. Jg., Frankfurt/M. 1925, S. 20.

[2] Eine einschlägige Kritik dieser Argumentation gibt: J. Ebbinghaus, *Deutung und Mißverständnis des kategorischen Imperativs*, in: ders., *Gesammelte Aufsätze*, 1968, S.80ff.

daß es so geschehen solle. Aus welchen Gründen heraus moralisch gehandelt wird, so Schopenhauer, könne ein Sitten*gesetz* freilich nicht klären. Und ebenso fraglich ist, ob für ein Handeln, das aus Achtung vor einem Gesetz geschieht, die Bezeichnung *moralisch* überhaupt zutreffend ist. Was soll an einer solchen Handlung das genuin Moralische sein, wenn sie, statt der wohlwollenden Rücksicht auf den Anderen, die „Furcht vor den nachteiligen Folgen des Ungehorsams" gegenüber dem Gesetz zum alleinigen Motiv hat?[1]

Mit seinen Fragen rückt Schopenhauer den kategorischen Imperativ in eine sozialphilosophische Perspektive, die sich durch die Frage eröffnet, wie die Opposition von Egoismus und Gemeinsinn stillgelegt werden kann. Um das Sittengesetz als ein Gehorsamgebot zu deuten, muß Schopenhauer davon ausgehen, daß das Zusammenleben der Individuen ausnahmslos von einem „steten Kampf" um die Sicherung des eigenen Daseins beherrscht wird.[2] Zu diesem Kampf kommt es, weil das zweckgerichtete Eigeninteresse die einzelnen Menschen blind für das macht, was über ihre persönlichen Sorgen und Wünsche hinausreicht. Es herrscht eine Welt „of suffering", aus der folgt, „that its membership is a curse not a blessing".[3] Der Imperativ des Egoismus verhindert, den Anderen anders denn als einen unerbittlichen Konkurrenten wahrzunehmen. Das Ich muß sein Dasein gegenüber dem Anderen absichern und verhindern, daß dieser seinen Lebensplan störend beeinträchtigt. Seine Existenz wird aus der friedvollen Geborgenheit plötzlich in die unruhevolle Sorge getrieben, wenn eine solche Störung eintritt.

Wird dem Sittengesetz Gehorsam geleistet, ist zwar der einzelne genötigt, sein Handeln so zu definieren, daß darin der Andere Berücksichtigung findet – aber eben nur Kraft der Androhung von Sanktionen bei Überschreitung oder Nichtbeachtung jenes Gesetzes. Obwohl Schopenhauer diese Erklärung der Moral als unzureichend und mangelhaft empfindet, so gewinnt er doch aus ihr eine wichtige Erkenntnis: daß nur ein *unegoistisches* Handeln die Bezeichnung moralisch verdient.[4] Denn „als das Eigenthümliche und Charakteristische" einer Handlung von moralischem Wert „finden wir die Ausschließung derjenigen Art von Motiven, durch welche sonst alle menschlichen Handlungen hervorgerufen werden, nämlich der eigennützigen, im weitesten Sinne des Wortes".[5]

---

1 A. Schopenhauer, SW, Bd. 4, S. 207.
2 A. Schopenhauer, SW, Bd. 2, S. 368.
3 Julian Young, *Nietzsche's Philosophy of Art*, Cambridge 1992, S. 7.
4 E. Tugendhat hat zu Recht darauf hingewiesen, daß Schopenhauer mit dieser Definition eine Position des „desinteressierten Altruismus" vertritt, die der Kants analog ist, in: ders., *Vorlesungen über Ethik*, Frankfurt/M. 1994, S. 178.
5 A. Schopenhauer, SW, Bd. 4, S. 204.

Der Egoismus ist der Selbsterhaltung verpflichtet. Wenn er sich ausnahmslos in allen Formen menschlichen Tuns inszenieren soll, ist die negative Prädikation der Moral als unegoistisch alles andere als plausibel. Soll der einzige und unverrückbare Bezugspunkt sämtlichen Handelns der Egoismus sein, wie Schopenhauer uns in seiner Analyse der menschlichen Existenz mitteilt, kann dann sinnvoll von einer unegoistischen Handlung gesprochen werden? Offenkundig nicht, wenn man sich in der Analyse des menschlichen Daseins am naturwüchsigen Kampf der Subjekte um Selbsterhaltung orientiert. Soll der Egoismus, der den Zwang zur Selbsterhaltung im Tun des einzelnen Individuums optimiert, das ungebremste Strukturprinzip sämtlicher Sphären des Daseins sein, ist es eine unwahrscheinliche Ausnahme, daß ein Individuum sein Handeln durch Berücksichtigung der Interessen des Anderen wird definieren können. Denn wird von der Prämisse ausgegangen, daß das Handeln der Subjekte konsequent an der strategischen Durchsetzung von selbsterhaltenden Zwecken festzumachen sei, kann es keinen Raum für ein Handeln geben, das den Anderen berücksichtigt. Jene elementaren Handlungsimpulse, die erforderlich sind, um die Existenz des schutzbedürftigen Daseins angemessen absichern zu können, würden sonst außer Kraft gesetzt.

Schopenhauers Definition einer moralischen Handlung als eine genuin unegoistische erscheint zunächst durchaus zwingend. Wenn die „moralische Bedeutsamkeit einer Handlung" allein in ihrer „Beziehung auf Andere" liegt,[1] der Egoismus aber eine schier unüberwindliche Kluft zwischen mir und dem Anderen aufreißt, liegt die Schlußfolgerung nahe, daß mit seiner Negation jene Kluft hinwegfällt. Der Andere stellt dann nicht mehr einen feindseligen Gegenpart, sondern eine Person dar, die ebenso wie ich von der Sorge um ihr schutzbedürftiges Dasein geleitet wird. In dieser gewandelten Perspektive ist der Andere nicht mein potentieller Kontrahent, dessen Interessen ununterbrochen mit den meinen konfligieren.

So triftig diese Überlegungen vor dem Hintergrund der Beziehung zwischen Ich und Du sein mögen, so problematisch sind sie hinsichtlich des Begriffs der Person. Wenn der Egoismus das allmächtige Strukturprinzip nicht nur der sozialen Beziehungen, sondern ebenso das der Authentizität und Identität der Person sein soll, dann involviert der eingeführte Terminus »Unegoismus« nichts geringeres als die Programmatik einer Negation des Individuums als Person. Denn das Individuum wird in Schopenhauers Analyse so vollständig durch den Egoismus definiert, daß dessen Tilgung einer radikalen Infragestellung der Authentizität und Identität des Individuums gleichkommt. Durch Authentizität und Identität konstituiert sich das

[1] A. Schopenhauer, SW, Bd. 4, S. 206.

Individuum zur Person. Beides wird auf der Grundlage des Egoismus herausgebildet. Soll nun das Wesensmerkmal einer moralischen Handlung darin bestehen, den Egoismus zu negieren, wird auch das eliminiert, was das Individuum zur Person werden läßt.

III. Die Unhintergehbarkeit des Charakters.

Zwei Thesen stehen sich somit unvermittelt gegenüber. Wird in der ersten behauptet, daß Individualität und Egoismus identisch seien, so in der zweiten, Moral sei kompatibel mit Unegoismus. Beide Thesen verhalten sich zueinander wie eine wechselseitige Negation. Die zweite These schränkt die Geltung der ersten ein, ja widerstreitet ihr, geht diese doch davon aus, daß mit jedem moralischen Zugeständnis an den Anderen die Identität und Authentizität der entsprechenden Person erodiert. Laut Schopenhauers sozialphilosophischen Ausgangsprämissen kann das Individuum seine Authentizität nur in dem Maße zur Entfaltung bringen, wie es in der Lage ist, einfallsreich Strategien zu erfinden, mit denen es erfolgreich seine egoistischen Neigungen und Wünsche befriedigt. Das zentrale Postulat, daß die Moral dem Drang zur expansiven Befriedigung Einhalt gebietet, indem gegenüber dem Anderen unegoistisch gehandelt werde, läuft Gefahr, sich der gleichen Kritik auszusetzen, die zuvor an Kant geübt wurde. Auch Schopenhauers Postulat scheint appellativisch leerzulaufen, da es an ein Individuum rückgebunden wird, dessen Identität der Egoismus unauslöslich geprägt hat. Was aber sollte ein rein durch Egoismus geformtes Individuum zu unegoistischen Handlungsweisen veranlassen können?

Die Frage nach der „Triebfeder, die den Menschen zu einer, allen jenen tief in seiner Natur wurzelnden Neigungen entgegengesetzten Handlungsweise bewegen könnte",[1] beantwortet Schopenhauer mit dem Hinweis auf das Leiden und den Schmerz.[2] Es ist der spontane Impuls, Leiden verhindern zu wollen oder zumindest es helfend zu lindern, der eine Handlung moralisch werden läßt. An dem natürlichen Mitgefühl kann Schopenhauer zweierlei demonstrieren: daß seine These von einer unegoistischen Handlung sowie das normative Grundgerüst seiner Moralphilosophie sich auf eine „in der Erfahrung vorkommen[de]" Moral berufen kann.[3] Denn in einem Handeln, das „unmittelbar" motiviert wird „durch das Leiden des Anderen",[4] werden die auf das eigene Wohlergehen konzentrierten Selbsterhaltungstriebe neutrali-

---

1 A. Schopenhauer, SW, Bd. 4, S. 201.
2 A. Schopenhauer, SW, Bd. 6, S. 216f.
3 A. Schopenhauer, SW, Bd. 2, S. 203.
4 A. Schopenhauer, SW, Bd. 4, S. 211.

siert. Und mit dem Phänomen des verstehenden Mitleids läßt sich ein solches Handeln unschwer auch empirisch nachweisen. Zwar kann Schopenhauer mit dieser Argumentation die in der Kant-Kritik formulierte Kritik, appellativisch leerzulaufen, für den eigenen Ansatz entkräften. Nun findet sich in seinen Ausführungen aber noch eine Überlegung, in der das Problem aufgeworfen wird, daß keine Handlung allein vom Mitleid ausgelöst wird. Indirekt wird damit die eben beantwortete Frage nach dem Appellativen erneut diskutiert, und zwar kontrovers. Das Resultat, zu dem Schopenhauer hierbei gelangt, ist nämlich ein anderes, als jenes, dessen er sich zuvor versicherte.

In die Handlung fließt ein diffuses Konglomerat von disparaten Motiven ein, welche zumeist auf vielfältige Art und Weise miteinander verflochten sind. Unmöglich sei es daher, aus einer konkreten Handlung kausalgenetisch herauszufiltern, ob sie das Ergebnis egoistischer oder unegoistischer Beweggründe ist. Vielmehr ist es so, daß eine „gute That" nie restlos vom „eigenen Wohl" freigehalten werden könne, kann doch nicht ausgeschlossen werden, daß bei ihr uneingestanden „die Überlegung" hineinspielt, „der, dem ich heute helfe", wird mir unter Umständen einmal „wieder helfen, oder sonst nützen und dienen könne[n]".[1] Damit ist ein zentrales Problem der Mitleidsethik abgesteckt: über den moralischen Wert einer Handlung läßt sich nur hinsichtlich ihrer M o t i v e eine klare Aussage treffen, nicht aber über das Handlungsg e s c h e h e n. Nur das Handlungsmotiv läßt sich danach bewerten, ob eine konkrete Handlung „allein des Andern wegen geschehen" ist oder aber zum „eigenen Nutzen und Vorteil" unternommen worden ist.[2] Schopenhauer hat sich nicht gescheut, die erforderliche Konsequenz aus dieser Unterscheidung von Motiv und konkreten Geschehen zu ziehen. Für ein moralisches Handeln ist es letztlich n i c h t erforderlich, so sein Resümee, daß im Einzelfall das Mitleid auch faktisch auftritt. Es reicht aus, daß auf der Basis des Mitleid-Affekts das allgemeine Prinzip gebildet und zu einem festen Vorsatz erhoben werden kann, niemandem Leiden zuzufügen.

Noch ein anderer Problemkreis findet sich, in dem Schopenhauer zu einer weiteren Einschränkung gelangt. Von der Beobachtung ausgehend, daß das „moralische Verhalten" ein breites Spektrum von Handlungsweisen umfaßt, zwischen denen es einen unübersehbar „große[n] Unterschied" gebe,[3] werden die Ursachen eruiert, die einen solchen Unterschied hervorrufen. Schopenhauer gibt darauf eine dezidierte Antwort: Ursachen sind die jeweiligen menschlichen C h a r a k t e r e; sie sind

1 A. Schopenhauer, SW, Bd. 4, S. 228.
2 A. Schopenhauer, SW, Bd. 4, S. 208.
3 A. Schopenhauer, SW, Bd. 4, S. 249.

„starr" und unveränderlich.[1] So wird der boshafte Charakter durch Belehrung und Gewohnheit den Wildwuchs seiner egoistischen Neigungen zwar schonungsvoll Einhalt zu gebieten wissen. Nie wird er aber so handeln können, daß er ausschließlich an das Wohl des Anderen denkt. Dazu sei nur der gütige Charakter in der Lage; er allein ist fähig zu einem „tief gefühlten, universellen Mitleid mit Allem was Leben hat".[2] Weil jene Charaktere „angeboren" und nicht wandelbar seien,[3] ist zum Mitleid nur ein exklusiver Kreis von Personen befähigt. Denn „man kann das Handeln umgestalten, nicht aber das eigentliche Wollen, welchem allein moralischer Werth zusteht".[4]

Weniger diskutiert Schopenhauer mit dem Wollen die Frage, ob ich tun kann, was ich will, als vielmehr die, ob ich w o l l e n k a n n, was ich will.[5] Zwar kann ich wählen, was ich tun will, nicht jedoch das meine Wahl bestimmende W o l l e n. Jeder ist das, was er sein will, da er nichts anderes ist als sein Wollen. Das Wollen jedoch ist kausal abhängig von dem Charakter. Ich werde immer so handeln, wie es meinem Charakter entspricht. Der unhintergehbare Bestimmungsfaktor menschlichen Handelns ist der Charakter; er bestimmt ausnahmslos alle Handlungsweisen. Was für einen Charakter das Individuum hat, zeigt sich in seinem Handeln. Nur hier erfährt es, wer es ist, ist doch sein Wollen nichts anderes als sein Charakter. Zwar ist jede Tat eines Menschen das notwendige Produkt seines Charakters u n d des eingetretenen Motivs. Entscheidend aber ist letztendlich der angeborene, unveränderliche Charakter eines jeden Einzelnen. Er bestimmt die jeweilige Handlung – und zwar vor den Motiven. Zu Recht hebt Gerhard Klamp daher hervor, daß mit der fortschreitenden Erörterung des Charakters das Schwergewicht von der (kausalen) Motivationsseite zu der „unverfälschten Eigenart" eines jeden Menschen gelegt wird – einer Eigenart, die in unserem Tun sich ungeschützt offenbart.[6]

In der Konzipierung der Mitleidsethik nimmt der Exkurs über den Charakter einen eigentümlichen Platz ein. Wenn er die Authentizität der Person mit Emphase akzentuiert, die zuvor im Umfeld der Prädikation der Moral als unegoistisch theoretisch irrelevant gewesen war, dann drängt sich der Eindruck auf, daß er zum Ansatz der Mitleidsethik in einem Verhältnis wechselseitiger Revidierungen steht. Dieser Eindruck wird erhärtet, zieht man eine weitere Aussage hinzu, die sowohl die nega-

1 A. Schopenhauer, SW, Bd. 4, S. 251.
2 A. Schopenhauer, SW, Bd. 4, S. 253.
3 A. Schopenhauer, SW, Bd. 4, S. 249.
4 A. Schopenhauer, SW, Bd. 4, S. 255.
5 Die Nähe zur *Nikomachischen Ethik* von Aristoteles ist unübersehbar.
6 G. Klamp, *Schopenhauers ethische Preisschriften*, in: Schopenhauer-Jahrbuch, 28. Jg., Frankfurt/M. 1957, S. 4.

tive Prädikation der Moral als auch den Exkurs betrifft. Beansprucht die Prädikation zusammen mit dem Moralprinzip, niemandem Leid zuzufügen, eine universelle Geltung, so revidiert sie der Exkurs, da er den Charakter als ihre einschränkende Bedingung erläutert. Die Revision ist im Rahmen der Schopenhauerschen Ausführungen nicht unwidersprochen geblieben; insofern nämlich, als in der metaphysischen Erklärung des Mitleidsphänomens davon ausgegangen wird, daß die Abhängigkeit der Mitleidsmoral vom Charakter der jeweiligen Person außer Kraft zu setzen sei.

IV. Zwei Fassungen des Begriffs vom Anderen.

Das Mitleid involviert die Intuition, vom Leiden des Anderen mitbetroffen zu sein. Durch das Prinzip der Leidensvermeidung kann der Affekt des Mitleids zu einer allgemeinen Einstellung ausgebildet werden, die den Anderen in Hinblick auf sein faktisches Leiden berücksichtigt.[1] Eine solche Einstellung ist allerdings, so Schopenhauer in einem folgenschweren Zusatz, an eine Bedingung geknüpft: daß der Unterschied zwischen mir und dem Anderen „in einem gewissen Grad aufgehoben" werden muß.[2] Diese Aufhebung kann im Rahmen einer handlungstheoretischen Fixierung freilich nicht erfolgen. Denn sowohl die negative Prädikation der Moral als auch das Moralprinzip der Leidensvermeidung orientieren sich in ihren Grundgedanken an eben jenem Unterschied. Zwar suchen sie den latenten Konflikt, der daraus hervorgeht, lindernd abzuschwächen. Ihn stillzulegen verwehrt ihnen jedoch die strikt negativ konzipierte Grundstruktur der Mitleidsmoral. Sie ist auf einen für Leiden und Schmerzen blinden Egoismus zugeschnitten und nicht an positiven Begriffen orientiert, wie beispielsweise der Sympathie oder dem Wohlwollen.

Wenn die Handlungsfixierung einer Aufhebung des Unterschieds zwischen Ich und Nicht-Ich prinzipiell im Wege steht, dann bedarf es eines Theorems, das die handlungstheoretische Konzipierung in sich aufzunehmen vermag und zugleich die starre Fixierung auf Handlungen aufzulösen imstande ist. Der Rekurs auf das faktische Leiden des Anderen liefert hierzu einen ersten Ansatz. Das „Leiden, welches nicht meines ist" und „mich nicht trifft", empfindet der Mitleidende „doch eben so unmittelbar", wie sonst nur sein „eigenes". Aber wie kann ein fremdes Leiden „Motiv" des eigenen „Handeln(s)" werden?[3] Die Antwort findet Schopenhauer im metaphysischen Identitätstheorem; es besagt, daß „die Schranke zwischen Ich und

[1] Eine aktualisierende Weiterführung dieser Überlegung findet sich bei U. Wolf, *Das Tier in der Moral*, Frankfurt/M. 1990, S. 75ff.
[2] A. Schopenhauer, SW, Bd. 4, S. 208.
[3] A. Schopenhauer, SW, Bd. 4, S. 229.

Nicht-Ich", die der Selbsterhaltungsimperativ im Egoismus als unüberwindlich darstellt, für einen „Augenblick aufgehoben" wird, sofern es mir gelingt, mich mit dem Leiden des Anderen zu „identifizier(en)". Erst „dann wird die Angelegenheit des Andern, sein Bedürfnis, seine Noth, sein Leiden unmittelbar zum meinigen: dann erblicke ich ihm nicht mehr (den) mir Fremde(n)".[1]

Zwei Schlußfolgerungen sind es, die Schopenhauer mit dem Identitätstheorem verbindet. Daß erstens der Begriff des Anderen konnotiert wird als der Fremde. Daraus folgt, daß zweitens der Andere zu dem mir Gleichen umgebildet werden muß.[2] Beide Schlußfolgerungen führen zu einem Themenkreis zurück, der noch im Kontext der negativen Prädikation der Moral und dem unveränderlichen Charakter als unproblematisch erschien: die individuelle Eigenart des Anderen. Auf die Eigenart des Anderen ist der handlungstheoretische Ansatz der Mitleidsethik gerichtet; insofern nämlich, als das Ich im unegoistischen Handeln sich in ein fremdes Du einfühlt. Dagegen wendet das metaphysische Identitätstheorem ein, daß das unegoistische Handeln allein nicht über die Kraft verfügt, die es braucht, um die schroffe Trennwand zwischen Du und Ich niederzureißen. Dies sei nur möglich, wenn jeweils die individuelle Eigenart von Ich und Du ausgelöscht worden ist oder, wie es Schopenhauer vorzieht zu formulieren, wenn die „Verkehrtheit" der Individuation von den menschlichen Wesen gewichen ist.[3] Die Idee der Zurücknahme einer ausdifferenzierten Individuierung in die ungeschiedene Einheit einer metaphysischen Wesensidentität widersetzt sich jenem begrifflichen Rahmen, der durch den handlungstheoretischen Ansatz des Anderen vorgegeben worden war.

Ist der handlungstheoretische Ansatz auf die Sicherung der Ordnung menschlichen Zusammenlebens gerichtet, so der willensmetaphysische auf die Realität des fremden Anderen. Und während den handlungstheoretischen Ansatz eine gesteigerten Aufmerksamkeit für den Anderen auszeichnet, ist dem willensmetaphysischen eigentümlich, daß er hinter der geschärften Sensibilität für den Anderen wieder zurückgeht. Im Horizont des metaphysischen Ansatzes wird das Eigene im Fremden bestätigt: das Wesen aller Lebewesen ist identisch.[4] Etwas anderes intendiert der handlungstheoretische Ansatz. Nicht nur wird hier der Andere in seiner Andersheit anerkannt, er ist auch zugleich die Instanz, an der das Eigene neu verstanden und defi-

1 A. Schopenhauer, SW, Bd. 4, S. 229.

2 A. Schopenhauer, SW, Bd. 6, S. 219.

3 A. Schopenhauer, SW, Bd. 2, S. 441.

4 Wenn Hermann Cohen (*Ethik des reinen Willens*, hrsg. v. Hermann-Cohen-Archiv unter Leitung von Helmut Holzhey, Hildesheim/New York 1981, Werke Bd. 7, S. 221.) moniert, Schopenhauer habe die besondere Eigenart des Anderen nicht zu fassen vermocht, da der Andere mit dem Ich kompatibel ist, dann gibt er vom willensmetaphysischen Ansatz eine treffende Beschreibung.

niert wird. Das Selbst, so legt Schopenhauer dar, vermag sich nur über den Anderen zu verstehen. Denn im Hineinfühlen in den Anderen evaluiert das betreffende Individuum jene Definition seines Selbst, auf die es durch den Imperativ des Egoismus fixiert worden war. Es vermag somit, zu seiner bisherigen Biographie auf Distanz zu gehen und sein eigenes Leben wie ein anderes neu zu erleben. Mit dem willensmetaphysischen Ansatz wird diese Fähigkeit zur Neubeschreibung seiner Selbst dahingehend radikalisiert, daß dem moralischen Bewußtsein eine transzendente Dimension zugeschrieben wird. Dabei kommt der Transzendierung die Rolle des platonisierenden Denunzianten zu: im Rahmen des willensmetaphysischen Ansatzes ist jede Neubeschreibung die in Raum und Zeit situierte Objektivation des wesenhaft-ursprünglichen Willens zum Leben. Im konfligierenden Zusammenprall beider Ansätze liegt das virulente Erbe der Schopenhauerschen Mitleidsethik. Gerhard Klamp hat sie als eine „originelle wie kühne Synthese von Kantianismus und Platonismus“[1] bezeichnet. Mit Lévinas und Derrida ließe sie sich auch als ein für die moderne Moralphilosophie exemplarisches Defizit bezeichnen.[2]

[1] G. Klamp, *Schopenhauers ethische Preisschriften*, in: Schopenhauer-Jahrbuch, 28. Jg., Frankfurt/M. 1957, S. 5.

[2] E. Lévinas, *Die Spur des Anderen. Untersuchungen zur Phänomenologie und Sozialphilosophie*, Freiburg/München 1992. - J. Derrida, *Die Schrift und die Differenz*, Frankfurt/M. 1976, S. 121ff.

II

Hören auf die Sprache

Erwägungen zum Sprechen über die Anfänge von Sprache[1]

von Karl Bertau (Erlangen)

L'absence qui me tient lieu de souffle
recommenceà tomber sur les papiers
comme de la neige.
André du Bouchet: *Meteore*

Bei Droysen war in der *Historik* der Satz zu finden: „Denn einen unvermittelten, einen absoluten Anfang können wir wohl spekulativ denken und religiös glauben, aber nicht historisch finden, und wer ihn finden will, suche ihn nicht historisch".[2] Die Geschichtswissenschaft handelt danach nicht von den Anfängen. Allerdings gibt es Teilfächer der Geschichtswissenschaft, die ex officio von Anfängen handeln müssen, z.B. die Prähistorie. Und es gibt evolutionistische Naturwissenschaften, die es auf wie immer vermittelte Weise tun. Über Droysen hinaus möchte sich vermuten lassen, daß ein Sprechen von Anfängen nur auf wenige Vorstellungs-Muster zurückgreifen könnte. Auf der »Ebene« oder im »Sprachspiel« der Wissenschaftsdiskurse sind bereits die Begriffe »Anfang«, »Menschlich« und »Sprache« in verschiedener und untereinander kaum vereinbarer Weise geprägt. Wer den Anfang von etwas sucht, muß das Etwas schon in seiner Vorstellung gefunden haben – und zwar trotz aller Empirie »spekulativ« oder »religiös«, wie Droysen sagte. Ich meine

---

1 Mit einem exagium, Éssai, Essay, Versuch in einen Kreis fachspezifisch gerunzelter Stirnen zu treten, mag hierzulande besonders dringlicher Bitte um Nachsicht bedürfen. Einem fortgesetzten Gespräch mit dem Prähistoriker Wolfgang Weissmüller über die Sprache »des Neandertalers« und einem immer wieder aufgenommenen Gespräch mit Manfred Riedel verdanken sich Anregungen zu diesem Versuch, der namentlich bei diesen beiden Gelehrten nur auf wohlwollende Nachsicht hoffen kann.

2 Johann Gustav Droysen, *Historik*, Rekonstruktion der ersten vollständigen Fassung der Vorlesung (1857). Grundriß der Historik in der ersten handschriftlichen (1857/1858) und in der letzten gedruckten Fassung (1882), hrsg. von Peter Leyh, Stuttgart (frommann-holzboog) 1977, S. 160.

drei Vorstellungsmuster unterscheiden zu können: das der Gegensätzlichkeit, das der Ergänzung und das des Umhülltseins. Ihnen liegen im Bereich unserer Wissenschaftszivilisation vermutlich jüdisch-christliche (»In principio creavit Deus ...«) und griechische (ἀρχή-)Mytheme zugrunde. Diesbezüglich soll verschiedenartiges Sprechen von Anfängen bedacht werden, soweit es gerade in den Horizont des Beobachters geraten will, hier nun besonders Sprechen über die Anfänge von menschlicher Sprache: empiristisch in evolutionistischer Kulturtheorie, spekulativ in dialektischer und hermeneutischer Philosophie.

Der Begriff eines absoluten »Anfangs« möchte der Vorstellung von Schöpfung verbunden sein. Wer ihm ausweichen will, scheint ihn durch den Begriff des »Prinzips« oder durch Begriffe wie »Entstehung« oder »Entwicklung« mit einer Folge von mutativen »Schöpfungs«-Akten ersetzen zu wollen. Der Begriff des spezifisch »Menschlichen« nimmt in den neuzeitlichen Wissenschaften seinen Ausgang vom biblischen Schöpfungsmythos, der *den* Menschen zum Herrn über alle Geschöpfe, insbesondere zum Herrn über die Tiere setzte. Er scheint nur als *kategorische* oder – in partieller Gegenreaktion – als *graduelle Unterschiedenheit vom Tierischen* konzipierbar geworden zu sein. Der Begriff der »Sprache« bestimmt sich aus den Vorstellungshorizonten der beiden vorhergehenden Begriffe als Derivat einer göttlichen Gabe in einer von der Natur durch eine zielhafte Verkettung von Zufällen hervorgebrachten »Sprachfähigkeit«.[1] Sie wird durch ein wunderbarerweise hinzukommendes Moment von Freiheit und Phantasie als eigenständig menschliche Leistung vollendet. Die Vorstellungen vom Weg zu dieser Vollendung und von der Eigenart solchen Vollendetseins wollen dann als Illustration kulturspezifischer Denkformen oder Geltungsansprüche bzw. als deren Relativierung erscheinen – »Vollendung« als Kommunikations-Performanz eines Einzelnen oder einer schöpferischen Dyade, die »Eigenart solchen Vollendetseins« als *Sinn im faktischen Resultat von Wort und Satz*

[1] Vgl. z.B.: "Warum hat die Evolution bei den höchsten Primaten so viele Voraussetzungen für Sprache hervorgebracht, eine so enorme 'evolutionäre Reserve' geschaffen, wenn sie diese ihre Sprachfähigkeit *von sich aus* überhaupt nicht anwenden? Die neurophysiologischen Voraussetzungen [...] anzulegen, [...] ist gewiß eine aufwendige Investition der Natur gewesen; wieso hat sie sie geleistet, wenn sie doch im natürlichen Leben dieser Tiere zu nichts nütze ist?" (Dieter E. Zimmer, *So kommt der Mensch zur Sprache. Über Spracherwerb, Sprachentstehung und Sprache & Denken*, München (Heyne) ²1994, S. 117). Solch ein Urteil über den Nutzen bleibt freilich auf das Einsichtsvermögen des Urteilenden beschränkt. Auch eine Einsicht, die von der rekonstruierten Physiologie frühmenschlicher Sprechwerkzeuge her befindet: Das "Eichsignal" /i/ "fehlte in der Sprache der Neandertaler und der anderen Hominiden mit dem flachen Gaumen [...]. Der angeborene neurale Mechanismus, der unsere Unterscheidungsfähigkeit bei Vokalen gewährleistet, kann sich erst entwickelt haben, als der unverwechselbare Grenzvokal i zur Verfügung stand" (ebenda, S. 175f.), setzt voraus, nur in bekannter Weise sei Menschensprache seit eh und je möglich gewesen.

oder als S i n n i m s t e t s v a r i a b l e n (illokutiven) V o l l z u g d e s S p r e c h e n s in der besten Sprache mit dem besten Denken. Hier zeigt sich denn auch das positive oder negative Ziel des Sprechens von Anfängen.

1. Sprache als Werkzeug

Obgleich also Geschichtswissenschaft nicht von Anfängen handeln sollte, ist die Prähistorie von der Themenstellung ihres Faches her gehalten, Anfänge historisch zu suchen, Anfänge der Spezies Mensch durchaus. Sie wird geneigt sein zu meinen, sie könne sie empirisch suchen. Aber Tatsachenwahrheiten sind nie »schlicht«, sondern werden immer nur im Rahmen von Voraussetzungen konstituierbar.[1] Wir möchten versuchen, von Fall zu Fall anzugeben, welchen Vorstellungsrahmen wir für die Voraussetzung der Faktizität eines Faktums halten. Anknüpfungspunkt ist zunächst die gedankenreiche evolutionistische Kulturtheorie des französischen Ethnologen und Prähistorikers André Leroi-Gourhan (1911–1986) in den beiden Bänden von *Le geste et la parole*, die erst lange nach ihrem ersten Erscheinen als *Hand und Wort* auf deutsch zugänglich geworden sind. Seine Theorie unterscheidet sich von der heute vielleicht geläufigeren Anschauung, die namentlich von angloamerikanischem Experiment-Optimismus her geprägt ist. Der »faktische« Ausgangspunkt ist gemeinsam: Als Prähistoriker wird man gefundene Objekte, von denen man vermuten darf, daß sie nicht vom Zufall oder von Tieren – hier ist die vorab getroffene Bestimmung über die Grenze zwischen Mensch und Tier Voraussetzung[2]

---

1 Für die »historischen Fakten« gilt nach wie vor das von Droysen in seiner *Historik* dazu kritisch Aufgestellte.

2 Z.B. eine Entscheidung darüber, welches Hirnvolumen man den e i g e n t l i c h e n Menschen zubilligt, ob man erst ihnen den Gebrauch des Feuers gestattet oder welche Laute, die für eine *eigentliche* Menschensprache Voraussetzung sein müssen, durch die anatomische Position ihres Kehlkopfs hervorgebracht werden konnten (vgl. D. E. Zimmer, *So kommt der Mensch zur Sprache*, a.a.O., S. 166-170). Danach meinen einige bestimmen zu können, ob etwa schon dem Neandertaler oder erst dem Cro-Magnon-Menschen wesentliche Menschenhaftigkeit zuzubilligen sei, ob die Schimpansenfähigkeit zur Lüge und zur Neuwortbildung, die Syllogismus-Unfähigkeit von Usbeken oder Kpelle-Afrikanern (vgl. ebenda, S. 116f . und 182f.) die Grenze des Menschseins markieren. So sollen zwar Menschenaffen, denen rudimentäre menschensprachliche Zeichengebung beigebracht wurde, wenn man sie sich selbst überließ, »offenbar untereinander nirgends weitergesprochen« haben (ebenda. S.112), aber unter natürlichen Bedingungen soll ein »informierter Schimpanse« seinen Artgenossen einen komplexen Sachverhalt "irgendwie" "berichtet" haben (ebenda, S. 118) – nur eben nicht in einer Mitteilungsform, die jeweilige Experimentatoren für sprachlich hielten, d.h. als "symbolisierende oder semiotische Fähigkeit" (ebenda, S.117) anzusprechen in der Lage waren. Andere Forscher halten sie für "sprachlich" (vgl. Detlev Ploog, *Sozialverhalten und Hirnfunktion des Menschen und seiner nahen Verwandten*, in: *matinee*, hrsg. vom Bayerischen Landtag, München 1994, 34–56, S. 43 f.). Dann wird der Übergang zwischen Tieren und Menschen in diesem Bereich fließend gedacht. Kritisch dazu z.B. auch Rupert Riedl, *Begriff*

–, sondern von frühen Menschen hergestellt wurden, als Artefakte ansehen. Von daher – oder aber von einem zivilisatorisch verinnerlichten Technik-Denken aus[1] – liegt dann als erste Vorstellung über das Wesen einer anfänglichen Sprache der Gedanke nahe:

> „Die Verschränkung der beiden Manifestationen menschlicher Intelligenz [nämlich: Sprache und manuelle Techniken; K.B.] ist auf dem Niveau des Gehirns so eng, daß wir trotz des Fehlens fossiler Belege nicht umhin können, schon von Anfang an das Vorhandensein einer Sprache zu unterstellen, die von der Sprache der Tiere wesentlich unterschieden war, einer Sprache, die aus der Reflexion zwischen den beiden Spiegeln der technischen Geste und des lautlichen Symbolismus hervorging".[2]

Im »Von Anfang an« und »von der Sprache der Tiere wesentlich unterschieden« mag man die Vorstellung einer göttlichen Sprachbegabung in Form eines eben doch der Möglichkeit nach komplett vorhandenen S p r a c h v e r m ö g e n s nachwirken sehen.[3]

Detaillierter ist demgegenüber z.B. die Vorstellung: Über lange Zeiträume hinweg habe der Frühmensch nur über Wörter für Konkretes verfügt; und noch zur Zeit des Mittelpaläolithikums sei ein hochentwickelter Wortschatz mit Abstrakt-Begriffen auszuschließen, angesichts der Schwierigkeiten, die es heute den lithischen Archäologen bereite, den Herstellungsprozeß jener frühen Artefakte in Worte zu kleiden. Dabei wird wohl übersehen, daß »abstrakt« wie »konkret« relational sind, und sich Wörter nicht ein für allemal dem einen oder anderen fügen. Der Erdbeergeschmack auf der Zunge mag so konkret sein, wie er will, und der Begriff »Sein« so abstrakt und undefinierbar, wie er will, für das eine scheint es keine, für

---

und Welt. Biologische Grundlagen des Erkennens und Begreifens, Berlin/Hamburg (Parey) 1987, S. 102.

1 Die Überzeugung, Zweckrationalität mache den Menschen erst zum Menschen und kennzeichne daher notwendigerweise auch das Wesen seiner Sprache, läßt sich u.a. auch bei Wygotski bemerken, für den "Sprache [...] von Anfang an" als "Mittel realistischen Denkens" zwischen "Wirklichkeit und Bedürfnis" vermittelt (D. E. Zimmer, *So kommt der Mensch zur Sprache*, a.a.O., S. 59).

2 André Leroi-Gourhan, *Hand u.Wort. Die Evolution von Technik, Sprache u.Kunst*, Frankfurt a.M. (Suhrkamp-Taschenbuch Wissenschaft 700) 1988, S. 268.

3 Diesbezüglich hat sich im 20. Jahrhundert namentlich der Missionar Wilhelm Schmidt (1868-1954) nicht philosophisch geniert ausgedrückt. Er faßte die Gedanken von Herder, Humboldt und Ernest Renan als Ausprägungen derselben Theorie, welche "betont, daß die Funktion der Sprache mit der ganzen und innersten Natur der Seele zusammenhänge. Da auch sie die breite und tiefe Kluft vor der Menschenseele durch eine Beobachtung direkt auszufüllen sich außerstande erklärt und [...] die Seele unmittelbar aus der Hand des göttlichen Schöpfers hervorgehen läßt, so führt sie allerdings auch die Sprache im letzten Grunde auf diesen zurück ... insofern er den Menschen die Fähigkeit dazu gegeben hat [...] Die Verwirklichung dieser Fähigkeit aber, die tatsächliche Sprachschöpfung, sei dem Menschen selbst überlassen" (P[ater]. W[ilhelm]. Schmidt S[ocietas]. V[erbi]. D[ivini]., *Die Sprachfamilien und Sprachenkreise der Erde* (= Kulturgeschichtliche Bibliothek I,5), Heidelberg (Winter) 1926, S. 22f.). Pater Schmidt war ausgezogen, einen Ur-Monotheismus zu finden.

das andre allenthalben sprachliche Möglichkeiten geben zu wollen. Hier ist greifbar, wie das Wort „nicht als Zeichen der Sache nachträglich zugeordnet wird", ohne deshalb der Sache »von Natur aus« verbunden zu sein, wie Gadamer[1] auseinandergesetzt hat. Der Benutzer eines etymologischen Wörterbuchs wird das dort vielfach geübte Verfahren, Abstrakta wie Konkreta auf Wurzeln mit konkreter Bedeutung zurückzuführen, leicht historisch ursprüngliche Fakten zeitigen sehen. Aber falscher wie richtiger Bezug von ähnlichen Wörtern und Wortbestandteilen aufeinander dürften in der lebendigen Rede (illokutiv) von Anfang an stattgehabt haben und werden nur aus methodischen Gründen primär- bzw. sekundärmotivierte Bedeutungen genannt. Die Zuordnung von akzidenzartigen Bedeutungen zu substanzartigen Wortkörpern ist deskriptiv vernünftig und praktisch notwendig, aber nicht ontologisch zu deuten. Beschrieben (d.h. durch Interpretation »angesetzt«) werden Bedeutungen, die Wörter bis zu diesem Augenblick haben, aber nicht in alle Zukunft haben m ü s s e n . Die in etymologischen Lexika gebildeten Grundvorstellungen sind eigentlich Teil eines poetischen Redens mit Sprache über Anfänge von Sprache – wenn etwa Grundbedeutungen der Wortstämme von s e i n als »sitzen« oder »die Nacht verbringen« oder »geschehen« angesetzt werden. Das Begreifen findet sich leichter befriedigt in der verheißungsvollen Sicherheit des Anschaubaren. Es bemächtigt sich immer wieder – sprechend – des eben noch »Abstrakten«. Auch deswegen sollten anderseits Philologen v o n G e w e r b e die Bemühungen Fachfremder um Etymologie eher als Griff nach den Strohhalmen beglaubigender Gedankenbilder verstehen. Ob die jeweilige Etymologie als falsch oder als zutreffend eingeschätzt wird, ist weniger aufschlußreich als die Feststellung, welche Denkfigur denn unter Berufung auf eine sprachliche Ursprünglichkeit konsakriert werden will. Die sprachlichen Möglichkeiten primitiver Sprachen schätzen wir kaum richtig ab. Das ist wohl das Einzige, was sich sagen läßt. Geläufige Urteile darüber muten erkenntnistheoretisch Empfindlichen so naiv an wie die Naivetät, die den Aborigines angesonnen wird.[2] In Analogie zur Artenvielfalt, welche nach evolutionistischer Vorstellung die Natur hervorgebracht hat, um die Nichtbe-

---

[1] Hans-Georg Gadamer, *Wahrheit und Methode. Grundzüge einer philosophischen Hermeneutik*, Tübingen (Mohr/Siebeck) 1960, S. 394.

[2] Vgl. z.B. H. Piéron, *Le développement de la pensée conceptuelle et l'hominisation*, in: *Hominisation* (1958), S. 93 von den Guayaki in Paraguay und vom Chinesischen. Da trifft die ironische Feststellung von André Leroi-Gourhan, *Die Religionen der Vorgeschichte*, Frankfurt a.M. (Suhrkamp-Taschenbuch Wissenschaft 1073) 1981, S. 117 zu, daß es angebracht gewesen wäre, "wenn die Theoretiker des Komparatismus, statt das Denken der Australier an der europäischen Elle zu messen, für einen Augenblick die Fähigkeit erlangt hätten, australisch zu denken". Vgl. ferner die Kritik von Jacques Derrida, *De la grammatologie*, Paris (Éditions de Minuit) 1967,S. 157ff., besonders S. 180f. (dt. Übers.: *Grammatologie*. Frankfurt a.M. (Suhrkamp-Taschenbuch Wissenschaft 417) [4]1992, S. 208ff., bes. S. 216f.) an der *"Leçon d'écriture"* der *Tristes tropiques* von Claude Lévi-Strauss.

währten dann aussterben zu lassen, ließe sich auch denken, daß die Sprache der ersten Anthropinen besonders reich an Kategorien gewesen sei.[1] Die weitere Evolution aber habe darin bestanden, solche Vielfalt immer mehr zu reduzieren. Auf solche Weise sei dann die soziale Reichweite einer Sprache und damit ihre Herrschaft vergrößert worden.[2]

Für Leroi-Gourhan hat nach dem Freiwerden der Hand für das Wort das Verhältnis von früher Sprache und Schrift besonderes Interesse: Während die frühesten, übrigens »abstrakten«, Höhlenmalereien in einem sehr offenen (und weil mythos die »gesprochene Rede, das Erzählte« ist) »mythographischen« Sinne auch Schrift sind, wird über die späteren Formen der Fixierung und Instrumentalisierung von Sprache – über »Pictogramme«, »Ideogramme«, alphabetisch linearisierte »Phonogramme« bis hin zum Audiovisuellen – eine soziale Umhüllung des Einzelnen immer präziser und immer fester geknüpft. Sie nimmt mehr und mehr die Stelle einer genetischen Instinktsteuerung ein. Dieser Prozeß ist analog zu dem der Spezialisierung von Zellfunktionen in einem komplexen organischen Körper und tendiert seit der Möglichkeit audiovisueller Fixierung auf eine vollständige Unfreiheit des Einzelnen gegenüber den Lenkungsmechanismen des Sozialkörpers. Leroi-Gourhans Vorstellung vom Gang der Evolution wurde zunehmend[3] skeptischer:

> „Die physische und die zerebrale Entwicklung der menschlichen Art schien sie über die Exteriorisierung von Werkzeug und Gedächtnis vor dem Schicksal des

---

1 Nicht nur Singular und Plural, sondern auch Dual, Trial, ja Quatral, nicht nur männlich und weiblich, bzw. geschlechtsreif und neutral, sondern auch persönlich und unpersönlich, belebt und unbelebt, eingewickelt lang, eingewickelt rund, implikativ und exklusiv, mit binären, quinären, dezimalen, vigesimalen Zahlensystemen etc. (vgl. W. Schmidt, *Sprachfamilien*, a.a.O., S. 4, 315ff., 500ff.; Lyons, namentlich S. 274 ff.). V.V. Bounak setzte in *Hominisation*, S. 109 – analog zu kindlichen Einwort-Sätzen – ein Stadium polysemantischer Satz-Wörter (*Mots-propositions polysémantiques*) innerhalb der Sprachentwicklung an. Die Vorstellung von einer stufenweisen Erwerbung der Artikulation, wie sie Bounak aus Experimenten meinte erschließen zu können, hat A. Leroi-Gourhan in einer Intervention in: *Hominisation* zurückgewiesen. Mit genaueren Äußerungen über den Vollkommenheitsgrad der frühesten Menschensprache hat er sich zurückgehalten. Vgl. aber *Hand und Wort*, a.a.O., S. 149f.

2 Hegel meinte ähnlich, unter Berufung auf Humboldt (– den er wohl vereindeutigt, – vgl. Wilhelm von Humboldt, *Über den Dualis*, in: *Werke in fünf Bänden*, hrsg. v. Andreas Flitner u. Klaus Giel, Darmstadt (WBG) 1963, [4]1972, Band 3: *Schriften zur Sprachphilosophie*, S. 115 Anm.1 und S. 124): "Es scheint, daß die Sprache der gebildetsten Völker die unvollkommenere Grammatik, und dieselbe Sprache bei einem ungebildeteren Zustande ihres Volkes eine vollkommenere, als bei dem höher gebildeten hat" (Georg Wilhelm Friedrich Hegel, *System der Philosophie. Dritter Theil. Die Philosophie des Geistes.* Mit einem Vorwort von Ludwig Boumann. In: Sämtliche Werke, hrsg. von Hermann Glockner, Bd. 10, Stuttgart (Frommann/Holzboog) [3]1958, (= *Enzyklopädie*) § 459, S. 347). Man könnte das wohl auch denken als: Die Intensität eines überregionalen Warentauschs ersetze Grammatik.

3 Vgl. A. Leroi-Gourhan, *Hand und Wort*, a.a.O., zwar S. 285, aber S. 267f., S. 442ff., S. 490ff. Solange Menschen nicht in der Lage seien, Kohlendioxyd zu atmen und Radioaktivität zu verdauen, wären sie schwerlich das Ziel des aleatorischen Evolutionsprozesses gewesen.

> Polypen oder der Ameise zu bewahren; aber der Gedanke ist nicht ohne weiteres von der Hand zu weisen, daß die Freiheit des Individuums nur eine Etappe darstellt und die Domestikation von Zeit und Raum letztlich zu einer vollkommenen Unterwerfung sämtlicher Teile des supra-individuellen Organismus führen wird".[1]

Neben der Vorstellung von Instrumentalität meinen wir hier eine Vorstellung von Umhülltsein produktiv zu sehen, die noch bei anderen Denkern von Bedeutung wird.

Die frühesten Mythogramme können, dachte Leroi-Gourhan, nicht in genauem Sinn gelesen werden, denn weder die Laute noch die Wörter sind in ihnen fixiert. Sie sind ein „Gedächtnisapparat".[2] Sie verlangen einen Menschen, der sie auserzählt. Und dies Geschäft tat vermutlich jeder Mensch, der diesen Gedächtnisapparat zu benutzen wußte, anders. Insofern war die Lektüre »vieldimensional«. Die Hand mit ihren Hervorbringungen begleitet das Wort zwischen Mund und Ohr nur »unvollkommen«. Enger geknüpft wird der Nexus zwischen Wort und Hand etwa in den Pictogrammen der chinesischen Schrift. Darin erscheinen die sprachlichen Inhalte „mit einem Halo versehen, der den verengten Sinn, den die Worte in den linearen Schriften angenommen haben, weit übersteigt".[3] Hegel war sich in seinem skalierenden Urteil über den Wert der verschiedenen Schriftweisen vom Standpunkt eines zivilisatorisch überlegenen Europäers aus noch völlig sicher: »Die Buchstabenschrift ist an und für sich die intelligentere; in ihr ist das W o r t [...] zum Bewußtseyn gebracht, zum Gegenstande der Reflexion gemacht".[4]

Das Urteil von Leroi-Gourhan, Kenner des Chinesischen wie des Japanischen, ist seiner Intention nach nicht eurozentristisch:

> „Das chinesische und das japanische System werden als wenig p r a k t i s c h beurteilt, als inadäquat für die Zielsetzung einer graphischen Übersetzung gesprochener Sprache. In Wirklichkeit ist dieses Urteil nur in dem Maße gültig, wie die geschriebene Sprache dazu bestimmt ist, inhaltsarme, aber präzise Begriffe, deren lineare Aufreihung Effektivität verspricht, ökonomisch zu übersetzen. [...] Es scheint mir jedoch möglich zu sein, die anderen [d.h. die ostasiatischen; K.B.] Ausdrucksmöglichkeiten des Denkens nicht aus dem Auge zu verlieren, insbesondere jene, die der Flexibilität der Bilder gerecht zu werden vermögen, die den Halo der Assoziationen, all die komplementären und gegensätzlichen Darstellungen, die um das Zentrum eines Begriffes kreisen, zum Ausdruck bringen. Die chinesische Schrift stellt einen in der Geschichte der

---

1 A. Leroi-Gourhan, *Hand und Wort*, a.a.O., S. 429.

2 Vgl. A. Leroi-Gourhan, *Hand und Wort*, a.a.O., S. 275.

3 A. Leroi-Gourhan, *Hand und Wort*, a.a.O., S. 256.

4 G. W. F. Hegel, *Sämtliche Werke*, a.a.O., Bd. 10, S. 349 (= *Enzyklopädie* § 459). Die Stelle fungiert auch als Motto bei Derrida, *De la grammatologie* (1967) 11, dessen Werk nach dem Zeugnis des Autors entscheidend durch A. Leroi-Gourhan angeregt worden ist.

Menschheit einzigartigen Gleichgewichtszustand dar, sie gestattet es (trotz allem), Mathematik oder Biologie mit hinreichender Genauigkeit darzustellen, und hat dennoch nicht die Fähigkeit zum Rückgriff auf jenes ältere System graphischen Ausdrucks verloren: Symbole nebeneinander darzustellen, die keine Sätze, sondern Gruppen von signifikanten Bildern bilden".[1]

In Mathematik und Biologie liegen für Leroi-Gourhan allerdings dann doch translinguale Sachverhalte vor, die allein in der westlichen Wissenschaft genau, in den fernöstlichen Zeichensystemen aber nur »hinreichend genau« erkannt werden können – Dinge ohne (zureichende) Wörter, sozusagen. Kommt hier nicht über die Hintertreppe einer instrumentellen Sprach- und Zeichentheorie der Eurozentrismus doch wieder herein? Angesichts der derzeit wachsenden Vormacht industrieller Fertigungstechniken im fernen Osten, zu denen ja in anderer Weise als in der westlichen Zivilisation Lebenszusammenhänge komplementär sind, fragt es sich, auf welcher Seite gar instrumentelle Fortschrittlichkeit anzusiedeln wäre.

Man könnte von daher meinen, daß mit den linearen Alphabetschriften – Leroi-Gourhan sprach von einer inhaltlichen Verarmung, die mit dem Gewinn der präzisen Begriffe gegeben sei – zugleich der Akt kontradiktorischen Setzens inauguriert werde, der von These und Antithese, von Substanz und Form, den das fernöstliche Denken zu vermeiden scheint[2]. Demgegenüber bliebe der chinesische Gedanke des Yin/Yang bedenkenswert, jedenfalls in der Deutung durch den Lehrer von Leroi-Gourhan, Marcel Granet, derzufolge es in der Welt kein Phänomen gebe, das nicht einer zyklischen Ganzheit (dem t a o, p i e n, t ' o n g) entspräche, die aus der Verbindung zweier alternierender und komplementärer Wirkungen bestehe. Aber solche Verbindung vollziehe sich ebensowohl räumlich wie zeitlich.[3] Und es ließe sich im Rahmen dieses Vorstellungsmodells auch denken, daß mit dem Akt des »Setzens« von Wörtern und Inhalten in den linearen Alphabetschriften auch der primäre Ort einer zunächst bloß begrifflich-operativen Trennung von Wort und Ding gegeben sei. Im Zusammenhang einer vorgestellten linearen Alphabetisierung wäre dann wohl auch der Instrumentbegriff von Leroi-Gourhan selbst anzusiedeln,

---

1 A. Leroi-Gourhan, *Hand und Wort*, a.a.O., S. 260.

2 Hegel fand gerade darin, "daß bei der Hieroglyphenschrift die Beziehungen concreter geistiger Vorstellungen nothwendig verwickelt und verworren werden müssen", einen entschiedenen Mangel: "Eine hieroglyphische Schriftsprache erforderte eine ebenso statarische Philosophie, wie die Bildung der Chinesen überhaupt ist" (*Enzyklopädie* § 459, S. 351).

3 Vgl. M. Granet, *La pensée chinoise*, Paris 1934/1968, S. 109: »Aussi conçoit-on que le monde ne présente aucune apparence qui ne corresponde à une t o t a l i t é d ' o r d r e c y c l i q u e (t a o, p i e n, t ' o n g) constituée par la conjugaison de d e u x m a n i f e s t a t i o n s a l t e r n a n t e s e t c o m p l é m e n t a i r e s. Mais cette conjugaison ne s'opère pas moins dans le domaine de l'Espace que dans celui du Temps«.

der seiner guten Absicht nicht-ethnozentrischen Erkennens hinterrücks Streiche spielt.

André Leroi-Gourhan hat selbst eine wohl unbeabsichtigte Relativierung seiner technischen Zweckrationalität bewirkt, indem er die Gegenübersetzung um einen „dritten Aspekt" erweiterte: „Man kann sich auch der Hypothese zuwenden, daß die Ä s t h e t i k, da Technik und Sprache nur zwei Aspekte ein und desselben Phänomens sind, einen d r i t t e n A s p e k t eben dieses Phänomens bildet. In diesem Falle hätten wir einen Leitfaden in der Hand: Wenn Werkzeug und Sprache sich über die gleichen Entwicklungsstufen und nahezu synchron zur Maschine und zur Schrift befreit haben, so könnte der gleiche Vorgang auch bei der Ästhetik abgelaufen sein".[1] Von dieser Hypothese aus entwirft er dann eine »Paläontologie der [sozialen] Symbole«. Darin ist nahezu ein humboldtscher Standpunkt erreicht mit einer Aussage wie:

> „Nach dieser absolut generellen Eigenschaft [nämlich: daß die Stadt Bild der Welt ist; K.B.] regiert das Symbol den Gegenstand, existiert eine Sache nur, wenn sie benannt ist, hat man Macht über einen Gegenstand, wenn man sein Symbol besitzt".[2]

Nur bleibt bei ihm im Zeichen der Sinn substanzhaft geronnen, bleibt das Faktum Ort eines dort verankerten Sinns. Einen solchen Ort fest zu haben, ist ja wohl das Motiv des Wunsches nach Fakten.

2. P r i n c i p statt Anfang: G e s e l l i g k e i t, nicht allein Zweck

Bekanntermaßen ist der Vorstellungsfundus bei Wilhelm von Humboldt anders. Hier scheint das Denken von Sprache aus der Analogie von Sprache und Werkzeug gelöst. Gewiß: Daß Sprache als Werkzeug dienen kann, ist unbestritten, daß sie als Werkzeug entstand und in Instrumentalität ihr Wesen erfüllt, ist darum keineswegs ausgemacht. Bis an die Grenze ihrer Möglichkeiten lebendig gedachte Sprache kann durch wesentlich andere Momente bestimmt werden. Statt Entstehung oder Anfang wird durch Wilhelm von Humboldt erkenntnistheoretisch umsichtig Wesensstruktur von Sprache zu denken versucht:

> „Alles Werden in der Natur, vorzüglich aber das organische und lebendige entzieht sich unsrer Beobachtung. Wie genau wir die vorbereitenden Zustände erforschen mögen, so befindet sich zwischen dem letzten und der Erscheinung immer die Kluft, welche das Etwas vom Nichts trennt; und ebenso ist es bei

1 A. Leroi-Gourhan, *Hand und Wort*, a.a.O., S. 343.
2 A. Leroi-Gourhan, *Hand und Wort*, a.a.O., S. 409.

> dem Momente des Aufhörens. Alles Begreifen des Menschen liegt nur in der Mitte von beiden"[1].

Er bringt dann das Beispiel des Verfalls der römischen Sprache und der Entstehung der romanischen und fährt fort: „Ein inneres, neu entstandenes Princip fügte ... den zerfallenden Bau wieder zusammen". Dieses Prinzip läßt sich nicht als Ursache selbst, sondern nur als Vielzahl von Wirkungen erkennen, eben in der verschiedenartigen Bildung der Sprachen. Weil nicht die Ursache selbst, sondern nur ihre Wirkungen zu erkennen sind, mag es

> „scheinen, daß man diesen Punkt lieber ganz unberührt liesse. Dies ist aber unmöglich, wenn man den Entwicklungsgang des menschlichen Geistes ... zeichnen will, da die Bildung der Sprachen ... eine denselben am wesentlichsten bestimmende Thatsache ist, und sich in dieser das Zusammenwirken der Individuen in einer sonst nicht vorkommenden Gestalt zeigt".[2]

Hier wird der Begriff »Anfang« durch das eigentlich synonyme »Princip« ersetzt und im Sinn einer Wesensstruktur verstanden. Diese wirkt als innere Kraft und ist als Gesetz Norm für Urteile und für Handlungen, von fernen Zeiten her bis in die Gegenwart hinein immer neuen Anfang hervorbringend. »Anfang« ist in den Vollzug der Gestalt verlegt worden. Nicht zuletzt durch solche Transposition kann Sprache zum ständig wirkenden „bildenden Organ des Gedankens"[3] und als Organ wie eine erschaffene Kreatur in Analogie zu körperlichen Geschöpfen zum Beweis dafür werden, „dass es auch geistige Schöpfungen giebt".[4] Sprache ist, wie die schöpferischen Geschöpfe der menschlichen Völkerschaften, wiederum selbst schöpferische Schöpfung dieser. Aber sie ist nie schon ein für allemal fertig, und der Anfang von Sprache ist immer wieder neu der ihr eigentümliche Vollzug: das Gespräch.

> „Die wichtigste Ursach, aus welcher die Sprache, vermittelst des Tones, der Wirkung nach aussen bedarf, ist die Geselligkeit, zu welcher der Mensch durch

---

1 Wilhelm von Humboldt, *Ueber die Verschiedenheit des menschlichen Sprachbaues u.ihren Einfluß auf die geistige Entwicklung des Menschengeschlechts* [1830-1835]. Werke in fünf Bänden, hrsg. v. Andreas Flitner u. Klaus Giel, Darmstadt (WBG) 1963, [4]1972, Band III Schriften zur Sprachphilosophie, S. 368 - 756, S. 411. Humboldt spricht an anderen Stellen etwa von einer „unserem Begreifen unzugänglichen Quelle" (a.a.O., S. 415) und sagt: „Die Sprache enthält aber zugleich nach zwei Seiten hin eine dunkle, unenthüllte Tiefe. Denn auch rückwärts fliesst sie aus unbekanntem Reichtum hervor, der sich nur bis auf eine gewisse Weite noch erkennen lässt, dann aber sich schliesst und nur das Gefühl seiner Unergründlichkeit zurücklässt" (a.a.O., S. 437).

2 Wilhelm von Humboldt, *Ueber die Verschiedenheit des menschlichen Sprachbaues*, a.a.O., S. 411f. Darin lebt der Gedanke des ζῷον πολιτικόν (*Pol. A, 2; 1253 a 2*). Eine dyadische Situation als Ursprung wird durchaus auch im Rahmen von Evolutionstheorie vorgestellt, als »Logik der Konversation« von L.P. Grice (1975) und als »Kommunikation zwischen Mutter und Kind« von den Soziobiologen Doris und David Jonas (1979). Das soll »Außenseitermeinung« geblieben sein (vgl. D. E. Zimmer, So kommt der Mensch zur Sprache, a.a.O., S. 45 und 178ff.).

3 W. v. Humboldt, *Ueber die Verschiedenheit des menschlichen Sprachbaues*, a.a.O., S. 191.

4 W. v. Humboldt, *Ueber die Verschiedenheit des menschlichen Sprachbaues*, a.a.O., S. 410.

> seine Natur unbedingt hingewiesen wird. Es liegt aber in derselben ein zwiefaches, allein in dem Begriffe der Menschheit verbundenes; einmal dass alle menschlichen Kräfte sich nur gesellschaftlich vollkommen entwickeln, dann dass es etwas Gemeinsames in dem ganzen menschlichen Geschlechte giebt, von dem jeder Einzelne eine, das Verlangen nach Vervollständigung durch die andren in sich tragende Modification besitzt. ... Im Menschen ... ist das Denken wesentlich an gesellschaftliches Daseyn gebunden, und der Mensch bedarf, abgesehen von allen körperlichen und Empfindungsbeziehungen, zu bloßem Denken eines dem Ich entsprechenden Du. ... Der Begriff erreicht seine Bestimmtheit und Klarheit erst durch das Zurückstrahlen aus einer fremden Denkkraft".[1]
>
> „Hierzu aber ist die Sprache unentbehrlich. Denn indem in ihr das geistige Streben sich Bahn durch die Lippen bricht, kehrt das Erzeugniss desselben zum eignen Ohre zurück. Die Vorstellung wird also in wirkliche Objectivität hinüberversetzt, ohne darum der Subjectivität entzogen zu werden. Dies vermag nur die Sprache, und ohne diese, wo Sprache mitwirkt, auch stillschweigend immer vorgehende Versetzung ist die Bildung des Begriffs, mithin alles wahre Denken unmöglich."[2]

Von Manfred Riedel ist die Differenz zwischen der kognitiven Elementarfigur Hegels und Humboldts deutlich gemacht worden: dialektische Thetik von Gegensätzen (Polarität) versus Komplementarität einer ursprünglichen Zweiheit, welche dann als Komplementarität von Sprechen und Hören darlegend entfaltet wird.[3] Wenn im Grundmuster der Gegensätzlichkeit der »Krieg« als »aller Dinge Vater«[4] schlummert, so mag das Einleuchtende der Ergänzung auf der Überredungskraft des Musters der geschlechtlichen Liebe beruhen.

In die Tradition des ersten Begriffsmusters der Antithetik wird man auch das eine der beiden Denkmuster von André Leroi-Gourhan stellen können: Die Vorstellung vom »zweckmäßigen Werkzeug« und von der analog »für Denken zweckmäßigen Sprache«, die Entgegensetzung von Ich und Welt, Werkzeug als exteriorisiertes Organ des Körper-Ich und zu bearbeitendes Ding, Wort-Werkzeug und Ding-Welt. Das andere von dem umhüllenden Sozialkörper wird, in noch zu vermittelnder Weise, nicht nur bei diesem Forscher sich damit verbunden finden. Es wird sich von daher vielleicht auch verstehen lassen, wie Jacques Derrida Leroi-Gourhans Vorstellung von Evolution mit implizierter technologischer Technik-Kritik und Heideggers Metaphysik-Kritik zu seinem Versuch, im sprach- und schrift-philo-

---

1 W. v. Humboldt, *Ueber die Verschiedenheit des menschlichen Sprachbaues*, a.a.O., §46. §47, S. 200f.

2 W. v. Humboldt, *Ueber die Verschiedenheit des menschlichen Sprachbaues*, a.a.O., § 41, S. 195.

3 M. Riedel, *Hören auf die Sprache*, Die akroamatische Dimension der Hermeneutik, Ffm 1990, besonders S. 64-69.

4 So das Fragment 53 des Heraklit nach der Übersetzung von Diels/Kranz; vgl. die abweichende Deutung Heideggers in: *Das Rektorat 1933/34*, S. 29.

sophischen Entwurf der Grammatologie aus dem System der abendländischen Wissenschaftstradition auszubrechen, verbinden konnte. Er hat alles das, was in weitestem Sinn zur Sprache gehört, als »Schrift« bezeichnet, als Schrift in Gestalt des Sozialkörpers, der als ganzer Sprache ist. Das anfängliche »Wort« wäre nach dieser Vorstellung wie der Embryo im Mutterleib, der ohne alles das, was herum ist, nicht leben kann. Im Sprechen vom Anfang erscheint diese Vorstellung wohl in Manfred Riedels Deutung des Anaximander-Wortes vom ἄπειρον als „ein Ganzes, das nichts ausschließt"[1], als ein anfänglich Umhüllendes:

> „Die ἀρχή, die ἄπειρον ist, 'inmitten' des Geschehens, umgibt das Ganze dessen, was 'ist'. Sie schließt nichts von sich aus. In diesem Sinne nennen wir sie umgebend ..."[2]

Schon Nietzsche sprach im Zusammenhang mit dem ἄπειρον vom „Mutterschoß aller Dinge".[3] Auch hier ist die ἀρχή, wie das bei Humboldt zugleich zeitlich vorgestellte »Princip«, inmitten des Geschehens. Gedacht wird: Jeder Sprecher empfängt seine Möglichkeiten des Sprechens bereits von seiner Sprache, die er nicht gemacht hat, wie er zuvor die Ausbildung seines Körpers bereits empfangen, nicht von sich aus geleistet hat: Empfangen-haben und Ausgeliefert-sein zugleich. Es ist ein weiterer, aber kleiner Schritt von hier aus zum reflexiven Bedenken des Umhüllenden: Die Sprache gibt sich dem Sprecher; das Leben gibt sich dem Lebendigen; das Sein gibt sich dem einzelnen Seienden. Solche Reflexivität von außen her nach innen handelnder Mächte kann charakteristisch scheinen für eine fundamentale Denk- und Sprachfigur Martin Heideggers.[4] Man darf nach Gründen für die Reflexivität des Umhüllenden suchen.

Im § 7 von *Sein und Zeit* erläuterte Heidegger den Begriff »Phänomenologie«. Bei den Erklärungen zu einzelnen griechischen Wörtern fällt auf, daß mehrfach zwei Bedeutungen unterschieden werden. Die eine Bedeutung ist die einer reflexiven Verbalhandlung, die andere dann deren Resultat. Durch das reflexive sich im Deutschen scheint die in Rede stehende Verbalhandlung mit einer zusätzlichen Beziehung auf das Subjekt ausgestattet zu werden. Die hier erscheinende Selbstreflexivität beruht wohl auf einer Entsprechung zum besonderen Genus verbi

---

1 M. Riedel, *Hören auf die Sprache*, a.a.O., S. 422.

2 M. Riedel, *Hören auf die Sprache*, a.a.O., S. 425.

3 Fr. Nietzsche, *Werke in drei Bänden*, hrsg. v. K. Schlechta, München 1956, Bd. 3, S. 366.

4 Man muß das nicht verleugnen. »Die Schwierigkeit ist, solch einen Sachverhalt nicht gleich zu personifizieren, wozu die Formulierung verführen kann«, schrieb Werner Biemel, *Heidegger*, Hamburg 1973/1991, S. 133, nachdem er Heideggers Formulierung zitiert hatte, daß die Sprache mit ihrer Herkunft an sich hält und so ihr Wesen dem Vorstellen versagt. Kurz darauf personifizierte Biemel dann: »wobei in diesem Wort nicht einfach ein bloßer Bezug gedacht ist, sondern das Haltende im Sinne des Gewährenden«.

des griechischen Mediums, einer Handlungsform, die das Deutsche nicht kennt und eben auf diese Weise nur umschreibend wiedergeben kann. Das mediale Genus verbi steht im Griechischen zwischen Aktiv und Passiv.[1]

Um den medialen griechischen Infinitiv φαίνεσθαι »sich (an sich selbst) zeigen« mit Anschauung zu füllen, mag man sich vorstellen: Es zeigen sich die Inseln, die für den Seefahrer bisher hinter dem Horizont verborgen lagen, wenn das eigene Schiff sich nähert und sie sozusagen auftauchen. Sie sind durchaus etwas für sich selbst gewesen, ehe sie auftauchten. Der Begriff des Für-sich-Seins wie der des An-sich-Seins läßt sich so sinnlich imaginieren. Daß jenseits des Sichtbaren, jenseits des Horizonts ein Sein ist, die ganze Spannung des Gedankens zwischen sterblichem Leib und unsterblicher Seele, zwischen Wort und Sinn-Ding, welche die sogenannte abendländische Metaphysik[2] und die Umdeutung des jüdischen Messianismus ins paulinische Christentum auszeichnet, könnte nicht zuletzt so einen sprachlichen Grund haben, auch der Deutsche Idealismus als Attizismus, sodann Hölderlin, Nietzsche und eben Heidegger. Dessen Umprägung einer Fundamentalontologie suchte ihren Weg aus der herkömmlichen Metaphysik dann geleitet von dem, was deren Denkbewegungen ausgelöst hatte, wenn die Inseln hinter dem Horizont auftauchen oder „Das Erscheinen [...] so der Grundzug des Anwesens von Anwesendem [bleibt], insofern dieses in die Entbergung aufgeht".[3] Dort erscheint die Sprache als »Hut« dieses »Anwesens«, als das »Haus des Seins«. Die soeben bemühte Metaphorik entfaltet sich bei Kant als – sit venia verbo – »Vorstellungs-Hintergrund« seiner Begrifflichkeit charakteristisch anders:

> „Wir haben jetzt das Land des reinen Verstandes nicht allein durchreist, und jeden Teil davon sorgfältig in Augenschein genommen, sondern es auch durchmessen, und jedem Dinge auf demselben seine Stelle bestimmt. Dieses Land aber ist eine Insel, und durch die Natur selbst in unveränderliche Grenzen eingeschlossen. Es ist das Land der Wahrheit (ein reizender Name), umgeben von einem weiten und stürmischen Ozeane, dem eigentlichen Sitze des Scheins, wo manche Nebelbank, und manches bald wegschmelzende Eis neue Länder lügt, und indem es den auf Entdeckungen herumschwärmenden Seefahrer unaufhör-

---

1 Für das Indogermanische wird nur eine Zweiheit der Genera von Aktiv und Medio-Passiv angesetzt.

2 Vgl. auch Heideggers Äußerung: »Auf dieser Unterscheidung [sc. zwischen »einer sinnlichen und übersinnlichen Welt«] ruht, was man seit langem die abendländische Metaphysik nennt«, in: M. Heidegger, *Unterwegs zur Sprache*, Stuttgart, 10. Aufl. 1992, S. 101.

3 M. Heidegger, *Unterwegs zur Sprache*, S. 132.– Vgl.: »Ich fürchte, wir werden Gott nicht los, weil wir noch an die Grammatik glauben« Nietzsche 2,960. Analog zum Griechischen mit Lit. auch R. Riedl, Begriff und Welt, Biologische Grundlagen des Erkennens und Begreifens, Berlin/Hamburg 1987, S. 110.

lich mit leeren Hoffnungen täuscht, ihn in Abenteuer verflechtet, von denen er niemals ablassen und sie doch auch niemals zu Ende bringen kann".[1]

Bei Manfred Riedel wird man die Vorstellungsstruktur, die mit der Metapher von der umhüllten Frucht gemalt wurde, mit der andern, die durch das Bild von den Inseln, die hinter dem Horizont sich zeigen, im Sinne einer humboldtschen Komplementarität verbunden finden können, etwa im Vorwort von *Hören auf die Sprache* als das kaum kenntliche sprachliche Apriori:

> „dem Phänomen des Hörens im hermeneutischen Verstehen [...], das den Sinnanspruch der Worte im Ganzen eines Textes wie der von ihm angesprochenen Phänomene betrifft, [... in der; K.B.] Bewegung des Verstehens hinaus ins Weite, die über das Befragen des Textes im Hören der verschiedenen Bedeutungen eines Wortes ins Nahe und Nächste zurückschwingt"[2]

Hat man durch Riedel eine solche Verbindung der Vorstellungsstrukturen einmal bemerkt, wird einem von da her auch Früheres deutlicher werden: Auf den letzten Seiten von *Unterwegs zur Sprache*, in dem *Der Weg zur Sprache* überschriebenen Vortrag Heideggers von 1959, gewinnt man dann den Eindruck, das vom Denkenden gedachte Sein solle das »Haus des Seins«, das umhüllende ἄπειρον des Seins, nämlich die Sprache von innen heraus um-wachsen, neu-formen. Und man meint, eine Verbindung mit Händen greifen zu können: von dieser Sprachgeste des Denkenden zur Geste der einzigartigen Seinsüberlegenheit des außerordentlichen Ich[3] in ihrem willentlichen Über-sich-Hinauswachsen – innerhalb eines totalen Prozesses, im umhüllenden ἄπειρον der »ewigen Wiederkehr« Nietzsches. Die Schwangerschaftsphantasie vom Elefanten-Weibchen im *Ecce homo*[4] verdoppelt diese Vorstellung identifikatorisch.

Dies also wären die drei elementaren Vorstellungsmuster, die wir aus wie immer begrenztem Horizont heraus zu unterscheiden meinen: Umhülltsein, Antagonismus des Streits und Komplementarität der Liebe. Im Ambitus dieser Muster schien sich das Sprechen von Anfängen und das Sprechen von Sprache bislang zu bewegen. Claude Lévi-Strauss hatte dem Sinn nach einmal geäußert: Es gebe nur zwei mythologische Vorstellungsmuster für Anfänge, nämlich Eins aus Einem oder Eins aus Zweien, das parthenogenetische der aus sich selbst gebärenden Jungfrau (oder des aus sich selbst gebärenden Stammvaters) und das genitale der Zeugung. Sofern man das Umhüllende als Eines faßt, wäre die umhüllte Frucht Eins aus Einem. Sofern

1 I. Kant, *Kritik der reinen Vernunft*, A 235f. / B 294f.

2 M. Riedel, *Hören auf die Sprache*, a.a.O., S. 8.

3 War das Hintergrund der »verneinten« (vgl. S. Freud, Die *Verneinung*, in: *Gesammelte Werke*, Bd. 14, London 1948, S. 9-15) »schlechten Subjektivierung des Alls des Seienden« im Begriff »Dasein« aus *Sein und Zeit* § 4, S. 14?

4 Fr. Nietzsche, *Werke in drei Bänden*, a.a.O., Bd. 2, S. 1128.

man das umhüllende Eine als das unendlich Viele ansieht, wäre es mit dem genitalen Muster Eins aus Zweien vermittelt: Jeder Mensch muß zwar zwei Eltern haben, aber letztlich unendlich viele Ahnenpaare zu Voreltern: Eins aus unendlich Vielem. Das embryonale ἄπειρον-Muster ließe sich so als extreme Form dyadischer Komplementarität ansehen. Von der Vorstellung einer funktionellen Antithetik her wäre das Aufgehen des Individuums im Ganzen des Sozialkörpers das, worin das Zweckstreben nach Befreiung (der Hand, der Muskeln, der Füße, des Gedächtnisses etc.[1]) sein Ende findet. Es wäre zugleich das Modell einer entscheidungslosen, vorab geregelten Angewiesenheit auf ein totales Außerhalb. Im Modell der Komplementarität hingegen würde eine andere Form der Angewiesenheit herrschen, die Angewiesenheit eines partikulären Einzelnen auf ein anderes partikuläres Einzelnes, die nicht vorab geregelt wäre, sondern der von Fall zu Fall, auch von Zufall zu Zufall genügt werden müßte. Hier würde die Angewiesenheit als empfindbarer Mangel erscheinen, dem keine Abhilfe garantiert ist. Dieses Moment des Mangels soll im Hinblick auf die besondere Dringlichkeit menschlichen Sprechens weiterbedacht werden.

3. Bilden von Zeichen, welche das dialogische Moment in sich enthalten

Menschsprachliche Zeichenbildung mag nicht erst seit Mersenne oder Leibniz als mangelhaft und verbesserungsbedürftig empfunden worden sein. Was störte, war die Uneindeutigkeit der sogenannten »natürlichen Sprachen«. Gerade in dieser Mehrdeutigkeit ließe sich anderseits ein Konstituens vermuten, durch welches sich menschliches Sprechen immer wieder aufs neue vor allen anderen Arten von »Sprache« wesentlich auszeichnen muß. Wenn Naturwissenschaftler den Ausdruck »Sprache von Tieren« lieber durch Ausdrücke wie »Soziale Verständigung« ersetzen, bestimmten Tierarten aber dennoch »echt soziale Organisationen«, »kooperatives Sozialverhalten« und »ritualisierte Kampfturniere« zusprechen oder für einzelne Handlungen feststellen: „Das ist echte, intraspezifische Sklaverei",[2] dann handelt es

[1] Der technologisch-instrumentelle Grundgedanke von A. Leroi-Gourhan war: Alles, was Menschen hervorgebracht haben, sind exteriorisierte Organe: Hand, Muskeln, Augen, Ohren, Gehirn. Was die Muskeln keines Menschen heben können, hebt auf Knopfdruck ein Kran als Muskel-Maschine. Was die Augen keines Menschen können, sehen die Augen einer Kamera auf dem Mars. Was das Gedächtnis keines Menschen fassen kann, faßt der Speicher des elektronischen Rechners. Den Feind, den keiner mehr besiegen kann, vernichtet der Knopfdruck auf eine Vernichtungsmaschine etc. A. Leroi-Gourhan rückte in diese Perspektive auch die soziale Zeichengebung, die Sprache und wohl auch die Liebe.

[2] Vgl. Hölldobler, *Soziale Verständigung und territorialer Konflikt in Ameisenpopulationen*, in: Bayrische Akademie der Wissenschaften, Jahrbuch 1989, München 1990, S. 91.

sich um metaphorische Redeweise. Die »Signalübermittlung« in solchen »echt sozialen Organisationen« wird mit der Eigenschaft einer instinktsteuernden Eindeutigkeit der Zeichengebung vorgestellt. Indes unterscheiden sich all diese »echt sozialen Organisationen« von menschlichen Staatenbildungen wohl dadurch, daß in ihnen die geschlechtliche Fortpflanzung durch wenige Tier-Individuen monopolisiert ist, daß es sich sozusagen um »Kastratenstaaten« handelt. Gerade der Unterschied von unfehlbar zweckvoller Signalgebung und mangelhafter, nicht völlig zweckmäßiger Signalgebung der sogenannten »natürlichen Sprachen« könnte in der prinzipiell problematischen Sexualorganisation menschlicher Staatsgebilde Ursachen haben, wie sich das zumal vom Komplementaritäts-Modell her verdeutlichen ließe.[1]

Der geläufigen Vorstellung scheint die gesamte Evolution dadurch charakterisiert zu sein, daß biologische Fortschritte nicht absichtlich, sondern zufällig zustande gekommen sind und daß das Zufällige sich dann als das Zweckmäßigere erwies, kurz: U n v e r h o f f t k o m m t o f t. Sollte das bei der Hominisation nicht anders gewesen und in jedem menschlichen Sprechen immer noch der Fall sein, wäre nach Bedingungen der Möglichkeit nicht von intendierten Zwecken, sondern von Zweckmäßigkeit als Begleiterscheinung einer spezifischen andersartigen Notwendigkeit zu fragen. Es käme also auf den Versuch an, Sprache, sprachliche Zeichenbildung nicht als Resultat einer Absichtlichkeit, sondern sozusagen als Nebenergebnis einer unabsichtlichen Reaktion auf einen Mangel aufzufassen. André Leroi-Gourhan beschrieb im letzten Teil seines Werkes das reiche Spektrum menschlicher Zeichenbildung als Resultat von Absichtlichkeiten.[2] Wilhelm von Humboldt sprach wohl gedanklich umsichtiger davon, daß „jeder Einzelne eine, das Verlangen nach Vervollständigung durch die andren in sich tragende Modification besitzt“. Von der Psychoanalyse her ließe sich dazu vermuten, daß Symbolisation ein Vorgang der unabsichtlichen, unbewußten Ersatzbildung (»Sublimierung«) sei, ein Vorgang, der ein Zeichen für das schafft, was in der Realität nicht zu erreichen ist, und dieses Zeichen sei in der Lage, die enttäuschten Triebenergien umzulenken und an sich zu fesseln. Jeder Wissenschaftler, auch jeder leidenschaftliche Leser weiß, daß die Gegenstände seines Interesses in der Lage sind, in höchstem Maße

---

[1] Über ähnliche Konflikte in Primatengesellschaften berichtete Ploog, *Sozialverhalten und Hirnfunktion...*, a.a.O., S. 49f.

[2] Überzeugt vom Primat des Technisch-Zweckrationalen, hat A. Leroi-Gourhan einerseits dargestellt, wie die Metallurgie Nebenergebnis beim Ausglühen eisenhaltigen Ockers zur Gewinnung von Farben für unbekannte, ästhetische oder magische Zwecke gewesen sein könnte, anderseits die Vorstellung eines Unverhofft-kommt-oft sehr dringlich abgewehrt (vgl. S. 225f. und S. 220).

affektive Energien zu »fesseln«.[1] An die Stelle umstandsloser körperlicher Liebe etwa tritt ein Gespräch, ein Wort, das nicht eindeutig sein muß, ein Zeichen, das in seiner Deutbarkeit durch den andern zugleich Antwort werden kann auf eine Frage, die direkt gar nicht gestellt werden konnte oder durfte, ein Zeichen also, das das dialogische, komplementäre Moment in sich enthält. Ein solches Zeichen kann in seiner Elaboriertheit vieldeutig sein, wie die intensivste Form von Sprache im Gedicht, wie ein Musikstück. Unter der Voraussetzung, daß ein sprachfähiger Mensch es gebraucht, kann alles zum Zeichen werden, wesentlich als Ersatzbildung. Nicht der Zweck, sondern die Verlagerung des Zwecks in sein Zeichen würde menschliche Sprache immer aufs neue konstituieren. Sprache von Tieren und Maschinen wäre bestenfalls Mitteilung, Information, nicht Ersatzhandlung oder nicht gleichzeitig Ersatzhandlung.

André Leroi-Gourhan schrieb:

> „Wir können a priori behaupten, daß die intelligente Symbolbildung in der Lage ist, sich vom Gipfel bis in die Tiefen der Basis hinein zurückzuwenden, und daß alles im Menschen in den Gang des ästhetisch konstruktiven Denkens Eingang zu finden vermag. Fragen kann man sich aber auch, ob das ästhetische Denken nicht dort haltmacht, wo das natürliche Verhalten beginnt".[2]

Statt von »ästhetisch konstruktivem Denken« möchte man eher von »ästhetisch konstruierendem Verhalten« sprechen und noch im »Gipfel« eine Sonderform »natürlicher Triebregung« entziffern, so transponiert und in ihrer semantischen Eindeutigkeit bestreitbar sie konstruiert sein mag. Von der biologischen Ausstattung des homo sapiens ausgehend, besprach der französische Gelehrte die einzelnen Sinne, indem er etwa formulierte:

> „Man stelle sich einmal vor, wie eine Ästhetik beschaffen wäre, wenn der Tastsinn, die subtile Wahrnehmung von Schwingungen oder der Geruchssinn die primären Sinne geworden wären: »Syntaktien« oder »Olfaktien« wären möglich geworden, Gemälde aus Gerüchen und Symphonien aus Berührungen".[3]

Es sei dies außerhalb des Sprachlichen geblieben, genau so wie das Schmecken,[4] meinte er. Aber wenn man schon Sozialverhalten als ästhetische Zeichenbildung bedenkt, warum soll man dann den Sprachbegriff plötzlich wieder enger fassen und menschliches Verhalten nicht überhaupt durch eine spezifische Art uneindeutig zeichenbildenden Handelns charakterisiert finden? Aus dem Geschmack eines in Tee

---

1 Vgl. auch K. Bertau, *Über das Verhältnis von Autor und Werk am Beispiel von Wolfram Eschenbach und Johann von Sitbor*, in: *Germanistik, Deutschunterricht und Kulturpolitik, Vorträge des Augsburger Germanistentags 1991*, hrsg. v. Johannes Janota, Tübingen 1993, Bd. 3, S. 77, Anm. 1.

2 A. Leroi-Gourhan, *Hand und Wort*, a.a.O., S. 349.

3 A. Leroi-Gourhan, *Hand und Wort*, a.a.O., S. 351.

4 Vgl. A. Leroi-Gourhan, *Hand und Wort*, a.a.O., S. 363f.

getauchten Gebäcks hat Proust zwar durchaus wort-sprachlich symbolisierend einen ganzen Romanzyklus entfaltet, aber Berührungen, zwei- und mehrdeutig, Gerüche ebenso, gehen in die Zeichengebungen der körperlichen Liebe ein, deren Sprachkultur sich dadurch auszeichnet, daß sie die Sinne selbst und alle Glieder des Körpers zu Metaphern werden lassen kann.[1] Wo Wörter fehlen, können die Dinge selbst auf eine bestimmte, menschensprachliche Weise zu Wörtern gemacht werden.[2] An späterer Stelle konstatierte Leroi-Gourhan selbst:

> „Jedes Verhalten, das den Bereich der Aggression und der Fortpflanzung berührt, bleibt trotz des ganzen Moralapparates eng mit den Quellen verbunden, und wenn man nach einer Diskontinuität sucht, so wird man sie allenfalls in der Fähigkeit des Menschen finden, die Symbole der Abschreckung oder der Verführung zu akkumulieren und in die Kunst des Tötens oder in die Kunst des Liebens, um die sich die Geschichte dreht, ein intellektuelles Raffinement einzubringen, das unserer Art eigentümlich ist".[3]

Man muß das nicht als »Diskontinuität«, man kann es auch als Überspringen »der Kluft, welche das Etwas vom Nichts trennt«, deuten, und man muß es nicht als »intellektuelles Raffinement« diskriminieren, sondern kann es als eine wesentliche, auch unbewußte und vorbewußte Leistung ansehen, die das Sprechen von den biologischen Tiefen der Triebe her lebendige Sprache sein läßt. Nicht t r o t z d e m , sondern d e s w e g e n gäbe es den »ganzen Moralapparat«.[4] Die Zeichen des verbalen und non-verbalen Sprechens sind wohl immer zweierlei zugleich: Träger einer Information und Resultat einer Ersatzhandlung. Wenn jemand z.B. über Schelling spricht, ist immer auch die Frage möglich: Was heißt das, daß er überhaupt und gerade jetzt über Schelling spricht? Was bedeutet dieses Sprechen als

---

1 André Leroi-Gourhan sähe darin eher einen »fortwirkenden Anteil infrasprachlichen Verhaltens« (*Hand und Wort*, S. 369). In jenem, eigenem Denken eingeformten Gespräch mit einem Japaner über sprachliche Denkhorizonte, hatte Heidegger den Japaner denken lassen »an eine aufruhende Hand, in der sich ein Berühren versammelt, das unendlich weit von jeglichem Betasten entfernt bleibt, nicht einmal Gebärde mehr heißen darf in dem Sinne, wie ich Ihren Sprachgebrauch zu verstehen meine.« (*Unterwegs zur Sprache*, a.a.O., S. 104f.).

2 Evolutionsgeschichtlich wäre indes denkbar, daß Sex als soziales Sprachzeichen und Ersatzbildung für Fertilität ein zweckvoller Schritt in Richtung auf eine stabilisierte Sozialorganisation sein könnte in Analogie zu insektenstaatlichen Superorganismen.

3 A. Leroi-Gourhan, *Hand und Wort*, a.a.O., S. 431.

4 Es ist lustig, wie in einem ernsthaften Experiment mit Menschenaffen, über welches *Spektrum der Wissenschaft* im Mai 1994, S. 17 — 20 berichtete, »Abstraktionsfähigkeit« als menschenspezifisches Verhalten vorausgesetzt und dann an der Möglichkeit zum temporären Verzicht auf unmittelbare Bedürfnisbefriedigung getestet wurde. Die »Abstraktionsaufgabe« war moralisch: Wer sich selber mehr nehmen wollte, bekam weniger. Wer scheinbar dem Andern mehr gegönnt hätte, hätte selber mehr bekommen. »Moral« war darin als vorteilhafter Zweck eines Triebaufschubs verstanden. Die Affen wären Menschen gewesen, wenn sie im Aufschub die Befriedigung gefunden, und sogar Amerikaner, wenn sie ihr moralisch erreichter Vorteil als Zeichen höherer Erwählung befriedigt hätte. Die Affen scheiterten: es kam ihnen ihre Gier in die Quere. »Es bestehen nämlich ... experimentelle Methoden *und* Begriffsverwirrung«, meinte L. Wittgenstein, *Philosophische Untersuchungen/Philosophical Investigations*, New York 1953, II, 232.

Ersatzhandlung? und: Für welche Beziehung zu einem anderen Menschen ist das eine Ersatzhandlung? Denn um Töten und Lieben »dreht sich« nicht nur »die Geschichte«, wie André Leroi-Gourhan sagt, sondern wohl auch alles Sprechen. Die kulturellen Umstände, die letztlich deswegen Teil des Symbolhandelns sind, verlangen aber, daß das auf komplizierte, indes durchaus von elementaren Strebungen genährte Weise geschieht. Darauf beruht vermutlich, solange die Reproduktion der Art noch nicht im Sinne insektenstaatlicher Superorganismen geregelt ist, die notwendige Polysemie menschlicher Sprache. Sie muß in jedem Zeichen die Möglichkeit eines noch anderen Sinns haben, den der Sprecher sowohl zugeben als auch verleugnen kann. Insofern wäre jedes menschensprachliche Zeichen »Spur«. Aber »Spur« von wesentlich Abwesendem. Das zeigt sich vielleicht, wenn man versucht, Sprache nicht als zweckgerichtete Performanz eines Einzelnen, sozusagen von 1 aus zu denken, sondern von 2 aus, von der Komplementarität des unvollendbaren Gesprächs her.

Man meint, die Genese des Gedankens mit anzusehen, wenn Wilhelm von Humboldt schreibt:

> „Es bleibt zwischen dem Wort und seinem Gegenstande eine so befremdende Kluft, das Wort gleicht, allein im Einzelnen geboren, so sehr einem blossen Scheinobject, die Sprache kann auch nicht vom Einzelnen, sie kann nur gesellschaftlich, nur indem an einen gewagten Versuch ein neuer sich anknüpft, zur Wirklichkeit gebracht werden.“[1]

Bei André Leroi-Gourhan blieb „zwischen den beiden Spiegeln der technischen Geste und des lautlichen Symbolismus“[2] eine numinose menschliche Intelligenz vorzustellen, welche die Spiegelung hervorbringt. Bei Humboldt und bei Lacan erfolgte eine primäre Spiegelung zwischen Ich und Du bzw. zwischen Du und Ich.[3] Doch es ist nicht das identische Bild des Andern, das hinübergespiegelt wird. Auch deswegen sperrt sich Manfred Riedel gegen bestimmte Formen der Spiegel-Metaphorik zu Recht. Er wird der wesentlichen Differenz gerecht, wenn er schrieb: „Diese

1 W. von Humboldt, *Ueber den Dualis*, a.a.O. S. 139.

2 A. Leroi-Gourhan, *Hand und Wort*, a.a.O., S. 268.

3 Vgl. zum Spiegelstadium bei Lacan auch meinen Versuch über die Spiegelschrift des Leonardo da Vinci *Die Spur im Spiegel* (1979). — Wie sehr die Begriffe Ich und Du einem jüngeren europäischen Individualismus verpflichtet sind, wird man bemerken, wenn man an die Stelle des »Du« den Begriff eines »kollektiven Anderen« setzt. Dieser wäre ein von Menschen aus Menschen gebildetes Zeichen, das selber Ort einer Befriedigung sein kann, Gemeinschaftsgefühl, wie es durch Militäraufmärsche und Massenveranstaltungen, Gesangvereine etc. herstellbar ist. Die Präsenz des Ich erscheint in einem Akt der »Ent-Ichung« suspendiert (»Du bist nichts, Dein Volk ist alles«.). Austauschbarkeit wie Un-Austauschbarkeit des Einzelnen sind wohl gleichermaßen kulturspezifische Möglichkeiten. Zahlreiche Sprachen haben dafür besondere Ausdrucksmöglichkeiten, nicht bloß einen Plural. Indes bleibt auch dieser Andere für ein Denken vom Individuum aus virtuell, will zwar eine Gemeinsamkeit des Sterbens, aber nicht mehr des Todes erlebbar scheinen.

„zwischen« Sprechen und Hören spielende Maßgabe des Verstehens nennen wir die akroamatische Dimension“.[1] Das steht im Bann des von Ovid beschworenen mythischen Bildes: In diesem Bild werden Sprechen und Hören im Verdursten durch den Blick in die Quelle zum Trug des bloß virtuellen Anderen. Auch der konkrete Andere ist immer bloß virtuell. Dies ist wohl die »utopische Dimension«, die Feder der Unruhe, die Sprache immer weiter treibt. „L'absence qui me tient lieu de souffle recommence à tomber sur les papiers comme de la neige“, hieß es bei André du Bouchet.[2] Könnte der Andere Ich werden, er wäre als Anderer bloß vernichtet, nicht erreicht. Erhalten wir ihn uns hinter der Wand mehrfältig deutbarer Zeichen?[3] Ist nicht gerade das Mißverständnis Pulsschlag der unergreifbaren Präsenz des Andern?

Manfred Riedels Hermeneutik des hörenden Sprechens kenne ich vor allem in Gesprächen – auch in Gesprächen über erinnerte Gespräche wie das nächtliche mit Ernst Bloch über den Schelling-Gedanken, »daß nicht Nichts sei«.[4] Darin meine ich erfahren zu haben, wie Denken im Gespräch – aus vielleicht uralter Tradition das Wesen von Sprache nachvollziehend – Illusion eines besonderen Glücks sein kann, sogar im Aneinander-Vorbei-Reden. Denn: Wissen wir, ob wir uns nicht doch verstanden haben?

---

1 M. Riedel, *Hören auf die Sprache*, a.a.O., S. 9.

2 Heinrich von Kleist bietet "das Beispiel von einer allmählichen Verfertigung des Gedankens aus einem in der Not hingesetzten Anfang", pointiert in der Deutung Gerhard Neumanns: "Es ist also paradoxerweise Sprachnot, aus der Sprache geboren wird, [...] der Sprache entspringt: nämlich Fessel des Verstehens zu sein und [...] Organ seiner Freisetzung zugleich". *Das Stocken der Sprache und das Straucheln des Körpers*, in: Kleist, hrsg. v. G. Neumann, Freiburg i. Br. 1994, S. 16.

3 Wenn Bloch im *Geist der Utopie* von „Selbstbegegnung“ spreche, referiert Manfred Riedel in *Tradition und Utopie*, Ernst Blochs Philosophie im Licht unserer geschichtlichen Denkerfahrung, Ffm 1994, "so meint er den Weg des Suchens nach dem Vermißten, das wir »noch nicht« gefunden haben, weshalb es denknotwendig utopisch bleibt. Dennoch ist es nichts, was sich dereinst zuträgt, im noch ungeschehenen »Drüben«, sondern ein heimlich Gegenwärtiges ..." (S. 45). Religiöse Metaphorisierung des Anderen wäre hier »verneint«.

4 Mag mir die Erinnerung an ein erzähltes Sprechen dieses auch verzeichnet haben, die Wellenringe seiner Wirkung scheinen mir noch nachzuzittern bis in die letzten Zeilen des Ernst Bloch-Buches (vgl. auch 109, den Zeitpunkt betreffend?). Der alludierte Schelling-Gedanke steht nicht nur bei Schelling, sondern u.a. als „pourquoi il y a plutôt quelque chose que rien?“ bei Leibniz und von da her bei Heidegger in seiner Antrittsvorlesung von 1929 *Was ist Metaphysik?* und der Einleitung dazu von 1949 (vgl. 14. Aufl. Ffm 1992, S. 42 und 22f.). Er erscheint erneut in der Hallenser Antrittsvorlesung Manfred Riedels vom 25. Mai 1994. In diesem Gedanken wäre, so wurde in einem Gespräch gedeutet, die Schöpfung selbst sozusagen als apotropäische Ersatzhandlung Gottes gegenüber dem Nichts gedacht: als Instrument und für Menschen zugleich als Zeichen.

Was es heißt, philosophisch zu sein

von Thomas Grethlein (Erlangen-Nürnberg)

Die Frage nach der Philosophie ist wohl beinahe so alt wie die Philosophie selbst. Auch wenn diese Frage oftmals ohne bestimmten Artikel formuliert wird und mithin lautet: »Was ist Philosophie?«, so wird sie gleichwohl meist sehr »hochgehängt« – am Ende zielt sie dann doch darauf ab, die Philosophie, ihr »Wesen« gar, zu bestimmen. Mit dieser Frage, die Philosophie als Entität (im weitesten Sinne) behandelt, will ich mich im Folgenden nicht auseinandersetzen.

Anstatt nach der Philosophie als nach einem (begrifflich abschließbaren) Ganzen zu fragen, anstatt danach zu fragen, welche Gruppe von Merkmalen dem Begriff der Philosophie (im besonderen) zukommen möge, welche Eigenschaften damit die Philosophie habe, wodurch sie sich von anderen Formen des Wissens unterscheide, was sie vor diesen womöglich auszeichne, will ich im ersten Teil meines kurzen Beitrags eine etwas bescheidenere Fragestellung verfolgen und versuchen, dem nachzugehen, was das Prädikat »philosophisch« bedeutet.[1]

Ich werde in diesem ersten Teil mit Hilfe einer (möglicherweise etwas gewagten und provokanten, hoffentlich aber trotzdem heuristisch fruchtbaren) Analogie vor allem einige (recht allgemein gehaltene) Überlegungen dazu anstellen, was es heißt, »philosophisch« genannt zu werden oder gar »philosophisch« zu sein. Dabei werde

---

[1] Auch wortgeschichtlich sind die Verbal- und Adjektivformen »philosophieren« beziehungsweise »philosophisch« früher zu finden als das Substantiv »Philosophie«. Während erstere bereits im ausgehenden 5. vorchristlichen Jahrhundert nachgewiesen werden können, taucht das Substantiv erst in den achtziger Jahren des 4. Jahrhunderts bei den Sokratesschülern auf. (Siehe: M. Kranz, *Philosophie. I. Antike. – A. Der Ursprung des Begriffs*, in: *Historisches Wörterbuch der Philosophie*, Bd. 7: P-Q, hrsg. von Joachim Ritter und Karlfried Gründer, Darmstadt [Wissenschaftliche Buchgesellschaft] 1989, Sp. 573-576).
Übrigens formulieren Arnauld und Nicole noch im späten 17. Jahrhundert gewisse Vorbehalte gegen das Substantiv (hier allerdings nicht das der »Philosophie«, sondern das des »Philosophen«): „Es gibt Nomina, die in der Grammatik als Substantive gelten, aber wirklich Adjektive sind, wie König, Philosoph, Arzt". (Antoine Arnauld und Pierre Nicole, *Die Logik oder Die Kunst des Denkens*, Darmstadt [Wissenschaftliche Buchgesellschaft] ²1994, S. 95 [Hervorhebungen im Original]).

ich mein Augenmerk zwar durchaus auf den emphatischen Gebrauch dieses Prädikats legen, vermeide aber durch die transformierte Fragestellung gewisse Prätentionen, die durch die substantivierte Form nahegelegt werden.

Fragt man nach »der« Philosophie, so wird gewissermaßen ein zumindest bereits vorverstandener Begriff nur mehr präzisiert. Bei der Frage danach, was (die) Philosophie sei, wird nämlich unterstellt, wir verfügten jedenfalls bereits über etwas – das mit dem Satzsubjekt Bezeichnete, im hier zu verhandelnden Fall also die Philosophie –, über das wir dann (in der Sprache der traditionellen Logik) in einem Urteil etwas weiteres bejahend oder verneinend aussagen.

Die hier favorisierte Frage nach dem adjektivisch gebrauchten Prädikat »philosophisch« soll lediglich eine Akzentverschiebung ermöglichen und uns zunächst etwas mehr Klarheit darüber verschaffen, worauf wir zu achten haben, beziehungsweise was wir eigentlich tun, wenn wir darüber entscheiden, ob etwas philosophisch genannt werden soll oder nicht.

Nachdem wir auf diese Weise die Gefahr, Philosophie als Entität zu betrachten, hoffentlich umgangen haben werden, und da ferner die adjektivische und substantivische Form respektive die grammatische Stellung im Aussagesatz (Satzsubjekt und Satzobjekt) letztlich aber doch nur von relativer Bedeutung sind, sollte es am Ende dieses Teils gleichwohl möglich sein, eine These über »die« Philosophie zu formulieren; sie wird lauten, daß Philosophie – ein Spiel ist. Im zweiten Teil soll dieses Spiel folglich näher charakterisiert werden. Im dritten Teil soll die »Sprachnot« weitere Aufklärung über die spielerische Tätigkeit des Philosophierens bringen. Der abschließende vierte Teil wird ausblickhaft unter anderem das Verhältnis der Tätigkeit zu dem daraus entstehenden »Produkt« thematisieren.

I

Was wird nicht alles »philosophisch« genannt? Ohne Anspruch auf Vollzähligkeit sei eingangs kurz aufgezählt, was einem (mehr oder weniger spontan) einfallen kann: Man spricht von philosophischen Theorien, zeichnet aber auch Lebensformen oder Lebenseinstellungen als philosophisch aus. Philosophische Köpfe erwägen philosophische Fragen und Gedanken oder Probleme und äußern in einem philosophischen Gespräch philosophische Sätze oder schreiben philosophische Texte. Manchem wird gar ein philosophischer Blick attestiert. Nicht wenige hängen einer philosophischen Lehre an, so mancher besucht ein philosophisches Seminar und eine kleine Schar von Interessierten hört gelegentlich einen ebensolchen Vortrag. Es gibt

Personen, die betreiben eine philosophische Praxis, und sogar universitäre Institute, Fachbereiche und Fakultäten werden philosophisch geheißen.

Nun könnte man bei all diesen Gebrauchsweisen des Prädikats »philosophisch« durchaus versucht sein, daraus eine o b j e k t i v e Eigenschaft der jeweils als philosophisch bezeichneten »Gegenstände« ablesen zu wollen; man könnte meinen, eine Theorie, eine Lebensform, ein Gedanke, eine Lehre und so weiter habe die (an der jeweiligen »Sache«) überprüfbare Q u a l i t ä t oder E i g e n s c h a f t, philosophisch zu sein. Wenn dem aber so wäre, dann müßte es auch benennbare, verallgemeinerbare und objektiv nachprüfbare K r i t e r i e n geben, die wir nur mehr heranzuziehen bräuchten, um mit ihrer Hilfe zu überprüfen, ob die jeweiligen als philosophisch bezeichneten »Gegenstände« diese Kriterien auch tatsächlich erfüllen.

Ich fürchte aber, daß es solche Kriterien gar nicht gibt; trotz längeren Nachdenkens sind mir zumindest keine eingefallen. Was – so möchte ich daher (zugegebenermaßen rhetorisch) fragen – was an einem Buch oder Vortrag soll es denn auch sein, das es oder ihn zum philosophischen macht? Ich kann – um zwei Beispiele anzuführen – weder an Nietzsches *Also sprach Zarathustra* noch an Kants *Kritik der reinen Vernunft* etwas finden, auf das ich verweisen könnte, um jedermann mit Notwendigkeit davon zu überzeugen, es handle sich hier um philosophische Texte. Doch bin ich geneigt, das erstgenannte Buch womöglich nicht, das zweite aber sehr wohl philosophisch zu nennen. Demungeachtet glaube ich keineswegs, daß dem Nietzscheschen Text etwas fehlt, um ihm dieses Prädikat beilegen zu können. (Vielmehr glaube ich, daß m i r etwas fehlt, das mich hindert, hier von einem philosophischen Text zu sprechen. Doch dazu später mehr). Ich wage also die paradox klingende Formulierung: Viele der oben genannten »Gegenstände« mögen bisweilen durchaus zu Recht philosophisch genannt werden – sie haben aber nicht die E i g e n s c h a f t, philosophisch zu sein.

Denn das Prädikat »philosophisch« bezeichnet gar keine Eigenschaft eines »Gegenstandes«; es ist vielmehr, wie ich meine, in mancherlei Hinsicht (vorzugsweise in dem, was man seine »transzendentalphilosophische Rolle« nennen könnte) dem Prädikat »schön« sehr ähnlich. Wenn wir von etwas sagen, es sei »philosophisch«, so wird die Analyse des Satzes *»x ist philosophisch«* (wenigstens teilweise) zu den gleichen Ergebnissen führen, die Kant in der dritten *Kritik* aus der Analyse des Satzes *»x ist schön«* gewonnen hat: Wenn ich sage, ein Text, ein Vortrag, eine Seminarstunde, ein Gespräch, oder vielleicht auch nur ein Gedanke sei philosophisch, dann kommt es nämlich bei diesem Urteil vor allem auf das an, was ich in der entsprechenden Situation (eben zum Beispiel während eines Gesprächs oder bei der Lektüre) – und ich zitiere nun aus Kants *Kritik der Urteilskraft* – „in mir selbst mache".[1] Das Wort »philosophisch« verweist damit a) auf etwas Subjektives und b) auf eine Tätigkeit.

Zu a): Entscheidend dafür, wann etwas »philosophisch« genannt wird, ist nicht eine wie auch immer geartete Beschaffenheit eines Objekts, sondern das Subjekt: Derjenige, der etwas »philosophisch« nennt, urteilt in der Hauptsache über sich selbst. Nicht deswegen, weil ein Text etwa bestimmte Themen behandelt oder weil die dort vorgebrachte Argumentation vielleicht einer bestimmten Methode folgt, verdient er (schon), philosophisch genannt zu werden; vielmehr stellt der Leser fest, daß er selbst bei (oder nach) der Lektüre eine bestimmte (»geistige« oder besser: sprachliche, genauer noch: begriffliche) Tätigkeit vollzieht oder vollzogen hat. Überpointiert kann man sagen, daß der Satz »*x ist philosophisch*« eine Art von »Erlebnis-« oder »Erfahrungsbericht« zum Ausdruck bringt; der Urteilende sah oder sieht sich in einer besonderen Situation, in einem bestimmten geistigen Zustand. So wie man von »ästhetischen Erlebnissen« oder (terminologisch nicht ganz so angemessen) von »ästhetischen Erfahrungen« spricht, möchte ich auch von »philosophischen Erlebnissen« oder »Erfahrungen« sprechen. Nennt ein Leser beispielsweise einen Text philosophisch, so ist dies (nach der hier in Vorschlag gebrachten Auffassung) lediglich eine verkürzte Redeweise dafür, daß der Rezipient anläßlich des Textes ein »philosophisches Erlebnis« hatte; er überträgt dabei etwas Subjektives auf ein Objekt, als ob es eine Eigenschaft des betreffenden »Gegenstandes« wäre.

Zu b): In solchen Situationen, bei solchen »philosophischen Erlebnissen«, übt das Subjekt eine Tätigkeit aus, und zwar eine Tätigkeit, die sich – abermals in Analogie zum ästhetischen Geschmacksurteil – fürs erste dadurch charakterisieren läßt, daß sie „ohne alles Interesse"[2] ist. Weil das Philosophieren ferner bloß »reflexiv« ist, und weil – um abermals mit Kant zu reden – „die Überlegung (*reflexio*) [...] es nicht mit den Gegenständen selbst zu tun"[3] hat und nicht auf die Welt der »Dinge« und Erscheinungen gerichtet ist, kann man vielleicht sogar so weit gehen, zu behaupten, daß beim Philosophieren nicht einmal Erkenntnisinteressen verfolgt werden: Das Philosophische wäre somit in gewissem Sinn „nicht theoretisch",[4] denn die philosophischen Sätze – sofern es sie denn gibt – gehören sicher nicht der Klasse der Erkenntnisurteile an. Man geht ja auch, wie Wittgenstein sagt, die philosophischen

1 Kant, *Kritik der Urteilskraft* (= *KdU*), AA V, S. 205 (Hervorhebungen von mir; Th.G.).

2 Kant, *KdU*, AA V, S. 211.

3 Kant, *Kritik der reinen Vernunft* (= *KrV*), A 260 / B 316.

4 Jean-François Lyotard, *Der Widerstreit*, München (Wilhelm Fink) 1987, S. 13. Im Original: „Le mode du livre est philosophique, et non théorique". (Jean-François Lyotard, *Le Différend*, Paris [Les éditions de minuit] 1983, S. 12).

Probleme „nicht durch Beibringen neuer Erfahrung [an; Th.G.], sondern durch Zusammenstellung des längst Bekannten."[1]

Wenn jemand etwas »philosophisch« nennt, dann verfolgt er mit seiner damit einhergehenden geistigen oder sprachlichen Tätigkeit keinen bestimmten Zweck, und auch die philosophische Seminarstunde oder Lektüre ist ihm, insofern sie philosophische Seminarstunde oder Lektüre ist, kein Mittel, das ihm zu irgendwelchen weiteren Zwecken dient. In diesem Sinne muß man dem Philosophischen wohl auch die Nützlichkeit absprechen - wobei ich übrigens nicht recht anzugeben wüßte, ob ich diesen Umstand bedauerlich finden soll.[2]

Obwohl man also mit der philosophischen Tätigkeit keinen (weiteren, außer der Tätigkeit selbst liegenden) Zweck verfolgt, kann sich diese reflexive Tätigkeit trotzdem als subjektiv zweckmäßig erweisen (und dies meint mehr als nur für das jeweilige Individuum zweckmäßig), werden doch beim Philosophieren - noch immer ganz so wie beim ästhetischen Urteil - unsere (in etwas altertümlicher, kantischer Vermögensterminologie ausgedrückt) »oberen Erkenntniskräfte« „ins Spiel gesetzt"[3] und auf diese Weise einer Prüfung unterzogen: Verstand und/oder Vernunft und Urteilskraft sind die Akteure dieses Spiels. Diese eigentliche philosophische Tätigkeit - und »eigentliche« darf sie deswegen genannt werden, weil hier das Prädikat »philosophisch« seine Grundlage findet - besteht nun nicht im bloßen Schließen oder im Deduzieren (die Vernunft ist ja nicht das alleinige Vermögen, dessen es hier bedarf), sondern in der *inventio*, im Finden oder noch besser: im Suchen von Begriffen oder in der Entdeckung, im Aufspüren von Regeln. Noch genauer können wir vielleicht sagen: Das philosophische Spiel dreht sich um die Ermittlung von Begriffsrelationen[4] (wobei aufgrund der Mehrdeutigkeit des Begriffs der *inventio*, die dessen terminologische Brauchbarkeit womöglich zweifelhaft erscheinen läßt, eigens angemerkt sei, daß stets auch ein divinatorisches Moment eine

---

[1] Ludwig Wittgenstein, *Philosophische Untersuchungen (= PU)*, Frankfurt am Main (Suhrkamp stw 203) 1977, S. 79 (§ 109).

[2] Eine ganz entschiedene Meinung hierzu nimmt allerdings Heidegger ein: „Philosophie ist jenes Denken, womit man wesensmäßig nichts anfangen kann und worüber Dienstmägde notwendig lachen." (Martin Heidegger, *Die Frage nach dem Ding. Zu Kants Lehre von den transzendentalen Grundsätzen*, Tübingen [Niemeyer] 1975, S. 2).

[3] Kant, *KdU*, AA V, S. 217 (Hervorhebung von mir; Th.G.).
Wenngleich es mir hier nicht um eine systematische Rekonstruktion einer irgendwie noch als Kantisch zu bezeichnenden Auffassung zu tun ist, so scheint mir gleichwohl erwägenswert, daß sich für das hier angedeutete Spiel im Kantischen System eine Lücke findet: Kant behandelt in der *Kritik der Urteilskraft* ein Spiel der „Erkenntniskräfte", das durch die Sinnlichkeit in Gang gesetzt wird. Daß ein Spiel dieser Vermögen auch durch die Vernunft selbst veranlaßt werden kann - wie ich es im folgenden ja vorschlage -, erscheint mir eine durchaus sinnvolle Ergänzung, die Kant selbst meines Wissens allerdings an keiner Stelle in Erwägung zieht.

[4] Dies scheint mir eine - wenn auch bei weitem noch nicht genügend weitreichende - Präzisierung von Kants Kennzeichnung der Philosophen als „Forscher der Begriffe". (Siehe: Kant, *KrV*, A 510f. / B 538f.).

Rolle spielt, daß also eine *ars combinatoria* nur eine untergeordnete Rolle spielen kann und bei der Ermittlung der Begriffsrelationen keinesfalls auf eine *characteristica universalis* abgezielt werden kann).

Ferner ist dieses – anstrengende, bisweilen auch Kräfte verzehrende, jedenfalls aber durch und durch ernsthafte[1] und überaus komplexe[2] – Spiel ein »freies Spiel« der Urteilskraft und der Vernunft; und zwar »frei« deswegen, weil es einerseits nicht durch Sinnesdaten restringiert wird, weil es durch die Welt der Objekte, auf die sich Begriffe ja häufig a u c h beziehen, kaum behindert wird, »frei« andererseits und vorzugsweise aber auch deswegen, „weil kein b e s t i m m t e r Begriff sie [die Erkenntniskräfte – wobei in dem hier unterbreiteten Zusammenhang nur die »oberen«, insbesondere die Urteilskraft und die Vernunft gemeint sein sollen; Th.G.] auf eine besondere Erkenntnißregel“[3] einschränkt.

Wenngleich es somit auch keine Anleitung oder Regel gibt, die uns den Weg in dieses »Spiel« der Urteilskraft und der Vernunft weisen würde, wenngleich es keine Methode gibt, die uns in die Philosophie führen könnte, so sollten wir uns doch die Umstände dieses »Spiels« näher ansehen. Den Ausgangspunkt soll dabei eine Frage stellen, die sich jeder Lehrende dieses Faches immer wieder stellen muß: Wie bringe ich jemanden in dieses »Spiel«?

II

Obzwar es vermutlich jedem Leser dieser Zeilen so ergehen wird wie dem Verfasser, der von sich meint, schon oftmals das besagte Spiel gespielt zu haben, schon zahlreiche solcher philosophischen Situationen, solcher »Stunden des Philosophierens« erlebt zu haben (und dabei übrigens häufig von anderen[4] ins Spiel gebracht worden ist), stellt sich mir nun hier nicht die Aufgabe, selbst in dieses Spiel zu kom-

---

[1] Man muß hier jedoch nicht ganz so weit gehen wie Paul Lorenzen, wenn er sagt, daß der Philosoph beim Philosophieren „– pathetisch ausgedrückt – sein Leben [...] aufs Spiel setzt, aufs Spiel des Denkens allerdings.“ (P. Lorenzen, *Methodisches Denken*, in: ders., *Methodisches Denken*, Frankfurt am Main [Suhrkamp] 1968, S. 24-59, Zitat S. 58.) Lorenzen schwächt seine (pathetische) Formulierung allerdings sogleich wieder etwas ab, indem er erläutert: „Er denkt mit dem Willen, sich in seinem Leben auch nach dem zu richten, was er durch sein Denken herausbringt.“ (Ebenda).

[2] Mit den oben in Parenthese aufgeführten Charakterisierungen des philosophischen Spiels möchte ich der Sorge begegnen, die Philosophie solle hier womöglich um ihren guten Ruf gebracht werden und mache so am Ende „den Eindruck, nichts als [...] müßiggängerische Spielerei zu sein.“ (Heinrich Leitner, *Systematische Topik. Methode und Argumentation in Kants kritischer Philosophie*, Würzburg [Königshausen & Neumann] 1994, S. 2.)

[3] Kant, *KdU*, AA V, S. 217 (Hervorhebung von mir; Th.G.).

[4] Ich möchte die Gelegenheit nützen und an dieser Stelle – neben Manfred Riedel, dem dieser Aufsatz zu seinem 60. Geburtstag gewidmet sei – Walter Bauer-Wabnegg, Christoph Hoffmann, Rudolf Kötter, Heinrich Leitner und Michaela Moritz dafür danken, daß ich mit ihnen so manche »Stunde des Philosophierens« habe erleben dürfen.

men. (Das ist unter diesen Umständen, beim Schreiben eines weitgehend vorkonzipierten Textes, jetzt für mich auch nahezu ausgeschlossen; außerdem verhindert es in gewisser Weise das flüssige Formulieren, lädt jedenfalls zum Stocken ein und steht dem Bemühen um Linearität, die jeder Text erfordert, entgegen. Denn beim Philosophieren habe ich gewissermaßen einen Ausschnitt eines dreidimensionalen, durch Begriffe konstituierten Sprach-Raumes »vor Augen«, der sich nur sehr bedingt auf die Reihung eines Textes »abbilden« läßt). Ich kann im Augenblick lediglich hoffen, daß der entstehende Text den Leser zu einem ähnlichen »Erlebnis« verhilft, wie ich es ab und an beim Nachdenken über die hier verhandelten Probleme hatte. Falls dies eintreten sollte, hätte ich zwar kein Argument für die Richtigkeit meiner These; dennoch hätte sie wohl an Plausibilität gewonnen. Wennschon es insofern letztendlich nicht in der Macht des Autors oder des Vortragenden liegt, möchte er also nichtsdestoweniger eine philosophische Stunde »herstellen« oder »erzeugen«.

Wie schwierig es jedoch ist, eine solche philosophische Stunde zu »erzeugen«, davon vermittelt ein kurzer (Vortrags-)Essay eines »postmodernen« Philosophen einen Eindruck. In dem kleinen Text, der den Titel *Der philosophische Gang* trägt, sagt Jean-François Lyotard, daß „die Philosophie" – er spricht zunächst ganz unbefangen von d e r Philosophie – „keine Entität ist, keine Potenz, kein Wissenskorpus, kein savoir faire, keine Kraft der Empfindung, sondern daß sie lediglich *in actu* oder tätig ist."[1]

Bei so vielen negativen Bestimmungen und einer einzigen, zudem nicht gerade sehr erhellenden, positiven Bestimmung der Philosophie, mag sich Enttäuschung breit machen – zumal die positive Bestimmung uns auch nicht über das hinausführt, was wir bereits durch die analogische Verwendung von Kants Ergebnissen aus der *Kritik der Urteilskraft* gewonnen hatten. Man wird sich hierbei des weiteren eventuell an Humboldts Bestimmung der Sprache erinnert fühlen, der diese bekanntlich als „kein Werk (Ergon), sondern eine Thätigkeit (Energeia)"[2] zu kennzeichnen versucht

---

1 Lyotard, *Der philosophische Gang*, in: ders., *Grabmal des Intellektuellen*, Graz und Wien (Böhlau) 1985, S. 40-52, Zitat S. 40.
Daß Philosophie „eine A k t i o n" sei, darauf weist Dilthey schon seinen Freund Yorck hin. (Siehe: Wilhelm Dilthey an Graf Yorck [1897], in: *Briefwechsel zwischen Wilhelm Dilthey und dem Grafen Paul Yorck von Wartenburg 1877-1897*, Halle [Niemeyer] 1923, S. 247 [Hervorhebung im Original]).
Der Tätigkeits-Charakter der Philosophie wird übrigens später auch von Wittgenstein betont: „Die Philosophie ist keine Lehre, sondern eine Tätigkeit. Ein philosophisches Werk besteht wesentlich aus Erläuterungen." (Ludwig Wittgenstein, *Tractatus logico-philosophicus. Logisch-philosophische Abhandlung*, Frankfurt am Main [Suhrkamp es 12] [11]1976, S. 41 [Nr. 4.112]). Dieser Aspekt wurde im Wiener Kreis aufgegriffen; so bezeichnet auch Moritz Schlick die Philosophie als „eine Tätigkeit". (Siehe Moritz Schlick, *Die Probleme der Philosophie in ihrem Zusammenhang. Vorlesung aus dem Wintersemester 1933/34*, hrsg. von Henk L. Mulder, Anne J. Kox und Rainer Hegselmann, Frankfurt am Main [Suhrkamp stw 580] 1986, S. 73).

2 Wilhelm von Humboldt, *Ueber die Verschiedenheit des menschlichen Sprachbaues und ihren Einfluss auf die geistige Entwicklung des Menschengeschlechtes*, in: ders., *Werke in fünf Bänden*, hrsg. von

hat. Und vielleicht führte eine Übertragung von Humboldts Sprachauffassung auf die Frage nach der Philosophie auch zu bedenkenswerten Ergebnissen. Doch suchen wir lieber, der besagten »Stunde des Philosophierens« und damit jener spielerischen Tätigkeit auf die Spur zu kommen, durch die diese »Stunde des Philosophierens« meines Erachtens charakterisiert werden muß. Als minimale Bestimmung sei dabei festgehalten, daß wir eine solche Stunde nur dann gemeinsam erleben, wenn alle Beteiligten bereit sind, die bereits mehrfach erwähnte Tätigkeit auszuüben. Wie aber kommen wir zu dieser mysteriösen Tätigkeit?

Der Autor eines philosophischen Textes, der Leiter eines philosophischen Seminars, muß, sofern er möchte, daß der Rezipient tatsächlich »ins Spiel kommt« – durchaus dem Künstler vergleichbar, der hofft, daß der Betrachter seines Kunstwerks dieses für »schön« befindet – versuchen, seine eigene Tätigkeit beim Schreiben oder Sprechen so zu gestalten, daß sich der Leser oder Seminarteilnehmer in einer bestimmten Weise angesprochen fühlt. Und zwar so, daß sich auch bei ihm als Rezipienten (des Ergebnisses) der Tätigkeit des Autors – gleichsam von selbst – jene »Stunde des Philosophierens« einstellt, indem er sich in diese Tätigkeit gewissermaßen einklinkt: Der Rezipient soll letztlich zu ähnlichen Infragestellungen und Verschiebungen von den gleichen Teilen des Begriffsnetzes veranlaßt werden wie es beim Autor der Fall ist (oder war).

Vielleicht ist es etwas gewagt, aber ich meine, es lassen sich in der Philosophiegeschichte in der Hauptsache zwei verschiedene »Strategien« ausmachen, die ein Autor oder ein Redner verfolgen kann, um dem Rezipienten die Möglichkeit zu bieten, in diese Tätigkeit zu gelangen; wobei die zweite »Strategie« – jedenfalls was niedergeschriebene Texte anbelangt – wohl eine relativ späte Erscheinung der Philosophiegeschichte ist: Der Autor kann sich entweder 1.) um Transparenz seiner eigenen Tätigkeit, das heißt des Gedankens oder Gedankenganges (also letztlich seiner Argumentation) bemühen und so hoffen, den Rezipienten zu einem geordneten Auftrennen und zu einem kontrollierten Wiederaufbau von bestimmten Teilen seines Begriffsnetzes zu bringen, oder er kann 2.) versuchen, sein Nachdenken »transparent« zu machen. Da im letzten Fall das Wort »Transparenz« aber nicht ganz angemessen ist, müssen wir wohl eine pejorative Wendung vorziehen und die Alternative reformulieren: Er kann also 2.) auch versuchen, sein Nachdenken »zur Schau zu stellen«.

Wobei übrigens trotzdem das Abschätzige dieser Wendung n i c h t i m m e r berechtigt sein mag. Nur wenn das Nachdenken von uns für einen bloßen Gestus, für eine Art von Show-Veranstaltung gehalten wird, sollten wir despektierlich über

---

Andreas Flitner und Klaus Giel, Bd. III (Schriften zur Sprachphilosophie), Darmstadt (Wissenschaftliche Buchgesellschaft) [6]1988, S. 368-756, Zitat S. 418.

das »Zur-Schau-Stellen« des Nachdenkens reden. (Hier fällt einem, man verzeihe, vielleicht Sokrates ein, der auf dem Gang zum Gastmahl bei Agathon, „über irgend etwas bei sich nachsinnend, unterwegs“ zurückblieb, ja der sogar die „Gewohnheit“ hatte, bisweilen anzuhalten, „wo es sich eben trifft“, um nachzudenken – und der somit allen auch zeigte, daß er nachdenkt.[1]) Das »Zur-Schau-Stellen« des Nachdenkens ist meines Erachtens aber dann alles andere als verächtlich, wenn der Nachdenkende in eine »Sprachnot« gerät, die es ihm nicht möglich macht, es bis zu einer Transparenz des Gedankens zu bringen, oder wenn sich das, was er sagen möchte, nicht auf einige Thesen reduzieren läßt, für die er argumentieren kann.[2] Auch wenn ich durchaus dem Ideal anhänge, daß das, was zu sagen ist, möglichst klar gesagt werden sollte, so glaube ich dennoch nicht, daß das, was sich nicht klar ausdrücken läßt, in jedem Fall besser ungesagt bleibt.

III

Zwar ist die eben erwähnte »Sprachnot« ein Sonderfall der spielerischen Tätigkeit, mit der das Philosophieren gekennzeichnet werden soll: Das Spiel hat dann zu keinem so recht befriedigenden Ergebnis geführt. (Man kann insofern vielleicht mit dem berühmt-berüchtigten »torlosen Unentschieden« im Fußball, das allerdings ein regelgeleitetes Spiel ist, einen Vergleich wagen. Dabei sollten wir bedenken, daß es

---

1 Platon, *Symposion*, 174d-175b.
Hans Blumenberg hat in dem schönen Büchlein *Das Lachen der Thrakerin. Eine Urgeschichte der Theorie*, Frankfurt am Main (Suhrkamp stw 652) 1987, die Geschichte der „Exzentrizität“ des Philosophen (S. 16) nachzuzeichnen versucht. Zumindest für den – von Platon auf Thales übertragenen – Anfang der Philosophie, in welchem der Denkende aus Unachtsamkeit in einen Brunnen stürzt und eine Thrakerin darüber in Lachen ausbricht, gilt, daß weder der Philosoph Thales noch die lachende Magd (als Repräsentantin der Lebenswelt), daß also „b e i d e nicht wissen, was sie tun – nämlich nicht wissen, was Philosophie ist und weshalb sie sich von der Lebenswelt her so lächerlich ausnimmt.“ (S. 157; [Hervorhebung im Original]).
Daß dieses Sich-zur-Schau-Stellen von Philosophen auch unliebsame Folgen zeitigen kann, darauf verweist (Aristoteles zitierend) Heidegger im *Humanismus-Brief*: „»Von Heraklit erzählt man ein Wort, das er zu den Fremden gesagt habe, die zu ihm vorgelangen wollten. Herzukommend sahen sie ihn, wie er sich an einem Backofen wärmte. Sie blieben überrascht stehen und dies vor allem deshalb, weil er ihnen, den Zaudernden, auch noch Mut zusprach und sie hereinkommen hieß mit den Worten: »Auch hier nämlich wesen Götter an.« Die Erzählung spricht zwar für sich, doch sei einiges hervorgehoben. Die Menge der fremden Besucher ist in ihrer neugierigen Zudringlichkeit zum Denker beim ersten Anblick seines Aufenthaltes ziemlich enttäuscht und ratlos.“ (Heidegger, *Über den Humanismus*, Frankfurt am Main [Klostermann] [8]1981, S. 45).
Raymond Queneau unterstellt Heidegger offensichtlich, er identifiziere sich hier mit Heraklit und kommentiert die von Heidegger kommentierte Geschichte, die Aristoteles über Heraklit berichtet, wiederum so: „Hier [im Falle Heideggers; Th.G.] haben wir es mit einem Philosophen zu tun, der es nicht erträgt, wenn ihm keine Ehrerbietung entgegengebracht wird“. (Raymond Queneau, *Philosoph und Taugenichts*, in: Tumult, Nr. 9 [1987], S. 5-16, Zitat S. 11).

2 Sehr treffend formuliert dies Helmuth Plessner: Erst „da, wo die Rede zerbricht, dann, wenn sie der über alles hinweggleitenden Mitteilung entrissen und zum Gegenstand des Nachdenkens gemacht wird, beginnt die Philosophie.“ (Helmuth Plessner, *Die verspätete Nation. Über die politische Verführbarkeit bürgerlichen Geistes*, Frankfurt am Main [Suhrkamp stw 66] [2]1985, S. 103).

gelegentlich – wenn auch zugegebenermaßen sehr, sehr selten – doch begeisternde, »phantastische« Fußballspiele gibt, die so enden). Wir sind in diesem Fall nur zur Destruktion von Teilen des Begriffsnetzes gelangt, ohne in den so entstandenen »leeren« Teilen des Sprach-Raums neue Knoten miteinander verwoben zu haben.

Obwohl die »Sprachnot« also ein Spezialfall des philosophischen Spiels ist, erscheint sie mir dessenungeachtet geeignet, den Charakter dieses Spiels ein weiteres Stück zu erhellen. Denn die zuweilen auftretende »Sprachnot« macht auf zweierlei aufmerksam. Sie weist uns zum einen darauf hin, daß Philosophie »noch anderes« als Sprachkritik ist, daß sie in ihren entscheidenden Momenten eine geradezu herkulische Aufgabe zu bewältigen hat: Philosophie „ist auch Sprachfindung"[1] (und dies meint selbstverständlich etwas anderes als »Wortfindung«). Die »Sprachnot« läßt uns zum anderen achthaben darauf, daß es für die Fliege (das ist der sich im philosophischen Spiel Befindliche) keinen Ausweg aus dem Fliegenglas (das ist die Sprache) gibt.[2]

Wittgenstein, auf den mit dem Fliegenbeispiel eben angespielt werden sollte, hat großen Wert darauf gelegt, „daß das Sprechen der Sprache ein Teil ist einer Tätigkeit oder Lebensform".[3] Für unser alltägliches Sprechen hat das wohl auch seine Richtigkeit. Doch bisweilen entfernt sich das Sprechen sehr weit von unseren übrigen, nichtsprachlichen Tätigkeiten. Und Wittgenstein hat dies erfreulicherweise auch selbst gesehen.

Wittgensteins Spätphilosophie – sie läßt sich als Attacke auf die Philosophie, ja gar als „Negation der Philosophie"[4] verstehen – zieht aus dieser gelegentlichen Ablösung des Sprechens von den nichtsprachlichen Tätigkeiten allerdings eine mir sehr unliebsame Konsequenz: Sie propagiert die „alltägliche Verwendung"[5] der Wörter als Heilmittel gegen die „Verwirrungen", die entstehen, „wenn die Sprache leerläuft,"[6] wenn wir philosophieren. Damit nimmt Wittgenstein – er war, wie man

---

1 Hans-Georg Gadamer, *Die Begriffsgeschichte und die Sprache der Philosophie*, in: ders., *Gesammelte Werke, Bd. 4: Neuere Philosophie II. Probleme, Gestalten*, Tübingen (Mohr / Siebeck) 1987, S. 78-94, Zitat S. 81.

2 Siehe Wittgenstein, *PU*, a.a.O., S. 162 (§ 309): „Was ist dein Ziel in der Philosophie? – Der Fliege den Ausweg aus dem Fliegenglas zeigen."
Vgl. mit Wittgenstein, *PU*, a.a.O., S.80 (§ 115): „Ein Bild hielt uns gefangen. Und heraus konnten wir nicht, denn es lag in unserer Sprache, und sie schien es uns nur unerbittlich zu wiederholen." (Hervorhebung im Original).
Ein ähnliches Bild verwendet schon Nietzsche: „Die Verführer der Philosophen sind die Worte, sie [die Philosophen; Th.G.] zappeln in den Netzen der Sprache." (Friedrich Nietzsche, *Nachgelassene Fragmente. Anfang 1875 bis Ende 1879*, [= Sämtliche Werke, Kritische Studienausgabe in 15 Bänden, hrsg. von Giorgio Colli und Mazzino Montinari, Bd. 8] München [dtv] 1980, S. 113.)

3 Wittgenstein, *PU*, a.a.O., S. 28 (§ 23).

4 So der Untertitel eines kleinen Büchleins von Walter Schulz: *Wittgenstein. Die Negation der Philosophie*, Pfullingen (Neske) ²1979.

5 Wittgenstein, *PU*, a.a.O., S. 80 (§ 116).

6 Wittgenstein, *PU*, a.a.O., S. 85 (§ 132).

weiß, kein besonders lebenslustiger Mensch – die richtige Einsicht, daß die „philosophischen Probleme [erst dann; Th.G.] entstehen, wenn die Sprache feiert",[1] zum Anlaß, der Sprache das Feiern zu verbieten. Wittgenstein, der Millionärssohn, der, obwohl er sein Erbe an seine Geschwister verschenkt hat, niemals zum Broterwerb arbeiten mußte, er wollte der Sprache offenbar keine Feier gönnen.

Ich hingegen denke, daß man auf diese Feiern gehen sollte, denn dort findet das Spiel statt. Weil sich erst dann, wenn die Sprache von der sprachexternen Praxis befreit oder freigestellt wird, jenes freie Spiel von Urteilskraft und Vernunft einstellen kann, um das es hier geht. Dann ist die »Stunde des Philosophierens« gekommen. Das philosophische Spiel ist ein Sprachspiel – ein Sprachspiel, dem allerdings ein für den sonst üblichen Gebrauch des Wortes »Sprachspiel« wesentliches Element fehlt: Es ist ein Sprachspiel ohne Pragmatik[2] und sollte daher besser als ein Spiel in (doch nicht: mit!) der Sprache bezeichnet werden.

Urteilskraft und Vernunft sind auf sich allein gestellt. Das heißt: Sie – und damit auch wir, sofern wir uns im philosophischen Spiel befinden – können keinesfalls mehr unmittelbar »außersprachlich« kontrolliert werden. Denn in der Philosophie haben, wie schon der vorkritische Kant bemerkt, „die Worte ihre Bedeutung durch den Redegebrauch".[3] Die Philosophierenden haben es nur mehr mit Begriffen zu tun und mit deren Verhältnissen untereinander. Wenn also etwa das philosophische Spiel damit eröffnet wird, daß man – was hier ja gerade versucht wird – die Prädikate »philosophisch« und »subjektiv« in ein – wie ich hoffe – mehr oder weniger neuartiges Verhältnis zueinander setzt, dann gibt es zunächst »bloß« innersprachliche, interbegriffliche Hindernisse.

Doch wenn ich sage, es seien »bloß« innersprachliche Hindernisse, dann soll damit nicht angedeutet werden, daß es geringfügige Hindernisse sind. Vielmehr sehen wir, wenn wir in Sprachnot geraten, plötzlich, daß viele andere Begriffe von diesem neuen Verhältnis betroffen sind: Uns wird deutlich, daß wir sozusagen einen erheblichen Teil unseres Begriffsnetzes gänzlich neu weben müßten. Wer etwa mit der Kantischen Analyse des ästhetischen Urteils nicht recht vertraut ist, der wird wahrscheinlich (wie zu fürchten ist) vieles von dem, was hier angeführt worden ist, um meinem Vorschlag zur Verschiebung der Begriffe eine Stütze zu geben, nicht als be-

1 Wittgenstein, *PU*, a.a.O., S. 39 (§ 38).
Ähnliches soll vermutlich auch die nette Geschichte vom Philosophen im Garten besagen: „Ich sitze mit einem Philosophen im Garten; er sagt zu wiederholten Malen »Ich weiß, daß das ein Baum ist«, wobei er auf einen Baum in unsrer Nähe zeigt. Ein Dritter kommt daher und hört das, und ich sage ihm: »Dieser Mensch ist nicht verrückt: Wir philosophieren nur.«" (Wittgenstein, *Über Gewißheit*, Frankfurt am Main [Suhrkamp] 1979, S. 121 [§ 467]).

2 Insofern wird hier das Wort Sprachspiel gänzlich unterminologisch verwendet.

3 Kant, *Untersuchung über die Deutlichkeit der Grundsätze der natürlichen Theologie und der Moral*, (1764), in: AA II, S. 273-302, Zitat S. 284.

sonders hilfreich empfinden können. Er sieht nämlich vermutlich nun auch »seine« Begriffe von »Schönheit« und »Ästhetik« bedroht. Ja, unter Umständen gerät sogar der Begriff des »Spiels« und der Begriff von »Freiheit« ins Blickfeld, vielleicht tun sich auch hier bisher unbekannte, gar ungeahnte neue Zuordnungsmöglichkeiten für diese Begriffe und neue Verwendungsweisen für die entsprechenden Wörter auf. Und eh' man sich versieht, weiß man überhaupt nicht mehr, wo einem der Kopf steht.

Nun hat nach Wittgenstein ein „philosophisches Problem [...] die Form: »Ich kenne mich nicht aus.«"[1] Und da es nur äußerst selten vorkommt, daß wir unsere Orientierung so weit verlieren, daß wir zu sagen gezwungen sind (oder – aus der Sicht des philosophischen Spiels – sagen können): »Ich kenne mich nicht aus«, müssen wir uns in der Regel in diese Form eines philosophischen Problems erst bringen oder bringen lassen. Hierzu bedarf es einer bestimmten Bereitschaft;[2] und zwar ist es erforderlich, daß wir in „eine besondere Art geistiger Unruhe"[3] geraten, daß wir uns, wie Lyotard sehr treffend sagt, bei der Lektüre durch den Text, der ein philosophischer sein soll, „verstören [...] lassen".[4] Und mit dieser Bereitschaft hat es seine Schwierigkeiten. So bringen beispielsweise Anfänger des Philosophie-Studiums die Bereitschaft, sich verstören zu lassen, nur sehr selten mit; und auch professionelle Philosophen vermögen diese Bereitschaft nicht immerzu »aus dem Ärmel zu schütteln«, können sich nicht durch Entschließung „verstören" lassen.

Wer sich verstören läßt, der muß es aushalten, es ertragen, daß er zumindest für eine Zeitlang nicht mehr weiß, wo ihm der Kopf steht. Und diese Zeit kann ziemlich lange werden.

Während man so verstört ist, befindet man sich wohl stets in »Sprachnot«. Doch normalerweise, wenn alles gut geht,[5] dann ist das Verstört-Sein nur ein vorübergehender Zustand (der in Zusammenhang gebracht werden kann mit dem Staunen, *thaumazein*, bei den Griechen, das ja auch das Unbegreifliche konnotiert) mit dem das Philosophieren in Gang kommt. Doch wenn zu viele (oder auch nur einige für

---

1 Wittgenstein, *PU*, a.a.O., S. 82 (§ 123).

2 Auch die Rede von der Bereitschaft des Philosophen hat eine Tradition: „Philosoph sein bedeutet eine Voraussetzung, eine Bereitschaft, keine praktikable Fertigkeit." (Siehe: Helmuth Plessner, *Die verspätete Nation*, a.a.O., S. 161.).

3 Schlick, *Die Probleme der Philosophie in ihrem Zusammenhang*, a.a.O., S. 22.

4 Lyotard, *Der philosophische Gang*, a.a.O., S. 43.

5 Wenn »alles gut geht«, dann können wir uns – nach dem Philosophieren – im umgestalteten Begriffsnetz wieder (einstweilen) mehr oder weniger sicher bewegen. Und wir können uns nur einstweilen sicher bewegen, weil nach dem Philosophieren immer wieder zu einem vor dem Philosophieren wird.
Das Begriffsnetz ist nicht bloß eine Interpretation der Welt, es ist eher ein wesentlicher Teil unserer Welt. – Insofern erscheint die berühmte 11. Feuerbach-These von Marx einen unhaltbaren Gegensatz aufzumachen. Mit der Veränderung des Begriffsnetzes verändert sich die Welt; und nicht bloß deren Interpretation. (Siehe: Karl Marx, *Thesen über Feuerbach*, in: Karl Marx und Friedrich Engels, *Werke*, Bd. 3 [= MEW 3], [Ost-]Berlin [Dietz] 1983, S. 5-7, Zitat S. 7).

den Aufbau des Begriffsnetzes besonders bedeutsame und insofern tragende) Begriffe mit einbezogen werden – wir können auch sagen: in Mitleidenschaft gezogen werden –, dann ist es zunächst vermutlich kaum möglich, zu neuen Begriffsrelationen zu gelangen und diese einem anderen darzustellen, die Begriffe also zu explizieren. (Wir sind dann in einer dauerhaften Erörterung befangen und können die Begriffe nicht verorten. Der Sprach-Raum ist kein absoluter, sondern nur ein relativer Raum, somit kann ein Begriff seinen Ort auch nur mittels anderer Begriffe erhalten.) Man kann dann höchstens versuchen, anderen mitzuteilen, vor welche begrifflichen Erosionen man sich gestellt sieht. Doch womit soll diese Darstellung erreicht werden? Alle potentiell zur Darstellung geeigneten Mittel sind ja von der Beschädigung des Begriffsnetzes betroffen: Sprachnot.

IV

Jedoch nicht nur der Anfänger im philosophischen Spiel – aber der doch ganz besonders – möchte schließlich doch mit der Lektüre eines Textes, mit den in einem Gespräch erörterten Problemen irgendwann zu einem Ende kommen. Vielmehr verlangt es wohl jeden, der am Philosophieren teilhat, danach, ein Ergebnis, ein Resultat seiner Lektüre oder seines Nachdenkens »mitzunehmen«. Doch Lyotard hebt hervor: „Im Verlauf der philosophischen Lektüre lernt man nicht nur, was zu lesen ist, sondern [und dies scheint mir von außerordentlicher Wichtigkeit; Th.G.] daß die Lektüre n i e e i n E n d e h a t, daß sie immer nur anfängt".[1]

Ich verstehe dies so, daß wir – sofern wir dieses Spiel nur ein einziges Mal richtig ernsthaft gespielt haben –, daß wir dann auch wissen, daß den Begriffsrelationen eine Dynamik eigen ist. Wir trachten zwar stets danach, diese Relationen f e s t zustellen, die Begriffe aneinander festzuzurren. Doch die Spieler des philosophischen Spiels sollten sich der Tatsache bewußt sein, daß dies immer nur vorübergehend ist. (Ja, die meisten, die dieses Spiel auch nur einmal gespielt haben, werden sogar bestrebt sein, immer wieder in dieses Spiel zu kommen, denn „schließlich verurteilt Philosophie jeden, der sich wirklich auf sie einläßt, zu »Lebenslänglich«".[2]) Die kleinste Frage, eine zunächst ganz unbedeutsam erscheinende Bitte um Präzisierung eines Be-

---

1 Lyotard, *Der philosophische Gang*, a.a.O., S. 43 (Hervorhebung von mir; Th.G.). „Die guten Leutchen", so ist vom greisen Goethe überliefert, „wissen nicht, was es einem für Zeit und Mühe kostet, um l e s e n z u l e r n e n. Ich habe achtzig Jahre dazu gebraucht und kann noch jetzt nicht sagen, daß ich am Ziel wäre." (Johann Peter Eckermann, *Gespräche mit Goethe in den letzten Jahren seines Lebens*, München [Beck] [2]1984, S. 611 [25. Januar 1830; Hervorhebung im Original]).

2 Arnold K.D. Lorenzen, *Philosophie in der Erwachsenenbildung. Untersuchungen zur Legitimationsgeschichte und Ansätze zu einem Konzept exoterisch-lebensorientierten Philosophierens* [= Göttinger Beiträge zur universitären Erwachsenenbildung 8 / 1986], S. 297 Anm.

griffes kann unsere Sprache, unser – um noch einmal Heidegger zu Wort kommen zu lassen – „Haus des Seins"[1] erneut baufällig werden lassen. (Philosophie ist insofern auch kein einsames Geschäft. Wir alle sind beteiligt an der Verwendung der Wörter. Und ein – zunächst scheinbar – falscher Gebrauch von Wörtern führt uns manchmal in den Prozeß, der mir als philosophischer erscheinen möchte. Alle an der Sprache Beteiligten können Teilnehmer am philosophischen Gespräch werden. Und vermutlich sind gar diejenigen, die nicht immerzu einen selbstverständlichen Gebrauch von der uns eben normalerweise allzu selbstverständlichen[2] Sprache machen, besonders prädestiniert für das philosophische Spiel:[3] Philosophie ist tatsächlich „eine Übung im aufmerksamen Hören."[4] Wobei Manfred Riedel benannt hat, worauf sich hierbei unsere Aufmerksamkeit richtet: „Hören auf die Sprache"[5] – dies scheint mir eine recht gelungene und passende Formulierung für etwas, das für die philosophische Tätigkeit jedenfalls unabdingbar ist, ja, womit sich die geistige Übung des Philosophierens vielleicht sogar im ganzen charakterisieren läßt.)

Die Dynamik, die unseren Begriffsrelationen eigen ist, hat eine unangenehme Konsequenz, mit der nicht nur die Rezipienten eines »Produkts«, das wir philosophisch zu nennen gewohnt sind, immer wieder Schwierigkeiten haben, sondern die auch mir durchaus problematisch erscheint (wenngleich sie mich hier und jetzt in gewisser Weise entlastet), weil es schwerfällt diese Konsequenz akzeptieren zu können. Sieht man davon ab, daß philosophie g e s c h i c h t l i c h e Kenntnisse sehr wohl gelehrt und vermittelt werden können und fragt nach der Lehre philosophischer Kenntnisse (im engeren Sinn) – was immer das sein mag –, so denke ich, daß Lyotard recht hat, wenn er die (unangenehme) Konsequenz zieht und sagt (und ich sage es, wenn auch zögernd, mit ihm): „Ich lehre Sie per definitionem nichts."[6]

---

1 Heidegger, *Über den Humanismus*, a.a.O., S. 5.
Später hat sich Heidegger, sofern man ihn mit dem „Fragenden" des Gesprächs identifizieren darf, gegenüber seiner eigenen Formulierung allerdings einschränkend-kritisch geäußert: „Auch die Wendung »Haus des Seins« liefert keinen Begriff des Wesens der Sprache" (Heidegger, *Aus einem Gespräch von der Sprache. Zwischen einem Japaner und einem Fremden*, in: ders., *Unterwegs zur Sprache*, Pfullingen [Neske] 1959, S. 83-155, Zitat S. 112).

2 Wolfgang Röd (*Erfahrung und Reflexion*, München [Beck] 1991, S. 10) hat darauf verwiesen, „daß die Philosophie [...] immer wieder das scheinbar Selbstverständliche zum Problem macht".

3 Hierin hat das Phänomen der (in der *Zeitschrift für Didaktik der Philosophie* immer wieder aufgegriffenen) »Kinderphilosophie« seine Grundlage.

4 Lyotard, *Der philosophische Gang*, a.a.O., S. 43.

5 Siehe Manfred Riedel, *Hören auf die Sprache. Die akroamatische Dimension der Hermeneutik*, Frankfurt am Main (Suhrkamp) 1990.

6 Lyotard, *Der philosophische Gang*, a.a.O., S. 44.
Etwas vorsichtiger, doch mit der gleichen Stoßrichtung formuliert – um ihn nochmals zu zitieren – Heidegger: Die Philosophie „ist kein Fach, weil das schulmäßige Lernen in gewissen Grenzen zwar unumgänglich, aber doch nie wesentlich ist". (Heidegger, *Die Frage nach dem Ding*, a.a.O., S. 3).

(Denn die Produkthaftigkeit dessen, was aus einer philosophischen Tätigkeit hervorgegangen ist, beraubt es strenggenommen des Philosophischen.)

Dementsprechend darf hier vielleicht auf eine (oft zitierte) von Kant in der *Kritik der reinen Vernunft* gebrauchte Wendung, daß man Philosophie nicht lernen kann, sondern „höchstens nur philosophieren",[1] verwiesen werden. Und ich denke, daß man sich mit Kants (an anderer Stelle, nämlich in seiner *Logik*-Vorlesung) gegebenen Begründung für diese Behauptung durchaus einverstanden erklären sollte; Kant sagt dort: „Man kann [...] schon aus dem Grunde Philosophie nicht lernen, weil sie noch nicht gegeben ist"[2] und weil, wie ich (vermutlich gegen Kant) ergänzen möchte, sie niemals gegeben sein wird. Philosophie hat weder einen systematischen Anfang noch ein absehbares Ende. Wer philosophiert, „fängt immer in der Mitte an."[3] Und er hört dort auch wieder auf. Dies hat eine erfreuliche und eine paradoxe Folge. Die erfreuliche Folge ist, daß Philosophie, wie bereits angedeutet, nicht durch Erwerb übertragen werden kann,[4] daß Philosophie außerdem nicht käuflich ist und für Externes nicht gebraucht werden kann[5] – nicht einmal für die

---

1 Sie findet sich auch bei Lyotard, *Der philosophische Gang*, a.a.O., S. 46.
Die Stelle bei Kant ist nachzulesen in der *KrV*, A 837 / B 865.
Hegel hingegen macht sich über diese Formulierung Kants lustig: „Kant wird mit Bewunderung angeführt, daß er Philosophieren, nicht Philosophie lehre; als ob jemand das Tischlern lehrte, aber nicht, einen Tisch, Stuhl, Tür, Schrank usf. zu machen." (*Aphorismen aus Hegels Wastebook*, in: Georg Wilhelm Friedrich Hegel, *Werke in zwanzig Bänden*, Band 2 [Jenaer Schriften 1801-1807], Frankfurt am Main [Suhrkamp] 1980, S. 540-567, Zitat S. 559, [Hervorhebung im Original]).
Wieviel Zutrauen zu sich selbst, zu ihrer eigenen konstruktiven, wenn man so will, systematischen, Kraft, die Philosophie in der relativ kurzen Spanne zwischen Hegel und Dilthey verloren hat, kann man daraus ersehen, daß Dilthey den Tischler in einen Holzhacker transformiert – und nichtsdestotrotz auch jenem gegenüber Neid bekundet: „Aber ich könnte einen Holzhacker beneiden darum, daß er jeden Tag, jede Woche sieht was er gethan hat. Die Anforderungen an die philosophierende Person sind unerfüllbar." (Wilhelm Dilthey an Graf Yorck [im Februar 1884], in: *Briefwechsel zwischen Wilhelm Dilthey und dem Grafen Paul Yorck [...]*, a.a.O., S. 38f.)

2 Kant, *Logik*, AA IX, S. 25 (Hervorhebung im Original).
Vgl.: Kant, *Kritik der praktischen Vernunft*, AA V, S. 108f.
Somit verlöre auch Hegels oben zitierte Kritik ihre Grundlage: Wenn der Tischler mit seiner Arbeit fertig ist, kann er eben einen Tisch oder Schrank vorweisen. Wenn der Philosoph mit seiner Arbeit aufhört liegt nichts Vergleichbares vor.

3 Lyotard, *Der philosophische Gang*, a.a.O., S. 42.

4 Siehe: Lyotard, *Der philosophische Gang*, a.a.O., S. 42.

5 Wenn etwa Richard Rorty (*Hoffnung statt Erkenntnis. Eine Einführung in die pragmatische Philosophie*, Wien [Passagen] 1994, S. 12) behauptet, „jede philosophische Anschauung" sei „ein Werkzeug, das von vielen verschiedenen Händen benutzt werden kann", dann vernachlässigt er, daß eine philosophische Anschauung streng genommen ihren Status als philosophische Anschauung verliert, sofern sie als ein (beispielsweise politisches) Werkzeug benutzt wird.
Damit will ich nicht abstreiten, daß sich etwa der Locke'sche Freiheitsbegriff für eine Politik des Liberalismus fruchtbar machen läßt. Doch will ich darauf aufmerksam machen, daß dieser Begriff gerade dadurch, daß er als ein Werkzeug verwendet wird, eine Transformation erfährt (indem eine pragmatische Komponente hinzutritt). Durch diese Transformation verändert er nicht nur seine Bedeutung, sondern »er« wird nun auch zu einem politischen Begriff (im engeren Sinne). Philosophisch zu sein, ist somit keine Eigenschaft einer bestimmten Anschauung; »philosophisch« markiert eher einen bestimmten Umgang mit Anschauungen.

Suche nach »Sinn«, mit der die Philosophie häufig durch interessierte Laien konfrontiert wird.[1] Die paradoxe Folge ist, daß man bereits philosophieren muß, „um philosophieren zu lernen."[2] Und deswegen ist auch kein wesentlicher Unterschied zwischen der Lektüre eines philosophischen Textes und dem Philosophieren selbst festzustellen:[3] Eigentlich ist es ja die Lektüre, die philosophisch ist – und nicht der Text.

Obgleich niemand objektiv anhand von nachprüfbaren Kriterien feststellen kann, ob man zu einem bestimmten Zeitpunkt tatsächlich philosophiert, sich im Spiel befindet, oder ob es sich beim Lesen eines bestimmten Textes wirklich um eine philosophische Lektüre handelt, auch wenn ein Urteil über »das Philosophische« also ein subjektives Urteil bleiben muß, so urteilt man hier dennoch „nicht bloß für sich, sondern für jedermann und spricht alsdann" vom Philosophischen „als wäre" es „eine Eigenschaft der Dinge."[4] Wir sinnen unser Urteil darüber, ob etwas philosophisch ist, vielmehr jedermann an[5] und fordern „auf Anderer Einstimmung"[6] in unser Urteil – selbst wenn wir keine Begründung für dieses Urteil angeben können, die auf etwas Objektives verweist, da unsere Aussage darüber, daß ein Text philosophisch sei, „gar nicht auf das Object geht".[7] (Ebenso wie ich erwarte, daß jedermann Ravels *Streichquartett F-dur* für schön befindet, werden viele darauf bestehen, daß Nietzsches *Zarathustra* doch philosophisch sei. Und da ich einerseits gerne glauben mag, daß dieser Anspruch zurecht erhoben wird, ihn andererseits aber – trotz gelegentlichen Bemühens darum – bisher selbst nicht habe einlösen können, muß ich annehmen, ich habe hier ein Defizit, das verhindert, daß ich durch dieses Buch ins philosophische Spiel komme.)

Wenn ich mit dieser Paraphrase Kantischer Aussagen aus der *Kritik der Urteilskraft* die Analogie zwischen dem Urteil über »das« Philosophische und dem Urteil über »das« Schöne nun nochmals in Anspruch genommen habe, dann sollten wir aus der Analogie vielleicht noch einen weiteren, letzten Aspekt berücksichtigen: So wie wir bei einem Bild die »ästhetische Erfahrung« in direkter Konfrontation mit dem betreffenden Gegenstand machen müssen, der unser positives ästhetisches Urteil veran-

---

1 Ähnliches bemerkt auch Alexander Dill, der als philosophischer »Praktiker« mutmaßlich oftmals mit »Sinnsuchern« zu tun haben dürfte: „Zu wissen, daß eine philosophische Diskussion ein Spiel ist, das sowohl auf der Inhalts- wie auf der Beziehungsebene gespielt wird, und daß in diesem Spiel die Lebens- und Weltanschauungen ständig neu geordnet oder verwirrt werden, bietet eine Chance dafür, das Philosophieren aus der Zweckhaftigkeit von Sinn- und Wahrheitssuche zu befreien." (Alexander Dill, *Philosophische Praxis. Eine Einführung*, Frankfurt am Main [Fischer TB 42327] 1990, S. 36 [Hervorhebung von mir; Th.G.]).

2 Lyotard, *Der philosophische Gang*, a.a.O., S. 46.

3 Vgl. Lyotard, *Der philosophische Gang*, a.a.O., S. 46.

4 Kant, *KdU*, AA V, S. 212.

5 Siehe: Kant, *KdU*, AA V, S. 214.

6 Kant, *KdU*, AA V, S. 212.

7 Kant, *KdU*, AA V, S. 215.

laßt hat, so muß man auch bei einem philosophischen Text die »philosophische Erfahrung« in unmittelbarer Weise machen.

Darüber hinaus sei zum Schluß (etwas pathetisch) angemerkt: So wie ein Ästhet (im wohlverstandenen Sinn des Wortes) der Besonderheit der menschlichen Sinnlichkeit Rechnung trägt, indem er darauf aus ist, diese auf humane Art auszubilden und durch direkte sinnliche Konfrontation mit Kunstwerken in das Spiel der »Erkenntniskräfte« gebracht zu werden, so trägt ein Philosoph – also jemand, dem es immer wieder gelingt, die philosophische Tätigkeit auszuüben – der Besonderheit der menschlichen Vernunft Rechnung und ist stets bestrebt, durch die Sprache, genauer durch die Begriffe, in Konfrontation mit dem Gedanken zu geraten; mit dem Gedanken, der ihn »betrifft« und das Begriffsnetz erschüttert, so daß das philosophische Spiel in Gang kommt – immer und immer wieder, weil die menschliche Vernunft nun einmal „das besondere Schicksal" hat, durch eine Selbstaufforderung „belästigt" zu werden, die sie zu diesem Spiel motiviert und die damit zu Fragen kommt, „die sie nicht abweisen kann [...], die sie aber auch nicht beantworten kann":[1] *philosophia perennis.*

---

[1] Kant, *KrV*, A VII.

Die hermeneutische Intuition zwischen Husserl und Heidegger

von Jean Grondin (Montréal)

Von der Hermeneutik soll Husserl nicht so viel gehalten haben. Gemeint ist hier die philosophische Richtung, die er selber mit Dilthey und seinem in seinen Augen undankbaren Schüler Heidegger identifizierte und ständig bekämpfte. Husserl war seit langem der Historismus der hermeneutischen Dilthey-Schule abhold, wie wir aus seiner direkten Auseinandersetzung mit Dilthey in dem Logosaufsatz von 1911 erfahren können. Denselben „Historismus" erkannt er auch später in Heidegger, der damit offenlegen würde, wie wenig er den Sinn der phänomenologischen Epoché der geschichtlichen Welt begriffen hätte.[1] Für die Probleme der Interpretation hatte anscheinend Husserl wenig Verständnis. Einfach ausgedrückt: Was ihn interessierte, waren nicht die Interpretationen der Phänomene, sondern die Phänomene selbst, die berühmten „Sachen selbst". In einer bahnbrechenden Studie[2] hat Paul Ricoeur indessen darauf aufmerksam gemacht, daß Husserl doch öfter hermeneutische Begriffe wie Deutung oder Auslegung verwendete und damit bewies, daß seine hermeneutische Allergie vielleicht nicht vollkommen war. Aber, wenn man nach Husserl die Phänomene interpretieren und die verschiedenen Abschattungen der Dinge berücksichtigen soll, ist es gerade, um sicherzustellen, daß man zum Wesentlichen dieser Phänomene vorgestoßen ist. Die Wesensschau hat nichts Geheimnisvolles für Husserl. Im Laufe der verschiedentlichsten Deutungen stellt sich doch immer heraus, was das Wesentliche an den Dingen ist, d.h. dasjenige, was sich durch alle Interpretationen hindurch als dasselbe, als dieselbe Intention erhält. Zurück zu den Sachen selbst bedeutet, daß man sich am Ende von der Herrschaft der Interpretationen

---

1 Das Ausmaß der bitteren Enttäuschung Heidegger gegenüber ist jetzt in der verdienstvollen Ausgabe der Briefe Husserls, die wir Karl Schuhmann verdanken, nachzuvollziehen.

2 Paul Ricoeur, *Phénoménologie et herméneutique, Du texte ... l'action. Essais d'herméneutique II*, Paris 1986, 39-73.

befreien soll, um zum Wesentlichen zurückzukehren, zu den Dingen, wie sie sich über alle Interpretationen hinaus behaupten.

Es fragt sich aber, worin diese „Sachen selbst“ bestehen. Und an dieser Stelle wird Husserl hermeneutisch interessant. Denn der Begründer der Phänomenologie ist weit weniger ein Freund der reinen „Sachen selbst“, als allgemein geglaubt wird oder als er vielleicht selber glauben machen wollte. Denn die Sachen selbst der Positivisten, die reine Gegebenheit der Dinge für die tabula rasa des psychischen Lebens, hat er aufs entschiedenste abgelehnt. Diese Art „Sachen selbst“ gibt es für Husserl eben nicht, weil die Sachen immer in einer für sie konstitutiven Intentionsrichtung stehen. Die Intentionalität bildet ja für Husserl die Seinsweise des Bewußtseins. Anders als vermittels einer Intention kann nichts bewußt werden. Diese intentionale Auffassung des Bewußtseins, die auch eine intentionale Auffassung aller „Sachen selbst“ nach sich zieht, scheint mir im Keim radikal hermeneutisch zu sein. In dieser Einsicht Husserls liegt eine der bedeutendsten Voraussetzungen, die zur Entwicklung des hermeneutischen Denkens in unserem Jahrhundert geführt haben.

Ob sich Husserl dieser hermeneutischen Konsequenzen, aber auch Wurzeln seines Ansatzes bewußt war, ist eine andere Frage. Seinen zentralen Begriff der Intentionalität will er der Psychologie Brentanos entnommen haben. Es muß jedoch auffallen, daß dieser Begriff eher in der Hermeneutik, in der Auslegungslehre zu Hause ist. Unter „Intention“ – im Französichen, im Englischen wie im Deutschen – versteht die Umgangssprache ja nicht, daß jedes Bewußtsein ein „Bewußtsein von etwas“ sei, wie die klassische Intentionalitätslehre bei Brentano und Husserl lauten will. Intention ist vielmehr dasjenige, worauf das „Bewußtsein“ hinaus will, wenn es dies oder jenes sagt, so oder so handelt. Die Intention meint ja den Sinn des Gesagten oder Gehandelten, nicht etwa, daß das Gesagte oder Gehandelte „von etwas“ sei. Dieser Begriff der Intention stammt offensichtlich aus dem Interpretationsvollzug. Die Intention meint da das Ziel des Verstehens. Auf das für die Hermeneutik wichtige, wohl aber nicht ausschlaggebende Textmodell angewendet ist die Intention das, was man hinter dem Buchstaben zu erreichen strebt. Intendiert wird immer, wie man es auch ausdrücken kann, das „innere Wort“ hinter dem Geäußerten oder Gehandelten. Nach dem „inneren“ Sinn des Geäußerten oder Gehandelten zu fragen, heißt nach dessen Intention zu fragen. Der Begriff der Intention als Grundtatsache unseres deutenden Lebens schlägt also seine Wurzeln in der Hermeneutik und wird eher vereinfacht als beleuchtet durch die Wendung, daß jedes Bewußtsein ein Bewußtsein „von etwas“ sei. Die Husserlsche Frage nach der Sinnkonstitution ist bereits hermeneutisch, sofern sie auf die Intentionalität hinter jeder Position, ja hinter jeder angeblichen Sache selbst geht. Die Intention meint, daß die Sache in einem verstehenden Vollzug oder Vorgriff steht. Die intentio ähnelt gewissermaßen einem Entwerfen.

So drängt sich die Frage auf, wie sich auf die Sachen selbst zurückgehen läßt, wenn sie immer nur intentional anvisiert werden können? Anders gefragt: Welches Prinzip ist fundamentaler für die Phänomenologie, das der Sachen selbst oder das der Intentionalität? Husserls große Entdeckung für die Entfaltung der Hermeneutik liegt gerade darin, daß dies eine schiefe Alternative darstellt. Die Sache selbst ist für ihn (und erst recht für seine hermeneutischer gesonnenen Schüler) nichts anderes als die Intentionalität. Zurück zu den Sachen selbst besagt: Zurück zur Intentionalität als Erschließungsquelle jeder Sachhaltigkeit überhaupt.

Es ist nur seltsam, daß Husserl es versäumt hat, diese Einsicht hermeneutisch zu nennen. Das mag an seiner Opposition zu Dilthey oder an der relativen Unbekanntheit des Titels „Hermeneutik“ zu Beginn des Jahrhunderts liegen. Der erste, der wirkungsvoll[3] den Zusammenhang zwischen der Phänomenologie und der Hermeneutik auf den Begriff brachte, war Heidegger. Es ließe sich natürlich unschwer zeigen, daß Heidegger diese hermeneutische Wende in die Phänomenologie allererst gebracht hat und zum Teil gegen die Phänomenologie seines Lehrers ausspielte. Aber für unseren Zusammenhang ist es aufschlußreicher, daß der früheste Heidegger sie bereits bei Husserl ertappte. Theodore Kisiels vor kurzem publizierte und sorgfältige Analyse der Genese von Sein und Zeit hat nämlich nachgewiesen, daß das erste Aufkommen des Terminus „hermeneutisch“ in den frühen Vorlesungen Heideggers im Zusammenhang einer Diskussion des phänomenologischen Intuitionsbegriffs erfolgt.[4] Von einer „hermeneutischen Intuition“ ist die Rede auf der letzten Seite oder in der letzten Stunde des Kriegsnotsemesters von 1919.[5] Es ist ja bekannt, wie sehr der Lehrer Heidegger seine leitenden Impulse in der dichten, letzten Stunde seiner Vorlesungen zusammenraffte. Die Stelle von 1919 ist in der Tat von einer auch für den jungen Heidegger außerordentlichen Dichte und sei hier nur ihrer keimzellhaften Bedeutung wegen angeführt:

> „Das bemächtigende, sich selbst mitnehmende Erleben des Erlebens ist die verstehende, die hermeneutische Intuition [die einzigen Worte übrigens, die Heidegger im Satz hervorhebt], originäre phänomenologische Rück- und Vorgriffs-

[3] Wirkungsvoll, denn von der Sache her fanden sich bereits ähnliche Einsichten bei Gustav Spet, *Die Hermeneutik und ihre Probleme (Moskau 1918)*, Freiburg/München 1993. Für eine Würdigung und hermeneutische Einordnung seiner Arbeit, vgl. Frithjof Rodi, *Hermeneutische Logik im Umfeld der Phänomenologie: Georg Misch, Hans Lipps, Gustav Spet*, in Christof Jamme und Otto Pöggeler (Hrsg.), *Phänomenologie im Widerstreit*, Frankfurt a. M. 1989, 352-372, bes. 364 ff.

[4] Cf Theodore Kisiel, *The Genesis of Heidegger's Being and Time*, Berkeley 1993, 498.

[5] GA 56/67, 117.

bildung, aus der jede theoretisch-objektivierende, ja transzendente Setzung herausfällt."

Husserl wird hier nicht unmittelbar genannt. Die Diskussion um den Sinn der Intuition sowie die Erklärung der hermeneutischen Intuition durch den Rekurs auf die „originäre phänomenologische Rück- und Vorgriffs-bildung" bezeugen doch auf unmißverständliche Weise, daß an dieser Stelle Heidegger von Husserl ausgeht. Das Grundfaktum bleibt bei Heidegger das intentionale Sehen, das aber immer stärker als das heraustritt, was es bei Husserl stillschweigend war, d.h. als ein „bedeutungsträchtiges" Intuitionieren, das unter einer Intention, einer Leitung, d.h. einem Vor- und Rückgriff steht. Die primäre Sache selbst sei sozusagen die „hermeneutische Intuition". Hier bekundet sich auch die hermeneutische Radikalität Heideggers gegenüber Husserl: die Intuition, um die es sich handelt, ist aber so sehr „hermeneutisch", daß sie kaum noch „Intuition" genannt werden kann, wie es Husserl vorschwebte. Denn das Wort Intuition läßt immer noch die Möglichkeit einer reinen Gegebenheit anklingen, die aber gerade Husserls Begriff der Intentionalität verbietet. Heidegger zieht daraus Konsequenzen: Die hermeneutische Intuition ist weniger eine Intuition als ein Verstehen. Das „Verstehen als...", das in Sein und Zeit zu einem grundlegenden Existenzial avanciert, fließt ursprünglich aus Husserls Lehre von der intentionalen Intuition („intuitonieren oder intendieren als....") heraus.

Der Zusammenhang der ersten Husserlrezeption von 1919 ist auch unter einem weiteren Blickwinkel besonders lehrreich. An der gedrängten Stelle, die wir anführten, erläuterte Heidegger die „hermeneutische Intuition" durch den Zusatz: „originäre phänomenologische Rück- und Vorgriffs-bildung".[6] Rückgriff, verdeutlichte kurz vorher Heidegger, sei ein anderes Wort für „Motivation" und Vorgriff ein anderes für „Tendenz".[7] Es fällt auf, daß Heidegger hier die phänomenologische Intuition durch Momente charakterisiert, die man „volitiv", oder besser, „hermeneutisch" nennen könnte. Die der Intuition innewohnende Intention faßt Heidegger als eine motivationell ausgerichtete Tendenz unseres faktischen Lebens. In jedem In-

---

6 Ebd.

7 Ebd., 116. Auf diese "ethische" Umbiegung der Phänomenologie Husserls weist mit Recht Manfred Riedel, *Die Urstiftung der hermeneutischen Phänomenologie. Heideggers Auseinandersetzung mit Husserl*, in seinem Buch *Hören auf die Sprache. Die akroamatische Dimension der Hermeneutik*, Frankfurt a. M. 1990, 77ff. hin. Zu dieser ethischen Radikalisierung, in der wir auch den maßgeblichen Beitrag Heideggers oder der Hermeneutik zur Sache der Phänomenologie sehen, vgl. unsere Arbeiten: *Das junghegelianische und ethische Motiv in Heideggers Hermeneutik der Faktizität, in Der Sinn für Hermeneutik*, Darmstadt 1994, 89-102 sowie *Husserl's Silent Contribution to Hermeneutics, in Sources of Hermeneutics*, Albany, 1995, 35-46.

tendieren ist ein Können des Verstehenden im Spiel, ein „sich auf etwas verstehen". Die phänomenologische Intuition ist eine hermeneutische geworden.

Die hermeneutische Wende, vor die Heidegger die Phänomenologie stellt, war also ursprünglich nicht als eine Kritik Husserls, sondern als eine Aneignung seiner Einsichten gemeint. Darin ist Jean-François Courtine und Jean Greisch mit aller Entschiedenheit zuzustimmen.[8] Es war aber Heideggers Verdienst, und nicht etwa sein Mißverständnis, den phänomenologischen Begriff der Intention auf den Boden der hermeneutischen Fragestellung zurückzustellen. Heidegger war vielleicht sogar „phänomenologischer" als sein Lehrer, als er diesen hermeneutischen oder bedeutungshaften Momenten im Begriff der Intention nachging, die Husserl zugunsten einer rein transzendentalen Analyse des Bewußtseins zum Teil ausgeblendet hatte.

Husserls stillschweigender Beitrag zur Hermeneutik liegt in seiner Auffassung der Intuition, die er faktisch als eine hermeneutische verstand oder die Heidegger verstand, als er sie „hermeneutische Intuition" nannte. In seinen Ideen von 1913 hatte Husserl zwar das Prinzip aller Prinzipien (§ 24) in der alles legitimierenden Funktion der Intuition festgemacht.[9] Aber der Denker, der zu Beginn unseres hermeneutischen Jahrhunderts die Intuition als Erkenntnisquelle eigenen Rechtes rehabilitierte, war auch und vor allem der Denker der Intention als der Grundverfassung des psychischen Lebens. Es mag sein, daß Husserl diesen Begriff in Brentanos erkenntnistheoretisch gerichteten Psychologie gefunden hat. Der Begriff der Intention ist aber eigentlich in der Hermeneutik oder in der Handlungstheorie zu Hause. Die Intention ist ja nichts anderes als der motivierende Hintergrund, das Woraufhin eines jeden Textes, aber auch einer jeden Handlung, sofern sie halbwegs bewußt vollzogen wird. In dem Begriff der Intention kreuzen sich damit Motive des Text- und des Handlungsverstehens, denen Paul Ricoeur in seinen Überlegungen über den Weg „Du texte ... l'action" nachgegangen ist. Sofern er eine intentionale Struktur

---

[8] Jean-François Courtine, *Phénoménologie et/ou ontologies herméneutiques*, in *Comprendre et interpréter. Le paradigme herméneutique de la raison*, Paris 1993, 151-175; Jean Greisch, *Ontologie et temporalité. Esquisse d'une interprétation intégrale de Sein und Zeit*, Paris, PUF, 1994, 26. Daß aber Heideggers Hermeneutik darüber hinaus eine ethische Radikalisierung nach sich zieht, versuchen wir in L'herméneutique dans Sein und Zeit (im Erscheinen) zu zeigen.

[9] Hua III, 51: "Doch genug der verkehrten Theorien. Am Prinzip aller Prinzipien: daß jede originär gebende Anschauung eine Rechtsquelle der Erkenntnis sei, daß alles, was sich uns in der "Intuition" originär, (sozusagen in seiner lebhaftigen Wirklichkeit) darbietet, einfach hinzunehmen sei, als was es sich gibt, aber auch nur in den Schranken, in denen es sich da gibt, kann uns keine erdenkliche Theorie irre machen." Es ist doch bemerkenswert, daß Husserl selber hier "Intuition" in Anführungszeichen stellt. Auffallen muß aber auch, daß dieses Prinzip erst relativ spät, nämlich nicht vor dem § 24 seine Formulierung findet. Es setzt eben eine gewisse Einübung in die intentionale Ausrichtung der phänomenologischen Intuition voraus. Das Prinzip ist auch ganz abwehrend gerichtet, was der Aufrufcharakter des Prinzips unterstreicht ("doch genug... kann uns keine Theorie irre machen" - es ist nur seltsam, daß Husserl am Ende das Aufrufungszeichen vergessen hat!).

aufweist, läßt sich ein Text wie eine Handlung verstehen. Aber es gibt auch den umgekehrten Weg „De l'action au texte". Denn eine Handlung läßt sich wiederum nur verstehen, sofern sie sich als Text lesen läßt – eine Einsicht, die an Blumenbergs Thesen über die Lesbarkeit der Welt gemahnt.[10]

Es könnte sehr wohl möglich sein, daß die Aufwertung des Textmodells in der Hermeneutik unseres Jahrhunderts ebenso wie die Rehabilitierung der Handlungstheorie ihre verborgene Quelle, ihren Möglichkeitsgrund in Husserls stillschweigend hermeneutischen Begriff der Intuition oder der Intention haben. Daß hier geradezu die Sprache selbst das Ineinanderfließen von Intuition und Intention nahelegt, liegt in der Sache begründet. Denn ihre Zusammengehörigkeit stiftet auch die essentielle Solidarität zwischen dem jungen Heidegger und Husserl.

---

[10] Hans Blumenberg, *Die Lesbarkeit der Welt*, Frankfurt a. M. 1981.

Husserl – Heidegger und »die Sachen selbst«

von Friedrich-Wilhelm v. Herrmann (Freiburg i. Br.)

1. Die phänomenologische Maxime „Zu den Sachen selbst" und die Vorurteilsüberlegenheit

Im Wintersemester 1923/24 eröffnet Heidegger seine Marburger Lehrtätigkeit mit der Vorlesung *Einführung in die phänomenologische Forschung*,[1] die von der Absicht getragen ist, „die Phänomenologie als Möglichkeit zu verstehen und fortzubilden."[2] Phänomenologie als Methode findet für Heidegger einzig ihren Ausdruck in der von Husserl geprägten Maxime „Zu den Sachen selbst". Die Betonung des Möglichkeitscharakters der Phänomenologie weist darauf hin, daß die Auslegung, die Husserl dieser Maxime gegeben hat, nur eine Möglichkeit ist, als welche die Phänomenologie als ein von der Selbstgebung der Sachen sich bestimmendes Philosophieren ergriffen werden kann. Angesichts dieser einen Möglichkeit, die in Husserls Phänomenologie als deskriptiv eidetischer Wissenschaft vom transzendental reinen Bewußtsein faktisch geworden ist, erhebt sich die Frage, ob in dieser Auslegung dem methodischen Prinzip schon in der Weise entsprochen ist, daß die Sachen selbst wahrhaft freigegeben sind, um frei von ihnen selbst her begegnen zu können. Deshalb fordert Heidegger im Sinne der Maxime die „Bekümmerung um eine instinktsichere Vorurteilsüberlegenheit".[3] Diese meint nicht Vorurteilslosigkeit, sondern die „Überlegenheit gegenüber jeder Möglichkeit, daß sich etwas als Vorurteil herausstellt",[4] das Freisein „für die Möglichkeit, im entscheidenden Moment aus der Auseinandersetzung mit der

---

1 M. Heidegger, *Einführung in die phänomenologische Forschung*. Gesamtausgabe Bd. 17. Hg. v. F.-W. v. Herrmann. Frankfurt a.M. 1994.
2 M. Heidegger, *Einführung*..., a.a.O., S. 263.
3 M. Heidegger, *Einführung*..., a.a.O., S. 2.
4 M. Heidegger, *Einführung*..., a.a.O., ebd.

Sache heraus ein Vorurteil aufzugeben".[1] Von besonderer Bedeutung ist der Zusatz, daß diese Vorurteilsüberlegenheit „die Existenzform des wissenschaftlichen Menschen" sei.[2] Demnach genügt es innerhalb der Phänomenologie nicht, „wenn man sich auf ein bloßes Schauen und Sichhingeben an die Sachen beruft". Denn es könnte sein, „daß all das mit einer Unsumme von Vorurteilen belastet ist: Um zu den Sachen selbst zu kommen, müssen sie freigegeben werden".[3] Hinter der Maxime „Zu den Sachen selbst" kann sich „der bornierteste Dogmatismus verbergen".[4] Für Heidegger büßt das phänomenologische Prinzip seine radikale Tendenz ein durch die Husserlsche Auslegung, die den Weg zu den Sachen selbst nicht wahrhaft freigibt, sondern verstellt.[5] Husserls Auslegung dessen, was die Sachen selbst sind, ist jene Voraussetzung, unter der allein die Sachen selbst zu ihrer Selbstgebung gelangen sollen. Diese Voraussetzung wird aber von Heidegger als ein Vorurteil erkannt, das im Sinne der von der Maxime geforderten Vorurteilsüberlegenheit aufgegeben werden muß. Doch die Einsicht in dieses Vorurteil wird nur möglich, weil sich schon das freie Begegnenkönnen der Sachen selbst gezeigt hat, das durch die Husserlsche Auslegung unterbunden wird. Heideggers Antwort auf Husserls Freiburger Phänomenologie erwächst aus seinem radikaleren Ergreifen der phänomenologischen Maxime. Welches ist die von Heidegger als Vorurteil durchschaute Auslegung, die Husserl dem phänomenologischen Prinzip gibt? Wie bestimmt Husserl die Sachen selbst? Inwiefern unterbindet diese Bestimmung das freie Begegnenkönnen der Sachen selbst? Was sind die Sachen selbst für Heidegger?

2. Das Bewußtsein und die Sorge um die erkannte Erkenntnis

Um verständlich zu machen, von welchen Sachen die Phänomenologie handelt, was für eine Art Sachen die sind, die die Phänomenologie Husserls bearbeitet, schickt Heidegger eine Kennzeichnung der Sachen voraus, die im Blickfeld des Aristoteles und damit der griechischen Philosophie stehen. Es sind einerseits das Sein der Welt und andererseits das Leben als Sein in einer Welt. Während das Sein der Welt den Charakter des Sich-selbst-zeigens

---

[1] M. Heidegger, *Einführung...*, a.a.O., ebd.
[2] M. Heidegger, *Einführung...*, a.a.O., ebd.
[3] M. Heidegger, *Einführung...*, a.a.O., S. 275.
[4] M. Heidegger, *Einführung...*, a.a.O., S. 60.
[5] Vgl. M. Heidegger, *Einführung...*, a.a.O., S. 278.

(φαινόμενον) hat, ist das Sein des Lebens durch eine Grundmöglichkeit bestimmt, durch das Sprechen (λόγος) das Sein der Welt aufzuzeigen. Zugleich hat das Sein der Welt in seinem Sich-selbst-zeigen die Möglichkeit, sich lediglich auszugeben als, so wie das Leben die Möglichkeit hat, im Sprechen die daseiende Welt zu verdecken.[1] Das bedeutet für Heidegger, daß die griechische Interpretation des Daseins „innerhalb des Daseins“ verbleibt, daß sie das Dasein selbst ist, sofern es durch die Explikation ausdrücklich wird.

Demgegenüber hat sich die Betrachtungsrichtung der Phänomenologie Husserls (und früher schon die der neuzeitlichen Philosophie) umgekehrt. Sie ist geleitet „von der Vorherrschaft einer leeren und dabei phantastischen Idee von Gewißheit und Evidenz“.[2] Diese Vorherrschaft ist eine solche „vor jeder eigentlichen Freigabe des Begegnenkönnens der eigentlichen Sachen der Philosophie“.[3] „Die Sorge um eine bestimmte absolute Erkenntnis, rein als Idee genommen, bekommt die Vorherrschaft vor jeder Frage nach den Sachen“.[4] Die Idee einer bestimmten Erkenntnis bestimmt das Thema, anstatt daß umgekehrt „ein bestimmtes Sachverhältnis die wissenschaftlichen Bearbeitungsmöglichkeiten zuweist“.[5]

Die vorherrschende Idee von absoluter Gewißheit und Erkenntnis ist es, die das Bewußtsein zum Sachfeld der Phänomenologie werden läßt. Der Vorrang des Sachfeldes „Bewußtsein“ und mit diesem der Vorrang der Idee absoluter Gewißheit wird nun von Heidegger auf „eigentümliche Möglichkeiten“ hin interpretiert, „die das Dasein in sich trägt“.[6] Damit wird aber deutlich, daß sich neben der Aristoteles-Interpretation nun vor allem auch die Husserl-Interpretation im Vorblick auf das Dasein vollzieht, daß die Ansetzung des Bewußtseins als Sachfeld für die absolute Erkenntnis eine Weise ist, wie sich das Dasein zu ihm selbst verhält. Es ist jene Seinsweise des Daseins, in der sich das Dasein der Möglichkeit begibt, sich selbst für die Selbstauslegung unverdeckt begegnen zu lassen.

Doch bevor sich Heidegger der daseinsorientierten Interpretation der Phänomenologie des transzendental gereinigten Bewußtseins zuwendet, würdigt er den Durchbruch der Phänomenologie in den *Logischen Untersuchungen*[7]

---

1 Vgl. M. Heidegger, *Einführung...*, a.a.O., S. 44.
2 M. Heidegger, *Einführung...*, a.a.O., S. 43.
3 M. Heidegger, *Einführung...*, a.a.O., ebd.
4 M. Heidegger, *Einführung...*, a.a.O., ebd.
5 M. Heidegger, *Einführung...*, a.a.O., S. 44.
6 M. Heidegger, *Einführung...*, a.a.O., S. 47.
7 E. Husserl, *Logische Untersuchungen. Erster Band: Prolegomena zur reinen Logik*. Tübingen 1968[5] (auch: Husserliana Bd. XVIII. Hg. v. E. Holenstein. Den Haag 1975). *Zweiter Band:*

Obwohl diese traditionell orientiert sind auf Logik und Erkenntnistheorie, besteht ihr Ursprüngliches und Auszeichnendes darin, daß sie erstmals die Untersuchungsmaxime „Zu den Sachen selbst“ formulieren und ihr entsprechend wirklich an den Sachen selbst arbeiten, die thematischen Gegenstände so, wie sie an ihnen selbst sind, zum Sichzeigen bringen.[1] Weil sich die *Logischen Untersuchungen* trotz ihres traditionellen Rahmens ganz der Arbeit an den Sachen selbst widmen, ohne schon in die Vorherrschaft der neuzeitlichen Idee von absoluter Gewißheit und Erkenntnis einzuschwenken, gab Heidegger ihnen unter allen Schriften Husserls den uneingeschränkten Vorzug. Die *Logischen Untersuchungen* waren es, an denen er von 1920 bis 23 in einem jeden Samstag abgehaltenen Privatseminar das phänomenologische Sehen eingeübt hat. Denn an den phänomenologischen Analysen der V. und VI. *L.U.* ließ sich das Sehen auch für die schon seit 1919 in der Ausbildung stehende hermeneutisch-phänomenologische Urwissenschaft vom faktischen Leben lernen.

Nach der Vergegenwärtigung des Durchbruchs der phänomenologischen Forschung in den *Logischen Untersuchungen* wendet sich Heidegger der anschließenden Ausbildung der Phänomenologie zu, und zwar mit der Anfrage, wie weit die in den *L.U.* gestiftete phänomenologische Forschungshaltung „festgehalten, wie weit sie abgebogen oder am Ende in ihrer entscheidenden Bedeutung aus der Hand gegeben wird“.[2] Statt Husserls Ausbildung der transzendentalen Phänomenologie vor allem in den *Ideen I*[3] im einzelnen durchzusprechen, kehrt sich Heidegger der Abhandlung *Philosophie als strenge Wissenschaft* (1911)[4] zu, um Husserls fortbildende Arbeit dort anzuhören, „wo sie von sich selber spricht, (...) wo sie sich kritisch gegenüber der zeitgenössischen Philosophie ausspricht“.[5] Denn diese Kritik „zeigt als solche aus der Art und Weise, wogegen sie sich wehrt, das, worauf es ihr an-kommt“.[6] Husserls Kritik richtet sich gegen den Naturalismus und gegen den Historizismus in der Philosophie, die beide die Idee der Philosophie als strenger Wissenschaft gefährden. Naturalismus besagt, daß die

Untersuchungen zur Phänomenologie und Theorie der Erkenntnis. I. Teil (I.-V. Logische Untersuchung). Tübingen 1968[5] (auch: Husserliana Bd. XIX/1. Hg. v. U. Panzer. Den Haag 1984). *Zweiter Band, Erster Teil (VI. Logische Untersuchung): Elemente einer phänomenologischen Aufklärung der Erkenntnis.* Tübingen 1968[4] (auch: Husserliana Bd. XIX/2. Hg. v. U. Panzer. Den Haag 1984).

1 Vgl. M. Heidegger, *Einführung*, a.a.O., S. 50.

2 M. Heidegger, *Einführung...*, a.a.O., S. 1.

3 E. Husserl, *Ideen zu einer reinen Phänomenologie und phänomenologischen Philosophie. Erstes Buch: Allgemeine Einführung in die reine Phänomenologie.* Halle a.d.S. 1922 (auch: Husserliana Bd. III. Hg. v. W. Biemel. Den Haag 1950).

4 E. Husserl, *Philosophie als strenge Wissenschaft.* Hg. v. W. Szilasi. Frankfurt a.M. 1965.

5 M. Heidegger, *Einführung*, a.a.O., S. 60.

6 M. Heidegger, *Einführung...*, a.a.O., ebd.

„Seins- und Gegenstandsart des Naturzusammenhanges (...) zum inhaltlichen Leitfaden für die Erfassung von jederlei Art Sein und Gegenständlichkeit“[1] wird. Für jedes Seinsgebiet und dessen erkenntnismäßige Bestimmung ist die „spezifische Strenge der mathematischen Naturwissenschaft“[2] maßgebend. Die „Ausweitung einer bestimmten Wissenschafts- und Gegenstands-Idee in der Richtung auf das thematische Feld der Philosophie“[3] findet statt, wenn es zur „Naturalisierung des Bewußtseins“[4] sowie zur „Naturalisierung der Ideen“[5] kommt. Naturalisierung des Bewußtseins besagt, daß das als Natur gesetzte seelische Sein im Sinne naturwissenschaftlicher Kategorien bestimmt wird. Dadurch werden aber die idealen Gesetze in Gesetzlichkeiten reiner Bewußtseinsverläufe umgedeutet, und ebenso werden die gültigen Normen in psychologische Verlaufsgesetze umgedeutet. Naturalisierung der Ideen bedeutet, daß die spezifische Gesetzlichkeit des Sinnes und seiner Geltung in eine Gesetzlichkeit des Naturverlaufes des Denkvorganges, die Norm und Ideengesetzlichkeit in eine Gesetzlichkeit des Denkverlaufes umgedeutet wird. Die Kritik, die Husserl als Klärung der Probleme kennzeichnet, richtet sich gegen die Naturalisierung des Bewußtseins und der Ideen, „um eine eigentliche Wissenschaft vom Bewußtsein zu gewinnen“.[6] Für Heidegger ist aber entscheidend, daß diese kritische Klärung „gerade die Absicht und die Idee einer wissenschaftlichen Bearbeitung des Bewußtseins“, wie sie im Naturalismus vorliegt, verabsolutiert.[7] In der Klärung kommt es Husserl lediglich darauf an, das Feld des Bewußtseins von jeder naturalistischen Tatsächlichkeit zu reinigen, um so die Grundlage einer Philosophie als strenger Wissenschaft zu gewinnen. In dieser Reinigungstendenz zeigt sich für Heidegger „die Sorge um Sicherung der Erkenntnis auf dem Wege des Erkennens der Erkenntnis, [um] die Sicherung und Begründung einer absoluten Wissenschaftlichkeit“.[8] In der Husserlschen Kritik des Naturalismus werden alle jene Momente beseitigt, „die die Gewinnung einer absoluten Evidenz und Gewißheit gefährden können“.[9] Die Reinigung ist zweifacher Art. Sie ist zuerst transzendentale Reinigung, indem das Bewußtsein

1 M. Heidegger, *Einführung...*, a.a.O., S. 64.
2 M. Heidegger, *Einführung...*, a.a.O., ebd.
3 M. Heidegger, *Einführung...*, a.a.O., ebd.
4 M. Heidegger, *Einführung...*, a.a.O., S. 65.
5 M. Heidegger, *Einführung...*, a.a.O., S. 66.
6 M. Heidegger, *Einführung...*, a.a.O., S. 71.
7 M. Heidegger, *Einführung...*, a.a.O., ebd.
8 M. Heidegger, *Einführung...*, a.a.O., S. 72.
9 M. Heidegger, *Einführung...*, a.a.O., ebd.

von jeder Beimischung von Natursetzungen befreit wird. Da das transzendental gereinigte Bewußtsein noch ein individuell einmaliger Erlebnisstrom ist, bedarf es noch der eidetischen Reinigung, um in bezug auf das Bewußtsein Wesenserkenntnis in streng intersubjektiver Gültigkeit zu gewinnen. In dieser zweifachen Reinigung zeigt sich die Sorge um absolute Verbindlichkeiten, um absolute Wissenschaftlichkeit. Zu dieser Sorge gehört auch das Disziplininteresse, das Aussein auf die Fundamentaldisziplin der Philosophie, die absolute Wissenschaft als transzendentale Phänomenologie vom reinen Bewußtsein, die ihrerseits als Einheit von Disziplinen gefordert wird. Die Philosophie wird aufgefaßt als Norm- und Wertwissenschaft. Das Charakteristische dieser Sorge um die erkannte Erkenntnis ist das Vorwalten der absoluten Wissenschaftlichkeit, der absoluten Erkenntnis und ihrer Gewißheit vor einer freien Begegnismöglichkeit der Sachen selbst. Die Sachen selbst haben sich von vornherein jener Idee von Wissenschaftlichkeit und Erkenntnis zu fügen. Zur Husserlschen Konzeption einer Philosophie als strenger Wissenschaft gehört aber auch der vorherrschende Leitfaden der Erlebnisklasse des theoretischen Erkennens, an dem entlang die Struktur aller Erlebniszusammenhänge expliziert wird. Die mathematische Naturerkenntnis wird als Prototyp zur Grundlage gemacht, die Geisteswissenschaften werden nur aus dem Gegensatz zu den Naturwissenschaften „in bezug auf diese durch Anderssein"[1] bestimmt. Während Husserl in seiner Kritik des Naturalismus die Experimentalpsychologie als vermeintliche Grunddisziplin der Philosophie vor Augen hat, richtet er sich in seiner Kritik am Historizismus vor allem gegen Dilthey. Im Historizismus verwirft Husserl eine Übersteigerung bestimmter wissenschaftlicher Ideen. Geschichte wird von ihm nur angesetzt als Gegenstand einer Wissenschaftsgruppe, der Historie. Diese aber hat es nur mit Tatsachen zu tun. Deshalb kann eine Übersteigerung des Geschichtlichen als des Historischen im Sinne des Historizismus keinen Beitrag zur Philosophie als strenger Wissenschaft leisten. Aus dem konkreten Tatsachenmaterial des geistig-geschichtlichen Lebens sollen vielmehr „die Gestaltmannigfaltigkeiten als Gestalten des Sinnes"[2] herausgestellt werden. „Die Idee dieser Geschichtsbetrachtung ist eine Morphologie oder Typologie der geschichtlichen Vorkommnisse",[3] in der „das geschichtliche Dasein gänzlich degradiert wird".[4] Sowohl in Husserls Kritik des

[1] M. Heidegger, *Einführung...*, a.a.O., S. 83.
[2] M. Heidegger, *Einführung...*, a.a.O., S. 93.
[3] M. Heidegger, *Einführung...*, a.a.O., ebd.
[4] M. Heidegger, *Einführung...*, a.a.O., ebd.

Naturalismus wie in der des Historizismus wird durch die Sorge um erkannte Erkenntnis, d.h. durch die primäre Sorge um die Sicherung einer absolut gewissen Erkenntnis, „das menschliche Dasein als solches von der Möglichkeit des Begegnens ausgeschlossen".[1] Der in Husserls Geschichtsbetrachtung leitende Unterschied zwischen Tatsächlichem und Gültigem ist geschöpft aus dem theoretischen Verhalten als dem Urteilen. Angesichts dieses Ursprungs erhebt sich aber die Frage, mit welchem Recht dieser so entsprungene Unterschied auf jede Geistesgestaltung ausgedehnt werden darf. Angesichts dieser von Husserl scharf umrissenen Idee einer Philosophie als strenger Wissenschaft ist vor allem zu fragen, worin hier die Sorge um die Sachlichkeit der Sachen selbst besteht. Die in Husserls Selbstauslegung der Phänomenologie im Vollzug stehende Sorge um erkannte Erkenntnis ist Sorge um „gerechtfertigte Erkenntnis",[2] um „letztgültige Erkenntnis",[3] um „eine evidente Allverbindlichkeit". Von vornherein wird nur diese Erkenntnis als die allein wissenschaftliche Erkenntis angesetzt. Dieser Sorge geht es primär darum, „überhaupt irgendeine mögliche absolutverbindliche Erkenntnisart zu schaffen", während für sie das, „was in dieser Erkenntnis erkannt werden soll, im vorhinein sekundär ist".[4] Für die Philosophie als strenge Wissenschaft begegnen die Sachen selbst nur unter der Voraussetzung, daß sie sich der im vorhinein angesetzten Idee von absoluter Erkenntnis fügen. Damit gerät aber die phänomenologische Maxime „Zu den Sachen selbst" unter eine ganz bestimmte, nicht selbstverständliche Auslegung. „Zu den Sachen selbst" heißt jetzt in der als strenge Wissenschaft gekennzeichneten transzendentalen Phänomenologie nicht mehr, wie noch in den *Logischen Untersuchungen*, die Sachen vor einer bestimmten Frageweise frei von ihnen selbst her zu vergegenwärtigen, sondern heißt: innerhalb dieser ganz bestimmt vorgezeichneten Problematik das Befragte begegnen zu lassen".[5] Zugleich aber räumt Heidegger auch wieder ein, daß die phänomenologische Maxime auch noch unter der Husserlschen, die Begegnismöglichkeit der Sachen selbst einschränkenden Auslegung „eine gewisse Ursprünglichkeit gegenüber den Konstruktionen der zeitgenössischen Philosophie"[6] hat. Andererseits kann nicht übersehen werden, daß die transzendentalphänomenologi-

---

1 M. Heidegger, *Einführung...*, a.a.O., ebd.
2 M. Heidegger, *Einführung...*, a.a.O., S. 101.
3 M. Heidegger, *Einführung...*, a.a.O., ebd.
4 M. Heidegger, *Einführung...*, a.a.O., ebd.
5 M. Heidegger, *Einführung...*, a.a.O., S. 102.
6 M. Heidegger, *Einführung...*, a.a.O., ebd.

sche Auslegung der Maxime „die viel fundamentalere Möglichkeit außerhalb des Gesichtskreises liegen läßt, das Seiende so freizugeben, daß lediglich die entsprechende Würdigkeit des Seienden, befragt zu werden, darüber entscheidet, was primär Gegenstand der Philosophie ist"[1]. Von dieser Entscheidung heißt es, sie müsse sich in sich selbst freigeben, „gegen die Möglichkeit, daß eine solche Erkenntnis nichts zu tun hat mit einer von der Mathematik aufgenommenen Idee von Wissenschaft, daß eine solche Entscheidbarkeit von dem Freigeben der Sachen her vielleicht aber erst den eigentlichen Sinn der Erkenntnis vollzieht".[2] Die Husserlsche Sorge um erkannte Erkenntnis hält sich jedoch nicht in einer seinsmäßig formalen Indifferenz, sondern ist eine faktisch-geschichtliche Sorge. Als solche steht sie in der geschichtlichen Überlieferung des Descartesschen cogito sum als des certum, das seinerseits aus der Sorge um erkannte Erkenntnis bestimmt ist. Husserl übernimmt das cogito sum und die zu ihm gehörende certitudo als selbstverständlichen Ansatz für die transzendentale und eidetische Reduktion. Descartes' Philosophie des cogito sum schließt aber die mittelalterliche Ontologie ein, die Descartes selbstverständlich übernimmt. Heideggers Rückgang von der phänomenologischen Kritik Husserls zu Descartes' Ontologie des cogito sum möchte zeigen, daß Husserls Phänomenologie des transzendentalen Bewußtseins von ontologischen Implikationen durchsetzt ist, deren Husserl sich selbst nicht bewußt ist und die deshalb zu den phänomenologisch unausgewiesenen Voraussetzungen der Phänomenologie Husserls gehören.

3. Die Sorge der Gewißheit und die Verunstaltung der phänomenologischen Befunde

Die an Descartes anschließende Sorge der Gewißheit ist es, die die positiven phänomenologischen Befunde Husserls „verunstaltet".[3] Heidegger betrachtet diese Verunstaltungen nach drei Hinsichten: „1. in Hinsicht auf die Intentionalität selbst, 2. in Hinsicht auf die Fassung der Evidenz, 3. in Hinsicht auf die Bestimmung der phänomenologischen Forschung als der eidetischen".[4] Neben der kategorialen Anschauung ist es die Intentionalität des Bewußtseins, die Heidegger zu den größten, weil bahnbrechen-

1 M. Heidegger, *Einführung...*, a.a.O., ebd.
2 M. Heidegger, *Einführung...*, a.a.O., ebd.
3 M. Heidegger, *Einführung...*, a.a.O., S. 270.
4 M. Heidegger, *Einführung...*, a.a.O., ebd.

den Entdeckungen der Husserlschen Phänomenologie zählt. Heidegger kennzeichnet die Struktur der Intentionalität so: mit dem jeweiligen cogitare ist das cogitatum gegeben „als das Seiende im Wie seines jeweiligen Begegnens für den Zugang und Umgang selbst".[1] Hierzu sagt er:

> „Mit dieser Entdeckung der Intentionalität ist zum ersten Mal in der ganzen Geschichte der Philosophie ausdrücklich der Weg für eine radikale ontologische Forschung gegeben".[2]

> „Solange ich nicht diesen Boden habe, bin ich außerstande, in irgendeinem Sinne je in der direkten Betrachtung des Seienden so etwas wie einen Seinscharakter zu sehen, ja so etwas wie Ontologie zu treiben".[3]

Diese positive Würdigung macht zweierlei deutlich: zum einen die Weise, wie Heidegger für sein eigenes phänomenologisches Fragen die von Husserl entdeckte Intentionalität aufgreift und fruchtbar macht, und zum anderen, daß Husserl gerade diesen Weg nicht gegangen ist, weil ihn die ihn bestimmende Sorge der Gewißheit daran hindert. Die Verunstaltung der Intentionalität sieht Heidegger darin, daß diese „weniger ausdrücklich als unausdrücklich immer als spezifisches theoretisches Sichverhalten gefaßt wird",[4] d.h. als ein Meinen-von-etwas, das die Blickrichtung für jede intentionale Analyse vorzeichnet. Dieses theoretische Meinen bildet zugleich das Fundament der mehrstufigen intentionalen Bewußtseinsweisen. Das Studium der Intentionalität ist überhaupt am Intentionalen des Erkennens orientiert. Entsprechend wird auch das Seiende in seinem intentionalen Gegebensein in der theoretischen Auffassung genommen. Das zeigt sich darin, daß das real Seiende als Naturding das Fundament bildet für alle anderen Seinsmöglichkeiten, wie die der Kultur und Geschichte, in denen es aufgefaßt werden kann. Die Vorherrschaft des theoretischen, d.h. vernehmenden und betrachtenden Erkennens der Natur ist aus der Sorge um die Gewißheit motiviert. Von der phänomenologischen Thematisierung der Evidenz betont Heidegger, daß alles, was Husserl darüber ausgeführt hat, allem bisher in der Philosophie darüber Gesagten weit überlegen sei. Denn Husserl habe die Evidenz zum ersten Mal auf einen geeigneten Boden gestellt. Evidenz ist für Husserl die Deckung von Gemeintem mit dem an ihm selbst Erfaßten. Dennoch ist zu sehen, daß Husserl nur die „Erfassungs- und Bestimmungsevidenz"[5] kennt, die analog auf

[1] M. Heidegger, *Einführung...*, a.a.O., S. 260.
[2] M. Heidegger, *Einführung...*, a.a.O., ebd.
[3] M. Heidegger, *Einführung...*, a.a.O., S. 262.
[4] M. Heidegger, *Einführung...*, a.a.O., S. 271.
[5] M. Heidegger, *Einführung...*, a.a.O., S. 273.

die übrigen Verhaltensweisen und deren Evidenz übertragen wird. Darin zeigt sich aber eine Verunstaltung des Evidenz-Phänomens durch die herrschende Sorge um erkannte Erkenntnis. Denn für Heidegger beginnt „die eigentliche Evidenzfrage in fundamentalem Sinn erst (...) mit der Frage nach der spezifischen Evidenz des Zuganges zu einem Sein und des Erschließens dieses Seienden“.[1] „Erst innerhalb dieses so gefaßten Phänomens hat die theoretische Evidenz ihre Stelle“.[2] Während für Husserl phänomenologische Erkenntnis erst dann gültige wissenschaftliche Erkenntnis wird, wenn sie durch die eidetische Reduktion Wesenserkenntnis im strengen Sinne ist, wird für Heidegger die phänomenologische Forschung gerade durch diese Methode verunstaltet. In der eidetischen Erkenntnis sollen die Grundgattungen und die ihnen untergeordneten Arten der Bewußtseinserlebnisse gewonnen werden. Die eidetische Reduktion bewegt sich in den ontologischen Bestimmungen von Gattung, Art, spezifischer Differenz und eidetischer Sigularität, d.h. in Kategorien, „die ihren bestimmten Boden haben und über ein solches Sein wie Bewußtsein nichts sagen“.[3] Damit werden durch die eidetische Reduktion ontologische Bestimmungen anderer Herkunft auf das Bewußtsein übertragen. Von hieraus kommt Husserl schließlich dazu, die Idee einer Mathesis der Erlebnisse zu konzipieren, d.h. rein apriori die reinen Möglichkeiten der Erlebnisse zu bestimmen. Hier zeigt sich wieder ganz deutlich, wie Husserl die phänomenologische Maxime „Zu den Sachen selbst“ auslegt. Die Sachen selbst sind die Bewußtseinserlebnisse, sofern sie nicht nur der transzendentalen, sondern auch der eidetischen Reduktion unterworfen werden. Innerhalb der Sorge um erkannte Erkenntnis, die die Sorge ist, in der die transzendentale Phänomenologie Husserls steht, kann es nicht dazu kommen, das „Leben selbst in seinem eigentlichen Sein zu verstehen und die Frage nach seinem Seinscharakter zu beantworten“.[4]

4. Die Sorge um die Freigabe des Daseins selbst

Heideggers Antwort auf Husserls Freiburger Phänomenologie des transzendentalen Bewußtseins ist die hermeneutische Phänomenologie des Daseins. Hier ist an Heideg-

[1] M. Heidegger, *Einführung...*, a.a.O., ebd.
[2] M. Heidegger, *Einführung...*, a.a.O., ebd.
[3] M. Heidegger, *Einführung...*, a.a.O., S. 274.
[4] M. Heidegger, *Einführung...*, a.a.O., S. 275.

gers eigene Kennzeichnung seines Verhältnisses zu Husserl während der Zeit von 1918 bis 1923 aus *Sein und Zeit* zu erinnern.

> „Wenn die folgende Untersuchung einige Schritte vorwärts geht in der Erschließung der 'Sachen selbst', so dankt das der Verf. in erster Linie E. Husserl, der den Verf. während seiner Freiburger Lehrjahre durch eindringliche persönliche Leitung und durch freieste Überlassung unveröffentlichter Untersuchungen mit den verschiedensten Gebieten der phänomenologischen Forschung vertraut machte.“[1]

Und ferner heißt es an derselben Stelle: „Die folgenden Untersuchungen sind nur möglich geworden auf dem Boden, den E. Husserl gelegt, mit dessen *Logischen Untersuchungen* die Phänomenologie zum Durchbruch kam.“[2] Die Untersuchung von *Sein und Zeit*“ geht „einige Schritte vorwärts (...) in der Erschließung der 'Sachen selbst'„, indem sie durch ein freieres Sichüberlassen der phänomenologischen Maxime die in der Phänomenologie des Bewußtseins verdeckte Möglichkeit der Phänomenologie des Daseins ergreift. Was schließlich in *Sein und Zeit* als hermeneutische Phänomenologie des Daseins vorgelegt wird, beginnt 1919 unter dem Namen der vortheoretischen Urwissenschaft vom Leben und Erleben und erhält anschließend die Namen der Ursprungswissenschaft vom faktischen Leben, der ontologischen Phänomenologie und der Hermeneutik der Faktizität. So wie Husserl in seiner Phänomenologie des Bewußtseins die Grundlegung der Philosophie im ganzen anstrebt, so sucht Heidegger bereits seit dem Kriegsnotsemester 1919[3] unter dem Titel der vortheoretischen Urwissenschaft vom Leben und Erleben, die Idee der Philosophie und damit die Philosophie im ganzen neu zu gründen. Dabei geht es vor allem um die hermeneutisch-phänomenologische Freilegung des Lebens und Erlebens in seinem vortheoretischen Charakter, der als solcher noch nie von der Philosophie, auch nicht von der griechischen Philosophie, gesehen und bestimmt wurde. Wenn sich Heidegger auch für die Gewinnung des vortheoretischen Lebens auf die phänomenologische Methode des Rückgangs auf die Sachen selbst beruft, so setzt hier gerade seine Kritik an Husserl ein, der die Phänomenologie und d.h. ihr Prinzip am Vorrang des Theoretischen orientiert. Diese schon auf die griechische Philosophie zurückgehende Vorherrschaft des theoretischen Erkennens und Denkens ist es, die in der philosophischen Be-

---

1 M. Heidegger, *Sein und Zeit.* Einzelausgabe Tübingen 1986[16], S. 38; Gesamtausgabe Bd. 2. Hg. v. F.-W. v. Herrmann. Frankfurt a.M. 1977, S. 52.

2 M. Heidegger, *Einführung...*, a.a.O., ebd.

3 M. Heidegger, *Die Idee der Philosophie und das Weltanschauungsproblem.* In: Zur Bestimmung der Philosophie. Gesamtausgabe Bd. 56/57. Hg. v. B. Heimbüchel. Frankfurt a.M. 1987.

handlung der Seele, des Lebens oder des Geistes niemals dazu geführt hat, daß das Leben frei, d.h. ohne den Vorgriff auf das Theoretische, von ihm selbst her begegnen konnte. Indem dieser Vorgriff als ein nicht aus den Sachen selbst gegründetes Vorurteil eingesehen und das Leben selbst in die Möglichkeit versetzt wird, sich in seinem eigensten Seinscharakter zeigen zu können, eröffnet sich eine bislang verhüllt gebliebene Sachdimension, innerhalb deren die Philosophie eine neue Grundlegung erfährt. In diesem Sinne heißt es in der ersten Marburger Vorlesung:

> „Sofern nun aber für uns heute die ausgezeichnete Lage besteht, daß durch die Herrschaft der Sorge der Wissenschaftsausbildung alle Lebensgebiete und Seinswelten in einer eigentümlichen Weise theoretisiert sind, entsteht die Grundaufgabe, erst einmal hinter diese Theoretisierung zurückzugreifen, um aus dem Dasein selbst die mögliche Grundstellung neu zu gewinnen.".[1]

Der Vorrang des Theoretischen in der Auslegung des Lebens und Erlebens gehört in die Wesensbestimmung des Menschen als des vernünftigen Lebewesens, auf die sich Husserl eigens noch einmal in seiner letzten großen Arbeit *Die Krisis der europäischen Wissenschaften und die transzendentale Phänomenologie*[2] beruft. Diese Wesensbestimmung bildet in der überlieferten Philosophie den ausdrücklichen oder unausdrücklichen Leitfaden für alle philosophischen Fragen. Husserls Auslegung der phänomenologischen Maxime „Zu den Sachen selbst" ist ebenfalls bestimmt durch jenen Leitfaden. Wird von Heidegger die Vorherrschaft des Theoretischen als ein Vorurteil sowohl der überlieferten Philosophie als auch der Husserlschen Auslegung der Phänomenologie eingesehen, dann tritt an die Stelle des bisherigen philosophischen Leitfadens das vor-theoretische Leben bzw. das Dasein als neuer und künftiger Leitfaden der Philosophie. Die hermeneutische Phänomenologie des vortheoretischen Daseins in *Sein und Zeit* ist die Ausarbeitung des neuen Leitfadens der Philosophie. Diese Ausarbeitung befolgt in jedem ihrer Schritte das von der Vorherrschaft des Theoretischen befreite phänomenologische Prinzip „Zu den Sachen selbst". In dieser ausdrücklichen phänomenologischen Sichtweise, das Dasein von ihm selbst her frei begegnen zu lassen, müssen auch die Analysen in der Auslegung mitvollzogen werden. Transzendenz und Horizont bilden in ihrer Zusammengehörigkeit die Grundstruktur des Daseins. Diese transzendental-horizontale Struktur des Daseins ist es, die Heidegger im Übergang in das seinsgeschichtliche Ereignis-Denken überwindet, nicht aber die hermeneutisch-phä-

---

1 M. Heidegger, *Einführung...*, a.a.O., S. 269.

2 E. Husserl, *Die Krisis der europäischen Wissenschaften und die transzendentale Phänomenologie.* Husserliana Bd. VI. Hg.v. W. Biemel. Den Haag 1954, S. 13.

nomenologischen Einsichten in die Seinsweise und Seinscharaktere des Daseins. Denn das Dasein als geworfener und das heißt nun als ereigneter Entwurf gehört in das Ereignis. Auch die Erfahrung der Geschichtlichkeit des Seins und der Zusammengehörigkeit von Sein und Dasein als Ereignis bleibt bestimmt durch das Auszeichnende der Phänomenologie, das sich in dem Ruf „Zu den Sachen selbst" ausspricht. Denn wenn sich das seinsgeschichtliche Denken als ein solches bestimmt, das nicht „über" das Sein, sondern „aus" dem Sein selbst denkt, nämlich jeweils das, was sich im ereignenden Zuwurf als das in den denkenden Entwurf Aufzunehmende zeigt, dann weiß sich auch noch das Ereignis-Denken allein „den Sachen selbst" verpflichtet. Die entscheidende Antwort Heideggers auf Husserls Freiburger Phänomenologie liegt in der Vorbehaltlosigkeit, mit der er dem Ruf des von Husserl formulierten phänomenologischen Grundprinzips „Zu den Sachen selbst" gefolgt ist. Seine Kritik an der Husserlschen Phänomenologie ist eine zu höchst phänomenologische Kritik, die sich aus dem radikaleren Ergreifen der phänomenologischen Maxime ergibt. Die Radikalität, in der mit dieser Maxime Ernst gemacht wird, ist die prinzipielle phänomenologische Einsicht, daß das Erste in der phänomenologischen Philosophie nicht eine vorgefaßte Idee wissenschaftlicher Erkenntnis sein darf, daß ihr Erstes vielmehr das freie Begegnenkönnen der Sachen selbst sein muß, das seinerseits erst den Charakter der Wissenschaftlichkeit vorzeichnet. Das, was Heidegger für seinen eigenen phänomenologischen Weg Husserl verdankt, sagt er im Vorwort zu seiner letzten frühen Freiburger Vorlesung *Ontologie (Hermeneutik der Faktizität)* in einer unüberbietbaren Weise: „die Augen hat mir Husserl eingesetzt".[1]

---

[1] M. Heidegger, *Ontologie (Hermeneutik der Faktizität)*. Gesamtausgabe Bd. 63. Hg. v. K. Bröcker-Oltmann. Frankfurt a.M. 1988.

Transcendental Reflection, Orientation and Reflective Judgment

von Rudolf A. Makkreel (Atlanta, Georgia)

Kant uses the adjective „transcendental" in a wide variety of contexts which must be considered if one is to determine what is meant by transcendental philosophy. Thus he speaks of the transcendental in relation to concepts, ideas, judgments, principles, laws, even freedom and purposiveness. One way to circumscribe the possible meanings of the transcendental is to focus on the actual philosophical operations that are assigned this label. In the *Critique of Pure Reason* we find three such philosophical operations: transcendental exposition, transcendental deduction, and transcendental reflection. The focus of this essay will be on transcendental reflection and how it diverges from the other two transcendental operations.

Dieter Henrich has recently challenged standard accounts of the transcendental deduction of the categories by claiming that such a deduction must be „built upon a reflective knowledge."[1] His aim is to show that the „rigidity" of the investigative goals of the deduction must be tempered by the „loose generality of reflection."[2] Having argued myself that the transcendental conditions of determinant judgment are different in kind from the transcendental conditions of reflective judgment, I find myself in sympathy with Henrich's general strategy of expanding the notion of the transcendental, but disagreeing with him on some important points. For Henrich the goals of reflection must be incorporated into the project of the deduction to make experience possible. As I see it, reflection is less involved in the c o n s t i t u t i o n of our experiences than in the i n t e r p r e t a t i o n of the overall coherence

---

1 D. Henrich, „*Kant's Notion of a Deduction and the Methodological Background of the First Critique,*" in *Kant's Transcendental Deductions*, ed. by Eckart Förster, Stanford: Stanford University Press, 1989, p. 43.
2 D. Henrich, „*Kant's Notion of a Deduction*", p. 46.

of our experiences.[1] To consider the extent to which reflection can precede and/or follow the determinant claims of knowledge, Kant's discussions of pre-judgments, preliminary judgments, and prejudices will be brought into relation with his theory of reflective judgment. The role of judgment in relation to Kant's overall critique of reason will be stressed.[2]

We will find that the transcendental operations of exposition and deduction tend to converge toward a general ontological explanative function. These two operations conform to the standard foundational sense of the transcendental. Transcendental reflection, however, will be shown to have a quite different orientational sense. Moreover, on the basis of a threefold distinction between preliminary, determinant and reflective judgments, it will be possible to distinguish between 1) certain orientational functions of transcendental reflection that relate back to the transcendental exposition of the forms of aesthetic sensibility and 2) other orientational functions that are interpretive and point forward to reflective judgments about aesthetic feeling.

The Transcendental as Explanative and Ontological

In the Transcendental Aesthetic of the *Critique of Pure Reason* Kant provides a transcendental exposition of the two a priori forms of sensibility, space and time. Their transcendental exposition is contrasted with a metaphysical exposition, the difference being that one focuses on possibility, the other on givenness. Kant first introduces the metaphysical exposition of space when he writes: „By exposition (expositio) I mean the clear, though not necessarily exhaustive representation of that which belongs to a concept: the exposition is metaphysical when it contains that which exhibits the concept as given a priori."[3] The metaphysical exposition of space shows it to be given as an a priori intuition, but since it is not exhaustive it is supplemented with a transcendental exposition. Kant defines the latter as „the explanation of a concept, as a principle from which the possibility of other a priori synthetic knowledge can be understood"[4]. Thus, the

1 See Rudolf A. Makkreel, *Imagination and Interpretation in Kant: the Hermeneutical Import of the „Critique of Judgment"*, Chicago: The University of Chicago Press, 1990, pp. 1-6, 33-37, 111-171.

2 Cf. also Manfred Riedel, who reflects on Kant's phrase „Kritik einer a priori urteilenden Vernunft," in *Urteilskraft und Vernunft: Kants ursprüngliche Fragestellung*, Frankfurt: Suhrkamp, 1989, pp. 11, 13, 15.

3 I. Kant, *Critique of Pure Reason* (hereafter C1), trans. Norman Kemp Smith. New York: St. Martin's Press, 1965, A 23/B38.

4 C1, B 40.

transcendental exposition of space serves to explain the possibility of geometrical knowledge. It can explain this possibility only by showing that the a priori form of space derives from the subject's power to intuit.

Whereas space and time as forms of our sensibility require a metaphysical and transcendental exposition, the categories of the understanding are said to require a metaphysical and transcendental deduction. Kant's metaphysical deduction of the categories consists of proving their a priori origin „through their complete agreement with the general logical functions of thought“[1]. Thus in sections two and three of „The Transcendental Clue to the Discovery of All Pure Concepts of the Understanding,“ Kant attempts to prove the a priori status of the table of twelve categories by correlating them with the twelve-fold logical table of judgment. The metaphysical deduction clarifies the categories by showing their agreement with traditionally accepted forms of logical judgment. The transcendental deduction of the categories goes beyond this doctrinal, even question-begging, procedure, by showing „their possibility as a priori modes of knowledge of objects of an intuition in general“[2]. Here again the move from the metaphysical to the transcendental is one from clarifying what is given to explaining its possibility. Thus, Kant continues by saying, „We have now to explain the possibility of knowing a priori, by means of categories, whatever objects may present themselves to our senses, not indeed in respect of the form of their intuitions, but in respect of the laws of their combination, and so, as it were, of prescribing laws to nature, and even of making nature possible“[3].

Dieter Henrich has reminded us that Kant's notion of a deduction has a legal background. Deductions were used in the Holy Roman Empire to justify claims „about the legitimacy of a possession or a usage.“[4] To decide whether or not a claim is justified it is necessary to take it back to its origin, which is some „factum, meaning both 'fact' and 'action',“[5] whereby the right is acquired. Here Henrich notes that origin is not just a matter of factual genesis (quid facti), but also of legitimacy (quid juris). He refers to the distinction that Kant makes between Locke's empirical deduction of our knowledge, which concerns the physiological derivation of our knowledge, and a transcendental deduction. But if the idea of the non-developmental origin involved in the transcendental deduction is to

[1] C1, B 159.
[2] C1, B 159.
[3] C1, B 159, 160.
[4] D. Henrich, *„Kant's Notion of a Deduction“* p. 34.
[5] D. Henrich, *„Kant's Notion of a Deduction“* p. 35.

make any sense, it must be related to what Kant calls the metaphysical deduction. Qua transcendental project, the deduction is an explanation of the indispensability of the categories, not of their origin. We have seen that the metaphysical exposition of the forms of sensibility and the metaphysical deduction of the categories point to an a priori origin. Thus, if there is, as Henrich claims, a historical, finite aspect to Kant's deduction of the categories that makes it much more complex than a mere syllogistic deduction or proof on the one hand or a mere empirical deduction or derivation on the other, then we need to admit an integral relation between the metaphysical and transcendental deductions. But Henrich never mentions the metaphysical deduction.

Another way of formulating the difference between a metaphysical and a transcendental deduction is suggested by Kant's distinction in the *Critique of Judgment* of the difference between a metaphysical and a transcendental principle of purposiveness. A principle is transcendental if it articulates the sole universal a priori conditions whereby things can become objects of our cognition in general. But a principle is metaphysical „if it represents the a p r i o r i condition under which alone objects, whose concept must be empirically given, can be further determined a p r i o r i."[1] Kant gives the following examples of the difference when speaking of bodies as changeable substances: a transcendental principle of bodily change merely requires a cause, a metaphysical principle of such change seeks an external cause. A transcendental principle uses only „ontological predicates" according to Kant;[2] a metaphysical principle introduces some empirical content, although its determinations about it are a priori. The principle of purposiveness of the *Critique of Judgment* is transcendental or purely ontological because it only refers to objects of possible empirical cognition in general and contains nothing empirical. However, the principle of practical purposiveness is metaphysical because it involves the determination of a free will, which as the faculty of desire „must be given empirically"[3].

If we go back to Kant's own discussion of the Second Analogy in the *Critique of Pure Reason* one may wonder whether he lives up to this purely ontological definition of transcendental philosophizing. At A195/B240 for instance, he writes: „If then we experience that something happens, we in so doing always presuppose that s o m e t h i n g p r e c e d e s i t on which it follows according to a rule" (emphasis added). Causality in the Second Analogy already seems to have built into it the no-

---

[1] I. Kant, *Critique of Judgment* (hereafter C3), trans. J. H. Bernard, New York, Hafner Press, 1984, Introduction, 17.

[2] C3, Intro., 17.

[3] C3, Intro., 18.

tion of a prior and external source. Later in the same paragraph Kant speaks of causality as a determination by a preceding state, which could be that of the same object. A prior state would not necessarily involve spatial externality, but it still requires a temporal distinctness that cannot be fully disassociated from the notion of externality. Thus it may be that the ontological category of causality cannot be disassociated from metaphysical concepts just as time cannot be fully separated from space. In the B Deduction Kant admits that we can represent time only by attending to the succession involved in the act of synthesis that produces an imaginary time line. This awareness of succession presupposes motion qua act of a subject, as distinct from the empirical motion of empirical objects. But even pure motion involves „the describing of a space" and a reference to „outer intuition in general". [1] If this reference to the externality of spatial relations is allowed to enter the transcendental considerations of the B Deduction, then it becomes unclear why Kant would have said in the *Critique of Judgment* that the concept of an external cause is already metaphysical. It seems legitimate to conceive of externality on a transcendental level without reference to specific empirical content.

Although it seems to be the case that the transcendental concept of causality already has externality built into it, it is possible to argue that we also have a transcendental idea of causality that overcomes this externality, namely, the thought of freedom as a spontaneous cause which begins of itself. [2] This would be a pure ontological idea of causality. To then distinguish a metaphysical concept of causality from the two above mentioned modes of causality, would require it to contain something more than externality–it must have some reference to empirical content in a general way. One could conceive this along the lines that Kant in the *Critique of Judgment* specifies nature into different regions such as the organic and the inorganic, each with its own mode of causality. Metaphysical causality would accordingly specify a particular kind of natural causality, such as a mechanistic conception of causality.

Transcendental Reflection and Prejudgmental Knowledge

We turn now to the third transcendental operation discussed by Kant, namely, transcendental reflection. In an appendix to the Analytic of the *Critique of Pure Reason* entitled „The Amphiboly of Concepts of Reflection," Kant defines reflection

---

1 C1, B155n.

2 See C1, A446/B474, A448/B476.

(Überlegung [reflexio]) as „that state of mind in which we first set ourselves to discover the subjective conditions under which [alone] we are able to arrive at concepts".[1] Kant then distinguishes between logical reflection, which considers concepts purely in terms of their form, and transcendental reflection which also considers their content. Here the distinction between transcendental and metaphysical operations is replaced by that between transcendental and logical operations. Logically, all concepts belong to the understanding, so that logical reflection is a mere comparative activity that distinguishes them according to identity and difference, agreement and opposition.

„Transcendental reflection, on the other hand, since it bears on the objects themselves, contains the ground of the possibility of the objective comparison of representations with each other".[2] Here the objective content of concepts is considered according to its relation to the two basic cognitive faculties, namely, sensibility and understanding. In addition to the comparative concepts of identity and difference, agreement and opposition, transcendental reflection also considers the comparative concepts „of the inner and the outer, and finally of the determinable and the determination (matter and form)".[3] It is crucial to locate the source of a concept in either sensibility or understanding, for each of these pairs of concepts will then be applied differently. If a concept derives from the pure understanding, then its matter is prior to its form, but if it derives from sense, then form will precede matter. Similarly, if a concept singles out an object of pure understanding, it will always be identical, but if it singles out an object of sensibility then difference will prevail. Arguing against Leibniz's principle of the identity of indiscernibles, Kant writes: „even if there is no difference whatever as regards the concepts, difference of spatial positions at one and the same time is still an adequate ground for the numerical difference of the object, that is, of the object of the senses".[4]

Henrich points out that Kant's theory of reflection is „utterly different from the meaning of 'reflection' that became current in post-Kantian philosophy."[5] For one thing, he says that reflection is not introspective, but accompanies operations as „an awareness of what is specific to them."[6] I agree with these claims, but disagree with

---

1 C1, A260/B361.
2 C1, A262/B319.
3 C1, A261/B317.
4 C1, A263/B319.
5 D. Henrich, „*Kant's Notion of a Deduction*" p. 42.
6 D. Henrich, „*Kant's Notion of a Deduction*" pp. 42-43. In Imagination and Interpretation in Kant, I also relate reflection to specification. See ch. 3.

the further one that the deduction of the first *Critique* is „built upon a reflective knowledge."[1] Henrich's account of reflective knowledge appeals to Kant's theory of „preliminary judgments," which deals with judgments that are made when there is not enough evidence to arrive at a determinant judgment. In order to decide whether preliminary judgments have the transcendental function of being presupposed by the deduction of the categories, we will have to examine the lectures on logic that Kant gave throughout his life.

In the *Logik Blomberg* Kant discusses both preliminary (vorläufige) judgments and prejudices (Vorurtheile) under the common heading of pre-judgment (Präjudicium).[2] In the Logic that Jäsche published in 1800, preliminary judgments are described as „maxims for investigating a subject-matter. One could also, Kant continues, „call them anticipations because one already anticipates one's judgment about a matter prior to having a determinate judgment".[3] A prejudice is like a preliminary judgment in anticipating more than the evidence warrants, but instead of being a maxim which is recognized as subjective, it is assumed to be a principle which is also objective. Whereas a preliminary judgment is indeterminate and subjective, a prejudice could be said to be pseudo-determinate and pseudo-objective. Prejudice arises when „subjective reasons are falsely held to be objective because of a lack of the kind of reflection (Überlegung) that should precede all judging".[4]

Thus we can conclude that preliminary judgments can be considered as good pre-judgments and prejudices as bad pre-judgments. This complicates the picture painted by Hans-Georg Gadamer, namely, that the Enlightenment was blind to the wisdom embodied in the pre-judgments of traditions. All the more striking is the fact that in the *Logik Blomberg*, Kant is quoted as saying that one should not immediately reject each and every prejudice! Instead one should „test them and inquire whether something good may yet be found in them." Then, anticipating Gadamer's well-known claim that an outright discreditation of prejudice is itself a prejudice,[5] Kant says: „It is possible to encounter a kind of prejudice against prejudice, namely, when one rejects virtually everything which has arisen by means of prejudices".[6] A

1 D. Henrich, „*Kant's Notion of a Deduction*," p. 43.

2 I. Kant, *Gesammelte Schriften*, herausgegeben von der Preussischen Akademie der Wissenschaften zu Berlin (hereafter Ak) (Berlin: Walter de Gruyter, 1902-83), 24.1:161.

3 Ak 9:75.

4 Ak 9:76.

5 See Hans-Georg Gadamer, *Truth and Method*, second revised edition, New York: Crossroad Publishing Corporation, 1989, p. 276.

6 Ak 24.1:169.

prejudice may thus be true in content, although it will always be false according to its form in that the truth is arrived at inadequately, i.e., without reflection.

There is, as Henrich suggests, reflection involved in preliminary judgments and it is this reflection that keeps them from becoming prejudices. But reflection does not define the content of the preliminary judgment. Instead, it defines the relation of the judgment back to its sources, for to reflect is to „see to which power of cognition a cognition belongs“.[1] When reflection indicates that the source of a preliminary judgment is merely subjective, then we are put on notice that it cannot become a determinant judgment without further objective investigation. However, the content of the preliminary judgment is already directed at the object to be further investigated–this content is indeterminate but it is on the way to becoming a determinate judgment. There is therefore no special „reflective knowledge“ involved in a preliminary judgment. The reflection involved in it holds us back from making a final judgment about an object. Since we will later speak of reflective judgments, we should also point out that reflection here is not to be confused with the content of a reflective judgment. Thus whereas reflection will hold me back from prematurely deciding whether the flower I see is an anemone, I can already make the reflective judgment that the flower is beautiful before concluding what kind of flower it really is.

Given this special nature of reflection as discussed in the *Logic*, I cannot agree with Henrich's claim that preliminary judgments provide a „reflective knowledge“ on which the transcendental deduction of the *Critique of Pure Reason* is to be „built.“[2] A preliminary judgment is an indeterminate empirical judgment that temporally precedes a determinate empirical judgment, but it has no a priori status that is of any relevance to the question of how knowledge of objects in general is possible. If, however, we do not objectify the results of reflection into a kind of reflective knowledge, then it does make sense to consider whether any of Kant's claims about reflection in the *Critique of Pure Reason* are presupposed by the investigative question how knowledge of objects is possible. For instance, what Kant attributes to reflection in general, namely, the process of discovering the subjective conditions necessary for arriving at concepts, may also be foundational for a deduction of the a priori concepts necessary for the constitution of objects of experience. The specifically transcendental concepts of reflection— inner versus outer, matter versus form— are used prominently as early as in the Transcendental Aesthetic and could thus be said to be part of a transcendental exposition and presupposed by the

1 Ak 9:73.
2 D. Henrich, „*Kant's Notion of a Deduction,*“ p. 43.

transcendental deduction. Yet much of what Kant goes on to say about transcendental reflection seems to assume that we already have knowledge of objects, i.e., representations that have been acquired of objects are referred back to the faculties of the knowing subject. In the final analysis, Kant indicates that transcendental reflection considers whether the concept of an object refers to „something or nothing".[1] By then specifying the various senses of thingness and nothingness, Kant is clearly moving beyond the sphere of the transcendental deduction.

Another point to consider in evaluating Henrich's claim is that the comparative concepts of transcendental reflection are very different from the synthetic categories of the transcendental deduction that make knowledge of objects possible. Reflective concepts do not contribute to the process of synthesizing representations necessary for the constitution of objective unities. They merely orient us to the types of things that we have already come to know or think about. That is why Kant speaks of reflection instituting a transcendental topology. Could it be that transcendental reflection allows us to make the transition from a purely ontological transcendental deduction of objects in general to a topological projection of the various regions of being?

This relation between transcendental reflection and a topological framework can be developed by also considering what Kant says about the human subject orienting itself in his essay „What Is Orientation in Thinking" (1786) and about reflective judgment in his *Critique of Judgment*. Doing so will allow us to distinguish preliminary aspects of reflection that precede the constitutive claims of the deduction of the *Critique of Pure Reason* from some ultimate investigative aspects of reflection that Kant assigns to reflective judgment. As a consequence we can see that a transcendental concept of reflection (Reflexion) stands midway between the original reflection (Überlegung) presupposed by the deduction and the final reflective (reflektierende) judgments about the systematic ordering of our experience in the *Critique of Judgment*. More importantly, I will show that all these modes of reflection are concerned with orientation.

Orientation and Reflective Judgment

Before explicating reflective orientation, it is necessary to consider what Kant means by spatial orientation. He describes spatial orientation as a process whereby I

[1] C1, A290/B346.

proceed from one quadrant of my field of vision to the other three that make up my horizon. I relate what I see in front of me to the other quadrants by means of a „feeling of a distinction concerning my own subject, namely, that of my right and left hand."[1] This distinction between right and left relates to my own hands, but is not based simply on empirical intuitive evidence. In terms of empirical content my left and right hands are indiscernible. According to Kant I rely on a feeling to make the „a priori determination" [2] that my left and right hands are oriented differently, and I apply this feeling to also relate the quadrants of my spatial field into a coherent perspective on objective nature. The feeling of orientation involved is subjective, but not in any private sense, for it is already aimed at bodies in a public environment.

After characterizing orientation in spatial terms, Kant proceeds to apply it to thought as it transcends the bounds of my experience of nature. To orient myself in thought is to allow myself to be guided by a subjective principle of reason when objective principles are not available. Accordingly, Kant traces the rational idea of God back to a subjectively „felt need of reason".[3] He claims that Moses Mendelssohn's appeal to the idea of God on the basis of a so-called sound (gesunde) or common (gemeine) reason is really an appeal to a feeling rooted in a subjective maxim of reason or a natural faith (Vernunftglauben).

Kant's essay „What Is Orientation in Thinking?" thus distinguishes two feelings of orientation: the one makes possible the bodily orientation of the perceiving self to a natural realm and the other the mental orientation of the thinking self to the supernatural realm. In the *Critique of Judgment*, however, Kant speaks also of judgment orienting itself, which suggests the possibility of a specifically judgmental mode of orientation. He points out that the reflective principle of purposiveness provides us „with concepts amid the immense variety of nature (so that judgment can orient itself [orientiren zu können]".[4] The concepts of purposiveness used to orient reflective judgment concerning a possible order in nature's immense variety can be either aesthetic or teleological. On the level of judgment, it is therefore possible to introduce two reflective counterparts to orientation in space and thought: an aesthetic orientation based on our response to beauty and sublimity, and a teleological orientation based on a recognition of natural and cultural purposes. Kant de-

---

1 I. Kant, *„What Is Orientation in Thinking?"*, trans. L. W. Beck, in Kant's „Critique of Practical Reason" and Other Writings on Moral Philosophy, ed. L. W. Beck (Chicago: University of Chicago Press, 1949), 295; Ak 8:134.

2 Ak 8:135.

3 Ak 8:139.

4 C3, Intro.; Ak 5:193.

fined the positive pleasure found in beauty as the simple feeling of the enhancement of our life. The sublime involves a negative pleasure which is described as a complex feeling of both a restriction and release of the vital powers. These aesthetically charged feelings of life can be said to orient us as we judge the things around us as either adding to or detracting from the value of our existence, thus allowing us to estimate the place of the self in the world. Hermeneutically this constitutes the basis for contextual understanding.

To arrive at what I propose as the second or teleological mode of reflective orientation, we can relate what Kant says about the sensus communis in §40 of the *Critique of Judgment* to his reflections on what it is in human beings that makes them the ultimate purpose of nature. „In order to find out," says Kant, „we must seek out what nature can supply to prepare [man] for what he must himself do in order to be a final purpose".[1] The answer lies in culture rather than happiness, communal goals rather than private ends. And in the process of furthering human culture, the sensus communis is indispensable, for it allows the judgment of the individual to be oriented to the larger perspective of the community. As I have shown elsewhere, the sensus communis provides the basis for what Kant calls the enlarged modes of thought and interpretation necessary for an understanding of human culture.[2] Kant defines the sensus communis as an a priori sense: „a sense common to all, i.e., a faculty of judgment which, in its reflection takes account (a priori) of the mode of representation of all other men in thought, in order, as it were, to compare its judgment with the collective reason of humanity, and thus to escape the illusion arising from the private conditions that could be so easily taken for objective".[3] The sensus communis orients reflective or interpretive judgments about the views and values of others in the community by means of a feeling that is „universally communicable. . . without the mediation of concepts".[4] This reflective feeling of orientation can be said to estimate the relative positions of self and other in the public world.

Having characterized the sensus communis as an a priori mode of feeling, we must also clarify the status of the rationally felt need to which it is the reflective counterpart. Although Kant speaks of a „felt need of reason" that can orient thought, he adds in a footnote that strictly speaking „reason does not feel; it recognizes a lack and produces the feeling of a need through the cognitive impulse. In

1 C3, §83, 281; emphasis added.
2 I. Kant, *Imagination and Interpretation in Kant*, ch. 8.
3 C3, §40, 136.
4 C3, §40, 135; Ak 5:293.

this regard it is akin to moral feeling".[1] Both the feeling of a need and the feeling of respect for the moral law are effects of reason. Just as the moral feeling of respect is pure in not being pathologically induced, so a felt need of reason can be said to be pure. But unlike the sensus communis, it cannot be considered a priori, since it is an effect, albeit of reason.

Earlier we claimed that only some of what Kant said about reflection in the *Critique of Pure Reason* is presupposed by the transcendental deduction. Now we must consider what if anything that has been claimed about orientation and reflective judgment can also be regarded as presupposed by the deduction of the categories. Spatial orientation might be because it is necessary for our geometrical intuitive knowledge. Since mental orientation involves claims that transcend experiental knowledge, it clearly is not presupposed. The feeling of life that allows us to discriminate beauty and sublimity, and the sensus communis that allows us to broaden our mode of thought by considering the point of view of others, both seem to transcend the concern to demonstrate that knowledge of experiential objects is possible. They both orient us to a more systematic world order, whether it be natural or cultural. Only to the extent that the sensus communis is also appealed to „as the necessary condition of the universal communicability of our knowledge",[2] can it be relevant to Kant's transcendental deduction of the categories.

The transcendental deduction is supposed to explain the ontological possibility of experiencing objects. But transcendental reflection, whether it involves the reflective concepts of inner and outer, of matter and form from the first *Critique* or the principle purposiveness from the third *Critique*, seems to open up larger systematic or interpretive questions. The metaphysical exposition of space and time took these forms to be subjectively given (gegeben). Similarly, the metaphysical deduction of the categories used the logical table of judgments as a given guide. When transcendental reflection orients us to the overall order of what is given, its comprehension is still an unfinished task (aufgegeben).

Conclusion

Concerning the transcendental exposition of space and time and the transcendental deduction of the categories, we can say that the term „transcendental" refers to the explanation of the possibility of something by means of some indispensable

[1] Ak 8: 139-40n.
[2] C3, §21, 76.

condition. Thus in relation to the problems of determinant judgment about objects of experience, transcendental philosophy is explanative in what we have called an ontological sense. Here the transcendental grounds the possibility of the scientific knowledge of nature. Transcendental reflection, by contrast, makes no explanative claims. When applied back to the aesthetic conditions of sensibility it establishes space and time as the a priori forms for intuiting a world in the mathematical sense. So applied, the transcendental is orientational in a way that points back to pre-reflective conditions. However, when transcendental reflection is applied forward to the systematic concerns of reflective judgment, orientation becomes interpretive. It projects not just a mathematical world or scientific nature, but a cosmos or overall cosmopolitan world-order in which I can locate my place. More specifically, the reflective feelings of orientation enable us to respond to the order of the cosmos and assent to or dissent from the consensus of the community.

From the standpoint of determinant judgment, the ego actively projects the a priori structures that constitute objects of experience and more or less passively receives their sense content as given. The feeling of life, as I have shown elsewhere, allows the ego to respond reflectively to these same givens.[1] Responsiveness goes beyond receptivity in that it expresses human attitudes. In reflective judgment human subjects can affirm that which furthers their life and expands their cultural horizon and can reject that which restricts and constricts. The orientational transcendental conditions of reflection thus become the basis of reflective judgments about–or interpretive responses to–the human cosmos.

[1] I. Kant, *Imagination and Interpretation in Kant*, pp. 105-107.

Heideggers Seinsfrage und die Entdifferenzierung der Weltbeziehungen

von Wolfgang Marx (Bonn)

Selbst wohlwollende Beurteiler der philosophischen Versuche, die Heidegger im Zusammenhang mit und nach der sogenannten 'Kehre' vorgelegt hat, können nicht umhinkommen, eine geradezu monströse, bisweilen fatal vereinfachende Sicht u.a. und gerade auf das politisch-gesellschaftliche Gebiet zu konstatieren. Nach dem verunglückten politischen Abenteuer 1933 sind Wissenschaft, Technik und Politik letztlich nichts anderes mehr als „Machenschaften", deren Grund im seinsgeschichtlich verankerten metaphysischen Unglück liegen soll. Das Programm einer „Überwindung der Metaphysik", das man durchaus als von der Absicht bestimmt lesen konnte, eine überall fehlgelaufene Entwicklung zu korrigieren und vielleicht sogar zum „Heilen" zurückzuführen, wurde schließlich aufgegeben: Im letzten Versuch, Sein und Zeit im Zusammenhang des sogenannten „Ereignisses" zu denken, das sich einer Es-Instanz verdanken soll, die Sein und Zeit g i b t, wird ausgeführt, „Sein ohne das Seiende denken, heißt: Sein ohne Rücksicht auf die Metaphysik denken. Eine solche Rücksicht herrscht nun aber auch noch in der Absicht, die Metaphysik zu überwinden. Darum gilt es, vom Überwinden abzulassen und die Metaphysik sich selbst zu überlassen". Mit dieser Äußerung wird nicht etwa der kultur- und zivilisationskritische Zusammenhang als solcher verlassen, wohl aber wird jede Aussicht auf eine eingreifende Therapie jedenfalls im Zusammenhang des Seins-Denkens ausgeschlossen. Heidegger hat mit dieser Äußerung im Vortrag *Zeit und Sein* den endgültigen Rückzug aus der Realität vollzogen. Diese endgültige Isolation des Seinsdenkens vom bereichsspezifischen Erschließen der Wirklichkeit im Ganzen kommt nicht von ungefähr und hat ihre Entsprechung in einer verblüffenden, bisweilen schockierenden Entdifferenzierung des Urteilsvermögens bezüglich der empirischen Realität. Dafür sollen drei Beispiele gegeben werden.

In den *Beiträgen zur Philosophie* aus dem Jahre 1936 (Ziff. 76) behauptet Heidegger allen Ernstes, daß das liberale Wesen der Wissenschaft und ihr Ideal der Objektivität „mit der politischen-völkischen 'Ausrichtung' sich nicht nur gut vertragen, sondern für diese unentbehrlich sind". Die völkische Organisation der Wissenschaft soll sich auf denselben Bahnen bewegen wie die „amerikanistisch" genannte. Diese Beurteilung bedarf eines Kommentares nicht. Unter dem Titel *Überwindung der Metaphysik* (XXIV) wird der folgende, nach dem Ende des Zweiten Weltkriegs geschriebene Text publiziert:

> „Der Krieg ist zu einer Abart der Vernutzung des Seienden geworden, die im Frieden fortgesetzt wird. Das Rechnen mit einem langen Krieg ist nur die bereits veraltete Form, in der das Neue des Zeitalters der Vernutzung anerkannt ist. Dieser lange Krieg geht in seiner Länge langsam über nicht in einen Frieden früherer Art, sondern in einen Zustand, in dem das Kriegsmäßige gar nicht mehr als ein solches erfahren wird und das Friedensmäßige sinn- und gehaltlos geworden ist. Die Irrnis kennt keine Wahrheit des Seins; dafür aber entwickelt sie die vollständig durchgerüstete Ordnung und Sicherheit jeglicher Planung in jedem Bezirk. .... Die moralischen Entrüstungen derer, die noch nicht wissen was ist, zielen oft auf die Willkür und den Herrschaftsanspruch der 'Führer' – die fatalste Form der ständigen Würdigung. Der Führer ist der Ärger, der nicht loskommt vom Verfolgen des Ärgernisses, daß jene nur dem Schein nach geben, da sie nicht die Handelnden sind. Man meint, die Führer hätten von sich aus, in der blinden Raserei einer selbstischen Eigensucht, alles sich angemaßt und nach ihrem Eigensinn sich eingerichtet. In Wahrheit sind sie die notwendigen Folgen dessen, daß das Seiende in die Weise der Irrnis übergegangen ist, in der sich die Leere ausbreitet, die eine einzige Ordnung und Sicherung des Seienden verlangt. Darin ist die Notwendigkeit der 'Führung', d.h. der planenden Berechnung der Sicherung des Ganzen des Seienden gefordert".

Nach dieser Einlassung sind also die Führer in den verschiedenen Bereichen von Politik, Wirtschaft und Gesellschaft gar nicht die Handelnden, also auch nicht die Verantwortlichen. Sie werden vielmehr betrachtet als die „notwendigen Folgen" des Ereignisses, das darin bestehen soll, daß das „Seiende in die Weise der Irrnis übergegangen ist". Dieses Ereignis nun verdankt sich einzig und allein – wie?, das bleibt das ewige Geheimnis – dem Seinsgeschick! Es wäre die Pflicht des Autors zu begründen, wie man den Modaloperator n o t w e n d i g für einen Zusammenhang verwenden können will, der sich doch jeder metaphysisch-wissenschaftlichen Konstruktion geradezu entziehen soll. Einer genauen Analyse der gesellschaftlich-politischen Welt und der wissenschaftlich-technischen Strukturen wird der Boden auf diese Weise entzogen. Schließlich sei noch ein drittes Beispiel für seinsdenkerische Entdifferenzierung gegeben. 1949 verlautbart der Denker, der ständig bemüht war, seine eigene Größe, versehen mit Bescheidenheitsgesten, hervorzukehren, die folgende unübertreffbare, unsägliche Schamlosigkeit:

„Ackerbau ist jetzt motorisierte Ernährungsindustrie, im Wesen das Selbe wie die Fabrikation von Leichen in Gaskammern und Vernichtungslagern, das Selbe wie die Blockade und Aushungerung von Ländern, das Selbe wie die Fabrikation von Wasserstoffbomben".

Diese Zumutung kann man nur kommentarlos übergehen; aber es gilt den Punkt zu fixieren, zu erfassen und zu analysieren, von dem her sich eine derart katastrophale Entdifferenzierung, die mitnichten 'großer Irrtum', sondern vielmehr fahrlässige Gedankenlosigkeit ist, verstehen läßt.

1964 kommentiert, verschärft Heidegger die von ihm und anderen aufgestellte, aber nie begründete Behauptung, die Philosophie sei an ihrem Ende angelangt. Die ganze Geschichte der Philosophie, auch dieser Gedanke ist nicht neu, wird als maßgeblich durch platonische Gedanken bestimmt gedacht, die lediglich in „abgewandelten Gestalten", letztlich immer wieder gleich sich wiederholt, sich wiederholen muß. Die Ausbildung der Einzelwissenschaften und die Entwicklung ihrer selbständigen Methoden besetzen das vormals von der Philosophie gehaltene Terrain. „So weit philosophisches Denken noch versucht wird, gelangt es nur noch zu epigonalen Renaissancen und deren Spielarten". Zu diesen Behauptungen ließe sich vieles sagen; hier sei nur knapp das Folgende bemerkt. Gewiß ist der Einfluß des platonischen Denkens auf die Entwicklung der Philosophie kaum zu überschätzen, aber deshalb kann man nicht einfach behaupten, daß der ganze Reichtum der bis heute entwickelten philosophischen Theorien sich darauf zurückwerten, reduzieren ließe, man könne in ihm lediglich Variationen platonischen Gedankengutes erkennen. Heidegger verbindet mit dieser pauschalen Unterstellung die Absicht, die Philosophie in toto darauf festzulegen, ein schon in der platonischen Philosophie ungedachtes Grundproblem bloß weitergeschleppt, nicht aufgegriffen, ja geradezu vergessen zu haben. Dieses Grundproblem bestehe darin, daß in allen klassischen Theorien, jedenfalls seit Platon, Wahrheit, aletheia, lediglich als Übereinstimmung der Erkenntnis mit dem Seienden gedacht worden sei, nicht aber als Unverborgenheit des Seins, als Lichtung von Anwesenheit, d.i. des Seins und der Zeit als Gabe eines Es, das der 'Grund' von der für alles Denken schlechterdings konstitutiven Lichtung und Offenbarkeit als Ereignis sein soll. Darauf wird zurückzukommen sein.

Die zweite Unterstellung besagt schlicht, die Wissenschaft habe die Philosophie, d.i. für Heidegger letztlich die Metaphysik schlechthin, vollständig ersetzt und damit ganz und gar unnötig gemacht. Was übrigbleibe, sei demnach einzig die Inthronisierung eines „anderen Denkens", das sich außerhalb der tradierten, seinsvergessenen Denkformen zu bewegen habe. Unbestreitbar ist die Entwicklung der sogenannten Einzelwissenschaften ein Problem für jede philosophische Theoriebildung, und schon sehr lange ist dieses als solches sehr wohl erkannt und in Rechnung gestellt worden. Genuine philosophische Disziplinen bzw. Teildisziplinen sind 'emigriert', haben sich zu empirischen Disziplinen fortentwickelt. Daraus aber folgt mitnichten zwingend, die Philosophie sei am Ende; das genannte Faktum fordert vielmehr dazu auf, nach neuen Formen und womöglich auch neuen Themen für die Philosophie zu suchen, sie zu erfinden. Zu der völlig unbegründeten These – was nicht verwunderlich ist! –, philosophische Versuche könnten nur noch zu „epigonalen Renaissancen und deren Spielarten“ kommen, ist sehr schlicht festzustellen, daß man kein rationales Verfahren erdenken kann, mit dem eine neuartige Form des Philosophierens auszuschließen wäre. Überdies muß überprüft werden, ob nicht vielleicht Heideggers Versuch, die Metaphysik und ihre Folgen in Wissenschaft, Technik und Politik zu überwinden, zu verwinden und letztlich ganz zu verlassen, nicht seinerseits epigonal ist oder doch wenigstens epigonale Züge an sich hat, die diesem kritischen Denken womöglich nicht nur irgendwie inhärent, sondern für dieses geradezu im Kern bestimmend sind.

Es ist Heidegger offensichtlich überhaupt nicht aufgefallen, daß er sich ganz in den Bahnen höchst einflußreicher philosophischer Theoriebildungen bewegt, wenn er die sogenannte Seinsfrage, die Frage nach dem Sein als dem unvordenklichen Grund des vorstellenden, metaphysischen Denkens stellt, nichts anderes tut als ontologische oder prinzipientheoretische Monismen: Die Wirklichkeit und ihre Entwicklung aus e i n e m einzigen, exklusiven Bestimmungsgrund zu erklären. Monismen, seien sie spiritualistisch, materialistisch oder wie auch immer sonst instrumentiert, täuschen durchaus suggestive, aber letztlich nur dogmatisch eingeführte leerbleibende Grundsynthesen vor, die sich ganz rasch immer deshalb als stumpf erwiesen haben, weil sie der Komplexität der Realität und ihrer Zusammenhänge nicht entsprechen – können, diese vielmehr entdifferenzieren, einebnen. Heidegger hat eine solche Grundsynthese als die Frage nach dem Sein, als Frage nach der Wahrheit des Seins vorgelegt, die nach der Unverborgenheit des Seienden im Seinsgeschick Ausschau hält, das sich als Lichtung des Bezirks möglicher Offenbarkeit und somit Zugänglichkeit des Seienden ereignen soll. Alle philosophischen Theorieformen, die gesamte Metaphysik, die Entwicklung von Wissenschaft und Technik als Folgeerscheinung metaphysischen Denkens, der ganze Bereich des Politischen sowie nicht zuletzt auch die Kunst, die Heidegger freilich nur im Zusammenhang des und zur Bestätigung des Seinsdenkens aufruft, werden im Zusammenhang eines postulativ eingeführten Seinsgeschicks, das letztlich „Geheimnis“ bleiben muß, 'thematisiert'. Es ist nicht verwunderlich, daß im Zusammenhang einer solchen handstreichartig vereinnahmenden Grundsynthese bereichsspezifische Strukturen und Probleme überspielt werden. Vor dem Hintergrund eines letzten Endes ganz unbestimmt bleibenden Seinsgeschicks kommt Heidegger – ohne sich dabei der fatalen, die Opfer geradezu beleidigenden Wertung bewußt zu sein! – zu der fatalen These, „motorisierte Ernährungsindustrie", die „Blockade" von Ländern etc. seien „das Selbe wie die Fabrikation von Leichen in Gaskammern und Vernichtungslagern". Über die Leistungskraft monistisch angelegter Theorien kann man denken wie man will – es gibt durchaus solche, die eine erstaunliche Explikations- und Differenzierungskraft trotz eines prinzipiellen Defekts haben entfalten können!, Heideggers Fragemonismus jedenfalls führt in eine Dunkelheit, in der jede distinktive Orientierung unterzugehen verurteilt ist.

Eine theoretische Denkbemühung muß sowohl vom erzielten Ergebnis als auch vom Weg, der zu diesem geführt hat, her beurteilt werden. Im *Humanismus-Brief* wird die Bemühung, das Sein selbst und mit ihm die Möglichkeit einer Überwindung der Metaphysik, des Denkens des Seins als eines Seienden in der Vorstellung wie folgt zusammengefaßt: „Doch das Sein – was ist das Sein? Es ist Es selbst. Dies zu erfahren und sagen, muß das künftige Denken lernen". Nicht nur an dieser Stelle ist die Schreibweise auffällig: Das unpersönliche Pronomen e s wird groß geschrieben; damit wird angezeigt, daß es sich beim Sein um eine Instanz handeln soll, die eine quasi-personale, schöpferische Autorität ist – in Analogie zu der in der Theologie völlig zu Recht gepflogenen Schreibweise, in der e r immer dann groß geschrieben wird, wenn es sich dabei um Jesus als den inkarnierten Gottessohn handelt. Die Tautologie: Es ist Es selbst – entspringt dem „einfachen Sagen" des Seins, sie ist das Einzige, was es vermag. In *Zeit und Sein* wird dieses tautologische Sprechen mit Beziehung auf das Sein und Zeit zusammenschließende Ereignis wiederholt: „Das Ereignis ereignet". Mit Sicherheit wird man sagen können, daß auch ein künftiges Denken mit Beziehung auf solche Tautologien weder etwas erfahren noch verstehen kann.

Es ist nicht ohne Pikanterie, daß Heidegger es schon in seiner Vorlesung über den platonischen *Sophistes* merkwürdig gefunden hat, daß Platon und auch Aristoteles mit höhnischem Spott über Antisthenes hergezogen sind, der meinte, nur tautologische Aussagen seien möglich. Platon nennt ihn einen „geistigen Spätentwickler", der Spaß daran habe, Aussagen wie: der Mensch sei gut – zu verbieten und nur solche Aussagen zuzulassen wie: das Gute ist gut oder der Mensch ist Mensch.

> „Sicher triffst du doch auch öfter solche Leute, Theätet, die sich mit großem Aufwand auf so etwas stürzen, mitunter schon durchaus leicht angegraute Herren. Geistig sind sie wohl etwas zurückgeblieben, wenn sie aus dem Staunen

darüber nicht mehr herauskommen und meinen, sie hätten damit den Gipfel aller Weisheit entdeckt".[1]

Keine Tautologie ist davor zu bewahren, in völlig leere Unbestimmtheit abzustürzen, auch wenn man sie noch so vornehm präsentiert und situiert. Dergleichen Scheinsatzgebilde haben in der Philosophie keinen Ort, sie stehen zu keinem bestimmten Denken in einer Beziehung.

Die Ergänzung zur Tautologie „das Ereignis ereignet" führt auf eine Spur, die das Heideggersche Denken wenigstens historisch erklärbar macht: auf die Spur der Mystik. „Das Ereignis ereignet. Damit sagen wir vom Selben her auf das Selbe zu das Selbe". Was im philosophischen Denken nichts anderes als eine leere Phrase ist, hat im Zusammenhang offenbarungstheologischer oder mystischer Rede von Gott einen durchaus nachvollziehbaren, tiefen Sinn. Nicolaus von Cues formuliert in *De venatione sapientiae* (XIV) mit Beziehung auf Gott wie folgt:

> „Attingis enim in eo campo antiquissimum trinum et unum, qui et sui ipsius definitio. Nam non aliud est non aliud quam non aliud. Miratur de hoc secreto intellectus, quando attente advertit trinitatem, sine qua Deus se ipsum non definit, esse unitatem, quia definitio definitum, Deus igitur trinus et unus est definitio se et omnia definiens".[2]

Die formale Struktur des Drei-Einigen Gottes als der sich selbst vor allem anderen definierenden und ponierende Instanz entspricht genau dem, was Heidegger als allerletztes über das Sein als das Ereignis sagen kann, er erreicht also am Ende aller seiner Bemühungen, nicht zufällig, wie sich zeigen wird, nichts anderes als das längst gefundene antiquissimum trinum et unum.

Der Versuch, den Weg zu diesem katastrophal dürftigen Ergebnis aufzuklären, muß vorab berücksichtigen, daß dabei nicht nach argumentativ kontrollierbaren Sequenzen gesucht werden kann. Nicht argumentativ, gleichwohl aber machtvoll, wenigstens sprachmächtig, hat Heidegger schon in der berühmten Vorlesung *Was ist Metaphysik?* deklariert, die „Macht des Verstandes" sei „im Felde der Fragen nach dem Nichts und dem Sein gebrochen" worden; damit entscheide sich auch das „Schicksal der Herrschaft der „Logik" innerhalb der Philosophie. Die Idee der „Logik" selbst löst sich auf im Wirbel eines ursprünglichen Fragens". Es ist deshalb auch ganz klar, daß weder Heidegger noch irgendeiner seiner Anhänger auf die Idee

---

1 Sophistes, 251c (in der Übersetzung von H. Meinhardt).

2 Übersetzung v. Herausgebern hinzugefügt: „Du berührst nämlich auf diesem Feld das Uralt-Drei- und Eine, das auch die Definition seiner selbst ist. Denn das Nicht-Andere ist nichts Anderes als das Nicht-Andere. Mit Bewunderung blickt der Geist auf dieses Geheimnis, wenn er mit aufmerksamer Hingabe erkennt, daß die Dreiheit, ohne die sich Gott selbst nicht definiert, Einheit ist, weil die Definition zugleich das Definierte, Gott also als Drei-Einiger die sich und alles definierende Definition ist." (Philosophisch-theologische Schriften, hrsg. v. L. Gabriel, übersetzt u. kommentiert v. D. u. W. Dupré, Bd. 1, Wien 1964, S. 65)

gekommen ist, den völlig zutreffenden und unwiderlegbaren Einwand Carnaps aufzugreifen, der auf den logischen Unsinn hingewiesen hat, das Indefinitpronomen n i c h t s umzuzaubern in den Gegenstandsnamen Nichts. Das Nichts bzw. die Erfahrung desselben wird von Heidegger zum Schlüssel der sogenannten Erfahrung des Seins deklariert, es soll der „Schleier des Seins" sein, durch den hindurch es uns – keiner weiß wie – offenbar werden kann. Der „Wirbel ursprünglichen Fragens", was immer dies sein soll, mag von Heidegger zum Anlaß genommen werden, die Idee der Logik aufheben zu wollen. Es steht jedem frei, diese oder jene Behauptung aufzustellen, dieses oder jenes Mittel für bestimmte Artikulation zu benutzen oder auch nicht. Ein die Logik aufheben wollendes, natürlich nie könnendes, Denken wird aber die Frage nach seiner eigenen Verbindlichkeit bzw. dem Grund für solche nicht ausweichen können. Solange nicht irgendein Grund möglicher Verbindlichkeit angegeben werden kann, bleibt nichts anderes übrig als dieses Denken als bloß willkürliches Setzen von Thesen und Weisungen zu erachten.

Immer wieder versichert Heidegger völlig zu Recht, die Gedanken, die zu seinem Versuch, das Sein zu denken, hinführen bzw. ihn bestimmen, wären schlicht. Es geht um ein Denken, das nicht im auf sich selbst insistierenden, persistierenden Subjekt verankert ist und das, worauf es bezogen ist, bloß als ein objektives Gegenüber hat, sondern vielmehr aus einer ursprünglichen, überobjektiven Beziehung zum Sein sich zu verstehen, zu erfahren hat. Dieses Sein ist nicht irgendein bestimmter Seins- oder Denkgrund, sondern die Ermöglichung des Denkens selbst, auch des Denkens im Modus der Vorstellung, der Fixierung des Seienden als Objekt, der Depotenzierung des Seins zu einem bloßen Seienden – unter Seiendem. Sein wird so nicht mehr gedacht, soll jedenfalls so nicht mehr gedacht werden können als ein Grund unter Gründen, als ein Grund im Zusammenhang der Reihe von Gründen, sondern als die Instanz, die den Bereich eröffnet, in dem Grund- und Folgesetzungen überhaupt erst als ermöglicht angesehen werden können. Diesen allerletzten Grund nennt Heidegger die „Wahrheit des Seins"; in ihr bzw. dem von ihr eröffneten Bereich oder der „Lichtung" gründe das sogenannte vorstellende Denken, die Metaphysik in allen ihren Spielarten sowie Wissenschaft, Technik und rationale bzw. irrationale Politik.

Die schon genannten Tautologien zeigen an, daß weder über diesen Grund noch über seine bestimmte Funktion sowie überhaupt über den Zusammenhang zwischen ihm und dem Begründeten etwas Bestimmtes zu sagen ist. Nur dies, daß es ihn gibt, nicht aber das bestimmte Wie findet Heideggers Interesse, mögliche Alternativen, das Denken zu denken, womöglich es aus ihm selbst zu begründen oder es z.B. im evolutionsbiologischen Zusammenhang partiell oder vollständig zu erklären, werden nicht erwogen. Lapidar heißt es im *Humanismus-Brief*:

„Das Denken, schlicht gesagt, ist das Denken des Seins. Der Genitiv sagt ein Zwiefaches. Das Denken ist des Seins, insofern das Denken, vom Sein ereignet, dem Sein gehört. Das Denken ist zugleich Denken des Seins, insofern das Denken, dem Sein gehörend, auf das Sein hört. Als das hörend dem Sein gehörende ist das Denken, was es nach seiner Wesensherkunft ist. Das Denken ist – dies sagt: das Sein hat sich je geschicklich seines Wesens angenommen. Sich einer 'Sache' oder einer 'Person' in ihrem Wesen annehmen, d.h.: sie lieben: sie mögen".

Behauptet wird, das Sein habe sich des Wesens des Denkens angenommen, es liebe das Denken, womöglich dann auch den denkenden Menschen. Denken und Sein gehören, man weiß nicht wie, zusammen, das Denken ist vom Sein „ereignet", gleichsam sein genuines, ursprüngliches 'Produkt', es ist das Ereignis des Seins selber bzw. gehört in den Zusammenhang des Seins, das und insofern es Ereignis wird. In diesem Zusammenhang ist es klar, daß das so fixierte Denken, dem Sein „gehörend", auf das Sein von vornherein und immer bezogen ist, auf es „hört". Dies gilt, wie in anderen Zusammenhängen immer wieder hervorgehoben wird, letztlich auch für das Denken, in dem das ursprünglich wahre Sein verstellt wird; selbst die tiefste sogenannte Seinsvergessenheit – in Wissenschaft, Technik oder rationaler Politik – wird noch dem allerletzten Grund einbezogen als eine „je geschickliche" Manifestation.

Der innig-unmittelbare Bezug von Sein und Denken wird als asymmetrisches Verhältnis gedacht. In der Einleitung zur fünften Auflage von *Was ist Metaphysik?* heißt es diesbezüglich.

„Daß das Sein selber und wie das Sein selbst hier ein Denken angeht, steht nie zuerst und nie allein beim Denken. Daß und wie das Sein selbst ein Denken trifft, bringt dieses auf den Sprung, dadurch es dem Sein selbst entspringt, um so dem Sein als solchem zu entsprechen".

Das vorstellende, nach Heidegger das Sein als Seiendes verstellende Denken soll abgelöst werden „durch ein vom Sein selbst ereignetes und darum dem Sein höriges Denken". Das Sein – Es selbst – wird als eine aktivische Grund- oder Urinstanz angesetzt, die sowohl für das Denken als auch für das, was die Metaphysik und die ihr folgende wissenschaftliche Tradition z.B. als Natur thematisiert hat, als primissima causa in Anspruch genommen wird, bleibt in dieser exklusiven Stellung unbezogen-bezogen, unbestimmt; es bleibt „Geheimnis", der Bereich der Unverborgenheit oder seiner Lichtung sowie die Verstellung dieser Unverborgenheit oder das Nicht-Beachten derselben als Grundlage alles bestimmten Denkens lassen sich aus dem Sein bzw. Seinsereignis nicht erklären; denn dieses liegt diesseits aller Möglichkeiten von Erklärung. Es bleibt demnach nur die Möglichkeit, einfach zu behaupten, die Metaphysik und alle ihre Folgen sowie selbstverständlich auch die von Heidegger ins Auge gefaßte Überwindung seien Schickungen des Seins. Der quasi personale Charakter der Instanz Sein kommt klar zum Ausdruck, wenn das Seinsereignis charakterisiert wird als ein „Ansichhalten, Verweigerung, Vorenthalt". Wenn der Entzug zum „Eigentümlichen des Ereignisses" gehört, dann wird jedenfalls nach der Fassung des Seinsgedankens in *Zeit und Sein* eine Charakterisierung aus dem personalen Bereich gewählt, um deutlich zu machen, daß das theoretische Denken im Bereich der Unverborgenheit - Heidegger übernimmt hier einen Ausdruck ausgerechnet vom neukantianischen Hartmann -, die Verstellung der „Wahrheit des Seins" als der primissima causa, die keine causa sein darf und kann, und die „Seinsvergessenheit" sich in einer allerdings ganz dunkel und unbestimmt bleibenden quasi personalen 'Autorität' verdanken. Was diese - das Es - gibt oder schickt, das muß hingenommen werden, das ist das Geschick oder das Schicksal, an dem durch menschliche, denkende Aktivität nichts zu wenden ist.

Die dargelegte Konzeption eines alles bisheriges Seinsdenken übertreffen wollenden Andenkens an das Sein hat, sofern sie überhaupt ernst genommen wurde, verständlicherweise Fragen über Fragen aufgeworfen; dies einfach deshalb, weil ganz und gar unbestimmt, geheimnisvoll geblieben ist, wie denn dieses von Heidegger so in Anspruch genommene Sein der wahre, nichtmetaphysische Grund von allem und jedem sein soll. Schon Löwith hat die schlichte Frage - nicht in polemischer Absicht - gestellt, wieso denn eigentlich dieses Sein, das Es, das alles gibt, die letzte Grundinstanz denn so hilflos sein soll, daß sie des Menschen als seines Hirten bedürftig ist. Besonders gravierend sind Fragen, die sich im Zusammenhang der Erklärung der Strukturen menschlicher Praxis stellen, die in dieser Konzeption ganz unter der Dominanz eines unerklärten Seinsgeschicks steht. Im *Humanismus-Brief* heißt es:

> „Das Denken geleitet die geschichtliche Eksistenz, das heißt die humanitas des homo humanus, in den Bereich des Aufgangs des Heilen. Mit dem Heilen zumal erscheint in der Lichtung des Seins das Böse. Dessen Wesen besteht nicht in der bloßen Schlechtigkeit des menschlichen Handelns, sondern es beruht im Bösartigen des Grimmes. Beide, das Heile und das Grimmige können jedoch im Sein nur wesen, insofern das Sein selber das Strittige ist. In ihm verbirgt sich die Wesensherkunft des Nichtens. Was nichtet, lichtet sich als das Nichthafte. Dieses kann im 'Nein' angesprochen werden".

Der Mensch als der Hirt des Seins hütet also mit diesem sowohl das Heile als auch das Böse, und damit den Grimm oder das Grimmige, schließlich das Strittige. Diese luftig-unsinnigen 'Gedanken' entziehen sich der Kommentierbarkeit; sie machen allerdings die eingangs dieser Abhandlung hervorgehobene Verantwortungslosigkeit der sogenannte „Führer" 'verständlich'. Das Sein ist an allem schuld, der Mensch soll der fürsorgliche Hirte dieser Kontamination von Heilem und Bösem sein.

Die Struktur des Heideggerschen Seinsdenken ist allein deshalb schon nicht tauglich, die Metaphysik, das verstellende Seinsdenken zu überwinden, weil sie selbst hochmetaphysisch ist. Sie findet sich in aller Klarheit entwikkelt bei Nicolaus von Cues, den zu erwähnen Heidegger vergessen hat. Nicht nur das antiquissimum trinum et unum (s.o.) wurde übernommen, sondern darüber hinaus die zentrale Charakterisierung Gottes bzw. des Seins als Liebe. Darüber hinaus betont der Cusaner in seinem berühmten Traktat über die mystische Theologie und Philosophie *De visione Dei* – der schon erwähnte zweifache Genitiv spielt hier eine entscheidende Rolle! – die Zusammengehörigkeit von Gott und Mensch, von Sehendem und Gesehenem. So heißt es im Kapitel V dieser Schrift:

> „Quid aliud Domine est videre tuum, quando me pietatis oculo respicis, quam te a me videri? Quod enim me non respicis, est, quia te non respicio, sed respuo et contemno".[3]

Und im Kapitel XV heißt es:

> „Sed quia ego sum viva umbra, et tu veritas, iudico ex mutatione umbrae veritatem mutatam. Es igitur Deus meus sic umbra, quod veritas, sic es imago mea et cuiuslibet, quod exemplar".[4]

Klarer als hier läßt sich der im offenbarungstheologischen Zusammenhang, dem biblischen zumal, höchst tiefsinnige und sinnvolle mystische Zusammenhang zwischen Gott und Mensch nicht formulieren. Das Sehen Gottes und sein Gesehenwerden durch den Menschen werden als unauflösbar verschränkt gedacht, dies aber so, daß diese unio mystica als Gabe der Liebe des gleichwohl verborgenen Gottes gesetzt wird. In der mystischen Offenbarung werden keineswegs Transzendenz, Majestät und Geheimnis des Weltgrundes schlechthin aufgehoben, sondern vielmehr als Grund der dem Menschen geschenkten Möglichkeit der Schau der direkten Zuwendung Gottes verstanden. Ganz klar, geradezu drastisch fixiert Cusanus die unüberbrückbare Distanz zwischen Gott und Welt sowie allem, was in ihr ist, im VI. Kapitel: Nur menschlich kann der Mensch urteilen. Wenn der Mensch Gott das Sehen zuspricht, so sucht er mitnichten außerhalb der menschlichen Gestalt, da sein Sehen und Urteilen an die menschliche Natur gebunden ist. Niemals kann diese Gebundenheit verlassen werden. Auch ein Löwe, wenn er denn über die von Gott ge-

---

3 Übersetzung v. Herausgebern hinzugefügt: „Was anderes ist Dein Sehen, Herr, wenn Du mich mit liebendem Auge betrachtest, als daß ich Dich sehe [...] Daß Du mich nicht betrachtest, ist deshalb der Fall, weil ich Dich nicht betrachte, sondern abweise und geringschätze." (Philosophisch-theologische Schriften, hrsg. v. L. Gabriel, übersetzt v. D. u. W. Dupré, Bd. III, Wien 1967, S. 109)

4 Übersetzung v. Herausgebern hinzugefügt: „Weil ich ein lebender Schatten bin und Du die Wahrheit, schließe ich aus der Veränderung des Schattens, daß sich die Wahrheit verändert hat. Mein Gott, Du bist so der Schatten, daß Du die Wahrheit bist, und so das Abbild von mir und jedem anderen, daß Du das Urbild bist." (ebenda, S. 161)

schenkte Gabe des Sehens Gottes verfügte – und dieses Geschenk könnte der allmächtige Gott auch ihm gemacht haben! –, würde, müßte Gott für ein löwenartiges Wesen halten, ebenso ein Rind für ein rindartiges oder ein Adler für ein adlerartiges.

Wenn Heidegger das auf das Sein hörende Denken als ihm gehörend und als ein integrales Moment seines Sich-Ereignens deklariert – wobei das Sein etwas ganz anderes als Gott sein soll, was freilich völlig unerklärt bleibt! –, dann wiederholt er die von Cusanus besonders klar herausgearbeitete Struktur mystischer Vereinigung, Versenkung und Erkenntnis. Was im Zusammenhang eines Glaubens, der sich im Rahmen einer Offenbarungsreligion artikuliert, eine geradezu vernünftige Auslegung des Verhältnisses von Gott und Mensch ist, das macht im philosophischen Zusammenhang nur dann und nur so lange einen Sinn, wie man ganz klar sagt, daß das Sein mit seinen wenigen 'Grundbestimmungen' glaubend über- und angenommen werden muß. Im Zusammenhang eines verbindlichen Denkens, das dazu verpflichtet ist, auf unerklärbare Prämissen, die niemals in einen konstruktiven Zusammenhang überführbar sind, zu verzichten, ist laisierter Mystizismus unsinnig; er führt zu nichts, und es ist nicht verwunderlich, daß er zu leeren, pseudoreligiösen Beschwörungen und zum Raunen Zuflucht nehmen mußte. Heideggers Denken endet zwangsläufig im hohlen Tiefsinn, in dem die differenzierte Welt und rational gesteuerte Handlungen mit Beziehung auf sie hoffnungslos untergehen müssen. Die hoffentlich letzte Auferstehung der vorkritischen Metaphysik mit ihren vornehm klingenden Unbestimmtheiten und den katastrophalen, letztlich quietistischen Konsequenzen kann eigentlich kein philosophisches Thema mehr sein. Wissenssoziologisch müßte ermittelt werden, warum der Absturz der Aufklärung, des kritischen Rationalismus bei offensichtlich müde gewordenen Intellektuellen Resonanz hat finden können.

1795 hat Kant in seiner Schrift *Von einem neuerdings erhobenen vornehmen Ton in der Philosophie* der schon in seiner Zeit grassierenden Gegenaufklärung die folgende schneidende, endgültige Absage erteilt. Mit Beziehung auf die Ahnung des Übersinnlichen, den Verzicht auf klare begriffliche Konstruktionen und rational gesteuerte Erkenntnis heißt es:

> „Daß hierin nun ein gewisser mystischer Takt, ein Übersprung (salto mortale) von Begriffen zum Undenkbaren, ein Vermögung der Ergreifung dessen, was kein Begriff erreicht, eine Erwartung von Geheimnissen, oder vielmehr Hinhaltung mit solchen, eigentlich aber Verstimmung der Köpfe zur Schwärmerei, liege: leuchtet von selbst ein. Denn Ahnung ist dunkle Vorerwartung, und enthält die Hoffnung eines Aufschlusses, der aber in Aufgaben der Vernunft nur durch Begriffe möglich ist, wenn also jene transzendent sind und zu keinem eigenen E r k e n n t n i s des Gegenstandes führen können, notwendig ein Surro-

gat derselben, übernatürliche Mitteilung (mystische Erleuchtung), verheißen müssen: was dann der Tod aller Philosophie ist".

Dem ist nichts hinzuzufügen.

Verstehen und Verallgemeinerung

Zur logischen Struktur der Kommunikation

von Oswald Schwemmer (Berlin)

Verallgemeinerungen sind ein Thema der Logik, und Verstehen wird gewöhnlich als ein wichtiger Teil unserer Kommunikation miteinander angesehen. Eine thematische Verbindung zwischen Verallgemeinerung und Verstehen und zwischen Logik und Kommunikation bedarf hingegen der Erläuterung. Ist es doch schließlich geradezu ein klassischer Topos, das Verstehen als eingehend auf das Einzelne, insbesondere auf seine Geschichte, dem Erklären als der Anwendung von allgemeinen Gesetzen gegenüberzustellen. Und ebenso scheint eine Kommunikation, die sich in ihrer Fortführung durch logische Transformationsregeln leiten läßt, als solche überflüssig zu werden: weil nämlich jeder für sich selbst diesen Regeln folgen kann. Das Kommunikative an der Kommunikation ist, so scheint es, gerade nicht das Logische, sondern die Weiterführung der Gedanken in andere, neue und womöglich fremde Pespektiven und Regionen.

Wenn ich mir gleichwohl die Frage nach der Verallgemeinerung des Verstehens stelle und damit etwas zur Klärung der Logik der Kommunikation beizutragen hoffe, dann darum, weil ich beides in einen neuen Zusammenhang stellen möchte, die logische Seite der Verallgemeinerungen und die kommunkative Seite des Verstehens. Dabei unterstelle ich so etwas wie einen Grundirrtum, der diesen Zusammenhang verdeckt. Es ist dies der Irrtum eines Modells für logische und, allgemeiner noch, rationale Beziehungen, in dem wir uns verfangen haben. Ich werde dieses Modell als das Subsumtionsmodell skizzieren und kritisch kommentieren. Überwindet man diesen Irrtum, dann kann man auch die logischen Beziehungen – und zwar bereits die Prädikation als die Elementarbeziehung, auf der die Logik aufbaut – in einer anderen Weise sehen als bisher, und man in dieser Sicht auch das Verstehen als Basis-Element der Kulturwissenschaften auf eine neue Weise konzipieren.

In der Skizze, die ich hier vorlege, bleiben diese Konzepte noch weitgehend grobe Entwürfe. Sie bedürfen einer weiteren Ausgestaltung, um bis zur wissenschaftlichen Einzelarbeit zu greifen. Aber auch in der jetzigen Form halte ich sie für einen Diskussionsbeitrag, der in die Ausarbeitung eingehen kann und jedenfalls das Konzept für sie verdeutlicht. Der Weg, den ich bei meiner Skizze gehe, beginnt mit einer Extremposition, die womöglich niemand so vertritt, die aber gleichwohl als die logische Explikation eines Kernverständnisses gelesen werden kann, das den um Wissenschaftlichkeit bemühten Verstehenskonzeptionen innewohnt. Mit der Darstellung dieser Extremposition möchte ich eine erste – wenn auch negative – Näherung an den Zusammenhang von Verstehen und Verallgemeinerung versuchen.

In einer schematisierten Darstellung läßt sich die Position, um die es mir hier geht, so zusammenfassen: „Unser Verstehen zielt auf eine Gemeinsamkeit von Verständnissen ab. Diese Gemeinsamkeit besteht in der gleichen Auffassung von etwas, über das vorher verschiedene Auffassungen bestanden haben. Zwei Auffassungen sind dann einander gleich, wenn sie ineinander übersetzbar sind. Übersetzbar sind sie dann, wenn sie jedenfalls mit den gleichen Begriffen formuliert sind oder werden können. Diese gleichen Begriffe sind trivialerweise Allgemeinbegriffe, die in gleicher Weise verschiedenen Gegenständen in dem durch sie abgegrenzten Gegenstandsbereich – darunter auch logisch erzeugten Gegenständen wie Sätzen – zu- oder abgesprochen werden können. Also besteht das Verstehen jedenfalls darin, sich zumindest potentiell auf gleiche Begriffe festzulegen bzw., dasselbe in einer lediglich anderen Formulierung gesagt, ein gleiches Allgemeines, das den begrifflichen Rahmen für die jeweiligen Auffasungen liefert, herzustellen."

Man kann diese Formulierung sogar als eine Paraphrase der sehr viel anspruchsvolleren Konzeption vom Verstehen als einer Horizontverschmelzung lesen. Denn die Horizonte des Verstehens, um die es Gadamer dabei geht, lassen sich ja als die begrifflichen Rahmen interpretieren, innerhalb derer es überhaupt zu einer Artikulation der zu verstehenden und der verstehenden Auffassungen kommen kann.

Ein vollkommenes Verstehen würde darüber hinaus die Identität von Überzeugungen erreicht haben, die sich in einem gleichen Begriffsrahmen artikulieren lassen. Darstellen ließe sich ein solches gemeinsames Verständnis dann durch eine Klasse von Sätzen, die von denjenigen Personen, die sich da miteinander verstehen und verständigt haben, als Ausdruck ihrer Meinungen übernommen werden könnten.

Wir hätten damit so etwas wie ein zweistufiges Verstehensschema skizziert, gemäß dem auf der ersten und für das Verstehen fundamentalen Stufe eine gemeinsame Begrifflichkeit herzustellen ist und auf der zweiten thematisch charakterisierten Stufe im Rahmen dieser Begrifflichkeit gemeinsame Aussagen aufgestellt werden, die dann das jeweilige gemeinsame Verständnis fixieren. Begriffskonstruktion und Prädikation sind die beiden Leistungen, die in diesem Bild das Verstehen definieren. Und das Allgemeine, das mit einem so verstandenen Verstehen bestimmt wird, ist in beiden Leistungen das Allgemeine der Begriffe, das eine Mal in ihrer möglichen, das andere Mal in ihrer tatsächlichen Anwendung. Die Verallgemeinerung des Verstehens erscheint so als eine begriffliche Ordnungs- bzw. Klassifikationsleistung, die auch für andere annehmbar ist.

Dieses Bild des Verstehens gibt, wie gesagt, eine Extremposition wieder und ist daher pointiert und unterschlägt von vorneherein vieles, was wir ganz selbstverständlich dem oft mühseligen Prozeß des Verstehens und sich miteinander Verständigens zurechnen. Geht es doch hier nur noch um die Sätze, auf die man sich einigen kann – und auch dies in einer eher standardisierten Form, nämlich nach einem prädikationslogischen Bild, das wir uns von diesen Sätzen zu machen pflegen. Auf der anderen Seite bietet dieses Bild des Verstehens einen Vorteil: es macht den Erfolg des Verstehens zu einem logisch diskutierbaren Gegenstand und erlaubt uns daher auch die Rede von einer Logik des Verstehens oder, wie in meinem Untertitel formuliert wird, der Kommunikation. Wo aber die Logik Beziehungen definieren kann, gewinnen wir auch Kriterien zur Beurteilung: wie das der Konsistenz und Kohärenz, die jedenfalls einen unverzichtbaren Rahmen aller weiteren inhaltlichen Beurteilungen abstecken.

Tatsächlich gibt es noch einen weiteren Grund, der für eine solche – im weiteren Sinne – „logisierte“ Darstellung des Verstehens spricht: Kommt eine solche Darstellung doch unserem Bedürfnis nach klarer und deutlicher Begriffsordnung entgegen, in dem wir gewöhnlich ein Ziel aller Verstehens- und Erkenntnisleistungen sehen. Diesem Grund bzw. diesem Bedürfnis möchte ich in meinen Überlegungen noch etwas weiter nachgehen, und zwar zunächst durch eine Art „Seitenwechsel“: Ich möchte nämlich nun von einer anderen Seite her, von einer eher phänomenologischen Beschreibung her, den Prozeß des Verstehens in den Blick nehmen und zu identifizieren versuchen.

Zu diesem Zweck beginne ich mit einer elementaren Form des Ausdrucks, die wir mit unseren Handlungen realisieren, auch ohne daß wir eine explizierte Sprache verwenden. Ich gehe dabei davon aus, daß in jeder unserer Handlungen eine Ausdrucksleistung vollzogen wird, mit der wir etwas mitteilen oder eben zu verstehen geben. Hier mag man gleich einen Einspruch erheben, der eine Unterscheidung erzwingt. Begegnen wir doch oft genug einem Verhalten, das sozusagen „gar nichts besagt“ und nur wie ein Reflex an uns abläuft.

Damit eine Handlung überhaupt etwas sagen kann, muß sie als diese oder jene Handlung, und zwar als diese Handlung einer bestimmten Person, die sich in ihr bzw. die etwas mit ihr ausdrücken will, identifiziert werden. Diese Identifikation ist, wie viele Beispiele unserer alltäglichen Lebens zeigen, keineswegs selbstverständlich und jedenfalls keine schlichte Gegebenheit, auf die wir einfach hinweisen könnten.

Fragen wir also zunächst einmal danach, wie wir überhaupt dazu kommen, eine Handlung zu identifizieren? Doch nicht dadurch, daß wir sie in der pauschalisierenden Art der Alltagssprache unter eine der geläufigen Beschreibungen bringen! Diese allgemeinen Beschreibungen, die uns sagen, daß jemand etwas versprochen oder nicht gehalten hat, geflohen oder verreist ist und wie all diese Pauschal- und Trivialmitteilungen noch lauten mögen, verstellen eher den Blick auf die vielfältigen Entwicklungen unseres Handelns als daß sie davon etwas zeigen.

Wollen wir wirklich die Identität einer Handlung erfassen, dann müssen wir den Prozeß ihrer Formung zu einer Einheit verfolgen. Diese Einheit gewinnt eine Handlung dadurch, daß sie zum Teil einer Geschichte wird. Daß ein Verhalten zum Teil einer Geschichte wird, soll hier heißen, daß in diesem Verhalten eine Entwicklung stattfindet, die aus einem Bündel von aufeinander folgenden Ereignissen ein zusammenhängendes Geschehen macht, das als eine Episode des eigenen Lebens erfahren wird. In dieser Erfahrung stellt sich eine Identität des Handelnden mit seinem Handeln her, die mit der Rede „ich tue dies oder jenes oder habe es getan" auch sprachlich gegenwärtig wird.[1]

Ich sehe diese Identifikation des Handelnden mit seinem Handeln als eine Art Verständlichwerden seines Verhaltens für den Handelnden. Die mannigfaltigen Ereignisse liefern die Elemente für die Form einer Entwicklung, die dem Handelnden als Episode seines Lebens erscheint. Diese Metamorphose vollzieht sich aber nur dort, wo die sich zusammenschließende Form des Verhaltens für den Handelnden zugleich zur eigenen, durchaus persönlichen und individuellen, Ausdrucksform wird.

Damit sind nun einige Momente der Handlungsidentität angeführt, die ich in einer These zusammenfassen kann: Ihre Einheit als Handlung gewinnen die Ereignisse

---

[1] Soweit ich sehe, hat Henri Bergson als erster die systematische Bedeutung dieses Handlungsverständnisses – das er über seinen Freiheitsbegriff entwickelt – in seiner Reichweite für die Anthropologie und Kulturwissenschaften insgesamt erkannt. Vgl. dazu seine Darstellung der Handlungsfreiheit in: *Zeit und Freiheit.* Frankfurt/Main [Athenäum] 1989, S.117ff. (im französischen Original: *Oeuvres.* Edition du Centenaire. Paris [Presses Universitaires des France] ⁴1984, S.103ff.). Meinen eigenen Versuch zur Entwicklung eines historischen Handlungsbegriffs habe ich ausgearbeitet in: *Handlung und Struktur. Zur Wissenschaftstheorie der Kulturwissenschaften.* Frankfurt/Main [Suhrkamp] 1987, S.53-83, 191-201, 248-257, 268-287, sowie – im Blick auf die Grundlegung einer Ethik – in: *Die Philosophie und die Wissenschaften. Zur Kritik einer Abgrenzung.* Frankfurt/Main [Suhrkamp] 1990, S.160ff..

eines Verhaltens, wenn sie sich in einer Form zusammenschließen und dem Handelnden so präsentieren, daß er diese Form als Ausdruck seines eigenen Lebens, d.i. als Episode seiner eigenen Lebensgeschichte, erfaßt.

Mit dieser knappen Charakterisierung der Handlungseinheit werden einige Momente hervorgehoben, die sich auch für eine allgemeinere Analyse unserer Ausdruckshandlungen und des Verstehens eignen. Ich denke hier vor allem an die Momente, die sich auf die Form von Ausdrucks- und Verstehenshandlungen beziehen und die daher – als deren strukturelle Komponenten – auch für eine „Logik“ der Kommunikation bedeutsam sind, nämlich (1) Schließung der Form eines Verhaltens, (2) die Präsentation oder das Präsentwerden dieser Form, (3) der historischen Charakter dieser Form als eine Entwicklung und (4) die Verwandlung dieser Entwicklungsform des Verhaltens zur individuellen Ausdrucksform des Handelnden. Ich möchte alle diese Momente der Handlungsidentität unter den Titel der Individuation[2] bringen, so daß ich auch meine These plakativ verkürzen kann: Die Identität einer Handlung wird durch deren Individuation erreicht.

Mit diesem Hinweis auf die Individuation ist der erste Grundbegriff erreicht, mit dem ich Ausdrucks- und Verstehensphänomene erfassen möchte. Es sei daher auch noch eine Erläuterung zu den vier Momenten der Individuation angefügt.

(1) Die Schließung der Form besagt, daß wir eine Äußerung – eine Handlung überhaupt – in die Grenzen eines Anfangs und eines Endes einfügen müssen, wenn wir überhaupt einen möglichen Bezugspunkt für das Erfassen einer anderen Person und deren Reagieren schaffen wollen. Die unvollendete Geste wie der unbeendete Satz erzeugen einen Schwebezustand ungeklärter Erwartungen, die durch verschiedene Formen der Fortsetzung erfüllt werden könnten, uns im Zustand der Offenheit der noch nicht vollendeten Form aber mehr oder weniger ratlos und vielleicht selbst nach einer abschließenden Fortsetzung suchen lassen. Wir wissen erst, was jemand ausdrücken oder eben sagen wollte, wenn die grammatische oder sonstige Form erfüllt – der Satz mit einem Prädikat zuende gebracht oder die Linie zu einem charakteristischen Umriß geworden – ist.

Tatsächlich gilt dies auch für die innere Gliederung des Ausdrucks – wie wiederum unseres Handelns überhaupt. Auch innerhalb einer Ausdruckshandlung fügen wir geschlossene Formen aneinander, die jeweils in zuende gebrachten Konfigu-

---

2 Diesen Titel – wie im ürbigen auch die Rede von der „Schließung der Form“ – wähle ich mit dem Hinweis auf Susanne K. Langers subtile Untersuchungen zur Individuation als eines Prinzips der lebendigen Formbildung. Vgl. dazu: *Mind: An Essay on Human Feeling*. Vol.I. Baltimore and London [The John Hopkins University Press] 41985, S.307ff.

rationen – z.B. nach den Prinzipien des grammatischen Aufbaus unserer (Schrift-) Sprache – bestehen. Entscheidend dabei ist, daß diese Konfigurationen Formindividuen sind: in sich individuell und möglicherweise sogar erstmalig gestaltete Verknüpfungen allgemeiner Formkomponenten, die gleichwohl einem Muster der – z.B. grammatischen oder optischen – Verknüpfung folgen.

Beides, die Individualität der Komposition wie die Erkennbarkeit eines Musters, ist eine Bedingung dafür, daß überhaupt eine Form entsteht, die geäußert wird und verstanden werden kann. Eine bloß korrekte und schematische Anwendung allgemeiner Regeln können wir ebensowenig in ihrem Sinn identifizieren wie eine unvollständige Äußerung. Sie würde eine Floskel bleiben, die mehr verdeckt als eröffnet. Erst die individuelle Variation der allgemeinen Regelbefolgung sagt uns etwas, und sei es, daß diese Variation lediglich in einer besonderen Art der Betonung liegt. Auf der anderen Seite muß ein Muster erkennbar bleiben, das wir mit unseren Äußerungen variieren, ein Kompositionsvorbild, das selbst durchaus konkret und also individuell sein mag und nicht lediglich eine allgemeine und womöglich schematische Kompositionsvorschrift. Die modifizierende Orientierung an diesem Vorbild ist daher auch nicht als die individuelle Instanziierung einer allgemeinen Regel – also nicht nach dem logischen Muster der Subsumtion – aufzufassen, sondern als Fortsetzung oder Weiterentwicklung einer bereits individuellen Komposition nach dem Muster der Variation.

(2) Die Präsentation oder das Präsentwerden der geschlossenen Form besteht darin, daß die im Vollzug einer Handlung realisierte Form – also die jeweilige Variation eines Musters – als diese Form auch noch einmal eigens dargestellt wird. Würde sie nämlich nur im Vollzug existieren, in ihm auftauchen und mit ihm auch wieder verschwinden, so würde auch ihre Ausdruckskraft nur so weit reichen, wie sich die Situation des Vollzugs ausdehnt und sich auf die jeweilige Gegenwart unseres Handelns beschränken. Das Entstehen einer Ausdrucksform, die ihre eigene Identität besitzt und daher auch jenseits der konkreten Äußerungssituation identifiziert und beantwortet werden kann, verlangt die Erzeugung einer für sich bestehenden Form, auf die man sich – in der jetzigen Situation ebenso wie in der Erinnerung künftiger Situationen – beziehen kann. Dieses Für sich Bestehen einer Form kann man einmal dadurch erreichen, daß ein eigenes Medium zur Verfügung steht, in dem die Form gebildet wird – und das womöglich keinem anderen Zwecke dient als solchen Formbildungen: das wäre dann ein Symbolismus –, oder aber auch dadurch, daß eine Art Formkanon für einen bestimmten Bereich unseres Handelns sich herausgebildet hat, der die jeweils vollzogene Handlung als Realisierung einer kanonisierten Form kenntlich macht wie etwa in einer Gebärdensprache.

Jedenfalls sichert erst die eigene Präsentation der Handlungsform deren Identität im Sinne ihrer wiederholbaren Identifizierbarkeit.

(3) Der historische Charakter der Handlungs- bzw. Ausdrucksform besteht darin, daß die Handlung als eine Entwicklung auftritt, in die der Handelnde selbst hineingezogen wird. Eine Handlung sagt nur dann etwas – und zwar nicht nur für andere Personen, sondern auch für den Handelnden selbst –, wenn ihr Verlauf zugleich auch für den Handelnden eine Entwicklung bedeutet: eine originäre Wahrnehmung, Vorstellung, Einstellung realisiert, die der Handelnde als einen Teil seines erlebten und vergegenwärtigbaren Bewußtseinslebens erfaßt und die in diesem Sinne zu ihm selbst gehört. Ein Handeln kann in dem Maße zum Ausdruck werden, in dem sich seine Form in die Vorstellungswelt des Handelnden integriert, zu einem wirkenden Teil seiner in ihm sich entwickelnden Auffassungen und Neigungen wie auch seiner ausdrücklich ausgebildeten Überzeugungen und Bestrebungen wird.

(4) Der historische Charakter der Ausdrucksform ergibt sich daher durch die gelingende Integration dieser Ausdrucksform in die Geschichte des Handelnden, die Herausbildung einer mehr oder weniger zusammenhängenden Welt von Affekten und Impulsen, Erinnerungen und Erwartungen, Überzeugungen und Wünschen. Genauer sind es die Verknüpfungen zwischen all diesen Gefühlen, Strebungen und Vorstellungen, die sich in der Geschichte einer Person zur – möglicherweise durchaus brüchigen – Einheit einer Bewußtseinswelt fortentwickeln und in deren Entwicklung die einzelne Ausdruckshandlung, um die es geht, einen Schritt darstellt. Denn nur dort, wo die wechselseitigen Verweisungen, wie sie zwischen unseren Gefühlen, Strebungen und Vorstellungen bestehen, eine eigene Form gefunden haben, können wir überhaupt von einer Bewußtseinswelt oder auch der Einheit eines Bewußtseins bzw., noch einmal anders gesagt, von einer persönlichen Identität reden.

Damit ist die Möglichkeit eines Ausdrucks – also der Tatsache, daß eine Handlung etwas sagt – an den Vollzug der Handlungsform als konkretisierte Bewußtseinsform des Handelnden gebunden, eben an die Verwandlung der Entwicklungsform des Handelns in die individuelle Ausdrucksform des Handelnden.

Damit scheint sich aber ein grundsätzliches Problem für ein Verstehen der Verallgemeinerungsleistung des Verstehens zu ergeben. Wenn es die Bedingung der Möglichkeit von Ausdruck ist – nämlich von einem Ausdruck, der etwas sagt und an dem es daher überhaupt etwas zu verstehen gibt -, daß die Ausdruckshandlung in diesem vierfachen Sinne eine Individuation darstellt, wie kann man dann noch von einem gleichen oder gemeinsamen Verständnis des Ausgedrückten reden bzw. von dem Allgemeinwerden eines bestimmten Verständnisses?

Tatsächlich ist damit eine Frage formuliert, die sich einem durchaus gängigen Verständnis von Verallgemeinerungen geradezu zwangsläufig aufdrängt. Ich möchte dieses gängige Verständnis hier unter dem Titel einer Subsumtionstheorie der Verallgemeinerung kurz skizzieren.

Eine Subsumtionstheorie der Verallgemeinerung besteht im Kern darin, Begriffe durch den Umfang des Gegenstandsbereichs, dem sie zugesprochen werden können, also durch den Umfang ihres Prädikationsbereichs, zu charakterisieren und dann als zueinander von größerer oder geringerer Allgemeinheit und insbesondere als einander umfassend, ausschließend oder überschneidend zu definieren. Das gedankliche Schema, das dabei eine Definition dieser Beziehungen erlaubt, ist das Schema der Subsumtion: Es gibt eine klare Zuordnung des Besonderen und des Allgemeinen, die üblicherweise durch die Redeweise vergegenwärtigt wird, daß das Besondere unter ein Allgemeines fällt, als im Prinzip austauschbarer Fall neben anderen Fällen. Eine Verallgemeinerung, wie sie auch im Verstehen angezielt wird, besteht dann darin, Ausdrücke von geringerem Umfang unter solche größeren Umfangs zu subsumieren und damit zwischen den Begriffen, die durch verschiedene Subsumtionsverhältnisse miteinander verbunden sind, Ableitungsbeziehungen herzustellen, die das Ganze des Verstandenen zu einem geordneten System machen. Seinen Bezug zur Welt unserer Erfahrungen - zur Wirklichkeit - gewinnt ein solches System übrigens durch die auf individuelle Gegenstände bezogenen bzw. referierenden deskriptiven Ausdrücke - Eigennamen oder Kennzeichnungen -, die ihrerseits unter Allgemeinbegriffe fallen bzw. subsumiert werden. Das subsumtionstheoretische Verständnis begrifflicher Verallgemeinerungen stützt sich auf ein referenztheoretisches Modell deskriptiver Bedeutungen, das der untersten Ebene der Verallgemeinerungen einen Halt in der Welt wirklicher Gegenstände bieten soll.

Natürlich ist dies eine pointierende, vereinfachende Darstellung. Aber ich halte sie nicht für verfälschend. Denn selbst dort, wo mit einigem intellektuellem Aufwand nicht unmittelbar subsumtions- oder referenzbestimmte Bedeutungstheorien entwickelt worden sind - wie etwa in der Gebrauchstheorie der Bedeutung und den auf sie gestützten Sprechakttheorien[3] - tauchen doch über kurz oder lang (und zwar meist in den metatheoretischen Erläuterungen) eben solche Ausdrücke auf, die nur über den Rekurs auf subsumtions- oder referenztheoretische Grundannahmen auf-

[3] So reden auch Sprechakttheoretiker wie John R.Searle ganz unbefangen von den „Bezugsgegenständen" der Wörter, deren Gebrauch sie untersuchen.

gelöst werden können. Mir scheint, daß diese Grundannahmen uns sozusagen im Blut liegen und sich für uns jedenfalls aus der Struktur der Sprache selbst ergeben.[4]

Wie dem im einzelnen auch sein mag, jedenfalls ergibt sich mit der Darstellung einer Ausdruckshandlung als einer Inviduationsleistung für die subsumtionstheoretische Sicht ein gravierendes Problem, ja geradezu eine Art Unmöglichkeitserklärung für Verstehen überhaupt. Denn in der subsumtionstheoretischen Auffassung der Verallgemeinerung beruht das Verstehen ja nicht auf einer Individuierung, sondern auf einer Homogenisierung der individuellen Sachverhalte, ihrer Gleichsetzung als Fälle eines Allgemeinen, unter das sie fallen sollen. Das Bestehen auf individuellen Unterschieden würde ja die Subsumtion und damit auch die Verallgemeinerung des Verstehens unmöglich machen.

Tatsächlich ergibt sich dieses Problem alleine in einem subsumtionstheoretischen Verständnis der Allgemeinheit von Begriffen und Verständnissen. Wenn wir uns nämlich dem Prozeß des Verstehens zuwenden und dabei die Arbeit der Phänomenerschließung auf uns nehmen, können wir bald sehen, daß mit einer Verallgemeinerung durch Subsumtion weder ein eigenes Verständnis unseres Handelns noch eine Verständigung mit anderen über es erreicht werden kann. Um dies besser zu verstehen, bedarf es einer kurzen Erörterung des Zusammenhangs zwischen Individuation und Kommunikation.

Ich möchte diesen Zusammenhang durch einen zweiten Grundbegriff charakterisieren, nämlich den der Poiesis bzw. der poietischen Leistung. Auch hier beginne ich mit einer These: Jede Darstellung von was auch immer ist eine poietische Leistung, die sich nicht durch ihre Referenz auf Gegenstände oder Sachverhalte ausweist, sondern dadurch, daß im Anschluß an bzw. unter Berufung auf sie weitere

---

[4] Hier mag ein kurzer Hinweis auf die „Intentionalität" ausreichen, die wir Bedeutungen zuschreiben: Ein Wort „intendiert" die Bezeichnung eines Gegenstandes, der es nicht selbst ist. Dieses „Intendieren" ist aber bereits Teil einer alltäglichen – und durchaus impliziten – „Sprachtheorie", mit der wir uns ein Bild vom Funktionieren der Sprache machen. Eine reflektierte Rekonstruktion der Beziehung zwischen Sprache und Welt wird die Verfestigung bestimmter Zuordnungen von sprachlichen Symbolen und erlebten Situationen – bzw. Geschehnissen und Zuständen der „Welt" – immer als eine Interaktion zwischen einem ganzen Symbolismus (in einer bestimmten Konfiguration) und der Welt als ganzer (in einer bestimmten Charakteristik) sehen. Mit der Rede bloß noch von bestimmten Wörter und Gegenständen blenden wir diese Ganzheiten aus und versuchen sie zugleich, in dem hervorgehobenen Wort und Gegenstand zu verdichten. Diese „Verdichtung" ist eine lebensweltliche Repräsentationsleistung, mit der wir uns die komplexe Interaktion zwischen Symbolismus und Welt durch eine abstrakte Beziehung symbolisieren – was in den praktischen Zusammenhängen unseres alltäglichen Lebens durchaus seinen guten Sinn hat. Für eine theoretische Klärung bleibt aber zu verstehen, daß die Definition der (elementaren) Bedeutung durch eine Beziehung zwischen Wörtern und Gegenständen die sekundäre Symbolisierung einer primären Beziehung zwischen dem Symbolismus als ganzem und einer Welt ist, die als die wechselnden Umgebungen unseres Lebens auftritt und in der wir uns durch unsere Symbolisierungen zu orientieren versuchen.

poietische Leistungen angeregt werden, die ihrerseits wieder zu anschließenden Leistungen herausfordern.

Diese Formulierung ist noch unvollständig, dafür aber recht grundsätzlich. Ich möchte mit ihr ein für allemal das Subsumtions- und Referenzmodell verabschieden, das sich bei allen Fragen, in denen es um Bedeutung oder Verstehen geht, so tief in unsere Köpfe eingenistet hat. Wie schief dieses Bild ist, zeigt seine Anwendung. Die Vorstellung von einer Verständigung in ihrem Sinne liefert eine kuriose Karikatur, die uns jeweils Wörter mit Gegenständen, Ausdrücke mit Sachverhalten zu verbinden suchen und unsere Reden sich in den Ableitungen der Begriffssysteme verfangen ließ.

Sie können es ja einmal versuchen, einen Dialog zu entwerfen, der sich im Rahmen der Subsumtionstheorie hält. Er würde ein Wettstreit in Klassifikationen werden und womöglich in einen Streit um Definitionen ausarten. Man kann sich dann noch – nach dem Muster sophistischer Rhetorik – Schlußfiguren vorstellen, mit denen man versucht, den Partner in Widersprüche zu verwickeln. Am Ende blieben aber jeweils nur Bejahung und Verneinung möglich. Das Ziel kann so nur sein, Recht zu behalten oder zu bekommen. Ein Austausch aber, in dem eine neue Perspektive eröffnet oder eben überhaupt etwas gesagt wird, das weiterführt, kommt so jedenfalls nicht zustande. Der gelingt, wie bereits ausgeführt wurde, nur dort, wo wir die Individuation einer Äußerung erfassen, und zwar so wie der sich Äußernde selbst: als einen persönlichen Ausdruck des eigenen Lebens, in dem eine Entwicklung ihre individuelle Form gefunden hat und in diesem Sinne zu einem Ende gekommen, abgeschlossen worden ist.

Worauf wir dann mit unserer eigenen Äußerung antworten, ist eben dieses Individuierte und also das Neue und Einmalige, das mit der jeweiligen Äußerung entstanden ist. Insofern sie immer wieder Neues schafft – und dies auch in der Bewahrung des Alten –, läßt sich eine Äußerung nicht bloß schematisch erfassen. Ihr Verständnis muß vielmehr durch eine eigene kreative Anstrengung errungen werden, die dem Prozeß der Individuation zu folgen sucht und dabei sich selbst individuiert, zu einer persönlichen Form bringt, die durchaus Neues und Einmaliges präsentiert.[5]

[5] Vor allem Whitehead hat diese Bedeutung des Neuen – oder, wie er im Anschluß an William James sagt: der „novelty" – für jeden Bewußtseinsprozeß, sei es des Ausdrucks oder des Verstehens oder auch schon der Repräsentation überhaupt, hervorgehoben. So sieht er es geradezu als die „Definition der Menschheit" an, daß „in dieser Gattung von Tieren die zentrale Aktivität im Anschluß an ihre Beziehung zur Neuheit (novelty) entwickelt worden ist" – wobei diese Neuheit sich für ihn sowohl in der historischen Ansammlung des tatsächlich Ausgedrückten als auch im unausgedrückt Gebliebenen zeigt, das nur als Möglichkeit weiterbesteht. Vgl. dazu Alfred North Whitehead: *Modes of Thought*. New York [The Free Press] 1968, S.26. Im Rahmen seines (matur-) philosophischen Gesamtentwurfs wird die Bedeutung der „novelty" systematisch entwickelt sowohl in *Process and Reality* als auch in *The Function of Reason*.

Wo wir Äußerungen nur schematisch erfassen, verbleiben wir in unserer Eigenwelt, so differenziert und komfortabel wir sie auch ausgebaut haben mögen. Und soweit Äußerungen nur als schematische Reproduktion gelingen, wird kein Austausch ermöglicht, sondern eben nur Affirmation oder Negation.

Soll eine Äußerung also überhaupt etwas sagen – und d.h. doch: jemanden ansprechen und zu einer eigenen Äußerung herausfordern –, dann muß sie Gestaltung im Sinne einer Individuationsleistung, d.i. eine poietische Leistung, sein, die nur in weiteren Gestaltungen verstanden werden kann. Dies scheint mir ein Grundgesetz jeder Darstellung zu sein, die ja über sich auf das Darzustellende hinausweisen und damit etwas sagen will.

Folgen wir diesem Gedanken noch weiter. Er führt zu einem dritten Grundbegriff für das Verständnis von Äußerungen: dem Begriff der S y m b o l i s i e r u n g . Und auch mit diesem Begriff möchte ich eine weitere These verbinden, die diesen Aspekt des Verstehens vorab zusammenfaßt.: Die poietische Fortsetzung von Darstellungen gelingt nur im Medium kultureller Symbolismen – insbesondere der Symbolismen der Sprache –, die sich in einer besonderen Existenzform zwischen den „Subjekten" entwickeln.

Auch diese These richtet sich gegen ein tief eingewurzeltes Verständnis unseres Redens und Handelns, das wie die subsumtionstheoretische Konzeption zu den eher unterstellten als überdachten Voraussetzungen unserer Denkgewohnheiten gehört. Dieses Verständnis, um bzw. gegen das es hier geht, ist mit einigen begrifflichen Dichotomien verknüpft, in denen es sich sozusagen selbst zur Sprache bringt. Es sind dies die Dichotomien, wie sie vor allem im Zusammenhang mit der Entgegensetzung zwischen Innen und Außen – die im übrigen ja schon in der Rede von einer Äußerung, die wir zu tun oder zu verstehen haben, zum „Aus-druck" kommt – auch philosophisch fixiert worden sind. Das darin eingebundene Verständnis rechnet mit einem geistigen Innenleben der Subjekte, das – fast im wörtlichen Sinne – seinen Ausdruck suchen muß, um sich mit anderen Subjekten und deren Innenleben austauschen zu können. Unser Handeln und Reden gehört nach diesem Verständnis einer Außenwelt an, in der mit den Symbolismen – aber auch mit den Technologien – einer Kultur solche Äußerungsmöglichkeiten entwickelt worden sind. Auf eine etwas grobe Formel gebracht: Die Seele ist innen, und sie äußert sich in symbolischen Formen, zu denen auch aus den anderen seelischen Innenwelten ein Zugang des Erfassens und sich Äußerns besteht.

Die Philosophie ist reich an Versuchen, dieses Bild zu verabschieden. Und doch hat es sich immer wieder in unser Denken eingeschlichen – und das sogar innerhalb dieser Versuche selbst. Mein eigener Versuch besteht darin, sich noch einmal die

Struktur des Indivuationsprozesses deutlich zu machen, in dem eine Äußerung zustande kommt.

Diese Individuation ist ein Gestaltungsprozeß, eine Poiesis, die nicht nur in einer Richtung, also von innen nach außen, abläuft, sondern als ein Zusammentreffen von zwei Entwicklungslinien oder -richtungen. Geht es bei einer Äußerung doch, wie wir gesehen haben, um die Erfassung einer Form als eigene Ausdrucksmöglichkeit. Dieses Erfassen ist nicht als das bloß rezeptive Übernehmen einer vorgefertigten Form zu verstehen, sondern als ein Wechselgeschehen, in dem Formentwicklung und Ausdrucksentstehung sich in jeder Phase des Gestaltungsprozesses aneinander anpassen und miteinander verflechten.

Die mühevolle Anspannung, die ein solcher Gestaltungsprozeß uns abverlangt, zeugt dabei von der Widerständigkeit des Mediums, in dem die Gestaltung sich realisiert. Dieses Medium sind die Symbolismen – allen voran sei hier wiederum an die Sprache und die Mühen der Artikulation gedacht –, die eine eigene Struktur besitzen und im Laufe der Ausdrucksgeschichte einer Kultur viele Konfigurationen in diese Struktur aufgenommen haben. Dadurch sind Verweisungsgefüge entstanden, die wir nicht überschauen, obwohl wir sie nutzen. Unsere eigenen Äußerungen sind eingeflochten in die Konfigurationen der Symbolismen, in denen wir uns ausdrücken. Dadurch gewinnen sie so etwas wie eine Resonanzwirkung, nämlich eine Verstärkung und Erweiterung und dabei auch Veränderung ihres Sinnes, die sich durch das Mitschwingen konnotierter Konfigurationen einstellt, und zwar außerhalb der Reichweite unserer individuellen Wahrnehmung.

Es ergibt sich so ein gewissermaßen paradoxer Sachverhalt: Wir können unsere Ausdrucksformen nur dadurch finden, daß wir uns sozusagen in das Medium eines Symbolismus hineinbegeben. Ein Symbolismus ist aber als System von eigenen, nämlich außerorganisch existierenden, Dingen etwas „zwischen" den Individuen und jedenfalls nicht etwas „in" ihnen. Wir können uns in unserer individuellen Eigenheit also nur darstellen, indem wir, so scheint es, über uns hinausgehen, nämlich in das Medium „inter-subjektiver" Symbolismen hinein. Wiederum auf eine Formel gebracht: Individuation bedeutet Transzendenz, und zwar – wenn man die klassischen Ortzuweisungen beibehält – laterale Transzendenz in das Zwischenreich der Symbolismen, auf das hin auch alle anderen Individuen sich überschreiten müssen, wenn sie sich verständlich machen und miteinander verständigen wollen.[6]

---

[6] Besonders beeindruckend erscheinen mir die Analysen, die Maurice Merleau-Ponty diesen Transzendenz-Charakter des Sprechens in seinen sprachphänomenologischen Schriften widmet. Vgl. etwa: *Die Prosa der Welt.* München [Wilhelm Fink] 1984; darin besonders: *Die Wissenschaft und die Erfahrung des Ausdrucks.* S.42f., 51, 57ff., und: *Die Wahrnehmung des Anderen und der Dialog,* S.147-161. Eine gewisse Beschränkung der Analyse entsteht allerdings dadurch, daß Merleau-Ponty

Dieser Transzendierungsbewegung entspricht eine Gegenbewegung von den zwischen den Individuen existierenden Symbolismen her zu den Individuen hin. Ich sagte, daß die Symbolismen eine Eigenstruktur besitzen, die sich aufgrund ihrer interindividuellen Existenz ergeben und erhalten hat. Diese Struktur ist im Falle der Sprache insbesondere in den grammatischen Formen und lexikalischen Zuordnungen organisiert. Jeder, der sich verständlich machen will, muß sich in gewissen Grenzen möglicher Abweichungen in diese Formen und Zuordnungen einfügen. Damit wird das, was er sagt, aber zu etwas, was auch ein anderer hätte sagen können. Die Identität der Struktur erzwingt eine Homogenisierung des Ausdrucks, die nur noch in einer kunstvoll arrangierten Stilistik individuellen Variationen Raum bietet.

In einer Perspektive kann man diese strukturell erzwungene Homogenisierung als eine Entpersönlichung[7] des Ausdrucks ansehen, als eine Identität der Ausdrucksformen wiederum zwischen und nicht in den Individuen. In einer anderen Perspektive ist es aber gerade diese Homogenisierung des Ausdrucks, die das vom andern Geäußerte als das potentiell auch von mir Geäußerte identifizierbar macht und es mir damit als ein mögliches Meines mir zueignet. Es läßt sich damit verstehen, wie wir überhaupt miteinander in einen Austausch geraten, wie wir uns verstehen und verständigen können. Auch das Resümee dieses Gedankens mag in einer These zusammengefaßt werden: Die interindividuelle Eigenstruktur der Symbolismen homogenisiert die Formen des individuellen Ausdrucks so, daß sie zu potentiellen Formen des individuellen Ausdrucks anderer werden. Dadurch kann der Ausdruck des anderen als möglicher Ausdruck meiner selbst erfaßt und verstanden werden.

Durch diese Überlegung ist nun auch ein Weg eröffnet, die Allgemeinheit von Begriffen wie überhaupt von Verständnissen neu zu sehen. Wenn der Austausch der Individuen gerade über die Homogenisierung des Ausdrucks ermöglicht und durch die Eigenstruktur der Symbolismen geformt wird, dann geht einerseits die homogenisierende Identität dieser Struktur zwischen den Individuen in jeden noch so persönlichen Ausdruck ein. Andererseits wird dadurch eben die Kontinuität des Austausches gesichert: durch die beständig erneuerte Gelegenheit zur Übernahme von Ausdrucksformen als eigener Ausdrucksmöglichkeit und als Weiterführung der Ausdrucksleistungen im eigenen Leben. Dies führt zu einem vierten Grundbegriff in meiner Verstehensanalyse, dem Begriff der S t a n d a r d i s i e r u n g.

---

die Eigenstruktur der Sprache in ihrer konstitutiven Funktion für unsere Ausdrucks- und Verstehensmöglichkeiten zuwenig beachtet und sich statt dessen auf einen allgemeinen Ausdruckswillen beruft, der sich in einer „systematisierten Gestikulation“ – als die er Sprache immer wieder darstellt – artikuliert.

7 S. dazu Maurice Merleau-Ponty, op.cit., S.42f. (bes. auch die Anmerkung).

Die vorstrukturierten Ausdrucksformen, die in die individuellen Äußerungen eingehen, verschaffen diesen nämlich standardisierte Elemente des Austauschs. Um diese standardisierten Elemente herum – in unserer Sprache sind das die begrifflich organisierten Ausdrücke – entwickelt sich unser Austausch als Veränderung, Verknüpfung, Erweiterung, Verkürzung usw. dieser durch Standardisierung gewöhnlich gewordenen Elemente. Die Orientierung am Gewöhnlichen, das uns in den Symbolismen zur Verfügung steht, bietet uns die Möglichkeit zum persönlichen Beitrag am allgemeinen Austausch. Oder anders gewendet: Der persönliche Beitrag bleibt eingebunden in die gewöhnlichen Ausdrucks- und Austauschformen.

Aus Formen des Ausdrucks und des Austauschs werden damit Formeln, die unsere Ausdrucks- und Austauschmöglichkeiten tragen und beides, sie erschließen und ersticken können. In der (meta-) sprachlichen Vergegenwärtigung dieser Formeln interpretieren wir sie meist als allgemeine Begriffe und lösen sie damit aus den Kontexten der Ausdrucksleistungen und des Austauschgeschehens heraus. Sie werden dann im Rahmen der normierten Grammatik von Behauptungssätzen syntaktisch isoliert und eben als Begriffe, die durch einzelne Wörter repräsentiert werden, betrachtet. Tatsächlich sind diese Begriffe aber nur die Indikatoren von Ausdrucks- und Austauschformeln, die sich in der Geschichte unseres Miteinanderhandelns und -redens herausgebildet haben.

Als These läßt sich dieser Gedanke der Standardisierung von Austauschformen so zusammenfassen: Die interindividuell fixierte Eigenstruktur der Symbolismen läßt Ausdrucks- und Austauschformeln entstehen, die die möglichen Formen des Ausdrucks und Austausch miteinander so prägen, daß diese als Allgemeinbegriffe interpretiert werden können, und zwar in einer die externen Kontexte eliminierenden und die interne Grammatik schematisierenden Repräsentation. Oder kurz zusammengefaßt: Unsere Begriffe sind standardisierte Ausdrucks- und Austauschformen.

Aus diesen Thesen zur Verallgemeinerung des Verstehens ergeben sich einige Konsequenzen für verschiedene Gebiete der Philosophie, die ich hier nur kurz – und wie ich hoffe, gerade noch innerhalb der Grenzen der Verständlichkeit – andeuten kann. Es sind die logische, ethische und theoretische Konsequenzen.

Zunächst zu den logischen Konsequenzen. Sie betreffen die Prädikationstheorie, also ein Thema, das die logische Propädeutik oder auch die transzendentale Logik sich vorzunehmen pflegen. Üblicherweise wird die einfachste Form der Prädikation durch ein Schema dargestellt, in dem einem logischem Subjekt, das durch einen Nominator – einen Eigennamen oder eine Kennzeichnung – bezeichnet wird, ein Prädikator, d.i. ein Allgemeinbegriff zu- oder abgesprochen wird. (Für eine mehrstellige Prädikation gilt das entsprechende Schema dann für mehrere logische Subjekte.) In diesem Schema – und das ist hier der entscheidende Punkt – werden die logischen Subjekte als relationslose Entitäten aufgefaßt, die ohne jede Eigencharakterisierung als bloße Individuen auftreten und im Prinzip Subjekt eines jeden Prädikates sein können. Und die Prädikatoren werden ihrerseits in den verschiedenen, durch die jeweiligen logischen Subjekte definierten Prädikationssituationen nicht auf eine unterschiedliche, sondern auf eine immer gleiche Weise diesen logischen Subjekten nur überhaupt zu- oder abgesprochen. In diesem Schema ist die Prädikation die – soweit sie über das Zu- oder Absprechen überhaupt hinausgeht – unterschiedslose Subsumtion eines austauschbaren Einzelfalles unter einen für alle diese Fälle gleichermaßen zutreffenden Begriff.

Versteht man aber die Prädikation als eine Individuationsleistung und die Begriffe als formelhafte Indikatoren für standardisierte Ausdrucks- und Austauschformen, dann ist auch hier die subsumtionstheoretische Schematisierung aufzuheben. Statt ihrer wäre eine Interpretation denkbar, die den Form- oder, wenn man Wittgensteins Terminologie im Tractatus hier übernehmen will, Konfigurationscharakter der Begriffe, aber auch für die logischen Subjekte betont. Logische Subjekte wären nach einer solchen Interpretation die Elemente möglicher Konfigurationen, die durch verschiedene Begriffe benannt würden. Sieht man weiterhin in den Begriffen die formelhaften Namen für eine Gruppe oder, wenn man hier Wittgenstein – nun allerdings den späten – noch einmal bemühen will, Familie von konkreten Konfigurationen, dann wären ersetzbare und unersetzbare, direkt oder nur indirekt – nämlich über eine Relation zu anderen Elementen der jeweiligen Konfiguration – definierende Elemente einer Konfiguration zu unterscheiden. Die bestimmen dann auch eine unterschiedliche Beziehung der logischen Subjekte, d.i. der Elemente, zu einem Begriff, der die jeweilige Konfiguration bezeichnet. Redet man einfacher statt von einer Konfiguration von einem Muster, dann kann man diesen Gedanken in eine These fassen: Die Prädikation ist keine einfache Subsumtion, sondern die Aktualisierung einer möglichen Relation (unter vielen anderen), in der – auf ersetzbare oder unersetzbare, direkte oder indirekte Weise – Elemente und Muster zu einer bestimmten Form zusammengeschlossen werden.

Ob man diese Unterscheidungen dann auch in die formale Logik übernehmen soll, möchte ich dahingestellt sein lassen. Jedenfalls scheinen sie mir aber für die Prädikationstheorie Differenzierungen zu bieten, die sehr viel näher an den Prozeß der Prädikation führen, als dies das subsumtionstheoretische Schema tut.

Eine zweite, nämlich ethische Konsequenz kann man über das Verständnis des ethischen Universalismus andeuten. Auch hier nämlich dominiert ein durchaus subsumtionstheoretisches Verständnis der Verallgemeinerung. Dies gilt sowohl für die klassische Kantische Ethik als auch für die meisten analytischen Konzeptionen, wie sie etwa von und im Anschluß an Hare und (Marcus George) Singer entwickelt worden sind. Der Einfachheit halber beschränke ich mich hier auf die meinem Verständnis nach deutlich interessantere Ethik Kants. Schon die Beschreibung der moralrelevanten Handlungen folgt einem Schema der Subsumtion, in dem die Einzelhandlungen unterschiedslos als Fälle einer generellen Handlungsregel, d.i. einer Maxime, dargestellt werden. Aber auch der Universalisierungsschritt besteht in einer Subsumtionsleistung, mit der nämlich alle Individuen lediglich als – bloß mögliche – Fälle des einen Vernunftsubjekts verstanden werden. Die universelle Identität dieses Vernunftsubjektes läßt dann eine jede Entscheidung für oder gegen eine Maxime, wenn sie nur alleine auf Vernunftgründen und nicht aufgrund irgendwelcher Neigungen getroffen worden ist, in gleicher Weise ausfallen und subsumiert sie als Fall einer Vernunftbegründung unter die Gesetze der Vernunft.

Kraft dieser universellen Identität des Vernunftvermögens – das übrigens auch in theoretischer Hinsicht das Fundament der objektiven Erkenntnis sichert – gibt es übrigens auch ein Art praktischer Subsumtion der individuellen moralischen Subjekte unter ein allgemeines Vernunftsubjekt. Gerät doch die jeweilige Individualität eines Menschen nur im Sinne einer Abweichung vom allgemeinen Vernunftsubjekt in den Blick, einer Abweichung, die es zu verhindern gilt. Die Subsumtion der individuellen Subjekte unter des Vernunftsubjekt ist hier als ein Imperativ zu verstehen, der die Ausräumung der individuellen Abweichungen verlangt, die Homogenisierung des moralischen Denkens unter dem Gesetz der reinen Vernunft.

Sieht man demgegenüber das moralische Handeln, die Bildung des Willens wie die einer persönlichen Identität als historische Individuationsleistungen, so wird man auch die moralische Universalisierung nicht als Wiedereinebnung dieser Individuationen interpretieren wollen. Man wird sie vielmehr als eine universelle Anerkennungsleistung anderer, ihrer Ansprüche und Möglichkeiten sehen, die über die Kommunikation hinaus auch die Interaktion und deren Bedingungen zu sichern hat. Dabei ergibt sich gerade um der Sicherung der wechselseitigen Anerkennung willen, nämlich bei deren Bedrohung und Verletzung, sicher auch das Erfordernis des Eingreifens, der Regelung unseres Handelns, das zwar eine Eingrenzung, niemals aber eine Einebnung unserer Individualität erzwingen kann. Auf die „praktische Subsumtion" der moralischen Subjekte bezogen, kann man dazu die These formulieren: Die moralische Verallgemeinerung gründet auf einer Anerkennungsleistung, die die Individuationsmöglichkeiten der Personen zu sichern hat und jedenfalls eine konkrete Leistung von Individuen bleibt, wie sie im übrigen unter dem Titel der Transsubjektivität, des Transzendierens der eigenen Subjektivität, gebracht werden kann. Für die Betrachtung der einzelnen Handlungen und Maximen wäre als Forderung anzufügen, daß diese erst in den situativen Kontext des Handelns und in den biographischen Kontext der handelnden Person gebracht werden müssen, bevor sie überhaupt einer moralischen Beurteilung zugänglich gemacht werden können.

Schließlich lassen die vorgetragenen Thesen auch eine theoretische Konsequenz, nämlich die Umrisse einer Kulturwissenschaft erkennen, die hier ebenfalls nur kurz skizziert werden mögen. Mit der Lösung von einer subsumtionstheoretischen Konzeption nicht nur des Verstehens, sondern auch des Wissens verabschiedet man sich auch von der Auffassung, das Theorien immer als ein System von Gesetzen formuliert werden müssen. Theorien haben uns das verständlich und womöglich auch praktisch verfügbar zu machen, was sich als Phänomen ausweisen läßt. Diesem Phänomenausweis waren die fünf Thesen zum Verstehen gewidmet. Die dabei gewonnene Beschreibung unseres Ausdrucks- und Austauschverhältnisse kann man eine symbol- und prozeßtheoretische Konzeption nennen, weil sie nämlich unsere Äußerungen und die Verhältnisse unseres Miteinanderlebens und -redens als eine Mannigfaltigkeit von Prozessen in den Blick zu bringen versucht, die durch ihre symbolische Fixierung und der dabei sich entwickelnden Verweisungsgefüge ihre innere Form gewinnen und miteinander verbunden werden.

Eine Wissenschaft von der Kultur hat das Allgemeine dieser Prozesse herauszuheben und darzustellen – aber ohne dabei den Prozeßcharakter durch eine logisch voreingenommene Darstellungsperspektive und -methode verschwinden zu lassen. Dies gelingt nur dann, wenn man auch und zunächst die Faktoren der Kulturprozesse zum Gegenstand der Untersuchungen macht und nicht nur deren Resultate. Ziel einer solchen Kulturwissenschaft bleibt dann auch nicht länger die Aufstellung von Gesetzen über den Zusammenhang kultureller Fakten (insbesondere Handlungen und Handlungsbedingungen), sondern wird die Erfassung und Darstellung der typischen Wirkfaktoren, die sozusagen als dynamische Zentren in den Verlauf der Prozesse, also unserer Äußerungen und unseres Austauschs miteinander, eingehen und ihre Gestalt prägen. Was man dadurch gewinnt, ist nicht eine universale Theorie von der Realität kultureller Fakten, sondern eine in ihrem Beschreibungsanspruch durchaus partielle Theorie von den Entwicklungs- und Wirkungsformen kultureller Faktoren. Und wiederum als These formuliert: Die Kulturwissenschaften sollen kein universales – und also geschlossenes – System der kulturellen Fakten aufstellen, sondern die offene – und also partielle – Mannigfaltigkeit der Faktoren analysieren, die in den kulturellen Prozessen wirken.

Zur Erfassung dieser Faktoren sind mit diesen Thesen Perspektiven entworfen benannt worden: Äußerungen als Individuationsleistungen; Verstehen als poietische

Leistung; Individuation durch Transzendenz; Transzendenz durch Symbolisierung; Symbolisierung als Austausch; Austausch als Arbeit an Formeln; Formeln als Fundament der Kommunikation. So oder ähnlich könnten die Titel lauten, mit denen die Perspektiven benannt werden, unter denen die Faktoren kultureller Prozesse zu analysieren sind und die den Kulturwissenschaften ihre Themen geben. Die abschließende These kann daher lauten: Eine Wissenschaft von der Kultur hat die Kultur als einen Prozeß zu verstehen. Dieser Prozeß läßt sich charakterisieren durch seine Faktoren und Elemente. Dazu gehören insbesondere die Individuation von Ausdrucksformen und deren interindividuelle Homogenisierung durch die Struktur der Symbolismen, die „laterale" Transzendenz der Individuation und die Entstehung eines kulturellen Allgemeinen im Austausch der Äußerungen.

Die Frage nach dem Menschen

Zur Auseinandersetzung zwischen Jaspers und Heidegger

Reiner Wiehl (Heidelberg)

I

Die Auseinandersetzung zwischen Jaspers und Heidegger gehört zu den eigentümlichsten Auseinandersetzungen in der Philosophie überhaupt. Diese Auseinandersetzung ist eigentümlich nicht nur durch ihren Inhalt, sondern schon allein durch ihre Form. Es ist dies eine lebenslang geführte Auseinandersetzung, zumindest von seiten Jaspers', auch wenn es andererseits Heidegger gewesen ist, der zunächst um 1920 das Gespräch mit dem Älteren und schon Berühmten gesucht hatte. Die von Hans Saner herausgegebenen *Notizen zu Heidegger*[1] von Karl Jaspers machen deutlich, wie sehr dieser durch die Gestalt und die geistige Physiognomie Heideggers sich immer wieder gewissermaßen von Tag zu Tag, von Jahr zu Jahr neu irritiert und herausgefordert gefühlt hat. Sie demonstrieren ein eigentümliches Wechselspiel von Anziehung und Abstoßung, das niemandem bewußter war als dem Irritierten selbst. So schreibt Jaspers noch zwischen 1961 und 1964, also lange nach dem Ende der NS-Zeit:

> „Unter den gegenwärtig lebenden Denkern sehe ich nur in ihm eine Macht wirksam, die ich in ihm gleichsam inkarniert sehe und als eine Gegnerschaft sehe, der ins Auge zu blicken sich lohnt, während sonst die ganze philosophische Gegnerschaft so schwammig ist, daß es nicht möglich ist sich damit einzulassen; denn man stößt auf keine Substanz. Das bedeutet aber zugleich die hohe Einschätzung Heideggers und die bis an die Grenze des Abrückens vom Widerwärtigen gehende Verneinung."[2]

Und er spricht im gleichen Atemzug von einer Verbundenheit zwischen ihnen beiden „dadurch, daß wir vielleicht am Ende auf einem Boden uns bewegen, auf

---

[1] K. Jaspers, *Notizen zu Martin Heidegger*, hrsg. von H. Saner, München: Piper 1978.
[2] K. Jaspers, *Notizen zu Martin Heidegger*, a.a.O., 238f. (Nr. 226).

dem man kaum jemanden begegnet".[1] Jaspers hat diese seine Ausführungen beschlossen mit der Idee einer Auseinandersetzung, die aus seiner Sicht die höchste Form philosophischer Auseinandersetzung hätte werden können und für sein eigenes Denken eine Bewährungsprobe der existentiellen Kommunikation in der Philosophie:

> „Daher suche ich nach der Kritik, die wirklich wird, in der Substanz des Denkens selber, nach dem Kampfe, der die Kommunikationslosigkeit des Unvereinbaren durchbricht, nach der Solidarität, die noch zwischen dem Fremdesten dort möglich ist, wenn es sich um Philosophie handelt".[2]

Allerdings hat Jaspers hinter eben jene Sätze, also hinter die Möglichkeit einer so radikalen philosophischen Auseinandersetzung selbst ein abschließendes Fragezeichen gesetzt. Blickt man auf das Ganze dieser im Nachlaß gefundenen Notizen, so stellt dieselbe eine außerordentlich weitgespannte philosophische Programmatik dar, an der ein Grundzug immer wieder neu auffällt: Die Verbindung von Philosophie und Lebenssphäre, von Gedankenwelt und menschlich-persönlicher Einstellung, von Sachlichkeit und Unsachlichkeit. Diese auffällige Erscheinung war und ist kein Zufall. Für Jaspers selbst war dies Absicht, ein Grundzug, in dem er selbst eine Wesensdifferenz zwischen seiner und Heideggers Art und Weise des Philosophierens zu erkennen meinte. Immer wieder klingt dies als der eigentliche Gegenstand der Jaspers'schen Kritik an:

> „Die Diktion eines Erkennens, das den objektiv sachlichen Anspruch wie die Wissenschaften erhebt, von daher die Grundhaltung leiht, daß es nur auf die Sache, nicht auf die Person ankomme [...] Ein Wissen vom Menschen wird dogmatisiert in gegenständlicher Konstruktion. Existenzerhellung wird verkehrt in Existenzwissen von Existentialien [...] [D]ie Magisierung der Sprache. Die Trennung von Philosophie und Leben,- die Neigung zur ästhetischen Gebärde im Transzendieren, die Loslösung von möglicher Existenz zugunsten des Wissens von Existenz [...]"[3]

und dann lapidar: „Das Werk (nicht der Mensch): kommunikationslos, weltlos, gottlos."[4]

Jaspers setzt demzufolge einem von ihm diagnostizierten, unheimlichen ästhetisierenden, schillernden Objektivismus im Denken und Stil Heideggers das entgegen, was er selbst schon früh die Subjekt-Objekt-Spaltung genannt hatte. Aber diese Verbindung gerät ihm hier in der imaginierten und geplanten Auseinandersetzung mit Heidegger zu einer eigentümlichen Mischung von Sachlichkeit und Unsachlichkeit,

---

1 Ebd.
2 K. Jaspers, *Notizen zu Martin Heidegger*, a.a.O., 264 (Nr. 252).
3 K. Jaspers, *Notizen zu Martin Heidegger*, a.a.O., 137 (Nr. 117).
4 K. Jaspers, *Notizen zu Martin Heidegger*, a.a.O., 56 (Nr. 27).

von objektiver Anerkennung der Heideggerschen Denkleistung und der abschätzigen, ja sogar herabwürdigenden Verurteilung des Menschen in dessen Denkhaltung und Stilgebärde. Gelegentlich bezeichnet er Heidegger als seinen geistigen Gegner, ja sogar als seinen „geistigen Feind". Allerdings findet sich auch in der Unsachlichkeit das Ringen um die Sachlichkeit und in der Sachlichkeit die immer neu zum Thema gemachte geistige Gegnerschaft, so wenn Jaspers sich angesichts von Heideggers Werk und Wirkung fragt:

> „Ist alles Mimikry, falscher Zauber, gehaltlos, verführend durch Gebärde und Sprache, was den Versuch macht, absolut, dogmatisch, chiffrenschaffend, ausschließend zu philosophieren? Ist nicht der Weg zu: Vernunft Kommunikation, Freiheit in Gemeinschaft – und der Gegner: das Isolierende, Ausschließende, Führeranspruch Erhebende, Abbrechende – und dann alsbald Barbarische?"[1]

Die von Jaspers entwickelte Lehre von den Chiffren wird ein bewegendes Element der skizzierten Auseinandersetzung mit dem Gegner. Aber auch und vor allem mußte sich in der Auseinandersetzung um Nietzsche die „geistige Gegnerschaft" artikulieren. Ein wichtiger Teil der Notizen ist dieser Auseinandersetzung gewidmet. Eigentümlich genug, daß beide, Jaspers wie Heidegger, in ihrer Nietzsche-Interpretation ihre Gegnerschaft zum Nationalsozialismus zu formulieren versuchten. Aber eigentümlich genug auch, daß die jeweils resultierende Deutung so unterschiedlich ausgefallen ist. Jaspers Notizen geben uns gewissermaßen die Quintessenz dieser Differenz: Für Heidegger gehört Nietzsche in die Reihe der großen Gestalten, die die Frage nach dem Sein unbewußt gestellt, aber ebenso auch verdrängt und verfehlt haben: der letzte in der Reihe der europäischen Metaphysiker – Metaphysiker in Gestalt philosophischer Grundworte: Wille zur Macht, Ewige Wiederkehr des Gleichen, nicht zuletzt auch (und von Jaspers hier nicht eigens erwähnt) der Nihilismus. Demgegenüber der Jaspers'sche Nietzsche: derjenige, der sich in allen Gefährdungen und Selbstgefährdungen, in seinem Wissen um den tiefgreifenden Wertewandel seiner Epoche, um die Umwertung aller Werte eine neue Idee von Werthaftigkeit abgerungen hat, die Jaspers auf seine Weise sich aneignet:

> „Die Steigerung des Adels [...], die große Sorge vor den falschen Führern, welche kommen, die Überwindung der Moral nicht zu einer Lässigkeit, bloßem Leben, Willkür hin, sondern zu mehr Moral, strengerer »Moral« [...]".[2]

Das alte Wort für die ebenso alte wie neue Wertung lautet: Vornehmheit, noblesse. Und Jaspers führt aus, was er unter diesem Wort versteht:

---

[1] K. Jaspers, *Notizen zu Martin Heidegger*, a.a.O., 103 (Nr. 83).
[2] K. Jaspers, *Notizen zu Martin Heidegger*, a.a.O., 217 (Nr. 200).

> „Die Unterscheidung von wahr und falsch, von gut und böse, – untrüglich im Willen dazu und durchweg im Blick auf Menschen und Dinge. Die Distanz zu sich selbst und den anderen. Die Dankbarkeit. Die Treue. Die Verpflichtung des Anstandes in allen menschlichen, sofort geschichtlich bestimmten und je einmaligen Beziehungen. Die Sachlichkeit. Die Trennung der Sphären des Lebens und Denkens,– aber die Einheit im Ja zu einem Menschen, – die Zurückhaltung im Nein. Der Stolz der inneren Ehre, in der Bescheidenheit. Die Unabhängigkeit von Herkunft, soziologischen und psychologischen Bedingungen – selbst da sein. Redlichkeit. Offenheit. Klares Schweigen, aber nicht ausweichendes Schweigen. [...] Das Wort gilt".[1]

Jaspers beschließt diese andeutende Umschreibung dessen, was für ihn Nietzsches Wertschätzung der noblesse bedeutet mit einer Frage, die seine Beziehung zu dieser Wertschätzung direkt beleuchtet: „Wie dieses alles noch zu unterscheiden vom »Existentiellen«?".[2] Früher, in der Abfassung seiner *Psychologie der Weltanschauungen* hätte er vermutlich gesagt: „Wie dies alles zu unterscheiden vom Echten?". Aber es geht ihm hier auch um die Person Heidegger, nicht nur um die wahre Deutung von Nietzsches Denken. Und es ist hier wohl nicht zuletzt die „geistige Feindschaft", die Jaspers einen Augenblick lang unsachlich und unvornehm werden läßt: „Ich vermisse bei Heidegger jede Noblesse."[3] Die hier anklingende Auseinandersetzung um den wahren den eigentlichen Nietzsche gibt zunächst nur ein Stichwort, ein Stichwort für die maßgeblichen Wertungen einer solchen möglichen Auseinandersetzung. Wir finden aber ein anderes hier zu nennendes Stichwort ebenso elementar, wie jene ursprüngliche Wertsetzung im Raum der Philosophie, das Stichwort der Frage. Seit der von Sokrates entwickelten Kunst des Fragens ist in der Philosophie die Frage mit dem Problem der Methode verbunden. Damit aus dem bloßen Herumsuchen und blinden Herumtappen eine echte und sich selbst vergewissernde Untersuchung werde, muß sich die philosophische Frage der Angemessenheit des Fragens vergewissern. Heidegger hat bekanntlich in seinem ersten Hauptwerk *Sein und Zeit* dieser Frage nach der Frage ein neues ungewohntes Gewicht verliehen, das die philosophische Hermeneutik Gadamers in ein Theorem transformiert hat, das Theorem des „Primats der Frage vor der Antwort". Man erinnert sich in diesem Zusammenhang an Adornos bissige Polemik gegen die ganze Existenzphilosophie im Blick auf diesen Primat, bzw. im Blick auf eine Unverhältnismäßigkeit in der Frage nach der Frage. Es geht hier nicht darum, daß Adornos „Negative Dialektik" selbst diesem Primat der Frage vor der Antwort huldigt, indem sie sich für ihre negativen Antworten verwendet gemäß der Maxime: „keine Antwort ist auch eine Antwort"

1 K. Jaspers, *Notizen zu Martin Heidegger*, a.a.O., 239f. (Nr. 227), [Herv. Verf.].
2 Ebd.
3 Ebd.

und in der Philosophie sind Antworten, die uns sagen, was etwas nicht ist, oft wahrer und redlicher als das vermeintlich Positive. Jaspers sieht deutlich, daß Heideggers radikales Fragen nach der Frage auf eine Methode zielt, um zugleich sein maßgebliches „Aber" anzukündigen: „Heideggers »Durchfragen« als Methode zu untersuchen. Sie ist selbst nicht methodisch bewußt gemacht– Heidegger fragt oft nach den Voraussetzungen, aber nicht nach den Voraussetzungen dieses Verfahrens ..." „Dieses Fragen ist oft mehr Manier als wirklich Fragen ..."[1] Und dann noch einen Schritt kritischer, schärfer:

> „Ist das eine Methode, tief zu fragen, aber so, daß Antwort ausbleiben muß? Und zu fragen aus der totalen Unheilssituation? Mit dem Ergebnis eines Zustandes, der alles zuläßt, sich jeder Entscheidung enthebt, immer stark im Verneinen, im Destruieren – das einzige Ja im Nationalsozialismus. Das Versäumen des vernünftigen Denkens, der Aufgabe des Philosophierens: Menschen zu sich selbst zu bringen, so daß sie vernünftig denken und handeln? [...] Das Versäumen der bestimmten und konkreten Fragen zugunsten geheimnisvoller Absolutheiten [...]."[2]

Gewiß ist Jaspers hier nicht gerecht. Er verkennt die Bemühungen des Philosophen und Denkers Heidegger, sich durch den methodischen Gang der Untersuchung gegen die Gefahr des Abgleitens in Weltanschauung zu sichern. Noch in seinem zweiten Hauptwerk, den Beiträgen zur Philosophie: „Vom Ereignis" hat Heidegger diese Gefahr beschworen angesichts eines ständigen Mißverständnisses gegenüber dem Grundgedanken seines ersten Hauptwerkes *Sein und Zeit.* Mochte er selbst immerhin diesem Mißverständnis Vorschub geleistet haben durch unwillkürliche Anleihen seiner sprachlichen Darstellungen an der neuzeitlichen Philosophie der Subjektivität. Aber die Sorge, die er dort als Existenzial und Grundbefindlichkeit in den Mittelpunkt der Bestimmung des Menschen gerückt hatte, war ihm alles andere als nur eine beliebige, persönlich zufällige „weltanschaulich-ethische Einschätzung des »menschlichen Lebens«",[3] wie seine Kritiker (so auch Max Scheler in seiner tiefgreifenden Kritik) vermeinten. Es ging ihm dort überhaupt nicht um eine philosophische Anthropologie, eher um die Destruktion der Geschichte derselben. Seine Frage galt zwar dem Menschen, aber nur, sofern die eigentliche Frage, die Grundfrage allen Denkens, die Frage nach dem Sein, eine Befragung des menschlichen Daseins hinsichtlich seines Seins nahelegt.

Sorge bedeutete für Heidegger in diesem Fragezusammenhang, in dem alles auf den Primat der Frage vor der Antwort abgestellt war, vor allem dies: die Bestim-

---

1 K. Jaspers, *Notizen zu Martin Heidegger*, a.a.O., 196 (Nr. 177).
2 K. Jaspers, *Notizen zu Martin Heidegger*, a.a.O., 128 (Nr. 106).
3 Martin Heidegger, *Kant und das Problem der Metaphysik*. Frankfurt/M: Klostermann [4]1973, 229.

mung des menschlichen Daseins als eines fragenden Wesens, dessen Frage zunächst und zuletzt dem eigenen Sein gilt, – dem Sein, welches er im Blick auf diese ursprüngliche Fraglichkeit Existenz nannte. In der hermeneutischen Analyse dieses Daseins hinsichtlich seiner Existenz ging es gerade um eine Untersuchung, die sich methodisch von weltanschaulich-anthropologischen Voraussetzungen unabhängig machen wollte. Wie immer man Jaspers Kritik an Heideggers Bemühung um ein methodisches Fragen einschätzen mag: diese Kritik gewinnt ihr eigentliches Gewicht erst vor dem Hintergrund einer in diesem Zusammenhang entwickelten Skizze zu dem, was man in der philosophischen Hermeneutik „die Logik von Frage und Antwort" nennt. Folgt man Jaspers in dieser Skizze, so ist die Quintessenz einer solchen Logik die, daß es d i e Logik von Frage und Antwort nicht gibt, sondern daß es hier verschiedene mögliche Beziehungen von Frage und Antwort und einen diesen Unterschieden entsprechenden unterschiedlichen Sinn einer solchen Logik gibt. Als erste der verschiedenen möglichen Beziehungen von Frage und Antwort hat Jaspers diejenige genannt, in der die Frage eigentlich keine Frage ist, weil sie im Grunde die Antwort vorwegnimmt. Dabei hat er aber hier nicht an die zahlreichen Formen der Voreiligkeit und Gedankenlosigkeit gedacht, in denen der eigentliche Sinn der Frage, die Intention des Fragenden gar nicht erst erkundet wird, sondern an Formen der Höflichkeit, wie sie sich zum Beispiel in einer Frage ausdrücken wie der: „Wie geht es Dir?" wo der Fragende aus welchen Gründen auch immer, immer schon diese Antwort erwartet: „Danke, sehr gut" (auch wenn es dem Betreffenden schlecht geht). In Fragen dieser Art ist, wie das Beispiel zeigt, nicht vorausgesetzt, daß die Antwort wahr sein muß. Sehr viel wichtiger aber, insbesondere im Blick auf Heideggers Umgang mit der Frage, sind Fragen, für welche die Differenz zwischen der Beantwortbarkeit und der Unbeantwortbarkeit ein maßgebliches Gewicht gewinnt. Die Fragen, die – mit welchem Recht auch immer – ihre Beantwortbarkeit voraussetzen, handeln Jaspers zufolge, von einer

> „Mitteilungsform dramatischer Entwicklung, von der Darstellung des Weges, auf dem ich mir [...] die Einsicht kläre und den Leser oder Hörer vermöge der ständig eintretenden Spannung fessele. Er erwartet die schließliche Antwort – und kann dann rückläufig die Schritte von Fragen und Antworten in kurze Fassung bringen".[1]

Man ist geneigt, eine solche dramatische Inszenierung des Fragens in Verbindung zu bringen damit, daß auch hier im Grunde die Antwort bereits vorliegt, nicht nur die Beantwortbarkeit im Fragen antizipiert wird. Am wichtigsten für Jaspers Auseinandersetzung mit Heidegger aber sind die unbeantwortbaren Fragen. Denn ange-

---

[1] Karl Jaspers, *Notizen zu Martin Heidegger*, a.a.O., 224 (Nr. 209).

sichts der Unbeantwortbarkeit gehen die Arten und Weisen des Fragens, die Einstellungen des Menschen zur je eigenen Frage weit auseinander. Jaspers: „Solche Fragen können sehr billig und massenhaft sein." Aber: „Sie können die letzte Grenze offenbar machen."[1] Gerade angesichts der Unbeantwortbarkeit von Fragen trennen sich die Wege zwischen echten und unechten Fragen, trennen sich die Wege zwischen Sophistik und Philosophie.

Jaspers geht wie selbstverständlich davon aus, daß es unbeantwortbare Fragen gibt, denen nachzufragen nicht sinnlos, im Gegenteil, so sinnvoll ist, daß gerade hier die Echtheit des Fragens eigentlich erst gefragt ist. Deswegen seine eindrückliche Frage nach den Kriterien der Echtheit, die eine entsprechende Prüfung der Frage ermöglichen. Positivismus und Neopositivismus sind hier sehr weit entfernt mit ihren Annahmen, daß es sinnlos sei, sich mit unbeantwortbaren Fragen, zu beschäftigen. Aber die Jaspers'sche Unterscheidung zwischen beantwortbaren und unbeantwortbaren Fragen, so wichtig sie ist, fordert eine andere Frage heraus, vor der Frage nach den Kriterien echten und eigentlichen Fragens. Wie denn unterscheiden wir zwischen beantwortbaren und unbeantwortbaren Fragen? Nur in manchen Fällen wissen wir im voraus, ob die gestellte Frage beantwortbar ist oder nicht. Die Geschichte lehrt uns immer wieder aufs Neue, daß Fragen, die beantwortbar schienen, sich als unbeantwortbar erweisen, wie zum Beispiel die Frage nach der Existenz Gottes; und daß umgekehrt Fragen, die unbeantwortbar schienen, unversehens eine Antwort finden. Solche Erfahrungen des Umschlages von Beantwortbarkeit in Unbeantwortbarkeit und umgekehrt gehören zur menschlichen Lebenserfahrung, wie sie zur geschichtlichen Erfahrung in Philosophie und Wissenschaft und in den anderen Instanzen der menschlichen Kultur gehören. Alte für beantwortet gehaltene Fragen kehren plötzlich im neuen Gewande wieder. Alte für unbeantwortbar gehaltene Fragen finden unversehens eine nicht für möglich gehaltene Lösung in neuer Gestalt. Selbstverständlich ist dieser Sachverhalt menschlicher Grunderfahrung Jaspers vertraut. Aber es geht hier nicht nur um geschichtlichen Wandel und um die mannigfachen Möglichkeiten der geschichtlichen Verwandlungen zwischen Beantwortbarkeit und Unbeantwortbarkeit von Fragen. Es gibt hier auch das Phänomen der Unentscheidbarkeit zwischen beidem, zwischen Beantwortbarkeit und Unbeantwortbarkeit. Auf Fragen, die wir stellen, suchen wir nicht nur eine Antwort. Vielmehr suchen wir auf dem Weg dieser Suche auch, ob es hier – oder zumindest auf diesem Wege überhaupt eine Antwort gibt. Nehmen wir den Fall Sokrates, ge-

[1] Ebd.

nauer: das Exempel der von Plato gedichteten Sokrates-Dialoge, sofern diese in der wissenden Unwissenheit enden. Es ist dieser Sokrates' von dem Jaspers sagt:

> „Sokrates vor Augen zu haben, ist eine der unerläßlichen Voraussetzungen unseres Philosophierens. Keine Philosophie heute ohne Sokrates und sei es nur als ein blasser Schimmer aus ferner Vergangenheit fühlbar".[1]

Aber waren denn die Fragen, die Sokrates seinen Freunden, den Bürgern seiner Stadt stellte, beantwortbar oder waren sie unbeantwortbare Fragen? Wieweit und inwiefern waren sie beantwortbar, wieweit und inwiefern unbeantwortbar? Verdanken wir nicht den Dialogen Platos unschätzbare Einsichten in die Natur des Menschen, also Antworten? Von dem sokratischen Denken sagt Jaspers:

> „Es ist nicht die Begründung der Wissenschaften ... auch nicht die Begründung des philosophischen Lesens (!) der Chiffernschrift des Seins, die von der vorsokratischen Philosophie in großem Stil vollzogen war ... Das sokratische Denken ist übergreifend, ist gezogen von der Wahrheit, die nur in Form wissenden Nicht-Wissens berührt wird, getragen von dem Vertrauen, daß sich dem redlichen Denken Wahrheit und Wirklichkeit zeigen. Daher vollzieht sich dieses Denken in einem Raum, der mehr als Denken bedeutet".[2]

Wie steht es mit diesem Vertrauen des Sokrates in die Macht seines untersuchenden Denkens? Wieweit ist es gerechtfertigt? Immer wieder hat Jaspers Heidegger mit dem Vorwurf der Zweideutigkeit konfrontiert. Aber: Ist diese Zweideutigkeit eine solche angesichts der Unterscheidung zwischen Beantwortbarkeit und Unbeantwortbarkeit des Fragens oder aber eine Zweideutigkeit angesichts unbeantwortbarer Fragen? Jaspers ist in diesem Punkte seiner Heidegger-Kritik, wie mir scheinen will, ganz eindeutig. Die Zweideutigkeit, die er Heidegger immer wieder kritisch vorhält, ist eine Zweideutigkeit angesichts unbeantwortbarer Fragen. Es ist für ihn in diesen Fragen die immer neu zutagetretende Zweideutigkeit hinsichtlich der „entscheidenden" Differenz zwischen echtem und unechtem Fragen: Heidegger berührt mit seinen Begriffen

> „philosophisch die Grenzen, vollzieht ein echtes Transzendieren, um im nächsten Augenblick mit den Begriffen wie mit einem ontologischen Wissen zu operieren. Es ist dies seiner Philosophie oft anhaftende Zweideutigkeit, die nicht die notwendige Zweideutigkeit echter Tiefe ist, sondern die unnotwendige vor der Entschiedenheit."[3]

---

[1] Karl Jaspers, *Die großen Philosophen*, Bd. 1, München: Piper ³1981, 125.
[2] Ebd., 127.
[3] Karl Jaspers, *Notizen zu Martin Heidegger*, a.a.O., 40 (Nr. 14).

II

Jaspers ist hier nicht nur in der Gefahr, die Differenz zwischen beantwortbaren und unbeantwortbaren Fragen zu dogmatisieren. Seine Gefahr ist auch diejenige, die er selbst als eine Gefahr des sokratischen Dialoges diagnostiziert hatte: die Gefahr nämlich, sich entweder in einen Moralismus oder aber in einem Irrationalismus angesichts des Wissens des Nicht-Wissens zu verlieren. Wie wollte er, wie konnte er überhaupt zwischen Echtheit und Unechtheit des Fragens unterscheiden. Er selbst hat sich diese Frage in seinen *Notizen zu Heidegger* gestellt und gefragt: „Wo liegt der Unterschied zwischen dem formalen Trick des Weiterfragens und dem Gehalt solchen Denkens?“[1] Offensichtlich genügte ihm die Antwort nicht, die verlangt, die fragliche Frage in den gesamten Begriffszusammenhang zurückzuversetzen, aus dem sie entsprungen ist und der ihre Voraussetzung bildet. Damit die fragliche Frage eine echte und eigentliche Frage wurde, schien es ihm nicht ausreichend, sie mitsamt ihrem gesamten Fragezusammenhang in die Form einer neuen Frage zu bringen. Denn so war des Fragens kein Ende. „Jede Frage kann auf ihre Voraussetzungen befragt wieder in Frage gestellt werden“. Deswegen hat er eine zusätzliche Bedingung echten Fragens benannt, die eine Prüfung der fraglichen Frage auf ihre Echtheit hin ermöglichen sollte: Die fragliche Frage mußte aus der „Erfahrung möglicher Existenz“ entsprungen sein. Genauer: Der Unterschied zwischen dem formalen Trick des Weiterfragens und dem gehaltvollen Denken „liegt in der Voraussetzung einer »Grundanschauung«, einer radikalen zur Bewußtheit drängenden Verfassung der möglichen Existenz. Fehlt diese, so handelt es sich um den Trick, der einen Augenblick verblüfft, dann aber langweilig wird.“[2] Heideggers Hauptwerk *Sein und Zeit* also ein philosophisches Buch, ohne existenziale Grundanschauung, ohne weltanschauliche Grundlage? Heideggers Denken in seiner immer neu gewendeten Frage nach dem Sein ein lediglich trickreiches Fragen? Ist die Auseinandersetzung zwischen Jaspers und Heidegger eine Auseinandersetzung um die Philosophie in dem Sinne, daß man fragen muß, ob die philosophische Frage in einer ursprünglichen existenzialen Grundanschauung verankert oder aber gerade von einer solchen Gebundenheit frei sein soll? Es ist angesichts dieser Frage unumgänglich, sich des § 37 von *Sein und Zeit* zu erinnern, wo Heidegger seinerseits die Zweideutigkeit zum Gegenstand philosophischen Untersuchens gemacht hat. Dabei geht es keineswegs nur um rein theoretische Fragen des Philosophierens, sondern um Weisen des „Mit-

[1] K. Jaspers, *Notizen zu Martin Heidegger*, a.a.O., 224 (Nr. 209).
[2] Ebd.

Seins", des Miteinander-Umgehens der Menschen, um Fragen der menschlichen Kommunikation. Heidegger:

> „Wenn im alltäglichen Miteinandersein dergleichen begegnet, was jedem zugänglich ist und worüber jeder jedes sagen kann, wird bald nicht mehr entscheidbar, was in echtem Verstehen erschlossen ist und was nicht. Diese Zweideutigkeit erstreckt sich nicht allein auf die Welt, sondern ebensosehr auf das Miteinandersein als solches, sogar auf das Sein des Daseins zu ihm selbst."[1]

Heidegger spricht hier nicht ausdrücklich von Fragen, nicht von Fragen des Verstehens und Nichtverstehens, von Fragen einseitigen oder wechselseitigen Mißverständnisses; auch nicht von beantwortbaren oder unbeantwortbaren Fragen, so wie er das Fragen als ein Suchen und Untersuchen in seiner elementaren Logik der Frage prinzipiell von dieser Unterscheidung freihält, die Jaspers gegen ihn ins Spiel gebracht hat. Aber es ist kaum zu übersehen, daß dort, wo es um das Verstehen geht, um das Verstehen der Welt und der Dinge in der Welt, um das Einander-Verstehen von Menschen – daß dort immer auch Fragen im Spiel sind, stillschweigende und unausgesprochene Fragen ebenso wie ausdrückliche und nachdrückliche Fragen.

In § 37 von *Sein und Zeit* hat Heidegger offenkundig jene Unterscheidung zwischen Echtheit und Unechtheit anerkannt, die Jaspers schon in seinem philosophischen Frühwerk, dem Werk seines Übertritts in die Philosophie, in der *Psychologie der Weltanschauungen* in das Zentrum gerückt hatte. Man wird aber auch nicht fehlgehen, wenn man in jener Heideggerschen Erörterung der „hermeneutischen Zweideutigkeit" eine andeutungsweise Kritik an dem Jaspers'schen Gebrauch jener Unterscheidung des Echten und Unechten sieht – zumindest einen denkbaren kritischen Hinweis auf die Gefahren der Moralisierung und der Dogmatisierung jener Unterscheidung. Heidegger erinnert angesichts der Zweideutigkeit des Verstehens, des Einander- und Sich-Verstehens an die Geschichtlichkeit des Verstehens, an dessen Vergänglichkeit. Echtes Verstehen enthält in sich keine Garantie der Bewahrung seiner Echtheit. Und wo ein solches echtes Verstehen zum vertrauten Umgang wird, läßt sich nur schwer sagen, in welchem Sinne hier die Echtheit gemeint ist. Vertrautheit im Verstehen kann mehr bedeuten, wertvoller sein als Echtheit. Die andere Seite der Medaille ist die Routine, die „mechanische Gewohnheit", um Bergson zu zitieren. Ich habe die philosophische Auseinandersetzung zwischen Jaspers und Heidegger einzigartig genannt. Sie ist einzigartig durch die persönliche Faszination und Irritation der beiden Personen im wechselseitigen persönlichen Umgang. Sie ist aber auch einzigartig durch den Kontrast zwischen dieser personalen Faszination

[1] Martin Heidegger, *Sein und Zeit*, Tübingen: Niemeyer [15]1979, 173.

und dem Desinteresse an der Kenntnis der Bücher des jeweils anderen. So notiert Jaspers im späteren Rückblick:

> „Ich habe auf Heideggers Schriften innerlich nicht reagiert. Schon seine Kritik meiner »Psychologie der Weltanschauungen« habe ich niemals zu Ende gelesen. Sie interessierte mich nicht. Sie war langweilig für mich. So war es wieder beim Erscheinen von »Sein und Zeit«. [...] Es sprach mich nicht an, verwunderte mich, schien mir mit dem, was ich als Gemeinsames meinte, nicht viel zu tun zu haben, aber berührte dieses ständig, wie mir schien, in einer Verkehrung zu der traditionellen Manier, objektiver Lehre, Feststellung, Objektivierungen vorzutragen, in denen ich vermöge dieser grundsätzlichen Verkehrung das Entscheidende verloren sah."[1]

Und etwas früher: „Ich habe »Sein und Zeit« nicht lesen mögen, weil es mich nicht ansprach,– und habe es bis heute nur zu sehr geringen Teilen gelesen".[2] In dem Entwurf eines Briefes an Heidegger aus dem Jahre 1955, den Jaspers nie abgeschickt hat, heißt es: „Auch Sie lesen mich nicht". Dabei war Jaspers selbst völlig klar, wie wichtig ihm „die persönliche Beziehung im Philosophieren" war, „abseits von den Werken, die wir beide geschrieben haben und die wir nur sporadisch hie und da eingesehen, nicht gelesen und studiert haben".[3] Wichtig war ihm nicht zuletzt auch die Unabhängigkeit des Entstehens des eigenen philosophischen Werkes von einem möglichen Einfluß Heideggers. Ausdrücklich verweist er auf seine *Psychologie der Weltanschauungen* von 1919 „als den Ausgangspunkt", lange vor dem Erscheinen von *Sein und Zeit*. Dieses Werk, die *Psychologie der Weltanschauungen*, ist in der Tat der Ausgangspunkt, Ausgangspunkt in einem mehrfachen Sinne: Beginn der persönlichen Bekanntschaft der beiden bedeutenden Gestalten der Philosophie dieses Jahrhunderts und Beginn der hier thematischen philosophischen Auseinandersetzung zwischen beiden, die in diesem Ausgangspunkt konkrete Gestalt annimmt in Heideggers *Anmerkungen zu Jaspers „Psychologie der Weltanschauungen"*.[4] Heidegger hat diesen Text sogleich an Jaspers geschickt, aber erst Jahrzehnte später veröffentlicht. Um einen Ausgangspunkt handelt es sich vor allem insofern, daß das genannte Buch und die Kritik desselben, Anfänge der Denkwege beider Philosophen markieren.

Am 1.8.1921 schreibt Jaspers an Heidegger, um sich für den übersandten Text der *Anmerkungen* zu bedanken: „M.E. ist ihre Besprechung von allen, die ich las, diejenige, die der Wurzel der Gedanken am tiefsten nachgräbt. Sie hat mich darum inner-

---

[1] K. Jaspers, *Notizen zu Martin Heidegger*, a.a.O., 225 (Nr. 210).
[2] K. Jaspers, *Notizen zu Martin Heidegger*, a.a.O., 142 (Nr. 122).
[3] Ebd., 115 (Nr. 95).
[4] Martin Heidegger, *Wegmarken*, Frankfurt/M.: Klostermann ^{2}1978, 1-44.

lich wirklich berührt".[1] Aber mit diesem Dank verbindet Jaspers sogleich eine Gegenkritik, die seine späteren Äußerungen vorwegnimmt: „Jedoch vermisse ich – auch in den Erörterungen über das „Ich bin" und „historisch" die positive Methode. Ich spüre bei der Lektüre immer die Potenz zum Vorwärtskommen, war aber dann enttäuscht und fand mich soweit auch schon gekommen". Aber dann fügt er hinzu, was ihm damals das Wichtigste war und in gewisser Weise das Wichtigste im Fortgang der Jahre im Blick auf Heidegger geblieben ist: „Niemand von den jüngeren Philosophen interessiert mich mehr als Sie. Ihre Kritik kann mir wohltun. Sie hat mir schon wohlgetan".[2] Man wird kaum übersehen wollen, daß dank der Heideggerschen Kritik an Jaspers dieser sich selbst und seine philosophische Intention besser zu verstehen vermochte. Dieses verbesserte Selbstverständnis bezog sich sowohl auf die Idee der Psychologie in dem genannten Buch wie auch auf den dort zentralen Begriff der Weltanschauung, der dort in der Tat eine neue ungewöhnliche Bedeutung annahm. In einem langen philosophischen Brief (aus dem Jahre 1922) hatte Heidegger in dieser Sache einen wichtigen Hinweis geliefert. In diesem Brief ist bereits die Rede von einer notwendigen Kritik an der alten Ontologie und von der Aufgabe, den „ursprünglichen Seinssinn von Leben-Sein, Mensch-Sein zu gewinnen und kategorial zu bestimmen". Und im Blick auf die Idee des Psychischen finden sich die Sätze, die auf den Denkweg der Philosophie der Existenz verweisen: „Das Psychische ist nicht etwas, was der Mensch hat, bewußt oder unbewußt hat, sondern das er ist und das ihn lebt".[3] Jaspers selbst macht rückblickend in seinem Vorwort zur 4. Auflage des hier thematischen Buches darauf aufmerksam, daß es ihm dort im Grunde um nichts anderes gegangen sei als um „das eigentliche Menschsein". Und im Blick auf das Thema: Weltanschauungen: „Nicht Weltanschauungen zur Wahl, sondern in ihnen die Richtung auf das nirgends greifbare Wahrsein im Menschen ist das Thema",[4] also im Grunde das, was in den *Notizen zu Heidegger* wie übrigens schon in dem Werk *Psychologie der Weltanschauungen* unter dem Namen des Echten auftritt. Heideggers *Anmerkungen* stellen eine ebenso respektvolle Würdigung wie seine schonungslose Kritik des besprochenen Buches dar. Der Verfasser dieser Kritik erkennt sofort, daß sich hinter einer Fülle von traditionellen Begriffen und Ausdrucksformen ein ganz neuer Denkansatz ankündigt, für dessen positive Kritik „aus dem Besitzstand gegenwärtigen wissenschaftlichen und philosophischen

---

1 Martin Heidegger/Karl Jaspers, *Briefwechsel 1920-1963*, hrsg. von W. Biemel und H. Saner, Frankfurt/M.: Klostermann; München: Piper 1990, 23.
2 Ebd.
3 Ebd., 26.
4 Karl Jaspers, *Psychologie der Weltanschauungen*, München: Piper [6]1971, XII.

Erkennens"[1] eine angemessene Richtung nicht verfügbar ist. Dies war ausdrücklich als Würdigung der „Eigenständigkeit und Bedeutung der Leistung" von Jaspers gemeint. Heideggers *Anmerkungen* geben bereits eine Vorstellung dessen, was dieser später gewaltsame Interpretation genannt hat. Eine Formgestalt der Interpretation, die für ihn unter allen erdenklichen Interpretationsformen allein philosophische Bedeutung, philosophische Wahrheit beanspruchen konnte und wie er sie selbst eindrucksvoll in seinem ersten Kant-Buch *Kant und das Problem der Metaphysik* sowie in seiner Deutung des Poseidon-Tempels in Paestum in seinem Essay *Vom Ursprung des Kunstwerks* praktiziert hatte.

Eine gewaltsame Interpretation wollte ihrem eigenen Begriffsverständnis zufolge, nicht einfach nur mit philosophisch-historischen Mitteln einen vorgegebenen Sinn (eines Textes oder einer praetextuellen Gegebenheit) verbessern oder kritisch Zweifel ziehen. In ihr ging es aber auch nicht, wie im Falle der dialektischen Interpretation, darum, eine schwächere Sache zu stärkeren oder eine stärkere Sache zu schwächeren zu machen. Unter einer gewaltsamen Interpretation verstand Heidegger vielmehr eine archäologische Unternehmung des Denkens, welche darauf abzielt, verborgene Schichten des Denkens hinter dem Gedachten und Geschriebenen freizulegen, um von diesem freigelegten Grunde aus für die fragliche Sache einen neuen, einen neuen echten Sinn des Fragens zu erschließen, nachdem der ursprüngliche Sinn in einem unechten Fragen verlorengegangen war. Eine gewaltsame Interpretation bedeutete demnach: die Versetzung einer fraglichen Sache auf einen neuen Boden und in einen neuen veränderten Fragezusammenhang. Heideggers gewaltsame Interpretation von Jaspers' *Psychologie der Weltanschauungen* richtete sich gegen die damals herrschende Lebensphilosophie und gegen den Jaspers'schen Gebrauch lebensphilosophischer Begriffe, wie etwa „Leben des Geistes", „Kräfte der Seele", etc. Sie führte darüber hinaus – und dies schon 1919 – einen bewußten Seitenhieb gegen die philosophische Phänomenologie, von der er selber herkam, indem er deren unphilosophisches Abgleiten ins Handwerkliche bemängelte. Zugleich aber ließ diese gewaltsame Interpretation die Züge des Neuen erkennen, welches in Heideggers Denken unterwegs war und in dem dieser eine Gemeinsamkeit mit Jaspers' Denken zu erkennen vermeinte. Die Bemühung um die Selbstvergewisserung in der Frage der menschlichen Existenz, die dem cartesischen cogito sum eine neue Fragerichtung gab, indem sie nicht länger der Möglichkeit der Selbstgewißheit des Denkens, sondern der Fraglichkeit und Fragwürdigkeit des sum, des Seins im Ich nachspürte. Heidegger entfaltet hier – zumindest andeutungsweise – auch schon seinen methodi-

[1] Martin Heidegger, *Wegmarken* , a.a.O., S. 1.

schen Schlüsselbegriff der „Formalen Anzeige", der es ihm erlaubte, über die Unterscheidung seines Lehrers Husserl zwischen Generalisierung und Formalisierung hinausgreifend im Blick auf die „Jemeinigkeit des Daseins" hinter die traditionelle Begriffsunterscheidung der Logik zwischen Einzelheit und Allgemeinheit eben jenes fraglichen Seins zurückzufragen. Wie gesagt: Heidegger hat jenes philosophische Erstlingswerk von Jaspers in seinem neuartigen philosophischen Gehalt sofort erkannt und in dem dort entdeckten Sinn eine Gemeinsamkeit im Denkansatz zu spüren vermeint. Er sah deutlich, daß es in dieser Weltanschauungspsychologie nicht um Psychologie, und in den dargestellten Weltanschauungen und den entsprechenden „Einstellungen" um Möglichkeiten des Mensch-Seins ging: „um die Frage, was der Mensch sei", „um ein Abschreiten der Grenzen des Seelenlebens", um ein „Durchbetrachten der letzten Positionen geistigen Seins in dessen substantieller Totalität". Für Jaspers bedeutete Weltanschauung vor allem dies:

> „etwas Universales ... nicht ein einzelnes Fachwissen, sondern das Wissen als eine Ganzheit, als ein Kosmos ... ein Wissen, das sich offenbart in Wertungen, Lebensgestaltung, Schicksal und in der letzten Rangordnung der Werte".[1]

Eine Weltanschauung ist hier in anderen Worten: die von dem je einzelnen Menschen gelebte Welt, eine unbewußte oder besser vorbewußte Sicht der Dinge, die in die alltägliche Lebenserfahrung hineinspielt, eine Sicht, auf die der Mensch in seinen Verhaltensweisen eingestellt ist und die mit seiner Lebenserfahrung sich wandeln kann zugleich mit der möglichen Wandlung seiner Lebenseinstellung. Oder, noch einmal mit Jaspers Worten:

> „Wenn wir von Weltanschauung sprechen, so meinen wir immer Ideen" (Ideen im Sinne der Vernunftideen Kants), „das Letzte und Totale des Menschen, sowohl subjektiv als Erlebnis und Kraft und Gesinnung, wie objektiv als gegenständlich gestaltete Welt".[2]

Jaspers hatte seinerseits bewußt den Begriff und die verstehende Methode der Psychologie gewählt. Nietzsches, von ihm sogenannte „prophetische Philosophie" vor Augen suchte er einen bewußten und ausdrücklichen Verzicht gegenüber neuen philosophischen Wertsetzungen und Sinnstiftungen – wohl wissend, daß er damit, wie er sagte, vielen nur Steine statt Brot zu geben vermochte. Aber er verstand schon damals seine Denkaufgabe in Analogie zu der des Sokrates, der jedermann Freiheit einräumte, sich selbst seinen Weg von dem Gesagten her zu suchen. In diesem Sinne war ihm die selbstentworfene *Psychologie der Weltanschauungen* ein Instrument, das jeder als ein Mittel der Suche des eigenen Denk- und Lebensweges nutzen konnte.

---

1 Karl Jaspers, *Psychologie der Weltanschauungen*, a.a.O., S. 1.
2 Ebd.

Wenn es dieser Jaspers'schen Psychologie um nichts anderes als um den Menschen geht, um den Menschen, der in seiner Erfahrung dem eigenen Lebenssinn nachgeht, so ist sie „Anthropologie in pragmatischer Absicht“, und zwar genau in dem Sinne, den Kant seiner Anthropologie gegeben hatte als einer Menschenkunde aus Erfahrung, die dem Menschen nicht so sehr zeigt, was die Natur aus ihm gemacht hat, sondern was er aus seiner Natur machen kann und soll und darf, und zwar entsprechend den drei berühmten Kantischen Fragen: Was kann ich wissen? Was soll ich tun? Was darf ich hoffen?, die alle drei in die Frage einmünden: Was ist der Mensch? Heidegger kam es in seiner gewaltsamen Interpretation des Jaspers'schen Buches nicht so sehr auf „inhaltliche Besonderheiten“ an, nicht auf „einzelne Stücke der Ordnungsschemata“, nicht auf „Ergänzung des Fehlenden“. Vor allem wollte er den Jaspers'schen Gedanken nicht eine eigene andere philosophische Position gegenüberstellen, um sie an den Kriterien der letzteren zu messen. Vielmehr formuliert er hier ausdrücklich sein später gründlich ausgebreitetes Programm einer „Destruktion des Überlieferten“, gegen das sich Jaspers zeitlebens gesperrt hat, wie seine *Notizen zu Heidegger* belegen, indem er immer wieder ihrer beider unterschiedliche Einstellung zur Tradition betont hat. Heidegger ging es bei solcher „Destruktion“ darum, wie er sagt, „das Gewissen zu schärfen“ dafür, wie eine Tradition sich so verfestigen und zum Schattendasein verflüchtigen kann, daß sie nur noch ein unechtes Umgehen mit ihr erlaubt, die ursprünglichen und eigentlichen Fragen aber verloren sind, auf deren Rückgewinnung alles ankommt. Wenn man den Heideggerschen Begriff der Destruktion nicht mißversteht, so sind gerade hier die beiden Philosophen einander sehr viel näher als Jaspers selbst und am Ende auch Heidegger wahrhaben wollten. Die Differenz war hier eher eine solche der Gewichtung, des Stils und des Geschmacks. Heidegger hat in seinen kritischen *Anmerkungen* klar erkannt, daß der Schlüsselbegriff in Jaspers *Psychologie der Weltanschauungen* der Begriff der Grenzsituation war. Dabei schien ihm aber die begriffliche Durchdringung desselben ebenso unzulänglich, wie seine Gewinnung aus der Kantischen Lehre von den kosmologischen Antinomien schief und irreführend. Vor allem aber bemängelte er, daß dieser maßgebliche Leitbegriff erst so spät in die Betrachtung eingeführt wird und damit den Sinnzusammenhang entstellt. Er hat gerade im Blick auf diesen Jaspers'schen Begriff geltend gemacht, daß alles Leben und alle Lebenserfahrung von Vorgriffen und unausdrücklichen und unbedachten Zugriffen beherrscht ist. Diese unbedachten Vorgriffe und Zugriffe fand er vor allem in Jaspers selbstverständlichem Vorgriff auf die Idee von Ganzheiten: Ganzheiten einmal angesichts der von Jaspers geltend gemachten Grundannahme einer Subjekt-Objekt-Spaltung, in der wir endliche Menschenwesen leben und existieren. Die Bestimmung des seelischen Seins als Spaltung, argumentiert Heidegger, „hat nur Sinn, wenn als Grundwirklichkeit das Ungespaltene angesetzt ist.“[1] Dabei kommt es nicht darauf an, ob dieses als metaphysisch oder unmetaphysisch angesetzt wird (eine Heideggersche Anspielung auf den ebenso metaphysischen wie „psychologischen“ Gebrauch des Umgreifenden bei Jaspers).

Vor allem aber ist es aus Heideggers Sicht mehr als problematisch, wenn ein so wenig durchdachter Begriff von Ganzheit verknüpft wird mit einem kaum weniger reflektierten Begriff von Antinomie und Grenze. Einer der wichtigsten kritischen Gesichtspunkte Heideggers aber ist der einer unzulänglichen geschichtlichen Reflexion in dem Jaspers'schen Buche. Es ging ihm bei dieser Kritik nicht nur um einen formal unzureichenden Gebrauch lebensphilosophischer Begriffe. Wenn Jaspers diese Begriffe in Verbindung brachte mit Vorstellungen eines Unendlichen und eines Unendlich-Bewegten, eines Fließenden und Unfaßbaren, das allem Lebendigen und aller lebendigen Lebenserfahrung anhaftete, so war das für ihn nicht so sehr ein Ausdruck für einen Jaspers'schen Irrationalismus, für den es ungeachtet des Jaspers'schen Bekenntnisses zu einem „rationalen Tun“ seiner Psychologie, viele Anhaltspunkte gibt: Rationalismus als unechte und formalisierte Lebenseinstellung. Vielmehr sah Heidegger in jenem Gebrauch lebensphilosophischer Begriffe ein Symptom „der geistigen Lage“ der Philosophie der Zeit, in einem „Ineinander- und Durcheinanderspielen eines spezifisch biologischen, eines bestimmten psychologischen, eines geisteswissenschaftlichen, eines ästhetisch-ethischen und eines religiösen Lebensbegriffs.“[2]

Später, in seinem bereits erwähnten Kant-Buch wird Heidegger in dieser fragwürdigen Vieldeutigkeit des Lebensbegriffes die anthropologische Tendenz der modernen Anthropologie diagnostizieren. Diese Diagnose läßt immerhin die Frage zu, ob Jaspers wie er in dem zitierten Brief an Heidegger schrieb, wirklich auch schon so weit gekommen war wie dieser. Andererseits zeigt uns ein Blick auf *Sein und Zeit*, daß Heidegger auch dort noch um ähnliche Probleme ringt, wie die von ihm an Jaspers' Frühschrift kritisierten Probleme: Fragen nach dem Zusammenhang von Endlichkeit und Grenze, bzw. von Unvollkommenheit menschlichen Daseins. Unter diesem Gesichtspunkt von Nähe und Distanz – eine beiden Denkern gleichermaßen liebe Vorstellung – ist auch ein letzter kritischer Gesichtspunkt Heideggers zu sehen, der uns direkt in Jaspers kritische *Notizen zu Heidegger* zurückversetzt oder vorversetzt. Heidegger bemängelt an Jaspers lebensphilosophischem „Zugriff auf den Menschen“ vor allem eine Betrachtungsweise: „die das Leben im Ganzen objektivierend ansetzt“, und sich insofern nicht wundern darf, wenn ein Unfaßbares herauskommt.

[1] Martin Heidegger, *Wegmarken*, a.a.O., S. 21.
[2] Ebd., 14.

Zweifellos wird diese Kritik Jaspers ebenso wenig gerecht wie die gleichlautende umgekehrte Kritik von Jaspers an Heidegger. Denn eher möchte man an der *Psychologie der Weltanschauungen* dies kritisieren, daß sie entgegen ihrem an Max Weber orientierten Wertfreiheitspostulat immer wieder unwillkürlich – vielleicht bewußt – wertet. So etwa in der Darstellung der spielerischen, der ästhetischen, der asketischen und der genießenden Welteinstellung. Aber vielleicht wollte Jaspers am Ende dies sagen: Klug geworden durch Heideggers Bemühung um die Sache selbst, daß die eigene *Psychologie der Weltanschauungen* ebenso wie seine Existenzphilosophie von einer Grundanschauung getragen ist, die seine Frage nach dem Menschen nicht grund- und bodenlos macht.

Abschließend möchte ich einen kurzen Gedankengang skizzieren, in dem ich mich durch die geschilderte Auseinandersetzung der beiden Philosophen Jaspers und Heidegger angeregt sehe, mich von beiden ein Stück weit zu entfernen, in der Absicht, dem Jaspers'schen Begriff der Grenzsituation eine zusätzliche anthropologische Bedeutsamkeit zu sichern. Zum einen möchte ich an diesem Begriff eine von Jaspers und Heidegger nicht zureichend bedachte Zweideutigkeit hervorheben. Es gibt, um dies für diesen Zusammenhang anzumerken, verschiedene Zweideutigkeiten: interessante und uninteressante, bemerkte und unbemerkte, vermeidbare und unvermeidliche. Die hier angezeigte Zweideutigkeit im Begriff der Grenzsituation gehört unter die interessanten, bemerkbaren und doch unvermeidlichen Zweideutigkeiten. Der Schulsprache der Philosophie entsprechend kann man sie eine transzendentale Zweideutigkeit nennen. Diese hängt mit dem Begriffsnetz zusammen, in welches der Begriff „Grenzsituation“ eingewebt ist. Eine Grenzsituation ist ihrer Begriffsbestimmung nach eine solche Situation, in welcher der Mensch sich zu seinem Sein und damit zu seinem Menschsein verhält, also mit seiner conditio humana konfrontiert ist. Im Blick auf diese Begriffsbestimmung aber sind durchaus zwei Beziehungen denkbar zwischen der Befindlichkeit des Menschen in einer bestimmten Situation und in einer Grenzsituation. Es läßt sich nämlich mit einem guten Sinn beides sagen: jede Situation, in der sich ein Mensch befindet, ist eine Grenzsituation. Denn in jeder Situation ist und bleibt der Mensch Mensch. Er kann sich nie und nirgends von seinem Mensch-Sein dispensieren. Diesen Sachverhalt kann man auch so ausdrücken: Es gibt für den Menschen letzten Endes keinen schlechthin leidensfreien Zustand. Der Mensch ist eine „pathische Existenz“, um Viktor von Weizsäcker zu zitieren. Wir können aber mit dem gleich guten Recht sagen: Nicht jede Situation ist eine Grenzsituation. Der Mensch könnte überhaupt nicht existieren, wenn er ständig und ununterbrochen mit seinem Sein und mit seiner conditio humana, mit seiner Sterblichkeit und Schuldhaftigkeit konfrontiert würde. Es sind Extrem- und Ausnahmesituationen, in denen der Mensch seine Befindlichkeit in einer Grenzsituation erfährt. Die beiden hier schematisch entwickelten Verhältnisse zwischen gewöhnlichen, bzw. alltäglichen Situationen und Grenzsituationen einerseits und ungewöhnlichen, außerordentlichen, ausnahmsweisen Situationen und Grenzsituationen andererseits, sind am Ende aber weniger eindeutig als es zunächst scheinen möchte. Denn nichts zwingt uns zu der Annahme, daß ein Mensch darum, daß er sich in einer ungewöhnlichen, einer außerordentlichen, einer ausnahmsweisen Situation befindet, damit auch in einer Grenzsituation, in dem oben definierten Begriffssinn sich befinden müsse. Dies ist die Zweideutigkeit im Begriff der Grenzsituation. Man kann diese Zweideutigkeit zumindest versuchsweise auflösen. Wenn der Mensch in jeder Situation in einer Grenzsituation befindet, so wird er sich dies „zunächst und zumeist" (Heidegger) zu verbergen suchen, weil er so nicht leben kann, nicht lebensfähig ist.

Er wird sich in die Welt stürzen, in dieser oder jener Weltanschauung, in dieser oder jener Lebenseinstellung existieren, - an das Innerweltliche „verfallen" (Heidegger) sich in einem weltanschaulichen Gehäuse häuslich einrichten (Jaspers). Heidegger ebenso wie Jaspers haben offenkundig dieser Bedeutung in der Zweideutigkeit der Beziehung von Situation und Grenzsituation den Vorrang eingeräumt. Die andere Bedeutung aber läßt den Menschen fragen: Wie bin ich in die Situation gekommen? Wie komme ich heraus? Was kann ich tun? Was soll ich tun? Was darf ich tun? Diese Fragen des Menschen aber haben unterschiedliche Bedeutungen, je nachdem ob es sich um ungewöhnliche Situationen handelt, die keine Grenzsituationen sind oder um Grenzsituationen. Was die vielbeschworene Echtheit des Fragens betrifft: Echtheit kann es in beiden Situationen geben: in Situationen, die keine Grenzsituationen sind ebenso wie in Grenzsituationen. Das gleiche gilt für unechte Fragen.

Das zweite Argument bezieht sich auf die Bestimmung der Grenzsituation von dem Begriff der Antinomie her, so wie ihn Jaspers aus Kants Lehre der kosmologischen Antinomien in eine existenziale Antinomik transformiert hat. Ich denke, daß entgegen der Heideggerschen Kritik dieser Jaspers'sche Rückgriff einen guten Sinn macht, auch wenn dieser in der Logik der Grenzsituation nicht zureichend geklärt worden ist. An dem Begriff der Antinomie ist nicht nur der Gegensatz und der Widerspruch wichtig, der ein Kennzeichen des Lebendigen ist. Wichtiger noch ist, daß dieser Widerspruch mit Notwendigkeit behaftet und mit Unmöglichkeit versehen vorgestellt wird, mit einer Unmöglichkeit, ihn durch diese oder jene Unternehmung zum Verschwinden zu bringen. Jaspers denkt an die Unmöglichkeit, Leiden und Tod, Krankheit und Schuld, Zufall und ungewollte Verstrickung in das Ungewollte endgültig aus dem menschlichen Leben zu verbannen. Diese Unmöglichkeiten konstituieren die conditio humana. Es ist diese Unmöglichkeit eine uneindeutige Unmöglichkeit, in ihrer Uneindeutigkeit der Zweideutigkeit der Beziehung von Situation und Grenzsituation entsprechend. Diese Uneindeutigkeit in den Unmöglichkeiten gibt der Modalität der Unmöglichkeit ihre spezifisch humane und anthropologische Bedeutung. Es ist diese Uneindeutigkeit des Unmöglichen, welche die menschliche Phantasie beflügelt und den Menschen Möglichkeiten vor Augen stellt, die in Wahrheit Unmöglichkeiten sind. Nicht die Unmöglichkeit als solche, sondern ihre Uneindeutigkeit läßt den Menschen hoffen und verzweifeln, läßt ihn stark und schwach werden, läßt ihn Lebensfreude und Trauer des Daseins empfinden.

Wäre diese Unmöglichkeit, was sie für die traditionelle Ontologie war – eine logisch eindeutige Verneinung – so hätte da endliche Menschenwesen nichts zu lachen und nichts zu weinen. Heidegger hat das Sein des Menschen zum Tode als die äußerste und unüberholbare Möglichkeit der Möglichkeiten des Menschlichen bezeichnet. Aber Möglichkeit und Unmöglichkeit gehören hier untrennbar zusammen. Hat Jaspers in diesem Punkte weitergesehen als Heidegger? In seinem zweiten Hauptwerk, den *Beiträgen zur Philosophie* schreibt dieser von dem, was in der philosophischen Fachterminologie Modalität heißt: von Möglichkeit, Wirklichkeit, Notwendigkeit und von deren Negationen: „Die Modalitäten bleiben hinter der Zerklüftung zurück wie die Seiendheit hinter dem Sein“.[1] Hier reicht ein Fragender einem Fragenden eine Frage weiter.

---

[1] Martin Heidegger, *Beiträge zur Philosophie (Vom Ereignis)*, hrsg. von F.W. v. Herrmann, Frankfurt/M.: Klostermann 1989, 279.

III

Bewegung und Aufenthalt

Ästhetik im Zeichen der Geschichtsphilosophie

von Rüdiger Bubner (Tübingen)

I.

Walter Benjamin, einer der lange verkannten Ästhetiker dieses ausgehenden Jahrhunderts, hat kurz vor seinem selbstgewählten Ende unter dem Druck der Verfolgung auf wenigen Seiten Gedanken skizziert, die als *Geschichtsphilosophische Thesen* zu seinen populärsten Texten geworden sind, bis sie den Autor schließlich unter einem zweifelhaften Nachruhm erdrückten. Schon darin liegt ein Paradoxon, daß der hochbewußte Esoteriker mit großer Verspätung das Ohr des breiten Publikums erreicht. Im Gefolge dieser Wirkung ist sodann ein ideenpolitischer Streit um den „marxistischen Rabbi“ (Scholem) entbrannt, an den wir uns heute ebenfalls nur noch mit Verwunderung erinnern.

Die Thesen entstanden im Jahre 1940 in der Marginalität des Exils und suchten gedankliche Distanz zum aktuell bedrohlichen Weltzustand zu gewinnen, indem sie in allegorischer Überhöhung ein Bild Paul Klees mit dem Titel *Angelus Novus* zum Engel der Geschichte erklärten. Knapp dreißig Jahre nach Veröffentlichung der Thesen begannen Bild und Vision vom Engel die zeitgeschichtlich engagierten Gemüter zu beschäftigen. Im Zuge der hitzigen Kulturrevolution der späten sechziger und frühen siebziger Jahre wurde die Konstellation zwischen Klee und Benjamin populär. Dem trat der Jugendfreund Benjamins, der angesehene jüdische Gelehrte Gershom Scholem, entgegen, um in Benjamins eschatologischer Imagination mit Bezug auf Paul Klees Werk das Element traditioneller Kabbalistik zu identifizieren, das zweifellos darin steckte.[1] Die exhibitionistische Revolutionsrhetorik jener Tage und der Tiefsinn einer theologisch inspirierten Geschichtsdeutung trafen hart aufeinander.

---

[1] G. Scholem, *W. Benjamin und sein Engel* (zuerst 1972 in einer Sonderausgabe des Suhrkamp-Verlages "W. Benjamin zu ehren" aus Anlaß seines 80. Geburtstages, herausgeg. von S. Unseld, Frankfurt/M). Vgl. neuerdings St. Mosès, *Der Engel der Geschichte (F. Rosenzweig, W. Benjamin, G. Scholem)*, Frankfurt/M 1994, bes. 139 ff.

Inzwischen sind wiederum mehr als zwanzig Jahre vergangen und man sieht deutlicher, daß die Adoption einer neo-marxistischen Terminologie aus der ersten Jahrhunderthälfte im Umkreis der Zäsur von 1968 ein anachronistisches Unternehmen gewesen war. Denn nach dem historischen Zusammenbruch des Sozialismus, der vor aller Augen kürzlich stattgefunden hat, ist die immer wieder beschworene Grundalternative einer besseren Gesellschaft aus dem Blick geraten. In der veränderten Situation bleibt offenbar kein anderer Weg als die Verbreitung und Verteidigung der liberalen Gesellschaft westlichen Typs, die aus dem weltpolitischen Antagonismus der Nachkriegszeit übrigblieb. Damit scheint auch der Streit um den revolutionären Elan in Frontstellung gegen die reformistische Linie der Sozialdemokratie erledigt, in den Benjamins Thesen nebenher eingreifen. Wir müssen wohl für eine ernüchternde Weile auf die klassischen Erregungswerte des propagierten Kampfes revolutionstreuer Intellektueller gegen den Revisionismus verzichten, in dem sie Verrat an der eigenen Sache wittern.[1] Woran bemißt sich dann die Rolle des Intellektuellen? Hat der Engel die Geschichte verlassen?

Unversehens tritt die geschichtsphilosophische Allegorisierung des Engels von Klee in den bescheideneren und stilleren Rahmen einer ästhetischen Betrachtung zurück. So möchte ich an Benjamins Thesen zeigen, daß sie entgegen dem Anschein zur Geschichtsdeutung wenig zu sagen haben.[2] Mit Blick auf die höchst intelligente Fortspinnung benjaminscher Motive in der *Ästhetischen Theorie* Adornos soll dann die Frage nach geschichtsphilosophischen Grundlagen der Ästhetik grundsätzlicher zur Sprache kommen.[3]

II.

Benjamin vermutet in der neunten seiner 18 Thesen, daß der Engel der Geschichte so aussehen müsse wie der „Angelus Novus“ von Klee. Was der Engel der Geschichte sei und warum Geschichte eines Engels bedürfe, wird nicht weiter erläutert oder begründet. Darin zeigt sich bereits das gleitende Ineinandergehen von ästhetischen

1 In These VI vergleicht Benjamin den Konformismus derer, die am Fortschritt nach der Aufforderung Eduard Bernsteins, des Theoretikers der Sozialdemokratie, partizipieren wollen, mit dem "Antichrist", den nur der kommende Messias überwinden kann.

2 Die ausgebreitete Literatur zu Benjamin bietet wenig Unterstützung. Weitgehend erschöpft sie sich im vagen Appell, wenn sie nicht überhaupt in verba magistri schwört. Immerhin sei verwiesen auf: R. Konersmann, *Erstarrte Utopie, Benjamins Begriff der Geschichte*, Frankfurt/M 1991.

3 Die frühe Wirkung Benjamins kann man inzwischen an dem Briefwechsel mit Adorno studieren, der bereits im Jahre 1928 einsetzt. Während des Exils der dreißiger Jahre zeigen dann umgekehrt die großen theoretischen Briefe Adornos, die allerdings dem Gehalt nach bereits bekannt waren, eine methodische Überlegenheit des Jüngeren (Th. W. Adorno, W. Benjamin, *Briefwechsel 1928-1940*, Hrsg. H. Lonitz, Frankfurt/M 1994).

Evidenzen und einer gewissen Art, Geschichte zu betrachten. Ich zitiere aus Benjamins These IX:

> „(Der Engel) hat das Antlitz der Vergangenheit zugewendet. Wo eine Kette von Begebenheiten vor *uns* erscheint, da sieht *er* eine einzige Katastrophe, die unablässig Trümmer auf Trümmer häuft und sie ihm vor die Füße schleudert. Er möchte wohl verweilen, die Toten wecken und das Zerschlagene zusammenfügen. Aber ein Sturm weht vom Paradiese her, der sich in seinen Flügeln verfangen hat und so stark ist, daß der Engel sie nicht mehr schließen kann. Dieser Sturm treibt ihn unaufhaltsam in die Zukunft, der er den Rücken kehrt, während der Trümmerhaufen vor ihm zum Himmel wächst. Das, was wir den Fortschritt nennen, ist *dieser* Sturm."[1]

Die übliche Fortschrittsauffassung wird in dieser Deutung verkehrt. Fortschritt heißt nicht mehr Verbesserung der allgemeinen Lebensverhältnisse, wie seit der Geschichtsphilosophie der Aufklärung üblich. Fortschritt ist plötzlich die Steigerung der Zerstörung, das Wachsen des Trümmerhaufens, ohne daß der Engel, der über den Geschichtsprozeß wacht, dies zu ändern vermöchte. Sein Impuls zu helfen drängt ihn zu einem Verweilen, welches das Unglück im einzelnen zu verstehen erlauben würde und Zusammenhänge wiederherstellte, wo sie zerschlagen wurden. Aber dem Impuls kann der Engel nicht folgen. Auch dies ist merkwürdig, denn Engeln eignet wegen der Nähe zu Gott eine übermenschliche, außergewöhnliche Stärke. Doch der Sturm des entfesselten Prozesses, dem der Engel der Geschichte ausgesetzt ist, übersteigt dessen Kraft. Er muß hilflos zusehen, wie der Trümmerberg vor seinen Augen wächst. Der Wächter des Geschichtsprozesses wird zu einem hilflosen Zuschauer.

Was der normale Historiker und auch der naive Geschichtsphilosoph alten Typs für eine Kette der Begebenheiten hält, erweist sich im Auge des Engels als eine einzige große Katastrophe. Wichtig ist hierbei die Negation der Grundkategorie des Historismus, der auf Einzelheiten der Geschichte achtet und ihren Konnex zu studieren sucht. Diese positivistische Kärrnerarbeit der Fachhistoriker schlägt dramatisch um in die Hilflosigkeit vor der universalen Katastrophe. Das einbrechende Entsetzen kann nie von innerhistorischen Einzelheiten allein ausgelöst werden. Es meldet sich erst in einer den angesammelten Wissensbestand übergreifenden Einheitssuche, die beim Unheil landet. Das heißt, auf das Bild übertragen: Der Engel sieht nichts in der Geschichte, er sieht vielmehr, was keinem historisch Lebenden und keinem unter den Historiographen je total vor Augen tritt. Dem Engel enthüllt sich Gesamtgeschichte, und deshalb ist die Sicht des Engels als eschatologisch zu ver-

---

1 *Gesammelte Schriften*, Hrsg. R. Tiedemann und H. Schweppenhäuser, Bd. I, Frankfurt/M 1974, 697 f.

stehen. Zur Sprache kommt ein theologisch motiviertes Verdikt über das Fehlgehen der Geschichte des Menschen im Ganzen.

Man muß sich klarmachen, daß das kleine Aquarell von Klee all diese Elemente gar nicht enthält. Kunsthistoriker haben darauf hingewiesen, daß unter fachlichem Aspekt das Objekt weitaus harmloser zu lesen sei und der anspruchsvollen Deutung keinerlei Basis biete. Es gibt keine Trümmer, es gibt keinen Sturm, es gibt keine Flügel, in denen der Sturm sich verfängt, es gibt auch kein Getriebenwerden und kein Entsetzen. Der „Angelus Novus" ist einfach eine der zahllosen Spielereien Klees bei seiner optischen Verarbeitung von anschauungsträchtigen Vorstellungen, die auch sonst christliche Motive nutzt.[1]

Indes ist gar nicht wichtig, ob Klee mit seinem Produkt gemeint hat, was Benjamin darin erkennt. Wichtig ist, daß Benjamin ein theologisch zu qualifizierendes Verdammungsurteil über die bisherige Geschichte der Menschheit in ein Bild konzentriert. Theologisch über eine Geschichte reden heißt seit der Bibel in Bildern reden. In Ermangelung eines orthodoxen Rückgriffs auf die Heilige Schrift bietet sich die unschuldige Zeichnung eines Lieblingsmalers der Moderne an, um den Abscheu über Realgeschichte en bloc zum Ausdruck zu bringen. Scholem nennt Benjamins Engel zu Recht eine „melancholische Figur". Der dargestellte Engel mit seinen großen Augen, seinem eindrucksvollen Gesicht, der gewaltigen Lockenpracht, den abwehrenden oder Achtung gebietenden, erhobenen Händen sowie dem verschwindend kleinen Restkörper wirkt selber keineswegs so, daß man unumwunden von Melancholie sprechen müßte. Aber er hat Benjamin zu einer melancholischen Versenkung eingeladen, welche die ganze Last der Verzweiflung über eine Weltgeschichte zu tragen hat, auf die marxistische Aufklärung so große Hoffnungen setzen mußte, während der beginnende Weltkrieg das radikale Scheitern ankündigt.

III.

Soviel sei angemerkt zu dem prominenten Exempel für ästhetische Veranschaulichung einer universalgeschichtlich begründeten Melancholie. Ich gehe nun über zu der bedeutsamen Auseinandersetzung mit dergleichen Geschichtsauffassungen, die Hegel[2] im Namen einer die Geschichte begreifenden, nicht verdammenden Vernunft vorgetragen hat. Hegel zufolge ist die ästhetisierende Melancholie vor der Ge-

---

1 Vgl. D. de Chapeaurouge, *P. Klee und der christliche Himmel*, Stuttgart 1990, 83 ff.

2 Übrigens weiß man, daß entgegen den Erwartungen die tatsächliche Hegel-Kenntnis Benjamins gering war (vgl. seinen Brief an Scholem vom 19. 2. 1925).

schichte so viel wie Verweigerung der Vernunft. Und das dürfe man Philosophen keineswegs durchgehen lassen.

In Hegels Berliner *Vorlesungen über die Philosophie der Geschichte* heißt es in einem berühmten Passus:

> „Wenn wir dieses Schauspiel der Leidenschaften betrachten und die Folgen ihrer Gewalttätigkeit, des Unverstandes erblicken, ... wenn wir daraus das Übel, das Böse, den Untergang der blühendsten Reiche ... sehen, so können wir nur mit Trauer über diese Vergänglichkeit überhaupt erfüllt werden und, indem dieses Untergehen nicht nur ein Werk der Natur, sondern des Willens der Menschen ist, mit einer moralischen Betrübnis, mit einer Empörung des guten Geistes, wenn ein solcher in uns ist, über solches Schauspiel enden. Man kann jene Erfolge ohne rednerische Übertreibung, bloß mit richtiger Zusammenstellung des Unglücks, das das Herrlichste an Völker- und Staatengestaltungen wie an Privattugenden erlitten hat, zu dem furchtbarsten Gemälde erheben und ebenso damit die Empfindung zur tiefsten, ratlosesten Trauer steigern, welcher kein versöhnendes Resultat das Gegengewicht hält ... ."[1]

Was ist damit gesagt? Die moralische Empörung über die „Geschichte als Schlachtbank" sowie die ins Entsetzen gebannte Trauer über Verlust und Niedergang und schließlich eine melancholische „Langeweile, welche uns jene Reflexion der Trauer machen könnte" – dies alles sind mögliche Einstellungen zur Geschichte. Sie tragen jedoch keineswegs das Siegel definitiver Wahrheit. Einstellungen kann man wählen und wieder verlassen. Hegel redet in dem Zusammenhang von der Rückkehr in das Lebensgefühl, in die Gegenwart von Geschäften und Interessen, wo die fröhliche Selbstsucht regiert, die uns das vergangene Schicksal, an dem wir nichts mehr ändern können, einfach verabschieden läßt. Es war, wie es war, aber das Leben geht weiter!

Gegen wechselnde Einstellungen der Trauer oder Gleichgültigkeit setzt sich jedoch in Hegels Gedankengang die einzig philosophische Frage durch, die wissen will, „welchem Endzweck diese ungeheuersten Opfer gebracht worden sind". Damit tritt das rationale Verhältnis von Zweck und Mittel in Kraft, wo Empörung und Trauer schweigen, weil welthistorische Zusammenhänge der Selbstverwirklichung des Geistes aufgebaut werden.

Hat aber die Vernunft in der Tat eine stets freie Möglichkeit, sich über die wechselnden Einstellungen zu erheben? Gegen den alles Leid überspringenden Optimismus einer spekulativen Theodizee in Hegels Lehre von der Weltgeschichte hatten doch die melancholischen Reflexionen gerade Einspruch angemeldet. Müssen wir nicht angesichts der real existierenden Schrecknisse, die dieses Jahrhundert erfahren hat, gegen eine idealistische Instrumentalisierung im geistigen Umkreis der französi-

[1] G. W. F. Hegel, *Werke in zwanzig Bänden*, Bd. XII, Frankfurt/M 1970, 34 f.

schen Revolution schärfsten Protest einlegen? So fragt sich der wohlmeinende Beobachter.

Hegel bescheidet ihn kühl, aber schlagend mit der Vorhaltung:

> „Ohnehin ist es auch nicht das Interesse jener gefühlvollen Reflexionen selbst, sich wahrhaft über diese Empfindungen zu erheben und die Rätsel der Vorsehung, welche in jenen Betrachtungen aufgegeben worden sind, zu lösen. Es ist vielmehr das Wesen desselben, sich in den leeren, unfruchtbaren Erhabenheiten jenes negativen Resultats trübselig zu gefallen.“[1]

Damit ist gesagt, daß die Melancholie nicht zur Moral fortschreite, sondern sich in ästhetisierender Klage selber gefalle.

Man erspare uns die Wiederholung des von den Junghegelianern über Marx bis zu Popper fortlaufenden Streits um ideologische Verblendung und Hybris der Vernunft in Hegels Geschichtsphilosophie. Zeitenübergreifend sind sich die Kritiker in ihrem Mißtrauen gegen Hegels triumphierende Rationalität einig gewesen, so unterschiedlichen Lagern sie auch angehörten. Benjamin hat sich seinerseits als der historische Materialist, der er in den *Geschichtsphilosophischen Thesen* zu sein beabsichtigte, ordnungsgemäß gegen die Geschichtsschreibung der Sieger ausgesprochen und den Unterdrückten seine Solidarität bekundet. So weit, so gut - oder auch so weit, so schlecht.

Die systematische Frage, welche Rationalität der Geschichte zuzuschreiben sei, muß an sich gründlich erwogen werden, kann in der Substanz aber hier dahingestellt bleiben.[2] Damit ist auch das Problem storniert, ob eine Historiographie der Sieger sich einfach „gegen den Strich bürsten“ lasse, wie Benjamin fordert, ohne die Dialektik von Sieg und Niederlage weiter zu berücksichtigen. Aus dem elementaren Kampfe gehen stets nur relative Positionen hervor, die ihrerseits dem Wandel anheimfallen. Die Sieger sind nicht stets dieselben und die Unterlegenen bekommen noch im Verlust eine Chance. Die arroganten Sieger wie eine Clique mit Ewigkeitsgeltung in Gegensatz zu den Leidenden und Unterdrückten zu stellen, die immer benachteiligt sind und deshalb unserer Zuwendung a priori bedürftig, geht auf einen theologischen Dualismus zurück, der von außerhalb der historischen Konkretion auf die gesamte Szenerie des Wechsels projiziert werden muß, um den krassen Kontrastierungseffekt unter allen Umständen sicherzustellen. Gerade ein „historischer Materialist“ im Sinne Benjamins hätte der Pflicht zu genauerer Wahrnehmung

---

1 G. W. F. Hegel, *Werke in zwanzig Bänden*, Bd. XII, a.a.O. 27 f.

2 Verwiesen sei dazu auf eine im Erscheinen begriffene Studie "*Geschichtsverstehen in Abschlußformen*", in: R. Bubner, *Innovationen des Idealismus*, Göttingen 1995.

im einzelnen zu genügen, statt dem simplen Schema von Oben und Unten emotionale Resonanz zu verschaffen.

Lassen wir all dies beiseite und erwägen nur den einen Aspekt der hegelschen Polemik, demzufolge sich alle apriorischen Festlegungen hinsichtlich der Geschichte in eine Reflexionsunterscheidung auflösen. Stellungnahmen zu Geschichte hängen von den außerhistorischen Wünschen und Erwartungen der jeweiligen Beobachter ab. Die einen kehren auf den Boden pragmatischer Interessenverfolgung zurück, weil sie sich vom Schauspiel des Schrekens nicht wollen auf Dauer gefangen nehmen lassen. Die anderen schreiten zu Bemühungen eines großräumigen Verstehens fort, das umfassendere Kontexte ins Spiel bringt, so daß das unmittelbare Grauen sich in wertneutrale Mittel-Zweck-Beziehungen verflüchtigt. Und dann gibt es noch die ins totale Mißlingen verliebte Einstellung, die durch Fixierung auf die Schlachtbank sich in Beschwörung des negativen Resultats gefällt und die Erhabenheit des Schrecklichen genießt. Dieser letzten ins Unheil gebannten Einstellung wird unter Anspielung auf Kants Analyse des Erhabenen eine ästhetische Diagnose gestellt. Trotz aller moralisierenden Deklarationen ist diese Einstellung im Grunde genommen eben eine ästhetische.

Daraus erwächst kein Vorwurf, der seinerseits auf eine moralische Forderung sich stützen müßte, die es etwa untersagte, Geschichte ästhetisch zu genießen. Aber eine folgenlose Rhetorik der Empörung, die nur Worte des Abscheus findet, ohne sich zu Taten durchzuringen, entspringt einer Disposition, die im Negativen paradoxerweise Genuß sucht. Die ästhetische Pointe der moralisierenden Melancholie vor den gesammelten Schrecknissen der von Gott verlassenen Weltgeschichte ist Grund der Attraktivität dieser Einstellung. Sie reicht übrigens bis in die Katastrophenseligkeit unserer heutigen Feuilletons hinein mit ihrer auf Unterhaltsamkeit getönten Endzeitstimmung. Benjamins Thesen sind populär geworden nicht, weil wir alle miteinander so zupakende und für Verbesserung engagierte Akteure der Weltgeschichte geworden wären, sondern vornehmlich deshalb, weil das Publikum die Last der Weltgeschichte nurmehr ästhetisch zu ertragen bereit ist.

IV.

Von der inzwischen erreichten Einsicht aus führt ein letzter Schritt zu der grundsätzlich zu fassenden Frage nach den geschichtsphilosophischen Prämissen moderner Ästhetik. Theodor Adorno hat in dieser Hinsicht das Erbe Benjamins angetreten. Seine posthum veröffentlichte *Ästhetische Theorie* faßt die Gedanken in Art eines systematischen Konzepts zusammen, das um keinen Preis systematisch sein will.

Adorno folgt gewissermaßen dem Vorschlag Schlegels: „Es ist gleich tödlich für den Geist, ein System zu haben, und keins zu haben. Er wird sich also wohl entschließen müssen, beides zu verbinden."[1]

Die Bewährung der grundsätzlichen Einsichten der Ästhetik verfolgt Adorno bevorzugt in kritischer Auseinandersetzung mit der Konkretion von Werken. So heißt es etwa von Samuel Becketts *Endspiel*, dem Paradebeispiel einer rückhaltlos vorangetriebenen Moderne:

> „Geschichtsphilosophisch ist es getragen von einer Veränderung des dramatischen Apriori: daß kein positiver metaphysischer Sinn derart mehr substantiell ist, wenn anders er es je war, daß die dramatische Form ihr Gesetz hätte an ihm und seiner Epiphanie. Das jedoch zerrüttet die Form bis ins sprachliche Gefüge hinein."[2]

Die Form des sprachlichen Kunstwerks, die auf ästhetische Prüfung wartet, kann angemessen nur entschlüsselt werden dank der geschichtsphilosophischen Globalprämisse über die Absenz von Sinn. Nicht zeigt Becketts Drama im Stile des existentialistischen Nachkriegstheaters Sartres und anderer auf der Bühne den erlebten Sinnmangel. Vielmehr ist der Formgestaltung als solcher eingeschrieben, daß dramatische Sinnepiphanie aufgrund vorgängiger geschichtsphilosophischer Verfügung als ausbleibende zu gelten hat. Anders gesagt, ein apriorisches Geschichtsverständnis wirft Licht auf Werke, so daß deren formale Konfigurationen im einzelnen unserem Wissen über Geschichte im Ganzen zu entsprechen haben.

Dahinter steht eine eigentümliche Auffassung von Mimesis, d.h. der Kategorie, die auf die älteste Theatertradition Europas zurückweist. Mimesis hat in der Formulierung aus der aristotelischen Poetik die Kunsttheorie vieler Jahrhunderte geprägt. Erst Kants raffiniertem Reflexionsmodell auf der Basis der Subjektivitätstheorie ist es gelungen, die ehrwürdige Mimesis zu entrechten. Ursprünglich bedeutete Mimesis Darstellung von Handlungen und weiter gefaßt die erhellende Begegnung mit menschlichen Lebensformen, die uns vorästhetisch bekannt sind. Aber so, wie sie auf dem Theater uns entgegentreten, übersteigen sie prinzipiell unsere Alltagserfahrung. Indem Mimesis uns auf unerwartete Weise unsere Wirklichkeit spiegelt, löst sie den aufklärenden Effekt einer Katharsis aus.

Den Kerngedanken im Mimesiskonzept modifiziert Adorno nun unter seinem geschichtsphilosophischen Verdikt dahingehend, daß nur als darstellungswürdig erscheint, was sich als nicht lebensfähig erwiesen hat. Kunstwerke sind als mimetische Leistungen – und zwar keineswegs von ihrem Inhalt her – Verweigerungen der An-

---

1 *Athenäum-Fragmente*, in: F. Schlegel, *Kritische Schriften* (Hrsg. Rasch), Darmstadt 1964, 31.

2 *Versuch, das Endspiel zu verstehen* (in: Adorno, *Noten zur Literatur II*, Frankfurt/M 1961, 189).

teilnahme und Einfühlung. Sie zeigen, was wir nicht verstehen können, weil es überhaupt kein Wiederfinden für das korrupte und defekte Leben gibt und geben darf. Dasjenige Leben, welches die Weltgeschichte im Großen den Menschen erlaubt, ist ein für den Menschen unlebbares Leben, und dafür sind Kunstwerke im Kleinen die repräsentativen Instanzen. Sie bilden allesamt Stationen am unendlichen Kreuzweg der geschundenen Menschheit. Ein ästhetischer Kult des Negativen bindet Werke an die historische Dauerlage. Sie haben als Werke gleichsam die geschichtsphilosophisch verhängte Pflicht, auf die Inhumanität des Weltzustands zu verweisen.

Für die ins Negative verwandelte Mimesiskonzeption sind Werke unerläßlich, denn nur in deren objektiver Gestaltung dokumentiert sich das Leid. Die subjektiven Reflexionen, welche in einer an Kants *Kritik der Urteilskraft* geschulten Analyse eine ästhetische Erfahrung hervorbringen[1], schleifen das vorgegebene Sein der Werke derart ab, daß die aktuelle Epochensignatur nirgends mehr zu verorten wäre. Die Werkprämisse teilt Adorno im übrigen mit Hegels Ästhetik. Hatte der noch den Werken in historischer Staffelung von symbolischen, klassischen und romantischen Formen das „sinnliche Scheinen der Idee" zugetraut, so erkennt Adorno in den Werken der Moderne nurmehr die sinnliche Präsenz des Verlustes von allem Idealen. Die vorwärtsdrängende Avantgarde, die auf Werkdestruktion aus ist, und die Diagnose der Epoche als ins Telos getriebener Negativität koinzidieren im Auge des Ästhetikers.

Tatsächlich treibt die Moderne ein zunehmend raffiniertes Spiel mit der ins Hypothetische, Fragliche oder Ironische zurückgenommenen Solidität der Werke. Sie scheint dabei, ohne es zu wissen oder zu wollen, zum authentischen Zeugen einer Zeit zu taugen, welche die Trümmerhaufen der Geschichte ins Unmeßbare wachsen sieht. Zeitkritik und ästhetische Analyse treffen aber erst dann auf überraschende Weise in einem gemeinsamen Punkte zusammen, wenn von vornherein gewußt wird, was die Stunde geschlagen hat.

V.

Indes, woher stammt das geschichtsphilosophische Wissen, das hier leitend ist? Die *Ästhetische Theorie*, die das philosophische Vermächtnis Adornos darstellt, vermag Werkanalyse, Geschichtsphilosophie und utopischen Ausblick elegant miteinander zu verknüpfen. So heißt es beispielsweise:

---

[1] S. dazu Vf.: *Ästhetische Erfahrung*, Frankfurt/M 1989.

> „Ein jedes Kunstwerk geht als Gebilde in seinem Wahrheitsgehalt unter; durch ihn sinkt das Kunstwerk zur Irrelevanz hinab, und das ist allein den größten Kunstwerken vergönnt. Die geschichtliche Perspektive eines Untergangs der Kunst ist die Idee eines jeden einzelnen. Kein Kunstwerk ist, das nicht verspräche, daß sein Wahrheitsgehalt, soweit er in ihm als daseiend bloß erscheint, sich verwirklicht und das Kunstwerk, die reine Hülle, zurückläßt ....“[1]

Ein jedes Werk verspricht demnach, was nur den größten Werken gelingt. Im Versprechen liegt ein Verweis auf Künftiges, der mit dem Scheincharakter aller Kunstwerke zusammenhängt. Was in ihnen aufscheint, ist als ein solches niemals und nirgends verwirklicht. Wenn man das Aufscheinende geradewegs den Wahrheitsgehalt nennt, so entsteht ein Kontrast zur klassischen Ontologie, die seit Platon Schein und Wahrheit methodisch trennte. In Gestalt einer Wahrheit, die im Schein durchaus existiert, bricht eine Spannung auf, die aus der Inkongruenz beider Seiten lebt. Denn eine Wahrheit, die nur scheint, verweist mit Nachdruck auf eine Wahrheit, die auch wirklich wäre. So transzendiert jedes Werk sich selbst, indem das werkhafte Gebilde als leere Hülle zurückbleibt, überholt von einer utopischen Dynamik, die einer realen Versöhnung entgegeneilt. Jedes Werk eröffnet auf seine Weise die Bahn in Richtung auf einen Zustand, wo Kunst und Realität einander nicht länger gegenüberstehen.

In diese werkimmanente Dynamik wird nun die hegelsche Prophezeiung vom Ende der Kunst zitatweise eingefügt. Hegel war bekanntlich der Ansicht, daß eine philosophische Ästhetik, die den Wahrheitsgehalt der Kunst ernstnimmt, statt den Scheincharakter der Werke zu verdammen, gerade wegen der systematischen Ernsthaftigkeit beim Schönen nicht stehenbleiben dürfe. Die hegelsche Enzyklopädie lehrt uns durch Einpassung der Kunst unter den absoluten Geist, daß die Werke nicht das letzte Wort haben. Deren wissenschaftliche Erfassung und Durchdringung im Namen philosophischer Ästhetik bereitet den Schritt über den sinnlichen Schein hinaus vor. Wo der Bann des Schönen dem autonomen Begriff weicht, signalisiert das Ende der Kunstperiode den Triumph der Philosophie.

Adorno setzt damit ein, dies für schlechten Idealismus zu erklären. Er will den Irrtum korrigieren, der Begriffe für die Wirklichkeit hält. Und er tut das, indem er mit Marx und den Materialisten die Begriffe daran erinnert, daß sie bloß Begriffe sind. Dazu bedient er sich aber, anders als seine materialistischen Vorgänger, der Kunst, deren Werke – richtig dechiffriert – die Unwirklichkeit des präsentierten Gehalts radikal eingestehen. In der Hinsicht ist Kunst klüger als Philosophie, daß sie sich vom Schein nie täuschen läßt. Kunst wird nie Opfer ihrer selbst, während systematische

---

1 *Ästhetische Theorie*, Frankfurt/M 1970, 199.

Philosophie dem Zauber ihres Begriffsgefüges erliegt. Folglich übernimmt Kunst nun jene Aufgabe, die bei Hegel der Philosophie zugefallen war, nämlich über die Unmittelbarkeit der sinnlichen Kunstwirkung hinauszuführen. Kurz gesagt, genaue Werkanalyse öffnet den utopischen Horizont, wo alle Täuschung definitiv ein Ende hat.

Das geschichtsphilosophische Wissen, über das diese Ästhetik a priori verfügt, ist ein Wissen, das nicht aus den Werken, auch den größten nicht, evidentermaßen entgegenstrahlt. Es ist ein philosophisches Wissen über die Dialektik von Wahrheit und Schein, das geschickt auf Werke projiziert wird. Als Ort der Austragung jener Dialektik gilt primär gar nicht die Kunst, sondern die Geschichte. In historischen Prozessen enthüllt sich eine Tendenz, die der Logik einer strengen Auseinandersetzung zwischen Schein und Wahrheit gehorcht, und zwar so, daß im Kampf gegen jegliche Fesselung durch Schein die Wahrheit schließlich obsiegt.

Im Unterschied zu Hegel fällt dieser Sieg aber nicht mit dem vollendeten System zusammen, sondern wird als bevorstehend verheißen. Das Ausstehen der Wahrheit ist der einzig historisch korrekte Stand der Wahrheit. Damit wird einerseits der Vorblick in den Stand der Versöhnung zur intellektuellen Pflicht der Gegenwart. Niemand täusche sich, daß die Wahrheit hier und heute das schlechterdings Unverwirklichte ist, und das vermeintlich Wirkliche nur der raffinierteste Schein! Andererseits muß im Status der historischen Enderwartung ein Stellvertreter gefunden werden, der die kritische Rolle des Denkens in der Weise übernimmt, daß auch Kritik an den tiefen Selbsttäuschungen der herkömmlichen Philosophie eine Sprache findet. Die Stellvertreterfunktion übernimmt souverän die Kunst.[1] Nicht allein bedeutet sie als kulturelle Macht ein befreiendes Gegengewicht gegen Religion und Wissenschaft; auch ihre Produkte demonstrieren im objektiven Detail der Gestaltung die radikale Verweigerung, zu der die Ästhetik aufruft.

VI.

Was ist heute aus dem Abstand eines Vierteljahrhunderts sowie nach der unleugbaren Erfahrung vom historischen Ende des Sozialismus zu der Theorie zu sagen? So abgeblaßt und schemenhaft die geschichtsphilosophischen Kategorien aus dem Erbe der hegelschen und marxschen Dialektik bei Adorno auch auftreten, ihre Entdogmatisierung nimmt ihnen doch keineswegs ihre argumentative Stellung. Bei Benjamin war der „historische Materialismus" unter ganz anderen Zeitumständen eine

---

[1] Vgl. die subtilen Überlegungen von Ch. Menke zur *Souveränität der Kunst*, Frankfurt/M 1988.

Art ermutigender Kampfvokabel. In dem Sinne hat der hochkultivierte Kulturkritiker Adorno das überlieferte Vokabular nie verwendet. Im übrigen zeigt die Entwicklung seiner ästhetischen Arbeiten den Weg von einer affirmativen Verwendung in den fünfziger Jahren[1] zu einer erkennbaren Dissimulation unter den dröhnenden Parolen der Studentenbewegung.

Der späte Adorno bis hin zur *Ästhetischen Theorie* war sensibler geworden gegenüber einem neomarxistischen Jargon, der auf Texte der Zwischenkriegsperiode zurückgriff, die wie eine uneingelöste Botschaft mitten in die Tagesaktualität versetzt wurden. Neben manch anderen Gründen, welche Historiker zu studieren beginnen, war das Scheitern jener Kulturrevolution um das Jahr 1968 wohl wesentlich dadurch begründet, daß abstrakte Formeln zwanghaft auf undurchschaute Verhältnisse bezogen wurden. Die Emphase der Pression, daß die komplexe Realität doch endlich die Fronten zu erkennen geben möge, die aus dem marxistischen Lehrbuch vertraut waren, mußte schließlich ins Leere laufen. Wo auch dies nicht wahrgenommen wurde, blieb immerhin die Wahnalternative des internationalen Terrors, der die Verhältnisse in die gewünschte Richtung zu bomben unternahm.

Angesichts unserer Erfahrungen vermag die erfolgreiche Überbaurezeption weitherzig linker Weltanschauung nicht mehr in dem Maße zu überzeugen, wie sie die Vorgängergeneration überzeugte. Die ernsthafte Frage nach geschichtlicher Bewährung kann einer so sehr vom Geschichtsbewußtsein erfüllten Theorie wie der Ästhetik Adornos nicht erspart bleiben. Ihre Diagnosen und Appelle rücken nicht widerstandslos in die Bücherregale, auf die sich allmählich der Staub der Bibliotheken legt.

In Wirklichkeit sind es nämlich die marxistischen Anleihen gewesen, die Adornos Ästhetik mit einer Beweiskraft ausstatteten, die sie über die vielen konkurrierenden Auffassungen der Moderne hinaus anziehend machte. Immerhin war die künstlerische Moderne seit ihren frühromantischen Anfängen von Programmatik begleitet. Im Gegensatz zu klassischen Kunstepochen, wo die schmale Begrifflichkeit einer reichen Produktion nachfolgte, tragen moderne Werke nahezu ausnahmslos das Siegel einer Reflexion, welche die Hervorbringungen begleitet, wenn sie nicht überhaupt als Manifest einer Schule oder Richtung vorangeht. In dem Sinne ist jede Avantgarde von Hause aus theoriesüchtig.

Adornos ästhetische Texte hoben sich aus dem vielstimmigen Chor dadurch heraus, daß sie nicht mit der Aufdringlichkeit der Propagandisten werbend etwas als zeitgemäß erklärten, wobei die Gründe durch geniale Dezisionen substituiert wurden. Adornos Auskünfte über die Moderne vermittelten hochempfindliche Struk-

---

1 Z.B. *Die Wunde Heine* (1956); *Noten zur Literatur I*, Frankfurt/M 1958, 152.

turbeobachtung an den Werken mit einer Zeitdiagnose, die so dramatisch war, daß ein permanentes Krisengefühl des Publikums bestätigt wurde. Jedenfalls gaben geschichtsphilosophische Kategorien aus dem Fundus der Marxisten der Bestimmung der Epoche den utopischen Akzent.

Adornos prophetische Geste evozierte stets eine vom Joch der Entfremdung erlöste Gesellschaft. Zwar ließ der Utopieverweis Spielraum für anarchistische und hedonistische Assoziationen offen. Dennoch war die Perspektive auf die eschatologische Versöhnung, deren Vorboten in der avanciertesten Kunst zu begrüßen seien, mehr als die seit den Frühromantikern auf die gesamte Moderne gekommene Antizipation einer bruchlosen Verschmelzung von Kunst und Leben. Das zeigt ein Vergleich mit jener „neuen Mythologie", welche Fr. Schlegel sowie die Autoren des sogenannten Ältesten Systemprogramms des deutschen Idealismus (Schelling, Hölderlin, Hegel) herbeigesehnt hatten. Gemeint war da ein spekulatives Denken, das zugleich ästhetisch ansprechend auftrat und deshalb alle Zeitgenossen direkter erreichte, als die metaphysische Tradition es je vermochte. Eine Gemeinschaft sollte entstehen jenseits der angestammten Trennung von Theorie und Praxis, die der sozialen Kluft zwischen dem Volke und seinen Weisen und Priestern entsprach. Eine spirituelle Brüderlichkeit, die das Theologische ins Profane erweiterte, sollte als letztes Werk der Menschheit gelingen, so daß die Zukunft ganz der Poesie gehören würde. „Die Poesie bekömmt dadurch eine höhere Würde," verkündet das Systemprogramm, „sie wird am Ende wieder, was sie am Anfang war – L e h r e r i n d e r M e n s c h h e i t."[1]

Ganz andere Töne hört man bei Adorno, der im Vorblick auf die real befreite Menschheit, die sich der Herrschaft des Kapitalismus entledigt hat, eine sehr viel präzisere Richtungsangabe der ästhetisch-sozialen Progression anvisiert. Die generelle Zukunft aller künstlerischen Avantgarden seit 1800 geht nun in die emanzipatorische Perspektive eines Sozialismus über, dessen marxistisch orthodoxe Quellen verleugnet werden, dessen stalinistische Realisation im Osten Europas Abscheu verdient, dessen solidarisches Hoffnungspotential aber trotzdem ständig abrufbar gehalten wird. Dieser Brückenschlag in der Ästhetik Adornos scheint nun endgültig überholt.[2]

Nicht muß jede Innovation im Trubel des Kunstbetriebs fürderhin mit Aussichten auf menschheitliche Erlösung winken und die Geschichtseschatologie, falls sie

---

1 *Das Älteste Systemprogramm, Studien zur Frühgeschichte des deutschen Idealismus*, Hrsg. R. Bubner, Bonn 1973, 264.

2 Vgl. die ausführlich begründete und an Exempeln belegte These von K. H. Bohrer: *"Je mehr Geschichtsphilosophie, um so weniger ästhetische Theorie"* (in: *Das absolute Präsens*, Frankfurt/M 1994, 122 ff.).

weiter Interesse findet, sollte aufhören, mit Hilfe einer Dialektik des Scheins ästhetische Veranschaulichung zu suchen. Die Avantgarden eilen auf ihrer seit zweihundert Jahren erprobten Bahn aneinander vorbei und werden diese Anstrengung weiter fortsetzen. Im kunsteigenen Beschleunigungsprozeß steht das Ganze einer ins Lot zu bringenden Menschheit freilich an keiner Stelle auf dem Spiel. Die mit internationalen Marktmechanismen verbündete Kunstproduktion heutigen Typs bildet eine eigene Sphäre – the art world, wie Arthur Danto das nennt.

Umgekehrt muß sich die lang strapazierte Solidarität der Öffentlichkeit einmal erschöpfen, die immer wieder genötigt wird, künstlerische Unternehmungen durch historisch motiviertes Engagement der wahrhaft Aufgeklärten abzusegnen. Ästhetisch inszenierte Symbolakte der Mahnung und der Rettung von allem, was im Himmel und auf Erden bedroht scheint, dokumentieren vielleicht gute Gesinnungen, vielleicht auch nur geschäftlichen Instinkt; aber sie verändern nicht die Welt. Adorno wußte genau, daß edle Intentionen kein Kunstwerk adeln, sondern ohne Umschweife zum Kitsch degradieren.

Schauen wir für einen Augenblick zurück auf den Gang der Dinge in diesem dramatischen Jahrhundert. Der Untergang der Weimarer Republik wurde beschleunigt, wie man im Nachhinein sieht, durch die erbitterte Fraktionsspaltung zwischen kommunistischer Rechtgläubigkeit in Erwartung einer echten Revolution und pragmatischer Nutzensicherung im Zuge des sogenannten Revisionismus. Der Revisionismus verlangt Zusammenarbeit mit dem Sieger, er hat der Arbeiterklasse ungeahnten Fortschritt gebracht und dem sozialdemokratischen Jahrhundert die Erfolgsbahn gewiesen. Am Ende der Entschärfung und Zähmung des Kapitalismus steht der Zusammenbruch des Sozialismus. Übrig bleibt, was wir die liberale Marktgesellschaft mit weitgehender sozialer Abfederung im Rahmen des Rechtsstaats nennen.

Diese Gesellschaft wird ihre nächsten Schritte wie alle ihre Vorgänger mit Einsatz praktischer Vernunft gestalten müssen. Das Eschaton kommt darunter nicht vor, denn am Ende der Geschichte bliebe nur noch das Urteil Gottes abzuwarten. Revolution war für Rechtgläubige wie Benjamin bloß ein anderer Name dessen. In die Dimension der letzten Dinge, wenn man sich ihnen denn wirklich stellen will, ragt kein Kunstwerk hinein. Ästhetik öffnet zum Jüngsten Gericht nicht den Lieferanteneingang.

Marginalien zu „Also sprach Zarathustra"

von Franco Chiereghin (Padua)

Der Hintergrund, auf dem wir einige Kernprobleme des Denkens Friedrich Nietzsches aufzeigen möchten, ist das Problem, das sich in jedem entscheidenden Augenblick der abendländischen Philsophie stellt: ob es die Wissenschaft ist, die jede mögliche Form von Wissen erschöpft, und falls man dies verneint, inwiefern man ein Erkennen als Wissen bezeichnen kann, das den Anspruch erhebt, anders und auf die Beweisverfahren der einzelnen wissenschaftlichen Disziplinen nicht rückführbar zu sein.

Auf diesem Hintergrund nimmt die Gestalt Nietzsches eine außergewöhnliche Stellung ein, nicht nur weil das Thema des Kampfes zwischen Wissenschaft und Weisheit einer der Schlüssel zur Lektüre Nietzsches ist, sondern auch weil er dieses Thema in Verbindung mit dem einzigen Punkt entwickelt, der dieses moderne Denken zur Bewußtwerdung seines eigenen Abgrundes zu bringen imstande ist: die griechische Morgenröte des abendländischen Denkens.

Er zeigt in den Nebenschriften zu *Die Geburt der Tragödie* und hauptsächlich in *Die Philosophie im tragischen Zeitalter der Griechen* in der Tat, daß er zur klaren Unterscheidung der beiden Typen der Erkenntnistätigkeit, die durch ihren unauflöslichen Gegensatz miteinander verbunden sind, gelangt ist. Einerseits gibt es den „rechnenden" Verstand, ein abmessendes Denken[1], das Abstraktionen erzeugt, und das kalte Virtuosentum des „ rationes ponere", des Kalküls, das die Formierung der einzelnen wissenschaftlichen Disziplinen lenkt. Andererseits gibt es das philosophische Denken,[2] das sich von jenem Faulbett des Denkens, welches der Mythos ist, erhebt, und dem aus dem starken Gegenstrom, der ihm den Weg versperrt, der Elan erwächst, über das Ufer hinauszugehen, wo sich der Verstand behutsam und verzweifelt gebärdet.

---

[1] Fr. Nietzsche, *Die Philsophie im tragischen Zeitalter der Griechen.* Werke, hrsg. v. K. Schlechta, München 1956, S. 361 f.

[2] Fr. Nietzsche, *Die Philosophie im tragischen Zeitalter der Griechen*, a.a.O., S. 362.

Während so der erste den qualitativen Reichtum der Welt in der für die Berechnung nötigen Gleichheit auflöst, bewegt sich der zweite indessen in der Ähnlichkeit, wo die Setzung des Anderen für die Setzung des Identischen ebenso wesentlich ist: nicht das Aufhalten und Sich-Ängstigen über das ἕτερον und das ἐναντίον, sondern das Sich-in-ihnen-Aufhalten ist Denken.

Wenn Nietzsche auch diese grundsätzlichen Unterschiede in Verbindung mit der Überprüfung des vorsokratischen Denkens und somit innerhalb einer historiographischen Rekonstruktion, die den Beginn der Dekadenz des philosophischen Denkens bereits bei Sokrates sieht, präzisiert, so kann die klassische Klarheit, mit der sie formuliert werden, nicht die Lehre der „schönsten Gewächse des Altertums",[1] des Platon des *Staates*, in sich widerspiegeln. In den Büchern VI und VII erhält hier die Unterscheidung von wissenschaftlicher Erkenntnis und philosophischem Wissen, zu dem hin das ganze vorplatonische Denken drängt, ihre entscheidende Entwicklung und bringt die in der Urzelle der sokratischen Lehre des Wissens um das Nichtwissen implizierten spekulativen Möglichkeiten zur Reife.

Die Unterscheidung von διάνοια und νοῦς hat ihren Brennpunkt im Begriff der Hypothese, deren Annahme nicht als Forschungsobjekt, sondern als Ausgangspunkt eines Erkenntnisvorganges notwendige Voraussetzung ist, um zu Konklusionen zu gelangen. Demgegenüber erweist sich der Akt der Vernunft (oder νοῦς) hauptsächlich als Zerstörung: die Philosophie verfährt in der Weise, daß sie die Hypothesen zerstört (τὰς ὑποθέσεις ἀναιροῦσα),[2] und das Werk der Zerstörung ist notwendig, damit die Vernunft dann das gegen Hypothesen immune Prinzip, das Prinzip der Totalität, zu setzen und zu erkennen imstande ist.

Zu dem von Platon umrissenen Akt der Vernunft gehört auch jene „Leichtfüßigkeit"[3], die es ihm ermöglicht, auf den Hypothesen der διάνοια zu bestehen, die von ihm im wahren Sinne des Wortes als Stütz- und Ausgangspunkt angenommen wurden, um über die Welt des schon Gegebenen, des Vorausgesetzten zum ahypothetischen Akt zu springen. Bei Nietzsche wie bei Platon ist es ebenso evident, daß διάνοια und νοῦς weit davon entfernt sind, sich in einem ausschließlich gnoseologischen Umkreis zu erschöpfen, sondern sie nehmen den Menschen ganz in Anspruch gemäß zweier verschiedener intellektueller und moralischer Einstellungen: im Übergang der einen in die andere ändern sich von Grund auf ein ethischer Habitus und eine Erkenntnisverfassung, denn an die Stelle einer als gegeben vorausgesetzten und damit nicht überprüften Wahrheit tritt das gelehrige Sich-der-For-

1 Fr. Nietzsche, *Jenseits von Gut und Böse*, *Werke*, Bd. II, a.a.O., S. 566.
2 *Resp.* VII, 533 c 10.
3 Fr. Nietzsche, *Die Philosophie im tragischen Zeitalter der Griechen*, a.a.O., S. 362.

schung-Überlassen, das „Jasagen" zum Akt der Vernunft, welcher schafft, weil er frei von jeder Hypothese ist.

Aber dieser Übergang, der, wie wir sehen werden, bereits bei Platon eine spezifische Struktur der Zeitlichkeit verlangt, um sich zu verwirklichen, ist weder neutral noch unschuldig: jene Zerstörung der Hypothesen, die für den Bereich der Erkenntnis von den „Schlafmützen" bereitwillig akzeptiert werden kann, da sie sicher sind, ihre eigene Welt am nächsten Morgen unverändert wiederzufinden, bringt in Wirklichkeit auch die Zerstörung der Hypothesen mit sich, die die Totalität der moralischen Welt stützen, welcher das Herz gebrochen werden muß, damit sich der schöpferische Akt der Vernunft durchsetzen kann.

Mit anderen Worten: der Übergang vom dunklen Tag des Voraussetzens zum leuchtenden Tag der Wahrheit geschieht nicht durch einen unmittelbaren Sprung, ist nicht das Ergebnis der „Müdigkeit, die mit e i n e m Sprunge zum Letzten will, mit einem Todessprunge",[1] sondern muß durch den tragischen Mittag der Zerstörung aller Fesseln des Bestehenden und aller Bande der Moralität hindurchgehen. Nur so wird der Philosoph nicht mit dem Wissenschaftler verwechselt, denn er beschränkt sich nicht darauf, vorgegebene, in den Dingen vorausgesetzte Werte w i e d e r z u f i n d e n, sondern er fährt fort, eine neue Welt h i n e i n z u s t e k k e n, sie zu m a c h e n und zu s c h a f f e n.[2]

Wenn Nietzsche die Verwechslung des Philosophen mit dem Mann der Wissenschaft als „Aberglauben"[3] anprangert, so besteht der Aberglaube in der Abgötterei der Intelligibilität der bestehenden Ordnung, in dem Anspruch auf die Unübersteigbarkeit dessen, was dem „Natürlichen" nachgeahmt ist und somit in dem Vernichten der für das Philosophieren wesentlichen Fähigkeit der Synopsis, die Totalität in der Einheit zu begreifen, um die neue, dann in die Existenz zu übersetzende Form zu erfinden.

Zu Beginn des Jahrhunderts Nietzsches wurde dazu von anderer Seite festgestellt, daß derjenige, welcher dazu fähig ist, ledig sein muß der

> „Schrecken der objektiven Welt, so wie aller Fesseln der sittlichen Wirklichkeit, hiermit auch alller f r e m d e n S t ü t z e n, in dieser Welt zu stehen, so wie alles Vertrauen(s) auf ein festes Band (...), d.h. er muß in der Schule der Philosophie gebildet sein. Von dieser aus kann er die noch schlummernde Gestalt einer sittlichen Welt zum Erwachen emporheben und mit den alten Formen des Weltgeistes kühn in Kampf treten, wie Jakob mit Gott gerungen hat;

---

1 Fr. Nietzsche, *Also sprach Zarathurstra*, *Werke*, a.a.O., Bd. II, S. 298; im folgenden als Z mit der Seitenzahl der Schlechta-Ausgabe zitiert.

2 Fr. Nietzsche, *Aus dem Nachlaß der Achtziger Jahre*, *Werke*, a.a.O., Bd. III, SS. 482, 844.

3 Fr. Nietzsche, *Aus dem Nachlaß*, a.a.O., S. 447.

sicher, daß die Formen, welche er zerstören k a n n , eine veraltete Gestalt und die neue eine neue göttliche Offenbarung ist. Er kann das ganze vorhandene Menschenwesen als einen Stoff ansehen, den er sich aneignet, und aus dem sich seine große Individualität ihren Körper bildet; einen Stoff, der selbst lebendig, die trägeren oder lebendigeren Organe dieser großen Stadt bildet."[1]

Ich weiß, daß ich in Gefahr laufe, bestenfalls für kindisch[2] gehalten zu werden, da ich mich zur Erläuterung Nietzsches dieses langen Zitats aus einer der Einleitungen zu den von Hegel in Jena gehaltenen Vorlesungen über Logik und Metaphysik bedient habe. Aber das ist ein Risiko, das einzugehen sich lohnt, da daß, was hier in Frage steht, nicht die Auslegung eines Fragments unserer Kultur von einem als gültig vorausgesetzten Lehrkontext ausgehend ist; es handelt sich nämlich hierbei nicht darum, den spezifisch wissenschaftlichen Habitus des W i e d e r f i n d e n s oder des „ Nutzens" zu kultivieren, sondern vielmehr darum, die spezifischen Eigenschaften aufzufinden, mit denen die philosophische Vernunft sich gegenüber jeder anderen als solche setzt, wie schwierig auch immer ihre geschichtliche Aktualisierung erscheinen mag.

Im Hinblick auf eine solche Aufgabe kann Nietzsche zu Recht sagen, daß heute „ die Philosophie innerhalb der historischen Bildung ohne Recht ist" und daß in einer solchen Lage „ es niemand wagen darf, das Gesetz der Philosophie an sich zu erfüllen, (daß) niemand philosophisch lebt".[3] Aber gerade hier muß nachgeforscht werden, welche wirklichen Möglichkeiten Nietzsche der Verwirklichung des schöpferischen Aktes der Vernunft eröffnet, und was denn gemeint sei, wenn gesagt wird, daß, „ wer ein Schöpfer im 'Guten und Bösen' sein will, in Wahrheit zuerst ein Zerstörer sein und Werte zerbrechen muß und daß also das höchste Böse zur höchsten Güte gehört.[4]

Zur Klärung dieser Frage möchte ich einige Randbemerkungen zu den Hauptthemen von *Also sprach Zarathustra* anbringen, wobei ich versuchen will, den Grundsätzen der Interpretation zu folgen, die nach Nietzsche jede Lektüre eines Philosophen leiten sollten: Er, der Philosoph, wird sich fragen, ob bei ihm nicht „ hinter jeder Höhle noch eine tiefere Höhle liege... ein Abgrund hinter jedem Grunde, unter jeder 'Begründung' (...) Jede Philosophie v e r b i r g t auch eine Phi-

---

1 *Dokumente zu Hegels Entwicklung*, hrsg. v. J. Hoffmeister, Stuttgart 1936, S. 346.

2 „Die gegenwärtigen Versuche, Nietzsche vom Irrationalismus Schopenhauers abzutrennen, ihn mit der Aufklärung und mit Hegel in Zusammenahng zu bringen, halte ich für kindisch, besser gesagt: für den Ausdruck des bisher erreichten tiefsten Niveau der Geschichtsklitterung im Interesse des amerikanischen Imperialismus." G. Lucacs, *Die Zerstörung der Vernunft*, Berlin 1955, SS. 252 f.

3 Fr. Nietzsche, *Vom Nutzen und Nachteil der Historie, Werke*, a.a.O., Bd. I, S. 240.

4 Z 372.

losophie; jede Meinung ist auch ein Versteck, jedes Wort auch eine Maske".[1] Bezieht man sich auf den oben erwähnten Begriffsrahmen, auf dem der Unterschied und zugleich das Verhältnis zwischen wissenschaftlicher Erkenntnis und philosophischem Wissen begründet ist, so ist es nicht schwierig, die in *Also sprach Zarathustra* tätige Kraft zu erkennen; hier wird jener Unterschied vielmehr mit einer schwerlich woanders anzutreffenden terminologischen Genauigkeit dargestellt.

Die Eigenschaften, die zu betrachten notwendig sind, um die Entstehung und Bedeutung der Wissenschaft nach Nietzsche zu verstehen, scheinen mir die folgenden drei zu sein: die Furcht, das schlechte Gewissen und der hypothetische Horizont. Als von den höheren Menschen, die die Höhle Zarathustras bewohnen, der Gewissenhafte die Gründe erklärt, die ihn dort oben hingeführt haben, erblickt er in der Furcht „des Menschen Erb- und Grundgefühl; aus der Furcht erklärt sich jegliches, Erbsünde und Erbtugend. Aus der Furcht wuchs auch meine Tugend, die heißt: Wissenschaft".[2]

Wenn die Furcht, mit Spinoza gesprochen, „unbeständige Traurigkeit" ist und wenn die Traurigkeit der Zustand des Geistes ist, wenn er sich seine eigene Ohnmacht vor Augen führt, so entsteht die Wissenschaft aus einem Zustand der Empfänglichkeit, des passiven Aufnehmens des Vorgegebenen, des Vorgeformten. Was unbekannt ist, beeilt sich die Wissenschaft auf bekannte Werte zurückzuführen und bildet sich dabei ein, wenn sie das Unvorhergesehene in den magischen Kreis der Subjektivität hineingeholt hat, das Unbekannte beschworen und die Ohnmacht kraft einer Täuschung in Stärke verwandelt zu haben:"Solche lange alte Furcht, endlich fein geworden, geistlich, geistig – heute, dünkt mich, heißt sie: Wissenschaft".[3]

Aus dem gleichen Grund kann Nietzsche sagen: „Neben dem bösen Gewissen wuchs bisher alles Wissen !",[4] neben der Heuchelei, die so tut, als wisse sie nicht, daß jene Erkenntnisse, die einen Hauch schöpferischer Erfindung tragen, in Wirklichkeit das Gegebene aufnehmen und in ihnen das wiederfinden, was schon in sie gelegt ist, so daß das Faktum, nicht der Akt unangefochten vorherrscht: wenn die ganze Wissenschaft im Bemühen besteht, eine Rechtfertigung und ein gutes Gewissen für die eigene Schwäche zu beschaffen, so ist ihre Erhabenheit nur Schwäche.

Aber der Punkt, in dem sich die Struktur des wissenschaftlichen Wissens und die Notwendigkeit seiner Überwindung genauer darstellt, ist da, wo Nietzsche die Er-

---

[5] Fr. Nietzsche, *Jenseits*, a.a.O., S. 751f.
[1] Z 537.
[2] Z 538.
[3] Z 447.

kenntnis hypothetischer Art thematisiert, welche aus der angenommenen Hypothese nicht das Forschungsobjekt macht, sondern die in ihrer Gültigkeit unbestrittene Bedingung, von der eine Reihe von Folgerungen oder die vorgegebene Antwort, auf die jedes Problem zurückgeführt werden muß, um eine Lösung zu finden, abgeleitet werden können. Ein solches hypothetisches Vorgehen findet in der absoluten Hypothese par excellence, wenn auch dieser Ausdruck willentlich einen Widerspruch enthält: der Hypothese Gott, das Symbol, dessen fundamentale Bedeutung es zusammenfaßt.

Nietzsche wiederholt mehrmals: „Gott ist eine Mutmaßung",[1] und wie jede Mutmaßung aus der Angst entsteht, so entsteht Gott aus einer absoluten Angst, er ist der Zufluchtsort der Ignoranz, der alle Lücken der Erkenntnis ausfüllt und die Ohnmacht des Menschen beschwichtigt. Der Geist derer, die sich auf die absolute Hypothese berufen haben, „bestand aus Lücken; aber in jede Lücke hatten sie ihren W a h n gestellt, ihren Lückenbüßer, den sie Gott nannten".[2] Dieser Gott, der aus der Sehnsucht und der Angst und nicht aus der Fülle des Seins und des Lebens hervorgeht, der zur Auslegung und nicht zum schöpferischen Wort zwingt, der dem Fragen unüberwindliche Schranken auferlegt, dieser Gott muß sterben.

Nur dann öffnet sich wieder, oder vielleicht zum ersten Mal, ein Frühling der Welt, in dessen Schoß nicht schon der Sinn und die Richtung ihres Abenteuers vorgegeben ist, und nichts wird mehr dieses totale Suchen des menschlichen Geistes einschränken. „Wer sucht, der geht selber verloren. Alle Vereinsamung ist Schuld: also spricht die Herde",[3] während die grundlegende Aufgabe darin besteht, „einen Augenblick höchster Selbstbesinnung der Menschheit vorzubereiten, einen g r o - ß e n M i t t a g, wo sie zurückschaut und hinausschaut, wo sie... die Frage des Warum ?, des Wozu ? zum ersten Mal als G a n z e s stellt".[4]

Der Tod Gottes symbolisiert und vereinigt die Zerstörung des hypothetischen Horizontes des Handelns und des Erkennens des Menschen in sich; er ist die unerläßliche Bedingung zur Setzung des ahypothetischen Aktes der Vernunft. Es ist offensichtlich, daß die Wirksamkeit dieses Vorschlags Nietzsches, außer seiner tatsächlichen Konsistenz, nicht nur auf die eindrucksvolle, von der Hypothese eines als Lückenbüßer der Unreife und Blindheit des Menschen gedachten Gottes gelenkte geschichtliche Rolle gerichtet ist, sondern sie hat auch eine effektive Entsprechung

1 Z 344 f.
2 Z 350.
3 Z 325.
4 Fr. Nietzsche, *Ecce Homo*, *Werke*, a.a.O., Bd. II, S. 1125.

in der Weise, in der seit der christlichen Offenbarung die verschiedenen Lehrgebäude errichtet wurden.

Es ist in der Tat nicht schwer festzustellen, wie in den Jahrhunderten der Vorherrschaft der christlichen Kultur eine progressive Assimilierung der systematischen Struktur der Philosohpie an das hypothetisch-deduktive Vorgehen der wissenschaftlichen Vernunft stattfindet. Dies geschieht, weil, während in dem der Offenbarung vorausgehenden Denken die Philosophie, welche forschen und in der Vernunft das Prinzip des Ganzen aktualisieren sollte, auf keine Weise deren Gültigkeit an ein anderes und höheres Prinzip binden konnte, jetzt, nach dem Ereignis der Offenbarung, diese höchste Anstrengung der Vernunft nach und nach dem Bewußtsein des Glaubens als ein leuchtendes, nützliches, aber nicht notwendiges Ornament eines höheren Organismus von Gewißheiten erscheinen konnte. Nichts konnte in der Tat Gültigkeit beanspruchen, wo das Prinzip selbst, Gott, dem Menschen sein Schicksal und die eigene Natur als Prinzip offenbarte. Die Vernunft, unerschöpflich im Schaffen von Werten, sah sich daher vom Glanz jener absoluten Hypothese, welche das Wort Gottes ist, veranlaßt, sich in den Hintergrund zurückzuziehen und zuzulassen, daß das Wissensfeld in seiner ganzen Ausdehnung nach und nach vom wissenschaftlichen Modell der Erkenntnis absorbiert wurde; das Prinzip, das für die Vernunft gegebenenfalls das Ergebnis der Forschung und niemals den Ausgangspunkt darstellt, wurde in der gleichen Weise zur Hypothese, wie in einer Einstellung, welche gemeinhin die des Glaubenden ist, das Prinzip als Ausgangspunkt, von dem die moralischen und intellektuellen Verhaltensnormen abzuleiten sind, aufgenommen wird.

Um der Vernunft ihre Kraft zurückzugeben und das Netz der Hypothesen, das die Welt umspannt und einengt, zu zerstören, muß die Hypothese Gott sterben. Aber um diese Vernichtung durchzuführen, ist es, wie oben erwähnt, nötig, eine Zeitstruktur zu erreichen, die von der des gewöhnlichen Bewußtseins radikal verschieden ist.

Dieser erscheint die Zeit mit zwei widerstrebenden Gesichtern: einerseits als Hüterin der Irreversibiltät der Ereignisse und der Unwiederholbarkeit des „schon Gewesenen”, somit als die Dinge, die in ihr aufeinander folgen, verschlingend; andererseits in einer im Zeitalter der Aufklärung kanonisch gewordenen Konzeption als Quell und Maß des Wertes, derzufolge in der empirischen Zeitenfolge die Vergangenheit zum Bösen wird und die Gegenwart in ihrer vorausgesetzten gegenwärtigen Gültigkeit das Gute ist. In beiden Fällen ist das, was verloren geht, die eigentümliche Geschichtlichkeit der Ereignisse: im ersten Falle, weil jedes Ereignis als Nichts erklärt wird, im zweiten, weil das Ereignis keine Bedeutung für sich selbst hat, sondern nur insofern in ihm in irgendeiner Weise eine Vorwegnahme der Gegenwart enthalten ist.

Aber so ist die Zeit des gewöhnlichen Bewußtseins der Kerker des Menschen, denn wie die Hypothese Gott zwingt sie sie in unverrückbare Hypothesen: die Unabhängigkeit des „schon Gewesenen" von seinem Willen und des „schon gegebenen" Meßwertes in der Gegenwart. Es handelt sich somit darum, den Willen des Menschen von dem zu befreien, was seine „einsame Trübsal" ist, daß der Wille nicht „zurück kann wollen; daß er die Zeit nicht brechen kann und der Zeit Begierde", daß er nicht alles „Es war" in ein „So wollte ist es" umschaffen kann[1]: ein solches Befreien hat den Namen der ewigen Wiederkehr.

Von den vielen in diesem Begriff enthaltenen Bedeutungen beschränke ich mich auf die, welche für das hier angegangene Problem relevant sind, und hauptsächlich auf jene, durch die die ewige Wiederkehr als die Destruktion des „hypothetischen" Charakters der Zeitlichkeit erscheint, welcher dem gewöhnlichen Bewußtsein eigen ist.

Wo „alles bricht, (wird) alles neu gefügt", wo „sich das gleiche Haus des Seins" ewig baut,[2] da ist kein Platz mehr für die nihilistische Interpretation der Zeit noch für eine aufklärerisch oder dialektisch optimistische Schau der Zeit als Fortschritt. Die ewige Wiederkehr ist vor allem die Weise, jeden vorgegebenen Sinn der Ereignisfolge zu vernichten, sie ist die Reduzierung der Totalität des Endlichen zur Sinnlosigkeit, wenn Sinn und Vernünftigkeit einzig ein Wiederfinden sein sollen und niemals ein Schaffen. Auf diese Weise wird der Zeit eine unberührte und ursprüngliche Reinheit wiedergegeben, weil jede Werthypothese aufgehoben, jede Insel des Widerstandes und jede Andersheit zerstört ist und im Identischen zusammenfließt, und man könnte mit Platon sagen, daß „die Kunst des Strategen keine größere Aufmerksamkeit verdient als die des Entlausens",[3] aber alles ist schließlich für das bereit, was im Anschluß an die aus dem Parallelbeispiel mit dem griechischen Denken gewonnenen Hinweise bisher Akt der Vernunft genannt wurde.

Sein Vorkommen muß jedoch in der Zeitlichkeit gesucht werden, welche nicht so sehr als seine Bedingung als vielmehr als seine Bestimmung verstanden wird; man muß daher herausfinden, welches Versteck sich hinter der Idee der ewigen Wiederkehr verbirgt und welcher Abgrund hinter dieser Begründung der Zeit liegt. Wie dem gewöhnlichen Bewußtsein der Bewerber Penelopes das Knüpfen und Wiederauflösen des Tuches sinnlos erschien, gerade weil ihnen der Abgrund der Liebe, der

---

1 Z 394.
2 Z 463.
3 *Soph.* 227 b 4-6.

die Bedeutung jener ewigen Wiederkehr als Erwartung des Königs, der kommen sollte, hütete, verborgen blieb, so hat das ewige Sich-Wiederholen des Identischen nur Sinn für den Augenblick, der dessen Möglichkeit begründet und mit ihm den Punkt darstellt, in dem sich die höchste schöpferische Tatkraft des Menschen bestimmt.

Vergangenheit und Zukunft sind tatsächlich beide eine Ewigkeit und verlangen zu ihrer Entfaltung einen Widerspruchspunkt, der ihre gegensätzlichen Eigenschaften vereinigt, und das ist der Augenblick[1]. Auch hier ist der Hinweis auf jene vom klassischen Denken vorgenommene Thematisierung der Bedingung der Zeit als Werden und Vergehen, welche Platon ἐξαίφνης nennt, natürlich. Die Bedeutung dieses Begriffes wird nicht so sehr in der Behandlung der Zeit als „ bewegliches Bild der Ewigkeit" des *Timäus* (37 d) als im *Parmenides* deutlich, wo die Berufung auf den Augenblick, dieses Absurdum, das außerhalb aller Zeit liegt (156 d 2- e 7), notwendig ist, um den entscheidenden Punkt des Übergangs der einen in die andere der beiden gegensätzlichen Bedingungen zu begreifen. Auch bei Platon (und das ist hier wichtig) deutet der Augenblick klar auf die Vernunft hin, denn dieser wird τὶ μεταξύ[2] genannt, eine der charakteristischsten Bezeichnungen bei Platon für jene Natur, die zwischen den Extremen liegt und der par excellence der menschliche νοῦς ist, gleich weit entfernt von der Ignoranz und dem absoluten Wissen, und die ihn in actu als φιλοσοφεῖν bestimmt.

Der Gegenbeweis des oben Gesagten findet sich im Höhlengleichnis, wo ein Verständnis der Zeitlichkeit, in dem die Vernunft nicht gegenwärtig ist, verdunkelt wird und wo ein anderes, in dem der Akt der Vernunft ist, den Kreis der Indifferenz sprengt. Die erstere ist da, wo die Gefangenen, die an das undurchsichtige Reich der Schatten gefesselt sind, denen Auszeichnung, Ehren und Lob spenden, die sich besser daran erinnern, wieviele Dinge gewöhnlich vorbeigehen, sich in der Tiefe der Höhle widerspiegelnd, „ vorher, nachher und zusammen, und die daher das Folgende erraten";[3] mit anderen Worten: für den, der in der Höhle lebt, ist es ganz natürlich, die Zeitenfolge und die Fähigkeit zur Voraussicht als Meßwerteinheit aufgrund der Wahrscheinlichkeitsrechung des sich Wiederholens der Ereignisse anzunehmen, eine Handlung also, das Rechnen, welche zur διάνοια gehört.

Die zweite geschieht indessen da, wo einer der Gefangenen von den Fesseln gelöst wird und „ plötzlich" (ἐξαίφνης) gezwungen ist, sich vom dunklen Tag dem wahren Tag zuzuwenden. Auch hier ist der Augenblick, der den Übergangspunkt der bei-

---

[4] Z 408.
[2] *Parm.* 156 d 7, 157 a 1.
[3] *Resp.* VII, 516 e 8 — d 4.

den gegensätzlichen Bedingungen kennzeichnet, der Akt der Vernunft, der mit einem qualitativen Sprung den Fluß einer undurchsichtigen Zeitlichkeit unterbricht: es wandelt sich von Grund auf ein ethischer Habitus und eine Erkenntnisdisposition, weil an die Stelle der Annahme einer besessenen und somit nicht überprüften Wahrheit im mühsamen Aufstieg zum Intelligiblen das gelehrige Sich-der-Forschung-Überlassen tritt.

Es gibt somit eine Zeit der Vernunft, die mit einem Anschein von Strenge die Wahrnehmung des gewöhnlichen Bewußtseins organisiert, und es gibt eine der Vernunft ursprüngliche Zeit, die in ihrer höchsten Offenbarung sich in der radikalen Problematisierung und in der unaufhörlichen Überwindung alles Gegebenen verwirklicht. Es gibt jedoch bei Nietzsche ein tieferes Ergründen der Natur des A u g e n b l i c k s , das sich hervorzuheben lohnt, nicht zuletzt schon wegen des besonderen Beweisverfahrens, das es trägt.

Wenn „alle Dinge", so argumentiert Nietzsche, „solchermaßen fest verknotet sind, daß dieser Augenblick a l l e kommenden Dinge nach sich zieht", so zieht der Augenblick „auch sich selber"[1] nach und kommt also zurück. Mit anderen Worten, die Zwischennatur und, wie schon Platon bemerkte, die „absurde" Natur des Augenblicks zeigt sich ganz nur in Verbindung mit dem Thema der Totalität; im Befolgen des Gesetzes der Totalität muß der Augenblick auch sich selbst in die Betrachtung a l l e r Dinge, die von ihm ausgehen, einschließen. Der Augenblick muß daher ewig wiederkehren, um sie „von der Knechtschaft unter dem Zwecke"[2] zu erlösen, um sie frei und rein zu machen, damit das Predigen des Zufalls oder der Notwendigkeit ihres Vorkommens unerheblich wird.

Nochmals kann man sagen, daß Nietzsche die Dialektik der Totalität, die Platon in der zweiten Hypothese des *Parmenides* hervorgehoben hat, im Augenblick und für die gesamte Zeitspanne, die von ihr abhängt, verwirklicht. Wie der Augenblick so wäre auch das Ganze, welches die Gesamtheit aller Dinge ist, nicht, wenn es nicht zugleich das Ganze seiner selbst wäre; aber wenn es auch das Ganze seiner selbst ist, so transzendiert es immer sich selbst in dem Akt, in dem es sich je als Ganzheit darstellt.

Der Augenblick Nietzsches zeigt dieselbe Struktur und findet im Sich-Transzendieren in actu die der Zeit und der Geschichte ureigene Struktur: „Sieh, sagte es, ich bin die fortlaufende, nötige Überwindung meiner selbst".[3]

---

1 Z 409.
2 Z 416.
3 Z 371.

Gerade dieses Thema der ewigen Wiederkehr, das den Menschen von der Knechtschaft unter dem Vorherbestimmten oder dem Vorgegebenen zu befreien im Stande sein sollte, kann jedoch, wenn es zur Doktrin fixiert oder kristallisiert wird, den, der sein Lehrer ist, der Gefahr aussetzen, an seiner eigenen Erlösung zu erkranken[1]. Als die Tiere dem genesenden Zarathustra sagen:

> „Du bist der Lehrer der ewigen Wiederkunft – das ist nun dein Schicksal!", fügen sie hinzu: „Daß du als der erste diese Lehre lehren mußt – wie sollte dies große Schicksal nicht auch deine größte Gefahr und Krankheit sein!".[2]

Und als die Tiere dennoch die ewige Wiederkehr als Lehre darlegen, wird sich Zarathustra der Gefahr bewußt, daß sich die Sprengkraft des Augenblicks in einen Kreislauf, in dem die versöhnende Identität vorherrscht und jede Differenz ausgleicht, verwandelt. Da spottet Zarathustra über die Tiere: „O ihr Schalks-Narren und Drehorgeln... wollt ihr auch daraus gleich wieder ein Leier-Lied machen?".[3]

Genau genommen stellt sich ein solch versöhnter Kreislauf, Leier-Lied und Krankheit, der notwendig der Erlösung innewohnt, überraschenderweise mit den schwerlich mißverständlichen Zügen des Schulhegelianismus dar, den Nietzsche bekämpft, obwohl er dessen notwendige Funktion anerkennt. Indem er von den Schaffern der Philosophie spricht, und dabei an Kant und vor allem an Hegel denkt, erkennt Nietzsche deren Fähigkeit an,

> „irgendeinen großen Tatbestand von Wertschätzungen festzustellen und in Formeln zu drängen. Diesen Forschern obliegt es, alles bisher Geschehene und Geschätzte übersichtlich, überdenkbar, faßlich, handlich zu machen, alles Lange, ja 'die Zeit' selbst abzukürzen und die ganze Vergangenheit zu überwältigen: eine ungeheure und wundervolle Aufgabe."[4]

Nun, diese Fähigkeit der Rationalisierung und vor allem der Beherrschung der Vergangenheit entspricht gerade jenem Erlösungsprozeß des „so war es" in dem „so wollte ich es", welcher die Grundlage ist, von der aus die besten Tatkräfte des Menschen ausgehen können. Aber eben nur die Grundlage, das Trittbrett, auf das der Fuß tritt, um Schwung zum „Tanzen" und „Singen" zu bekommen. Unter den Ergebnissen der Schaffer der Philosophie stellte sich Nietzsche das Hegelsche System als ein grandioser Versuch des Begreifens, der Berechtigung und der Versöhnung der Totalität des geschichtlichen Werdens dar; aber in dieser Arbeit sieht er, zumindest dem Anschein nach, jede schöpferische Tatkraft und jede mögliche Form der Her-

---

4 Z 466 f.
5 Z 466.
1 Z 465.
2 Fr. Nietzsche, *Jenseits...*, a.a.O., S. 676.

schaft über das Daseiende erschöpft; daher die Bevorzugung der typischsten Werkzeuge, die es ermöglichen, dieses Endziel zu erreichen: das Mittlern, die entfaltete zweckmäßige Wirklichkeit, die Versöhnung. Und gegen diese oder besser gegen ihren Anspruch, sich als definitiven Akt zu setzen, zieht sich eine subtile und eindringliche Polemik durch den ganzen *Zarathustra* hindurch.

Mit vehementen Bildern vermischt, tauchen die Wörter Mittlern, Wirklichkeit, Versöhnung wie Bruchstücke eines Systems auf, das in den „großen Mittag" Zarathustras mithineingenommen wird, weil die größte Gefahr, die er läuft, die ist, daß die Fähigkeit, die gesamte, der Herrschaft des „so wollte ich es" fremde Wirklichkeit widerzuspieglen, sich in Abgötterei und Verabsolutierung gerade jener Erlösung verwandelt.

Das Mittlern ist wie der Nebel, der das gegenseitige Sich-Vermischen der Dinge begünstigt, weil er deren Umrisse verwischt: deshalb sind wir „diesen Mittlern und Mischern (...) gram, den ziehenden Wolken"[1]. Ebenso erscheint die Wirklichkeit, die nach Hegel am Ende eines Bildungsprozesses, der im Kampf des aufklärerischen Verstandes gegen den Glauben kulminiert, steht, Nietzsche als das Vorrecht der Bewohner des Landes der Bildung. Diese sagen in der Tat von sich selbst: „Wirkliche sind wir ganz, und ohne Glauben und Aberglauben".[2]

Aber es ist gerade diese konkrete Wirklichkeit, in der der Mensch vollkommen mit sich und den anderen versöhnt, anerkannt erscheint, ein Anerkanntsein, welches ein authentisches Erkennen[3] unmöglich macht und das ganze Mißtrauen Zarathustras hervorruft: gegenüber der Wirklichkeit erscheint „der Schauder" und das „Unheimliche der Zukunft" noch tausendmal heimlicher und traulicher[4]. Was Vertrauen und Sicherheit einflößt, ist in der Tat das, was das Wesen des Lebens selbst als Selbstüberwindung ausdrückt, die Unruhe also und das Unversöhnte über jede Versöhnung hinaus: „Was ich auch schaffe und wie ich's auch liebe – bald muß ich Gegner ihm sein und meiner Liebe".[5]

Wenn also die Lehre der ewigen Wiederkehr den Willen „die Versöhnung mit der Zeit" gelehrt hat, muß sie, wenn sie sich nicht in einen goldenen Käfig der Erkenntnis verwandeln will, auch das lehren, was höher als alle Versöhnung ist[6]. Es genügt also nicht, Schaffende der Philosophie zu sein, noch erschöpft sich das ganze Schaf-

---

1 Z 415.
2 Z 376.
3 Z 375.
4 Z 376.
5 Z 371.
6 Z 395.

fen Zarathustras darin, daß er „in eins dichte und zusammentrage, was Bruchstück ist und Rätsel und grauser Zufall":[1] wenn jene Zusammenschau, die die Totalität der Zeit und des Seins umfaßt, als die Erfüllung der Vernünftigkeit dargestellt werden konnte, über die hinaus nichts mehr zu sagen ist, „da ist Vergessen und Vorübergehen die beste Weisheit"[2] und so das Bezeugen, daß „in allem eins unmöglich ist: Vernünftigkeit. Ein wenig Vernunft zwar, ein Same der Weisheit zerstreut von Stern zu Stern – dieser Sauerteig ist allen Dingen eingemischt: um der Narrheit willen ist Weisheit allen Dingen eingemischt".[3]

Diese schaffende Narrheit, dieser Sauerteig, der wie ein Dichter ersinnt, ist das, was befreit und außer der Vernünftigkeit der Schaffenden der Philosophie Freude gibt und den Namen Wille zur Macht hat. Indem Nietzsche dieses für das eigene Denken wesentliche Thema aus dem letzten Ausdruck der europäischen Philosophie wieder aufnimmt, errettet er den Willen zugleich vom Schicksal des Nihilismus, dem er seit Schopenhauer überantwortet war (daß das Wollen zum Nichtwollen wird, ist das „Geschwätz des Wahnsinns") und erhält ihm die kritische und zerstörerische Kraft gegenüber der modernen Vernünftigkeit. Die Zielscheibe bleibt jedoch immer ein Verstand, der seine eigene Aufgabe in der Gewährleistung der Absolutheit und Unübersteigbarkeit des hypothetischen Horizontes, welcher den wissenschaftlichen Disziplinen eigen ist, erschöpft. Wenn die einzige Kraft der Vernunft im Aufzeigen der Grenzen und Schwächen der ratio oder des Verstandes liegt, so erkennt diese – weit davon entfernt, die Kategorienkenntnis der Wissenschaft zu durchbrechen oder zu überschreiten –, daß es keinen anderen Boden gibt, auf dem man die eigene Tätigkeit entfalten könnte.

Der Wille zur Macht markiert somit das Ende der Knechtschaft der Vernunft im Zeichen der Herrschaft jener karikativen Form von Überlegenheit, die durch die Verabsolutierung der Vernunft zum Narrentum am Hofe der Wissenschaft verkommt. Wenn man die Eigentümlichkeit dieses Phänomens näher betrachtet, bemerkt man, wie sie das Wesen des Lebens selbst ausdrückt, da der Wille zur Macht sich als das Unversöhnliche über jede mögliche Versöhnung hinaus ausdrückt.

Der Wille ist hauptsächlich dadurch gekennzeichnet, daß er die Unüberschreitbarkeit und Unleugbarkeit bestätigt: „Ein Unverwundbares, Unbegrabbares ist an mir, ein Felsensprengendes: das heißt mein Wille".[4] Und dennoch ist der Wille noch der Gefahr ausgesetzt, der Vernünftigkeit unterworfen zu sein,

[7] Z 394.
[8] Z 433.
[9] Z 416.
[1] Z 369.

wo „alles verredet wird",[1] eine Gefahr, die da wirklich wird, wo die nichtüberschreitbare Struktur des Willens als Zeichen seiner Absolutheit angenommen wird: da kann der Wille nicht mehr die ständige Überwindung seiner selbst sein, und indem er die ihm eigene Spannung vernichtet, würde er im eigenen Tode Ruhe finden.

Der Wille muß somit beweisen, daß seine Unüberschreitbarkeit und Unleugbarkeit nur durch seine Absolutheit gewährleistet sind, er muß daher zum Willen des Gegenteils seiner selbst, zum Willen zur Macht werden: in der Tat, wer alles kann, der will nicht; dort, „wo man kann, was man will", verlieren Können und Wollen ihre ihnen eigene spezifische Note. Was der Wille will, ist daher nicht die scheinbare Unverrückbarkeit der Grenzen, innerhalb deren sich das raisonierende Erkennen vollzieht, sondern ist ein Horizont, in dem „alle Grenzsteine verrückt" werden, „wo sie alle in die Luft fliegen".[2] Falls diese scheinbare Unverrückbarkeit von der Angst und der Ohnmacht erzeugt wurde, kann der Gegenstand des Willens nicht mehr als das Wissen nach Art der Wissenschaft qualifiziert werden, sondern ist dann das Gegenteil dessen, was an seinem Anfang stand, und das ist Macht: „Macht ist sie, diese neue Tugend; ein herrschender Gedanke ist sie, und um ihn eine kluge Seele: eine goldene Sonne, und um sie die Schlange der Erkenntnis".[3]

Gerade weil der Wille das Gegenteil seiner selbst will, will er seinen eigenen Übergang und seinen eigenen Untergang, und darin zeigt er die Größe des Menschen: „Was groß ist am Menschen, das ist, daß er eine Brücke und kein Zweck ist: was geliebt werden kann am Menschen, das ist, daß er ein Ü b e r g a n g und ein U n t e r g a n g ist".[4] Wenn die Nacht die neue Tugend ist, dann ist der, der Macht will, der Liebe würdig, weil er „aus seiner Tugend seinen Hang und sein Verhängnis macht: so will er um seiner Tugend willen noch leben und nicht mehr leben".[5]

So sind wir wieder zum Anfangsproblem unserer kurzen Untersuchung zurückgekehrt. Nietzsche erweist sich als ein derartig bedeutender Punkt des modernen Denkens, daß man – vielleicht paradoxerweise – auf ihn anwenden kann, was von Spinoza gesagt wurde: entweder man ist Nietzscheaner, oder man ist überhaupt kein Philosoph. Nicht nur, weil er mit seiner radikalen Kritik die Bedingungen für das Philosophieren überhaupt gestellt hat, sondern auch weil er im Willen zur Macht die Aufgabe und das Schicksal aufgezeigt hat: in ihm feiert er „seinen Weg zum

---

2 Z 433. Der Wille selbst entsteht in der Tat aus dem Geist der Schwerkraft, die den Menschen an anscheinend unübersteigbare Grenzsteine fesselt: "Ich ... fand den Geist der Schwere (wieder) und alles, was er schuf: Zwang, Satzung, Not und Folge und Zweck und Wille und Gut und Böse"(Z 445).

3 Z 440.

1 Z 336.

2 Z 281.

3 Z 282.

Abende als seine höchste Hoffnung: denn es ist der Weg zu einem neuen Morgen. Also wird sich der Vorübergehende selber segnen, daß er ein Hinübergehender sei; und die Sonne seiner Erkenntnis wird ihm im Mittage stehen".[1]

Nietzsche erobert so, gerade kraft des Begreifens der Dekadenz und des Endes einer Epoche, der Philosophie und der Vernunft ihr altes Recht zurück. Ob er sich dessen bewußt war oder nicht (und hier laufe ich wiederum Gefahr, kindisch zu wirken), er bestätigt, was schon Hegel über die geschichtliche Erscheinung der Philosophie gesagt hat: sie erscheint immer in einer „Zeit des Unglücks der Welt und des Untergangs des politischen Lebens"; wenn „der Geist Gleichgültigkeit an seiner lebendigen Existenz Kund giebt oder unbefriedigt in derselben weilt und ein sittliches Leben sich auflöst", dann ist „die Philosophie (...) die Versöhnung des Verderbens, das der Gedanke angefangen hat".[2]

Aber während bei Hegel das Bewußtsein vorherrscht, daß die von ihm zur Erfüllung gebrachte V e r n ü n f t i g k e i t eine Form des Geistes für immer veralten läßt, und das, was vom eisigen Hauch der Erkenntnis berührt wurde, sich nicht mehr verjüngen läßt, verwandelt Nietzsche den Untergang einer sich absolut gebenden Vernunft in eine Ankündigung und in eine Morgenröte: „Tausend Pfade gibt es, die nie noch gegangen sind, tausend Gesundheiten und verborgene Eilande des Lebens. Unerschöpft und unentdeckt ist immer noch der Mensch und Menschen-Erde."[3]

Aus dem Italienischen übersetzt von Magda Oschwald.

---

4 Z 340.

5 G.W.F. Hegel, *Vorlesungen über die Geschichte der Philosophie*, I, *Sämtliche Werke*, hrsg. v. H. Glockner, Bd. XVII, Stuttgart 1928, S. 82 f.

1 Z 339.

Kleiner unwissenschaftlicher Epilog:

Die Sphinx und Ödipus,
oder: Das schlechte Gewissen und seine mögliche Heilung

Es ward ein Tag, da sprach die Sphinx:
„Ich muß sterben",
und Geist und Natur weinten
voll Bitterkeit,
denn nun würden sie sich
für immer trennen müssen.
Und die Trennung
war Tod,
und Tod und Trennung
war der Mensch.
Als sie sich vom Felsen stürzte
und Ödipus'Antlitz das Universum erfüllte,
sah die Sphinx für einen Augenblick
im Blutstropfen,
der aus Ödipus' Mund rann,
das Schicksal des Landes der Toten,
des Abendlandes, wo
die Braut den Bräutigam nicht erkennt,
der Vater nicht den Sohn und der Sohn
nicht die Mutter.
Ödipus,
Ödipus, du Seher, du Herrscher,
der mit dir geborene Mensch
tötet den Vater,
hat mit der Mutter geschlafen
und stirbt blind
in einem wüsten Land.
Wann wirst du lernen,
das einzige Licht deiner Nacht zu sehen,
wann wirst du das letzte Feuer entzünden,
wann wirst auch du sagen:
„Nun muß ich sterben"?

Geglückte Balance

Über Goethes Elegie „Alexis und Dora“

von Friedrich Dieckmann (Berlin)

I

Das Gedicht ist im Mai 1796 in Jena entstanden, in jenem Haus, in das Goethe sich aus Weimar zurückzog, um dichterisch zu arbeiten. Es gehörte zu den Eigentümlichkeiten seiner von Weib und Kind bestimmten Weimarer Häuslichkeit, daß er in ihrem Umkreis nicht zu der Konzentration fand, deren er für die dichterische Produktion bedurfte. Das Gedicht bekundet eben diese Spannung zwischen einer glücklichen Liebe und der Notwendigkeit, sie auf dem Festland zurückzulassen, um auf hoher See unsicheren, aber verheißungsvollen Geschäften nachzugehen. Da die Liebe groß ist, drückt sich das Schuldgefühl dessen, der sich entziehen muß, um tätig sein zu können, am Ende des Gedichts in einer Eifersuchtsvision aus.

„Ich ging im Walde so für mich hin, und nichts zu suchen, das war mein Sinn“: in dem Gedicht von 1813, das Karl Eibl ein „informelles“ Silberhochzeitsgedicht nennt, hat Goethe die vollendete lyrische Fassung jener Begegnung gegeben, die 1788 zu einer Verbindung führte, von der K.R. Eissler mit Gründen sagt, „daß Christiane der einzige Typ von Frau war, die Goethe erfolgreich zu seiner Frau machen konnte“.[1]

> „Offensichtlich zeigte das Mädchen so viele Qualitäten und durchtränkte die Atmosphäre um sich herum mit einem so herzlichen Klima, daß das, was als vorübergehendes Vergnügen gedacht war, ein ernsthafter und notwendiger Teil seiner Existenz wurde“.

„Goethe“, sagt Eissler im Ergebnis tiefdringender Beschäftigung mit der psychischen Disposition des Dichters, „hatte unglaubliches Glück mit seiner Wahl von

---

1 *„Notizen über Goethes Beziehung zu Christiane Vulpius und über das allgemeine Problem der Moral im Leben des Genies“*, in: R.K. Eissler, Goethe, Basel/Frankfurt/M. 1985, S. 1418.

Christiane, da [...] nur eine Frau ihres Typs ihm geben konnte, was er dringend benötigte, ohne ihm irgendwie zu schaden".[1]

Von diesem Glück ist, im achten Jahr der Beziehung, die Idylle *Alexis und Dora* durchwoben. In antikisierendem Gewand — die Szene ist eine Hafenstadt, die man sich, den Namen der Liebenden nach, an einer der Küsten des klassischen Zeitalters denken kann — beschreibt das Gedicht im Widerspiel von Finden und Verlieren das Glück einer Begegnung, die in der Luft liegt, insofern die beiden, denen es zuteil wird, seit langem in demselben Dunstkreis leben und einander sympathetisch ins Auge gefaßt haben. Doch bedarf die Beziehung „der Gunst des Augenblicks", um ihrer wahren Natur innezuwerden. Daß Gelegenheit Diebe mache, ist im *Buch Suleika* der Gegenstand einer lyrischen Wechselrede, in der vierten der Römischen Elegien wird die glücklich zutage fördernde als Göttin berufen. Indem sie sie schafft, ist in dem Gedicht Dora selbst (der Name ist die Kurzform von Theodora, d.i. Gottesgeschenk) diese Göttin Gelegenheit; F.P. Pickering identifiziert sie als die in den Emblembüchern des Barock berufene Göttin Fortuna occasio. Alexis' Abreise bringt sie dazu, in der Atmosphäre wortlos-anschauender Sympathie, die zwischen den beiden waltet, den Blitz der Liebesbegegnung zu zünden: sie stellt sich ans Gartentor und fängt den zum Schiff Gehenden ab, indem sie ihn mit einem Auftrag bedenkt. Daß Alexis auf diesem Hafenweg unbegleitet ist, rückt das Symbolische des Arrangements ins Licht; mit Recht empfanden es die Zeitgenossen (Goethe kommt am 25. Dezember 1825 zu Eckermann darauf zu sprechen) als das Gegenteil eines realistischen Details.

Doras Reiseauftrag ist der Vorwand, unter dem sie den Einteilenden ins Garteninnere lockt, um ihm die nur zu symbolischen Früchte ins Körbchen zu lesen; „die weichliche Feige, die jeder Druck schon entstellet", wird hier zusamt dem goldenen Ball der Orange „mit Myrthe gedeckt".[2] Was dann geschieht, von dem Himmelszeichen eines dreifachen Donners bekräftigt, faßt sich in die Wendung von Amors Griff, der die beiden gewaltig zusammendrückt.[3] Daß die Liebesvereinigung wirklich stattgefunden hat, ist die innere Voraussetzung für den Eifersuchtsanfall, der dem Seefahrer auf dem Schiff die Erinnerung an die Geliebte durchkreuzt.

[1] Ebd., S. 1420.
[2] V. 86-88.
[3] V. 95.

II

Das Gedicht ist die Entfaltung einer Reminiszenz. Es gibt mit seinem elften Vers Alexis' Erinnerungsrede das Wort und läßt es ihm bis Vers 194; erst die vier letzten Verse gehören wieder dem Erzähler. Der von dem Schiff auf hohe See Getragene vergegenwärtigt sich ein Liebesglück, in dem Willkommen und Abschied insofern verschmolzen, als erst die Situation der Abreise Dora dazu brachte, jene Gelegenheit herbeizuführen, die sich von selbst nicht ergab. „Begegnen", sagt Goethe in einem seiner Altersgedichte, „ist ein höchstes Liebesglück", und deutet auf Selbst- und Weltverwandlung kraft solcher Fügung:

> Und wie man kam, so ging man nicht zurück:
> Begegnen ist ein höchstes Liebesglück.
> Und zwei zusammen sehen Fluß und Bahn,
> Und Berg und Busch sogleich ganz anders an.

Das Gedicht (von 1821) ist *Freie Welt* überschrieben; so könnte *Alexis und Dora* „Das gelöste Rätsel" heißen, nach jenen Versen (25-30), in denen Alexis die Gefühlsoffenbarung, die ihm auf dem Weg zum Schiff, und das heißt: auf dem Weg zum Werk, zuteil wurde, mit der Lösung eines Rätselgedichts vergleicht, das an sich erfreut, nämlich durch „die seltne Verknüpfung der zierlichen Bilder", aber des lösenden Schlüsselworts bedarf, um sich in seinem verborgenen Sinn zu enthüllen und dergestalt „doppelt erfreulich" zu werden. In der Gartenlaube, unter Zeus' Donner, entdeckt sich das Rätsel, das die durch ein Band unerklärter Sympathie miteinander Verknüpften einander waren, und das Schlüsselwort, das Dora spricht, heißt: „Ewig". Mit Recht hat ein früher Leser, Friedrich Schlegel, die Wirkung dieser Antwort, dieser Bekräftigung (V. 101) als den Höhepunkt des Gedichtes empfunden.[1]

Der Liebende erneuert das Wort in V. 109 und ruft die Götter zu Zeugen einer Verbindung an, die sich hinter dem Rücken gesellschaftlicher Konventionen vollzog: „Er ist götterbekräftigt der Bund", von dem die Eltern der beiden (wohlweislich fehlen sie bei Alexis' Hafenweg ebenso wie bei Doras Auftragserteilung) durchaus nichts wissen. Die Juwelen, die der Seefahrer der Geliebten in Gedanken um den Hals legt, in dreizehn Versen (115-128) die Verbindung der Steine zum „schönen Gebild" feiernd, sind eine träumerische Vorwegnahme seiner Handelsgeschäfte und deuten auf das Wesen der Arbeit, die ihn in die Ferne treibt: es ist dichterische Arbeit, die Goethe nicht selten im Bild des Goldschmieds erschienen ist. (Zu der Zeit, da das Gedicht entsteht, übersetzt er gerade für Schillers Zeitschrift die Lebensbe-

[1] Brief an den Bruder August Wilhelm vom 6.6.1796, s. *Gedichte I*, ed. Eibl, S. 1193.

schreibung eines genialen Goldschmieds, der ihm als exemplarische Künstlergestalt vor Augen steht, Benvenuto Cellinis). Daß die Dora zugedachte Kette sich neunfach um den Hals des Mädchens legt,[1] hat die Aufmerksamkeit der Deuter erregt; es ist teils auf die neun Monate der Schwangerschaft, teils auf eine neunjährige Abwesenheit des Reisenden bezogen worden, das letztere gewiß mit Unrecht. Daß die Verbindung im Gartenhaus mit einer Schwangerschaft zusammengedacht wird, gehört zu den Christiane-Chiffren des Gedichtes, dessen äußere Handlung die Geschichte der Christiane-Beziehung gleichsam umkehrt: War es dort eine Heimkehr gewesen, Goethes Rückkehr aus Italien, an der sich die Beziehung entzündete, so hier eine Abreise.

III

Das sich in dem elegischen Metrum des Distichons wiegende Gedicht, das nur in seinem Erstdruck den Untertitel „Idylle" trägt, während es in Goethes späteren Sammlungen die auf die *Römischen Elegien* folgende Rubrik *Elegien II* anführt, entstand in Schillers Nähe und für Schillers Jahrbuch, den 1796 erscheinenden *Musen-Almanach für das Jahr 1797*. Vier Jahre später veröffentlichte der Autor in seinen *Neuen Schriften* eine metrisch revidierte Fassung (die Änderungen betrafen 55 Verse), für die er, wie auch in andern Fällen, den Rat August Wilhelm Schlegels einholte. Die Redaktion, die alle in antiken Maßen gehaltenen Gedichte betraf, versuchte den von Voß und A.W. Schlegel aufgestellten strengen Grundsätzen bei der Eindeutschung griechischer Versmaße gerecht zu werden; es ging um Akzentsetzung nicht nur durch Betonung (Hebung), sondern gleichzeitig durch die Länge der Silben.[2]

Schiller erhielt das am 14.5. vollendete Gedicht am 15.6. und spendete brieflich gefühlteste Zustimmung: „Es würde schwer sein, einen zweiten Fall zu erdenken, wo die Blume des Dichterischen von einem Gegenstande so rein und so glücklich abgebrochen wird".[3] Ganz offenbar fand er seine ein Jahr zuvor in *Über naive und sentimentalische Dichtung* niedergelegte Auffassung der Gattung in Goethes Text muster- und meisterhaft erfüllt. Zugleich stellt er die Eifersuchtsanwandlung in Frage, die nach der Juwelenphantasie Alexis' Liebeserinnerung überwältigt: „Daß Sie die Eifersucht so dicht daneben stellen und das Glück so schnell durch die Furcht wieder verschlingen lassen, weiß ich vor meinem Gefühl noch nicht ganz zu rechtferti-

[1] V. 118.
[2] Vgl. BA 1, S. 815f..
[3] Brief vom 18.6.1796.

gen, obgleich ich nichts Befriedigendes dagegen einwenden kann. Dieses fühle ich nur, daß ich die glückliche Trunkenheit, mit der Alexis das Mädchen verläßt und sich einschifft, gerne immer festhalten möchte".

Goethe geht drei Tage später auf den Einwand ein: „Für die Eifersucht am Ende habe ich zwei Gründe. Einen aus der Natur: weil wirklich jedes unerwartete und unverdiente Liebesglück die Furcht des Verlustes unmittelbar auf der Ferse nach sich führt, und einen aus der Kunst; weil die Idylle durchaus einen pathetischen Gang hat und also das Leidenschaftliche bis gegen das Ende gesteigert werden mußte, da sie denn durch die Abschiedsverbeugung des Dichters wieder ins Leidliche und Heitere zurückgeführt wird. Soviel zur Rechtfertigung des unerklärlichen Instinktes, durch welchen solche Dinge hervorgebracht werden" (21.6.1796). Der Satz deutet darauf, daß der Autor der Tiefengründung seines Textes nur zu genau inne war. Eckermanns späte Frage, ob ein „wirklich Erlebtes" dem Ganzen zugrunde liege (Gespräch vom 25.12.1825), mag ihm von daher seltsam genug vorgekommen sein, um so mehr, als der „junge Mensch", den er in diesem Gespräch zur Begründung des Eifersuchtsmotivs herangezogen hatte, augenscheinlich er selbst ist: „Ich habe selbst einen jungen Menschen gekannt, der in leidenschaftlicher Liebe zu einem schnell gewonnenen Mädchen ausrief: Aber wird sie es nicht einem anderen ebenso machen wie mir?".[1]

Diese Eifersuchtsphantasie ist eine Schuldprojektion, die, als ein psychischer Rückschlag, folgerichtig aus jener genußreich ausgemalten Vision künstlerischer Arbeit hervorgeht, die die Juweliersszene bedeutet. Der Liebende, von der sinnenhaften Erleuchtung der Laubenbegegnung getroffen, hat seine Reise ja nicht aufgegeben; der Selbstvorwurf, der einer des Liebesverrats ist (des Verrats der Liebe ans dichterische Geschäft), wird in Gestalt der Eifersuchtsheimsuchung auf die projiziert, welche der Fahrende zurückließ. Der Konflikt, den die Schlußverse als unlösbar, obschon durch die Gunst der Musen gemilderten annoncieren (dies eben macht die Elegie zum Idyll), ist der von Goethes Jenenser Existenz; Eissler hat ihn prägnant beschrieben. „Goethes häufige und lange Aufenthalte in Jena sind in Wirklichkeit Teil der vollkommenen Einrichtung seiner neuen Lebensumstände. Er erzählte Christiane offen, daß er in Weimar nicht arbeiten konnte. [...] Offenbar machten Christianes und seines Sohnes Gegenwart das Arbeiten unmöglich. Daher zerteilte sich sein Leben in den latent homosexuellen Kreis in Jena, wo er eine enge Freundschaft mit Schiller unterhielt und sich gänzlich dem Produzieren widmete, und in den Kreis in Weimar, wo er 'vergnügte Tage' hatte, wie sie so häufig in den Briefen

[1] Eckermann 1982, S. 144.

von beiden genannt werden. Goethe hielt Christiane nicht vor, daß er in Weimar nicht arbeiten konnte — er war sich voll bewußt, daß es an seiner Eigenheit lag —, und Christiane sah darin [...] keinen Vorwurf gegen sich".[1]

Daß der Liebend-Geliebte flieht, ist die erotische Grundsituation Goethes bis zu der Begegnung mit Charlotte v. Stein, die standhält, weil sie sich nicht erfüllt, und eben darum eines gereiften Tages nicht mehr standhält. Die Beziehung zu Christiane hält stand, weil (und obwohl) sie sich erfüllt, die Spannung des Wieder-weg-Wollens aber bleibt bestehen, indem sie dem Verhältnis einbegriffen wird, als ein Pendeln zwischen zwei Polen, die mit den Namen Weimar und Jena umschrieben sind und den häuslichen Kreis, der sich als der heteroerotische bestimmt, dem produktiven gegenüberstellen, der der homoerotisch akzentuierte ist; er scheint in *Alexis und Dora* in der zärtlich-verständnisvollen Fürsorge der Schiffsgenossen.[2] Das Gedicht, das als Idylle eine Elegie und als Elegie eine Idylle ist, beschreibt die Spannung als gebändigte und, bei aller Möglichkeit der Trübung, hoffnungsvolle; dies eben macht die Heiterkeit der Darstellung aus. Schiller hatte sie vorweggenommen, als er in *Über naive und sentimentalische Dichtung* seine Vorstellung von diesem sentimentalischen Genre in die Worte münden ließ: „Ruhe wäre also der herrschende Eindruck dieser Dichtungsart, aber Ruhe der Vollendung, nicht der Trägheit; eine Ruhe, die aus dem Gleichgewicht, nicht aus dem Stillstand der Kräfte, die aus der Fülle, nicht aus der Leerheit fließt und von dem Gefühl eines unendlichen Vermögens begleitet wird".[3] „Aber eben darum, weil aller Widerstand hinwegfällt, so wird es hier ungleich schwieriger ..., die Bewegung hervorzubringen, ohne welche doch überall keine poetische Wirkung sich denken läßt". Goethe schöpft sie aus einer psychischen Zone, die, zutage tretend, das Befremden des theoretisch vorausgreifenden Redakteurs erregt.

IV

Der Ruhm des Gedichtes blieb nicht auf jenen befreundeten Kreis beschränkt, dem Goethe den Text schon vor der Ducklegung mitteilte.[4] Die Literaturgeschichte des 19. und 20. Jahrhunderts hallt von ihm wider; man fand die Idylle, dieses von Geßner heraufgeführte und von Voß mit deutlichem Wirklichkeitssinn aufgeladene Genre bürgerlicher Selbstbehauptung und Selbstdarstellung im Zeichen antikischen

---

1 Eissler 1985, S. 1425.
2 V. 108.
3 Horenausgabe Band 12, S. 119.
4 Vgl. Goethe, *Gedichte I*, ed. Eibl, S. 1193.

Dichtgeistes hier zu einer Vollendung gebracht, die den Text als Gipfelwerk der Gattung erscheinen ließ. Daß Goethe eine Form, die sich als poetisches Medium bürgerlichen Selbstbewußtseins und — bei Voß — kenntlicher oszialer Kritik entwickelt hatte, auf dem Weg der Verinnerlichung gleichsam aufgehoben hatte, ist dabei weniger in Sicht gekommen. Nicht mehr das bürgerliche Leben in dem schmiegsam-verfremdenden Gewand des antiken Metrums ist der Gegenstand der Darstellung; dieser ist auf einen seelischen Vorgang zurückgenommen, an dem die Elemente der Wirklichkeit zu Requisiten einer Traumszene werden; aus dem Objektiven und Sozialen ist die Mitteilung ins Psychisch-Subjektive versetzt.

Ebendies gibt den Versen ihren Schmelz, ihre Suggestion; es ist zugleich ein Element der Entpolitisierung. Die Höhe der Vollendung gewinnt sich auf dem Weg einer Verinnerlichung, die die Spannung zwischen Liebesbeglückung und dichterischem Geschäft mit jener Ruhe ausmalt, die Schiller zum Kriterium der Gattung erhoben hatte; sie speist sich aus der Erfahrung eines privaten Gleichgewichtszustands, der gesellschaftlich prekär und seelisch gesichert ist. Die Revolution ist gescheitert, Erfüllung muß von der individuellen Sphäre ausgehen; von dem Port dieser Erfahrung, dieser Diagnose bricht Goethe im nachthermidorianischen Bund mit Schiller zu jener Eroberung der deutschen Literatur auf, die in der gleichzeitigen Xenien-Dichtung bonapartistische Züge annimmt; von der Vereinigung der Kräfte beflügelt, entschließt man sich mit entschiedener Selbstvergewisserung, nach allen Seiten aufzuräumen. Unmittelbar nach der ambivalenten Glücksberufung von *Alexis und Dora* entsteht mit dem Spottgedicht auf die Berliner Literatur (*Musen und Grazien in der Mark*) ein exemplarisches Zeugnis solcher Eroberungslust; im Verein der Freunde, für die im Gedicht die treusorgenden Schiffsleute stehen, hat sich der Dichter auf hohe See begeben.

Kunst als Weltdarstellung

von Günter Figal (Tübingen)

> „Zeitlose Gegenwärtigkeit kommt insofern der Kunst zu, als sie von allen geschichtlichen und gesellschaftlichen Bedingungen abgelöst und unabhängig ist, wie die Religion und die Philosophie. Auch die Kunst behauptet den Anspruch auf Absolutheit dadurch, daß sie über alle geschichtlichen Zeitunterschiede hinwegreicht.“[1]

Diese Sätze aus einer der neueren kunstphilosophischen Arbeiten Hans-Georg Gadamers sind leicht als Erläuterung zu Hegel erkennbar. Doch sind sie nicht nur als solche gemeint. Vielmehr artikuliert Gadamer mit ihnen einen Gedanken, für den er selbst eintreten will, und damit nehmen die Sätze den Charakter einer wohlgeplanten Provokation an. In der Ära des „nachmetaphysischen Denkens“ wirkt die Rede vom Absoluten fremd; sie wird zur Einrede gegen den Zeitgeist.

Das hat noch größeres Gewicht, wenn man bedenkt, daß Gadamer sich für den Gedanken von der Absolutheit der Kunst keineswegs bloß auf Hegel berufen könnte. Kunstphilosophen, die sich unmißverständlich den Bedingungen der Moderne unterstellt haben, mochten die Absolutheit der Kunst nicht für eine inzwischen als fragwürdig durchschaute Hypostasierung gelten lassen. So wäre die ganz und gar unhegelianische Kunstphilosophie Walter Benjamins ohne diesen Gedanken nicht, was sie ist. In einem auch noch für seine späteren Arbeiten programmatischen Brief aus dem Jahr 1923 geht Benjamin der Frage nach, „wie Kunstwerke sich zum geschichtlichen Leben verhalten“, und dabei gilt es ihm „als ausgemacht, daß es Kunstgeschichte nicht gibt“.[2] Zur Erläuterung fügt Benjamin hinzu, das Kunstwerk sei anders als das menschliche Leben wesentlich nicht als die „Verkettung zeitlichen Geschehens“[3] zu begreifen; es gäbe nichts, was Kunstwerke etwa im Sinne eines Ab-

---

1 H.-G. Gadamer: *Wort und Bild - 'so wahr, so seiend'*. In: *Gesammelte Werke Band 8. Ästhetik und Poetik I*, Tübingen 1993, S. 375.

2 Brief an Florens Christian Rang vom 9. Dezember 1923. In: Walter Benjamin, *Briefe*, hrsg. und mit Anmerkungen versehen von Theodor W. Adorno und Gershom Sholem, Frankfurt/M 1966, S. 322. Weitere Zitatnachweise aus dem selben Brief im Text.

3 H.-G. Gadamer, *Gesammelte Werke*, a.a.O., Bd. 8, S. 322.

stammungsverhältnisses, einer Generationenfolge miteinander verbinde. Für Benjamin ist das Kunstwerk „seinem Wesen nach geschichtslos";[1] aus den Veränderungen des geschichtlichen Lebens und seinen mannigfachen zeitlichen Gebundenheiten tritt ein Kunstwerk in schlichter Präsenz hervor.

Ohne weiteres hätte Theodor W. Adorno dem zwar nicht zustimmen können, wie entschieden seine „Ästhetische Theorie" auch von Benjamin geprägt sein mag. Sofern Adorno die Kunst als intensive Artikulation jener Rationalität begreifen will, die auch sonst gesellschaftlich am Werke ist, muß er nicht nur sagen, das „geschichtliche Moment" sei „den Kunstwerken konstitutiv; er kann die Werke sogar als „ihrer selbst unbewußte Geschichtsschreibung ihrer Epoche" verstehen. Doch, wie Adorno hinzufügt, macht eben das die Kunstwerke „dem Historismus inkommensurabel, der, anstatt ihrem eigenen geschichtlichen Gehalt nachzufolgen, sie auf auswendige Geschichte reduziert".[2] Darin ist unschwer der zentrale Gedanke aus Benjamins programmatischem Brief wiederzuerkennen. Das Kunstwerk ist seinem Wesen nach geschichtslos.

Adorno und Benjamin sind jedoch vielleicht gar keine so vorteilhaften Bundesgenossen, wenn es darum geht, die Absolutheit der Kunst zu vertreten. Denn gerade wo sie konsequent unter den Bedingungen der Moderne zu denken versuchen, tritt hervor, was für manche eben auch an der Moderne problematisch geworden ist. In einer solchen gegenüber der Moderne skeptisch gewordenen Perspektive erscheint das Denken Benjamins und Adornos noch als ein Nachklang jener romantischen Metaphysik, die der Kunst und ihrer Erfahrung eine heute befremdliche Nobilitierung zukommen ließ. Besonders kann die erneute Lektüre von Adornos „Ästhetischer Theorie" als Belehrung darüber empfunden werden, daß hier eine vergangene Kunstepoche noch einmal beschworen und gefeiert wird: Die aus der Romantik herausgewachsene sogenannte klassische Moderne mit ihren für manche inzwischen befremdlichen Ansprüchen an die Reinheit der künstlerischen Form und der verzweifelten Hoffnung, dem Verfall der Tradition ließe sich mit schöpferischer Restauration, der Beschleunigung des technischen Zeitalters mit statischen Gedichten begegnen.

Allerdings sollte man hier den Verdacht des Anachronismus nicht allzu lautstark äußern, bevor man sich über seine Voraussetzungen klar geworden ist. Und dann zeigt sich, daß man bestätigen muß, was man bestreitet. Wer von der Vergangenheit der klassischen Moderne spricht, artikuliert damit ein geschichtliches Bewußtsein,

---

1 H.-G. Gadamer, *Gesammelte Werke*, a.a.O., Bd. 8, S. 322.

2 Theodor W. Adorno: *Ästhetische Theorie*, hrsg. von Gretel Adorno und Rolf Tiedemann, Frankfurt/M 1970, S. 272.

das aus der Geschichte allein genauso wenig lebt wie aus der eigenen Gegenwart. Jeder Satz über die angeblich vergangenen und inaktuell gewordenen Werke der Kunst und ihren geschichtlichen Stellenwert setzt die Möglichkeit ihrer Erfahrung voraus, und diese ist wiederum nur mit der Gegenwärtigkeit der Werke selbst gegeben. Weil die Werke gegenwärtig sind, ist ihr, wie Adorno sagen würde: geschichtlicher Gehalt überhaupt zugänglich. Das Werk ist nicht so sehr in der Zeit wie die Zeit im Werk ist.

Damit tritt der Sachverhalt, den Adorno im Blick hatte und den eben auch Gadamer ihm Blick hat, noch prägnanter hervor: Wer behauptet, die Werke der Kunst seien geschichtslos, bestreitet ihre Bedeutung im Hinblick auf die Geschichte gerade nicht. Vielmehr scheint es so, als ob die geschichtliche Erfahrung sich dann besonders gut artikulieren könnte, wenn sie in einem Raum gemacht wird, der als solcher nicht der Geschichte unterliegt.

Gadamer hat das einmal im Hinblick auf Hegels These vom Vergangenheitscharakter der Kunst formuliert und dabei gleichsam die List der künstlerischen Form gegenüber ihrer philosophischen Interpretation geltend gemacht. Wo Hegel vom Vergangenheitscharakter der Kunst sprach, wollte er bekanntlich darauf hinweisen, daß die Kunst ihre religiöse Verbindlichkeit verloren hatte: Die Natur ist „entgöttert", so daß ihre Darstellung nicht mehr die Erfahrung eines übergreifenden Sinns vermittelt,[1] und wie würdig wir „Gottvater, Christus und Maria" auch dargestellt finden – „es hilft nichts, unser Knie beugen wir doch nicht mehr".[2] Aber wo das Altarbild aus dem Kontext des Sakralen heraustritt, wird es überhaupt erst zu einer Kunst, die die „Gegenwart der Vergangenheit"[3] zu sein vermag. Das ist, wie Gadamer betont, etwas ganz und gar Neues – man könnte auch sagen: etwas Modernes. Wo die Werke nicht mehr dem Kontext einer geschichtlichen Welt eingeschrieben sind – und das bleiben sie auch, wo sie diesen Kontext maßgeblich zur Geltung bringen – treten sie in einer Gleichzeitigkeit hervor, die es überhaupt erst erlaubt, von „der" Kunst zu sprechen. Durch diese „essentielle Gleichzeitigkeit aller Kunst" aber wird, wie Gadamer sagt, „etwas bewußt, das eine letzte Überlegenheit über die Geschichte darstellt. Das hat in der Hegelschen These in gewissem Sinne sein erstes verstecktes Selbstbewußtsein gefunden."[4]

---

[1] G. W. F. Hegel, *Vorlesungen über die Ästhetik*. Werke, auf der Grundlage der *Werke* von 1832-1845 neu edierte Ausgabe, Redaktion Eva Moldenhauer und Karl Markus Michel. Frankfurt/M 1969-71, Bd. 14, S. 137.

[2] G. W. F.. Hegel, *Werke*, a.a.O., Bd. 13, S. 142.

[3] H.-G. Gadamer: *Ende der Kunst? Von Hegels Lehre vom Vergangenheitscharakter der Kunst bis zur Antikunst von heute*. In: *Das Erbe Europas. Beiträge*, Frankfurt/M 1989, S. 67.

[4] H.-G. Gadamer, *Ende der Kunst?*, a.a.O., S. 68.

Nun müßte auch schon besser zu verstehen sein, was mit der eingangs zitierten These Gadamers von der Absolutheit der Kunst eigentlich gemeint ist. Gemeint ist gerade nicht, die Kunst sei Darstellung des Absoluten. Vielmehr wird die Kunst absolut, wo sie aufhört, Darstellung des Absoluten zu sein. Die Formulierung sollte keinen Anlaß zu Begriffsverwirrungen geben; hier ist keine Äquivokation und auch keine heimliche Verschiebung in der Bedeutung der Rede vom Absoluten im Spiel. Das Absolute meint in beiden Fällen das, was in sich ist, das Abgelöste und damit den Gegensatz zum Relativen. Doch sind die Interpretationen verschieden: Hegel hatte die Absolutheit der Kunst im sinnlichen Scheinen der Idee gesehen, darin, daß sich im Kunstwerk die freie Individualität realisiert und derart das Einzelne zur Erscheinung kommt, sofern es nicht einfach bloß der Fall eines Allgemeinen ist, sondern das an und für sich Wirkliche. Demgegenüber bedeutet die Rede von der selbst absolut gewordenen Kunst eben die Freiheit des Kunstwerkes gegenüber einer Geschichte, zu der inzwischen auch die Gestalten des religiösen Bewußtseins gehören.

Wie diese Freiheit der Kunstwerke zu erfahren ist, hat Gadamer ansatzweise schon mit der Formel von der „essentiellen Gleichzeitigkeit aller Kunst" benannt. Die Formel gibt nämlich nicht nur zu verstehen, daß die Werke einer absolut gewordenen Kunst auch dann, wenn sie verschiedenen Epochen entstammen, nebeneinander bestehen können und derart den wohlbekannten Zusammenhang eines musée imaginaire bilden. Die Formel bezeichnet vor allem das Verhältnis dieser Werke zu ihren Lesern, Hörern und Betrachtern; sie hebt auf die nicht geschichtlich vermittelte Zugänglichkeit der Werke ab. Wo man sich auf ein Kunstwerk einläßt, muß man, wie Gadamer sagt, „nicht einmal wissen, aus welcher Vergangenheit, aus welcher Ferne und Fremdheit einem da etwas begegnet"; das Werk hat vielmehr „seine Präsenz und wird nicht als fremd bestaunt, sondern zieht einen in seinen Bann – mag auch zunächst viel Fremdes dabei zu überwinden sein".[1] Ein Kunstwerk, das anspricht, spricht unmittelbar an, und darin erweist es seine Verbindlichkeit. Indem man genauer sagt, worin diese Verbindlichkeit besteht, macht man zugleich die Absolutheit und Geschichtslosigkeit der Kunst noch besser verständlich.

Dazu wiederum ist es hilfreich, Gadamers Hinweis auf die mögliche Fremdheit des Kunstwerkes aufzunehmen. Ohne sie hätte die Erfahrung der Kunst nämlich kaum den Charakter eines Anspruchs. Ein Werk, das sich den eigenen Verständnismöglichkeiten sofort und ohne weiteres erschließt, tritt wohl noch nicht einmal als Kunstwerk in Erscheinung. Es wäre selbstverständlich und würde sich derart dem eigenen Lebens- und Verstehenszusammenhang einfach nur eingliedern lassen. Her-

---

[1] H.-G. Gadamer, *Gesammelte Werke*, a.a.O., Bd. 8, S. 376.

ausfordernd kann entsprechend nur das Unselbstverständliche, aus dem Kontext des Bekannten Herausfallende oder Heraustretende sein; so ist das Fremde die erste Erscheinungsform desjenigen, das ans Verstehen einen Anspruch stellt.

Auf das in diesem Sinne Herausfordernde läßt man sich jedoch nur ein, wo es zugleich Ansprechendes ist; mit ihm muß das Versprechen der Verständlichkeit verbunden sein, das heißt: Was als fremd erscheint, muß sich in der Erfahrung des eigenen Deutens, des Auslegens und Verstehens als verständlich erweisen können, ohne daß es dadurch zum Selbstverständlichen wird.

Damit ist etwas Wesentliches über den Charakter des erscheinenden Fremden gesagt. Dem Fremden im skizzierten Sinne wird man weder gerecht, wenn man es auf das Eigene zurückführt, noch wenn seine Einordnung in einen Kontext gelingt, mit dem man selbst nichts zu tun hat, und es derart gelingt, das Fremde zu erklären. Beides nimmt ihm die Möglichkeit, herausvordernd zu sein; sein Anspruch wird ignoriert, wo man es im Selbstverständlichen verschwinden oder als das vom Eigenen Verschiedene auf sich beruhen läßt.

Eine übliche Vollzugsform des letzteren ist die historische Einordnung. Wo man glaubt, das Fremde bewältigt zu haben, indem man es in einen ihm angeblich gemäßen historischen Zusammenhang sortiert, hat man den eigentümlichen Bedingungen des Verstehens überspielt und verdeckt; man verdeckt die Sitution, in der allein sich die Erklärung als Ausweg anbieten konnte. Die Erklärung kann sogar richtig sein; trotzdem wird die Sache nicht besser und stattdessen, wie Gadamer anmerkt, „die Erfahrung der Kunst durch den Selbstgenuß historischer Bildung beeinträchtigt".[1]

Die Eingliederung von etwas in die Selbstverständlichkeit eigener Lebenszusammenhänge und die Fixierung des Fremden im Raster historischer Kenntnisse gehören oft zusammen – immer dann, wenn eine Sache so komplex ist, daß sie nicht bloß selbstverständlich ist oder vollkommen und also auf gleichgültige Weise fremd. Das herausfordernde Fremde erscheint als Verstehbares, und der Versuch, seine Verstehbarkeit einzulösen, kann sich dann in der Unterscheidung verständlicher und fremder Momente vollziehen. Wo das unter historischen Vorzeichen geschieht, kommt das historischer Bewußtsein erst wirklich zur Geltung; es tritt hervor, wie das historische Bewußtsein im Schema der Zeit befangen ist: anders als in der Unterscheidung des Gegenwärtigen vom Vergangenen kann das historische Bewußtsein sich nicht artikulieren. Und dann ist die Möglichkeit der nostalgische Flucht aus der Gegenwart ins angeblich Authentische des Vergangenen ebenso möglich wie der bornierte und selbstgerechte Angriff des Gegenwärtigen auf das Vergangene; man

1 H.-G. Gadamer, *Gesammelte Werke*, a.a.O., Bd. 8, S. 377.

mißachtet sich in seiner Gegenwart selbst oder alles, was sich den Vorstellungen und Einrichtungen der Gegenwart nicht fügt und nicht bloß selbstverständlich ist, wird zum Opfer der Gegenwartsüberschätzung.

Im Ansatz dürfte schon jetzt zu sehen sein, wie die absolut gewordene Kunst sich dazu verhält. Kein Kunstwerk vermag zwar, die Einseitigkeiten des historischen Bewußtseins zu verhindern. Doch ist mit den Werken der Kunst ein Maßstab gegeben, der die Einseitigkeiten als solche überhaupt zu benennen erlaubt; und, was noch wichtiger ist, mit den Werke der Kunst ist eine andere Möglichkeit für die Erfahrung des Geschichtlichen eröffnet. Beides macht ihre Verbindlichkeit aus. In der Kunst kann das Geschichtliche sich als sinnvoll entfalten, so daß man sich in der Erfahrung der Werke auf seinen Sinn einzulassen vermag. Die Kunstwerke rücken aus dem Alltäglichen und Selbstverständlichen heraus; sie eröffnen die Möglichkeit, Erfahrungen zu machen, die nicht schon im Üblichen und Bekannten präfiguriert sind. Und sie präsentieren nicht minder das Fremde, also auch das Geschichtliche, derart, daß es nicht mehr in seinem vormaligen Zusammenhang erscheint. Was im Kunstwerk begegnet, ist seinem historischen Kontext enthoben, ebenso wie der Erfahrende aus dem Kontext seiner unmittelbaren Gegenwart heraustreten muß, um dem Werk zu entsprechen. Das Werk gehört weder einer früheren Zeit noch der von einer solchen Zeit unterschiedenen Gegenwart an. Es bildet, unter dem Gesichtspunkt des historischen Bewußtseins gesehen, gleichsam neutralen Boden. Es ist der Boden, auf dem man als Gegenwärtiger dem Vergangenen begegnen, auf dem das Vergangene gegenwärtig erscheinen kann. Deshalb ist in den Kunstwerken jene Erfahrung des Geschichtlichen möglich, die sich weder dem Geschichtlichen ausliefert noch es selbstgerecht auf das Gegenwärtige hinbiegt; deshalb bieten die Kunstwerke eine Erfahrung der eigenen Gegenwart, bei der diese aufgeschlossen wird für das Geschichtliche.

Wo das Gegenwärtige über sich hinausgehoben ist und das Vergangene eine gegenwärtig ansprechende Präsenz erlangt, tritt hervor, wie beides zusammengehört, ohne Moment eines homogenen oder kontinuierlichen Ganzen zu sein. Das Vergangene muß nicht als Vorgeschichte der Gegenwart rekonstruiert werden, die Gegenwart muß sich nicht in die Tradition des Vergangenen stellen, damit das Zusammengehören beider offenbar werden kann. In ihrer Präsenz stiften die Werke vielmehr Konstellationen des Vergangenen und Gegenwärtigen; sie zeigen, wie wenig die gegenwärtige Erfahrung durch das Selbstverständliche schon erschöpft ist; und sie geben das Vergangene derart zu verstehen, daß seine Angewiesenheit auf die Späteren deutlich wird. In der Kunst kommt so jener „heimliche Index“ zum Tragen, von dem Walter Benjamin gesagt hat, das Vergangene führe ihn mit sich, um auf die Erlösung verwiesen zu sein;[1] die „geheime Verabredung zwischen den gewesenen Geschlechtern und unserem“ [2] ist in den Werken der Kunst kodifiziert. In einer für sie jeweils charakteristischen Verkürzung und Färbung, aber auch in einer ihnen je eigentümlichen Weite und Prägnanz halten diese Werke einen Zusammenhang offen, der sich auf den Gegensatz zwischen dem Eigenen und dem Fremden nicht mehr verrechnen läßt. Es ist ein Zusammenhang, in dem Eigenes und Fremdes in ihrer Spannung so ausgetragen werden können, daß sich das Eigene in der Auseinandersetzung mit dem Fremden umbildet und erst wieder neu bildet und das Fremde als solches nur erscheint, indem es das Eigene anspricht und herausfordert; ein Zusammenhang der die Gegenwart auf das Vergangene verweist und dem Vergangenen die Möglichkeit gibt, das Gegenwärtige aus der Beschränktheit zu führen. Unter der Voraussetzung, daß man diesen Zusammenhang des verstehenden Daseins als Welt begreifen kann, läßt sich von den Werken der absoluten Kunst sagen, daß sie Welt darstellen.

Was das genauer heißen soll, muß man freilich erläutern – auch dann, wenn deutlich genug hervorgetreten sein sollte, daß hier nicht an die Abbildung einer bestehenden und auch sonst ohne weiteres zugänglichen Welt gedacht ist. Versteht man nämlich unter der Darstellung einer Welt stattdessen die ausdrückliche Präsentation eines Lebenszusammenhangs, so scheint der Unterschied zwischen absoluter und nicht absoluter Kunst hier nicht genügend berücksichtigt. Gerade die nicht absolute Kunst, also etwa die in bestimmte Räume eingebundene Malerei oder die Architektur, die als Gesellschaftspiel verstandene Dichtung oder die an den Hof, in die Kirche, ins Bürgerhaus gehörende Musik läßt ja die jeweiligen Lebenszusammenhänge erfahrbar werden – die Kunst dieser Art ist sogar selbst eine vorrangige Weise, das Leben in einem Zusammenhang zu vollziehen und ihn dabei zur Geltung zu bringen. Weltdarstellung in diesem Sinne ist die absolut gewordene Kunst klarerweise nicht; es macht ja ihre Absolutheit aus, nicht mehr an den Zusammenhang höfischen, religiösen oder auch bürgerlichen Lebens gebunden zu sein. Allerdings läßt sich gerade im Anschluß daran das Verhältnis von absolut gewordener Kunst und Welt zu bestimmen.

Wo die Kunst absolut wird, geht zwar eine wesentliche Möglichkeit der Weltdarstellung und Welterfahrung verloren – das hatte ja Hegel mit seiner These vom Ende der Kunst gemeint. Aber wenn man nicht unterstellen will, das sei gleichbedeutend mit dem Verlust von Welt überhaupt oder damit, daß die Kunst im Hinblick auf die

[1] Walter Benjamin: *Über den Begriff der Geschichte*. In: *Gesammelte Schriften*, hrsg. v. Rolf Tiedemann und Hermann Schweppenhäuser, Frankfurt/M 1974-1989, Bd. I.2, S. 693.

[2] W. Benjamin, *Gesammelte Schriften*, a.a.O., Bd. I.2, S. 694.

Welt ihre Bedeutung verloren hat, ist mit dem Absolutwerden der Kunst ein neues Weltverhältnis etabliert. Man könnte es als Weltdarstellung bezeichnen, die als Welterschließung vollzogen wird. Es ist eine Weltdarstellung, die sich einer Welt unter immer wieder neuen Aspekten, in immer wieder neuen Hinsichten und den damit verbundenen Verkürzungen und Erweiterungen zu versichern sucht.

Diese Überlegung dürfte unschwer als Variante des Heideggerschen Gedankens von der Kunst als „Aufstellung einer Welt" zu erkennen sein.[1] Nur hatte Heidegger dies einerseits nicht im Sinne der absolut gewordenen Kunst gemeint und der Kunst andererseits sehr viel mehr zugetraut und zugemutet: Die Kunst ist bei Heidegger, wie das von ihm genannte Beispiel des griechischen Tempels lehrt, als Weltdarstellung in dem Sinne verstanden, daß sie einen Lebenszusammenhang in seiner Einheitlichkeit ausdrücklich macht, und zwar so, daß das Kunstwerk die für einen Lebenszusammenhang eigentümlichen „Bahnen und Bezüge", das Leben in seiner Bedeutsamkeit, „fügt" und „sammelt".[2] Aber dazu ist die Kunst, wie Heidegger denkt, nur imstande, sofern ihre Werke den Zusammenhang einer Welt eröffnen. Weil dieses Eröffnen ein Ursprungsgeschehen ist, vermag die Kunst nicht nur, die Welt neu darzustellen, sondern sie stellt wesentlich eine neue Welt auf. Kunst ist Weltherstellung.

Das Problematische dieses Gedankens liegt in seiner Radikalität. Er wird nämlich zunächst der Vielfalt und Vielzahl der Kunstwerke nicht gerecht. Wenn der Tempel eine Welt wirklich eröffnet, wenn Hölderlings Dichtung wirklich imstande ist, ein neues Verhältnis zu den gewesenen Göttern zu etablieren und damit die geschichtliche Situation entscheidend zu prägen, dann bedarf es anderer Kunstwerke nicht mehr, nachdem das geschehen ist;[3] zumindest könnten sie nicht in der selben Weise weltkonstituierend sein, und dann fragt sich, worin überhaupt ihr Kunstcharakter bestehen sollte.

Um eine Welt einschließlich ihrer religiösen Bezüge konstituieren zu können, müßte die Kunst außerdem im modernen Sinne absolut sein; wäre sie in eine schon offene Welt eingebunden, könnte sie nicht jenen das Neue stiftenden Ursprungscharakter haben, den ihr Heidegger zusprechen möchte. Doch wo mit der Kunst eine neue Welt entspringt und nun als Welt offen ist, müßte sie ihre Absolutheit wieder verlieren; nun müßte sie die konstituierte Welt nurmehr ausdrücklich zur Geltung bringen. Heidegger begründet, anders gesagt, die religiöse Erfahrung in der Kunst,

[1] M. Heidegger: *Der Ursprung des Kunstwerkes*. In: *Holzwege. Gesamtausgabe Band 5*, hrsg. v. Fr.-W. von Herrmann, Frankfurt/M 1977, S. 32.

[2] M. Heidegger, *Gesamtausgabe*, a.a.O., Bd. 5, S. 27 f..

[3] Zu Heideggers Hölderlin-Deutung vgl. mein Buch: *Martin Heidegger - zur Einführung*, Hamburg 1992, S. 141-158. Zum theologischen Kontext dieser Deutung vgl. den IX. Beitrag meines Buches: *Für eine Philosophie von Freiheit und Streit*, Stuttgart und Weimar 1994.

um die Kunst dann allein von der durch sie artikulierten Religiosität her zu verstehen.

Faßt man demgegenüber die eigentümliche Leistung der absoluten Kunst als Welterschließung, so ist damit angezeigt, daß Welt mit den Werken der Kunst ausdrücklich erfahren wird, und zwar auf eine je unverwechselbare, unersetzbare und unüberbietbare Weise. Aber wo etwas nur ausdrücklich wird, entspringt es nicht erst; wo die Welt durch die Kunst nicht im Heideggerschen Sinne hergestellt wird, geht diesem Erschließen die Erschlossenheit von Welt voraus. Andererseits erweist das immer schon Erschlossene sich erst im jeweiligen Erschließen so, wie es ist. Absolut gewordene Kunst ist die Bestätigung von etwas, das man ohne sie gleichwohl nicht in bestimmter und artikulierter Weise erfährt.

Um die Frage zu beantworten, wie das genauer zu denken ist, ist es empfehlenswert, sie zurückzustellen zunächst einer anderen Frage nachzugehen, die sich als eng mit ihr verwandt erweisen wird: der Frage, was eigentlich der Status eines Kunstwerkes ist. Gadamer hat sie mit einem lapidaren Satz beantwortet: „Die Kunst ist im Vollzug.“ [1] Das soll heißen: Die Kunst vollendet sich nicht derart im Werk, daß man das Werk als Manifestation eines Wissens verstehen könnte, die sich vom Herstellungsvorgang ablöst und darin ihren Sinn hat; und entsprechend bleibt man in der wirklichen Erfahrung eines Kunstwerkes nicht auf Distanz und beurteilt ein fertiges Produkt, das man dann in Gebrauch nimmt. Was man in problematischer Analogie zur herstellenden Kunstfertigkeit, zur Techne, als die Herstellung eines Kunstwerkes bezeichnet, hat außerdem für den Künstler selbst den Charakter einer welterschließenden Erfahrung. Zeichnen und Malen, Schreiben und Dichten, wohl sogar Improvisieren und Komponieren sind Vollzüge des Verstehens und Deutens, die sich herstellend artikulieren, ohne daß ihr Wesen im bloßen Verfertigen liegt. Und entsprechend besteht die Erfahrung eines Werkes darin, sich auf ein Verstehen und Deuten einzulassen, in dem das Werk überhaupt nur zur Geltung kommt.

Wie wenig das Kunstwerk etwas Verselbständigten ist, wird vielleicht am deutlichsten beim Verstehen und Deuten, daß ausdrücklich den Charakter der Darstellung hat: Eine Dichtung oder ein Musikstück vorzutragen, ist ein Verhalten zum Werk, bei der das Werk nur im Vollzug der Aufführung ist, wie es ist. Man muß ganz bei der Sache sein, damit die Darstellung gelingt; und das gilt auch für das Verstehen und Deuten im Sinne des Lesens, des Hörens und des Betrachtens. Wer einen Roman liest, sollte bei der Lektüre den Autor vergessen können – wo das nicht möglich ist, spricht es gegen den Roman. Wenn ein solches Aufgehen im Vollzug

---

[1] H.-G. Gadamer, *Gesammelte Werke*, a.a.O., Bd. 8, S. 391.

der Sache auch für das Tun des Künstlers wesentlich ist, kann man in der Tat wie Gadamer von der „geheime(n) Selbigkeit des Schaffens und des Aufnehmens“ [1] sprechen. Man könnte sich dabei auf Jorge Luis Borges berufen, der in der Widmung seines erstes Gedichtbandes den Leser anredet und es als einen „bedeutungslosen und zufälligen Umstand erklärt, „daß du der Leser dieser Übungen bist und ich der Verfasser“.[2]

Damit ist der eigentümliche Vollzugssinn der Kunst allerdings noch nicht hinreichend bestimmt. Um dem Wesen von Herstellung und Erfahrung in seiner Selbigkeit gerecht zu werden, muß man den Vollzug beider so beschreiben, daß seine Angwiesenheit auf das Werk ebenso berücksichtigt wird wie die Eingebundenheit des Werkes in den Vollzug. Um in diesem Sinne „die Seinsweise des Kunstwerkes“ zu fassen, bringt Gadamer den Aristotelischen Gedanken der Energeia ins Spiel und versteht diesen wiederum vor dem Hintergrund des im Platonischen „Philebos“ genannten „Werdens zum Sein“, das anders akzentuiert als ein „Sein im Werden“ zu verstehen ist.[3] Gemeint ist damit, das Bestimmte erweise sich nur in der Bewegtheit, ebenso wie die Bewegtheit die eines Bestimmten sei; in der Bewegtheit des Herstellens oder Aufnehmens trete das Werk erst heraus, und zugleich sei es doch das, was die Bewegtheit erst diese Bestimmte sein lasse. Der Künstler ist dann mit jedem Strich auf der Leinwand, mit jedem Satz, den er bildet, an etwas gebunden, das er aber durch sein Tun erst zugänglich macht - das er herausstellt; wer ein Bild betrachtet oder eine Dichtung liest, verfährt ebenso, nur mit dem Unterschied, daß er sich auf ein Ordnungsgefüge einläßt, um ihm dadurch die Bewegtheit zu geben, die ihm zukommt. In beiden Fällen spielt ein resultatives Moment mit der aktualen Bewegung zusammen, und das ist es, was Gadamers Hinweis auf den Gedanken der Energeia plausibel machen will: Der Vollzug des Herstellens ist ebenso wie die Erfahrung des hergestellten Werkes in seiner Bestimmtheit immer schon das, was er ist und macht zugleich doch das Sein dessen, was immer schon gewesen ist, aus. So läßt sich das Verbindliche des Kunstwerkes fassen, ohne es in unangemessener Weise zu verselbständigen.

Aber gerade, wenn man nicht der Verdinglichung oder Vergegenständlichung des Kunstwerkes das Wort reden will, sollte man eine Schwierigkeit in der These vom Sein der Kunst im Vollzug nicht übersehen: Wo Aristoteles das Wesen der Energeia erläutert, tritt klar hervor, daß man es bei ihrem resultativen und ebenso bei ihrem

---

1 H.-G. Gadamer, *Gesammelte Werke*, a.a.O., Bd. 8, S. 391.

2 J. L. Borges: *Vorwort zu: Fervor de Buenos Aires*. Zitiert nach: *Mond gegenüber. Gedichte 1923-1929*, übersetzt von Gisbert Haefs. Werke in 20 Bänden, hrsg. v. Gisbert Haefs und Fritz Arnold, Band 1, Frankfurt/M 1991, S. 11.

3) H.-G. Gadamer, *Gesammelte Werke*, a.a.O., Bd. 8, S. 385-387.

aktualen Moment mit Bewegungsphasen zu tun hat; man sieht und hat eben immer schon gesehen, man denkt und hat je eben immer schon gedacht.[1] Daß der resultative Charakter des Werkes so nicht in seinem Wesen zu fassen ist, läßt sich wohl nur schwer bestreiten, und entsprechend müßte hier auch die Zusammengehörigkeit des Resultativen und des Aktualen anders gefaßt werden. Gegenüber dem ihm zugehörigen Vollzug ist das Kunstwerk von eigener Art.

Die Eigenart des Werkes gegenüber seiner Erfahrung wird dabei in der Erfahrung selber ausdrücklich, sobald man sie wiederholt. Dann erweist sich die Unausschöpfbarkeit eines Kunstwerkes; es zeigt sich, daß man jedes Bild auch anders sehen, jede Dichtung auch anders lesen, jedes Musikwerk auch anders hören oder aufführen kann. So verschieden all diese Erfahrungen aber auch sind, sie bleiben doch die eines selbigen Werkes. In seiner Selbigkeit wiederum entzieht sich das Werk dem direkten Zugriff; das Werk selbst läßt sich nicht neben seine Erfahrungen stellen, sondern zeigt sich immer nur in der Erfahrung.

Das Verhältnis von Werk und Erfahrung läßt sich nun bestimmen, indem man das Werk den Freiraum seiner möglichen Erfahrungen nennt und die Erfahrungen als Darstellungen dieses Freiraums begreift. Das Ordnungsgefüge des Werkes läßt bestimmte Möglichkeiten seiner Darstellung zu, und in jeder Darstellung kommt dieses Gefüge von Möglichkeiten auf bestimmte Weise heraus. So ist der Freiraum des Werks nur im Vollzug seiner Darstellung wirklich; aber der Darstellungvollzug gehört in den Freiraum des Werkes.

Daß die Erfahrung eines Kunstwerks an das Werk als ihren Freiraum gebunden ist, unterscheidet sie aber vom herstellenden Tun des Künstlers. Der Künstler mag in der Entdeckung und Herausstellung der jeweiligen Werkform noch so sehr an seinen Entwurf, den er von der Werkform macht, gebunden sein, er mag dem Eigensinn des Materials noch so behutsam folgen – man wird doch nicht sagen können, der Künstler stelle in seinem Tun den Freiraum eines Werkes dar. Er stellt diesen Freiraum erst her, so daß andere ihn darstellen können. Es ist, um noch einmal auf Borges zurückzukommen, vielleicht wirklich ein „zufälliger Umstand", daß nicht der Leser der Dichter ist; aber wäre er zum Dichter des Textes, den er liest, geworden, könnte er nicht mehr der Widmungsträger der Dichtung, der Leser im angeredeten Sinne sein. Indem Borges den Leser spielerisch ins Vertrauen zieht und ihm nahelegt, sich als Dichter zu fühlen, macht er für den Leser des geschriebenen Textes, der keinen Dichter mehr braucht, den Unterschied offenbar.

---

[1] Met. 1048b 30-35.

Trotzdem bleibt es wahr, daß kein Kunstwerk einfach nur das sich verselbständigende Produkt eines Herstellungsvorgangs ist; es bleibt wahr, daß die künstlerische Tätigkeit sich im Herstellen nicht erschöpft – sie ist ein Verstehen und Deuten, das sich in der Weise des Herstellens vollzieht, und darin ist sie der Erfahrung eines Kunstwerks in der Tat wieder ähnlich. Mit seiner herstellenden Arbeit läßt der Künstler nämlich Möglichkeiten des Lebens erst präsent werden. Das Gestalten, das sich etwa im Erzählen einer Geschichte artikuliert, ist zugleich ein Verstehen und Deuten dieser Geschichte – das Verstehen und Deuten eines Zusammenhangs, der auch ganz anders hätte zur Sprache gebracht werden können: Durch Betonung bestimmter Momente und Zurückdrängung anderer, durch die Stiftung bestimmter Kontinuitäten und Bezüge kommt erst heraus, was man als die erzählte Geschichte versteht. Damit aber kommt ein Zusammenhang heraus, der dem Erzähler bekannt und bis zu gewissem Grade sogar vertraut ist, ohne daß er ihn anders als durch das Erzählen bestimmter Geschichten zur Sprache bringen könnte. Erst durch das Erzählen bekommt dieser Zusammenhang eine Gestalt. Das Vergangene, das die Gegenwart in zumeist undurchschauter Weise bestimmt hatte, das deutlicher oder weniger deutlich in der Erinnerung bewahrt blieb und das Denken und Vorstellen mitprägte, ist durch das Erzählen ausdrücklich geworden. Zugleich hat sich die Aufgeschlossenheit eines Gegenwärtigen in der „plastischen Kraft“[1] des Formens und Bildens bewährt. Von den unendlichen Möglichkeiten, sich im Zusammenhang seines Lebens zu bewegen, ist nun eine in die Grenzen des Bestimmten geschlagen.

Das kann man auch ausdrücken, indem man sagt, hier sei die Welt in bestimmter Gestalt als eine bestimmte zur Darstellung gekommen. Die Erschlossenheit eines Spielraums von Möglichkeiten, sich und den Zusammenhang des eigenen Daseins zu verstehen, ist mit der Aufgeschlossenheit für diesen Zusammenhang zu einer Konstellation zusammengetreten, in der beides Bestimmheit gewinnt. Im Kunstwerk aber wird sie als Konstellation manifest, um so für weitere Erfahrungen offen zu stehen. Wo das Verstehen und Deuten des Künstlers sich im Werk manifestiert hat, schlägt es um und wird für weitere Erfahrungen zum Spielraum.

Auf die mit den Kunstwerken eröffneten Spielräume wird man umso nachhaltiger verwiesen sein, je komplexer die Möglichkeiten einer Welt und je weniger festgelegt die Aufgeschlossenheit für sie ist. Wo eine Welt nicht mehr oder zumindest nicht mehr ohne weiteres in ihren Institutionen erfahrbar ist, wo Bindungen, die das Verständnis des In-der-Welt-seins maßgeblich bestimmten, zurücktreten, wo also, mit

[1] Diesen Ausdruck gebraucht Nietzsche in seiner zweiten Unzeitgemäßen Betrachtung: *Vom Nutzen und Nachtheil der Historie für das Leben*. Kritische Studienausgabe, hrsg. v. Giorgio Colli und Mazzino Montinari, München/ Berlin/ New York ^{2}1988, Band 1, S. 251.

Nietzsche gesagt, die Welt „noch einmal „unendlich“ geworden“ ist, „insofern wir die Möglichkeit nicht abweisen können, dass sie unendliche Interpretationen in sich schliesst“,[1] können die Werke der Kunst allein schon dadurch, daß sie sich als Spielräume des Verstehens und Deutens bewähren, maßgeblich sein. Sie ziehen in ihrer bestimmten Gestalt für die Erfahrung der Welt eine Grenze und erschließen so die Welt in einem bestimmten Horizont. Was in diesem Horizont erschlossen wird, ist zwar selbst wieder vieler, am Ende wohl unendlicher Interpretationen fähig. Aber diese Interpretationen sind an die Gestalt der Werke gebunden und damit in die Selbigkeit ihres Spielraums eingebunden. Der Spielraum der Werke wiederum ist die erschließende Darstellung eines Welthorizonts. Nur wo die Werke der Kunst sich von der Welt ablösen, in der sie entstanden sind, und darin ihre Absolutheit gewinnen, können sie diese Welt in den Grenzen einer Gestalt erschließen.

Natürlich ist es eine Frage, ob und wie die Kunst sich in ihrer Absolutheit zu bewähren vermag. Die leerlaufenden Exerzitien eines alt und steril gewordenen Avantgardismus können hier wohl ebensowenig überzeugen wie die markt- und mediengerechten Präsentationen des Gefälligen und Sensationellen. Als Maßstab für das, was hier gefordert und in den großen Werken erreicht ist, kann dienen, was Gadamer in deutlicher Anspielung auf Paul Celan einen „Sprachkristall“ nennt. Das Wort soll bezeichnen, wie es ist, „wenn der Fluß der Rede in Dichtung gültige Gestalt gewinnt“. Und, so heißt es weiter,

> „wie der Kristall in seiner Bildung und der Festigkeit seines Baues sein Feuer zu versprühen beginnt, wenn das Licht auf ihn fällt, so ist es auch die sprachliche Leistung der Dichtung, daß sie sich der Härte und der Festigkeit und der Beständigkeit des Kristalls nähert und nicht durch eine gefällige Form besticht, sondern durch das Aufleuchten von Licht.“[2]

Indem man einen Text von der Art, wie er hier gemeint ist, versteht, versteht man mehr als den Text. In diesem Sinne wären die Erwägungen Gadamers durch eine Prägung von Ernst Jünger zu ergänzen:

> „Die durchsichtige Bildung ist die, an der unserem Blick Tiefe und Oberfläche zugleich einleuchten. Sie ist am Kristall zu studieren, den man als ein Wesen bezeichnen könnte, das sowohl innere Oberfläche zu bilden als seine Tiefe nach außen zu kehren vermag.“[3]

---

[1] Fr. Nietzsche: *Die Fröhliche Wissenschaft*, Aphorismus Nr. 374. Kritische Studienausgabe (FN 10) Band 3, S. 627.

[2] H.-G. Gadamer, *Gesammelte Werke*, a.a.O., Bd. 8, S. 371 f..

[3] E. Jünger: *Das Abenteuerliche Herz*. Zweite Fassung. Sämtliche Werke, Stuttgart 1978-1983, Band 9, S. 182.

On the Genealogy of Morals and Parsifal

von Agnes Heller (New York)

Nietzsche's work, *On the Genealogy of Morals*, is composed as an opera, or rather as a musicdrama, in three acts with one overture. It is in his musically composed proseopera that Nietzsche „takes back" Wagner's *Parsifal*. It is for Nietzsche a matter of „Redlichkeit" to unmask the seducer; yet it is also a matter of „Redlichkeit" to face the paradoxical nature of his own position.

On the Genealogy of Morals „takes back" *Parsifal*, yet it does not follow the story of *Parsifal* slavishly. It has its own story to tell. Still, the two stories are synchronized to an astonishing degree. In what follows, I do not do justice to the complexity of Nietzsche's work. We are interested in the topic „Nietzsche and *Parsifal*" mainly from the perspective of an ethics of personality.

Anti-Parsifal viewed from the perspective of *Parsifal*: Synopsis

Overture

This is the composition of a pilosopher. A book of philosophy is a memoir. Writing (composing) about the philosopher Parsifal, we (philosophers) write also about ourselves. Thus the Parsifal-motif must appear in the first sentence. And it does. „We are unknown to ourselves, we men of knowledge [wir Erkennenden] ... We have never sought ourselves — how could it happen that we should ever find ourselves?" As in a proper overture, the theme anticipates the whole. Philosophers are described as honeygatherers who care only about „bringing something home" [„etwas heimzubringen"] (the inverted commas indicate a direct reference by Nietzsche to Parsifal's spear). But (unlike Parsifal) they do not experience life, they cannot prove themselves in action; so when the twelve beats of noon suddenly starts up (as in Act Three), they do not understand their own experience. Yet they ask: „Who are we really?" „and, afterwards ... count the twelve trembling bellstrokes of our experience, our life, our being — and alas! miscount them".[1] This Parsifal remains a stranger in the kingdom of Monsalvat.

The second paragraph first states the topic of the musicdrama (the origin of moral prejudices), the theme of *Anti-Parsifal.* The complexity of the variations on the theme is prefigured. Then the metaphor of the tree appears (it too will be varied many times). This is the metaphor of the philosopher as the carrier of an ethics of personality: „Rather do our ideas, our values ... grow out of us with the necessity with which a tree bears fruits ... o n e will, o n e health, o n e soil, o n e sun".[2]

Immediately afterwards Nietzsche speaks about himself, about his immoral or immoralistic „a priori", and about his anti-Kantian „categorical imperative". The whole book (the opera) is now prefigured as Nietzsche's own world and truth, „a country of my own, a soil of my own, an entire discrete, thriving, flourishing world, like a secret garden ...".[3]

Does not the philosopher, with his „secret garden" resemble Klingsor? Perhaps, because the magic garden is erected by the philosopher himself, yet also not, because he has not conjured up this garden out of r e s s e n t i m e n t, but by following the voice of his own categorical imperative, his „a priori". The work (the garden) is his fate, his personality through and through.

Then the musical motif of the story (genealogy of morals) reemerges, and from there the main theme develops i n f o r t e (in reference to Schopenhauer, not to Wagner, of course): „I understood the ever spreading morality of pity ... as the most sinister symptom" of the sickness (nihilism) of our European culture".[4] The pharmakon of pity is verily poisonous. Parsifal's remedy kills. And then follows the attack on the „good man":

> „What if a symptom of regression were inherent in the „good", likewise a danger, a seduction, a poison, a narcotic, through which the present was possibly living a t t h e e x p e n s e o f t h e f u t u r e?"[5]

The virtue of compassion and the „good man" are treated here as symptoms — the symptoms of decay and of pessimism. Here Nietzsche simply reverses Wagner's signs. In *Parsifal* Gurnemanz is not portrayed as „symptomatic", but, in Kierkegaard's terms as exceptional (the individual exister, the exception, is the universal). Nietzsche challenges this presentation as unreflected and unthinking.

[1] Nietzsche: *On the Genealogy of Morals*, par 1. All English quotations translated by Walter Kaufmann.
[2] Par. 2.
[3] Par. 3.
[4] Par. 5.
[5] Par. 6.

Nietzsche now promises us that he will discover the land of morals for the first time: „Onwards! our old morality too is part of the comedy!"[1] No mystery play should be expected. After all, seriousness will be rewarded by cheerfulness. But listen please: „Cheerfulness ... is a reward: the reward of a long, brave, industrious, and subterranean seriousness, of which, to be sure, not everyone is capable".[2] Is it not Parsifal, the philosopher who is speaking? Is cheerfulness not the symptom of the fulfilment of our destiny that grew out of „our tree", our „a priori", as the reward for our blind courage and good craftsmanship?

Act One.
„Good and Evil", „Good and Bad"

I skip here, with regrets, Nietzsche's polemics with Ree and utilitarianism, his story concerning the origin of good and bad, and many of his otherwise fascinating (and controversial) etymological and philosophical speculations. We have to follow our narrow path to shed some light on the Nietzsche-*Parsifal* controversy and on the relevance of this controversy (or rather obsession, fascination) to an ethics of personality.

The issue good/bad, good/evil is not incidental to the first act of Wagner's *Parsifal* either. We can read *Parsifal* also as a „novel of education" (Bildungsroman) and recognize in the character of our Parsifal a younger brother of Wilhelm Meister or of *Der Grüne Heinrich*.[3] And if we do so, we shall soon realize that the education of our hero begins with his killing of the swan. The actor (Parsifal) remains ignorant of the meaning of his deed, and still he becomes the central figure of a minidrama where the spectators make sense of something that he cannot grasp. Let us follow the script loosely.

„Gurnemanz: Unprecedented act!
....
Here-look-here you stuck him ...
the eyes glazed — do you see his look?"

In other words, Gurnemanz confronts Parsifal with the result of his deed. The confrontation is simple and dramatic; the perpetrator should face murdered

---

1 Par. 7.
2 Par. 7.
3 The philosophical inclinations and interests of Gottfried Keller and Wagner were very similar for a considerable amount of time. Nietzsche shared the enthusiasm for *Wilhelm Meister*; just another exemplar of „amor fati".

innocence. The face-to-face situation has several dimensions. Parsifal faces his victim, the dead swan, and he also faces his accusers, the knights of the Grail. Wagner's „genealogy" does not differ here substantially from the genealogy of Nietzsche. Since Parsifal has not yet developed conscience, he cannot react with „bad conscience" to the sight of murdered innocence. The face-to-face confrontation does not elicit the feeling of guilt, but rather the affect of shame.

Gurnemanz, as a sensitive moral person, does not just tell young Parsifal: you have violated the sacred order, shame on you; but he also tries to explain what the sacred order is, and why exactly this is the sacred order, and what the violation of this order implies. Gurnemanz, the good man, is a man of enlightenment, a kind of ethical rationalist, for he believes that the youth will understand the obvious (and what is the sacred order if not the obvious?), particularly if it is so vividly explained. What is Parsifal's first reaction? He breaks his bow. This indicates clearly that he misunderstood the relation between himself and his deed, that he has no idea about the causal relation, that he blames the bow (the thing) and not himself for the death of the swan. But Gurnemanz insists: „Now do you appreciate your misdeed?" In a wordless answer, Parsifal passes his hand over his eyes. This is the gesture of shame. He does not want to see the swan (the victim of his cruelty), and he does not want to be seen by Gurnemanz and all of his accusers. Yet Gurnemanz insists again: „Say, boy, do you realize your great guilt? How could you commit this crime?" Parsifal is then supposed to give an account of his motivations. And he answers: „I didn't know". Here we seemingly arrive at a dead end. Yet, the contingent person's moral education begins in fact at the point of „I do not know".

The face-to-face confrontation with the victim (not with the accusers) has an emotional effect on Parsifal, but no knowledge (Erkenntnis) of good and bad or good and evil results therefrom. The enlightenment rationality in Gurnemanz's appeal remains ineffective. And here comes the most concise and the most touching account on the human condition of contingency. „Who is your father? I don't know. Who sent you this way? I don't know. Your name, then? I had many, but I know none of them anymore". Stunde Null.

After Gurnemanz's failure, another person takes over Parsifal's moral education: Kundry.[1] She reminds Parsifal that robbers and wild beasts feared him. This is a Siegfried-motif. Parsifal asks: „Who fears me? Say!" Kundry: „The wicked!" Parsifal: „They who threatened me, were they wicked? (Boese)? ... Who is good?" Here we

[1] There are two kinds of Kundry, the evil and the repentant, yet they both are also one. Kundry, as a temptress to the good, and Kundry, as temptress to the evil, equally conjure up the figure of Parsifal's mother.

arrive — in the wake of Parsifal's moral education — at the question of good and evil.

Nietzsche too begins his *Genealogy* at the zero hour. As we all know, he begins his story with the concept „good", the selfidentification of the noble, the aristocratic („vornehm") caste. The „bad" is the „other", the socially lowly, the cowardly, the base one deserving of contempt. The distinction of good/evil is the first transvaluation of values. It happens in a slave revolt carried out by the Jews and finalized by Christianity. As a result, the noble, the good ones, the"others" will be constituted as the „wicked"; whereas those who determine them as wicked will identify themselves as good. The treecomparison returns here; Christianity could grow only as a branch of the trunk of Jewish hatred:

> „This Jesus of Nazareth, the incarnate gospel of love, this `Redeemer' ... was he not this seduction in its most uncanny and irresistible form, a seduction and bypath to precisely those J e w i s h values and new ideals? ..."[1]

You must notice that Nietzsche describes Jesus Christ and Parsifal in exactly the same terms, and not only here. Let me paraphrase Nietzsche: have you understood him? Nietzsche accuses the antisemite Wagner of nothing else but of having conceived (through his hero, Parsifal) the most sophisticated and sublime (and also the most seductive and the most dangerous) defence — of what? Of Jerusalem, of Judaism — against Rome. In the „eternal battle" between Rome and Jerusalem, Wagner allegedly took sides with Jerusalem and Nietzsche with Rome. This is how (and why) their sabres crossed on the worldstage.[2]

Let us now return to Parsifal. He asks the question: „Who is good?" And Gurnemanz answers: „Your mother whom you deserted ..." This sounds obviously fraudulent for Nietzsche. For at Monsalvat, in the shrine of the Redeemer, „the good" should be identified with ourselves. The real (authentic, sincere) Jewish-Christian answer (according to Nietzsche) would have been: `we are the good ones' or `you — whom the wicked ones pursued — you are good'. But none of this happens here. Good and evil are constituted in a very different way. The youth is pursued by the wicked, but because he deserted his mother he is not good — rather she is good. And there are other surprises in store. Kundry announces that Parsifal's mother is dead, and Parsifal reacts by furiously seizing Kundry by her throat. Gurnemanz exclaims: „Insane youth? Again violent?" Wagner scored here a fine

1 Par. 8.

2 This too is paradoxical, as is almost everything in Nietzsche. Obviously Wagner would not have recognize his project in Nietzsche's presentation, and not just because of his antisemitism, but because he had a very different conception of Christinaity, even in his strictly atheistic and communist period.

point in his genealogy of morals. Just as moments before Parsifal proved unable to distinguish between the cause of the death of the swan (his act) and the means applied (the bow), now he fails to distinguish between the cause of his mother's death and the cause of his grief (Kundry, the herald of bad news).

No moral education has effect on Parsifal, although he feels shame, although he sees the dead swan, and even understands the words and sentences addressed to him. As I have already indicated, he has no conscience, he does not know what responsibility is, he is ignorant in matters of cause and effect. Parsifal is a noble savage[1] in a very Nietzschean way. This selfmade N a t u r b u r s c h behaved — in the forest, fighting against robbers and beasts, yet also in killing the swan at Monsalvat — just as the noble warrior barbarians are supposed to behave in Nietzsche's genealogy. The „fool" Parsifal was a blond beast without a pack — he was a lonely lion. Gurnemanz and the others did something to Parsifal that Nietzsche described as follows in his *Genealogy*: „to make the bird of pray a c c o u n t a b l e for being a bird of prey".[2] And this approach remained without effect on Parsifal too.

The exteriorities of the royal hall at Monsalvat do not fit into Nietzsche's vision of the workshops where ideas are forged, for this „landscape" reminds one more of the caves of the Nibelungen.[3] But the ideas he describes, the „lies" that „stink", are actually the moral ideas of this holy place.

Let us return again to *Parsifal*. Kundry, perceiving Parsifal's miserable condition, gives him water to drink. Listen to Gurnemanz: „Well done, according to the Grail's mercy; they vanquish evil who requite it with good". But listen to Nietzsche:

> „His inability for revenge is called unwillingness to revenge, perhaps even forgiveness ... They also speak of 'loving their enemies' — and sweat as they do so".[4]

We shall return to the „sweat" in the next lecture, but for the time being we still follow the moral education of Parsifal. After Gurnemanz has praised Kundry's goodness, she replies: „I never do good; I long only for rest ..." Is this so? Gurnemanz said that Kundry never lies. So it seems that one can repay evil with good, without doing good.

We know the rest. After attending the sacred ritual of transubstantiation in reverse (blood becomes wine, etc.). Parsifal says nothing and understands nothing,

---

1 Nietzsche dismisses Rousseau's understanding of the „noble savage", of course.
2 Par. 13.
3 Par. 14.
4 Par. 14.

or rather, he is unaware of having understood something. His moral education was a failure. Yet during the service the divine voices repeat the promise: „Enlightened through compassion, the innocent fool ...". And we are familiar with the rest of the first essay of *On the Genealogy of Morals.* In the battle between Judea and Rome, Judea seemed to have won. Yet „must the ancient fire not some day flare up much more terribly, after much longer preparation? More: must one not desire it with all one's might? even will it? even promote it?"[1] Both first acts end with defeat; sickness and decadence prevail. Yet both intone also the melody of the expectation of healing.

Act Two:
„Guilt", „bad conscience" and the like

Several exciting topics are covered by the word „V e r w a n d t e s " („and the like") in the orientative title of the second essay. Unfortunately, we cannot tackle all of them here. We will not speak about the kind of guilt that is not (yet) fused with conscience (which is not yet the sense of guilt); we will neglect the complexity of the discussion of punishment; we will avoid the question of justice (of barter, contract, exchange) as we have avoided already the preliminary approach to the virtue of justice in the first essay. True, all topics covered by the nonchalant word „Verwandtes" play their part in Nietzsche's battle against *Parsifal.* But the themes of the second act of Nietzsche's opera are not always synchronized with the second act of Wagner's opera. We limit ourselves to the synopsis that encompasses both.

Nietzsche begins again at the beginning. The question is how to breed a human being from an animal. Man is an animal with the right to make promises (das Versprechen darf).[2] Forgetfulness, this active faculty of repression that makes room for new things, this doorkeeper, preserver of psychic order,[3] needs to be abrogated by the active memory of the will. „Between the original „I will" ... and the actual discharge of the will, its a c t , a world of strange new things, circumstances, even acts of will may be interposed without breaking this long chain of will".[4] This is the long story of how responsibility originated.

---

1 Par. 16.

2 I prefer my translation „the capacity to make promises" to the „right to make promises" of Kaufmann.

3 This reminds us inevitably of Freud. There are motives also in Parsifal (e.g. of Oidipal character) that will recall similar associations.

4 Par. 1.

The prehistoric labour made man calculable and rational. A man acquires the capacity to make promises after he learns how to distinguish between contingent and necessary events, between goals and means, as he also learns to think in terms of causality and to anticipate.[1] Obviously, the Parsifal of the first act of the musicdrama has not yet gone through this „prehistoric labour". He has not yet acquired the capacity to make promises; in fact, he has not yet made any promises. In the second act, we still encounter the same Parsifal — he is still the blond beast, the noble savage, the man who has not acquired the right to make promises, the prerational, courageous, healthy, but uninteresting person.

Nietzsche continues: the ripest fruit of „prehistoric labour" is the sovereign individual, the free man who is his own measure; the man for whom responsibility becomes an instinct and who calls this instinct his conscience. Nietzsche intonates here the theme of an ethics of personality.[2] This theme interrupts the course of the narrative, and with good reason. This „ripe and late fruit",[3] the ethics of Nietzsche's real heroes, — of Goethe, of Napoleon and of Dionysos the philosopher (one of Nietzsche's masks) — is, according to Nietzsche, not the ethics of Parsifal. The roots of the latter had to be sought in different quarters.

The main narrative tells the story of how blood, torture, sacrifice, — that is pain — had been the most effective utensils of nemotechnics. And it was pain that made Parsifal remember. One gets the impression that Parsifal's mythological story is translated here into the language of mythologized history. The kind of knowledge (Erkenntnis) that Parsifal gained (through pain) in the second act of the musicdrama is the knowledge that makes men capable of making promises in such a way as to understand causality, to anticipate, to distinguish between contingency and necessity. Parsifal becomes man through pain, the pain of a „wounded animal".[4] Pain, and not Gurnemanz' or Kundry's moral education, transforms the innocent fool (the prehistoric man in an ontogenetic sense) into a moral person. It is now that Parsifal makes his promise — and he is going to keep it. Parsifal can keep this

---

1 Nietzsche operates with different concepts of rationality in a very sensible way. Rationality is (here I agree with him) a practical category, it refers to action. The concepts Nietzsche applies here (in dealing with elementary practical facts of life) are not metaphysico-ontological. For example, Nietzsche does not „believe" in ontological causality (belief is, in his mind, an act of will) neither does he presuppose it as a kind of cognitive a priori; he rather agrees with Hume that thinking causally helps us to act rationally, to anticipate, and also to have the right to make promises. For the critique of traditional metaphysico-ontological concepts see especially (in addition to GM): *Beyond Good and Evil* and the *Twilight of the Gods*.

2 Par. 2.

3 Par. 3.

4 Nietzsche once describes man as „the wounded animal" in essay three. This may be a reference to Parsifal's pain.

promise because he has gained the capacity to make promises. How much time elapses between Parsifal's victory against Klingsor and the Good Friday of his return, his „bringing home" of the sacred spear? Who knows? Wagner indicates that much time elapsed. What kept Parsifal's promise alive in those worlds of „strange new things"? Only the capacity that Nietzsche termed „the memory of the will".

Nietzsche recapitulates the drama of the transformation of Parsifal in his own story about the emergence of conscience. But at this stage we do not yet receive his whole story. In order to get the full picture, we first need to follow the story of another branch from Nietzsche's tree of geneology.

I repeat with regret that we skip the story of debt and contract for the simple reason that there is no contract in *Parsifal*. Parsifal jumps over the debtstage of guilt[1] as does Nietzsche's model of the ethics of personality. Parsifal has no inkling of the debt (guilt, Schuld) that he is supposed to „repay" to his community (he has none) or to his ancestors (he does not know them) or to God (he has not the faintest idea about his existence). If he is punished at all, he is not punished by his ancestors, nor by his community, nor even by God, for his punishment (if it can be described in such terms) is immediate selfpunishment. Moreover, this is not even the kind of selfpunishment that ensues from reflection, but is rather selfpunishment by instinct. May I say that it is sovereign selfpunishment?

Again, Nietzsche comes very close to Wagner (or rather to Wagner's *Parsifal*); they are rubbing shoulders. Nietzsche is no more the enemy of suffering than Wagner. Both of them remain in debt to Schopenhauer on this count. In *The Birth of the Tragedy* Nietzsche is deeply committed to a Dionysian metaphysics of suffering. Later the metaphysical foundation vanishes and suffering assumes an ethical significance in Nietzsche, but not a moral one. Suffering is of moral significance if it is suffering with the other. Suffering is of an ethical significance, in the sense of an ethics of personality, if it enhances life. Nietzsche takes the side of Tannhäuser against Venus: – suffering is, after all, life, and one cannot say „yes" to life without saying „yes" to suffering. „What really arouses indignation against suffering", Nietzsche says, and repeats it on many other occasions, „is not suffering as such but the senselessness of suffering: but neither for the Christian, who has interpreted a whole mysterious machinery of salvation into suffering, nor for the naive man of

---

[1] This is the stage when guilt is not yet fused with bad conscience, not yet internalized, not yet linked to pain. It is rather a contractual (or quasi contractual) obligation. Whoever fails to repay his debt is guilty, that is, he remains in debt, and will be (must be) punished. I retold this story with several modifications in my essay on „*The Power of Shame*". In: Agnes Heller, *The Power of Shame*, Routledge and Kegan Paul, London 1989.

more ancient times ... was there any such thing as senseless suffering".[1] But suffering and the suffering of „bad conscience" are still not the same thing.

We can detect a similar brand of ambiguity in Nietzsche's genealogy of „bad conscience" as is found in his genealogy of responsibility taking. Instincts turned against man himself, the discharge of instincts turned inward — this is how we could sum up Nietzsche's story of the genesis of bad conscience. The tamed animal, the fool (Nietzsche uses the term „Narr" like Wagner in *Parsifal*) invented „bad conscience". And immediately afterwards you hear (yes, you hear) the Parsifal-cum-Zarathustra motif, of the redeemer sounding: „

> From now on, man is included among the most unexpected and exciting lucky throws in the dice game of Heraclitus' 'great child', be he called Zeus or chance; he gives rise to an interest, a tension, a hope, almost a certainty, as if with him something were announcing and preparing himself, as if man were not a goal but only a way, an episode, a bridge, a promise ...".[2]

Then two branches of the same bough are again examined separately. One branch brings the wondrous fruit of an ethics of personality,[3] whereas the other carries the rotten yield of the Jewish-Christian-Kantian version of morality:

> „Here is sickness, beyond any doubt, the most terrible sickness that has ever raged in man; and whoever can still bear to hear ... how is this night of torment and absurdity there has resounded the cry of love, the cry of the most nostalgic rapture, of redemption through love, will turn away, seized by invincible horror".[4]

Wagner's *Parsifal* is, in Nietzsche's mind, the fruit of this latter branch and not the sweet produce of the former. The second act of his Anti-Parsifal opera is about the parting of ways of the sweet hero of an ethics of personality and the repulsive hero of a morbid culture.[5] Both are also sick (man is, after all, a sick animal), but the first overcomes sickness whereas the second succumbs to it and infects others with it. In the second act of Nietzsche's opera there is both a Roman and a Jewish-Christian Parsifal. We shall see what will happen to them in the third act.

But in Wagner's opera there is only one Parsifal. The Parsifal of an ethics of personality and the Christian Parsifal are one and the same. What happens here? We

---

1 Par. 7.

2 Par. 16.

3 Par. 18 and 19. Bad conscience is here already described as an illness — but, Nietzsche adds, illness, just as pregnancy is an illness.

4 Par. 22.

5 Nietzsche frequently uses olfactory metaphors. E.g., he says that he can „smell" things that are „in the air". In discussing morality, and particularily Christian morality, he frequently exclaims „bad air!" „bad air". His favourite poet (beside Goethe), namely Heine, writes in one of his poems „daß der Rabbi und der Mönch — daß sie alle beide stinken".

skip the flower maidens, and we return to the drama where it corresponds to Nietzsche's second act: at the dramatic encounter between Kundry and Parsifal.

„Kundry:Parsifal, stay!
Parsifal: Did you call me, who am nameless?
Kundry:... what drew you here if not the wish to know?
Parsifal:... what now I see fills me with dread".

Parsifal hears his name. He is now named. This is the first determination of the contingent person. A name is nothing as yet. Kundry emphasizes the „nothingness" of Parsifal's name in her etymology: Parsifal means just „fal parsi", the „innocent fool". Yet the sound of his name arouses dreamlike memory scraps in the youth, and together with them some recognition of his „situation" emerges. His first feeling is dread.[1] At this point Wagner speaks Kierkegaard's language: the anxiety of the innocent is freedom's actuality as the possibility of possibility.[2] From anxiety one „leaps" into freedom. This non-Nietzschean theme is episodic. The main motif remains knowledge (Erkennen) versus innocence-ignorance. Kundry, as we saw, challenges Parsifal at once. It is not by accident that he has arrived at Klingsor's castle, she says. He was obviously drawn by „der Kunde Wunsch". He was not „driven", he was „pulled" by it. Having been pulled by „der Kunde Wunsch" indicates the first stirring of destiny. Parsifal is still a fool, he has no memories, neither does he anticipate his future; still, something drives him towards something: he wants to know, without knowing either what he wants or that he wants and what he wants. Destiny begins stirring in Parsifal's soul as an instinct, as an affect — unconsciously. Both Nietzsche and Wagner think (and compose) in terms of a dramatic (or tragic) genre. This is why neither of them accepts the rude contrast between reason on the one hand, and instinct on the other hand. The deepest-lying reason in a paradigmatic person's life is his love of (his) fate. The drive towards one's fate can be called reason and instinct alike. It is the reason (rationale) of the persons' life, but this reason is not always consciously pursued; it „drives one towards" one's destiny, and it is rarely reflected upon.

Parsifal is pulled by his destiny towards knowledge. Ignorance is innocence — is then knowledge guilt?

It is then that Kundry tells the story of Parsifal's mother, Heart's Sorrow, who bore the fatherless child and sheltered him both from his enemies and from

---

1 This is recurring theme of Wagner. Siegfried, the fearless, experiences fear when confronted with the awakening Bruenhide. In Parsifal too, dread (Bange) arises in the encounter with the seductress. But here the conditions of anxiety are more complex, all of them having to do with knowledge (Erkenntnis).

2 Kierkegard, *The Concept of Anxiety*, Princeton, New Jersey 1980, p. 42.

knowledge. The Oedipal motif (kissing, embracing) appears for the first time. Kundry then continues: „But you did not consider her woe ... when you finally did not return ... grief consumed her pain and she craved for death's release: her sorrow broke her heart ...“. Parsifal's reaction is „terrible perturbation“ and grief (schmerzlich überwältigt): „Woe on me! Alas! What have I done? Where was I! Mother! Sweet mother! Your son, your son it was who killed you! Fool, blind blundering fool ...“. Thus, suddenly as knowledge dawns upon him in his pain, Parsifal assumes responsibility. What he could not understand after having killed the swan, inspite of having seen the swan's wound and its glazed eyes, he now understands without sight, by gaining the capacity of memory and the power of imagination: Mother died — I was the one who killed her. Parsifal gains conscience through the sense of guilt. Actually, Kundry did not ask him: „what have you done?“ She did not accuse him (directly) of killing his mother for the simple reason that Parsifal had not killed his mother, at least not in the same sense as he had killed the swan. Parsifal is here Cain thousandfold in reverse. He does not just say: „I left my mother, so I am coresponsible for her death“; he immediately exaggerates, he takes upon his newlywon conscience the burden of full responsibility as sin. This is precisely the gesture which is dictated by his destiny, the destiny of a redeemer.

This scene must have been a scandal for Nietzsche: So close to him, and yet so far! No one tells Parsifal that he killed his mother, no one even asks him the question, and yet he takes upon himself the guilt. So close to Nietzsche, since the feelings of guilt and bad conscience emerge directly in Parsifal's soul and heart as the answers to the pull of his own destiny. There is no authority to command Parsifal to regret his vicious deed. He does it on his own, he exaggerates, he spins the thread of bad conscience entirely from his own instinctual, emotional commitment. So close to Nietzsche and so far! For it is guilt, bad conscience, compassion, and all the „sick“ emotions from which Parsifal spins the threads of his own soul.

When Nietzsche hails the men of responsibility with their capacity to make promises, he praises prospective, never retrospective (retroactive) responsibility. As I mentioned in my first lecture: prospective responsibility has nothing to do with bad conscience or guilt. A strong and healthy person who takes upon himself responsibility for something will keep his promise so he will not feel guilty. Parsifal's amor fati, to the same extent as his gesture of taking responsibility, was closely associated with guilt. Retrospective responsibility makes sense only if there is guilt, sin, misconduct, or some equivalent; something one has to acknowledge as one's own deed or as the result of one's deed; something one is ready to pay for at least by causing pain to himself. Parsifal will also assume prospective responsibility (to rescue the Holy Grail), but he can do so only after having already assumed retrospective responsibility (for having been guilty).

Still, there is nothing in the Wagnerian Parsifal that would disqualify as the carrier of an ethics of personality. After all, he was following his destiny in assuming retrospective responsibility. This was his fate, so this was also the ethics of his personality.

Let us return to the story. From the recognition of guilt, remorse follows. Parsifal: „How could I forget my mother — my mother! Ah, what else have I forgotten?" This is a dangerous moment for the seducer woman. According to her strategy, Parsifal was required to remember up to exactely this point. Without developing pangs of conscience for abandoning his doting mother, Parsifal would remain an ignorant innocent. Kundry could have made love to him, but she could not have seduced him, for there is no seduction without knowledge. The knowledge so far acquired by Parsifal was necessary, and also sufficient. But Parsifal pushes further ahead when he asks: „What else have I forgotten?" Halfknowledge dooms Parsifal, full knowledge saves him.

Parsifal is drawn (by his own instinct) to remember Monsalvat, the Grail, and Amfortas. Kundry seizes the only occasion (of still half, not yet full, knowledge) and replies: „Confession will end guilt in remorse, understanding changes folly into sense". The content of the sentence is true, but in the context in which it is spoken, the truth becomes untrue. Nietzsche has said something very similar: the truth of sentences is context-dependent, or rather dependent on the perspective of the person who speaks and of the person who is spoken to. The real question is: what are you doing with this sentence? In this context Kundry's words mean: you have experienced remorse; enough now, you are no more a fool but a man of sense. Kundry must hurry up; she must seduce Parsifal before he remembers Amfortas. She therefore resorts to the most forceful weapon of seduction, the Oedipal motif. Parsifal should make love to her as if he were his own father and she, Kundry, his mother. She kisses him, and it is then that Parsifal is seized by the utmost terror (höchsten Schreck) and by agonizing pain. Parsifal: „Amfortas — The wound! The wound! — It burns within my heart!"

This is the very center of the opera: in one shock Parsifal finds the path to his destiny and becomes himself. As Nietzsche says in *Ecce Homo*: he becomes what he is — through total transformation, transfiguration from an innocent fool into an ascetic priest. (In Szyberberg's film the reborn Parsifal is played by a new person, an actress). Parsifal suddenly hears the Saviour's lament asking Parsifal to redeem Him. Having assumed responsibility for his mother's death, Parsifal now resumes responsibility for the death of God: God, whom you have forgotten, is dead. „Redeemer! Saviour! Lord of grace! How can I, a sinner, purge my guilt?"

A selfmade man has grasped his destiny. Why is the story (so far) utterly fraudulent in Nietzsche's terms? We now speak only of the second act (of both Parsifal and *Anti-Parsifal*).

The identification of sexuality/guilt/knowledge is for Nietzsche an affront against nature, one of Christianity's sickest inventions, and — as it appears in the Parsifal-legend — a simplistic idea in the bargain. Wagner harps on this motif while he invests his music with sensuality, with his power of sexual „seduction" in support of the deadly enemy of the selfsame power. This is a very fine analysis.[1] After all, the wound of sexual love, the wound of sickness (decadence), and the wound of compassion are all the same wound. This is a multipurpose motif. Parsifal could become a fully innerdetermined man of the ethics of personality because his compassion was a feeling identical with the other person's feeling of pain. His destiny as that of an ascetic priest was prefigured in the exaggeration of his emotions. Just as he took responsibility for having killed his mother (which he had not done), so does his compassion for Amfortas differ from „normal" empathy. In the first act, Gurnemanz asked him to develop „normal" compassion: to feel pain because another creature feels pain, accompanied by the readiness and the desire not to cause pain again. But no „good man" wanted him to feel exactly the same pain as the person with whom he was supposed to empathize. This kind of sensibility is the Redeemer's mark of distinction, not the good man's character trait: Parsifal, who could not even feel sympathy with the suffering of others, now feels the very kind of suffering (on the same occasion) as the other. Absolute identification with the other calls for the absolute identity of the source of suffering. This source is Kundry's kiss. Although Parsifal is not wounded by the spear, he is wounded by the kiss, and this wound rescues him from the power of the spear. He not only „foreknows", but feels the consequences of his act before his act. The act is prevented by the felt consequences of this very same act which is never going to be committed. This is how Parsifal rescues — through compassion — not just Amfortas and the Grail, but also himself, by realizing himself. Parsifal can become what he is only as the person who redeems the Redeemer. Empathy is his royal road to the throne of redemption.

I repeatedly reffered to the Oedipal nature of Kundry's seduction. There are several similarities between Parsifal and Oedipus (that is with the Oedipus who

[1] Presented, among other places, in *The Case of Wagner*.

solves the riddle of the Shynx), but he is also the opposite of Oedipus: the one who does not sleep with his mother, and who resurrects the father whom he helped to kill. Finally, we should remember the Troll-motif. Not only the flower maidens, but Kundry too seduces her victims into regression. The Parsifal who returns in his mother's womb is not only guilty of moral transgression against a sacred law, he is also guilty of committing a crime against himself. To return to the beginning without, and instead of, fulfilling one's destiny is the opposite of the passionate acceptance of the eternal recurrence of the same. First fulfil your destiny, then wish to repeat it, or else you are a failure; a contingent person remaining contingent. Parsifal is not „determined" by his world, knowledge, or psyche. He is a project; but not the kind a Nietzsche could love, approve of, or hope for.

Breathing in the mountainair of Sils-Maria (his Monsalvat) Nietzsche dreams of another kind of „project": of the man of the future „who will redeem us", of „this Anti-Christ and anti-nihilist; this victor over God and nothingness — he must come some day ...".[1]

It was through compassion (Mitleid), a virtue that Nietzsche despised, that Parsifal became an ascetic priest. The third act of Nietzsche's music drama, of his *Anti-Parsifal*, speaks about this ascetic priest.

Act Three
What is the Meaning of Ascetic Ideals?

„What is the meaning of ascetic ideals?" — the question which encapsulates the main theme of the third act of *Anti-Parsifal*, or rather the main theme of the whole *Anti-Parsifal*, moreover, the main theme of the third act of *Parsifal* and of Wagner's whole opera — appears immediately as the first sentence of the first paragraph of Nietzsche's third essay. All instruments in Nietzsche's orchestra intonate the same theme which later will be frequently repeated by one or another separate group of instruments. What I call a group of instruments is a so-called „perspective". Whatever your „perspective", the ascetic ideal means something for you. It means something different to the artist, to the philosopher, to scholars, to women, to the majority of us mortals, to the priest, to the saint; but it invariably means something. Listen to the crescendo-fortissimo:

---

[1] Par. 24.

> „That the ascetic ideal has meant so may things to man, however, is an expression of the basic fact of human will, its horror vacui; it needs a goal — and it will rather will nothingness than not will. — Am I understood? ... Have I been understood?"[1]

This first paragraph is also an operatic trick, an „orchestral prelude", as the concise anticipation of the whole act before curtain rise.

The curtain is raised and we see Richard Wagner, the „failed swine", putting his antithesis, Parsifal, the country simpleton and ascetic priest, on the stage as a joke.[2] Thereafter Nietzsche „eliminates the artists" from his 'orchestra' of the first paragraph and turns his attention towards the philosophers. What is the meaning of aesthetic idals to them? The first motif („the first indication") is „to gain release from a torture"[3] of sensuality/sexuality, not from virtue ... „but because their supreme lord demands this of them, prudently and inexorably: he is concerned with one thing alone, and assembles and saves up everything — time, energy, love, and interest — only for that one thing".[4] The supreme lord is philosophy, or rather the will to power as the will to engage in philosophy — that is, in the philosopher's destiny. In full swing we now return to the initial motif of the „overture" (see above). And it is only with the greatest regret that I jump over the following, perhaps (to me) the most beautiful, sections of the third essay, since we already have heard and seen as much as is necessary for the further elaboration of our limited topic. But the conclusion (if there is any) must be noted. Nietzsche writes:

> „the most ancient and most recent experience of philosophers on earth: whoever has at some time built a 'new heaven' has found the power to do so only in his own hell".[5]

I must insert a brief remark here: the same is true of Parsifal. Didn't he serve two lords at once: the lord of his destiny and the Lord of Heaven? And since these two coincide, what is, after all, the difference between Parsifal's and the philosopher's commitment to the ascetic ideal? And if Parsifal's compassion, the pain of the bleeding wound, and his pain of the sensual/sexual experience were but one, and if it was the immediate spiritual sublimation of desire that made him find his own life and destiny, hasn't he also found in the same act the power to build a heaven (not a work of philosophy, but a world) from his (newly gained) hell?

---

1 GM III, par 1.
2 Par. 2-5 discusses Wagner and his Parsifal as well as the relation of the artist to his works. Since we have spoken about these themes already, we will omit them here.
3 Par. 6.
4 Par. 8.
5 Par. 10.

But we cannot ask questions of Nietzsche that he would not have asked already of himself. This is how he continues:

> „... the philosophic spirit always had to use as a mask and cocoon the previously established types of contemplative man — priest, sorcerer, soothsayer, and in any case a religious type — in order to be able to exist at all: the ascetic ideal for a long time served the philosopher as a form in which to appear ... he had to represent it so ... for the longest time philosophy would not have been possible at all on earth without ascetic wraps and cloak, without an ascetic self-misunderstanding ... the ascetic priest provided until the most modern times the repulsive and gloomy caterpillar form in which alone the philosopher could live and creep about ...".[1]

What is common to Parsifal and the philosopher is also common to him and the caterpillar-philosopher, the philosopher's wrapping. And what is great in the philosopher is great in spite of this wrapping. To avoid misunderstanding, the wrapping is not an 'appearance' and the philosopher does not sit inside the wrapping in his very 'essence'.[2] Actually, from Nietzsche's perspective, the bipolarity of essence/appearance itself belongs to the metaphysical „wrapping" of philosophy. The ascetic priest is the form of existence philosophers have assumed until now: it was the only (typical) form of their existence. But the „genre" of philosophy has something else still in store: a new, and adequate form; a beautiful appearance — whereas the ascetic priest remains self-identical. He has acquired his ultimate forms, he cannot assume new ones.[3]

Now we have to listen carefully: the theme of a Nietzschean redeemer appears here in an extremely interesting variation. Usually (and you may recall already two examples of this from the text you have read so far), Nietzsche lets the theme sound forcefully in the form of an exclamation, or as a prayer uttered with urgency, or as a strong appeal to the promised future. But here, the redeemer-theme takes the form of a question which is not rhetorical, but real; a question to which the person who asks it does not know the answer. The question is also an appeal, for it is asked with the desire of ushering in the possibility of a redeeming „yes". The question sounds as follows:

---

1 Par. 10.

2 For Nietzsche's critique of the essence/appearance distinction see *Jenseits* ... and *Götter-Dämmerung*.

3 We came across in the second act with the simile of pregnancy, when Nietzsche mentioned the illness of men of conscience, and added, that this is an illness just as pregnancy is an illness. Yet there is another branch of „sickness" discussed right afterwards, which is entirely barren.

> „Is there sufficient pride, daring, courage, selfconfidence available today, sufficient will of the spirit, will to responsibility, freedom of will, for „the philosopher" to be henceforth — possible on earth?"[1]

Yet the butterfly appears only in Nietzsche's lyric outpourings; we are in the second scene of Act Three, where the caterpillar (Parsifal) and its variants occupy the stage. Nietzsche approaches them from different perspectives. The ascetic priest enjoys his sufferings; he seduces through the image of torment and he wills to suspend all affects in order to castrate the intellect. But this (enigmatic) ascetic priest is the representative carrier of the ascetic ideals,of the protective instincts against a degenerating life, of the artifice of the preservation of life in a sick culture. The paradox is formulated in may variations and in different orchestrations but all of them boil down to a single one: the ascetic priest is sick and makes us sick; yet only this (sick) seducer, this enemy of life, can rescue life.[2] Is, after all, Parsifal still „the redeemer" of Amfortas' decadent world?

And here Nietzsche goes one step further in the praise of (the sick) man. His praise of man is more modern, yet not less forceful, and it is perhaps more touching, than the well-known song of the chorus in Sophocles' *Antigone*.

> „Man ... is the sick animal ... he has also dared more, done more new things, braved more and challenged fate more than all the other animals put together: he, the great experimenter with himself, discontented and insatiable, wrestling with animals, nature, and gods for ultimate dominion — he, the still unvanquished, eternally directed towards the future, whose own restless energies never leave him in peace, so that his future digs like a spur into the flesh of every present — how should such a courageous and richly endowed animal not also be the most imperiled, the most chronically and profoundly sick of all the sick animals? ... even when he wounds himself, this master of destruction, of selfdestruction — the very wound afterward compels him to live —".[3]

The last sentence's reference to *Parsifal* is so obvious that it does not call for further elaboration.

But then Nietzsche changes his perspective. The more normal our sickliness becomes, the higher we should honour „the rare cases of great power of soul and body: man's lucky hits".[4] The referents of the term „lucky hits" are here not men of an ethics of personality in general, but just the „butterfly" men who have abadoned all ascetic ideals. It is from the perspective of the protection of the health

---

1 Par. 10.
2 Par. 11 and 12.
3 Par. 13.
4 Par. 14.

of those „lucky hits" that the „ascetic priests" are now described and discussed. Unfortunately, we must skip many important points of this discussion, though they could bear further witness to the musical nature of this composition of Nietzsche. For example, the main theme of the first act (r e s s e n t i m e n t) returns here and is fused with the theme of the ascetic priest (r e s s e n t i m e n t turning against ourselves); and the Christian themes of guilt, sin, depravity, damnation, and redemption, — as separate minimotifs — are absorbed by the main ones. The theme of the herd (and of the man-of-the-herd, also exemplified by Richard Wagner) becomes associated, not only with the herd, but also with the „orgy of feelings"(see: Wagner's music), which is also produced by the „mighty sorcerers" (ascetic priests). The destruction of taste (by the *New Testament*, Luther, and Wagner) is also a recurring theme.

Then Nietzsche switches his perspective again, not entirely „back", but very close to „back". Now he will not discuss what the ascetic ideal has done but what it means.[1] At this point we begin to suspect what we have already guessed: Nietzsche's *Anti-Parsifal* is not a radical *Anti-Parsifal.* Despite Nietzsche's contempt for, and even hatred of, this late work of Wagner, it is not the struggle of two antagonists that we now witness. Or rather, something changes here while the drama of *Genealogy* develops. The first essay (first act) is a straightforward example of an indirect philosophical (and artistic) polemic. In the second essay (second act) many of Nietzsche's observations on ethics and morals may serve as interpretative devices in our reading of *Parsifal*, but Nietzsche himself never takes the standpoint of *Parsifal*. But something happens in the third part (or act) that turns the tables.

Nietzsche suggests that one read the third essay as a lengthy commentary on a sentence by Zarathustra: „Unconcerned, mocking, violent — thus wisdom wants u s : she is a woman and always loves only a warrior".[2] This is one of Nietzsche's jokes, for the third essay is certainly not a „commentary" of this sentence, although it is written (or composed) in the spirit of this sentence. But let us return to Nietzsche's question of paragraph twenty-three — which also appears as the title of the third essay (what is the meaning of ascetic ideals? (was bedeuten ...?). The ascetic ideal is powerful, because it expresses a will, it presents a goal (one single goal) and it offers interpretation. „Where is the match of this closed system of will, goal, and interpretation? Why has it not found its match? — Where is the o t h e r „o n e g o a l " ?"[3]

---

[1] Par. 23.
[2] The Zarathustra-quote preceeds par. 1 of the third essay.
[3] Par. 23 of essay 3.

We learn that neither modern science, nor atheism, nor even radical enlightenment provides one. For whether one says that God exists or that he does not exist, one equally has faith in truth. The faith in truth, in the value of truth, is the ascetic ideal itself. — Yet, „from the moment faith in the God of the ascetic ideal is denied, a new problem arises: that of the value of truth".[1] Here follows one of the most concise and brilliant discussions of the agony and death of God, of the emptying out of the old faith, where finally God is replaced by a question mark and everything is permitted; a discussion of passive and active nihilism, of the modern forgery of ideals. What happend to the belief in the Truth of the Christian God, Nietzsche asks — and anwsers his own question: „All great things bring about their own destruction".[2] Christianity as a dogma was destroyed by its own morality (the virtue of truthfulness), — and Christianity as morality must perish too, for truth (the meaning of truth, the will to truth) is now being questioned. Morality will perish, this is „the great spectacle in a hundred acts" reserved for the next two centuries; „the most terrible, most questionable, and perhaps also the most hopeful of all spectacles".[3] We may notice that Nietzsche says „perhaps" only in the third case.

We need not return to *Parsifal* — for we discuss *Parsifal*, the „problem *Parsifal*", the problem of truth, the whole time. Parsifal's fate is to redeem the redeemer, to resurrect the dead God of a decadent world, to uncover the Grail-Truth. Parsfial develops the will to truth, and it is through this will-to-truth that he infuses meaning into a senseless world. Suffering has a meaning again, and so have life and death. There is, once again, a goal, an interpretation and a will where the Only Truth has now been restored. On the surface, Nietzsche fights Wagner who abandoned Feuerbach and succumbed to Schopenhauer. But deep down, there is something else and something more at stake. Whatever the „content" of the Grail, Christian or pagan, it does not matter. For it symbolizes Truth, the only, the one, the saving Truth,[4] the Truth of metaphysics. This truth is not perspectivist unlike the truth of Nietzsche. Parsifal cannot say „this is my truth" or „your truth", he just „shows" Truths. Parsifal thus performs the apotheosis of the Truth of metaphysics. Yet a morality which is embedded in the Truth of metaphysics „does „ all those things

1 Par. 24.

2 Par. 27. Not just this sentence, but the whole chain of thought is remarkably very Hegelian. That Nietzsche rejects Hegel's philosophy is well known. Yet I do not think that he ever read Hegel's *Phenomenology*.

3 Par. 27.

4 Some contemporary interpreters of *Parsifal*, see in it a pagan myth rather than a Christian mystery play.

with the sick animal that traditional Jewish-Christian morality always did: it humbles them, it enslaves them, it desexes them. Moreover, since Parsifal is a modern, contingent man, and his world is a modern, decadent world, a mystery play about rescuing the metaphysical Truth is the absolutely fraudulent gesture. Where the faith in God is already gone, no old „redeemer" can restore it. Where the faith in absolute truth is gone, where everything becomes permitted, the gesture of Uncovering (Aletheia) is false; the Grail is a forgery. The redeemer cannot be redeemed. The whole paraphernalia of its mystery is a lie, and in a work of art one should not lie. Parsifal, the repository of an ethics of personality, the contingent man who found himself, his own destiny, his own truth — should not have pointed at the Grail as Truth.

In the third act of Nietzsche's *Anti-Parsifal*, he speaks as much for Parsifal as against him. In fact, he composes a more modern opera on the theme of *Parsifal* than did Wagner: this is an opera that ends in a question mark. But how can an opera end in a question mark?

The finale of Nietzsche's opera (and it is a finale!)[1] begins with the sound of trumpets: „Apart from the ascetic ideal, man ... had no meaning so far". Then an old theme reemerges, played by the strings:

> „The meaninglessness of suffering, not suffering itself, was the curse that lay over mankind so far — and the ascetic ideal offered man meaning". „This ... brought fresh suffering with it, deeper, more inward, more poisonous, more life-destructive suffering: it placed all suffering under the perspective of guilt ... But ... man was saved thereby, he possessed a meaning ... the will itself was saved".[2]

This will is, as intonated in the overture of Nietzsche's musicdrama, a will to nothingness. And „man would rather will nothingness than not will". („Lieber will noch der Mensch das Nichts wollen, als nicht wollen").[3]

I indicated earlier that Nietzsche's musicdrama ends in a question mark. I could have been mistaken. After all, the last sentence of the third essay is an emphatically firm statement. And this is, indeed, Nietzsche's last musical sentence. But is it also the last statement of the musicdrama?

Let us return to the finale of the second act. We have quoted a few words from paragraph twenty-four. Nietzsche yearns here for a redeemer, for the Anti-Parsifal, for the victor „over God and nothingness". The finale (of Act Three) makes no mention of such a redeemer. There is only one redeemer left: Parsifal himself, the

1 Par. 28.
2 Par. 28.
3 Par. 28.

ascetic priest with his nihilistic ascetic ideals — this forgery of the redeemer. But at the end of the second act (essay), another theme is resounding: „But what am I saying? Enough! Enough! At this point it behoovs me only to be silent; or I shall usurp that to which only ... Z a r a t h u s t r a has a right ...". This theme does not appear in the finale, or at least it does not „resound". The rest is silence. Silence „behooves" (geziemt) Nietzsche alone. And Zarathusta? Zarathustra's dictum (you remember, it is about wisdom who, like a woman, loves only a warrior) is placed at the head of the third act (essay) as a motto. Zarathustra is asked to intonate the main motif that Nietzsche (his father) will interpret. We saw that this does not happen, we said it is one of Nietzsche's jokes. It is a deep joke. For, as Nietzsche says, only the ascetic ideals offer a truth, a goal, and a meaning for interpretation. Zarathustra speaks truth, but Nietzsche shies away from stepping into Zarathustra's place to announce a new truth, a new hope for a new redemption, in the finale of his musicdrama. On Good Friday, Nietzsche's (ambiguous, schizophrenic, Doppelgänger) Parsifal uncovers the Grail, but, just like Wagner's Parsifal in Act Two, he alone — as in a dreamlike frenzy, shattered by deep emotions — sees the blood, the gleaming hope, the uncovered Grail. The others, who surround him, whom he is elected to redeem, see nothing; Parsifal's truth is not theirs. There are no heavenly voices, no dove descends on Parsifal's head. He stands there alone, eyes fixed on his truth, and he sings. Yet the others remain silent. So does Nietzsche.

Bertolt Brecht – am Ende der plebejischen Tradition

von Gerd Irrlitz (Berlin)

Der Versuch möchte eine durchgehende Problembewegung in Brechts Kunst von der frühen Augsburger und Münchner Zeit bis zu den Werken seit den dreißiger Jahren zeigen, deren soziale und ästhetische Konzeption Brecht nicht mehr veränderte. Vom organischen Versinken des Individuums aus verlorengegangener Bindung und innerer Spaltung geht der Weg zum moralischen und sozialen Tod der Person und zu deren Austauschbarkeit. Die Idee eines abendländisch-christlichen Personalismus ist an ihrem Nullpunkt angelangt. Von diesem kritischen Nihilismus, der zugleich Kritik des Nihilismus werden soll, sucht Brecht den neuen Weg zur Wiedergeburt veränderter, gesellschaftlicher Individualität. Er vermittelt dafür die seinem Werk im Ursprung einwohnende plebejische Tradition mit der rational ausfächernden Kultur der Oberschichten, also mit einer Gegenlinie zum plebejischen Blick auf die Moderne, mit euphorischer Berufung angebrochenen wissenschaftlichen Zeitalters. Daraus ergeben sich Widersprüche zwischen plebejischem kollektiven Erwartungshorizont und immanenten Rationalitätsansprüchen in Brechts Werk. Sie entsprechen dem Widerspruch des 20. Jahrhunderts zwischen dem sozialistischen Versuch und neuen, synthetisierenden Verrechtlichungstendenzen der sich eben erst entfaltenden Industriegesellschaft. Brecht behandelt den Sozialismus (als Bewegung und als Gesellschaftsform) mit der Methodik der Oberklasse, deren formale Rationalität Juridifizierungsleistungen, nicht aber den traditionellen plebejischen Bereich moralischer erlebnishafter Solidarität als Konstitutionsbasis von Vergesellschaftung erreicht. Brechts Ästhetik kam darum bei der empirisch-faktischen Klasse und dem realsozialistischen Staat, denen er geistig zugehören wollte, nie an. Er formulierte ästhetische Prinzipien nicht der ihm gegebenen, sondern einer zukünftigen, ihren gesellschaftlichen Lebensprozeß rationell produzierenden, Freiheit und Gesamtverantwortung vereinigenden, also einer demokratisch-sozialistischen Gesellschaft.

Der Text vernachlässigt für die Konzentration auf eine immanente geistige Bewegung in Brechts Werk viele Einflüsse und Aussagerichtungen. Das Werk erhält seine eigentümliche Lebendigkeit in der Verbindung von ästhetischer Erfahrung und Aufklärung aus dem Verständnis seiner die Phasen durchwandernden Einheit.

I

Zu den Gestalten der frühen Brecht-Stücke tritt schon seit 1920 eine dem Dichter erscheinende Person, die er mehrere Jahre nicht klar erkennt. Es ist der Galgei, Josef Galgei, ein dicker Schreiner, der Austauschbare, der 1926 als Galy Gay in *Mann ist Mann* die Bühne betritt. Ich sehe in dieser Figur eine zentrale Gestalt für das Verständnis von Brechts Werk. Zunächst einige Überlegungen zur Vorgeschichte der Figur.

Baal ist das Kraftgenie, das an der Verachtung der Welt und deren Verlangen nach Bindung leidet und darum Rimbauds *Ein Aufenthalt in der Hölle* vorführt. Kragler zeigt den Plebejer, der plebejische Kraft zur Befreiung verweigert. Shlink, Garga und die Frauen im Dschungel der Städte verzehren ihre Kraft und sich selbst im tierischen Kampf fürs Überleben. *Baal*, *Trommeln in der Nacht*, *Im Dickicht der Städte* (1918-1922) bilden Stufen der Brechtschen Experimentalästhetik des Sozialen. (Brechts Kunst blieb das auch in der späteren sozialistischen Periode. Brecht verstand Sozialismus als entfaltetste soziale Experimentalkunst, dem *animal rationale* am angemessensten, die auch moralische, rationale, technische, ästhetische Sozialisierungsebenen wieder in produktivem, die Prozesse aufklärendem und vorstellbar machendem Wechselspiel miteinander verbinde.) Es sind Stücke über den Untergang von Individuen. Der Untergang erfolgt physisch, nehmen wir den Kragler aus, ein sinnlich erlebbares Zerstörungsgeschehen, darum in der Sprache expressiv, in den Szenen drastisch. Für Komik bleibt kein Spielraum. Auflösung, Untergang des fragwürdig gewordenen Individuums bildet das Thema der Lyrik und der Stücke des frühen Brecht. Es hält durch (*Maßnahme*, *Fatzer*, *Courage*, *Galilei*, *Furcht und Elend des dritten Reiches*), ergänzt, vielleicht hätte Brecht während einiger Jahre gesagt, überschritten von Überlegungen möglicher radikaler Veränderungen zur Wiedererzeugung von sozial, intellektuell und psychisch freien Individuen.

Baal, mit blühendster Sprache, weil im Maximum anschaubaren Verfalls, aber schon durchs traditionelle Künstlerthema unter schmalerem Horizont, wird von Stücken überschritten, die mit der Erweiterung des sozialen Fragenkreises die von Anfang an am Grund liegende Problematik des Brechtschen Werks entfalten und vertiefen. *Im Dickicht der Städte* entfaltet das Brecht faszinierende Thema Person, den Verlust traditioneller bürgerlicher Selbstidentifikation im generellen Rahmen vollständig verzehrter Solidarität und schutzloser Vereinzelung. Das Stück ist Demonstration einer Philosophie. In der vorletzten Szene[1] sitzen die beiden Kontrahenten des exemplarischen Kampfes beieinander und fassen das theoretische Resultat, also den Ursprung des Stückes zusammen. Das ist nicht der Kampf in den Städten schlechthin, das Agonische in der Moderne des Kapitals, die Atomisierung der Individuen usf. Thema ist, daß die Kämpfe die personhafte und aus dem sonstigen Leben heraustretende Feindschaft aufgezehrt haben. Kämpfe von Individuen in der Form von Kämpfen um den Markt sind nicht individuelle Kämpfe und sie töten nicht. Frühere Kulturen besaßen die organische Bindung der Zweikämpfe. Jetzt erlischt die Person, die kämpft. Der Kampf ohne Person, als Subjekt seiner selbst. Die Metaphern vom verloren gegangenen Gesicht,[2] vom die Haut auch noch ablegen als vollständige Auflösung des Individuums kommen schon von den frühen Gedichten und vom *Baal* her ins *Dickicht der Städte*.[3] Jetzt endet das Individuum:

> Shlink: Die unendliche Vereinzelung des Menschen macht eine Feindschaft zum unerreichbaren Ziel. Aber auch mit den Tieren ist eine Verständigung nicht möglich.
> Garga: Die Sprache reicht zur Verständigung nicht aus.
> Shlink: Ich habe die Tiere beobachtet. Die Liebe, Wärme aus Körpernähe ist unsere einzige Gnade in der Finsternis! Aber die Vereinigung der Organe ist die einzige, sie überbrückt nicht die Entzweiung der Sprache [...]. Ja, so groß ist die Vereinzelung, daß es nicht einmal einen Kampf gibt.[4]

Im Dickicht der Städte zeigt wieder den »Verfall einer Familie«, jetzt aber das Ende als Auseinandergehen in völliger Gleichgültigkeit. Es gibt nicht Sohn noch Vater, weil die Person überhaupt abhanden gekommen ist. Eine interessante Figur die Mutter, die als erste davongeht, aber empört über die Zersetzung.

II

Das Verschwinden der Person beschäftigt Brecht in Gedichten und Stücken etwa seit 1916/17. Die führenden poetischen Metaphern lassen den Menschen in organische Natur zurücksinken. Vergehen unter fahlem Himmel, unkenntlich werden, Verwesen in Flüssen oder faulenden Schiffen. Selbst der vom Menschen erzeugte

---

[1] I, 490-495. Bertolt Brecht, *Werke*, Große kommentierte Berliner und Frankfurter Ausgabe. Gemeinschaftsausgabe des Aufbau-Verlags Berlin und Weimar und des Suhrkamp-Verlags Frankfurt/M. 1989 ff. (Für den Band stehen römische, für die Seiten arabische Ziffern.)

[2] I, 489.

[3] *Vom Mitmensch*, XI, 59-61; I, 117; I, 446.

[4] I, 491.

Teil der Gegenstände treibt faulend dahin. *Das Schiff* in der *Taschenpostille* setzt Rimbauds *Das betrunkene Schiff* fort. Der intensive und detailreiche Ausgleich mit der Natur läßt, von der drastischen Verselbständigung einzelner Organe betont, den Menschen aus den ideellen Formen bestehender sozialer Bindungen herausgleiten. Die Bilder von der Auflösung in Natur sprechen das Verschwinden der Liebe unter den Menschen aus. Die vergehenden Körper meinen das Verschwinden organischer Bindungen als Vergesellschaftungsformen. Der verlassene Mensch sinkt in die Natur als seinen erweiterten Leib hinein. In einen sozialen Bezug herauszutreten ist nur noch als kynischer Trotz des Gleichgültigen beschreibbar.

Der Gedanke von Gesellschaft als organische Gemeinschaft wie von familiärer Nähe bildet das Leitthema der plebejischen kulturellen Tradition. Im Bild solcher vergeblicher Erwartung und mit der Klage von der Leiderfahrung in diesem falschen, sündigen Leben spricht die plebejische Linie ihre Kritik des zivilisatorischen Prozesses vom Ort aus, an dem dessen Opfer versammelt sind. Liebe in dieser Welt ist Opfer. Dieses beim frühen Brecht wiederkehrende Thema liegt dem naturmetaphorischen Verfallen und Untergehen zum Grunde. Es bildet den wirklichen Inhalt der Poesie von Sterben und Tod. Unsere Sünde und daß wir die Opfer sein werden, gehört zum erlebnisstarken plebejischen Bestand der christlichen Tradition. Brecht behandelt in den wiederkehrenden Strophen von den sündigen Mädchen, die verführt werden, sich verführen lassen wollen, denen es zu egal sei usf. die Verunglückung des unerwidert Liebenden. Der Liebende versinkt, da Bindung absurd geworden ist.

> Shlink: Sie müssen immer den Kopf in der Achselhöhle eines Mannes haben, gleichviel bei wem. [...]
> Marie: Wie rasch Sie mich hingenommen haben, als entginge ich Ihnen. Und wie gleicht es dem Opfer.
> Shlink: Sie sind wie eine wahnsinnige Hündin ins Gebüsch gelaufen [...]
> Marie: [...] Ich bin immer so, wie Sie sagen. Ich liebe Sie, verwechseln Sie nie, daß ich Sie liebe. Ich liebe wie eine wahnsinnige Hündin.[1]

Die Naturmetaphern, unerwiderte emotionale Bindung als Opfer und der Selbstverlust des mißbrauchten Menschen, die wichtigsten Themen des frühen Brecht, finden sich in der Passage des *Dickicht* zusammen. Die Konstitution gesellschaftlicher Realität vom Primat emotionaler Bindungen der Individuen und erlebbarer Gemeinschaft in Gruppen aus gehört in die plebejische kulturelle Tradition. Von diesem Grundmotiv her bilden die anderen Leitthemen kultureller Kritik und die Einsicht der Vergeblichkeit von erlebnishafter Sozialisierung bei den Unterschichten die plebejische Reflexion auf den zivilisatorischen Prozeß aus. Dem plebejischen kulturel-

[1] I, 474.

len Ort gehören auch die vom frühen Brecht immer wiederholten, in der Durchführung wenig variierten Themen von unmöglicher, darum sündiger Liebe und der geopferten Frau zu. Wenn dennoch fortgeliebt wird, dirigiert das kynische Element, trotzig und selbstironisch auftrumpfend und vom Sündenbewußtsein armer Leute beladen.

Die lange Tradition des literarischen Typus verführte Unschuld, der Strafe entgegengehend, ist hier aufgenommen. Die psychische und soziale Thematik wird von Brechts großer Naturmetaphorik für die Typisierung einer seelischen Dramatik poetisch erneuert. Das Thema der verführten liebenden Frau, die den nicht wieder gut zu machenden Fehler begeht, sich ihrer Liebe und deren Wünschen zu überlassen, und die darum als wüste Gefährdung erscheint, bildete immer die Metapher für soziales Unglück. Wer einfach Glück sucht, scheitert an der Welt. Brecht verbindet das Thema mit den Bildern von organischer Auflösung nach ganz kurzem Gefühl vereinigender Nähe, weil die plebejische Anklage der herrschenden Moral überholt ist. (*Erinnerung an die Marie A.*) Das Kennzeichen der plebejischen Tradition in der Liebesthematik gegenüber den in der aristokratischen Linie dominierenden Genuß- und Freudeaspekten besteht neben der umstandslosen Direktheit der Arrangements in der Schwere vollständiger, ungesuchter und vernichtender Leiderfahrung ohne die Konstruktion überdauernder Seele; also erinnerungsloses Vergessen. Das Vergessen betrifft nicht ein vorgefallenes Ereignis, aber die Person der Partner. Das Individuum ist mit der Flüchtigkeit bindungsloser Begegnung verlorengegangen. Verschwindet die Partnerin als Person, so verflüchtigt sich auch das Ich des Sprechers. Eines der häufigsten lyrischen Bilder Brechts sagt: in mir halten sich Dinge auf, Gegenstände gehen durch mich hindurch. Die Durchlässigkeit der Individuen zeigt die Auflösung der Substantialität der Person an. Brecht führt das später wie ein physikalisches Feldmodell aus, in dem die Individuen nur Elemente von Relationen darstellen. Die Kontinuität des Themas Tod der Person zur späteren Ästhetik des Individuums als Handlung, als Verhalten gemäß sozialen Verhältnissen wird an frühen Notizen (Mai 1921) zur Galgei-Figur deutlich: „»Galgei« […] es sollten die Individualitäten nur durch ihre Beziehungen untereinander charakterisiert erscheinen".[1]

Der spätere Brecht faßt die sozialistische Bewegung und den Kommunismus noch immer unter den Bildern von Wärme, Freundlichsein, Mütterlichkeit und erreichbarer Überwindung unseres Leidens an der Kälte der Welt – aber jetzt aus bewußt gemachter sozialer Beziehung. Er nimmt eigentlich den marxistischen Sozialismus

---

[1] XXVI, 213.

ins alte Bett der plebejischen Tradition zurück. Wenigstens bestimmt das die eine der beiden Ebenen des von Brecht immer wieder gesuchten und verdrängten Sozialismusgedankens.

Für die frühen Gedichte und Stücke bedeutet die Naturmetaphorik nicht, daß eine etwa mitgehende soziale Bedeutung literarisch verkleidet werden solle. Brecht sieht die sozialen Bezüge als diese Bilder. Die Natur ist das umgreifende Symbol für den Leib des Menschen. Dessen Verfall besitzt beim einfachen Individuum, das im kulturellen Gedächtnis der Oberschicht nicht aufbewahrt wird, tatsächlich die elementare Schicht des Siechens und Absterbens wie eine Pflanze. Die Naturmetaphorik gehört zur plebejischen Tradition beim frühen Brecht wie die emotionale Wertung der Gesellschaft. Die Bibel begründete die Naturgleichnisse für soziale Glückserwartung und Unglücksfurcht. Wo die europäische Literatur von den Unterschichten her spricht, wird das fortgeführt. Mit etwas anderem Ton fügt Villon die soziale Nähe durch Liebe auch über materialistisch-organische Körpersymbole in den Naturbezug ein. Der Materialismus Villons kommt noch ohne den unendlich komplizierenden Sünden- und Auflösungsgedanken aus, der allerdings in geschichtliches Denken und gesellschaftliches Engagement führte. Der körperliche Handlungsvorgang (auch Arbeitsprozeß) in sinnlich erlebbarer und umfassender Kooperation, darin die Zelle von tätiger Gesellschaftsbildung, das entspricht den Lebensformen vorindustrieller Kulturen. Das Verschwinden der anschaulichen Körperlichkeit im sozialen Bezug, das von Markt- und Kapitalbewegung bewirkt wird, erscheint von den Unterschichten her als der Untergang des Menschen überhaupt. Der plebejischen Linie in Brechts früher Poesie entspricht die wie selbstverständliche Aufnahme der sozialen Klage und Anklage schon seit den Gedichten von 1916/17 (*Lied der müden Empörer*, 1917; *Legende vom toten Soldaten*, 1918; *O Falladah, die du hangest*, 1919). Brecht sah als Sanitätssoldat in Augsburg außerdem einige der schwersten Menschenverstümmelungen seiner Zeit. Er erlebte den Krieg im Anblick der Opfer, der zerstört Fortlebenden. Brecht erkannte den dem wehrlosen Leiden überlassenen Menschen und nahm hier eine plebejische Grunderfahrung auf.

III

Die Tagebücher zeigen, daß Brecht sich seit 1920 mit einer Zuspitzung der Thematik des *Dickicht* beschäftigte. Der Kampf der Besitzenden bildet das Schicksal des Armen. Er führt zur Auslöschung der Person, im geplanten Galgei-Stück aber auf neue Weise, die auch neue dramatische Durchführungen ermöglicht. Vom Stück über den

Galgei existieren nur wenige Notizen und Szenenentwürfe.[1] Ein Buttergeschäft des die Stadt beherrschenden Mafioso droht zu platzen durch den Tod des Butterhändlers Pick. Man braucht einen, der als Pick weiterlebt. In der Hochstimmung nach dem Genuß der Luftschaukel auf einem Jahrmarkt (Brecht notiert solches Gefühl auch autobiographisch[2]) wird der dicke Schreiner Galgei im Kaka, dem Klub Klamauk, während einer Nacht zum Einverständnis gebracht und ist am Morgen der böse Butterhändler Pick. Wahrscheinlich sollte Galgei mit der Drohung gefügig gemacht werden, er werde des Mordes an Pick beschuldigt. Es gehen welche mit ihm fort, den Sarg zu holen, der drei Szenen lang heranrollt. In der späteren Ausführung des Themas, das Brecht über Jahre beschäftigt, bei der Ummontage des armen Packers Galy Gay zum Soldaten Jeraiah Jip, steht hier ein mystisches Todeserlebnis des auszulöschenden Individuums durch die Scheinerschießung. Die Problematik der verschwindenden Person verändert sich außerordentlich. Das Erlöschen geschieht vollständig. *Im Dickicht* blieb bei der Zumutung, daß der malaische Holzhändler Shlink dem Angestellten einer Leihbibliothek Garga Überzeugungen abkaufen wollte, um dessen Person in Besitz nehmen zu können. Das Individuum erlischt auch nicht physisch, keine bilderreiche organische Zersetzung mehr. Der Tod eines Gegners ist nicht mehr körperlich sichtbar, darum auch nicht tragisch. Jetzt stirbt die Person im zivilisiertesten Sinn, als Name und Rolle. Der Tod geschieht innen, am feinen Stoff, der Geist und Seele heißt. Es ergibt sich die Absurdität, daß der Tote weiterlebt. Die Tragödie wird komisch. Brecht nannte das geplante Galgei-Stück ein „Lustmord-Spiel". Die Komik des Ich-Verkaufs besitzt weiten und ernsten Hintergrund. Der soziale Ort des Geschehens lag auf der Hand. Der Arme ist gezwungen, sich zu verkaufen, nicht nur seine Ware Arbeitskraft. Brecht hatte Marx noch gar nicht gelesen. Brecht nahm das Thema vielmehr ganz vorsozialistisch, ohne Klassenkampf und dadurch zugleich höchst modern. Nicht die Arbeitskraft, das Ich in der körperlichen Masse Arbeit wird umgebaut. Das Selbstbewußtsein stirbt weg bei leiblicher Fortexistenz. Nicht der klassenbewußte, organisierte Arbeiter tritt auf. Die plebejische Situation wird sachlich harmloser bis zur Komik genommen. Tatsächlich wird Plebejisierung durch den Ich-Verkauf universell und greift an die Wurzeln. Die christlich-abendländische Person wird verschachert. Diese kulturelle Idee und Lebensform war aber gerade aus dem Untergang der elitären kulturellen Ideologie des vorchristlichen Altertums hervorgegangen und hatte die unendliche geistige Personalität jedes Einzelnen und damit den Einzelnen überhaupt erst geschaffen. Brecht

---

[1] BBA 150/183; vorgesehen für Bd. 26 der Werkausgabe. (BBA .../... steht für: Archivmappe Nr. .../Blatt Nr. ... des Bertolt-Brecht-Archivs).

[2] BBA 813/45.

behandelt jetzt die vom christlichen Personalismus her gedachte Zivilisation als auf ihrem äußeren Maximum und am inneren Nullpunkt angelangt. In den großen Städten, den Versteinerungen des Lebendigen, zeigt sich das Ende der Geschichte vom ideellen Ich. In einem Gedicht *Das war der Bürger Galgei* bezeichnet Brecht die christliche Tradition als den ideellen Ort, an dem sich die Katastrophe ereignet:

Der Name stand im Kirchbuch.
Und am Begräbnisstein?
Der Bürger Galgei konnte
Gut auch ein andrer sein.

Der Bürger Joseph Galgei
Geboren im April
Fromm ordentlich und ehrlich
Wie Gott der Herr es will.[1]

Im Unterschied zum *Dickicht*, das an seinem Programmcharakter leidet und als Darstellung des Kampfes an sich keine Fabel mit individuellen Figuren bietet, sucht Brecht mit dem Galgei nach einer Person, deren Geschick sich als ein anschaulicher Vorgang darstellen läßt. Das Unglück, zu den Armen zu gehören, wird bis zur Auslöschung der Person verfolgt. Das erscheint gegenüber *Lage der arbeitenden Klasse in England* (von Engels 1848) mit Zerstörung der körperlichen Existenz weniger expressiv und katastrophisch. Es ist aber die modernere Fragestellung für die Kapitalgesellschaft der Gegenwart und nicht nur für diese, auch für deren gewolltes Gegenteil. Eine der vielen Tagebuchnotizen zum Galgei (August 1920): „Keine Metaphysik in den »Galgei« hineinarbeiten: man muß sie nur herausarbeiten. Einfach die Geschichte eines Mannes, den sie kaputt machen (aus Notwendigkeit) und das einzige Problem: wie lange er's aushält. Was sind seine Reserven, was unterscheidet ihn, was greift ihm an den Hals? Man stürzt ihm die Füße, man kegelt die Arme aus, man sägt ihm ein Loch in den Kopf, daß der gesamte Sternenhimmel hineinscheint; ist er noch Galgei? Es ist ein Lustmordspiel!"[2] Brecht sah das Problem deutlich: Die Verdinglichung der gesellschaftlichen Beziehungen ist so weit fortgeschritten, daß nun das Subjekt überhaupt als Marktgegenstand abhanden gekommen ist. Brecht sieht das enorme Thema des verschwindenden Individuums in der aktuellen plebejischen Situation, das Thema, aus dem die Frage nach dem Wiederfinden des nicht verdinglichten Menschen entstehen konnte. Er sah aber nur die Umrisse der Figur. Die Umstände für die Personen einer Handlung fehlten. „Mir fehlt zum »Galgei« jene Gestalt vom größten Ausmaß, die die Fabel tragen kann. [...] Und sie muß diejenige sein,

1 XIII, 157.
2 XXVI, 144.

die [...] keineswegs durch sie, die Fabel, erschöpft ist."[1] Mit der komödiantischen Soldatenwerbungsvariante, weil ein Mann abhanden gekommen war (der wieder auftaucht, als er schon mit Anderen im Feld steht), findet Brecht die Figur zur Fabel. Der Packer Gay geht zur Mittagsstunde auf den Markt, einen Fisch zu kaufen, seine Frau setzt schon das Wasser auf, da ergreift ihn das Abenteuer der Auslöschung und verwandelnden Auferstehung. Gay wird im Gaunerstück mit großen Szenen der Verleugnung seiner Frau, mit der verwirrenden Erfahrung, seine Erschießung zu überleben, zu der „menschlichen Kampfmaschine" Jeraiah Jip ummontiert.[2] Die im Pitaval stehende Mustergeschichte von einem französischen Bauern, der sich mit Zweck und langem Erfolg für den verstorben geglaubten Ehemann einer jungen Frau ausgibt, konnte beim Freund der Kriminalgeschichte Brecht mitspielen. Er macht den ganzen Realkapitalismus zum Kriminalstück mit Hintergrund. Älteste Bestände der plebejischen Tradition, Armut, freiwilliger Opfertod, Verleugnung der Person, Auferstehung zu einem höheren Leben werden aufgenommen und durch das Zusammentreffen mit der Gegenkultur, die hier die wilde Fülle von Warenverkauf und Krieg ist, tragikomisch widerlegt. Über dem Ich-Verkauf schließt sich ein moralisch strenger Ernst, wie nur immer in der plebejischen Kultur: das Leben ist verkauft. Wir leben als Falsche in einer verkehrten Welt und haben es selbst getan.

IV

Brechts Idee von der bürgerlichen Welt des 20. Jahrhunderts als dem Endpunkt der Person bildet den Anfang des Brechtschen Werks seit der zweiten Hälfte der zwanziger Jahre. Die starken Veränderungen der poetischen und ästhetisch-theoretischen Produktion vollziehen sich innerhalb einer Kontinuität. Brecht wird vom Gedanken des abhanden gekommenen Individuums zur systematischeren Kritik der fortbestehenden Individual- und Freiheitsideologie geführt. Sie lag im marxistischen Ideologiekonzept bereits vor. Auch andere Aspekte führten vom Schlüsselthema des verschwundenen Menschen zur neuen Werkphase Brechts. Wer nichts ist, kann alles werden. Der Nullpunkt als die Stelle der Umkehr. Der Topos trägt Marx' Sozialismustheorie: der Fortschritt des Kapitals darin, daß eine Klasse des absoluten Nicht-Eigentums, das soziale Nichts entstehe. Brecht kam in einem beinahe immanenten Zusammenhang seiner außerhalb sozialistischer oder gar marxistischer Einflüsse entstandenen Thematik von der ausgelöschten Personalität in die Nähe von Marx' eigen-

---

[1] XXVI, 217.

[2] Vgl. Brechts Skizze in Form eines Zeitungsberichtes, Werner Mittenzwei, *Das Leben des Bertolt Brecht*, Berlin/Weimar 1986, Bd. I, S. 246.

tümlicher Umbildung der Hegelschen Dialektik, zum Prinzip der Bewegung nicht durch Synthesen, sondern als der Gang durch die Extreme. Vor den sozialen Ort des personalen Nichts, die Unterschichten des 20. Jahrhunderts, gelangte Brecht umwegIos. Er brauchte als Dramatiker anschaulich agierende Personen, die sozial nichts sind, im entsprechenden Milieu. Außerdem ging Brecht als großer und für eine bestimmte kulturelle Lage klassischer Künstler auf die allgemeine Welthaftigkeit spezieller und auch subjektiver ästhetischer Erfahrung aus. Das bedeutete, er suchte das Subjektive des Dichters an der verstehenden Darstellung objektiver Strukturen der Kultur überhaupt erst zu begreifen und zu einem ästhetischen Thema zu entfalten. (Das ist als eine Grenzlinie psychographischer Literaturgeschichtsschreibung, die auch an Brechts Werke von der Persönlichkeit des Dichters und deren kleineren Regungen her herangetreten ist, zu bedenken. Die private Erfahrung, ein Nichts zu sein, bei berechtigtem starkem Selbstbewußtsein ignoriert zu werden, aber als Dichter seiner Zeit alles werden zu können – wie Brecht ja auch in allen Literaturgattungen und mit immensem ästhetisch-theoretischem und kulturpolitischem Opus gearbeitet hat –, findet sich in Brechts frühen Tagebüchern durchaus. Daraus ergeben sich die viel genannten Aufstiegs- und Eroberungshaltungen, mit denen Vordergründe und psychische Motive zu beschreiben, aber nicht die Evolution der ästhetischen Problematik zu erfassen ist. Ein Individuum, in dessen Schaffen sich eine Epoche spiegelt, hat natürlich einen »Schaffenswillen« mit der Unendlichkeit seiner endlichen Eigentümlichkeiten. Bildung und Bewegung der ästhetischen Formenwelt einer Dichtung und deren Beziehung auf soziale und ideelle Formen des Zeitalters gehen darin nicht auf.)

In den Jahren 1929/30 arbeitete Brecht an einem Stück, das den Titel *Aus Nichts wird Nichts* tragen sollte. Hier tritt, wie später im *Messingkauf*, „Der Denkende" auf, der durch reflektierendes Gespräch mit dem Schauspieler die Darstellungen in eine zweite Ebene der Wahrnehmung rückt. Ein bettelarmer Gehilfe von Rinderhirten ist hier die Personifikation des zum Nichts gewordenen Menschen.

> Schauspieler: Aber hast Du bemerkt, wie ich andeutete, daß ich auch fest überzeugt bin, daß alle nichts sind ? [...]
> Der Denkende: Besonders gefiel mir, daß Dein Nichts doch ein Mensch war, ein ganz bestimmtes Wesen mit Sonderzügen, eine besondere, einmalige Form des Nichts. Es war nicht ganz qualitätslos sozusagen, nur von einem gesellschaftlichen Standpunkt aus war es ein Nichts.
> Schauspieler: Und gerade von der Gesellschaft her wollte es etwas werden.[1]

---

[1] GW 7, 2957 f. Die in dieser neuen kritischen Ausgabe noch nicht erschienenen Texte werden zitiert nach: Bertolt Brecht, *Gesammelte Werke in 20 Bänden*, Frankfurt/M. 1967 (werkausgabe edition suhrkamp). (GW, für Band und Seiten stehen je, durch Komma getrennt, arabische Ziffern.)

Hier findet sich das Thema der Zernichtung der Person in der wirkungsreichen Form als Armut und Ausbeutung der plebejischen Schichten. Das ist jedoch bereits eine veränderte Thematik, wenigstens ist zum Kern des Themas ein zweiter Aspekt hinzugekommen. Brecht behandelt in seiner frühen Lyrik und in den ersten Stücken das Versinken der Person bis zu deren organischem Vergehen. Daraus entsteht das Schlüsselthema der erloschenen Individualität und des austauschbaren Menschen. Die am Grunde von Anfang an mitgehende plebejische Tradition führt Brecht in Bezug auf die soziale Struktur und deren Veränderungen zur sozialistischen Arbeiterbewegung in ihrer schwerblütigen, moralisch-diktatorischen kommunistischen Variante. Das betrifft aber nur die auf unmittelbares praktisches Handeln bezogene Ebene des Problems der erloschenen Individualität. Brecht sieht primär im personalen Aspekt, nicht im materiellen Standard des Armen sein eigentliches Thema des Versinkens, des, wenn man so sagen kann, sich einstellenden Nichts.

Parallelen zur Philosophie und speziell zur Ästhetik der Zeit liegen auf der Hand. Der Blick könnte sich m.E. für das Thema weniger auf Nietzsche richten. Die Individualthematik wird da anders behandelt. Existenzphilosophische Fragestellungen liegen näher. Noch näher liegen m.E. religiöse Reflexionen des seinen Atheismus sehr betonenden, vorzüglichen Bibelkenners Brecht. Dahin führen schon die spezifischeren Umstände, unter denen Brecht die Austauschbarkeit der Menschen durch Auslöschung der Individualität darstellt. Für Brecht bildet die Verminderung der Person bis zu deren infinitesimalen Verkleinerung keinen einfachen evolutionären Ablauf. Es ist ein dramatischer Vorgang schuldhafter Spaltung des Subjekts. Autobiographische psychische Erfahrungen und Reflexionen spielen dabei selbstverständlich ebenfalls eine Rolle. Sie wurden oft behandelt, bilden aber nur einen akzidentiellen Aspekt des Problems, das Brecht verfolgt und darzustellen sucht.

Vom Leitgedanken der versinkenden und sich auflösenden Menschen und dem daraus entstehenden Problem der sich auslöschenden Person her gelangt Brecht selbstverständlich vor die Frage, wie die Person sich wiederzugewinnen vermöchte. Sie bestimmt Brechts ganzes Werk seit der Mitte der zwanziger Jahre. Würde man nur die zum eigentlichen Kern des Themas hinzutretende soziale und politische Bewegung sehen, mit der Brecht sein tieferes Thema der Wiederherstellung des Menschen verbindet, so gelangte man zu einzelnen Aspekten des Brechtschen Werks, die sich nach verschiedenen formellen Gesichtspunkten (und politischen Optionen) so und anders ordnen lassen. Daraus entstehen vereinfachende Brecht-Bilder, wie sie lange in der West- und der Ostrepublik der Deutschen nach dem Kriege entworfen wurden. Man macht den Dichter klein statt klar auf diese Weise. Brechts Lösungsversuche wurden poetisch fruchtbar, weil sie tief widersprüchlich sind, wie es dieses Jahrhundert ist, das Brecht in seinem Werk ausspricht. Die wirkliche Differenz und der geistige Experimental- und Prozeßcharakter in Brechts Dichtung lassen sich von den Kontrasten her erfassen, die schon den Begriff des Individuums beim frühen Brecht prägen. Die Konflikte gehören zugleich in die plebejische kulturelle Tradition. Die tiefe Widersprüchlichkeit und eine zunehmende Krisenhaftigkeit der plebejischen Kritik der heutigen Industriegesellschaft selbst bedingen die ganze Problematik der Brechtschen Dichtung und der ästhetischen Theorie. Brecht versucht, die plebejische Tradition mit der Gegenlinie aus kulturellen Tendenzen der Oberschichten zu verbinden, eigentlich die plebejische Tradition in der Form der Oberschichten durchzuführen. Daraus erwächst die außerordentliche produktive Spannung und Modernität des Brechtschen Werks. Es entstanden daraus aber auch die markanten Probleme im Umkreis der Tatsache, daß Brechts Kunst bei den sozialen Schichten und der politischen Bewegung, an die sie gerichtet war, niemals ankam, d.h. weder akzeptiert noch verstanden werden konnte.

V

Die frühe Lyrik sucht in immer wiederkehrenden Metaphern der organischen Natur das Vergehen des Menschen in dessen Fragwürdigkeit durch Vereinsamung darzustellen. Die Armut des Menschen ist seine letztendliche Einsamkeit, also dessen Schwäche im Schwinden durch die Zeitlichkeit. Brecht ist Atheist, aber er denkt eindringlich die Unmöglichkeit des Gottesbegriffs, der noch zu den Männern von Mahagonny geschwommen kommt, und Brecht denkt die nachreligiöse Situation des Menschen auch mit christlichen Begriffen. Dazu gehört die Schwäche-, Armuts- und Todesthematik. *Vom Mitmensch*[1] behandelt die frühe Lebensanschauung zusammenfassend und sagt von den peinigenden Mitmenschen, deren Mitmensch man ist: „Denn sie sind keine Ungeheuer/ Und er ist nicht der gute Hirt“. Brecht benutzt die christlichen Bilder, um die Unmöglichkeit zu zeigen, daß die Rechtfertigung und Versöhnung des Menschen in religiöser Form noch bewältigt werden könne, und um zugleich die Unabgegoltenheit der hinter der religiösen Form liegenden Problematik auszusprechen. Das ununterbrochen fortgehende Absterben des Menschen geschieht durch seine Erdgebundenheit. In der entfalteteren Fragestellung, die im Galgei-Fragment und in *Mann ist Mann* ausgeführt wird, tritt zur Schwäche und Sterblichkeit der menschlichen Existenz schlechthin der Arme als der Schwache, und er ist verführbar. Der Verführungsgedanke, überhaupt die Welt, deren Genüsse, die bedeu-

---

1 1920, XI, 59-61.

ten, sich zu verlieren und das darin enthaltene Gewissensthema sind die Leitthemen der frühen Lyrik. (*Gegen Verführung*, 1923, entstanden im September 1918 als *Luzifers Abendlied*, mit Noten; 1929 übernimmt Brecht das Gedicht in die Rede von Paul Ackermann in *Aufstieg und Fall der Stadt Mahagonny*, Bild 11) Galgei und auch Galy Gay verlieren ihre Person, weil sie bereit sind, sich verführen zu lassen. Die Armen sind im Stande der Schwäche und der Verführbarkeit „in diesem Tale, das von Jammer schallt". Ein kleiner Wohlstand lockt und Galgei läßt sich herumkriegen. Die mittlere Linie zwischen dem Glauben Gays, der Jip zu sein, sein zu wollen, nun auch zu müssen, und dem Spiel, der Andere zu sein, bildet in *Mann ist Mann* das höchst ernste Komik-Element und zeigt den brillanten Theaterautor.

Mit der Verführungsthematik und immer in der plebejischen kulturellen Tradition geht bei beiden Figuren die elementare moralische Thematik der Verkehrung des Guten in den Bösen einher. Die Idee der Spaltung des Menschen in entgegengesetzte Teile gehört seit alters zum ganzen Problembestand. Brecht nimmt in der Form zeitgenössischer Themen und Figuren die elementaren Fragen der europäischen Dichtung nach der Schwäche und der versöhnenden Befreiung des Menschen auf. Die Spaltung der Menschen kommt in der Darstellung des Gay als des Mannes, aus dem die Person ausläuft. Er „ist wie eine Ölbüchse, die ein Loch hat. Ja und nein ist ihm das nämliche, er sagt heute so und morgen so."[1] Die Figur des gespaltenen Menschen, der darum seine Person verlieren und austauschbar werden kann, geht fort zu *Galilei* (1938/39), zur Person in der Schwäche und Gewissensspaltung des geistigen Revolutionärs, der sich zum Einverständnis diszipliniert. Sie geht fort zum *Guten Menschen von Sezuan* (1938/40), der lehrhaft ausgebreiteten Menschenteilung in der elementarischen Scheidung von gut und böse. Galy Gay, sich als Jeraiah Jip anerkennend, sagte schon: „Und ich, der eine ich und der andere ich, werden gebraucht und sind also brauchbar."[2] Die Tui-Gestalten, nun in markierender Schärfe und Vereinfachung des Themas, führen ihre bewußte, ideologisch dienende Selbstentleerung durch. Brecht beschäftigte sich mit dieser Variante beflissener Aufgabe der Person viele Jahre. Er arbeitete am dreiteiligen Roman von 1935 bis 1943. Der Stück-Entwuf begann 1930, im Sommer 1953 schreibt er in Buckow *Turandot oder der Kongreß der Weißwäscher*.

Die Umwandlung der Person, möglich durch deren zerspaltene Existenz, so daß der Wind durch sie hindurchgeht, weist in verschiedene Richtungen. Sie können in einer kurzen Skizze nicht einmal aufgezählt werden. Brechts Fragestellung ist nicht auf die Spaltung der Person und deren Erlöschen an sich gerichtet, sondern auf den

---

1 II, 145-146.
2 II, 224.

Umgang mit dieser Beschaffenheit und mit den Verhaltensweisen, die sich für Individuen als Exemplare sozialer Schichten ergeben. Brecht beklagt und kritisiert die einfache Abtötung des Widerspruchs durch die Reduktion des Menschen aufs Faktische; er sagt gern, aufs Einverständnis. Ständige Kritik des faktisch gegebenen Lebens, anhaltende selbstkritische Prüfung als menschlichster Gewissensakt erscheinen Brecht – fern aller pietistischen Seelenscheuerei, noch nahe genug bei der plebejischen Moralität von Zivilisationskritik – als die einer freien Gesellschaft sich eröffnenden und aufgegebenen Bewegungsformen des Widerspruchs. Sie erzwingen nicht Einverständnis und verführen nicht zu ihm, sondern ermöglichen reale Versöhnungstendenz des Menschen mit seiner Endlichkeit in der sozialen Erfahrung der Solidarität und in einem Prozeß produktiver Selbstfindung durch die Genüsse des Denkens.

VI

Die Wiederherstellung der Person kann nach deren völligem Verlöschen bis zur Austauschbarkeit nicht in den Bahnen des Versinkens erfolgen. Der Aufstieg beginnt mit dem G e d a n k e n des Versunkenseins, mit der Verwandlung des realen Vergehens ins Denken des Vergehens. Brecht wechselt dafür die Bilder seiner Sprache. Das Vergehen erfolgte in den erweiterten Leib der organischen Materie. Zähne stumpften, fielen aus, Haare veralgten grün, der Leib löste sich im Wasser auf. Für die intellektuale Umkehrung setzt Brecht eine andere Materie: den Stein. Die Asphaltstädte sind die Versteinerungen. In sie kann man nicht wie in organische Materie versinken. Am Stein prallen wir ab. Die Stadtmaterie stößt den Menschen auf sich zurück. Der Versinkende wird zum Ankämpfenden. Der Mensch wird unter anderen Bildern gedacht: Energie, Wille zum Aufstieg, Unzufriedenheit mit sich vor der gegenständlichen Materie, Rede und überhaupt die kommunikative Kraft des Denkens. Das Individuum kann nicht auf dem gleichen Weg den Verfall und die Rückkehr aus dem Verfall zurücklegen. Der Untergang war nach *Baal*, mit Galgei und Galy Gay kein physischer mehr, sondern ein psychischer, ein geistig-personales Verschwinden; die Körpermaschine lebte fort. Eine tiefe Falsifikation war eingetreten: Die Körpermaschine arbeitete ohne Person, ohne Gehirn. Am Geist wurde montiert wie sonst am Organismus und an maschinegefertigten Bauteilen. Der Beginn nach dem Erlöschen der Person mußte also mit dem Nachdenken über das Montieren am Denken, also mit der Reflexion des reflektierenden Menschen einsetzen.

Zur ideellen Linie, auf der das versunkene Individuum wieder heraufsteigt, tritt eine zweite. Das Individuum kann sich nicht als Individuum wieder erheben. Es war über der Kälte seiner Einsamkeit abgestorben. So geht es nicht nur als organische Substanz zu Grunde, sondern ebenso als isoliertes, als egoistisches Subjekt. Das Individuum gewinnt seine Wiedergeburt im kollektiven Subjekt. In Brechts Werk tritt ein elementarer Widerspruch ein. Geistiges Experimentieren, Analysen, Reflexion des Widerspiels von Reflexion und realem Verhalten setzt individuelle Akte und personales Bewußtsein voraus. Ohne das keine kommunikative Rationalität. Ausgeprägte Individualität in willensmäßigen und geistigen Akten bildet die Voraussetzung solcher Sozialisierung, die Bindungslosigkeit und Absinken der Person zur Austauschbarkeit ausschließt. Brecht sucht die plebejische Tradition von der kulturellen Linie der europäischen Oberklassen her ideell zu rekonstruieren und zu überschreiten. Er wendet nicht nur die methodische Reflexion der Dialektik auf die plebejische Situation an. Er sucht und sieht die Proletarier als die ihre Situation ununterbrochen kritisch auflösenden Individuen. Die Lehrstücke versteht Brecht als Exempel der Umwandlung des Proletariats in ununterbrochen reflektierende Entdeckerteams. Die proletarische Situation soll von der fixierten Unmittelbarkeit her disziplinierteste Kollektivität sein und zugleich das produktive Reflektieren intelligibler Individuen, deren Sein der Prozeß des nicht abbrechenden argumentativen Gesprächs ist. In Brechts Werk dringt der Widerspruch der sozialistischen Bewegung des 20. Jahrhunderts ein. Brechts Proletarier ist ein humanes Phantom. Als Dichter bekommt er ihn nirgends zu Gesicht. Arbeitergestalten finden sich nur im Commune-Stück, wo Denken durch die Niederlage einsetzt, und in der Dramatisierung von Gorkis *Mutter*. In den aus der kirchlichen Tradition herausgelösten Lob- und Preisliedern erscheint das Proletariat ebenfalls nur als ideeller Bezugspunkt.

Die organisierte Kollektivität wird vorgelehrt und in vielem auch vorgelebt. *Die Maßnahme* (1930) zeigt das Einverständnis eines undisziplinierten Individuums mit seiner eigenen Hinrichtung im Klassenkampf. Die Weihe des Opfertods für die Gemeinschaft überbrückt die Kluft zwischen zugrunde gegangenem Individuum und dessen Wiedergeburt zur Gemeinschaft. Die Materialien zum Stück *Untergang des Egoisten Johann Fatzer* (1927/30) behandeln die Überschreitung der Individualität durch den Armen erforderliche verläßliche Gemeinschaft. Die Chöre zum Stück bringen die das Brechtsche Werk bewegenden Konflikte und Themen wie mit einem Male zur Sprache. Die elementare Gut-Schlecht-Reflexion wird rekapituliert. Das frühe organische Vergehen des Menschen kehrt wieder, aber mit dem expliziterten kritischen Vorwurf, der in den frühen Gedichten stumm mitging. „Schreit doch nicht soviel um einen Menschen, er ist geboren und muß Hinsein und reicht nicht weit. [...] Schreit um einen Menschen! Soll er hingehen? Schlecht so! Was geschieht, muß nicht geschehen."[1] Das Versinken in die Tiefe kehrt zurück, nun als permanenter Wechsel der Oberen zu den Unteren, ein mystisches Rad der Absterbenden und der Wiedergeburten. Das Untergehen wird hier zum Unterliegen. Die Unterliegenden werden zu den Denkenden. „Halte Dich fest und sinke! Fürchte Dich! Sinke doch! Auf dem Grunde erwartet Dich die Lehre."[2] Die große Wendung geht über in die plebejische Tradition von Einheit der Individuen im unendlichen Geist. „Zuviel Gefragter werde teilhaftig des unschätzbaren Unterrichts der Masse: Beziehe den neuen Posten."[3] Der Lehrstückgedanke und die Theorie des epischen Theaters, die das *Kleine Organon* noch 1948 vortrug – Brecht hielt die Alternative bürgerliches Vergnügungstheater oder Lehrtheater auch in diesen sozialistischen Gesellschaften für aktuell –, wird überhaupt vom plebejischen Gedanken einer Gemeinschaft als Ort der Erkenntnis getragen. Die Unterdrückten können die Darstellungen verstehen und würden an der Demonstration ihrer Unterdrückung veränderndes Vergnügen finden. „Du bist doch kein Ausbeuter, du kannst ihn begreifen", den Kommunismus. Bereits in einer Interpretation von *Mann ist Mann* formulierte Brecht das Entstehen „eines neuen Typus von Mensch" als das Resultat des Auslöschens der Person. In dem Text von 1927 wird der neue Mensch als Herr seiner technischen Vergegenständlichung gedacht.[4] „Da der Mensch nichts ist, kann er alles werden", heißt es in *Aus Nichts wird Nichts*.[5]

Das Wort von der Lehre, die den Sinkenden am Grunde erwarte, wandelte sich auch zu beschwörenden Gesten in der Richtung von Klassikern der Lehre von der „großen Ordnung", so sehr Brecht die Realität des Sozialismus des 20. Jahrhunderts, ein ins Leben übergetretener Text, als ideologische Operation erkannte und kritisierte. Zur plebejischen Tradition gehört überhaupt die Verehrung ungelehrter Massen für die verschlossene, im Buch sich wundervoll offenbarende Weisheit. Der bis an die Grenzen gehende Versuch des Dichters, das *Kommunistische Manifest* in Ilias-Hexametern vorzutragen (1945), gehört in diese Tradition. (Die klassische Formkraft eines verjagten deutschen Dichters in der Mitte des 20. Jahrhunderts und unter den Sozialisten gehört zum Phänomen Brecht.) Weltgeschichte wird in Epos verwandelt und wie der Sänger die Olympischen anrief, so dichtet Brecht den Untergang der Bourgeoisie durchs Wachstum der Produktivkräfte – „Wie es die Klassiker

---

1 GW 7, 2911 f.
2 GW 7, 2908.
3 Ebenda.
4 XXIV, 40 f.
5 1929/30, GW 7, 2951.

zeigen".[1] Nicht nur apologetischer Freundschaftsdienst, mehr die für Brecht wesentliche plebejische Tradition, daß die erfüllte Zeit nicht blind und ohne Zeichen zu den Armen komme, sondern als eine neue Realität aus dem Geiste, und darum im Buch vorausgesagt sei, spricht der Gedanke von der großen Lehre im Gedicht *Inbesitznahme der großen Metro durch die Moskauer Arbeiterschaft* (1935) aus. Die Versteinerung der Städte ist hier ganz vermenschlicht. „Immerfort wiesen Männer und Frauen [...] auf Stellen, wo sie gearbeitet hatten [...] Sie befühlten die Pfeiler und begutachteten ihre Glätte [...] Als wir sie fahren sahen in ihren Wagen, den Werken ihrer Hände, wußten wir: Dies ist das große Bild, das die Klassiker einstmals erschüttert voraussahen."[2] Die in der plebejischen Tradition tief verwurzelte Vorstellung von körperlicher Arbeit als kooperierendem Zusammenwirken, aus dem auch Gesellschaft als wie verwandtschaftliche Nähe erlebnishafter Gemeinschaft hervorgehen könnte, wird den noch hoffnungsvollen Moskauer Sozialisten freundschaftlich und hoffnungsbeladen übermittelt.

Der plebejischen Tradition entgegen, sie umformend und aufhebend, verläuft die Ader in Brechts Werk, die sozialistische Bewegung und sozialistischen Versuch als neue Form rationaler Vergesellschaftung interpretiert. Weil das Untergehen in die Erörterung des Untergehens übergeht, erhebt es sich in Methode. Brecht verleiht seiner Kunst einen Reflexionscharakter. Sie ist Kunst und zeigt zugleich, daß sie Kunst zeigt. Der Stil Brechts wandelt sich darüber von der expressiven Naturmetaphorik zum an wissenschaftlicher Analyse und auf die fließende Klarheit demonstrabler Schlußfolgerungen orientierten Prosatext; in den Gedichten mit dem eigentümlichen Pathos bekannter, aber wie neu geprägter Sätze. Brechts Aufnahme des Marxismus und sein Interesse für die positivistische Philosophie gehören ganz in die theoretische Tradition spezifizierender Analysen an den Differenzierungsprozessen der industriellen Zivilisation. Diese Tradition bildet die Gegenlinie zur anklagenden oder kynischen Kritik von den Unterschichten her und zur plebejischen Überwindung der Klassengesellschaft durch Restitution emotionaler Bindungen in Gemeinschaften. Brechts Arbeiten überschreiten in der Aufnahme dieser rationalisierenden und diskursive Verallgemeinerungen aufbauenden Tradition der Oberschichten das ganze plebejische Klassenschema und einen damit verbundenen sozialen Ausschließlichkeitsanspruch auf Fortschritt. Diese Prozesse setzen auch die in mystischer Geist-Gemeinschaft wurzelnde Idee der Partei außer Kraft. Brecht sah im Marxismus unter Korschs Einfluß primär eine Methode zur ent-ideologisierenden Rekonstruktion sozialer Strukturen und Schichtungen; dazu das Übergehen von Theorie

---

1 XV, 126.
2 XII, 44-45.

in praktische Leistungen parallel den Naturwissenschaften nun auch in Bezug auf die sozialen Prozesse. Das war das Gegenteil der realistischen Metaphysik und Systemdogmatik des Realmarxismus, der mit der illusorischen Annahme von nachholender Industrialisierung als Beginn des nachkapitalistischen Sozialismus aus der Marxschen Methode herausgezogen wurde. (Realistisch im Sinne des scholastischen Antinominalismus mit für sich seiender Substantialität des Allgemeinen.)

Die analytische wissenschaftliche Tendenz, die vor allem in Brechts theoretischen Schriften, auch in den theatertheoretischen wie dem *Messingkauf*, durchgeführt wird, formuliert ein prinzipiell anderes Theorie-Praxis-Verhältnis als die revolutionär-sozialistische Bewegung seiner Zeit. Es überschreitet auch das Theoriemodell, das Lenin in seinen besten Texten nutzt – es sind charakteristischerweise nicht die gegen Kautsky gerichteten Arbeiten zur sozialistischen Perspektive, sondern die Analysen der sozialen Schichten im Weltkrieg und unter dem Aspekt einer Machteroberung in Rußland. Brecht schließt an die Marxismus-Interpretationen an, die der Verwandlung einer genetisch-materialistischen Forschungsmethode in eine fixe politische Idee (von Marx' Programm in der 48er Revolution her) entgegenarbeiten. Brecht verstand die Erneuerung der Kultur als Ausdehnung der methodisch analysierenden, theoretisch experimentierenden Verfahren von Naturwissenschaften und Technik auf die sozialen Prozesse und auf die bisher davon ausgeschlossenen Unterschichten. In diesem Zusammenhang befinden sich die kritischen Betrachtungen zum praktizierten Diktaturkonzept und befinden sich vor allem Brechts quälende Fragen nach dem Verhältnis von Freiheit des Denkens und Einverständnis der Disziplin. Der Dichter wurde von den frühesten Gewissensfragen nach der Versöhnung des gespaltenen Individuums wieder erreicht. Im *Me-Ti, Buch der Wendungen*, dem philosophischen, theaterästhetischen, politischen Konvolut seit dem Ende der 20er Jahre, notiert Brecht sein Verständnis einer materialistischen Methode in Ästhetik, Soziologie, Verhaltenspsychologie im Zusammenhang der ästhetischen Kommunikation. Friedrich Dieckmann hat bis in Textpassagen hinein dargestellt, daß Brecht auch im *Galilei* seine Auseinandersetzung mit der Innenseite von Sozialismus in Theorie und Praxis – hier in Bezug auf den Bucharin-Prozeß – vorgetragen hat.[1]

Der Demokratie-Anspruch blieb bei Brecht, wie auch bei anderen nachdenklicheren Köpfen in den sozialistischen Gesellschaften, in der theoretisch inkonsequenten, politisch verwaschenen Form stecken: die Führung solle mehr auf die Weisheit des Volkes hören, bei Krisen wie dem 17. Juni 1953 große Volksaussprachen organisieren usf. Mit eben dem undifferenzierten Gemeinschaftsbegriff der plebejischen Tra-

[1] F. Dieckmann, *»Galilei«-Komplikationen*, in: Weimarer Beiträge 1988/Heft 2, S. 213-229.

dition sollte der zu Tage tretenden Unfähigkeit dieser Tradition, die Probleme einer modernen Wissenschaftsgesellschaft auch durch Verrechtlichung von Politik zu bewältigen, begegnet werden.

VII

Die plebejische Tradition, die Hans Mayer in einer der frühesten Studien zu Brechts Werk behandelt hatte, die in der frühen DDR erschienen,[1] ist mit der Entfaltung der Industriegesellschaft seit der Mitte des 20. Jahrhunderts in zentralen Bestandteilen der Transformationsprozesse und möglicher Formen einer nachkapitalistischen Zivilisation überschritten. Selbst die zivilisationskritischen Traditionen, die man natürlich zur Phrase einer »Kritik von unten« konservieren kann, sind aus der charakteristischen Verbindung mit einem Träger sozialer und politischer Ausschließlichkeit herausgelangt. Die plebejische Zivilisationskritik erfuhr im 19. Jahrhundert durch den Marxschen Sozialismus ihre Systematisierung und zugleich die erste Form ihrer öffnenden Vermittlung mit der Rationalisierungs- und Modernisierungskonzeption in der Kultur der Oberschichten. Brecht suchte seit der Mitte der 20er Jahre von der plebejischen Tradition her deren Vermittlung mit den Wissenschafts- und Kommunikationsleistungen der Industriegesellschaft. Der Widerspruch in seinem Werk ist der Widerspruch der Epoche.

Die plebejische Linie geistiger Bewältigung und Kritik der bürgerlichen Epoche bildete eigene kulturelle Konstanten aus, die bereits im spätantiken christlichen Gemeinschaftsgedanken, der Dienst- und Opfer-Bestimmung des Individuums und in der charakteristischen Verbindung von Freiheit mit dem Askeseideal und dem Bild des unangefochtenen Weisen, das Brecht liebte, vorgebildet waren. Sie unterscheidet sich von der auf differenzierende Vergegenständlichungsleistungen orientierten Linie, mit der der Mensch der bürgerlichen Epoche eine Ordnungsstruktur seiner logischen, ästhetischen, religiösen, moralischen u.a. Objektivierungen und in diesen methodischen Erzeugungsakten sein Weltverständnis konstituierte. Die zentralen Aspekte plebejischer Tradition sind:

1. Von der Selbstwahrnehmung als einer negativen Folie des explosiven Aufbaus der gegenständlichen Produktivkraft des Menschen her zieht sich das plebejische Denken aufs Innere des Subjekts zurück, auf ein reines, eigentliches Inneres, das gegen Verführung, Verfälschung zu bewahren sei. Brechts Galgei- und Mann-ist-Mann-Thematik, daß unser ganzes Leben die Auslöschung unseres Selbst sei, das Wirkliche

[1] H. Mayer, *Die plebejische Tradition*, in: Sinn und Form, Sonderheft Bertolt Brecht, 1949, S. 42-51.

also falscher Schein eines verlorenen Eigentlichen von uns, befinden sich ganz in der plebejischen Tradition, lange bevor Brecht Sozialist wurde oder gar Marx' Fetischtheorie und den Entfremdungsbegriff kennenlernte.

2. Die humane Substanz stellt als Innerlichkeit ein Vorhandenes dar, nicht ein Element gegenständlicher und sich zerteilender geschichtlicher Erzeugung. Daher erscheint in den mystischen sozialen Bewegungen Geschichte als Rückkehr zur ursprünglichen Gleichheit und Einfachkeit.

3. Die Einheit von Individuum und Gesellschaft wird als im Inneren bestehende emotionale Voraussetzung von Vergesellschaftungsakten angesehen. Individuum und Gesellschaft verfließen ineinander, so daß die Gesellschaft Lebensform sein kann, weil sie der erweiterte Leib des Einzelnen ist. Die Individuen sind Modi der geistigseelischen Substanz Welt. Hier siedeln alle Voraussetzungen für Gemeinschaftsmystifikationen, die dann autoritär-bürokratische und mit bestem Gewissen repressive Konzeptionen und Organisationen tragen.

4. Gesellschaft ist als eigentliche erst herzustellen, die verflossene Geschichte erscheint als Vorgeschichte. Gesellschaft wird dann erlebnishafte Gegenwart von Gesamtgemeinschaft sein, zu jeder Zeit an jedem Ort. Ein hierarchisches Strukturmodell, das die erlebnishafte Nähe repräsentiert, wird erforderlich. Vormoderne und fast archaische Muster treten ein, um Überwindung der bürgerlichen Zivilisation, die Rückverwandlung von Gesellschaft in die Weisen wie verwandtschaftlicher Nähe als den noch ausstehenden letzten Fortschritt zu beschreiben.

5. Zentrale Sozialisierungsleistungen werden nicht aus individuellen theoretischen, ästhetischen Produktionen und moralischen Reflexionen erbracht, sondern als emotionale Solidarität und als Einsichten in Solidaritätsstrukturen. Treue, Einverständnis und andere Moralisierungen von Sozialisierungsakten treten an die Stelle von Verrechtlichungen der Vergesellschaftung. Gemeinschaftliches Glück rangiert vorm Recht, dessen Individualanspruch verdächtigt wird. Brechts geplantes Stück über „Reisen des Glücksgottes" hätten den plebejischen Grundgestus des Brechtschen Werks wahrscheinlich gelöst und unbelastet ausgeführt.

6. Die eigentlichen humanen Vergesellschaftungspotentiale befinden sich an einem durch Armut und Depravation ausgezeichneten sozialen Ort. Das emanzipatorische Programm gewinnt dadurch eine spezifische Verlaufsqualität, die Bewegung über die Extreme. Es bezieht sich außerdem auf die Ausschließlichkeit eines sozialen Orts und dort hausenden Trägers, den von allem gegenständlichen Fortschritt ausgeschlossenen Proletarier.

Die plebejische Tradition mußte mit der Entfaltung der Industriegesellschaft die emanzipatorische Ausschließlichkeit verlieren, mit der einsetzenden Mitwirkung der arbeitenden Schichten an den Transformationsprozessen der Industriegesellschaft überhaupt in eine grundsätzliche Krise geraten. Die Krise hat längst auch die plebejische Revolutionserwartung und die Sozialismustheorie in den Konstanten des 19. und frühen 20. Jahrhunderts erreicht. Die auf demokratische und sozialstaatliche Transformationen der heutigen Industriegesellschaften gerichteten Schübe entdekken auch Brechts Werk als ein Werk des Übergangs neu und beziehen es in eine schon einsetzende zweite Phase der Vermittlung der differenzierenden Rationalisierungsstrukturen mit unabgegoltenen Elementen der plebejischen Tradition ein.

VIII

Brechts Komödie vom ummontierten Menschen, der nach solchen Operationen an sich noch lebt, macht nachdenklich. Ist es ein sehr deutsches Lustspiel? Ein Mann, der um 1900 etwa in Kaisersaschern geboren wurde, hatte fast die freie Auswahl, welcher Held er gewesen sein wollte. Er war die deutschen Helden allesamt und nach der Reihe. Fünf deutsche Staaten aufs Jahrhundert und jeder verstand sich als das absolute und befreiende Gegenteil des vorangegangenen. Das hätte kein Stückeschreiber, wie Brecht sich gern nannte, erfinden mögen. Bei der ersten Zusammenkunft im Jahre 1991 von Professoren eines ostdeutschen Universitätsinstituts mit der neuen Struktur- und Berufungskommission aus älteren deutschen Ländern bemerkte der Kommissionsvorsitzende in bester aufklärender Absicht, daß auch der neue, freie Staat gewisse Verbindlichkeiten den Gelehrten nahelegen müsse. Einer der zur Erneuerung Bereitsitzenden antwortete treffend: Vergessen Sie bitte nicht, daß wir bereits dem dritten Staat treu sind. Er wird wohl etwa Jahrgang 1930 gewesen sein und hatte also Kaiserreich und Weimarer Republik schon versäumt.

Die psychischen Verfassungen bei den Deutschen, die offenbar nicht in allem mitwechseln – sonst würden deren Träger nach Ummontagen so vieler Staatsverfassungen nicht immer noch leben –, die Mentalität also erreicht hier Gefahren, die vielleicht für Franzosen oder Nordamerikaner, die seit 200 Jahren im gleichen Staat mit der gleichen Konstitution leben müssen, nicht leicht zu verstehen sind.

Die wiederkehrende Konstellation des Stücks von der deutschen Geschichte lautet: blamierter Stolz – ohne Zweifel ein komisches Sujet. Weil es kein Theaterstück ist, sondern gelebtes Leben deutscher Familien mit der Liebe zwischen den Generationen, darum ist es eine Komödie ohne Vergnügen. Die plebejische Tradition bildet in Deutschland – der Sozialismus kam ursprünglich nicht vom Sozialismus, sondern von dessen Gegenteil – einen besonderen, herben Lebenslauf. Ein Sohn, der also um 1900 einer armen deutschen Familie geboren wurde, konnte um 1918 und kurz danach für eine sozialistische Republik eintreten, ohne Totalitarist zu sein, vielleicht Sozialdemokrat. In der ersten deutschen Republik versäumte er deswegen nicht die Möglichkeiten, sich Kenntnisse für einen neuen Beruf zu erwerben. Wenn er immerhin Sozialdemokrat blieb und ein Mann von Charakter dazu, so ging er irgendwann nach 1933 hinter Gitter, immer noch als Demokrat und Sozialist. Nachdenklicher über drei Verfassungsstürze, die den einfachen Leuten wie ihm keinen Gewinn gebracht hatten, nahm er nach 1945 den Sozialismus an, den es gab, und als sehr siegreichen überdies. Er übernahm Verantwortung und meinte vielleicht, die Sache würde noch besser zu sich selbst finden, wenn sie aus den Anfängen käme. Er konnte eben noch sterben mit diesem deutschen Traum. Seine Kinder erst können wieder in die Komödie geraten, sich als die Töchter und Söhne von niemand zu beklagen. Denn die große Verwandlung des Schreiners oder Stahlarbeiters in einen Ingenieur oder Offizier wird jetzt verschwiegen wie ein Abstieg in verdächtiges Dunkel. Die Namen ehrenhafter Familien sieht man aus der Öffentlichkeit entfernt. Mitten unter den Lebenden geht ein verschollenes Geschlecht. Manches mutet an, als sollte am Sozialismus nachgeholt werden, was am Nazismus versäumt worden war.

Von der Seite derer, die nach 1945 im Osten als Sozialisten versagt haben, weil sie ihre Person ausgetauscht und nicht wie ihre Mütter und Väter ohne Erfolgsgarantie das Einverständnis verweigert hatten, von da wiederum könnten Klagen, jetzt umgebaut zu werden, besseren Gewissens erhoben werden: Wenn die Generation der nach 1930 Geborenen sich zur rechten Zeit ernst genommen hätte und Unfug Unfug genannt und Ummontagen Ummontagen. Inzwischen dient die zum Ende gekommene plebejische Tradition auch zu Illuminationen lustloser Komödie. Denn Sozialisten von Rang und Stand, die nun am lautesten Ummontage rufen (wenn sie nicht in der Marktwirtschaft gleich die Fortsetzung ihrer Karriere erkennen, da sie den Sozialismus schon als Markt für Meinungen und Positionen behandelt hatten), sie hielten den Mann von 1900 nicht erst seit 1990 für einen alten Tölpel, dessen Gefährdung bis zum Versinken (nicht durch Einverständnis) von ihnen zum Nichts endlosen Sinkens umfunktioniert worden war.

Körperlose Wahrheit?

Der Grenzgang der modernen Plastik

von Hubert Sowa (Bamberg)

> Es ist nicht immer nötig, daß das Wahre sich verkörpere; schon genug, wenn es geistig umherschwebt und Übereinstimmung bewirkt, wenn es wie Glockenton ernst-freundlich durch die Lüfte wogt.
>
> Goethe[1]

Die grundstürzende Dimension der Auseinandersetzung mit der Technik ist in unserem Jahrhundert von Martin Heidegger eröffnet worden. Auf dem Grunde seines Nachdenkens über Geschichte, Welt und Sprache ist ihm die Frage nach der Technik das unum necessarium der philosophischen Besinnung geworden – eine wirklich gründliche, d.h. grundlegende und grundgebende Frage. Es scheint aber paradox, daß Heideggers Denken im Abstoß der modernen Technik stets die Nähe des Kunstwerks und der Kunst gesucht und in dieser Nähe den Austrag seiner Bestimmung erhofft hat.[2] Paradox vor allem deshalb, weil Heidegger schon sehr früh den aristotelisch gedeuteten Vollzugssinn der die Poiesis umschließenden und begründenden praktischen Wissensformen entdeckt und gegen die Poiesis

---

1 Abschließend zitiert von Martin Heidegger in: *Die Kunst und der Raum*, St.Gallen 1969, S. 13

2 Zur Frage nach der Technik vgl. Martin Heidegger, *Bremer Vorträge: Einblick in das, was ist*, Gesamtausgabe (GA),Frankfurt 1975 ff., GA 79/ S. 3 — 77; und: *Die Frage nach der Technik*, in: *Vorträge und Aufsätze*, Teil I, 3. Aufl. Pfullingen 1967. Zur Stellung von Heideggers Technikphilosophie im geistigen Umfeld der Moderne vgl. die Darstellung von Franco Volpi, *Der Bezug zu Platon und Aristoteles in Heideggers Fundamentalverständnis der Technik*, in: *Kunst und Technik, Gedächtnisschrift zum 100. Geburtstag von Martin Heidegger*, herausgeg. von W.Biemel und F.-W. von Herrmann, Frankfurt/M. 1989, S. 67 — 92. Vgl. auch Günter Seubold, *Heideggers Analyse der neuzeitlichen Technik*, Freiburg/München 1986. In meiner Untersuchung *Krisis der Poiesis* (Würzburg 1992) bin ich der angesprochenen Paradoxie ausführlich nachgegangen.

ausgespielt hatte.[1] Die Entschiedenheit, mit der Hans-Georg Gadamer und die ihm folgenden Philosophen auf diesem vom frühen Heidegger selbst hervorgehobenen Vollzugs- und Umgangssinn des praktischen Daseins bestanden haben, hat ihren Weg der neueren praktischen (viel mehr platonischen als „neoaristotelischen“[2]) Hermeneutik gleichsam zu einem Kontrapunkt des heideggerschen Denkwegs werden lassen. Trotz der Zueinandergehörigkeit dieser zwei Denkwege ist auch ihr Abstand voneinander nicht zu übersehen, denn Heideggers letzte Orientierung zielte eher auf einen geschichtlichen Übergang im Sinne des werkhaft-finalen Vollbringens als auf den repetitiven Vollzug im Sinne des Immer-wieder- und Immer-schon-Handelns. Für ihn konnten daher weniger Gespräch oder kommunikative Praxis die primären Paradigmata des transtechnischen und/oder vor-technischen Daseins sein, als vielmehr ein „anders“, weil different verstandenes Hervorbringen und das ihm eigene Wissen. Dieser Denkweg erforderte die Unterscheidung der Technik von einer ursprünglicher verstandenen Techne, wie sie in der Kunst bis in die Moderne hinein lebendig geblieben ist: „Die Kunst ist Techne, aber keine Technik“.[3] So sammelte sich noch (und gerade) Heideggers spätes Denken auf die poietisch ins-Werk-bringende „Verkörperung der Wahrheit des Seins“[4] – weit entfernt von jenem prinzipiellen „Argwohn gegenüber dem Dinghaften“[5], der der forciert praktisch ausgelegten Hermeneutik eigen ist.

1. Ding-Paradigma und Praxis-Paradigma

Heideggers späte Zuspitzung der Frage nach der Technik auf das Problem der verkörperten Wahrheit steht primär in der Tradition der Frage nach dem Ding – nicht in der der Frage nach dem Leben oder Dasein. Hatte der frühe Heidegger das für den Blick „vorhandene“ Ding hermeneutisch auf den praktischen und

---

[1] Vgl. dazu Hans-Georg Gadamer, *Erinnerungen an Heideggers Anfänge*, in: *Dilthey-Jahrbuch 4*, 1986/87; ders., *Praktisches Wissen*, in. Gesammelte Werke, Bd. 5, Tübingen 1985; Manfred Riedel, *Zwischen Plato und Aristoteles*, in: ders., *Hören auf die Sprache. Die akroamatische Dimension der Hermeneutik*, Frankfurt/M. 1990; ders.: *Seinsverständnis und Sinn für das Tunliche*, ebd.; vgl. auch Franco Volpi, *Der Bezug zu Platon ...*, a.a.O., sowie ders., *Heidegger e Aristotele*, Padova 1984

[2] Vgl. Jean Grondin, *Einführung in die hermeneutische Philosophie*, Darmstadt 1991, S. 12

[3] M. Heidegger, *Die Herkunft der Kunst und die Bestimmung des Denkens*, in: *Distanz und Nähe. Reflexionen und Analysen zur Kunst der Gegenwart*, herausgeg. von Petra Jäger und Rudolf Lüthe, Würzburg 1983, S. 13; vgl. diesen Gedanken ausführlicher in: *Die Frage nach der Technik*, in: *Vorträge und Aufsätze, Teil I*, 3. Aufl. Pfullingen 1967, S. 5 — 36

[4] M. Heidegger, *Die Kunst und der Raum*, St.Gallen 1969

[5] Vgl. J. Grondin, *Einführung in die hermeneutische Philosophie*, a.a.O. S. 136

das heißt temporal-bewegten Sorge- und Weltbezug des Daseins zurückbezogen[1] und damit der Ding-Ontologie eine temporale Daseins-Ontologie mit praktischem Grundzug zugrundegelegt, so hat sich in seiner späten Deutung des Kunstwerks das Begründungsverhältnis verschoben. Allerdings bleibt auch in Heideggers später Kunstdeutung ein charakteristischer Grundzug erhalten: Die sich vom Werkding zentrifugal abkehrende Umgangsdimension zieht ihren Sinn aus einer Handlungswelt, die sich - gleichwohl vom Werk unterschieden - doch eng ans Werk anschließt und in ihm Halt findet. In der Zusammengehörigkeit von werkhaft verschließender „Verkörperung“ und geräumigem „offenem Ort“ - offen für das menschliche Wohnen und das ihm eigene eröffnende Weltverstehen - klingt das frühere Motiv der Zusammengehörigkeit von Erde und Welt nach - ebenso wie der noch frühere Motivkreis des Zeug-Dings und der in ihm geborgenen und sich an ihnen eröffnenden Verweisungsbezüge der Bewandtnis.[2]

Doch bleibt in der späten Schrift „Die Kunst und der Raum“ die Begründung und Entfaltung der Bezüge des vom Werk-Körper unterschiedenen, wiewohl von ihm „eingeräumten“ Wohnens bemerkenswert blass. Die Rede ist – in Abgrenzung gegen einen bloß negativ vom Ding her bestimmten Hohl- oder Zwischenraum[3] - von werkhaft eingeräumten „Orten, an denen die Schicksale des wohnenden Menschen sich ins Heile einer Heimat oder ins Unheile der Heimatlosigkeit oder gar in die Gleichgültigkeit gegenüber beiden kehren“.[4] Die Rede ist ferner von Orten, die ein „Verweilen gewähren“ für die Dinge und das Wohnen inmitten der Dinge.[5] Doch verzichtet Heidegger auf eine genaue phänomenologische Ausweisung des ganz entscheidenden Übergangs von der konzentrativen werkhaften Herstellung und Einrichtung eines Körpers zum ekstatisch bewegten lebenspraktischen Aufenthalt im Raum, er verzichtet auf die nähere Bestimmung jener spezifischen Dimension des Werkumgangs,[6] aus der heraus sich solch ein Übergang vollziehen könnte. Eins freilich scheint mir sicher zu sein: Weder kann die (schon in der

---

1 Vgl. hierzu *Sein und Zeit*, namentlich die Paragraphen 14 — 16 und 21. Noch die *Kunstwerk*-Abhandlung schwankt darin, ob das dinghaft-abständige „Werk“ abseits der Kategorie des besorgt-genäherten „Zeugs“ — also jenseits des Primats der Praxis — verstanden werden kann — vgl. dazu *Krisis der Poiesis*, a.a.O., Abschn 4.3.2.

2 Vgl. *Die Kunst und der Raum*, S.9 ff. und M. Heidegger, *Vom Ursprung des Kunstwerks*, GA 5/ S.28 ff., sowie SuZ § 18.

3 *Die Kunst und der Raum*, a.a.O., S. 12

4 Ebd. S.9; vgl. die analogen Formulierungen der *Kunstwerk*-Abhandlung, GA 5/ S. 30 f.. Die Unbestimmtheit dieses Gedankens an einen Ort der Kehre oder Entscheidung läßt im weitesten Sinn an kultische oder denkmalhafte Funktionen denken, läßt aber den Sinn der Werk-Verkörperung ganz offen. Vgl. unten (Abschn. 2) meine Hinweise auf die völlig „entkörperte“ Besetzung von Orten — etwa in der Kunst Robert Barrys.

5 M. Heidegger, *Die Kunst und der Raum*, S. 11

6 Vgl.die Stellung des „Bewahrens“ in der *Kunstwerk*-Abhandlung, GA 5/ S.54 ff.

Kunstwerk-Abhandlung abgewiesene) Betrachtung des profan-museal präsentierten Werkes einen solchen Übergang ermöglichen, noch der – in der Kunstwerk-Abhandlung als primäres Beispiel dienende – sakrale Kultus,[1] schon gar nicht aber der alltägliche hantierende Umgang mit dem unauffälligen Zeug. Wie aber dann sollte das sich vom Werk-Körper abkehrende und doch an ihn anschließende „Eröffnen" einer praktischen Handlungsdimension zu denken sein?

Im Anschluß an Heideggers späte Bestimmungen vom „plastischen Gebilde" und vom „offenen Ort" stellen sich folgende präzisierende Fragen: Wie – will heißen: in welcher Umgangs-Form – soll vom dinghaften Werk-Körper her allein über die Idee des Ort-Raums ein praktischer Vollzug eröffnet werden, aus dem die Geräumigkeit und Wohnlichkeit einer Welt hervorgehen könnte? Wie läßt sich die Idee der Werk-Herstellung und „Verkörperung" in der Wendung zum Werkumgang – zum Bewahren – so weiterdenken, daß die „Vollzugsform" des Wohnens in den Vordergrund tritt? Wie kann aus dem verkörpernden Herstellen eine „andere" – gleichsam „praktische" – Technik hervorgehen? Wie schließlich gehört die Techne des verkörpernden Hervorbringens mit jener anderen Techne des Wohnens am offenen Ort zusammen?

Das Problem Heideggers, das er in seinem späten Nachdenken über „die Kunst und den Raum" verfolgt, hat seine systematische Wurzel in dem Spannungsverhältnis zwischen Ding und Handlung. Auf diesen Grundriß geht auch das ihn von früh an beanspruchende Problem einer sowohl praktischen wie theoretischen Neubestimmung jener Poiesis zurück, die er als den tragenden Grund der abendländischen Metaphysik erkannt hatte.

An seinem Vorgehen ist freilich bemerkenswert, in welch hohem Maße er gerade die moderne Kunst als phänomenale Basis seiner systematisch-philosophischen Argumentation benutzt.[2] Seine Argumentation läßt sich nicht auf den in gewissen Werken der modernen Kunst (im Gegensatz zur starr erscheinenden Werkform der älteren Kunst) offensichtlich werdenden temporalen Charakter des Hervor-

---

1 Vgl. ebd., S.9 und GA 5/ S.27 ff.

2 Vgl. hierzu einige neuere klärende Arbeiten: Günter Seubold, *Der Pfad ins selbe. Zur Cézanne-Interpretation Martin Heideggers*, in: *Philosophisches Jahrbuch*, 94. Jg. 1987, S. 62-78, eine umfangreiche Gesamtdarstellung des Verhältnisses Heideggers zur modernen Kunst bereitet G. Seubold derzeit für den Druck vor (das Manuskript hat er mir freundlicherweise überlassen); Dieter Jähnig, *`Der Ursprung des Kunstwerkes` und die moderne Kunst*, in: *Kunst und Technik, Gedächtnisschrift zum 100. Geburtstag von Martin Heidegger*, herausgeg. von W.Biemel und F.-W. von Herrmann, Frankfurt/M. 1989, S. 219 — 254; Gottfried Boehm, *Im Horizont der Zeit. Heideggers Werkbegriff und die Kunst der Moderne*, in: *Kunst und Technik* (ebd.), S. 255 — 286

bringens[1] verkürzen. Der temporale Grundzug der Poiesis - oder auch der Themenkreis von „Bild und Zeitlichkeit"[2] - sind gewiß Aspekte, die im Lichte von *Sein und Zeit* von zentralem Interesse sind. Sie spielen auch noch in den Beispielkreis der Kunstwerk-Abhandlung hinein, ohne dort freilich noch den Kern der Argumentation zu füllen. Vielmehr wird dort das moderne Kunstwerk in seiner eigenartigen Zwischenstellung zwischen Ding- und Zeugcharakter thematisiert[3] - was uns einen Wink in Richtung der uns hier beschäftigenden Problemlage von *Die Kunst und der Raum* gibt. In dieser späten Schrift stützt sich die Argumentation (unausgesprochen) auf Werke von ganz anderem Werk-Wesen als es die Bilder Van Goghs, Cézannes oder Klees zeigen: Der phänomenale Hintergrund der Aussagen zu „poietischer" Verkörperung und „praktischem" Raum sind Plastiken Eduardo Chillidas[4] (Abb. 1).

Deren prinzipielle Werkstruktur läßt sich abgekürzt so kennzeichnen: Bei Chillida gehört im Sinne des postkubistischen Raumverständnisses der zwischen den ausgreifenden plastischen Teilen eingeschlossene und z.T. bildhaft gerahmte Leerraum integral zum Ganzheitsgefüge der Plastik. Das Spiel von Öffnung und Verschließung der plastischen Materie definiert einen imaginären freigelassenen Raumkern in der Gegend des „Zentrums". Die gestängehaft in den Umraum vorstoßenden plastischen Teile verkörpern Energierichtungen, die in entferntere Raumgegenden deuten. Gewalttätige Verbiegungen und Richtungsumbrüche zeigen die Bewegungsenergien des Herstellungsvorgangs an und geben dem Gefüge den Charakter des rhythmischen Schwingens und Greifens. Sehr augenfällig wird bei Chillida insgesamt - in den Spuren Picassos, Brancusis Giacomettis und Calders - das Verhältnis von Verkörperung und Leerraum thematisiert.

---

1 Vgl. hierzu vor allem *Die Frage nach der Technik*, in: *Vorträge und Aufsätze*, Teil I, 3. Aufl. Pfullingen 1967, S. 5 — 36; zur Genesis des Begriffs „Hervorbringen" vgl. näher Günter Seubold, *Heideggers nachgelassene Klee-Notizen*, in: *Heidegger Studies*, Vol. 9/ 1993, S. 5 — 12

2 Vgl. Gottfried Boehm, *Zum allgemeinen Problemhintergrund `Bild und Zeit`*, in: H. Paflik (Hg.), *Das Phänomen Zeit in Kunst und Wissenschaft*, Weinheim 1987, S. 1 — 23

3 Vgl. hierzu vom Verf. *Krisis der Poiesis*, a.a.O., besonders S. 357 — 370

4 Zu Heideggers Verhältnis zu Chillida vgl. die erhellenden Hinweise von Dieter Jähnig, *Die Kunst und der Raum*, in: Günther Neske (Hg.), *Erinnerung an Martin Heidegger*, Pfullingen 1977, S. 131 — 148; zu Eduardo Chillida vgl. etwa den neueren Katalog *Chillida*, herausgeg. vom Neuen Berliner Kunstverein, Stuttgart 1991

1 E. Chillida, 1977

2 R. Morris, 1965 – 67

Heideggers Gedanken tragen freilich erheblich über den Umkreis dieser - im weitesten Sinn noch mit klassischen ästhetischen Kategorien greifbaren - Werke hinaus.[1] Deswegen möchte ich im folgenden die phänomenale Basis des thematisierten Problems von poietisch-verdinglichender Verkörperung und offenem (Handlungs-)Raum auf eine über Chillida hinausgehende Diskurslinie der neueren Kunst ausweiten. In dieser Ausweitung - so glaube ich - läßt sich sichtbar machen, warum und wie bestimmte Werke der neueren und neuesten bildenden Kunst durch das in ihnen realisierte spezifische Verhältnis von Verkörperung und Welteröffnung unser poietisch und „technisch" ausgelegtes Weltverstehen noch stärker in Frage ziehen als die von Heidegger thematisierten Werke der klassischen Moderne von Cézanne bis Chillida. Im Blick auf das in den neueren radikalen Werken paradigmatisch wirksame umräumliche wie (im übertragenen Sinne) hermeneutische Eröffnungsgeschehen werden möglicherweise die Grundlinien einer a n d e r e n Techne erkennbar: Die Kunst rückt hier so weit an den Rand des Horizontes des Herstellens und (bildhaft-ästhetischen) Vorstellens, daß sie der Frage nach der Technik neue und abweichende Modelle zur Hand gibt.

2. „Nonrelationaler" Werkkörper und Umraumrelation

Etwa zehn Jahre, bevor sich Heidegger so ausdrücklich wie verschwiegen zu den plastischen Raumkompositionen Eduardo Chillidas äußerte, begann in der amerikanischen Malerei und Plastik eine folgenreiche Entwicklung. In einem regelrechten Werk- und Text-Diskurs, in dessen Zentrum die Idee der Werkeinheit steht, wird dort in einem sehr rigorosen Sinn gegen ein grundlegendes Strukturprinzip der abendländischen bildenden Kunst (und der ihr folgenden Ästhetik) verstoßen: In

[1] Daß dies bei Chillida der Fall ist, scheint mir unbestreitbar. Jähnigs Charakterisierung der Eigenart der Plastiken Chillidas hebt denn auch völlig zutreffend das r h y t h m i s c h e Verhältnis zwischen Positiv- und Negativvolumina hervor (*Die Kunst und der Raum*, a.a.O., S. 144). D.h.: Im Blick auf diese Plastiken sehen wir ein Ganzes, das sich als ein relational-stimmiges Zusammenspiel von Teilformen erschließt. Daß diese Teilformen nur zum Teil materiell dichte „Verkörperungen", zum anderen Teil aber geformte „Luft" sind, ändert nichts daran, daß der verstehende Blick hier letztlich in konventioneller Weise gegenständliche Gestaltelemente ä s t h e t i s c h synthetisiert. In die Gestaltganzheit ist die symbolische (und buchstäbliche) Präsenz der „Elemente" Feuer, Wasser, Erde und Luft integriert (vgl. Jähnig ebd., S. 143). Deswegen hat Chillidas Kunst ihren späteren Höhepunkt in den landschaftlich integrierten Umraum-Inszenierungen an der Küste bei San Sebastian oder Gijon gefunden, wo das plastische Werk die gleichermaßen formal-ästhetische wie symbolische Antwort auf einen vorgefundenen Landschaftsraum ist und diesen als Formgefüge, als Bedeutungsgefüge und als Stimmungsraum akzentuiert und e r g ä n z t. Der Ort-Raum als atmosphärisch erschlossener s i t u s setzt sich gleichberechtigt aus artikulierten Elementen und stimmungshaften Freiräumen zusammen. Im ganzen wird er für den Betrachter zum B i l d — gerade dadurch, daß die Plastik die Grenze zwischen Wasser und Land besetzt, das offene Meer als Gestaltgrund definiert und so zum Verweilen vor einem unbetretbaren Anblick einlädt.

Frage wird gezogen, ob ein Bildwerk eine Mannigfalt innerer Beziehungen aufweisen müsse. Damit gerät die Idee der Werkganzheit als Komplexion von Mannigfaltigem ins Wanken. In Termini etwa der kantischen Ästhetik gesagt: Die Grundidee der quasi-organischen oder mikrokosmischen „Zusammensetzung des Mannigfaltigen" wird abgestoßen zugunsten eines radikalisierten Gestaltschemas von „Einheit".[1] Eine Vorentscheidung wurde dabei getroffen durch Jackson Pollock, in dessen Malerei die Bildfläche mit einer „all over structure" bedeckt ist – d.h.: jeder Teil des Bildes ist mit einer gleichförmigen Malweise behandelt, die keinerlei kompositorischen Schwerpunkt mehr bildet, so daß die Fortsetzung des Bildes nach allen Richtungen hin denkbar wäre.[2] Um 1960 radikalisiert der Maler Frank Stella – in Anlehnung an gleichzeitige Bemühungen von Ad Reinhardt[3] – die schon bei Pollock angelegten Tendenzen wesentlich. Seit 1959/60 grenzt er sich in theoretischen Äußerungen und in seinen Bildern gegen die relationale Malerei als den Inbegriff der bildnerischen Tradition ab und sucht den Vorstoß in einer non-relationale Malerei. Seiner Ansicht nach beruht die relationale, d.h. aber „alle europäische" Malerei auf einem Prinzip:

> „Die Basis ihrer ganzen Idee ist die Balance. Man setzt etwas in die eine Ecke und balanciert es mit etwas in der anderen Ecke aus... In der neueren amerikanischen Malerei bemühen wir uns, die Sache ins Bildzentrum zu bekommen, symmetrisch, aber eben um eine Art Nachdruck zu erreichen, eben um die Sache auf die Leinwand zu bekommen. Die Gleichgewichtsidee ist für uns nicht wichtig."[4]

In der symmetrisch gereihten – nicht „komponierten" – Bildsetzung wird ein Typus von Simplizizät realisiert,[5] der nicht nur das negiert, was einmal als ein schönes Werk galt, sondern selbst noch die Idee des Bildes selbst als eines „stimmigen" Zusammenstandes von geschiedenen Teilen in Frage zieht. Zur Simplizität der non-relationalen Malerei Stellas gehört auch, daß die gemalte

---

1 Vgl. Hans Dieter Junker, *Die Reduktion der ästhetischen Struktur — ein Aspekt der Kunst der Gegenwart*, in: *Visuelle Kommunikation*, herausgeg. von Hermann K. Ehmer, Köln 1971; Bernd Growe, *Regression der Bildwirklichkeit*, in: Katalog *Frank Stella, Werke 1958 — 1976*, Kunsthalle Bielefeld / Kunsthalle Tübingen 1977, S. 29 — 42

2 Vgl. hierzu: Walter Kambartel, *Jackson Pollock — Number 32.1950*, Stuttgart 1970 (Reclams Werkmonographien, Nr. 139)

3 Vgl. *Ad Reinhardt 1913 — 1967*, Katalog Museum of Contemporary Art, Los Angeles und Museum of Modern Art, New York, 1991. In einer Serie von schwarzen Gemälden zwischen ca. 1958 und 1964 löscht Reinhardt die inneren kompositorischen Beziehungen durch sukzessive Farbverdunkelung methodisch aus, bis die Bildfläche scheinbar von monochromem Schwarz bedeckt ist. Seine Kunsttheorie untermauert er mit tautologisch argumentierenden Texten, die um die Formel „Art as Art as Art" kreisen. In mancher Hinsicht ist Ad Reinhardt radikaler als Frank Stella, aber er hält die Malerei letztlich am Problem der maximal sensibilisierten Farbempfindung fest.

4 Stella im Interview mit Bruce Glaser (1968), teilweise übersetzt im Katalog *Frank Stella*, a.a.O., S. 114

5 Max Imdahl, *Frank Stella — Sanbornville*, Stuttgart 1970 (Reclams Werkmonographien, Nr. 143), S. 6

Form mit der Rahmenform identisch ist. Es bleibt kein „Raum" mehr auf dem Bild, der einen Figur-Grund-Gegensatz konstituieren könnte. Bildmotiv (depicted shape) und Bildleib (literal shape) kommen zur Deckung.[1]

Die Gleichsetzung von Bild und Ding ist ein verbreiteter Topos im Umkreis solcher „minimaler" oder „elementarer" Malerei.[2] Als maßgeblich für die methodisch angestrebte „Dinghaftigkeit" des Bildes wird seine möglichst eindrücklich abgehobene Wahrnehmbarkeit als ein geschlossenes Ganzes vor dem Hintergrund der Wand gesehen. Doch genau in diesem Punkt liegt eine entscheidende Umkippung der gesamten Bild- oder Dingwahrnehmung verborgen. Der Maler Gerhard Merz, der den Untersuchungsweg der radikalisierten Bildsimplizität in immer weitere Differenzierungen verfolgt hat, äußert sich über die Konsequenz dieser Betrachtungsweise:

> „Der Raum, den das Bild auf der Wand ausschneidet, ist genauso wichtig wie das Bild selbst. Deswegen ist das nicht eine Inszenierung, ein Environment – das sind verfallene Begriffe –, sondern es ist der Zusammenhang mit Architektur gemeint, mit Architektur als Realität. Wenn ein Bild innerhalb einer Architektur richtig verwaltet ist, dann hat man die erste Stufe einer Sinnstiftung erreicht. Das ist keine neue Erkenntnis und wurde in universalen Kulturen gewußt."[3]

Erstaunlich direkt wird hier – via Architekturbezug – die Sinnverbindung vom Bild-Ding zum Kultur-Raum hergestellt. Der etwa bei Frank Stella sehr ausgeprägte Positivismus der puren visuellen „Tatsache" des „vorhandenen" Bildkörpers[4] setzt

---

[1] Die Begriffe wurden von dem Kunstkritiker Michael Fried geprägt, vgl. Katalog *Frank Stella*, a.a.O., S. 111 — 112; vgl. auch Bernhard Kerber, *Amerikanische Kunst nach 1945*, Stuttgart 1971, S. 35 f.

[2] Vgl. hierzu z.B. Bernd Growe, *Regression der Bildwirklichkeit*, a.a.O.; Gottfried Böhm, *Bild-Dinge. Stellas Konzeption der 'black paintings' und einige ihrer Folgen*, in: Katalog Stella, a.a. O., S. 9 — 20; vgl. auch Donald Judd, *Spezifische Objekte*, in: *Über Kunst — On Art, Künstlertexte zum veränderten Kunstverständnis nach 1965*, herausgeg. von Gerd de Vries, Köln 1974, S. 123: „Es gibt nur wenige Teile, und sie sind dem Ganzen so untergeordnet, daß man sie nicht mehr als Teile ansprechen kann. Ein Bild ist nahezu eine Entität, ein Ding, und nicht die unbestimmbare Summe einer Gruppe von Entitäten und Beziehungen. Das Ein-Ding überwältigt das frühere Bild."

[3] Gerhard Merz, *Kunst ist das geringstmögliche Abweichen von der Norm*, in: Florian Rötzer/Sara Rogenhofer (Herausg.), *Kunst machen? Gespräche und Essays*, München 1991. Der systematische Kern von Merz' Betrachtungsweise liegt in der Bedeutungsverschiebung weg vom dinghaften Bildwerk und hin zu einem bildhaften Raumverständnis. Mit diesem bildhaften Raum- und Architekturverständnis war Martin Heidegger über die kunstgeschichtliche Arbeit von Hans Jantzen vertraut. (Vgl. Dieter Jähnig, *Die Kunst und der Raum*, a.a.O., S. 135 f. und Hans Jantzen, *Über den gotischen Kirchenraum und andere Aufsätze*, Berlin 1951.) Gerade auch das Heidegger interessierende Raumverständnis Chillidas ist — wie oben gezeigt — im Grunde bildhaft. (Über den Bildbegriff Heideggers orientiert der Aufsatz *Die Zeit des Weltbildes*, in: GA 5/ S. 75 — 114.) Es liegt zwar ein Unterschied darin, ob man ein Bildwerk konzentrativ betrachtet oder ob man es gleichsam „impressiv" in seinem Bezug zu Raumhintergrund und -umfeld wahrnimmt. Doch dieser Wechsel der Betrachtungsweise macht keinen Unterschied *im Prinzip*: Er bleibt im Rahmen einer ästhetischen Vorstellungsweise in subjektiver Perspektive, die nur um einige „externe" Faktoren erweitert wird und im äußersten Fall ins „Atmosphärische" reicht.

[4] Stella äußert sich hierzu tautologisch: „What you see is what you see" und stellt fest: „Mein Bild basiert auf der Tatsache, daß nur das da *ist*, was man sehen kann. Es ist wirklich ein Objekt." Interview mit Bruce Glaser, in: Katalog *Frank Stella*, a.a.O., S. 115

in einer Umkippung der Sichtweise den Blick auf eine umräumlich offene Situation frei.[1] Für diese Umkippung ist das Fehlen i n t e r n e r Wahrnehmungsfakten und -relationen im Bild/Ding entscheidend verantwortlich. Der Bildhauer Robert Morris (Abb. 2) drückt dies 1966/69 in einem der entscheidenden Künstlertexte zur „Minimal"-Kunst so aus:

> „Jede innere Beziehung, komme sie durch strukturelle Unterteilung, durch die reich gegliederte Oberfläche oder was immer zustande, beeinträchtigt die öffentliche, äußere Qualität der Arbeit und tendiert dazu, den Betrachter bis zu dem Punkt auszuschließen, daß ihn die Details in eine intime Beziehung zu der Arbeit zerren und ihn aus dem Raum herausreißen, in dem das Objekt existiert."[2]

Durch die methodische Ausschaltung „innerer Beziehungen" innerhalb des vormalig mikrokosmischen Werkes wird der Betrachter aus der „intimen" (ästhetischen) Beziehung zum Werk als einem in sich geschlossenen und abgehobenen Ort[3] wieder herausgesetzt. Er wird v e r s e t z t in eine Sphäre von „Öffentlichkeit", die funktional hinsichtlich ihrer Räumlichkeit und ihrer Gesellschaftlichkeit zu verstehen ist: Im Zurücktreten aus dem „intimen" Werkverhältnis, in dem der Betrachter dem gestalthaft organisierten Werkkörper wie einem sprechenden und ihn anblickenden „alter ego" gegenübersteht, tritt er aus einem e i n s a m e n Dialog mit dem i s o l i e r t e n Werk – eben dem klassischen ästhetischen Werkverhältnis[4] – heraus und findet sich im Offenen eines primär gerade n i c h t ästhetisch bestimmbaren Raumes. Dieser Raum, der von Morris als „öffentlicher" qualifiziert wird, entspricht (cum grano salis) etwa dem, was

---

1 Zur Geschichte und weiteren Entfaltung dieser „umgekippten" Sichtweise vgl. Markus Brüderlin, *Das Bild der Ausstellung und die List des Bildes*, in: Markus Brüderlin (Hrsg.), Katalog *Das Bild der Ausstellung*, Wien (Hochschule für angewandte Kunst) 1993, S. 36 — 53

2 Robert Morris, *Bemerkungen über Skulptur*, in: *Über Kunst — On Art*, a.a.O., S. 207. In der Linie von Morris, doch wesentlich differenzierter argumentiert der minimalistische Künstler Rémy Zaugg in seinen analytischen Schriften. Vgl. vor allem den ausgezeichneten Aufsatz *Der Ort des Kunstwerks* in: Rémy Zaugg, *Vom Bild zur Welt*, Köln 1993, S. 22 — 48, vor allem S. 40 f.. Vgl. weiterhin die außergewöhnliche Schrift *Das Kunstmuseum, das ich mir erträume oder Der Ort des Werkes und des Menschen*, Köln 1987. Zaugg entfaltet wesentlich genauer als Morris die Denkbewegung von der bildhaft-ästhetischen Raumbetrachtung hin zu einer über die bloße Metaphorik hinausgehenden Idee der Ö f f e n t l i c h k e i t und der P o l i t i k (im Sinne der POLIS-Stadt). In der neueren Kontext-Kunst erhält diese Vorgehensweise noch eine deutliche Wendung hin zu politischen und soziologischen Betrachtungsweisen. Vgl. ganz allgemein: *META 1 — Die Kunst und ihr Ort*, Künstlerhaus Stuttgart 1992; *Betriebssystem Kunst* (= Kunstforum Nr. 125/1993), Köln 1993; Peter Weibel (Hrsg.), *Kontext Kunst*, Köln 1994.

3 Vgl. hierzu: Rémy Zaugg, *Das Tafelbild, ein Gebrauchsgegenstand*, in: R.Z., *Vom Bild zur Welt*, a.a.O S. 214 f.

4 Vgl. Immanuel Kant, *Kritik der Urteilskraft*, § 42: „Der, welcher einsam (und ohne Absicht, seine Bemerkungen andern mitteilen zu wollen) die schöne Gestalt einer wilden Blume, eines Vogels, eines Insekts usw. betrachtet ..., nimmt ein unmittelbares Interesse an der Schönheit der Natur." Dies ist ein gleichsam „nichtöffentliches" Betrachtungsverhältnis, das Kant primär im Naturverhältnis angesiedelt sieht, nicht so sehr in der Kunstbetrachtung, die gleichsam von vorneherein mehr in der Sphäre des öffentlichen Gesprächs stattfindet (vgl. ebd. § 41).

Heidegger in der Kunstwerkabhandlung als die Welt des Werkes[1] bezeichnet, um diese weltbezogenen Werkbetrachtung vom ästhetischen und musealen Herausgerissensein und Herausgerücktsein der nur noch „insichstehenden" Werke zu abzusetzen.[2]

Mir scheint, daß bei Morris und ihm verwandten Künstlern die werkkonzentrative Betrachtungsweise und die „öffentliche" Erfahrungsweise in ein Verhältnis der Widerwendigkeit gebracht sind. Zwischen beiden Einstellungen findet eine Umkippung statt, die kein „sowohl ... als auch" zuläßt. Im Gegensatz zum ästhetisch-intimen Werkverhältnis ist in dem von Morris angestrebten öffentlich-räumlichen Werkverhältnis eine situative Offenheit erfahrbar, die einer hermeneutischen Selbstaufhellung des Betrachterverhältnisses förderlich ist. Tritt der Betrachter erst einmal aus der ästhetischen Intimität zurück, dann fördert die hermeneutische Dialektik von Werkpräsentation und Betrachtersituation Deutungsperspektiven zu Tage, die in hohem Maße mehrdeutig sind:

> „Die besseren neueren Arbeiten nehmen die Beziehungen aus der Arbeit selber heraus und machen sie zu einer Funktion des Raums, des Lichts und des Betrachtergesichtsfeldes. Das Objekt ist nur einer der Begriffe in der neueren Ästhetik. Auf gewisse Weise ist das neue Betrachterverhältnis reflexiver, weil das Gewahrwerden, daß man im selben Raum existiert wie die Arbeit, stärker als bei früheren Werken mit ihren zahlreichen inneren Beziehungen ist."[3]

Hier tritt ein aus der Analyse der Ding- und Körper-Qualitäten von Werken abgeleitetes Bild der „Situation" (oder „Weltlichkeit") zutage, das mehrdeutig ist: Neben die das Werk-Ding in seiner phänomenalen Gegebenheit modifizierenden Faktoren der physischen Umräumlichkeit und kinästhetischen Wahrgenommenheit treten auch solche der Mitweltlichkeit, ja in letzter Konsequenz auch der geschichtlich verstandenen Öffentlichkeit. Der Werkkörper wird nur noch als katalysatorischer Brennpunkt verstanden, an den sich zahllose phänomeno-

---

1 M. Heidegger, *Der Ursprung des Kunstwerkes*, in: Gesamtausgabe, Frankfurt/M. 1975 ff., GA 5/ S. 32 ff.

2 Ebd. S. 26

3 Morris, *Bemerkungen über Skulptur*, a.a.O., S. 206 f.. Aus meiner Darstellung erhellt, inwiefern die plastische Auffassung von William Tucker und Anthony Caro, die D.Jähnig in die Nähe Heideggers rückt, trotz ihrer formalen Kühnheit und Offenheit niemals das erreicht, was sie zu erreichen beansprucht: Worldliness. (Vgl. D. Jähnig, *`Der Ursprung des Kunstwerkes` und die moderne Kunst*, a.a.O., S. 235.) Was Jähnig der kubistischen Raum- und Werkkonzeption zuspricht, nämlich die „Aufstellung von Welt" zu sein (vgl. D.Jähnig, *Kunst und Wirklichkeit*, in: D.J., *Welt-Geschichte: Kunst-Geschichte*, Köln 1975, S. 15 f.), kommt meiner Meinung nach im viel wesentlicheren Sinne der Minimal-Plastik zu, die in der Tat eine Gestaltung des Umraums ist. Bei Plastiken von Caro wird der Betrachter durch das Wahrnehmungsangebot bestenfalls zum Umschreiten des Gestaltgefüges aufgefordert, ohne daß sich freilich sein Wahrnehmungsverhältnis zum Umraum ändern würde. Das bildhafte Figur-Grund-Gefüge bleibt an den Werkkörper gebunden und eröffnet keine freie Handlungsdimension.

logische und hermeneutische Perspektiven, Handlungen und Kommentare[1] anschließen lassen. Die programmatische O f f e n h e i t der sich u m das Werk-Ding herum und a m Werkding zeigenden Situation führt bei Künstlern wie Carl André,[2] Franz Erhard Walther[3] und Daniel Buren[4] (Abb. 3, 4) auf einen kritischen Punkt hin: Das Werk regrediert in seinem Ding-Charakter und entwickelt sich zurück, bis es nur noch als ein bloßer A n s t o ß wirkt und so primär nur noch eins zum Erscheinen bringt: Seine der Zeugbewandtnis ähnliche A n g e w i e s e n h e i t auf die hinzutretende E r ö f f n u n g durch den Betrachter/Benutzer.[5]

---

1 Zum Problem der Bildbeschreibung/Bildrede vgl. unten Anm. 3 über Franz Erhard Walther. Vgl. weiterhin die *sprachliche* Realisierung eines Werkes der Minimal-Kunst bei Rémy Zaugg, *Die List der Unschuld, Das Wahrnehmen einer Skulptur*, Eindhoven (Stedelijk Van Abbemuseum) 1982; vgl. ferner in ganz anderer Weise: Thomas Huber, *Das Bild, Texte 1980 — 1992*, Hannover 1992; vgl. auch: Hubert Sowa/Friedolin Kleuderlein, *Beredte Bilder — Bebilderte Rede*, in: *Kunst + Unterricht*, Heft 183/1994, S. 14 f.

2 Vgl. Carl André, Katalog Gemeentemuseum Den Haag, 1969; vgl. ferner Bibliographie in: Katalog Documenta 7, Band I, Kassel 1982, S. 98

3 Der Aspekt des Werkumgangs und der Handlung wurde seit den 60er Jahren besonders reich von dem Künstler Franz Erhard Walther entfaltet. Bei seinen Werken hat die *Benutzung* werkkonstituierende Funktion. Vgl. hierzu: F.E.Walther, *OBJEKTE, benutzen*, herausgeg. Kasper König, Köln 1968; Michael Lingner (Hrsg.), *Das Haus in dem ich wohne. Die Theorie zum Werkentwurf von Franz Erhard Walther*, Klagenfurt 1990. Da neben der Wahrnehmung und der Handlung auch die Sprache/Besprechung eine „Funktion" in der Werkkonstitution hat, weitet sich Walthers Werktheorie zu einer Sprachtheorie aus. Vgl. Franz Erhard Walther, *Gelenke im Raum*, Stuttgart 1987; ders., *Wortwerke*, Klagenfurt 1987; ders., *Denkraum Werkraum*, Regensburg 1993.

4 Vgl. Kat. *Daniel Buren*, Staatsgalerie Stuttgart 1990

5 Vgl. hierzu paradigmatisch: Michael Lingner, *Die Instrumentierung der Imagination* und *Innere Plätze*, in: Franz Erhard Walther, *Sieben Orte für Hamburg*, Hamburg 1990. Auch andere Künstler der Minimal-Tradition betonen den Aspekt der H a n d l u n g im Werkumgang. Robert Morris — ursprünglich Ballettänzer — faßte seine plastischen Raumgestaltungen auch als quasi-choreographische Anweisungen für die Besucher auf, die also zu einer Art körperlicher Lektüre von Körpern im Raum angeregt wurden. Die Künstlerin Maria Nordman stellt mit ihren freigelassenen Räumen, die sie oft als Metaphern des Wohnens gestaltet, im Grunde eine Art Bühne für Handlungen der Betrachter zur Verfügung. Vgl. hierzu Michael Lingner, *Ästhetisches Dasein*, in: *META 4 — radical chic*, Künstlerhaus Stuttgart 1993, S. 94 — 101, der allerdings meiner Meinung nach hier einen zweifelhaften Begriff des Ä s t h e t i s c h e n in die Deutungsperspektive einbezieht. Treffender ist Lingners Bemerkung darüber, daß bei Nordmann das Werk als ein M e d i u m und als ein K o m m u n i k a t i o n s p r o g r a m m erscheine. Der konzeptuelle/minimalistische Künstler Dan Graham, dessen raumplastisches Schaffen seine Wurzeln in der Performance hat, betont in seinen Werken (und kommentierenden Texten) den Charakter des Ö f f e n t l i c h e n und die Mitwirkung des P u b l i k u m s und unterzieht die Betrachterposition vielschichtigen Spiegelungen, die allesamt als Metaphern einer r e f l e k t i e r t e n räumlichen Werkwirklichkeit zu gelten haben. Vgl. Katalog *Dan Graham. Kunst und Architektur/Architektur und Kunst*, Eindhoven/München 1993/94. Bei Graham wird darüberhinaus der öffentliche Charakter und der institutionelle Rahmen der Werkpräsentation reflektiert. Wesentlich stärker als bei Morris scheint es hier angesichts des W e r k e s zu einem B e t r a c h t e n d e s B e t r a c h t e n s zu kommen (vgl. hierzu besonders die Arbeit *Public Space/Two Audiences*, 1976, in: Kat. Dan Graham, a.a.O. S. 30 f.). Der buchstäbliche Übergang vom plastischen Werkschaffen zu Architektur und Handlung wurde auch schon früh vollzogen beim Minimal-Künstler Michael Asher; vgl. Anne Rorimer, *Michael Asher*, in: Peter Weibel (Hrsg.), *Kontext Kunst*, Köln 1994. In dieselbe Richtung hat sich das Werk von Donald Judd entwickelt. Vgl. Marianne Stockebrand (Hrsg.), *Donald Judd Architektur*, Stuttgart 1989 und — als ein Grenzfall zwischen „Werk" und „Zeug" — den Katalog *Donald Judd Furniture*, Museum Boymans-van Beuningen Rotterdam, 1993.

Die Regression des „nichtrelationalen" Werkkörpers zum mehr oder weniger unbestimmt gelassenen „Ort" - wohlverstanden: zu einem noch phänomenal, aber nicht mehr ästhetisch ausgelegten Ort - bzw. zur „Anweisung" gipfelt in einer Galerieinstallation von Robert Barry: 1971 präsentierte er Ausstellungsbesuchern einen leeren Galerieraum, der nur noch die verbale Bestimmung erhielt: „Einige Orte, wohin wir kommen können und eine Weile frei sind, darüber nachzudenken, was wir tun werden."[1] (Abb. 5) Der Akt des Herstellens beschränkt sich hier mehr oder weniger auf die Koordination sozialer Aktivitäten: Einladungen aussprechen, Vorbereiten und Zur-Verfügung-stellen eines Raumes für mögliche Handlungen. Die Tätigkeit des Gewahrens und Bewahrens hat sich in dieser so gut wie offenen Situation auszuführen als sich zeitweilig sammelnder Aufenthalt, in dem sich möglicherweise künftige Handlungsperspektiven öffnen. Die einzige Bestimmung, die in dem so freigegebenen Ort den Betrachter noch anspricht, ist die Sprache: Einladung, Aufforderung, Benennung.

Wenn behauptet wird, daß die Minimal-Kunst ausschließlich auf einen von Merleau-Ponty inspirierten Wahrnehmungs- und Phänomenbegriff abziele,[2] wird oft übersehen, wie zwingend diese scheinbar „rein" phänomenologische Haltung auf eine hermeneutische Weiterbestimmung zutreibt, d.h., wie stark die von den Künstlern geschaffenen Raumsituationen sprachlich vermittelt und reflektiert sind: Daß Wahrnehmung hermeneutisch vermittelt ist, wird besonders da deutlich, wo der Wahrnehmende seine eigene Abhängigkeit von Hinweisen erfahren muß. Gerade in Barrys Werk ist daher der Übergang zwischen „phänomenologischer" und „hermeneutischer" Grundhaltung markiert: Der Raum ist gleichermaßen nur bedeutungsfrei vorhanden wie aus dem Kunstkontext verstanden.

Der perfekte Verzicht auf Verkörperung bringt die konventionelle Fixierung von Bildanblicken zum Umkippen und erwirkt dadurch ein gesteigertes Einrichten, Freigeben und Zulassen eines sich-selbst-zeigenden Ortes, in dem ein den Betrachter einbegreifendes Geschehen gleichermaßen erscheinen und sich verbergen kann, in dem gleichsam - um die Sprache Heideggers zu zitieren -

---

[1] Zit. nach: Karin Thomas, *Kunst — Praxis heute. Eine Dokumentation der aktuellen Ästhetik*, Köln 1972, S. 225; dort auch eine Abbildung des Raumes. Vgl. auch Robert Barry, *„October 12, 1969"* (Interview mit Ursula Meyer), in: Ursula Meyer, *Conceptual Art*, New York 1972, S. 35 — 41. Dort äußert Barry den berühmt gewordenen Satz: „I guess if I call something art, I am saying: 'Look at this thing, consider it carefully' and that is all it means." (S. 39). Vgl. auch neuerdings Robert Barry, *Einladung als Medium*, in: *Kunstforum international*, Nr. 125 /1994, S. 68 — 71

[2] Vgl. z.B. neuerdings Johannes Meinhardt, *Kritik der optischen Wahrnehmung. IMI Giese*, in: Katalog *IMI Giese*, Stuttgart 1993, S. 39 — 47

„die Schicksale des wohnenden Menschen sich ins Heile ...oder ins Unheile ... oder gar in die Gleichgültigkeit gegenüber beiden kehren können".[1]

Gleichwohl besteht in solchen Situationen immer die Gefahr des Rückfalls in indifferent gewordene ästhetische Kontemplation bildhafter Anblicke oder atmosphärischer Befindlichkeiten. Eine 1993 im Kunstverein Hamburg gestaltete Installation von Gerwald Rockenschaub bezieht sich in doppeldeutiger Weise auf die Bildhaftigkeit von Räumen. In einen zwischen Ausstellungsraum und Fensterwand eingeschobenen Gang, von dem aus sich sowohl Ausblicke durch Fenster nach draußen als auch Einblicke in den Ausstellungsbereich öffnen, stellte der Künstler kleine Holzpodeste, auf die der Ausstellungsbesucher steigen und in jeweils eine der Richtungen blicken konnte (Abb. 6). Die sich dabei ergebenden Bilder lassen sich entweder als bildhaft „vorhandene" Anblicke anstarren[2] oder als Thematisierungen des institutionellen Rahmens von Stadt, Ausstellungshalle und Kunstbetrieb verstehen.[3] Die Podeste verweisen in doppelsinniger Weise auf eine Hebung des Zwischenraums, auf eine Unterbrechung des Raumzusammenhangs und thematisieren so das Betrachten selbst. Das Kunstwerk „eröffnet" so ein vom ästhetischen Bild-Anblick unterschiedenes zweiheitliches Raumverständnis.

1 Vgl. M.Heidegger, *Die Kunst und der Raum*, a.a.O., S. 9

2 Vgl. M.Heidegger, GA 56/57, S.71 und 113 sowie § 14; vgl. hierzu vom Verf.: *Krisis der Poiesis*, a.a.O., S. 103 ff., S. 174 ff. und 248 ff.

3 Vgl. Thomas Wulffen, *Vom System zum Paradigma. Das Werk Gerwald Rockenschaubs*, in: Peter Weibel (Hrsg.), *Kontext Kunst*, Köln 1994, S. 512 ff.

3 C. Andre, 1966

4 F. E. Walther, 1967

5 R. Barry, 1971

6 G. Rockenschaub, 1993

3. Jenseits des Ding-Paradigmas: Informationsraum und hermeneutische Kunst

In ihrem 1972 erschienen Artikel „Some post-war American work and Art-Language: ideological responsiveness“ untersuchen die in der anglo-amerikanischen Künstlergruppe ART & LANGUAGE arbeitenden Künstler Terry Atkinson und Michael Baldwin die K o n t i n u i t ä t der Entwicklung der amerikanischen Nachkriegskunst, in die sie sich unmittelbar stellen.[1] Dieser Zusammenhang stellt sich in ihrer Sicht dar als eine „fortgehende Untersuchung“, die den materiellen Charakter der Kunstobjekte thematisiere. Die verborgene Voraussetzung, die diesen kohärenten Diskurs trage und der gemeinsame Grund nicht nur der neueren, sondern a l - l e r Kunst sei, benennen sie als das „essentialist/material character/physical-object paradigm“. Dieses „Paradigma“ - ein Begriff, den sie der Wissenschaftstheorie von Thomas S. Kuhn entlehnen[2] - als das Gemeinsame und Bestimmende aller bisherigen Kunst habe eine solche Macht gewonnen, daß die fraglose Herstellung von Objekten geradezu als eine „Pflicht“ des Künstlers erscheine. In der unablässig um neue Möglichkeiten materieller Herstellung und „Ontifikation“ kreisenden Untersuchungsarbeit der neueren Kunst sei daher das Paradigma des Herstellens und „Objekte-machens“ selbst notwendigerweise unthematisiert geblieben - eine s u - p e r s t r u c t u r e a n d b e y o n d l a w . Erst in der radikalen Entkörperungsbewegung der Minimal-Art sei das Objekt-Paradigma in eine Krise gekommen und eröffne so die Aussicht auf einen Paradigmenwechsel. Ihn methodisch herbeizuführen sei das Ziel ihrer Arbeit. Auch wenn nicht klar sei, w o h i n der Paradigmenwechsel gehen solle, sei doch der Aufbruch vom alten Paradigma (paradigm-shift from...) durch die gezielte Steigerung von Anomalien einzuleiten.

Die Krise, die Atkinson/Baldwin ansprechen und die sie methodisch zu forcieren suchen, wurzelt ihrer Meinung nach in den im obigen Abschnitt dargelegten Minimalisierungstendenzen, in denen die Künstler mit einem Minimum von materieller Gestaltung, Verkörperung und Setzung ein Maximum an offenen Kontexten freizusetzen beanspruchen. Die vor allem von Barry kultivierte Technik des sprachlichen Hinweisens und Deklarierens[3] wird von den Künstlern von ART & LANGUAGE als

---

1 Terry Atkinson/Michael Baldwin, *Some post-war American work and Art-Language: ideological responsiveness*, in: *Studio international*, Jan. 1970, S. 28 — 31. Eine Gesamtdarstellung der Entwicklung der konzeptuellen Kunst hat Thomas Dreher vorgelegt: Th. D., *Konzeptuelle Kunst in Amerika und England zwischen 1963 und 1976*, Frankfurt am Main/Bern/New York/Paris 1992. Die Entwicklung von ART & LANGUAGE schildert: Charles Harrison, *Essays on Art & Language*, Oxford/Cambridge, Massachusetts 1991.

2 Thomas S. Kuhn, *Die Struktur wissenschaftlicher Revolutionen*, dtsch.: 2. Auf. Frankfurt/M. 1976.

3 Vgl. oben, S. 13., Anm. 1. Zur theoretischen und metaphysikgeschichtlichen Untermauerung der These der „Entmaterialisierung“ vgl. vor allem Jean-Francois Lyotard et al., *Immaterialität und Postmoderne*, Berlin 1985.

Hinweis auf eine Anomalie des bisherigen Kunstverständnisses (im Sinne des materiellen Herstellens) gedeutet, die Anlaß gebe, über den intentionalen Kern dieser Art von Kunstneuerung nachzudenken.[1] Dieser aber liege im Abstoß des „alten" Paradigmas.

Die hermeneutische Rückbeziehung scheinbar extrem reduktiver Werksetzungen (in der Terminologie der Concept-Art-Theoretiker sogenannten Propositionen) auf einen geschichtlich kontinuierlichen und paradigmenzentrierten Diskurs ist ein methodischer Schritt von großer Tragweite. Er ähnelt dem oben dargestellten Perspektivwechsel vom isolierten Werk-Ding zum umräumlich-situativen Zusammenhang, nur daß wir jetzt die in einer einzelnen Kunst-Situation kristallisierte umräumliche und bedeutungshafte Verweisungsganzheit in einer erneuten Wendung auf den kohärenten geschichtlichen Diskurs „der Kunst" projizieren müssen. In dieser Perspektive verstanden ist jedes einzelne Werk der radikalen neueren Kunst als Antwort zu deuten – als verneinende Antwort auf den einen verbindenden Grund der Kunst im verkörpernden Herstellen.

Verwiesen die Werkverkörperungen der Minimal-Art auf den Wahrnehmungs- und Raum-Kontext, so verweisen die „Propositionen" der Concept-Art betont auf einen dikursiven und institutionellen Kontext. Am wirkungsvollsten wurde diese Sichtweise in dem Aufsatz „Art after philosophy" von Joseph Kosuth formuliert.[2] In ihm besteht Kosuth darauf, daß jedes Kunstwerk in erster Linie eine Funktion im Kontext der Folge aufeinander antwortender Werke zu erfüllen habe und daß es nur in dieser einen Hinsicht als Kunst in Betracht zu ziehen sei. Kosuth knüpft dabei an die tautologische Kunst-"Definition" des Minimal-Künstlers Ad Reinhardt an, die einem Kunstwerk seine wesentliche Funktion darin zusprach, daß es als Kunst fungiere: „Art is art-as-art".[3] Das intentionale „als" indiziert in dieser Tautologie die Bindung an einen geschichtlich vorgegebenen Diskurs, in dem die Kunst in der Weise einer sich-fortbestimmenden Wesensbestimmung darum ringt, Kunst-als-Kunst zu sein. Nur als eine sich im Fortschreiten zurückbeziehende Antwort auf das immer-schon im Gange befindliche Kunst-Gespräch kann Werkherstellung „Kunst" sein.[4]

---

1 Vgl. Terry Atkinson, *Unter einem Art & LanguageGesichtspunkt (Exzerpt 1 und 2)*, in: *Art & Language, Texte zum Phänomen Kunst und Sprache*, herausgeg. von Paul Maenz und Gerd de Vries, Köln 1972

2 Joseph Kosuth, *Art after Philosophy, Part 1- 3* (1969), in: *Über Kunst — On Art*, a.a.O.

3 Ad Reinhardt, *Art-as-Art*, in: Kat. Ad Reinhardt, a.a.O., S. 121 f.

4 Vgl.: „The next revolution in art will be the same, old, one revolution. Every revolution in art turns over art from art-as-also-something-else into art-as-only-itself." (Ad Reinhardt in: *The next Revolution in Art (Art-as-Art Dogma, Part II)*, ebd., S. 118 f. Dieser Gedanke erinnert an Martin Heideggers frühe Rückbindung von Kunstwerk und Künstler an *die Kunst* (vgl. Der Ursprung des Kunstwerks, GA 5/ S. 1 f.). In entschiedener Abgrenzung gegen diesen Gedanken argumentiert Hans-Ulrich Reck in: U.R., *Die*

Joseph Kosuths hier wurzelnde Bestehen auf dem Gesprächs-Paradigma führt ihn dazu, die Rolle von Werk und „Öffentlichkeit" völlig neu zu bestimmen:

> „Das Publikum der Conceptual Art setzt sich vorwiegend aus Künstlern zusammen – was besagt, daß ein von den Beteiligten getrenntes Publikum nicht existiert. Daher wird Kunst in gewissem Sinn so 'ernsthaft' wie Wissenschaft oder Philosophie, die ja gleichfalls kein 'Publikum' haben. Sie ist interessant oder nicht, je nachdem, ob jemand informiert ist oder nicht."[1]

Im Blick auf solche Äußerungen scheint mir der „Paradigmenwechsel" von der Minimal- zur Konzept-Kunst weniger in einer „Entmaterialisierung" bzw. Vertextlichung der Werke[2] zu bestehen, als vielmehr in einer neuartigen und radikalen Reflexion der Seite der Werkrezeption. Rechnet der minimalistische Werk-Körper mit einem mehr oder weniger unmittelbar reagierenden und kinästhetisch rezipierenden Betrachter, so deutet die konzeptualistische Kunstdoktrin die Rolle des Betrachters aus einer hermeneutisch vermittelten Kontinuität des Kunst-Diskurses: Vom Betrachter wird nicht eine unbestimmte Haltung quasi-ästhetischer Kontemplation verlangt, sondern die Mitarbeit im Sinne einer umfassenen Aktualisierung von Informationen über die Kontinuität des Diskurses, in den das Werk eingestellt ist. Der „Raum", in den ein solches Werk gehört und in den es seinen Betrachter ruft, ist der Informations-Raum.[3]

Die konzeptualistische Werk-These ist demzufolge nicht nach dem Modell „Körper im Raum" zu deuten, sondern nach den Modellen „Wort im Satz" bzw. „Satz im Gespräch". Joseph Kosuth, der sein frühes Werkschaffen (bis 1974) in 10

Kunst und die Werke. Eine nominalistische Theorieskizze, in: Katalog *Die Sprache der Kunst. Die Beziehung von Bild und Text in der Kunst des 20. Jahrhunderts*, Stuttgart 1993, S. 49 — 76.

1 Joseph Kosuth, *Einführende Bemerkungen des amerikanischen Redakteurs*, (1970), in: *Art & Language*, a.a.O (Anm 54), S. 105. Es ist meines Wissens noch nicht genügend hervorgehoben worden, daß und wie dieser Topos der „Kunst für Künstler" auf Nietzsche und demzuvor auf die Frühromantik rurückgeht. Nietzsche fordert in der späten Vorrede zur „Fröhlichen Wissenschaft" eine „Kunst für Künstler, nur für Künstler" (Schlechta, Bd. II S. 14). Schlegels und Novalis' Idee einer „progressiven Universalpoesie" schließt ein, daß das Werkschaffen seinem Wesen nach *gesellig* ist und jeder Leser gleichermaßen „Philolog" und „erweiterter Autor" sei, ja daß „jeder Mensch ... Künstler" sein solle. (Vgl. Novalis, *Werke, Tagebücher und Briefe* in drei Bänden, herausgeg. von Hans-Joachim Mähl und Richard Samuel, München/Wien 1978, Band II S. 282, 303 und 399)

2 Vgl. hierzu L. Lippard/J. Chandler, *The Dematerialization of Art*, in: *Art international*, Febr. 1968, S. 31 — 36

3 Ich spiele hier auf die hellsichtigen Fragen Heideggers an: „Werden die Aussagen der Kunst zu einer Art Information in dieser Welt und für sie? Werden ihre Hervorbringungen dadurch bestimmt, daß sie dem Prozeßcharakter des industriellen Regelkreises und seiner ständigen Vollziehbarkeit genügen? ... Erscheint die moderne Kunst als eine Rückkopplung von Informationen im Regelkreis der Industriegesellschaft und der wissenschaftlich-technischen Welt?" in: M.Heidegger, *Die Herkunft der Kunst und die Bestimmung des Denkens*, a.a.O., S. 19. Wie das Problem des Informations-Raums mit unangemessenen, weil traditionell bildhaft-ästhetischen Mitteln vorgestellt werden kann, kann man an der Entwicklung der reästhetisierten Kontext-Kunst erkennen. Vgl. Todd Alden, *Rainer Ganahl: Abbildung des Informationsraumes*, in: *Kunstforum international*, Nr. 125 / 1994, S. 106 — 109.

I n v e s t i g a t i o n s gliederte und diese wiederum in eine Zahl von P r o p o s i t i o n s , stellt das Gefüge seiner Kunst so dar:

> „Jede Teileinheit hat ihre Funktion nur im Zusammenhang mit der Proposition, jede Proposition hat ihre Funktion nur im Zusammenhang mit der Investigation, jede Investigation nur im Zusammenhang mit 'meiner Kunst', 'meine Kunst' hat ihre Funktion nur im Zusammenhang mit dem 'Begriff Kunst'."[1]

Kosuths 2nd Investigation - Synopsis of Categories (1969) demonstriert diesen Werkbegriff augenfällig: Eine Liste von 1040 Wörtern aus dem „Thesaurus" wurde systematisch geordnet, die ganze systematisch geordnete Liste sodann in Stücke zerteilt. Dann wurde ein Plan erstellt, nach dem diese Abschnitte verteilt wurden

- auf verschiedene Länder/Sprachen
- auf verschiedene Orte
- auf verschiedene Zeitpunkte.

Nach diesem Plan erfolgte dann die Veröffenlichung der Teile über verschiedene Medien: Galerien, Plakatwände, Annoncen in Tageszeitungen, usw... Wohl kaum ein Betrachter bekam mehr als ein Fragment zu sehen. Außer in der späteren Katalogveröffentlichung bot sich zu keinem wirklichen Zeitpunkt und an keinem Ort der „synoptische" Blick auf das Ganze, den doch der Titel der Untersuchung versprach. Die Einheit des Werks ist hier nicht mehr ästhetisch vermittelt. Das Werk ist überhaupt nicht mehr in kontinuierlicher raum-zeitlicher Aisthesis erfaßbar. Vielmehr eröffnet die Begegnung mit dem Werk-Fragment die F r a g e nach dem Ganzen. Das Ganze selbst freilich - die einem Lexikon entnommene und systematisch geordnete Liste von Begriffen - gibt seinerseits nur einen fragmentarischen Hinweis auf jenes umfassendere Ganze, das die Sprache ist. Darüber hinaus läßt sich Kosuths 2nd Investigation als m e t h o d i s c h e N e g a t i o n zentraler Bestimmungen eines Werkes der bildenden Kunst und näher der plastischen Kunst verstehen. Sie verweist also auf die „fortgehende Untersuchung" der neueren plastischen Kunst über die Grenzbedingungen der Werkeinheit. Innerhalb dieses Diskurses läßt sie sich als Antwort auf die betonte Ding-Ontologie in der Minimal-Kunst verstehen: War dort das nonrelationale Werk-Ding als „Funktion des Raums, des Lichtes und des Gesichtsfelds des Betrachters" verstanden, also als Teil der phänomenalen umräumlichen Situation, so verweist bei Kosuth das Werk-Fragment auf Abwesendes: auf einen ausgedehnten und jede phänomenale Umräumlichkeit übersteigenden Informations- und Diskurszusammenhang.

[1] Katalog *Joseph Kosuth. Beiträge zur konzeptuellen Kunst 1965 — 1976*, Bremen 1976, ohne Seitenangabe

Eine noch radikalere Formulierung dieses Werk- und Rezeptionstypus' findet sich in Kosuths „Informationsräumen" des Jahres 1970[1] (Abb. 7). Bereits bestehende Bibliotheks-Lesesäle kultureller Institutionen wurden zu Kunstwerken ernannt. Die Besucher wurden – der Geste Robert Barrys vergleichbar – dazu aufgefordert, die im Raum angesammelten Informationen gedanklich mit der Situation der Kunst der Gegenwart in Verbindung zu bringen. Dasselbe Verfahren wendeten die Künstler von ART & LANGUAGE in ihren Index-Räumen an, in denen Informationsmaterial über gruppeninterne Diskussionskontexte wie über den aktuellen Ausstellungszusammenhang katalogisiert und zugänglich gemacht wurde (Abb. 8). Ähnlich verfuhren Kosuths 8th, 9th and 10th Investigation, in denen dem Betrachter auf einem im Galerieraum aufgestellten Tisch Ordner mit Texten aus verschiedensten Wissenschaftsbereichen vorgelegt wurden, die er nach festgelegten Zeitpartituren zu studieren und „im Kunstkontext zu bedenken" hatte[2] (Abb. 9). Die Anweisung an den Betrachter, die auf der phänomenalen Ebene (im Werk-Anblick) versagte Sinnganzheit herzustellen, die aufgehäuften Informationen zu einer gedanklichen Welt zusammenzuschließen und in Bezug zur kunstexternen Wirklichkeit zu setzen, enthält eine Überforderung und programmiert das Scheitern der Werkeinheit vor. Es bleibt bei der Geste des Verweisens auf einen unabgeschlossenen öffentlichen Informationskontext, auf eine öffentlich ausgelegte Welt, die sich an keinem Ort mehr situativ oder bildhaft komprimiert zur Darstellung bringen läßt.

Hier befindet sich die aus dem minimalistischen Ding-Werk hervorgegangene „konzeptuelle" Kunstform in der extremsten Gegenposition zu jener immer noch ästhetischen „Verkörperung", die der späte Heidegger als Absprungpunkt seiner Konzeption des durch die Plastik eröffneten Ortes genommen hatte. Der für die „klassische" Moderne noch gültige Topos einer künstlerischen „Auseinandersetzung mit dem Raum" hat sich verwandelt in eine von Heidegger bereits vorgeahnte Auseinandersetzung mit der Information. Der bei Heidegger noch als Ankerpunkt der Wahrheit fungierende Werkkörper ist in eine äußerste Verwandlung eingetreten, in der – so scheint es – die Wahrheit keiner poietischen Konkretion mehr bedarf. An die Stelle einer solchen Konkretion tritt die Verweisung auf den intellektualen „Raum", der sich als Kontext von Texten darstellt. All diese Texte – zugänglich als ein Kosmos der Information – lassen sich der einen Frage zuordnen, was die Kunst als Kunst sei. Die Anweisung, die Texte in dieser Perspektive zu lesen, eröffnet

1 Vgl. Joseph Kosuth, *Investigationen über Kunst und Problemkreise seit 1965, Bd. 1 — 5*, Retrospektive Kunstmuseum Luzern 1973, Bd 3, Abb. S. 79
2 Vgl. *Über Kunst — On Art*, a.a.O., Abb. 35; vgl. weiter Katalog Luzern 1973, Bd. 4, S. 4

imperativisch eine ideale hermeneutische Praxis der Fortbestimmung des Kunst-Wesens.[1]

Die von Kosuth oder ART & LANGUAGE vorgestellten Räume sind „Räume" und/oder „bildhafte" Orte in einem nurmehr unwesentlichen Sinn. Die phänomenal-kinästhetische „Wahrgenommenheit" eignet ihnen gleichsam nur akzidentell. Auch zielt ihr Verweisen nicht mehr auf den Wohn-Raum als Ort oder Gegend, sondern auf das omnipräsent zur Verfügung stehende, aber je situativ zu aktualisierende Netz von Informationen. Dennoch konstituieren diese Räume wie im Nachklang einer verkörperten Wahrheit noch einen O r t im Sinne einer mitweltlichen Situation: Gesprächs-Ort als Informations-Lage. Insofern haben sie - noch immer - v e r s a m m e l n d e Funktion und fordern in ihrem ruhigen Hingesetzt-sein das Denken heraus - darin dem Rätsel des n a h v o r h a n d e n e n D i n g s ähnlich.[2] Doch deutlicher als in konventionellen plastischen Verkörperungen lastet hier alles Gewicht des Werkes auf dem Betrachter/Benutzer und seinem U m g a n g mit der Situation: Er wird vor die Entscheidung gestellt, ob er den Raum-Anblick aus der sicheren Distanz des ästhetischen Subjekts v o r s t e l l e n will oder ob er e i n g e h e n[3] will in den im Werk versammelten unvorstellbaren Raum – um den Preis einer Selbst-Verwandlung mit offenem Ausgang.

---

[1] Ohne an diesem Ort näher darauf einzugehen, möchte ich doch darauf verweisen, daß die Kunst sowohl bei Kosuth als auch bei ART & LANGUAGE nach 1974 eine Wendung hin zu anthropologischen und politischen Fortbestimmungen des Kontextproblems nimmt. Vgl. hierzu z.B. J.Kosuth, *(Notes) On an 'Anthropologized' Art*, in : Katalog *Kunst bleibt Kunst. Aspekte internationaler Kunst am Anfang der 70er Jahre, Projekt 1974*, Köln (Kunsthalle) 1974, S. 234 — 237; Katalog *Art & Language*, Paris 1993; Charles Harrison, *The conditions of Problems*, in: Ch. H., *Essays on Art & Language*, Oxford/Cambridge, Massachusetts 1991, S. 83 — 128.

[2] Vgl. Martin Heidegger, *Das Ding*, in: *Einblick in das was ist. Bremer Vorträge 1949*, GA 79/ S. 5 — 23

[3] Vgl. hierzu beispielhaft die Künstlerschrift *Über den Eingang* von Friedolin Kleuderlein, in: INFuGIANA Bd.12, Bamberg 1993

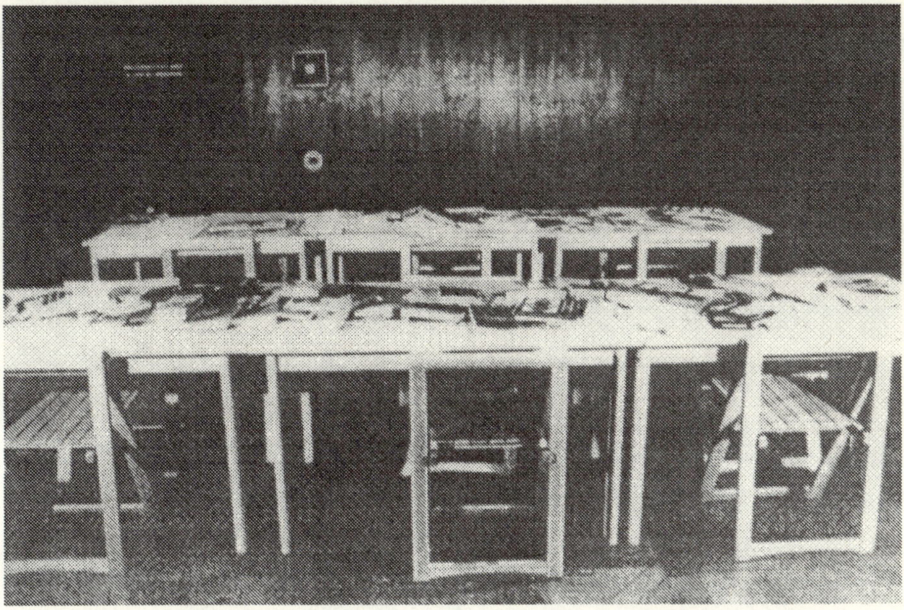

7 J. Kosuth, 1971

8 ART & LANGUAGE, 1972

9 J. Kosuth, 1971

4. Zweite Kunst?

Das plastische Hervorbringen der modernen Kunst ist – diesen Hinweis gibt das Kunstdenken Heideggers – doppelt auszulegen. Im dualen Verhältnis von Körper und Leere, Verkörperung und Eröffnung versammelt sich ein doppelt ausgelegter poietisch-praktischer Daseinsvollzug. In und an den Werken der modernen Plastik kommt die uns heute mögliche Selbst- und Seinsauslegung in gesteigerter Klarheit zur Erscheinung. Vor allem können diese Werke – je radikaler sie formuliert sind, desto deutlicher – modellhafte Übergänge und Spielformen zwischen Poiesis und Praxis ausbilden. Die Dominanz des technischen Weltverhältnisses und der in ihm wurzelnden ästhetischen Vorstellung wird in ihnen umgebrochen und transformiert in neuartige Werkumgangsformen, die zwischen der Bild- und Dingvorstellung und dem Zeugumgang vermitteln. Diese Übergangsformen poietischer Praxis und praktischer Poietik lassen sich Heideggers Frage nach der anderen Techne ebenso zuordnen wie der hermeneutischen Frage nach der praktischen Wahrheit: In den „körperlosen" Werk-Orten der konzeptuellen Kunst konkretisiert sich das (duale) Modell einer anderen Kunst, in der das Herstellen zugunsten der praktisch-hermeneutischen Umgangsform zurücktritt. Mehr noch: Auch das Herstellen selbst wird in diesem radikal hermeneutischen Kunstverständnis als eine Antwort ausgelegt, die weitere Antworten herausfordert. Die ältere Kunst-Idee eines auf das Werk-Ding ausgerichteten finalen Herstellungsprozesses kommt hier ebenso zu Fall wie (auf der rezeptiven Seite) jedes ästhetische Vorstellen, das sich final auf ein „gelingendes" Zusammenspiel von Vernunftvermögen bezieht.

Heideggers Blickbahn ist gerade für die radikalsten Grenzgänge der neueren Plastik erhellend – auch noch für den Schritt der konzeptuellen Kunst in den so ganz anderen „Welt-Raum" der Information. Die sich in diesem „Raum" unaufhörlich bewegenden und immer von neuem eröffnenden Gesprächsperspektiven werden in den von mir zuletzt angesprochenen Kunstwerken immer noch – wenn auch in einem transformierten Sinn – zu jenem Ragen und Ruhen gebracht, das Heidegger dem aus seiner Erde aufragenden griechischen Tempel wie noch den Plastiken Chillidas ansah. In ihrer versammelten Ruhe stellen sie sich – so nahe sie auch dem Informations-Betrieb verwandt sind – seiner Omnipräsenz entgegen. Was der selbst in der extrem zentrifugalen Kontext-Kunst unzerstörbaren Ruhe des hergestellten Orts auf der Seite der Rezeption zu entsprechen hätte, wäre eine verhaltene Praxis des verstehenden Aufenthalts am Ort, eine Kunst des Verstehens und Antwortens. Die entkörperte Wahrheit des Informationsraums fordert die sicheinstimmende Antwort einer z w e i t e n K u n s t heraus. Im uns aufgegebenen Verhältnis zu den Werken der neuesten Kunst verdeutlicht sich zunehmend: Die Kunst hat es – wie die Philosophie – „mit einer Sache zu tun, die zweiheitlich verfaßt ist".[1]

1 Manfred Riedel, *Rehabilitierung des Naturschönen*, (Manfred Riedel im Gespräch mit Florian Rötzer), in: Florian Rötzer (Hrsg.), *Digitaler Schein. Ästhetik in den elektronischen Medien*, Frankfurt/M. 1991, S. 472. Zur „zweiten Kunst" vgl. Hubert Sowa, *B-Kunst*, in: *META 4*, Künstlerhaus Stuttgart 1993, S. 158 — 163 und ders., *..wir müssen das Dichterische im Betrachter entdecken, der wir selber sind..*, in: Katalog *Tradition und Moderne*, Erlangen/Nürnberg 1993, S. 56 — 59

Aristoteles und die Idee der poietischen Wissenschaft

Eine vergessene philosophische Disziplin?

von Wolfgang Wieland (Heidelberg)

Am Anfang des sechsten Buches der *Metaphysik* unternimmt es Aristoteles, den Status der Ersten Philosophie zu bestimmen, die seiner Konzeption gemäß die Ontologie und die Theologie in sich befassen soll. Er orientiert sich dabei an einer Ordnung, die den Gesamtbereich der Wissenschaften in drei Gruppen von Disziplinen aufteilt, die der theoretischen, der praktischen und der poietischen Verstandestätigkeit zugeordnet und deshalb auf das Betrachten, das Handeln und das Herstellen ausgerichtet sind.[1] Offensichtlich setzt er voraus, daß der Adressat seines Lehrvortrags mit dieser Dreigliederung bereits vertraut ist. Die Trichotomie der Wissenschaftstypen scheint ihm jedenfalls weder einer Rechtfertigung noch einer Erklärung bedürftig zu sein. Sie tritt an einer Parallelstelle überdies mit dem Anspruch auf Vollständigkeit auf.[2] Sie wird jedoch nicht selbst zum Thema der Untersuchung, sondern erfüllt nur die Funktion eines Rahmens, innerhalb dessen die gesuchte Wissenschaft der Ersten Philosophie, die später so genannte Metaphysik, weder den praktischen noch den poietischen, sondern den theoretischen Disziplinen zugeordnet und innerhalb dieser Wissenschaftsgruppe zugleich gegenüber der Mathematik und gegenüber der Physik abgegrenzt wird. Bedeutsam wird die Trichotomie nun aber vor allem im Hinblick auf die Physik. Von der Mathematik ebenso wie von der Ersten Philosophie, die beide mit Unbewegtem befaßt sind, unterscheidet sich die Physik durch ihre Ausrichtung auf einen Gegenstandsbereich, der an der Bewegung Anteil hat. Dieser Ausrichtung wegen bedarf die Physik nun aber der Abgrenzung gegenüber den praktischen und den poietischen Disziplinen, da diese ebenfalls mit Bewegungen befaßt sind: So-

---

[1] *Met.* E 1, 1025 b 22 ff.
[2] *Met.* K 7, 1064 a 18 f.

wohl das Handeln als auch das Herstellen sind selbst Bewegungen besonderer Art. Die Abgrenzung nimmt Aristoteles im Blick auf den Ursprung der jeweiligen Bewegungen vor. Denn nur die Physik befaßt sich mit Dingen, bei denen der Ursprung ihrer Bewegung in ihnen selbst und nicht nur in einer ihnen fremden, außerhalb stehenden Instanz zu finden ist. Nur von natürlichen Dingen kann man in einem präzisierbaren Sinn sagen, daß sie »sich« bewegen. Wo Dinge von Menschen hergestellt werden, liegt der Ursprung der Bewegung dagegen nicht im produzierten Gegenstand, sondern ausschließlich in der mit seiner Herstellung befaßten Instanz.[1] Hergestellte Dinge sind, drückt man es auf moderne Weise aus, niemals Subjekte, sondern immer nur Objekte von Bewegungen. Es bezeichnet sogar eine Grenze des dem Menschen möglichen Herstellens, daß Dinge, die einen Ursprung ihrer Bewegung in sich selbst haben, nur vorgefunden, aber nicht hervorgebracht werden können. Das Entsprechende gilt im übrigen auch für das Handeln, den ihm zugeordneten Bezugsbereich und die handelnde Instanz.

Man findet im sechsten Metaphysikbuch keine differenzierende Analyse der hier und sonst nur noch an wenigen anderen Stellen zur Sprache kommenden Idee einer poietischen Wissenschaft.[2] Ohnehin pflegt sich Aristoteles bei allen seinen Untersuchungen besonderer Vorsicht zu befleißigen. Das bewahrt ihn oftmals vor vorschnellen Eingrenzungen, bei denen er Gefahr laufen würde, ein Stück des Phänomenbereichs zu verstellen. So ist es kein Zufall, wenn er im Zusammenhang der Einteilung der Disziplinen nicht nur von der poietischen Wissenschaft spricht, sondern auch vom poietischen Verstand, vom poietischen Vermögen und von der ihm entsprechenden Kunstfertigkeit.[3] Die poietische Wissenschaft steht jedenfalls zu bestimmten personalen Dispositionen in Beziehung. Es kann einstweilen dahingestellt bleiben, wie diese Beziehung näher bestimmt werden kann, ob diese Dispositionen nur zu den Gegenständen der poietischen Disziplinen gehören oder ob sie diese Disziplinen selbst erst ermöglichen, und, vielleicht in entwickelter Gestalt, deren Subjekt konstituieren. Ist im aristotelischen Umkreis von wissenschaftlichen Disziplinen die Rede, muß man indessen stets berücksichtigen, daß es nach dem hier maßgeblichen Wissenschaftsbegriff keine Disziplin geben kann, die fähig wäre, ihren Gegenstand in allen seinen Aspekten vollständig zu erfassen. Denn jede Wissenschaft stößt an Grenzen ihres Kompetenzbereichs. Eine solche Grenze ist bei Aristoteles durch das Akzidentelle markiert. Das Akzidentelle, von Aristoteles bei der Untersuchung der vierfachen Bedeutung des Seienden auffallenderweise sogar an erster Stelle genannt, ist

---

1 *Met.* E 1, 1025 b 18 ff.; Θ 2, 1046 b 3 f.; *NE* Z 4, 1140 a 15 f.

2 *ἐπιστήμη ποιητική*; vgl. 1025 b 19, 1046 b 3, 1075 a 1, 306 a 16, 157 a 10.

3 *διάνοια ποιητική, δύναμις ποιητική, τέχνη ποιητική*; vgl. 1025 b 25, 1027 a 6, 1032 a 27, 1046 b 2.

kein möglicher Gegenstand einer Wissenschaft.[1] Es kann immer nur als Faktum hingenommen werden, ohne daß es möglich wäre, es mit Hilfe einer Wissenschaft über die Feststellung seiner Faktizität hinaus auf den Begriff zu bringen. Das gilt nicht nur für die an der Substanzontologie orientierten theoretischen Disziplinen, sondern auch für die poietische Wissenschaft. Am hergestellten Ding lassen sich ebenso wie an der herstellenden Instanz stets mancherlei akzidentelle Bestimmungen ausmachen. Das Herstellen läßt sich aber ebensowenig wie seine Resultate durch solche Bestimmungen charakterisieren, obwohl jede Poiesis zu ihrer Entfaltung eines Freiraumes bedarf, der in einer Welt, die keine Kontingenz kennt, gar nicht eröffnet werden könnte.

Auf die Einteilung aller Wissenschaften in theoretische, praktische und poietische Disziplinen bezieht sich Aristoteles auch im sechsten Buch der *Topik*.[2] Auch dort ist nicht die Trichotomie als solche das Thema der Untersuchung. Sie wird lediglich als ein bereits bekanntes Einteilungsprinzip angeführt, das dazu bestimmt ist, den korrekten Umgang mit Relativbegriffen zu exemplifizieren. Das geschieht im Rahmen einer Erörterung der für die Gewinnung einer formgerechten Definition nützlichen Gesichtspunkte, sofern sie sich auf Artunterschiede beziehen. Unternimmt man es, einen Relativbegriff zu spezifizieren, so gelangt man zu Begriffen von Unterarten, die auch selbst wieder Relativbegriffe sind. So ist der Begriff des Wissens oder der Wissenschaft[3] ein Relativbegriff, weil er als Komplement den Begriff eines Gegenstandes fordert, auf den sich das Wissen bezieht. So ist jede Wissenschaft immer eine Wissenschaft von etwas. Diese Relativität gilt dann natürlich auch für ihre Unterarten, weil sich die theoretischen, die praktischen und die poietischen Disziplinen jeweils auf ganz bestimmte, aber unterschiedliche Gegenstandsklassen beziehen. Allerdings bringt die Topikstelle nicht die Merkmale zur Sprache, durch die sich die drei Wissenschaftsgruppen voneinander unterscheiden. Daher gewinnt man hier über die Verfassung der poietischen Wissenschaft ebenso wenig Aufschluß wie über die Merkmale ihres Gegenstandsbereichs. Auch hier wird, ganz ähnlich wie im sechsten Metaphysikbuch, die Trichotomie der drei Wissenschaftsgruppen als ein dem Adressaten der Untersuchung bereits vertrautes Konzept behandelt, das offensichtlich keiner weiteren Erläuterung bedarf, um an dieser Stelle als Beispiel für den korrekten Umgang mit Relativbegriffen in Anspruch genommen werden zu können. Für den Adressaten der *Topik* dürfte es sich bei dieser Trichotomie um einen elementaren Bildungsinhalt handeln, der vermutlich zu jenen elementaren Dihairesen gehört, die

---

1 *Met.* E 2, 1026 a 33 ff.; vgl. 1017 a 7 ff., 1027 a 19 ff.

2 *Top.* Z 6, 145 a 16 ff.

3 ἐπιστήμη.

Aristoteles in einem verlorengegangenen Werk gesammelt hat. Dieses Sammelwerk, ursprünglich vielleicht für den Rhetorikunterricht bestimmt, gehört möglicherweise zu den rätselhaften exoterischen Schriften, die nicht überliefert sind, die aber gleichwohl in dem auf uns gekommenen Corpus der aristotelischen Werke ihre Spuren hinterlassen haben.

Die aristotelische Trichotomie der wissenschaftlichen Disziplinen hat keine nennenswerte Wirkungsgeschichte nach sich gezogen. Sie wird denn auch jeden überraschen, der gewohnt ist, sich an einer Tradition zu orientieren, die durch eine Dichotomie geprägt ist, nämlich durch die Entgegensetzung von Theorie und Praxis und der diesen Bereichen zugeordneten Disziplinen. Die Dichotomie von Theorie und Praxis ist längst zu einem Bildungsgut geworden, das die Beziehung des Menschen zur Welt weit über die Grenzen hinaus bestimmt, innerhalb deren auf professionelle Weise Philosophie oder Wissenschaft betrieben wird. Unter der Herrschaft dieser Dichotomie mag dann der Ansatz der Poiesis als einer gleichberechtigten dritten Größe mitsamt den ihr zugeordneten wissenschaftlichen Disziplinen wie ein Kuriosum erscheinen. Das Herstellen wird heute auch dort, wo man seiner Eigenart gerecht zu werden sucht, in der Regel als eine besondere Spielart des Tätigseins verstanden und deswegen der Hemisphäre der Praxis zugeordnet. Gerade in der Philosophie ist die Unterscheidung einer theoretischen und einer praktischen Hemisphäre längst zu einem nur noch selten in Frage gestellten Gemeingut des professionellen Selbstverständnisses geworden, dessen Ursprung man unter historischer Perspektive bei Aristoteles anzusetzen pflegt. Die paradigmatische Kraft dieser Dichotomie hat schon seit langer Zeit das Verständnis von Philosophie und Wissenschaft geprägt, jedenfalls überall dort, wo einerseits Metaphysik, Mathematik und Physik mitsamt allen auf die Welt der Natur bezogenen Disziplinen, andererseits Ethik, Ökonomie und Politik jeweils einer der beiden Gruppen wissenschaftlicher Disziplinen zugeordnet wurden. Für den Ansatz einer besonderen, gleichberechtigten Gruppe poietischer Disziplinen schien unter der Herrschaft des dichotomischen Paradigmas von Theorie und Praxis selbst dort kein Anlaß zu bestehen, wo im übrigen Aristoteles noch als Autorität anerkannt war, ganz zu schweigen von jenen neuzeitlichen Entwicklungen, die noch nicht einmal die Eigenart und die Autonomie der praktischen Disziplinen anzuerkennen bereit waren.

Nun läßt freilich schon die in Platons geschriebenem Werk dokumentierte Philosophie ein deutliches Bewußtsein der Differenz von Theoretischem und Praktischem erkennen. Der Einfluß der erstmals bei den Griechen als reine Wissenschaft betriebenen Mathematik auf die Herausbildung dieses Bewußtseins ist nicht zu übersehen. Platon ist aber noch weit davon entfernt, nach dem Vorbild dieser Differenz dem

Philosophieren abgetrennte Sektoren mit jeweils eigenen Gegenstandsbereichen zuzuweisen. Gerade umgekehrt ist er dort, wo er von dieser Differenz Gebrauch macht, immer bestrebt, die beiden Glieder aufeinander zu beziehen. Wo es um das Handeln und seine Normen geht, werden die in ihm stets wirksamen und ihm die Richtung vorzeichnenden kognitiven Momente bedeutsam; wo dagegen Wissen und Erkennen thematisch werden, bleibt immer die Frage aktuell, welcher Platz dem Wissenden und dem Erkennenden in der Lebenswelt und in der Welt des Handelns zukommt. Auf kunstvolle Weise werden gerade in Platons *Politeia* beide Bereiche verschränkt. Dies findet schon auf der Ebene der literarischen Komposition eine Entsprechung. Denn der Modellstaat ist seinem Status nach der Inhalt einer rein theoretischen Konstruktion, gleichsam ein Stück politischer Mathematik. Die Erörterung der Themen, die man heute der Metaphysik und der Erkenntnislehre zuzuordnen pflegt, wird im Rahmen dieser Konstruktion nun aber in einen praktisch und politisch orientierten Kontext eingefügt, nämlich in die Entwicklung des für die designierten Regenten des Modellstaates bestimmten Ausbildungsprogramms. Die zunächst durch ein langjähriges Studium der Mathematik vorbereitete Beschäftigung mit reiner Erkenntnis gehört zu den Voraussetzungen, unter denen die designierten Regenten die Befähigung zum praktischen politischen Handeln in einer Verfassungsordnung erwerben können, die die Ausübung von Herrschaft an Bedingungen bindet, unter denen niemand mehr ein persönliches Interesse entwickeln kann, Herrschaft im Staat anzustreben oder gar auszuüben. Auch der im Höhlengleichnis dargestellte Aufstieg zur reinen Erkenntnis repräsentiert nur einen Abschnitt in einem Kreislauf, zu dem wiederum auch der Abstieg, nämlich die Rückkehr in die Höhle gehört. Mit derartigen Verschränkungen, in vielerlei Gestalten auftretend, kommt Platon der Aufspaltung der Philosophie in relativ selbständige Teildisziplinen immer wieder zuvor. Die Einheit des philosophischen Gedankens wird auch durch die ungeheuer große Vielheit der Gegenstände, an denen er sich bewähren kann, niemals ganz verdeckt.

Auch wenn die Grundfragen der Philosophie schon bei Platon gestellt sind, so war es doch erst Aristoteles, der daran ging, ihre Beantwortung unterschiedlichen Disziplinen aufzutragen, zwischen denen zwar noch manche Querverbindungen aufgewiesen werden können, die aber trotzdem ihren Aufgaben unabhängig voneinander nachgehen können. Fast jede der von ihm überlieferten Schriften läßt sich zwanglos der theoretischen oder der praktischen Hemisphäre der Philosophie zuordnen, sieht man einmal von dem Sonderstatus der später im *Organon* zusammengefaßten logischen Schriften ab. Deren Status hatte schon in der antiken Tradition Anlaß zu Kontroversen gegeben, in denen es um die Frage ging, ob die Logik als ein Teil der Philosophie selbst oder als ein zur Vorbereitung ihres Studiums bestimmtes Propädeutikum angesehen werden soll. Auch die verlorenen Werke, von denen manchmal Bruchstücke, oft aber nur die Titel überliefert sind, lassen sich in diese Ordnung einfügen. Damit stellt sich die Frage, wie sich dieser Befund mit jener Trichotomie vereinbaren läßt, die den poietischen Disziplinen eine gleichrangige Stellung neben den theoretischen und den praktischen Wissenschaften zugesteht. Es bleibt in der Tat eine Merkwürdigkeit, daß dem dritten Glied der Trichotomie lediglich die *Poetik*, eine Abhandlung über die Theorie der Dichtung, soll zugeordnet werden können. Trotz der Wertschätzung, die diese kleine, in ihrer Wirkungsgeschichte aber ungemein einflußreiche Schrift mit gutem Recht genießt, wird man zögern, gerade sie und sogar ausschließlich sie mit der Aufgabe zu belasten, gegenüber den vielfältig gegliederten theoretischen und praktischen Disziplinen den dritten Grundtypus von Wissenschaft zu repräsentieren. Denn auch die Nachrichten über die verlorenen Werke berechtigen nicht zu der Annahme, Aristoteles hätte die poietische Philosophie in einer Breite gepflegt, die dem Umfang und der Vielfalt der Schriften zur theoretischen oder zur praktischen Philosophie auch nur entfernt vergleichbar wäre. Daran ändert auch nichts die Berühmtheit, zu der es ein nicht überliefertes zweites Buch der *Poetik*, eine Untersuchung über die Komödie, dank dem geistreichen Einfall eines gelehrten Romanciers in unseren Tagen gebracht hat. Auch die Wirkungsgeschichte der aristotelischen Philosophie tradiert nun einmal die Dichotomie des Theoretischen und des Praktischen und sieht keinen Anlaß, der *Poetik* die Stellung eines Platzhalters für den dritten Grundtypus der philosophischen Disziplinen einzuräumen. Die *Poetik* figuriert daher als eine Art Anhang, der nicht eindeutig der theoretischen oder der praktischen Hemisphäre der Philosophie zugeordnet werden kann und der deshalb eher aus Verlegenheit in der herkömmlichen Anordnung der Schriften an das Ende des Corpus Aristotelicum geraten ist. Die Frage nach dem systematischen Ort der *Poetik* führt unter der Voraussetzung der Dichotomie in eine Verlegenheit, wie sie ähnlich auch die moderne Philosophie kennt, wenn es um den systematischen Status der Ästhetik geht.

Die gegenwärtig vorherrschende Einstellung pflegt der Beantwortung von Fragen, die die Klassifikation wissenschaftlicher Disziplinen betreffen, keine besondere Dringlichkeit zuzugestehen. Man hat sich längst daran gewöhnt, bei der Aufgabe, Fachdisziplinen gegeneinander abzugrenzen, pragmatischen Gesichtspunkten den Vorrang einzuräumen. Derartige Abgrenzungen sind stets vorläufig und lassen von vornherein die Möglichkeit von Korrekturen und Revisionen offen, zumal in einer Zeit, in der das Ideal der Interdisziplinarität ständig im Munde geführt, freilich viel seltener auch realisiert wird. Die heutige Liberalität diesen Dingen gegenüber sollte einen aber gerade hellhörig machen, wenn man wahrnimmt, daß Klassifikationsfragen für Aristoteles und erst recht für die an ihn sich anschließende Tradition nicht nur von pragmatischer Relevanz waren. Auch die in der Zeit nach Aristoteles um den Status der Logik des Organons geführte Kontroverse stützt die Vermutung, daß die Trichotomie von theoretischen, praktischen und poietischen Wissenschaften ihre Entstehung nicht lediglich pragmatischen Motiven verdankt. Pragmatische Motive könnten gewiß nicht dazu führen, einen Grundtypus von Wissenschaft anzusetzen, der im Gegensatz zu den beiden anderen Typen fast einem Leertitel vergleichbar ist, der außer der Literaturtheorie keine anderen Besetzungen aufweist. So bleibt die Frage offen, ob der diesem Wissenschaftstypus zugeordnete Gegenstandsbereich bei Aristoteles mit dem Gebiet der Dichtung zusammenfällt oder ob die *Poetik* eher zufällig als einziges ausgearbeitetes Paradigma einer Disziplin überliefert wurde, der von Hause aus vielleicht ein viel umfassenderer Einzugsbereich zugeordnet ist. Das ist eine Alternative, die einer schon bei Platon zur Sprache gebrachten Diskrepanz korrespondiert. Wie im *Symposion* gesagt wird, reicht der Begriff der Poiesis sehr weit, da er eigentlich alles Herstellen abdeckt; als Poeten werden aber dann doch nur die Dichter bezeichnet, nicht aber alle diejenigen, die Dinge irgendeiner Art verfertigen.[1]

Will man unter diesen Umständen der aristotelischen Konzeption der poietischen Wissenschaft auf der Spur bleiben, so tut man gut daran, zunächst die Beziehung ins Auge zu fassen, in der theoretische und praktische Philosophie, beide reichhaltig durch Texte dokumentiert, zueinander stehen, weil diese Beziehung vielleicht ein Paradigma abgibt, das einem bei dem Versuch einer Charakterisierung der poietischen Philosophie nützlich werden kann. Trivial wäre es allerdings, theoretische und praktische Philosophie allein im Blick auf ihre Gegenstandsbereiche voneinander abzugrenzen. Unter diesem Gesichtswinkel würde die praktische Philosophie als auf eine Region eingegrenzte Theorie erscheinen, die sich lediglich mit einem Teilbereich der Welt, nämlich mit der Welt des Tätigseins und mit der menschlichen Lebenswelt befaßt. Es handelt sich dabei nur um einen Ausschnitt aus einer Weltregion, nämlich aus der Region unterhalb des Mondes. Man kann in dieser Region auf die Existenz von Regelmäßigkeiten vertrauen, die jedoch nicht in strenger Ausnahmslosigkeit gelten. Es handelt sich um einen Typus von Regelmäßigkeit, die nur meistenteils gilt und immer wieder durchbrochen werden kann, weil sie Zufälle und Ausnahmen zuläßt,[2] wenn es sich nicht von vornherein um Dinge handelt, die sich auf die eine ebenso wie auf die andere Weise verhalten können.[3] Nur unter derartigen Voraus-

[1] Vgl. *Symp.* 205 B.

[2] *ὡς ἐπὶ τὸ πολύ*; vgl. *Phys.* B 5, 196 b 10 ff.; *NE* A 1, 1094 b 21; Z 4, 1140 a 18, *Met.* Z 7, 1032 a 29 f.; E 2, 1026 b 27 ff.

[3] *NE* Z 4, 1140 a 12, a 22; Z 5, 1140 a 34; Z 8, 1141 b 10; *Met.* Z 7, 1032 a 21; Z 15, 1039 b 29 f.; *de an.* Γ 10, 433 a 30; *EE* B 6, 1222 b 41 ff.

setzungen ist ein in die Welt eingreifendes und sie veränderndes Verhalten möglich. In einer Welt von strikt und ausnahmslos geltenden Gesetzen, bei Aristoteles also in der Welt oberhalb des Mondes oder im Bereich des Mathematischen, würde das Handeln und das es leitende Überlegen gar keinen Ansatzpunkt finden.[1] Keine explizite Aussage findet sich bei Aristoteles darüber, ob Vergleichbares auch für das Herstellen gilt. Der Sache nach müßte diese Frage gewiß bejaht werden. Niemand könnte in der Welt irgend etwas bewirken oder ein Ding herstellen, wenn dort alles Geschehen auf der Grundlage von ausnahmslos geltenden Notwendigkeiten ablaufen würde.

Bei Aristoteles enthält die praktische Philosophie gewiß reichhaltige Materialien, aus denen sich eine regionale Theorie eines abgegrenzten Wirklichkeitsbereichs, nämlich eine Theorie der menschlichen Lebenswelt aufbauen läßt. Doch nicht darauf ist ihr Status als einer gegenüber dem Inbegriff der theoretischen Disziplinen vollkommen eigenständigen Philosophie gegründet. Ihre Autonomie und ihre Selbständigkeit gegenüber der theoretischen Philosophie beansprucht sie deswegen, weil sie die Welt des Handelns nicht nur untersuchen, sondern ihr mit diesen Untersuchungen zugleich auch dienen will.[2] Praktische Philosophie ist sie, weil sie auch in ihrer Eigenschaft als Philosophie auf ein praktisches Ziel hin ausgerichtet ist. Das stellt Aristoteles sogleich am Beginn des ersten Buches der Nikomachischen Ethik fest: Der Zweck der hier als umfassende Wissenschaft vom Politischen verstandenen praktischen Philosophie liegt nicht im Erkennen, sondern im Handeln.[3] Diese Feststellung trifft er dort, wo er die Voraussetzungen zur Sprache bringt, denen genügen muß, wer aus der Unterweisung in dieser Disziplin Gewinn ziehen kann. Es sind allerdings keine propositional formulierbaren und mitteilbaren Vorkenntnisse, sondern personale Dispositionen, die Aristoteles vom Teilnehmer am Unterricht in der praktischen Philosophie verlangt: Dieser Hörer muß bereits Erfahrungen in der Praxis des öffentlichen Lebens gesammelt haben; er muß aber auch seinen Charakter bereits in einer Weise gefestigt haben, daß es nicht mehr die Affekte sind, die seinem Leben und Handeln die Richtung vorzeichnen. Darin liegt zugleich der Grund, warum ein zu junger Mensch für das Studium der praktischen Philosophie noch nicht geeignet ist.[4] So berührt sich die praktische Philosophie nur in einem mittleren Bereich mit den theoretischen Disziplinen, nämlich nur dort, wo sie Sätze formuliert und Argumentationen vorträgt. Die Voraussetzungen und die Ziele der praktischen Philoso-

[1] Vgl. *NE* Γ 5, 1112 a 21 ff., b 9 ff.; Z 4, 1140 a 1; Z 6, 1141 a 1.
[2] *NE* A 1, 1094 a 22 f.
[3] *NE* A 1, 1095 a 5: *τὸ τέλος ἐστὶν οὐ γνῶσις ἀλλὰ πρᾶξις*; vgl. *Met.* α 1, 993 b 20 f.
[4] *NE* A 1, 1094 b 27 ff.; A 2, 1095 b 4 f.

phie liegen jedoch in einem Gebiet, das nicht auf das Propositionale eingeschränkt ist. Auch im zweiten Buch der Nikomachischen Ethik wird noch einmal bekräftigt, daß die praktische Philosophie im Gegensatz zu anderen Disziplinen ihre Untersuchungen nicht nur um der bloßen Betrachtung willen anstellt:[1] Das Ziel ist nicht die Erkenntnis, was die Tugend sei; Ziel ist vielmehr, daß man ihrer teilhaftig wird. Dieser Grundsatz ist Aristoteles wichtig genug, um ihn am Ende der gesamten Untersuchung dem Hörer noch einmal einzuschärfen. Wo es um die Tugend geht, kann man es nicht bei dem Wissen von ihr bewenden lassen, weil es auf den Versuch ankommt, sie zu besitzen und sie zu praktizieren.[2]

Die Konzeption einer praktischen Philosophie, die selbst praktische Ziele verfolgt, hat die Forschung der Folgeprobleme wegen gelegentlich irritiert. Wenn nämlich die Untersuchung nicht nur die Welt des Handelns zum Gegenstand macht, sondern zugleich eine bestimmte Ausrichtung des menschlichen Handelns bewerkstelligen oder zumindest befördern will, könnte man versucht sein, eine »technische« Deutung zu bevorzugen, bei der die Untersuchungen der praktischen Philosophie nur noch als Mittel bei der Verfolgung von Zielen erscheinen, über die diese Philosophie selbst nicht mehr verfügen kann. Der Dienst, den die praktische Philosophie der Praxis selbst als dem Gegenstand ihrer Untersuchungen leisten kann und leisten soll, ist aber gewiß nicht so zu deuten, als könnte man mit dieser Philosophie und mit ihren Resultaten wie mit neutralen und sogar ambivalenten Werkzeugen umgehen. Trotzdem bleibt ihr das letzte Ziel alles Handelns vorgegeben, weil jeder Mensch schon von Hause aus nach dem Guten, und das heißt für ihn zugleich: weil er nach dem Glück strebt.[3] Die praktische Philosophie hat die Aufgabe, dieses Ziel auf eine allgemeingültige Weise zu bestimmen, und zwar auch dadurch, daß sie die unterschiedlichen Konzeptionen des Glücks einer Prüfung unterzieht, die immer schon ihre Befürworter gefunden haben. Aufgabe der Klugheit ist es dann, in jeder einzelnen Situation den Weg ausfindig zu machen, der zu diesem Ziel führt.[4] Die Klugheit wird von Aristoteles unter die dianoetischen Tugenden eingereiht. Zu deren Leistungen gehört auch, daß mit ihrer Hilfe von der Seele Wahrheit realisiert wird.[5] So können sich gerade an der Klugheit und an ihrem Status Fragen entzünden, die die Grundlagen und die Grenzen der praktischen Philosophie überhaupt betreffen. Gehört die Vermittlung von Klugheit zu den Zielen dieser Philosophie? Kommt die Klugheit unter

---

1 *NE* B 2, 1103 b 26 ff.: *οὐ θεωρίας ἕνεκά ἐστιν ὥσπερ αἱ ἄλλαι*; vgl. *NE* Z 13, 1143 b 27 ff.
2 *NE* K 10, 1179 b 2 f.: *οὐδὲ δὴ περὶ ἀρετῆς ἱκανὸν τὸ εἰδέναι, ἀλλ' ἔχειν καὶ χρῆσθαι πειρατέον.*
3 *εὐδαιμονία*: vgl. *NE* A 2, 1095 a 14 ff.; A 5, 1097 a 34, b 20.
4 *φρόνησις*, vgl. *NE* Z 8, 1141 b 14 ff.; Z 13, 1144 a 7 ff.; Z 5, 1140 a 24 ff.
5 *NE* Z 3, 1139 b 15: *οἷς ἀληθεύει ἡ ψυχή.*

ihren Gegenständen vor? Ist die praktische Philosophie, sofern sie gelingt, selbst ein Werk der Klugheit oder zumindest ein Werk, das nicht ohne die Klugheit zustande kommt? Man wird nicht umhin können, alle diese Fragen zu bejahen, wenn man die aristotelische Konzeption der praktischen Philosophie nicht verfehlen will. Aber es ist kein Zufall, daß der Versuch einer genaueren Bestimmung dieser von ihrem Urheber nicht im Detail ausgearbeiteten, sondern nur skizzierten Konzeption zu mancherlei Kontroversen über den Status der Klugheit geführt hat, in denen der Schwerpunkt bald an der einen, bald an einer anderen Stelle gesetzt worden ist und die bislang noch nicht zu einem einhellig anerkannten Ergebnis geführt haben.

Es fragt sich, ob das aristotelische Modell einer autonomen praktischen Philosophie als Vorbild dienen kann, wenn es um die Frage nach der Eigenständigkeit poietischer Wissenschaften gegenüber den theoretischen Disziplinen geht. Ließe sich diese Frage bejahen, so müßte die poietische Wissenschaft nicht schon ihr Ziel in der Erkenntnis der Poiesis finden, sondern selbst auch ein Herstellen ermöglichen. Es ist vor allem eine Stelle aus dem ersten Buch der Eudemischen Ethik, die für eine derartige Annahme spricht[1]. Nur die von den theoretischen Disziplinen geleistete Arbeit hat nach der dort vorgetragenen Erörterung ihr Ziel im Erkennen selbst. Nicht ausgeschlossen wird dadurch die Möglichkeit, theoretische Erkenntnisse für außertheoretische Zweckzusammenhänge fruchtbar zu machen. Für die theoretische Erkenntnis selbst bleibt diese Möglichkeit aber immer etwas Akzidentelles, das ihr Wesen nicht berührt. Anders die poietischen Disziplinen: Ihr Ziel liegt nicht schon in der Erkenntnis, die auch sie erarbeiten, sondern in der Herstellung der Gegenstände selbst, auf die sich ihr Erkennen richtet. So bezweckt beispielsweise die Politik gute Gesetzgebung, die Medizin dagegen Gesundheit. Denn das Gesundsein ist als Ziel der Einsicht in das Wesen der Gesundheit übergeordnet. Natürlich überrascht es, der Politik hier als einem Beispiel nicht für eine praktische, sondern für eine poietische Disziplin zu begegnen. Aber es ist nun einmal nicht ausgeschlossen, daß zur Praxis des Politikers auch bestimmte Hervorbringungen gehören, beispielsweise die Formulierung von Gesetzen. Das Ziel der praktischen ebenso wie das der poietischen Disziplinen bleibt aber auf jeden Fall die Realisierung eines bestimmten Resultates und nicht nur eine darauf bezogene Erkenntnis.

Bei der Erörterung dieser Fragen muß man den im Vergleich zu unseren Sprachgewohnheiten wesentlich weiteren Begriff von Wissen und Wissenschaft in Rechnung stellen, dessen sich Aristoteles in Übereinstimmung mit dem gemeingriechischen Sprachgebrauch bedienen kann. In diesem Sinne ist im Besitz eines derartigen

---

[1] *EE* A 5, 1216 b 3-25.

Wissens jeder, der sich auf eine bestimmte Sache oder auf eine bestimmte Tätigkeit versteht. Schon für Platon ist auch ein Wissen, was die Kunst des Zimmermanns, überhaupt des Handwerkers ausmacht.[1] Von diesen Fertigkeiten zu behaupten, daß ihr Ziel nicht in der Gewinnung einer Erkenntnis, sondern in der Herstellung eines Resultates liegt, ist in der Tat trivial. So spricht Aristoteles auch von den - alles Handwerkliche natürlich einschließenden - Künsten als von poietischen Wissenschaften.[2] In diesen Disziplinen, deren Existenz und deren Selbständigkeit außerhalb jedes Zweifels steht, hat sich Aristoteles sehr wahrscheinlich selbst nicht betätigt. Geht es um die Frage nach der Eigenart der poietischen Wissenschaften, wird man daher gut daran tun, die Aufmerksamkeit darauf zu richten, ob im jeweiligen Fall von der Herstellung handfester Resultate und Gegenstände die Rede ist oder ob es um eine Disziplin geht, die diese Dinge lediglich zum Inhalt einer philosophischen Grundlagenreflexion macht. Nun hat Aristoteles allerdings weder eine Theorie der Medizin noch eine Theorie der Bildhauerei oder irgendeines Handwerks entwickelt. In seinen philosophischen Werken lassen sich indessen manche Bausteine zu solchen Theorien finden. Handwerkliche Tätigkeiten und Künste werden dort so häufig für Beispiele in Anspruch genommen, daß man versucht sein könnte, die philosophische Fundierung der poietischen Wissenschaft von hier aus zu rekonstruieren.

In der Nikomachischen Ethik wird die Kunst[3] thematisch parallel zur Klugheit als eine der dianoetischen Tugenden untersucht. Das vierte Kapitel des sechsten Buches ist in diesem Rahmen der klassische Text für die aristotelische Unterscheidung von Handeln und Herstellen.[4] Sie wird hier aber im Rahmen einer Untersuchung abgehandelt, die eindeutig nicht der poietischen, sondern der praktischen Philosophie zugeordnet ist. Die Vertrautheit des Hörers mit dieser offensichtlich als elementar angesehenen Unterscheidung setzt Aristoteles auch hier voraus. Dies bezeugt auch der ausdrückliche Verweis auf die exoterischen Schriften, in diesem Fall vermutlich auf die den Schülern des Aristoteles ohnehin vertrauten Dihairesenkataloge.[5] Handeln und Herstellen werden an unserer Stelle in ihrer Eigenschaft als Tätigkeiten betrachtet und als solche durch ihre Zielrichtung unterschieden. Während das Handeln sein Ziel nicht außerhalb, sondern in sich selbst findet, bezweckt das Herstellen ein Resultat, das von der Tätigkeit selbst verschieden ist. Deshalb weisen beide Tätigkeitsformen auch unterschiedliche Zeitstrukturen auf. Das Handeln ist stets

1 Vgl. z.B. *Resp.* 428 B, *Euthyd.* 281 A.
2 *Met.* Θ 3, 1046 b 3.
3 *τέχνη*.
4 *NE* Z 4, 1140 a 1-23.
5 Vgl. Verf., *Aristoteles als Rhetoriker und die exoterischen Schriften*, Hermes 86, 1958, S. 323-346, bes. S. 345.

schon in seinem Vollzug vollendet, während das Herstellen unvollendet bleibt, solange es noch andauert. Weil das hier als Musterbeispiel für ein Handeln herangezogene Sehen sein Ziel in sich selbst findet, läßt sich sagen, daß man zugleich sieht und gesehen hat. Man kann dagegen nicht sagen, daß man zugleich baut und gebaut hat, weil das Ziel des Bauens erst dann erreicht ist, wenn die Tätigkeit selbst nicht mehr andauert.[1] Eine Parallele hierzu findet sich in einer terminologischen Unterscheidung, gemäß der die *Metaphysik* den Begriff der Energeia den Aktivitäten vorbehält, deren Ziel in ihnen selbst liegt, während sie die Prozesse, bei denen dies nicht der Fall ist, als Kineseis, nämlich als Bewegungen im engeren Sinne des Wortes bezeichnet.[2] Es liegt auch ganz in der Richtung dieser Differenzierungen, wenn Aristoteles auf das menschliche Leben als solches, zumindest das des freien Bürgers, den Begriff des Handelns, aber gerade nicht den des Herstellens anwendet.[3]

Die Unterscheidung zwischen Handeln und Herstellen, die Aristoteles im Rahmen der Erörterung der dianoetischen Tugenden diskutiert, vermittelt freilich keine Gründe, die den Ansatz eines eigenständigen poietischen Wissenschaftstypus rechtfertigen könnten. Handeln und Herstellen scheinen sich als Formen menschlichen Tätigseins untereinander immer noch recht nahe zu stehen, wenn man zum Vergleich die Distanz betrachtet, in der beide zur rein theoretischen Betrachtung stehen. So ist es auch kein Zufall, daß alles das, was über das Herstellen als Gestalt menschlichen Tätigseins gesagt wird, in der praktischen Philosophie seinen legitimen Ort findet und offensichtlich keiner besonderen poietischen Wissenschaft bedarf. Dazu kommt aber noch etwas anderes: Das Tätigsein der Menschen steht sowohl im Modus des Handelns als auch im Modus des Herstellens in vielfältigen Wechselbeziehungen und Verschränkungen, die randscharfe Abgrenzungen schwierig, wenn nicht sogar unmöglich machen. Als Beispiele für das Herstellen können zunächst gewiß alle Tätigkeiten dienen, durch die sinnenfällige Artefakte hervorgebracht werden. Der Begriff der Poiesis läßt sich dann aber auch dort anwenden, wo die Tätigkeit keinen manifesten Gegenstand, sondern nur einen bestimmten Zustand zum Resultat hat. Wenn die Nikomachische Ethik gleich zu Beginn die menschlichen Tätigkeiten danach unterscheidet, ob sie ihren Zweck in sich selbst oder außerhalb finden, macht es für die Struktur des herstellenden Tätigseins keinen wesentlichen Unterschied aus, ob es ein dingliches Resultat von der Art eines Schiffes hervorbringt oder ob das Resultat – wie bei der Medizin – in der Gesundheit oder – wie bei der Öko-

1 *Met.* Θ 6, 1048 b 33: *ἑώρακε δὲ καὶ ὁρᾷ ἅμα τὸ αὐτό*; 1048 b 30f.: *οὐ γὰρ ἅμα ... οἰκοδομεῖ καὶ ᾠκοδόμηκεν.*

2 Vgl. *Met.* Θ 6, 1048 b 28: *ἐνεργείαι* vs. *κινήσεις.*

3 *Pol.* A 4, 1254 a 7; vgl. *NE* A 6, 1098 a 12 ff; I 7, 1168 a 6.

nomie – im Wohlstand besteht.[1] Mit dieser Differenzierung der Tätigkeitsformen bezweckt Aristoteles hier nur eine Vernetzung der vielen von Menschen ausgeübten Aktivitäten. Auf der Basis ihrer teleologischen Struktur machen die menschlichen Tätigkeiten bei der Verfolgung ihrer Ziele untereinander von ihren Resultaten Gebrauch. Als oberste Instanz fungiert nach diesem Entwurf die Politik, insofern sie es ist, die alle anderen Tätigkeiten und deren Resultate in ihren Dienst stellt.[2] Handeln und Herstellen werden auf diese Weise gewiß nicht gänzlich nivelliert. Trotzdem rücken beide nahe zusammen, wenn sie unter dem Aspekt betrachtet werden, daß man es in dem einen wie in dem anderen Fall jedenfalls mit Erscheinungsformen menschlichen Tätigseins überhaupt zu tun hat. Gerade die Vernetzung aller Tätigkeiten und gegebenenfalls auch ihrer Resultate führt daher im Einzelfall oft zu Schwierigkeiten bei dem Versuch, Phänomene der Lebenswelt eindeutig der Praxis oder der Poiesis zuzuordnen. Zudem wird sich schwerlich ein umfassenderer Handlungszusammenhang finden lassen, der keine herstellenden Tätigkeiten als seine Elemente enthält. So ist es nach einem bedenkenswerten Vorschlag möglich, Handeln und Herstellen gerade nicht als randscharf abgrenzbare Tätigkeitssorten anzusehen, sondern nur als Aspekte, unter denen die einzelnen Formen menschlicher Tätigkeit betrachtet werden können.[3] Ohnehin unterscheidet der Sprachgebrauch selbst bei Aristoteles längst nicht in allen Fällen so scharf zwischen Handeln und Herstellen wie man im Blick auf die abstrakte Dihairese annehmen möchte. Gehen aber Handeln und Herstellen darin auf, lediglich Aspekte menschlicher Aktivität zu sein, so ist in der Tat kaum mehr auszumachen, welche spezifische Thematik einer poietischen Philosophie zugeordnet werden könnte, die nicht ohnehin schon in den Kompetenzbereich der mit dem Gesamtbereich menschlichen Tätigseins im ganzen befaßten praktischen Philosophie fällt. Liegt hier der Grund, warum es Aristoteles dann doch, sieht man auch hier vom Sonderfall der Logik ab, im wesentlichen bei der Dichotomie von theoretischer und praktischer Philosophie hat bewenden lassen?

Man kann dem Konzept einer poietischen Philosophie indessen nicht gerecht werden, wenn man Handeln und Herstellen immer nur im Hinblick auf ihren Charakter als Tätigkeiten untersucht. So betrachtet rücken sie in der Tat sehr eng zusammen. Ein ganz anderes Bild bietet sich, wenn man statt des Tätigseins bei der Erörterung der Poiesis die Produkte des Herstellens in den Mittelpunkt der Betrachtung rückt. Aristoteles hat keine Philosophie dieser Produkte in einer eigenen Ab-

1 Vgl. *NE* A 1, 1094 a 3 ff.
2 *NE* A 1, 1094 b 2 ff.; vgl. Z 2, 1139 b 1.
3 Vgl. Th. Ebert: *Praxis und Poiesis. Zu einer handlungstheoretischen Unterscheidung des Aristoteles*, in: Zeitschrift für philosophische Forschung 30, 1976, S. 12-30.

handlung entwickelt. Die zu ihr nötigen Elemente lassen sich gleichwohl in seiner *Physik* finden. Dort wird deutlich, warum die Ausarbeitung einer eigenständigen poietischen Philosophie auch dann nicht sonderlich dringlich erscheint, wenn es um die begriffliche Analyse der hergestellten Produkte geht. Denn die Elemente einer solchen Theorie kann Aristoteles deswegen im Rahmen der Naturphilosophie entwickeln, weil er ein Entsprechungsverhältnis zwischen Artefakten und von Natur aus bestehenden Dingen annimmt. Es ist eine Annahme, die durch die gewöhnliche Sprache begünstigt wird, die nun einmal von denselben Formen und Kategorien bei der Rede von natürlichen Dingen wie bei der Rede von Artefakten Gebrauch macht. Deshalb kann Aristoteles die Analyse des natürlichen Werdens zwanglos am Beispiel der Statue entwickeln, die aus Erz verfertigt wird.[1] Anhand dieses Beispiels arbeitet er die Prinzipien von Materie, Form und Privation heraus, mit deren Hilfe das Werden von Naturdingen ebenso wie das von Artefakten auf den Begriff gebracht wird. Die Analogie von Natürlichem und Artifiziellem wird durch den Grundsatz gestützt, gemäß dem die Natur von der Kunst imitiert wird.[2] Eine Entsprechung zwischen beiden Bereichen zeigt sich aber auch dann, wenn die Kunst das Werk der Natur dort vollendet, wo die Natur aus eigener Kraft dazu nicht fähig ist.[3] So würden Artefakte, könnten sie von Natur aus entstehen, so gestaltet werden, wie sie von der Kunst gebildet worden sind. Umgekehrt würden natürliche Dinge, könnten sie von der Kunst hergestellt werden, zu eben dem, was schon die Natur aus ihnen gemacht hat. Auch mit dem Ansatz dieser Analogie stützt Aristoteles sein Vorhaben, am Vorbild der Kunst und des artifiziellen Herstellens teleologische Denkmuster auf die Natur und die in ihr ablaufenden Prozesse anzuwenden.[4]

Die Analogie zwischen natürlichen und artifiziellen Dingen findet dort ihre Grenze, wo der ihnen eigene Bewegungsursprung bestimmt werden muß. Dieser Ursprung liegt, wie schon erwähnt, bei den Artefakten in der sie herstellenden Instanz, bei den Naturdingen dagegen in ihnen selbst.[5] Nun gibt es freilich kein Ding, das ohne Einschränkung nichts als ein Artefakt wäre, da alles Herstellen von Dingen in letzter Instanz auf ein von Natur aus existierendes Material angewiesen ist. Allen Artefakten ist eine natürliche Komponente eigen. Von Natur aus existierend kann ein Ding dagegen ohne Einschränkung sein. Artefakte haben deshalb immer einen gespaltenen Bewegungsursprung, nämlich einmal ein mit ihrem von der Natur gegebenen Mate-

1 *Phys.* A 7; vgl. auch *Met.* Z 7 - 9.
2 *Phys.* B 2, 194 a 21: *ἡ τέχνη μιμεῖται τὴν φύσιν.*
3 *Phys.* B 8, 199 a 15: *ἡ τέχνη ... ἐπιτελεῖ ἃ ἡ φύσις ἀδυνατεῖ ἀπεργάσασθαι*, vgl. b 28.
4 *Phys.* B 8, 199 a 17: *εἰ οὖν τὰ κατὰ τέχνην ἕνεκά του, δῆλον ὅτι καὶ τὰ κατὰ φύσιν.*
5 *Phys.* B 1, 192 b 13, 192 b 27, 193 b 4; vgl. oben S. ■ Anm. ■.

rial verbundenes Prinzip und daneben eines, über das der Hersteller verfügt. Aristoteles verdeutlicht dies mit Hilfe einer auf den Sophisten Antiphon zurückgehenden Anekdote. Antiphon soll am Beispiel des in den Boden eingepflanzten hölzernen Bettes gezeigt haben, daß am Generationsprozeß nur teilnimmt, was an ihm natürlich ist. So wuchsen aus dem in den Boden eingepflanzten Bett denn auch keine neuen Betten hervor; dagegen entwickelte das Holz, aus dem es hergestellt war, seiner Natur gemäß junge Triebe.[1] Mag also dem Herstellen in methodischer Hinsicht ein Vorrang zukommen, weil die Prinzipien am Beispiel von Artefakten leichter differenziert werden können, so hat doch in der Sache selbst die Natur den Vorrang: Nach der aristotelischen Standardformel ist es denn auch immer ein Mensch, der einen Menschen zeugt; dagegen kann kein Bett von einem Bett hervorgebracht werden. Ihren Vorrang beweist die Natur auch am Beispiel der Werkzeuge, also einer besonderen Klasse von Artefakten. So ist die Hand das Werkzeug der Werkzeuge.[2] Sie kann einen Vorrang beanspruchen, weil jedes Werkzeug letztlich von der Hand hergestellt worden ist, weil es ferner seine Funktion aktuell nur ausüben kann, wenn es von einer Hand geführt wird und weil es schließlich die Funktion der Hand unterstützt und vervollkommnet.

Die Analogie zwischen natürlichen Dingen und Artefakten zwingt Aristoteles gewiß nicht dazu, auf die Entwicklung einer besonderen Wissenschaft von den Artefakten zu verzichten. Sie macht es aber verständlich, warum eine solche Wissenschaft für ihn kein dringliches Desiderat war. Denn diese Analogie macht es möglich, eine gegenstandsorientierte Theorie der hergestellten Artefakte auf dem Boden der Naturphilosophie gleichsam anhangsweise unterzubringen. Die Fragen, die sich im Blick auf die Tätigkeit des Herstellens selbst aufwerfen lassen, lassen sich andererseits dort erörtern, wo menschliches Tätigsein überhaupt analysiert wird, nämlich in der praktischen Philosophie. Hat Aristoteles also auf die Ausarbeitung einer eigenständigen poietischen Philosophie nur deswegen verzichtet, weil deren Themen schon im Rahmen anderer Disziplinen ihren Platz finden konnten?

Will man das mit dem Konzept einer poietischen Philosophie verbundene Rätsel lösen, so kann man nicht umhin, am Ende doch wieder auf das einzige von Aristoteles überlieferte Lehrstück aus dieser Disziplin zurückzugreifen, nämlich auf die Dramentheorie der *Poetik*. Es ist daher zu prüfen, ob die dort behandelten Gegenstände Merkmale aufweisen, deren Eigenart weder die theoretische noch die praktische Philosophie mit ihren jeweiligen Begriffssystemen ohne Abstriche gerecht werden kann. Skepsis ist allerdings gegenüber allen Deutungsversuchen geboten, die

---

1 *Phys.* B 1, 193 a 12 ff., b 9 f.
2 *de an.* Γ 8, 432 a 1: *ἡ χεὶρ ὄργανόν ἐστιν ὀργάνων.*

sich an der erst in der Neuzeit als eigenständige philosophische Disziplin möglich gewordenen Ästhetik orientieren. Denn es ist höchst unwahrscheinlich, daß sich die von Aristoteles konzipierte poietische Philosophie in ihren zentralen Themen auf das Schöne und Erhabene oder aber auf die Tatsachen der sinnlichen Wahrnehmung und der Gefühle beschränkt.

Aristoteles setzt in der *Poetik* mit seinen Überlegungen nicht bei der Poiesis, also nicht beim Herstellen überhaupt, sondern bei der Nachahmung, der Mimesis an. Das ist, was die Gegenstände künstlerischer Produktion angeht, gute platonische Tradition. Gerade in der *Politeia* werden die Möglichkeiten und Grenzen der Dichtung ebenso wie der anderen Künste von deren mimetischen Valenzen her gedeutet, weil der Künstler Werke hervorbringt, für die er sich an Vorbilder hält, die nicht hergestellt worden sind, sondern vorgefunden werden. Seiner Darstellung kommt im Verhältnis zu ihrem Vorbild ein minderer Rang zu, da schon dieses Vorbild, ein sinnenfälliger Inhalt, einem Urbild in der Ideenwelt nachgeordnet ist.[1] In dem Ansatz, die Werke des Künstlers unter dem Leitbegriff der Mimesis zu deuten, geht Aristoteles mit Platon konform. Er setzt jedoch einen anderen Schwerpunkt, weil er das literarische Werk seiner mimetischen Valenzen wegen gerade nicht abwerten will. Denn er sieht in der Mimesis und in ihren Resultaten nicht so sehr die Defizienz im Verhältnis zu ihrem Vorbild. Viel wichtiger ist für ihn die Tatsache, daß die Mimesis eine elementare Kompetenz anzeigt, die zu den von der Natur vorgegebenen anthropologischen Konstanten gehört. Zwar ist die Fähigkeit zur Mimesis nicht allein dem Menschen vorbehalten. Unter allen Wesen ist es dennoch er, der die größte Geschicklichkeit zur Nachahmung hat. Selbst das Erkenntnisstreben wird noch von der mimetischen Kompetenz des Menschen her gedeutet.[2]

Vorbild der Nachahmung in einem Drama sind Handlungen und mit ihnen die handelnden Instanzen.[3] Aber auch das Nachahmen selbst hat den Charakter einer Handlung. So sind die Handlungen bei der aktuellen Realisierung eines Dramas zwei Ebenen zugeordnet: Personen handeln und stellen mit ihren Aktionen etwas dar, was selbst die Struktur von Handlungen aufweist. Es sind überdies stets Handlungen, in denen sich der Charakter der Personen des Dramas offenbart. So könnte es daher zunächst auch hier scheinen, als wäre am Ende die praktische Philosophie dafür zuständig, die von einem literarischen Werk gestellten Probleme auf den Begriff zu bringen. Darstellungen menschlicher Handlungen in der Dichtung können ohne Zweifel Erfahrungen vermitteln, aus denen die praktische Philosophie einen

1 Vgl. *Resp.* X, 596 E ff.
2 *Poet.* 4, 1448 b 5 ff.
3 *Poet.* 2, 1448 a 1; 6, 1449 b 31, 1450 b 3.

nicht geringeren Nutzen ziehen kann als aus der Wahrnehmung und aus der Analyse von Handlungen, die die unmittelbare lebensweltliche Erfahrung präsentiert.

Dennoch hat es mit den literarischen Werken eine besondere Bewandtnis. Es gibt nämlich Wirkungen, die nur von der vom Dichter gestalteten Handlung im Drama ausgehen, aber gerade nicht notwendig von der Handlung, die die Vorlage dieser Gestaltung bildet. Dies ist eine Differenz, die auch dem Allgemeingültigkeitsanspruch zugrunde liegt, den die Dichtung im Gegensatz zu der immer nur Einzelnes berichtenden Historie erheben kann. Dieses Anspruchs wegen rückt Aristoteles die Dichtung denn auch in eine größere Nähe zur Philosophie als die Historie.[1] Der Anspruch kann legitimerweise erhoben werden, weil es gerade die vom Dichter im Vollzug der Mimesis an seiner Vorlage vorgenommene Transformation ist, die zur Darstellung von Vorfällen führt, für die es nicht mehr so sehr von Bedeutung ist, ob sie wirklich einmal geschehen sind, sondern nur, daß ihr Geschehen überhaupt möglich ist. Es ist eben diese Möglichkeit, mit der die Sphäre des Allgemeinen erreicht wird. Sie erlaubt es, selbst solchen Ereignissen Wahrscheinlichkeit, ja sogar Notwendigkeit zuzusprechen, die nach dem alltäglichem Verständnis höchst unwahrscheinlich sind, weil sie wider Erwarten eintreten.[2]

Die Formel, auf die Aristoteles die Wirkung der Tragödie gebracht hat, gehört zu den am intensivsten diskutierten Textstellen des überlieferten Corpus Aristotelicum.[3] Die Kontroversen, zu denen sie Anlaß gegeben hat, darf man im Zusammenhang der gegenwärtigen Fragestellung jedoch auf sich beruhen lassen. Auf jeden Fall ist die Tragödie dazu bestimmt, Mitleid und Furcht[4] zu erregen und durch sie eine Affektläuterung[5] zustandezubringen. Auch hier ist es die Spannung zwischen der Handlungsvorlage und deren mimetischer Gestaltung durch den Dichter, die es dem Mitleid und der Furcht erst ermöglicht, eine spezifische Lust zu bewirken.[6] Diese Wirkung geht nun aber gerade auf den Dichter und sein Werk zurück und höchstens beiläufig auf die im Drama agierenden Schauspieler. Der Tragödie kommen nämlich die Eigenschaften, aufgrund deren sie die für sie charakteristischen Wirkungen hervorruft, nicht nur dann zu, wenn sie aufgeführt wird.[7] Selbst der Dichter ist nur mittelbar Ursache der von der Tragödie ausgehenden Wirkungen. Er bringt diese Wirkungen nicht so hervor, wie ein Handwerker seine Absichten mit Hilfe seiner

---

1 *Poet.* 9, 1451 b 5 ff.
2 *Poet.* 9, 1451 a 37 f.
3 *Poet.* 6, 1449 b 27 f.; vgl. 19, 1456 a 37 ff.
4 ἔλεος, φόβος.
5 κάθαρσις τῶν παθημάτων.
6 *Poet.* 14, 1453 b 10; vgl. 4, 1448 b 10 ff.
7 *Poet.* 19, 1456 b 2 ff.; 26, 1462 a 10 ff.

Werkzeuge realisiert. Der Autor muß nicht präsent sein, wenn das Drama seine Wirkungen entfaltet. Der gute Handwerker bleibt dagegen Herr der Situation, solange er tätig ist. Seine Werkzeuge leisten ihren Dienst nur, solange er sie in der Hand hat. Entsprechendes gilt für die Resultate seiner Tätigkeit. Auch die von ihm hergestellten Artefakte können Wirkungen nur ausüben, wenn es eine Instanz gibt, die von ihnen Gebrauch macht und damit nach ihren eigenen Absichten über sie verfügt. Ohne eine solche Instanz sind seine Artefakte gleichsam leblos, mag es sich dabei um Häuser oder um Schiffe, um Waffen oder um Werkzeuge handeln. Deshalb ist immer nur der Herstellende oder der Gebrauchende der Urheber der durch Artefakte vermittelten Bewegungen, zumal da nur Naturdinge einen Bewegungsursprung in sich selbst haben. Aristoteles macht von diesem Modell selbst dort noch Gebrauch, wo Abhängigkeiten unter Menschen das Thema sind. Wer innerhalb einer hierarchischen Struktur eine dienende Stellung einnimmt, kann auf der Grundlage dieses Modells auch als beseeltes Werkzeug verstanden werden.[1] Für seine Aktivität und seine Wirkungen ist allein der verantwortlich, der die Anweisungen erteilt und von diesem beseelten Werkzeug Gebrauch macht. Nimmt dann aber gerade das literarische Werk eine Sonderstellung ein, weil es im Gegensatz zu allen anderen Artefakten Bezugspunkt von Wirkungen und Bewegungen sein kann, ohne daß es dazu der Präsenz einer hinter ihm stehenden, agierenden Instanz bedarf?

Aristoteles ist nicht als erster auf die besondere Natur der von literarischen Werken ausgehenden Wirkungen aufmerksam geworden. Eine lange Vorgeschichte hat beispielsweise die Vorstellung vom Dichter als einem seiner selbst nicht mächtigen Sprachrohr des Gottes oder der Muse, der für sein Werk nicht verantwortlich ist, da er es nicht aus eigener Verantwortung und nicht auf der Grundlage bewußten Planens hervorbringt, sondern nur eine höhere Eingebung weitergibt. Diese Vorstellung erlaubt es, den Dichter mit einer besonderen Weihe zu versehen. Sie kann aber auch dazu dienen, seinen Rang abzuwerten. Auch dies gehört zu den Motiven, die hinter Platons Dichterkritik stehen. Befindet sich der Dichter im Zustand der Besessenheit oder ist es in Wirklichkeit ein Gott, der aus ihm spricht,[2] so kann über das Werk und seine Wirkung von ihm keine Rechenschaft verlangt werden. Schon Sokrates hatte bei der Prüfung des delphischen Orakelspruches erfahren, daß die Dichter im Gegensatz zu den Handwerkern gerade nicht imstande sind, über ihre Tätigkeit und über ihr Werk Rechenschaft zu geben,[3] weil sie davon kein sicheres und begründetes Wissen haben. Aber auch von dem durch den Dichter sprechen-

[1] *Pol.* A 4, 1253 b 27 ff.
[2] Vgl. *Symp.* 205 B; *Phdr.* 245 A.
[3] *Apol.* 22 A f.

den, selbst aber unzugänglichen Gott kann keine Rechenschaft erlangt werden. In der Magnetmetaphorik von Platons *Ion*[1] bildet der Gott den Anfang einer Kette, innerhalb deren der Dichter wie auch der Rhapsode nur Zwischenglieder sind, die Wirkungen nur weitergeben, ohne sie aus eigener Kraft ausüben zu können. Es sind überdies Wirkungen, die sich, wenn überhaupt, nur sehr schwer kontrollieren lassen. Auch darin gründet Platons Mißtrauen der Kunst gegenüber. Im Aufbau des Modellstaates der *Politeia* gesteht er ihr ohnehin nur einen sehr eng begrenzten Raum zu. Ihrer beispielsweise bis zu einer Tonartenpolitik reichenden Reglementierung wird mehr Aufmerksamkeit geschenkt als der für den Modellstaat ohnehin nicht essentiellen Wirtschaftsordnung. Selbst der im *Phaidros* entwickelten und nicht nur auf literarische Kunstwerke zielenden Schriftkritik[2] liegt noch das Mißtrauen gegenüber Dingen zugrunde, die unkontrollierbare Wirkungen auch dann – und sogar gerade dann – ausüben, wenn ihr Urheber nicht mehr präsent ist. Platons Einsichten rechtfertigen nicht die Einschränkungen, die der Kunst im Laufe der Geschichte von den politischen Instanzen oftmals verordnet wurden. Sie lassen einen jedoch den Argwohn verstehen, der der Kunst immer wieder entgegengebracht worden ist.

Die aristotelische Poetik ist weit davon entfernt, eine göttliche Instanz zu bemühen, um der besonderen Wirkungsweise gerecht zu werden, die literarischen Werken eigen sein kann. Wie sind diese Wirkungen aber dann zu erklären? Muß zumindest für Dichtungen am Ende doch von dem Grundsatz abgewichen werden, daß alle Artefakte den Ursprung ihrer Bewegungen in einer ihnen fremden Instanz haben und deswegen niemals Subjekt, sondern immer nur Objekt von Bewegungen sein können? Vielleicht war der mit allen anderen Arten von Artefakten verbundene spezifische Problemdruck für Aristoteles nicht so groß, als daß er dessen Erörterung innerhalb einer eigenständigen poietischen Philosophie erzwungen hätte. Die sich in ihren spezifischen Wirkungen zeigende Eigendynamik des literarischen Kunstwerks sichert ihm jedoch eine Sonderstellung gegenüber allen anderen Artefakten, weil sie zu Fragen Anlaß gibt, die weder in der theoretischen noch in der praktischen Philosophie eine befriedigende Antwort finden.

Will man die Lehre von der Wirkung der Tragödie in den Begriffsrahmen einfügen, an dem sich Aristoteles orientiert, so muß man die Kausalkonzeption in Rechnung stellen, die er überall dort voraussetzt, wo er mit dem Begriff der Bewegungsursache, der causa movens, umgeht. Diese Konzeption ist dem Leitbild der Berührungskausalität verpflichtet. Die von einer Bewegungsursache ausgeübte Wirkung dauert nach dieser Konzeption nur an, wenn und solange Bewegendes und Bewegtes

---

1 *Ion*, 532 A ff.
2 *Phdr*. 274 B ff.

in Kontakt stehen und gleichzeitig präsent sind.[1] Die Orientierung an einem neuzeitlichen Kausalitätsmodell kann nur verwirren, wenn man der aristotelischen Lehre gerecht werden will. Neuzeitliche Modelle setzen immer eine Zeitstufe zwischen Ursache und Wirkung an. Daher konnte ein guter Teil der dort einschlägigen Problematik am Leitfaden der Frage diskutiert werden, welche zusätzlichen Merkmale ein »post hoc«, also eine zeitliche Folge, zu einem »propter hoc«, also zu einer Kausalrelation qualifizieren. Am aristotelischen, der Gleichzeitigkeit verpflichteten Paradigma der Berührungskausalität würde diese Frage keinen Angriffspunkt finden. Nicht zufällig hatte die aristotelische Physik schon große Schwierigkeiten mit dem Versuch, ein scheinbar so einfaches Phänomen wie die Wurfbewegung auf den Begriff zu bringen. Diese Schwierigkeiten gaben später den Anstoß zur Entwicklung der am Modell der Übertragung von Kräften orientierten Impetustheorie, dem bedeutsamsten Bindeglied zwischen aristotelischer und neuzeitlicher Mechanik.[2] Nun sind auch Aristoteles Verursachungszusammenhänge nicht ganz fremd, durch die zeitliche Distanzen überbrückt werden. Doch solche Relationen werden durch die Finalursache vermittelt. Gerade weil die causa finalis auf zeitliche Distanzen übergreift, kann sich Aristoteles für den Bereich der causa movens strikt an das Paradigma der dem Prinzip der Gleichzeitigkeit verpflichteten Berührungskausalität halten. Dieses Modell verlangt, daß jeder der sich berührenden Partner eine Einwirkung sowohl ausübt als auch erleidet. Zu jedem Berühren gehört – sogar wechselseitig – ein Berührtwerden. Es ist eine symmetrische Relation, die freilich mit der Möglichkeit eines Übergewichts des einen oder des anderen Relationspartners durchaus verträglich ist. Aristoteles hat auf die Abklärung der Symmetrie und der Reziprozität dieser Kausalrelation ein erhebliches Maß an differenzierender Begriffsarbeit dort aufgewendet, wo es ihm um die Bestimmung des Verhältnisses geht, innerhalb dessen ein bewegen Könnendes in ein aktuell Bewegendes transformiert wird, wenn ihm die Gelegenheit dazu von einem Objekt gegeben wird, das selbst dabei aus einem zunächst nur Bewegbaren zu einem aktuell Bewegten wird[3]. Freilich würde dieses Modell der in ihm angelegten iterativen Struktur wegen die Annahme eines ins Unendliche führenden Regresses begünstigen. Das Bestreben, eben dies zu vermeiden[4], läßt Aristoteles dann einen ersten Beweger annehmen, der zwar bewegt, entgegen der al-

[1] *Phys.* B 3, 195 b 17 ff.; H 2, 243 a 32 ff.; Θ 5, 256 b 19.
[2] Vgl. M. Wolff, *Geschichte der Impetustheorie*, Frankfurt/M. 1978.
[3] *Phys.* Γ 3; *de gen. et corr.* A 6-9.
[4] *Met.* Λ 3, 1070 a 4; *Phys.* H 1, 242 a 53; Θ 5, 256 a 17.

len übrigen physischen Bewegungen eigenen Reziprozität aber selbst nicht mehr von etwas anderem bewegt wird[1].

Die von einem derartigen Beweger ausgehende Bewegung erfordert nun aber eine zur Realisierung von Intentionen fähige Instanz. Eine Bewegung von diesem Typus wird bewirkt, wenn der Beweger von einer Intention dieser Instanz getroffen wird und eben dadurch Anlaß zu deren Bewegung gibt, ohne dadurch selbst bewegt zu werden. Denn kein Ding wird schon dann real bewegt, wenn es von einer Intention getroffen wird. Es handelt sich daher eigentlich um eine mittelbare, nämlich um eine durch das Ziel einer Intention vermittelte Selbstbewegung. Weil sie jedoch auf die Existenz eines Intentionsziels angewiesen ist, läßt sich von diesem Ziel als von einem Beweger sprechen, der selbst nicht bewegt wird. An diesem Modell orientiert sich Aristoteles, um einen ersten Ursprung der kosmischen Bewegung begreifbar zu machen: So wird ein Strebeprozeß in einer ähnlichen Weise vom Gegenstand des Strebens in Gang gehalten, wie das Erkennen durch sein Objekt bewegt wird, auf das es sich richtet, dabei aber selbst an der Bewegung nicht teilnimmt, die von ihm ermöglicht wird.[2] Der erste unbewegte Beweger als Ursprung der kosmischen Bewegung befindet sich in einer Position, die dem Gegenstand vergleichbar ist, auf den sich die Intention der Liebe richtet.[3] Auch hier gibt es eine Instanz, die Bewegungen ermöglicht, ohne dadurch selbst bewegt zu werden. Ein ähnlicher Fall liegt dort vor, wo man davon spricht, man werde durch etwas berührt, was einen betrübt.[4] Auch der Anlaß des Betrübens braucht von der Bewegung, die er auslöst, selbst nicht affiziert zu werden. Als bloßes Widerfahrnis läßt sich diese Bewegung noch nicht einmal in einen teleologischen Zusammenhang einfügen. Trotzdem kann sie Aristoteles für eine Analogie fruchtbar machen, wo es ihm um die Begrenzung der Bewegungsketten innerhalb der Welt der Natur geht. Aber auch bei den Intentionalbewegungen, die Aristoteles hier im Auge hat, sind Bewegtes und – in diesem Fall unbewegt – Bewegendes durch keine Zeitdistanz voneinander abgehoben. Dieser dem Bereich der der Berührungskausalität zugeordneten Bewegungen entstammende Grundsatz wird auch im Umkreis der Intentionalbewegung nicht angetastet.

Aristoteles hat keine vollständige Theorie dieser Intentionalbewegung ausgearbeitet. Wenn er von diesem Konzept Gebrauch macht, läßt er es gewöhnlich bei Beispielen oder bei Vergleichen bewenden. In jedem Fall ist jedoch die bewegende Instanz nur der Bezugspunkt von Intentionen, der selbst unbewegt bleibt. Gewiß

1 *Met.* Λ 7, 1072 a 23 ff.; vgl. *Phys.* Θ 5, 256 b 20, 258 b 4; B 7, 198 a 28 ff.

2 *de an.* Γ 10, 433 a 18 ff., b 11 ff.

3 *Met.* Λ 7, 1072 b 3: *κινεῖ ὡς ἐρώμενον.*

4 *de gen. et corr.* A 6, 323 a 32 f.: *φαμὲν γὰρ ἐνίοτε τὸν λυποῦντα ἅπτεσθαι ἡμῶν, ἀλλ' οὐκ αὐτοὶ ἐκείνου.*

handelt es sich der Struktur nach um eine – vermittelte – Selbstbewegung. Sie könnte indes ohne die intendierte und vermittelnde Instanz nicht aktualisiert werden. Außerdem werden Art, Inhalt und Richtung der so vermittelten Bewegung nicht von der intendierenden, sondern von der intendierten Instanz vorgegeben. Diese Instanz scheint daher über ein aktives Bewegungsprinzip zu verfügen. Nun gehört aber gerade die durch die Tragödie vermittelte Wirkung diesem Typus der Intentionalbewegung an. Ohne selbst bewegt zu werden, provoziert die Tragödie in dem intentional ihr sich zuwendenden Menschen eine Wirkung, die dieser Mensch, da er sie aus eigener Kraft nicht hervorbringen kann, als ein Widerfahrnis erlebt. Das gilt auch dann, wenn er sich bewußt und absichtlich in Situationen begibt, in denen er mit solchen Widerfahrnissen rechnen muß.

Aristoteles orientiert sich an Intentionalstrukturen, um nach ihrem Muster den Zusammenhang der Bewegungen der natürlichen Welt im ganzen zu erklären. Vorbild sind aber auch in diesem Fall die Bewegungen, die durch die Intentionen des wahrnehmenden und erkennenden, des empfindenden und begehrenden, des handelnden, herstellenden und mit seinesgleichen interagierenden Menschen vermittelt sind. Die Bezugspunkte dieser Intentionen sind Ziele, die sich der Mensch in seinem bewußten Handeln und Planen vorsetzt und über die er verfügen kann. In diesem Rahmen können auch Artefakte Bezugspunkte von Intentionalbewegungen sein, insofern nämlich, als sie Ziele eines herstellenden Verhaltens sind. Weitaus den meisten Artefakten geht aber die Fähigkeit ab, aus dem Anlaß einer sich auf sie richtenden Intention Bewegungen in Gang zu setzen, über die das Intentionssubjekt nicht mehr in allen ihren Bezügen verfügen kann. Gewöhnlichen Artefakten von der Art der Häuser oder Schiffe, der Werkzeuge oder der Waffen fehlt jene Selbständigkeit, die nötig wäre, um ihnen im Rahmen der Bewegungen und der Wirkungszusammenhänge, in die sie eingefügt sind, auch ein eigenes, aktives Bewegungsprinzip zusprechen zu können. Sie bleiben passive Elemente in Wirkungszusammenhängen, innerhalb derer Menschen handeln, Absichten verfolgen und sich dabei der von ihnen selbst oder von ihresgleichen hergestellten Artefakte als Mittel bedienen. Treten sie in Bewegungszusammenhänge ein, so liegt das die Bewegung in Gang setzende und ihr die Richtung vorzeichnende Prinzip nicht in ihnen selbst, weil über diese Bewegungen stets die Instanz ohne Einschränkung verfügt, die von ihnen Gebrauch macht.

Die Gegenstände, mit denen sich die Poetik befaßt, haben dagegen insofern einen Sonderstatus, weil es zwar Artefakte, also von Menschen hergestellte Dinge sind, die aber im Gegensatz zu allen anderen Artefakten auch Ursprung von intentional vermittelten Bewegungen sein können. Sie werden dadurch gewiß nicht zu natürlichen oder auch nur zu pseudonatürlichen Dingen. Durch die Art der von ihnen vermittelten Wirkungen unterscheiden sie sich aber von allem, was Menschen sonst herzustellen fähig sind. Obwohl von Menschen hervorgebracht, können sie eine Eigendynamik entfalten, die nicht mehr von ihrem Urheber gesteuert wird und zu der es noch nicht einmal der Präsenz dieses Urhebers bedarf. Gewiß bleiben ihre Wirkungsmöglichkeiten darauf angewiesen, daß es Intentionen gibt, die sich auf sie richten. Ihnen kommt jedoch die einzigartige Fähigkeit zu, diese Intentionen zu benutzen, um mit ihrer Hilfe auf deren Subjekte zu wirken und sogar in ihr Affektleben einzugreifen. Es ist eine Eigendynamik, wie sie innerhalb der Beziehungen niemals vorkommt, in denen lediglich von Artefakten oder auch von natürlichen Dingen Gebrauch gemacht wird, weil die den Gebrauch praktizierende Instanz dort über alle von ihr vermittelten Prozesse jederzeit Herr bleiben kann. Insofern unterscheiden sich die literarischen Werke von allen Dingen, die sonst in der Welt begegnen, mag es sich dabei um von Natur aus bestehende Gegenstände oder um Artefakte handeln. Ihr Sonderstatus zwingt nicht dazu, ihren Ursprung auf eine gegenüber allem bewußten Planen abgehobene, übermenschliche Instanz zurückzuführen. Er macht jedoch verständlich, warum derartige Erklärungsmuster immer wieder Erfolg haben konnten. Auf jeden Fall aber läßt es dieser Sonderstatus sinnvoll erscheinen, eine eigenständige poietische Wissenschaft anzusetzen und ihr die Aufgabe zu übertragen, die Herstellung und die Wirkungsweise von solchen Artefakten auf den Begriff zu bringen, die wie die literarischen Werke eine Eigendynamik zu entfalten fähig sind. Denn dies ist eine Aufgabe, die weder in der theoretischen noch in der praktischen Philosophie ihre Erledigung findet.

Solange es nur um die Interpretationen der aristotelischen Philosophie geht, könnte man die Dinge damit auf sich beruhen lassen. Man würde dann in der *Poetik* den Platzhalter für die in der trichotomischen Einteilung der Wissenschaften vorgesehene poietische Philosophie sehen, deren Ausarbeitung in einem umfassenderen Rahmen Aristoteles deswegen vernachlässigen konnte, weil die mit gewöhnlichen Artefakten, ihrer Herstellung und ihrem Gebrauch verbundenen Probleme bereits an anderer Stelle, teils in der Ethik, teils in der Physik erörtert werden. Die Sonderstellung, die das literarische Werk gegenüber allen natürlichen Dingen, aber auch gegenüber allen in der aristotelischen Welt vorkommenden Artefakten einnimmt, hindert einen daran, es als Paradigma für einen umfassenderen Sachbereich in Anspruch zu nehmen, dessen Untersuchung dann die Aufgabe der gegenüber den theoretischen und den praktischen Disziplinen gleichberechtigten poietischen Wissenschaft wäre.

Ein ganz anderes Bild ergibt sich jedoch, wenn man diese Dinge vor dem Hintergrund nicht der aristotelischen, sondern der modernen Lebenswelt, der Welt der wissenschaftlich-technischen Zivilisation betrachtet. Die Welt, in der und für die Aristoteles seine Philosophie entwickelt und die ihm für sein Denken als Erfahrungsbasis dient, ist eine Welt der überschaubaren Bezüge und der von Natur aus bestehenden Kreisläufe und Regelhaftigkeiten, in die auch das menschliche Leben und Handeln eingebettet bleibt. Die von Menschen hergestellten Artefakte führen in dieser Welt kein Eigenleben, weil sie immer zur Verfügung derer stehen, von denen sie hergestellt worden sind oder die von ihnen Gebrauch machen. Die Lebenswelt, in der sich der Mensch der heutigen Zeit bewegt, zeigt dagegen ganz andere Strukturen. Selbständige, in natürliche Regelhaftigkeiten eingebundene Dinge gibt es zwar auch in dieser Welt. Sie sind aber nicht mehr die Muster, die das Verständnis und die Erfahrung der Wirklichkeit bestimmen. Nun ist die aristotelische Ontologie und die ihr zugeordnete Physik trotz mancher zeitgebundener Inhalte im Ansatz keineswegs obsolet geworden. Aber die Lebenswelt hat sich in einer Weise verändert, daß die von diesen Theorien entwickelten Kategorien nicht mehr genügen, wenn es darum geht, die Erfahrung der modernen Welt und den Umgang mit ihr auf Begriffe zu bringen. In dieser Welt dominiert nicht mehr die Natur, sondern das System der von Menschen hergestellten Artefakte, die schon lange nicht mehr darin aufgehen, die Natur nachzuahmen oder ihr Werk zu vollenden und zu vervollkommnen. Es mag zwar zunächst so scheinen, als könnten gerade die Analysen der phänomenologischen Fundamentalontologie dieser Welt insoweit gerecht werden, als sie bei der Erfahrung ansetzen, die der Mensch an Gebrauchsdingen, zumeist Artefakten, machen kann, die er in seinen Dienst stellt. Genau besehen ist aber auch dort immer noch innerhalb der aristotelischen Welt lediglich der Schwerpunkt verlagert worden. Auch die in der Fundamentalontologie das Paradigma bildenden Gebrauchsdinge sind Gegenstände, über die das mit ihnen umgehende Dasein Herr bleiben kann und in aller Regel auch Herr bleibt.[1]

Die Dinge, die in ihrer Verflechtung die Welt der technischen Zivilisation ausmachen, gehen hingegen nicht mehr darin auf, Gebrauchsdinge zu sein, über die der Mensch verfügen könnte. Gewiß sind es Gegenstände, die von Menschen hergestellt worden sind. Aber auch ihre artifizielle Genese kann es dem mit ihnen befaßten Individuum nicht ersparen, sie wie vorgefundene Dinge zunächst einmal hinnehmen zu müssen. Die Ohnmacht des Menschen in der Welt der technischen Zivilisation ihnen gegenüber ist von anderer Art, aber gewiß nicht geringer als die Machtlosigkeit, mit der der Mensch in der aristotelischen Welt der Natur gegenüber und zugleich in ihr steht. Obwohl es sich um eine hergestellte Welt handelt, ist sie für das mit ihr kon-

---

[1] Vgl. aber auch J. Taminiaux: *Ποίησις et Πρᾶξις dans l'articulation de l'ontologie fondamentale*, in: F. Volpi et al. (Hrsg.): *Heidegger et l' idée de la phénoménologie*, Dordrecht 1988, S. 107-125.

frontierte Individuum noch fremder und noch weniger begreiflich als die natürliche Welt. Überdies kann der artifizielle Charakter dieser Welt zwar Inhalt eines gegenständlichen, reflexiven Wissens sein. Er ist aber nicht mehr Inhalt der unmittelbaren Erfahrung, die aus dem Umgang mit dieser Welt erwachsen könnte. Vor allem aber charakterisiert es die Dinge, deren Beziehungsgeflecht die Welt der technischen Zivilisation konstituiert, daß sie dem Individuum gegenüber eine Eigendynamik entfalten, die sich nicht ohne Rest auf die Aktivitäten, auf die Ziele und Absichten derer zurückführen läßt, die sie produziert haben, oder derer, die mit ihnen umgehen, von ihnen Gebrauch machen oder schon selbst in dieses Beziehungsgeflecht eingebunden sind. Im Gegenteil: In dieser Welt werden dem Individuum seine Absichten und Ziele sowie die Inhalte seines Tätigseins immer mehr von den Dingen vorgezeichnet, die diese Welt ausmachen. Sie erwecken den Anschein selbständiger Existenz und zugleich der Fähigkeit, gleichsam Aktionszentren zu bilden. Herrschaft wird auch in dieser Welt immer noch wie eh und je über unmittelbare Abhängigkeiten von Menschen über Menschen realisiert. Viel subtiler und sogar noch unausweichlicher sind aber die Abhängigkeiten, die durch die Einbindung von Menschen in das artifizielle System von Dingen entstehen, durch das diese Welt konstituiert wird.

Fragt man danach, wie sich die Seinsweise und die Wirksamkeit der die Welt der technischen Zivilisation ausmachenden Dinge auf den Begriff bringen läßt, so kann einem am ehesten noch die Orientierung an der hier in einem ganz anderen Zusammenhang erörterten Intentionalbewegung und an der Intentionalkausalität von Nutzen sein. Denn auch die der technischen Welt zugeordneten Dinge sind nur unter der Bedingung wirksam, daß sich Intentionen auf sie richten. Diese Intentionen haben jedoch zumeist nicht die Kraft, die durch sie erst ermöglichten Bewegungen und Wirkungen zu steuern und ihnen die Richtung zu geben. Die Dinge der technischen Welt bedienen sich dieser Intentionen gleichsam in der Gegenrichtung, wenn sie die ihnen eigenen Wirkungen entfalten. Es sind Dinge, die von eben dem Ingenium hervorgebracht worden sind, das diese Welt ermöglicht hat. Sie sind zwar hergestellt, doch weder der Herstellende noch der mit ihnen Umgehende kann dafür einstehen, sie in seiner Gewalt zu behalten und ihre Wirkungen bis in die letzte Konsequenz kontrollieren zu können. Anders als Werkzeuge herkömmlicher Art können diese Artefakte auch nicht einfach in Dienst genommen werden. Gerade umgekehrt verlangt es oftmals ihre Eigenart, daß sich ihnen unterordnet, wer von ihnen Gebrauch machen will. Dinge der technischen Welt verlangen Bedienung. Selbst die Rede von Dingen erfordert besondere Kautelen, da sie allenfalls Annäherungen ermöglicht. Vielleicht gehörten zur herkömmlichen Konzeption einer Welt, die aus identifizierbaren, individualisierbaren und randscharf gegeneinander abgrenzbaren selbständigen Dingen besteht, schon von jeher auch fiktive Elemente, da jeder Realzusammenhang zwischen Dingen natürlich deren Selbständigkeit einschränkt. Trotzdem bestand die von Aristoteles auf Begriffe gebrachte Welt aus Dingen, deren relative Selbständigkeit groß genug war, um als Erfahrungsbasis einer essentialistischen Substanzontologie und einer ihr korrespondierenden Physik dienen zu können. Die Welt der technischen Zivilisation bildet jedoch ein Geflecht, innerhalb dessen die Identifizierung individueller und wenigstens relativ selbständiger Dinge immer schwieriger, manchmal nahezu unmöglich wird. Innerhalb dieses Geflechts lassen sich oft nur noch unselbständige Funktionselemente ausmachen, deren Zusammenspiel dann von miteinander konkurrierenden Systemtheorien unterschiedlicher Art analysiert wird. Zumeist subjektlose Prozesse sind es, die die Dynamik ausmachen, die diese Welt in Bewegung hält. Auch in ihr kommen Subjekte vor. Auf sie ist diese Welt sogar angewiesen, weil sie zu ihrer Existenz der von ihnen ausgehenden Intentionen bedarf. Die Macht dieser Welt und ihres Funktionssystems zeigt sich aber gerade in der Fähigkeit, diese Subjekte zu dominieren. Deshalb kann diese Macht als eine anonyme Größe, sogar als Verhängnis erfahren werden. Die Dinge dieser Welt und oft genug auch die in ihr agierenden und fungierenden Subjekte erscheinen bisweilen nur noch wie an der Oberfläche liegende Knotenpunkte von Beziehungen, die selbst nicht mehr auf unmittelbare Weise erfahren, geschweige denn gesteuert oder ausgerichtet werden können.

Der Welt der technischen Zivilisation wird man nicht gerecht, wenn man sie auf einer Begriffsebene darzustellen sucht, auf der sie als ein Ensemble von Dingen erscheinen, die ihrem Wesen nach Werkzeuge herkömmlicher Art geblieben sind. Das gilt auch dann, wenn man sich an der Vorstellung eines ins Gigantische ausgedehnten Arsenals von Werkzeugen orientiert. Denn es ist keine natürliche Welt, in der außerdem noch mancherlei Artefakte vorkommen, weil sie als erfahrbare und als erfahrene Lebenswelt im ganzen artifiziell ist, auch wenn in sie, oft mit Gewalt, notwendigerweise immer wieder Natürliches, nicht Hergestelltes eindringt. Die Mechanismen der Herstellung, durch die die Elemente dieser Welt in die Existenz treten, sind in allen Einzelheiten bekannt. Grundverschiedene Aufgaben aber sind es, diese Herstellung zu erklären und zum anderen die Weise, in der die technische Welt wirksam ist und in der sie erfahren wird, zu beschreiben und zu analysieren. Wer eine Phänomenologie dieser Welt erarbeiten will, wird jedenfalls von einem Rückgriff auf die Art ihrer Herstellung allein wenig Nutzen haben. Den Theorien, die die Herstellung ermöglicht haben, entspricht kein Korrelat auf der Seite des Menschen, der diese artifizielle Welt unmittelbar und unabhängig von diesen Theorien erfährt, wenn er von ihr in Anspruch und oft auch gefangen genommen wird. Gewiß ist diese Welt darauf angewiesen, daß sich Intentionen von Menschen auf sie richten, weil nur so die ihr eigenen Bewegungen und Aktivitäten ausgelöst werden können. Diese Intentionen ermöglichen jedoch eine Eigendynamik, die sie nicht mehr in jedem Fall beherrschen können, und von der dann dominiert zu werden sie gewärtigen müssen. Diese Eigendynamik ist subjektlos, weil sie nicht mehr von einer planenden oder handelnden Instanz gesteuert wird, die von Hause aus für sie Verantwortung übernehmen könnte. Sie entfaltet sich in einem Geflecht von Momenten, an denen sich die Strukturmerkmale, die von den traditionellen Ontologien für selbständige Dinge erarbeitet worden sind, nicht mehr auffinden lassen.

Wenn überhaupt eine Philosophie dieser Welt gerecht werden kann, wird sie ihrem Typus nach jedenfalls eine poietische Philosophie sein, die ihre Struktur, ihre Herstellung, ihre Eigendynamik mitsamt den Einstellungen derer, die in ihrem Spannungsfeld agieren, auf Begriffe bringt. Die in der aristotelischen Trichotomie vorgesehene poietische Philosophie bezeichnet eine Leerstelle, die auszufüllen für Aristoteles wenig Anlaß bestand. Lediglich an einer Stelle melden sich aber auch in der von ihm analysierten Welt Dinge, die sich den Prinzipien offensichtlich nicht ganz fügen wollen, die die Philosophie erarbeitet, wenn sie eine Theorie der Natur oder eine Theorie des unter seinesgleichen handelnden Menschen entwirft. Das literarische Werk, im besonderen die Tragödie, zeigt Eigenschaften und Wirkungsweisen, wie sie sich sonst nirgends, auch nicht in der Welt der Artefakte finden. Schon bei Platon begründen sie ein spezifisches Mißtrauen gegenüber Schriftwerken, weil diese sich im Gegensatz zu fast allen anderen Artefakten verselbständigen und sich der Kontrolle durch ihren Hersteller entziehen können. Aristoteles, in Platons Schule auch den Spitznamen des Bücherlesers tragend, ist nicht bereit, dieses Mißtrauen zu teilen. Er setzt vielmehr zu einer Analyse an, um die verwickelten Verhältnisse in diesem Bereich begrifflich zu durchdringen. Es bleibt für ihn dennoch ein Randbereich, der zwar ein unvertretbares Stück Wirklichkeit repräsentiert, der aber weit davon entfernt ist, die Erfahrung der Welt im ganzen und des menschlichen Tätigseins in ihr zu prägen. Er konnte schwerlich ahnen, daß der Mensch einmal in einer von ihm hergestellten Welt leben und ihr ausgeliefert sein wird, deren Verfassung und deren Problemen nur eine Disziplin vom Typus der poietischen Philosophie würde gerecht werden können, die sich ihre Aufgaben von keiner anderen Disziplin abnehmen lassen kann.

IV

Tradition und Utopie

Mit den Klassikern philosophieren

von Enrico Berti (Padua)

Die Trennung des Unterrichts der Philosophie im eigentlichen Sinne und desjenigen der Geschichte der Philosophie, eine charakteristische Anordnung der italienischen Universitäten, gibt es in einer derart strikten Weise in keinem anderen Land der Welt. In Deutschland zum Beispiel ist man einfach Philosophieprofessor, aber man wird dadurch nicht daran gehindert, besondere Gegenstände in der Lehre zu behandeln. Dasselbe gilt für die angelsächsischen Länder und für Frankreich.

In Italien hingegen gibt es diese Unterscheidung seit langer Zeit: So hielt beispielsweise vor hundert Jahren Roberto Ardigò einen Lehrstuhl für Geschichte der Philosophie an der Universität Padua, auch wenn es sicher ist, daß Ardigò nicht so sehr als Philosophiehistoriker denn als Philosoph im eigentlichen Sinne in die Geschichte einging. Während zu jener Zeit von dem anderen Lehrstuhlinhaber, Francesco Bonatelli, der weitaus weniger berühmt war als Ardigò, die theoretische Philosophie gelehrt wurde. Diese Unterscheidung gab es also bereits in der positivistischen Epoche; sie wurde auch nicht während der Vorherrschaft des Neoidealismus überwunden und heute sehen wir uns vor eine Vermehrung der philosophischen Fächer gestellt, die einander entgegengesetzt sind, in denen gleichwohl mehr oder weniger ein und dieselben Argumente behandelt werden.

Ich glaube, daß angesichts der Beziehung zwischen Philosophiegeschichte und theoretischer Philosophie die Betrachtung der Präsenz der sogenannten Klassiker in der letzteren von einigem Interesse sein könnte. Richten wir uns Augenmerk auf die gegenwärtige philosophische Debatte, das heißt diejenige, die gerade von eigentlichen Philosophen geführt wird und in der man ja das Allerneueste, das vom theoretischen Gesichtspunkt Originellste vorbringen sollte, so sehen wir, daß sie zu großen Teilen eine Diskussion über die Klassiker der Philosophie ist und den Versuch darstellt, sich diese in mehr oder weniger großen Bruchstücken anzueignen.

Die zwei Strömungen – sie müssen sicher zu den dominierenden des gegenwärtigen Denkens gezählt werden –, bei denen man diese, manchmal explizite, manchmal stillschweigende, aber deswegen nicht weniger wirkliche Aneignungstätigkeit bemerken kann, sind auf der einen Seite die sogenannte analytische Philosophie, die vor allem im angelsächsischen Sprachraum verbreitet ist, und auf der anderen Seite die sogenannte Hermeneutik, die in der kontinentalen philosophischen Kultur, vor allem in Deutschland, aber nun auch in Italien, verbreitet ist. Ich glaube, daß auch in meinem Land, nach der Krise des Historizismus, den Klassikern der Geschichte der Philosophie in der philosophisch-theoretischen Debatte eine größere Beachtung geschenkt wurde als jemals zuvor.

Wollten wir weitausholen, etwa sogar bei Parmenides beginen, so könnten wir auf den Fall Severino hinweisen, der allerdings zu berühmt ist, als daß wir uns ihm tatsächlich zuwenden sollten. Hingegen lohnt es sich, bei Platon und Aristoteles zu verweilen, gegenüber denen von manchen gegenwärtigen zeitgenössischen Philosophen wahrhafte »Strategien der Aneignung« durchgeführt werden, wie ich in der Zeitschrift *Elenchos* (1989) gezeigt habe. Platon betreffend haben selbst jene, die keine Platon-Spezialisten sind, die Existenz einer neuen Interpretation bemerkt, die in den vergangenen Jahren durch die sogenannte »Tübinger Schule« von Schadewaldt-Schülern, das heißt von Hans Joachim Krämer und von Konrad Gaiser in Deutschland ausgearbeitet wurde, und die in Italien von Giovanni Reale, von der katholischen Universität Mailand, mit großem Nachdruck aufgenommen und weitergeführt wurde.

Nach meiner Meinung stehen wir in diesem Fall vor einer echten und wahrhaften Aneignung (ein Terminus, der ohne jegliche negative moralische Konnotationen verstanden werden soll) Platons, dem eine bestimmte Philosophie mit einer derartigen Wucht, einer Begeisterung, einem Reichtum an Belegen und einer so starken Unterstreichung von dessen Originalität zugeschrieben wird, daß man denken muß, daß sie von denselben Interpreten geteilt wird, die sie ihm zuschreiben. Angesichts dieser Interpretation ist man übereingekommen, von einem »neuen Paradigma«, im Sinne des Kuhnschen Terminus, zu sprechen, das heißt von einer neuen wissenschaftlichen Theorie, die unsere Sicht der Realität revolutioniert, in diesem speziellen Fall die Realität des Platonischen Denkens. Die auf diese Weise Platon zugeschriebene Philosophie wird im Großen und Ganzen als die heutzutage gültigste Philosophie präsentiert.

Es handelt sich offenbar um eine Metaphysik; jemand hat sogar den Ausdruck »klassische Metaphysik« verwendet. Wenngleich ich, der ich seit längerem der klassischen Metaphysik zugetan bin, unter diesem Ausdruck etwas anderes verstand – das heißt ich bezog mich dabei auf eine bestimmte Tradition des Denkens, deren Höhepunkte bei Aristoteles, Thomas von Aquin und anderen neueren Denkern liegen.

Deswegen wurde ich von dieser Benennung betroffen, weil sie gerade verwendet wird, um die Klassizität zu unterstreichen, beziehungsweise den dauerhaften und also auch aktuellen Wert einer Metaphysik, die sich von der unterscheidet, die üblicherweise als »klassische Metaphysik« bezeichnet wird, will sagen der *philosophia perennis*.

Die neue Metaphysik, die Platon zugesprochen wird, ist im wesentlichen eine Metaphysik neuplatonisierenden Typs, was uns nicht weiter erstaunen soll, denn in der Geschichte des okzidentalen Denkens war der Neuplatonismus zweifellos eine der mächtigsten, eindringlichsten und nachhaltigsten Stimmen. Diese neue Metaphysik hat sich nicht nur während des Altertums entwickelt, sondern auch im Mittelalter und die ganze moderne Philosophie entlang, bis zur zeitgenössischen Philosophie: Es wäre in der Tat nicht schwer, das Überleben des Neuplatonismus auch in der gegenwärtigen Philosophie zu zeigen. Die neuplatonische Metaphysik kann vielleicht heute in vielerlei Hinsicht - wegen ihrer religiösen Inspiration, wegen ihres, auch unter gefühlsmäßigem Gesichtspunkten, einnehmenden Charakters und wegen ihrer Fähigkeit, Begeisterung hervorzurufen - anziehender als die klassische Metaphysik, im traditionellen Sinne betrachtet, scheinen.

Es ist bedeutsam, daß zum Beispiel in einer der Reihen, die vom *Centro di metafisica dell'Università cattolica di Milano* herausgegeben wurden, nicht nur die Bücher von allen Vertretern der Tübinger Schule übersetzt wurden, sondern auch die von einem Philosophiehistoriker von solcher Größe wie Werner Beierwaltes, die gerade die Kontinuität zwischen dem Platonismus, dem antiken Neuplatonismus und der modernen und zeitgenössischen Philosophie zeigen wollen.

Im Buch *Identità e differenza* von Beierwaltes gibt es ein Kapitel über Heidegger, das in der Originalausgabe nicht am Ende stand, während es in der italienischen Übersetzung an den Schluß gestellt worden ist, um zu zeigen, daß es gerade den Abschluß des ganzen Geschehnisses darstellt. In ihm behauptet Beierwaltes, daß Heidegger, wenn er die ganze abendländische Metaphysik der Seinsvergessenheit beschuldigt, einen einzigen, historisch unerklärlichen Fehler macht, indem er Plotin und den Neuplatonismus vollständig ignoriert. Hingegen wäre diese nach Meinung Beierwaltes' die einzige Philosophie, die nicht angeklagt werden kann, das Sein vergessen zu haben, weil im Neuplatonismus eben jene Vorstellung des Seins vorhanden wäre, die von Heidegger wieder vorgeschlagen wird, das heißt diejenige, die gemäß Heideggers Anschuldigung alle anderen Philosophien vergessen haben. Ich äußere mich hier nicht zu dem Wert dieser Interpretation: Ich vermerke eine Tatsache als Symptom einer gewissen Tendenz, die heutzutage verbreitet ist. Das, so scheint mir, ist ein offenbarer Fall der Identifizierung der geschichtlichen mit der theoretischen Arbeit, weil in der geschichtlichen Arbeit philosophischePositionen vorgeschlagen werden, die zugleich theoretischen Wert besitzen.

Sicherlich könnte man sagen, daß mit Platon schon immer so verfahren wurde: Bereits die Neuplatoniker haben versucht, Platon wiederauferstehen zu lassen, und dasselbe hat der Platonismus des Humanismus und der Renaissance gemacht. Der Platonismus der Schule von Cambridge, ein gewisser Platonismus von Kant, der in den romantischen Philosophien inbegriffenen Platonismus, zum Beispiel bei Schelling, aber auch bei Hegel, sei hier gar nicht erwähnt. Also gab es stets einen Platonismus, aber heute wird er auf explizite Weise, entschieden und ohne Zögern wieder vorgeschlagen, auf eine Art und Weise, die vor einem Jahrzehnt vielleicht undenkbar gewesen, oder die gleich entmutigt worden wäre.

Ein gleiches Phänomen, nur von noch größerem Ausmaß, läßt sich in Bezug auf Aristoteles feststellen. Als ich vor 35 Jahren begonnen habe, mich damit zu beschäftigen, hätte ich mir nicht vorstellen können, daß Aristoteles in den 70er und 80er Jahren dieses Jahrhunderts auf eine so dominierende Weise in der gegenwärtigen philosophischen Auseinandersetzung wiederaufgenommen würde und dabei einen der grundsätzlichen Bezugspunkte bilden würde. Auch in Bezug auf Aristoteles kann man feststellen, daß es in der Geschichte des Denkens schon immer eine Reihe von Versuchen gab, ihn wieder in die Diskussion zu bringen, insbesondere von der Scholastik. Doch heute sehen wir uns vor eine merkwürdige Situation gestellt, weil die traditionellen Verteidiger des Aristoteles, die Thomisten, immer mehr Abstand von diesem Denker nehmen und stattdessen die Originalität des Thomas von Aquin unterstreichen, als ob es sie mit Sorgen erfüllte, als Aristoteliker zu gelten. Hingegen wird Aristoteles in jenen kulturellen Bereichen wiederentdeckt, die traditionell von dessen Ausrichtung entfernt zu sein schienen.

Ich gebe nur zwei Beispiele, aber sie sind bedeutende Beispiele, weil sie die hermeneutische und sie analytische Philosophie betreffen, das heißt zwei der wichtigsten Richtungen des gegenwärtigen Denkens. Am Anfang der gegenwärtigen Hermeneutik steht, wie bekannt, Heidegger. Franco Volpi hat in seinem Buch *Heidegger e Aristotele* (Padua, Daphne, 1984) die »begierige« Aneignung von Aristoteles durch Heidegger nachgewiesen, die sich vor allem während der zwanziger und dreißiger Jahre vollzog, das heißt in der Zeit der Marburger Vorlesungen und der ersten Freiburger Vorlesungen, ungefähr bis zum Zeitpunkt der berühmte »Kehre«. Volpi hat nachgewiesen, wie die verschiedenen Entwicklungsstadien des Denkens von Heidegger genau parallel zu den Versuchen verlaufen, die vom deutschen Philosophen gemacht wurden, sich die grundsätzlichen Bedeutungen des Seins anzueignen, die man bei Aristoteles bemerken kann.

Als Heidegger noch katholisch war, studierte er Theologie und die scholastische Philosophie und wollte Jesuit werden - höchst interessante Hinweise, die die unlängst erschienene Biographie von Hugo Ott ans Licht bringt. Das wichtigste Buch, auf welches er sich berief, war das von Franz Brentano über die mannigfache Bedeutung des Seienden nach Aristoteles. Im Anschluß an jenes Buch glaubte Heidegger den authentischen Sinn des Seins in der Substanz (*ousia*) gefunden zu haben. Dann lernte er Husserl kennen, erfuhr eine tiefgehende Transformation seines Denkens, verließ diese scholastische Position, jene metaphysische Ausrichtung, die die ersten Jahre seiner philosophischen Studien geprägt hatte. Aber er entdeckte erneut bei Aristoteles eine andere wesentliche Bedeutung des Seins und nahm sie als Ausdruck seiner eigenen Position auf, das heißt das Sein als Wahres, die Wahrheit (*alétheia*) verstanden als Unverborgenheit.

In den Jahren als Heidegger in Marburg lehrte, war Aristoteles der Philosoph, über den er am meisten sprach. Hierzu gibt es ein höchst interessantes Zeugnis von Gadamer: Wer nach Marburg ging, um Heidegger zu hören, tat es, um zu hören, was er über Aristoteles sagte. Auf den Bänken des Hörsaals in Marburg saßen Gadamer, Joachim Ritter, Hannah Arendt, Günther Anders, Karl Löwith, Hans Jonas und andere, unter denen sich die größten Philosophen der Gegenwart befinden – und alle folgten den Vorlesungen von Heidegger über Aristoteles. Dann erfolgte die Begegnung Heideggers mit Nietzsche, das heißt die »Kehre«, aber noch einmal fand Heidegger bei Aristoteles eine der wichtigsten Bedeutungen des Seins, das Sein als Vollzug (*enérgeia*), was er dann als *physis* deutete, als Hervorbringen, als Aufgehen, als ein Sich-Entbergen, das auch ein Sich-Geben ist, also als Ereignis. Das Seminar von 1940 über das zweite Buch der *Physik* des Aristoteles, *Über das Wesen und den Begriff der* physis, zeigt, welche Bedeutsamkeit Heidegger diesen Begriffen zuwies, um nicht von dem geradezu »begierigen« Gebrauch zu sprechen, den Heidegger schon in *Sein und Zeit* von der praktischen Philosophie des Aristoteles macht und zwar insbesondere von den grundlegenden Kategorien, die in der *Nikomachischen Ethik* ausgearbeitet wurden (*theoria, praxis, poiesis*) und vom Begriff der *phrónesis.*

Von *Sein und Zeit* an hat die sogenannte Renaissance oder Rehabilitation der praktischen Philosophie des Aristoteles begonnen, die durch die berühmte, von Manfred Riedel besorgte, Sammlung dokumentiert ist, die eines der bedeutendsten Ereignisse der philosophischen Debatte in Deutschland in den siebziger Jahren war. Im Jahr 1960 veröffentlichte Gadamer *Wahrheit und Methode*, worin ein Kapitel der praktischen Philosophie des Aristoteles gewidmet ist, vom Autor als Modell seiner eigenen Hermeneutik dargestellt. In der aristotelischen praktischen Philosophie erkennt Gadamer im Begriff der *phrónesis* das höchste Moment, welches für ihn noch heute einen Wert besitzt. In der Tat wird dieser Begriff von seinen Schülern, zum Beispiel von Rüdiger Bubner, in die Diskussion eingebracht.

Die Aufmerksamkeit auf die praktische Philosophie des Aristoteles findet sich auch in der anderen Schule, die sich zur gleichen Zeit wie die von Gadamer mit diesen Themen beschäftigt hat, nämlich die Schule von Joachim Ritter, dem es als Neohegelianer leichtfiel, im Namen der Sittlichkeit das *Ethos* von Aristoteles mit der *Sittlichkeit* von Hegel zu versöhnen. Bei den Schülern von Ritter, zum Beispiel bei Günther Bien und Andreas Kamp, geht das Gespräch weiter und stellt heute noch einen der Bezugspunkte der Philosophie in Deutschland dar.

Das Interesse an der praktischen Philosophie des Aristoteles ging aus der Krise der Sozialwissenschaften hervor, die durch die Kritik der Frankfurter Schule an der wertfreien Soziologie Max Webers entstand. Heute muß man Werturteile, kritische Stellungnahmen, nicht nur deskriptive, zu der politisch-sozialen Wirklichkeit begründen. Die Wiedergeburt des Interesses an der praktischen Philosophie, die mit einer leicht polemischen Absicht von Riedel, der sie nicht teilt, »Rehabilitierung« genannt wurde, hat sich auch in andere Kulturräume ausgebreitet, zum Beispiel in den englischen und in den nordamerikanischen.

Für den englischen Raum kann man nicht von einer echten Wiedergeburt des Interesses an Aristoteles sprechen, weil das Interesse dort niemals starb, sondern immer bestanden hat und also nicht wiedergeboren werden konnte. Aber in England und in den Vereinigten Staaten bringen Philosophen wie Williams, MacIntyre und Jonas heute in ihren ethischen Abhandlungen Begriffe wieder, die im wesentlichen auf Aristoteles zurückgehen. In *Der Verlust der Tugend* von Alasdair MacIntyre wird darauf hingewiesen, daß die aristotelische Position die einzige mögliche Alternative zu Nietzsche ist, hat dieser doch das Projekt der Aufklärung, das Projekt einer rational begründeten Ethik, zerstört; die einzige Alternative, die noch möglich ist, das heißt, die nicht von Nietzsche zerstört wurde, ist Aristoteles, nämlich eine Ethik, die auf der als Gewohnheit verstandenen Tugend begründet ist, als Tradition, als eigentümliche Gepflogenheit einer Gemeinschaft (weswegen diese Philosophie auch »Kommunitarismus« genannt wurde).

Eine ähnliche Ausführung macht Bernard Williams, wenn er in *Moralischer Zufall* die Bedeutung des Charakters unterstreicht: Der Charakter ist das *Ethos* von dem Aristoteles sprach. Wenn man einen Charakter hat, sagt Williams, braucht man sich keine Methode zu geben, während »si on n'a pas de caractère, il faut se donner une méthode«, Pascal sagte. Kurz gesagt gehen gemäß Williams nur diejenigen auf die Suche nach einer philosophischen Ethik, die kein *Ethos* haben; eine gelebte Ethik, das ist der Sinn seines gewissermaßen aristotelischen Vorschlags.

Wir finden dann eine Präsenz des Aristoteles bei einem Autor, der heute als Moralist wieder ins Rampenlicht getreten ist, nachdem er in den dreißiger Jahren Studien über die Geschichte der Philosophie gearbeitet hat, insbesondere über die antike Gnosis: Hans Jonas, der im Februar 1993 gestorben ist. Jonas spricht im Buch *Das Prinzip Verantwortung* offen aus, daß er sich auf eine teleologische Sicht der Natur beruft, die jene des Aristoteles ist und, nach seiner Meinung, die einzige, die uns Orientierung und Kriterien im Bereich der Umwelt- und Bioethik geben kann.

Schließlich habe ich eine Präsenz des Aristoteles sogar bei Wissenschaftlern gefunden, die keine professionellen Philosophen sind, wie der Wirtschaftswissenschaftler Amartya Sen, der indischer Herkunft und Professor in Harvard ist. Dieser polemisiert mit Rawls und beharrt auf der Notwendigkeit, einen Begriff von »gut« zu haben, und den Menschen nicht nur einen Begriff von »Recht« anzubieten. Nach Rawls, einem Neokontraktualisten mit kantianischer Tendenz, hat niemand das Recht, andere darauf hinzuweisen, was das Gute ist, nämlich auf das, worin das Glück besteht, weil jeder sein eigenes Gut, einem eigenen Lebensentwurf folgend, wählen können muß. Man muß jeden seiner Freiheit versichern, das heißt jener Bedingungen, die es ihm gestatten, das Gut zu verfolgen, welches er für sich gewählt haben wird.

Sen ist mit dieser Auffassung nicht einverstanden und verweist auf den Fall desjenigen, der keine Kultur, keine Erziehung gehabt hat. Er bringt das Beispiel einiger Frauen, die in Indien leben und das ganze Leben verbringen, ohne einmal aus dem Haus zu gehen: Was für einen Sinn hat es, einer Person, die sich in solchen Umständen befindet, einfach die Freiheit als Möglichkeit der Wahl vorzuschlagen, was kann einer wählen, der sich in einer solchen Situation befindet? Deswegen, so schließt Sen, muß man ein Ideal des Lebens vorgeben, eines Lebens, worin sich die Möglichkeiten, besser die Fähigkeiten, ganz verwirklichen, die den Menschen eigen sind. Als man Sen gegenüber bemerkt hat, daß er aristotelisch sei, hat er angefangen, Aristoteles zu lesen und ist zu der Überzeugung gekommen, daß die aristotelische Position tatsächlich auch seine eigene ist.

Ist das alles Philosophie im eigentlichen Sinne oder eher Geschichte der Philosophie? Es ist beides zugleich, weil kein Zweifel besteht, daß Gelehrte wie Williams, wie MacIntyre, wie Gadamer, und noch davor Heidegger, auch wertvolle Historiker der Philosophie sind. Heidegger zum Beispiel war ein Philologe, dem man nichts mehr lehren mußte, der sein Handwerk auch als Philologe perfekt beherrschte, ebenso Gadamer. Die ersten Werke Gadamers sind philologische Werke, nämlich Werke der Geschichte der Philosophie, gleichwohl wird Gadamer heute als einer der größten lebenden Philosophen betrachtet.

Die Beispiele ließen sich beliebig vermehren. Nehmen wir zum Beispiel Kant. Auch Kant ist mit allen seinen Werken noch immer in der aktuellen philosophischen Auseinandersetzung präsent. Um rasch vorwärtszukommen genügt es, daran zu erinnern, daß die *Kritik der reinen Vernunft* die Erkenntnistheorie Poppers tiefgehend beeinflußt hat, wie Popper selbst betont, indem er die Bedeutung der theoretischen a priorischen Elemente unterstreicht, die der empirischen Beobachtung vorhergehen und die die Forschung entscheidend beeinflussen. Die *Kritik der praktischen Vernunft* ist die Grundlage verschiedener ethischer Strömungen vor allem in Deutschland, wie der kommunikativen Ethik Apels und der Argumentationsethik Habermas': beide betonen tatsächlich die Notwendigkeit der Universalisierbarkeit als Kriterium der Moralität einer Norm, das heißt ein Kriterium von deutlich kantischem Ursprung. Selbst der Hinweis auf das Transzendentale, der sich bei Apel findet, ist explizit kantischen Ursprungs.

Man könnte auch auf die *Kritik der Urteilskraft* verweisen: Denker wie Hannah Arendt und ihre Nachfolger, Ernst Vollrath und Klaus Held, suchen in der von Kant aufgedeckten Urteilskraft den Bezugspunkt nicht nur für das ästhetische und teleologische Urteil, wie Kant dies tat, sondern auch für das praktische und spezifisch ethische Urteil. Bei Vollrath ist diese Tendenz offensichtlich, aber es scheint, daß sie auch in den letzten Vorlesungen Hannah Arendts vorkommt, die sich auf jenen Teil des *Vom Lebens des Geistes* beziehen, der von der Autorin nicht publiziert wurde. Es ist in der Tat bekannt, daß Arendt nur die Teile veröffentlicht hat, die sich auf das »Denken« und auf das »Wollen« beziehen, während der dritte derjenige war, der sich gerade auf das Urteilen bezog, gemäß der Dreiteilung der Kantischen *Kritiken*.

Ich spreche nicht über Hegel, für den es genügt, auf die Studien von Manfred Riedel zu verweisen, die die fortwährende, sozusagen gewichtige, Präsenz des Philosophen aus Stuttgart in der philosophischen Debatte unseres Jahrhunderts dokumentieren.

Noch ein kurzer Hinweis auf die analytische Philosophie. Nach dem späten Wittgenstein wurde die analytische Philosophie zur Analyse der normalen Sprache und nicht mehr nur der Wissenschaftssprache. Denker wie Austin, Ryle und Strawson, die die sogenannte Oxford-Schule bilden, haben sofort den kategorialen Apparat im Denken Aristoteles' erkannt, der die angemessensten Werkzeuge für die Analyse der normalen Sprache bereitstellt. Ich denke an den Aufsatz von Ryle, *Kategorien*, und an seinen Begriff von kategorialen, transkategorialen und transdipartimentalen Schemata, die er für die Analyse der Sprache verwendet. Ich denke an das Buch von Strawson, *Einzelding und logisches Subjekt*, in dem die sogenannten grundlegenden Einzeldinge letztlich gerade das sind, was Aristoteles die »ersten Substanzen« nannte, nämlich die Einzeldinge, die sich in Raum und Zeit befinden, auf die die »Sortale« bezogen werden, nämlich die Genera und die Spezies, die Begriffe, die sie kennzeichnen und die ihre Identifikation und ihr Wiedererkennen ermöglichen.

Der aristotelische Begriff der individuellen Substanz ist die Grundlage des Werkes eines der jüngsten Vertreters der Oxford-Philosophie, David Wiggins, der das Buch *Sameness and Substance* geschrieben hat, das sich auf das Problem der Identität im allgemeinen und der persönlichen Identität im besonderen bezieht, ein vieldiskutiertes Thema in der englischen philosophischen Tradition seit Locke und Hume. Wiggins beruft sich explizit auf Aristoteles und auf seine Kategorie für die Lösung der erwähnten Probleme. Man sollte schließlich auf die Aufnahme der Ethik, insbesondere der praktischen Philosophie von Aristoteles, hinweisen, die in England von Seiten der Wittgenstein-Schüler stattgefunden hat. Elisabeth Anscombe beschreibt in ihrem Buch *Intentionalität* die Logik des Handelns, indem sie sich auf den praktischen Syllogismus von Aristoteles beruft, und auch Georg H. von Wright beruft sich für die Unterscheidung von *Erklären und Verstehen* stets auf Aristoteles.

Ich frage mich, ob all dies Geschichte der Philosophie ist oder Philosophie im eigentlichen Sinne: Weder ist die Geschichte ein Selbstzweck noch ist sie reine Theorie ohne geschichtliche Bezüge, aber Philosophie, das heißt die Tätigkeit des Philosophierens, kann nichts anderes sein als ein »Mitphilosophieren« mit den Klassikern, nämlich mit den großen Philosophen der Vergangenheit.

(vom Autor autorisierte Übersetzung aus dem Italienischen
von Viviana Siclari und Thomas Grethlein)

Aufklärung als abendländische Bewegung*

von Rainer Enskat (Halle a.d. Saale)

I

Die Aufklärung ist unvergleichlich viel älter als ihr Name. Ungefähr genauso alt wie sie selbst ist ihr ältestes Symbol. An einer der berühmtesten Stellen seines schriftlichen Werks symbolisiert Platon die Idee des Guten einmal durch ein Bild von der Sonne: so wie alles Wachstum auf der Erde nur im Licht der Sonne gedeihen könne, so könne alles Tun und Lassen der Menschen und alle ihre Bemühung um Erkenntnis, Wissen und Einsicht auch nur im Licht der Idee des Guten gedeihen.[1] Fast zweieinhalb tausend Jahre später sagt Kant einmal von dieser Idee des Guten an der wohl platonischsten Stelle seines ganzen Werks: ohne die Idee des Guten könnten wir das Gute überhaupt nicht erfahren.[2] Das Abendland ist diejenige Region auf der nördlichen Halbkugel unserer Erde, in der die Sonne untergeht. Aufklärung ist die in diesem Abendland von der Philosophie zum Leben erweckte Sorge, daß die Idee des Guten niemals untergehe. Diese Sorge hat inzwischen das Format einer geschichtlichen Bewegung. Die beiden philosophischen Brennpunkte dieser Bewegung werden von den Arbeiten Platons und Kants gebildet. Doch mit was für Methoden kann sich die Philosophie überhaupt darum sorgen, daß die Idee des Guten nicht untergeht?

Sokrates war der erste, der es sich zur Lebensaufgabe gemacht hatte, immer wieder von neuem zu fragen, was nützlich und was gut ist und wer unter den Menschen tüchtig genug ist, das Nützliche und das Gute sowohl zu erkennen wie auch zu tun. Inzwischen hat die Erfahrung längst gezeigt, daß es nichts in der Welt gibt, was nicht im Lichte dieser Frage untersucht werden könnte: natürliche Dinge und praktische Institutionen, wissenschaftliche Entdeckungen und technische Innovationen, mensch-

---

* Diesem Text liegt meine für diesen Anlaß leicht überarbeitete Antrittsvorlesung an der Martin Luther-Universität Halle-Wittenberg vom 7. Juli 1993 zugrunde.

1 Vgl. Platon, *Rep.* 507c ff.

2 Vgl. I. Kant, *Kritik der reinen Vernunft* (Hg. Raymund Schmidt), Hamburg 1976: A 317/9, B 374/5.

liche Handlungsweisen und natürliche Prozesse – alles und jedes kann daraufhin befragt werden, ob es nützlich oder gut ist und inwiefern es nützlich oder gut ist. Die Aufgabenfelder der Aufklärung sind auf diesem geschichtlichen Weg immer komplizierter geworden. Das Bedürfnis, der Aufklärung einen Namen zu geben, entspringt bereits den Orientierungsschwierigkeiten, die diese Komplikationen von Anfang an mit sich gebracht haben. Die Taufe der Aufklärung auf ihren traditionellen Namen im 17. und 18. Jahrhundert zeigt daher schon mancherlei Züge einer magischen Handlung: die Einheit der Aufklärung in der Vielheit ihrer immer komplizierter werdenden Aufgaben soll mit Hilfe eines symbolischen Namens wenigstens beschworen werden können. Dieser neuzeitliche Taufakt ist daher auch bloß ein spätes Indiz für eine frühe Erfahrung. Diese Erfahrung stellt sich immer dann ein, wenn den Förderern der Aufklärung die Einsicht dämmert, daß es um die realen Chancen der Aufklärung heikel bestellt ist.

Der erste, der aus dieser Einsicht energische Konzequenzen gezogen hat, war Platon. Gewonnen hatte Platon diese Einsicht aus einer Erfahrung, wie sie ihm durch das Zeugnis von Sokrates' Leben und Sterben zuteil geworden war. Durch dies Zeugnis hatte er erfahren, daß man die Aufklärung mit Mitteln der Philosophie nur dann fördern kann, wenn man die Bedingungen des möglichen Scheiterns der Aufklärung genauso gründlich untersuchen kann wie die Bedingungen ihres möglichen Gelingens. Denn Sokrates war bei seinen Bemühungen um Aufklärung gerade an derjenigen Entdeckung gescheitert, durch die er der Philosophie überhaupt erst die methodische Möglichkeit eröffnet hatte, sich an diesen Bemühungen zu beteiligen. Was war dies für eine ambivalente Entdeckung? *Inmitten der Zeit*, die diese Aufklärung nicht weniger nötig hat als irgendeine andere Zeit, wird man schwerlich umhin können, die Ambivalenz genauer zu studieren, die diese Aufklärung von Anfang an zu einer so heiklen Aufgabe gemacht hat.

II

Sokrates und Platon hatten eingesehen, daß man die Frage nach dem Nützlichen und nach dem Guten nur dann mit der nötigen Radikalität untersucht, wenn man sie mit der Frage nach der Tüchtigkeit (ἀρετή) der Personen verbindet, die versuchen, das Nützliche und das Gute sowohl zu erkennen wie auch zu tun. Durch diese Einsicht hatten sie entdeckt, daß man die Aufklärung mit Mitteln der Philosophie nur dann fördern kann, wenn man die Fragen und die Antworten der Philosophie in einer ganz bestimmten Weise personalisiert. Durch diese Personalisierung sollen nun nicht etwa solche Standards wie die der Wahrheit von Aussagen, der Objektivität von

Erkenntnissen, der Erfolgsträchtigkeit von Methoden, der logischen Korrektheit von Argumentationen oder der Widerspruchsfreiheit von Satzmengen aufgeweicht, vernachlässigt oder gar ganz außer Kraft gesetzt werden. Durch diese Personalisierung soll vielmehr in Erinnerung gerufen werden, daß solche Standards immer nur so viel taugen wie die Tüchtigkeit der Personen, von denen sie benutzt werden. Die Widerspruchsfreiheit einer Satzmenge, die logische Korrektheit einer Argumentation, die Erfolsträchtigkeit einer Methode, die Objektivität einer Erkenntnis, die Wahrheit einer Aussage – all das muß in jedem konkreten Einzelfall immer wieder von neuem möglichst zuverlässig und möglichst trefflich beurteilt werden können. Aber je größer eine Satzmenge, je komplizierter eine Argumentation, je prekärer die Erfolgsträchtigkeit einer methodischen Einstellung, je höher das Niveau eines Erkenntnisanspruchs und je komplizierter die Wahrheitsbedingungen einer Aussage ausfallen – umso tüchtiger müssen die Fähigkeiten und die Fertigkeiten, die Dispositionen, Talente und Kompetenzen der Personen entwickelt sein, die sich an einem Wahrheitsanspruch, an einem Erkenntnisanspruch, an einem Erfolgsanspruch, an einem Anspruch auf argumentative Plausibilität oder an einem Anspruch auf Widerspruchsfreiheit versuchen. Andernfalls könnten sie gar nicht zuverlässig und treffend beurteilen, ob es ihnen gelungen ist, ihren jeweiligen Anspruch einzulösen.

Diesen Typ von Personalisierung hat Platon im Auge, wenn er die Leitfrage der Aufklärung, die sokratische Frage nach dem Nützlichen und dem Guten, untersucht. Gelegentlich hat Platon diese Personalisierung mit ganz wenigen Worten umschrieben. Eine solche Umschreibung legt er Sokrates in seinem klassischen erkenntnistheoretischen Dialog in den Mund. Im Rahmen dieses Dialogs, der unter dem Titel *Theaitet* dem Andenken des gleichnamigen Mathematikers gewidmet ist, läßt Platon gleich am Anfang Sokrates eine Bemerkung über das höchste Ziel der dialogischen Methode in der Philosophie machen. Dies höchste Ziel der sokratischen Gesprächskunst besteht nach dieser Bemerkung darin, etwas über die Seele jeder an einem philosophischen Dialog beteiligten Person ausfindig zu machen.[1] Das griechische Wort für die Seele (ψυχή) ist in solchen Zusammenhängen eine abstrakte Sammelbezeichnung für das ganze Ensemble der Fähigkeiten und Fertigkeiten, der Dispositionen, Talente und Kompetenzen, auf die die Menschen angewiesen sind, wenn sie sich durch die wechselnden Situationen und Aufgaben hindurchzufinden trachten, die ihr Leben mit sich bringt.

Dies fast undurchschaubare Geflecht aus Fähigkeiten und Fertigkeiten, aus Dispositionen, Talenten und Kompetenzen wird nun von Platon auf der Basis einer ganz be-

---

[1] Vgl. *Tht.* 150b ff.

stimmten erkenntnistheoretischen Einsicht radikal reduziert. Und es gehört mit zu Platons einzigartiger Kunst der philosophischen Dialogregie, daß er es versteht, diese Reduktion auf fast jeder Seite irgendeines beliebigen Dialogs in Szene zu setzen. Alle Probleme, die in diesen Dialogen diskutiert werden, verwandeln sich nämlich durch diese Platonische Kunst in Probleme eines einzigen Typs – in Beurteilungsprobleme. Durch jede Frage des Platonischen Sokrates wird jeder Gesprächspartner zu einer Selbstprüfung herausgefordert, deren Strenge seine Antwort zu einem Dokument seiner Fähigkeit stempelt, über das Thema der gestellten Frage ganz aus eigener Kraft ein angemessenes und wohlbegründetes Urteil zu fällen. Und es ist diese Zuspitzung aller Probleme zu Beurteilungsproblemen, der in Platons Dialogen die angedeutete erkenntnistheoretische Reduktion zugrundeliegt. Durch diese Reduktion wird eine einzige kognitive Fähigkeit, Disposition und Kompetenz der Menschen ins Auge gefaßt, die alle anderen kognitiven Fähigkeiten, Dispositionen und Kompetenzen in ihren Dienst stellt. Diese kognitive Zentralkompetenz ist unter ihrem neuzeitlichen Namen nichts anderes als die Urteilskraft. In Platons Dialogen können daher Sokrates' Gesprächspartner in den unterschiedlichsten Gestalten zum Zuge kommen. Zu ihnen gehören militärische Heerführer und Mathematiker, Beamte und Physiker, Philosophen und Ärzte, Handwerker und Sophisten. Diese Gesprächspartner haben ihre technischen, ihre methodischen, ihre praktischen und ihre sachlichen Kompetenzen in den unterschiedlichsten Erfahrungshorizonten der menschlichen Lebenswelt erworben. Doch sobald sie durch Platons Dialogregie in den Bannkreis von Sokrates' Gesprächskunst versetzt sind, werden sie von Sokrates mit einer beispiellosen methodischen Strenge nur noch daraufhin geprüft, in welchem Maß es ihrer Urteilskraft gelingt, von allen diesen höchst vielfältigen Kompetenzen trefflich Gebrauch zu machen. Mit Hilfe von zwei einfachen Platonischen Beispielen kann man verständlich machen, daß es eine ganz bestimmte Entdeckung über die Urteilskraft war, wodurch Sokrates und Platon zum ersten Mal ein großes Licht auf die Bedingungen geworfen haben, von denen die Geschicke der Aufklärung abhängen.

III

Den einen Schritt auf Platons Weg zu dieser Entdeckung kann man am Leitfaden seines Dialogs *Laches* nachzeichnen. In diesem Dialog werden die beiden Militärs Laches und Nikias in eine Diskussion über das Wesen der Tapferkeit verwickelt. Alle von diesen beiden Gesprächspartnern vorgeschlagenen Definitionen der Tapferkeit und alle ihre Argumentationen zugunsten dieser Definitionsvorschläge scheitern.[1] Denn Sokrates gelingt es immer wieder, Grenzsituationen und andere Szenarios der Tapferkeit zu entwerfen, die von keiner der vorgeschlagenen Definitionen erfaßt werden.[2] Doch trotz ihrer mißlungenen Definitionsvorschläge und Argumentationsversuche haben Sokrates' Gesprächspartner nicht die geringsten Schwierigkeiten, dessen kritische Mustersituationen und Szenarios spontan als eindeutige und einleuchtende Beispiele für Tapferkeit zu beurteilen.[3] Dies Wechselspiel zwischen mißlungenen Definitionsvorschlägen und Argumentationsversuchen einerseits und trefflichen sponaten Situationsbeurteilungen andererseits bildet ein methodisches Kernstück aller Platonischen Dialoge.

Platon zeigt auf diese Weise mindestens dreierlei auf einmal: (1) die Tragfähigkeit, die Tragweite und die Trefflichkeit der Urteilskraft eines erfahrenen Praktikers ist in der Regel relativ unabhängig von den Resultaten der Reflexionen, Abstraktionen und Formalanalysen, mit deren Hilfe man die Struktur seines praktischen Aufgabenfeldes zu durchschauen sucht – gleichgültig, ob es sich bei diesen abstrakten Reflexionsresultaten nun um Definitionen, um Regeln, um Argumente, um Kriterien oder um ganze Theorien handelt; (2) diese Unabhängigkeit der Urteilskraft ist so stark, daß ihre Trefflichkeit in der Regel noch nicht einmal durch Fehlleistungen gestört werden kann, wie sie auf den Abstraktionsebenen von Definitionen, Regeln, Argumenten, Kriterien und Theorien immer wieder einmal unterlaufen können; und (3) jeder Versuch, mit Mitteln der Philosophie irgendein Licht in die Struktur irgendeines Aufgabenfeldes des praktischen Lebens zu bringen – sei dies nun die Struktur des Militärwesens oder die der Politik, die Struktur der Rechtssprechung oder die der Verwaltung oder die Struktur der Medizin – jeder derartige Versuch sollte sich von Anfang an darüber Klarheit verschaffen, daß er mit der Möglichkeit der eigenen Überflüssigkeit rechnen muß. Denn in jedem dieser Aufgabenfelder ist eine und dieselbe kognitive Instanz zu Hause – eben die Urteilskraft –, die in der Regel weder auf Fragen noch auf Methoden noch auf Antworten der Philosophie angewiesen ist.

Man könnte vermuten, daß solche Zusammenhänge auf die Praxis beschränkt seien. Unter dieser Voraussetzung würden solche Zusammenhänge also nur dann akut werden, wenn es um die Beurteilung von Handlungsweisen, von handelnden Personen, von Handlungssituationen, von Institutionen und von anderen Instanzen der menschlichen Praxis geht. Doch zu den bedeutsamen Leistungen von Platons philosophischer Arbeit gehört die Einsicht, daß man mit ganz analogen Verhältnissen auch

---

1 Vgl. *Lach.* 191a f., 192d f., 193a f., 199b ff.
2 Ebenda.
3 Ebenda.

dann rechnen muß, wenn es in ganz apraktischer Weise um Erkenntnis und um den Erwerb von Wissen um seiner selbst willen geht.

Wie auch sonst entwickelt Platon seine einschlägigen Einsichten nach Spielregeln der Dialogregie. Eine lehrreiche Inszenierung dieser Einsicht ist Platon in seinem schon zitierten Dialog *Theaitet* gelungen. Das Hauptthema dieses Dialogs kommt durch die Frage auf, was Wissen und Erkenntnis ist.[1] Sokrates' Gesprächspartner Theaitet wird in Anspielung auf seinen historischen Namengeber in der Gestalt eines hochbegabten Mathematikers eingeführt und zwar in einem fast noch jugendlichen Alter. Bevor Platon das Gespräch auf die thematische Frage nach dem Wesen von Erkenntnis und Wissen lenkt, läßt er Theaitet über eine mathematische Entdeckung berichten, die ihm und seinem Lehrer Theodoros im Zusammenwirken mit anderen Studenten in Theodoros' Schule gelungen ist. Bei dieser Entdeckung geht es um einen elementaren Sachverhalt aus dem Grenzbereich von Geometrie und Arithmetik: den Beteiligten war es gelungen, die unendliche Menge der Rechtecke mit unterschiedlichen Flächeninhalten mit Hilfe eines einfachen arithmetischen Kriteriums restlos so auf zwei Klassen zu verteilen, daß sich diese beiden Klassen wiederum eineindeutig zwei echten Teilmengen der natürlichen Zahlen zuordnen lassen.[2]

Theaitet wird von Platon also als jemand eingeführt, der sich nicht bloß durch irgendwelche banalen Lernerfolge irgendwelche alltäglichen Wissensinhalte zueigen gemacht hat. Er war vielmehr an einer wissenschaftlichen Entdeckung, also an einer außerordentlichen Erkenntnis beteiligt, durch die er sich ein Wissen um einen Sachverhalt erworben hat, zu dem man nur mit Hilfe von einigermaßen komplizierten Methoden und Techniken einen Zugang finden kann. Dieser Theaitet, der sich aktiv an der wissenschaftlichen Erkenntnisarbeit und am wissenschaftlichen Wissenserwerb beteiligt, wird von Platon in einen Dialog mit Sokrates über die Frage nach dem Wesen von Erkenntnis und Wissen verwickelt – und gerät von einer sachlichen Verlegenheit in die andere.[3] Platon signalisiert zwar, daß Theaitets Definitionsvorschläge und Argumentationsversuche durchaus respektabel und diskutabel sind. Immerhin ist ihnen ja der ganze Dialog gewidmet. Doch eine nüchterne Bilanz darf sich durch die didaktischen Bemühungen, die Sokrates den Definitions- und Argumentationsbemühungen Theaitets ausgedeihen läßt, nicht darüber täuschen lassen, daß die erkenntnistheoretischen Gehversuche Theaitets durchweg scheitern.

Aber auch nur, wenn man diese Bilanz so nüchtern wie möglich macht, hat auch die Kehrseite dieser Bilanz eine Chance, in der rechten Weise in die Augen zu fallen.

---

[1] Vgl. *Tht.* 147e ff.
[2] *Tht.* 147c ff.
[3] *Tht.* 145e ff.

Denn Platon kontrastiert in diesem ganzen Dialog in erster Linie die mathematische Produktivität, Originalität und Selbstsicherheit Theaitets mit dessen erkenntnistheoretischer Hilflosigkeit. Und eben durch diesen Kontrast inszeniert Platon eine Einsicht, die ihre geschichtliche Bewährungsprobe schon längst unzählige Male bestanden hat: die wissenschaftlichen und die nichtwissenschaftlichen Erkenntnisbemühungen der Menschen sind auf eine Metatheorie der Erkenntnis oder des Wissens nicht grundsätzlich angewiesen. Lernerfolge, Erkenntnisse und Entdeckungen bringen die Menschen auch dann zuwege, wenn sie auf die Frage, was Erkenntnis und was Wissen ist, keine oder keine zuverlässige Antwort haben. Hätten die Menschen mit ihren wissenschaftlichen Bemühungen um Erkenntnis und Wissen gewartet, bis sie zuverlässige Antworten auf diese Fragen haben – mit dem Unternehmen namens Wissenschaft wären sie über das Niveau der Jungsteinzeit nicht hinausgekommen.

Mit solchen Inszenierungen wie im Dialog *Theaitet* hat Platon also eine strukturelle Analogie zwischen den praktischen Tätigkeitsfeldern der Menschen und ihren Wissens-, Forschungs- und Erkenntnisfeldern vor Augen geführt. Durch ihre ständige unmittelbare Auseinandersetzung mit den Gegenständen ihrer Wissens-, Forschungs- und Erkenntnisfelder wird die Urteilskraft der Menschen in einer Weise und in einem Maß geschult, daß sie in jedem konkreten Fall – früher oder später – in der Regel ganz ohne Zuhilfenahme von irgendwelchen Metatheorien des Wissens und der Erkenntnis beurteilen können, ob sie eine Erkenntnis, eine Entdeckung oder einen banaleren Lernerfolg erzielt haben oder nicht und ob sie sich ein Wissen oder bloß eine wahre Meinung zu eigen gemacht haben. Die Hauptaufgabe der Erkenntnistheorie besteht für Platon – wie übrigens auch für Kant – darin, die Struktur des Rätsels dieser Selbstgenügsamkeit der Urteilskraft durchschaubar zu machen.

Diese Einsicht Platons hat in der Geschichte eher ein Schattendasein geführt. In der Philosophie unseres Jahrhunderts ist sie erst wieder ungefähr seit den fünfziger Jahren durch eine allmähliche Kooperation zwischen Wissenschaftshistorikern und Wissenschaftstheoretikern erarbeitet worden. Am vehementesten ist sie von dem enfant terrible der modernen Wissenschaftstheorie und Erkenntnistheorie, von Paul Feyerabend, verfochten worden. Es ist daher kein Zufall, daß Feyerabend gleichzeitig ein Platon-Fan ist.[1]

IV

Wenn die Trefflichkeit der Urteilskraft auch nicht auf irgendwelche Elemente philosophischer Theorien angewiesen ist, so würde sie doch gleichwohl blind bleiben,

---

[1] Vgl. Paul Feyerabend, *Erkenntnis für freie Menschen*, Frankfurt/M. 1980.

wenn sie nicht von irgendwelchen Orientierungshilfen Gebrauch machen könnte. Einen Teil dieser Orientierungshilfen bezieht sie direkt aus den Aufgabenfeldern des menschlichen Lebens, in denen sie sich zu bewähren hat. Das ist einer der Gründe, weswegen Platon in seinen Dialogen regelmäßig Anspielungen auf die gesellschaftlichen Funktionszusammenhänge einflicht, in denen die Gesprächspartner des Sokrates ihre Lebenserfahrung erworben haben. Durch diese Lebenserfahrung ist ihre Urteilskraft mehr oder weniger gut geübt und geschärft worden. Das lehrreichste Beispiel liefert auch hier wieder - und zwar gerade wegen seiner drastischen thematischen Einseitigkeit - der Dialog *Laches* mit seiner Konzentration auf die Frage nach dem Wesen der Tapferkeit. Denn die Herkunft von Sokrates' Gesprächspartnern aus dem Kreis der höchsten Offiziere Athens soll ja signalisieren, daß sich diese beiden Militärs die Trefflichkeit ihrer Urteilskraft hauptsächlich innerhalb der Grenzen eines ganz bestimmten Aufgabenfeldes und auch innerhalb ganz bestimmter kognitiver Horizonte erworben haben. Innerhalb dieser Grenzen und Horizonte haben sie sich jahrelang in authentischer Weise mit Situationen, Handlungsweisen, Personen und Institutionen auseinandergesetzt, bei denen es so regelmäßig wie in keinem anderen Lebensbereich auf Tapferkeit ankommt. Die Authentizität dieser Auseinandersetzung ist es, wodurch ihre Urteilskraft geübt und geschärft worden ist. Und die Regelmäßigkeit, mit der es in den Grenzen und Horizonten dieses Erfahrungsbereichs auf Tapferkeit ankommt, rechtfertigt die konventionelle Auffassung, die in der Tapferkeit die spezifische Tugend oder Tüchtigkeit des Soldaten sieht.

Doch es ist gerade die innere und die äußere Begrenzung solcher Erfahrungsfelder, von der die Philosophie in Platons Augen herausgefordert wird, sich um die Aufklärung zu sorgen. In fast allen seinen Dialogen macht Platon mit Hilfe der unterschiedlichsten methodischen Kunstgriffe auf die Ursprünge dieser Herausforderung aufmerksam. Im Dialog *Laches* wird dies auch wieder mit Hilfe eines Wechselspiels aus abstrakten Reflexionen und konkreten Situationsbeurteilungen inszeniert. Der leitende Grundgedanke ist ganz einfach: Sokrates gewinnt im Handumdrehen die Zustimmung seiner Gesprächspartner zu der Überlegung, daß die Tapferkeit nur dann nicht auf natürliche Dispositionen wie Mut oder Kühnheit beschränkt ist, wenn sie von Besonnenheit überwacht und gesteuert wird.[1] Es liegt aber sofort auf der Hand, daß es sich bei der Besonnenheit um eine seelische Tüchtigkeit handelt, wie sie im Gegensatz zur Tapferkeit weder an bestimmte Situationen und Situationsmuster noch an bestimmte Aufgabenfelder oder Erfahrungshorizonte des menschlichen Lebens gebunden ist. Es ist vielmehr umgekehrt: gerade weil die Menschen ei-

---

[1] Vgl. *Lach.* 192d.

nem beständigen Wechsel von Situationen und Situationsmustern, von Aufgabenfeldern, von gesellschaftlichen Funktionszusammenhängen und von Erfahrungshorizonten ausgesetzt sind, sind sie auch auf eine seelische Tüchtigkeit angewiesen, die auf eine Weise zum Zuge kommen kann, die gegenüber diesem beständigen Wechsel invariant ist. Eine solche situationsvariante seelische Tüchtigkeit ist die Besonnenheit. Denn es ist die Besonnenheit, die die Menschen befähigt, sich grundsätzlich von jeder Situation und von jedem Situationswechsel zu distanzieren und sie auf diejenigen Umstände hin zu durchmustern und zu erwägen, die mehr oder weniger wichtig für ein treffliches Urteil darüber sind, was in einer bestimmten Situation tunlich oder untunlich, mehr oder weniger nützlich oder gut ist.

Damit gibt Platon zu verstehen, wie die Philosophie nach einer *nichttrivialen* Antwort auf die Leitfrage der Aufklärung, also auf die sokratische Frage nach dem Nützlichen und dem Guten suchen kann. Eine solche Antwort kann nur dann gefunden werden, wenn es gelingt, *situationsinvariante Bedingungen* des Nützlichen und des Guten ausfindig zu machen. Den einen Teil dieser situationsinvarianten Bedingungen des Nützlichen und des Guten nennt Platon »Ideen«. Zu diesen situationsinvarianten Bedingungen gehört aber auch eine seelische Fähigkeit, Haltung und Tüchtigkeit wie die Besonnenheit. Denn ohne die Besonnenheit kann ein treffliches Urteil über das, was in irgendeiner beliebigen Situation nützlich oder gut ist, noch nicht einmal in einer einzigen Situation zuverlässig zustande gebracht werden. Die Pointe von Platons Hinweis auf die Besonnenheit stammt also nicht unmittelbar aus dem Inhalt dieses Hinweises. Also nicht der Umstand, daß die Besonnenheit eine wesentliche Komponente der wahren Tapferkeit ist, liefert diese Pointe. Ausschlaggebend ist, daß die Menschen auf die Besonnenheit auch in allen denjenigen Situationen angewiesen sind, in denen es auf so etwas wie Tapferkeit überhaupt nicht ankommt.

V

Damit hat Platon aber erst den vorletzten Schritt auf dem Weg zu seiner Antwort auf die Frage nach den situationsinvarianten Bedingungen des Nützlichen und des Guten getan. Vorläufig bleibt dieser Schritt deswegen, weil die Besonnenheit an sich genauso blind ist wie die bloße Urteilskraft. Beide sind auf dieselben Orientierungshilfen angewiesen. Denn die Besonnenheit ist, ganz unbeschadet ihrer situationsinvarianten Tauglichkeit, eine seelische Disposition, die die Menschen auch lediglich dazu befähigt, die nötige Distanz gegenüber beliebigen Situationen und Situationswechseln zu gewinnen und zu bewahren. Erst in dieser Distanz können sich die Menschen daran machen, mit der nötigen Umsicht, Rücksicht und Vorsicht, Trennschärfe und Tiefenschärfe zwischen den Situationskomponenten zu unterscheiden, die mehr oder weniger relevant für ein treffliches Urteil über das in einer Situation Nützliche oder Gute sind. Die Besonnenheit vermag aber nicht aus eigener Kraft irgendeinen von den Aspekten beizusteuern, auf die es bei einer solchen Relevanz-Analyse ankommt. Deswegen sucht Platon auf dem letzten Stück seines Weges nach situationsinvarianten Bedingungen des Nützlichen und des Guten, die einen solchen Aspekt liefern.

Es ist nicht nötig, die Methoden dieses letzten Wegstücks von Platons Arbeit hier im Detail nachzuzeichnen. Platons Ergebnisse können inzwischen fast schon für sich selbst sprechen. In einem Brennpunkt dieser Ergebnisse findet sich die Auseinandersetzung der Frage nach dem Wesen der Gerechtigkeit.[1] In der Gerechtigkeit findet Platon eine eminent wichtige situationsvariante Bedingung von allem und jedem, was nützlich oder gut ist. Offensichtlich kann ja in keiner Situation irgendetwas wahrhaft nützlich oder gut sein, wenn die Gerechtigkeit nicht respektiert wird. Dabei kann der Respekt für die Gerechtigkeit in verschiedenen Formen praktiziert werden: dadurch, daß man die Gerechtigkeit nicht verletzt, oder dadurch, daß man sie übt, oder dadurch, daß man Institutionen schafft, die diese Formen des Respekts für die Gerechtigkeit fördern. Es ist aber offenkundig allein eine Angelegenheit der jeweiligen konkreten Situation und ihrer Beurteilung, w a s man anstellen muß und w i e man es anstellen muß, um der Gerechtigkeit in irgendeiner von diesen Formen Respekt zu zollen.

Man braucht sich daher auch nicht davon irritieren zu lassen, daß die Inhalte der direkten Aussagen über das Wesen oder die Idee der Gerechtigkeit bei Platon von nicht zu überbietender Dürftigkeit sind. So hat sich Platon eine Art von Faustformel zurechtgelegt, mit deren Hilfe er diejenige Verfassung eines Gemeinwesens umschreibt, in der volle Gerechtigkeit herrscht. Diese Verfassung ist dann erreicht, wenn, wie es bei Platon heißt, jeder das Seine tut.[2] Was Platon mit dieser nahezu inhaltsleeren Formel meint, kann man vielleicht ein Stück weit mit Hilfe eines Begriffs erläutern, den Kant in solchen Zusammenhängen gerne verwendet – mit Hilfe des Begriffs der Tunlichkeit.[3] Dieser Begriff eignet sich vorzüglich, alle die vielen ver-

---

1 Vgl. *De Republica* im ganzen.

2 Vgl. *Rep.* 433a f.; ähnlich *Charm.* 161b f.

3 Vgl. Immanuel Kant, *Grundlegung zur Metaphysik der Sitten*, in: *Kant's gesammelte Schriften*, Berlin 1900ff., Bd. IV, bes. Abschn. I ; vgl. zur Frage der Tunlichkeit im Spannungsfeld zwischen Platons, Aristoteles' und Kants Ethik auch: Hans-Georg Gadamer, *Über die Möglichkeit einer philosophischen Ethik* ([1]1963), wieder abgedruckt in: ders., *Kleine Schriften I. Philosophie-Hermeneutik*, Tübingen 1967, S. 179/91.

schiedenen Gestalten normierten Handelns – z.B. rechtlich, moralisch, politisch, utilitär oder konventional normierten Handelns – in einfachster und prägnanter Form zusammenzufassen. Eine gerechte Verfassung eines Gemeinwesens im Sinne Platons ist dann diejenige, die jeden in jeder Situation alles das von selbst tun läßt, was in dieser Situation tunlich ist.

Es liegt aber sofort auf der Hand, daß alle derartigen Formeln grundsätzlich mehr Fragen aufwerfen als beantworten. So bleibt bei Platon beispielsweise die Frage nach einem Kriterium dafür, was aus rechtlichen Gründen tunlich ist, ebenso offen wie die Frage nach einem Kriterium dafür, was aus moralischen Gründen tunlich ist, oder die Frage nach einem Kriterium dafür, was aus politischen Gründen tunlich ist. Doch diese inhaltliche Offenheit und Umbestimmtheit bilden nicht einfach einen Mangel, den man auf eine sachliche Verlegenheit oder auf eine Fehlleistung Platons zurückführen könnte. Die inhaltliche Unbestimmtheit und Offenheit der platonischen Gerechtigkeitsformeln geben vielmehr ein von Platon auf die Spitze getriebenes Signal ab: nämlich ein Signal dafür, daß die Geschicke der Aufklärung von derselben Bedingung abhängen wie alle anderen Geschicke der Menschen – von ihrer Urteilskraft. Denn eine philosophische Theorie der Gerechtigkeit mag noch so differenziert ausfallen – sie mag also eine Theorie des Rechts, eine Theorie der Moral und eine Theorie der Politik umfassen –, sie mag noch so plausibel und noch so wohlbegründet sein – es kann ihr aus prinzipiellen Gründen nicht gelingen, die Kluft zu überspringen, durch die sie ein für alle Mal von der unerschöpflichen Vielfalt, Konkretheit und Kompliziertheit der Situationen getrennt bleibt, die das Leben der Menschen mit sich bringt. Denn als philosophische Theorie konzentriert sie sich nun einmal auf die situationsinvarianten Bedingungen von allem Nützlichen und allem Guten – also vor allem auf die sog. Ideen und deren Funktionen. Doch eben deswegen abstrahiert sie umgekehrt geradezu planmäßig von allem und jedem, was im beständigen Wechsel der Lebenssituationen dem Wandel unterworfen ist. Sie abstrahiert also gerade von allem und jedem, wodurch die Urteilskraft der Menschen tagtäglich immer wieder von neuem herausgefordert wird.

Man kann allerdings nicht ausschließen, daß die weitgehende inhaltliche Unbestimmtheit von Platons Gerechtigkeitsformeln außerdem auch noch die Funktion hat, die Vorläufigkeit von Platons Arbeit an den einschlägigen Sachfragen zu signalisieren. Immerhin ist es Georg Picht durch eine tiefschürfende Analyse von Platons oft vernachlässigtem Alterswerk der *Gesetze* gelungen, einen vielleicht noch weiter führenden Schritt von Platons Untersuchungen der situationsinvarianten Bedingungen von allem Nützlichen und Guten zu erschließen. Durch eine aufschlußreiche

Interpretation einiger Schlüsselpassagen dieses Werks[1] hat Picht auf eine Bedingung Licht geworfen, unabhängig von der möglicherweise auch die Gerechtigkeit nicht angemessen respektiert werden kann. Diese Bedingung umschreibt Picht mit Hilfe eines inzwischen allerdings schon einigermaßen abgedroschenen Ausdrucks als Solidarität.[2] Daß solch eine Abgedroschenheit kein Hindernis für eine wichtige Einsicht ist, weiß Platon selbst gut genug: im *Phaidon* läßt er Sokrates die sprachlichen Ausdrücke sogar für die Ideen nicht ohne Hinweis auf die Abgedroschenheit dieser Worte einführen.[3]

Doch wie dem auch sein mag – durch die Grobmaschigkeit seiner Gerechtigkeitsformeln signalisiert Platon in erster Linie auf besonders plakative Weise etwas, was man in den filigranen Geflechten philosophischer Gerechtigkeitstheorien nur allzu leicht aus den Augen verliert: der Grad der Aufklärung der Menschen hängt nicht davon ab, was für Gerechtigkeitstheorien ihnen zur Verfügung stehen; der Grad ihrer Aufklärung hängt vielmehr davon ab, wie treffsicher, wie differenziert und wie unbeirrbar ihre Urteilskraft an der Idee der Gerechtigkeit orientiert ist, wenn sie in den konkreten Situationen ihres Lebens Urteile darüber fällen, was in diesen Situationen wahrhaft nützlich oder gut ist.

Damit sind die beiden wichtigsten Stücke des Weges skizziert, auf dem Platon sich die Einsicht erarbeitet hat, durch die zum ersten Mal ein großes Licht auf die Bedingung gefallen ist, von der die Geschicke der Aufklärung abhängen. Man kann den Inhalt dieser Entdeckung in sechs Thesen zusammenfassen:

1. im Lichte der sokratischen Frage, was denn für die Menschen wahrhaft nützlich oder gut ist, sucht die Aufklärung die Fähigkeit der Menschen zu fördern, das zu erkennen und zu tun, was für sie wahrhaft nützlich oder gut ist;
2. die Menschen suchen sich durch die Komplikationen und Wandlungen ihrer Lebenssituationen hindurchzufinden, indem sie zu beurteilen suchen, was in einer jeweiligen Situation nützlich oder gut ist;
3. bei ihren Urteilen über das, was in einer bestimmten Situation nützlich oder gut ist, machen die Menschen nicht von irgendwelchen wahren oder falschen philosophischen Theorien der Nützlichkeit oder des Guten Gebrauch, sondern von ihrer mehr oder weniger erfahrenen Urteilskraft;
4. wenn sich die Philosophie angesichts der Selbstgenügsamkeit der Urteilskraft der Menschen gleichwohl nicht die eigene Überflüssigkeit eingestehen muß, dann

---

[1] Vgl. *Nom.* 627c ff.

[2] Vgl. Georg Picht, *Theologie und Recht in Platons »Gesetzen«*, in: ders., *Platons Dialoge »Nomoi« und »Symposion«*. Mit einer Einführung von Wolfgang Wieland, Stuttgart ²1992, S. 1/320, bes. S. 101 ff., 216/32.

[3] Vgl. *Phd.*100b ff.

deswegen, weil sie ihre Untersuchungen auf eine Frage konzentrieren kann, deren Beantwortung ihr von keiner auch noch so erfahrenen Urteilskraft abgenommen werden kann – auf die Frage nämlich, ob es situationsinvariante Bedingungen des Nützlichen und Guten gibt oder nicht und wenn ja, welche;

5. die höchste von Platon gefundene Bedingung dieses Typs, die sich wenigstens noch mit Hilfe einer hochabstrakten Faustformel umschreiben läßt, ist die Gerechtigkeit;
6. die Geschicke der Aufklärung hängen davon ab, wie treffsicher, wie unbeirrbar und wie differenziert die Urteilskraft der Menschen angesichts der Fülle, der Vielfalt, der Wandelhaftigkeit und der Kompliziertheit ihrer Lebenssituationen an den situationsinvarianten Bedingungen des Nützlichen und des Guten orientiert ist.

VI

Nun war ganz zu Anfang die Rede davon, daß diese Einsicht ambivalent sei. Diese Ambivalenz kann man dadurch erläutern, daß man an den Anteil erinnert, den Sokrates an dieser Einsicht hat: Sokrates war bei seinen Bemühungen um Aufklärung gerade an derjenigen Einsicht gescheitert, durch die er der Philosophie überhaupt erst die methodische Möglichkeit eröffnet hatte, sich an diesen Bemühungen zu beteiligen. Wie sieht nun diese Ambivalenz im Spiegel von Platons schriftlichem Werk aus?

Die methodische Möglichkeit, die Sokrates der Philosophie in diesem Zusammenhang eröffnet hat, zeigt sich im Spiegel des Gebrauches, den Platon von dieser Möglichkeit gemacht hat. Platon ist der erste, der nicht nur planmäßig nach den situationsinvarianten Bedingungen von allem wahrhaft Nützlichen und Guten sucht, sondern der auch die formale Eigentümlichkeit dieser Situationsinvarianz durchschaut. Denn es ist ganz offensichtlich diese formale Eigentümlichkeit, die es Platon erlaubt, in seinen Dialogen beliebige Musterfälle, Modellsituationen und Szenarios des praktischen – aber auch des wissenschaftlichen – Alltags als Ausgangspunkte auch noch für seine abstraktesten Prinzipienerörterungen zu benutzen, um dann am Leitfaden solcher Muster, Modelle und Szenarios zu fragen, welche situationsinvarianten Bedingungen an ihrer Beurteilung beteiligt sind; und im selben Atemzug kann er durch eine gezielte Variation solcher Modelle, Muster und Szenarios planmäßig Invarianztests veranstalten, durch die er seine eigenen Hypothesen darüber auf die Probe stellen kann, ob denn nun irgendein Kandidat für die Rolle einer solchen situationsinvarianten Bedingung auch wirklich dafür tauglich ist oder nicht.

Doch worum handelt es sich nun bei der fatalen Kehrseite dieser ambivalenten Entdeckung – also bei derjenigen Seite, an der Sokrates mit seinen Bemühungen um Aufklärung gescheitert war?

Mit dieser Frage schließt sich der Kreis, der von Platons philosophischer Arbeit zu der Situation zurückführt, in der Platon angefangen hat, sich endgültig in der philosophischen Arbeit zu engagieren. Denn dieses Engagement wird von einem Motiv in Atem gehalten, das selbst die Form einer zeitgeschichtlichen Situationsbeurteilung hat. Durch diese Diagnose hatte sich Platon davon überzeugt, daß das athenische Gemeinwesen seiner Zeit unter einer gravierenden Orientierungskrise leidet. Das wichtigste Symptom für diese Orientierungskrise war in Platons Augen der Prozeß gegen Sokrates. Die Verklagung, die Verurteilung und die Hinrichtung Sokrates' gaben für Platon zeit seines Lebens das Muster eines Skandals der Gerechtigkeit ab. Platons philosophische Arbeit entspringt dem Versuch, die Struktur solcher Orientierungskrisen, speziell solcher Gerechtigkeitskrisen, zu durchschauen.[1]

Zwei Resultate dieses Versuchs zeichnen sich inzwischen ab. Durch das eine von ihnen liefert Platon ein Erklärungspotential, mit dessen Hilfe man ganz allgemein die Entstehung von Orientierungskrisen erklären kann: es sind stets die situationsinvarianten Bedingungen der Trefflichkeit unserer Urteile über das wahrhaft Nützliche und Gute, was durch Orientierungskrisen ins Zwielicht gerät. Das andere dieser beiden Resultate liefert ein diagnostisches Potential für die Identifikation von Indizien und Symptomen von Orientierungskrisen: der Prozeß gegen Sokrates ist im Licht von Platons reifem Werk das wichtigste Symptom dafür, daß die Urteilskraft der Athener seiner Zeit weder treffsicher noch unbeirrbar noch differenziert genug an der wichtigsten situationsinvarianten Bedingung von allem wahrhaft Nützlichen und Guten orientiert ist – an der Idee der Gerechtigkeit. Eben deswegen ist es ein Symptom sowohl für eine Orientierungskrise wie für eine Regression der Aufklärung.

Das dritte Resultat von Platons Versuch, die Struktur solcher Orientierungskrisen zu durchschauen, ist eine Einsicht, die eine methodische Technik zum Inhalt hat. Platon hat ja von Anfang an radikal mit einer von den methodischen Techniken gebrochen, durch die sich Sokrates um die Aufklärung bemüht hatte. Sokrates war auf die Straßen und die Plätze Athens gegangen und hatte den persönlichen Dialog mit Bürgern der Polis gesucht. Er hatte diese Bemühungen also an seine beständige leibhaftige Präsenz im vollen Licht der Öffentlichkeit gebunden. Platon hingegen hat von Anfang an nur noch schriftliche Werke verfaßt und veröffentlicht. Vor allem aber hat Platon fast sofort am Anfang die Akademie gegründet. Diese Akademie hatte viele Funktionen, darunter auch wissenschaftsorganisatorische Funktionen für

[1] Zur historischen Relativierung von Platons persönlicher Einschätzung der Rolle des Sokrates-Prozesses in der zeitgeschichtlichen Situation Athens vgl. Olof Gigon, *Sokrates. Sein Bild in Dichtung und Geschichte*, Bern ^{2}1979, bes. Kap. I/II.

die Kooperation und die Arbeitsteilung ihrer spezialisierten Mitglieder. Nicht zuletzt aber gab sie Platon durch öffentlich sanktionierte rechtliche Normen auch den Schutz eines Reservats. In diesem Schutz konnte Platon die Bedingungen des möglichen Gelingens und des möglichen Scheiterns der Aufklärung mit derjenigen Radikalität untersuchen, der Sokrates ohne einen solchen Schutz zum Opfer gefallen war. Der Prozeß gegen Sokrates war ja in Platons Urteil nur die öffentlich-rechtliche Zuspitzung jener Orientierungskrise der Urteilskraft, an deren Klärung und Therapie Sokrates sich versucht hatte. Diese öffentliche Form von Sokrates' Scheitern gab Platon daher Anlaß zu einer Risikoabwägung. Sokrates' Zeugnis konnte lehren, daß die Regression der Aufklärung so tief ging, daß es zumindest vorläufig mit zu großen Risiken verbunden war, sich mit Hilfe der authentischen sokratischen Methode um Aufklärung zu bemühen. Denn wer sich mit Hilfe des leibhaftigen öffentlichen Dialogs um die Kritik und die Therapie der Urteilskraft seiner Gesprächspartner sorgt, der setzt sein Tun und sich selbst eben dadurch in einer besonders heiklen Weise dem Urteil gerade derjenigen Instanz aus, deren Tüchtigkeit er im selben Atemzug in Zweifel zieht. Die Orientierungskrise der Urteilskraft kann so tiefgehen, daß auch noch derjenige zum praktischen Opfer gravierender Fehlbeurteilungen wird, der sich um die Diagnose und die Therapie dieser Krise bemüht. Aus seiner Risikoabwägung hat Platon daher vor allem die Konsequenz gezogen, daß es ratsam sei, mit der sokratischen Methode des leibhaftigen öffentlichen Gesprächs zu brechen. Die sichtbare Gestalt dieser Konsequenz ist die Schriftlichkeit von Platons Werk und die institutionelle Abschirmung seiner Arbeit durch die Akademie.

Damit zeichnet sich die platonische Antwort auf die Frage nach der methodischen Grundgestalt der Aufklärung ab. Die Schriftlichkeit von Platons Werk und die Abschirmung seiner Arbeit durch die Akademie können die Vermutung aufkommen lassen, Platons Rückzug aus dem unmittelbaren Licht der Öffentlichkeit sei ein Signal von Resignation. Doch die Energie seiner literarischen Produktivität und seiner akademischen Wissenschaftsorganisation sprechen eine andere Sprache. Platons Rückzug ist in erster Linie das Signal eines vertieften Zweifels daran, daß die Philosophie mit den dialogischen Mitteln des Sokrates jederzeit zu einer Aufklärung beitragen könne, die eine nützliche Tragweite für das Gemeinwesen im ganzen hat. Diese Skepsis ist zwar ihrerseits ein nützliches Erbteil seines Lehrers Sokrates. Indem Platon aber auch die leibhaftige Praktizierung der dialogischen Methode im vollen Licht der Öffentlichkeit in diese Skepsis einbezieht, geht er über die Sokratische Skepsis noch hinaus. Einen der wichtigsten äußeren Anlässe für diese Radikalisierung der Sokratischen Skepsis konnte zweifellos der Umstand bieten, daß unter den Anklägern und Richtern des Sokrates sogar einige von dessen regelmäßigen Gesprächspartnern waren. Dem tieferen Grund dieser radikalisierten Skepsis kommt man allerdings erst auf die Spur, wenn man die Tatsache gebührend in Rechnung stellt, daß Platon so gut wie alle seine Werke in der literarischen Form von Dialogen verfaßt hat. Diese literarischen Dialoge repäsentieren nicht einfach so etwas wie eine Schwundstufe der leibhaftigen sokratischen Dialoge. Vielmehr sind sowohl Platons literarische Dialoge wie Sokrates' leibhaftige Dialoge Projektionen einer noch tiefer liegenden dialogischen Struktur. Diese Struktur hat Platon in seinem Werk *Theaitet* durch eine berühmt gewordene Formel umschrieben. Mit dieser Formel beantwortet Platon die Frage, was eigentlich Denken sei – nämlich: ein Dialog der Seele mit sich selbst über das, was sie gerade untersucht.[1]

Die Methode der Aufklärung ist unter Platons Voraussetzungen ein Dialog der Seele mit sich selbst über die Frage, w a s im Licht w e l c h e r situationsinvarianten Bedingungen von allem Nützlichen und Guten in w e l c h e r konkreten Situation nützlich oder gut ist. Seinen Leitspruch gewinnt dieser geschichtliche Anfang der Aufklärung durch eine einfache Übersetzung aus der Sprache Kants in die Sprache Platons: »Habe Mut, Deine Seele Dialoge mit sich selbst über die Frage führen zu lassen, was im Licht welcher situationsinvarianten Bedingungen von allem Nützlichen und Guten in welcher konkreten Situation nützlich oder gut ist!«.[2]

Sokrates und Platon fanden, daß die Menschen es nötig haben, solche Dialoge so tüchtig wie möglich zu führen. Deswegen ist die Philosophie seit dieser Zeit diejenige Instanz, die den Menschen mit ihren Mitteln auch dabei zu helfen sucht, von ihrer Fähigkeit zu solchen Dialogen so tüchtig wie möglich Gebrauch zu machen. Sokrates und Platon haben indessen auch die Erfahrung gemacht, daß es unter Umständen so riskant ist, diese Fähigkeit im hellen Licht der Öffentlichkeit zu trainieren oder zu gebrauchen, daß Tapferkeit dazu gehört, sich mit solchen Dialogen der Öffentlichkeit auszusetzen. Sokrates' Preis für dieses Risiko war so hoch, daß er nicht mehr überboten werden kann. Doch die Leitfrage der Aufklärung nach dem wahrhaft Nützlichen und Guten duldet es auch in Sokrates' und Platons Augen nicht, daß die Bemühungen um ihre Beantwortung aus der Öffentlichkeit verbannt werden. So hat Platon aus der Sokratischen Not eine weiterführende methodische Tugend gemacht. Mit allen Mitteln seiner kunstvollen Methodik hat er in einem tradierbaren Medium und in aller Öffentlichkeit zu zeigen gesucht, welche Möglichkeiten sich eröffnen, aber auch welche Anstrengungen es kostet, in ebenso authentischer wie methodisch disziplinierter Weise Dialoge um die Frage zu führen, was in welcher Situa-

---

1 Vgl. *Tht.* 189e ff.

2 Vgl. I. Kant, *Beantwortung der Frage: Was ist Aufklärung?*, in: *Kant's gesammelte Schriften*, Berlin 1900ff., Bd. VIII, S. 33/42 bes. S. 35f.

tion und unter welchen situationsinvarianten Bedingungen von allem Nützlichen und Guten denn nun wahrhaft nützlich und gut ist.

Wenn es inmitten der Zeit geschieht, daß authentische und methodisch disziplinierte Bemühungen um eine Beantwortung dieser Frage wieder ins Licht einer Öffentlichkeit zurückkehren, aus der sie beinahe ein halbes Jahrhundert lang verbannt waren, dann kommt diese Rückkehr, nach einem Wort Manfred Riedels, einer Zeitkehre gleich.

Revolution der Denkungsart, politischer Umsturz, eschatologische Erneuerung.

Von der Aktualität Kants.

von Gerhard Funke (Bruchsal)

„Die Revolution der Denkungsart. Von der Aktualität Kants"– so lautet das Thema,[1] und es ergibt sich daraus eine mehrgliedrige Frage zunächst zur Sache.

1. Wieso wird Kant aktuell, wenn uns eine Revolution der Denkungsart zum Gebot der Stunde wird? –

2. Was erwarten wir aktualiter von einer Wiederbegegnung mit dem weltfern-philosophischen Gelehrtendasein Kants, wo wir, unsererseits weltaufgeschlossen-weltläufig, viel mehr novarum rerum politicarum et economicarum cupidi sind?

3. Wodurch kann es einer geschichtlichen Erinnerung gelingen, bei den Heutigen, die sich sonst in der ständigen Jagd nach dem Neuesten, nach dem Vorteilhaftesten, nach dem Unmusischsten und dem Unphilosophischsten vom Tage erschöpfen bzw. verzehren, eine Inversion ins Freiheitlich-Praktische zuwege zu bringen, bei der es ganz anders um die Aktualisierung bzw. um die Reaktivierung eines

---

[1] Vom 26. bis 30. September 1994 wurde in Kaliningrad die 450. Wiederkehr des Gründungstages der ehemaligen Universität Albertina zu Königsberg mit einer umfassenden Jubiläumsveranstaltung begangen. In ihrem Mittelpunkt stand die Durchführung eines wissenschaftlichen Programms, das auf internationaler Ebene in zehn Sektionen abgehalten wurde. Als Sektionen, die jeweils unter deutscher bzw. russischer Leitung stattfanden, war einerseits die Geschichte der Albertina und waren andererseits die Arbeitskreise Philosophie, Mathematik, Physik, Geographie, Biologie, Rechtswissenschaft, Wirtschaftswissenschaft, Philologie und Medizin angesetzt. Die Leitung der Sektion Philosophie lag in den Händen von Prof. Dr. Rudolf Malter (Mainz) bzw. von Prof. Dr. Leonid Kalinnikov (Kaliningrad). Der 1967 gegründeten Universität Kaliningrad wurde bei diesem Anlaß Gelegenheit gegeben, sich der wissenschaftlichen Welt in einem größeren Rahmen vorzustellen. Mein Plenarvortrag, der die Eröffnungsveranstaltung am 26. September 1994 abends einleitete, hatte, auf Kant bezogen, das Thema „Revolution der Denkungsart, politischer Umsturz, eschatologische Erneuerung". Er wird hiermit Manfred Riedel zugeeignet.

allgemeinen zeitenthobenen Rechts- und Sittlichkeitsbewußtseins auch noch post eventum, also nach Kant, gehen soll?

4. Wie kann endlich dem Kantischen Primat der praktischen freiheitlichen Vernunft, der offenbar vor der Heraufkunft des Zeitalters der Ideologien mindestens auf Zeit obsolet gewesen war, künftig aus mehr denn bloß aus schlechtem Gewissen heraus eine neue Aktualität beschert werden, nachdem das Salz der Ideologien „dumm geworden" ist?

Es ergibt sich gleichfalls eingangs eine Reihe von Fragen zur Person Kants, die hier in den Mittelpunkt gestellt wird.

1. Kant – ist das der typisch deutsche Gelehrte, der, als Professor bescheiden und fast pedantisch, in Königsberg sozusagen am Rande einer französisch-englisch aufgeklärten Welt lebend, weltkundig zwar aber nicht weltläufig, für die Metaphysik als „Königin aller Wissenschaften"[1] durchaus wissenschaftlich-kritisch nur „die Quelle der Irrtümer verstopft"?[2] –

2. Kant – ist das der eigensinnig Bodenständige, der seine ostpreußische Heimat, aus der er seine Kraft bezieht,[3] nie, auch nicht um ehrenvoller später Berufungen willen, verläßt, ein Kant also, dessen Leben ganz sein Werk ist; beides in sich abgerundet wohl, doch bei manchen innewohnenden Eigenheiten nicht immer leicht zu fassen, von problematischer Natur?

3. Kant – ist das nicht auch der traditionellerweise mathematisch-naturwissenschaftlich umfassend gebildete, aber seriös-trockene Aufklärer, der da schlicht auf der Höhe seiner Zeit steht, unauffällig wie mancher andere sonst, gleichwohl unübersehbar – oder ist er daneben bzw. davor mindestens auf Zeit ein höfisch-geselliger, ein Rokoko-Kant von leichter Lebensart, mit einem „Gefühl für das Schöne und Erhabene" und (gemäß den *Träumen eines Geistersehers*) sogar mit einer liebenswürdigen geheimen Vorliebe für ein „Schattenreich" als „Paradies der Phantasten" ausgestattet,[4] in welchem ein Weltmann der Zopfstilzeit wohl sogar ein Wolkenkuckucksheim möchte erblicken wollen.

4. Kant – ist das endlich der epochemachende moralische Formalist und Rigorist, eben der Mann der *Grundlegung zur Metaphysik der Sitten*, der *Kritik der praktischen Vernunft* und der *Metaphysik der Sitten* selbst, dazu überdies einer *Religion innerhalb der Grenzen der blossen Vernunft*, sozusagen ein steiler Charakter, oder ist dieser Autor zugleich ein sich duckender, ein sehr getreuer Immanuel Kant, der sich aus dem

---

1 Die *Kritik der reinen Vernunft* (*KrV*) wird in der Orginalpaginierung der ersten (1781: A) bzw. zweiten Auflage (1787: B) zitiert: *KrV* A VIII.

2 *KrV* B XXX.

3 Die Kantischen Schriften werden nach der Akademie Ausgabe (AA) zitiert: AA 7, 120.

4 AA 2, 317.

gegebenen Anlaß des Wöllner-Bischoffwerderschen Religionsedikts von 1788 dem königlichen maßregelnden Reskript vom 1. Oktober 1794 mit den Worten beugt, er werde sich „aller öffentlichen Vorträge die Religion betreffend, es sei die natürliche oder geoffenbarte, sowohl in Vorlesungen als in Schriften gänzlich enthalten",[1] womit er allerdings nur für die Regierungszeit Friedrich Wilhelms II. glaubt, sich selbst den Mund zu verbieten bzw. die Hände zu binden.

Unter Bezug auf die vorgängigen Bemerkungen zur Sache wie zur Person Kants ist das Thema vom revolutionären wie vom aktuellen Kant unter fünf Gesichtspunkten zu entwickeln möglich. Die Betrachtung zielt dabei auf

I. Die kopernikanische Wende
II. Die Revolution der Denkart
III. Die Revolution der Denkungsart
IV. Die politische Revolution „in dieser Zeit"
V. Die eschatologische Revolution „in der Endzeit"

An dem Aufriß wäre abzulesen, was wir von Kant zu erwarten haben, wenn wir uns auf ihn einlassen. Was das sein wird, das aber ist unsere Entscheidung. Bei ihr kann uns ein Wort aus Kants „Reflexionen" helfen. Es lautet: Wenn man Erfinder sein will, so verlangt man, der Erste zu sein, will man nur Wahrheit, so verlangt man Vorgänger.[2]

In diesem Sinne verstanden, kann Kant unser Mann sein, wollen wir mit ihm doch „nur Wahrheit".

I.

„Kopernikanische Wende" ist der Name für Kants transzendentale Umbegründung des Mensch-Weltverhältnisses geworden. Eine metaphysische Umdeutung der Bezeichnung kopernikanische Wendung hat damit die bei Kopernikus in *De revolutionibus orbium coelestium libri VI* (1543) hypothetisch vorgetragene, kosmologisch revolutionierende Ersetzung der Geozentrik durch die Heliozentrik verdrängt – verdrängt zugunsten einer radikal umkehrenden Festlegung des Verhältnisses Mensch/Welt in deren wechselseitiger ontologisch-gnoseologischen Bezogenheit. In solchem Sinne ist der Name nach Kant neu, d.h. sinnverändert, doch durchaus allgemein in Umlauf gekommen.

---

1 AA 7, 10.
2 *Refl.* 2159.

Kant selbst hat seine transzendentale Umbegründung des menschlichen Weltverhältnisses unmißverständlich und eindeutig gekennzeichnet: nicht die Natur setze die Zeichen für den Menschen, sondern umgekehrt schreibe der Mensch der Natur die Zeichen vor, die sie dann zurückvermitteln könne. Kant hat sich dabei gewiß in etwa auf Kopernikus bezogen, und er hat dadurch eine Art Parallelisierung nahegelegt.[1]

Tatsächlich steht Kant damit jedoch in der Tradition einer schrittweise vollzogenen metaphysisch-pragmatischen Kopernikusausdeutung. Da ist der rezeptionsgeschichtliche Kopernikus denn einer und der historische Kopernikus ein anderer. Das schließt ein: der historische Kopernikus war kein Kopernikaner, und er war auch andererseits durchaus kein Vor-Kantianer.

Das von Friedrich dem Großen für Thorn 1773 versprochene und dann 1852 tatsächlich nach dort verbrachte Tiecksche Kopernikusdenkmal trug die Widmung Terrae Motor Solis Caelique Stator. Die dedicatoria bezieht sich klar auf den, „der den Himmel anhält und die Erde in Bewegung setzt", also auf einen in anderer Sicht anvisierten (und „verstandenen") Kopernikus als den Kants.

Wenn nun die Metapher von der Kopernikanischen Wende verallgemeinernd überhaupt als Interpretationshilfe für das Verständnis von besonderen geschichtlichen Ereignissen benutzt wird, dann ist dieser Bezug ein rein formaler und gar kein materialer mehr: es interessiert sozusagen abstrakt nur der Wendecharakter und nicht das konkrete situative Wann, Wie oder Wo. Und das Ausgangs- bzw. das Anknüpfungsphänomen, also hier etwa Kopernikus, gelangt dabei nicht als historisches Faktum, das heißt als „dieser Autor 1473-1543", sondern als rezeptionsgeschichtliches Produkt (also in faciendo), von 1543 ab schon in Osianders Vorrede umverstanden, zur Erscheinung.

In ähnlicher Weise ist dann der Übergang überhaupt von etwas Altem zu einem Neuen nicht an historisch irgendwo festgelegte Zäsuren, nicht an absolut fixierte sog. weltgeschichtliche Ereignisse gekettet, nicht an unwandelbar geprägte Formen gebunden, deren Katalog etwa von Ewigkeit zu Ewigkeit festgeschrieben wäre. Es erfolgt der Übergang vielmehr agglutinierend in verändernden Verabschiedungen nach der Art von abfolgenden Revolutionsketten. Ihr Revolutionierungscharakter tritt dabei meist erst post rem, nämlich kumuliert epochemachend und damit erst dann „epochal" in die Erscheinung.

Es zeichnen sich „Epochenschwellen" also allein ab, wenn „Umbesetzungen" im „Stellenplan" des bisherigen historischen Weltmodells erfolgten, wobei sich die je-

[1] *KrV* B XVI, B XXII.

weils neue Lehre, mit ihren eigenen Antworten an alte/neue Fragen anknüpfend, immer wieder erst durchsetzen muß. Das ist in der Neuzeit beim Auftreten des kopernikanischen kosmologischen Modells der Fall gewesen. Ihm als Epochenschwelle, als Wendeereignis beizukommen, setzt eine differenzierte, detaillierte Erarbeitung eben einer solchen „Genesis der kopernikanischen Welt" voraus.

Ein Ereignis wie die kopernikanische Wende wird somit denn eigentlich bloß über die geschichtliche Entdeckung ihrer Vorbereitung, ihrer Aufnahme und ihrer Weiterschätzung als Wende wirklich „epochemachend". Und der alte Satz: quidquid recipitur ad modum recipientis recipitur erhält in der Kopernikusrezeption eine in besonderer Weise zugespitzte Bedeutung, d.h. der Satz gewinnt seinerseits Gültigkeit auch für das Wort von der sogenannten Kantischen kopernikanischen Wende, insofern vice versa. Gemeint ist die Revolution der Denkart.

Die Abänderung, Veränderung, Umänderung und Umkehr, die im Sinne Kants mit der kopernikanischen Wende gesetzt sein soll, steht also ihrerseits in einem offenen rezeptions- und interpretationsgeschichtlichen Zusammenhang. Das bedeutet für Kant als Wissenschaftler: die Revolution, von der er spricht, hat schon als Revolution der Denkungsart einen doppelten wissenschaftlich angebbaren unterschiedlichen Sinn. Es treten dabei Ablösungs- und Auflösungsvorgänge auf, die man mit einem heute aktuellen Terminus als „Paradigmenwechsel" bezeichnen kann. Liegt nun ein solcher, the Structure of Scientific Revolutions überhaupt bestimmend, in diesem Fall auch bei Kant vor oder nicht? Das ist dann im Grunde seit gestern und vorgestern schon die Frage. Sie läßt sich in zwei Einzelerörterungen entwickeln und entscheiden.

1) Hält die Natur für den Menschen eine auf seinen Bewußtseinsstand bezogene Rangstellung im Ganzen des Universums nicht bereit, dann macht die kopernikanische Wende, vor-kritisch verstanden, bloß drastisch deutlich, wieso der homo sapiens bei dem geozentrisch-heliozentrischen Stellenwechsel seine Zentralstellung verliert.

Da die fortgeschrittene theoretische Wissenschaft den Menschen dabei nicht zur Täter- oder auch nur zur Mittäterschaft erhebt, kann von hierher kein Ausgleich für den eingetretenen Positionsverlust erwartet werden. Somit ist praktisch die alt-Kopernikanische Konsequenz diese: die Wende erhöht den Rang des Menschen nicht.

2) Wird die kopernikanische Wende dagegen zur Kennzeichnung einer Revolution der Denkart benutzt, so geht es ganz umgekehrt um etwas im weitesten Sinne Praktisches: also um etwas, das durch Freiheit möglich wird,[1] um ein Selbstdenken,

1 *KrV* B 828.

ein in-der-Stelle eines-jeden-anderen-Denken, ein mit-sich-einstimmig-Denken oder einfach um das Bewußtsein und das Vermögen, seinem Beruf (nämlich selbst zu denken) gerecht zu werden. Wenn die Vernunft, im ganzen gesehen, nun nur das so recht einsieht, was sie selbst nach ihrem Entwurfe hervorbringt, dann wird als das Kopernikanische an der Wende allein noch das gelten gelassen, was statt „Aufgabe des Standpunkts" vielmehr viel radikaler „Umkehr" oder „Verkehrung der Denkweise" meint.

Die Außerachtlassung der Inhalte macht schließlich eine Art Allerwelts-Benutzung der Vokabel möglich, womit eine vielberufene „kopernikanische Inkonsequenz" zur Erscheinung drängt. Das klassische „kosmologische Problem", wie es modern ins Auge gefaßt wird, erweist sich bei Kant als Gelegenheitsursache für die Entwicklung einer ganz allgemeinen metaphysisch-ontologischen Problematik der Philosophie als Grundwissenschaft.[1]

Wo Einhelligkeit, Vollständigkeit und Gründlichkeit dann ausdrücklich aufgestellte Ziele sind,[2] wird ebenso eine solche Philosophie zum grundlegenden Erfordernis. Sie hat die Verfahren zu entwickeln und an die Hand zu geben, die diese Ziele zu erreichen helfen, ja, sie vielleicht überhaupt erst anzusteuern ermöglichen. Insofern hat sie dann Methode und entwickelt sie zugleich implizit. Für die späten postmodernen wissenschaftsgeschichtlichen Strukturanalysen des 20. Jahrhunderts liefert sie in ihrer Kantischen Variante mit deren intrinsic impact ein fast unerschöpfliches Aufarbeitungsmaterial.

Zum Kopernikus/Kant-Problem ist im Kontext der Bewußtseinsgeschichte jetzt offensichtlich ein vorläufiger Abschluß erreicht. Er besagt: „Die Welt, wissenschaftlich objektiviert, ist stumm geworden auf die Frage, welche Stellung der Mensch in ihr einnimmt. Der Mensch ist darauf angewiesen, diese Frage nur noch an sich selbst zu stellen.

In diesem Sinne verliert die kopernikanische Wende ihre ursprünglich speziell kosmologische Akzentuierung und changiert hinüber zum ontologisch-gnoseologisch-eschatologischen Umbruch der Philosophie als solchen, die als dessen Wissenschaft soll auftreten können. Revolutionierung durch Kant und Aktualität von Kant liegen hier beisammen. Denn bei Kant vereinigt sich bekanntermaßen alles Interesse der spekulativen und der praktischen Vernunft in den drei Abschlußfragen aus der *Kritik der reinen Vernunft* (1787): was kann ich wissen – was soll ich tun – was darf ich hoffen? Ihre Beantwortung erledigt auch die Haupt- und Zusatzfrage aus der *Logik* (1800): Was ist der Mensch?

---

1 *KrV* B XXIV.
2 *KrV* B XIV, XXIV, XLII.

Die Philosophie zuzurüsten, daß sie den an sie gerichteten Erwartungen wissenschaftlich begründet zu entsprechen vermag, ist die erste Aufgabe der propädeutischen grenzenziehenden Vernunftkritik mit allen ihren Weiterverweisungen.

Wie steht es nun aber mit dieser Philosophie, als Wissenschaft verstanden?

II.

Die „Revolution der Denkart" hat da mit Bezug auf die Wissenschaftlichkeit der Wissenschaft sowie bezüglich der Seriosität der Philosophie eine grundlegende Bedeutung. Wie schwer es der Philosophie gewesen und lange Zeit geblieben sei, in den „sicheren Gang einer Wissenschaft" zu gelangen, davon hat Kant in der „Vorrede" zur *Kritik der reinen Vernunft* zurückgreifend-zusammenfassend berichtet.[1] Die „Quelle der Irrtümer" zu verstopfen, ist die Aufgabe, die er sich setzt.[2]

Kant ruft als bedenkenswürdig in die Erinnerung zurück, daß es sogar in einer so fest-gefügten Wissenschaft wie der Mathematik lange Zeit beim „Herumtappen" geblieben sei,[3] bis die μαθηματικὴ τέχνη durch die Griechen den „sicheren Weg einer Wissenschaft" gefunden habe.[4] Noch langsamer sei es bei den φυσικὰ gegangen, daß die Naturkunde als historia naturae den „Heeresweg der Wissenschaft" [5] getroffen hätte. Hier wie dort mußte eine „Revolution der Denkart" stattfinden,[6] die eine grundlegende Veränderung,[7] sogar eine „unvergeßliche" Umänderung des Anfangens[8] nach jahrhundertelangem Herumtappen[9] bewirken konnte.

Unvergeßlich erscheint die Entdeckung dieses neuen Weges deshalb, weil sie ihrem Ansatz nach auch die Grundlegungsprobleme der M e t a p h y s i k, das heißt der Philosophie als Grundwissenschaft,[10] mindestens versuchsweise,[11] auch hypothetisch[12] in Angriff nehmen zu lassen gestattet. An dreierlei wird erinnert.

1. Beim Thalessatz ging einem ersten Mathematiker „ein Licht auf", daß er, um sicher etwas zu wissen, nämlich um beweisbare Kenntnis zu gewinnen, der festzustel-

---

[1] *KrV* B VII, IX, XIX, XXX, XXXVI.
[2] *KrV* B XXXI.
[3] *KrV* B XI.
[4] *KrV* B X.
[5] *KrV* B XII.
[6] *KrV* B XI, XIV, XII.
[7] *KrV* B XIX.
[8] *KrV* B XI.
[9] *KrV* B XIV.
[10] *KrV* B XXIV.
[11] *KrV* B XVI.
[12] *KrV* B XXII.

lenden „Sache nichts beilegen müsse, als was aus dem notwendig folgte, was er seinem Begriffe gemäß selbst in sie gelegt“ habe, also apriori.[1] Und das leistet er.

2. Auch den Naturforschern ging ein Licht auf, als sie begriffen, „daß die Vernunft nur das einsieht, was sie selbst nach ihrem Entwurfe hervorbringt“.[2] Die empirischen Disziplinen Physik/Chemie kamen (bei Kant) durch Galilei, Torricelli, Stahl dahin zu sehen, daß die für ihre Forschung „so vorteilhafte Revolution ihrer Denkart lediglich dem Einfall zu verdanken“ war, daß nur gemäß dem, „was die Vernunft selbst in die Natur hineinlegt“, das zu suchen und zu finden sein dürfte, „was sie von dieser lernen“ könne:[3] sie braucht entworfene Pläne und bestätigende Experimente,[4] um zu Erfahrung zu gelangen. Und eben die bringt sie hervor.

3. Bezüglich der Metaphysik beweist die philosophische Dogmengeschichte, daß man hier offenbar unzählige Male den Weg zurück tun mußte, weil man fand, daß er „dahin nicht führte, wo man hin will“! So erscheint die Metaphysik auf lange Zeit als ein „Kampfplatz“, um sich im „Spielgefecht“ zu üben.[5]

Rhetorisch fragt Kant, ob wir denn dann noch Grund hätten, „Vertrauen in unsere Vernunft zu setzen“,[6] wenn wir, mit immer neuen „Vorspiegelungen“ hingehalten, „bei stets erneuertem Nachsuchen“ weiterhin doch hoffen, erfolgreicher bzw. glücklicher zu sein als andere bisher. Kant zieht aus den geschichtlichen Parallel-Beispielen die Konsequenz: Wenn Mathematik und Naturwissenschaft „durch eine auf einmal zustande gebrachte Revolution das geworden sind, was sie jetzt sind“,[7] nämlich offenbar festgegründet, dann ist dem dabei „wesentlichen Stücke“, eben der „Umänderung der Denkart“, in einer versuchsweisen Analogie bei der Grundlegung der Metaphysik zu entsprechen.[8] Das ist dann die Stunde des bewußt reflektierenden Menschen.

Die sogenannte kopernikanische Wende gibt dem Ausdruck.[9] Sie hat ihre ganz allgemeine klassische Kantische Formulierung gefunden, die lautet: Bisher nahm man an, alle unsere Erkenntnis müsse sich nach den Gegenständen richten; aber alle Versuche über sie a priori etwas durch Begriffe auszumachen, wodurch unsere Erkenntnis erweitert werde, gingen unter dieser Voraussetzung zu nichte“: Kant rät also: „Man versuche es daher einmal, ob wir nicht [auch] in den Aufgaben der

1 *KrV* B XII.
2 *KrV* B XIII.
3 *KrV* B XIV.
4 *KrV* B XIII.
5 *KrV* B XV.
6 *KrV* B XV.
7 *KrV* B XVI.
8 *KrV* B XVI.
9 *KrV* B XVI, XXII Anm..

Metaphysik damit besser fortkommen, daß wir annehmen, die Gegenstände müssen sich nach unserem Erkenntnis richten".[1]

Dies stimmt nach Kant „mit der verlangten Möglichkeit einer Erkenntnis derselben a priori zusammen", „die über Gegenstände, ehe sie uns gegeben werden, etwas festsetzen".

So ist die Frage der Wissenschaftlichkeit der Wissenschaft überhaupt vom noch offenen Problem der Wissenschaftlichkeit der Philosophie qua Metaphysik her für Kant grundlegend geworden, die solche zunächst problematischen Feststellungen zu prüfen und zu klären hat.

Hat die Metaphysik als Wissenschaft noch keinen Anfang genommen, so ist nach Kants *Kritik der reinen Vernunft* der Versuch zu machen, eben das bisherige Verfahren auch hier ganz und gar umzuändern.[2] Eben darin besteht „das Geschäft" einer allererst zu entwickelnden methodischen „Kritik der reinen spekulativen Vernunft". Es geht Kant dabei wohl um Metaphysik, aber vor allem darum, „durch Kritik des Organs, nämlich der reinen Vernunft selbst, sich das Feld... zu bereiten" – das Feld für eine die Metaphysik in ihrem Anspruch alter Art verbindlich beschränkende Transzendentalphilosophie.

Wenn der Wissenschaftscharakter einer Disziplin nun so lange fraglich geblieben ist, muß endlich die Frage nach ihrer Möglichkeit, also nach ihrem möglichen Vorgehen, nach ihren Bedingungen, gestellt werden. Damit geht notwendig ein „Traktat von der Methode" jedem System der Wissenschaft, also auch einem etwaigen solchen der Philosophie überhaupt voraus.

Infolgedessen stehen schon 1783 am Anfang von Kants in die Philosophie einführenden *Prolegomena zu einer jeden künftigen Metaphysik, die als Wissenschaft wird auftreten können* (§5-8) in einer Aufgliederung der transzendentalen Hauptfrage vier Teilfragen zur Beantwortung an: Wie ist reine Mathematik, wie reine Naturwissenschaft, wie Metaphysik überhaupt und wie ist Metaphysik als Wissenschaft möglich?.[3]

Damit wird allen unkritisch weitererzählten „Märchen aus dem Schlaraffenlande der Metaphysik", wird der Rede von dem „Luftschiffe der Metapyhsik" bzw. von den „Schmetterlingsflügeln der Metaphysik" aus den *Träumen eines Geistersehers* (1766) der Abschied gegeben.[4]

---

1 *KrV* B XVI.
2 *KrV* B XXII.
3 AA 4, 280.
4 AA 2, 356, 360, 368.

Kant stellt dazu in der *Kritik der reinen Vernunft* lapidar fest, daß derjenige, der sich dem propädeutischen kritischen Verfahren nicht anschließen will, schließlich Philosophie als Philodoxie bestehen zu lassen bereit ist, indem er sie als mögliche Wissenschaft schon fallen läßt.[1]

Eine Revolution der Denkart in der Philosophie qua Metaphysik macht dementsprechend die Möglichkeitsfragen des genannten Katalogs notwendig. Gemäß dieser Denkart werden sie gestellt.

III.

Bei der „Revolution der Denkungsart",[2] die von der der „Denkart" zu unterscheiden ist, handelt es sich um eine wesentlich anders verstandene Umkehrung.

Im *Streit der Fakultäten* (1798), insbesondere im „Streit der philosophischen Fakultät mit der theologischen",[3] ist der Unterschied von „Denkart" und „Denkungsart" implizit das bestimmende Thema. Philosophie wird nicht mehr theoretisch-spekulativ als „Wissenschaft aller Wissenschaften" begriffen, sondern als „Wissenschaft vom Menschen", wie er „ist" und wie er „sein soll".[4] Erst als „die alte Philosophie" dem Menschen einen „ganz unrichtigen" nämlich einen einfach „passiven" Standpunkt in der Welt angewiesen hatte, da erschien (nach den Worten von Kants Schüler Arnold Wilmans) „die Kritik der Vernunft und bestimmte dem Menschen in der Welt eine durchaus aktive Existenz". Diese briefliche Festlegung (1797) auf eine aktive Existenz ist in neuer Weise revolutionär und folgenreich. Kant hat sie in einem „Anhang: Von einer reinen Mystik in der Religion"[5] im *Streit der Fakultäten* (1798) wiedergegeben, ohne „jene Ähnlichkeit" denn doch „unbedingt einzugestehen".[6]

Wo nämlich der Mensch sogar ganz „ursprünglich Schöpfer" seiner Vorstellungen und Begriffe „ist" und „einziger Urheber aller seiner Handlungen sein soll",[7] da verweist jenes „ist" und dieses „soll" auf zwei ganz verschiedene Bestimmungen vom Menschen. Dessen sich bewußt zu werden, dazu bedarf es denn wohl einer Paradigmenrevolutionierung in dem Sinne, daß neben der vorgegebenen, transzendental zu reflektierenden Bewußtseinsstruktur die aktive Existenz des Menschen allererst einmal gesehen, beachtet und ernstgenommen wird.

---

1 *KrV* B XXXVII.
2 *KrV* B 704.
3 AA 7, 15-75.
4 AA 7, 69.
5 AA 7, 69.
6 AA 7, 69 Anm.
7 AA 7, 70.

Die theoretische Vernunft geht in der ersten *Kritik* Kants mit ihrem transzendental-reflexiven Verfahren nur so weit, daß sie an die innewohnenden Grenzen der Spekulation stößt[1] und ihren limitierenden Chrakter aus sich selbst heraus erweist, sich dabei aber nicht übersteigt und überfordert. Anders die praktische Vernunft.

Diese praktische Vernunft ist demgegenüber offenbar zunächst ganz darauf angelegt, einfach aus sich heraus deutlich werden zu lassen, „daß es reine praktische Vernunft gibt".[2] Von einem praktischen Vermögen geht sie also aus, das sie jedoch im Vollzuge überraschen muß, denn wo sonst sollte sie es anders antreffen? „Ist" Vernunft wirklich praktisch, so braucht ihre Möglichkeit selbstverständlich nicht mehr erwiesen zu werden.

Wo „Freiheit wirklich" ist, wenn sie in der Welt auftritt, da offenbart sie sich durch das „moralische Gesetz"[3]. Anders ausgedrückt: wäre keine Freiheit, so „würde das moralische Gesetz in uns gar nicht anzutreffen sein".[4] In einer rein naturgesetzlich eingerichteten Welt kann Freiheit zweifellos nicht entstehen, denn sie ist „nicht von dieser Welt". Ein „moralisches Gesetz" jedoch ist dem Menschen, in welcher Form und mit welcher Reichweite auch immer, durchaus gegenwärtig. Auch wo er es leugnet, ist es ihm eine Obsession. Von dieser (unsinnlichen) Erfahrung ist nach Kant durchaus vor-greiflich der Ausgang zu nehmen.

Und eben dies alles zu denken und denken zu können, beweist die neue Denkungsart.

Natürlich haben wir auf der einen Seite immer vor uns „den natürlichen Menschen auf allen Vieren",[5] den, der sogar „auf der Stufenleiter in der Natur",[6] vom „klügsten Menschen bis zum dümmsten Tiere" betrachtet, vielleicht die oberste Stufe innehat. Aber eben da wird es schon revolutionär sein zu bedenken, daß noch dies wenig genug ist – wenig nämlich verglichen „in Rücksicht der Moralität".

Im „Besitze der Moralität, als freies Wesen", ist der Mensch bei Kant „durchaus und wesentlich von den Tieren verschieden", auch von den klügsten. Denn es unterscheiden sich die größten Natur- und Verstandeskräfte auch noch des Menschen grundlegend von der „Vernunft und dem freien Willen".[7]

---

1 *KrV* B XXX.
2 AA 5, 31.
3 AA 5, 5.
4 AA 5, 6.
5 AA 2, 423.
6 AA 7, 70.
7 AA 7, 72.

Der freie Wille wirkt selbstbezüglich, insofern er ist, was er besagt. Er tritt als „Aktion" nicht als Reaktion auf ein problematisches Äußeres auf, frei. Damit gilt für Kant: „Moralität... ist es..., was den Menschen erst zum Menschen macht".[1]

Beim Auftreten des freien Willens muß dann – für Kant ganz konsequent – „die Triebfeder der Aktion des freien Willens etwas sein", was eben nicht von außen bestimmt, sondern „im inneren Wesen des Menschen selbst gegründet und von der Freiheit des Willens unzutrennlich ist".[2]

Dies alles ist beim Moralisten Kant für die Erfassung des Wesens des Menschen von Grund auf maßgeblicher denn jede kopernikanisch genannte Wende zuvor.

Der Selbstbezug, der hier stattfindet – er geht unweigerlich einher mit dem bewußten Innewerden von der Vorgabe eines „moralischen Gesetzes". Denn es ist nach Kant das „moralische Gesetz", das uns „so aus der Natur herausreißt und über sie erhebt", daß wir damit eine neue Art (eine neue Eigenart und Wesensart) gewinnen. Nur als moralische Menschen bedürfen wir der Anstöße aus der Sinnenwelt nicht, daß sie dann von dorther zu „Ursachen und Triebfedern der Aktion des Willens" würden. An ihre Stelle tritt die „moralische Person der Menschheit". Das Innewerden des Sittengesetzes sichert nach Kant dem Menschen die ihm eigene „und ihn von allen übrigen Naturteilen unterscheidende Eigenschaft, die Moralität".[3]

So rechtfertigt sich die Aussage: „der Mensch ist Person".

Kurz: die Revolution der Denkungsart setzt in den Stand, den Menschen vermöge des Vermögens zur Moralität als freies und unabhängiges Wesen zu sehen, wobei die Moralität ihrerseits jeweils „selbst wieder durch diese Freiheit begründet ist".[4]

Ermöglicht wird durch diese Revolution zweierlei:

1. eine verantwortliche Stellungnahme mit Bezug auf jede Art von politischer Revolution „in der Zeit" –

2. eine vertrauensvolle Erwartung mit Bezug auf die alleswendende eschatologische Revolution „in der Endzeit".

IV.

Mit Bezug auf die Probleme einer jedweden politischen Revolution „in dieser Zeit" hat Kant exemplarisch auf die Revolution eben in seiner Zeit, auf die französi-

---

1 AA 7, 72.
2 AA 7, 72.
3 AA 7, 72.
4 AA 7, 72.

sche, hingewiesen und dabei auf die ihr innewohnende allgemeine Problematik aufmerksam gemacht, die sich vom Moralischen her aufdrängt.

Als Beleg dient eine „Begebenheit“ aus der damals gegenwärtigen „Zeit, welche die moralische Tendenz des Menschengeschlechtes“ im ganzen dartut.[1]

Kant erinnert zunächst an die „Denkungsart der Zuschauer“ bei der französischen Revolution, die er zum Unterschied von anderen als „die Revolution eines geistreichen Volks“ unterstellt. Zweierlei fällt ihm dabei auf, und zweierlei gibt ihm zu denken.

Einmal erscheint ihm quasi selbstverständlich, daß ein „wohldenkender Mensch“ eine solche Revolution angesichts des Elends und der Greueltaten, die sie mit sich brachte, als „Experiment auf solche Kosten zu machen nie beschließen würde“, und er würde das selbst dann nicht beschließen, „wenn er, sie zum zweitenmale unternehmend, glücklich auszuführen hoffen könnte“.[2]

Zum anderen stellt Kant gleichwohl und mit einem gewissen unverhohlenen Erstaunen fest, daß eben diese Revolution doch wiederum „in den Gemütern aller [unbeteiligten] Zuschauer“ offenbar „eine Teilnehmung dem Wunsche nach“ entfachte, die „nahe an Enthusiasmus“ grenzte, unbeschadet, daß ihre „Äußerung selbst mit Gefahr verbunden“ war. Das aber könne, so schließt Kant seine Stellungnahme hier,[3] „keine andere als eine moralische Anlage im Menschengeschlecht zur Ursache haben“.

Gerade die „moralische einfließende Ursache“ ist für Kant entscheidend wichtig. Aber er erörtert sie nun nicht mit Bezug auf die Taten oder Leiden der Einzelnen, die als Vorkämpfer der Sache bzw. als deren Opfer nolens volens sozusagen ihre Rolle spielen, sondern er sieht sie im Zusammenhang einer in geschichtlichen Sprüngen vorsichgehenden Veränderung. Und es sind wieder zwei Gesichtspunkte, die hier als bestimmend figurieren.

1. Der Gesichtspunkt des Rechtes der politischen Revolution hält sich dabei mit dem des Zwecks die Waage. Formal-rechtlich soll erstens gelten (aber auch genügen), daß ein Volk von anderen Mächten nicht daran zu hindern sei, „s i c h eine bürgerliche Verfassung zu geben, wie sie ihm selbst gut zu sein dünkt“.[4] Dabei gibt es dann international ausgeweitete Ansprüche einerseits auf die Grenzen-überschreitende Übertragbarkeit einer solchen Verfassung und ihrer Staatslehre anderswohin

[1] AA 7, 85.
[2] AA 7, 85.
[3] AA 7, 85.
[4] AA 7, 85.

ebensowenig, wie es zugleich logischerweise auch eine von außen bedingte Behinderung dieser Selbstbestimmung im Inneren nicht geben darf.

2. Als inhaltlich zweck-entsprechend wird gelten gelassen, „daß diejenige Verfassung eines Volkes allein an sich rechtlich und moralisch gut sei, welche ihrer Natur nach so beschaffen ist, den Angriffskrieg nach Grundsätzen zu meiden, welche keine andere als die republikanische Verfassung... sein kann".[1] Denn der Krieg birgt das Böse, die republikanische Verfassung schränkt es ein.

Kant ist sich angesichts der jeweils ganz konkreten Lage der Völker und ihrer Regierungen durchaus darüber im klaren, daß solche republikanische Verfassung für gewisse Zeit möglicherweise nur „der Idee" nach das Ziel (gleichwohl als Zweck jedoch zugleich Pflicht) sei.

Solcher Idee folgend, kann bei Kant ein Volk mit Recht „murren", wenn eine Regierung die andere am „Republikanisieren" hindere.[2]

Das bedeutet jedoch nicht, daß „verleumderische Sykophanten, um sich wichtig zu machen" das große Wort führen dürften, und daß eine „unschuldige Kannegießerei" sogleich als staatsgefährdende „Neuerungssucht, Jakobinerei und Rottierung" unter Anklage zu stellen wäre.

Das offene konkrete Problem bleibt dabei natürlich gleichwohl dies: wann jemand ein Sykophant, wann ein unschuldiger Kannegießer sei. Daß für Kant der Krieg objektiv als „Quell aller Übel und Verderbnis der Sitten" unmöglich zu machen sei, ist ihm unzweifelhaft. Durch Kriegsvermeidung wird dem Menschengeschlechte bei aller seiner Gebrechlichkeit der Fortschritt zum Besseren negativ gesichert";[3] d.h. es wird „im Fortschreiten wenigstens nicht gestört".

Daß der Enthusiasmus beim Erleben einer politischen Revolution als „Affekt" (und damit als etwas sinnlich Anstößiges) als solcher auch bei Kant zunächst Tadel verdient, hindert nicht, daß er subjektiv erhebend und begeisternd positiv wirkt. Denn eines läßt sich nicht übersehen: immer wieder tritt da im geschichtlichen Verlauf der Revolutionierungsketten zwiespältig etwas „Idealisches" auf, das „nicht auf den Eigennutz gepfropft" worden ist. Vor ihm und seinem Anspruch allein beugt sich Kant, nicht vor der Art seines Auftretens oder seiner Erscheinung.

Wenn vielleicht nicht immer beim Einzelnen, so kommt doch in der Geschichte mit dem sich aufstufenden Recht und mit den Aufschwüngen der staatlich-gesellschaftlichen Ordnung ein Stück Moralität mehr auf, und zwar bei den Menschen als Menschheit.

---

1 AA 7, 85-86.
2 AA 7, 86 Anm. 1.
3 AA 7, 86.

Daraus ergibt sich mindestens eines: Es muß bei der Anteilnahme für die politischen Revolutionen (so schließt Kant diese politische Erörterung) etwas Moralisches schon im Grundsatz stecken – etwas, „welches die Vernunft als rein, zugleich aber auch... als... Pflicht der Seele des Menschen vor Augen stellt", welchem dann das menschliche Geschlecht „mit so allgemeiner und uneigennütziger Teilnehmung zujauchzt".[1]

Kant zieht das Fazit: auch wenn der bei der besprochenen „Begebenheit" (sc. der französischen Revolution) etwa „beabsichtigte Zweck nicht erreicht würde", selbst dann bleibe doch dies: „ein solches Phänomen vergißt sich nicht mehr". Es vergißt sich nicht, „weil es eine Anlage und ein Vermögen in der menschlichen Natur zum Besseren aufgedeckt hat, dergleichen kein Politiker aus dem bisherigen Verlauf der Dinge herausgeklügelt hätte.

Da Kant selbstverständlich die einzelnen Revolutionen in ihrem offenbaren auch moralischen Ungenügen nicht positiv gelten lassen möchte, zieht er sich also auf ein geschichtliches „Fortschreiten zum Weltbesten"[2] in langen Fristen zurück. Ob beim geschichtlichen Fortgange aber tatsächlich „die moralische Grundlage im Menschengeschlecht...vergrößert" wird, das stellt keine empirische Erfahrung je fest. Und daß dazu vielleicht eine „Art neuer Schöpfung (und übernatürlicher Einfluß) erforderlich sein würde", ergibt sich von hier aus notwendigerweise als ein letztes ergänzendes Thema der Erörterung.[3] Es wird von Kant in der *Religionsschrift* (1792) dort aufgegriffen, wo er von der Besonderheit des empirischen Charakters (der virtus phaenomenon) zum Unterschied vom intelligiblen Charakter (der virtus noumenon) handelt und dabei einerseits „Änderung der Sitten" und „Herzensänderung", andererseits „Reform der Sinnesart" und „Revolution in der Gesinnung"[4] gegenüberstellt bzw. bezüglich ihres Ergebnisses einstuft.

V.

Der Rückgang auf eine sozusagen eschatologische Revolution „in der Endzeit" weist zurück auf Voraussetzungen, die zum Teil in den anderen Revolutionen stufenweise zur Erscheinung gelangt sind, jedoch noch nicht entsprechend ausgelegt wurden.

Dementsprechend muß rekapituliert werden.

---

1 AA 7, 87.
2 AA 7, 89.
3 AA 7, 92.
4 AA 7, 47 ff..

Die „sittliche Stufe“, auf der der Mensch als Wesen der praktischen Vernunft steht, war gekennzeichnet durch die“Achtung fürs moralische Gesetz“.[1] Zu solcher Achtung ist der Mensch als freies Wesen fähig. Und die in dieser weltlichen Wirklichkeit grundlegende „Revolution der Denkungsart“ besteht darin, daß der Mensch sich zu einer solchen Achtung tatsächlich bestimmt, die eine Achtung für die moralische Pflicht ist. Mit ihr allein kann es gelingen, jede bloß „windige, überfliegende, phantastische Denkungsart“ aus dem Felde zu schlagen. Auch darauf kommt es an. Von alledem spricht Kant unverblümt.

Es reicht somit nicht eine bloße „Sinnesänderung“ bezüglich der Einhaltung etwa bestehender Sitten zu. Es muß vielmehr eine grundlegende „Herzensänderung“ eintreten,[2] die ein Ereignis, eine „Revolution in der Gesinnung“ vom Grunde her bewirkt, wo ein „neuer Mensch durch eine Art von Wiedergeburt“ das heißt: durch eine „neue Schöpfung“ auftritt.

Kants Dictum (aus der *Anthropologie*) lautet dabei: es kommt nicht auf das an, „was die Natur aus dem Menschen, sondern was dieser aus sich selbst macht“[3] bzw. „was er aus sich selbst zu machen bereit ist“, seinen Charakter.[4]

Damit wird die Grundfrage die sein müssen: wieweit kommt der Mensch mit seinem Charakter und welcher Art ist sein Charakter? Die Antwort ist eine doppelte.

1) Jeder, der sich überhaupt eines Charakters in seiner Denkungsart bewußt ist, „hat“ diesen nicht sozusagen von außen, von der Natur her, sondern er hat ihn sich „erworben“,[5] oder er besitzt ihn aus sich heraus.

2) Das menschliche Handeln läuft sicherlich im jeweils empirisch strukturierten Weltzusammenhang ab, doch figuriert die Vollzugsperson dabei auch stets als Mitursache für das „daß“ der Erscheinungen in ihrem In-die-Erscheinung-Treten; denn dies alles rollt nicht einfach ab, sondern wird entscheidend in Szene gesetzt.

Ohne selbst aber hierfür unter den Bedingungen von Sinnlichkeit und Verstand zu stehen oder ohne eben gar selbst eine weltliche „Erscheinung“ zu werden, folgt der Mensch als „intelligibler Charakter“ seiner „wahren Kausalität“, die ihm von Hause aus eigen und insofern eben seine „wahre“ ist. Die „wahre Kausalität“, die intelligible, wirkt wie ein unbewegter Beweger, unabhängig von „innerweltlichen“ Zeitbestimmungen oder Zeitbedingungen. Sie kann deshalb auch nicht wie eine objektive „Zeiterscheinung“ innerweltlich untergebracht werden.[6] Von solchen bei

[1] AA 5, 85.
[2] AA 6, 47.
[3] AA 7, 292.
[4] AA 7, 285.
[5] AA 7, 294.
[6] *KrV* B 568.

Kant „intelligibel" genannten Verursachungen durch freien Willen, zutagetretend im letztlich „moralisch" bestimmten Handeln, würde man (Kant folgend) ganz richtig sagen, daß sie den „intelligiblen Charakter" kennzeichnen.

Das bedeutet: der Mensch mit intelligiblen Charakter ist das Wesen, das „seine Wirkungen in der Sinnenwelt von selbst anfange, ohne daß die Handlung in ihm selbst anfängt".[1]

Der „empirische Ckarakter" wird dann zur „Erscheinung des intelligibelen; und er ist so „das sinnliche Zeichen" davon.[2] Oder: der Mensch ist sich selbst einesteils „Phänomen", anderenteils aber „ein bloßer intelligibler Gegenstand, weil die Handlung desselben gar nicht zur Rezeptivität der Sinnlichkeit gezählt werden kann".[3]

Wenn jede „wirkende Ursache einen Charakter" haben muß, nämlich ein „Gesetz ihrer Kausalität",[4] dann muß ein nicht-empirischer Charakter demjenigen Subjekt zugesprochen werden, das „zwar Ursache jener Handlungen als Erscheinungen" ist, das aber hierin selbst nicht wieder unter „Bedingungen der Sinnlichkeit" zu stehen kommt und also insofern seinerseits nicht Erscheinung ist, sondern eben intelligibel.

Die praktische Freiheit, deren wir als eines „Faktums der Vernunft" sicher sind,[5] führt auf die Überlegung zurück, daß „alles, was geschieht, eine Ursache, mithin auch die Kausalität der Ursache eine Ursache haben müsse".[6] Deshalb müsse jedoch ebenfalls, „die Vernunft die Idee einer Spontaneität [schaffen], die von selbst anheben könne zu handeln". Es ist das bei Kant eine transzendentale Idee, die Idee „transzendentaler Freiheit". Sie verleiht, notabene problematisch, Wirklichkeit – insofern ohne sie solche sittlichen Momente wie Zurechnung, Reue, Gewissen usw. nichts als „Illusionen" wären.

Das bedeutet: der Mensch muß als empirischer Charakter, aus dem heraus seine Handlungen innerweltlich mit Notwendigkeit folgen, selbst noch einmal, eben hierfür, verantwortlich sein.

Die undeterminierte, die „transzendentale Freiheit" kann in ihrer positiven Möglichkeit (empirisch, „weltlich") nicht eingesehen werden. Sie ist aus praktischen Gründen „problematisch" vertretbar und wenigstens nicht unmöglich.

Für die eschatologische Revolution der Endzeit, zu der wir nun schließlich mit Kant einen Zugang gewinnen müssen, gelten mindestens folgende drei Punkte:

---

1 *KrV* B 569.
2 *KrV* B 574.
3 *KrV* B 575.
4 *KrV* B 567.
5 AA 5, 47.
6 *KrV* B 561.

1. Ein zur Festigkeit geronnener Vorsatz in „Befolgung der Pflicht", heißt bei Kant „Tugend der Legalität" und gehört zum „empirischen Charakter"; als virtus phaenomenum heißt diese Tugend auch „lange Gewohnheit".

2. Von einer weiter zurückreichenden grundlegenden „Herzensänderung"[1] muß darüber hinaus dann gesprochen werden, wenn jemand „nicht bloß ein gesetzlich, sondern ein moralisch guter (Gott wohlgefälliger) Mensch" werden will und wenn keine andere Triebfeder mehr, sondern nur die Vorstellung der Pflicht „regiert",[2] muß das Entscheidende durch eine „Revolution in der Gesinnung im Menschen... bewirkt werden".

3. Der Fall ist dies schließlich, wenn der Mensch „den obersten Grund seiner Maximen, wodurch er ein böser Mensch" war, „durch eine einzige unwandelbare Entschließung umkehrt":[3] da zieht er einen neuen Menschen an.

Kant erinnert in der *Religionsschrift*[4] an das Johannes-Evangelium 3,3, wo es heißt: wahrlich, wahrlich ich sage dir: es sei denn, daß jemand von neuem geboren werde, so kann er das Reich Gottes nicht sehen. Und 3,7: Laß dich's nicht wundern, daß ich dir gesagt habe: Ihr müsset von neuem geboren werden.

Allgemein theologisch gesehen, bedeutet dies die Ankündigung, daß dem alten Adam, als dem ersten Menschen der Sünde und des Todes, mit Christus, als dem zweiten Menschen und Urheber des Lebens, der in seinem Lebens-Wandel wiederhergestellte neue Mensch folgen könnte.

Speziell paulinisch gefaßt, tritt der Gedanke in der Form auf, wie es 1.Kor. 15,45 geschrieben steht: Der erste Mensch, Adam, ward zu einer lebendigen Seele; und der letzte Adam zum Geist, der da lebendig macht. Der Geist aber weht, wo er will (Ev. Joh. 3,8).

Im ganzen gesehen, ergibt sich bei Kant in einer gewissen Analogie, daß „die moralische Bildung des Menschen... von der Umwandlung der Denkungsart und von der Gründung eines Charakters anfangen" könne,[5] und es müsse diese Veränderung als Revolution betrachtet werden,[6] die sich im intelligibelen Charakter ereignete.

Bei einem Rückblick endlich auf Kant, wie er in diesen unseren Tagen jetzt und hier sozusagen selbstverständlich geworden ist, sollte der rezeptionsgeschichtlich zur Wirkung gebrachte kopernikanische Kant über alle anderen Stadien der Revolutionierung hinweg also bis hin zur „eschatologischen Revolution in der Endzeit" ange-

[1] AA 6, 47.
[2] AA 6, 47.
[3] AA 6, 47-48.
[4] AA 6, 47.
[5] AA 6, 48.
[6] AA 6, 47-48.

eignet werden, auf daß ein möglicher „Umwendungspunkt“[1] von uns erreicht werde. Der Mensch als Bürger zweier Welten[2] sollte den doch anzielen. Auch wenn der Mensch zunächst „aus so krummen Holze“ gemacht zu sein scheint, daß nichts ganz Gerades aus ihm gezimmert werden könnte,[3] bleibt zum Schluß doch wohl noch das Pseudokantische: „Du kannst, denn du sollst“ eine mögliche, wenn auch vielleicht problematische Brücke.

1 AA 7, 83.
2 AA 7, 70.
3 AA 8, 23, 6, 100.

Tempora inimica virtuti

Wozu Philosophie?

von Heinrich Leitner (Erlangen-Nürnberg)

Philosophieren nach dem „Ende der Philosophie"[1]

Philosophie ist seit ihren vorsokratischen Anfängen in einer steten Legitimationskrise. Sie entwickelt sich als Kritik anderer, lebensweltlicher Wissensformen und setzt sich so umgekehrt deren Kritik und Spott aus. Nichts zeigt das besser, als die bissige Legende von Thales, der beim versonnenen Blick in den Himmel über die eigenen Füße fällt, den Boden unter seinen Füßen verliert und im Wasser des Brunnens ungewollt heftig bei dem Element landet, das ihm der Anfang von allem war.

Daß die Philosophie sich über den Sinn ihrer Überlegungen rechtfertigen muß, ist also nichts Neues. Dieser Rechtfertigungsdruck hat sich aber seit der Mitte des 19. Jahrhunderts immer weiter verstärkt. Das Schlagwort von der „Verwirklichung der Philosophie", als Resultat ihrer vermeintlichen „Vollendung" in der Hegelschen Philosophie, beinhaltet demnach ihre „Aufhebung". Verwirklichung als Aufhebung und Aufhebung als Verwirklichung, dieses Programm beherrscht die junghegelianische Philosophie und ist in gewisser Weise für das ganze 19. Jahrhundert bestimmend. Das Schlagwort von der Aufhebung spielt dabei mit der dreifachen Bedeutung von „aufheben": aufheben als (1.) bewahren/konservieren, (2.) als hoch-/ emporheben und (3.) als abschaffen. Philosophie soll wirk-lich, d.i. wirkend, werden und kann dies nur werden, wenn sie über sich, als reine („un-wirkliche") Theorie, hinaus in die Wirklichkeit der Praxis gelangt. Noch Heideggers Beurteilung der Hegelschen Philosophie als der „Vollendung der Metaphysik" atmet diesen Geist, insofern die Formulierung damit spielt, daß Metaphysik mit Hegel ihr Ende erreicht

---

[1] Ich greife hier auf den Titel eines Aufsatzes von M. Riedel zurück: *Philosophieren nach dem „Ende der Philosophie"?*, in: *Wozu Philosophie?, Stellungnahmen eines Arbeitskreises*, hrsg. v. H. Lübbe, Berlin/ New York 1978, S. 259-286.

hat und über sich hinausweist. Die Rede von der „Aufhebung" wird im 20. Jahrhundert durch eine radikalisierte Kritik der Philosophie aus zunächst historistischer und psychologischer, später aus wissenschaftstheoretischer und sprachphilosophischer Perspektive immer weiter zugespitzt.

Philosophie ist in vielem zu einer Kritik der Philosophie geworden. Die großen philosophischen Anstöße des 20. Jahrhunderts sind bei aller Unterschiedlichkeit in ihrer kritischen Haltung gegenüber den philosophischen Bemühungen der Tradition geeint. So möchte uns Wittgenstein durch die Reflexion auf die „ordinary language" aus den philosophischen Verhexungen herausführen; Heidegger zielt auf eine Destruktion der Metaphysik, die in dem Versuch resultiert, sich den technischen „Machenschaften" der Philosophie zu entwinden und zum Denken des Seins zurück- bzw. voranzuschreiten.

Dieser zunehmenden Selbstkritik entspricht lebensweltlich die abnehmende Bedeutung der Philosophie. Sie spielt im öffentlichen, gesellschaftlichen Raum eine unbedeutende Nebenrolle und ist auch in der scientific community zum kulturhistorischen Statisten (oder gar zum „Platzhalter")[1] degradiert. Die von Hegel der Philosophie zugedachte Aufgabe, ihre Zeit in Gedanken zu fassen und ihre Selbstverständigung anzuleiten, hat inzwischen der Literat, der Filmemacher oder der soziologische Essayist übernommen.[2] Philosophie zeigt dementsprechend nicht nur die altbekannten Züge der lebensfremden Theorie, sie scheint in vielem einer längst vergangenen Zeit zuzugehören und schlechthin ein Anachronismus zu sein.

Aber gerade diese, durch „gute Gründe" getragene Einschätzung ist Sache der Philosophie. Immer stärker beschäftigt sich Philosophie nicht mit besonderen, ihr eigentümlichen Gegenständen, ihren „systematischen" Problemen, sondern mit sich selbst und ihrer Geschichte. Philosophie gerät damit in die Gefahr, nichts als ihre eigene Geschichtsschreibung zu werden. Was Philosophie am Ende des beschleunigten 20. Jahrhunderts demgegenüber leisten kann und soll, wozu es sie auch im 21. Jahrhundert geben soll, das ist alles andere als klar und wird so zu einer der beherrschenden Fragen der Philosophie selbst.

„Wozu"-Fragen verweisen auf einen Zweckzusammenhang und damit auf eine Praxis. Wer demnach nach dem Wozu der Philosophie fragt, dem ist das Verhältnis

---

1 Die Formulierung stammt von J. Habermas und ist von ihm gar nicht abwertend gemeint: *Die Philosophie als Platzhalter und Interpret*, in: ders., *Moralbewußtsein und kommunikatives Handeln*, Ffm 1983, S. 9-28.

2 Vor allem R. Rorty hat dies in den letzten Jahren immer stärker betont und sogar mit einem politischen Anspruch verknüpft. Er greift damit auch postmoderne Überlegungen und Haltungen auf, die bei aller durchaus berechtigten Kritik durch die akademische Philosophie jedenfalls für sich reklamieren können, die radikalen Veränderungen einer rasant beschleunigten, durch die modernen Medien beherrschten und gleichsam digitalisierten Welt „in Gedanken zu fassen".

der Philosophie (als Theorie) zur Praxis der Lebensgestaltung bzw. zur gesellschaftlichen Praxis fragwürdig. Wozu etwas gut ist, diese Frage läßt sich freilich letztlich nur beantworten, wenn wir wissen, „was etwas ist“. „Was ist”-Fragen aber sind seit Sokrates in der Philosophie allgegenwärtig. Und so scheint es, daß die Philosophie in der Aufklärung über ihre Aufgabe einen Teil ihrer „Aufgabe“ selbst hat.

Ob die Frage „Was ist Philosophie” tatsächlich eine philosophische Frage ist, ob sie deshalb in und durch die Aufklärung ihrer Aufgabe überleben kann oder sich darin selbst aufgibt, soll mir als Leitfaden dienen, einige kritische Bemerkungen zur gegenwärtigen Bedeutung der Philosophie anzubringen. Um allerdings sagen zu können, was eine philosophische Frage ist, müssen wir, ganz dem platonisch-sokratischen Vorbild folgend, erst einmal klären, was Philosophie ist.

Ein Definitionsvorschlag

„Was ist”-Fragen drücken eine Verlegenheit aus und fordern zu einer Wesensbestimmung oder einer Definition auf: sie bezeichnen einmal die schlichte Frage nach der Bedeutung eines Worts, etwa wenn wir fragen „was heißt Gavagai?”, oder bringen die Schwierigkeit zum Ausdruck, mit einer bislang mehr oder weniger vertrauten Sache nicht mehr umgehen zu können. Gerade darum aber scheint es sich bei der Frage nach der Aufgabe von Philosophie für die Gegenwart zu handeln.

Jedenfalls gilt: Wer eine Definition fordert, der hat ein Problem. Er will Klarheit in eine Sache bringen, die ihm ansonsten Schwierigkeiten bereitet. Definitionen beruhen auf bestimmten Interessen; wir verfolgen mit ihnen bestimmte Zwecke. Nun kennen wir zwei Typen von Definitionen: feststellende und festlegende. Während feststellende behaupten, daß sich eine Sache tatsächlich so und nicht anders verhält, wie es das Definiens aussagt, fordern festlegende Definitionen dazu auf, eine Sache in bestimmter Weise zu verstehen. Während die feststellenden Definitionen also deskriptiv sind (und einen Anspruch auf Wahrheit erheben), wollen festlegende einen Sprachgebrauch normieren (und erheben den Anspruch auf Zweckmäßigkeit und Tunlichkeit).

Ich werde mich nun hüten, eine feststellende Definition im Sinne einer Tatsachenfeststellung zu wagen, der Art: Philosophie war in allen ihren Ausdrucksformen xy. Das übersteigt nicht nur meine Kenntnisse und Fähigkeiten bei weitem; ich sehe darin auch keinen rechten Sinn. Es wäre für die gestellte Aufgabe nichts gewonnen, wenn wir tatsächlich einen gemeinsamen Nenner aller historisch vorkommenden oder auch nur wirkungsmächtiger Verwendungsformen des Worts „Philosophie“

finden könnten. Nicht eine begriffsgeschichtliche Klärung, sondern das systematische Problem, welche systematischen Probleme die Philosophie heute noch haben kann, steht in Frage.

Ich will hier statt dessen einen Vorschlag formulieren, wie wir mit Blick auf das, was gemeinhin als Tradition der Philosophie bezeichnet wird, einen Typ von Tätigkeiten von anderen Tätigkeiten unterscheiden können und daß wir das auch sollten, weil es dafür gute praktische Gründe gibt. Ich will das auf dem Wege einer argumentationstheoretischen Überlegung angehen.

Philosophie (φιλοσοφία) ist dem unmittelbaren Wortsinne nach Liebe zur Weisheit – analog zu φιλοποσία und φιλοτροφία (der Liebe zu Essen und Trinken); sie bezeichnet ein Streben nach sophia, d.i. einem bestimmten Typ von Wissen. Philosophie bezeichnet also ein Streben – oder wie eine tiefsinnige Erläuterung sagt – keine Lehre, sondern eine Tätigkeit.

Wenn Philosophie also einen Typ von Tätigkeiten umschreibt, dann bedeutet dies jedenfalls, daß sie von Subjekten bewußt und absichtlich betrieben wird und deshalb grundsätzlich einer Rechtfertigung zugänglich sein muß. Derjenige, der solche Tätigkeiten vollzieht, der hat Gründe, warum er es tut. Er kann von anderen nach diesen Gründen gefragt und ihre Gültigkeit kritisch beurteilt werden. Wer für Tätigkeiten Rechtfertigungen einfordert, der aber hat wohl Zweifel, ob sie tunlich oder gar erlaubt seien, kurz, ob es im weitesten Sinne gut ist, sie auszuüben. Man muß nun wohl annehmen, daß die Frage nach dem „Wozu“ der Philosophie einen solchen Zweifel unterstellt und zu einer Rechtfertigung der philosophischen Tätigkeit auffordert.

Welche Art von Tätigkeit ist es nun, die wir der Philosophie zurechnen sollten. Nehmen wir dazu unseren Ausgangspunkt bei ihrem Gegenstand, nämlich einem bestimmten Typ von Wissen.

Wenn wir von einem bestimmten Typ von Wissen sprechen, dann unterstellen wir, daß wir von verschiedenen Wissensformen reden können: ich will nun die Rede von einem praktischen Wissen der Form „ich weiß, wie man etwas macht" als ein Können von Wissen im engeren Sinne unterscheiden. Während wir unser Können durch die Tat, z.B. unsere Kochkunst durch ein gelungenes Essen beweisen, verweisen wir für Wissen der Form „ich weiß, daß p", auf unterschiedliche Gründe: wir wissen etwas, weil wir es gesehen bzw. wahrgenommen haben, weil wir Erfahrung haben oder weil es sich zwingend aus anderem Wissen folgern läßt.

„Ich weiß, daß p" soll deshalb den Anspruch ausdrücken, daß wir begründen können, daß p gültig ist. Wissen soll also begründetes Wissen oder Wissen aus Gründen heißen.

Wer nach Wissen strebt, der hat es noch nicht. Ausgangspunkt des Strebens nach Wissen ist deshalb ein Mangel. Wir machen die Erfahrung, daß wir nicht haben, was wir haben wollen oder gar brauchen. Die Liebe zur Weisheit entspringt deshalb der Erfahrung einer Enttäuschung: wir machen z.B. (plötzlich) die erstaunliche und beunruhigende Erfahrung, daß sich die Dinge anders verhalten als wir zunächst meinten oder, daß sich unsere Meinungen widerstreiten. Diese Erfahrung ist in der Philosophiegeschichte immer wieder als Verwirrung, Not, Aporie oder Entzweiung umschrieben worden.

Insofern Wissen begründetes Wissen heißen soll, bedeutet dies jedenfalls, daß man die Wahrheit bestimmter Aussagen (oder allgemeiner, die Gültigkeit bestimmter Ansprüche) nicht begründen kann, sie aber begründen möchte. Wer nach Wissen strebt, der sucht deshalb nach Gründen. Er strebt danach, die Gültigkeit eines Anspruchs rechtfertigen zu können. Wissen verweist auf die Tätigkeit des Argumentierens. Dem entspricht die traditionelle Charakterisierung der philosophischen Tätigkeit als logon didonai, als Gründe geben.

Das Verfahren: logon didonai

Argumentationen führen bezweifelte Ansprüche auf unbezweifelte Ansprüche zurück und machen sie so zustimmungsfähig. Etwas, dem die Zustimmung versagt wird, wird auf etwas zurückgeführt, das sich von selbst versteht. Argumente sind Sätze (Prämissen), die bezweifelte bzw. begründungsbedürftige Sätze (Thesen) zustimmungsfähig machen (argumentum autem orationem quae rei dubiae faciat fidem).

Argumentationen setzen demnach die Erwartung voraus, daß sich solche Sätze finden lassen, die zustimmungsfähig sind, weil sie gemeinsam geteilte Überzeugungen zum Ausdruck bringen. Dem Dissens in einer gemeinsamen Sache muß deshalb immer schon ein Konsens vorausgehen, der für die strittige Sache nutzbar gemacht werden soll. Begründungsfähig sind strittige Ansprüche nur, wenn sich bestimmte Dinge von selbst verstehen.

Argumentationen setzen andererseits genau deshalb ein, weil die konkrete Erwartung, daß sich Dinge von selbst verstehen, enttäuscht wurde. Die angestrebte (zwanglose) Zustimmung zu einem erhobenen Anspruch blieb aus oder erweist sich als gefährdet. Statt Zustimmung begegnet uns Widerspruch. Wir nehmen deshalb erstaunt wahr, daß sich die behauptete Sache keineswegs von selbst versteht. Wir machen die Erfahrung, daß w i r die Sache so, a n d e r e sie anders sehen. Das setzt zunächst voraus, daß wir von der selben Sache reden und es uns denkbar scheint, daß die Sache auch anders verstanden werden kann. Wir müssen dem Opponenten in der ablehnenden Haltung durchaus respektable Gründe unterstellen können.

Die Voraussetzung tragender, konsensstiftender Gemeinsamkeit betrifft nämlich nicht nur die Begründungsfähigkeit von Ansprüchen, sondern auch ihre Begründungsbedürftigkeit. Wir lassen mit uns nicht über alles reden. Nicht jeder Dissens gibt Anlaß, ihn argumentativ beizulegen. Das tun – und können wir nur tun – , wenn der Gesprächspartner auch in seinem Zweifel verständlich bleibt. Wir müssen also gute, für uns nachvollziehbare Gründe unterstellen, die für den Zweifel vorgebracht werden können.

Argumentieren ist so im wesentlichen kein monologischer, sondern ein dialogisch-dialektischer Prozeß. Es bezieht sich in erster Linie auf einen Gesprächspartner, mit dem wir ein Problem teilen. Wer philosophisch nach Gründen sucht, der unterstellt ein „wirkliches" Problem, d.i. etwas, das man mit „guten Gründen" so oder anders sehen kann. Probleme verweisen auf einen Konflikt „guter Meinungen" (ἔνδοξα), die durch „gute", allgemein nachvollziehbare Gründe gestützt sind. Probleme sind nicht einfach irgendwelche Fragen oder zufällige Schwierigkeiten, sondern bereits systematisch kontrolliert, gewissermaßen allgemeine Fragen, Fragen, die sich für alle Beteiligten stellen. Argumentationen sind keine Belehrungen, bei der die Sache bereits entschieden ist und nur noch vermittelt werden muß. Sie beziehen sich auf offene, und gerade deshalb argumentationsbedürftige Fragen.[1]

Dies gilt auch für die eigenen Überlegungen. Sie sind keineswegs monologisch, sondern stellen das Für-und-Wider guter Argumente in einer klärungsbedürftigen Sache nach. In der Überlegung oder Reflexion durchlaufen wir die Gesichtspunkte, die für oder wider eine Sache sprechen und versuchen, die Gründe und Gegengründe in eine „systematische Ordnung" zu bringen, die ihren Widerstreit „aufhebt". Denken ist in diesem Sinne „ein Gespräch der Seele mit sich selbst".

Damit ist die Struktur vorgezeichnet, der Philosophie als einem argumentativen Suchen nach Gründen folgen muß.

Zugleich wissen wir, was wir tun müssen, wenn wir rechtfertigen wollen oder müssen, warum wir ein solches Wissen erstreben. Wir müssen versuchen, den Sinn dieses Strebens, der sich für den Opponenten offenbar nicht von selbst versteht, mit guten Gründen glaubhaft zu machen und seine Zustimmung zu gewinnen.[2]

---

1 Zur argumentationstheoretischen Erörterung des Problembegriffs cf. H. Leitner, *Systematische Topik*, Würzburg 1994, insbes. Kap. III,2.

2 Ich orientiere mich an der dialogischen Grundstruktur des Argumentierens, obgleich es - wie schon gesagt - ein überlegendes Argumentieren „in uns" gibt. Dem Opponenten entspricht dann der eigene Vorbehalt, den wir mit Blick auf bestimmte widerstreitende Überlegungen haben. Statt

Tätigkeiten kann man über ihre Zwecke rechtfertigen. Das Suchen nach Gründen hat nun zunächst einmal den pragmatischen Sinn, Zustimmung zu dem erhobenen Anspruch zu gewinnen. Gründe sind deshalb nützlich, weil zwanglos und verständigungsorientiert die erhoffte Zustimmung zu erwerben. Wer Gründe hat, die einen Anspruch legitimieren können, der ist in der Lage mittels des „zwanglosen Zwangs des besseren Arguments", Dissens in Konsens zu überführen (sich aus der eigenen Verwirrung herauszuführen) und für seine Ansprüche Zustimmung zu erlangen. Wir können aus diesem Grunde Wissen erstreben. Die Nützlichkeit von Wissen ist tatsächlich ein wirklich starkes Argument dafür, es zu erwerben.

Aber es ist nicht das einzig mögliche. Und das führt uns zu einer präziseren Bestimmung der Philosophie.

Pragmatisch erstreben wir zunächst das Naheliegende. Wir wollen das Problem, das sich aus der ausbleibenden Zustimmung (bzw. unserer Verwirrung) ergab, beheben. Der pragmatische Sinn des Argumentierens liegt in der Herstellung des Konsens in der strittigen Sache. Gründe beziehen sich deshalb auf eine strittige These: es sind Gründe für etwas Bestimmtes. Sätze, die mit Blick auf bestimmte Thesen Grundsätze sind, taugen nicht unbedingt zur Begründung anderer Thesen. Sie können in bestimmten Kontexten selbst wiederum begründungsbedürftig werden.

Der Wissensanspruch und die damit verbundene argumentative Suche nach starken Gründen führt aber über diesen pragmatischen Zusammenhang hinaus. Versuchen wir einen bezweifelten Anspruch, dem die Zustimmung verwehrt wird, mit Hilfe eines vermeintlich zustimmungsfähigen Satzes zu gewinnen, so können wir die Erfahrung machen, daß auch dieser Satz wiederum bezweifelt werden kann. Auf der Suche nach Gründen, suchen wir deshalb idealiter solche Sätze, die andere Sätze begründen, selbst aber nicht wiederum begründungsbedürftig und – man muß hinzufügen, in einem bestimmten Sinne auch nicht mehr begründungsfähig sind. Wir suchen nach Grund-Sätzen oder Prinzipien, die in der Regel eine viel größere Reichweite haben als die Gründe, die wir für die Bewältigung von Konflikten benötigen.

Pragmatisch brauchen wir das Naheliegende und Erst-Beste, philosophisch suchen wir nach letzten Gründen. Hinzu kommt, daß sich unter bestimmten Bedingungen ein eigentümlicher Wandel der Perspektive einstellt, unter der wir das argumentative Verfahren verstehen. Wir entdecken, daß wir eine strittige Angelegenheit im Rückgang auf vorausliegende Selbstverständlichkeiten diskursiv schlichten können. Dabei wird uns am Beispiel der Rekonstruktion der leitenden Vorverständnisse

der Zustimmung eines Opponenten suchen wir dann im eigenen Nachdenken die eigene Verwirrung zu beheben und Sicherheit zu gewinnen.

deutlich, daß wir diese „immer schon" haben, sie uns immer schon vorausgehen und anleiten. Die unerwartete und zunächst durchaus unerfreuliche Begegnung mit dem, was sich nicht mehr von selbst versteht, führt zur Thematisierung dessen, was uns wirklich selbstverständlich ist. Sie ermöglicht die Reflexion auf die unthematisierten Selbstverständlichkeiten unserer immer schon gedeuteten Lebenswelt. Das gemeinsam geteilte und dem Umgang mit einer strittigen Sache immer schon vorausgehende und ihn anleitende Vorverständnis wird so allererst zugänglich. Wir können es überhaupt nur zum Ausdruck bringen, wenn wir es aus dem Strittigen rekonstruieren. Einen unmittelbaren Zugang zum Unmittelbaren gibt es nämlich nicht! Das „Nähste" und „Eigentlichste" ist „schwer" und nur durch „Ent-zweiung" und „Entfremdung" „zu fassen". Die Mühe der Begründung ermöglicht so nicht nur die Beseitigung des Streits, sondern klärt uns über das auf, was unsere Überzeugungen, unser Reden über Gott und die Welt trägt.

Philosophie als Theorie

Ein solches Wissen mag einem ohne weiteres als erstrebenswert gelten. Jedenfalls eröffnet es uns die Möglichkeit, von einem Wissen zu reden, das wir nicht nur um willen eines anderen erstreben, sondern um seiner selbst willen.

Daß wir Wissen auch um seiner selbst willen erstreben können, galt einem Großteil der philosophischen Tradition als selbstverständlich. Für Aristoteles ist es ausgemacht, daß alle Menschen von Natur nach Wissen streben. Sie tun dies nicht nur zum Zweck des Handelns, also nicht nur, weil ihnen das Wissen von etwas für etwas anderes nützlich erscheint. Allerdings zeichnet sich philosophisches Wissen von den anderen Wissensformen dadurch aus, daß es am besten erfüllt, was wir unter Wissen verstehen und erstreben. Es wird deshalb auch in ausgezeichneter Weise um seiner selbst willen erstrebt. „Alle Menschen streben von Natur nach Wissen" ist deshalb nicht von ungefähr der erste Satz der aristotelischen *Metaphysik*. Er ist die Voraussetzung für prima philosophia.

Philosophie bezeichnet demgemäß ausdrücklich ein Wissen, das um seiner selbst willen erstrebt wird und ist der Gegenstand der theoria. Sie geht auf die göttlichen Dinge und versteht sich als eine Angleichung ans Göttliche. Ihr entspricht nach Aristoteles eine der Lebensformen, die der Bedürftigkeit und den Notwendigkeiten des Lebens und damit dem Kalkül des Nützlichen bereits entzogen sind. Der bios theoretikos ist eine Lebensform, die durch die Schau und damit die Angleichung ans

Göttliche entscheidend geprägt ist und dementsprechend die eigene Lebensführung gelingen läßt.

Theoria als ein Wissen, das um seiner selbst willen erstrebt wird, rechtfertigt sich über die Güte ihres Gegenstandes, nämlich das Unwandelbare und Notwendige, kurz: das Göttliche. Philosophie ist dieser Tradition in einem weiten Sinne: contemplatio Dei. Zu fragen, warum wir göttliche Gegenstände wissen wollen, ist beinahe absurd. Anders formuliert: Philosophische Fragen stehen im Kontext einer Weltdeutung, die Wissen um seiner selbst willen erstrebenswert findet.

Sind uns diese Gegenstände abhanden gekommen, dann werden sich auch Zweifel regen, ob wir von einem Wissen, das um seiner selbst willen erstrebenswert ist, noch reden können und sollten. Betrachten wir das Streben nach Wissen unter praktischer Perspektive, d.i. als eine Tätigkeit, dann läßt sich jedenfalls folgendes sagen:

Alle Tätigkeiten streben nach einem Gut. Unterschiedliche Tätigkeiten haben unterschiedliche Güter. Sie lassen sich an ihren Gütern nicht nur unterscheiden, sondern mit Blick auf diese auch rechtfertigen. Das jeweilige Gut kann um willen eines anderen Gutes erstrebt werden oder um willen seiner selbst. Güter, die um willen eines anderen Gutes erstrebt werden, bedürfen letztlich eines Gutes, das um willen seiner selbst gewählt wird, oder wie wir sagen können, deshalb gewählt wird, weil es als Teil einer gelungenen Lebensführung (εὐδαιμονία) gilt. Theoria und philosophisches Wissen werden in diesem Sinne um ihrer selbst willen erstrebt. Sie machen einen inclusiven Teil bzw. die Vollendung eines gelungenen Leben aus. Theoria ist der Zielpunkt jeder Praxis, insofern wir handeln, um dann Muße zu haben: Die eudaimonia erfüllt sich in der Muße der geistigen Schau.

Wissen, das wir erstreben, weil es nützlich ist, das erstreben wir hingegen um willen eines anderen Gutes, nicht aber als Selbstzweck. Die Rede vom Selbstzweck ist allerdings erklärungsbedürftig. Ich möchte darunter etwas verstehen, das wir für die Begründung einer Handlung angeben, das selbst aber nicht wiederum als Mittel – oder um etwas vorsichtiger mit Blick auf Kants berühmte Nebenformel des Kategorischen Imperativs zu formulieren – nicht b l o ß als Mittel für andere Güter dienen soll.

In der Rede vom Selbstzweck aber versteckt sich das Kernproblem des Verhältnisses von Praxis und Theorie. Theorie ist selbst eine Praxis. Fragen wir aber, warum jemand etwas tut, so erwarten wir in der Regel, daß er uns das Worum-willen seiner Handlung, den Zweck, nennt. Handlungen, die keinen weiteren Zweck haben, setzen sich dem Verdacht der Sinnlosigkeit aus. Philosophie aber ist kein sinnloses In-den-Himmel-starren. Es geht in ihr ums Äußerste und Letzte – die Eudaimonie. Es geht in ihr letztlich darum, „unser Leben nach dem einzurichten, was in uns das

Höchste ist" (πάντα ποιεῖν πρὸς τὸ ζῆν κατὰ τὸ κράτιστον τῶν ἐν αὑτῷ) und „unser wahres Selbst" ausmacht, das „göttliche Element, das in uns wohnt" (θεῖόν τι ἐν αὑτῷ ὑπάρχει), zu ergreifen und zu kultivieren. Eudaimonia als eine Praxis erfordert Anstrengung und ist kein Spiel.[1]

Die Leistung, die uns abverlangt wird, ist nicht zuletzt unser Streben zu ordnen und es richtig auszurichten. Liebe kann blind machen. Wie für die Liebe zu Essen und Trinken (φιλοποσία und φιλοτροφία) so mag es auch bei der Liebe zur Weisheit ein Zuviel und ein Zuwenig geben. Wissen als Selbstzweck kann deshalb in den Verdacht geraten, nichts als ziellose Neugier zu sein. Die Neugier (curiositas) hat in der Tradition eine sehr unterschiedliche Bewertung erfahren. Einem Teil der Tradition galt sie als Laster, das der Habsucht (avaritia) und der hochmütigen Selbstüberschätzung (superbia) zugerechnet werden kann; dem anderen Teil – insbesondere der Neuzeit – galt sie als unversiegbare Antriebsquelle der Innovation und des Fortschritts. Ich will das hier nicht diskutieren, sondern nur einen Aspekt dieser Diskussion herausgreifen. Für ihre Kritiker nämlich galt, daß Wißbegierde (als eine Form der concupiscentia) nur dann gerechtfertigt ist, wenn sie auf das Gute ausgerichtet ist und einen inclusiven Teil einer gelungenen Lebensführung darstellt. Das aber ist genau die Bedingung, mit der wir auch philosophische Theorie vom „uneigentlichen" Schielen auf alles Neue unterscheiden können. Philosophie versteht sich als Moment der Eudaimonia und läßt sich an diesem Anspruch auch kritisieren.

Die Rechtfertigung des um seiner selbst willen erstrebten Wissens kann aber – so hatten wir gesehen – nur gelingen, wenn wir voraussetzen dürfen, daß auch der Opponent Gegenstände kennt, von denen ein Wissen um seiner selbst willen erstrebt wird. Teilt er diese Erfahrungen nicht mit uns, dann ist eine Argumentation unmöglich.[2] Gerade für praktische Argumentationen macht Aristoteles deutlich, daß wir für sie wirkliche Erfahrungen und den lebendigen Umgang mit der verhandelten Sache brauchen, wenn wir nicht bloße Wortspielerei betreiben wollen. Philosophie und ihre Rechtfertigung setzt deshalb eine Lebenswelt voraus, zu deren Selbstverständnis es gehört, ein Wissen um seiner selbst willen zu erstreben oder es doch wenigstens zuzulassen.

Ich will dementsprechend Philosophie im engeren Sinne als die argumentative Tätigkeit (im Unterschied zu Kunst und Religion) verstehen, der ihr Streben nach Wissen ein Selbstzweck ist, weil sie es als inclusiven Teil der gelungenen Lebensführung

---

1 Cf. *EN* X, 7.

2 Diesen Zusammenhang hat in jüngster Zeit A. McIntyre besonders für die Ethik betont. Er sieht die Misere einer Ethik „after virtues" genau darin, daß wir uns in ihr nicht mehr auf tragenden kulturelle und ethische Gemeinsamkeiten verlassen können.

betrachtet. Wir streben nach diesem Wissen nicht, weil es nützlich ist für eine Praxis der gelungenen Lebensführung, sondern weil es einen konstitutiven Teil dieser Praxis ausmacht.

Das schließt keineswegs aus, daß philosophisches Wissen nützlich sein kann. Auch hier hilft der Blick auf den „legendären" Anfang der Philosophie. Die Legende vom Brunnensturz des Thales wird nämlich durch eine andere Legende ergänzt, die den Nutzen philosophischer Beschäftigungen zeigen soll. Aristoteles berichtet in der *Politeia*, daß Thales, wegen seiner Armut und Weltfremdheit zunächst verspottet, mit Hilfe seiner Sternbeobachtung ein großes Vermögen erwerben konnte. Er hatte eine besonders gute Olivenernte vorhergesehen und deshalb frühzeitig Olivenpressen angemietet, die er dann mit großem Gewinn weitervermieten konnte.

Wir können die Form des philosophischen Wissens also durchaus erstreben, weil wir uns davon Nutzen für die Lösung bestimmter lebensweltlicher, wissenschaftlicher oder politischer Probleme erhoffen. Das ist nicht nur legitim, sondern kann auch ein wirklich fruchtbarer Anstoß fürs Philosophieren im engeren Sinne abgeben. Seit der Antike sind deshalb theoretische Disziplinen, die über die Not der Praxis hinausreichen, – also Kunst, Religion und Philosophie, Teile der Erziehung derer, die später ihre Rolle im öffentlichen Leben spielen sollen.

So hat vor allem die Sophistik den gesellschaftlichen Nutzen der Sophia herausgestellt und in ein Erziehungsprogramm überführt. Sie hat der Liebe zur Weisheit aber mit Blick auf ihre gesellschaftliche Funktion auch Grenzen gezogen. Im platonischen Dialog *Gorgias* hält Kallikles die Philosophie deshalb mit Blick auf die Ausbildung der Jugend zwar für durchaus nützlich; allerdings müsse man streng darauf achten, sie nicht länger als billig zu betreiben, weil man sonst in allem anderen, was einen guten und lebenserfahrenen Menschen ausmacht, scheitere. Wird Wissen über seinen Nutzen veranschlagt, dann werden ihm – das ist nur konsequent – funktionale Grenzen gezogen, die ein Wissen um seiner selbst willen nicht kennt.

Dennoch macht m. E. die hier vorgeschlagene Unterscheidung Sinn: die Unterscheidung zwischen einem Suchen nach Wissen, das für anderes und einer Suche nach Wissen, das um seiner selbst willen erstrebt wird. Sie macht Sinn, weil wir jeweils etwas anderes mit ihm meinen und es dementsprechend auch anders begründen. Zu heiraten mag nützlich sein; man tut es in der Regel aber nicht wegen der Nützlichkeit, sondern als Ausdruck der Liebe zu einer Person. Aristoteles stellt deshalb in der *Politeia* beim Bericht über den ökonomischen Erfolg des Thales, der die Nützlichkeit des philosophischen Wissens beweisen sollte, ausdrücklich klar, daß dies nicht das Ziel ist, dem die philosophischen Bestrebungen dienten. Theorie ist freie Forschung, während die Praxis an die Notwendigkeit gebunden ist. So mag auch das Erstreben von Wissen als Wissen, durchaus nützliche Folgen haben; wir können es aber auch um seiner selbst willen lieben.

Die Praxis der Theorie

Damit will ich zu meiner Ausgangsfrage zurückkommen, ob die gestellte Frage, „was Philosophie ist", selbst eine philosophische Frage ist.

Ich meine nun, daß die Frage, was Philosophie sei, allenfalls mit Einschränkungen die Bedingung erfüllt, die man an philosophische Untersuchungen stellen sollte. Es handelt sich dabei eher um ein Ringen mit ihrer „Aufhebung" und um den Versuch, Philosophieren nach dem „Ende der Philosophie" zu denken.

Was ich damit meine, sieht man vielleicht am besten, wenn wir diese Frage mit „wirklichen" Problemen vergleichen, die sich aus der bestimmten Weltdeutung einer Zeit ergeben haben. Gerade die Rede von „wirklichen Problemen" im Unterschied etwa zu künstlichen Fragen oder Scheinproblemen mag zunächst gesucht und ihrerseits „künstlich" wirken. Wer sagt denn, was ein „wirkliches Problem", eine „echte Frage" sei?

Ich möchte hier meine argumentationstheoretischen Überlegungen nutzen. Argumentieren ist ein dialogisch-dialektisches Geschehen. Argumentationen betreffen – wie gesehen – etwas, das wir mit anderen teilen. Sie richten sich auf einen Konflikt „guter Meinungen", die das ausdrücken, was einer historischen Lebenswelt als plausibel gilt. Argumentation gründen deshalb in der gemeinsam geteilten Lebenswelt und den sie tragenden Überzeugungen und Selbstverständnissen. Das gilt vor allem für die Philosophie, die nach nichts anderem als diesen Grund-Sätzen des Selbst- und Weltverständnisses sucht. So wenig es eine Privatsprache gibt, so wenig gibt es in einem ausgezeichneten Sinne „private" Probleme – sogenannte private Probleme sind nur („wirkliche") Probleme des Privaten.

Die „Großen" der Philosophiegeschichte zeichnet aus, daß sie für die „wirklichen" Probleme einer Zeit ein feines Gespür haben. Ihre Erneuerungsleistungen sind deshalb oftmals getragen von einer Kritik der Vorgänger und Zeitgenossen. Immer wieder findet sich deshalb bei ihnen die Kritik, daß sich die in den Schulen überlieferte und institutionalisierte Philosophie von den „wirklichen", „echten" Fragen der jeweiligen lebensweltlich fundierten Welt- und Selbstdeutung entfernt hat. Man mag dabei an den cartesischen Neuanfang denken, der gegen eine blutleere Scholastik aufbegehrt, sie mit der Erfahrung einer aus den Fugen geratenen Welt konfrontiert und in ihr letzte „wirkliche" Gewißheiten sucht. Die kantische „Revolution der Denkungsart“ speist sich genauso aus der kritische Wende gegen die Schulphilosophie wie noch Heideggers phänomenologische Besinnung auf unseren vorwissenschaftlichen Zugang zur Welt.

Nach Hegel entspringt Philosophie einer Entzweiung, einem Konflikt widerstreitender Überzeugungen, der zu einer „Aufhebung“ (und genauer zu einer durch die philosophische Arbeit des Begriffs erzielten „Aufhebung“) drängt. Ich will deshalb die Frage nach dem Verhältnis von Theorie und Praxis kurz an zwei historischen Beispielen skizzieren, in denen es wirklich zum Problem wurde, und so eine Vergleichsgrundlage für die heute gestellte Frage nach dem Wozu der Philosophie gewinnen.

Das eine ist die mittelalterliche Frage nach dem Verhältnis von vita contemplativa und vita activa, das andere betrifft die marxistische Frage nach dem Verhältnis von Theorie und Praxis.

Zunächst muß man feststellen, daß die Bedeutung von Theorie und Praxis in beiden Kontexten völlig verschieden ist. Während die mittelalterliche Frage nach der vita contemplativa grundsätzlich die antike Vorstellung von theoria konserviert, bedeutet sie in der marxistischen Entgegensetzung lediglich die Frage des Verhältnisses von Wissen zu seiner Anwendung. Das Spannende und Problematische der Frage zeigt sich aber in der wirklichen Differenz, die die jeweilige Beantwortung für die Lebensführung und das Selbstverständnis einer Zeit ausmacht. Eine solche Bedeutung scheint mir die Frage nach dem „Wozu der Philosophie“ nicht zu haben. Was sollte die lebensweltliche Motivation dieser Frage sein; was die Konsequenz für das Selbstverständnis der Gegenwart, wenn wir uns über die Praxis der Theorie aufklären?

Die mittelalterliche Frage nach dem Vorrang einer der beiden „Lebensformen“ zielt hingegen auf ein Grundproblem christlichen Selbstverständnisses. Ist Gott als Zielpunkt aller menschlicher Tätigkeiten uns mehr in der theoretischen Schau der klösterlichen Muße oder in der tätigen Nächstenliebe präsent? Das ist einer durch das christliche Selbstverständnis geprägten Lebenswelt eine offene und für die gelungene Lebensführung des Christen um so drängendere Frage. Nicht zufällig wird diese Frage deshalb auch in einer Form verhandelt, die genau den oben beschriebenen Bedingungen philosophischen Argumentierens entspricht. Die für das mittelalterliche Philosophieren so charakteristische literarische Form der Quaestionen-Disputation entwickelt die eigene Position in ausdrücklicher Auseinandersetzung mit den „guten Meinungen“ der Lebenswelt und den beglaubigten Autoritäten der Tradition. Die Form der Quaestionen-Disputation scheint mir deshalb neben der platonischen Dialogform eine besonders ausgezeichnete Darstellungsform des logon didonai der Philosophie.

Das zweite Beispiel, das ich heranziehen möchte, ist die nachhegelsche Frage des Zusammenhangs von Theorie und Praxis. Auch für sie gilt m.E., daß sich in ihr die Selbstverständigung einer Zeit zum Ausdruck bringt. In Negation der durch Hegel symbolisierten Unwirklichkeit der Philosophie kennt sie keine praxisfreie Theorie mehr, fordert radikal die „Verwirklichung" der Theorie und muß dennoch die Unabhängigkeit der Theorie um ihrer praktischen Wirkung willen eingestehen. Noch die marxistische Kritik lebt deshalb von der Vorstellung eines Wissens, das um seiner selbst willen erstrebt wird, aber nur erreicht werden kann, wenn es sich radikal an der Praxis orientiert. Vor allem in den neomarxistischen Überlegungen der Kritischen Theorie zeigt sich dieses Dilemma exemplarisch: So besteht nach Adorno der „wirkliche" Praxisbezug von Kunst und Philosophie gerade darin, daß sie sich vollständig von der gesellschaftlichen Wirklichkeit zu distanzieren und sie zu negieren versucht. Darin besteht die Freiheit von Kunst und Philosophie und aus dieser Freiheit gewinnen sie das Potential der Kritik. Gerade in der l'art pour l'art ist gesellschaftliche Wirklichkeit kritisch präsent, insofern sie die Negation des realen gesellschaftlichen Verblendungszusammenhangs ist und damit Kritik impliziert.

Im Kontrast zu diesen beiden historischen Beispielen mutet die Frage nach dem „Wozu der Philosophie" eigentümlich künstlich an. Aufklärung über die Praxis philosophischer Theorie hat für die Aufgabe, „die Zeit in Gedanken zu fassen" nur „negative" Bedeutung. Sie spiegelt die Bedeutungslosigkeit einer Theorie, die bereits in einer Weise verstanden wird, die sie von der skizzierten Vorstellung von Philosophie trennt. Theorie ist ihr ein schlichter Gegensatz zur Praxis geworden und nicht wie der Tradition als bios theoretikos bzw. vita contemplativa eine besondere Lebensform. Der Hintergrund der Fragestellung legt deshalb ein Wissen um seiner selbst willen bereits nicht mehr nahe.

Das zielt aber nicht darauf, den zeitgenössischen Vertretern der Philosophie Schuld zuzuweisen. Das hieße sich die Sache in konservativ-kulturkritischer Nostalgie allzu leicht zu machen. Tatsächlich mühen sich die namhaften Philosophen der Gegenwart in eindrucksvoller Weise an den Fragen der Zeit.[1] Beschrieben wird also nicht die mangelnde Fertigkeit oder Genialität der Gegenwartsphilosophen, sondern

[1] M. Riedel, dem dieser Beitrag zu seinem 60. Geburtstag zugeeignet ist, ist dafür ein herausragendes Beispiel. Er hat stets versucht, „inmitten der Zeit" zu denken. Er war einer der wenigen, die die dramatischen politischen Veränderungen des Zusammenbruchs des Ostblocks philosophisch und geistesgeschichtlich reflektiert haben. Vor allem aber hat er die moderne Welt auf ihre neuen Gestaltungskräfte und Gefahren hin zu durchdenken versucht und das Grundproblem einer vernünftigen, auf den λόγος hörenden Weltorientierung in einer durchtechnisierten und von der Macht der Bilder dominierten Welt immer wieder erörtert.

die „wirklichen" Bedingungen des Philosophierens. Die „Misere der Gegenwartsphilosophie" ist nicht, daß es ihr an „großen Köpfen" mangelte, sondern daß sie ihre „Arbeit des Begriffs" in einer Zeit unternehmen muß, die sich nicht „aufs Denken stellen" will. Es herrschen allem Anschein nach tempora inimica virtuti philosophae.

Folgt man meiner Problemerörterung, dann setzt Philosophie aber eine kulturelle Lebenswelt voraus, die Gegenstände kennt, die ein Wissen um ihrer selbst willen ermöglichen und ihr Selbstverständnis darüber bezieht. Natürlich kennen wir auch heute „Dinge", die wir um ihrer selbst willen erstreben. So gilt wohl vielen das Naturerlebnis als etwas, das jenseits von nützlichen Überlegungen um seiner selbst willen gesucht und erstrebt wird und das als inklusiver Teil einer gelungenen Lebensführung gilt. Gleiches gilt für die Kunst. Erlebnisse implizieren vielleicht Wissen, sie streben es aber nicht an; und Wissen geht in ihnen keineswegs auf.

Anders gesagt: Philosophie setzt eine Lebenswelt voraus, die „wirklich" philosophische Probleme generiert. Bereits Aristoteles hat deshalb den Anfang der Philosophie von bestimmten historischen Bedingungen abhängig gemacht. Philosophie ist demnach nicht die natürlichste Sache der Welt. Sie ist vielmehr das Produkt einer historisch-gesellschaftlichen Praxis. Es hat in der Geschichte der Philosophie kulturelle Phasen gegeben, in denen der Selbstverständigungsbedarf der Lebenswelt förmlich zur Philosophie gezwungen zu haben scheint: man kann dabei neben der griechischen Antike des 5. u. 4. vorchristlichen Jahrhunderts an das 12 u. 13. Jahrhundert, das Zeitalter der Französischen Revolution oder ans späte 19. vor allem aber an das frühe 20. Jahrhundert denken.

Solche Phasen können aber nicht herbeigeredet werden. Philosophisches Staunen hat die Struktur eines pathos, eines Widerfahrnisses. Man gerät ins Staunen, man kann sich nicht dazu entschließen. Sowenig wir uns selbst erschrecken oder überraschen können, so wenig können wir der Philosophie nach Belieben Bedeutung geben. Wir können auf wirkliche Probleme stoßen, schaffen können wir aber nur künstliche. Die lebensweltliche Kultur und die Spielregeln der Weltdeutung verweisen deshalb auf Philosophie oder sie tun es nicht. Für die Gegenwart scheint mir das jedenfalls nicht der Fall. Und dem entspricht der Zustand der Philosophie.

Die Philosophie der Gegenwart

„Was ist"-Fragen drücken, so sahen wir, eine Verlegenheit aus. Sie tauchen auf, wenn sich Dinge nicht mehr von selbst verstehen. Mit Blick auf die Frage nach der

Rolle der Philosophie läßt sich nun sagen, sie drängen sich dann auf, wenn es nicht mehr „wirklich" um „die Sache selbst" geht, sondern um den verzweifelten Versuch, selbst wieder eine „wirkliche" Sache zu bekommen. Die „Was ist Philosophie?"-Frage drückt dementsprechend die Verlegenheit aus nicht mehr selbstverständlich einen Gegenstand voraussetzen zu können, um den es uns zu tun ist. Statt uns über das richtige Verfahren zu unterhalten, uns die „Sache der Philosophie" anzueignen, haben wir ein überliefertes Verfahren, das wir gerne anwenden würden, ohne doch genau zu wissen worauf?

Muß ich – es soll dahingestellt bleiben, ob man es überhaupt kann – tatsächlich dafür argumentieren, daß es „göttliche" Dinge gibt, deren Wissen um seiner selbst willen erstrebt wird, dann ist die Sache bereits verloren. „Was das reine Denken soll, hat noch niemand verstanden, der es nicht selbst versuchte. Damit hat es sich noch nie anders verhalten."[1] Man kann sich den Sinn solchen Tuns nicht einreden, sondern er muß sich aus der lebensweltlichen Erfahrung und ihrem Selbstverständnis ergeben. Wie soll man jemandem die Lust der Angleichung ans Göttliche erklären, der davon ausgeht, daß es solches nicht gibt? Wie soll man jemandem die Lust am Schönen einreden, der es nicht erfahren hat bzw. nicht erfahren kann. Liebe zur Weisheit setzt nicht nur einen faktischen Mangel voraus, sondern auch das Wissen um ihn. Wer von seinem Mangel weiß, der weiß aber auch von dem, was ihm mangelt, von dem Wert dessen, was er erstrebt. Platon läßt deshalb den Eros eine Mittelstellung zwischen schön und häßlich, zwischen Göttern und Menschen, einnehmen. Er ist der Sohn von Poros (dem Sohn der Metis) und Penia und verdankt seine Zeugung der trunkenen Müdigkeit des Poros, die von Penia in ihrer Not (ἀπορία) ausgenutzt wurde. Wer demnach den Weg des Gedankens nicht kennt, der wird ihn auch nicht gehen können. Wie nämlich soll man jemandem begründen, daß er Gründen folgen soll? Für die Sache des reinen Denkens können wir deshalb vielleicht nicht argumentieren. Allerdings gibt es Zeiten, die es mehr oder weniger nahelegen, es mit dem reinen Denken zu versuchen.

In vielem scheint mir die gegenwärtige Philosophie statt wirklicher Probleme in dem beschriebenen Sinne zu haben, vielmehr auf neue zu warten. Inzwischen konzentriert sie sich recht und schlecht auf das Konservieren der traditionellen Bestände. Oder – und das ist durchaus selbstkritisch gemeint – wendet sich in vermeintlich systematischer Absicht Themen zu, deren wirkliche Bedeutung für das Projekt, die Zeit in Gedanken zu fassen, erst herbeigeredet und künstlich an die Lebenswelt angedockt werden müssen.

---

[1] R. Bubner, *Was kann, soll und darf Philosophie?*, in: *Wozu Philosophie?*, a.a.O., S. 1-16, S.1.

Dem entspricht die Ruhe, die in den Philosophischen Fakultäten eingekehrt ist. Vergleicht man die heutige Lage mit der von noch vor 30 oder 50 Jahren, so stellt man fest, daß von den großen Schulstreitigkeiten vergangener Tage nichts mehr geblieben ist. Statt der mutigen Überpointierung eines systematisch orientierten Radikal-zu-Ende-Denkens herrscht heute ein befliessner Eklektizismus vor. Man versucht sich von allem das Beste zu nehmen und gewinnt dabei in der Regel für die „Fragen der Zeit" gar nichts. Das Zutrauen in den radikalen Neuanfang ist geschwunden und wird statt dessen durch die Bemühung ersetzt, jede „Revolution der Denkungsart" historisch zu reflektieren und zu relativieren.

Aber nicht nur die Auseinandersetzungen in der Disziplin selbst haben sich gelegt. Auch die Fächer untereinander ignorieren sich lieber, als den Streit zu suchen. Vorbei die Zeit, als der Anspruch auf Vormachtstellung einer Disziplin gegenüber anderen offen und ehrlich formuliert wurde. Das Entweder-Oder ist auf breiter Front durch das Sowohl-als-auch ersetzt.

Viele akademische Philosophen sehen in der gegenwärtige Ruhe freilich eine Chance für die ungestörte Arbeit. Da die Schulstreitereien der Vergangenheit angehören oder allenfalls in Zimmerlautstärke geführt werden, sind auch die vermeintlich dramatischen systematischen Probleme auf ihre wahre Bedeutung zurückgestutzt. Versuche zu großen systematischen Entwürfen werden deshalb eher von Mißtrauen begleitet. Wenn wir darauf achten, wie wir selbst philosophische Vorträge kommentieren, dann in der Regel nicht – wie es immer so schön heißt – unter „systematischer" Perspektive. Wir nennen sie statt dessen mehr oder weniger „elegant", „gediegen", „sauber gearbeitet" oder – „irgendwie ganz interessant!".

Damit soll nicht bestritten werden, daß im Konservieren der alten Wissensbestände tatsächlich eine große Aufgabe der heutigen Schulphilosophie liegt. Im Gegenteil. Aufheben im Sinne des Bewahrens und Bereithaltens ist die Voraussetzung für die philosophische „Aufhebung" der Tradition im eigenen Gedanken. Das Aneignen der philosophischen Tradition aber will gelernt sein. Gerade weil die Liebe zur Sophia in der Grunge- und Techno-Kultur nicht einfach vorausgesetzt werden kann, ist die verständige Anleitung der Lektüre der Klassiker eine wichtige, wenn auch nur vorbereitende Aufgabe. Sie kann vielleicht die Lust am philosophischen Gedanken wecken und ins philosophische λόγον διδόναι einüben. Eine Philosophie, die sich ihrer „wirklichen" Bedeutungslosigkeit bewußt wird, ist deshalb noch keineswegs sinnlos.

Zusammenfassend läßt sich sagen, daß die Frage nach dem „Wozu der Philosophie" der Wahrnehmung ihrer offensichtlichen Bedeutungslosigkeit entspringt. Aber insofern Philosophie auf die Frage nach der eigenen Existenzberechtigung zurückgeworfen wird, erfüllt sie mittelbar dennoch die ihr zugedachte Aufgabe, „ihre Zeit in Gedanken zu fassen". Die Gegenwart enthüllt sich in ihr als eine Zeit, die sich von der Arbeit des philosophischen Begriffs nicht viel erhofft und sie durch die „wirkliche" Arbeit, den technischen Prozeß und die systemische Regulierung ersetzt.

Die „wirklichen Probleme" der Zeit, scheinen jedenfalls keine philosophische Selbstreflexion auszulösen, d.i. sie scheinen nicht von der Art zu sein, ein Wissen um seiner selbst willen zu rechtfertigen. Für die Philosophie gilt, was Adorno für die Kunst formulierte: „Zur Selbstverständlichkeit wurde, daß nichts, was die Kunst betrifft, mehr selbstverständlich ist." Um wieviel einfacher lag die Sache doch, solange Philosophie die tüchtige – und vielleicht etwas treu-doofe – ancilla theologiae sein konnte!

Hegel als Philosoph der Moderne

von Marek J. Siemek (Warschau)

Man sieht es heute deutlich genug, daß die imposanten Ergebnisse der neueren Hegel-Forschung insbesondere auf dem sozialphilosophischen Gebiet einen weitgehenden Konsens zumindest in bezug auf drei Hauptpunkte herbeigeführt haben. So sind wir heute fast alle darüber einig: 1. daß es eben die Sozialphilosophie ist, die den eigentlichen Kern des gesamten Hegelschen Denkens bildet; 2. daß die Grundfragen dieser Hegelschen Sozialphilosophie die Wesensart und die Problematik der modernen Gesellschaftlichkeit betreffen, d.i. dessen, was im reifen Werk Hegels unter dem Begriff der bürgerlichen Gesellschaft gedacht und beschrieben wird; 3. daß als Leitfaden dieser Hegelschen Analysen die Frage anzusehen ist, inwieweit jene modern-bürgerliche Vergesellschaftungsform eine mit dem Vorbild des klassisch-antiken Ethos vergleichbare Form der „sittlichen Totalität" herauszubilden vermag.

Die wichtigen Meinungsunterschiede und bedeutenden Debatten unter den Hegel-Kennern beginnen erst bei dem dritten Punkt. Was aber dabei auffällt, ist die Tatsache, daß sich die meisten hier einsetzenden Kontroversen auf nur eine Dimension der Hegelschen Fragestellung beschränken, indem sie nämlich vor allem den totalitätsfremden, durchaus entsittlichten Charakter der ganzen bürgerlich-gesellschaftlichen Moderne hervorheben. Strittig bleiben dann nur der Ausmaß und die Folgen dieser grundsätzlichen Unvereinbarkeit des Modernen mit dem Sittlichen, und hier variieren die Standpunkte je nach der Bewertung der Tiefe und der Schärfe dieses Auseinanderklaffens beider. Demgemäß bewegen sich die wesentlichsten Diskussionen im Problemkreis der Beziehungen zwischen der „bürgerlichen Gesellschaft" und der echt „sittlichen" Gemeinschaftsformen, die bei Hegel durch die Familie, vor allem aber durch den Staat vertreten werden. Aus diesen Diskussionen ergibt sich immerhin eine überwiegend kritische, wenn nicht eindeutig negative Beurteilung des ganzen Hegelschen Vorhabens. Was hier in verschiedenen Hinsichten und mit differenziertem Grad der Ablehnung doch am stärksten hervorgehoben wird, ist die

Unzulänglichkeit, ja die Scheinbarkeit der von Hegel konzipierten Lösung jenes Hauptproblems der modernen Welt.[1] Hegels Glaube, die ethischen Defizite der um die Partikularität und Privatheit rein ökonomischer Interessen organisierten modernen Gesellschaft durch die politische Rationalität der gemeinschaftsstiftenden Öffentlichkeit im modernen Staat überwinden zu können, sollte sich als theoretisch unbegründet und praktisch illusionär erwiesen haben. Daraus sollte denn auch das endgültige Scheitern seines Versuchs folgen, eine „sittliche Totalität" im Rahmen der bürgerlichen Gesellschaft wiederherzustellen, oder die philosophische Grundlegung eines Ethos der Moderne zu leisten.

Jedoch scheint diese strenge Beurteilung Hegels voreilig zu sein, zumindest solange die ihr zugrundeliegende Vorentscheidung nicht klar genug ausgesprochen und erörtert wird. Was nämlich die meisten Hegel-Kritiker ziemlich einstimmig hier unterstellen, ist der unproblematische, weil selbstverständliche Inhalt und Sinn seines Begriffs der Sittlichkeit. Überraschend viele sonst sehr scharfsinnige Autoren scheinen den wesentlichen Bedeutungs- und Funktionswandel, dem eben dieser Zentralbegriff beim späten Hegel so offenbar unterliegt, vollständig zu übersehen und an dessen ursprünglichem, noch aus Hegels Frühschriften bis auf die Jenaer Zeit stammendem Verständnis unabänderlich festzuhalten. Dieser erste, beim jungen und noch „mittleren" Hegel zweifellos ausschlaggebende Begriff der Sittlichkeit als substantieller „Macht der Vereinigung", die nach dem Archetyp und Mythos der antiken polis die menschlichen Individuen in lebendiger Totalität ihres gemeinschaftlichen Ethos sinnvoll zusammenhält, konnte zwar der anfänglichen Auseinandersetzung Hegels mit der modernen Gesellschaft als kritische Folie vorbildlich dienen, eben weil er die trostlose Entzweiung, Vereinzelung und – in diesem Sinne wohl unausweichliche – „Entsittlichung" als konstitutives Prinzip dieser Gesellschaft klar ans Tageslicht brachte. Er taugte aber nicht dazu, den neuartigen, eben in dieser Entzweiung und durch sie entstehenden Zusammenhalt der menschlichen Welt, oder ihre andersgeartete Einheit und Totalität, überhaupt auf den Begriff zu bringen.

Hegels Abschied von dieser antik-griechisch hochstilisierten Auffassung des Sittlichen beginnt schon sehr früh: seinen Anfang bildet zweifelsohne das bereits in Jena einsetzende Bewußtsein, daß der substantielle Ethos der Griechen unwiederbringlich in die Vergangenheit gehört. Die immer klarer werdende Einsicht in die Unmöglichkeit, etwas der antiken polis Ähnliches in der modernen Welt wiederherzustellen, bahnt aber nur den Weg für die noch langwierige „Anstrengung des Be-

[1] Neulich z.B. Jürgen Habermas, *Der philosophische Diskurs der Moderne. Zwölf Vorlesungen*, Suhrkamp, Frankfurt/M. 1985, das Kapitel »Hegels Begriff der Moderne«.

griffs", die erst in der Berliner *Rechtsphilosophie* ihre reifen Früchte erntet. Als eine der wichtigsten unter ihnen zeigt sich das radikal neue Konzept der Sittlichkeit.

Dem Inhalt dieses Konzepts auf die Spur zu kommen, ist die eigentliche Absicht der folgenden Bemerkungen. Es kommt also darauf an, den dritten der am Anfang genannten Punkte dadurch weiterzubestimmen und zu konkretisieren, daß ihm der vierte Punkt hinzugefügt werde: nämlich die These, 4. daß die modern-bürgerliche Vergesellschaftungsform ihre e i g e n e Art der sittlichen Totalität herausbildet und darstellt, die sich von jener vermeintlich „antiken" in der Tat wesentlich unterscheidet, die es aber nicht mehr braucht, sich mit ihr zu messen, weil sie ihr in jeder Hinsicht überlegen ist.

I

Daß Hegels Theorie der modernen Welt ihre reife Gestalt erst in der *Rechtsphilosophie* erreicht, wird gegenwärtig kaum mehr bestritten. Das Wesen des dort vollzogenen Durchbruchs pflegt man auch ziemlich übereinstimmend in der systematischen Art und Weise zu erblicken, wie Hegel die Grundstruktur der modernen Vergesellschaftungsform unter dem Titel der b ü r g e r l i c h e n G e s e l l s c h a f t erstmals als ein Ganzes thematisiert und auf den kategorial eigenständigen Begriff bringt. Es gilt ebenfalls als überzeugend erwiesen, daß der Inhalt und der systematische Ort dieses neuen Begriffs trotz des starken Anscheins einer grundsätzlichen Kontinuität über die schon in der Jenaer Zeit so intensiv geführten Auseinandersetzungen Hegels mit der ganzen ökonomischen Sphäre der Bedürfnisse und der Arbeit doch weit hinausgehen. Hier weist man mit recht vor allem darauf hin, daß der neue Begriff den endgültigen Bruch mit der traditionellen – eben prämodernen – Auffassung der menschlichen Gesellschaftlichkeit bedeutet, die seit Aristoteles gerade darin bestand, die „bürgerliche Gesellschaft" (s o c i e t a s c i v i l i s oder k o i n o n i a p o l i t i k e) als unmittelbar identisch mit dem „Staat", der c i v i t a s oder p o l i s zu denken. Die von Hegel erst in der *Rechtsphilosophie* scharf und konsequent durchgeführte Trennung dieser beiden Sphären läßt dementgegen die eigentliche Substanz der modernen Sozialität klar hervortreten, indem sie die wichtigsten Ergebnisse der gesellschaftlichen, ökonomischen und politischen Umwälzung des modernen Zeitalters endlich zum adäquaten Ausdruck bringt.[1]

[1] Vgl. hierzu das bahnbrechende Studium von Joachim Ritter, *Hegel und die Französische Revolution*, Frankfurt/M. 1965. Vgl. auch Manfred Riedel, *Studien zu Hegels Rechtsphilosophie*, Frankfurt/M. 1969, insbesondere das Kapitel »Hegels Begriff der bürgerlichen Gesellschaft und das Problem seines geschichtlichen Ursprungs«.

Mit seinem Konzept der bürgerlichen Gesellschaft will aber Hegel nicht bloß von der für die moderne Welt ausschlaggebenden Verselbständigung der ökonomischen Tätigkeit von Menschen zum alles übergreifenden System privater Bedürfnisse und Interessen Rechenschaft geben. Der eigentliche Schwerpunkt seines Gedankens liegt vielmehr darin, diese Sphäre der nunmehr gesellschaftlichen Arbeit als Entstehungsort und zugleich als tragende Macht des neuen Prinzips der Sozialisierung zu erkennen, nämlich eines solchen, das die unmittelbare Vergesellschaftungsform der traditionsgebundenen Gemeinschaften unwiderruflich zersetzt und ablöst. Mit der Freisetzung der sozial-ökonomischen Existenzgrundlage, die in den vormodernen Lebensformen noch restlos durch die unmittelbaren, „natürlichen" Abhängigkeits- und Herrschaftsverhältnisse bestimmt wurde – und darum selbst in der griechischen polis hinter der Tür des oikos als Haus- und Familienwirtschaft dicht eingesperrt war, was seinerseits den Hausherrn ebenso unmittelbar zum autonomen Mitglied der politischen Gemeinschaft von „Freien und Gleichen" oder zum Staatsbürger, polites, machte, – wurde nicht etwa ein Teil dieser Verflechtung, sondern sie selbst als Ganzes, als „Totalität" zerstört. Die bürgerliche Gesellschaft der Moderne bringt also mit sich nicht nur die Zerspaltung der undifferenzierten Identität von civitas und societas civilis, die als Absonderung und beiderseitige Freilassung voneinander der ökonomisch-sozialen und der politisch-staatlichen Lebenssphäre zunächst erscheint. Vielmehr zersprengt sie – mit demselben Schlag, aber weit darüber hinaus – auch jede auf solcher unmittelbaren Verschränkung von Staat, Gesellschaft und Familie gegründete Totalität der „alten" Sittlichkeit, und zwar dadurch, daß sie der letzteren gegenüber die unwiderstehliche Macht der Vermittlung vertritt und verkörpert.

Gerade dies beinhaltet die tiefsinnigste der von Hegel in der *Rechtsphilosophie* angegebenen Definitionen: „Die bürgerliche Gesellschaft ist die Differenz, welche zwischen die Familie und den Staat tritt".[1] Das „Zwischen" weist unmißverständlich auf die Distanz der Mittelbarkeit hin, die ins menschliche Leben überall hineindringt, die aber zuerst den Menschen um die „sittliche" Selbstverständlichkeit seiner orientierungsgebenden Stütze in den überindividuellen Bindungen und Abhängigkeitsstrukturen der naturwüchsigen Gemeinschaftsformen wie Familie und alter Herrschaftsstaat endgültig bringt. Das moderne, auf Vermittlung basierende Vergesellschaftungsprinzip läßt dabei jene „sittlichen Totalitäten" der alten Welt nicht einfach verschwinden; es tritt vielmehr selbst an ihre Stelle, um sie zu ersetzen. Daß sie erst dadurch als solche, nämlich als sittlich,

[1] G. W. F. Hegel, *Grundlinien der Philosophie des Rechts*, § 182, Zusatz.

überhaupt gesetzt und erkannt werden können, ist die wichtigste ethische Leistung der Moderne. Als „Differenz zwischen" der Familie und dem Staat bildet demnach die bürgerliche Gesellschaft primär kein ökonomisches, sondern wohl ein ausgesprochen sittliches Phänomen der menschlichen Welt.

Freilich wird das Verständnis dieses fundamentalen Tatbestandes durch die äußere Konstruktion der *Rechtsphilosophie* nicht erleichtert. Die explizite Darstellung und Erörterung der bürgerlichen Gesellschaft zwar innerhalb der „Sittlichkeit", aber nur als deren einen, und dazu bloß negativen Teilbereich (als „das System der in ihre Extreme verlorenen Sittlichkeit"[1]), veranlaßt noch immer viele Interpreten Hegels zu behaupten, es gäbe hier, außer der bloß terminologischen Neuigkeit, keinen sachlich wesentlichen Unterschied zu der von Hegel bereits in der Jenaer Realphilosophie errungenen Einsicht in durchaus negatives Verhältnis des gegenseitigen Sich-Ausschließens, das zwischen dem Sittlichen als solchem und der ganzen für die moderne Gesellschaft konstitutiven Sphäre der Bedürfnisse und der Arbeit bestehen sollte. Was bei solchen Behauptungen übersehen wird, ist die Tatsache, daß die bürgerliche Gesellschaft in der *Rechtsphilosophie* gar nicht allein im so betitelten zweiten Abschnitt des dritten Teils auftritt und behandelt wird, sondern den eigentlichen Gegenstand und Inbegriff der gesamten Darstellung bildet. In dem Sinne muß man grundsätzlich der These zustimmen, daß „Hegels Rechtsphilosophie eine Theorie der bürgerlichen Gesellschaft (ist)".[2]

Das heißt: sie ist es durchgängig und als Ganzes. Die bürgerliche Gesellschaft – als neuer terminologischer Ausdruck für den erst hier von Hegel gedanklich erfaßten neuen Begriff der modernen Gesellschaft schlechthin – ist in der *Rechtsphilosophie* vom Anfang an allgegenwärtig. Nichts anderes als eben diese durchaus moderne Form der ökonomischen und gleichzeitig zivilen Vergesellschaftung durch Individualisierung wird bereits in den beiden ersten Teilen, im „abstrakten Recht" und in der „Moralität", ausführlich analysiert, und zwar im Hinblick auf ihr allererstes Prinzip: die äußere und die innere Freiheit des von allen substantiellen Banden der alten „Sittlichkeit" entlassenen Individuums.

> „Das Prinzip der selbständigen in sich unendlichen Persönlichkeit des Einzelnen, der subjektiven Freiheit, das innerlich in der christlichen Religion und äußerlich, daher mit der abstrakten Allgemeinheit verknüpft, in der römischen Welt aufgegangen ist, kommt

1 Ebenda, § 184.

2 Siegfried Blasche, *Natürliche Sittlichkeit und bürgerliche Gesellschaft. Hegels Konstruktion der Familie als sittliche Intimität im entsittlichten Leben*, in: M. Riedel (Hrsg.), *Materialien zu Hegels Rechtsphilosophie*, Bd. 2, Frankfurt/M., 1975, S. 312.

> in jener (hier: der griechischen; M.J.S.) nur substantiellen Form des wirklichen Geistes nicht zu seinem Rechte".[1]

In der Gestalt ihrer historischen Urtypen treten hier die theoretischen Grundbestimmungen der bürgerlich-gesellschaftlichen Modernität klar hervor. Der „römischen Welt" verdankt die Moderne ihr R e c h t s s y s t e m , das gerade kraft seiner „abstrakten Allgemeinheit" die äußere Freiheit und Gleichheit der Menschen als einzelner Privatpersonen universalisiert und dadurch schon im Eigentum, erst recht aber im Vertrag die allgemeingültigen Regeln des interpersonalen Verkehrs öffentlich aufstellt und institutionalisiert. Den Geltungs- und Anwendungsbereich dieser Regeln, die insofern wesentlich aus der durchaus intersubjektiven „Beziehung von Willen auf Willen" entstehen, mithin erst durch „diese Vermittlung" zustandekommen, „Eigentum nicht mehr nur vermittels einer Sache und meines subjektiven Willens zu haben, sondern ebenso vermittels eines anderen Willens und hiermit in einem gemeinsamen Willen zu haben",[2] bildet aber nicht mehr die römische, sondern ausschließlich die moderne Welt. Es ist der Napoleonische C o d e c i v i l als Gesetzbuch der nachrevolutionären Gesellschaft, wo sich der b o u r g e o i s schon ausdrücklich vom c i t o y e n abgetrennt und s e i n e Rechtsordnung als autonomes, auf sich selbst gestelltes System der unverletzbaren M a t h e m a t i k s e i n e r F r e i h e i t durchgesetzt hat, der hier für Hegel den eigentlichen Bezugspunkt der Darstellung ausmacht. Daß Hegel gerade von dieser nur formellen und darum „abstrakt"-rechtlichen, d.i. sachbezogenen, verdinglichten Freiheitsdimension des modernen Menschen ausgeht, ist aber zugleich ein unmißverständlicher Ausdruck seines Bestrebens, „das Prinzip der selbständigen in sich unendlichen Persönlichkeit des Einzelnen" als begrifflich und normativ unhintergehbare Grundlage der Modernität aufzufassen.

Dasselbe Prinzip, nur in seinem „inneren" Aspekt, nämlich als subjektive Freiheit des individuellen M o r a l b e w u ß t s e i n s , kommt in dem von der „christlichen Religion" zwar herstammenden, dann aber durch die Reformation, Aufklärung und moderne „Bildung" grundsätzlich säkularisierten U n i v e r s a l i s m u s d e r a u t o n o m e n E i n z e l s u b j e k t i v i t ä t zum Ausdruck, der im zweiten Teil der *Rechtsphilosophie* als „Moralität" dargestellt wird. Man muß dabei klar einsehen, daß es sich hier um keine „höhere Stufe" der abstrakt-rechtlichen, versachlichten Privatperson, sondern um deren innere Kehrseite und insofern notwendige Begleiterscheinung handelt. Beides gehört unzertrennlich zusammen. Es ist ein und derselbe m o d e r n e Einzelmensch, der als Besitzer eines Eigentums einerseits mit an-

---

[1] G. W. Fr. Hegel, *Grundlinien*, a.a.O., § 185.
[2] Ebenda, § 71.

deren seinesgleichen verbindliche Verträge abschließt und beachtet, andererseits – gleichzeitig und mit einem Schlag – den normativen Geltungsanspruch dieser Verträge auch subjektiv, in seinem Selbstbewußtsein und Gewissen, einsieht und anerkennt. Das durchaus *moralische*, weil auf eigene Selbstvergewisserung jedes Einzelsubjekts gegründete Prinzip der *Anerkennung*, liegt ja schon dem *rechtlichen* Begriff des Vertrags zugrunde, und zwar mit dem darin enthaltenen Anspruch auf die *Reziprozität*: ihrem normativen Begriff nach, muß die Anerkennung gegenseitig sein. In der Forderung, das Rechtmäßige zugleich als das Gerechte und damit das Richtige und Gute allgemein geltend zu machen, manifestiert das Individuum als Subjekt der modernen „Moralität" denselben unhintergehbaren Willen, mit allen anderen Individuen nur im Verhältnis des *äquivalenten Austauschs der Subjektivität* zu stehen, der in „abstraktrechtlichen" Institutionen des Eigentums und des Vertrags seine objektive Verwirklichung findet. In beiden Sphären haben wir es mit derselben „selbständigen in sich unendlichen Persönlichkeit des Einzelnen" zu tun, die sich gerade durch diese Differenz und Vermittlung zwischen Legalität und Moralität als Produkt und Träger der *modernen Vergesellschaftungform* unmißverständlich wiedererkennen läßt.

Der äußere Formalismus des Rechtssystems und die innere Autonomie des subjektiven Moralbewußtseins gehören also wesentlich zusammen, nämlich als zwei separate, aber parallele und sich gegenseitig durchdringende Teilgebiete einer und derselben *bürgerlichen Gesellschaft*. Insofern bilden sie keine Vorstufen, sondern konstitutive Stützen der modernen Sozialität, die sich gerade durch diese Entzweiung und gegenseitige Vermittlung beider Sphären von der undifferenzierten Einheit „jener nur substantiellen Formen" der prämodernen, unmittelbaren Gesellschaftlichkeit erst abhebt. Das „abstrakte Recht" und die „Moralität" im verselbständigten Nebeneinander ihres Bestehens und Geltens weisen auf die unverrückbare Tatsache hin, daß die substantielle Totalität der „alten Sittlichkeit" bereits aufgelöst ist; denn sie beide sind nichts anderes als Produkte eben dieser Auflösung.

Damit aber bestimmen die beiden, das Rechtssystem und das Moralbewußtsein, den unüberschreitbaren Rahmen einer in der modern-bürgerlichen Gesellschaftsordnung noch möglichen „Sittlichkeit". Die letztere kann nämlich nur als *intersubjektive* Normativität gedacht werden, die ihren Anspruch auf Allgemeingültigkeit ausschließlich *vermittelst* des Bewußtseins und Willens von Einzelnen legitimieren und daher auch durchsetzen kann. Daß eine solche andersgeartete Normativität, die den vormodernen Ethos des im sittlichen Allgemeinen der Gemeinschaft unmittelbar und restlos aufgehenden Einzelnen durch das Vermittlungsprinzip der freigesetzten und als Besonderheit „entlassenen" Individualität des modernen Menschen ersetzt, nicht nur als möglich und wirklich, sondern auch als ethisch selbstgenügsam legitim begründet werden kann und muß, ist die eigentliche Leistung der in Hegels *Rechtsphilosophie* entworfenen Theorie der Moderne.

II

So sehr die bürgerliche Gesellschaft als eigentliche Substanz der modernen Vergesellschaftungsform sich bereits im abstrakten Privatrecht und in der subjektiven Moral unverkennbar zur Schau stellt, so erhält sie doch ihren begrifflich-systematischen Ort nicht zufällig erst im Bereich der Sittlichkeit. In der Architektonik jenes dritten Teils der *Rechtsphilosophie* kommt sie freilich nur als eine, und zwar die „mittlere", mithin bloß negative und in einem „Dritten" aufzuhebende Dimension des eigentlich Sittlichen vor. Dies kann aber nicht darüber hinwegtäuschen, daß die ganze hier dargestellte „Sittlichkeit" keine andere als die der bürgerlichen Gesellschaft ist. Es ist die letztere, die eben als „Differenz, welche zwischen den Staat und die Familie tritt", die die Gesamtstruktur der „sittlichen Totalität" neuer Art organisiert und insofern als eigentlicher Entstehungsort und Entwicklungsfaktor des modernen Ethos hier überall waltet.

Bereits auf den ersten Blick sieht man, daß sowohl die Familie, als auch der Staat im letzten Teil der *Rechtsphilosophie* keine Alternative für die bürgerliche Gesellschaft bilden, sondern ganz eindeutig ihre Familie und ihren Staat darstellen. Insofern sind beide, die Familie und der Staat, weder als sorgfältig zu schützende Residuen, noch als erst zu schaffende Abwehrbastionen der echten Sittlichkeit anzusehen, deren Sinn und Aufgabe darin bestünde, den gemeinschaftsstiftenden Ethos des Allgemeinen vor dem überwältigenden Angriff des ins Unendliche getriebenen Egoismus der bürgerlich-gesellschaftlichen Besonderheit zu verteidigen. Im Gegenteil: die in jenen beiden Gemeinschaftsformen der Moderne verwirklichte Allgemeinheit selbst ist durch das individualistische Prinzip der Besonderung zutiefst geprägt, weil sie dadurch vermittelt und als solche eigentlich erst hervorgebracht wird.

Was Hegel hier als Familie beschreibt, ist ja nichts anderes als die auf dem freiwillig gewählten Zusammenleben der Ehegatten als Einzelpersonen gegründete moderne Kleinfamilie.[1] Sie vertritt den erst auf Grundlage der bürgerlich-gesellschaftlichen Individualisierung möglichen Bereich der freien, ungezwungenen und über-

[1] Vgl. S. Blasche, *Natürliche Sittlichkeit...*, a.a.O., S. 316 ff.

haupt nicht zweckbedingten Wechselbeziehung zwischen den Menschen, die nur durch das subjektive Gefühl der Liebe und den ebenso subjektiven Willen, miteinander und füreinander zu sein, in einer intimen Gemeinschaftlichkeit des Privatlebens zusammenkommen. Die moderne Familie ist demnach keinesfalls als Nische der Intimität und Privatheit innerhalb des anonym-homogenen, an sich familienfeindlichen Raums der bürgerlichen Gesellschaft zu betrachten; was sie darstellt, ist vielmehr die ureigene Selbstorganisationsform eben dieser Gesellschaft, nämlich sofern sie aus Privatpersonen unterschiedlichen Geschlechts besteht. Die bürgerliche Gesellschaft steht bei der modernen Familie nicht nur Pate, insofern sie deren virtuelle Mitglieder, freigesetzte Einzelpersonen der Moderne, stets produziert und reproduziert, sondern sie macht auch ihren eigentlichen Sinn und Zweck aus, indem sie nämlich die durch die Familie erzogenen Kinder ihr wegnimmt und wiederum als selbständige Individuen freisetzt, deren jedes zum „Sohn der bürgerlichen Gesellschaft“[1] wird, wodurch diese Gesellschaft selbst den „Charakter der allgemeinen Familie“[2] annimmt.

Die bürgerliche Gesellschaft, in der die Familie nach der Erziehung der Kinder ihre Auflösung findet, liegt ihr freilich als „Vermögen der Familie“ auch zugrunde. Jedoch wird sowohl der Erwerb als auch der Verbrauch dieser ökonomischen Grundlage der modernen Kleinfamilie von der eigentlichen Erörterung der „Familie“ selbst nicht zufällig ausgeklammert. Dadurch will Hegel zweierlei hervorheben. Einerseits, daß die Familienmitglieder in bezug auf ihre wirtschaftliche Subsistenz und soziale Stellung genauso wie alle anderen Individuen als Angehörige der bürgerlichen Gesellschaft anzusehen sind, die ihren Lebensunterhalt innerhalb eines und desselben allumfassenden Systems der Bedürfnisse und der gesellschaftlichen Arbeit zu verdienen haben, und daß damit die bürgerliche Gesellschaft „das Bestehen der ganzen Familie selbst der Abhängigkeit von ihr, der Zufälligkeit [...] unterwirft“.[3] Andererseits aber, daß die Familie als solche, d.i. in ihrem ethischen Wert einer echt menschlichen Kommunikations- und Gemeinschaftsform, die in der Unmittelbarkeit der selbstlosen, nur durch Liebe und Hingabe bestimmten Wechselbeziehung von Individuen besteht, erst infolge dieser Vermittlung durch das bürgerlich-moderne Vergesellschaftungsprinzip entsteht, das die ganze Vorsorge für sozial-ökonomische Existenzbasis der Familie in den äußeren Bereich der Erwerbs- und Berufstätigkeit ihrer Mitglieder verschiebt, mithin die Familie selbst davon befreit, und gerade damit sie als sittliche Totalität

1 G. W. Fr. Hegel, *Grundlinien*, a.a.O., § 238.
2 Ebenda, § 239.
3 Ebenda, § 238.

der intim-privaten Lebenssphäre erst hervortreten läßt. Die in der modernen Familie verkörperte „Sittlichkeit" setzt sich also nicht trotz der bürgerlich-gesellschaftlichen Umgebung und ihr zuwider durch, sondern kraft und vermittelst ihrer. Diese Sittlichkeit wird als solche erst durch die bürgerliche Vergesellschaftungsform freigesetzt und insofern kann mit gutem Grund als die eigene, selbsterzeugte Sittlichkeit der Moderne betrachtet werden.

Dasselbe gilt auch, und zwar im noch stärkeren Grad, für das andere Glied jener dem modernen Ethos zugrundeliegenden „Differenz", die durch die bürgerliche Gesellschaft zugleich produziert und vermittelt wird: nämlich für den Staat. Die besonders zahlreichen Mißverständnisse in der Deutung der Hegelschen Staatslehre scheinen doch ihren Grund nicht zuletzt darin zu haben, daß die eindeutige Zuordnung des ganzen hier dargestellten „Staats" eben zu der bürgerlichen Gesellschaft übersehen wird. Was Hegel im letzten Abschnitt seiner Rechtsphilosophie als die höchste Erfüllung der „Sittlichkeit" beschreibt, ist ja nicht irgendwelcher, sondern ganz bestimmt der moderne Staat, das eigene und selbsterzeugte politische Gebilde der bürgerlichen Gesellschaft, das ebenso wie die moderne Familie, und genau parallel zu ihr, die Eigenart der durch diese Gesellschaftsform produzierten „sittlichen Substanz" auf dem nicht mehr intim-privaten, sondern schon öffentlich-politischen Niveau vertritt und verkörpert.[1]

Wie die moderne Familie, wird auch der moderne Staat von Hegel aus einem und demselben Prinzip der Vergesellschaftung durch Individualisierung begriffen. Den wesentlichen Unterscheidungsgrund bildet hier wie dort die Bezugnahme auf verschiedene sozialpolitische Gebilde der vormodernen, unmittelbaren Gesellschaftlichkeit, die auf autoritäre Herrschaft sowohl im familialen wie auch im öffentlich-staatlichen Leben gründeten. Die Entfesselung und Freisetzung der autonomen Einzelsubjektivität bleibt hier wie dort entscheidend:

> „In den alten Staaten war der subjektive Zweck mit dem Wollen des Staates schlechthin eins, in den modernen Zeiten dagegen fordern wir eine eigene Ansicht, ein eigenes Wollen und Gewissen. Die Alten hatten keines in diesem Sinne; das Letzte war ihnen der Staatswille. Während in den asiatischen Despotien das Individuum keine Innerlichkeit und keine Berechtigung in sich hat, will der Mensch in der modernen Welt in seiner Innerlichkeit geehrt sein".[2]

Diese Differenz, und zwar eben als Grund für die eindeutige Überlegenheit der Moderne, bezieht sich dabei gar nicht nur auf die „asiatischen Despotien", die von Hegel sonst als organisierte Systeme der menschlichen Unfreiheit schon immer

[1] Hierzu vgl. das nach wie vor ausschlaggebende Buch von Shlomo Avineri, *Hegels Theory of the Modern State*, London-New York 1972 (dt. *Hegels Theorie des modernen Staats*, Frankfurt/M. 1975).

[2] G. W. Fr. Hegel, *Grundlinien*, a.a.O., § 261, Zusatz.

angesehen wurden; sie gilt nunmehr auch, und vielleicht vor allem, für die von Hegel einst so ersehnte „sittliche Totalität" der klassischen Antike, die durch „schöne Freiheit" der griechischen p o l i s am vollständigsten vertreten wurde.

> „In den Staaten des klassischen Altertums findet sich allerdings die Allgemeinheit vor, aber die Partikularität war noch nicht losgebunden und freigelassen und zur Allgemeinheit, d.h. zum allgemeinen Zweck des Ganzen zurückgeführt. Das Wesen des neuen Staates ist, daß das Allgemeine verbunden sei mit der vollen Freiheit der Besonderheit und dem Wohlergehen der Individuen, daß also das Interesse der Familie und bürgerlichen Gesellschaft sich zum Staate zusammennehmen muß, daß aber die Allgemeinheit des Zwecks nicht ohne das eigene Wissen und Wollen der Besonderheit, die ihr Recht behalten muß, fortschreiten kann. Das Allgemeine muß also betätigt sein, aber die Subjektivität auf der anderen Seite ganz und lebendig entwickelt werden. Nur dadurch, daß beide Momente in ihrer Stärke bestehen, ist der Staat als ein gegliederter und wahrhaft organisierter anzusehen".[1]

Das subjektive Moment wird im modernen Staat durch „die Individuen der Menge" vertreten, die jedoch ihre Partikularität nur innerhalb und vermittelst der objektiv institutionalisierten Allgemeinheit verwirklichen können – eben weil sie „in den Institutionen, als dem an sich seienden A l l g e m e i n e n ihrer besonderen Interessen, ihr wesentliches Selbstbewußtsein haben".[2] Aber auch jene objektiven (allgemein anerkannten) Institutionen, die die V e r f a s s u n g des Staats ausmachen und insofern die „Grundsäulen der öffentlichen Freiheit"[3] sind, bedürfen ihrerseits der Vermittlung durch die „politische Gesinnung"[4] der Individuen. Die letztere – übrigens von Hegel eindeutig mit dem Patriotismus gleichgesetzt – hat aber wiederum ihre institutionellen Wurzeln:

> „Die politische G e s i n n u n g, der P a t r i o t i s m u s überhaupt, als die in W a h r h e i t stehende Gewißheit [...] und das zur G e w o h n h e i t gewordene Wollen ist nur Resultat der im Staate bestehenden Institutionen, als in welchen die Vernünftigkeit w i r k l i c h vorhanden ist, so wie sie durch das ihnen gemäße Handeln ihre Betätigung erhält".[5]

Dem politischen Ethos der Moderne liegt also nach Hegel ein V e r f a s s u n g s p a t r i o t i s m u s zugrunde, der durch den intersubjektiven Konsens von „Individuen der Menge" über die konstitutiven Regeln ihres modern-bürgerlichen Gemeinwesens die individuelle Freiheit eines jeden von ihnen erst möglich macht.

---

1 G. W. Fr. Hegel, *Grundlinien*, a.a.O., § 260, Zusatz.
2 Ebenda, § 264.
3 Ebenda, § 265.
4 Ebenda, § 267.
5 Ebenda, § 268.

„Diese Gesinnung ist überhaupt das Zutrauen (das zu mehr oder weniger gebildeter Einsicht übergehen kann), das Bewußtsein, daß mein substantielles und besonderes Interesse im Interesse und Zwecke eines anderen (hier des Staates) als im Verhältnis zu mir als Einzelnem bewahrt und enthalten ist, womit eben dieser unmittelbar kein anderer für mich ist und Ich in diesem Bewußtsein frei bin".[1]

Was Hegel hier meint, ist eindeutig die im freiheitlich-demokratischen Rechtsstaat verwirklichte politische Ethik der modernen Zivilgesellschaft. Denn die Grundlage dieser Ethik bilden, außer der „Heiligkeit der Ehe", doch „die Institutionen, worin die bürgerliche Gesellschaft als sittlich erscheint".[2] Eben diese eigene Sittlichkeit der bürgerlichen Gesellschaft kommt in der politischen Selbstorganisation und Verfassung ihres Staats zum Ausdruck. Im Gegensatz zum alten Ethos der griechischen polis besteht hier die Wesensart des Sittlichen in keiner unmittelbaren (geschlossenen), sondern in einer vermittelten, prinzipiell offenen „Totalität". Die ethische Substanz der kommunikativen Gemeinschaftlichkeit wird hier aufgebaut nicht außerhalb und trotz, sondern innerhalb und vermittelst der Isolierung und Abgrenzung von Individuen. Die steigende Differenzierung der Gesellschaft durch Arbeits-, Funktions- und Rollenteilung geht mit der sowohl kognitiv-begrifflichen als auch praktisch-normativen Rationalisierung des menschlichen Zusammenlebens einher, die gerade dadurch zustandekommt, daß die Einzelnen große Teile ihrer Subjektivität auf intersubjektiv wirkende und geltende, weil gesellschaftlich und politisch institutionalisierte Vermittlungs- und Stellvertretungsorgane übertragen. Damit retten sie einerseits den Kern ihrer persönlich-subjektiven Freiheit, die gerade zwischen diesen Teilungen und Distanzen ihren mehr oder weniger autonomen Spielraum findet; andererseits prägen sie jene Institutionen und Organe der gesellschaftlichen Vermittlung mit dem gemeinschaftsstiftenden Zutrauen und dem verständigungsorientierten Willen zur kommunikativen Reziprozität.

Auf diese immer vermittelte, offene und sozusagen dezentrierte, durch und durch limitierende und teilende Sittlichkeit der Moderne in ihrer zivilgesellschaftlichen Eigenart und insbesondere in ihrer daraus folgenden Inkommensurabilität mit dem griechisch-antiken Vorbild kommt Hegel nochmals in den *Vorlesungen über die Geschichte der Philosophie* zurück. Im Zusammenhang mit der Darstellung der Aristotelischen *Politik* weist er nämlich kurz, aber sehr einleuchtend auf das „verschiedene Prinzip alter und moderner Staaten" hin, welches gerade darin besteht, daß die

---

1 G. W. Fr. Hegel, *Grundlinien*, a.a.O., § 268.
2 Ebenda, § 265, Zusatz.

modernen auf die freigesetzte Individualisierung der bürgerlichen Gesellschaftlichkeit gründen. So war Griechenland

> „unbekannt mit dem abstrakten Recht unserer modernen Staaten, das den Einzelnen isoliert, ihn als solchen gewähren läßt (so daß er wesentlich als Person gilt) und doch als ein unsichtbarer Geist alle zusammenhält, – so daß aber in keinem eigentlich weder das Bewußtsein noch die Tätigkeit für das Ganze ist; er wirkt zum Ganzen, weiß nicht wie, es ist ihm nur um Schutz seiner Einzelheit zu tun. Es ist geteilte Tätigkeit, von der jeder nur ein Stück hat; wie in einer Fabrik keiner ein Ganzes macht, nur einen Teil, und die anderen Geschicklichkeiten nicht besitzt, nur einige die Zusammensetzung machen".[1]

Hegels eindeutiger Abschied vom griechischen Mythos seiner Jugendzeit, gleichbedeutend mit seiner Erkenntnis und Anerkennung der Moderne in ihrem Eigenwert, zeigt sich hier klar in der Einsicht, daß es eben diese Teilung und Zerstückelung der Tätigkeit ist, die die rationale Organisation und Koordination („wie in einer Fabrik") der menschlichen Subjektivität und Freiheit – freilich einer anderen als die griechische, und sie im Wesentlichen überragenden – erst möglich macht. So lesen wir an derselben Stelle weiter:

> „Freie Völker haben nur Bewußtsein und Tätigkeit fürs Ganze; moderne sind für sich als einzelne unfrei, – bürgerliche Freiheit ist eben die Entbehrung des Allgemeinen, Prinzip des Isolierens. Aber bürgerliche Freiheit (für bourgeois und citoyen haben wir nicht zwei Worte) ist das notwendige Moment, das die alten Staaten nicht kannten, oder nicht diese vollkommene Selbständigkeit der Punkte, und eben größere Selbständigkeit des Ganzen, – das höhere organische Leben. Nachdem der Staat dies Prinzip in sich empfangen, konnte höhere Freiheit hervorgehen; jenes sind Naturspiele und Naturprodukte, Zufall und Laune des Einzelnen, – hier das innere Bestehen und die unzerstörbare Allgemeinheit, die real, konsolidiert in ihren Teilen ist".[2]

In diesen Worten kommt die Hegelsche Theorie der modernen Sittlichkeit kurz und klar zum Ausdruck.

---

1 G. W. Fr. Hegel, *Vorlesungen über die Geschichte der Philosophie II. Hegels Werke.* Theorie Werkausgabe, Bd. 19, S. 227-228.

2 Ebenda, S. 228.

Erziehung als Situation und Prozeß

Über ein Grundproblem der Logik des pädagogischen Denkens

von Wolfgang Sünkel (Erlangen-Nürnberg)

1.

Unter der Bezeichnung »Theoretische Pädagogik« wird hier, in einem strikteren als dem üblichen Sinne, die Aufgabe verstanden, objektive Sachverhalte und Strukturgesetzlichkeiten des erziehenden Handelns, kurz: pädagogische Phänomenstrukturen, in ihrem So-Sein zu erkennen und so getreu wie möglich in Begriffen abzubilden. Objektiv heißen diese Phänomenstrukturen insofern, als sie nicht vom erziehenden Willen gesetzt werden, sondern unabhängig von ihm existieren und ihm deshalb vorgegeben sind als die Wirklichkeit, auf die er sich einzulassen hat und die er bei Strafe seines Scheiterns verfehlt. Richtige, das heißt: zutreffende und hinreichende Erkenntnis wirklicher Sachverhalte hängt einerseits von der Erkennbarkeit dieses Gegenstandes ab – die ich hier, ebenso wie seine Existenz, voraussetze –, andererseits aber auch von der Tauglichkeit des begrifflichen Apparates, mit dessen Hilfe die Abbildung versucht wird; letzteres erzeugt die Frage nach der Angemessenheit der pädagogischen Denkform.

In den folgenden Ausführungen möchte ich, wenigstens in den Grundzügen, zu zeigen versuchen:

E r s t e n s , daß es prinzipiell zwei begriffliche Modelle gibt, die zur Abbildung pädagogischer Phänomenstrukturen taugen, das Modell der Situation und das Modell des Prozesses,

z w e i t e n s , daß diese Modelle den Gegenstand Erziehung unterschiedlich abbilden, indem sie jeweils eine Seite des Phänomens hervor- und eine andere zurücktreten lassen, so daß eine vollständige Erkenntnis nur dann angezielt werden kann, wenn die Modelle nicht nur beide verwendet, sondern wenn sie auch begrifflich miteinander verknüpft werden; und das bedeutet mit anderen Worten, daß pädagogische Phänomene i n Wirklichkeit immer Situation und Prozeß zugleich sind,

und d r i t t e n s , daß solche logische Vereinigung der situationstheoretischen und der prozeßtheoretischen Darstellung nach dem gegenwärtigen Stand der Erkenntnis nur abstrakt möglich ist. Deshalb kann es derzeit noch keine e i n h e i t l i c h e T h e o r i e d e s e r z i e h e r i s c h e n H a n d e l n s geben, sondern nur zwei einander komplementäre theoretische Modelle.

2.

Ich möchte nun meinen Leser bitten, sich eine ganz simple, alltägliche pädagogische Begebenheit vorzustellen: Zwei Erzieher und zwei Zöglinge machen einen Fahrradausflug, um ein Picknick abzuhalten. Ob es sich dabei um die Sozialarbeiter Susanne und Georg mit ihren Klienten Gisela und Michael handelt oder um das Ehepaar Müller mit seinen Kindern Thomas und Beate, das brauchen wir jetzt nicht wissen, denn uns interessiert ja nicht der Ausflug selbst, sondern die Erkennbarkeit seiner pädagogischen Phänomenstruktur. Was sich nun in unserer kleinen pädagogischen Begebenheit abspielt, das sehen wir sich abspielen in einem Netz oder Gefüge von Beziehungen, durch welche die beteiligten Personen untereinander und mit verschiedenen Gegenständen - nämlich denen, die man zu einem Picknick braucht - verbunden und verknüpft sind. Wer die Struktur des pädagogischen Phänomens »Radausflug« beschreiben und analysieren will, muß deshalb seine Aufmerksamkeit diesen Beziehungen, im einzelnen und in ihrem Zusammenhang, zuwenden, denn ihr Gefüge stellt sozusagen das Gerüst dessen dar, was geschieht. Ein solches Gefüge teils persönlicher, teils gegenständlicher Beziehungen eines oder mehrerer Subjekte heißt: eine Situation; sind ihre Subjekte Zöglinge, heißt sie: pädagogische oder Erziehungssituation.

Schon ein erster analytischer Blick auf die pädagogische Situation »Radausflug« zeigt, daß es in ihr w e s e n t l i c h e situative Beziehungen gibt, das sind solche, die während der Dauer des Ausflugs konstant bleiben und das Gesamtgefüge der Situation nennenswert mitbestimmen, und u n w e s e n t l i c h e, die vorübergehend und randständig sind und deshalb analytisch vernachlässigt werden können (z.B. das kleine Mädchen, das vom Fenster aus den Vorüberradelnden zuwinkt).

Beziehungen schweben nicht im Raum, sondern bestehen immer zwischen etwas; dasjenige, was in Beziehung gesetzt ist, nenne ich: situative Positionen. Diese sind teils Personen, teils Gegenstände materieller oder immaterieller Art. Es zeigt sich, daß die situativen Beziehungen v e r s c h i e d e n a r t i g sind je nach dem, welche situativen Positionen durch sie verknüpft werden, so daß eine Typologie der Beziehungen aufgestellt werden kann. Die Graphik 1 drückt diese Verschiedenartigkeit in Symbolen des griechischen Alphabets aus. 1a stellt die persönlichen, 1b die gegenständlichen Beziehungen dar; E und Z sind Erzieher und Zögling, G ist der Gegenstand. Freilich muß man sich 1a und 1b aufeinandergelegt vorstellen, denn es handelt sich um dieselbe Situation; die Beziehungsstruktur eines so einfach scheinenden pädagogischen Phänomens ist tatsächlich derart komplex, daß sie sich in einer einheitlichen Graphik nicht mehr übersichtlich darstellen ließe. Ebenfalls aus Gründen der Vereinfachung habe ich die Vielfalt der Gegenstände (Feuerholz, Töpfe, Bestecke etc.) zu e i n e m Gegenstand (Picknick) zusammengenommen.

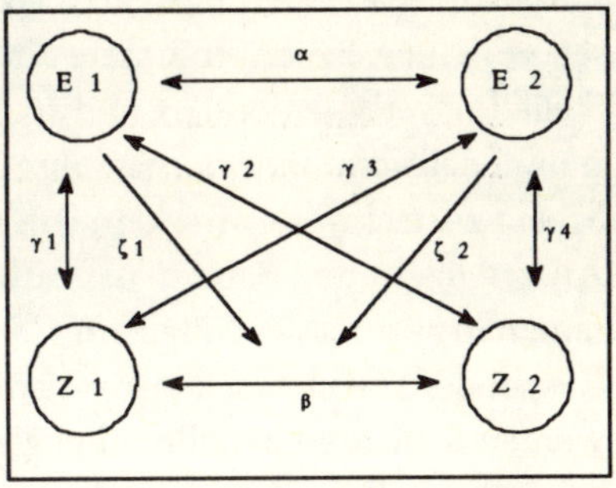

Figur 1a

Das Ganze sieht sehr abstrakt und formalistisch aus und muß es auch sein. Zum Beispiel verbirgt sich hinter der schlichten Bezeichnung »gamma-Beziehung« die ganze differenzierte Problematik des persönlichen Bezuges zwischen Erzieher und Zögling. Davon kann aber in diesem Zusammenhang getrost abgesehen werden; denn die notwendige Asymmetrie des Erziehungsverhältnisses ist anders ausgedrückt, nämlich dadurch, daß die situativen Beziehungen des Typs zeta (in 1a) und eta (in 1b) insofern erzieherspezifisch sind, als ihnen keine Zöglingsbeziehung analog ist.

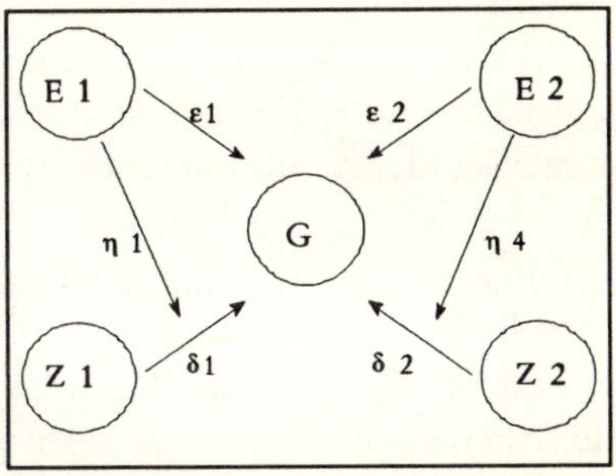

Figur 1 b

Situative Beziehungen sind mögliche Handlungsbeziehungen; sie können sich durch Tätigkeit realisieren. Auf tätige Verwirklichung sind vor allem, auf der Zöglingsseite, die Beziehungstypen delta und beta, und, auf der Erzieherseite, die Typen eta und zeta angewiesen. Tätigkeiten aber beanspruchen Zeit. Dadurch erhält die pädagogische Situation eine eigene Zeitstruktur, so daß man von einem situativen Verlauf sprechen kann. Mit anderen Worten: Die Situation verändert sich durch die Tätigkeiten, die in ihr stattfinden. So besitzt die delta-Beziehung am Ende des Picknicks einen etwas anderen Charakter, als sie zu Beginn gehabt hat; sie ist mit neuen Kenntnissen, Fertigkeiten und Motiven des Zöglings angereichert. Diese Veränderung wirkt sich verändernd auf einige der anderen situativen Beziehungen und somit auf das Gesamtgefüge der Situation aus.

Situationsveränderungen können aber auch von außen herbeigeführt werden. Lassen wir einen Bauern in unsere Situation eingreifen, der das Feuermachen an dieser Stelle für verboten erklärt und trickreich aus der Situation wieder entfernt werden muß (vielleicht indem man ihm einen Zwanzig-Mark-Schein zusteckt), so wird klar, daß nicht nur während der Anwesenheit des Bauern das situative Gefüge, sowohl seiner Struktur als auch seinem Charakter nach, verändert ist; sondern auch nach dem Verschwinden des Bauern werden sich die alten Beziehungen nur dem Typ nach wiederherstellen, im einzelnen aber charakteristisch verändert sein. Solche Veränderung als Resultat eines sei es situativ endogenen, sei es eines situativ exogenen Verlaufs ist in der Graphik 1c durch Hinzufügung eines Index ausgedrückt; t markiert die Zeitdimension.

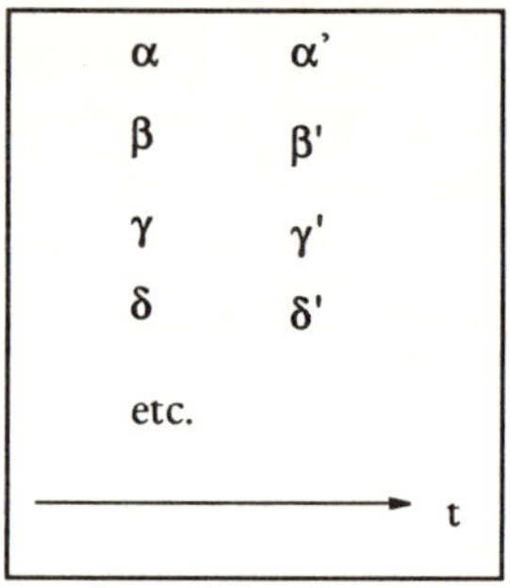

Figur 1 c

Von e i n e r Beziehung war bislang noch gar nicht die Rede: nämlich von der gegenständlichen Beziehung auf die situative Position »Fahrrad«. Diese Beziehung ist zwar konstitutiv für unsere Beispielsituation, aber ihr gleichwohl unwesentlich, jedenfalls so lange, wie mit den Rädern alles in Ordnung ist. Tritt aber eine Panne auf, so wird die Position Fahrrad situativ thematisch; es entstehen u.a. neue delta- und epsilon-Beziehungen; die Gesamtstruktur der Situation verändert sich. Nun ist aber eine Panne nichts anderes als das Problematischwerden einer situativen Beziehung, die zuvor unproblematisch gewesen ist. Hieraus kann man unschwer sehen, was ein Erzieher tun muß, wenn er – aus pädagogischen Gründen – eine bestimmte Beziehung des Zöglings situativ thematisieren will: Er muß ihr Problematischwerden ausnutzen, oder er muß sie selber problematisch machen. (Damit ist nicht gesagt, der Erzieher solle dem Zögling heimlich die Luft aus dem Reifen lassen!) Das jähe Problematischwerden einer delta-Beziehung zeigt sich zum Beispiel, wenn aus einer Milchdose wider Erwarten keine Milch herauskommt, solange man nur Ein Loch hineingebohrt hat (das berühmte Exempel Friedrich Copeis zum »fruchtbaren Moment im Bildungsprozeß«). Grundsätzlich kann der Erzieher, bei geforderter Behutsamkeit, jede situative Beziehung des Zöglings pädagogisch thematisieren, dem er sie problematisiert. In eine allgemeine Formel gebracht heißt das: Das Problematischwerden oder -machen einer Beziehung provoziert den Zögling auf situative Weise zu einer Tätigkeit, durch die das aufgeworfene Problem gelöst wird. Das eigentliche Resultat dieser Zöglingstätigkeit ist aber nicht die Problemlösung selbst, sondern als

Ergebnis der problemlösenden Tätigkeit kann die vom Erzieher intendierte Selbstveränderung des Zöglings eintreten. Es ist also prinzipiell gleichgültig, ob die Möglichkeit des Erziehers, auf den Zögling einzuwirken, dadurch entsteht, daß sich ein Problematischwerden situativ ereignet, oder dadurch, daß es vom Erzieher gezielt herbeigeführt wird.[1]

Eines der fundamentalen und schwierigen Probleme der theoretischen Pädagogik, nämlich das Problem der erziehenden Einwirkung oder pädagogischen Kausalität ist – und ich betone: ist nur – auf situationstheoretische Weise befriedigend darstellbar. Die Vielfalt der situativen Beziehungen, in denen sich der Zögling befindet, läßt sich als Vielfalt der möglichen oder tatsächlichen Einwirkungen verstehen, so daß die subjektive Situation eines Zöglings bestimmt werden kann als Summe, System oder Ensemble der auf ihn geschehenden oder geschehen könnenden Einwirkungen. Dabei erscheint der Erzieher lediglich als ein Einwirkendes unter vielen, doch ist seine Position insofern eine hervorgehobene, als er nicht nur Einwirkungen selber setzen, sondern auch einige der von ihm unabhängig geschehenden Einwirkungen beeinflussen kann: die eine modifizieren, die zweite abschwächen, die dritte verhindern, die vierte verstärken. Viele andere aber kann er nicht beeinflussen, sondern bestenfalls kennen; der Erzieher handelt in der Situation des Zöglings, aber er urteilt über sie.

Der Kernpunkt ist aber noch unberührt: wie denn die Wirkweise der Einwirkung auf den Zögling gedacht werden kann, welcher Art also die pädagogische Kausalität ist; denn um eine Kausalität des mechanistischen Typs, wo die Wirkung durch die Ursache determiniert wird, kann es sich in der Erziehung nicht handeln, weil die selbstbestimmte Moralität des Zöglings durch Determinationen niemals hervorgebracht werden kann. Die klassische, im Prinzip immer noch gültige Analyse dieses Problems der Wirkung auf Freiheit stammt bekanntlich von Johann Friedrich Herbart, der in seiner Schrift *Über die ästhetische Darstellung der Welt* die kantisch-fichtische Lehre von der transzendentalen Freiheit mit dem pädagogisch unwiderleglichen Argument kritisiert, durch sie würde der Gedanke der Erziehung undenkbar gemacht, weil der moralische Charakter des Zöglings, den es doch herauszubilden gilt, als intelligibler Charakter aus der Reichweite kausaler Beeinflussung radikal entfernt wird. Da es Erziehung gibt, muß es pädagogische Kausaltät geben; Herbart wörtlich: „So wie die Freiheit sich durch ihren Ausspruch (das Sitten-

[1] Wie an dieser Stelle bemerkt werden kann, ist mein Situationsbegriff so angelegt, daß in ihm der eher methodisch akzentuierte Situationsbegriff von Peter Petersen und der eher aktualistisch angelegte von Ernst Lichtenstein logisch vereinbar sind. Vgl. P. Petersen, *Führungslehre des Unterrichts*, Braunschweig (Westermann) [7]1963, S. 9-43, und E. Lichtenstein, *Bildungsgeschichtliche Perspektiven*, Ratingen (Henn) 1962, S. 161-173.

gesetz) gleich einer Ursache im Reiche der Erscheinungen verraten darf, so wird man auch der vom Erzieher geordneten Sinnenwelt erlauben, daß sie als auf die Freiheit des Zöglings wirkend – erscheine."[1] Wie aber wirkt man auf Freiheit? Dazu noch einmal Herbart: „machen, daß der Zögling sich selbst finde... Diese Erhebung soll ohne Zweifel im Gemüt des Zöglings selbst vorgehen und durch dessen eigene Tätigkeit vollzogen werden."[2] Herbarts Schlüsselwort ist die Tätigkeit des Zöglings. Wo aber ist der Zögling tätig? Er ist tätig, wie jeder andere Mensch auch, in seiner Situation.

Sie, die zuvor als Summe, System oder Ensemble der möglichen Einwirkungen definiert worden ist, läßt sich mit dem gleichen Recht auch definieren als Summe, System oder Ensemble aller möglichen Orientierungen und Hervorrufungen der Tätigkeiten, durch die sich der Zögling als selbstbestimmte Persönlichkeit selber hervorbringt. In diesem Zusammenhang gelingt es Herbart auch, die beiden Grundweisen der erziehenden Einwirkung zu bestimmen; in leichter Abwandlung seines Wortlauts nenne ich sie das Ermöglichen und das Veranlassen. Diese Begriffe enthalten in sich den deutlichen Hinweis darauf, daß erziehende Einwirkungen sich nicht direkt auf das Zöglingssubjekt richten, sondern auf seine Tätigkeiten. Insofern die pädagogisch intendierte Veränderung des Zöglingssubjekts als indirekte Rückwirkung aus der Zöglingstätigkeit gedacht wird, kann die erziehende Einwirkung mit der Freiheit des Zöglings zusammenbestehen. Die pädagogische Kausalität ist eine situative Kausalität.

3.

Mit dem Problem der erziehenden Einwirkungen ist das Problem ihrer Auswirkungen der Sache nach eng verknüpft. Trotzdem erweist sich das Denken in Beziehungsstrukturen, also das begriffliche Modell der pädagogischen Situation, das zur Darstellung des Einwirkungsproblems so gute Dienste leistete, als zur Darstellung des Auswirkungsproblems völlig ungeeignet. Bei den Auswirkungen der erziehenden Tätigkeit handelt es sich ja um eine Abfolge von Veränderungen des Zöglingssubjekts (bis hin zum Aufhören der erzieherischen Einwirkung), um einen Prozeß also, der aus seinem eigenen inneren Zusammenhang heraus begriffen und dargestellt werden muß. Was im Situationsmodell nur nebenbei in

---

[1] Johann Friedrich Herbart, *Kleinere Pädagoische Schriften*, hg. von W. Asmus, Stuttgart (Klett-Cotta) ²1982, S. 106.

[2] Herbart, *Kleinere Pädagogische Schriften*, a.a.O., S 108.

den Blick trat, nämlich der Verlauf, die Veränderung in der Zeit, das wird im begrifflichen Modell des Erziehungsprozesses zur Hauptsache, zum strukturierenden Zentrum. Temporalen Strukturen liegen immer Zeitdifferenzen zugrunde; Zeitdifferenz ist in der Zeitdimension die Differenz verschiedener Zeitpunkte oder -strecken. Das Grundphänomen der pädagogischen Zeitdifferenz ist allgemein bekannt: Die Zeit, in der man einen Zögling erzieht, ist immer eine andere als die Zeit, für die man ihn erzieht. Die grundlegende Bedeutung der Zeitdifferenz des Erziehens ist bezeichnenderweise von dem Denker entdeckt und beschrieben worden, der auch als erster ein umfassendes prozeßtheoretisches Abbildungsmodell des Erziehungsphänomens ausgearbeitet hat: Jean-Jacques Rousseau.

Das Grundproblem der prozeßtheoretischen Darstellung pädagogischer Sachverhalte ist der Widerspruch von Entwicklung und Zustand. Denn Entwicklung, als ständige und kontinuierliche Veränderung gedacht, kennt nichts Bleibendes, nichts Dauerndes als sie selbst; andererseits kann Entwicklung nicht gedacht werden, ohne daß ein Identisches mitgedacht wird, welches sich entwickelt oder entwickelt wird. Man wird an die Zenonischen Paradoxa der Bewegung erinnert. Ich greife, zur Verdeutlichung, auf Rousseau zurück. Das Konstruktionsprinzip seines prozeßtheoretischen Modells ist bekanntlich das nach Regeln wechselnde Verhältnis zwischen den Bedürfnissen des Kindes und seinen Kräften zu ihrer Befriedigung. Die »Schwäche« des Säuglings, dessen Kräfte zu seiner Bedürfnisbefriedigung nicht ausreichen, verwandelt sich im Lauf der Kindheit, sofern die Bedürfnisentwicklung erzieherisch gedämpft und die Kräfteentwicklung erzieherisch gefördert wird, in die »Stärke« des Kindes, dessen Kräfte nunmehr die Bedürfnisbefriedigung übersteigen und an unterrichtliche Aufgaben gewendet werden. Dazwischen liegt die Ausgewogenheit von Bedürfnissen und Kräften, ein Zeitpunkt, den Rousseau als „reife Kindheit" bezeichnet, wo die Kurven der Bedürfnis- und der Kräfteentwicklung einander schneiden. Ein solcher Schnittpunkt kann ja, als reiner Durchgang, selber keine zeitliche Ausdehnung besitzen; dennoch liest man am Ende des II. Buches eine Beschreibung, wie Emile zu diesem Zeitpunkt beschaffen ist, und dies ist nicht die Beschreibung eines punktuellen Durchgangs, sondern eines Zustands von gewisser, wenngleich nicht langer, zeitlicher Ausdehnung.

Allgemeiner gesprochen: Veränderungen des Zöglingssubjekts – und damit auch der Erziehungsprozeß im ganzen – können nur beschrieben werden, wenn man an jedem möglichen Zeitpunkt des Prozesses zugleich auch den Zöglingszustand beschreibt, aus dem die Veränderung hervorgeht und an dem sie sich vollzieht. Man sollte darum den Erziehungsprozeß nicht in Form einer Rampe oder einer Kurve verbildlichen, sondern eher in Form einer Treppe, bei der aus Zuständen durch ihre Veränderungen jeweils neue Zustände entstehen oder hervorgebracht werden, bis hin zum Zustand des Erwachsenseins, der pädagogisch so definiert werden kann, daß in ihm der Mensch zu seiner Selbstveränderung keiner fremden Führung mehr bedarf.

In den Graphiken 2a und 2b ist die allgemeine Grundstruktur des Erziehungsprozesses formalisiert dargestellt. In 2a ist t_1 der gegenwärtige, t_2 ein zukünftiger Zeitpunkt. Der Bezug des Erziehers auf den Zögling ist in t_1 ein realer Bezug; er sieht und akzeptiert den Zögling so, wie er – jetzt noch – ist. Zugleich aber bildet sich in der Seele des Erziehers (und meist auch in der des Zöglings) eine Vorstellung dessen, wie die Zöglingspersönlichkeit in t_2 beschaffen sein wird oder sein kann.

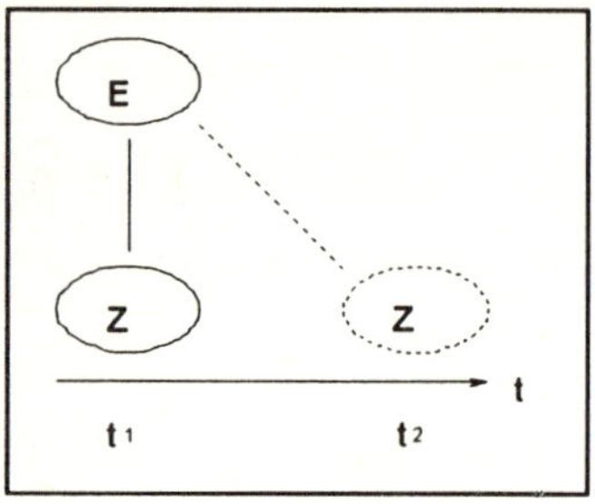

Figur 2 a

Dieser Vorstellung entsprechend richtet der Erzieher seine Einwirkungen auf den realen Zögling in t_1. Ob aber die erwarteten oder erhofften Veränderungen des Zöglings auch tatsächlich eintreten werden, kann zum Zeitpunkt t_1 weder der Erzieher noch der Zögling wissen. Der Erzieher ist deshalb genötigt, dann, wenn der tatsächliche Veränderungsprozeß des Zöglings t_2 erreicht hat, seine vorgestellte Erwartung an der wirklich eingetretenen Veränderung zu korrigieren. Und erst dann, wenn man die wirkliche Beschaffenheit des Zöglings in t_2 kennt (das ist dann, wenn t_2 die Gegenwart ist), wird ein realistischer Vorausblick auf t_3 möglich (Figur 2b). Die Zukunftsperspektive kann also immer nur von der Realgestalt des je gegenwärtigen Zöglings ausgehen und von den Veränderungsmöglichkeiten, die darin enthalten sind und aufgespürt werden müssen; andererseits kann der gegenwärtige Zögling pädagogisch beurteilt nur werden im Lichte der Möglichkeiten seines n ä c h s t folgenden künftigen Zustands, ein Sachverhalt, der z.B. die faktische Wirksamkeit allgemeiner und allgemeinster Erziehungsziele auf den realen Prozeß als äußerst eingeschränkt erkennen läßt.

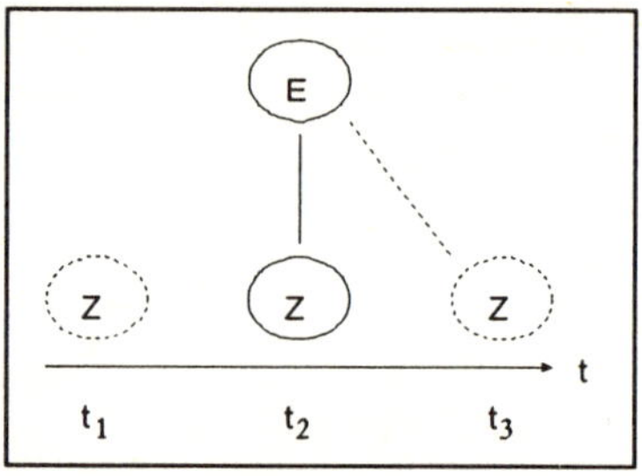

Figur 2 b

Wie aber bestimmt und beschreibt man einen sei es gegenwärtigen, sei es künftigen Zöglingszustand, seine Verfaßtheit in der Zeit? Die Subjektivität des Subjekts Zögling kann man ja weder sehen noch mit pädagogischen Maßnahmen direkt anzielen. Was man wahrnehmen und anzielen kann, ist seine T ä t i g k e i t , und die bestimmt sich, wie zuvor erörtert, in seiner S i t u a t i o n . Hier ist der Punkt, wo sich die beiden unterschiedlichen begrifflichen Modelle, das situationstheoretische und das prozeßtheoretische, auch begrifflich miteinander vereinen müssen.

4.

Diese logische Vereinigung erscheint hier als eine abstrakte: Im Begriff der Tätigkeit des Zöglings schließen sich Erziehung als Situation und Erziehung als Prozeß zusammen. Deshalb bildet der Begriff der Zöglingstätigkeit den Kern und das Fundament der spezifisch pädagogischen Form des Denkens.

Pädagogisches Denken ist aber dort, wo es »drauf ankommt«, nämlich in der Erziehung selbst, kein abstraktes, kein theoretisch-begriffliches, sondern ein konkretes, gestalthaft wahrnehmendes und entwerfendes Denken. Nur ist es nicht souverän. Denn soll das Tun des erzieherisch Tätigen erfolgreich sein, muß es sich einlassen auf die ihm vorgegebenen Strukturgesetzlichkeiten, von deren Beachtung sein Erfolg oder Scheitern abhängt. Diese objektiven Phänomenstrukturen der Erziehung sind Gegenstand des pädagogischen Denkens, insofern dieses ein theoretisch analysierendes und abstrahierendes Denken ist. Das pragmatische pädagogische Denken, das Denken in der Erziehung, setzt also das theoretische, das Denken über die Erziehung, voraus und wird dorther bereichert, erweitert, präzisiert, in eine höhere Bewußtheit erhoben. Das gilt auch für die Bestimmung der besonderen Denkform im Erziehen. Aufgrund der in dieser Abhandlung vorgetragenen theoretischen Erörterungen und im Rahmen ihrer Reichweite läßt sich die Frage beantworten, welche Form das Denken des Erziehers haben muß, wenn es den objektiven Erfordernissen der pädagogischen Praxis angemessen sein will? Das Vorgegebene kann sowohl unter der Form der Situation – als Beziehungsstruktur – als auch unter der des Prozesses – als Zeitdifferenzstruktur – ins Bewußtsein treten. In beiderlei Hinsicht ergibt sich ein Sachverhalt, der mit dem Wörtlein »zugleich« am besten bezeichnet wird. In situativer Hinsicht handelt es sich um das Zugleich eines vielfältigen Geflechts verschiedenartigster Beziehungen des Zöglings, von denen einige vom Erzieher hergestellt, andere beeinflußt, wieder andere hingenommen werden und die alle miteinander gleichzeitig existieren und wirksam sind. Pädagogisches Denken muß imstande sein, dieses Geflecht differenzierend wahr- und gestaltend, soweit möglich, vorwegzunehmen. In prozessualer Hinsicht handelt es sich um das Zugleich der Zeitdifferenz; dieses Zugleich zu denken, fällt vielen besonders schwer. Bei Betrachtung und Bewertung der Gegenwart des Zöglings muß zugleich seine Zukunft, bei

Betrachtung der Zukunft zugleich seine Gegenwart mitbedacht werden, ohne daß der reale Zögling hinter seinem Zukunftsbild verschwindet und ohne daß der Blick blind wird für das Veränderungspotential, das in seiner gegenwärtigen Gestalt schlummert. Und noch zu einem dritten, dem krönenden Zugleich muß das Denken in der Erziehung fähig sein: dem Zugleich der situativen und der prozessualen Wahrnehmung und Gestaltung, denn jedes pädagogische Phänomen ist immer Situation und Prozeß zugleich.

All das ist von der pragmatisch-pädagogischen Denkform gesagt. Sie entsteht im Erzieher durch Erfahrung, Einsicht und Übung und kann an der Tätigkeit eines jeden kreativ erfahrenen Erziehers abgelesen werden. Studenten können sie einüben, indem sie im Park und auf der Straße, in der Eisenbahn oder im Kaufhaus, wo immer man einer pädagogischen Situation begegnen kann, diese eine Zeitlang beobachten, dann eine Prognose ihres weiteren Verlaufs wagen, weiter beobachten und die wirkliche Entwicklung mit der erwarteten vergleichen, und können so überprüfen, ob ihre persönliche individuelle Denkform für die Tätigkeit in einem pädagogischen Praxisfeld geeignet ist oder nicht.

5.

So leicht sich das »Oszillieren« des pragmatisch-pädagogischen Denkens zwischen Beziehungs- und Zeitdifferenzstrukturen, zwischen der situativen und der prozessualen Wahrnehmung als notwendig erweisen und als wirklich aufzeigen läßt, so schwer ist es, das »logische Substrat« dieses dritten Zugleich herauszufinden, d.h. die gegenständliche Einheit von Situation und Prozeß auch begrifflich darzustellen. Bei der theoretisch-pädagogischen Arbeit stößt man immer wieder auf den auffälligen Sachverhalt, daß die Phänomene, wenn man sie untersucht, sich geradezu danach drängen, die einen, auf situative, die anderen, auf prozessuale Weise beschrieben und analysiert zu werden, und sich der jeweils entgegengesetzten verweigern. Es war hier schon die Rede davon, daß sich das Problem der erzieherischen Einwirkungen nur situativ, das ihrer Auswirkungen aber nur prozessual darstellen läßt. Eine Erklärung für solch eigentümliche Affinität gibt es nicht; angesichts des engen inneren Zusammenhangs von Ein- und Auswirkungen ist die Annahme, es gäbe Phänomene, die situativ, und andere, die prozessual sind, ausgeschlossen. Außerdem müßte man es den einzelnen Phänomenen von vornherein ansehen können, ob sie zu dem einen oder dem anderen Typ gehören. Das ist aber nicht der Fall; ob ein Phänomen situations- oder prozeßaffin ist, zeigt sich erst im Verlauf seiner theoretischen Bearbeitung. Dafür gebe ich ein Beispiel aus der Theorie des Unterrichts.

Das pädagogische Phänomen Unterricht besitzt eine konstante situative Grundstruktur, die als »didaktisches Dreieck« abgebildet werden kann; die Figur 3a gibt einen Ausschnitt daraus wieder (in Wahrheit ist die Struktur komplexer; ich benötige hier nur den abgebildeten Strukturteil): Ein Schüler (S) eignet sich einen Unterrichtsgegenstand (G) an, und ein Lehrer (L) richtet sein Handeln auf diesen Aneignungsvorgang. Wenn ich nun mit dieser Struktur s p i e l e, indem ich nacheinander je eine der drei situativen Positionen als d o p p e l t b e s e t z t denke, dann entsteht in zwei Fällen eine rationale Situationsstruktur, im dritten Fall aber nicht. Wenn es (Fall 1) zwei Schüler sind, bereitet es einem erfahrenen Lehrer keinerlei Schwierigkeit, die zwei in situativer Gleichzeitigkeit auf denselben Gegenstand hin verlaufenden Aneignungsvorgänge zugleich im Auge zu behalten und die zwischen ihnen auftretenden Interferenzen zu beherrschen. Wenn es (Fall 2) zwei Lehrer sind, so können sie sich, etwa in der Form des sogenannten »teamteaching«, darüber abstimmen, wie sie gemeinsam am besten die Aneignung des Gegenstandes durch den Schüler fördern. Anders, wenn es sich (Fall 3) um zwei Unterrichtsgegenstände handelt; die Figur 3b ist i r r a t i o n a l, weil es unmöglich ist, daß sich ein Schüler in situativer Gleichzeitigkeit zwei verschiedene Gegenstände aneignet (er müßte denn mit der linken Hand Violine und mit der rechten Klavier üben können).

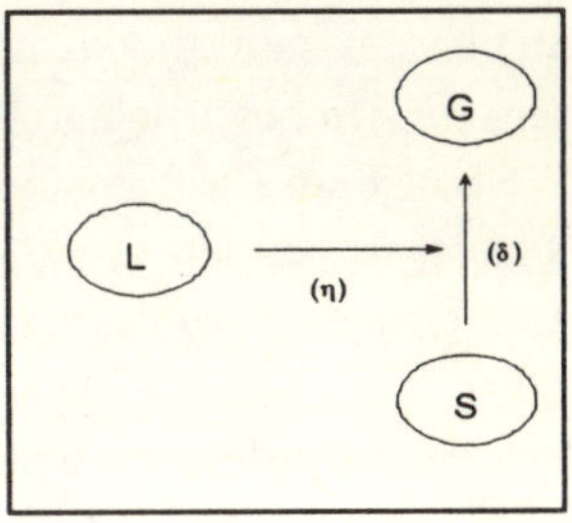

Figur 3 a

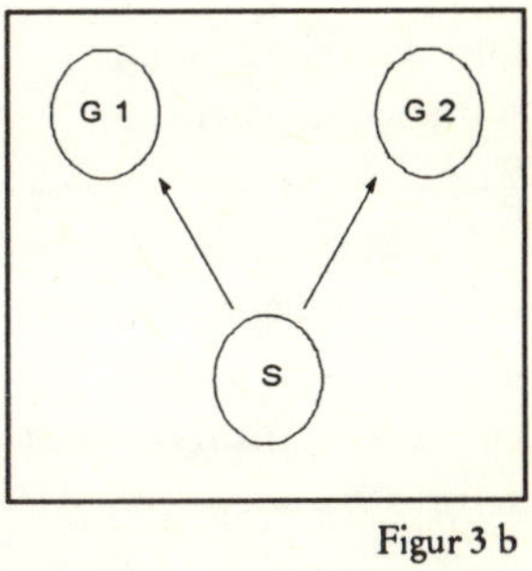

Figur 3 b

Das Zwei-Gegenstände-Problem ist also innerhalb derselben situativen Struktur nicht lösbar; es läßt sich nur dadurch lösen, daß man zwei Situationen annimmt, die durch eine Zeitdifferenz voneinander geschieden sind, sei es, daß man die beiden Aneignungsvorgänge nacheinander anordnet, bei unbestimmter Zwischenzeit, sei es, daß man sie, z.B. in der Form eines »Stundenplans«, zeitlich ineinander verschachtelt. Die d i d a k t i s c h e Konsequenz daraus lautet: Die Verdoppelung des Unterrichtsgegenstandes führt zur Verdoppelung der Unterrichtssituation. (Allerdings gibt es eine Ausnahme davon; wenn nämlich die Aneignung eines der beiden Gegenstände sozusagen »im Dienst« der Aneignung des anderen erfolgt – und das kann geschehen, wenn der zweite Gegenstand eine »Sprache« oder eine »Methode« ist –, dann kann die situative Einheit des Unterrichts erhalten bleiben.)

Das Didaktische war nur ein Beispiel. Wenn die Konsequenz auf der Ebene der pädagogischen Logik zu ziehen ist, dann lautet sie: Das Zwei-Gegenstände-Problem des Unterrichts ist auf situationstheoretische Weise nicht darstellbar; es kann nur in Zeitdifferenzstrukturen, also auf prozeßtheoretische Weise, angemessen beschrieben werden.

Solange im Phänomenbereich der Erziehung dieses Entweder-oder als herrschend angesehen werden muß, ist an eine zufriedenstellende begriffliche Darstellung der Einheit von Situation und Prozeß und damit an die Möglichkeit einer einheitlichen Theorie des pädagogischen Handelns nicht zu denken. Sollte freilich ein Phänomen gefunden werden, das sich aus sich selbst heraus in beide Darstellungsweisen sozusagen hineindrängte und als situativ und prozessual zugleich deutbar würde, dann wäre Hoffnung. Aber ein solches Phänomen ist noch nicht gefunden worden, und ob es überhaupt ein solches oder gar mehrere davon gibt oder geben kann, muß entschieden bezweifelt werden. Andererseits würde der Versuch, von jenem Begriff auszugehen, der das situationstheoretische und das prozeßtheoretische Beschreibungsmodell abstrakt miteinander verknüpft, nämlich von dem Begriff der Zöglingstätigkeit, und ihn einer ebenso abstrakten, d.h. auf Phänomenalität nicht gestützten Analyse zu unterziehen, in die Irre führen, weil dem Ergebnis, wie immer es ausfalle, keinerlei Evidenz zukäme.

Größere Hoffnung besteht, daß sich Phänomene auffinden lassen, die sich den beiden Modellen zumindest nicht verweigern und deshalb sowohl situativ als auch prozessual gedeutet und beschrieben werden können, weil sie das Merkmal, entweder situations- oder prozeßaffin zu sein, nicht besitzen. Aber selbst wenn derartige Phänomene in größerer Zahl gefunden und untersucht würden, könnten sie doch nicht mehr liefern als allenfalls Hinweise auf den gesuchten begrifflichen Zusammenhang oder auf denkbare Wege zu ihm. Vor Jahren habe ich geglaubt, in der „Situation des offenen Anfangs der Erziehung“[1] ein solches Phänomen gefunden zu haben, denn dabei handelt es sich um Situationen, in denen Prozesse neu entstehen. Allerdings setzte der Textcharakter (Festvortrag zu L. Froeses Emeritierung) und die dadurch geforderte Gemeinverständlichkeit enge Grenzen der methodischen Entfaltung im einzelnen; mehr als eine Problemidentifikation konnte kaum geleistet werden. Deshalb ist auch das Ergebnis in erziehungslogischer Hinsicht äu-

---

[1] Vgl. W. Sünkel: *Die Situation des offenen Anfangs der Erziehung, mit Seitenblicken auf Pestalozzi und Makarenko.* In: ZfPäd. 36 (1990) S. 297-307; ebenfalls in: W. Sünkel: *Im Blick auf Erziehung. Reden und Aufsätze,* Bad Heilbrunn: Klinkhardt 1994, S. 97.

ßerst mager geblieben. Es zeigte sich, daß zwar die »Öffnung« der Situation, von den Prozeßanfängen her gesehen, als notwendige Voraussetzung erkennbar ist, daß aber umgekehrt die Prozeßanfänge, von der »offenen Situation« her betrachtet, als kontingente Folgen erscheinen. Dies bedeutet, da man zwar von den Prozeßanfängen auf ihre situativen Voraussetzungen, nicht aber von den situativen Voraussetzungen auf die Prozeßanfänge schließen kann, keine Lösung, sondern allenfalls eine geringfügige Präzisierung des Problems.

Croce und der italienische Neo-Historismus

Fulvio Tessitore (Neapel)

In den zwanziger Jahren, in die auch die späte Reflexion von Weber und Troeltsch fällt, beherrscht das Thema der ethischen Verantwortung auch das Denken Croces, der nach Abschluß des Systems der Philosophie des Geistes, sich zu einem neuen Beweis intensiver historiographischer Tätigkeit anschickte, die nicht ohne Rückwirkungen auf die Weiterentwicklung des realisierten Systems bleiben sollte. Auch bei Croce ist angesichts der Folgen des zu Ende gegangenen Krieges und des Ausbrechens der furchtbaren Totalitarismen des 20. Jahrhunderts das ethische Anliegen – die Überlegung über die Berufung der Geschichte zur Ethik – so stark, daß er dazu gelangt, das Individuum als Analogon einer sozialen Situation zu definieren. Damit wird unterstrichen, daß sein Charakter nicht nur personenhaft ist, sondern sich notwendig im vollendeten Werk und im darauffolgenden Verhalten objektiviert.

In dieser Richtung geht Croce so weit, für das Individuum „die Identität mit dem Ganzen“ zu behaupten: Nur als „Närrisches und Pathologisches“ hat es demnach das „Für-sich-bleiben“, den „Rückzug in die Umzäunung seiner privaten Individualität“. Nach dem Urteil Croces ist dieser Rückzug gleichbedeutend damit, die »Verantwortung« in Frage zu stellen, die Ethik. Aber Achtung: Die ontologische, totalistische Gesamtanlage der Philosophie Croces läßt ihn behaupten, daß „man nicht verantwortlich ist, sondern verantwortlich gemacht wird“. „Das Individuum ist für seine Handlungen nicht verantwortlich“, denn „sein Werk ist eines, mit dem es beauftragt wird“ von dem Ganzen, dem es dient. „Seine Kraft wird ihm geliehen“. Dies deshalb, weil das Individuum – im Unterschied zu dem, was Weber behauptet hat, und mit dramatischer Kampfansage gegen den Polytheismus der Werte – nicht zwischen verschiedenen und miteinander unvereinbaren Werten wählen kann, ist einmal die Möglichkeit zusammengebrochen an einen absoluten Wert zu glauben, der für alles und für alle Maß und Norm ist. „Die wirkliche Wahl“, sagt Croce, „ist nicht unsere Sache, sondern Sache der Vorsehung, die uns gestattet, dies oder jenes zu tun, dies zu tun und jenes nicht“. Dazu kommt es in der Konsequenz der monistischen Ausformung der Philosophie Croces, für die der Geist das absolute Subjekt der geschichtlichen Entwicklung und der menschlichen Tätigkeit ist, ein Subjekt, das im Ereignis (als Werk des Ganzen) aufgefunden werden kann und nicht in der Handlung (dem für Croce hinfälligen Werk der empirischen Subjekte).

Dieses war das grundlegende Prinzip der Philosophie Croces (explizit in der *Filosofia della pratica* von 1909 theoretisiert), die nicht zufällig von allem Ursprung an Hegel und nicht Kant als Gesprächspartner gewählt hatte, im Unterschied zu den Theoretikern des Historismus. Der kantianische Ansatz des Historismus war an der kritischen Analyse der Strukturen der menschlichen Welt einerseits und der physikalischen Welt andererseits interessiert, und das heißt, an der Entstehung von Einzelwissenschaften; dieser Ansatz wandte sich damit gegen das Überleben einer, wie auch immer gearteten allgemeinen und absoluten Wissenschaft, sei es nun die Geschichtsphilosophie oder die Soziologie. Dem hatte Croce – in der Furcht vor einem Rückfall in den alten Dualismus – das Prinzip des Geistes entgegengesetzt, als konstitutives Kriterium aller Wirklichkeit, die nichts anderes sein kann als Entwicklung des Geistes. Indem Croce auf diese Weise den absoluten Geist historisiert, war er der Ansicht, die Unterscheidung gegen den Dualismus abgesichert zu haben, vermittels des Prinzips, nach dem „der Geist nie an und für sich ist, sondern immer geschichtlich", insofern er der in die Welt getretene, „endgültig vom Himmel zur Erde herabgestiegene" Gott ist, ohne dabei jedoch die Absolutheit zu verlieren: Im Gegenteil verleiht er diese geistige Substanz nunmehr der geschichtlichen Welt, die so ihre Gewißheit verifiziert. Die Geschichte ist nichts anderes als der Geist, entsprechend der großen Entdeckung Hegels, „mit der das Bewußtsein davon gewonnen worden war, daß der Mensch seine Geschichte ist und die Geschichte die einzige Wirklichkeit, eine Geschichte, die als Freiheit gemacht und als Notwendigkeit gedacht wird, die nicht mehr jene launische Abfolge der Ereignisse entgegen der Kohärenz der Vernunft, sondern die Verwirklichung der Vernunft ist". Es handelt sich um das grundlegende Prinzip des Denkens Croces, das nicht ohne Grund etwa vierzig Jahre später die 1904 vorgelegte Hegel-Interpretation wiederentdeckt. Bereits damals (und die zitierten endgültigen Formulierungen der vierziger und späterer Jahre waren damit völlig kohärent) bedeutete die Entdeckung der hegelschen Dialektik die Bestätigung eines methodologischen Kriteriums, dank dem die Einheit des Prozesses (der alte Fortschritt im neuen Gewand) nicht durch die Gegensätze des Mannigfaltigen verhindert wird, da diese nichts weiter sind als die Verwirklichung, welche die rationalistische Abstraktion konkretisiert. Die Dialektik ist die Bestätigung des Zusammenfallens des Geistes mit der Wirklichkeit der Geschichte, „wo das Unendliche und das Endliche zu einem verschmolzen sind und das Gute und das Böse einen einzigen

Prozeß bilden". Daher gilt: „Die Geschichte ist die Realität der Idee als solche: Der Geist ist nichts außer seiner geschichtlichen Entwicklung. Somit ist in ihm jede Tatsache, eben weil sie Tatsache ist, eine Tatsache des Individuums, das zum konkreten Organismus der Idee gehört: Bei Hegel wird alle Geschichte Heilsgeschichte".

Wenige Jahre später tritt an die Seite Hegels Giovan Battista Vico, der Philosoph der Konversion zwischen Wahrem und Gewissem, um die theoretische Gesamtverfassung zu stärken, wie sie den absoluten Charakter des Historismus Croces lange vor dem Zeitpunkt herausbildet, zu dem Croce die Definition explizit akzeptierte. Im Jahr 1911 kehrte Croce allerdings zu einer Überzeugung zurück, die auf die Schriften zu Marx vom Jahrhundertende zurückging (in denen die Polemik gegen die Philosophie der Geschichte, auch hegelscher Prägung, stark und entschieden war), indem er erneut hervorhob, daß „die Geschichte von Individuen gemacht wird". Jedoch blieb er hierbei nicht stehen, denn er fügte erläuternd hinzu: „Die Individualität ist die Konkretheit des Allgemeinen als solches, und jede individuelle Handlung ist, gerade weil sie individuell ist, überindividuell". Diese Aussage diente zur Dynamisierung des absoluten Subjekts der Geschichte, indem sie seine Transzendenz beseitigte, ohne seine Einheit anzutasten. „Die Realität, die einzige Realität", wird in *Teoria e storia della storiografia* behauptet, „ist gänzlich Entwicklung und Leben". Die Entwicklung ist das beständige Überschreiten, das zugleich ein ständiges Bewahren ist, dessen Subjekt der „sich ewig individuierende Geist" ist, der sich nun allerdings nicht in den Handlungen der individuellen geschichtlichen Subjekte individuiert, sondern im Werk, in dem das Allgemeine sich konkretisiert. Hierbei ist zu beachten, daß die Gefährdung der geschichtlichen Subjekte in Fleisch und Blut erneut hervorgehoben wird: Sie werden nicht einmal als notwendig für die Verkörperung der Momente des emanatistischen Prozesses des Geistes anerkannt, wenn dieser nicht ihrer vorläufigen Subjektivität bedarf, sondern der Objektivität ihrer Werke, so mangelhaft diese auch im Verhältnis zu der des Ganzen ist. Daraus ergibt sich auf rein logischem Wege, daß die historische Erkenntnis, als Erkennen des Geistes, „in sich die gesamte Geschichte trägt", die dann mit dem „Selbst" des Geistes „zusammenfällt", der ist, insofern er sich historisch entwickelt und sich also als Geschichtlichkeit selbst erkennt. Croces Position hierzu ändert sich nie, noch hätte sie es können. Im Gegenteil: Dreißig Jahre später ist *La storia come pensiero e come azione* noch entschiedener, wobei Croce im übrigen einem expliziten Eingeständnis des absoluten Charakters seines Historismus nahekommt. „Die historische Erkenntnis" muß „als die Erkenntnis schlechthin" anerkannt werden. „Das historische Urteil ist keine Art von Kenntnis, sondern es ist die Erkenntnis schlechthin, die Form, die alles erfüllt und den Bereich der Erkenntnis ausschöpft". Die Geschichte ist die Anamnese des

Geistes, der alles in sich trägt in einem gigantischen Prozeß der Selbsterinnerung, der seine ewige Gegenwärtigkeit sicherstellt". Die Theorie der Gleichzeitigkeit der Geschichte überträgt all dies in das historiographische Urteil, welches das Vergangene aktualisiert und doch nicht in die Ewigkeit der Gegenwart auflöst, da sich zwischen das eine und das andere notwendig „ein Interesse des gegenwärtigen Lebens" schiebt. Jedoch muß dieser praktische Anreiz, um Erkenntnis und damit Urteil zu sein, in einen Denkakt übergehen und sich darin aufheben, einen Denkakt, der die Gespenster vertreibt, die Zweifel und die Dunkelheiten des Lebens, dank der „Erkenntnis", wie sie genannt wird, der „realen Situation". Zu dieser gelangt man unter Bezugnahme „auf den Prozeß der Wirklichkeit, wie sie sich bisher entwickelt hat und daher geschichtlich ist". Das Individuum ist der Mikrokosmos der Universalgeschichte, eine Kurzfassung des Makrokosmos. Mit dieser Wiederaufnahme alter Thesen aus *Teoria e storia della storiografia* wird die Position Croces komplex, da ja die ontologische Gesamtverfassung der Geschichtlichkeit – die Einheit des Geistes als absolutes Subjekt der Realität, der sich in der fortschreitenden Selbsterkenntnis seiner selbst realisiert – erhalten bleibt. Und dennoch wird dieser der Geschichtsschreibung anvertraut, der völlige Autonomie zuerkannt wird, die eben darin besteht, daß sie bei der Realisierung des Begriffs des Lebens – oder der Geschichte, im immerwährenden Kampf zwischen Wert und Unwert – Erfolg haben oder scheitern kann. Die Geschichtsschreibung als Denken der Geschichte ist „ebenso aktiv wie das Handeln", und ebenso wie dieses ist sie „an das Leben gebunden", das somit die wesentliche (vorbereitende, wo nicht entscheidende) Funktion erhält, neue Geschichte aus neugewonnenem Erkennen zu schaffen. Und dies tut sie, ohne Gefahr zu laufen, sich im Aktivismus zu verabsolutieren, denn wenn, kraft der geistigen Zirkularität, das Denken des Handelns bedarf, dann bedarf das Handeln des Denkens, das eben Geschichtsschreibung ist, da es keine andere Erkenntnis gibt. Und Croce kann mit der äußerst wichtigen Aussage schließen, nach welcher die Geschichtsschreibung „Befreiung von der Geschichte" ist; Befreiung von der gemachten Geschichte (die, insofern tote Geschichte, Chronik ist) zugunsten der zu machenden Geschichte. Damit erreicht Croce zwar die Dynamisierung der totalistischen Wirklichkeit des Geistes, insofern dieser mit der Geschichte völlig eins, also Entwicklung ist. Jedoch zerstört er damit nicht den ontologischen Aufbau der Geschichtlichkeit, im Gegenteil, er verstärkt ihn noch. Bei aufmerksamer Betrachtung ist seine Aussage das genaue Gegenteil derjenigen, mit der sich Webers Position zusammenfassen läßt (und in vieler Hinsicht die Meineckes): die Geschichte als Resultat der Geschichtsschreibung. Das Subjekt ist für Croce nicht das Individuum, das handelt und insofern es handelt oder entscheidet, neue Realitäten schafft. Das Subjekt ist der absolute Geist, der aus seiner ewigen

Wirklichkeit das Denken derselben zieht. Dieses Denken „unterbricht nicht den Bezug zum Vergangenen, sondern erhebt sich i d e a l über dieses, und wandelt ihn in Erkenntnis um". Mit anderen Worten: Die Geschichte ist nicht die Selbstgrundlegung des Lebens, sondern das Denken des Lebens, das auf die ewig gegebene Wirklichkeit des Geistes gegründet ist, wobei der Geist unaufhörlich sich selbst erkennendes Leben ist. Bestehen bleibt im Historismus Croces (der eben darin sehr wenig historistisch ist, daß er absolut und daher eine immanente Verkleidung der Vorsehung ist) die naturalistische Hypothese. Aber dann ist der hellsichtigste und treueste Interpret Croces – wie er behauptete, ohne Gehör zu finden – der Carlo Antoni der *Restaurazione del diritto di natura* (1959).

Antoni hatte guten Grund zu der Annahme, daß in Croce das Bewußtsein von der Konstanz der geistigen Natur der Menschheit erhalten blieb. „Die Identität der menschlichen Natur, dessen Erfindung und Offenbarung den Ruhm der großen philosophischen Schulen und der großen Religionen ausmacht, steht durchaus nicht im Gegensatz zu dem Begriff der Individualität, sondern sie fordert ihn als ihren Inhalt. Die Identität des Geistes ist Universalität in der unerschöpflichen individuellen Verschiedenheit und Individualität". Nicht die Natur des menschlichen Geistes wandelt sich mit der Geschichte, sondern was weiterschreitet und was die Geschichte selbst ist, ist das Bewußtsein, das der Mensch von seiner eigenen Universalität und damit von der Freiheit gewinnt. Antoni hatte recht, als er Croce und Meinecke in Gegensatz zueinander stellte. „Meinecke hat den Historismus als eine große Eroberung des menschlichen Denkens gefeiert, aber er hat sich nicht gefragt, ob die Zerstörung des beseelenden Prinzips der abendländischen Kultur, der abrupte Untergang des zweitausendjährigen Polarsterns, nicht etwas für diese Kultur Vitales und Wesentliches berührt hat". Antoni hatte recht, wenn er der Ansicht war, daß „das Anliegen des Jusnaturalismus und das Anliegen des Historismus sich treffen, insofern das ideale Prinzip, das die moralische Handlung beseelt, die Gültigkeit und Gewißheit einer universalen Norm gewinnt; aber gleichzeitig wird dieses Prinzip als ein historisches Produkt empfunden, als eine Eroberung und Entdeckung. Das moralische Bewußtsein hat angesichts der Vergangenheit und dessen, was aus Vergangenheit in der Gegenwart noch fortbesteht, den Eindruck, daß es selbst demgegenüber einen Fortschritt darstellt, daß es eine tiefere Wahrheit in sich trägt." Antoni hatte recht damit, all dies zu vertreten, wohlgemerkt, im Licht einer tiefgründigen Interpretation des – wenig historistischen – absoluten Historismus Croces, gewiß nicht im Licht des problematischen und kritischen Historismus Meineckes, den er nicht zufällig und von seinem Standpunkt aus völlig klarsichtig für mit dem ersten unvereinbar hält, gerade wegen der radikalen Infragestellung des naturalistischen Prinzips, des zweitausendjährigen Polarsterns, des universalen Rechts, des ontologischen Prinzips der Geschichtlichkeit.

Was Antoni gegen Ende der fünfziger Jahre beleuchtete, war im übrigen bereits in Croces Polemik gegen Friedrich Meinecke evident, einer konstanten Polemik aufgrund der konstanten Aufmerksamkeit Croces für die historiographische und theoretische Arbeit Meineckes; mit aller Deutlichkeit kam sie jedoch erst zwischen 1937 und 1940 zum Ausbruch, und bedeutsamerweise anläßlich des großen abschließenden Bandes der Trilogie Meineckes, *Die Entstehung des Historismus,* sowie anläßlich der nachfolgenden Sammlung *Vom geschichtlichen Sinn und vom Sinn der Geschichte.*

Wenn ich hier noch einmal auf diese Polemik zurückkomme, scheint es mir nicht nötig, daran zu erinnern, wie in Croces Schriften die Definition des Historismus sowohl als konkreter und anti-aufklärerischer Rationalismus, der rationalistischer als die Aufklärung ist, sowie als Prinzip der Wissenschaft, insofern geradezu Kategorie der Logizität, wobei Logik in angemessener Weise zu verstehen ist – dem Historismus als Heraufkunft oder Aufstieg der Individualität der Substanz-Seelen und als Lebensprinzip entgegenstellt, einem Historismus, der nicht in den konkreten Rationalismus der hegelianischen Identifikation von Vernunft und Wirklichkeit heimgeholt werden kann. Aus dieser Disjunktion ergeben sich zwei verschiedene Geschichten des Historismus: die eine, diejenige Croces, ist nach den vier Epochen Kants, des Idealismus, Hegels und Croces gegliedert, während diejenige Meineckes von Vorwegnahmen bei Leibniz, Vico und dem Pietismus zur Eroberung der geschichtlichen Welt im 18. Jahrhundert führt, zur Goetheschen Klassik und Herder und dann zu Humboldt, weiter zur Romantik mit Schleiermacher, und von dort zu Niebuhr und Ranke, um nur einige der wichtigsten Etappen beider Entwicklungsgänge zu nennen. Vielmehr ist in unserem Zusammenhang hervorzuheben, daß in den angedeuteten Differenzen ein unterschiedlicher Prozeß der Herausbildung und Entwicklung der beiden Theorien zum Tragen kommt. Also darf nicht vergessen werden, daß Croces Weg 1893 mit der berühmten Abhandlung *La storia ridotta sotto il conatto generale dell'arte* begann, wo er gegen die positivistische Auffassung der Geschichte als einer Wissenschaft, aber auch gegen Hegel polemisierte, um 1909 mit der definitiven *Logica* zum Abschluß eines komplexen Prozesses zu gelangen, der durch mühevolle Versuche gezeichnet war, den Hiatus zwischen dem als reinen Begriff verstandenen Absoluten der Vernunft und dem als Welt der Existenz verstandenen Absoluten der Geschichte zu überbrücken. Die Lösung glaubte Croce in der *Logica* von 1909 gefunden zu haben, wo die Identifizierung von Geschichte und Philosophie es möglich machte, das individuelle Urteil im definitorischen Urteil aufzulösen, mit dem darauffolgenden Ergebnis der Gleichheit zwischen Tatsache und Begriff, zwischen Existenz und Wesen, zwischen realer Geschichte (die sich im Laufe der Zeit entwickelt) und idealer Geschichte (die sich zum Ewigen kontrahiert). Meinecke dagegen ging nicht so sehr von der Polemik gegen die Positivisten aus, als vielmehr von der Polemik gegen die *Kulturgeschichte* Lamprechts und somit von der Ablehnung der Vorzugsstellung, die darin dem Kollektiv gegenüber dem Individuellen eingeräumt wurde. Folglich bestand für Meinecke – den Erben Rankes, welcher der Lehren Diltheys nicht völlig uneingedenk war – das Problem in der logischen Analyse der inneren Struktur der Geschichts- und Gesellschaftswissenschaften auf der Grundlage der Überzeugung, daß die Geschichtlichkeit der Verstehenshorizont der menschlichen Welt ist. Nicht von der Realität gibt es Geschichtlichkeit, sondern von der Realität der Existenz der Menschen. Daher ist die Geschichte nicht die Entwicklung eines absoluten Prinzips, sondern das sich weiterentwickelnde Verstehen der Beziehungen, die von den Menschen untereinander auf der Basis ihrer grundlegenden und konstitutiven Geschichtlichkeit hergestellt worden sind. Es ist evident, daß bei Croce der zunächst zurückgewiesene Hegel – dem er sich jedoch bereits am Ursprung durch Droysen und De Sanctis genähert hatte – sehr früh in diesen Entwicklungsgang eingriff (nicht zuletzt auch *consule* Gentile), zur Auflösung der Zweideutigkeit, die der Auffassung von der Geschichte als Bestimmung des Begriffs der Entwicklung innewohnt: Zum einen ist sie der reine Begriff oder das metaphysische Problem des Seins, zum anderen die konkrete Realität der sich entwickelnden Dinge. Das heißt, bald ist sie die als Logik im Sinne der Wissenschaft vom Sein verstandene Geschichtlichkeit, bald ist sie die Geschichtsschreibung, die Teil des Ganzen ist, in der Weise des Verhältnisses des Individuums zum Allgemeinen. Bei Meinecke dagegen standen von allem Anfang an, durch Dilthey und Droysen vermittelt, Kant und der Kantianismus im Mittelpunkt, denen er sich sowohl direkt näherte, als auch indirekt, wenn er Humboldt las und die Welt des Kantianers von Boyen in der großen Biographie von 1895-99 studierte. So kam er in intensiven und frühen Kontakt mit der Wirklichkeit der sich entwickelnden Individualitäten, die sich nicht in logische Definitionen umwandeln lassen, ohne daß jedoch deshalb das geschichtliche Leben eine gestaltlose Flut ohne jeden Sinn wäre.

Wenn wir nun, nach der Erinnerung an die neuralgischen Punkte der Polemik Croce-Meinecke, für einen Augenblick zu Antoni zurückkehren, so ist verständlich, warum er damit, daß er richtig den absoluten Charakter des »Historismus« Croces und die sich daraus ergebene Treue zur naturalistischen und kosmologischen Hypothese hervorhob, von der auch, und vor allem, das Naturrecht (der „tausendjährige Polarstern des Abendlandes") ein Ausdruck ist, die Zweideutigkeit des auf der Scheidelinie zum Idealismus angesiedelten »Historismus« Croces zur Explosion brachte.

In Wahrheit war sich Croce nie der Alternative zwischen Historismus und Idealismus bewußt geworden, vielmehr hatte er versucht, vom letzteren – ohne ihn je zurückzunehmen, sondern ganz im Gegenteil überzeugt, ihn zu stärken – eine historistische Interpretation auf der Linie Hegels zu geben. Daher war sein Kant eine Ouvertüre zur Trias Fichte-Schelling-Hegel und nicht derjenige Kant, der die Philosophie kritisierte, insofern sie Antwort auf die Frage nach dem Sinn des Seins anstelle der Frage nach dem Sinn des Existierens war, gemäß der anti-idealistischen Interpretation der Hermeneutik Wilhelm von Humboldts. Damit war die Relativität (und der Relativismus) gegenüber der Absolutheit der Werte der Geschichte das Problem Croces. So ist die Geschichte für Croce unaufhaltsamer Fortschritt der Freiheit, sei es auch mit Unterbrechungen und Stillständen, die jedoch die Funktion des Negativen bezüglich des Positiven haben. Daher ging die realistische Ablehnung der empirischen Menschlichkeit der einzelnen Individuen – insofern sie empirisch hinfällig, da vorläufige Verkörperungen des Absoluten sind – so weit, daß er die realistische Zurückweisung der humanitaristischen Verführungen der Göttin Justitia und der Göttin Humanitas rechtfertigte, und dies nicht, weil es sich um absolute und unbestreitbare Werte handelte, sondern insofern sie durch den positivistischen und antihistorischen Demokratismus ideologisch instrumentalisiert wurden. All dies sind Positionen, die dem Anschein nach mit den Forderungen nach Individualisierung des nicht absoluten, sondern kritischen Historismus vereinbar sind, jedoch nur unter der Bedingung, daß von dem dialektischen Kunstgriff des Universal-konkreten Gebrauch gemacht wird, nach dem das Individuelle universal ist, gerade insofern es individuell ist, womit das eine wie das andere gerettet schien. In Wahrheit konnte dies jedoch nicht geschehen, und insbesondere nicht nach den Wunden des zweiten Weltkriegs, so daß damit ein Bindemittel wegfiel, das die Seiten des crocianischen Prismas zusammenhielt. Das Denken Croces wurde damals heftig kritisiert. Auf der einen Seite rief Guido De Rugiero zur Rückkehr zur Vernunft, im Namen der Universalität der Werte, die der Relativität der handelnden Individuen entgegenstünde, wobei er sich im wesentlichen mit Carlo Antonis späterer Option in Übereinstimmung befand. Von anderer Seite her erkannte Federico Chabod bei Croce die diffizile Koexistenz des Providenzialismus und des theologisierenden und jusnaturalistischen Progressismus mit dem moralisch-liberalen Anliegen, das die Rechtfertigungen durch die Vorsehung und die Appelle an den Weltgeist fallenläßt, um die Dinge begreiflich zu machen, wie sie wirklich an und für sich sind. Jedoch konnte die italienische Kultur, die sich – crocianisch oder anti-crocianisch – in jedem Fall in seinem Umfeld bewegte, keinerlei Konzessionen gegenüber dem Meineckeschen, und allgemein dem deutschen Historismus machen, indem sie an dem Interpretationsschema festhielt, das Croce von diesem gegeben hatte. Als Croce sich in seinen letzten Jahren der Monographie von Walter Hofer gegenübersah, dekretierte er definitiv die Ferne seines Historismus zu dem Meineckes.

In der Tat konnte keine Konzession vom historistischen Idealismus der »orthodoxen« Leser Croces ausgehen, von Antoni bis Franchini, die von der Notwendigkeit, die hegelianische Absolutheit des Historismus verteidigen zu müssen, überzeugt waren. Auch von den zum Marxismus übergegangenen Alt-Idealisten (aus der Schule Gentiles) konnte sie nicht kommen (von Galvano Della Volpe bis zu Delio Cantimori), die entweder bei einem entschiedenen und kohärenten Anti-Historismus anlangten (dies ist der Fall bei Cesare Luporini), oder – auch aus ideologischen Gründen – den Historismus von Meinecke und Troeltsch als intuitionistisch, ja beinahe irrationalistisch bekämpften, gemäß der Deutung Delio Cantimoris, der, über die polemische Frontstellung des Marxismus gegen den Idealismus hinaus, mit Antoni darin übereinstimmte, daß er die irrationalistischen Endergebnisse der deutschen Schule hervorhob. Hier bleibt noch zu bemerken, daß die deutsche Schule auf den schiefen Weg gebracht wird, der vom Historismus Diltheyscher Prägung bis zu jener weberschen Soziologie führt, die, in der Nachfolge von Lukács (und die Annäherung möge nicht seltsam erscheinen), als die Vollendung des langen Prozesses der Zerstörung der absoluten und allgemeinen Vernunft, deren Gipfel Weber wäre, interpretiert wird. Dazu, den Diskurs in einem theoretisch erneuerten und erneuernden Sinne wieder aufleben zu lassen, um auch zu einer alternativen Deutung der kantischen und nachkantischen Philosophie zu gelangen, reichten die – wenngleich verdienstvollen – Bemühungen Pietro Rossis und ebensowenig die sympathetischeren Interpretationen des Furio Diaz nicht aus. Beide Autoren bleiben zu fest ihren jeweiligen Ausgangsperspektiven verbunden: Rossi der anti-croceanischen und antihistoristischen Polemik von Niccola Abbagnano, Diaz der marxistischen Ideologie. Damit der Diskurs wiederaufgenommen werden konnte, bedurfte es der reifen Phase der komplexen Reflexion Pietro Piovanis.

Entstanden in der unmittelbaren Nachkriegszeit, in den sogenannten Jahren der Krise der Werte, verstand die Philosophie Piovanis, daß man aus dieser Krise nicht einfach dadurch hinausgelangte, daß man das Objekt und das Subjekt der Krise einfach preisgab, entweder mittels einer Restauration von Rationalismen neo-jusnaturalistischer Prägung gegen die Zügellosigkeiten der historischen Relativitäten, oder mittels eines gleichermaßen absoluten Voluntarismus, der die Rationalität der Bewertungskriterien in den Schatten stellen sollte. Dagegen war es nötig, sich in die Krise zu vertiefen, in die Zweideutigkeit des zeitgenössischen Individuums (ein Thema von Capograssi, dem Lehrer Piovanis), gefangen in der falschen Alternative von Aktivismus und Intellektualismus.

Anders gesagt: Piovani wählte sofort den Weg der Unzeitgemäßheit, da er jeden Typ des Absoluten ablehnte, sei es der des restaurierten Idealismus, sei es der des zusammengestückelten Hegel-Marxismus, sei es derjenige der Existenzphilosophie als Stütze der personalitären Ontologie oder des ontologischen positiven Existentialismus, sei es der des Neo-Positivismus, befangen und gefangen in der Universalisierung der formalen Logik, oder derjenige der analytischen Philosophie, gewappnet in ihrem utopischen Streben nach universaler Kommunikation.

Im Gegenteil: Nach Piovani galt es, ohne das Anliegen aus den Augen zu verlieren, das dem Wiedererstehen der immerhin renovierten Verabsolutierungen zugrundelag, eine »Phänomenologie der Singularität« zu begründen, im Bewußtsein der Ganzheitlichkeit des Lebens und in der Überzeugung der Untrennbarkeit der Theorie von der Praxis, der Erkenntnis von der koexistentiellen Lebensführung. Damit dies geschehen konnte, bedurfte es einer Rückbesinnung auf die authentische und rigorose Bedeutung der Norm, die Ratio ist, insofern Kriterium der vollzogenen und der zu vollziehenden Handlungen und das heißt: ethisch-rationale Einheit. Denn die Norm ist der Bezug der Handlung des Subjekts auf das, was im Verhältnis zu dem Subjekt und zu seiner Handlung anders ist, und das vermittels des Gedankens der vollzogenen Handlung und des handelnden Subjekts wahrgenommen wird. In dieser Weise entdeckt das Subjekt seine Endlichkeit, und durch diese Entdeckung weist es den diabolischen Aktivismus zurück, der es dazu führt, sich als der unstrittige Herr der Realität zu betrachten. Zugleich wird das Subjekt seiner Spannung auf die Überwindung seiner Endlichkeit in einer Vollendung gewahr, die jedoch keine totalistischen Restaurationen mit sich führt, da sie das Gegenteil, die Negation der Spannung sind. Mit anderen Worten: Die Norm gestattet dem Subjekt, sein Niemit-sich-allein-sein zu erfassen, da es sich zumindest von dem nicht entfernen kann, was seiner Handlung Wahrheit verleiht: von der Norm selbst, die also notwendig vergesellschaftet und vergesellschaftend ist. Die Überlegung über die Norm machte es Piovani möglich, sofort den grundlegenden Wert des Subjekts zu erkennen, insofern es nicht solipsistisch in seinem Ich verabsolutiert ist, sondern konstitutiv alteristisch, da wesentlich koexistierend, differentes Ich und nicht kommunes Ich sein will, Subjekt der »gesellschaftlichen Kommunikation« und nicht Teil einer kollektivistischen Realität der Zeichen, die alle und alles gleichsetzen, bis zu dem Punkt, an dem die Kommunikation fast überflüssig wird, die Kommunikation die nicht nur *in mente* existiert, sondern auch *inter homines* existieren muß. Das bedeutet, daß das Denken Piovanis von Anfang an (als er noch weit entfernt von einer

Neubesinnung auf den Historismus war) sich als eine Philosophie der Individualität darstellte (wie es auch der Historismus ist), eine Philosophie, in der die Antithese zwischen Subjekt und Objekt in einem zweifachen, radikalen Sinn verschwindet. Zum einen ist das Subjekt immer mit anderen Subjekten, die bezüglich ihm gegeben sind. Zum anderen ist das Subjekt selbst eine Gegebenheit, die (wie Troeltsch sagte) gegeben sein muß, damit sie durch ihre Expansion werden kann, damit sie sich in jener Objektivierung zu verwirklicht, in der die Subjektivität sich entfalten muß.

„In diesem Geflecht von Gegebenheit und Willentlichkeit, von Kontrolliertem und Unkontrollierbarem, von Unbewußtem und Bewußtem, verliert das Objektive an Fremdheit, es wird ein *quid*, das mit an der Subjektivität selbst in ihrer wahrscheinlichen potentiellen Struktur teilhat und also eine in die Existenz des Subjekts einverleibbare Realität erhält. Das Subjekt muß sich, um subjektiv zu bleiben, in einer Lebenswirklichkeit objektivieren, welche die Subjektivität bestätigt und festigt, indem sie diese überwindet. Die Objektivation des Ich, das sich in der Realität der Existenz ausdehnt, ist ein Sich-objektivieren, das nicht das Subjekt objektiviert, sondern dem es gelingt, das Ich an das Andere anzunähern, indem es zeigt, daß die Alterität keine bloße Verdinglichung ist. So kommt es zu einer spontanen Gegenseitigkeit: Die Alterität ist dem Subjekt nicht äußerlich, also nicht von ihm unabänderlich getrennt: Das Subjekt hat in sich eine ihm eigene objektive Konstitution zu respektieren, und es konstituiert sich, indem es sie respektiert".

All dies entstammt der zentralen Überlegung über die Norm als Kriterium und damit als Maßstab einer Rationalität, die nicht allgemein und abstrakt ist, sondern relativ auf die messenden und meßbaren Realitäten; damit ist auch bereits die Idee des grundlegenden Individuums eingeführt – grundlegend, insofern Subjekt der Expansion, welche das Gegebene im bewußten (oder rational erkennbaren und bewertbaren) Handeln einholt. Dies ist dann die Geschichte des Individuums und die vom Individuum produzierte Geschichte. Jedoch impliziert die zentrale Rolle der Norm auch ein weiteres Problem (auch dieses ist im Historismus ebenso zentral wie in der Reflexion Piovanis). Dieses Problem besteht in der Frage nach der Definition der Norm. An den Ursprüngen seiner Reflexion antwortet Piovani – und diese Antwort wird immer im Mittelpunkt seines Denkens bleiben, bald explizit, bald implizit – daß die Norm „die der menschlichen Existenz immanente metaphysische Präsenz" ist, das, was „allem und allen gemeinsam ist und niemandem fehlen kann". Sie ist also die Idee des Seins, das ontologische Prinzip einer zwar subtileren, aber doch immer noch einer Restauration der Einheit, „die fähig ist, alle Beziehungen des menschlichen Lebens zu messen". Es stellt sich, anders gesagt, das Problem der Ontologie. Piovani weicht ihm nicht aus, sagt jedoch, die restaurierte Ontologie sei in jedem Falle nicht die alte. Es handelt sich um einen negativen Ontologismus, da er mit der phänomenologischen Besorgnis in Beziehung steht, die auf die Handlung setzt, insofern sie vom dynamischen Charakter des menschlichen Existierens überzeugt ist. Ohne diese Dynamik würden die Endlichkeit des Subjekts und sein Streben nach Vollendung sich annullieren. Wenn die Norm Projektion über die bestehende Tatsache (das gegebene Subjekt) hinaus ist, zur Schaffung einer neuen Tatsache, die bestehen soll (die bewußte Subjektivität), haben wir am Grunde der Norm (und man ist versucht zu sagen: des Existierens) die Abwesenheit: das, was nicht ist und sein soll. Hieraus entstand das Bedürfnis nach einem komplexen theoretischen Weg, der Piovani die Auseinandersetzung mit seinen »Autoren« (vor allem Vico und Kant) nahelegte, der ihn mit dem Existenzialismus in Berührung brachte und der ihn gewissermaßen dazu zwang, den italienischen Neo-Historismus zu begründen.

Da es unmöglich ist, hier alle Übergänge dieses artikulierten Prozesses wiederzugeben, scheint es mir unumgänglich, zumindest auf einige wesentliche Punkte näher einzugehen. Der erste ist die zentrale Rolle, die Kant zugewiesen wird, einerseits als einem überzeugten Vertreter der nicht verabsolutierten Individualität, da sie selbst universal ist, andererseits als dem Umstürzer der traditionellen Ontologie, in vollständiger Kohärenz mit dem ersten, soeben genannten Prinzip.

Die kantische Ethik ist in der Tat vom Bemühen beherrscht, das Individuum in seiner Personhaftigkeit zu verteidigen; sie ist die Grundlage der Universalität des Individuums, welche die Fähigkeit zur Ausdehnung der Individualität über sich selbst hinaus ist, aber ohne dabei sich selbst zu vergessen, nämlich ohne dabei zu vergessen, daß sie Differenz ist, Bedingung für die Achtung gegenüber den Anderen, insofern sie Träger und Ausdruck von Werten sind, die nicht bereits deshalb, weil sie von den meinen verschieden sind, aufhören, Werte zu sein; sie ist die Grundlegung der universalen Gesetzgebung, die auf der Unmöglichkeit dessen beruht, daß das Individuum Mittel und nicht Zweck sein könne, in der renovierten – im bereits oben erhellten Sinn – ethisch-rationalen Einheit, die sich nicht auf den ausschließlichen ethischen Wert des »Du sollst« stützt, sondern auf das vollständigere »handle vernunftgemäß«.

Die Kantische Ethik ist die Problematisierung der problematischen Beziehung Ich-andere-Menschheit (das heißt, des Problems der Beziehungen zwischen Normativität und Gesellschaft), in welcher die Versöhnung der als gegensätzlich empfundenen Elemente in der dialektischen *coincidentia oppositorum* stattfindet, die dynamisch als Koexistenz von in Freiheit umgewandelten Willkürakten verstanden wird (wobei letztere darin respektiert werden, daß sie Willensakte sind, höchst geschichtliche

Handlungen höchst konkreter Subjekte) und nicht als Negation der Differenzen in der absoluten, niederdrückenden Einheit des Ganzen.

Im mühevollen Weg zum kategorischen Imperativ, der durch die Erarbeitung der verschiedenen, aufeinanderfolgenden Formulierungen gezeichnet ist, ahnt Kant: „Das Prinzip ist die Handlung: Eine Handlung, die keine andere sein kann als die eines jeden Menschen, in der Stärke und in der Schwäche seines Bemühens". Die Handlung gewährleistet der Person ihre individuelle Persönlichkeit, ohne ihre begeisternde Negierung im Zusammenfallen mit dem guten Willen der Menschheit zu feiern.

Bei Kant ist der persönliche Wille, als Äußerung der Absolutheit des guten Willens betrachtet, „die Universalität in ihrer vernünftigen praktischen Reinheit"; als „letzter Zweck der moralischen Tätigkeit", der nichts „Gesolltes" ist, kein »noch nicht«, sondern eine bereits absolut erfüllte Aufgabe, ein „bereits für sich bestehender" Zweck, läuft die Persönlichkeit Gefahr, außerhalb dieser Reinheit als inexistent zu erscheinen. Indem die Person sofort zur Absolutheit der universalen Rationalität erhoben wird, wird sie ihrer individuellen Persönlichkeit beraubt. Sie ist nicht mehr in ihrem mühsamen Werden, sondern in der absoluten Garantie ihrer Verwirklichung als Zweck in der Verwirklichung der Vernunft als Vernunft. Aber dann ist sie nicht mehr „die menschliche Subjektivität, die sich erhebt, sondern „Mittel der Erhebung", sie ist „das Mittel der sich verwirklichenden Vernunft" als „Vollzug der Universalität, deren Schein sie ist".

Die in dieser Weise gefeierte Person läuft somit Gefahr entpersonalisiert zu werden als individuelle Person, die zum Universalen strebt, ohne es zu erreichen, ohne es erreichen zu wollen. Der Mensch, als Person betrachtet, wird nach der Formulierung der *Metaphysik der Sitten* über jeden Preis erhaben. Er ist *homo noumenon*, der als Zweck an sich, Vollzug des guten Willens, Erfüllung der Universalität, Urbild der Menschheitsidee jeden Kontakt mit dem *homo phaenomenon* verliert.

Nur die Unerkennbarkeit des Dings an sich, das *noumenon*, verhindert die restlose Verabsolutierung des Kantischen Subjekts, stellt den phänomenalen Charakter der Erkenntnis sicher, wie die *Vorrede* zur zweiten Auflage der *Kritik der reinen Vernunft* mahnt, wo sie eingesteht, daß die Argumentation, gemäß der die Dinge sich nach der Erkenntnis richten müssen, nicht die Erkenntnis nach den Dingen, eine Hypothese ist. So gelangt Kant nicht zur Feier der Verabsolutierung des Subjekts in der Ichheit, die so lange unmöglich ist, wie der Noumenon nicht beseitigt ist, er kann jedoch die durch den Idealismus, beginnend mit Fichte, vorgenommene Grundlegung vorbereiten.

Auf der einen Seite haben wir die Straße des Idealismus, der, als „Philosophie des absoluten Geistes [...], sich nicht an das Phänomen als Phänomen halten kann, sich nicht darauf beschränken kann, es in seiner Beziehung zum Noumenon zu sehen". Der Idealismus reabsorbiert das Noumenon, um eine „Philosophie des Ganzen und des Geistes zu sein", und leugnet damit jede Unerkennbarkeit, schließt jede Beschränkung seiner Erkenntnisfähigkeit aus, die entweder total ist, oder nicht ist.

Folglich steht die Naturphilosophie des Idealismus im Gegensatz zur galileischen und nach-galileischen »Physik«, insofern diese eine „Welt berechneter Beziehungen, Maße und Hypothesen" ist, deren Wissenschaft eine „Wissenschaft der Phänomene ist, die es fort und fort hinnehmen, sich der Probe der Erkennbarkeit zu unterziehen", das heißt, der Erprobbarkeit der Erfahrung; kurz: eine Wissenschaft, die nicht, wie bei Fichte und nach ihm, Erkenntnis vom Absoluten ist. Nicht anders „muß die Philosophie des Geistes, um das dem Idealen antithetisch gegenüberstehende Reale theoretisch zu erfassen [...], den Gegensatz erfinden, der [...] die Erbschuld hat, in der Tat ein erfundener Gegensatz zu sein".

Als „eine völlig positiv gewendete Philosophie", „Philosophie der Positivität" entsteht der Idealismus aus dem Bewußtsein, daß die von Kant vorgeschlagene Universalisierung das traditionelle Bündnis zwischen Denken und Sein aufbricht, der Ontologie den Abschied gibt. Demgegenüber ist der Idealismus ein strenger Restaurator des Denkens als Absolutes, der die Unerkennbarkeit des Noumenon ausräumt, indem er ein neues Verhältnis von Sein und Denken postuliert.

Dieses ist die Synthese einer Subjektivität, die jede erkennende Erkenntnis in sich schließt und ihre Pluralität annulliert, indem sie alle in einen äußerst flexiblen und dabei unzerstörbaren Behälter einschließt, derart, daß alle Artikulierungen des Erkannten entweder bereits in ihm enthalten sind, oder gar nicht sind, nicht einmal zulässig. „Kein Idealist kann es sich, als Philosoph der Identität, erlauben, die berühmten Kühe Schellings bei Sonnenschein auf die Weide zu treiben und am allerwenigsten kann dies Hegel, dem scheinbar so viel daran liegt, sie eine um die andere bei Tageslicht zu sehen". „Als absolutester unter den Spiritualismen schrickt der Idealismus vor jeder Anerkennung alles Erkannten als solchen zurück und nimmt es daher nur in der Einheit des Erkennens zur Kenntnis".

Sein wahres Problem ist es, die Legitimierung der Antithese, des Entgegengesetzten, des Negativen mit um so größerem Eifer und Witz, je mehr er sich darüber klar ist, daß die Phänomene in ihrem Wert verstanden werden wollen, daß das jeweils Erkannte beansprucht, in seinen individuierten Gründen erkannt zu werden, daß die Existenzen der Reduzierung auf das vereinheitlichende Sein ihren Widerstand entgegensetzen. Vor so revolutionäre Neuerungen gestellt, spürt der Idealismus, wie verderblich sie jedem Ontologismus sind. Und daher verleiht Hegel seinem Denken Dichtheit, nähert es der Bestimmtheit an, verklärt es in eine totale Philosophie der Geschichte, ja, er historisiert selbst die Logik und phänomenologisiert das Erkennen". Dies tut er mit so grandioser Genialität, daß er die Philosophie den existentiellen Bedürfnissen des Subjekts so nahe bringt wie noch nie zuvor, jedoch vergißt er nie, daß die Geschichte „sie selbst ist nur als Weltgeschichte, die wiederum Geschichte des Geistes ist"; „daß die Phänomenologie [...] eine Phänomenologie des Geistes ist". Für sie „existieren der Gegensatz, das Phänomenische, das Bestimmte nur, um auf dem Altar des Begriffs geopfert zu werden". „Das zärtliche Bemühen um das Opfer erfolgt nur im Hinblick auf die Opferung". Die Phänomenologie ist eine »Noumenologie«, die Geschichte eine „perfektionierte Rationalisierung, eine raffinierte Verbegrifflichung". Sie ist eine »Hypertrophie« der Vernunft in ihrer absoluten Reinheit, die alles ausschließt, was außerhalb des Lichtkegels liegt, den ihre Erkenntnisfähigkeit auszustrahlen vermag, und alles, was sich außerhalb befindet, stempelt sie als irrational ab.

Der idealistischen Lösung stellt sich mit zunehmender Entschlossenheit, jedoch mit ursprünglicher Bewußtheit des eigenen Andersseins, der Weg des kritischen Historismus entgegen, von Humboldt bis Ranke, von Dilthey bis Meinecke und Troeltsch, ein Weg, den Piovani entdeckt hat und zu dessen Beschreitung er aufforderte.

Nicht nur freigelegt, sondern auch weitgehend begehbar war dieser alternative Weg gemacht worden durch Vicos Kritik an Descartes' Ich, welches das Universum in den Gegenstand der vernunftbeherrschten physikalisch-mathematischen Wissenschaften verwandelt. Die Vernunft findet in sich selbst das Fundament einer Ordnung, die sie systematisiert, und sie erlegt allen natürlichen Phänomenen diese von ihr geschaffene Ordnung von außen auf. Es ist zwar richtig, daß damit ein Übergang von einer vorgegebenen zu einer von der menschlichen Vernunft aufgebauten Ordnung stattfindet, jedoch handelt es sich um eine neue Metaphysik, die zur Folge hat, daß mit einer Zerstückelung und Pulverisierung verwechselt wird, was der grandiose Prozeß der Zerlegung der einen Welt in eine Pluralität der Welten ist. Dieser Prozeß wird hingegen von Vico verstanden, dank seiner *Neuen Wissenschaft* von der Geschichte, die, statt neue kosmische Universalitäten zu konstruieren, sich von den Phänomenen des Universums entfernt und das beobachtet, was den Menschen in seiner Welt universal macht. Diese Welt ist nicht die der Natur, sondern die der Geschichte. Auf diese Weise wird die humanistische Reform zu einer wahren Revolution, denn die Natur des vichianischen Menschen ist nicht natürlich, sondern geschichtlich: Die Bindung an die *physis* ist gelöst wie bei keinem anderen Philosophen der Neuzeit, und der Prozeß der Infragestellung der naturalistischen und kosmologischen Hypothese nimmt seinen Anfang. „Das gestaltlose *nefas* der gesetzlosen Welt wird nicht, wie Sokrates wollte, durch wenig dazu geeignete physikalische Gründe »verboten«; es wird durch die menschliche Natur verboten".

Nicht mehr die Menschheit wird naturalisiert, indem sie in eine kosmische Ordnung eingespannt ist, die Physik und Metaphysik miteinander vereint. Es ist die Natur, die humanisiert wird, insofern sie in die Ordnung des „Universums des gesitteten Zusammenlebens" (*universo civile*) eingespannt ist. Das N a t ü r l i c h - sein dieser Ordnung ist „von jeder Naturhaftigkeit entbunden", so umfassend, daß die Scheidung von Existenz und Essenz dramatische Formen annimmt. Das Sein dieses *universo civile* als solches ist sein Existieren, das sich nicht in der statischen Essentialität der physikalischen Daten, sondern nur in der geschichtlichen Existentialität ausdrükken läßt, denn es ist das Universal - w e r d e n des von den Menschen gemachten *mondo civile*. Dergestalt, daß selbst die Durchsetzung der Ordnung – das Bedürfnis, das auch Leibniz verspürte, rasch ein universales Fundament für das pluralistische und pluralisierende Individuelle zu finden – auch dann, wenn sie an die Theologie appelliert, „sich bewußt als von der Theologie verschieden darstellt, ganz gleich, ob sie auf die natürliche oder übernatürliche Ordnung Bezug nimmt". Vicos Theologie ist *teologia civile ragionata* (Hösle übersetzt: „rationale politische Theologie"), wobei das Merkmal der *civilità*, das durch das systematische Adjektiv unterstrichen wird, die Philosophie der Kultur als Erbin der verschwundenen Philosophie der Natur und der Übernatur bezeichnet. Die geschichtliche Ordnung tritt an die Stelle der metaphysischen Ordnung. Ein neuer Weg des Philosophierens wird eingeschlagen, der gar nicht anders kann, als immer postvichianisch zu sein, er sei es bewußt oder unbewußt, er sei Vico treu oder untreu. Vicos Geschichte, insofern sie Wissenschaft einer vom Menschen geschaffenen Ordnung ist, und nicht von einer gesetzten Lage, die passiv hinzunehmen oder zu meditieren ist, bleibt, da sie durch die profanierende Philologie zu weitgehend säkularisiert worden ist, „unangefochten diesseits jeder Möglichkeit einer radikalen Umwandlung der Geschichtlichkeit in Metaphysik" stehen. Die neue Geschichte setzt eine unüberschreitbare »anthropologische Grenze« für jedes Streben nach Ordnung oder Harmonie, ein Streben, das nach Vico die Tatsache nicht mehr ignorieren kann, daß es „in der Geschichte des Menschen kein Heil oder Unheil gibt, das nicht vom Menschen abhinge".

Indem Vico mit »heroischer Kraft« die Vergeschichtlichung der Vernunft proklamiert, ist er – der Vico Piovanis – kein Vorläufer der »neuen Philosophie« der Geschichte: Er ist das Prolegomenon zu jeder künftigen Wissenschaft vom Menschen, er steht an der Wasserscheide derjenigen Strömungen, die, wenn auch in veränderter Gestalt und mit ganz und gar neuzeitlicher Rastlosigkeit, die verlorene Ordnung im historischen Neo-Kosmismus suchen, und derjenigen Strömungen, die in einer neuerlichen, radikalen kopernikanischen Revolution die neumetaphysische Wissenschaft vom Sein denken, bis sie der versöhnlichen Ontologie im Namen der rastlosen Anti-Ontologie der Abwesenheit den Abschied geben. Sie ist der »Abgrund der Nicht-Geschichte«, den der Mensch Vicos immer unter seinen Füßen und vor seinen Augen gähnen sieht. „Wenn die Seienden s i n d , insofern sie w e r d e n , wenn ihr Werden ein Herstellen von Wirklichkeit ist, dann können sie nicht sein, insofern sie sind, sondern nur insofern sie werden und ihr Werden ist eine fortwährende Verteidigung gegen die Unexistenz, eine beständige Bewußtwerdung einer bedrohten und umkämpften Stellung".

An diesem Punkt hatte Piovani alle Ingredientien vor sich, um zu begreifen, was der Historismus ist, den er, den kritischen und problematischen Historismus nennt, um ihn von dem wenig historistischen absoluten Historismus zu unterscheiden. Letzterer geht darauf aus, in der theologischen Geschichte eine absolute und universalistische Philosophie zu restaurieren; der erste ist im Gegenteil darauf gerichtet, aus der Geschichtsforschung die Lehre zu ziehen, die historische Erkenntnis in den Dienst der Bewegung der Philosophie zu stellen, aber einer Bewegung auf Erkenntnisse hin, die das Allgemeine in der Konkretheit der lebendigen Individualitäten erfassen wollen. Um den Charakter dieses Gegensatzes kurz zu bezeichnen, kann man von der Entgegensetzung eines kritischen und eines absoluten Historismus sprechen. Ein althistoristischer Absolutismus will an die Stelle eines bloß logisch-ethischen Monismus einen erkenntnistheoretisch-geschichtlichen Monismus setzen, während ein neu-historistischer Problematizismus im Dienst der Sache des existentiellen Pluralismus steht, der radikal gegen jeden Totalismus ist zugunsten eines Prozesses der Universalisierung, welcher die Individualität nicht Lügen straft, eben weil er sie nicht in sich selbst einschließt, sondern ihr Bestreben realisiert, sich nach allen Richtungen hin auszudehnen. Diese Richtungen sind ihrerseits wieder Ausdruck des unstillbaren Bedürfnisses des Individuums, zu seiner Vollendung zu gelangen, indem es sein ursprüngliches G e g e b e n s e i n einholt. Um den Wert der Individualität war also für Piovani der Sinn des neuen Philosophierens zentriert, das bei ihm für die Wissenschaften vom Leben offen war, speziell für die Psychologie und die Anthropologie, die Piovani dazu benutzte – ich muß es hier bei einer Andeutung belassen –, die Schichten der Individualität bis zur objektiven Quelle des ursprünglichen G e g e b e n s e i n s des Subjekts zusondieren. Beginnend mit der zentralen Rolle des historischen Erkennens, das sich – sowohl in der systematischen Erforschung der Geschichtstheorien, als auch in der aktiven Erfahrung der Geschichtsschreibung – als die neue Form darstellte, in der es möglich ist, sich den Dimensionen der Realität zu nähern und sie zu ermessen. In diesem Sinne wird die Geschichte als Logik des Konkreten, als Logik der Individualität erkannt. Im Fortschritt der modernen Erkenntnistheorie, welche auch immer die Einstellungen polemischer Art und die unüberwindlichen Schwierigkeiten der Verständigung gewesen sein mögen, besitzen diese neuen Erkenntnisformen einen Wert, der zumindest dem der neuen Erkenntnisweisen in der Naturwissenschaft gleichkommt. Obgleich auf Wegen fortgeschritten wird, die in großer Entfernung voneinander verlaufen, findet sich manchmal in den Ergebnissen eine symptomatische Übereinstimmung. Hierbei zögerte Piovani nicht – über den Rat hinaus, die Unterscheidung zwischen Geistes- und Naturwissenschaften neu zu lesen (die im übrigen eher der Wertphilosophie als dem Historismus angehört) – den ethischen Wert des Relativen gegen das Absolute zu verteidigen; jede mögliche Universalgeschichte zurückzuweisen (hier aber nur als logischer Ausdruck der Geschichtsphilosophie betrachtet), zugunsten der existentiellen Geschichte, bis hin zur revolutionären Umkehrung der Ontologie in die radikale Anti-Ontologie der Abwesenheit.

Und es ist nun gerade hier, an diesem Punkt, welcher der Gipfel des »neuen Historismus« zu sein scheint, wo die Grenzen der historistischen Reflexion Piovanis sichtbar werden. Diese Reflexion ist gewiß nicht zu negieren, aber doch zu ergänzen, eine Arbeit, die ich zu unternehmen versucht habe.

Angelpunkt des Historismus ohne Natur, der endgültig mit der naturalistischen und kosmologischen Hypothese gebrochen hat, ist die Kontingenz in ihrem nicht zu beseitigenden und unbeseitigten Existieren. Dieser Historismus bedeutet die Verdrängung der klassischen Metaphysik, sowie dessen, was diese verdrängt hat, um sich in innerer Vollendung und Kohärenz zu gestalten. Und doch ist die Verdrängung der Essenz durch die Existenz wiederum eine »neue Metaphysik«, eine »negative Metaphysik«, deren Prinzip die Endlichkeit ist und damit nicht das *quod est*, sondern das *quod deest*, das uns vor die Frage stellt: „Warum die Existenz satt der Inexistenz?“

Wenn nun die Antwort in der Axiologie des *age quod agis* zu suchen ist – wie dies sehr gut Eugenio Mazzarella getan hat – dann kann sie eine Anthropologie der radikalen Unvollkommenheit implizieren, aber auch eine Ontologie der nicht transzendierbaren Endlichkeit, eine Ontologie des Selbst-wissen des Menschen von sich als einem geschichtlich-endlichen Maßstab. Damit hat man – oder man läuft Gefahr, sie zu haben – eine »neue Ontologie«, die gewiß negativ ist, dabei jedoch immer untranszendierbar ontologisch. Dies ist eine Konsequenz der zentralen Stellung, die Poviani dem Existentialismus zuerkennt, obwohl in der Kritik der latenten Metaphysizität Heideggers und in der Bevorzugung des »Weges des Nein« von Jaspers – wobei Piovani allerdings Jaspers und seinen »Weg des Nein« Heidegger aufgrund der latenten Metaphysizität des letzteren vorzog. So daß die ethische Verteidigung des Relativen nicht bei der radikalen Übernahme desselben stehenbleiben will, sondern die relativistischen Spätformen des Historismus negiert, mit der Ablehnung einer vorgegebenen Ordnung, in die das Individuum eingefügt ist, jedoch immer mit der Unumgänglichkeit einer zu schaffenden Ordnung, in die der Mensch sich verantwortlich einfügt. Die Öffnung auf die Zukunft hin ist - oder sie kann es sein - die vorausschauende Sorge um eine zu schaffende Ordnung, innerhalb welcher der »Augenblick« im Geiste Schleiermachers Sinn und Wert erhält, statt in der Weise Rankes Sinn und Wert im Augenblick selbst zu suchen. Dieser Gefahr ist die mögliche Überwindung des kritischen Historismus in einer erneuten Reflexion ausgesetzt, wenn er - den Vorschlägen des katholischen Existentialismus nicht unzugänglich - die *conditio humana* einer erneuten Betrachtung aus der Sicht eines entmythisierten Christentums unterzieht, das heißt eines Christentums, das von der Hülle des Kosmos als des universellen natürlich-übernatürlichen Ortes, der den Menschen umgreift, befreit ist und seiner ursprünglichen Erfahrung der Geschichtlichkeit durch Christus zurückgegeben ist, Christus, der als Aspekt der degenerierten kosmischen Methodologie zurückgewiesen wird, der aber Aufnahme findet als mögliche Entscheidung jedes Menschen, der den bestürzenden Wert zu erkennen vermag, welcher in der eschatologischen Gegenwart der Menschwerdung Gottes liegt, als des verborgenen Absoluten, das anzuerkennen ist. Nicht zufällig macht der fortschreitende Antihegelismus Piovanis eine Ausnahme bezüglich des Hegel der Menschwerdung.

Eigentlich hatte der Überlegung Piovanis über den Historismus die Berücksichtigung Webers gefehlt (zumindest kam sie spät und nur in Andeutungen). Vielleicht war Piovani aufgrund damals von der Schule Webers gelieferter Beiträge geneigt, in Max Weber eher den Überwinder Diltheys und Gegner von Meinecke und Troeltsch zu sehen (und ihn daher nicht sehr zu schätzen), als den radikalen Verwirklicher - der, wenn auch sehr verschieden von Meinecke und Troeltsch war, diesen nicht fernstand - des Historismus, wie er sich in seinen beiden höchsten Momenten verwirklicht hat, nach der Seite der nachdenklichsten Grundlegung und nach der Seite der theoretisch tiefgründigsten Problemstellung, das heißt, in Humboldt und Ranke.

In der Tat tritt mit Weber der entschiedenste und strengste Kritiker des gesamten 20. Jahrhunderts am »monistischen Wahn« auf, sei es als eines »intellektuellen Absolutismus«, sei es als eines »moralischen Absolutismus«, und es wird erkannt, daß der „Begriff der Totalität [...] wie jede andere Kategorie“ kein Götze ist. Weber verkündet die Irreduzibilität des Pluralismus der Werte als modernen Polytheismus, nicht im Sinne eines nihilistischen Relativismus, sondern als Bedingung der zu treffenden Entscheidung, in Kenntnis der Unauflöslichkeit der Antithese und damit der Bedeutung der einzelnen Handlungen, deren Verkettung dem Leben als Ganzem eine Grundlage gibt: dem Leben, das sich selbst begründet, sich auf sich selbst gründet und nur so Sinn und Bedeutung gewinnt. Ohne jede Beschönigung wird erklärt, Entwicklung und Fortschritt seien ein »romantischer Trug«, da die Welt der Kultur als Gegenstand der Realwissenschaften betrachtet, der endliche Ausschnitt aus einer sinnlosen Unendlichkeit ist, dem nur vom Standpunkt des Betrachters her ein Sinn verliehen wird. Hier hat die Kultur, haben die Kulturen nichts mehr vom Intuitionismus der »Weltanschauungen« oder der »Erlebnisse«. Sie sind perspektivische Schöpfungen des empirischen Lebens in seinem Fortschreiten, wie es durch die Handlungen und Entscheidungen hervorgebracht wird, mittels deren die Wissenschaft das Bewußtsein dazu veranlaßt, den positiven Charakter des Konflikts anzuerkennen, der Ergebnis eines bewußten Wettstreits ist, wobei dieser wiederum Garant der ethischen Verantwortung ist.

Hier hat nun wirklich die Ontologie keinen Sinn mehr (und dies ist die radikale Grundlage des rigorosesten Neo-Historismus), und der Diskurs entfernt sich davon, ohne jedes Interesse, die Argumente pro oder contra noch länger zu untersuchen, da er sich auf eine andere Ebene verlagert hat, die von der traditionellen völlig verschieden ist. Hier verliert der Polarstern des Abendlandes, der auf der kosmologischen Allianz von Natürlichem und Übernatürlichem gegründete Jusnaturalismus, seine Aufgabe und Funktion als unentbehrlicher Bezugspunkt und bleibt eine ferne astrale Korpuskel. Die Geschichte ist nicht mehr ein Ort, aus dem man herkommt und in dem man wohl oder übel lebt. Sie ist das Ergebnis der Geschichtsschreibung, das heißt, der Zuweisung eines Sinnes an das, was keinen hat und ihn von dem erhält, der ihn schafft und ihn somit rational erkennt und verifiziert. Damit kehrt das Vico-Theorem von der Kovergenz des Wahren und des Gewissen wieder, jedoch im Sinne einer rationalen Beglaubigung, welche die Verifizierung als Eintreten Gottes in die Welt unterbindet.

Auf die Übernahme dieser radikalen Auffassungen gründet der Neo-Historismus seine Seinsweise, womit der Einsatz und der Ansatz Piovanis keineswegs verleugnet, wohl aber ergänzt werden sollen. Der kritische Historismus ist die Wissenschaft, die, auf der Grundlage der Philologie als historischer Erkenntnis und der universalen Hermeneutik der Sprache, die erkenntnistheoretische Grundlegung der Einzelwissenschaften leistet, oder anders gesagt, er ist die Ablehnung jeder allgemeinen Wissenschaft, es handle sich um die Philosophie der Geschichte, die Soziologie, die Philosophie als Metaphysik. Der kritische Historismus bedeutet das Aufgehen der Philosophie in den positiven Wissensformen und die Ersetzung der Geschichtlichkeit als totalisierender und totalistischer Wirklichkeit durch die Pluralität der Geschichten, eine Pluralität die Ausdruck von ethisch bewußten Handlungen ist, die den konkreten, empirischen Individuen aus Fleisch und Blut zurechenbar sind, aber niemals einem absoluten L e b e n . In diesem Sinne ist die Geschichte die Kunst des Verstehens, die eine Darstellung der Tatsachen erfordert (beinahe die Augenzeugenschaft des wahrnehmenden Sehens in ihrer Besonderheit – von daher die Unparteilichkeit), sowie die Objektivierung der Sicht in der Wahrheitstreue der Tatsache über ihre Form, ihren sichtbaren Umriß hinaus auf der Suche nach der wissenschaftlichen, philologisch verifizierten E r k l ä r u n g , das heißt, die Erkenntnis, welche den bezeugten Augenschein in der Vernünftigkeit des Ereignisses vervollständigt und überwindet. Deshalb ist die Geschichte eine ethische Wissenschaft, und Wissenschaft als empirische Erkenntnis, unter der Voraussetzung, daß mit Kant das rationalistische Vorurteil zurückgewiesen wird, nach dem es keine Wissenschaft vom einzelnen gibt. Was Kant bekanntlich bestreitet, wogegen er für das empirische Bewußtsein die Möglichkeit in Anspruch nimmt, aufgrund der Verbindung, mittels der Formen der Kategorien, des Rationalen mit den Fakten Wissenschaft zu sein. Das bedeutet dank dem expliziten Kantismus der historistischen Tradition – die methodologische aber nicht metaphysische Grundlegung der historischen Erkenntnis, die zugleich Wissenschaft und Kunst des Verstehens des einzelnen ist, indem sie die gegenwärtige Erfahrung mit Hilfe einer andersartigen Wissenschaft ergänzt, anders gesagt, mit Hilfe des Verfahrens am Leitfaden rational begründeter und rational verifizierbarer Prinzipien. Damit ist die Grundlegung gegeben für die Unterscheidung zwischen der W e l t - g e s c h i c h t e (als Nachfolgerin und Sublimation der G e s a m t g e s c h i c h t e im Namen einer totalistischen und totalisierenden Wirklichkeit, in der, unlösbar miteinander verbunden, Universalität, Individualität und Notwendigkeit inhärieren), und der U n i v e r s a l g e s c h i c h t e , die „Grundlage jeder speziellen Geschichte" ist, um es mit Roscher zu sagen, da sie Ergebnis der von Analogieprozessen ist. Diese zielen darauf ab, das Spezifische der gemäß ihrer »Differenz« erfaßten individuellen Ereignisse zu definieren (Themen, wie sie dem »Historismus der Historiker« am Herzen lagen, das heißt der Historismus von Niebuhr und Roscher, aber auch von Eduard Meier, gegen den Max Weber polemisierte). In der Substanz ist die U n i v e r s a l g e s c h i c h t e nicht die totale und kumulative Geschichte der Welt, sondern die thematische und tendenzielle Kondensierung der Individualitäten der Geschichtshandlungen, die somit in ihrer Menschlichkeit und alteristischen Koexistenzialität vermittels des Z u s a m m e n h a n g s definiert werden. Daher ist jeder Historiker immer Universalhistoriker, wie Ranke sagte, ohne dabei –er, der von lutheranischer Frömmigkeit durchdrungen war – den antimetaphysischen Charakter der Geschichte als Kunst und Wissenschaft zu verraten: nicht eine objektive Gegebenheit oder der Herkunftsort, mit dem man notwendig eine Beziehung unterhält, sondern Ergebnis der Geschichtsschreibung als ethischer Wissenschaft.

Anhang

Veröffentlichungen von Manfred Riedel

zusammengestellt und ausgewählt von Harald Seubert (Nürnberg)

I. Selbständige Buchpublikationen

1. *Theorie und Praxis im Denken Hegels*, 1. Aufl. Stuttgart, Berlin u.a. 1965; 2. Aufl. Berlin 1976. Übersetzung ins Koreanische (1982) und ins Japanische (1987).
2. *Wandel des Generationenproblems*, Düsseldorf 1969.
3. *Zwischen Tradition und Revolution. Studien zu Hegels Rechtsphilosophie*, 1. Aufl. 1969; 3. (erweiterte) Aufl. 1982. Übersetzungen ins Italienische (1975), Japanische (1976), Spanische (1979) und Koreanische (1983). Englische Ausgabe unter dem Titel: *Between Tradition and Revolution. The Hegelian Transformation of Political Philosophy*, Cambridge 1984.
4. *Bürgerliche Gesellschaft und Staat. Grundproblem und Struktur der Hegelschen Rechtsphilosophie*, Neuwied und Berlin 1970.
5. *Metaphysik und Metapolitik. Studien zu Aristoteles und zur politischen Sprache der neuzeitlichen Philosophie*, Frankfurt/M. 1975. Übersetzungen ins Spanische (1976), Englische (1986) und Italienische (1987).
6. *Verstehen oder Erklären? Zur Theorie und Geschichte der hermeneutischen Wissenschaften*, Stuttgart 1978. Übersetzungen ins Italienische (1987) und Rumänische (1989).
7. *Norm und Werturteil. Grundprobleme der Ethik*, Stuttgart 1979. Übersetzung ins Japanische (1982).
8. *Lineamenti di etica communicativa. Elementi e principi di una teoria del discorso morale*, Padova 1981 (deutsche Ausgabe in Vorbereitung).
9. *L'Universalita della Scienza Europea e il Primato della Filosofia*, Napoli 1982 (Introduzione di G. Cacciatore).
10. *Fra Mito e Scienza. L'inizio della filosofia greca*, Napoli 1982.
11. *Für eine zweite Philosophie. Vorträge und Abhandlungen*, Frankfurt/M. 1988.
12. *Urteilskraft und Vernunft. Kants ursprüngliche Fragestellung*, Frankfurt/M. 1989.
13. *Hören auf die Sprache. Die akroamatische Dimension der Hermeneutik*, Frankfurt/M. 1989.
14. *Zeitkehre in Deutschland. Wege in das vergessene Land*, Berlin 1991. Übersetzung ins Russische Moskau 1996.

15. *Tradition und Utopie. Ernst Blochs Philosophie im Licht unserer geschichtlichen Denkerfahrung*, Frankfurt/M. 1994.
16. *Das Universale und das Nationale. Jenaer Schiller-Vorlesungen 1992/93*, Frankfurt/M. 1996.
17. *Vorspiele zur ewigen Wiederkunft. Nietzsches Grundlehre*, München 1996.

II. Aufsätze in Auswahl

(auf die Aufführung von kleineren Arbeiten aus der Tagespresse und der zahlreichen Rundfunkessays wird verzichtet).

1. *Vom Biedermeier zum Maschinenzeitalter*, in: Archiv für Kulturgeschichte 43 (1961), S.100-123; wiederabgedruckt in: H. Segeberg (Hg.), *Technik in der Literatur*, Frankfurt/M. 1987, S. 102-132.
2. *Aristotelestradition und Französische Revolution*, in: *Alteuropa und die moderne Gesellschaft. Festschrift für Otto Brunner*, hrsg. vom Historischen Seminar der Universität Hamburg. Göttingen 1963, S. 278-315.
3. *Der Staatsbegriff der deutschen Geschichtsschreibung in seinem Verhältnis zur klassisch-politischen Philosophie*, in: Der Staat 2 (1963), S. 41-63.
4. *Zur Topik des klassisch-politischen und des modern-naturrechtlichen Gesellschaftsbegriffs*, in: Archiv für Rechts- und Sozialphilosophie 51 (1965), S. 291-318.
5. *»Emendation« der praktischen Philosophie*, in: H.-G. Gadamer (Hg.), *Das Problem der Sprache*, München 1967, S. 207-219.
6. *Kausalität und Finalität in Hobbes' Naturphilosophie*, in: Kant-Studien 60 (1969), S. 417-435.
7. *Wilhelm Dilthey und das Problem der Metaphysik*, in: Philosophisches Jahrbuch 76 (1968/ 69), 2. Halbband, S. 332-348.
8. *Fortschritt und Dialektik bei Hegel*, in: Neue Rundschau 80 (1969), S. 476-492.
9. *Metaphysik des Staats*, in: R. Koselleck, R. Schnur (Hg.), Hobbes-Forschungen, Berlin 1969, S. 103-118.
10. *Wandlungen des Generationsproblems*, in: Merkur 23 (1969), S. 211-224.
11. *Wissen, Glauben und moderne Wissenschaft im Denken Hegels*, in: Zeitschrift für Theologie und Kirche 66 (1969), S. 171-191.
12. *Moralität und Recht im vorkantischen Naturrecht*, in: J. Blühdorn, J. Ritter (Hg.), *Recht und Ethik. Zum Problem ihrer Beziehung im 19. Jahrhundert*, Frankfurt/M. 1970, S. 83-101.
13. *Karl Löwiths philosophischer Weg*, in: Heidelberger Jahrbücher XIV (1970), S. 120-133.
14. *Nature and Freedom in Hegel's Philosophy of Right*, in: Z.A. Pelczynski (Hg.), *Hegel's Political Philosophy. Problems and Perspectives*, Cambridge 1971, S. 136-151.
15. *Brecht und die Philosophie*, in: Neue Rundschau 81 (1971), S. 65-86.
16. *Positivismuskritik und Historismus. Über den Ursprung des Gegensatzes von Erklären und Verstehen*, in: J. Blühdorn, J. Ritter (Hg.), *Positivismus im 19. Jahrhundert*, Frankfurt/M. 1971, S. 81-104.

17. *Über einige Aporien der praktischen Philosophie des Aristoteles*, in: M. Riedel (Hg.), *Rehabilitierung der praktischen Philosophie*, Bd. 1, Freiburg/Br. 1972, S. 79-97.
18. *Aristotelismus und Humanismus*, in: Zeitschrift für philosophische Forschung Bd. XXVII (1973), S. 367-377.
19. *Geschichtstheologie, Geschichtsideologie, Geschichtsphilosophie. Zum Ursprung und zur Systematik einer kritischen Theorie der Geschichte bei Kant*, in: Perspektiven der Philosophie, Bd. V (1973), S. 200-226.
20. *Geschichte als Aufklärung. Kants Geschichstsphilosophie und die Grundlagenkrise der Historiographie*, in: Neue Rundschau 84 (1973), S. 289-308.
21. *Die Aporie von Herrschaft und Vereinbarung in Kants Idee des Sozialvertrags*, in: G. Prauss (Hg.), *Kant. Zur Deutung seiner Theorie von Erkennen und Handeln*, (= Neue Wissenschaftliche Bibliothek, Bd. 3), Köln 1973, S. 337-349.
22. *Fortschritt und Dialektik in Hegels Geschichtsphilosophie*, in: I. Fetscher (Hg.), *Hegel in der Sicht der neueren Forschung*, (= Wege der Forschung, Bd. 52), Darmstadt 1973, S. 387-407.
23. *Herrschaft und Gesellschaft*, in: M. Riedel (Hg.), *Rehabilitierung der praktischen Philosophie*, Bd. 2, Freiburg 1974, S. 135-258.
24. *Ein aktualisierter Platon* (Rezension zu R. Maurer), in: Philosophische Rundschau 21 (1975), S. 74-80.
25. *Arbeit und Interaktion. Sprachkritische Bemerkungen zum Handlungsbegriff*, in: Universitas 30 (1975), S. 523-532; unter dem Titel: *Trabajo e interacción - Sobre el concepto de acción* in der spanischen Ausgabe von Universitas 13 (1976), S. 231-240; und als: *Work and Interaction. Concerning the Concept of Action* in der englischsprachigen Ausgabe Universitas 20 (1978), S. 41-50.
26. *Causal and Historical Explanation*, in: J. Manninen, R. Tuomela (Hg.), *Essays on Explanation and Understanding*, Dordrecht 1976, S. 3-25 (eine gekürzte Fassung in: G. Patzig, E. Scheibe und W. Wieland (Hg.), *Logik, Ethik, Theorie der Geisteswissenschaften*, (= Akten des XI. Deutschen Kongresses für Philosophie, Göttingen 1975), Hamburg 1977, S. 123-137.
27. *Fichtes zweideutige Umkehr der naturrechtlichen Begriffsbildung*, in: U. Engelhardt, V. Sellin, H. Stuke (Hg.), *Soziale Bewegung und politische Verfassung, Festschrift für W. Conze zum 65. Geburtstag*, Stuttgart 1976, S. 34-45.
28. *Der Begriff der »Bürgerlichen Gesellschaft« und das Problem seines geschichtlichen Ursprungs*, in: E.W. Böckenförde (Hg.), *Staat und Gesellschaft*, (= Wege der Forschung Bd. 471), Darmstadt 1976, S. 77-108.
29. *Dialettica nelle istituzioni. Sulla struttura storica e sistematica della filosofia del diritto di Hegel*, in: F. Chiereghin (Hg.), *Filosofia e società in Hegel*, Quaderni di verifiche 2 (1977), S. 35-60.
30. *Historischer, metaphysischer und transzendentaler Zeitbegriff*, in: R. Koselleck (Hg.), *Studien zum Beginn der modernen Welt*, Stuttgart 1977, S. 300-316.
31. *Explição Teleológica e Fundamentação Prática*, in: Revista Brasileira 27 (1977), S. 71-91.
32. *Wilhelm von Humboldts ursprünglicher Begriff der Wissenschaft*, in: Universitas 32 (1977), S. 841-849
33. *Teoria dell'azione: Concetti elementari pratici*, in: Verifiche VI (1977), S. 473-512.

34. *Moral- und Rechtsnormen. Zu einigen Grundfragen der Normentheorie*, in: Perspektiven der Philosophie. Neue Jahrgänge III (1978), S. 81-95.

35. *Historie oder Geschichte? Sprachkritik und Begriffsbildung in Kants Theorie der historischen Erkenntnis*, in: J. Mittelstraß, M. Riedel (Hg.), *Vernünftiges Denken. Studien zur praktischen Philosophie und Wissenschaftstheorie. Wilhelm Kamlah zum 70. Geburtstag*, Berlin, New York 1978, S. 251-269.

36. *Sein und Sollen – Bemerkungen zur Ethik*, in: Universitas 33 (1978), S. 37-43; unter dem Titel: *Ser y deber – Observaciones a la Etica* in der spanischen Ausgabe von Universitas 15 (1978), S.241-246.

37. *Forschung und Bildung. Wilhelm von Humboldts ursprünglicher Begriff der Wissenschaft*, in: F. Kaulbach, W. Krawietz (Hg.), *Recht und Gesellschaft. Festschrift für Helmut Schelsky zum 65. Geburtstag*, Berlin 1978, S. 419-433.

38. *Philosophieren nach dem »Ende der Philosophie«?*, in: H. Lübbe (Hg.), *Wozu Philosophie?*, Berlin, New York 1978, S. 259-287; in gekürzter Fassung auch in: Neue Deutsche Hefte 25 (1978), S. 451-470.

39. *Freiheit und Verantwortung. Zwei Grundbegriffe der kommunikativen Ethik*, in: H.-M. Baumgartner, O. Höffe, A. Pieper (Hg.), *Prinzip Freiheit. Festschrift für Hermann Krings zum 65. Geburtstag*, Freiburg/Br, München 1979, S. 201-228.

40. *Die Universalität der europäischen Wissenschaft als begriffs- und wissenschaftsgeschichtliches Problem*, in: Zeitschrift für allgemeine Wissenschaftstheorie X (1979), S. 267-287.

41. *Verantwortung als ethisches Problem*, in: Universitas 34 (1979), S. 721-727; unter dem Titel: *La responsabilidad como problema ético* in der spanischen Ausgabe von Universitas 22 (1984), S. 131-137.

42. *Historizismus und Kritizismus. Kants Streit mit Georg Forster und Johann Gottfried Herder*, in: Kant-Studien 72 (1981), S.41-58.

43. *Critica della ragion pura e linguaggio. Il problema delle categorie in Kant*, in: Per il secondo centenario della »Critica della ragion pura«. Messina (1981), S. 141- 164.

44. *Concerning Serveral Aporiai in Aristotele's Practical Philosophy*, in: Ancient Philosophy, I (1981), Vol. 1, Nr. 2, S. 148-160.

45. *Bürgerlichkeit und Humanität*, in: Neue Rundschau 92 (1981) Heft 2, S. 138-150.

46. *Kritik der reinen Vernunft und Sprache. Zum Kategorienproblem bei Kant*, in: Allgemeine Zeitschrift für Philosophie 7.2. (1982), S.1-16.

47. *Philosophie als Beruf*, in: J. Schickel (Hg.), *Philosophie als Beruf*, Frankfurt/M. 1982, S. 21-42.

48. *Zweck- und bedürfnisgebundenes Handeln. Zur Tragweite des teleologischen Begründungsansatzes in der Handlungstheorie*, in: H. Poser (Hg.), *Philosophische Probleme der Handlungstheorie*, Freiburg, München 1982, S. 129-146.

49. *Paradigm Evolution in Political Philosophy: Aristotle and Hobbes*, in: Graduate Faculty Philosophy Journal 9 (1982), S. 109-125.

50. *Fra positivismo e storicismo. Il problema della filosofia nel XIX secolo*, in: Intersezioni III (1983), S. 5-19.

51. *Critique of Pure Reason and language: concerning the problem of categories in Kant*, in: Graduate Faculty Philosophy Journal 9 (1983), S. 33-47.

52. *Occore dire molto. La riposta del pensare nel tempo (H.-G. Gadamer)*, in: Itinerari XXIII (1984), S. 3-12.

52a. *Vieles ist zu sagen. Die Antwort des Denkens in der Zeit. Hans-Georg Gadamer zum 85. Geburtstag*, in: Heidelberger Jahrbücher XXIX (1985), S. 29-34.

53. *Auf der Suche nach dem Bürgerbund. Die Idee des Politischen und die Sache der europäischen Demokratie*, in: Geschichte und Gegenwart 3 (1984), S.187-197.

54. *Diltheys Kritik der begründenden Vernunft*, in: E.W. Orth (Hg.), *Dilthey und die Philosophie der Gegenwart*, Freiburg, München 1985, S. 185-211.

55. *Begründung und Grundgebung. Zum Verhältnis von Wissenschaft und Philosophie*, in: V. Gerhardt, N. Herold (Hg.), *Wahrheit und Begründung*, Würzburg 1985, S. 13-27.

56. *Axiomatische und akroamatische Prinzipien. Kants Überwindung der neuzeitlichen Wissenschaftsidee*, in: G. Funke, Th. M. Seebohm (Hg.), *Akten des IV. Internationalen Kant-Kongresses*, Penn State University Press 1985, S.105-137.

57. *Logica e acroamatica. Sul duplice inizio della filosofia*, in: Paradigmi III (1985), Nr. 7, S. 125-143.

58. *Arbeit als Lebenssinn?*, in: G.Ropohl (Hg.), *Arbeit im Wandel. Technische Entwicklung, Beschäftigung und Arbeitsorganisation*, Münster 1985, S. 17-27.

59. *La posizione di Dilthey verso la metafisica*, in: G. Cacciatore, G. Cantillo (Hg.), *Wilhelm Dilthey. Critica della metafisica e ragione storica*, Bologna 1986, S. 13-24.

60. *Sprechen und Hören. Humboldt und Hegel oder das ursprünglich dialektische Grundverhältnis*, in: Zeitschrift für philosophische Forschung (1986), S. 337-351.

61. *Zwischen Plato und Aristoteles. Heideggers doppelte Exposition der Seinsfrage und der Ansatz von Gadamers hermeneutischer Gesprächsdialektik*, in: Allgemeine Zeitschrift für Phi-losophie 11.3 (1986), S. 1-28.

62. *Das Grundwort des Anaximander*, in: Archiv für Geschichte der Philosophie 69 (1987), S. 1-17.

63. *Vom Seins- zum Grenzbegriff. Die Frage nach der Natur in der Theorie der Geisteswissenschaften*, in: R. Brinkmann (Hg.), *Die Natur in den Geisteswissenschaften*, Stuttgart 1987, S. 1-29.

64. *Dal linguaggio epico al linguaggio logico. Il detto di Anassimandro*, in: Giornale di Metafisica. Nuova Serie IX (1987), S.445-475; in deutschsprachiger Fassung unter dem Titel: *Vom epischen zum logischen Sprechen*, in: Philosophia. Jahrbuch des Forschungszentrums für griechische Philosophie an der Athener Akademie der Wissenschaften 17/18 (1987/88), S. 191-220.

65. *Grund und Abgrund der Subjektivität. Nachcartesianische Meditationen*, in: U. Fülleborn, M. Engel (Hg.), *Das neuzeitliche Ich in der Literatur des 18. und 20. Jahrhunderts. Zur Dialektik der Moderne*, München 1988, S. 29-53.

65a. Eine gekürzte Fassung unter dem Titel: *Principium oder Pronunciatum? Descartes' Ego-sum-Argument und der Anfang der ersten Philosophie*, in: Kant-Studien 79 (1988), S. 1-16.

66. *Seinsverständnis und Sinn für das Tunliche. Der hermeneutische Weg zur praktischen Phi-losophie*, in: H. Maier, U. Matz, K. Sontheimer, P.-L. Weinacht (Hg.), *Politik, Philosophie, Praxis. Festschrift für Wilhelm Hennis zum 65. Geburtstag*, Stuttgart 1988, S. 280-302.

67. *Die akroamatische Dimension der Hermeneutik*, in: A. Gethmann-Siefert (Hg.), *Philosophie und Poesie. Otto Pöggeler zum 60. Geburtstag*, Stuttgart, Bad Cannstatt 1988, Bd. 1 S. 107-120.

68. *Hegel und das Problem des Anfangs der griechischen Philosophie*, in: Antike und Abendland 34 (1988), S. 28-42; auch in: Man and World 21 (1988), S. 395-415.
69. *Erster und anderer Anfang. Hegels Bestimmung des Ursprungs und Grundes der griechischen Philosophie*, in: H.-Chr. Lukas, G. Planty-Bonjour (Hg.), *Logik und Geschichte in Hegels System*, Stuttgart, Bad Cannstatt 1989, S. 173-197.
70. *Die Urstiftung der hermeneutischen Phänomenologie. Heideggers Auseinandersetzung mit Husserl*, Vortrag auf den Husserl-Konferenzen in Bochum (1988) und Wuppertal (1989) in einer Kurzfassung in: G. Müller, Th.M. Seebohm (Hg.), *Perspektiven transzendentaler Reflexion. Festschrift Gerhard Funke zum 75. Geburtstag*, Bonn 1989, S. 79-98.
71. *Transcendental Politics? Political Legitimacy and The Concept of Civil Society in Kant*, in: R. Schürmann (Hg.), *The Public Realm. Essays on Discursive Types in Political Philosophy*, New York 1989, S. 25-44 (Erstdruck in: Social research 48 (1981), S. 588-614).
72. *Imputation der Handlung und Applikation des Sittengesetzes. Über den Zusammenhang von Hermeneutik und praktischer Urteilskraft in Kants Lehre vom »Faktum der Vernunft«*, in: K.O. Apel, R. Pozzi (Hg.), *Gedenkschrift für K.-H. Ilting*, Stuttgart 1988, S.418-446; auch in: Allgemeine Zeitschrift für Philosophie 14.1 (1989), S. 27-51.
73. *Präludium zur Ontologie? Nietzsche und Parmenides*, in: G. Abel, J. Salaquarda (Hg.), *Krisis der Metaphysik. Wolfgang Müller-Lauter zum 65. Geburtstag*, Berlin 1989, S. 307-326.
74. *Naturhermeneutik und Ethik im Denken Heideggers*, in: Heidegger-Studies 5 (1989), S. 153-173.
74a. *Ermeneutica della natura ed etica nel pensiero di Heidegger*, in: Verifiche XVIII (1989), S. 3-32.
75. *La fondazione originaria dell'ermeneutica fenomenologica. Il primo confronto di Heidegger con Husserl*, in: Paradigmi VII (1989), S. 299-318.
76. *Das Natürliche in der Natur. Heideggers Schritt zum »anderen Anfang« der Philosophie*, in: H.-H. Gander (Hg.), *Von Heidegger her. Meßkircher Vorträge 1989*, Frankfurt/M. 1991, S. 51-73.
77. *Die Grundlagen des politischen Dialogs*, in: K. Hornung, W. Mschwenieradse (Hg.), *Zur gegenseitigen Kenntnisnahme. Bausteine für den deutsch-sowjetischen Dialog*, Erlangen u.a. 1990, S. 40-54 (russische Ausgabe Moskau 1990).
78. *Gadamers dialektische Hermeneutik und der »Schritt zurück« zum Ethos der Dialektik. Die Werkausgabe zum Zeitpunkt seines 90. Geburtstages*, in: Allgemeine Zeitschrift für Philosophie 15. 2 (1990), S. 43-51.
79. *Zeit und Naturerfahrung. Hegel und der Ursprung der abendländischen Atomtheorie. Vortrag am Nürnberger Melanchthon-Gymnasium* (1988), in: H. Busche, G. Heffernan und D. Lohmar (Hg.), *Bewußtsein und Zeitlichkeit. Ein Problemschnitt durch die Philosophie der Neuzeit. (FS. für G. Schmidt)*, Würzburg 1990, S. 103-125.
80. *Die »wundersame Doppelnatur« der Philosophie. Nietzsches Bestimmung der ursprünglich griechischen Denkerfahrung*, in: Nietzsche-Studien 19 (1990), S. 1-20.
80a. *The »Woundrous Double Nature« of Philosophy: Nietzsche's Determination of the Original Experience of Thinking Among the Greeks*, in: Graduate Faculty Philosophy Jorunal 15 (1991), Nr. 2, S. 49-67.

81. *Zum Verhältnis von Geschmacksurteil und Interpretation in Kants Philosophie des Schönen*, in: Akten des VII. Internationalen Kant-Kongresses 1990, Bonn 1991, Bd. II. 1, S. 715-735.
82. *Kehre der Zeit als »Zeitkehre« zum »Vaterland in der Zeit«*, in: P. Braitling, W. Reese-Schäfer (Hg.), *Universalismus, Nationalismus und die neue Einheit der Deutschen. Philosophen und die Politik*, Frankfurt/M. 1991, S. 97-108.
83. *Herkunft und Zukunft Europas. Nietzsche in unserer Zeit*, in: Studia Universitatis Babes–Bolyai XXXVI (1991), S. 9-23.
84. *Anfänge des utopischen Denkens. Ernst Blochs Vision vom europäischen »Vaterland der Zeit«*, in: Deutsche Zeitschrift für Philosophie 40 (1992), Heft 10, S.1107-1128.
85. *Zukunft in der Vergangenheit? Über Ursprung und Sinn von Blochs Geschichtsdialektik*, in: Deutsche Zeitschrift für Philosophie 40 (1992), Heft 12, S. 1373-1391.
86. *Die Sage vom guten Anfang. Über ein Kapitel deutscher Literatur-Geschichte*, in: Sinn und Form 44 (1992), 4. Heft, S. 520-536.
87. *Sul rapporto tra giudizio di gusto e interpretazione nella filosofia del bello di Kant*, in: Archivio di storia della cultura V (1992), S. 49-64 (vgl. auch Nr. II, 81).
88. *Heidegger: the twofold beginning of thinking*, in: Graduate Faculty Philosophy Journal 16 (1993), Nr. 2, S. 433-466.
89. *Die Philosophie des deuschen Idealismus in Erlangen*, in: H. Kößler (Hg.), *250 Jahre Friedrich-Alexander-Universität Erlangen-Nürnberg*, Erlangen 1993, S. 429-437.
90. *Gewaltrecht des Guten? Moraldämonismus und ursprüngliches Problem der Moral bei Bloch und Lukacs*, in: Sinn und Form 45 (1993), 3. Heft, S. 423-436.
91. *Menschenrechtsuniversalismus und Patriotismus. Kants politisches Vermächtnis an unsere Zeit*, in: Allgemeine Zeitschrift für Philosophie 18.1 (1993), S.1-23; auch in: W. Böhm (Hg.), *Erziehung und Menschenrechte*, Würzburg 1995, S. 37-57.
92. *Überwindung der Ästhetik. Heideggers Weg zur Kunst und das Problem einer Naturhermeneutik*, in: S. Glaser, A. Kluxen (Hg.), *Musis und Litteris. Festschrift für Bernhard Rupprecht*, München 1993, S. 551-569.
93. *Die Idee vom anderen Deutschland. Legende und Wirklichkeit*, 20. Kasseler Hochschulwoche, Bd. 16. Kassel 1994.
94. *Sluchanie jezyka. Akroamatyczyny wymiar hermeneutyki*, in: Studia z filozofii niemieckiej Vol 1. Thorn 1994, S. 97-109.
95. *Europäische Bewegung und deutsche Aufklärung. Das geistige Dreieck der mitteldeutschen Universitäten Halle, Leipzig, Jena*, Rede zur Eröffnung der Jubiläumsfeiern anläßlich des 300. Jahrestages der Gründung der Universität Halle.
96. *Die Erfindung des Philologen. Nietzsche und Friedrich August Wolf. Vortrag auf dem Hermeneutik-Kongreß Halle 1994*, in: Antike und Abendland 1996 (im Erscheinen) .
97. *Zwischen Dichtung und Philologie. Goethe und Friedrich August Wolf. Festvortrag zum 300jährigen Bestehen der Universität Halle*, in: Deutsche Vierteljahresschrift für Literaturwissenschaft und Geistesgeschichte 1996 (im Erscheinen).

III. Systematische und begriffsgeschichtliche Beiträge in philosophischen Handbüchern und Gemeinschaftswerken

1. *Bürger, bourgeois, citoyen*, in: *Historisches Wörterbuch der Philosophie*, hg. von J. Ritter, Bd. 1. Basel 1972, Sp. 962-966
2. *Epoche, Epochenbewußtsein*, in: *Historisches Wörterbuch der Philosophie*, hg. von J. Ritter, Bd. 2. Basel 1972, Sp. 596-599.
3. *Gemeinschaft*, in: ebd., Bd. 3, Sp. 239-243.
4. *Generation*, in: ebd., Bd. 3, Sp. 274-278.
5. *Arbeit*, in: H. Krings, H.-M. Baumgartner, Ch. Wild (Hg.), *Handbuch philosophischer Grundbegriffe*, Bd. 1, München 1973, S. 125-141.
6. *Geisteswissenschaften – Grundlagenkrise und Grundlagenstreit*, in: *Meyers Enzyklopädisches Lexikon*, Bd. 9, Mannheim, Wien, Zürich 1973, S. 838-844.
7. *Gesellschaft – Gemeinschaft*, in: *Geschichtliche Grundbegriffe*, hg. von Brunner, Conze, Koselleck, Bd. 2, Stuttgart 1975, S. 801-872.
8. *Bürgerliche Gesellschaft*, ebd. S. 719-800.
9. *Nihilismus*, ebd., Bd. 4, S. 371-411.
10. *Ethik und Sozialphilosophie*, in: H. Beck (Hg.), *Philosophie der Erziehung*, Freiburg, München, Wien 1979, S. 131-141.
11. *Historismus*, in: *Enzyklopädie Philosophie und Wissenschaftstheorie*, hg. von J. Mittelstraß, Mannheim, Wien, Zürich 1982, S. 113-116.
12. *Handlungsphilosophie*, in: *Funkkolleg Praktische Philosophie/Ethik*, Bd. 1, Frankfurt/M. 1984, S. 157-241.
13. *Wissenschaft (Begriff, Entwicklungsgeschichte, Natur- und Geisteswissenschaften)*, in: *Staats-Lexikon der Görres-Gesellschaft*, neu hg. von H. Krings. Bd 5, Freiburg, München 1989, S. 1090-1100.
14. *System, Struktur*, in: *Geschichtliche Grundbegriffe. Historisches Lexikon*, Bd. 6, Stuttgart 1990, S. 285-322.

IV. Herausgebertätigkeit

1. *Natur und Geschichte. K. Löwith zum 70. Geburtstag*, Stuttgart, Berlin, Köln, Mainz 1967 (zusammen mit H. Braun).
2. F.C. Dahlmann, *Die Politik*, Frankfurt/M. 1967.
3. *Hegel Studien-Ausgabe in 3 Bänden*, Frankfurt/M. 1968 (zusammen mit K. Löwith).
4. W. Dilthey, *Der Aufbau der geschichtlichen Welt in den Geisteswissenschaften*, Frankfurt/M. 1970, 2. Aufl. 1973.
5. *Rehabilitierung der praktischen Philosophie*, 2 Bde., Freiburg 1972-1974.
6. Kant, *Schriften zur Geschichtsphilosophie*, Stuttgart 1974.
7. *Materialien zu Hegels Rechtsphilosophie*, 2 Bdd. Frankfurt/M. 1975.
8. *Vernünftiges Denken. Studien zur praktischen Philosophie und Wissenschaftstheorie. W. Kamlah zum 70. Geburtstag*, Berlin 1977 (zusammen mit J. Mittelstraß).

9. *Deutscher Idealismus. Philosophie- und Wirkungsgeschichte in Quellen und Studien*, Stuttgart 1980 ff (zusammen mit H.-M. Baumgartner, R. Bubner u.a.).
10. *Geschichte der Philosophie im 19. Jahrhundert*, Stuttgart 1981 (= Geschichte der Philosophie in Text und Darstellung, Bd. 7).
11. *Contemporary German Philosophy*, Vol. I-III, 1982 ff. (zusammen mit R. Spaemann, W. Wieland, R. Wiehl).
12. Dialogos. Europäisches Denken, Stuttgart 1983 ff.
13. Dilthey, *Das Wesen der Philosophie*, Stuttgart 1984.
14. Schriftenreihe der Martin Heidegger-Gesellschaft. Bd. 2: *Europa und die Philosophie*; Bd. 3: *»Verwechselt mich vor Allem nicht!« Heidegger und Nietzsche*, Frankfurt/M. 1992 ff. (zusammen mit F.-W. von Herrmann, H.-H. Gander, H. Tietjen).
15. Heidegger Studies Vol. II ff 1987 ff. (mit F.-W. von Herrmann, H. Boeder, O. Pöggeler u.a.)
16. *Hegel und die antike Dialektik*, Frankfurt/M. 1990.
17. Nietzsche, *Die Philosophie im tragischen Zeitalter der Griechen*, Stuttgart 1994.
18. *Philologie und Philosophie in Nietzsches Werk. Akten des Internationalen Nietzsche-Kongresses in Naumburg vom 13.-15. Oktober 1994*, Würzburg 1996.

V. Interviews und Gespräche (Auswahl)

Eine zusammenfassende Edition der Gespräche mit Manfred Riedel ist für etwa 1997 geplant.

1. *Zwang zum Umdenken*, in: Nürnberger Nachrichten 9. März 1972.
2. *Zwischen Tun und Lassen. Ein Interview*, in: Rinascita, Nr. 25, Jg. 39 (1982), S. 35 geführt mit Luciano Di Fiore.
3. *Orpheus in der Zwischenwelt, oder: Ernst Bloch in Leipzig. Ein Gespräch mit Peter Zudeick*, in: L' 80 37, März 1986, S. 132-149.
4. *Für eine zweite Philosophie. Ein Gespräch mit R. Knodt*, in: Nürnberger Blätter für Philosophie Nr. 6, Jg. 3 (1987).
5. *Rehabilitierung des Naturschönen. Ein Interview mit Florian Rötzer*, in: Kunstforum international 102 (Juni/Juli 1989), S. 284-294; fast unverändert wieder abgedruckt in: F. Rötzer (Hg.), *Digitaler Schein. Ästhetik der elektronischen Medien*, Frankfurt/M. 1991, S. 455-475.
6. *Was wäre die Freiheit wert ohne den lebendigen Geist?*, in: Wochenendbeilage der Mitteldeutschen Zeitung 22, Juni 1991, S. 1.
7. *Nach zwei Seiten blicken. Gespräch mit dem Philosophen Manfred Riedel über die geistige Vereinigung der Deutschen*, in: Leipziger Volkszeitung zum Wochenende, 24. 5. 1991, S. 2.
8. *Gespräch*, in: Tribuna 7.-13. Juni 1991, S. 6f., anläßlich der Verleihung des Ehrendoktors der Universität Cluj.
9. *Nietzsche in epoca noastra*, in: Tribuna 5.-11. 9. 1991, S. 6f.

10. *Lebendiger intellektueller Patriotismus*, in: Information Philosophie, Dezember 1992, S. 34-38.
11. *Denkreisen durch Deutschland. Ein Sonntagsspaziergang mit Manfred Riedel*, in: Thüringer Allgemeine Zeitung 22.5.1993, S.3.